A REPRESENTAÇÃO NOS CONTRATOS INTERNACIONAIS

MARIA HELENA BRITO

A REPRESENTAÇÃO NOS CONTRATOS INTERNACIONAIS

Um contributo para o estudo do princípio da coerência
em direito internacional privado

*Dissertação de doutoramento em Ciências Jurídicas
na Faculdade de Direito da Universidade de Lisboa*

LIVRARIA ALMEDINA
COIMBRA — 1999

TÍTULO:	A REPRESENTAÇÃO NOS CONTRATOS INTERNACIONAIS
AUTOR:	MARIA HELENA BRITO
EDITOR:	LIVRARIA ALMEDINA – COIMBRA
DISTRIBUIDORES:	LIVRARIA ALMEDINA ARCO DE ALMEDINA, 15 TELEF. (039) 851900 FAX. (039) 851901 3004-509 COIMBRA – PORTUGAL Livrarialmedina@mail.telepac.pt LIVRARIA ALMEDINA – PORTO R. DE CEUTA, 79 TELEF. (02) 2059773 FAX. (02) 2026510 4050-191 PORTO – PORTUGAL EDIÇÕES GLOBO, LDA. R.S. FILIPE NERY, 37-A (AO RATO) TELEF. (01) 3857619 1250-225 LISBOA – PORTUGAL
EXECUÇÃO GRÁFICA:	G.C. – GRÁFICA DE COIMBRA, LDA. MAIO, 1999
DEPÓSITO LEGAL:	136309/99 Toda a reprodução desta obra, por fotocópia ou outro qualquer processo, sem prévia autorização escrita do Editor, é ilícita e passível de procedimento judicial contra o infractor.

AGRADECIMENTOS

À Senhora Professora Doutora Isabel de Magalhães Collaço, pela orientação crítica e estimulante desta dissertação e pela influência que há mais de dezassete anos vem exercendo na minha formação académica.

À Faculdade de Direito da Universidade de Lisboa, onde exerci funções docentes durante quase doze anos, pelas condições de trabalho que me proporcionou e pela dispensa de serviço docente que me concedeu, em dois anos lectivos, para a preparação desta dissertação.

Às instituições onde recolhi os elementos necessários para a investigação: *Max-Planck Institut für ausländisches und internationales Privatrecht* (Hamburgo), *Bibliothèque Cujas de Droit et Sciences Économiques* (Paris), *Bodleian Library* (Oxford), *Bibliothèque du Palais de la Paix* (Haia), *Institut Suisse de Droit Comparé* (Lausanne), Bibliotecas da Faculdade de Direito da Universidade de Lisboa, da Faculdade de Direito da Universidade de Coimbra, do Banco de Portugal e da Procuradoria-Geral da República.

A todos os que me auxiliaram na recolha de dados bibliográficos e jurisprudenciais, designadamente ao Senhor Professor Doutor António Marques dos Santos e às Senhoras Dras. Susana Brito e Nazaré Santos.

Aos meus Mestres da Faculdade de Direito da Universidade de Coimbra.

A todos os Professores e Assistentes da Faculdade de Direito da Universidade de Lisboa com quem tive a oportunidade de trabalhar.

Aos meus antigos Alunos da Faculdade de Direito da Universidade de Lisboa.

Ao Conselho de Administração do Banco de Portugal, por me ter concedido licença sabática e licença sem vencimento na fase final de elaboração desta dissertação.

À Direcção e aos Colegas do Departamento de Serviços Jurídicos do Banco de Portugal, pelas múltiplas ajudas que de todos recebi.

À minha Família e aos meus Amigos, pelo incentivo que sempre me transmitiram para a realização deste projecto.

Ao meu Marido, a quem devo mais do que aqui consigo exprimir. A ele dedico este trabalho.

MODO DE CITAR

As obras citadas pela primeira vez são identificadas com todos os elementos que constam da lista de bibliografia; nas citações seguintes, a referência é abreviada e contém apenas os elementos que no contexto se consideram necessários.

Algumas obras colectivas são identificadas autonomamente; nesses casos, a citação de cada um dos artigos ou estudos inclui uma referência simplificada à obra principal.

ABREVIATURAS

ac.	acórdão
A.C.	Law Reports, Appeal Cases, House of Lords (desde 1890)
AcP	Archiv für die civilistische Praxis
A. D. C.	Anuario de derecho civil
AJCL	The American Journal of Comparative Law
All ER	All England Law Reports (desde 1936)
al(s).	alínea(s)
Am. ec. rev.	The American Economic Review
an.	anotação
Annuaire de l' IDI	Annuaire de l' Institut de Droit International
AöR	Archiv für öffentliches Recht
Arch. Ph. Dr.	Archives de philosophie du droit
ARSP	Archiv für Rechts- und Sozialphilosophie
art(s).	artigo(s)
ATC	Acórdãos do Tribunal Constitucional
AWD	Außenwirtschaftsdienst des Betriebsberaters
A.2d	Atlantic Reporter. Second Series
BAG	Bundesarbeitsgericht
Banca e Borsa	Banca, borsa e titoli di credito
BB	Der Betriebs-Berater
Bd.	Band
BFD	Boletim da Faculdade de Direito da Universidade de Coimbra
BFH	Bundesfinanzhof
BG	Bundesgericht
BGB	Bürgerliches Gesetzbuch
BGE	Entscheidungen des schweizerischen Bundesgerichts
BGH	Bundesgerichtshof
BGHZ	Amtliche Sammlung der Entscheidungen des Bundesgerichtshofes in Zivilsachen
BLB	Business Law Brief
BMJ	Boletim do Ministério da Justiça
Boston Univ. L. Rev	Boston University Law Review
Brit. YB. Int. L.	The British Yearbook of International Law
Bull. civ.	Bulletin des arrêts de la Cour de Cassation

Bull. Soc. lég. comp.	Bulletin de la Société de législation comparée
c.	coluna(s)
Calif. L. Rev.	California Law Review
cap.	capítulo
C. App.	Corte d' appello
Case extracts	MARKESINIS, MUNDAY, An outline of the law of agency, London, 1979 (Part two. Case extracts)
Case West. Res. L. Rev.	Case Western Reserve Law Review
Cass. civ.	Corte di Cassazione, Sezioni Civili
C. Cass.	Cour de Cassation
CCI	Câmara de Comércio Internacional
CDE	Cahiers de droit européen
ch.	chambre
Ch.	Law Reports, Chancery Division (desde 1890)
ch. civ.	chambre civile
ch. comm.	chambre commerciale
Ch.D.	Law Reports, Chancery Division (1875-1890)
ch. soc.	chambre sociale
Chr.	chronique
cit(s).	citado(a)(s)
CJ	Colectânea de jurisprudência
CLP	Current Legal Problems
Clunet	Journal du droit international (em 1874, Journal du droit international privé; até 1914, Journal du droit international privé et de la jurisprudence comparée; desde 1915, Journal du droit international)
CMLR	Common Market Law Review
CNUDCI	Comissão das Nações Unidas para o Direito Comercial Internacional
col.	colaboração
Columbia L. Rev.	Columbia Law Review
com.	comentário
Comm. int.	Commercio internazionale
Comp. L. Rev.	Comparative Law Review
Cornell Int. L. J.	Cornell International Law Journal
Cornell L. Rev.	Cornell Law Review
Corpus Juris	Corpus Juris. Revista de jurisprudência da 1ª instância
CTF	Ciência e técnica fiscal
D. = Dalloz	Recueil Dalloz Sirey
DB	Der Betrieb
DCSI	Diritto comunitario e degli scambi internazionali
DDC	Documentação e direito comparado
D. G.	Diário do Governo
DIP	direito internacional privado

dir.	dirigido(a) por, direcção
Dir. e Giur.	Diritto e giurisprudenza
Dir. int.	Diritto internazionale
DNotZ	Deutsche Notarzeitschrift
doc.	documento
doc. prél.	document préliminaire
DPCI	Droit et pratique du commerce international
D. R.	Diário da República
Droits	Droits. Revue française de théorie juridique
DRZ	Deutsche Rechts-Zeitschrift
Duke L. J.	Duke Law Journal
ed.	editado(a) por, edição
EGBGB	Einführungsgesetz zum Bürgerlichen Gesetzbuche
Einaudi	Enciclopédia Einaudi
ELR	European Law Review
Enc. Dir.	Enciclopedia del diritto
Et	étude
FamRZ	Zeitschrift für das gesamte Familienrecht
fasc.	fascículo
Foro It.	Il foro italiano
FG	Festgabe
FS	Festschrift
F.Supp.	Federal Supplement
F.2nd	Federal Reporter. Second Series
Ga. J. Int'l & Comp. L.	Georgia Journal of International and Comparative Law
Gazette	Gazette du Palais
Geo. Wash. J. Int'l L. & Econ.	George Washington Journal of International Law and Economics
Giur. comp. d. i. p.	Giurisprudenza comparata di diritto internazionale privato
Giur. compl. Cass. Civ.	Giurisprudenza completa della Corte Suprema di Cassazione, Sezioni Civili
Giust. civ. Mass.	Giustizia civile. Massimario annotato della Cassazione
Harv. L. Rev.	Harvard Law Review
Hastings L. J.	Hastings Law Journal
HGB	Handelsgesetzbuch
Howard L. J.	Howard Law Journal
ICCLR	International Company and Commercial Law Review
ICLQ	International and Comparative Law Quarterly
IECL	The International Encyclopedia of Comparative Law
ILM	International Legal Materials

imp.	impresso(a), impressão
Indiana L. J.	Indiana Law Journal
IntRDipl.	Internationales Recht und Diplomatie
IPRax	Praxis des internationalen Privat- und Verfahrensrechts
IPRspr.	Das deutsche Rechtsprechung auf dem Gebiete des internationalen Privatrechts
IUIL	Institut Universitaire International du Luxembourg
JBL	The Journal of Business Law
JBl.	Juristische Blätter
J. C. P.	Jurisclasseur périodique (La semaine juridique)
JhJb	Jherings Jahrbücher für die Dogmatik des bürgerlichen Rechts
JIBL	Journal of International Banking Law
J. of law & economics	The Journal of Law & Economics
JurA	Juristische Analysen
Jurisc. dr. int.	Jurisclasseur de droit international
Jur. rev.	The Juridical Review
JuS	Juristische Schulung
JW	Juristische Wochenschrift
JZ	Juristenzeitung
K.B.	Law Reports, King's Bench Division (1900--1952)
KG	Kammergericht
KGer.	Kantonsgericht
Ktg.	Kantongerecht
Law & Cont. Prob.	Law and Contemporary Problems
LCT	Regime jurídico do contrato individual de trabalho (aprovado pelo Decreto-Lei n° 49 408, de 24 de Novembro de 1969, com sucessivas alterações)
LG	Landgericht
L.J.Ch.	Law Journal Reports, New Series, Chancery Division
Lloyd's Rep.	Lloyd's List Law Reports (desde 1951)
loc.	lugar
Logos	Logos — Enciclopédia luso-brasileira de filosofia
Louisiana L. Rev.	Louisiana Law Review
LQR	The Law Quarterly Review
L.R. App.Cas.	Law Reports, Appeal Cases, House of Lords (1875- 1890)
L.R. Q.B.	Law Reports, Court of Queen's Bench
L.T.	Law Times Reports (1859-1947)
LUC	Lei uniforme sobre cheques
LULL	Lei uniforme sobre letras e livranças

Mass.	Massachusetts Reports
MDR	Monatsschrift für Deutsches Recht
Mercer L. Rev.	Mercer Law Review
Mich. L. Rev.	Michigan Law Review
MLR	Modern Law Review
M & W	Meeson and Welsby's Reports (1836-1847)
N.E.	North Eastern Reporter
Neth. Int'l L. Rev.	Netherlands International Law Review
NJW	Neue juristische Wochenschrift
NLJ	New Law Journal
n°(s)	número(s)
Noviss. Dig. It.	Novissimo digesto italiano
Nuov. Dig. It.	Nuovo digesto italiano
N. Y. J. Int'l & Comp. L.	New York Journal of International and Comparative Law
N. Y. Univ. L. Rev.	New York University Law Review
ob(s).	obra(s)
OGH	Oberster Gerichtshof
Ohio St. L. J.	Ohio State Law Journal
OLG	Oberlandesgericht
OR	Obligationenrecht (Código das Obrigações suíço)
org.	organizado(a) por, organização
p.	página(s)
plen.	plenário
policop.	policopiado
Polis	Polis — Enciclopédia Verbo da Sociedade e do Estado
PR	Die Praxis
proc.	processo
publ.	publicado(a) (por), publicação
P.2d	Pacific Reporter. Second Series
Q.B.	Queen's Bench Reports (1841-1852); Law Reports, Queen's Bench Division (1891-1901; desde 1952 até à actualidade)
Q.B.D.	Law Reports, Queen's Bench Division (1875--1890)
RabelsZ	Rabels Zeitschrift für ausländisches und internationales Privatrecht (entre 1927 e 1961, Zeitschrift für ausländisches und internationales Privatrecht)
Rb.	Arrondissementsrechtbank
R. C. E. A.	Revista de la Corte Española de Arbitrage
RDAI	Revue de droit des affaires internationales
Rdciv.	Rivista di diritto civile
R. D. C. O.	Revista del derecho comercial y de las obligaciones

Rdcomm.	Rivista del diritto commerciale e del diritto generale delle obbligazioni
RDE	Revista de direito e economia
RDES	Revista de direito e estudos sociais
Rdeur.	Rivista di diritto europeo
Rdint.	Rivista di diritto internazionale
Rdintpriv.proc.	Rivista di diritto internazionale privato e processuale
rec.	recensão
Rechtstheorie	Rechtstheorie. Zeitschrift für Logik, Methodenlehre, Kybernetik und Soziologie des Rechts
Recueil des Cours	Recueil des Cours de l' Académie de Droit International de la Haye
R. E. D. I.	Revista española de derecho internacional
reimp.	reimpressão
Rel.	Tribunal da Relação
Rep. giur. patria	Repertorio di giurisprudenza patria
Rev. arb.	Revue de l' arbitrage
Rev. da banca	Revista da banca
Rev. Barreau	Revue du Barreau
Rev. crit.	Revue critique de droit international privé (entre 1905 e 1921, Revue de droit international privé et de droit pénal international; entre 1922 e 1933, Revue de droit international privé; entre 1934 e 1946, Revue critique de droit international; a partir de 1947, e até aos nossos dias, Revue critique de droit international privé)
Rev. der. com. y emp.	Revista de derecho comercial y de la empresa
Rev. dr. int. et dr. comp.	Revue de droit international et de droit comparé
Rev. dr. unif.	Revue de droit uniforme/Uniform Law Review
Rev. hell. dr. int.	Revue hellénique de droit international
Rev. Jur.	Revista jurídica
RFD	Revista da Faculdade de Direito da Universidade de Lisboa
RG	Reichsgericht
RGZ	Amtliche Sammlung der Entscheidungen des Reichsgerichtes in Zivilsachen
RIDC	Revue internationale de droit comparé
Riv. not.	Rivista del notariato
RIW = RIW/AWD	Recht der Internationalen Wirtschaft/Außenwirt--schaftsdienst des Betriebsberaters
R. J. C.	Revista jurídica de Cataluña
RLJ	Revista de legislação e de jurisprudência
ROA	Revista da Ordem dos Advogados
ROHG	Reichsoberhandelsgericht
ROHGE	Entscheidungen des Reichsoberhandelsgerichtes

RTDC	Revue trimmestrielle de droit commercial et de droit économique
RTDE	Revue trimmestrielle de droit européen
Rtdproc.civ.	Rivista trimestrale di diritto e procedura civile
s(s)	seguinte(s)
Schw. Jb. int. R.	Schweizerisches Jahrbuch für internationales Recht
Scientia Iuridica	Scientia Iuridica. Revista de direito comparado português e brasileiro
s.d.	sem data
sec.	secção
sect.	section
Sem. Jur.	La semaine juridique (Jurisclasseur périodique)
sep.	separata
SeuffA	Seufferts Archiv für Entscheidungen der obersten Gerichte in den deutschen Staaten
SJ	La semaine judiciaire
SJZ	Schweizerische Juristen-Zeitung
South. Calif. L. Rev.	Southern California Law Review
St	study
Stan. L. Rev.	Stanford Law Review
StAZ	Das Standesamt
STJ	Supremo Tribunal de Justiça
supl.	suplemento
TC	Tribunal Constitucional
Texas Int. L. J.	Texas International Law Journal
T.L.R.	The Times Law Reports (1884-1950)
trad.	tradução
trib.	Tribunal
Trib. Just.	Tribuna da justiça
Tulane L. Rev.	Tulane Law Review
UCC	Uniform Commercial Code
UCCLJ	Uniform Commercial Code Law Journal
U.C.L.A. L. Rev.	U.C.L.A. Law Review
UNIDROIT	Instituto Internacional para a Unificação do Direito Privado
Univ. Chicago L. Rev.	University of Chicago Law Review
U.S.	United States Supreme Court Reports
VersR	Versicherungsrecht, Juristische Rundschau für die Individualversicherung
Vita not.	Vita notarile
vol.	volume
W.	Western Reporter
W.L.R.	The Weekly Law Reports
WM	Wertpapier-Mitteilungen
Yale L. J.	Yale Law Journal

ZfRV	Zeitschrift für Rechtsvergleichung
ZgesStW	Zeitschrift für die gesamte Staatswissenschaft
ZHR	Zeitschrift für das gesamte Handels- und Wirtschaftsrecht
ZIP	Zeitschrift für Wirtschaftsrecht und Insolvenzpraxis
ZVglRWiss	Zeitschrift für vergleichende Rechtswissenschaft
ZSchwR	Zeitschrift für Schweizerisches Recht

APRESENTAÇÃO

1. No direito internacional privado português, o poder de representação é, desde a entrada em vigor do Código Civil de 1966, objecto de conexão autónoma.

No sistema actualmente em vigor, o direito competente para reger o poder de representação determina-se a partir das regras de conflitos constantes da Convenção de Haia de 1978 sobre a lei aplicável aos contratos de intermediação e à representação, que suspendeu a eficácia da norma de conflitos sobre representação voluntária incluída no Código Civil (artigo 39º).

O regime conflitual autónomo da representação tem sido justificado com base na ideia de que, no direito material de diversos países, o poder de representação é independente quer da relação entre o representado e o representante (relação interna, negócio jurídico de base, negócio jurídico fundamental, *Grundgeschäft*), quer do negócio em que intervêm o representante e a contraparte (negócio jurídico representativo, negócio jurídico principal, *Vertretergeschäft*, *Hauptgeschäft*).

Invocam-se também razões de oportunidade: a conexão autónoma da representação consagra uma protecção adequada do representado, da contraparte e do comércio jurídico e assegura o equilíbrio entre os principais interesses em jogo na actuação representativa.

A solução que decorre da Convenção de Haia está, em termos gerais, de acordo com o sistema instituído pela Convenção de Roma de 1980 sobre a lei aplicável às obrigações contratuais, na medida em que esta Convenção coloca fora do seu âmbito de aplicação, entre outras, a questão de saber se um acto realizado por um intermediário é susceptível de obrigar perante terceiros a pessoa por conta de quem aquele pretende agir (artigo 1º, nº 2, al. f)).

Ao mesmo tempo, porém, a Convenção de Roma privilegia a ideia de um estatuto contratual único, submetendo os pressupostos de existência e os requisitos de validade do contrato à mesma ordem jurídica que regula os seus efeitos e definindo de modo amplo o âmbito de matérias regidas pela lei do contrato.

A aplicação de ordens jurídicas distintas à relação interna, ao poder de representação e ao negócio representativo, que resulta do funcionamento das normas de conflitos das duas Convenções, suscita problemas de compatibilização, podendo comprometer a unidade do estatuto contratual.

2. Alguns exemplos ilustram a dificuldade de inclusão de diversas questões no âmbito de um ou de outro dos estatutos que concorrem na regulamentação da complexa relação representativa.

Caso 1

A, francês, exerce em Portugal as funções de agente comercial de *P*, comerciante de frutos secos com estabelecimento em França.
P não outorgou procuração conferindo poderes a *A* para a celebração de contratos em seu nome.
Em Portugal, *A* celebrou em nome de *P*, com *T*, comerciante estabelecido em Portugal, um contrato de fornecimento de uma grande partida de frutos secos.
A comunicou por escrito a *P* a celebração do contrato. *P* não respondeu e não forneceu as mercadorias.
T pretende, perante tribunais portugueses, obter de *A* uma indemnização pelos prejuízos sofridos. [1]

O caso descrito suscita as seguintes questões:
— *A* tem ou não poderes — e, em caso afirmativo, como se determina a sua extensão — para vincular *P* perante terceiros?
— No caso de se concluir que *A* não tinha poderes para vincular *P* perante terceiros,
  * pode o silêncio de *P* ser interpretado como ratificação do contrato celebrado em seu nome por *A*?
  * será *A* responsável pelos prejuízos decorrentes da sua actuação em nome de outrem sem poderes de representação? [2]

Suponhamos que, nos termos do artigo 5º da Convenção de Haia, havia sido designado o direito francês para reger o contrato de agência entre P e A. O agente tem, na relação interna, poderes para celebrar actos jurídicos em nome e por conta do principal (artigo 1 da Lei nº 91-593, de 25 de Junho de 1991, conjugado com o artigo 1984 do Código Civil francês).

---

[1] Adaptação de OLG Hamburg, 26.6.1959 (IPRspr. 1958/59, Nr. 52, p. 195 ss). No caso original: *A*, persa, exercia a actividade de agente comercial na Alemanha; *P*, comerciante, com estabelecimento na Pérsia; *T*, comprador, com estabelecimento na Alemanha.
[2] Para a resposta a estas questões, cfr. capítulo IV, § 2º, nº 3.2.; § 3º, nº 3.2.3., c), nº 5.; capítulo V, § 4º, nº 2.

De acordo com o direito português — que, segundo o artigo 11º, primeiro parágrafo, da mesma Convenção, é competente para reger o poder de representação perante a contraparte no contrato de compra e venda —, o agente só pode celebrar contratos em nome do principal se este lhe tiver conferido, por escrito, os necessários poderes (artigo 2º, nº 1 do Decreto-Lei nº 178/86, de 3 de Julho).

O dépeçage *da relação representativa conduz à situação contraditória de, por aplicação de duas leis distintas, se considerar que* A *(agente) dispõe de poderes de representação na relação com* P *(principal), mas não na relação com* T *(contraparte no contrato de compra e venda).*

No direito português, vigora um regime especial de ratificação para os negócios celebrados pelo agente comercial sem poder de representação, segundo o qual, com o objectivo de proteger os interesses da contraparte e a segurança do comércio jurídico, se estabelece uma presunção de ratificação no caso de o principal não declarar, no prazo de cinco dias, que não aceita o negócio (artigo 22º, nº 2 do Decreto-Lei nº 178/86, de 3 de Julho). Este regime é desconhecido do direito francês.

Caso 2

A sociedade *P*, com sede na Suíça, encarregou *A*, com estabelecimento profissional em Portugal, de vender determinadas mercadorias.
Alguns dias mais tarde, em Portugal, *A* celebrou com *T*, sociedade com sede em Portugal, um contrato de venda das referidas mercadorias, devendo a respectiva entrega efectuar-se em certa data.
P não entregou as mercadorias na data fixada, invocando falta de poderes de *A* para celebrar o negócio.
T pretende que *P* ratifique o negócio celebrado por *A* em nome de *P*. [3]

Este caso suscita as seguintes questões:
— Pode *T* exigir que *P* se pronuncie sobre a ratificação do contrato?
— Pode *T* desvincular-se unilateralmente do contrato antes de o mesmo ser ratificado por *P*?
— Qual o regime aplicável à ratificação e quais os seus efeitos?

---

[3] Adaptação de BG, 26.6.1962, BGE 88 II 195. No caso original: *A*, residente na Alemanha; *P*, sociedade com sede na Suíça; *T*, sociedade com sede na Alemanha.

— Qual o valor do negócio celebrado em nome de outrem sem poderes de representação? [4]

A Convenção de Haia não contém solução expressa para as questões acima enunciadas.

Admitamos como aplicável ao contrato de compra e venda o direito material suíço (artigo 3º da Convenção de Roma) e ao poder de representação o direito material português (artigo 11º, primeiro parágrafo, da Convenção de Haia).

O problema de saber se, para a validade ou eficácia em relação ao representado do negócio celebrado pelo representante para além dos poderes que lhe foram conferidos, é exigida a ratificação por parte do pretenso representado, bem como as questões relativas aos requisitos e efeitos da ratificação, inserem-se no âmbito da lei reguladora da relação externa de representação (sujeita ao direito português), mas dizem igualmente respeito à validade ou eficácia do negócio representativo (a que é aplicável o direito suíço).

Não obstante a semelhança entre o direito português e o direito suíço nesta matéria, subsistem algumas diferenças de regime que justificam a necessidade de determinação da ordem jurídica aplicável.

Ambos os direitos fazem depender a eficácia do negócio celebrado sem poderes, em relação ao representado, da ratificação pelo interessado (artigo 268º, nº 1 do Código Civil português e artigo 38, nº 1 do Código das Obrigações suíço) e permitem à contraparte provocar a ratificação do negócio pelo representado (respectivamente, artigo 268º, nº 3 e artigo 38, nº 2).

Porém, segundo a disposição do direito português, o prazo para a ratificação será o fixado pela contraparte; segundo o preceito do direito suíço, o representado deverá pronunciar-se em prazo conveniente.

Nos termos do Código Civil português, diferentemente do que sucede perante o direito suíço, a contraparte tem, em certas circunstâncias, a faculdade de revogar o negócio celebrado sem poderes de representação (artigo 268º, nº 4).

---

[4] Para a resposta a estas questões, cfr. capítulo IV, § 3º, nºs 3.2.3., a), nº 4., nº 7.

3. Os exemplos descritos revelam situações de "crise" ou de "patologia" do poder de representação, em que se coloca o problema de saber se o negócio jurídico celebrado pelo pretenso representante é susceptível de vincular perante terceiros o pretenso representado.

No campo das situações privadas internacionais, e numa perspectiva de base conflitualista tradicional, o problema está em decidir a qual dos três estatutos referidos (estatuto da representação, estatuto da relação interna ou estatuto do negócio jurídico representativo) deve ser adjudicada a resolução das questões enunciadas.

Uma posição de princípio no sentido de reconduzir todas as questões ao estatuto da representação, com fundamento na ideia de garantir a unidade desse estatuto especial — que assim seria aplicável a todos os problemas suscitados a propósito da representação — poderia ter como consequência a adopção de soluções incompatíveis com as que resultam, para a regulamentação de aspectos intimamente conexos, dos estatutos aplicáveis à relação interna ou ao negócio representativo.

Pelo contrário, incluir todas aquelas questões no âmbito da relação interna ou do negócio representativo poderia apresentar a vantagem de preservar a unidade do estatuto de um dos contratos em causa, mas seria susceptível de contrariar o carácter autónomo do poder de representação, que inspira a maior parte das ordens jurídicas dos países da Europa continental, entre as quais a portuguesa. De qualquer modo, não faria desaparecer a necessidade de compatibilização com os direitos aplicáveis às outras relações que se inserem no conjunto da relação representativa.

4. Dificuldades deste tipo não são específicas dos contratos celebrados através de representante. Surgem com frequência na regulação de situações plurilocalizadas de estrutura complexa.

A delimitação do âmbito dos estatutos que concorrem na relação representativa constitui o pretexto e o ponto de partida para a discussão do problema mais geral da coordenação de disposições provenientes de diversas ordens jurídicas chamadas a regular diferentes aspectos de uma situação da vida privada internacional, em consequência da especialização e do método analítico do direito internacional privado.

Com efeito, a técnica de especialização subjacente ao direito de conflitos envolve o desmembramento das situações da vida de modo artificial e desfavorável à sua regulamentação jurídica unitária. A adopção de conexões independentes para regular aspectos parciais de uma situação internacional pode conduzir a dificuldades de concatenação das normas chamadas a reger essa situação e é susceptível de contrariar a ordenação e a justiça inerentes a cada uma das ordens jurídicas envolvidas.

Tendo em conta a natureza e a função das normas de conflitos, as contradições ou antinomias que se verifiquem na regulação de uma situação da vida privada internacional ou na aplicação das ordens jurídicas designadas pelo direito de conflitos do foro implicam contradições ou antinomias no próprio direito do foro.

Por isso se pretende nesta dissertação abrir o caminho para a construção de um princípio da coerência em direito internacional privado.

Não se tratará obviamente de eliminar conexões especiais existentes num determinado sistema de conflitos. O objectivo consiste em descobrir os instrumentos que concretizam o princípio da coerência numa dada ordem jurídica — no caso, a ordem jurídica portuguesa — e definir critérios que possam auxiliar o intérprete na resolução das contradições susceptíveis de ocorrer nos diversos estádios de aplicação das normas de conflitos.

Os exemplos atrás descritos demonstram a dificuldade de conseguir a harmonia ao nível da regulamentação do caso concreto. Os critérios propostos para a compatibilização dos estatutos que concorrem na relação representativa têm em vista assegurar, tanto quanto possível, a unidade da relação representativa. A generalização desses critérios a outros domínios do comércio internacional põe em evidência a necessidade de reformular parcialmente a metodologia do direito de conflitos, na perspectiva do princípio da coerência.

5. O tema da representação em direito internacional privado está novamente em voga.

Desde o momento em que, há mais de oito anos, solicitei ao Conselho Científico da Faculdade de Direito da Universidade de Lisboa a admissão à preparação de doutoramento com uma dissertação sobre "a representação nos contratos comerciais internacionais", um importante acontecimento marcou o direito internacional privado da representação. Refiro-me naturalmente à entrada em vigor, em 1992, no plano internacional e em Portugal, da Convenção de Haia de 14 de Março de 1978 sobre a lei aplicável aos contratos de intermediação e à representação.

Porventura sob influência desta circunstância, mas também perante a ausência de regulamentação relativa à representação na Convenção de Roma, a produção doutrinária sobre o tema aumentou significativamente.

Num domínio em que existiam apenas alguns estudos elaborados nos anos sessenta e setenta [5], foram publicados, durante este período, diversos

---

[5] Cfr.: Vincenzo STARACE, *La rappresentanza nel diritto internazionale privato*, Napoli, 1962; François RIGAUX, *Le statut de la représentation. Étude de droit international privé comparé*, Leyden, 1963; Manfred KAYSER, *Vertretung ohne Vertretungsmacht im deutschen internationalen Privatrecht. Eine Untersuchung zur Kollisionsrechtlichen Problematik der falsa procuratio bei rechtsgeschäftlich erteilter Vertretungsmacht*, Würzburg, 1967; Hans BERGER, *Das Statut der Vollmacht im schweizerischen IPR mit vergleichender*

artigos em revistas especializadas e duas monografias universitárias, da autoria do neerlandês H. L. E. Verhagen [6] e do alemão Josef Ruthig [7]. À última não pude aliás dedicar a atenção que certamente merece, pois apenas chegou ao meu conhecimento quando a redacção da dissertação se encontrava praticamente concluída.

Por outro lado, a preocupação de coerência que, com esta ou outra designação, tem estado presente, desde há muito, nos cultores do direito internacional privado, recebeu um novo impulso, já depois da altura em que escolhi como subtítulo para a dissertação "um contributo para o estudo do princípio da coerência em direito internacional privado" e em que apresentei à Professora orientadora a versão do plano que serviu de base à elaboração do presente trabalho.

Refiro-me em especial à "teoria da coerência", afirmada pelo Professor Erik Jayme no curso geral de direito internacional privado proferido na Academia de Haia de Direito Internacional, em 1995, e publicado no final de 1996 [8].

6. Este novo apelo à coerência não serve apenas objectivos de natureza formal. A sua utilização no campo do direito não pode ignorar, antes pressupõe, o conhecimento do resultado da aplicação das regras aos casos concretos. Na fase actual de desenvolvimento do direito internacional privado, o recurso ao princípio da coerência é portanto indispensável para coordenar a solução conflitual com normas de outra natureza, que ocupam lugar destacado na regulamentação do comércio internacional.

Esta tarefa só poderá ser realizada com rigor e o seu objectivo só será bem sucedido se o recurso ao direito comparado na aplicação das normas de direito internacional privado for efectivamente "tomado a sério".

Lisboa, Maio de 1997

Berücksichtigung Deutschlands, Frankreichs, Großbritanniens, sowie der internationalen Verträge und Vertragsentwürfe, Zürich, 1974; Ulrich SPELLENBERG, *Geschäftsstatut und Vollmacht im internationalen Privatrecht*, München, 1979; René de QUÉNAUDON, *Recherches sur la représentation volontaire dans ses dimensions interne et internationale*, Strasbourg, 1979.

[6] *Agency in private international law. The Hague Convention on the law applicable to agency*, The Hague, Boston, London, 1995.

[7] *Vollmacht und Rechtsschein im IPR*, Heidelberg, 1996.

[8] *Identité culturelle et intégration: le droit international privé postmoderne. Cours général de droit international privé*, Recueil des Cours, 1995, tome 251, p. 9 ss (p. 129 s).

CAPÍTULO I
A utilização do método comparativo em direito internacional privado

1. Considerações gerais

As questões jurídicas emergentes do comércio internacional exigem uma visão ampla e uma investigação comparativa intensa [1], não só no momento da construção de normas materiais especiais e de normas de conflitos de fonte interna ou de fonte internacional que tenham por objecto tais questões, como também no momento da interpretação e da aplicação de todas essas normas.

A elaboração de normas de direito internacional privado de fonte estadual e a preparação de convenções internacionais para a unificação do direito de conflitos são hoje impensáveis sem a prévia comparação de soluções vigentes em diferentes espaços jurídicos.

A ideia de utilizar o método comparativo na interpretação e aplicação das normas de direito internacional privado é contemporânea da institucionalização do direito comparado como disciplina jurídica [2]. No relatório apresentado ao Congresso Internacional de Direito Comparado realizado em Paris, em 1900, Franz Kahn defendeu o método do direito comparado como uma via para superar a querela entre a abordagem nacionalista e a abordagem internacionalista do direito internacional privado [3] [4].

---

[1] Cfr. RABEL, *Sobre la situación actual del derecho internacional privado comparado*, trad., Córdoba, Argentina, 1949, p. 28.

[2] Sobre as origens e a evolução histórica das relações entre o direito comparado e o direito internacional privado, vejam-se: RHEINSTEIN, *Comparative law and conflict of laws in Germany*, Univ. Chicago L. Rev., 1934-35, p. 232 ss (p. 257 ss); MAKAROV, *Internationales Privatrecht und Rechtsvergleichung*, Tübingen, 1949, p. 7 ss (estudo actualizado em *Internationales Privatrecht und Rechtsvergleichung*, "Buts et méthodes du droit comparé. Inchieste di diritto comparato", 2, Padova, New York, 1973, p. 465 ss); TROUSSE, *L' orientation comparative du droit international privé*, "En hommage à Léon Graulich ses anciens élèves", Liège, 1957, p. 283 ss (p. 284 ss); RABEL, *The conflict of laws. A comparative study*, vol. I — *Introduction. Family law*, 2ª ed. por Ulrich Drobnig, Ann Arbor, 1958, p. 6 ss.

[3] Cfr. KAHN, *Rôle, fonction et méthode du droit comparé dans le domaine du droit international privé. Rapport présenté au Congrès International de Droit Comparé*, Bull. Soc. lég. comp., 29 (1899-1900), p. 406 ss (= *Bedeutung der Rechtsvergleichung mit Bezug auf das internationale Privatrecht. Bericht für den Congrès International de Droit Comparé (Paris 1900)*, "Abhandlungen zum internationalen Privatrecht", I, 1928, p. 491 ss).

[4] Até aos finais do séc. XIX, a comparação jurídica era incipiente. A necessidade de comparar as normas de conflitos vigentes nas diversas ordens jurídicas é consequência do fenómeno de "nacionalização" ou "particularização" do direito de conflitos. Enquanto o direito

internacional privado se traduziu na construção de sistemas universais para a resolução dos diversos problemas de conflitos de leis no espaço, podiam apenas comparar-se opiniões doutrinárias, não normas jurídicas positivas. O direito de conflitos de fonte legislativa apenas surgiu nas grandes codificações de direito privado dos sécs. XVIII e XIX e, até aí, não era fácil o acesso às normas reveladas por outras fontes de direito, por exemplo, pelas decisões jurisprudenciais. Não admira por isso que as primeiras tentativas de comparação nesta matéria sejam posteriores à nacionalização do direito internacional privado operada pela inclusão de normas de conflitos nos códigos modernos (veja-se, porém, FEDOZZI, *Ufficio, funzione e metodo del diritto comparato nel campo del diritto internazionale privato*, Archivio Giuridico "Filippo Serafini", 1902, p. 225 ss, para quem a teoria dos estatutos oferece os primeiros rudimentos de uma comparação legislativa como base da resolução das questões de direito internacional privado). Joseph STORY no seu *Commentaries on the conflict of laws, foreign and domestic, in regard to contracts, rights, and remedies, and specially in regard to marriages, divorces, wills, successions, and judgments*, 1ª ed., Boston, 1834, ensaiou a utilização do método comparativo no campo dos conflitos de leis, mas ainda de modo limitado, pois apenas recorria às opiniões de comentadores estrangeiros. FOELIX utilizou a doutrina e alguma jurisprudência estrangeiras, bem como textos de direito positivo em vigor em outros países, fazendo uma exposição comparativa com as normas de conflitos do *Code Civil*, quer nos seus trabalhos iniciais sobre direito internacional privado (cfr. as recensões a obras de outros autores sobre a matéria dos conflitos de leis e os diversos estudos dedicados ao direito internacional privado, publicados, a partir de 1840, na "Revue étrangère de législation et d'économie politique", por ele fundada em 1834), quer no *Traité du droit international privé ou du conflit des lois de différentes nations en matière de droit privé*, 1ª ed., Paris, 1843; 2ª ed., 1847; 3ª ed., revista e aumentada, por Charles Demangeat, 1856. Logo após a publicação dos primeiros artigos de Foelix na "Revue étrangère" e ainda antes do aparecimento do *Traité*, surgiu na Alemanha a obra de Wilhelm SCHAEFFNER, *Entwicklung des Internationalen Privatrechts*, Frankfurt a. M., 1841, que, utilizando em grande parte as fontes estrangeiras coligidas pelo autor francês, aplica igualmente o método comparativo no domínio do direito internacional privado. Os esforços comparatistas destes autores não tiveram todavia seguidores imediatos. A doutrina francesa posterior assenta, em geral, numa base estritamente nacional. Para Étienne BARTIN, por exemplo, o direito internacional privado será necessariamente particularista, cada Estado conservará sempre um sistema próprio de solução dos conflitos de leis, pois o direito internacional privado é considerado através do prisma do respectivo direito interno (cfr. *La théorie des qualifications en droit international privé*, "Études de droit international privé", Paris, 1899, p. 1 ss, anteriormente publicado em Clunet, 1897, p. 225 ss, 466 ss, 720 ss). Por outro lado, os três maiores representantes da doutrina internacionalprivatista alemã do final do séc. XIX (e do início do séc. XX) não recorreram ao método comparativo. Assim: SAVIGNY, no capítulo do seu *System des heutigen Römischen Rechts* dedicado ao direito internacional privado (Band 8, Berlin, 1849, *Drittes Buch — Herrschaft der Rechtsregeln über die Rechtsverhältnisse: Erstes Kapitel — Oertliche Gränzen der Herrschaft der Rechtsregeln über die Rechtsverhältnisse*), apesar de no preâmbulo acentuar o "esforço no sentido da aproximação, adaptação, entendimento" entre os povos (p. IV), faz reduzidas referências a normas de conflitos vigentes em outros sistemas; Ludwig VON BAR, *Theorie und Praxis des internationalen Privatrechts*, 1ª ed., de 1862, afasta deliberadamente a análise comparativa (cfr. o prefácio da 2ª ed., de 1889, p. VIII) e funda a sua construção na *Natur der Sache* (mais tarde, no entanto, o autor parece reconhecer algum mérito à ciência comparativa, pois permite um maior reconhecimento do espírito e do sentido dos direitos de outros povos, que é "uma das condições prévias mais importantes para o desenvolvimento do direito internacional privado" — cfr. *Neue Prinzipien und Methoden des internationalen Privatrechts*, AöR, 1900, p. 1 ss (p. 46), estudo em que L. VON BAR, apreciando o método proposto por Jitta, Zitelmann e Kahn, dá um certo apoio às soluções defendidas por Kahn (p. 45 e 49)); ZITELMANN, *Internationales Privatrecht*, I, Leipzig, 1897, II, München, Leipzig, 1912, constrói o seu sistema de direito internacional privado com base em princípios gerais derivados do direito das gentes. Contudo, nessa mesma época, foram criadas numerosas revistas jurídicas, dedicadas ao direito internacional privado ou abrangendo temas de direito internacional privado, que contribuíram para a divulgação de sistemas vigentes em diferentes ordens jurídicas e ofereceram oportunidade para a investigação comparativa neste campo. São exemplos: "Revue de droit international et de législation comparée", organizada por T.M.C. Asser, G. Rolin-Jaequemyns, J. Westlake: nº 1, London, Bruxelles, Paris, Den Haag, Berlin, Turin, Bern, New York, 1869 (publicada até 1914 e de 1920 até 1939); "Annuaire de législation étrangère", editada pela Société de Législation Comparée: nº 1, Paris, 1872 (publicada até 1987); "Bulletin de la Société de Législation Comparée", editada igualmente pela Société de Législation Comparée: nº 1, Paris, 1872 (designada, a partir de 1949, e até aos nossos dias, "Revue internationale de droit comparé"); "Journal du droit international privé", fundada por Édouard Clunet, com a colaboração de C. Demangeat e P.S. Mancini: nº 1, Paris, 1874 (denominada, logo a partir do nº 2 e até 1914, "Journal du droit international privé et de la jurisprudence comparée" e, desde 1915 até hoje, "Journal du droit international", frequentemente conhecida pelo nome do seu fundador); "Il Filangieri", nº 1, Napoli, 1876 (publicada até 1919); "Zeitschrift für vergleichende Rechtswissenschaft", organizada por F. Bernhöft, G. Cohn: nº 1, Stuttgart, 1878 (publicada até ao presente); "Zeitschrift für Internationales Privat- und Strafrecht", fundada e editada por F. Böhm: nº 1, Erlangen, 1891 (mais tarde editada por T. Niemeyer, foi publicada até 1935); "Jahrbuch der internationalen Vereinigung für vergleichende Rechtswissenschaft und Volkswirtschaftslehre", organizada por F. Bernhöft, F. Meyer: nº 1, Berlin, 1896 (publicada até 1912); "Revue de droit international privé et de droit pénal international", publicada por A. Darras, com o patrocínio de A. Lainé, A. Weiss, F. Despagnet, A. Pillet, E. Audinet, E. Bartin: nº 1, Paris, 1905 (a partir de 1922, "Revue de droit international privé"; entre 1934 e 1946, "Revue critique de droit international", a partir de 1947, e até aos nossos dias, "Revue critique de droit international privé"). Pretendia-se, através da divulgação do direito e da prática de vários países (cfr. DEMANGEAT, *Introduction*, "Clunet", 1, 1874, p. 9 ss, 12) e dentro de um "espírito de internacionalismo" (cfr. ROLIN--JAEQUEMYNS, *De l'étude de la législation comparée et du droit international privé*, "Revue de droit international et de législation comparée", 1, 1869, p. 17), contribuir para o desenvolvimento de uma justiça universal na resolução dos problemas de conflitos de leis. A preparação da codificação do direito civil alemão deu um novo impulso aos trabalhos de natureza comparativa (sobre o desenvolvimento que tiveram na Alemanha, durante essa época, os estudos de direito internacional privado, cfr. ANZILOTTI, *Una pagina di storia della codificazione civile in Germania*, "Studi critici di diritto internazionale privato", 1898, p. 1 ss). Gebhard, o redactor da parte geral do anteprojecto na primeira Comissão, não só procedeu à pesquisa das normas de conflitos contidas nas leis estrangeiras então existentes, como utilizou elementos comparativos nos *Motive* das propostas apresentadas em 1881 e em 1887 (os *Motive* das propostas de Gebhard não foram imediatamente tornados públicos, situação que esteve na origem de críticas — cfr. Theodor NIEMEYER, *Das internationale Privatrecht im Entwurf eines*

A tese então formulada teve acolhimento favorável [5]. Mas o grande impulso no sentido da utilização do direito comparado na resolução de problemas do direito de conflitos deve-se a Ernst Rabel. Este autor aplicou o método comparativo ao problema da qualificação e defendeu a autonomia na construção de conceitos de direito internacional privado [6], abrindo o caminho para a que mais tarde foi designada "terceira escola no direito internacional privado" [7] e para a emancipação deste ramo da ciência jurídica.

Bürgerlichen Gesetzbuchs, Berlin, 1896, p. 5 s; tal falta apenas foi suprida por iniciativa de NIEMEYER que publicou as duas propostas de Gebhard, bem como as respectivas exposições de motivos, em *Zur Vorgeschichte des Internationalen Privatrechts im Deutschen Bürgerlichen Gesetzbuch ("Die Gebhardschen Materialen")*, München, Leipzig, 1915). Theodor NIEMEYER, por sua vez, compilou as normas de conflitos que estavam em vigor na Alemanha antes da entrada em vigor da lei de introdução ao Código Civil (*Positives Internationales Privatrecht*, I — *Das in Deutschland geltende Internationale Privatrecht*, Leipzig, 1894). Considerando a exposição dogmática do direito vigente como uma tarefa preliminar da ciência do direito (*ob. cit.*, p. 5), o autor procedeu ao inventário e à publicação de modo sistematizado das normas de conflitos existentes nos diversos estados alemães. Nos anos que se seguiram, e em resposta a um concurso promovido pela *Juristische Gesellschaft*, de Berlim, novos projectos legislativos foram apresentados por NIEMEYER (*Vorschläge und Materialen zur Kodifikation des Internationalen Privatrechts*, Leipzig, 1895) e NEUMANN (*Internationales Privatrecht in Form eines Gesetzentwurfs nebst Motiven und Materialen. Ein Beitrag zur Kodifikation des Deutschen bürgerlichen Rechts*, Berlin, 1896). Os dois autores fundamentavam as suas propostas na análise comparativa do direito em vigor em diversos países. Ambas as publicações incluíam os textos de leis estrangeiras e de tratados internacionais, organizados sistematicamente.

[5] No decurso do Congresso Internacional de Paris, a tese de Kahn foi criticada por LAINÉ (cfr. *Rôle, fonction et méthode du droit comparé dans le domaine du droit international privé. Communication en réponse au rapport présenté par M. Kahn*, "Congrès International de Droit Comparé tenu à Paris du 31 juillet au 4 août 1900. Procès-verbaux des séances et documents", I, Paris, 1905, p. 327 ss) e sustentada por CHAUSSE (cfr. *loc. cit.*, p. 338 ss). Dois anos depois da realização do Congresso, um autor italiano publicou um estudo subordinado ao mesmo título da comunicação de Kahn, onde, embora com algumas críticas, desenvolvia o tema do papel do direito comparado no âmbito do direito internacional privado. Cfr. FEDOZZI, *Ufficio, funzione e metodo del diritto comparato nel campo del diritto internazionale privato*, já antes referido. Outras repercussões do Congresso de Paris podem ver--se em: SAUSER--HALL, *Fonction et méthode du droit comparé. Leçon inaugurale faite le 23 octobre 1912*, Genève, 1913, p. 43 s; STREIT, *Droit international privé comparé. Communication faite à l'Académie diplomatique internationale le 20 octobre 1928*, Rev. crit., 1929, p. 146 ss; LÉVY--ULLMANN, *Rapports du droit international privé avec le droit comparé*, Bull. Soc. lég. comp., 61 (1931-1932), p. 205 ss.

[6] Cfr. *Das Problem der Qualifikation*, RabelsZ, 1931, p. 241 ss, e a versão francesa, publicada na Rev. crit., 1933, p. 1 ss.

[7] ZWEIGERT, *Die dritte Schule im internationalen Privatrecht. Zur neueren Wissenschaftsgeschichte des Kollisionsrechts*, "FS Leo Raape", 1948, p. 35 ss. Cfr. LEWALD, *Eine "Dritte Schule im internationalen Privatrecht"?*, NJW, 1949, p. 644 ss, onde o autor, embora pronunciando-se a favor da necessidade da utilização do direito comparado no domínio do direito internacional privado, critica a ideia de "terceira escola" proposta por Zweigert.

Foi principalmente depois dos importantes trabalhos de Ernst Rabel, assentes no direito comparado [8], que muitos autores em diversos países passaram a atribuir significado ao método comparativo no domínio do direito internacional privado [9].

---

[8] O mais importante é, sem dúvida, o citado estudo sobre a qualificação, não só pela relevância do tema, mas pela influência que exerceu na doutrina posterior. Podem citar-se ainda, do autor: *Aufgabe und Notwendigkeit der Rechtsvergleichung* (1924), "Rechtsvergleichung", 1978, p. 85 ss; *Rechtsvergleichung und internationale Rechtsprechung*, RabelsZ, 1927, p. 5 ss; *The conflict of laws. A comparative study*, volumes I a IV, 1ª ed., Ann Arbor, 1945 a 1958; *Comparative conflicts law*, Indiana L. J., 1949, p. 353 ss; *Sobre la situación actual del derecho internacional privado comparado*, cit., 1949. Rabel fundou a "Zeitschrift für ausländisches und internationales Privatrecht" (em colaboração com E. Heymann, H. Titze, M. Wolff, M. Pagenstecher, F. Schlegelberger, nº 1, Berlin, Leipzig, 1927). Como edição especial dessa revista, começou a ser publicada a "Deutsche Rechtsprechung auf dem Gebiete des internationalen Privatrechts" (o primeiro número foi publicado em 1928 e incluía a jurisprudência a partir do ano de 1926; editada anualmente, esteve suspensa entre 1935 e 1944; as decisões proferidas durante aquele período foram englobadas num único volume, publicado em 1980).

[9] Na Alemanha, as obras publicadas a partir de 1930, e principalmente as de Lewald (*Das deutsche internationale Privatrecht auf Grundlage der Rechtsprechung*, Leipzig, 1931), M. Wolff (*Internationales Privatrecht*, Berlin, 1933) e Raape (*Deutsches Internationales Privatrecht*, 1ª ed., Berlin, Bd. 1, 1938, Bd. 2, 1939), todas elas interessadas no estudo da jurisprudência, comparam as soluções nacionais com as de outros países. No "Rechtsvergleichendes Handwörterbuch für das Zivil- und Handelsrecht des In- und Auslandes", editado por Franz Schlegelberger, a partir de 1929, é incluída uma exposição do sistema de direito internacional privado, em base comparativa (vol. IV, Berlin, 1933, p. 320 ss). No período entre as duas guerras, e em paralelo com a própria afirmação da autonomia do direito comparado, assiste-se à utilização do direito comparado mesmo em obras que representam as derradeiras tentativas de construção de um sistema universal, baseado em princípios aprioristicos (Frankenstein, *Internationales Privatrecht*, volumes I a IV, Berlin, 1926 a 1935), ou em obras que contêm a exposição do sistema positivo de direito internacional privado de um determinado país (Melchior, *Grundlagen des deutschen internationalen Privatrechts*, Berlin, Leipzig, 1932). Com Nussbaum surge a primeira exposição de um sistema geral de direito internacional privado em base comparativa: *Deutsches internationales Privatrecht. Unter besonderer Berücksichtigung des österreichischen und schweizerischen Rechts*, Tübingen, 1932 (cfr. p. 16 ss a exposição sobre a importância do direito comparado para o direito internacional privado). Por outro lado, foram organizadas colectâneas de textos que, embora incluíssem apenas leis e tratados, constituíam um ponto de partida indispensável para a comparação no domínio do direito internacional privado (Makarov, *Die Quellen des internationalen Privatrechts*, 1ª ed., Berlin, 1929); foi criado em Berlin, em 1926, o *Institut für ausländisches und internationales Privatrecht* (inicialmente dirigido por Rabel), com o objectivo de realizar investigação comparativa neste domínio. Em França, apesar de se ter acentuado a tendência particularista e nacionalista, Lerebours-Pigeonnière (*Précis de droit international privé*, 1ª ed., Paris, 1928) chamou a atenção para a necessidade de as regras de conflitos de leis terem em conta o carácter internacional das relações a que se referem; defensor de um método ecléctico, que inclui a análise tanto do direito interno como das exigências do comércio internacional e dos interesses gerais dos Estados (cfr. *ob. cit.*, 5ª ed., 1948, p. 60 s, 262, 266 ss), o autor afirmou a importância do direito comparado na resolução das questões

privadas internacionais (embora no *Précis* tenha feito uma utilização limitada do direito comparado). LAPRADELLE e NIBOYET organizaram uma compilação de relatórios sobre os sistemas nacionais de direito internacional privado, incluída no tema "direito internacional privado comparado" do "Répertoire de droit international" (volumes VI e VII, Paris, 1930). Em Itália, por iniciativa do *Istituto italiano di studi legislativi*, passou a editar-se a "Giurisprudenza comparata di diritto internazionale privato" (publicada a partir de 1937, sob a responsabilidade de Salvatore Galgano, foi editada até 1956, contendo as sentenças mais importantes de diversos países, por vezes acompanhadas de comentários da doutrina). Em diferentes partes do mundo surgiram obras gerais de direito internacional privado comparado. Para além do *Conflict of laws*, de RABEL, podem também citar-se as seguintes: KUHN, *Comparative commentaries on private international law or conflict of laws*, New York, 1937; SZÁSZY, *Droit international privé comparé. Traité de législation comparée avec référence spéciale au droit égyptien et musulman*, Alexandrie, Paris, 1940 (veja-se, mais tarde, do mesmo autor *Conflict of laws in the western, socialist and developing countries*, Leiden, 1974). FRANKENSTEIN ensaiou a primeira tentativa de uma codificação europeia de direito internacional privado: *Projet d'un code européen de droit international privé*, Leiden, 1950 (neste projecto, o autor serve-se do direito comparado para elaborar conceitos "internacionais", que não podem ser interpretados no sentido técnico que lhes corresponde em determinada legislação — cfr. Introdução, p. 8 s, e artigo 1). Começou a ser editada sob a responsabilidade de Nussbaum a série "Bilateral studies in private international law", tendo sido publicado o primeiro volume em 1951. No período que se seguiu ao estudo de Rabel sobre a qualificação, muitos autores em diversos países defenderam a importância da utilização do método comparativo no âmbito do direito internacional privado. Cfr., por exemplo: NEUNER, *Der Sinn der internationalprivatrechtlichen Norm. Eine Kritik der Qualifikationstheorie*, Brünn, Prag, Leipzig, Wien, 1932, p. 26 ss; MERIGGI, *Les qualifications en droit international privé*, Rev. crit., 1933, p. 201 ss (p. 206 ss); RHEINSTEIN, *Comparative law and conflict of laws in Germany*, p. 257 ss; WIGNY, *Remarques sur le problème des qualifications*, Rev. crit., 1936, p. 392 ss (p. 418 ss); MAURY, *Règles générales des conflits de lois*, Recueil des Cours, 1936 — III, tome 57, p. 325 ss (p. 474 ss, apesar de mover algumas críticas ao método proposto por Rabel); BALOGH, *Le rôle du droit comparé dans le droit international privé*, Recueil des Cours, 1936 — III, tome 57, p. 571 ss; BATIFFOL, *Les conflits de lois en matière de contrats. Étude de droit international privé comparé*, Paris, 1938 (veja-se, quanto ao método, p. 2 ss); ROBERTSON, *Characterization in the conflict of laws*, Cambridge, Massachusetts, 1940 (p. 90 s); NIEDERER, *Die Frage der Qualifikation als Grundproblem des internationalen Privatrechts*, Zürich, 1940 (em especial, p. 90 ss); id., *Einführung in die allgemeinen Lehren des internationalen Privatrechts*, Zürich, 1961, p. 248 ss; LEWALD, *Règles générales des conflits de lois. Contributions à la technique du droit international privé*, Basel, 1941, p. 76 s; id., *Eine "Dritte Schule im internationalen Privatrecht"?*, p. 645 ss; GUTTERIDGE, *Comparative law and the conflict of laws*, "Transactions of the Grotius Society", vol. 29, 1944, p. 119 ss; id., *Comparative law. An introduction to the comparative method of legal study and research*, Cambridge, 1946, p. 41 ss; MAKAROV, *Internationales Privatrecht und Rechtsvergleichung*, 1949; id., *Internationales Privatrecht und Rechtsvergleichung*, 1973, p. 465 ss; id., *Theorie und Praxis der Qualifikation*, "FS Hans Dölle", II, 1963, p. 149 ss; ZWEIGERT, *Die dritte Schule im internationalen Privatrecht*, p. 38 ss; id., *Rechtsvergleichung als universale Interpretationsmethode*, RabelsZ, 1949, p. 5 ss (p. 12); WOLFF, *Private International Law*, 2ª ed., Oxford, 1950, p. 153 s (embora sublinhando a insuficiência do método para a resolução dos problemas de qualificação); BEITZKE, *Betrachtungen zur Methodik im Internationalprivatrecht*, "Rechtsprobleme in Staat

Sobretudo a partir da segunda guerra mundial, a doutrina tem reconhecido que o direito comparado é uma importante ciência auxiliar do direito internacional privado [10]; que o direito comparado é essencial para

---

und Kirche. Festschrift für Rudolf Smend", Göttingen, 1952, p. 1 ss (p. 7 ss); VISCHER, *Die rechtsvergleichenden Tatbestände im internationalen Privatrecht. Die Übereinstimmung der materiellen Rechtsinhalte als Voraussetzung des internationalen Privatrechts. Die Bedeutung des Begriffes der Äquivalenz*, Basel, 1953 (com referência ao método, p. 11 ss); FALCONBRIDGE, *Essays on the conflict of laws*, 2ª ed., Toronto, 1954, p. 70 s; SCHWIND, *Rechtsvergleichung, Rechtsvereinheitlichung und internationales Privatrecht*, JBl., 1956, p. 33 ss; TROUSSE, *L' orientation comparative du droit international privé*, p. 283 ss; YNTEMA, *Les objectifs du droit international privé*, Rev. crit., 1959, p. 1 ss (p. 6 ss); van HECKE, *Universalisme et particularisme des règles de conflit au XX ème siècle*, "Mélanges Jean Dabin", II, 1963, p. 939 ss (p. 940 ss). A doutrina portuguesa fez inicialmente uma utilização limitada do método comparativo no âmbito do direito internacional privado. Cfr.: DIAS ROSAS, *As qualificações em direito internacional privado*, Jornal do Foro, sep., 1947, p. 66 ss; FERRER CORREIA, *O problema das qualificações em direito internacional privado*, RDES, V, 1949, nºs 1 a 3, p. 43 ss (mas mais tarde o autor sublinha, em muitos dos seus numerosos estudos sobre direito internacional privado, a importância do recurso ao direito comparado, como se refere na nota seguinte); TABORDA FERREIRA, *Considerações sobre o problema das qualificações em direito internacional privado*, Scientia Iuridica, VIII, 1959, nºs 42/43, p. 386 ss, nº 44, p. 510 ss, IX, 1960, nºs 48/49, p. 356 ss (nº 44, p. 516 s); id., *Vers la solution du problème des qualifications*, "De conflictu legum", 1962, p. 493 ss.

[10] Assim: SCHNITZER, *Handbuch des internationalen Privatrecht einschließlich Prozeßrecht, unter besonderer Berücksichtigung der Schweizerischen Gesetzgebung und Rechtsprechung*, Bd. I, 4ª ed., Basel, 1957, p. 32 ss; id., *Vergleichende Rechtslehre*, Bd. I, 2ª ed., Basel, 1961, p. 32 ss; id., *Rechtsvergleichung, Internationales Privatrecht und Völkerrecht im System des Rechts*, ZfRV, 1976, p. 13 ss; BRAGA, *Kodifikationsgrundsätze des internationalen Privatrechts*, RabelsZ, 1958, p. 421 ss (p. 425 ss, 437 ss); HAROLDO VALLADÃO, *Direito internacional privado em base histórica e comparativa, positiva e doutrinária, especialmente dos Estados americanos. Introdução e parte geral*, Rio de Janeiro, São Paulo, 1968, p. 31 ss; MAKAROV, *Grundriß des internationalen Privatrechts*, Frankfurt a. M., 1970, p. 34 s; CONSTANTINESCO, *Traité de droit comparé*, II — *La méthode comparative*, Paris, 1974, p. 358 ss; WADE, *The comparative law approach: objectives and difficulties for the PIL lawyer — a note*, Neth. Int'l L. Rev., 1976, p. 205 ss; NEUHAUS, *Die Grundbegriffe des internationalen Privatrechts*, 2ª ed., Tübingen, 1976, p. 79 ss; RAAPE, STURM, *Internationales Privatrecht*, Bd. I — *Allgemeine Lehren*, 6ª ed., München, 1977, p. 21 s, 278; EBERT, *Rechtsvergleichung. Einführung in die Grundlagen*, Bern, 1978, p. 148 s, 181 ss; VITTA, *Cours général de droit international privé*, Recueil des Cours, 1979 — I, tome 162, p. 9 ss (p. 44); B. ANCEL, *L' objet de la qualification*, Clunet, 1980, p. 227 ss (p. 263 ss); WENGLER, *Internationales Privatrecht*, Berlin, New York, 1981, p. 138; SCHURIG, *Kollisionsnorm und Sachrecht. Zu Struktur, Standort und Methode des internationalen Privatrechts*, Berlin, 1981, p. 133 s; K. SIEHR, *Scherz und Ernst im Internationalen Privatrecht. Gedanken zur Vergangenheit, Gegenwart und Zukunft des Kollisionsrecht*, "FS Imre Zajtay", 1982, p. 409 ss (p. 414); ZWEIGERT, KÖTZ, *Einführung in die Rechtsvergleichung auf dem Gebiet des Privatrechts*, 2ª ed., Bd. I — *Grundlagen*, Tübingen, 1984, p. 7 s, 3ª ed., Tübingen, 1996, p. 6 s; BEITZKE, *Bemerkungen zur Kollisionsrechtsvergleichung in der Praxis*, RabelsZ, 1984, p. 623 ss; MIAJA DE LA MUELA, *Derecho internacional privado*, I — *Introducción y parte general*, 9ª ed., Madrid, 1985, p. 269 ss; RIGAUX, *Science comparative et droit positif*, "FS Karl

um ramo da ciência jurídica que tem como objecto a coordenação de sistemas jurídicos [11]; ou que o direito comparado é imprescindível para os ramos da ciência jurídica que, como o direito internacional privado, exigem

---

H. Neumayer", 1985, p. 503 ss (p. 513 ss); DROBNIG, *Rechtsvergleichung in der deutschen Rechtsprechung*, RabelsZ, 1986, p. 610 ss (p. 613 s, 619 s); C. VON BAR, *Internationales Privatrecht*, München, I — *Allgemeine Lehren*, 1987, p. 93 ss; SONNENBERGER, col. *Münchener Kommentar* ..., *Einführungsgesetz zum BGB*, 2ª ed., 1990, *Einleitung*, an. 219 ss, 356, 360; AUDIT, *Droit international privé*, Paris, 1991, p. 24 ss; B. ANCEL, *La connaissance de la loi étrangère applicable*, "Droit international et droit communautaire", 1991, p. 87 ss (p. 93 ss); LEGEAIS, *L'utilisation du droit comparé par les tribunaux*, RIDC, 1994, p. 347 ss (p. 349 ss); JOLOWICZ, *Les professions juridiques et le droit comparé: Angleterre*, RIDC, 1994, p. 747 ss (p. 748 ss); KROPHOLLER, *Internationales Privatrecht*, 2ª ed., Tübingen, 1994, p. 68 ss; BOGDAN, *Comparative law*, Göteborg, 1994, p. 35 ss; KEGEL, *Internationales Privatrecht*, 7ª ed., München, 1995, p. 57, 251 ss; FIRSCHING, VON HOFFMANN, *Internationales Privatrecht*, 4ª ed., München, 1995, p. 24, 59. Cfr., na doutrina portuguesa: FERRER CORREIA, *Unidade do estatuto pessoal* (1954), "Estudos jurídicos", III, 1970, p. 291 ss (p. 296); id., *Discurso*, em "Sessão da Faculdade Internacional para o Ensino do Direito Comparado", BFD, vol. XLII, 1966, p. 395 ss (p. 402 ss); id., *O problema da qualificação segundo o novo direito internacional privado português*, BFD, vol. XLIV, 1968, p. 39 ss (p. 43 ss); id., *Estudos de direito comercial*, vol. I, Coimbra, 1969, *Nota prévia*; id., *O novo direito internacional privado português (Alguns princípios gerais)* (1972), "Estudos vários", 1982, p. 3 ss (p. 7, 17 s, nota (1)); id., *Lições de direito internacional privado*, Coimbra, 1973, p. 64 ss, 272; id., *Direito internacional privado. Alguns problemas*, Coimbra, 1981, reimp., 1995, p. 154 s; id., *Conflitos de leis em matéria de direitos sobre as coisas corpóreas*, "Temas", 1989, p. 363 ss (p. 370); id., *O direito internacional privado português e o princípio da igualdade*, "Temas", p. 413 ss (p. 421 ss); id., *O princípio da autonomia do direito internacional privado no sistema jurídico português*, "Temas", p. 451 ss (p. 452 ss); MAGALHÃES COLLAÇO, *Da compra e venda em direito internacional privado. Aspectos fundamentais*, vol. I, Lisboa, 1954, p. 13 s; id., *Direito internacional privado*, II, Lisboa, 1959, p. 153 ss; id., *Da qualificação em direito internacional privado*, Lisboa, 1964, p. 174 ss; id., *Prefácio* a Lima Pinheiro, "A venda com reserva da propriedade em direito internacional privado" (1991), p. XIII ss (p. XIV); BAPTISTA MACHADO, *Âmbito de eficácia e âmbito de competência das leis (Limites das leis e conflitos de leis)*, Coimbra, 1970, p. 396 ss (p. 399 s e nota (15), p. 402 s); id., *Lições de direito internacional privado*, 3ª ed., Coimbra, 1985, reimp., 1995, p. 94 ss; C. FERREIRA DE ALMEIDA, *Introdução ao direito comparado*, Coimbra, 1994, p. 13; id., *O ensino do direito comparado*, Lisboa, policop., 1996, p. 62.

[11] Esta ideia é expressa por BATIFFOL em muitos pontos da sua obra. Cfr. *Aspects philosophiques du droit international privé*, Paris, 1956 (p. 15 ss, 37 ss); *The objectives of private international law*, AJCL, 1967, p. 159 ss; *Réflexions sur la coordination des systèmes nationaux*, Recueil des Cours, 1967 — II, tome 120, p. 165 ss (= "Choix d' articles", 1976, p. 199 ss); *Les apports du droit comparé au droit international privé*, "Livre du centenaire de la Société de législation comparée", Agen, 1969, p. 131 ss (= "Choix d' articles", p. 113 ss); *Droit comparé, droit international privé et théorie générale du droit (Le droit international privé et le caractère systématique du droit)*, RIDC, 1970, p. 661 ss (p. 664 ss); *Le pluralisme des méthodes en droit international privé*, Recueil des Cours, 1973 — II, tome 139, p. 79 ss (p. 79, 81); *Les intérêts de droit international privé*, "FS Gerhard Kegel", 1977, p. 11 ss (p. 12 s); *Actualité des intérêts du droit international privé*, "FS Konrad Zweigert", 1981, p. 23 ss (p. 26 s, 29 ss); e, por último, BATIFFOL, LAGARDE, *Droit international privé*, I, 8ª ed.,

uma abordagem de natureza funcional [12]. Por vezes considera-se que a comparação de direitos é uma evidência no âmbito do direito internacional privado [13] e que tem um valor tão indispensável para esta disciplina que os seus métodos são hoje essencialmente os do direito comparado [14]. Ao mesmo tempo que se multiplicam as obras dedicadas ao estudo do direito internacional privado comparado [15], surgem novas realizações neste cam-

---

Paris, 1993, p. 35 s. Em sentido não substancialmente diferente, GARCÍA VELASCO, *Derecho internacional privado (Reflexiones introductorias)*, Salamanca, 1994, p. 116. Cfr. também a recensão ao livro de BATIFFOL, *Aspects philosophiques...*, realizada por RENAULD, *Droit international privé, droit comparé et philosophie du droit*, Rev. dr. int. et dr. comp., 1956, p. 78 ss. Vejam-se ainda outros estudos comparativos da autoria de BATIFFOL: *L' état du droit international privé en France et dans l' Europe continentale de l' Ouest*, Clunet, 1973, p. 22 ss, e, principalmente, *Les contrats en droit international privé comparé*, Montréal, 1981.

[12] Cfr. NEUHAUS, *Rechtsvergleichende Gedanken zur Funktion der IPR-Regeln*, RabelsZ, 1971, p. 321 s; KROPHOLLER, *Zur funktionellen Methode im Kollisionsrecht. Deutsches Verfahrensrecht in ausländischen Unterhaltsentscheidungen*, "FS Friedrich Wilhelm Bosch", 1976, p. 525 ss (p. 525); id., *Die vergleichende Methode und das Internationale Privatrecht*, ZVglRWiss, 1978, p. 1 ss (p. 7 ss); JAYME, *Rechtsvergleichung im internationalen Privatrecht. Eine Skizze*, "FS Fritz Schwind", 1978, p. 103 ss (p. 104 ss); id., *Identité culturelle et intégration: le droit international privé postmoderne. Cours général de droit international privé*, Recueil des Cours, 1995, tome 251, p. 9 ss (p. 105 ss); VON MEHREN, *Choice-of-law theories and the comparative-law problem*, AJCL, 1975, p. 751 ss (p. 754 ss); id., *Recent trends in choice-of-law methodology*, Cornell L. Rev., 1975, p. 927 ss (p. 927); id., *L' apport du droit comparé à la théorie et à la pratique du droit international privé*, RIDC, 1977, p. 493 ss (p. 497 ss); id., *Choice of law and the problem of justice*, "Contemporary perspectives in conflict of laws", 1977, p. 27 ss (p. 31); id., *The contribution of comparative law to the theory and practice of private international law*, AJCL, 1978, supl., p. 31 ss (p. 38 ss); id., *The role of comparative law in the practice of international law*, "FS Karl H. Neumayer", 1985, p. 479 ss (p. 484 ss); SCHLESINGER, BAADE, DAMASKA, HERZOG, *Comparative law. Cases, text, materials*, 5ª ed., Mineola, New York, 1988, p. 24 ss; MOURA RAMOS, *Da lei aplicável ao contrato de trabalho internacional*, Coimbra, 1991, p. 592 ss (implicitamente).

[13] Cfr.: GROSSFELD, *Vom Beitrag der Rechtsvergleichung zum deutschen Recht*, AcP 184 (1984), p. 289 ss (p. 297); id., *Macht und Ohnmacht der Rechtsvergleichung*, Tübingen, 1984, p. 45; id., *The strength and weakness of comparative law*, Oxford, 1990, p. 19.

[14] Cfr. ZWEIGERT, KÖTZ, *Einführung in die Rechtsvergleichung*, I, p. 7, 3ª ed., p. 6.

[15] Muitos dos cursos proferidos na Academia de Haia de Direito Internacional Privado têm natureza comparativa, expondo as concepções sobre o direito de conflitos que dominam em diversos países. Citam-se, a título de exemplo: GRAVESON, *Comparative aspects of the principles of private international law*, Recueil des Cours, 1963 — II, tome 109, p. 1 ss; EVRIGENIS, *Tendances doctrinales actuelles en droit international privé*, Recueil des Cours, 1966 — II, tome 118, p. 313 ss; R. DE NOVA, *Historical and comparative introduction to conflict of laws*, Recueil des Cours, 1966 — II, tome 118, p. 435 ss; KAHN-FREUND, *General problems of private international law*, Recueil des Cours, 1974 — III, p. 139 ss; LALIVE, *Tendances et méthodes en droit international privé (Cours général)*, Recueil des Cours, 1977 — II, tome 155, p. 1 ss; VITTA, *Cours général de droit international privé*, cit., 1979, p. 9 ss; VON OVERBECK, *Les questions générales du droit international privé à la lumière des*

po [16]. No Congresso Internacional de Direito Comparado que decorreu em Budapeste, em 1978, um dos temas propostos para discussão era "o papel do método comparativo em direito internacional privado", tendo sido sublinhada uma vez mais a interligação entre as duas disciplinas [17].

---

codifications et projets récents, Recueil des Cours, 1982 — III, tome 176, p. 9 ss; SCHWIND, Aspects et sens du droit international privé, Recueil des Cours, 1984 — IV, tome 187, p. 11 ss; DROZ, Regards sur le droit international privé comparé. Cours général de droit international privé, Recueil des Cours, 1991 — IV, tome 229, p. 9 ss. Vejam-se ainda: HAROLDO VALLADÃO, Direito internacional privado em base histórica e comparativa, cit.; FRANCESKAKIS, Droit international privé comparé, Répertoire de droit international, I, Paris, 1968, p. 674 ss; GRAVESON, Selected essays, vol. I — Comparative conflict of laws, Amsterdam, New York, Oxford, 1977; VASSILAKAKIS, Orientations méthodologiques dans les codifications récentes du droit international privé en Europe, Paris, 1987. São igualmente numerosos os exemplos no domínio da microcomparação. Limitando a referência ao domínio abrangido por este trabalho, vejam-se as obras citadas no capítulo III, § 7º.

[16] De entre as revistas surgidas depois da segunda guerra mundial, que incluem habitualmente temas de direito internacional privado, referem-se: "International and comparative law quarterly", London, 1952 (que é o produto da fusão da "International law quarterly", com o "Journal of comparative law"); "The American Journal of Comparative Law", Ann Arbor, Michigan, 1952; "Rivista di diritto internazionale privato e processuale" (fundada por Mario Giuliano), Padova, 1965; "Revue de droit uniforme/Uniform law review", Roma, 1973 (que continua "L' Unification du droit/Unification of law", publicada entre 1948 e 1972); "Netherlands International Law Review", 1976 (que sucede à "Nederlands Tidjdschrift voor Internationaal Recht", criada em 1953); "IPRax — Praxis des internationalen Privat- und Verfahrensrechts", Bielefeld, 1981; "Revue de droit des affaires internationales", Paris, 1985. A International Encyclopedia of Comparative Law, publicada desde 1971, inclui no volume III os temas relativos ao direito internacional privado.

[17] Vejam-se os seguintes relatórios apresentados ao Congresso: Juan Carlos SMITH, El método comparativo en el derecho internacional privado, Derecho Comparado, 1980, p. 69 ss; Jan KROPHOLLER, Die vergleichende Methode und das Internationale Privatrecht, cit.; Yvon LOUSSOUARN, Le rôle de la méthode comparative en droit international privé français, Rev. crit., 1979, p. 307 ss; Emile BENDERMACHER-GEROUSSIS, La méthode comparative et le droit international privé, Rev. hell. dr. int., 1979, p. 54 ss; Rodolfo DE NOVA, The comparative method and private international law, "Rapports nationaux italiens au X ème Congrès International de Droit Comparé (Budapest, 1978)", Milano, 1979, p. 119 ss; JESSURUN D' OLIVEIRA, La méthode comparative et le droit international privé, "Netherlands reports to the Xth. International Congress of Comparative Law (Budapest, 1978)", Amsterdam, 1978, p. 51 ss; Gerte REICHELT, Die rechtsvergleichende Methode und das Internationale Privatrecht, "Österreichische Landesreferate zum X. Internationalen Kongreß für Rechtsvergleichung in Budapest 1978", Wien, 1979, p. 9 ss; D. LASOK, The comparative method and private international law, "Xth. International Congress of Comparative Law (Budapest, 1978). U. K. national reports submitted to the Congress", I.C.1.; Arthur Taylor VON MEHREN, The contribution of comparative law to the theory and practice of private international law, cit.; Tatiana B. de MAEKELT, El método comparado y el derecho internacional privado venezolano, "Ponencias venezolanas al X Congreso Internacional de Derecho Comparado (Budapest, 1978)", Caracas, 1978, p. 75 ss; Milan SAHOVIC, Le rôle de la comparaison dans le stade de préparation de la réglementation juridique internationale, "Rapports nationaux yougoslaves au X ème Congrès International de Droit Comparé (Budapest, 1978)", Beograd,

Na verdade, só o método comparativo pode servir de suporte a uma disciplina jurídica que tem a sua origem no comércio internacional, que tem como finalidade satisfazer necessidades internacionais e que tem como objecto a regulamentação de relações internacionais [18]. Repetindo a expressão de Raape, "o direito internacional privado sem comparação é vazio (*leer*) e cego (*blind*)" [19].

As funções desempenhadas pelo direito comparado em relação ao direito internacional privado correspondem àquelas que tradicionalmente são reconhecidas ao direito comparado em geral [20]. Porém, tendo em conta a natureza e a função das normas que integram o direito internacional privado, a comparação assume contornos próprios e tem um significado especial no âmbito deste ramo do direito.

As regras de direito internacional privado conduzem frequentemente à aplicação de normas de uma ordem jurídica estrangeira. Essa aplicação exige que o órgão de aplicação do direito averigue o conteúdo do sistema estrangeiro competente. A informação e o conhecimento do direito estrangeiro não implicam só por si um trabalho de natureza comparativa, mas a aplicação de direito estrangeiro, em consequência da remissão operada por uma regra de conflitos, envolve em muitos casos, directa ou indirectamente, uma tarefa comparativa, explícita ou implícita [21] — quando não compa-

---

1978, p. 183 ss. A LOUSSOUARN coube a missão de redigir o relatório geral sobre este tema: *La méthode comparative en droit international privé*, "General reports to the 10th. International Congress of Comparative Law (Budapest, 1978)", Budapest, 1981, p. 127 ss.

[18] RABEL, *The conflict of laws...*, I, 2ª ed., p. 103 ss (p. 105); JOKELA, *Internationalism in private international law*, "Comparative and private international law", 1990, p. 395 ss (p. 408).

[19] Cfr. RAAPE, *Internationales Privatrecht. Ein Lehrbuch*, 3ª ed., Berlin, Frankfurt a. M., 1950, p. 9, e, no mesmo sentido, RAAPE, STURM, *Internationales Privatrecht*, I, p. 22.

[20] Cfr.: LAMBERT, *La fonction du droit civil comparé*, tome I — *Les conceptions étroites ou unilatérales*, Paris, 1903, em especial, p. 7 ss, 103 ss; LEPAULLE, *The fonction of comparative law. With a critique of sociological jurisprudence* (Harv. L. Rev., 1921-1922, p. 838 ss), "Rechtsvergleichung", 1978, p. 63 ss; SCHNITZER, *Vergleichende Rechtslehre*, I, p. 98 ss; M. ANCEL, *Utilités et méthodes du droit comparé*, Neuchâtel, 1971, em especial, p. 105 ss; CONSTANTINESCO, *Traité de droit comparé*, II, p. 286 ss; ZWEIGERT, KÖTZ, *Einführung...*, I, p. 14 ss, 3ª ed., p. 12 ss; EBERT, *Rechtsvergleichung*, p. 38 ss; RHEINSTEIN, *Einführung in die Rechtsvergleichung*, 2ª ed. por Reimer von Borries, Hans-Eckart Niethammer, München, 1987, p. 21 ss; R. DAVID, JAUFFRET-SPINOSI, *Les grands systèmes de droit contemporains*, 10ª ed., Paris, 1992, p. 3 ss; SACCO, *Introduzione al diritto comparato*, "Trattato di diritto comparato diretto da Rodolfo Sacco", 5ª ed., Torino, 1992, p. 11 ss; KOCH, MAGNUS, WINKLER v. MOHRENFELS, *IPR und Rechtsvergleichung. Ein Studien- und Übungsbuch zum Internationalen Privat- und Zivilverfahrensrecht und zur Rechtsvergleichung*, 2ª ed., München, 1996, p. 233 ss; C. FERREIRA DE ALMEIDA, *Introdução ao direito comparado*, p. 12 ss; id., *O ensino do direito comparado*, p. 58 ss.

[21] No mesmo sentido, cfr.: ZWEIGERT, KÖTZ, *Einführung...*, I, p. 8, 3ª ed., p. 7; BOGDAN, *Comparative law*, p. 35 s; SCHWIND, *Rechtsvergleichung, Rechtsvereinheitlichung*

ração entre normas do direito estrangeiro designado e normas da *lex fori*, pelo menos análise macrocomparativa, sempre necessária para a compreensão do complexo normativo aplicável no conjunto do sistema em que se insere [22].

A exigência de comparação no domínio do direito internacional privado coloca-se em dois níveis diferentes: comparação das normas ou institutos jurídicos materiais inseridos nas ordens jurídicas em contacto com uma dada questão da vida privada internacional; comparação das normas de direito internacional privado vigentes em uma ordem jurídica com as normas de direito internacional privado vigentes em outra ou outras ordens jurídicas.

Nenhum sistema de direito internacional privado pode ignorar a contribuição do direito comparado, nem dispensar a comparação quer de disposições materiais quer de normas de conflitos contidas nas diversas ordens jurídicas com as quais a situação a regular se encontra em contacto. Apenas o âmbito, o objecto, a finalidade e a intensidade da investigação comparativa variam, consoante o problema a resolver e a metodologia adoptada no domínio do direito de conflitos [23].

Não faremos aqui uma referência exaustiva a todas as situações em que se impõe a adopção de uma perspectiva comparatista no âmbito do

---

und internationales Privatrecht, p. 38; BATIFFOL, *Actualité des intérêts du droit international privé*, p. 29; LEGEAIS, *L' utilisation du droit comparé par les tribunaux*, p. 348 ss (p. 354) (muito embora na exposição do autor nem sempre seja clara a distinção entre simples aplicação de direito estrangeiro e utilização do método comparativo); JOLOWICZ, *Les professions juridiques et le droit comparé: Angleterre*, p. 748 ss; KOCH, MAGNUS, WINKLER v. MOHRENFELS, *IPR und Rechtsvergleichung*, p. V.

[22] "A aplicação da regra de conflitos estrangeira pressupõe um certo grau de compatibilidade entre os juízos de valor que são o próprio fundamento do direito internacional privado local e aqueles em que se inspira a lei designada por este: é preciso que as normas de conflitos dos dois sistemas derivem de uma perspectiva dalguma sorte comum" (FERRER CORREIA, *Discurso*, p. 407). Sublinhando em especial o papel do direito comparado na determinação do direito subsidiariamente aplicável, nos casos em que não é possível averiguar o conteúdo da lei estrangeira competente, JAYME, *Identité culturelle et intégration...*, p. 124 ss.

[23] Neste sentido também VON MEHREN, *Choice-of-law theories and the comparative-law problem*, p. 758; id., *Recent trends in choice-of-law methodology*, p. 927 s; id., *L' apport du droit comparé...*, p. 493, 500; id., *The contribution of comparative law...*, p. 32; id., *The role of comparative law...*, p. 483. Para uma análise crítica das relações entre o direito internacional privado e o direito comparado, tal como essas relações são actualmente entendidas segundo as concepções dominantes, tanto no âmbito de um *jurisdiction-selecting process*, como no âmbito de um *rule-selecting process*, cfr. TH. M. DE BOER, *The missing link. Some thoughts between private international law and comparative law*, "Comparability and evaluation", 1994, p. 15 ss (principalmente por considerar que, na comparação a que é necessário proceder para aplicar as regras de direito internacional privado, falta o objectivo do conhecimento — *the motive of learning* —, característico do direito comparado, p. 24).

direito internacional privado. Isso levar-nos-ia porventura a uma exposição de todos os problemas da teoria geral do direito internacional privado. Limitar-nos-emos a mencionar certos aspectos em que a necessidade de recurso à comparação tem sido sublinhada pela doutrina ou em que, em nossa opinião, mais se justifica uma abordagem de natureza comparativa.

2. Comparação de normas materiais

Tal como afirmava Franz Kahn, "a comparação do direito material é o fundamento do direito internacional privado" [24].

A necessidade de proceder, no âmbito de um estudo de direito internacional privado ou aquando da interpretação e aplicação das regras de direito internacional privado, a uma actividade de comparação tendo como objecto ordens jurídicas materiais justifica-se pela própria natureza e função das normas de conflitos, regras indirectas e de conexão, que têm como função indicar a regulamentação jurídico-material para as questões da vida privada internacional, através da atribuição de competência a uma ou a várias ordens jurídicas.

O direito internacional privado assenta numa "comunidade de direito das nações que entre si mantêm relações" [25]. A diferença de conteúdo das leis dos vários Estados, pressuposto da existência do direito internacional privado, não deve todavia ser tão grande que torne a sua aplicação impossível. É necessária, mas é suficiente, uma "semelhança quanto ao essencial", uma semelhança valorativa ou funcional do conteúdo jurídico dos institutos integrados nas distintas ordens jurídicas. A verificação dessa semelhança funcional só pode ser levada a cabo com a colaboração do direito comparado. Esta pois a primeira grande tarefa que o direito comparado é chamado a desempenhar no âmbito do direito internacional privado.

A possibilidade de as normas das diferentes ordens jurídicas entrarem em conflito supõe portanto que elas sejam entre si *comparáveis* e o princípio fundamental da comparabilidade é a *funcionalidade* — a correspondência ou o paralelismo entre as funções que as normas ou institutos dos diferentes sistemas jurídicos se propõem prosseguir [26].

Por outro lado, só a comparação de normas materiais das ordens jurídicas em contacto com uma situação da vida privada internacional permite

---

[24] Cfr. KAHN, *Über Inhalt, Natur und Methode des internationalen Privatrechts*, JhJb, 1899, p. 1 ss, mais tarde em "Abhandlungen zum internationalen Privatrecht", I, 1928, p. 255 ss (p. 316).
[25] SAVIGNY, *System des heutigen römischen Rechts*, Bd. 8, Berlin, 1849, reimp., Darmstadt, 1981, p. 27.
[26] ZWEIGERT, KÖTZ, *Einführung* ..., I, p. 34, 3ª ed., p. 33.

verificar se existe um autêntico problema de conflito de leis e determinar qual o seu alcance [27]. A questão do conflito de leis apenas assume relevância se forem diferentes as soluções materiais decorrentes das ordens jurídicas em contacto com a situação internacional. Daí que a comparação deva abranger o teor das regras materiais e ainda o modo como tais regras são interpretadas e aplicadas, ou seja, igualmente o resultado prático da sua aplicação [28]. Se for a mesma a solução material em todas as ordens jurídicas com as quais uma situação da vida privada internacional se encontra em contacto, não é necessário resolver o problema da determinação do direito aplicável [29].

A comparação das soluções materiais decorrentes das diversas ordens jurídicas quanto a um determinado instituto é além disso instrumento indispensável de política legislativa e de unificação de normas de conflitos [30].

Mas sobretudo a comparação de normas materiais é necessária para a resolução de inúmeros problemas de interpretação e aplicação das normas de direito internacional privado.

2.1. Problemas gerais de interpretação e aplicação das normas de conflitos

De acordo com um cânone hermenêutico fundamental, as normas jurídicas devem interpretar-se dentro do contexto da ordem jurídica em que se inserem.

Este princípio, aplicável igualmente no domínio do direito internacional privado, não pode no entanto ter uma valia ilimitada neste ramo do direito, atenta a função específica das normas que o integram.

---

[27] No mesmo sentido, cfr.: LÉVY-ULLMANN, *Rapports du droit international privé...*, p. 212; TROUSSE, *L' orientation comparative...*, p. 291, 293; BATIFFOL, *Les apports du droit comparé ...*, p. 116; JESSURUN D'OLIVEIRA, *La méthode comparative...*, p. 58 ss; R. DE NOVA, *The comparative method...*, p. 127; SMITH, *El metodo comparativo...*, p. 76. Para um comentário crítico a este momento comparativo durante o *choice-of-law process*, cfr. TH. M. DE BOER, *The missing link*, p. 18 s.

[28] ZWEIGERT, KÖTZ, *Einführung...*, I, p. 40 s, 3ª ed., p. 38 s; OLIVEIRA ASCENSÃO, *Pesquisa de um direito vivo*, RDES, XXVI, 1979, p. 233 ss (p. 234 ss); BOGDAN, *Comparative law*, p. 60; JAYME, *Identité culturelle et intégration...*, p. 105; C. FERREIRA DE ALMEIDA, *O ensino do direito comparado*, p. 127.

[29] WENGLER, *L' évolution moderne du droit international privé et la prévisibilité du droit applicable*, Rev. crit., 1990, p. 657 ss (p. 660). Cfr. também JESSURUN D'OLIVEIRA, *La méthode comparative...*, p. 58 (o autor fala, a este propósito, de *règle de l' antichoix*).

[30] Por isso os trabalhos que preparam a celebração de convenções internacionais para a unificação do direito de conflitos devem incluir também a análise dos regimes materiais a que estão sujeitos, nas diferentes ordens jurídicas, os institutos em causa. Assim acontece, por exemplo, no âmbito da Conferência de Haia de Direito Internacional Privado.

No direito internacional privado, tem de adoptar-se uma perspectiva supra-sistemática ou universalista, capaz de transcender o horizonte do direito material interno. Essa perspectiva irá certamente reflectir-se no método a utilizar na interpretação das normas de conflitos. Só uma orientação comparatista permitirá atribuir aos conceitos utilizados nas normas de direito internacional privado um sentido compatível com a sua função de regulamentação de relações internacionais.

Comecemos por considerar a importância do método comparativo em relação a dois aspectos distintos, relacionados ainda com a interpretação da norma de conflitos — a interpretação e a integração do conceito-quadro da norma de conflitos; a interpretação e a concretização do conceito designativo da conexão — para em seguida referir a sua importância na resolução de uma questão que pode colocar-se já depois de individualizadas as normas materiais aplicáveis, no momento da aplicação das normas materiais da ordem jurídica estrangeira considerada competente — o problema da ordem pública internacional.

2.1.1. Qualificação

A interpretação do conceito-quadro da norma de conflitos — ou, em termos mais gerais, a resolução do problema da qualificação — constitui porventura o exemplo mais significativo da exigência de intervenção do método comparativo em direito internacional privado.

Mesmo os autores que têm defendido a determinação do conceito--quadro da regra de conflitos através do recurso ao direito interno do foro aceitam a intervenção, neste domínio, do direito comparado. Vai já distante o tempo em que as categorias de conexão eram entendidas como o resultado de uma simples projecção no plano internacional das categorias do direito interno [31]. Se essa projecção existe, trata-se de uma projecção *deformante* [32], de modo a ter em conta o objecto próprio do direito internacional

---

[31] Assim era para BARTIN, *La théorie des qualifications en droit international privé*, p. 17 ss.

[32] A expressão é utilizada sobretudo pela doutrina francesa. Assim: MAURY, *Règles générales des conflits de lois*, p. 493 ss (p. 504, 512); BATIFFOL, *Droit comparé, droit international privé et théorie générale du droit*, p. 669; BATIFFOL, LAGARDE, *Droit international privé*, I, p. 485 s; LOUSSOUARN, *Le rôle de la méthode comparative...*, p. 327 s; id., *La méthode comparative...*, p. 136 s; LOUSSOUARN, BOUREL, *Droit international privé*, 5ª ed., Paris, 1996, p. 202 s; B. ANCEL, *L'objet de la qualification*, p. 264 s; B. ANCEL, Y. LEQUETTE, *Grands arrêts de la jurisprudence française de droit international privé*, 2ª ed., Paris, 1992, p. 246. Em sentido semelhante, cfr.: MAYER, *Droit international privé*, 5ª ed., Paris, 1994, p. 118; AUDIT, *Droit international privé*, p. 167 ss; id., *Qualification et droit international privé*, Droits, nº 18, 1994, p. 55 ss (p. 60). A ideia de "deformação" é também

privado. Os conceitos do direito interno têm de sofrer uma adaptação sensível, na maioria dos casos no sentido do alargamento, a fim de receberem instituições estrangeiras que de outro modo não poderiam reconduzir-se às categorias jurídicas do foro. O instrumento dessa adaptação é precisamente o direito comparado.

Mais longe foi Rabel, ao sustentar a necessidade de construir categorias de conexão dotadas de valor universal e representando uma síntese das várias legislações, sem tomar como base o direito do foro. Tal conduziria a qualificações autónomas, distintas das categorias internas, expressas por conceitos comuns aos diferentes países e obtidas a partir da comparação dos direitos nacionais [33].

Na interpretação do conceito-quadro não pode deixar de se considerar a respectiva função, que consiste em definir e delimitar o âmbito de competência da lei designada pela conexão.

Num sistema de regras bilaterais (multilaterais), o direito internacional privado coenvolve a aplicação de um conjunto, por vezes numeroso, de ordens jurídicas — todas as ordens jurídicas que, em cada caso, estão em contacto com uma dada questão da vida privada internacional. As normas de conflitos têm que compreender no seu círculo de previsão uma pluralidade de ordens jurídicas. Daí que ao conceito-quadro deva corresponder um sentido que seja susceptível de referir-se a diferentes regulamentações nacionais.

O conceito-quadro da norma de conflitos não pode por isso ser preenchido com o conteúdo do correspondente conceito do direito material do

---

usada, embora com sentido diferente, por LOUIS-LUCAS, *Qualification et répartition*, Rev. crit., 1957, p. 153 ss (p. 156, onde o autor, defendendo uma tese de dupla qualificação — uma qualificação primária, de factos, segundo a *lex fori*, destinada a encontrar a *lex causae*, e uma qualificação secundária, de normas, segundo a *lex causae* —, considera que, uma vez designada como competente uma lei estrangeira, a interpretação dessa lei deve ser conduzida segundo a sua lógica própria; em seu entender, interpretar a lei estrangeira competente segundo uma lógica exterior teria o significado de a "deformar"; ora essa seria a consequência inevitável da utilização dos critérios da *lex fori* para determinar o sentido dos conceitos da *lex causae*).

[33] RABEL, *Das Problem der Qualification*, p. 253 ss; id., *The conflict of laws ...*, I, 2ª ed., p. 54 ss (p. 66). Cfr. também: NEUNER, *Der Sinn der internationalprivatrechtlichen Norm*, p. 133 s (qualificações internacionais); MERIGGI, *Les qualifications en droit international privé*, p. 206 ss, p. 231 (qualificações universais); WIGNY, *Remarques sur le problème des qualifications*, p. 427 (conceitos com valor original, susceptíveis de englobar institutos jurídicos diversos que, nas diferentes ordens jurídicas, preencham uma função social idêntica); RHEINSTEIN, *Comparative law and conflict of laws in Germany*, p. 264 (conceitos susceptíveis de abranger os direitos de todas as nações civilizadas). Em época mais recente, sustentando a tese de que as expressões utilizadas nas normas de conflitos têm "um significado genérico, tendencialmente universal", BARILE, *Qualificazione (diritto internazionale privato)*, Enc. Dir., XXXVIII, 1987, p. 1 ss (p. 12 s, 19).

foro. A norma de conflitos tem de ser entendida em função das ordens jurídicas cuja aplicação pode determinar e o conceito-quadro tem de ser construído com *autonomia* [34].

---

[34] A doutrina portuguesa desde muito cedo se pronunciou no sentido da interpretação autónoma das categorias utilizadas nas normas de conflitos, tomando como ponto de partida o direito material interno do foro, mas tendo em conta os fins específicos do direito internacional privado. Cfr., ainda antes do Código Civil português de 1966: FERRER CORREIA, *O problema das qualificações em direito internacional privado*, 1949, p. 76 ss; id., *Discurso*, p. 402 ss; MAGALHÃES COLLAÇO, *Direito internacional privado*, II, 1959, p. 153 ss, 178 ss; id., *Da qualificação em direito internacional privado*, 1964, p. 183; TABORDA FERREIRA, *Considerações sobre o problema das qualificações em direito internacional privado*, 1959/1960, p. 517; id., *Vers la solution du problème des qualifications*, 1962, p. 493 ss. Já antes destes autores, sob a influência de Jacques Maury, DIAS ROSAS, *As qualificações em direito internacional privado*, 1947, p. 77 ss, defendia a necessidade de, na interpretação das normas de conflitos, proceder a uma adaptação dos conceitos do direito interno. Após a entrada em vigor do Código Civil, cfr.: FERRER CORREIA, *O problema da qualificação segundo o novo direito internacional privado português*, p. 45; id., *O novo direito internacional privado português*, p. 16 ss; id., *Lições...*, p. 275 ss; id., *Direito internacional privado. Alguns problemas*, p. 155 s; id., *Direito internacional privado — conceitos fundamentais*, "Temas", 1989, p. 299 ss (p. 305 s); id., *O direito internacional privado português e o princípio da igualdade*, p. 420 ss; id., *O princípio da autonomia do direito internacional privado no sistema jurídico português*, p. 454 ss; BAPTISTA MACHADO, *Âmbito de eficácia e âmbito de competência das leis*, p. 395, 399 ss (p. 402); id., *Lições de direito internacional privado*, p. 111 ss (p. 115); MOURA RAMOS, *Da lei aplicável ao contrato de trabalho internacional*, p. 592 s; MARQUES DOS SANTOS, *Direito internacional privado. Sumários*, Lisboa, 1987, reimp., 1989, p. 196 s. Assim também na doutrina italiana. Cfr.: BETTI, *Problematica del diritto internazionale*, Milano, 1956, p. 202 s; BALLADORE PALLIERI, *Diritto internazionale privato italiano*, "Trattato di diritto civile e commerciale diretto da Antonio Cicu e Francesco Messineo", vol. XLV, Milano, 1974, p. 77; VITTA, *Diritto internazionale privato, I — Parte generale*, Torino, 1972, p. 314 ss; id., *Cours général de droit international privé*, p. 60 ss (p. 62 s); id., *Corso di diritto internazionale privato e processuale*, 4ª ed. por Franco Mosconi, Torino, 1991, reimp. 1992, p. 140 s; BALLARINO, *Diritto internazionale privato*, Padova, 1982, p. 288; MOSCONI, *Diritto internazionale privato e processuale. Parte generale e contratti*, Torino, 1996, p. 101 (pronunciando-se já no domínio da nova lei italiana de DIP). Em sentido não muito diferente, cfr., na doutrina alemã: MELCHIOR, *Grundlagen des deutschen internationalen Privatrechts*, p. 115 ss (p. 118); WENGLER, *Die Qualifikation der materiellen Rechtssätze im internationalen Privatrecht*, "FS Martin Wolff", 1952, p. 337 ss (pelo menos, implicitamente); id., *Réflexions sur la technique des qualifications en droit international privé*, Rev. crit., 1954, p. 661 ss (pelo menos, implicitamente); id., *Internationales Privatrecht*, I, p. 130 ss; NEUHAUS, *Die Grundbegriffe...*, p. 126 ss; GAMILLSCHEG, *Überlegungen zur Methode der Qualifikation*, "FS Karl Michaelis", 1972, p. 79 ss (p. 80 ss); RAAPE, STURM, *Internationales Privatrecht*, I, p. 278; JAYME, *Rechtsvergleichung im internationalen Privatrecht*, p. 106; id., *Identité culturelle et intégration ...*, p. 107 s; SCHURIG, *Kollisionsnorm und Sachrecht*, p. 133 s, 215 ss; WEBER, *Die Theorie der Qualifikation. Franz Kahn, Étienne Bartin und die Entwicklung ihrer Lehre bis zur universalen Anerkennung der Qualifikation als allgemeines Problem des internationalen Privatrechts (1890-1945)*, Tübingen, 1986, p. 226; HEYN, *Die "Doppel-" und "Mehrfachqualifikation" im IPR*, Frankfurt a. M., 1986, p. 18; C. VON BAR, *Internationales Privatrecht*, I, p. 515 ss; SONNENBERGER, *Münch.Komm., Einleitung*, an. 353 ss (an. 355 ss); KROPHOLLER,

O conteúdo do conceito-quadro obtém-se por abstracção, com base nos elementos comuns retirados das ordens jurídicas envolvidas. Para encontrar esse conteúdo comum, é necessário adoptar uma perspectiva comparatista, que parta dos regimes ou conteúdos jurídicos dos diferentes direitos cuja aplicabilidade possa estar em causa a propósito de uma dada situação da vida privada internacional.

Não se trata, assim, de construir noções universais, como pretendia Rabel. Em cada caso, será de considerar o círculo de leis em contacto com a situação da vida privada a que se refere o problema em discussão; a análise comparativa destinada a determinar o conteúdo do conceito-quadro da norma de conflitos não pode deter-se na definição dogmática e na estrutura formal dos institutos nas ordens jurídicas de referência, antes deve procurar a função de cada um desses institutos e as afinidades que entre eles existam [35].

A tese da autonomia dos conceitos usados nas normas de conflitos e o recurso ao método comparativo para determinar o sentido desses conceitos impõem-se ainda com mais força na interpretação das normas de direito internacional privado convencional [36]. Não vale sequer, em relação a este

---

Internationales Privatrecht, p. 107 ss; KEGEL, *Internationales Privatrecht*, p. 254 ss (*internationalprivatrechtliche Qualifikation*, em função dos interesses subjacentes às normas de conflitos); FIRSCHING, VON HOFFMANN, *Internationales Privatrecht*, p. 204 ss. Vejam-se ainda: ROBERTSON, *Characterization in the conflict of laws*, p. 86 ss (quanto à *primary characterization*); WOLFF, *Private International Law*, p. 154 ss (pelo menos, implicitamente); NIEDERER, *Die Frage der Qualifikation*, p. 103 ss; id., *Einführung in die allgemeinen Lehren...*, p. 251 s; LEWALD, *Règles générales des conflits de lois*, p. 75 ss; FALCONBRIDGE, *Essays on the conflict of laws*, p. 63 ss; RIGAUX, *La théorie des qualifications en droit international privé*, Bruxelles, Paris, 1956, p. 494 ss (que a este propósito utiliza a ideia de "extensão variável das categorias de conexão"); HAROLDO VALLADÃO, *Direito internacional privado*, p. 256 ss; CHESHIRE and NORTH, *Private international law*, 11ª ed. por P. M. North e J. J. Fawcett, London, 1987, p. 45 ss.

[35] Defendendo esta perspectiva metodológica, cfr.: ESSER, *Grundsatz und Norm in der richterlichen Fortbildung des Privatrechts. Rechtsvergleichende Beiträge zur Rechtsquellen- und Interpretationslehre*, Tübingen, 1956, p. 28 ss, 102 s, 336 ss, 346 ss, 358; BETTI, *Problematica del diritto internazionale*, p. 201 ss.

[36] Na doutrina portuguesa, este aspecto foi sublinhado, já em 1947, por DIAS ROSAS, *As qualificações em direito internacional privado*, p. 81 ss (p. 83), na sequência da posição defendida por alguns autores franceses. Cfr. também: FRANKENSTEIN, *Projet d'un code européen de droit international privé*, p. 8 s, e artigo 1; VALLINDAS, *Réflexions sur la conclusion des conventions de droit international privé uniforme*, "Scritti in onore di Tomaso Perassi", II, 1957, p. 353 ss (p. 364). Na actualidade, sobre a interpretação autónoma de normas de conflitos uniformes, com base na comparação de direitos, veja-se, em geral, KROPHOLLER, *Internationales Einheitsrecht. Allgemeine Lehren*, Tübingen, 1979, p. 328 ss; G. WALCH, *Gespaltene Normen und Parallelnormen im deutschen Internationalen Privatrecht. Zum Verhältnis zwischen staatsvertraglichem und nationalem IPR nach der Reform 1986 unter besonderer Berücksichtigung der rechtsvergleichenden Methode bei der*

caso, a imagem de "projecção" no plano internacional de normas de um sistema jurídico interno. A determinação do sentido dos conceitos utilizados em normas de conflitos convencionais não pode obter-se por remissão para o direito interno dos Estados contratantes. Só uma interpretação fundada no direito comparado, só noções construídas a partir da síntese que resulta dos regimes próprios de cada uma das ordens jurídicas nacionais dos Estados contratantes (em especial, da síntese que resulta dos elementos comuns aos regimes das várias famílias de direitos em que se integram os Estados contratantes) e independentes de qualquer sistema de normas internas, permitem "ter em conta o carácter internacional" das normas de fonte internacional e contribuir para a sua "interpretação e aplicação uniformes" [37].

Na verdade, a interpretação autónoma dos conceitos utilizados nas normas de conflitos convencionais constitui um instrumento indispensável da harmonia de decisões, objectivo para que tendem as convenções que estabelecem regras uniformes de direito internacional privado.

Se assim é quanto ao momento da interpretação do conceito-quadro utilizado na norma de conflitos, o mesmo ponto de partida comparatista deve assumir-se no momento da caracterização do *quid* concreto a subsumir naquele conceito. Decisiva para a individualização das normas materiais a

---

Auslegung von Kollisionsrecht, Frankfurt a. M., Bern, New York, Paris, 1991, p. 8 ss, 106 ss. Em especial, a propósito da Convenção de Roma sobre a lei aplicável às obrigações contratuais, cfr.: SACERDOTI, *Finalità e caratteri generali della Convenzione di Roma*. *La volontà delle parti come criterio di collegamento*, in SACERDOTI, FRIGO, "La convenzione di Roma...", p. 1 ss (p. 6, 8); MALATESTA, *La legge applicabile ai contratti di cooperazione tra imprese secondo la Convenzione di Roma*, in SACERDOTI, FRIGO, "La Convenzione di Roma...", p. 89 ss (p. 93 s); MIGNOLLI, *L'interpretazione della Convenzione di Roma da parte della Corte di giustizia delle Comunità Europee*, in SACERDOTI, FRIGO, "La Convenzione di Roma", p. 129 ss (p. 131, 141 s); G. WALCH, *Gespaltene Normen und Parallelnormen ...*, sobretudo, p. 106 ss, 143 ss. A propósito da Convenção de Haia sobre a lei aplicável aos contratos de intermediação e à representação, cfr. VERHAGEN, *Agency in private international law*. *The Hague Convention on the law applicable to agency*, The Hague, Boston, London, 1995, p. 141 ss. Referindo-se expressamente à necessidade de recorrer ao direito comparado, para a interpretação de normas de conflitos constantes de tratados internacionais, também GAMILLSCHEG, *Überlegungen zur Methode der Qualifikation*, p. 83. Colocando reservas quanto à interpretação autónoma, em base comparativa, dos conceitos jurídicos usados em normas de conflitos constantes de tratados internacionais, GRUNDMANN, *Qualifikation gegen die Sachnorm. Deutsch-portugiesische Beiträge zur Autonomie des internationalen Privatrechts*, München, 1985, p. 68 ss (mas considerando indispensável conduzir desse modo a interpretação relativamente a conceitos que as normas de conflitos de fonte estadual desconhecem e relativamente a normas contidas em tratados cuja interpretação compete a um tribunal internacional, *ob. cit.*, p. 69, nota (222)).

[37] Cfr., por exemplo, artigo 18º da Convenção de Roma de 19 de Junho de 1980 sobre a lei aplicável às obrigações contratuais e artigo 16º da Convenção de Haia de 22 de Dezembro de 1986 sobre a lei aplicável aos contratos de compra e venda internacional de mercadorias.

reconduzir ao conceito-quadro é a consideração dessas normas não nas suas características particularistas mas na função e finalidade que lhes são atribuídas. Só a análise comparativa permite descobrir problemas comuns e funções sociais equivalentes em meios técnicos diferentes a que recorrem as diversas ordens jurídicas.

Seja qual for o entendimento que se perfilhe quanto ao objecto da norma de conflitos e seja qual for também a concepção que se defenda em matéria de qualificação, a comparação de direitos é indispensável [38].

Com efeito, nem os autores fiéis à qualificação *lege fori* prescindem do recurso ao método comparativo. Para os defensores desta tese, se uma instituição de direito estrangeiro é desconhecida da ordem jurídica do foro, deve atender-se ao direito em causa para conhecer e analisar essa instituição, sendo depois necessário compará-la com as instituições do direito do foro, de modo a descobrir aquela com que tem mais semelhanças. Este modo de raciocinar é típico do método comparativo e responde, de resto, a críticas de nacionalismo e isolacionismo jurídico dirigidas à tese da qualificação *lege fori*, entendida no seu sentido rigoroso.

Por certo a teoria da qualificação *lege causae* exige com maior amplitude a comparação de direitos, já que a individualização do *quid* a subsumir na norma de conflitos se faz à luz da lei designada, havendo portanto sempre que proceder à comparação da *lex causae* com a *lex fori* para averiguar a correspondência entre esse *quid* concreto e a categoria abstracta da regra de conflitos do foro e para finalmente decidir se é ou não possível proceder à subsunção.

O método a adoptar na operação de qualificação, ao longo das diversas fases em que esta se decompõe, não pode deixar de ter natureza funcional e teleológica [39]. No momento da interpretação do conceito-quadro é a consideração dos fins do direito internacional privado que determina a autonomia do sentido a atribuir às categorias utilizadas para delimitar o âmbito da conexão da norma de conflitos do foro; na individualização das normas materiais designadas, há que ter em conta o conteúdo e também a função que as normas desempenham na ordem jurídica em que se inserem;

---

[38] Assim consideram também: MAKAROV, *Internationales Privatrecht und Rechtsvergleichung*, 1949, p. 37 s; id., *Theorie und Praxis der Qualifikation*, p. 164 s; id., *Grundriß des internationalen Privatrechts*, p. 66; id., *Internationales Privatrecht und Rechtsvergleichung*, 1973, p. 476; CONSTANTINESCO, *Traité de droit comparé*, II, p. 359 ss; KROPHOLLER, *Die vergleichende Methode...*, p. 7; DROBNIG, *Rechtsvergleichung in der deutschen Rechtsprechung*, p. 613.

[39] WENGLER privilegia a consideração das conexões teleológicas e sistemáticas entre as regras jurídicas. Cfr. *Réflexions sur la technique des qualifications...*, p. 668 ss, e, já antes, *Die Qualifikation der materiellen Rechtssätze...*, p. 346 ss.

a decisão quanto à subsunção envolve a comparação entre a função própria das normas materiais, na *lex causae*, e a do instituto visado na regra de conflitos do foro [40].

2.1.2. Elemento de conexão

O conceito que na norma de conflitos exprime o elemento de conexão é sempre um conceito que designa um *quid facti*, pois para a sua aplicação tem de proceder-se a uma verificação de dados de facto. Mas o conceito designativo da conexão pode ser expresso por um conceito técnico-jurídico, caso em que a determinação do seu sentido depende do recurso a normas jurídicas. É o que acontece com elementos de conexão como a nacionalidade, o domicílio, o lugar do estabelecimento, o lugar do cumprimento de uma obrigação, o lugar da celebração de um contrato.

Ora, se na interpretação de tais conceitos se deve recorrer às normas internas da ordem jurídica a que pertence a norma de conflitos, já no que diz respeito à concretização ou individualização da *fattispecie* concreta correspondente é possível admitir a intervenção de um sistema normativo dife-

---

[40] Uma grande parte da doutrina tem referido a necessidade de recorrer ao direito comparado para a resolução do problema da qualificação. Para além de Rabel e dos seus seguidores mais directos, já antes referidos, cfr.: KAHN, *Rôle, fonction et méthode du droit comparé...*, p. 409 s; LÉVY-ULLMANN, *Rapports du droit international privé...*, p. 214 ss; BALOGH, *Le rôle du droit comparé...*, p. 598 ss; ROBERTSON, *Characterization in the conflict of laws*, p. 90 s; NIEDERER, *Die Frage der Qualifikation*, p. 90 ss; id., *Einführung in die allgemeinen Lehren...*, p. 248 ss; GUTTERIDGE, *Comparative law and the conflict of laws*, p. 136 ss; id., *Comparative law. An introduction...*, p. 57 ss; MAKAROV, *Internationales Privatrecht und Rechtsvergleichung*, 1949, p. 26 ss; id., *Theorie und Praxis der Qualifikation*, p. 164 s; id., *Grundriß des internationalen Privatrechts*, p. 66; id., *Internationales Privatrecht und Rechtsvergleichung*, 1973, p. 474 ss; FALCONBRIDGE, *Essays on the conflict of laws*, p. 70 s; TROUSSE, *L'orientation comparative...*, p. 291; BATIFFOL, *Les apports du droit comparé...*, p. 121; id., *Actualité des intérêts du droit international privé*, p. 29 s; NEUHAUS, *Die Grundbegriffe...*, p. 85; RAAPE, STURM, *Internationales Privatrecht*, I, p. 22, 278; KROPHOLLER, *Die vergleichende Methode...*, p. 6 ss; LOUSSOUARN, *Le rôle de la méthode comparative...*, p. 327 ss; id., *La méthode comparative...*, p. 136 ss; BENDERMACHER-GEROUSSIS, *La méthode comparative ...*, p. 56; R. DE NOVA, *The comparative method...*, p. 125 s; REICHELT, *Die rechtsvergleichende Methode...*, p. 11; MAEKELT, *El método comparado...*, p. 98; B. ANCEL, *L' objet de la qualification*, p. 264 s; K. SIEHR, *Scherz und Ernst im Internationalen Privatrecht*, p. 414; RIGAUX, *Science comparative et droit positif*, p. 513 ss; SONNENBERGER, *Münch.Komm.*, *Einleitung*, an. 219, 356, 360; KEGEL, *Internationales Privatrecht*, p. 253; CONSTANTINESCO, *Traité de droit comparé*, II, p. 359 ss; ZWEIGERT, KÖTZ, *Einführung...*, I, p. 7 s, 3ª ed., p. 7; EBERT, *Rechtsvergleichung*, p. 148 s; GROSSFELD, *Macht und Ohnmacht...*, p. 49; id., *The strength and weakness...*, p. 21; BOGDAN, *Comparative law*, p. 35 s; KOCH, MAGNUS, WINKLER V. MOHRENFELS, *IPR und Rechtsvergleichung*, p. 235.

rente do do foro [41] [42]. A utilização de critérios normativos próprios de outro sistema envolve sempre uma tarefa de comparação, em ordem a aferir a *compatibilidade* ou *equivalência* entre o sentido e o âmbito geral do conceito contido no sistema *a quo* (*lex fori*) e os dados normativos provenientes do sistema *ad quem* (*lex causae*) [43].

A concretização da conexão de algumas regras de conflitos exige, por natureza, um procedimento comparativo. É o caso das normas de conexão alternativa ou de conexão cumulativa, que pressupõem a consulta e a comparação do conteúdo das leis em presença [44].

---

[41] A distinção entre interpretação e concretização (ou individualização) do elemento de conexão, que está subjacente à conclusão acima enunciada, não corresponde a uma fórmula generalizada na doutrina, fiel à interpretação *lege fori* dos conceitos utilizados na norma de conflitos. Só em relação ao elemento de conexão nacionalidade a solução da doutrina tradicional coincide — quanto ao resultado, não quanto à explicação — com a que se expõe no texto. Para a doutrina tradicional, constitui uma excepção à regra da interpretação segundo a *lex fori* a interpretação *lege causae* do conceito de "nacionalidade" (e do conceito de "coisa imóvel"). A distinção entre *interpretação* e *concretização* (*individualização* ou *aplicação*) do conceito normativo evita a incoerência a que é conduzida a doutrina tradicional. Esta distinção é feita com toda a clareza na doutrina portuguesa. Cfr.: MAGALHÃES COLLAÇO, *Direito internacional privado*, II, p. 34 ss; id., *Da qualificação em direito internacional privado*, p. 93 s; id., *Direito internacional privado. Problemas especiais de interpretação e aplicação da norma de conflitos. A conexão (Apontamentos das lições proferidas no ano lectivo de 1967--1968)*, Lisboa, 1968, p. 4 ss; BAPTISTA MACHADO, *Lições de direito internacional privado*, p. 83 s; MARQUES DOS SANTOS, *Direito internacional privado. Sumários*, p. 89 s.

[42] Em especial sobre os problemas suscitados pela interpretação e pela concretização do elemento de conexão, no caso de normas de conflitos contidas em convenções internacionais, e sobre a necessidade de recorrer ao direito comparado para essa interpretação e concretização, MAKAROV, *Réflexions sur l'interprétation des circonstances de rattachement dans les règles de conflit faisant partie d' une Convention internationale*, "Mélanges Jacques Maury", I, 1960, p. 207 ss (p. 212 ss).

[43] O recurso a normas da *lex causae* para concretizar o elemento de conexão, que todos aprovam relativamente ao elemento de conexão nacionalidade, impõe-se, não porque a interpretação deva fazer-se de acordo com a *lex causae*, como pretende a doutrina tradicional, mas porque o conceito utilizado na norma de conflitos do foro, referindo-se directamente a um dado normativo, exige a verificação da existência em concreto dos dados da realidade à face da ordem jurídica do Estado cuja nacionalidade está em causa; a solução justifica-se também, segundo cremos, a respeito de outros conceitos designativos da conexão, como o domicílio (cfr. MAGALHÃES COLLAÇO, *Direito internacional privado. A conexão*, p. 47 s) e até o lugar do estabelecimento, o lugar do cumprimento de uma obrigação, o lugar da celebração de um contrato.

[44] Pense-se também nas normas que determinam a aplicação da lei do país com a qual a situação apresente a conexão mais estreita (artigo 4º da Convenção de Roma sobre a lei aplicável às obrigações contratuais; artigo 117 da lei federal suíça sobre direito internacional privado) ou a relação mais forte (§ 1 da lei austríaca sobre direito internacional privado). Trata-se porém aqui de comparação de conexões, não de comparação de direitos.

2.1.3. Reserva de ordem pública internacional

O método comparativo desempenha também um papel relevante na actuação da reserva de ordem pública internacional do Estado do foro [45].

A ordem pública internacional, "noção própria do direito internacional privado" [46], exprime um conceito indeterminado, que não é possível definir pelo seu conteúdo, mas apenas pela sua função [47] e pelas características gerais da sua actuação [48].

A problemática da reserva de ordem pública internacional tem origem na falta de uma autêntica comunidade jurídica internacional [49]. Ainda quando não expressamente consagrada em texto legal, a ordem pública funciona como uma reserva geral que acompanha todas as regras de conflitos [50] e constitui um mecanismo de protecção do sistema jurídico do foro relativa-

---

[45] Muitos autores têm referido a necessidade de recorrer ao direito comparado na actuação da reserva de ordem pública internacional. Assim: KAHN, *Rôle, fonction et méthode du droit comparé...*, p. 412 ss; FEDOZZI, *Ufficio, funzione e metodo del diritto comparato...*, p. 272 ss; SAUSER-HALL, *Fonction et méthode du droit comparé*, p. 44; BALOGH, *Le rôle du droit comparé ...*, p. 641 ss; GUTTERIDGE, *Comparative law and the conflict of laws*, p. 139; id., *Comparative law. An introduction ...*, p. 59 s; WENGLER, *The general principles of private international law*, Recueil des Cours, 1961 — III, tome 104, p. 273 ss (p. 439); id., *Les conflits de lois et le principe d'égalité*, Rev. crit., 1963, p. 203 ss, 503 ss (p. 518 ss); BATIFFOL, *Les apports du droit comparé...*, p. 121; id., *Actualité des intérêts du droit international privé*, p. 30 s; CONSTANTINESCO, *Traité de droit comparé*, II, p. 361; BATIFFOL, LAGARDE, *Droit international privé*, I, 8ª ed., p. 585; FERRER CORREIA, *Lições...*, p. 564; RAAPE, STURM, *Internationales Privatrecht*, I, p. 22; NEUHAUS, *Die Grundbegriffe...*, p. 85; KROPHOLLER, *Die vergleichende Methode...*, p. 9 ss; LOUSSOUARN, *Le rôle de la méthode comparative...*, p. 334 ss; id., *La méthode comparative...*, p. 141 s; BENDERMACHER--GEROUSSIS, *La méthode comparative...*, p. 57; R. DE NOVA, *The comparative method...*, p. 127 s; JESSURUN D' OLIVEIRA, *La méthode comparative...*, p. 71 ss; REICHELT, *Die rechtsvergleichende Methode...*, p. 12; ZWEIGERT, KÖTZ, *Einführung...*, I, p. 8, 3ª ed., p. 7; MIAJA DE LA MUELA, *Derecho internacional privado*, I, p. 271; DROBNIG, *Rechtsvergleichung in der deutschen Rechtsprechung*, p. 619; SONNENBERGER, *Münch.Komm., Einleitung*, an. 219; LEGEAIS, *L' utilisation du droit comparé par les tribunaux*, p. 354; BOGDAN, *Comparative law*, p. 36; A. BUCHER, *L' ordre public et le but social des lois en droit international privé*, Recueil des Cours, 1993 — II, tome 239, p. 9 ss (p. 22, 45 ss, *passim*); JAYME, *Identité culturelle et intégration ...*, p. 227 ss (p. 231, 234); KOCH, MAGNUS, WINKLER v. MOHRENFELS, *IPR und Rechtsvergleichung*, p. 235. Crítico quanto a este aspecto, TH. M. DE BOER, *The missing link*, p. 21 s.

[46] A. BUCHER, *L' ordre public...*, p. 23.

[47] FERRER CORREIA, *Lições...*, p. 564; BAPTISTA MACHADO, *Lições de direito internacional privado*, p. 259.

[48] MAGALHÃES COLLAÇO, *Direito internacional privado*, II, p. 425.

[49] SAVIGNY, *System des heutigen Römischen Rechts*, Bd. 8, p. 27, assentava o seu sistema numa "comunidade de direito das nações que entre si mantêm relações".

[50] MAGALHÃES COLLAÇO, *Direito internacional privado*, II, p. 414.

mente ao "salto no desconhecido" [51] que caracteriza as normas de conflitos de leis no espaço.

O preenchimento em cada caso do conceito indeterminado de ordem pública internacional assenta na análise comparativa de interesses, valores e princípios que constituem o substracto ético-jurídico da ordem jurídica do foro e cujo respeito deve ser assegurado mesmo nas relações internacionais [52].

Na generalidade dos países europeus continentais, domina uma concepção aposteriorística do instituto [53]. A intervenção da ordem pública significa uma excepção à aplicação da lei normalmente competente. As normas do direito estrangeiro normalmente competente apenas podem ser afastadas pela actuação da reserva de ordem pública internacional se, no caso concreto, a aplicação de tais normas conduzir a um resultado incompatível com os princípios fundamentais da ordem jurídica do foro [54].

Este efeito negativo da ordem pública exige a comparação de valores e princípios subjacentes à *lex causae* e à *lex fori*. Não se trata de verificar a existência de uma incompatibilidade abstracta da norma estrangeira com a norma correspondente do direito do foro ou com as concepções fundamentais do direito do foro. A excepção à aplicação da lei normalmente competente, com fundamento na reserva de ordem pública, depende da incompatibilidade do resultado concreto da aplicação da norma da lei designada pela norma de conflitos do foro com os princípios que constituem os alicerces do direito nacional.

O carácter "relativo" e essencialmente "nacional" da ordem pública internacional impõe em todas as fases da sua actuação um procedimento de natureza comparativa, embora nem sempre esteja em causa uma genuína comparação de direitos.

A relatividade no espaço e no tempo exige a comparação de valores e princípios inspiradores do direito em espaços e em momentos diferentes.

---

[51] *"Ein Sprung ins Dunkel"*, na expressão de Raape (cfr. RAAPE, STURM, *Internationales Privatrecht*, I, p. 199).

[52] O desenvolvimento das relações internacionais e os esforços empreendidos no sentido da unificação ou da harmonização do direito contribuirão certamente para a progressiva redução do conceito de ordem pública.

[53] Reveste-se de menor importância a ordem pública nos países de direito anglo-americano do que nos países europeus continentais. A diferença pode explicar-se pelo primado atribuído, naqueles países, à aplicação do direito do foro, quer no contexto da aplicação de um método conflitual tradicional, quer como resultado das mais recentes doutrinas norte-americanas; alguns dos métodos propostos para a resolução dos problemas de *conflict of laws*, nos Estados Unidos da América, são aliás fundamentados na análise de interesses políticos e têm por isso uma finalidade próxima da que é reconhecida à *public policy*. Cfr., neste capítulo, nº 2.4.3., a referência sintética a alguns desses métodos.

[54] Veja-se, como exemplo paradigmático, o artigo 22º, nº 1 do Código Civil português.

Para a verificação do pressuposto da integração ou proximidade da situação em relação à ordem jurídica do foro convém comparar a integração da situação nas várias ordens jurídicas com ela em contacto. A admissibilidade, em certos casos, de um efeito "atenuado" da ordem pública implica a comparação com o efeito "normal" da sua actuação.

Por outro lado, se o afastamento das normas estrangeiras em princípio competentes conduzir a uma lacuna, na indagação sobre as normas aplicáveis para colmatar essa lacuna — as regras mais apropriadas da legislação estrangeira competente ou, se for o caso, as regras do direito do foro [55] — deve igualmente adoptar-se uma perspectiva comparatista. Com efeito, na primeira hipótese, as regras mais apropriadas da legislação estrangeira competente — que não são aplicadas directamente, mas por analogia [56] ou na sequência de um procedimento de adaptação [57] — têm de conduzir a uma solução compatível com a ordem pública do foro. A segunda hipótese envolve a combinação ou coordenação de normas provenientes de duas ordens jurídicas, pois as regras do direito do foro são chamadas a reger a situação em causa em conjunto com a lei normalmente competente.

2.2. Problemas especiais de interpretação e aplicação das normas de conflitos

O recurso ao método comparativo, incidindo sobre as disposições materiais das ordens jurídicas envolvidas, é ainda indispensável para a resolução de certos problemas especiais de interpretação e aplicação das normas de conflitos, onde podem incluir-se:

— a coordenação de normas materiais exigida pelo *dépeçage* [58];

---

[55] Cfr. o artigo 22º, nº 2 do Código Civil português.
[56] MAKAROV, *Internationales Privatrecht und Rechtsvergleichung*, 1949, p. 43; BAPTISTA MACHADO, *Lições de direito internacional privado*, p. 271, nota (1).
[57] LEWALD, *Règles générales des conflits de lois*, p. 145; VISCHER, *Die rechtsvergleichenden Tatbestände im internationalen Privatrecht...*, p. 132 ss; CANSACCHI, *Le choix et l'adaptation de la règle étrangère dans le conflit de lois*, Recueil des Cours, 1953 — II, tome 83, p. 79 ss (p. 143); BETTI, *Problematica del diritto internazionale*, p. 326; BAPTISTA MACHADO, *Problemas na aplicação do direito estrangeiro — adaptação e substituição*, BFD, vol. XXXVI, 1960, p. 327 ss (p. 337); FERRER CORREIA, *Considerações sobre o método do direito internacional privado*, "Estudos vários", 1982, p. 309 ss (p. 339 s); MARQUES DOS SANTOS, *Breves considerações sobre a adaptação em direito internacional privado*, sep. "Estudos em memória do Prof. Doutor Paulo Cunha", Lisboa, 1988, p. 80; A. BUCHER, *L' ordre public...*, p. 30.
[58] Cfr. RHEINSTEIN, *Comparative law and conflict of laws in Germany*, p. 266 s; BATIFFOL, *Réflexions sur la coordination des systèmes nationaux*, p. 202 s.

— a aplicação do direito mais favorável a uma pessoa ou à validade de um negócio jurídico [59];
— a substituição [60] e a transposição [61];

---

[59] Referem-se expressamente à necessidade de utilizar o método comparativo para a aplicação deste princípio: I. KISCH, *La loi la plus favorable. Réflexions à propos de l' article 9 (3), 2 de la loi uniforme Benelux*, "FG Max Gutzwiller", 1959, p. 373 ss (p. 386 s); LANDO, *Methods and policies underlying decisions on international conflict-of-laws cases*, AJCL, 1967, p. 230 ss (p. 248); F. JUENGER, *Zum Wandel des Internationalen Privatrechts*, Karlsruhe, 1974, p. 19 s, 31 s; NEUHAUS, *Die Grundbegriffe...*, p. 86; JAYME, *Rechtsvergleichung im internationalen Privatrecht*, p. 108 ss; id., *Les contrats conclus par les consommateurs et la loi applicable aux obligations contractuelles*, "Droit international et droit communautaire", 1991, p. 77 ss (p. 82); id., *Identité culturelle et intégration...*, p. 106, 121 s; BENDERMACHER-GEROUSSIS, *La méthode comparative...*, p. 57 s; GROSSFELD, *Macht und Ohnmacht ...*, p. 53; id., *The strength and weakness...*, p. 23; DROBNIG, *Rechtsvergleichung in der deutschen Rechtsprechung*, p. 614; MOURA RAMOS, *La protection de la partie la plus faible en droit international privé* (1991), "Das relações privadas internacionais", p. 197 ss (p. 216); id., *Da lei aplicável...*, p. 385, nota (31), p. 705, nota (701); SCHURIG, *Zwingendes Recht, "Eingriffsnormen" und neues IPR*, RabelsZ, 1990, p. 217 ss (p. 225); LAGARDE, *Le contrat de travail dans les conventions européennes de droit international privé*, "Droit international et droit communautaire", cit., p. 67 ss (p. 75); B. ANCEL, *La connaissance de la loi étrangère applicable*, p. 93 (que, não mencionando explicitamente o princípio da aplicação da lei mais favorável, se refere à actuação de normas de conflitos de conexão alternativa); P. NASCIMENTO TEIXEIRA, *A questão da protecção dos consumidores nos contratos plurilocalizados*, ROA, 1994, p. 181 ss (p. 241, 305); KOCH, MAGNUS, WINKLER V. MOHRENFELS, *IPR und Rechtsvergleichung*, p. 235. Para uma perspectiva crítica da actividade comparativa na resolução desta questão, TH. M. DE BOER, *The missing link*, p. 19 s. Sobre o sentido e alcance do princípio da aplicação do direito mais favorável (*Günstigkeitprinzip*) e a sua comparação com a *better law approach* proposta por Robert Leflar, cfr. M. MÜHL, *Die Lehre vom "besseren" und "günstigeren" Recht im Internationalen Privatrecht: zugleich eine Untersuchung des "better law approach" im amerikanischen Kollisionsrecht*, München, 1982. Sobre a ideia da lei mais favorável a uma pessoa, veja-se, entre nós, por todos, MOURA RAMOS, *Aspectos recentes do direito internacional privado português*, "Das relações privadas internacionais", p. 85 ss (p. 93 ss); id., *La protection de la partie la plus faible ...*, p. 197 ss; id., *Da lei aplicável...*, p. 728 ss. Há já alguns anos, Zweigert propôs a aplicação da *better rule approach*, assente na análise comparativa das ordens jurídicas em presença, como critério subsidiário para a resolução das questões privadas internacionais e como método de promover a dimensão social do direito internacional privado. Na opinião do autor, a sua proposta, embora próxima da tese de Leflar, não se identificava com ela. Cfr. ZWEIGERT, *Zur Armut des internationalen Privatrechts an sozialen Werten*, RabelsZ, 1973, p. 435 ss (p. 444, 447 ss).

[60] A questão de saber se é possível substituir a uma relação de direito interno, considerada pela ordem jurídica do foro como condição prejudicial de um efeito jurídico determinado, uma relação análoga sujeita a um direito estrangeiro constitui um problema de interpretação de normas materiais, cuja solução exige a comparação de direitos. Assim entendem: LEWALD, *Règles générales des conflits de lois*, p. 132 ss; MAKAROV, *Internationales Privatrecht und Rechtsvergleichung*, 1949, p. 41; id., *Internationales Privatrecht und Rechtsvergleichung*, 1973, p. 477; VISCHER, *Die rechtsvergleichenden Tatbestände im internationalen Privatrecht...*, p. 44 ss; CANSACCHI, *Le choix et l' adaptation...*, p. 151 ss; BETTI, *Problematica del diritto internazionale*, p. 309 ss; KROPHOLLER, *Die vergleichende*

— a adaptação [62];
— em geral, todos os casos em que se suscite um problema de *equivalência* ou de *analogia* entre conceitos ou entre institutos de diferentes sistemas jurídicos [63];

Methode ..., p. 9; S. HUG, *Die Substitution im internationalen Privatrecht — anhand von Beispiel aus dem internationalen Familienrecht*, München, 1983, p. 113, 117 ss, 182 ss; KELLER, SIEHR, *Allgemeine Lehren des internationalen Privatrechts*, Zürich, 1986, p. 520 s; H.-P. MANSEL, *Substitution im deutschen Zwangsvollstreckungsrecht. Zur funktionellen Rechtsvergleichung bei der Sachrechtsauslegung*, "FS Werner Lorenz", 1991, p. 689 ss (p. 689); JAYME, *Identité culturelle et intégration* ..., p. 119 s.

[61] Dentro de uma óptica de distinção entre as figuras da substituição e da transposição, tal como adoptada por alguns autores, a transposição implicaria uma "tradução" ou "transferência" do conteúdo jurídico de certas relações jurídicas de uma ordem jurídica para outra ordem jurídica que, por exemplo em caso de sucessão de estatutos, passou a ser competente para determinar o conteúdo dessas relações. A manutenção ou a subsistência da relação jurídica em causa seria então menos um problema de conflito de leis do que um problema de direito comparado. Cfr.: LEWALD, *Règles générales des conflits de lois*, p. 129 ss (p. 131); MAKAROV, *Internationales Privatrecht und Rechtsvergleichung*, 1949, p. 40; id., *Internationales Privatrecht und Rechtsvergleichung*, 1973, p. 477; VISCHER, *Die rechtsvergleichenden Tatbestände im internationalen Privatrecht...*, p. 62 ss; BETTI, *Problematica del diritto internazionale*, p. 301 ss; JAYME, *Identité culturelle et intégration...*, p. 117 ss. Entre nós, vejam-se: MARQUES DOS SANTOS, *Breves considerações sobre a adaptação...*, p. 7 ss (que recusa a autonomia da figura, englobando-a na substituição); LIMA PINHEIRO, *A venda com reserva da propriedade em direito internacional privado*, Lisboa, 1991, p. 179 ss (que aceita a autonomia da figura em relação à substituição).

[62] Só através da comparação de direitos é possível verificar a existência, num caso concreto, de uma situação de antinomia ou contradição entre normas materiais provenientes de diferentes ordens jurídicas. A análise comparativa dos direitos materiais em conflito é ainda indispensável para a resolução dos problemas de antinomia ou contradição, designadamente nos casos em que a "distorção" ou o "ajustamento" incidam sobre as normas materiais. Defendem a utilização do método comparativo no domínio da adaptação: MAKAROV, *Internationales Privatrecht und Rechtsvergleichung*, 1949, p. 38 ss; id., *Internationales Privatrecht und Rechtsvergleichung*, 1973, p. 476 s; CANSACCHI, *Le choix et l' adaptation...*, p. 150; BETTI, *Problematica del diritto internazionale*, p. 321; OFFERHAUS, *Anpassung und Gesetzauslegung im internationalen Privatrecht*, ZfRV, 1964, p. 65 ss (p. 67 e passim); BATIFFOL, *Réflexions sur la coordination des systèmes nationaux*, p. 203 s; id., *Les apports du droit comparé...*, p. 121 s; id., *Actualité des intérêts du droit international privé*, p. 30; CONSTANTINESCO, *Traité de droit comparé*, II, p. 361 s; NEUHAUS, *Die Grundbegriffe...*, p. 85; KROPHOLLER, *Die vergleichende Methode...*, p. 9; R. DE NOVA, *The comparative method...*, p. 129; REICHELT, *Die rechtsvergleichende Methode...*, p. 11; C. VON BAR, *Internationales Privatrecht*, I, p. 539; RIGAUX, *Science comparative et droit positif*, p. 516; SONNENBERGER, *Münch.Komm., Einleitung*, an. 219. Veja-se ainda BOUZA VIDAL, *Problemas de adaptación en derecho internacional privado e interregional*, Madrid, 1977 (que considera como uma das condições favoráveis ao aparecimento de uma teoria sobre a adaptação o interesse crescente pelo estudo do direito comparado, p. 21) Para mais desenvolvimentos sobre a adaptação em direito internacional privado, cfr. capítulo V, § 4°, nºs 1. e seguintes.

[63] Defendem o recurso ao direito comparado neste domínio: LEWALD, *Règles générales des conflits de lois*, p. 76; VISCHER, *Die rechtsvergleichenden Tatbestände im internationalen*

— sempre que, na aplicação do direito competente, seja necessário "ter em conta" as disposições materiais contidas em outra ou outras ordens jurídicas [64].

2.3. Problemas de aplicação de normas materiais de direito internacional privado

Dentro de uma perspectiva não exclusivamente conflitualista do direito internacional privado, este ramo da ciência jurídica integra, para além do sistema de normas de conflitos, certos complexos de normas materiais relativas a questões acessórias das que constituem o objecto das normas de conflitos ou relativas a matérias que constituem um pressuposto da aplicação das normas de conflitos [65].

A aplicação de algumas das normas materiais de direito internacional privado, mesmo quando se trate de normas de fonte interna, exige igualmente uma análise comparativa de regras pertencentes a diferentes sistemas jurídicos. São exemplo as normas vigentes em alguns países que fazem depender a sua aplicação de uma condição de reciprocidade (normas sobre a atribuição de direitos aos estrangeiros [66] ou sobre o reconhecimento ou a execução de decisões proferidas no estrangeiro [67]) e as normas que subordinam a concessão do *exequatur* a decisões estrangeiras à verificação da competência quer judiciária quer legislativa (quando se exige que a decisão não contrarie os princípios de ordem pública do foro ou não ofenda as disposições do direito do foro se por ele devesse ser resolvida a questão segundo as regras de conflitos do foro) [68]. O recurso ao método comparativo

---

Privatrecht..., p. 12 ss, p. 31 ss (e *passim*); CANSACCHI, *Le choix et l'adaptation...*, p. 154 s; SCHLESINGER, *The common core of legal systems. An emerging subject of comparative study*, "XXth. century comparative and conflicts law", 1961, p. 65 ss, agora em "Rechtsvergleichung", 1978, p. 249 ss (p. 261); M. ANCEL, *Le rôle de la recherche comparative dans la coopération juridique internationale*, "De conflictu legum", 1962, p. 31 ss (p. 35); JAYME, *Rechtsvergleichung im internationalen Privatrecht*, p. 106 ss; id., *Identité culturelle et intégration...*, p. 105 ss; WENGLER, *Internationales Privatrecht*, p. 138; RIGAUX, *Science comparative et droit positif*, p. 517.

[64] Assim, JAYME, *Rechtsvergleichung im internationalen Privatrecht*, p. 109 ss. Para mais desenvolvimentos sobre este aspecto, cfr. capítulo V, § 4°, n° 4.

[65] Cfr. MAGALHÃES COLLAÇO, *Direito internacional privado*, I, Lisboa, 1958, p. 35 ss (p. 85 ss).

[66] Assim: SCHNITZER, *Vergleichende Rechtslehre*, I, p. 33 s; BATIFFOL, *Les apports du droit comparé...*, p. 122; LOUSSOUARN, *Le rôle de la méthode comparative...*, p. 336 ss; id., *La méthode comparative ...*, p. 142 s.

[67] Cfr. BENDERMACHER-GEROUSSIS, *La méthode comparative...*, p. 59 s.

[68] Cfr.: LOUSSOUARN, *Le rôle de la méthode comparative...*, p. 324 ss; BENDERMACHER-GEROUSSIS, *La méthode comparative ...*, p. 60.

é também imprescindível quando, ainda no domínio do reconhecimento e execução de decisões estrangeiras, e no intuito de minimizar a exigência respeitante à aplicação de uma determinada regra material, se adopta a noção de *equivalência*.

A importância de tais regimes tende porém a diminuir em favor dos princípios estabelecidos em tratados internacionais que, por um lado — sobretudo na sequência dos movimentos de integração económica —, consagram a equiparação entre estrangeiros e nacionais e que, por outro lado, uniformizam as regras de competência internacional dos tribunais e determinam o reconhecimento e execução de decisões estrangeiras sem verificação da competência do tribunal de origem e em princípio sem controlo da lei aplicada [69].

---

[69] Sobre a influência dos movimentos de integração económica na unificação do direito privado, cfr.: van HECKE, *Intégration économique et unification du droit privé*, "De conflictu legum", 1962, p. 198 ss; MAGALHÃES COLLAÇO, *Os reflexos do movimento de integração económica no direito privado e no direito internacional privado*, Instituto Hispano-luso--americano de Derecho Internacional, Noveno Congreso, Lisboa, 2-11 Noviembre 1972, p. 7 ss. Referindo-se em especial às repercussões da integração europeia no direito dos Estados membros e concretamente no desenvolvimento do direito internacional privado, STRUYCKEN, *Les conséquences de l' intégration européenne sur le développement du droit international privé*, Recueil des Cours, 1992 — I, tome 232, p. 257 ss; TAUPITZ, *Privatrechtsvereinheitlichung durch die EG: Sachrechts- oder kollisionsrechtsvereinheitlichung?*, JZ, 1993, p. 533 ss; JAYME, *Identité culturelle et intégration...*, p. 33 s; M. FALLON, *Les conflits de lois et de juridictions dans un espace économique intégré. L' expérience de la Communauté européenne*, Recueil des Cours, 1995, tome 253, p. 9 ss; BROGGINI, *Conflitto di leggi, armonizzazione e unificazione nel diritto europeo delle obbligazioni e delle imprese*, "Rechtskollisionen", 1995, p. 73 ss (p. 75 ss); SONNENBERGER, *Europarecht und Internationales Privatrecht*, ZVglRWiss, 1996, p. 3 ss; BASEDOW, *Europäisches Internationales Privatrecht*, NJW, 1996, p. 1921 ss. A questão da criação de um direito privado comum europeu, na sequência da realização do "mercado único", previsto no Acto Único Europeu de 1986, constituiu o tema de um congresso internacional realizado em Macerata, em Junho de 1989. Cfr. as comunicações ao referido congresso compiladas em *Il diritto privato europeo: problemi e prospettive. Atti del convegno internazionale Macerata 8 — 10 giugno 1989* (org. Luigi Moccia), Milano, 1993. Sobre este problema vejam-se ainda: REMIEN, *Illusion und Realität eines europäischen Privatrechts*, JZ, 1992, p. 277 ss; SCHULZE, *Le droit privé commun européen*, RIDC, 1995, p. 7 ss; BROGGINI, *Conflitto di leggi, armonizzazione e unificação ...*, p. 85 ss; C. FERREIRA DE ALMEIDA, *O ensino do direito comparado*, p. 65, nota (55). Em particular, a propósito das relações entre o direito de conflitos contido em actos de direito comunitário derivado e o direito internacional privado das Convenções de Bruxelas e de Roma, cfr., por último, JAYME, KOHLER, *L' interaction des règles de conflit contenues dans le droit dérivé de la communauté européenne et des conventions de Bruxelles et de Rome*, Rev. crit., 1995, p. 1 ss.

2.4. Construção de soluções alternativas para a resolução das questões privadas internacionais

Não podem igualmente dispensar a comparação de direitos as construções que propõem uma solução de natureza não conflitual para as situações da vida privada internacional.

2.4.1. Na preparação e na construção de convenções internacionais de direito uniforme no domínio do direito privado [70], a utilização do direito comparado é imprescindível. Com efeito, a tarefa de unificação do direito privado exige: a selecção, mediante um estudo comparado nas ordens jurídicas abrangidas pela unificação (por vezes, abrangendo ordens jurídicas integradas em diferentes famílias de direitos), dos institutos ou sectores jurídicos a unificar; o exame comparativo do direito em vigor nessas ordens jurídicas à luz da sua interpretação e aplicação pela jurisprudência e pela doutrina; a pesquisa de soluções comuns e de aspectos divergentes, de modo a permitir a opção por princípios jurídicos susceptíveis de constituir a base para a unificação e finalmente a elaboração de tais princípios [71] [72].

---

[70] Segundo a opinião de John A. SPANOGLE, a celebração de convenções internacionais de direito uniforme no domínio do direito privado constitui a abordagem mais significativa para a criação de um *international private law*. Cfr. *The arrival of international private law*, Geo. Wash. J. Int'l L. & Econ., 1991, p. 477 ss (p. 494 ss).

[71] Sobre o papel do direito comparado na construção de normas de direito material uniforme, cfr., em especial: ZWEIGERT, KÖTZ, *Einführung ...*, I, p. 26 ss, 3ª ed., p. 23 ss; CONSTANTINESCO, *Traité de droit comparé*, II, p. 370 ss; RODIÈRE, *Introduction au droit comparé*, Paris, 1979, p. 82 ss (p. 98 ss); BOGDAN, *Comparative law*, p. 30 ss; LEPAULLE, *The fonction of comparative law*, p. 79 ss; ZWEIGERT, *Die Rechtsvergleichung im Dienste der europäischen Rechtsvereinheitlichung*, RabelsZ, 1951, p. 387 ss; VALLINDAS, *Droit uniforme international et droit comparé*, "FS Max Gutzwiller", 1959, p. 189 ss; M. ANCEL, *Le rôle de la recherche comparative...*, p. 32 ss; GRAVESON, *Comparative aspects of the principles of private international law*, p. 33; SCHLESINGER, *Introduction*, in *Formation of contracts. A study of the common core of legal systems* (ed. Rudolf B. Schlesinger), vol. I, Dobbs Ferry, N.Y., London, 1968, p. 1 ss (p. 13 ss); HAROLDO VALLADÃO, *Direito internacional privado*, p. 31 ss; R. DAVID, *The international unification of private law*, IECL, vol. II — *The legal systems of the world, their comparison and unification*, cap. 5, 1971, p. 85 ss; id., *Le droit du commerce international. Réflexions d' un comparatiste sur le droit international privé*, Paris, 1987, p. 56 ss; KROPHOLLER, *Internationales Einheitsrecht*, p. 30 ss, 254 ss; MATTEUCCI, *Les sources d' interprétation du droit uniforme*, "FS Imre Zajtay", 1982, p. 379 ss (p. 380 ss); SACCO, *Introduzione al diritto comparato*, p. 154 ss; CASTRO MENDES, *Direito comparado*, Lisboa, 1982-1983, p. 86 ss; BÉRAUDO, *Droit uniforme et règles de conflit de lois dans les conventions internationales récentes*, J. C. P., 1992, éd. G., Doct., nº 3626, p. 507 ss (p. 508); C. FERREIRA DE ALMEIDA, *Introdução ao direito comparado*, p. 14 s; id., *O ensino do direito comparado*, p. 63; SCHULZE, *Le droit privé commun européen*, p. 10 ss (p. 18). Para uma análise da incidência da unificação do direito privado material sobre o problema do conflito de

leis, cfr.: FERRER CORREIA, *Lições* ..., p. 62 ss; id., *Direito internacional privado. Alguns problemas*, p. 86 ss; id., *Nuevos rumbos para el derecho internacional privado?* (1978), "Estudos vários", 1982, p. 223 ss (p. 247 ss); id., *Considerações sobre o método* ..., p. 374 ss; id., *Le procédé conflictuel en droit international privé et les solutions alternatives*, "Estudos vários", p. 399 ss (p. 410 ss); id., *Direito internacional privado — conceitos fundamentais*, p. 324 s; BAPTISTA MACHADO, *Lições de direito internacional privado*, p. 15 s; MARQUES DOS SANTOS, *Sur une proposition italienne d' élaboration d' un code européen des contrats (et des obligations)*, DDC, sep. n° 45/46, 1991, p. 275 ss (p. 279 ss); LÉVY-ULLMANN, *Rapports du droit international privé* ..., p. 210 s; MATTEUCCI, *Unification of conflicts rules in relation to international unification of private law*, "The conflict of laws and international contracts (1949). Lectures on the conflict of laws and international contracts", 1951, p. 150 ss; MALINTOPPI, *Diritto uniforme e diritto internazionale privato*, Rdint., 1955, p. 229 ss, 514 ss; id., *Les rapports entre droit uniforme et droit international privé*, Recueil des Cours, 1965 — III, tome 116, p. 1 ss; ZWEIGERT, DROBNIG, *Einheitliches Kaufgesetz und internationales Privatrecht*, RabelsZ, 1965, p. 146 ss (p. 147 ss); R. DAVID, *The international unification of private law*, p. 39 ss; id., *Le droit du commerce international*, p. 84 s; VITTA, *Cours général de droit international privé*, p. 132 ss; MIAJA DE LA MUELA, *Derecho internacional privado*, I, p. 39 ss; DIAMOND, *Harmonisation of private international law relating to contractual obligations*, Recueil des Cours, 1986 — IV, tome 199, p. 233 ss (p. 242 s); C. VON BAR, *Internationales Privatrecht*, I, p. 36 ss; RIGAUX, *Droit international privé*, I — *Théorie générale*, 2ª ed., Bruxelles, 1987, p. 173 ss; OPERTTI BADÁN, *El derecho uniforme y el derecho internacional privado. La práctica del comercio internacional*, Rev. der. com. y emp., 1987, p. 9 ss; G. CONETTI, *Rapporti tra convenzioni di diritto materiale ed internazionale privato uniforme: il caso della vendita internazionale*, "L' unificazione del diritto internazionale privato e processuale", 1989, p. 361 ss; SIEHR, *Rechtsangleichung im IPR durch nationale Kodifikationen*, "Conflits et harmonisation", 1990, p. 205 ss (p. 239 ss); SONNENBERGER, *Münch.Komm.*, Einleitung, an. 225 ss; FERNÁNDEZ ROZAS, SÁNCHEZ LORENZO, *Curso de derecho internacional privado*, Madrid, 1991, p. 159 ss; BÉRAUDO, *Droit uniforme et règles de conflit de lois...*, p. 508 ss. A propósito das relações entre o direito internacional privado, o direito uniforme e o direito comparado, vejam-se: SCHWIND, *Rechtsvergleichung, Rechtsvereinheitlichung und internationales Privatrecht*, p. 33 ss; HAROLDO VALLADÃO, *Private international law, uniform law, and comparative law*, "XXth. century comparative and conflicts law", 1961, p. 98 ss; GLENN, *Unification of law, harmonization of law and private international law*, "Liber memorialis François Laurent", 1989, p. 783 ss; BASEDOW, *Europäisches Internationales Privatrecht*, p. 1921 ss. Em especial sobre a importância do direito comparado para a interpretação dos conceitos utilizados em normas internacionais, designadamente em normas de direito material uniforme, cfr.: ZWEIGERT, *Rechtsvergleichung als universale Interpretationsmethode*, p. 11 s; VALLINDAS, *Droit uniforme international et droit comparé*, p. 198; SCHLESINGER, *Introduction*, "Formation of contracts", p. 47 s; R. DAVID, *The international unification of private law*, p. 101; id., *Le droit du commerce international*, p. 85 ss; KROPHOLLER, *Internationales Einheitsrecht*, p. 258 ss (p. 278 ss): MATTEUCCI, *Les sources d' interprétation du droit uniforme*, p. 380 ss; F. DIEDRICH, *Autonome Auslegung von Internationalem Einheitsrecht. Computersoftware im Wiener Kaufrecht*, Baden-Baden, 1994, p. 43 ss; JOLOWICZ, *Les professions juridiques et le droit comparé: Angleterre*, p. 750 ss; BOGDAN, *Comparative law*, p. 32; JAYME, *Identité culturelle et intégration* ..., p. 115 ss; FORTIER, *Le contrat du commerce international à l' aune du raisonnable*, Clunet, 1996, p. 315 ss (p. 317); C. FERREIRA DE

2.4.2. Também a formação de um direito autónomo do comércio internacional, ou *lex mercatoria*, supõe um procedimento comparativo, na medida em que, na pesquisa das soluções comuns adoptadas e reveladas na prática comercial internacional, não pode alhear-se das regras e princípios comuns a diferentes legislações, que sejam especialmente adequados para reger os actos do comércio internacional [73] [74].

ALMEIDA, *O ensino do direito comparado*, p. 64. Defendendo a utilização do direito comparado na resolução dos problemas de concurso entre normas de convenções internacionais, MAJOROS, *Les conventions internationales en matière de droit privé. Abrégé théorique et traité pratique*, Paris, 1976, p. 152, 207 ss.

[72] Por isso os trabalhos preparatórios da celebração de convenções internacionais, tendo em vista a adopção de direito material uniforme, incluem a análise comparativa dos regimes materiais a que, em várias ordens jurídicas — por vezes integradas em diferentes famílias de direitos —, estão sujeitos os institutos em causa. Assim acontece, por exemplo, no âmbito do UNIDROIT (Instituto para a Unificação do Direito Privado) e da CNUDCI (Comissão das Nações Unidas para o Direito Comercial Internacional).

[73] Sobre o papel do direito comparado na formação (e na aplicação) da *lex mercatoria* (*transnational law* ou *transnationales Recht*, embora estas expressões não possam considerar-se inteiramente coincidentes), cfr.: LANGEN, *Transnationales Recht*, Heidelberg, 1981, p. 13, 19 ss; BONELL, *Das autonome Recht des Welthandels — Rechtsdogmatische und rechtspolitische Aspekte*, RabelsZ, 1978, p. 485 ss (p. 498); DELAUME, *Comparative analysis as a basis of law in state contracts; the myth of the lex mercatoria*, Tulane L. Rev., 1989, p. 575 ss (p. 578, 593); WEISE, *Lex mercatoria. Materielles Recht vor der internationalen Handelsschiedsgerichtsbarkeit*, Frankfurt a. M., Bern, New York, Paris, 1990, p. 62, 142 ss; McDOUGAL III, *"Private" international law: ius gentium versus choice of law rules or approaches*, AJCL, 1990, p. 521 ss (p. 536); LEGEAIS, *L' utilisation du droit comparé par les tribunaux*, p. 355; GAILLARD, *Trente ans de lex mercatoria. Pour une application sélective de la méthode des principes généraux du droit*, Clunet, 1995, p. 5 ss (p. 21 ss). Observe-se também a análise comparativa em que assenta a investigação de princípios e regras da *lex mercatoria*, realizada por DRAETTA, *Il diritto dei contratti internazionali. La formazione dei contratti*, Padova, 1984, p. 27 ss; id., *Il diritto dei contratti internazionali. La cooperazione tra imprese*, Padova, 1985, p. 13 ss; id., *Il diritto dei contratti internazionali. La patologia dei contratti*, Padova, 1988, p. 3 ss. Principalmente a partir dos célebres estudos de Aleksandar GOLDSTAJN, *The new law merchant*, JBL, 1961, p. 12 ss, Clive M. SCHMITTHOFF, *International trade law and private international law*, "FS Hans Dölle", II, 1963, p. 257 ss, e Berthold GOLDMAN, *Frontières du droit et "lex mercatoria"*, Arch. Ph. Dr., IX, 1964, p. 177 ss — a quem por certo não foi desconhecida a obra precursora de Philippe KAHN, *La vente commerciale internationale*, Paris, 1961 —, muitos têm sido os trabalhos dedicados à análise daquele corpo de regras que é descrito como uma nova *lex mercatoria*. Para além de outras obras de GOLDSTAJN (*The new law merchant reconsidered*, "Law and international trade", 1973, p. 171 ss; *Reflections on the structure of the modern law of international trade*, "International contracts and conflicts of laws", 1990, p. 14 ss), SCHMITTHOFF (*The law of international trade, its growth, formulation and operation*, "The sources of the law of international trade", 1964, p. 3 ss; id., *Das neue Recht des Welthandels*, RabelsZ, 1964, p. 47 ss; id., *Nature and evolution of the transnational law of commercial transactions*, "The transnational law of international commercial transactions", vol. 2, 1982, p. 19 ss) e GOLDMAN (*La lex mercatoria dans les contrats et l'arbitrage internationaux: réalité et perspectives,*

Clunet, 1979, p. 475 ss; id., *The applicable law: general principles of law — the lex mercatoria*, "Contemporary problems in international arbitration", 1986, p. 113 ss; id., *Nouvelles réflexions sur la lex mercatoria*, "Études Lalive", 1993, p. 241 ss) e das contribuições incluídas em *Le droit des relations économiques internationales. Études offertes à Berthold Goldman*, Paris, 1987, recordam-se: BALOSSINI, *La categoria del "diritto dei privati" nei rapporti commerciali "internazionali"*, Milano, 1968, em especial, p. 49 ss; Ph. KAHN, *"Lex mercatoria" et pratique des contrats internationaux: l' expérience française*, "Le contrat économique international", 1975, p. 171 ss; BONELL, *Le regole oggettive del commercio internazionale. Clausole tipiche e condizioni generali*, Milano, 1976; KASSIS, *Théorie générale des usages du commerce. Droit comparé, contrats et arbitrage internationaux, lex mercatoria*, Paris, 1984, p. 271 ss; W. LORENZ, *Die Lex Mercatoria: eine internationale Rechtsquelle?*, "FS Karl H. Neumayer", 1985, p. 407 ss; LANDO, *The lex mercatoria in international commercial arbitration*, ICLQ, 1985, p. 747 ss; R. DAVID, *Le droit du commerce international*, p. 107, 134 ss. Mais recentemente, cfr.: os estudos coligidos em *Fonti e tipi del contratto internazionale* (org. Ugo Draetta, Cesare Vaccà), Milano, 1991; OSMAN, *Les principes généraux de la lex mercatoria. Contribution à l' étude d' un ordre juridique anational*, Paris, 1992; e o curso proferido na Academia de Direito Internacional de Haia, em 1991, por STRENGER, *La notion de lex mercatoria en droit du commerce international*, Recueil des Cours, 1991 — II, tome 227, p. 209 ss. Entre nós, o tema foi estudado por: ISABEL VAZ, *Direito internacional público e lex mercatoria na disciplina dos contratos internacionais*, Lisboa, policop., 1990, p. 209 ss; MOURA VICENTE, *Da arbitragem comercial internacional. Direito aplicável ao mérito da causa*, Coimbra, 1990, p. 135 ss; MOURA RAMOS, *Da lei aplicável ...*, p. 500 ss; MARQUES DOS SANTOS, *As normas de aplicação imediata no direito internacional privado. Esboço de uma teoria geral*, Coimbra, 1991, p. 656 ss; LIMA PINHEIRO, *Contrato de empreendimento comum em direito internacional privado*, Lisboa, 1996, p. 477 ss, obras onde pode ver-se uma exaustiva indicação bibliográfica.

[74] A este propósito merecem especial referência os "princípios" relativos aos contratos do comércio internacional, recentemente compilados, organizados e sistematizados sob a égide do UNIDROIT (*Principes relatifs aux contrats du commerce international*, Rome, 1994) e da Commission on European Contract Law (*The principles of european contract law. Part I: Performance, non-performance and remedies*, Dordrecht, Boston, London, 1995). Em ambos os casos, os "princípios" constituem o resultado de um trabalho comparativo profundo entre as soluções consagradas em vários sistemas jurídicos nacionais, levado a cabo por juristas oriundos de ambientes culturais e jurídicos muito diversos. A aplicabilidade dos "princípios" depende em primeira linha do acordo das partes ou de uma remissão para a *lex mercatoria* ou para os princípios gerais de direito (cfr. *Principes d' UNIDROIT*, preâmbulo; *The principles of european contract law*, artigo 1.101). Atenta a sua natureza e o processo que presidiu à sua elaboração, os "princípios" podem oferecer a solução para a integração de lacunas de uma ordem jurídica nacional competente, podem ser utilizados na interpretação de outros instrumentos de direito internacional uniforme, podem servir de modelo na elaboração de regras de fonte interna ou de fonte internacional. Na interpretação destes "princípios" deve ter-se em conta o seu carácter internacional, a sua finalidade e, designadamente, a necessidade de promover a uniformidade da sua aplicação (cfr. *Principes d' UNIDROIT*, artigo 1.6(1); *The principles of european contract law*, artigo 1.104(1)); a observância destas directivas metodológicas supõe uma tarefa comparativa complementar, assente na análise do direito de diferentes ordens jurídicas, e a consideração do modo como os "princípios" são interpretados e aplicados em outros horizontes jurídicos.

2.4.3. Por outro lado, muitas das propostas formuladas por autores norte-americanos para a resolução dos problemas de *conflict of laws*, assentes na crítica à concepção clássica do direito internacional privado e centradas na análise do conteúdo das leis envolvidas, supõem a utilização do direito comparado. Considerem-se, por exemplo: a concepção de David Cavers, defendendo o recurso a *principles of preference*, que permitam a escolha da regra aplicável tendo em conta o conteúdo das regras materiais em conflito e que constituam guias para a decisão, susceptíveis de ser aceites em todos os sistemas jurídicos [75]; a tese de Arthur Taylor von Mehren, advogando a construção de regras especiais (*special substantive rules*), que traduzam um compromisso entre as soluções e as "políticas" (*policies*) subjacentes às diversas leis em conflito [76]; a metodologia seguida por Robert Leflar, assente em *choice-influencing considerations* e agora principalmente dirigida à escolha ou à formulação da *better rule of law* [77]; a su-

---

[75] Cfr. CAVERS, *The choice-of-law process*, Ann Arbor, 1965, reimp., 1966, p. 80, 136; id., *Contemporary conflicts law in american perspective*, Recueil des Cours, 1970 — III, tome 131, p. 75 ss (p. 152). Numa fase anterior, o autor, criticando mais claramente o sistema da regra de conflitos por aquilo que considerava ser o seu desinteresse em relação à solução a dar ao caso concreto, defendeu que o problema do direito internacional privado não é um problema de escolha entre ordens jurídicas competentes mas entre regras materiais aplicáveis. Cfr. *A critique of the choice-of-law problem*, Harv. L. Rev., 1933, p. 173 ss (reproduzido em *The choice of law. Selected essays, 1933-1983*, Durham, 1985, p. 3 ss). A solução então proposta para os problemas de conflitos de leis — determinação da regra aplicável em função do conteúdo e dos fins das normas materiais em conflito — implicava necessariamente uma actividade comparativa entre todas as normas materiais em conflito (assim mesmo se expressava o autor, *loc. ult. cit.*, p. 22). Para uma apreciação da doutrina de Cavers (confrontando-a com as de outros autores norte-americanos, sobretudo com a de Currie), cfr. EHRENZWEIG, *A counter-revolution in conflicts law? From Beale to Cavers*, Harv. L. Rev., 1966, p. 377 ss.

[76] Cfr. VON MEHREN, *Special substantive rules for multistate problems: their role and significance in contemporary choice of law methodology*, Harv. L. Rev., 1974, p. 347 ss (p. 356 ss); id., *Choice-of-law theories and the comparative-law problem*, 1975, p. 757 s; id., *Recent trends in choice-of-law methodology*, 1975, p. 928 ss; id, *Choice of law and the problem of justice*, 1977, p. 38 ss; id., *The significance of the State for choice of law*, "FS Konrad Zweigert", 1981, p. 287 ss (p. 296). Vejam-se também as referências feitas em: *L' apport du droit comparé...*, 1977, p. 499 s; *The contribution of comparative law ...*, 1978, p. 38 ss; *The role of comparative law...*, 1985, p. 484.

[77] Cfr. LEFLAR, *Choice-influencing considerations in conflicts law*, N. Y. Univ. L. Rev., 1966, p. 267 ss (p. 282 ss). Embora afirmando que não existe uma ordem de prioridade entre tais *choice-influencing considerations* (previsibilidade do resultado, manutenção da ordem interestadual e internacional, simplificação da tarefa do juiz, promoção do interesse governamental do foro, aplicação da *better rule of law*), em textos mais recentes (a partir da 3ª ed. de *American conflicts law*, Indianopolis, New York, Charlottesville, Virginia, 1977) o autor considera que a aplicação da *better rule of law* é uma das mais relevantes considerações, prevalecendo sobre as outras quatro (cfr. LEFLAR, MCDOUGAL III, FELIX, *American conflicts law*, 4ª ed., Charlottesville, Virginia, 1986, p. 297, 300). Sobre a repercussão que teve na jurisprudência

gestão feita por Luther McDougal III no sentido do desenvolvimento e aplicação de *transnational laws* [78]; ou até a teoria da *interest analysis*, não na fórmula inicial de Brainerd Currie [79], nem ainda no entendimento de auto-

---

a tese das *choice-influencing considerations* (bem como as construções de outros autores norte-americanos), cfr. LEFLAR, *Choice of law: a well watered plateau*, "Contemporary perspectives in conflict of laws", 1977, p. 10 ss (p. 11 ss); CRAMTON, D. CURRIE, H. KAY, *Conflict of laws. Cases, comments, questions*, 4ª ed., St. Paul, Minn., 1987, p. 313 ss.

[78] Cfr. McDOUGAL III, *"Private" international law*, p. 533 ss.

[79] Com efeito, a teoria da *governmental interest analysis*, tal como formulada por CURRIE, conduzia primordial e frequentemente à aplicação do direito do foro. Cfr. *Notes on methods and objectives in the conflict of laws*, Duke L. J., 1959, p. 171 ss, depois em *Selected essays on the conflict of laws*, Durham, 1963, p. 177 ss (p. 183 s). Segundo o autor, o problema central do conflito de leis consistia em "determinar a regra jurídica adequada quando os interesses de dois ou mais Estados estiverem em conflito ou, por outras palavras, determinar qual o interesse que deve ceder" (p. 178). Normalmente, mesmo em casos com elementos de estraneidade, o tribunal deveria aplicar a regra contida na lei do foro; no caso de o tribunal considerar que o Estado do foro não tem interesse na aplicação da sua *policy* e que o Estado estrangeiro tem, deveria ser aplicada a lei estrangeira; mas se o tribunal considerar que o Estado do foro tem interesse na aplicação da sua *policy*, deveria aplicar a lei do foro ainda que o Estado estrangeiro tivesse interesse na aplicação de uma *policy* contrária. Partindo do princípio de que o tribunal do foro não tem competência para ponderar os interesses concorrentes e avaliar os seus méritos relativos (p. 181), o autor não chegou a pronunciar-se sobre a solução a dar aos casos em que mais do que um Estado tem um interesse legítimo na aplicação da sua *policy* (ou seja, renunciou à indicação de uma hierarquia das políticas legislativas dos Estados). O problema só mais tarde foi enfrentado pelo autor. Cfr. CURRIE, *The desinterested third state*, "New trends in the conflict of laws", 1963, p. 754 ss: em geral, se o tribunal de um Estado estiver perante um conflito entre as leis de dois outros Estados e se não for aparente qualquer interesse do foro, deve evitar o problema através da doutrina de *forum non conveniens* (p. 767); se tal não for possível, o juiz deve, assumindo a posição de legislador, escolher a regra substancialmente melhor — mas sem que tal signifique uma ponderação dos interesses dos Estados (p. 778, 788 s) — ou, em alternativa, a *lex fori* (p. 780). Sobre a influência na jurisprudência da *governmental interest analysis*, cfr.: J. J. RUIZ, *Interest-oriented analysis in international conflict of laws: the american experience*, Neth. Int'l L. Rev., 1976, p. 5 ss (p. 14 ss); LEFLAR, *Choice of law*, p. 11 ss; CRAMTON, D. CURRIE, H. KAY, *Conflict of laws*, p. 207 ss. A *governmental interest approach* tem sido criticada por diversos sectores da doutrina, mesmo norte-americana. Cfr.: HEINI, *Neuere Strömungen im amerikanischen internationalen Privatrecht*, Schw. Jb. int. R., 1962, p. 31 ss (p. 47 ss); WENGLER, *The general principles of private international law*, p. 359 s, nota (11); id., *Les conflits de lois et le principe d' égalité*, p. 210, nota (3); KEGEL, *The crisis of conflict of laws*, Recueil des Cours, 1964 — II, tome 112, p. 91 ss (p. 180 ss); id., *Fundamental approaches*, IECL, vol. III — *Private International Law*, cap. 3, 1985 (p. 31 s); EVRIGENIS, *Tendances doctrinales actuelles...*, p. 354 ss; VON MEHREN, *Une esquisse de l' évolution du droit international privé aux États Unis*, Clunet, 1973, p. 116 ss (p. 124 ss); id., *Recent trends in choice-of-law methodology*, p. 940 ss; ZWEIGERT, *Zur Armut des internationalen Privatrechts...*, p. 440 s; JAYME, *Zur Krise des "governmental-interest approach"*, "FS Gerhard Kegel", 1977, p. 359 ss; FERRER CORREIA, *Considerações sobre o método...*, p. 385 ss; id., *Direito internacional privado. Alguns problemas*, p. 38 ss; L. BRILMAYER, *Interest analysis and the myth of legislative intent*, Mich. L. Rev., 1980, p. 392 ss; id., *Post-modernism in american choice of*

res como Robert Sedler e Herma Hill Kay [80], mas certamente na concepção de William Baxter, que utiliza o método de *comparative impairment* [81], na reformulação de Russel Weintraub, que o autor prefere designar *functional analysis* [82], e na abordagem alternativa de Larry Kramer, que desenvolve um sistema de *policy-selecting rules* [83].

---

law, "Liber memorialis François Laurent", 1989, p. 695 ss (p. 696 ss); MOURA RAMOS, *Direito internacional privado e Constituição. Introdução a uma análise geral das suas relações*, Coimbra, 1980, reimp., 1994, p. 137 ss; id., *Da lei aplicável ...*, p. 607 ss; SCOLES, HAY, *Conflict of laws*, St. Paul, Minn., 1982, p. 16 ss; F. JUENGER, *Conflict of laws: a critique of interest analysis*, AJCL, 1984, p. 1 ss (p. 25 ss); MORRIS, *The conflict of laws*, 3ª ed., London, 1984, p. 519 s; MARQUES DOS SANTOS, *As normas de aplicação imediata ...*, p. 377 ss, 384 ss; id., *Defesa e ilustração do direito internacional privado*, Lisboa, policop., 1996, p. 192 ss; HAY, *Flexibility versus predictability and uniformity in choice of law. Reflections on current european and United States conflicts law*, Recueil des Cours, 1991 — I, tome 226, p. 281 ss (p. 350 ss). Ao tema foi dedicada uma conferência, promovida pela *Association of American Law Schools*, subordinada ao título geral *New directions in choice of law: alternatives to interest analysis* (os textos relativos à conferência, da autoria de Joseph William SINGER, Lea BRILMAYER, Larry KRAMER e Gary J. SIMSON, encontram-se coligidos no "Cornell International Law Journal", 1991, n° 2, p. 195 ss). Demarcando-se da *interest analysis*, mas partindo de uma concepção do direito internacional privado (em geral, de uma concepção do direito) que qualifica como *policy-oriented* e internacionalista, baseada na indagação dos interesses comuns aos vários Estados (interesses transnacionais e não meramente nacionais), W. P. NAGAN, *Conflicts theory in conflict: a systematic appraisal of traditional and contemporary theories*, N. Y. J. Int'l & Comp. L., 1982, p. 343 ss; id., *Theory and method in private international law: a policy-oriented internationalist perspective*, "Liber memorialis François Laurent", cit., p. 907 ss.

[80] Na verdade, ambos estes autores se mantêm fiéis à ideia de que, em caso de *true conflicts*, deve ser aplicada a lei do foro. Cfr.: SEDLER, *The governmental interest approach to choice of law: an analysis and a reformulation*, U.C.L.A. L. Rev., 1977, p. 181 ss (p. 220, 227 ss); id., *Reflections on conflict-of-laws methodology*, Hastings L. J., 1981, p. 1628 ss (p. 1631 ss); id., *Interest analysis and forum preference in the conflict of laws: a response to the "new critics"*, Mercer L. Rev., 1983, p. 593 ss (p. 638); KAY, *The use of comparative impairment to resolve true conflicts: an evaluation of the California experience*, Calif. L. Rev., 1980, p. 577 ss (p. 614).

[81] De acordo com o critério proposto por este autor, deve averiguar-se qual o interesse estadual que ficaria mais prejudicado se a respectiva lei não fosse aplicada, o que supõe necessariamente uma análise comparativa. Cfr. BAXTER, *Choice of law and the federal system*, Stan. L. Rev., 1963, p. 1 ss (p. 8 ss, 18 ss). Para uma crítica desta abordagem, considerando-a incompatível com o método da *interest analysis*, tal como proposto por Currie, cfr. KAY, *The use of comparative impairment ...*, p. 604 ss.

[82] Diferentemente de outros defensores da *interest approach*, Weintraub admite nos seus escritos a ponderação das diversas leis envolvidas e, para a solução dos problemas, enuncia regras que se fundamentam no conteúdo dessas leis. Cfr. WEINTRAUB, *A defense of interest analysis in the conflict of laws and the use of that analysis in products liability cases*, Ohio St. L. J., 1985, p. 493 ss (p. 495, 498 ss, 503 ss, quanto a casos de *products liability*). Veja-se do mesmo autor, anteriormente, em sentido semelhante: *The future of choice of law for torts: what principles should be preferred?*, "Contemporary perspectives in conflict of laws", 1977,

3. Comparação de normas de conflitos

É igualmente compreensível que a comparação relevante para o direito internacional privado tenha por objecto os diversos sistemas de conflitos: a comparação das normas de conflitos contidas em diferentes direitos contribui para o melhor conhecimento das normas de conflitos do sistema do foro e para a determinação do sentido dessas normas, sobretudo quando tenham sido influenciadas por soluções vigentes em outras ordens jurídicas [84], e para a integração de lacunas, sempre que o órgão de aplicação do direito possa inspirar-se em tendências verificadas em outros sistemas jurídicos [85]; a comparação dos diferentes direitos de conflitos constitui instrumento de política legislativa e pressuposto indispensável da uniformização e da aproximação jurídica neste campo [86].

---

p. 146 ss (p. 162 s, a propósito de casos de *torts*); id., *Commentary on the conflict of laws*, 2ª ed., Mineola, New York, 1980, p. 372 ss, em matéria de *contracts* (p. 382); id., *Interest analysis in the conflict of laws as an application of sound legal reasoning*, Mercer L. Rev., 1984, p. 629 ss (p. 642 ss); id., *Functional developments in choice of law for contracts*, Recueil des Cours, 1984 — IV, tome 187, p. 239 ss (p. 251 ss).

[83] Kramer considera que a aplicação sistemática da lei do foro em casos de *true conflicts* encoraja o *forum shopping* e frustra a realização de *multistate policies*; por sua vez, uma análise *ad hoc* pode desencorajar o *forum shopping* mas continua a frustrar a realização de *multistate policies*. Os Estados podem ter *systemic concerns* ou *multistate policies* que apontem para a aplicação de direito estrangeiro em determinados casos. Por isso o autor propõe a construção de um sistema de regras que permita uma maior previsibilidade e uniformidade de resultados do que qualquer uma daquelas duas alternativas; o sucesso do sistema assenta na verificação de duas condições: as regras devem traduzir as preferências da política legislativa dos Estados e devem ser aplicadas por vários Estados (de acordo com o princípio da reciprocidade ou nos termos do que o autor designa por *game theory*, que na realidade significa que os Estados devem procurar uma solução de cooperação e aderir a ela). Cfr. KRAMER, *Rethinking choice of law*, Columbia L. Rev., 1990, p. 277 ss (p. 312 ss); id., *More notes on methods and objectives in the conflict of laws*, "New directions in choice of law", 1991, p. 245 ss (p. 274 ss); id., *Return of the renvoi*, N. Y. Univ. L. Rev., 1991, p. 979 ss (p. 1013 ss).

[84] Veja-se o estudo de G. WALCH, *Gespaltene Normen und Parallelnormen* ..., sobre o papel do direito comparado na interpretação das normas de conflitos da EGBGB recebidas da Convenção de Roma de 1980 sobre a lei aplicável às obrigações contratuais (cfr. p. 23 ss).

[85] Como acontece na ordem jurídica portuguesa, em face dos critérios gerais definidos pelo artigo 10º, nº 3 do Código Civil, e ainda mais claramente no direito suíço, perante a norma do artigo 1, nº 2, parte final, e nº 3 do Código Civil. No sentido referido no texto, cfr. MONACO, *L'efficacia della legge nello spazio (diritto internazionale privato)*, Torino, 1952, p. 81.

[86] Dando particular ênfase à importância do direito comparado como instrumento de preparação da regulamentação jurídica internacional, além dos autores citados na nota (71) deste capítulo (que em especial se referem ao papel do direito comparado na preparação e na construção do direito material uniforme), vejam-se: LACHAU, *Des moyens à employer pour aboutir à une entente entre les différents pays, soit par voie d'union internationale, soit par*

A utilização do direito comparado permite determinar o verdadeiro alcance das regras de conflitos [87]. Normas de conflitos aparentemente semelhantes podem revelar-se muito diferentes quanto ao seu real conteúdo, pois este depende da determinação do sentido da remissão, atentas todas as circunstâncias a considerar na interpretação e aplicação de regras deste tipo.

Certos conceitos utilizados em normas de conflitos pertencentes a sistemas de construção recente sofreram a influência de outros sistemas, através da comparação jurídica. Por exemplo, a noção de conexão mais estreita (a que recorrem o artigo 4º da Convenção de Roma sobre a lei aplicável às obrigações contratuais e o artigo 117 da lei federal suíça sobre direito internacional privado) e a noção de relação mais forte (acolhida no § 1 da lei austríaca sobre direito internacional privado) são inspiradas nas fórmulas usadas nos sistemas de conflitos inglês (*proper law*) e norte-americano (*most significant relationship*) e radicam na tradição savigniana de determinação da "sede" da relação jurídica ou do "centro de gravidade" da relação jurídica. A ideia de prestação característica do contrato, como critério a atender para o estabelecimento de uma presunção geral de conexão mais estreita (no artigo 4º, nº 2 da Convenção de Roma sobre a lei aplicável às obrigações contratuais), corresponde à solução proposta no direito suíço mais antigo e agora consagrada no artigo 117, nº 2 da lei federal suíça sobre direito internacional privado.

A resolução de numerosos problemas da teoria geral do direito internacional privado exige a coordenação dos diversos sistemas de normas de conflitos. Alguns desses problemas são universais, como universais são as figuras jurídicas criadas e desenvolvidas para os resolver. Só o recurso à comparação permite libertar tais figuras de construções estritamente nacio-

---

voie de traités particuliers, au sujet de la compétence judiciaire et de l' exécution des jugements, Bull. Soc. lég. comp., 29 (1899-1900), p. 538 ss; BALOGH, *Le rôle du droit comparé...*, p. 703 ss; M. ANCEL, *Le rôle de la recherche comparative...*, p. 31 ss; GRAVESON, *The international unification of law* (1968), "Selected essays", II, p. 203 ss (p. 210); SAHOVIC, *Le rôle de la comparaison dans le stade de préparation de la réglementation juridique internationale*, p. 183 ss; BÉRAUDO, *Droit uniforme et règles de conflit de lois...*, p. 508. Sobre a necessidade de unificação ou de aproximação do direito no domínio do direito internacional privado, cfr. também: MANCINI, *De l' utilité de rendre obligatoires pour tous les États, sous la forme d' un ou de plusieurs traités internationaux, un certain nombre de règles générales du droit international privé pour assurer la décision uniforme des conflits entre les différentes législations civiles et criminelles*, Clunet, 1874, p. 220 ss, 285 ss; MACHADO VILLELA, *Tratado elementar (teórico e prático) de direito internacional privado*, Livro I — *Princípios gerais*, Coimbra, 1921, p. 64 ss (p. 78 ss); LANDO, *Methods and policies...*, p. 243 s; JAYME, HEPTING, *Rechtsvereinheitlichung oder Rechtsangleichung im internationalen Privatrecht*, "Le nuove frontiere del diritto e il problema dell' unificazione", II, 1979, p. 605 ss; SIEHR, *Rechtsangleichung im IPR durch nationale Kodifikationen*, p. 241 ss.

[87] Cfr. BALOGH, *Le rôle du droit comparé...*, p. 633.

nais e formulá-las de tal modo que possam ter correspondência com soluções concebidas perante outras ordens jurídicas.

Até certo ponto, pode mesmo considerar-se que o intercâmbio de ideias no domínio da teoria geral do direito internacional privado vai para além da simples comparação e pretende caminhar no sentido da harmonia de soluções, expressão de uma comunidade jurídica internacional. Deste modo se explica que no domínio do direito internacional privado tenham sido desenvolvidas pela doutrina e pela prática jurídica algumas regras cujo valor é generalizadamente reconhecido (relevância da *lei pessoal* em matéria de estado e capacidade das pessoas, da *lex rei sitae* em matéria de direitos reais, da *lex loci delicti* em matéria de actos ilícitos e da regra *locus regit actum* em matéria de forma dos negócios jurídicos).

Não foi no entanto abolido o espaço para a comparação, da qual não pode aliás prescindir-se quando, perante uma dada ordem jurídica, se admita a possibilidade de aplicar um direito de conflitos estrangeiro por força da remissão operada por uma norma de conflitos e essa aplicação envolva um juízo de *equivalência* [88]. A necessidade de aplicar um direito de conflitos estrangeiro surge sobretudo na resolução de problemas derivados do conflito de sistemas de direito internacional privado (reenvio, questão prévia).

3.1. Reenvio

No domínio do reenvio ou devolução [89], o método comparativo desempenha um duplo papel, pois intervém, ou pode intervir, em dois momentos diferentes.

---

[88] Afirma-se por vezes que a simples aplicação de direito de conflitos estrangeiro *não* é comparação de direito de conflitos. Assim, KROPHOLLER, *Die vergleichende Methode...*, p. 3 s. Deixámos já expresso, porém, que a aplicação de direito estrangeiro, em consequência da remissão operada por uma norma de conflitos, impõe frequentemente, de modo directo ou indirecto, um trabalho comparativo. Também a aplicação de direito de conflitos estrangeiro, nas situações e nos termos adiante descritos, envolve comparação e exige o recurso ao método comparativo.

[89] Sobre o problema do reenvio ou devolução, cfr., na doutrina portuguesa: MAGALHÃES COLLAÇO, *A devolução na teoria da interpretação e aplicação da norma de direito internacional privado*, O Direito, 1958, nºs 3/4, p. 166 ss, 1959, nº 1, p. 3 ss; FERRER CORREIA, *O problema do reenvio (devolução) em direito internacional privado*, BFD, sep. vol. XXXVIII, 1963 (= "Estudos jurídicos", III, 1970, p. 99 ss, com apêndice, *As disposições do novo Código Civil sobre o reenvio*, p. 183 ss); id., *La question du renvoi dans le nouveau Code Civil português*, "Estudos jurídicos", III, 1970, p. 205 ss; id., *Lições...*, p. 353 ss; id., *Direito internacional privado. Alguns problemas*, p. 200 ss; ROBIN DE ANDRADE, *O Código Civil de 1966 e o problema do reenvio ou devolução*, Jornal do Foro, sep., 1968; BAPTISTA MACHADO, *Lições de direito internacional privado*, p. 178 ss; MARQUES DOS SANTOS, *Direito internacional privado. Sumários*, p. 149 ss. Um estudo comparativo recente sobre as diversas

Desde logo, há que confrontar a norma de conflitos estrangeira com a norma de conflitos do foro. O problema do reenvio só surge se, no caso de a norma de conflitos do foro aplicável a uma determinada situação da vida designar uma ordem jurídica estrangeira, forem divergentes, pelo menos na sua concretização, a norma de conflitos do foro e a norma de conflitos do direito designado [90]. Apenas é possível chegar à conclusão de que existe divergência comparando as duas regras de conflitos ou comparando o resultado da concretização dos respectivos elementos de conexão. Esta comparação é sempre necessária, seja qual for a teoria devolucionista adoptada no país do foro.

Eventualmente, num segundo momento, dependendo do tipo de posição devolucionista adoptada pelo direito do foro e até, em certos casos, pelas ordens jurídicas designadas directa ou indirectamente através da norma de conflitos do foro, há que atender ao sistema de reenvio consagrado em outras leis do circuito.

A amplitude com que intervém o método comparativo neste domínio depende portanto da modalidade de reenvio e varia também em função da teoria devolucionista adoptada no país do foro. O papel do método comparativo é mais restrito nos casos de reenvio de primeiro grau do que nos casos de transmissão de competência. Por outro lado, a intensidade com que intervém a comparação é mais ténue no âmbito da concepção clássica do reenvio seguida pela jurisprudência francesa (devolução simples) do que face ao sistema adoptado pela jurisprudência inglesa (dupla devolução ou *foreign court theory*) ou perante um sistema de devolução como o consagrado no Código Civil português [91] [92].

---

soluções em matéria de reenvio pode ver-se em SAUVEPLANNE, *Renvoi*, IECL, vol. III — *Private international law*, cap. 6, 1990.

[90] A individualização da norma de conflitos da ordem jurídica designada depende da *correspondência* ou *equivalência*, quanto ao objecto, entre essa norma de conflitos e a norma de conflitos do foro, o que igualmente exige uma tarefa de natureza comparativa.

[91] Com efeito, no âmbito da concepção clássica do reenvio seguida pela jurisprudência francesa e agora parcialmente consagrada em recentes legislações sobre o direito internacional privado — lei suíça (artigo 14, n° 2), lei austríaca (§ 5), EGBGB (artigo 6, n° 1), lei italiana (artigo 13, n° 1) — a comparação abrange tão-somente as normas de conflitos (a norma de conflitos do foro e a correspondente norma de conflitos da ordem jurídica estrangeira designada). No sistema de dupla devolução ou *foreign court theory*, adoptado pela jurisprudência inglesa, para além do confronto de normas de conflitos, há que proceder eventualmente ao confronto das regras sobre a natureza da referência à lei estrangeira. A exigência de harmonia de decisões inerente à *foreign court theory*, segundo a qual a atitude do juiz do foro quanto ao direito aplicável deve pautar-se por aquela que tomaria o juiz do país cuja lei é designada pela sua norma de conflitos, só com recurso ao método comparativo pode atingir-se. Mas a necessidade de comparação é ainda maior perante um sistema de devolução como o consagrado no Código Civil português, em que a exigência de harmonia vai mais

3.2. Questão prévia

A identificação do problema da questão prévia exige igualmente a utilização do método comparativo.

Segundo a perspectiva da doutrina dominante, o problema da questão prévia surge quando a resolução da questão principal suscitada perante o órgão de aplicação do direito depende da regulamentação que vier a ser dada a uma questão incidental, que lhe é anterior, sempre que a questão incidental seja submetida, pela regra de conflitos da lei competente para reger a questão principal, a uma ordem jurídica diferente da que seria competente face ao direito de conflitos do foro. O problema da questão prévia é portanto, de acordo com esta concepção, um problema de direito de conflitos [93] — mais precisamente, de escolha do sistema conflitual a que deve

---

longe do que a da *foreign court theory*. Em certos casos, e consoante o jogo de referências, a aplicação dos artigos 17º e 18º do Código Civil obriga à comparação dos sistemas de reenvio de todas as leis do circuito (muito embora o sistema não exija a harmonia entre todas as leis do circuito — artigos 17º, nºs 1 e 3 e 18º, nº 1). Aliás, o sistema português de referência à lei estrangeira impõe que, nas matérias incluídas no estatuto pessoal, a tarefa comparativa abranja, em certos casos, uma lei que pode estar fora do circuito — a lei da residência habitual do interessado (artigos 17º, nº 2 e 18º, nº 2).

[92] Muitos autores consideram indispensável o recurso ao método comparativo no domínio do reenvio. Cfr.: ZWEIGERT, KÖTZ, *Einführung...*, I, p. 8, 3ª ed., p. 7; SCHNITZER, *Vergleichende Rechtslehre*, I, p. 33; RAAPE, STURM, *Internationales Privatrecht*, I, p. 22; MIAJA DE LA MUELA, *Derecho internacional privado*, I, p. 271; BALOGH, *Le rôle du droit comparé...*, p. 621 ss; GUTTERIDGE, *Comparative law and the conflict of laws*, p. 139; id., *Comparative law. An introduction...*, p. 59 s; TROUSSE, *L'orientation comparative...*, p. 292; NEUHAUS, *Die Grundbegriffe...*, p. 79; LOUSSOUARN, *Le rôle de la méthode comparative...*, p. 321 ss; id., *La méthode comparative...*, p. 134 s; R. DE NOVA, *The comparative method...*, p. 123; REICHELT, *Die rechtsvergleichende Methode...*, p. 11; LASOK, *The comparative method...*, p. 2; MAEKELT, *El método comparado...*, p. 92 s; VON MEHREN, *The renvoi and its relation to various approaches to the choice-of-law problem*, "XXth. century comparative and conflicts law", 1961, p. 380 ss (p. 390 ss); id., *L' apport du droit comparé...*, p. 495; id., *The contribution of comparative...*, p. 36; id., *The role of comparative law...*, p. 483 s; BEITZKE, *Bemerkungen zur Kollisionsrechtsvergleichung in der Praxis*, p. 627 ss, 646.

[93] A questão não é assim entendida por todos os autores. Segundo a perspectiva de Wengler, trata-se de um problema de interpretação e de aplicação da regra material do direito competente para reger a questão principal, que só na aparência se apresenta como um problema de "escolha de lei". Cfr. WENGLER, *Nouvelles réflexions sur les "questions préalables"*, Rev. crit., 1966, p. 166 ss (p. 199 s), e, mais recentemente, *The law applicable to preliminary (incidental) questions*, IECL, vol. III — *Private international law*, cap. 7, 1987, p. 3. BAPTISTA MACHADO aderiu a este ponto de vista, tendo sistematizado e clarificado as ideias daquele autor alemão. Cfr. *Âmbito de eficácia e âmbito de competência das leis*, p. 319 s, 322, 371; *Les faits, le droit de conflit et les questions préalables*, "Multitudo legum ius unum", II, p. 443 ss (p. 458, nota (13)); *Da referência pressuponente ou questão prévia na aplicação da lei competente*, BFD, vol. XLIX, 1973 (= "João Baptista Machado. Obra dispersa", I, p. 773 ss, a que se referem as citações), p. 777 ss, 788, 827 s; id., *Lições de direito internacional*

pedir-se a resolução do conflito de leis — e tem como pressupostos: que a resolução da questão principal seja submetida, pela norma de conflitos do foro, a uma lei estrangeira [94]; que, na perspectiva do direito do foro, a questão principal e a questão incidental não se incluam no âmbito da mesma regra de conflitos e, sendo subsumíveis a normas de conflitos distintas, não seja designado o mesmo direito material para as regular; e que, relativamente à questão incidental, a ordem jurídica do foro e a lei competente para regular a questão principal indiquem leis materiais diferentes.

A verificação dos pressupostos referidos depende do confronto entre a norma de conflitos que, segundo o sistema da *lex formalis causae*, se refere à questão incidental e a norma de conflitos do sistema do foro relativa a essa mesma questão. Só a divergência efectiva entre essas duas normas de conflitos confere autonomia ao problema da questão prévia, como um novo problema de direito internacional privado, enquanto problema do âmbito da *conexão*, pois o que está em causa, na perspectiva considerada, é a determinação do direito competente para resolver a questão incidental. Na origem do problema está uma divergência entre sistemas de conflitos, só perceptível através da comparação quer do conteúdo das regras de conflitos em si mesmas quer da solução a que conduz a respectiva concretização no caso em apreciação.

Porém, seja qual for o entendimento que se tenha sobre a questão prévia — um problema de "escolha de lei", na perspectiva tradicional, ou um problema de interpretação e de aplicação da regra material do direito competente para reger a questão principal, na concepção de Wengler e dos seus seguidores —, e independentemente também da posição que se adopte na respectiva resolução — recorrendo à *lex formalis causae*, de acordo com a tese da "conexão subordinada" [95], recorrendo à *lex formalis fori*, de acordo

---

privado, p. 296 ss. Em sentido semelhante, cfr. ainda WINKLER V. MOHRENFELS, *Kollisionsrechtliche Vorfrage und materielles Recht*, RabelsZ, 1987, p. 20 ss (p. 23 ss); AGOSTINI, *Les questions préalables en droit international privé*, "Droit international et droit communautaire", 1991, p. 25 ss (p. 29 s). Sobre o problema, veja-se capítulo V, § 4º, nº 4.2.2., a).

[94] Também assim não é na perspectiva de Wengler e de Baptista Machado: tratando-se de um problema de interpretação e aplicação da regra material do direito competente, pode suscitar-se igualmente no caso de a lei aplicável à questão principal ser a lei do foro. Assim: WENGLER, *Nouvelles réflexions sur les "questions préalables"*, p. 174 ss; id., *The law applicable to preliminary (incidental) questions*, p. 10 ss, 34; BAPTISTA MACHADO, *Âmbito de eficácia ...*, p. 371; id., *Les faits ...*, p. 458; id., *Da referência pressuponente ...*, p. 776, 785 s, 827; id., *Lições de direito internacional privado*, p. 297 ss, 334.

[95] Consideram aplicável à questão prévia o direito designado pela norma de conflitos da *lex causae* (da ordem jurídica competente para reger a questão principal), embora estabelecendo certas restrições: MELCHIOR, *Grundlagen des deutschen internationalen Privatrechts*, 1932, p. 256; WENGLER, *Die Vorfrage im Kollisionsrecht*, RabelsZ, 1934, p. 148 ss (p. 188 ss, p. 227 s); id., *Die Beachtlichkeit des fremden Kollisionsrechts. Eine Bestandsaufnahme und*

com a tese da "conexão autónoma" [96], adoptando uma abordagem flexível que tenha em conta as circunstâncias do caso (fundamentada em *policy considerations* do foro [97] ou na análise da finalidade da norma de conflitos

---

Besinnung zum Renvoi-Problem, IntRDipl., 1956, p. 56 ss (p. 71 s); id., *The general principles of private international law*, p. 371; id., *Nouvelles réflexions sur les "questions préalables"*, p. 166 ss; id., *Internationales Privatrecht*, p. 179 ss; MAKAROV, *Das Problem des anzuwendenden Kollisionsrecht*, ZVglRWiss, 1944, p. 230 ss; id., *Les cas d' application des règles de conflit étrangères*, Rev. crit., 1955, p. 431 ss; WOLFF, *Private International Law*, p. 208 s; SERICK, *Die Sonderanknüpfung von Teilfragen im internationalen Privatrecht*, RabelsZ, 1953, p. 633 ss (p. 642 s); BETTI, *Problematica del diritto internazionale*, p. 271 ss (mas em sentido algo diferente, *ob. cit.*, p. 311); T. SCHMIDT, *The preliminary question and the question of substitution in conflict of laws*, "Skandinavian studies in law", Stockholm, 1968, p. 91 ss (p. 108); NEUHAUS, *Die Grundbegriffe...*, p. 345 ss; SCHURIG, *Die Struktur des kollisionsrechtlichen Vorfragenproblems*, "FS Gerhard Kegel", 1987, p. 549 ss (p. 596); SONNENBERGER, *Münch.Komm., Einleitung*, an. 385 ss (an. 394); KELLER, SIEHR, *Allgemeine Lehren...*, p. 513 s; BALLARINO, *Diritto internazionale privato*, p. 318; LAGARDE, *La règle de conflit applicable aux questions préalables*, Rev. crit., 1960, p. 459 ss (p. 465 ss); CORTES ROSA, *Da questão incidental em direito internacional privado*, Lisboa, 1960, p. 151 ss (p. 171 ss); MAGALHÃES COLLAÇO, *Direito internacional privado*, II, p. 120 (pelo menos quanto a alguns casos); id., *Prefácio* a Cortes Rosa, "Da questão incidental...", p. VII ss (p. XX, implicitamente); AZEVEDO MOREIRA, *Da questão prévia em direito internacional privado*, Coimbra, 1968, p. 215 ss, 271 ss; FERRER CORREIA, *Da questão prévia em direito internacional privado*, "Estudos jurídicos", III, 1970, p. 241 ss (p. 253, nota (1), 258 ss); id., *Lições...*, p. 449 s, nota (2), 458 ss. A aplicação no Estado do foro de uma norma de conflitos estrangeira, na sequência da doutrina da "conexão subordinada", exige o conhecimento de direito de conflitos estrangeiro e, na opinião de alguns autores, abre mais uma porta para o direito internacional privado comparado. Neste sentido, cfr.: LOUSSOUARN, *Le rôle de la méthode comparative...*, p. 323 s; R. DE NOVA, *The comparative method...*, p. 123; MAEKELT, *El método comparado...*, p. 94; NEUHAUS, *Die Grundbegriffe...*, p. 79.

[96] Defendem a aplicação à questão prévia do direito designado pela norma de conflitos do foro: MAURY, *Règles générales des conflits de lois*, p. 560; CANSACCHI, *Le choix et l' adaptation...*, p. 151 ss; LOUIS-LUCAS, *Qualification et répartition*, p. 164 ss; RIGAUX, *La théorie des qualifications*, p. 450; id., *Droit international privé*, I, p. 286 s; SCHNITZER, *Handbuch...*, p. 112 ss; NIEDERER, *Einführung in die allgemeinen Lehren...*, p. 217; GRAULICH, *Principes de droit international privé. Conflit de lois. Conflit de juridictions*, Paris, 1961, p. 169 ss (p.172 s); HAROLDO VALLADÃO, *Direito internacional privado*, p. 262 ss (p. 265); RAAPE, STURM, *Internationales Privatrecht*, I, p. 286 ss (p. 290 s, com excepções); C. VON BAR, *Internationales Privatrecht*, I, p. 519 ss (p. 528 s); KROPHOLLER, *Internationales Privatrecht*, p. 205 ss (com excepções); KEGEL, *Internationales Privatrecht*, p. 276 ss (com excepções); id., *The Conflict-of-Laws Machine — Zusammenhang im Allgemeinen Teil des IPR. Contributions à la technique du droit international privé*, IPRax, 1996, p. 309 ss (p. 310); VITTA, *Diritto internazionale privato*, I, p. 456 ss (p. 471 ss); id., *Cours général de droit international privé*, p. 68 ss; id., *Corso di diritto internazionale privato e processuale*, p. 165 ss; AUDIT, *Droit international privé*, p. 215 s (com excepções); LIMA PINHEIRO, *A venda com reserva da propriedade...*, p. 175; MOSCONI, *Diritto internazionale privato e processuale. Parte generale e contratti*, p. 107 s.

[97] Cfr. DICEY and MORRIS *on the conflict of laws*, 12ª ed. por Lawrence Collins, London, 1993, p. 48 ss (p. 55); MORRIS, *The conflict of laws*, p. 489 ss (p. 492); CHESHIRE &

aplicável à questão principal [98]) ou "decidindo a questão como ela seria decidida no Estado da *lex causae*", nos termos da orientação sintetizadora definida por Baptista Machado [99] —, este problema envolve necessariamente comparação jurídica (mas comparação de normas materiais), pois se reconduz sempre a um problema de "equivalência" ("correspondência" ou "analogia") entre um conceito utilizado na norma material de uma ordem jurídica e o conteúdo normativo fornecido por uma ordem jurídica diferente. Ora, como foi referido, a verificação da equivalência só é possível através da comparação de direitos [100].

4. Objecto e método da comparação no presente estudo

Segundo a lição de Rabel, nenhum estudo sobre o regime conflitual de determinado instituto pode prescindir da comparação quer de normas materiais quer de normas de conflitos vigentes em diversas ordens jurídicas sobre o instituto em causa.

Nesta dissertação propomo-nos analisar o regime da representação em direito internacional privado, tendo em vista compatibilizar os estatutos que concorrem na regulação das relações envolvidas na actuação representativa. Para a designação global deste conjunto complexo e triádico [101] será usada a expressão "relação representativa".

Ensaiaremos a utilização do método comparativo.

Partimos com a convicção de que uma investigação deste tipo é imposta pelo rigor metodológico necessário à ciência do direito internacional privado, mas também com a consciência de que os resultados de um estudo monográfico desta natureza serão naturalmente limitados pelas condições em que sempre é realizada a investigação comparativa [102] e pela inevitável visão subjectiva de quem a realiza.

NORTH's *Private international law*, p. 55; STONE, *The conflict of laws*, London, New York, 1995, p. 399 ss.

[98] Cfr. FIRSCHING, VON HOFFMANN, *Internationales Privatrecht*, p. 218; BATIFFOL, LAGARDE, *Droit international privé*, I, p. 510 s.

[99] Cfr. *Da referência pressuponente...*, p. 827. Vejam-se ainda: WENGLER, *Nouvelles réflexions sur les "questions préalables"*, p. 166 ss; id., *The law applicable to preliminary (incidental) questions*, p. 10 ss, 16 ss; BAPTISTA MACHADO, *Âmbito de eficácia...*, p. 371; id., *Les faits...*, p. 456, 458; id., *Lições de direito internacional privado*, p. 334; AGOSTINI, *Les questions préalables...*, p. 29 s.

[100] Cfr., neste capítulo, nº 2.2. Para mais desenvolvimentos, cfr. capítulo V, § 4º, nº 4.2.

[101] A expressão "relações triádicas" é usada por OLIVEIRA ASCENSÃO, *Teoria geral do direito civil*, vol. IV, título V — *Relações e situações jurídicas*, Lisboa, 1993, p. 24.

[102] Cfr. SCHLESINGER, *Introduction*, "Formation of contracts", p. 30.

Na construção a que vamos proceder, teremos em conta os resultados da análise comparativa do regime material e do regime conflitual aplicável a institutos equivalentes nas ordens jurídicas seleccionadas.

Verificaremos a importância da comparação de direitos para a coordenação de disposições provenientes de diversas ordens jurídicas chamadas a regular diferentes aspectos de uma situação da vida privada internacional. O método comparativo constitui, assim, instrumento indispensável do princípio da coerência que, como nos propomos demonstrar, está subjacente a todo o sistema de direito internacional privado.

Não omitimos que o grande espaço consagrado à análise comparativa do regime material e do regime conflitual da representação — relacionado, é certo, com as dificuldades e as características próprias do instituto — se impõe sobretudo pela finalidade específica da presente monografia. Da proposta metodológica aqui formulada não se deve concluir que para a resolução de uma questão privada internacional ou para a aplicação das normas de conflitos seja em todos os casos exigida uma investigação tão ampla. Se tivesse esse sentido, a proposta, além de poder ser considerada utópica, seria susceptível de originar sérias complicações na aplicação do direito internacional privado. Para a resolução de muitos dos problemas suscitados pelas situações privadas internacionais, será suficiente que o órgão de aplicação do direito tenha acesso à jurisprudência e à doutrina relevantes da ordem jurídica estrangeira designada ou a obras que incluam referências comparativas sobre o instituto ou os institutos que se trata de aplicar. A tarefa de comparação terá certamente de ser mais intensa na resolução dos *hard cases*. Tal acontecerá, pelo menos, sempre que se coloquem particulares problemas de *equivalência* entre conceitos ou entre institutos de diferentes sistemas jurídicos (desde logo, quando a situação privada internacional a regular esteja em contacto com ordens jurídicas inspiradas por concepções diferentes ou ponha em jogo um instituto de direito estrangeiro desconhecido da ordem jurídica do foro) e sempre que seja necessário ajustar entre si regimes provenientes de várias ordens jurídicas chamadas a regular uma situação plurilocalizada.

4.1. Os institutos jurídicos em comparação

Como primeiro passo deste complexo e longo percurso, teremos de resolver algumas questões metodológicas prévias, indicando os institutos em comparação e seleccionando as ordens jurídicas a comparar.

Os meios técnico-jurídicos adoptados em muitas ordens jurídicas contemporâneas tendem frequentemente, apesar da aparente diferença de soluções concretas, a dar resposta aos mesmos problemas prático-sociais e a resolver as mesmas questões jurídicas. A análise comparativa permite descobrir em institutos organizados de modo diferente finalidades ou funções económico-sociais comuns ou equivalentes.

Tendo em conta os critérios da funcionalidade [103] e do enquadramento jurídico [104], os institutos jurídicos a comparar no presente trabalho são aqueles que, em várias ordens jurídicas, contemplam a actuação de uma pessoa nos casos em que os efeitos jurídicos dessa actuação se repercutem na esfera jurídica de outra pessoa: o instituto da representação, nos direitos pertencentes à família de *civil law*; o instituto da *agency*, nos direitos pertencentes à família de *common law*.

Uma observação preliminar demonstra a diversa amplitude desses dois institutos: enquanto, no domínio da representação dos direitos europeus continentais, um acto jurídico do representante só produz efeitos na esfera jurídica de outrem se o representante, estando munido de poder de representação, actuar em nome do representado, no âmbito do instituto da *agency*, qualquer acto do *agent* a quem tenha sido atribuída *authority* pode afectar a esfera jurídica do *principal*, mesmo que o *agent* actue em nome próprio.

A delimitação dos institutos a comparar, a partir da respectiva função, explica que, no que diz respeito ao instituto da representação dos direitos europeus continentais, se abranja tão-somente a designada "representação directa".

Só a "representação directa" — aquela em que o representante celebra actos jurídicos em nome do representado, produzindo-se os efeitos de tais actos directamente na esfera jurídica do representado — constitui autêntica representação. Exclui-se, por isso, a designada "representação indirecta", em que o representante actua em nome próprio e os efeitos dos actos por ele praticados se produzem na sua esfera jurídica, sendo necessário um segundo acto para transferir esses efeitos para a esfera do representado [105].

---

[103] Cfr., por todos, ZWEIGERT, KÖTZ, *Einführung* ..., I, p. 34, 3ª ed., p. 33.

[104] Cfr. C. FERREIRA DE ALMEIDA, *Introdução ao direito comparado*, p. 22; id., *O ensino do direito comparado*, p. 168.

[105] E que, por essa razão, uma parte significativa da doutrina considera que não é autêntica representação. Cfr.: LABAND, *Die Stellvertretung bei dem Abschluß von Rechtsgeschäften nach dem allgemeinen Deutschen Handelsgesetzbuch*, ZHR, Bd. 10, 1866, p. 183 ss (p. 195); KELSEN, *Teoria pura do direito*, trad. portuguesa da 2ª ed. alemã (1960), por J. Baptista Machado, 6ª ed., Coimbra, 1984, p. 230; FLUME, *Allgemeiner Teil des Bürgerlichen Rechts*, II — *Das Rechtsgeschäft*, 3ª ed., Berlin, Heidelberg, New York, 1979, p. 749, 764; LUTHER, *La rappresentanza e la procura nei rapporti giuridici internazionali*, Vita not., 1976, p. 669 ss (p. 671); K. SCHMIDT, *Offene Stellvertretung. Der "Offenkundigkeitsgrundsatz" als Teil der allgemeinen Rechtsgeschäftslehre*, JuS, 1987, p. 425 ss (p. 425); MANUEL DE ANDRADE, *Teoria geral da relação jurídica*, Coimbra, reimp., 1964, vol. II, p. 287; GALVÃO TELLES, *Manual dos contratos em geral*, Lisboa, 1965, p. 303; C. MOTA PINTO, *Teoria geral do direito civil*, 3ª ed., Coimbra, 1985, reimp., 1996, p. 538. Na doutrina francesa, em que a

O desejo de paralelismo e sobretudo a circunstância de este estudo ter como objecto principal uma análise de direito internacional privado justificam que se exclua aqui também a discussão pormenorizada de certas figuras do direito da *agency* em que o *agent* actua em seu próprio nome, apesar de os efeitos dos actos assim realizados se produzirem directamente na esfera jurídica do *principal* (casos de actuação por conta de um *unnamed* ou de um *undisclosed principal* [106]). Afigura-se-nos, na verdade, que a descrição desses aspectos do regime da *agency* e a sua comparação com o instituto da representação nos direitos europeus continentais não é essencial para a discussão que nos propomos fazer sobre o tema central deste trabalho.

Por outro lado, considerando que, no direito da *agency*, não existe propriamente uma contraposição que corresponda à distinção entre representação legal e representação voluntária — e tendo ainda em conta que, nos direitos europeus continentais, apesar da unidade da figura da representação e do conceito de poder de representação (que, no essencial, não sofre alteração em função da respectiva origem), existem especialidades nos regimes da representação legal, influenciados em cada caso pelo regime da relação institucional que lhe está subjacente —, trataremos apenas da representação que tem como fonte uma declaração negocial do representado ou, no mínimo, um comportamento juridicamente relevante do representado que permita imputar à esfera jurídica do representado um acto jurídico do representante.

Não abrangeremos a representação que tem origem em decisão de uma autoridade judicial ou administrativa ou que se exerce sob a fiscalização de uma dessas autoridades.

Fora desta investigação ficará igualmente a designada "representação orgânica". Este instituto, mesmo quando se considere incluído no conceito de representação, não só está hoje sujeito, no direito português das sociedades comerciais, a um regime próprio, decorrente em grande parte de normas de direito comunitário, como suscita problemas de construção jurídica distintos, designadamente pelo que respeita à sua fonte (em que concorrem

---

generalidade da doutrina se pronuncia a favor da distinção entre representação directa e indirecta, certos autores colocam em dúvida que, na designada representação indirecta, possa tratar-se ainda de representação (RIPERT, BOULANGER, *Traité de droit civil d' après le Traité de Planiol*, Paris, tome II — *Obligations, Droits réels*, 1957, p. 93), alguns consideram desnecessária a categoria da "representação indirecta" (STORCK, *Essai sur le mécanisme de la représentation dans les actes juridiques*, Paris, 1982, p. 218, 227, 232 s) e outros são claramente contra a admissibilidade da "representação indirecta" (DEMOGUE, *Traité des obligations en général*, I — *Sources des obligations*, Paris, 1923, p. 186; MADRAY, *De la représentation en droit privé. Théorie et pratique*, Paris, 1931, p. 178 ss; MARTY, RAYNAUD, *Droit civil. Les obligations*, 1 — *Les sources*, 2ª ed., Paris, 1988, p. 87).

[106] Sobre o sentido e alcance destas figuras do direito da *agency*, cfr. capítulo II, § 3º, nº 2.1.

a lei, os estatutos e o acto de designação) [107]. O seu regime conflitual está de resto excluído da Convenção de Haia de 1978 sobre a lei aplicável aos contratos de intermediação e à representação (artigo 3º, al. a)).

---

[107] A doutrina portuguesa dominante, favorável, com maiores ou menores dúvidas, à tese organicista, considera que a designada "representação orgânica, institucional ou estatutária" não é representação em sentido técnico. Cfr.: MANUEL DE ANDRADE, *Teoria geral...*, vol. I, p. 118 ss, vol. II, p. 288 s (admitindo a possibilidade de se utilizar neste contexto a noção de representação, o autor qualifica-a como representação necessária); FERRER CORREIA, *Lições de direito comercial*, vol. II — *Sociedades comerciais. Doutrina geral*, Coimbra, 1966, p. 321 s, 328 ss ("representação orgânica ou necessária"); C. MOTA PINTO, *Teoria geral...*, p. 313 s; OLIVEIRA ASCENSÃO, *Teoria geral do direito civil*, vol. III — *Acções e factos jurídicos*, Lisboa, 1992, p. 309 ss; CARVALHO FERNANDES, *Teoria geral do direito civil*, vol. I, 2ª ed., Lisboa, 1995, p. 497 ss; BRITO CORREIA, *Vinculação da sociedade*, "Novas perspectivas do direito comercial", 1988, p. 337 ss (p. 349); id., *Os administradores de sociedades anónimas*, Coimbra, 1993, p. 297, 541. Em termos não substancialmente diferentes é discutida a questão perante o direito civil italiano. Vejam-se CARIOTA FERRARA, *Il negozio giuridico nel diritto privato italiano*, Napoli, s.d. (mas 1949), p. 661, e, por último, BIGLIAZZI GERI, BUSNELLI, BRECCIA, NATOLI, *Diritto civile*, 1.2. *Fatti e atti giuridichi*, Torino, 1987, reimp., 1992, p. 553 s. Por sua vez, a doutrina alemã, invocando a disposição do § 26, 2 BGB, tende a admitir a designação para um órgão de uma pessoa colectiva como fundamento do poder de representação, considerando tratar-se de um caso especial de representação legal. Cfr.: LARENZ, *Allgemeiner Teil des deutschen Bürgerlichen Rechts. Ein Lehrbuch*, 6ª ed., München, 1983, 572; FLUME, *Das Rechtsgeschäft*, p. 780 s; ENNECCERUS, *Derecho civil (Parte general)*, 15ª revisão por Hans Carl Nipperdey, trad. da 39ª ed. alemã (assim, no original), por Blas Pérez González e José Alguer, 3ª ed. ao cuidado de A. Hernández Moreno e Mª del Carmen Gete-Alonso, vol. II, 1ª parte, Barcelona, 1981, § 180, 2., 2, p. 462; crítico, BROX, col. ERMAN *Handkommentar zum BGB*, *Vertretung. Vollmacht*, 8ª ed., 1989, *vor* § 164, an. 13. Em sentido semelhante, na doutrina suíça: VON TUHR, PETER, *Allgemeiner Teil des Schweizerischen Obligationenrechts*, Bd. 1, 3ª ed., Zürich, 1979, p. 378; E. BUCHER, *Schweizerisches Obligationenrecht. Allgemeiner Teil ohne Deliktsrecht*, 2ª ed., Zürich, 1988, p. 627 s; KOLLER, *Schweizerisches Obligationenrecht. Allgemeiner Teil. Grundriss des allgemeinen Schuldrechts ohne Deliktsrecht*, Bd. 1, Bern, 1996, p. 315. Assim também, em geral, na literatura italiana e alemã consagrada ao direito das sociedades comerciais. Cfr.: GALGANO, *Diritto commerciale. Le società. Contratto di società. Società di persone. Società per azioni. Altre società di capitali. Società cooperative*, 4ª ed., Bologna, 1990, reimp., 1992, p. 76 ss, 276 ss; CAMPOBASSO, *Diritto commerciale*, 2. *Diritto delle società*, 2ª ed., Torino, 1992, reimp., 1993, p. 286, 342 ss; G. FERRI, *Manuale di diritto commerciale*, 9ª ed. por Carlo Angelici e Giovanni B. Ferri, Torino, 1993, reimp. 1994, p. 289 s; K. SCHMIDT, *Gesellschaftsrecht*, 2ª ed., Köln, Berlin, Bonn, München, 1991, p. 215 ss (p. 219 s). Sobre a questão, assumem, no direito português, posições próprias: DIAS MARQUES, *Noções elementares de direito civil*, Lisboa, 1992, p. 89, nota (1) (sustentando que o problema se reveste hoje de menor interesse, pois, seja qual for a posição adoptada quanto à qualificação dos titulares dos órgãos das pessoas colectivas, sempre lhes serão aplicáveis, por força do artigo 164º do Código Civil, "as regras do mandato e, obviamente, do mandato representativo"); MENEZES CORDEIRO, *Da responsabilidade civil dos administradores das sociedades comerciais*, Lisboa, 1996, p. 367 ss, 394 ss (o autor inclui na situação jurídica de administração a representação, como "vínculo jurídico, de base legal, que permite imputar à pessoa colectiva os actos dos seus órgãos e, para o caso: à sociedade, a actuação dos administradores", e afasta a recondução da situação jurídica de administração a um contrato).

Finalmente, iremos ocupar-nos apenas da representação na celebração de contratos de natureza patrimonial, em sentido estrito, deixando de lado todas as questões suscitadas pela representação na prática de actos de natureza familiar ou sucessória.

Em conclusão: pretende-se que, sob diversos aspectos, o recorte da figura da representação se aproxime daquele que é usado para definir o âmbito material de aplicação da Convenção de Haia sobre representação. Uma importante diferença subsiste porém entre a figura da representação que vamos considerar no presente trabalho e a noção adoptada na Convenção de Haia, na medida em que as disposições da Convenção se aplicam igualmente à designada representação indirecta e à *undisclosed agency*.

4.2. As ordens jurídicas a comparar

Na selecção das ordens jurídicas a utilizar esteve presente em primeiro lugar a necessidade de trazer para o campo da comparação as concepções fundamentais consagradas sobre a matéria em sistemas de *civil law* e de *common law*.

A existência, dentro dos direitos integrados na família de *civil law*, de dois entendimentos distintos quanto às relações entre a representação e o negócio jurídico subjacente — a teoria da separação entre a representação e o negócio jurídico subjacente, inspirada no modelo do direito alemão, e a tese da identificação entre a representação e o mandato, de que é paradigma o regime consagrado no *Code Civil* francês — levou a incluir na comparação estas duas ordens jurídicas exemplares.

Dado que a comparação a que vamos proceder tem como objecto o regime material e o regime conflitual da representação, e que é conveniente que a análise comparativa desses dois aspectos incida sobre complexos normativos em vigor nas mesmas ordens jurídicas, na selecção teve-se em conta o interesse de incluir também dois sistemas jurídicos onde existem leis de direito internacional privado recentemente aprovadas, abrangendo a matéria da representação — o direito suíço e o direito italiano.

Com base nestes critérios, o trabalho comparativo incidirá sobre as ordens jurídicas que a seguir se indicam.

No grupo dos direitos influenciados pela teoria da separação entre a representação e o negócio jurídico subjacente, a escolha recaíu sobre: o direito português, por ser a ordem jurídica em que se formaram tanto a autora como os destinatários principais deste estudo; o direito alemão, por constituir o modelo da concepção autónoma da representação; os direitos suíço e italiano, por disporem de novas legislações de direito internacional privado. De resto, a nova lei federal suíça sobre direito internacional privado constitui, pela sua qualidade técnica, um elemento de referência obrigatória em qualquer estudo actual que se dedique ao direito de conflitos. A inclusão na comparação do direito italiano justifica-se ainda pela influência exercida sobre o direito civil português vigente, concretamente em matéria de representação.

No grupo dos direitos em que está consagrada a tese da identificação entre a representação e o mandato, optou-se por incluir apenas o direito francês, como modelo que inspirou aliás o antigo direito português.

Na família de *common law*, a comparação abrangerá o direito inglês, por este constituir a origem de todos os direitos incluídos nesta família, e o direito dos Estados Unidos da América, pela importância de que hoje em dia se reveste e pela influência que vem exercendo nos sistemas europeus, não só no domínio do direito material mas também no domínio do direito internacional privado.

Daremos conta igualmente dos ensaios de unificação e de harmonização do direito com relevância em matéria de representação, quer no domínio da regulamentação material quer no domínio da regulamentação conflitual. A este propósito, especial desenvolvimento será consagrado a duas convenções internacionais: a Convenção de Genebra de 1983 sobre a representação na compra e venda internacional de mercadorias e a Convenção de Haia de 14 de Março de 1978 sobre a lei aplicável à representação. A primeira, celebrada no âmbito do UNIDROIT, é uma convenção de direito material uniforme, que no seu regime estabelece um compromisso entre diversos modelos nacionais e que não se encontra ainda em vigor. A segunda, celebrada no âmbito da Conferência de Haia de Direito Internacional Privado, é uma convenção de normas de conflitos, influenciada por soluções consagradas em diferentes direitos nacionais, que se encontra já em vigor em Portugal, França, Argentina e Países Baixos.

4.3. Outras indicações metodológicas

4.3.1. Indicações de natureza geral

Em qualquer investigação microcomparativa, os elementos a comparar e o método de exposição são influenciados pelo objecto da comparação e este pela finalidade do estudo a realizar [108].

---

[108] Sobre os cânones metodológicos a observar na realização de qualquer estudo de direito comparado, cfr. CONSTANTINESCO, *Traité de droit comparé*, II, p. 122 ss (e *passim*). Para uma explicitação do método num estudo microcomparativo, cfr. SCHLESINGER, *Introduction*, "Formation of contracts", p. 17 ss. Na doutrina portuguesa, C. FERREIRA DE ALMEIDA, *Introdução ao direito comparado*, p. 20 ss; id., *O ensino do direito comparado*, p. 119 ss, 151 ss (referindo-se expressamente, nestas duas obras, aos problemas de método na microcomparação);

No presente estudo, teremos a preocupação de analisar os institutos a partir das fontes originárias e na complexidade das fontes de cada uma das ordens jurídicas a que se estende a tarefa de pesquisa. Sempre que possível, a exposição segue um esquema paralelístico, com excepção apenas dos casos em que as características próprias de um instituto em determinado sistema desaconselhem tal solução.

O método utilizado tem naturalmente em conta o objectivo final que nos propomos: a análise do regime da representação no sistema de direito internacional privado em vigor na ordem jurídica portuguesa de modo a obter a compatibilização dos estatutos aplicáveis às diversas relações em que se analisa a relação representativa.

Este objectivo exige a análise do regime dos efeitos da actuação representativa distinguindo três relações: a relação entre o representado e o representante, a relação entre o representado e a contraparte, a relação entre o representante e a contraparte. Tais relações devem ser consideradas quer sob o ponto de vista do regime material quer sob o ponto de vista do regime conflitual a que se encontram sujeitas nas diferentes ordens jurídicas.

4.3.2. Indicações quanto ao método adoptado na comparação de normas de direito material

Na exposição relativa ao direito material, a "grelha comparativa" [109] foi construída com os elementos que considerámos determinantes para a caracterização dos institutos analisados nas ordens jurídicas seleccionadas: os pressupostos da actuação com efeitos jurídicos para outrem, a origem do poder de actuar com efeitos jurídicos para outrem, os efeitos da actuação representativa. Será dado um especial relevo ao regime da representação sem poderes, atendendo a que por vezes a patologia das situações permite determinar o autêntico alcance dos institutos.

A finalidade da comparação no presente estudo justifica que não sejam contemplados determinados aspectos do regime material da representa-

---

id., *Recusa de cumprimento declarada antes do vencimento (Estudo de direito comparado e de direito civil português)*, "Estudos em memória do Professor Doutor João de Castro Mendes", 1995, p. 289 ss (fazendo a aplicação a um instituto concreto dos cânones metodológicos da microcomparação).

[109] A expressão "grelha comparativa" constitui uma fórmula sugestiva, utilizada pela Professora Isabel de Magalhães Collaço, para referir o conjunto entrecruzado de elementos a considerar na comparação. Cfr. C. FERREIRA DE ALMEIDA, *Introdução ao direito comparado*, p. 19; id., *O ensino do direito comparado*, p. 137 ss. Embora tenha sido pensada para exprimir o método adoptado na macrocomparação, a expressão é perfeitamente adequada também no domínio da microcomparação.

ção, como, por exemplo, a substituição do representante e a figura do negócio consigo mesmo.

As ordens jurídicas influenciadas pela teoria da separação entre a representação e o negócio jurídico subjacente (alemã, suíça, italiana e portuguesa) serão apresentadas em conjunto, de modo a evitar uma exposição demasiadamente pesada e repetitiva. Na descrição serão sublinhados os aspectos comuns e as diferenças verificadas nas quatro ordens jurídicas.

A unidade do regime material da *agency* em *common law* aconselha a referência conjunta aos direitos inglês e dos Estados Unidos da América, com a indicação dos circunscritos pontos de divergência.

A síntese comparativa entre os regimes de direito material será feita previamente à informação sobre os ensaios de unificação e de harmonização do direito com relevância em matéria de representação e não inclui, por isso mesmo, os elementos fornecidos pelo direito uniforme. A opção relaciona-se com a circunstância de o acto de direito uniforme mais importante — a Convenção de Genebra de 1983 sobre a representação — não ser ainda direito vigente.

4.3.3. Indicações quanto ao método adoptado na comparação de normas de direito internacional privado

O método de exposição do regime conflitual da representação, se naturalmente é imposto pela opção, já referida, de considerar as três relações em que se analisa a relação representativa, é também influenciado pela pluralidade de fontes de normas de conflitos atendíveis em matéria de representação nas ordens jurídicas abrangidas por esta investigação. Por outro lado, a sequência da exposição traduz a grande diversidade de soluções consagradas nos vários sistemas e reflecte a circunstância de em algumas das ordens jurídicas consideradas vigorarem, pelo menos quanto a alguns aspectos, regras de conflitos comuns.

Os direitos inglês e dos Estados Unidos da América surgem agora separadamente, atenta a diversidade de fontes e de regimes que nesses direitos vigoram.

A aplicabilidade a algumas das relações envolvidas na relação representativa, num grupo considerável de direitos aqui contemplados (direitos alemão, italiano, inglês, português e francês), dos princípios estabelecidos pela Convenção de Roma de 19 de Junho de 1980 sobre a lei aplicável às obrigações contratuais explica que a descrição do regime vigente quanto a certas matérias se faça muitas vezes por remissão. Assim, em algumas ordens jurídicas serão referidos apenas os aspectos em que a citada Convenção admite a possibilidade de aplicar soluções divergentes.

Os direitos português e francês não serão objecto de exposição enquanto tais; nestes dois ordenamentos jurídicos, onde foi recebida a Convenção de Haia sobre representação, as normas de conflitos da Convenção suspendem a eficácia das normas de conflitos de fonte interna, relativas às matérias nela reguladas. A referência ao regime fixado pela Convenção substituirá aqui, por esse motivo, a exposição dos sistemas próprios dos direitos português e francês.

Por essa mesma razão, e diferentemente do método seguido no âmbito do direito material, a comparação do regime conflitual da representação inclui também os dados do direito uniforme que consta da Convenção de Haia sobre representação [110].

---

[110] Sobre a possibilidade e a utilidade de comparar soluções consagradas em direitos nacionais com soluções adoptadas em normas de fonte internacional, cfr. RABEL, *Rechtsvergleichung und internationale Rechtsprechung*, p. 5 ss.

CAPÍTULO II
O instituto da representação: perspectiva comparada de direito material

§ 1º
A representação como instituto autónomo
(direitos alemão, suíço, italiano e português)

1. Fontes de direito e delimitação do instituto

1.1. A moderna doutrina da representação em muitos países da família romano-germânica, entre os quais Portugal, é influenciada pela construção de Paul Laband, formulada no estudo *Die Stellvertretung bei dem Abschluß von Rechtsgeschäften nach dem allgemeinen Deutschen Handelsgesetzbuch*, publicado em 1866 [1]. Tomando como ponto de partida da sua análise o regime estabelecido no *Allgemeines Deutsches Handelsgesetzbuch*, de 1861, sobre a *Prokura* (modalidade especial de poder de representação em matéria comercial, sujeito a registo comercial, cujo âmbito era fixado na lei, sem possibilidade de alteração por actos das partes), Laband sustentou a separação conceptual entre a outorga do poder de representação e a relação jurídica que lhe está subjacente.

Antes de Laband, alguma doutrina alemã tinha defendido a necessidade de distinguir o poder de representação do contrato subjacente entre o representante e o representado, mas a ideia foi expressa apenas incidentalmente [2]. Mesmo em escritos de juristas que procuraram clarificar a noção

---

[1] Publicado em ZHR, Bd. 10, 1866, p. 183 ss.

[2] Em autores como Puchta e Windscheid. PUCHTA, *Pandekten*, 8ª ed. por A. Rudorff, Leipzig, 1856, trata separadamente as questões relativas à "actuação através de representante" (p. 80 ss) e ao "mandato" (p. 481 ss), e afirma que o poder do representante pode derivar do exercício de uma função ou do mandato (p. 82). Segundo WINDSCHEID, *Auftrag* designa o lado da relação segundo o qual uma pessoa deve (*muß*) fazer alguma coisa para outrem; *Vollmacht* designa o lado da relação segundo o qual uma pessoa pode (*darf*) fazer alguma coisa para outrem. Mas para o autor existe no *Auftrag* também *Vollmacht* (cfr. 1ª ed., de 1862, do *Lehrbuch des Pandektenrechts*, I, § 74, nota (1)). A identificação entre mandato e representação voluntária está ainda presente nos escritos de: SAVIGNY, *System des heutigen römischen Rechts*, Bd. 3, Berlin, 1840, reimp., Darmstadt, 1981, p. 90 ss (p. 92); id., *Das Obligationenrecht als Theil des heutigen römischen Rechts*, Berlin, 1851-1853, reimp., Darmstadt, 1987 (vol. II, p. 21 ss, p. 53 a 88, *passim*); WÄCHTER, *Handbuch des im Königreiche Württemberg geltenden Privatrechts*, II — *Allgemeine Lehren*, Stuttgart, 1842, p. 675 ss (p. 676); RUHSTRAT, *Inwiefern haftet der Mandatar aus den Verträgen, die er als solcher geschlossen*

de representação (*Stellvertretung*), são designados, quase indiferentemente, o representado como *Vertretene, Vollmachtgeber, Mandant* e o representante como *Vertreter, Bevollmächtigter, Mandatar* [3].

Ihering foi o primeiro autor a afirmar o erro da doutrina tradicional, mostrando que mandato e representação não se confundem, são conceitos distintos e, quando num mesmo caso coexistem, constituem dois lados distintos da mesma relação jurídica. "Na representação assente em mandato, 'mandatário e mandante' (*Mandatar und Mandant*) designam a relação relativa (*relative Verhältniβ*) entre essas duas pessoas, o lado interno da relação; pelo contrário, 'representante e representado' (*Stellvertreter und Principal*) designam a sua qualidade em relação a terceiros, o seu carácter absoluto, o lado externo da relação". Sendo cada um dos lados completamente indiferente e sem influência relativamente ao outro, a coexistência dos dois é acidental, de onde resulta que é possível um *Mandatar* não ser *Stellvertreter* e um *Stellvertreter* não ser *Mandatar*.

Mas os exemplos que o autor apresenta para ilustrar a possibilidade de existência de representação sem mandato são casos de representação legal e de *negotiorum gestio*. Ihering continuou a ver no mandato o fundamento da representação voluntária [4].

Laband foi mais além, ao considerar que mandato (*Auftrag*) e poder de representação (*Vollmacht*) não são dois lados da mesma relação, mas duas relações diferentes que na realidade em muitos casos têm correspondência uma com a outra; ocasional, mas não necessariamente, encontram-se juntas. Para o autor, é claro que pode haver mandato sem poder de representação; que o poder de representação não deve ser considerado como uma qualificação do mandato; que existe também poder de representação sem mandato. "O poder de representação atribui a uma pessoa a possibilidade de, através de contratos concluídos em nome alheio, tornar uma outra credora ou devedora, independentemente de esta outra pessoa ter ordenado a celebração de um contrato determinado, ou de ter deixado à discrição do representante ou até de ter proibido a celebração do contrato; o mandato é

---

hat?, AcP 30 (1847), p. 340 ss. Para mais desenvolvimentos sobre a evolução, durante este período, da doutrina da representação e sobre as relações entre o poder de representação e o contrato subjacente, cfr. MÜLLER-FREIENFELS, *Die Abstraktion der Vollmachtserteilung im 19. Jahrhundert*, "Wissenschaft und Kodifikation des Privatrechts im 19. Jahrhundert. II — Die rechtliche Verselbständigung der Austauschverhältnisse vor dem Hintergrund der wirtschaftlichen Entwicklung und Doktrin" (org. Helmut Coing, Walter Wilhelm), Frankfurt a. M., 1977, p. 144 ss (p. 151 ss).

[3] Cfr. SCHEURL, *Zur Verhandlung über die Mitwirkung für fremde Rechtsgeschäfte*, JhJb, Bd. 2, 1858, p. 1 ss (p. 4 s, 16 s, 20 s, 28).

[4] IHERING, *Mitwirkung für fremde Rechtsgeschäfte*, JhJb, Bd. 1, 1857, p. 273 ss; Bd. 2, 1858, p. 67 ss (1857, p. 313).

portanto irrelevante para a faculdade de representação (*Stellvertretungsbefugniß*)" [5]. A separação nítida entre os conceitos de mandato e poder de representação é uma necessidade jurídica. Trata-se de dois negócios jurídicos totalmente diferentes. O acto de atribuição do poder de representação (*Bevollmächtigungsvertrag*) é um contrato consensual (diferente do mandato), através do qual os contraentes se obrigam reciprocamente a que os negócios jurídicos que um deles (o representante — *Bevollmächtigter*) venha a celebrar em nome do outro (o representado — *Vollmachtgeber*) produzam efeitos como se tivessem sido celebrados por este último. Tal contrato não tem efeitos apenas entre os contraentes mas também em relação a terceiros [6]. Sempre que exista simultaneamente um mandato, as ordens do representado valem apenas como instruções, sendo o representante responsável pelo seu incumprimento perante o representado, mas não podem ser opostas a terceiros.

Enquanto Ihering assinalou a diferença entre mandato e representação, Laband mostrou a independência entre as duas relações [7].

A distinção proposta por Laband foi seguida pela doutrina posterior [8] e a teoria da separação inspirou as disposições sobre representação contidas

---

[5] *Die Stellvertretung* ..., p. 204, 205, 206.

[6] *Die Stellvertretung* ..., p. 208.

[7] Hans DÖLLE considerou ser esta uma das "descobertas" da ciência jurídica. Cfr., do autor, *Juristische Entdeckungen*, "Verhandlungen des Zweiundvierzigsten Deutschen Juristentages in Düsseldorf 1957" (org. Ständigen Deputation des Deutschen Juristentages), Bd. II (Sitzungsberichte), Teil B, Tübingen, 1958, p. B 1 ss (p. B 3 ss).

[8] Citam-se apenas algumas obras publicadas nos primeiros anos após o estudo de Laband: WINDSCHEID, *Lehrbuch des Pandektenrechts*, 2ª ed., Düsseldorf, 1867, § 74, nota (1) (posição que naturalmente mantém na 9ª ed. por Theodor Kipp, Frankfurt a. M., 1906, § 74, nota (1a)); RUHSTRAT, *Ueber Stellvertretung ohne Vollmacht*, JhJb, Bd. 10, 1871, p. 208 ss; id, *Zur Lehre von der Stellvertretung*, JhJb, Bd. 26, 1888, p. 456 ss; THÖL, *Das Handelsrecht*, I, 5ª ed., Leipzig, 1875, p. 177 ss (p. 182, 191 ss); KARLOWA, *Das Rechtsgeschäft und seine Wirkung*, Berlin, 1877, p. 53 ss (p. 53, 58, 60); BEKKER, *System des heutigen Pandektenrechts*, II, Weimar, 1889 (p. 212, nota (m)); BRINZ, *Lehrbuch der Pandekten*, IV, 2ª ed. por Philipp Lotmar, Erlangen, Leipzig, 1892, p. 373 ss (p. 376 ss, *passim*); REGELSBERGER, *Pandekten*, I, Leipzig, 1893, p. 592 ss (em especial, p. 594). Críticos quanto à construção de Laband: CURTIUS, *Die Stellvertretung bei Eingehung von Verträgen*, AcP 58 (1875), p. 69 ss (para quem o poder de representação é inerente ao mandato e *Vollmacht* uma expressão geral para designar a faculdade de representar outrem — p. 79 ss); SCHLOSSMANN, *Die Lehre von der Stellvertretung. Insbesondere bei obligatorischen Verträgen*, I — *Kritik der herrschenden Lehren*, Leipzig, 1900, reimp., Darmstadt, 1970 (este autor considera o conceito de *Vollmacht* supérfluo — p. 239 — e uma tautologia — p. 380 —, pois a possibilidade de o acto celebrado pelo representante criar uma relação directa entre o representado e a contraparte mais não é do que uma consequência da relação interna a que o direito positivo liga aquele efeito — p. 270); e, mais recentemente, MÜLLER-FREIENFELLS, *Die Vertretung beim Rechtsgeschäft*, Tübingen, 1955, p. 2 ss.

no HGB (§§ 48 e seguintes), no BGB (§§ 164 e seguintes) [9] e em códigos civis e comerciais de diversos países [10].

1.2. Tal como antes anunciámos, trataremos aqui do regime da representação em alguns dos direitos influenciados pela teoria da separação: direitos alemão, suíço [11], italiano [12] e português [13]. Uma vez que o modelo

---

[9] Expressamente sobre a questão, aquando da preparação do BGB, cfr.: HÖLDER, *Zum allgemeinen Theil des Entwurfes eines deutschen bürgerlichen Gesetzbuches*, AcP 73 (1888), p. 1 ss (p. 117); ZITELMANN, *Die Rechtsgeschäfte im Entwurf eines Bürgerlichen Gesetzbuches für das Deutsche Reich. Studien, Kritiken, Vorschläge*, I, Berlin, 1889, p. 88; LENEL, *Stellvertretung und Vollmacht*, JhJb, Bd. 36, 1897, p. 1 ss (p. 113); *Die gesammten Materialen zum Bürgerlichen Gesetzbuch für das Deutsche Reich* (org. Mugdan), I — *Einführungsgesetz und Allgemeiner Theil*, Berlin, 1899, p. 478, 838.

[10] Lei federal suíça sobre o direito das obrigações, de 1881 (artigos 36 e seguintes); Código Civil japonês, de 1896 (artigos 99 e seguintes); Código das Obrigações suíço, de 1911 (artigos 32 e seguintes); Código Civil grego de 1940 (artigos 211 e seguintes); Código Civil italiano, de 1942 (artigos 1387 e seguintes); Código Civil da antiga República Soviética Federativa Socialista da Rússia, de 1964 (artigos 62 e seguintes); Código Civil da Checoslováquia, de 1964, actualmente em vigor, com alterações, na República Checa e na República Eslovaca (§§ 22 e seguintes); Código Civil português, de 1966 (artigos 258º e seguintes); Código Civil da antiga República Democrática Alemã, de 1975 (§§ 53 e seguintes); Código Civil neerlandês, Livro 3 — Direito patrimonial em geral, em vigor, nesta parte, desde 1992 (artigos 60 e seguintes); Código Civil da Federação Russa (Parte I — Parte Geral), de 1994 (artigos 182 e seguintes).

[11] No direito suíço, a separação entre o mandato e a representação foi claramente consagrada no anterior Código das Obrigações (lei federal sobre o direito das obrigações, de 14 de Junho de 1881): os artigos 36 e seguintes referiam-se à representação, enquanto o mandato era regulado nos artigos 392 e seguintes e a actuação dos *Prokuristen, Handlungsbevollmächtigte* e *Handlungsreisende* constituía o objecto dos artigos 422 e seguintes.

[12] Em Itália, a aceitação pela doutrina da separação conceptual entre mandato e representação deu-se muito antes da consagração legal do princípio no *Codice Civile* de 1942. As disposições do Código Civil de 1865 permitiram com alguma facilidade resolver a controvérsia. Em primeiro lugar, a disposição que definia o mandato não reproduzia a fórmula utilizada no artigo 1984 do *Code Civil* (nos termos do artigo 1737, *il mandato è un contratto in forza del quale una persona si obbliga gratuitamente o mediante un compenso a compiere un affare per conto di un' altra persona da cui ne ha avuto l' incarico*); além disso, o artigo 1744 previa expressamente a possibilidade de o mandatário agir em nome próprio; também os preceitos do Código Comercial de 1882 relativos ao mandato comercial e à comissão (artigos 349 e seguintes) permitiam excluir a representação dos elementos essenciais do mandato. Cfr.: NATTINI, *La dottrina generale della procura. La rappresentanza*, Milano, 1910, p. 6 ss (p. 33 s); NAVARRINI, *Trattato teorico-pratico di diritto commerciale*, vol. II, parte II: *Diritto delle obbligazioni*, Milano, Torino, Roma, 1920, p. 175 ss (p. 178 s); id., *Trattato elementare di diritto commerciale*, vol. I, 5ª ed., Torino, 1937, p. 132 ss (p. 133 s); VIVANTE, *Trattato di diritto commerciale*, vol. I — *I commercianti*, 5ª ed., Milano, 1922, p. 262 ss (p. 270 s); id., *Istituzioni di diritto commerciale*, 55ª ed., Milano, 1935, p. 65 ss (apesar de o autor afirmar ainda o carácter acessório ou complementar da representação, "que se junta a uma relação principal"); GRAZIANI, em diversos dos trabalhos que dedicou à representação e à

procuração e que foram coligidos na obra "Studi di diritto civile e commerciale", Napoli, 1953, de que se mencionam somente os mais significativos: *Negozio di gestione e procura*, p. 61 ss (= "Studi di diritto commerciale in onore di Cesare Vivante", I, Roma, 1931); *In tema di procura irrevocabile*, p. 70 ss (= Foro it., 1936, I); *In tema di procura*, p. 79 ss (= Giur. comp. dir. civ., IV, 1939); SAGGESE, *La rappresentanza nella teoria e nella pratica del diritto privato italiano*, Napoli, 1933, p. 63 ss (p. 73); PACCHIONI, *Corso di diritto civile. Dei contratti in generale*, Torino, 1933, p. 277 ss; id., *Dei contratti in generale*, 3ª ed., Padova, 1939, p. 295 ss (embora este autor não sublinhe a distinção com a nitidez com que outros o fazem); MOSSA, *Abuso della procura*, Rdcomm., 1935, II, p. 249 ss (p. 249); ROCCO, *Diritto Commerciale. Parte Generale*, Milano, 1936, p. 303 ss (p. 314 ss); FRÈ, *Rappresentanza (diritto privato)*, Nuov. Dig. It., X, 1939, p. 1096 ss. Crítico relativamente à ideia de separação, PUGLIATTI, nos seus numerosos *Studi sulla rappresentanza*, Milano, 1965. Vejam-se principalmente: *Il conflitto d' interessi tra principale e rappresentante*, p. 35 ss (= "Annali dell' Istituto di scienze giuridiche, economiche, politiche e sociali della R. Università di Messina", II, 1928); *Il rapporto di gestione sottostante alla rappresentanza*, p. 155 ss (= "Annali...", cit., III, 1929); *Abuso di rappresentanza e conflitto d' interessi*, p. 261 ss (= Rdcomm., 1936, I, p. 1 ss).

[13] Não obstante o Código Civil português de 1867, seguindo a tradição do *Code Civil*, identificar o mandato e a representação (ao estabelecer no artigo 1318º *"dá-se o contrato de mandato ou procuradoria, quando alguma pessoa se encarrega de prestar, ou fazer alguma coisa, por mandato e em nome de outrem"*), a separação conceptual entre as duas figuras começou a ser defendida por alguns autores portugueses ainda no domínio daquele Código, certamente sob a influência do direito alemão. Numa primeira fase, a distinção não é perfeita. Assim, GUILHERME MOREIRA (*Instituições do direito civil português*, vol. I — *Parte geral*, Coimbra, 1907), afirmava expressamente: *"Não deve, pois, confundir-se o mandato com a representação voluntaria, até no caso em que elle tenha por fim a pratica dum acto juridico. Neste caso, para que haja representação, é necessario que o mandatario seja incumbido de realizar o negocio juridico em nome do mandante"* (cfr. p. 451 s). Todavia o autor não estabelecia ainda a distinção entre a relação externa e a relação interna, na medida em que considerava: *"Na representação voluntaria, sendo pelo mandato que se estabelecem não só as relações de caracter obrigatorio entre o mandante e o mandatario, mas se determinam os poderes que este fica tendo, em relação a terceiros, para realizar negocios juridicos em nome do mandante, segue-se que é pelo próprio contracto de mandato que se ha de verificar qual a responsabilidade do representado quanto aos actos praticados pelo representante [...]"* (cfr. p. 456). PAULO MERÊA, *Legislação civil comparada. Prelecções feitas ao curso do 4º anno juridico de 1914-1915*, por Joaquim Beirão e Seiça Netto, Coimbra, 1915, referia-se à representação a propósito dos "modos de manifestação da vontade" e descrevia o sistema consagrado no Código Civil alemão e no Código das Obrigações suíço (cfr. p. 153 ss). CUNHA GONÇALVES (*Tratado de direito civil em comentário ao Código Civil Português*, vol. IV, Coimbra, 1931), defendendo que *"a representação deriva dum contrato unilateral chamado mandato [...]; e pode também resultar dos contratos de sociedade e prestação de serviços"* (cfr. p. 198), entendia a chamada representação voluntária como *"contratual"* (cfr. p. 200, 201) e utilizava a expressão *"falta de mandato"* para designar a actuação do representante sem poderes (cfr. p. 201, 202). Outros autores, conhecendo embora a doutrina italiana contemporânea, mantinham-se fiéis à concepção tradicional. Assim: BELEZA DOS SANTOS, *A simulação no direito civil*, vol. I, Coimbra, 1921, p. 296; JOSÉ TAVARES, *Os princípios fundamentais do direito civil*, vol. II — *Pessoas, cousas, factos jurídicos*, Coimbra, 1928, p. 434 s,

foi o direito alemão, este será frequentemente referido em primeiro lugar, sem prejuízo de, sempre que tal seja possível, se tomarem como ponto de partida as disposições do direito português, estabelecendo, em relação a cada questão, o paralelismo com cada uma daquelas outras ordens jurídicas.

Nas ordens jurídicas agora consideradas, a possibilidade de uma pessoa actuar em representação de outra, com efeitos para esta última, é reconhecida como princípio geral. O instituto da representação é objecto de regulamentação autónoma, independente do regime aplicável à relação subjacente entre representado e representante (relação interna, relação jurídica de base, relação fundamental, *Grundverhältnis*).

Os redactores do BGB afastaram-se do direito comum anterior e da solução adoptada pelas codificações do séc. XIX, entre as quais o *Code Ci-*

---

nota (1), 438; CABRAL DE MONCADA, *Lições de direito civil. Parte geral*, vol. II, Coimbra, 1932, p. 334, nota (1), p. 336 s, nota (1), posição reafirmada na 2ª ed., 1955, p. 330, nota (2), p. 332 s, nota (1), e na 4ª ed., 1962 (publ. 1995), p. 654, nota (2), p. 656, nota (1)). A distinção surge com toda a nitidez e rigor em MANUEL DE ANDRADE (*Direito civil português*, apontamentos das lições proferidas no ano lectivo de 1938-1939, compilados por Araújo Barros e Orbílio Barbas, Coimbra, 1939, p. 326 ss; *Teoria geral da relação jurídica*, III Parte — *Elementos do negócio jurídico*, por Ricardo Velha, Coimbra, 1951, p. 301 ss), GALVÃO TELLES (*Dos contratos em geral*, Coimbra, 1947, p. 262 s, 269 ss), MAGALHÃES COLLAÇO (*Da legitimidade no acto jurídico*. Dissertação em Ciências Histórico-Jurídicas na Faculdade de Direito de Lisboa, 1947-1948, p. 209 ss; *Da legitimidade no acto jurídico*, BMJ, 10 (1949), p. 20 ss, p. 48, nota (27), 62, 99, 104, 111 s) e FERRER CORREIA (*A procuração na teoria da representação voluntária*, BFD, vol. XXIV, 1948, p. 253 ss, hoje reproduzido, apenas com notas de remissão para o Código Civil actual, em "Estudos jurídicos, II — Direito civil e comercial. Direito criminal", Coimbra, 1969, 2ª ed., 1985, reimp., 1995, p. 1 ss, em especial, p. 6, 10 ss). Mais tarde, e enquanto decorriam os trabalhos de preparação do novo Código Civil, a autonomia da representação em relação ao contrato de mandato é já aceite sem restrições e está subjacente aos estudos realizados durante os anos 50 e princípios dos anos 60. Cfr.: GALVÃO TELLES, *Contratos civis (Projecto completo de um título do futuro Código Civil Português e respectiva Exposição de Motivos)*, RFD, sep. vols. IX-X, 1953-1954, p. 71 ss, 147 (artigo 1º do projecto relativo ao mandato); DIAS MARQUES, *Teoria geral do direito civil. Lições ao Curso de 1956-57 da Faculdade de Direito de Lisboa*, vol. I, Coimbra, 1958, p. 293 ss (em especial, p. 321 ss); id., *Introdução ao estudo do direito*, vol. I, Lisboa, 1963, p. 295 ss (em especial, p. 297); VAZ SERRA, *Contrato consigo mesmo*, RLJ, 91º, 1958-1959, nºs 3129 ss, p. 179 ss; id, an. ac. STJ, 24.5.1960, RLJ, 94º, 1961-1962, nºs 3200 ss, p. 168 ss; PESSOA JORGE, *O mandato sem representação*, Lisboa, 1961, p. 21 e *passim*; RUI DE ALARCÃO, *Anteprojectos para o novo Código Civil*, BMJ, 102 (1961), p. 167 ss (p. 171 ss) e BMJ, 105 (1961), p. 249 ss (p. 263 ss); id., *Breve motivação do anteprojecto sobre o negócio jurídico na parte relativa ao erro, dolo, coacção, representação, condição e objecto negocial*, BMJ, 138 (1964), p. 71 ss; ALMEIDA COSTA, *A vontade e a declaração na teoria do negócio jurídico representativo. A propósito do artigo 229º, Livro I, em primeira revisão ministerial, do projecto de Código Civil*, BMJ, 127 (1963), p. 145 ss. Nas vésperas da aprovação do Código Civil de 1966, a identificação entre mandato e representação é ainda afirmada por PIRES DE LIMA, ANTUNES VARELA, *Noções fundamentais de direito civil*, I, 6ª ed., Coimbra, 1965, p. 490 ss, e, expressamente, p. 490, nota (1).

vil e o Código Civil austríaco (onde o mandato abrange tanto a relação interna como a relação externa, que formam um todo). O título V da secção III (negócio jurídico) da Parte Geral do BGB, intitulado *"Vertretung. Vollmacht"*, abrange os §§ 164 a 181 [14].

No direito suíço, a representação é regulada nos artigos 32 a 40 do Código das Obrigações, de 1911 [15], fazendo parte do capítulo relativo às obrigações contratuais, integrado no título I (respeitante à formação das obrigações), da Parte I (que contém as disposições gerais) [16].

O Código Civil italiano de 1942 trata a matéria da representação nos artigos 1387 a 1400 (capítulo VI do título relativo aos contratos em geral, incluído no livro IV do Código, dedicado às obrigações) [17].

---

[14] O regime constante do BGB (aprovado em 18 de Agosto de 1896) tem sido considerado aplicável à representação na realização de negócios jurídicos, de actos equiparados a negócios jurídicos e à formação de uma relação de confiança pré-contratual (ERMAN/BROX, *vor* § 164, an. 9), tanto no âmbito da representação voluntária como no da representação legal (WITZ, *Droit privé allemand. 1. Actes juridiques, droits subjectifs. BGB, Partie générale. Loi sur les conditions générales d'affaires*, Paris, 1992, p. 382).

[15] Lei federal, de 30 de Março de 1911, que completa o Código Civil suíço (livro V: Direito das Obrigações), a seguir abreviadamente designado Código das Obrigações ou OR.

[16] O regime do direito suíço, embora integrado na regulamentação sobre a formação das obrigações através de contrato, é entendido como aplicável também à representação na realização de outros negócios jurídicos e de actos jurídicos não negociais. Sobre a aplicação das disposições dos artigos 32 e seguintes OR, cfr.: VON TUHR, PETER, *Allgemeiner Teil...*, Bd. 1, p. 351 ss; ZÄCH, col. *Berner Kommentar. Kommentar zum schweizerischen Privatrecht*, Bd. VI — *Das Obligationenrecht, 1 — Allgemeine Bestimmungen*, 2.2. *Stellvertretung*, com a colaboração de Hans Rainer Künzle, Bern, 1990, p. 18 ss; GUHL, *Das Schweizerische Obligationenrecht mit Einschluss des Handels- und Wertpapierrechts*, 8ª ed. por Alfred Koller e Jean Nicolas Druey, Zürich, 1991, p. 146; KOLLER, *Schweizerisches Obligationenrecht*, p. 344; SAUSSURE, *L'acte juridique fait sans pouvoirs de représentation. Étude de l'art. 38 Code des obligations*, Lausanne, 1945, p. 20.

[17] No direito italiano, a disciplina legal, apesar de inserida na regulamentação respeitante aos contratos, é considerada aplicável à representação na celebração não só de contratos, mas também de negócios jurídicos e de actos jurídicos não negociais (CARIOTA FERRARA, *Il negozio giuridico ...*, p. 663; BIGLIAZZI GERI e o., *Diritto civile*, 1.2., p. 555; ZACCARIA, col. CIAN, TRABUCCHI, *Commentario breve al Codice Civile*, 4ª ed., Padova, 1992, *sub* art. 1388, V). A aplicabilidade do regime previsto no Código Civil à representação legal, muito embora possa parecer pressuposta na referência contida no artigo 1387, é objecto de discussão. Na jurisprudência, veja-se, por exemplo, Cass. civ., 21.1.1968, Giust. Civ. Mass., 1968, nº 220, p. 106 s (onde se considera possível incluir num instituto único a representação legal e a voluntária) e Cass. civ., 26.3.1968, Giust. Civ. Mass., 1968, nº 947, p 475 ss (onde se afirma que o artigo 1396 do Código regula exclusivamente a representação voluntária, não sendo possível, nem sequer por interpretação extensiva, considerá-lo aplicável à representação legal). Uma parte da doutrina recusa a aplicabilidade do regime do Código à representação legal (MIRABELLI, *Dei contratti in generale*, Torino, 1958, p. 275), enquanto diversos autores defendem a aplicabilidade de alguns dos preceitos da lei e o afastamento de outros, conforme o seu conteúdo e a compatibilidade com o que consideram ser a diferente natureza das duas

No Código Civil português de 1966, a representação ocupa uma subsecção (subsecção VI, artigos 258º a 269º) da secção respeitante à declaração negocial, do capítulo dedicado ao negócio jurídico, integrado na disciplina dos factos jurídicos, na Parte Geral do Código [18].

Em nenhuma das disposições legais referidas se define de modo expresso a representação. Tanto o artigo 258º do Código Civil português, como o § 164 do BGB, o artigo 1388 do *Codice Civile* e o artigo 32 do Código das Obrigações suíço, contêm implícita uma noção de representação, ao determinarem os efeitos do negócio jurídico (ou do contrato, conforme os casos) celebrado pelo representante.

É admitida a representação não só para a emissão de uma declaração negocial em nome de outra pessoa (*representação activa*), mas também para a aceitação de uma declaração negocial em nome de outra pessoa (*representação passiva*) [19].

A representação reporta-se a actos jurídicos [20] e caracteriza-se pelo seu efeito fundamental. Existe relação de representação quando os efeitos de um negócio jurídico realizado por uma pessoa (o representante) se reper-

---

modalidades de representação (CARIOTA FERRARA, *Il negozio giuridico...*, p. 667 e 676, nota (1); SANTORO-PASSARELLI, *Dottrine generali del diritto civile*, Napoli, 1966, p. 288; NATOLI, *La rappresentanza*, Milano, 1977, p. 114 s; id., *Rappresentanza (diritto privato)*, Enc. Dir., XXXVIII, 1987, p. 463 ss (p. 474); BRUSCUGLIA, *La rappresentanza legale*, apêndice de Natoli, "La rappresentanza", cit., p. 137 ss (p. 149 ss); ZACCARIA, *Commentario*, sub art. 1389, sub art. 1391, sub art. 1392, V, sub art. 1394, VI, sub art. 1395, IV, sub art. 1396, VI, sub art. 1398, III). Para uma descrição dos desenvolvimentos sobre a questão na jurisprudência e na doutrina, cfr. ZACCARIA, *Rappresentanza*, Rdciv., 1990, II, p. 481 ss (p. 482).

[18] As disposições do Código Civil português estão distribuídas por duas divisões, contendo a primeira os princípios gerais (artigos 258º a 261º) e referindo-se a segunda à representação voluntária. Pareceria portanto que apenas a primeira é de âmbito geral enquanto a segunda é própria da representação voluntária. Mas, ao mesmo tempo que é discutida a aplicabilidade de algumas das normas incluídas na primeira divisão à representação legal (cfr. HÖRSTER, *A parte geral do Código Civil Português. Teoria geral do direito civil*, Coimbra, 1992, p. 481, quanto ao disposto no artigo 259º), parece justificar-se a aplicação de certas regras da divisão II (por exemplo, os artigos 268º e 269º) para além do âmbito da representação voluntária. Para uma apreciação crítica da sistematização adoptada pelo Código Civil português na regulamentação da representação, cfr. HÖRSTER, *A parte geral...*, p. 478.

[19] Assim, de modo expresso, o § 164, 1 e 3 BGB. No sentido de que na "representação passiva" não existe autêntica representação, cfr. BETTI, *Teoria generale del negozio giuridico*, 2ª ed., 1950, reimp., Napoli, 1994, p. 557 ("porque falta um acto de autonomia privada"); OLIVEIRA ASCENSÃO, *Teoria geral...*, III, p. 305 (que integra a figura na categoria ampla de delegação); SAUSSURE, *L'acte juridique...*, p. 41 ss.

[20] Não dizendo respeito, portanto, a actividade puramente material. Cfr., por todos, FLUME, *Das Rechtsgeschäft*, p. 749. Por outro lado, o instituto da representação é circunscrito aos actos lícitos: a prática de actos ilícitos excede sempre o âmbito dos poderes de representação. Cfr., por todos, ENNECCERUS/NIPPERDEY, § 178, 1., VI, p. 435.

cutem directa e imediatamente na esfera jurídica de outra (o representado), em nome de quem o acto foi praticado [21] [22].

2. Pressupostos da actuação representativa

São pressupostos ou condições da representação, nos termos das normas reguladoras deste instituto:
— a existência de uma declaração negocial própria do representante;
— a actuação do representante em nome do representado;
— o poder de representação.

2.1. A existência de uma declaração negocial própria do representante

Característica essencial da representação é a actuação autónoma do representante, signficativa da existência de duas pessoas distintas — a pessoa que actua (o representante) e a pessoa por conta de quem aquele actua (o representado). Só existe representação se a pessoa que actua por conta de outra emitir uma declaração negocial própria. Diferentemente do núncio, que é um mero transmissor da declaração negocial de outrem [23], o representante, mesmo quando o poder de representação que lhe foi atribuído seja muito restrito e especial, emite uma declaração que lhe é própria e dispõe, em todos os casos, de um mínimo de liberdade e de autonomia na sua actuação. O critério que permite distinguir o representante do núncio assenta no comportamento do agente perante a contraparte (*Außenverhältnis*) e não na relação entre o agente e o dono do negócio (*Innenverhältnis*) [24].

---

[21] Em sentido diferente, MANIGK, *Anwendungsgebiet der Vorschriften für die Rechtsgeschäfte. Ein Beitrag zur Lehre vom Rechtsgeschäft*, Berlin, 1901, p. 336 (para quem a essência da representação depende dos pressupostos, não dos efeitos).

[22] Para uma apreciação do instituto da representação do ponto de vista da análise económica do direito, cfr., na ordem jurídica alemã, OTT, col. *Alternativkommentar zum BGB*, Bd. 1 — *Allgemeiner Teil, Vertretung. Vollmacht*, Darmstadt, 1987, vor § 164, an. 25 ss.

[23] A distinção, ou a aproximação, entre as figuras do representante e do núncio tem sido objecto de análise por parte da doutrina, com o intuito de precisar a noção e o regime da representação. Cfr., na literatura alemã mais antiga, SAVIGNY, *Das Obligationenrecht...*, vol. II, p. 59 s (cuja construção conduz à identificação entre representante e núncio) e LABAND, *Die Stellvertretung...*, p. 192 (que distingue as duas figuras com base no critério da titularidade da vontade exteriorizada perante terceiros). Entre nós, recentemente, R. GUICHARD, *Sobre a distinção entre núncio e representante*, Scientia Iuridica, XLIV, 1995, n°s 256/258, p. 317 ss.

[24] Neste sentido: C. MOTA PINTO, *Teoria geral...*, p. 540; R. GUICHARD, *Sobre a distinção...*, p. 318; CARIOTA FERRARA, *Il negozio giuridico...*, p. 657 s; ENNECCERUS/NIPPERDEY,

Corolário deste primeiro pressuposto da representação é o regime estabelecido, quanto à falta e vícios da vontade e outros estados subjectivos relevantes, para o negócio jurídico celebrado através de representante (negócio representativo) [25].

Segundo o princípio geral enunciado na lei, "é na pessoa do representante que deve verificar-se, para efeitos de nulidade ou anulabilidade da declaração, a falta ou vício da vontade, bem como o conhecimento ou ignorância dos factos que podem influir nos efeitos do negócio" (artigo 259º, nº 1 do Código Civil português) [26]. Em sentido semelhante dispõem o § 166, 1 BGB [27] e os artigos 1390, primeira parte, e 1391, nº 1, primeira parte, do Código Civil italiano. Na falta de determinação legal, não é essencialmente distinta desta a solução adoptada no direito suíço [28].

---

§ 178, 1., II, 1, c), p. 428; FLUME, *Das Rechtsgeschäft*, p. 755 s; LARENZ, *Allgemeiner Teil...*, p. 577 s; STEFFEN, col. BGB-RGRK, *Vertretung. Vollmacht*, 12ª ed., 1982, *vor* § 164, an. 32; LEPTIEN, col. SOERGEL *Bürgerliches Gesetzbuch...*, *Vertretung. Vollmacht*, 12ª ed., 1987, *vor* § 164, an. 51; ERMAN/BROX, *vor* § 164, an. 23; HEINRICHS, col. PALANDT *Bürgerliches Gesetzbuch*, *Vertretung. Vollmacht*, 55ª ed., 1996, *Einführung* § 164, an. 11; SCHRAMM, col. *Münchener Kommentar...*, *Vertretung. Vollmacht*, 3ª ed., 1993, *vor* § 164, an. 44; JOOST, col. STAUB *HGB*, §§ 38-58, *Prokura und Handlungsvollmacht*, 4ª ed., 1991, *vor* § 48, an. 15; SMID, *Botenschaft und Stellvertretung*, JuS, 1986, p. L 9 ss (p. L 10 s); VON TUHR, PETER, *Allgemeiner Teil ...*, Bd. 1, p. 350; E. BUCHER, *Schweizerisches Obligationenrecht*, p. 598; ZÄCH/KÜNZLE, *Stellvertretung...*, p. 13. Diferentemente, DILCHER, col. *Staudingers Kommentar...*, *Vertretung. Vollmacht*, 12ª ed., 1980, *vor* § 164, an. 76, atribui relevância à relação interna para distinguir entre o representante e o núncio.

[25] Entre nós, a questão foi objecto de um estudo de ALMEIDA COSTA, a propósito da disposição que, sobre a matéria, estava incluída no Projecto de Código Civil: *A vontade e a declaração na teoria do negócio jurídico representativo*, cit. Criticando a abordagem tradicional neste domínio, que consiste em deduzir as soluções da concepção adoptada quanto à natureza do fenómeno representativo, o autor formulou propostas de redacção (cfr., em especial, o texto do articulado constante das páginas 161 e seguinte e da página 171), que não foram totalmente acolhidas na versão definitiva do artigo 259º do Código. Sobre o tema, já antes, pormenorizadamente, FERRER CORREIA, *A procuração...*, p. 20 ss.

[26] O STJ entendeu aplicável este princípio "por maioria de razão [...] relativamente aos negócios fictícios que o representante, conluiado com outrem, e para o [o representado] enganar, diga celebrar em seu nome, manifestando uma vontade que não tem" (ac. de 5.3.1981, BMJ, 305 (1981), p. 261 ss).

[27] Cfr. BGH, 9.2.1960, JZ 1961, 24 (25) (com an. de Ludwig RAISER, que explica o regime do § 166 recorrendo ao princípio segundo o qual a pessoa que, no comércio jurídico, se serve do auxílio de outros e beneficia dos efeitos da actuação alheia deve também suportar os inconvenientes de tal actuação, *loc. cit.*, p. 27); BGH, 26.6.1963, BGHZ 40, 42 (45 s); BGH, 24.10.1968, BGHZ 51, 141 (145 s).

[28] Cfr.: VON TUHR, PETER, *Allgemeiner Teil...*, Bd. 1, p. 392 s; E. BUCHER, *Schweizerisches Obligationenrecht*, p. 630 ss; ZÄCH/KÜNZLE, *Stellvertretung...*, p. 90 ss; KOLLER, *Schweizerisches Obligationenrecht*, p. 345; STETTLER, *Droit civil*, I — *Représentation et protection de l' adulte*, 3ª ed., Fribourg, 1992, p. 72 s; GAUCH, SCHLUEP, TERCIER, *Partie générale du droit des obligations*, 2ª ed., Zürich, 1982, an. 939 s (utilizando neste contexto a

Ressalvam-se, no direito português, "os elementos em que tenha sido decisiva a vontade do representado", em relação aos quais se deve atender à pessoa do representado (citado artigo 259º, nº 1, primeira parte, do Código Civil). A mesma solução é adoptada nos artigos 1390, parte final, e 1391, nº 1, parte final, do Código Civil italiano.

Pelo contrário, ao representado de má fé não aproveita a boa fé do representante, atendendo ao disposto nos artigos 259º, nº 2 do Código Civil português e 1391, nº 2 do Código Civil italiano.

No BGB determina-se que, "no caso de o poder de representação ter sido conferido por negócio jurídico, se o representante agiu segundo instruções determinadas do representado, não pode este, a respeito das circunstâncias que ele próprio conhecia, prevalecer-se da ignorância daquele. O mesmo regime é aplicável às circunstâncias que o representado devia conhecer, desde que o dever de conhecer seja equiparado ao conhecimento" (§ 166, 2) [29].

A exigência de actuação autónoma do representante tem implicações igualmente em matéria de capacidade. Sendo o negócio celebrado pelo representante, tem de verificar-se na sua pessoa o requisito da capacidade negocial. Esta regra tem plena aplicação no âmbito da representação legal. No caso da representação voluntária, a capacidade do representado é condição prévia da atribuição do poder de representação e, por essa via, requisito de eficácia do negócio jurídico representativo. Porém, requerendo-se a capacidade jurídica do representado para o negócio representativo, seria excessivo exigir também a capacidade do representante [30]. Assim se justificam as disposições contidas nos artigos 263º do Código Civil português, 1389 do Código Civil italiano e § 165 BGB. Nos dois primeiros preceitos estabelece-se que ao representante não é exigida mais do que a capacidade de entender e querer tendo em conta a natureza e o conteúdo do negócio que vai celebrar; na disposição do BGB determina-se que a eficácia de uma declaração emitida por um representante ou dirigida a um representante não é afectada pela circunstância de aquele ter capacidade limitada [31]. Também no direito suíço, apesar de a questão não ser regulada na lei, o entendimento dominante é no sentido de considerar suficiente que o representante tenha

---

expressão *représentation de la "connaissance"*, ou *Wissensvertretung*, mais tarde criticada por KOLLER, *ob. cit.*, p. 344); EGGER, *Missbrauch der Vertretungsmacht*, "FG Carl Wieland", 1934, p. 47 ss (p. 48).

[29] Cfr. BGH, 24.10.1968, BGHZ 51, 141 (146 s).

[30] Cfr., a propósito da norma incluída no projecto de Código Civil, RUI DE ALARCÃO, *Breve motivação...*, p. 104.

[31] Para MÜLLER-FREIENFELS, *Law of agency*, AJCL, 1957, p. 165 ss (p. 179 s), a regra legal demonstra que o acto de atribuição do poder de representação e o negócio jurídico representativo constituem um negócio jurídico único.

capacidade de decisão, uma vez que, actuando em nome de outrem, ele não fica vinculado ao contrato e não é por isso aplicável o artigo 19°, n° 1 do Código Civil (que sujeita ao consentimento do representante legal os actos praticados pelos menores e interditos "capazes de discernimento", no sentido do artigo 16° do mesmo Código) [32].

2.2. A actuação do representante em nome do representado

O representante deve emitir a sua declaração negocial em nome do representado, isto é, deve dar a conhecer à contraparte que actua por conta de outrem (§ 164, 1 BGB, artigo 32, n° 1 OR, artigo 1388 do Código Civil italiano, artigo 258° do Código Civil português). A actuação em nome de outrem tem de ser patente, revelada exteriormente, como resultado da interpretação da declaração do representante. Não se exige que tal esteja expresso na declaração, sendo suficiente que das circunstâncias resulte inequivocamente que os efeitos jurídicos do acto a celebrar vão repercutir-se na esfera de uma pessoa diferente do agente [33].

A representação é uma noção jurídico-formal, que abarca toda a actuação em nome de outrem, seja qual for o fim ou o interesse que lhe esteja subjacente. Se é da essência da representação que o representante actue em nome do representado, já não é necessário, no âmbito da representação voluntária, e na maioria das ordens jurídicas aqui consideradas [34], que o re-

---

[32] Cfr.: VON TUHR, PETER, *Allgemeiner Teil...*, Bd. 1, p. 391; ZÄCH/KÜNZLE, *Stellvertretung...*, p. 89; STETTLER, *Représentation...*, p. 70; GAUCH, SCHLUEP, TERCIER, *Partie générale...*, an. 963; GUHL/KOLLER/DRUEY, *OR*, p. 147; KOLLER, *Schweizerisches Obligationenrecht*, p. 315.

[33] Esta precisão é explicitamente enunciada no § 164, 1, parte final, BGB e retira-se *a contrario* do artigo 32, n° 2 OR. A propósito da actuação representativa inferida das circunstâncias, vejam-se: na jurisprudência do *Bundesgerichtshof* BGH, 18.3.1974, BGHZ 62, 216 (220); na jurisprudência do *Bundesgericht* BG, 15.5.1962, BGE 88 II 191 (194); BG, 31.10.1962, BGE 88 II 350 (353); BG, 22.9.1964, BGE 90 II 285 (289); BG, 15.5.1973, BGE 99 II 39 (41). Sobre a necessidade de atender ao "valor objectivo da declaração" (*objektiven Erklärungswert*), e não à vontade (*innere Wille*), para determinar se o negócio jurídico é celebrado em nome próprio ou em nome de outrem, cfr., na jurisprudência alemã, BGH, 5.10.1961, BGHZ 36, 31 (33). No mesmo sentido, vejam-se agora também, na jurisprudência suíça, BG, 21.6.1994, BGE 120 II 197 (200); BG, 26.3.1996, SJ, 1996, p. 554 ss (p. 557, 559).

[34] Só o artigo 1388 do Código Civil italiano inclui na noção de representação a referência à celebração do contrato no interesse do representado. Em consonância com o critério normativo, cfr., na doutrina italiana: PUGLIATTI, *Sulla rappresentanza indiretta*, Dir. e Giur., 1947, fasc. 1 = "Studi sulla rappresentanza", 1965, p. 395 ss (p. 402); *Programa introduttivo di un corso sulla rappresentanza in diritto privato*, Apêndice de "Studi sulla rappresentanza", p. 498 ss (p. 516, 520) (na sequência da opinião que, antes do Código, exprimira em diversos estudos, designadamente em *Il conflitto d' interessi...*, p. 86, e *Abuso di rappresentanza...*,

presentante celebre os negócios no interesse do representado [35]. O representante pode agir como tal, prosseguindo um interesse próprio ou de tercei-

---

p. 268); STOLFI, *Teoria del negozio giuridico*, Padova, 1947, p. 190 (embora admita que excepcionalmente o poder de representação possa ser conferido no interesse do representante ou de terceiro); D'AVANZO, *Rappresentanza (diritto civile)*, Noviss. Dig. It., XIV, 1976, p. 800 ss (p. 823); FERRARI, *Gestione di affari altrui e rappresentanza*, Milano, 1962 (o autor vê no interesse do *dominus* o "núcleo conceitual da representação", p. 79 ss, 119, 121, que permite uma "ampliação do esquema técnico da representação", devendo nele subsumir-se toda a "actividade de cooperação em factos jurídicos de outrem", quer seja realizada em nome do *dominus*, quer seja realizada em nome próprio, p. 132 s); NATOLI, *La rappresentanza*, p. 39 ss; *Rappresentanza (diritto privato)*, p. 464, 466, 481; GALGANO, *Diritto privato*, Padova, 1981, p. 287; id., *Diritto civile e commerciale*, vol. II — *Le obbligazioni e i contratti*, t. 1, *Obbligazioni in generale. Contratti in generale*, Padova, 1990, p. 359 s; BIGLIAZZI GERI, *Abuso dei poteri di rappresentanza e conflitto di interessi*, "Rappresentanza e gestione", 1992, p. 154 ss (p. 159 ss); BIGLIAZZI GERI e o., *Diritto civile*, 1.2, p. 556 (referindo no entanto a possibilidade de o poder de representação ser conferido também no interesse do representante ou de terceiros); ROPPO, *Le varie tipologie di conflitto di interessi e i remedi*, "Rappresentanza e gestione", cit., p. 188 ss (p. 189 ss). ZACCARIA, *Commentario, sub* art. 1388, I.

[35] Cfr.: ac. Rel. de Lisboa, 11.10.1990, CJ, 1990, IV, p. 145 ss; ac. Rel. de Évora, 17.1.1991, CJ, 1991, I, p. 286 ss; ac. Rel. do Porto, 5.12.1994, CJ, 1994, V, p. 226 ss. No mesmo sentido, na doutrina alemã: HUPKA, *La representación voluntaria en los negocios jurídicos* (trad. espanhola de *Die Vollmacht*, Leipzig, 1900, por Luis Sancho Seral), Madrid, 1930, p. 11, 151; ENNECCERUS/NIPPERDEY, § 178, 1., II, 2, p. 429; LARENZ, *Allgemeiner Teil...*, p. 571, 600; U. MÜLLER, *Die Haftung des Stellvertreters bei culpa in contrahendo und positiver Forderungsverletzung*, NJW, 1969, p. 2169 ss (p. 2170); na doutrina suíça: EGGER, *Missbrauch...*, p. 54 (que no entanto sublinha ser em regra o poder de representação conferido para "defesa do interesse do representado"); VON TUHR, PETER, *Allgemeiner Teil...*, Bd. 1, p. 349, 359; na doutrina portuguesa: RUI DE ALARCÃO, *Breve motivação...*, p. 104; VAZ SERRA, *Interposição fictícia de pessoas e cessão de posição contratual (Alguns aspectos)*, RLJ, 103°, 1970-1971, n°s 3439 s, p. 515 ss (p. 517); C. MOTA PINTO, *Teoria geral...*, p. 537; HÖRSTER, *A parte geral...*, p. 479; ALMEIDA COSTA, *Direito das obrigações*, 6ª ed., Coimbra, 1994, p. 398, nota (1); PIRES DE LIMA, ANTUNES VARELA, *Código Civil anotado*, vol. I, 4ª ed., Coimbra, 1987, an. n° 3 ao artigo 258°, p. 240; PAIS DE VASCONCELOS, *Contratos atípicos*, Lisboa, 1994, 303 s. Apesar do teor do artigo 1388 do Código Civil italiano, consideram que a prossecução do interesse do representado não é elemento essencial do instituto da representação: BETTI, *Teoria generale...*, p. 561 s; CARIOTA FERRARA, *Il negozio giuridico...*, p. 658, 671; MIRABELLI, *Dei contratti...*, p. 271, nota (14) (que interpreta a fórmula "e no interesse do representado" utilizada no Código no sentido de "e em relação a uma posição jurídica do representado"); LUMINOSO, *Mandato, commissione, spedizione*, "Trattato di diritto civile e commerciale già diretto da Antonio Cicu, Francesco Messineo, continuato da Luigi Mengoni", vol. XXXII, Milano, 1984, p. 17 ss (p. 24) (que considera a representação como o "instrumento típico do agir em nome de outrem"); BIANCA, *Diritto civile*, 3 — *Il contratto*, Milano, 1984, p. 75, 98. Contra, no sentido de que a actuação no interesse do representado é da essência da representação: CASTRO MENDES, *Teoria geral do direito civil*, vol. II, Lisboa, 1979, p. 284 s; OLIVEIRA ASCENSÃO, *Teoria geral...*, III, p. 296, 305 s; CARVALHO FERNANDES, *Teoria geral do direito civil*, vol. II, parte II — *Objecto. Facto. Garantia*, Lisboa, 1983, p. 319, 322 s; id., *Teoria geral do direito civil*, vol. II, 2ª ed., Lisboa, 1996, p. 168, 170; R. PINTO, *Falta e abuso de poderes na representação voluntária*, Lisboa, 1994, p. 13 s, 21. No direito anterior, assim também JOSÉ TAVARES, *Os princípios fundamentais...*, II, p. 442.

ro [36]. O que caracteriza a representação não é a circunstância de ser alheio o interesse, mas o de o ser a posição jurídica e, por isso, é a indicação dessa circunstância aquando da celebração do negócio que explica a produção dos efeitos deste na esfera jurídica do representado.

A invocação do nome do representado ou *contemplatio domini* (ou "princípio de exteriorização" ou de "notoriedade" — *Offenkundigkeitsprinzip, Offenheitsgrundsatz* [37]) é o elemento que permite distinguir a representação em sentido próprio da designada representação indirecta.

Se alguém actuar por conta de outrem, mas não invocar o nome do representado nem resultar das circunstâncias a intenção de representação, ficará o próprio agente vinculado pelos actos que praticar. Esta conclusão decorre das normas que estabelecem os efeitos da representação *stricto sensu* e é confirmada pelo disposto no § 164, 2 BGB, bem como no artigo 32, n° 3 OR e na primeira parte do artigo 32, n° 2 OR. Veja-se também, no direito italiano, o artigo 2208, primeira parte, do Código Civil, que determina a responsabilidade pessoal do *institore*, se não der a conhecer à contraparte que contrata para o *imprenditore*; porém, como o âmbito do poder de representação deste auxiliar é definido na lei e se presume geral, se o acto praticado disser respeito à empresa, a contraparte pode demandar igualmente o representado (artigo 2208, segunda parte) [38].

---

[36] Do ponto de vista do regime aplicável, não é indiferente que o poder de representação tenha sido conferido no interesse do representado ou no interesse do representante ou de terceiro. A distinção assume relevância sobretudo em matéria de revogação. A revogabilidade da procuração é uma consequência do "princípio geral da revogabilidade dos poderes conferidos ao sujeito no interesse de outrem" (BIANCA, *Diritto civile*, 3, p. 103) e assenta na "natureza essencialmente fiduciária da relação entre representante e representado" (BIGLIAZZI GERI e o., *Diritto civile*, 1.2, p. 562). Em todas estas ordens jurídicas é, em certas circunstâncias, limitada a liberdade de revogação da procuração se o poder de representação tiver sido atribuído (também) no interesse do representante ou de terceiro. Assim, o poder de representação é livremente revogável pelo representado se tiver sido conferido no seu próprio interesse, mas, se tiver sido conferido no interesse do representante ou de terceiro, só pode ser revogado com consentimento do interessado, salvo ocorrendo justa causa (cfr., neste parágrafo, n° 3.1.3.).

[37] Sobre o sentido e alcance deste princípio, cfr., em especial: K. SCHMIDT, *Offene Stellvertretung...*, p. 425 ss; LÜDERITZ, *Prinzipien des Vertretungsrecht*, JuS, 1976, p. 766 ss; SCHWONKE, *Verkehrsschutz bei der Stellvertretung im deutschen Recht und in den lateinamerikanischen Rechten*, Baden-Baden, 1990, p. 58 ss.

[38] A vinculação da pessoa que age, e não a da pessoa por conta de quem aquela age, é também o efeito jurídico fixado na lei para os casos da designada representação indirecta em que o "representante" actua em nome próprio. Cfr. §§ 383 ss, 407 ss HGB; artigos 425 e 439 do Código das Obrigações suíço (todavia, o artigo 401, n° 1 do mesmo Código, prevendo o caso de o mandatário adquirir, em seu próprio nome, mas por conta do mandante, créditos contra terceiros, estabelece que tais créditos se tornam propriedade do mandante logo que este satisfaça as suas obrigações para com o mandatário); artigos 1705, 1731, 1737 do Código Civil italiano; artigos 1180° e 1181°, n° 1 do Código Civil português (mas, nos termos do

Em alguns destes direitos, são admitidas atenuações ao princípio da exteriorização, que se traduzem na produção do efeito típico da representação em casos em que o representante não revela à contraparte o nome do representado. Pode dizer-se, numa tentativa de generalização, que os desvios admitidos à regra da invocação do nome do representado se referem a situações em que a contraparte do representante no negócio representativo não atribui relevância à pessoa do outro contraente.

Assim, no direito alemão, para além dos negócios celebrados num estabelecimento comercial, sem que o empregado invoque a sua qualidade de representante, em relação aos quais é aceite a vinculação do proprietário e não do empregado [39], a doutrina e a jurisprudência admitem ainda a representação em certos termos no caso do "negócio por conta daquele a quem diz respeito" (*Geschäft für den, den es angeht*). Sob esta expressão são designados diversos tipos de actuação [40]: uma primeira modalidade abrange os negócios que uma pessoa celebra informando a contraparte de que age como representante, mas sem indicar a identidade do representado (*offene Geschäfte für den, den es angeht*) — para os quais a doutrina dominante aceita a eficácia da representação, pois o representante age ostensivamente

---

artigo 1181º, nº 2, relativamente aos créditos, o mandante pode substituir-se ao mandatário no exercício dos respectivos direitos); artigo 268º do Código Comercial português; artigo 183º, nº 2 do Código do Mercado de Valores Mobiliários. Na doutrina, cfr., por todos, GALVÃO TELLES, *Mandato sem representação*, CJ, 1983, III, p. 5 ss (em especial, p. 10). Na jurisprudência portuguesa, por último: ac. STJ, 29.6.1993, CJ, 1993, III, p. 9 ss; ac. Rel. de Lisboa, 6.4.1995, CJ, 1995, II, p. 113 ss; ac. Rel. de Coimbra, 28.5.1996, CJ, 1996, III, p. 20 ss; ac. Rel. do Porto, 20.2.1997, CJ, 1997, I, p. 238 ss. Na jurisprudência suíça, cfr. BG, 1.7.1974, BGE 100 II 200 (211).

[39] Cfr. LARENZ, *Allgemeiner Teil...*, p. 589 s; ERMAN/BROX, § 164, an. 3, 9; K. SCHMIDT, *Offene Stellvertretung...*, p. 427 s; R. HOFFMANN, *Grundfälle zum Recht der Stellvertretung*, JuS, 1970, p. 179 ss, 234 ss, 286 ss, 451 ss, 570 ss (p. 235). Neste caso, a actuação em nome de outrem e a identidade do representado resultam das circunstâncias. A existência de representação e a eficácia em relação ao representado dos negócios assim celebrados poderia também ser admitida no direito português. No direito italiano, alguns autores admitem não ser indispensável a *spendita del nome* do representado nos actos praticados pelo *institore* (e portanto comparáveis aos negócios abrangidos na categoria indicada pela doutrina alemã), tendo em conta a estatuição do artigo 2208, segunda parte, do Código Civil. Cfr. NATOLI, *Rappresentanza (diritto civile)*, p. 466; ZACCARIA, *Commentario*, sub art. 1388, VI (observe-se, todavia, que, nos termos da primeira parte do preceito invocado por estes autores, o representante fica igualmente responsável pelo negócio celebrado, se não invocar o nome do representado).

[40] Sobre a questão, pormenorizadamente, FLUME, *Das Rechtsgeschäft*, p. 765 ss; K. MÜLLER, *Das Geschäft für den, den es angeht*, JZ, 1982, p. 777 ss. O primeiro ensaio de construção sistemática da actuação *für denjenigen, den es angeht*, e da sua integração na teoria geral do negócio jurídico, consta da obra de Ernst COHN, *Das rechtsgeschäftliche Handeln für denjenigen, den es angeht, in dogmatischer und rechtsvergleichender Darstellung*, Marburg, 1931.

em nome de outrem, não em seu próprio nome, e o princípio da exteriorização é ainda salvaguardado [41]; num outro grupo incluem-se os negócios em que o intermediário não revela que age por conta de outrem (*verdeckte Geschäfte für den, den es angeht*) — a propósito dos quais a doutrina se encontra dividida, sendo em alguns casos recusada a eficácia da representação, por contrariar o princípio da exteriorização [42], e em outros casos defendida a sua admissibilidade, por se encontrar assegurada a função de protecção a que tende o regime geral ou por essa protecção não ser necessária [43].

No direito suíço, o negócio celebrado por uma pessoa que não se apresentou como representante de outrem pode ser eficaz em relação ao re-

---

[41] Cfr.: LARENZ, *Allgemeiner Teil ...*, p. 590; FLUME, *Das Rechtsgeschäft*, p. 765 ss, 771 (que aplica a esta situação o regime da *Vertretung ohne Vertretungsmacht*); MEDICUS, *Allgemeiner Teil des BGB. Ein Lehrbuch*, 2ª ed., Heidelberg, 1985, an. 920. Alguns autores consideram que esta hipótese não configura um caso de autêntico *Geschäft für den, den es angeht*: SOERGEL/LEPTIEN, *vor* § 164, an. 29 ss; ERMAN/BROX, § 164, an. 9.

[42] Cfr.: FLUME, *Das Rechtsgeschäft*, p. 771 ss; STAUDINGER/DILCHER, *vor* § 164, an. 45; ERMAN/BROX, § 164, an. 9 (nos casos em que para a contraparte do representante não seja indiferente a pessoa do outro contraente).

[43] Cfr.: LARENZ, *Allgemeiner Teil ...*, p. 591 s; MEDICUS, *Allgemeiner Teil ...*, an. 920 ss; GERNHUBER, *Bürgerliches Recht*, 3ª ed., München, 1991, p. 44; ENNECCERUS/NIPPERDEY, § 179, III, 3, c), p. 455 ss; BGB-RGRK-STEFFEN, § 164, an. 7; SOERGEL/LEPTIEN, *vor* § 164, an. 34 (produzindo o acto directamente efeitos em relação à pessoa de quem se trata, nos termos do § 164, se o agente tiver poder de representação, ou ficando sujeito ao regime dos §§ 177 e seguintes, se tal poder não existir); ERMAN/BROX, § 164, an. 9 (relativamente às operações da vida corrente em que para a contraparte do representante é indiferente a pessoa do outro contraente); SCHRAMM, *Münch.Komm.*, § 164, an. 44; STAUDINGER/DILCHER, *vor* § 164, an. 53 (limitando a sua admissibilidade à aquisição através de negócios jurídicos da vida corrente); R. HOFFMANN, *Grundfälle...*, p. 236 (exigindo que à contraparte seja indiferente a identidade do outro contraente e que o agente tenha a vontade e o poder de realizar o negócio); LÜDERITZ, *Prinzipien...*, p. 766; K. MÜLLER, *Das Geschäft für den, den es angeht*, p. 778 ss (a partir de uma interpretação complementadora das declarações do agente e da contraparte, e estabelecendo distinções consoante o objecto do negócio e os interesses envolvidos em cada caso); BÖRNER, *Offene und verdeckte Stellvertretung und Verfügung*, "FS Heinz Hübner", 1984, p. 409 ss (que, apesar de recusar a possibilidade da *verdeckte Stellvertretung* no domínio dos contratos obrigacionais, por a contraparte querer saber quem é o seu devedor, admite o *Geschäft für den, den es angeht* em relação aos negócios jurídicos da vida corrente — p. 416); K. SCHMIDT, *Offene Stellvertretung...*, p. 429 (exigindo que o requisito da indiferença quanto à identidade da outra parte seja apreciado segundo critérios objectivos, uma vez que o princípio da exteriorização, no seu entender, se destina a proteger não só o dono do negócio, mas também o comércio jurídico em geral); SCHWONKE, *Verkehrsschutz...*, p. 87 ss (admitindo, a título excepcional, o *Geschäft für den, den es angeht* obrigacional, no domínio dos negócios jurídicos da vida corrente, celebrados anonimamente); STAUB/JOOST, *HGB*, *vor* § 48, an. 14. Pronunciam-se no sentido de admitir a possibilidade de transmissão da propriedade através do *Geschäft für den, den es angeht*: BAUR, *Lehrbuch des Sachenrechts*, 15ª ed., München, 1989, p. 462 s; M. WOLF, *Sachenrecht*, 11ª ed., München, 1993, p. 212; ENNECCERUS/NIPPERDEY, *Derecho civil...*, § 179, III, 3, c), p. 455 s; K. MÜLLER, *Das Geschäft für den, den es angeht*, p. 781, 783 ss (com limitações).

presentado se for indiferente para a contraparte tratar com o representante ou com o representado (parte final do nº 2 do artigo 32 OR) [44].

Enquanto no direito alemão a eficácia representativa surge, nos casos que acabam de referir-se, como excepção ao princípio da invocação do nome do representado, no direito suíço, em face da previsão legal, e tendo em conta a interpretação que é dada ao artigo 32, nº 2 OR por alguns autores, a "indiferença" da pessoa do representado é encarada como um pressuposto da eficácia negocial para outrem, em alternativa ao requisito da actuação em nome de outrem [45].

No direito italiano, é reconhecida a categoria do *contratto per conto di chi spetta* — contrato celebrado em representação da pessoa que virá a ser titular de uma determinada situação jurídica (artigos 1513, 1690 e 1891 do Código Civil) — hipótese que a doutrina distingue da *rappresentanza di personna non dichiarata* (figura correspondente à do *Geschäft für den, den es angeht*) [46]. No entanto Betti, sob a influência do Código das Obrigações suíço e da jurisprudência e doutrina alemãs da sua época, parecia aceitar com maior amplitude a eficácia representativa em relação a uma pessoa cujo nome não fosse invocado, em caso de "fungibilidade subjectiva da parte", tanto em contratos obrigacionais como translativos, mas considerava que o agente deveria assumir a titularidade do negócio no caso de a contraparte ter interesse em celebrá-lo com ele, atribuindo assim à catego-

---

[44] Sobre a interpretação desta disposição, cfr.: von TUHR, PETER, *Allgemeiner Teil...*, Bd. 1, p. 387 ss; E. BUCHER, *Schweizerisches Obligationenrecht*, p. 622 s; ZÄCH, *Gleichgültigkeit des Dritten nach Art. 32, Abs. 2 OR*, "FS Mario M. Pedrazzini", Bern, 1990, p. 367 ss; ZÄCH/KÜNZLE, *Stellvertretung...*, p. 56 ss; GUHL/KOLLER/DRUEY, *OR*, p. 152 s; KOLLER, *Schweizerisches Obligationenrecht*, p. 317 s; STETTLER, *Représentation...*, p. 71 s; GAUCH, SCHLUEP, TERCIER, *Partie générale...*, an. 951 s (onde se considera rara a hipótese de a designação do outro contraente ser indiferente para a contraparte). Na jurisprudência, vejam-se: BG, 4.2.1958, BGE 84 II 13 (21) (admitindo expressamente a validade do *Geschäft für den, den es angeht*); BG, 25.10.1991, BGE 117 II 387 (389 ss) (explicitando o sentido da noção de "indiferença" quanto à pessoa do outro contraente); BG, 27.6.1995, PR, 1996, p. 619 ss (p. 620) (excluindo a aplicação da parte final do nº 2 do artigo 32 OR nos contratos celebrados com bancos, tendo em conta o interesse do banco na pessoa do outro contraente).

[45] Cfr., em especial, ZÄCH, *Gleichgültigkeit...*, p. 367 e *passim*; ZÄCH/KÜNZLE, *Stellvertretung...*, p. 55 ss, 72 s. Diferentemente GAUCH, SCHLUEP, TERCIER, *Partie générale ...*, an. 944 a, 951; KOLLER, *Schweizerisches Obligationenrecht*, p. 317 (que consideram tratar-se de excepção ao princípio geral de invocação do nome de outrem).

[46] Cfr. MESSINEO, *Contratto "per conto di chi spetta"*, Enc. Dir., X, 1962, p. 77 ss; BIANCA, *Diritto civile*, 3, p. 130 ss; BIGLIAZZI GERI e o., *Diritto civile*, 1.2, p. 577 s. Veja-se também", Giorgio DE NOVA, *La rappresentanza: nozione e disciplina*, "Rappresentanza e gestione", 1992, p. 13 ss, onde surge como exemplo de eficácia representativa directa o artigo 1706, nº 1 do *Codice Civile* (disposição que, com certos limites, permite ao mandante reivindicar as coisas móveis adquiridas por sua conta pelo mandatário que tenha actuado em nome próprio).

ria do contrato para pessoa a nomear uma generalidade e uma elasticidade que permitem abarcar novas figuras e adaptar-se à prática dos negócios [47].

No direito português não têm sido admitidas atenuações ao princípio da invocação do nome do representado, nem a questão tem sido objecto de análise pela doutrina portuguesa. Em termos dogmáticos, não parece que se justifique a aproximação de todos os casos acima referidos ao contrato para pessoa a nomear. O que está em causa, nas situações em que, nos direitos alemão e suíço, se admitem atenuações ao princípio da exteriorização, é a produção de efeitos directa, imediata e necessariamente na esfera jurídica do representado, sem que seja invocado o seu nome. Ora, de acordo com o regime do contrato para pessoa a nomear (artigos 452º e seguintes do Código Civil português), a produção dos efeitos do contrato na esfera jurídica da pessoa nomeada não se verifica de modo directo, imediato e necessário. Importa todavia reconhecer que, sendo a declaração de nomeação feita nos termos exigidos pela lei (artigos 453º e 454º), a pessoa nomeada adquire os direitos e assume as obrigações provenientes do contrato a partir do momento da celebração (artigo 455º, nº 1), como se de actuação representativa se tratasse [48].

O alargamento da eficácia directa da representação indirecta, subjacente aos diversos enquadramentos jurídicos encontrados para solucionar estes casos, revela "uma orientação objectiva do negócio jurídico" [49] e a "tendência para a consideração dos direitos do verdadeiro interessado contra o detentor 'formal' do direito" [50].

Da actuação *em* nome de outrem deve distinguir-se a actuação *sob* o nome de outrem. Quem actua em nome de outrem dá a conhecer que actua para outra pessoa, que não se identifica com o agente. Pelo contrário, quem age sob o nome de outrem pretende ficar desconhecido ou fazer-se passar pela pessoa cujo nome utiliza. A actuação negocial sob o nome de outrem suscita a questão de saber se os efeitos da declaração emitida se produzem em relação ao titular do nome ou em relação ao agente. Trata-se fundamentalmente de um problema de interpretação, a resolver de acordo com os princípios gerais adoptados em cada ordem jurídica. A doutrina que, nestas ordens jurídicas, se tem ocupado da questão atende ao critério do interesse

---

[47] Cfr. *Teoria generale...*, p. 560, 573 ss.

[48] Sobre a distinção entre representação e contrato para pessoa a nomear, cfr. MANUEL DE ANDRADE, *Teoria geral...*, II, p. 295 s; C. MOTA PINTO, *Teoria geral...*, p. 541 s; CARIOTA FERRARA, *Il negozio giuridico...*, p. 683 s; BIGLIAZZI GERI e o., *Diritto civile*, 1.2, p. 575 ss.

[49] MÜLLER-FREIENFELS, *Die Abstraktion der Vollmachtserteilung im 19. Jahrhundert*, p. 145.

[50] WIEACKER, *História do direito privado moderno*, trad. portuguesa da 2ª ed. alemã (1967), por A. M. Botelho Hespanha, Lisboa, 1980, p. 596.

e da compreensão do declaratário. Se das circunstâncias do negócio resultar que para o declaratário é indiferente a pessoa do declarante, a declaração pode valer como declaração própria do agente; se das circunstâncias resultar que para o declaratário tem especial significado a pessoa do declarante (por exemplo, se se tratar de proposta dirigida a uma instituição bancária para a obtenção de crédito), então a declaração pode ser considerada como emitida em nome de outrem e sujeita ao regime da representação, sendo válida e eficaz para o titular do nome, se o agente estiver legitimado pelo poder de representação, ou ficando dependente de ratificação e submetida às regras da representação sem poderes, se o agente não estiver legitimado pelo poder de representação. De qualquer modo, se o declaratário tiver conhecimento de quem é o autêntico sujeito do negócio, com esse sentido deve valer a declaração do agente, de acordo com a regra *falsa demonstratio non nocet* [51].

2.3. O poder de representação

Definido o instituto da representação em função dos efeitos que produz, é natural que a generalidade da doutrina inclua entre os seus pres-

---

[51] Sobre a questão, cfr., na doutrina alemã: LARENZ, *Verpflichtungsgeschäfte "unter" fremdem Namen*, "FS Heinrich Lehmann", 1956, I, p. 234 ss; id., *Allgemeiner Teil* ..., p. 592 s; FLUME, *Das Rechtsgeschäft*, p. 776 ss; GERNHUBER, *Bürgerliches Recht*, p. 45 s; ENNECCERUS/NIPPERDEY, § 183, III, p. 508; STAUDINGER/DILCHER, *vor* § 164, an. 88 ss; BGB-RGRK-STEFFEN, § 164, an. 9; SOERGEL/LEPTIEN, § 164, an. 21 ss; ERMAN/BROX, § 164, an. 8; SCHRAMM, *Münch.Komm.*, § 164, an. 32 ss; KIESEL, *Stellvertretung ohne Vertretungsmacht im deutschen, schweizerischen und österreichischen Recht*, Stuttgart, 1966, p. 43 ss; R. HOFFMANN, *Grundfälle...*, p. 236; SCHWONKE, *Verkehrsschutz...*, p. 78 ss; na doutrina suíça: E. BUCHER, *Schweizerisches Obligationenrecht*, p. 640 s; ZÄCH/KÜNZLE, *Stellvertretung...*, p. 75 ss; GUHL/KOLLER/DRUEY, *OR*, p. 152; KOLLER, *Schweizerisches Obligationenrecht*, p. 319 s; na doutrina italiana: NATOLI, *Rappresentanza (diritto privato)*, p. 465 s (recusando qualquer possibilidade de produção de efeitos em relação ao titular do nome, tendo em conta a exigência claramente expressa no Código italiano de invocação do nome do representado); BIANCA, *Diritto civile*, 3, p. 61 ss; BIGLIAZZI GERI e o., *Diritto civile*, 1.2, p. 543 s e nota (21), 567, nota (50), 572 s, nota (56); ZACCARIA, *Commentario*, sub art. 1388, VII; na doutrina portuguesa: MANUEL DE ANDRADE, *Teoria geral...*, II, p. 295, nota (1) (que admite a possibilidade de o negócio concluído sob o nome de outrem valer, se assim o pretender a outra parte, para quem o realizou, como se fosse concluído por ele servindo-se do seu próprio nome); C. MOTA PINTO, *Teoria geral...*, p. 495 (que parece não estabelecer distinções e subsumir todos os casos na previsão do artigo 246º do Código Civil português, por considerar que não há por parte do titular do nome a consciência de fazer uma declaração negocial); PIRES DE LIMA, ANTUNES VARELA, *Código Civil...*, I, an. nº 5 ao artigo 268º, p. 249 (onde se exclui a situação quer da aplicação do regime da representação sem poderes quer do da gestão de negócios); C. FERREIRA DE ALMEIDA, *Texto e enunciado na teoria do negócio jurídico*, Lisboa, 1990, Coimbra, 1992, p. 584 s, nota (18); HÖRSTER, *A parte geral...*, p. 479. Na jurisprudência, veja-se BGH, 3.3.1966, BGHZ 45, 193 (195 s).

supostos a existência de poder de representação. Trata-se de um pressuposto de natureza jurídica necessário para a eficácia na esfera jurídica do representado dos actos praticados pelo representante [52].

Na discussão sobre a natureza do poder de representação (*potere di rappresentanza*, *Vertretungsmacht*), diversas soluções foram propostas no sentido de o reconduzir a um conceito jurídico geral (por vezes até a vários, tendo em conta que, não sendo uno o critério de distinção, certas qualificações não se excluem umas às outras): capacidade jurídica [53], aptidão [54], faculdade [55], autorização [56], direito subjectivo [57], direito potestativo [58], poder

---

[52] Assim, expressamente: ENNECCERUS/NIPPERDEY, § 178, 1., IV, p. 434; LARENZ, *Allgemeiner Teil...*, p. 580 ss; STETTLER, *Représentation...*, p. 68 ss; GAUCH, SCHLUEP, TERCIER, *Partie générale...*, an. 941, 954 ss; CARIOTA FERRARA, *Il negozio giuridico...*, p. 666; MANUEL DE ANDRADE, *Teoria geral...*, II, p. 301 s; C. MOTA PINTO, *Teoria geral...*, p. 544. Vendo no poder de representação, mais do que um requisito de eficácia, um "verdadeiro pressuposto da representação", R. GUICHARD, *Notas sobre a falta e limites do poder de representação*, RDES, XXXVII, 1995, p. 3 ss (p. 5, nota (3)).

[53] HÖLDER, *Kommentar zum Allgemeinen Theil des Bürgerlichen Gesetzbuchs*, München, 1900, p. 358; OERTMANN, *Bürgerliches Gesetzbuch. Allgemeiner Teil*, 3ª ed., Berlin, 1927, p. 597; STAUDINGER/DILCHER, *vor* § 164, an. 17; ZÄCH/KÜNZLE, *Stellvertretung...*, p. 128 (na medida em que aumenta o espaço de actuação do representante).

[54] STAUB/JOOST, *HGB*, *vor* § 48, an. 16: "o poder de representação não é um direito subjectivo do representante, mas apenas uma aptidão jurídica [*rechtliche Befähigung (rechtliche Möglichkeit)*] de actuar de modo eficaz para o representado".

[55] "Faculdade em relação ao representado (*Befugnis dem Vertretenem gegenüber*), e não em relação a terceiros ou para o exterior" (MANIGK, *Anwendungsgebiet...*, p. 395 s). Em sentido semelhante, cfr. ZÄCH/KÜNZLE, *Stellvertretung...*, p. 129 (na medida em que o representante "pode" [*darf*] tornar o representado devedor ou credor — "*In diesem Sinn ist Vollmacht eine Erlaubnis, eine Befugnis, die das Innenverhältnis [...] betrifft*"). *Befugnis* e *Vertretungsbefugnis* são as expressões usadas por KOLLER, *Schweizerisches Obligationenrecht*, p. 321, 324. A *facoltà* se referiam PUGLIATTI, *Il conflitto d'interessi...*, p. 82, e MIRABELLI, *Dei contratti...*, p. 274.

[56] "Autorização (*Ermächtigung*) de actuar externamente com efeitos jurídicos para outrem" (BUCHKA, *Vergleichende Darstellung des Bürgerlichen Gesetzbuches für das Deutsche Reich und des Gemeinen Rechts*, Berlin, 1897, p. 35). De *Ermächtigung* falava também LENEL para caracterizar a declaração do principal que permite a produção de efeitos em relação a ele dos actos praticados pelo representante (cfr. *Stellvertretung und Vollmacht*, p. 12). A uma categoria de *Ermächtigungsgeschäfte* aludia BEKKER para designar os negócios através dos quais uma pessoa "concede a outra a faculdade (*Befugnis*) de realizar actos de execução" (cfr. *System...*, II, p. 210 ss). De autorização "em sentido amplo" fala MAGALHÃES COLLAÇO, *Da legitimidade no acto jurídico*, 1949, p. 20 ss (p. 81 ss, 111 s) e *autorizzazione* era o termo usado por STOLFI, *Teoria...*, p. 187. A *autorisation* se referem igualmente GAUCH, SCHLUEP, TERCIER, *Partie générale...*, an. 954 (utilizando as qualificações *compétence* e *droit subjectif*, an. 956).

[57] GAUCH, SCHLUEP, TERCIER, *Partie générale...*, an. 956; STETTLER, *Représentation...*, p. 69.

[58] ENNECCERUS/NIPPERDEY, § 184, a), I, p. 531 (*derecho de modificación*); BGB--RGRK-STEFFEN, § 167, an. 1 (referindo-se expressamente à qualificação como *Gestaltungs-*

jurídico [59], poder funcional ou poder-dever [60], legitimação [61], competência [62], parte ou elemento do negócio jurídico representativo [63], pressuposto de validade do negócio jurídico representativo [64].

---

recht e utilizando também, por diversas vezes, a designação *Vertretungsbefugnis* em § 167, an. 1, § 171, an. 3, § 177, an. 2, 11). DIAS MARQUES, *Teoria geral...*, I, p. 316, sublinha a *natureza potestativa* do poder de representação. *Potestà*, num sentido próximo da noção de direito potestativo, é o termo utilizado para caracterizar o poder de representação por SANTORO--PASSARELLI, *Dottrine generali...*, p. 281 s (que o autor considerava um requisito subjectivo do acto).

[59] "Poder jurídico (*rechtliche Macht*) de fazer alguma coisa para outrem", que "confere ao representante uma determinada posição jurídica em relação ao exterior" (WINDSCHEID, *Lehrbuch des Pandektenrechts*, I, 9ª ed., p. 357, nota (1a)). "Poder jurídico (*rechtliche Macht*) não apenas de actuar com efeitos jurídicos para outrem mas também de substituir a actuação de outrem através da sua própria actuação" (REGELSBERGER, *Pandekten*, I, p. 592). "O poder de representação não é [...] uma faculdade, isto é, uma licitude de agir (*Handeln-Dürfen*), mas sim um poder jurídico de disposição, ou seja, um poder de produzir efeitos jurídicos com a sua actuação (*Wirken-Können*)" (HUPKA, *La representación...*, p. 10, nota (1) da página anterior). Em sentido semelhante, BRINZ, *Lehrbuch der Pandekten*, IV, p. 373, definindo *rechtliche Macht* como "*kein bloßes Dürfen im Gegensatz zum Müssen, sondern ein Können im Gegensatz zum Nichtkönnen, ein Können, das zwar wie jedes andere rechtliche Können gewöhnlich das Dürfen (die Befugnis) in sich schließt...*". LARENZ utiliza as expressões *rechtliches "Können"*, *"Rechtsmacht"* e *rechtliche "Macht"* (*Allgemeiner Teil...*, p. 581, 600), comparando o poder de representação com "o poder de disposição (*Verfügungsmacht*) sobre um direito alheio baseado numa autorização (*Ermächtigung*) segundo o § 185, 1 BGB" (p. 581). *Rechtsmacht* é também a fórmula utilizada por: PALANDT/HEINRICHS, *Einführung* § 164, an. 5; SOERGEL/LEPTIEN, *vor* § 164, an. 19; SCHRAMM, *Münch.Komm.*, § 164, an. 65; OTT, *Alternativkommentar*, *vor* § 164, an. 13. Cfr. ainda KELSEN, *Teoria pura do direito*, p. 229 (onde, na tradução portuguesa, surge o termo "poder"); *Können*, na relação externa, por contraposição a *Dürfen*, na relação interna, é a designação utilizada por VON TUHR, PETER, *Allgemeiner Teil...*, p. 362. *Potere giuridico* é a expressão usada por D'AVANZO, *Rappresentanza*, p. 817 s; BIANCA, *Diritto civile*, 3, p. 72, 75, 82, e *potere* é o termo constante da noção de ZACCARIA, *Commentario*, *sub* art. 1388, I. Também MOSCO, *La rappresentanza volontaria nel diritto privato*, Napoli, 1961, p. 48 ss (p. 62), afirma tratar-se de um *potere in senso tecnico*. A "poder" se refere DIAS MARQUES, *Teoria geral...*, I, p. 294; id., *Noções elementares...*, p. 88. Cfr. igualmente R. PINTO, *Falta e abuso de poderes...*, p. 16 ss. GALVÃO TELLES fala de "poder jurídico", no sentido de "poder funcional" ou "poder-dever" (cfr. nota seguinte).

[60] CASTRO MENDES, *Teoria geral do direito civil*, vol. I, Lisboa, 1978, p. 369 e nota (860) ("direito ou poder de conteúdo altruísta e exercício vinculado"); GALVÃO TELLES, *Dos contratos em geral*, Coimbra, 1947, p. 260, 2ª ed., Lisboa, 1962, p. 300; id., *Manual dos contratos em geral*, Lisboa, 1965 (reimp., 1995), p. 302; DIAS MARQUES, *Teoria geral...*, I, p. 316; M. Helena BRITO, *A representação sem poderes — um caso de efeito reflexo das obrigações*, Rev. Jur., 1987, nºs 9/10, p. 17 ss (p. 28); NATOLI, *La rappresentanza*, p. 42 (mas também "legitimação", *ob. cit.*, p. 9, 42, 44, 48, e em *Rappresentanza (diritto privato)*, p. 469, cfr. nota seguinte); BIGLIAZZI GERI, *Abuso dei poteri di rappresentanza e conflitto di interessi*, p. 158 (mas também "legitimação").

[61] LABAND, *Die Stellvertretung...*, p. 240 s; HÖLDER, *Zum allgemeinen Theil...*, p. 116 (*Competenz oder Legitimation*); FLUME, *Das Rechtsgeschäft*, p. 784 s; SCHRAMM,

O poder de representação legitima o representante a actuar em nome do representado perante terceiros: munido desse poder, o representante pode celebrar negócios jurídicos com efeitos para o representado [65]. O âmbito do poder de representação define o limite de eficácia para o representado dos actos praticados em seu nome pelo representante: só os actos abrangidos pelo poder de representação produzem efeitos directa e imediatamente no património do representado [66]. O poder de representação

---

Münch.Komm., § 164, an. 65 a, 89 (conteúdo do *Rechtsmacht* do representante; o autor refere-se a *Autorisation* e a *Legitimation*, mas também a *Zuständigkeit* e a *rechtliches Können*, surgindo esta expressão igualmente em § 164, an. 60); PAWLOWSKI, *Die gewillkürte Stellvertretung*, JZ, 1996, p. 125 ss (p. 126 s); BETTI, *Teoria generale...*, p. 562, 224 s; CARIOTA FERRARA, *Il negozio giuridico...*, p. 666, 609; NEPPI, *La rappresentanza. Saggio di una ricostruzione critica*, Milano, 1961, p. 65; NATOLI, *La rappresentanza*, p. 9, 42, 44, 48; id., *Rappresentanza (diritto privato)*, p. 469 (que considera mesmo preferível falar de "legitimação representativa" em vez de "poder de representação"); BIGLIAZZI GERI, *Abuso dei poteri di rappresentanza e conflitto di interessi*, p. 157, 163; G. VISINTINI, *Della rappresentanza*, "Commentario del Codice Civile Scialoja-Branca a cura di Francesco Galgano", Libro IV (Art. 1372-1405), Bologna, Roma, 1993, p. 175 ss (p. 249); FERRER CORREIA, *A procuração...*, p. 11; MAGALHÃES COLLAÇO, *Da legitimidade...*, p. 48, 83, 111 s; MANUEL DE ANDRADE, *Teoria geral...*, II, p. 287, 302 s; C. MOTA PINTO, *Teoria geral...*, p. 544; GALVÃO TELLES, *Manual...*, p. 302 s.

[62] MÜLLER-FREIENFELS, *Die Vertretung...*, p. 65 ss, 74 ss (*Zuständigkeit*); HÖLDER, *Zum allgemeinen Theil...*, p. 116 (*Competenz oder Legitimation*); SCHRAMM, *Münch.Komm.*, § 164, an. 89 (onde se refere a *Zuständigkeit*, mas também a *Legitimation* e a *rechtliches Können*); GAUCH, SCHLUEP, TERCIER, *Partie générale...*, an. 956 (*compétence*, utilizando igualmente *droit subjectif* e *autorisation*).

[63] A este resultado conduzem as construções de: THÖL, *Das Handelsrecht*, p. 221 ss; LENEL, *Stellvertretung...*, p. 15; MÜLLER-FREIENFELS, *Die Vertretung...*, p. 202 ss; MITTEIS, *Die Lehre von der Stellvertretung nach römischem Recht mit Berücksichtigung des österreichischen Rechtes*, Wien, 1885, p. 109 ss, 182 ss (a obra de MITTEIS, fazendo a comparação da representação no direito romano e no direito austríaco, integra-se na literatura alemã da época, que a cada passo considera e analisa, sendo por isso também sempre referida pelos autores germânicos).

[64] DIAS MARQUES, *Noções elementares...*, p. 88; SAUSSURE, *L'acte juridique...*, p. 52, 80, 99 ss (embora utilize igualmente a expressão "pressuposto de eficácia", p. 21, 23, o que se justifica, dentro da construção do autor, por ele qualificar a invalidade do acto celebrado sem poder de representação como *einseitige Unverbindlichkeit*, caracterizada pela não produção de efeitos em relação ao representado e pela simultânea vinculação da contraparte ao negócio representativo).

[65] Trata-se de legitimidade indirecta ou de segundo grau, que não substitui, antes pressupõe, a legitimidade directa ou de primeiro grau do representado. Cfr. BETTI, *Teoria generale...*, p. 562; BIANCA, *Diritto civile*, 3, p. 83, nota (101); GALVÃO TELLES, *Dos contratos...*, 1ª ed., p. 261, 2ª ed., p. 301; id., *Manual...*, p. 303; MAGALHÃES COLLAÇO, *Da legitimidade...*, p. 48.

[66] Se a legitimação representativa existe no momento em que é celebrado o negócio jurídico representativo, fala-se em *legitimação representativa originária*; para que os negócios não incluídos no âmbito do poder de representação sejam eficazes em relação ao representa-

constitui assim condição e limite para a eficácia na esfera jurídica do representado dos actos praticados em seu nome pelo representante [67].

Dentro dos limites do poder de representação, o representante "pode" (no sentido de *"Können"*) praticar actos com efeitos para o representado, mesmo sem para tal "estar autorizado" (no sentido de *"Dürfen"*) segundo o contrato fundamental. Por outro lado, ao poder de representação não é inerente qualquer vinculação do representante. Uma obrigação do representante face ao representado tendo como objecto a prática dos actos abrangidos pelo poder de representação só pode resultar do negócio jurídico subjacente, isto é, da relação interna entre representado e representante. É esta a essência da distinção entre a faculdade (ou obrigação) interna de gestão e o poder externo de representação [68].

Com efeito — e recorde-se que foi este o fundamento para a sistematização adoptada no presente capítulo —, nas ordens jurídicas agora em

---

do, é necessário que sejam por ele ratificados (*legitimação representativa subsequente*). Cfr. MANUEL DE ANDRADE, *Teoria geral...*, II, p. 302 s; RUI DE ALARCÃO, *Breve motivação...*, p. 112; GALVÃO TELLES, *Manual...*, p. 323 s; id., *Direito das obrigações*, 6ª ed., Coimbra, 1989, p. 178; C. MOTA PINTO, *Teoria geral...*, p. 544; CARVALHO FERNANDES, *Teoria geral...*, II, p. 324, nota (306), 2ª ed., p. 180. Vejam-se, na jurisprudência portuguesa mais recente: ac. Rel. do Porto, 30.3.1992, CJ, 1992, II, p. 223 ss; ac. Rel. do Porto, 16.5.1991, CJ, 1991, III, p. 231 ss (quanto à procuração); ac. Rel. do Porto, 20.11.1990, CJ, 1990, V, p. 202 ss (quanto à ratificação).

[67] A diversidade de origens do poder de representação justifica especialidades quanto ao regime jurídico aplicável — desde logo, suscitam-se especiais problemas a propósito de certos aspectos do regime jurídico aplicável ao acto de atribuição do poder de representação, a que faremos referência em seguida —, mas não afecta a unidade da figura da representação e do conceito de poder de representação. Afirma essa unidade uma decisão da *Cassazione*, de 21.1.1968, Giust. Civ. Mass., 1968, nº 220, p. 106 s. No mesmo sentido, na doutrina: HUPKA, *La representación ...*, p. 14; K. MÜLLER, *Gesetzliche Vertretung ohne Vertretungsmacht*, AcP 168 (1968), p. 112 ss (p. 114); FLUME, *Das Rechtsgeschäft*, p. 791 s; SOERGEL/LEPTIEN, *vor* § 164, an. 24; CARIOTA FERRARA, *Il negozio giuridico...*, p. 667; SCOGNAMIGLIO, *Contratti in generale*, Milano, 1961, p. 66; NATOLI, *La rappresentanza*, p. 49 s; id., *Rappresentanza (diritto privato)*, p. 474; G. VISINTINI, *Rappresentanza e gestione*, "Rappresentanza e gestione", 1992, p. 6 ss (p. 7); MANUEL DE ANDRADE, *Teoria geral...*, p. 288. Diferentemente: MÜLLER-FREIENFELS, *Die Vertretung...*, p. 335 ss; MIRABELLI, *Dei contratti...*, p. 274 ss; NEPPI, *La rappresentanza*, p. 64, 84 ss; SANTORO-PASSARELLI, *Dottrine generali...*, p. 276 ss; BRUSCUGLIA, *La rappresentanza legale*, p. 149 (que, apesar de todos os argumentos que apresenta no sentido da distinção entre a representação voluntária e a legal, acaba por encontrar no "momento operativo" um elemento de unificação).

[68] Embora com um significado próprio dentro da sua construção — que não coincide com o que aqui se apresenta nem com o que está subjacente ao entendimento da doutrina alemã e italiana dominante —, SAUSSURE distingue entre "poderes de representação internos" (assentes numa autorização interna de gerir e que têm unicamente como objectivo a protecção dos interesses do representado) e "poderes de representação externos" (que têm como fundamento a protecção da confiança [*Vertrauensschutz*] e se destinam a proteger os interesses dos terceiros que contratam com o representante). Cfr. *L'acte juridique...*, p. 31 ss, 54 ss.

análise, a partir da construção de Laband, o poder de representação é geralmente considerado independente ou autónomo, até mesmo abstracto, em relação ao negócio subjacente que liga o representado e o representante [69].

Reflexo da projecção externa do poder de representação constitui a atribuição à contraparte no negócio representativo da faculdade de exigir ao representante que justifique os seus poderes (vejam-se o artigo 1393 do Código Civil italiano, o artigo 260º do Código Civil português e, com âmbito de aplicação limitado aos negócios jurídicos unilaterais que tenham um destinatário, o § 174 BGB).

3. Origem do poder de representação

3.1. Procuração

Na representação voluntária, o poder de representação deriva de declaração negocial do representado, designada procuração, *procura, octroi des pouvoirs, Bevollmächtigung* (ou por vezes também *Vollmacht*) [70].

---

[69] A independência ou autonomia do poder de representação e da procuração em relação ao negócio subjacente não sofre contestação por parte da doutrina actual nas ordens jurídicas em observação, salvo raríssimas excepções (por exemplo, GILLIARD, *La représentation directe dans le Code des obligations: un chef-d' oeuvre d' incohérence*, "FS Max Keller", 1989, p. 161 ss, p. 169 e *passim*; FERRARI, *Gestione di affari...*, p. 86, 119, 123 s; NATOLI, *La rappresentanza*, p. 3 ss; 53; id., *Rappresentanza (diritto privato)*, p. 464 s; V. de LORENZI, *La rappresentanza nel diritto tedesco. Excursus storico sulla dottrina*, "Rappresentanza e gestione", 1992, p. 72 ss, p. 82 ss, sobretudo em relação à representação voluntária no domínio do direito civil; JANUÁRIO GOMES, *Em tema de revogação do mandato civil*, Coimbra, 1989, p. 251, nota (699)). O carácter abstracto do poder de representação e da procuração é, em geral, afirmado pelos autores alemães. Assim: LARENZ, *Allgemeiner Teil...*, p. 602; FLUME, *Das Rechtsgeschäft*, p. 839 ss; GERNHUBER, *Bürgerliches Recht*, p. 36; ENNECCERUS/ /NIPPERDEY, § 178, 1., IV, p. 433; STAUDINGER/DILCHER, *vor* § 164, an. 22, 33 s; BGB-RGRK--STEFFEN, *vor* § 164, an. 5; SOERGEL/LEPTIEN, *vor* § 164, an. 20, 45; ERMAN/BROX, *vor* § 164, an. 6; PALANDT/HEINRICHS, *Einführung* § 164, an. 2; OTT, *Alternativkommentar, vor* § 164, an. 13; SONNENSCHEIN, col. HEYMANN *Handelsgesetzbuch, Prokura und Handlungsvollmacht*, 1989, *vor* § 48, an. 14 (referindo-se, em geral, ao poder de representação, não apenas no âmbito do direito comercial); PAWLOWSKI, *Die gewillkürte Stellvertretung*, p. 126). Tem no entanto suscitado reservas em alguns sectores da doutrina, mesmo alemã. Cfr., na doutrina alemã: MEDICUS, *Allgemeiner Teil...*, an. 949; SCHRAMM, *Münch.Komm.*, § 164, an. 90 ss; na doutrina suíça: EGGER, *Missbrauch...*, p. 48; SAUSSURE, *L' acte juridique...*, p. 6 s, 32 ss, 60 ss, 82 ss; na doutrina italiana: CARIOTA FERRARA, *Il negozio giuridico...*, p. 189 e nota (36); BIANCA, *Diritto civile*, 3, p. 84; na doutrina portuguesa: OLIVEIRA ASCENSÃO, *Teoria geral...*, III, p. 298.

[70] Na literatura jurídica alemã, o poder de representação que tem como fonte uma declaração do representado é, de um modo geral, designado *Vollmacht*, em conformidade com a

3.1.1. Forma

O § 167, 2 BGB estabelece que o acto de atribuição do poder de representação não está sujeito às exigências de forma do negócio representativo; no direito suíço é também esse o princípio geralmente aceite [71] [72]; em sentido diferente, os direitos português e italiano consagram, como regra geral, que a procuração está sujeita à forma exigida para o negócio que o procurador deva realizar (artigo 262º, nº 2 do Código Civil português [73] e artigo 1392 do Código Civil italiano [74]).

---

terminologia do BGB (veja-se concretamente o § 166, 2, de onde se extrai a noção). O sentido da palavra pode hoje considerar-se estabilizado, depois de uma época em que foi utilizada para designar, quase indiferentemente, o poder de representação, o acto de atribuição do poder de representação (*Bevollmächtigung* — procuração) e até o documento de que constava esse acto. Nos autores suíços de língua alemã, a terminologia é porventura menos uniforme, surgindo, além daquelas duas expressões e por influência da linguagem usada nas disposições do Código das Obrigações, também a palavra *Ermächtigung*, para designar o poder de representação e, talvez mais frequentemente, o acto de atribuição do poder de representação.

[71] Cfr. KIESEL, *Stellvertretung ohne Vertretungsmacht...*, p. 92; BERGER, *Das Statut der Vollmacht im schweizerischen IPR mit vergleichender Berücksichtigung Deutschlands, Frankreichs, Großbritanniens, sowie der internationalen Verträge und Vertragsentwürfe*, Zürich, 1974, p. 48; VON TUHR, PETER, *Allgemeiner Teil...*, p. 355; GAUCH, SCHLUEP, TERCIER, *Partie générale...*, an. 974; GUHL/KOLLER/DRUEY, *OR*, p. 149; KOLLER, *Schweizerisches Obligationenrecht*, p. 324; ZÄCH/KÜNZLE, *Stellvertretung...*, p. 130; STETTLER, *Représentation...*, p. 69. Apesar do princípio geral da independência da procuração relativamente ao negócio representativo no domínio da forma, o Código das Obrigações suíço exige que a procuração com poderes para prestar fiança observe a forma prescrita para a fiança (artigo 493, nº 6) e alguns autores discutem a questão de saber qual a forma da procuração no caso de o negócio jurídico representativo estar sujeito a uma determinada forma (cfr. ZÄCH/ /KÜNZLE, *Stellvertretung...*, p. 139 s). Por outro lado, a doutrina informa que o princípio da independência da procuração relativamente ao negócio representativo é em parte contrariado pelos responsáveis pelo registo predial, ao exigirem procuração escrita relativamente aos actos de transferência de propriedade, e que numerosos cantões subordinam a validade dos actos à autenticação da assinatura do autor (STETTLER, *Représentation...*, p. 69). Determinando que o direito cantonal não pode fazer depender a validade de um contrato sujeito a determinada forma da observância da mesma forma em actos para os quais o direito federal não estabelece exigências formais, BG, 29.5.1973, BGE 99 II 159 (162 s).

[72] A jurisprudência do *Bundesgericht* esclarece que, no caso de o negócio representativo estar sujeito a forma autêntica, a "vontade de representar" do representante deve ser declarada sob a mesma forma. Assim: BG, 27.11.1919, BGE 45 II 562 (565 s); BG, 24.9.1986, BGE 112 II 330 (332).

[73] Ao fundamento da solução adoptada no Código Civil português se refere RUI DE ALARCÃO, *Breve motivação...*, p. 106. O problema tinha sido abordado, em termos que justificam tal opção, por VAZ SERRA, em an. ao ac. STJ, 24.5.1960, RLJ, 94º, p. 184, nota (1). No mesmo sentido já antes JOSÉ TAVARES, *Os princípios fundamentais...*, II, p. 443. O princípio admite excepções, como resulta do artigo 262º, nº 2, primeira parte, do Código Civil. O artigo 116º do Código do Notariado, aprovado pelo Decreto-Lei nº 207/95, de 14 de Agosto (correspondente ao artigo 127º do anterior Código do Notariado, aprovado pelo Decreto-Lei

Ressalvado este princípio de simetria formal entre a procuração e o negócio jurídico representativo, consagrado nos Códigos Civis português e italiano, vigora nas ordens jurídicas aqui consideradas, em relação ao acto de atribuição de poderes representativos, o princípio da liberdade de forma.

O princípio sofre excepções em todas as ordens jurídicas, umas de origem legal e outras desenvolvidas pela jurisprudência. Assim, no direito alemão, o § 12, 2 HGB exige a autenticação das assinaturas na procuração que atribui poderes para pedidos de inscrição no registo comercial; por outro lado, os tribunais têm considerado que as exigências de forma a que está subjacente uma função de protecção devem, em certos casos, aplicar-se à procuração, como por exemplo a estabelecida no § 313 BGB, para os actos obrigacionais relativos a imóveis [75]. No direito suíço, o artigo 348-b, nº 1 do Código das Obrigações exige a forma escrita para a procuração passada ao viajante de comércio. No direito italiano, o artigo 2211 do Código Civil exige a forma escrita para a atribuição ao caixeiro de poderes para alterar as cláusulas contratuais gerais incluídas no contrato-tipo da empresa. No direito português, e fora do âmbito da regra fixada no artigo 262º, nº 2

---

nº 49 056, de 12.6.1969, com a redacção que lhe foi dada pelo Decreto-Lei nº 67/90, de 1 de Março), determina no seu nº 1 que as procurações que exijam intervenção notarial podem ser lavradas por instrumento público, por documento escrito e assinado pelo representado, com reconhecimento presencial da letra e assinatura, por documento autenticado, ou por documento assinado pelo representado, com reconhecimento da assinatura; as procurações com poderes para a prática de actos que devam realizar-se por escritura pública ou outro modo autêntico ou para cuja prova seja exigido documento autêntico devem ser conferidas por instrumento público, por documento escrito e assinado pelo representado com reconhecimento presencial da letra e da assinatura ou por documento autenticado (no nº 2 do mesmo artigo 116º). Cfr. também o artigo 118º do Código do Notariado (sobre a admissibilidade de representação por meio de procurações lavradas nos termos do artigo 116º e transmitidas por via telegráfica ou por telecópia), o artigo 97º, § 2º do Código Comercial português (sobre a validade do mandato, com a assinatura reconhecida, transmitido telegraficamente), o artigo 43º, nºs 2 e 5 do Código do Registo Civil, o artigo 39º do Código do Registo Predial. Sobre a forma da procuração e sobre o princípio da simetria formal entre a procuração e o negócio representativo, cfr., na jurisprudência portuguesa: ac. STJ, 8.2.1979, RLJ, 112º, 1979-1980, nºs 3647 s, p. 219 ss (com an. de VAZ SERRA); ac. STJ, 19.6.1979, BMJ, 288 (1979), p. 382 ss = RLJ, 112º, 1979-1980, nºs 3656 s, p. 366 ss (com an. de VAZ SERRA); ac. Rel. de Lisboa, 28.2.1991, CJ, 1991, I, p. 169 ss; ac. Rel. do Porto, 30.3.1992, CJ, 1992, II, p. 223 ss; ac. STJ, 2.12.1993 (proc. nº 84 323), não publ.. A propósito da exigência formal contida no artigo 127º do anterior Código do Notariado, vejam-se: ac. Rel. de Évora, 27.2.1992, CJ, 1992, I, p. 284 ss e an. de VAZ SERRA ao citado ac. STJ, 8.2.1979, RLJ, 112º, p. 224, 226 ss.

[74] Certos autores italianos, qualificando a procuração como "negócio preparatório" em relação ao negócio representativo, vêem nessa característica a justificação para a exigência de forma estabelecida no artigo 1392º do Código Civil italiano. Cfr. SCOGNAMIGLIO, Contratti..., p. 70; SANTORO-PASSARELLI, Dottrine generali..., p. 282.

[75] Veja-se, por último, a discussão do problema, bem como a referência à posição da jurisprudência e da doutrina alemãs sobre esta questão em BGH, 25.2.1994, JZ 1995, 97 (98).

do Código Civil, a atribuição do poder de representação no âmbito do contrato de agência deve revestir a forma escrita, por força do disposto no artigo 2º do Decreto-Lei nº 178/86, de 3 de Julho; as procurações com poderes gerais de administração civil ou de gerência comercial, ou com poderes para contrair obrigações cambiárias ou para praticar certos actos judiciários, devem ser conferidas por instrumento público, por documento escrito e assinado pelo representado com reconhecimento presencial da letra e da assinatura ou por documento autenticado (nº 2 do artigo 116º do Código do Notariado); as procurações conferidas também no interesse do procurador ou de terceiro devem ser lavradas por instrumento público cujo original é arquivado no cartório notarial (nº 3 do mesmo artigo 116º do Código do Notariado).

O poder de representação pode ser conferido expressa [76] ou tacitamente [77] [78].

---

[76] Em todas estas ordens jurídicas são previstos casos em que se exige uma declaração expressa. Assim, no direito alemão: nos termos do § 48, 1 HGB, a *Prokura* está sujeita a declaração expressa; no direito suíço: o artigo 396, nº 3 do Código das Obrigações exige uma "procuração especial" para que o mandatário possa praticar alguns actos considerados particularmente importantes (certos actos processuais, alienação ou oneração de imóveis, doações); o artigo 459, nº 2 também do Código das Obrigações exige procuração expressa para a atribuição ao *Prokurist* de poderes para alienar ou onerar imóveis; o artigo 462, nº 2 do mesmo Código exige procuração expressa para a atribuição de certos poderes ao mandatário comercial (para contrair obrigações cambiárias ou empréstimos, para pleitear); no direito italiano: de acordo com o artigo 2204, n.º 1, parte final, do Código Civil italiano, o *institore*, apesar do poder geral que lhe é reconhecido, só pode alienar ou onerar bens imóveis se para tal for expressamente autorizado; nos termos do artigo 2210, nº 2 do mesmo Código, os *commessi* (caixeiros) apenas podem praticar determinados actos jurídicos mediante declaração expressa do *imprenditore*; segundo o entendimento de alguns autores, a procuração geral não abrange os actos que excedam a administração ordinária, salvo indicação expressa (BIANCA, *Diritto civile*, 3, p. 87; GALGANO, *Diritto civile...*, II, 1, p. 354; ZACCARIA, *Rappresentanza*, p. 486; id., *Commentario, sub* art. 1392, III; BIGLIAZZI GERI e o., *Diritto civile*, 1.2, p. 564); no direito português: segundo o § único do artigo 231º do Código Comercial português, no âmbito do mandato comercial, a atribuição de poderes para a prática de actos não mercantis deve ser expressa.

[77] Cfr., na jurisprudência alemã: BGH, 8.6.1964, MDR 1964, 913, nº 23; na jurisprudência suíça: BG, 1.12.1905, BGE 31 II 667 (672); BG, 2.11.1948, BGE 74 II 149 (151); BG, 22.11.1950, BGE 76 I 338 (351); BG, 1.4.1958, BGE 84 II 151 (157); BG, 5.12.1967, BGE 93 II 461 (482); BG, 15.5.1973, BGE 99 II 39 (41); BG, 29.5.1973, BGE 99 II 159 (162); BG, 24.2.1975, BGE 101 Ia 39 (43); na jurisprudência italiana: Cass. civ., 24.2.1986, Giust. civ. Mass., 1986, nº 1125, p. 340 s; na jurisprudência portuguesa: ac. STJ, 8.2.1979, RLJ, 112º, p. 219 ss (com an. de VAZ SERRA, na mesma revista, p. 221 ss).

[78] Nestas ordens jurídicas, estabelece-se ainda, quanto ao poder de representação para a prática de actos de comércio, uma exigência de inscrição no registo comercial. Cfr., por exemplo: § 53, 1 HGB e artigo 458, nº 2 OR, que, nas respectivas ordens jurídicas, sujeitam a inscrição no registo a *Prokura*, determinando-se em cada um desses direitos, respectivamente, no § 15 HGB e no artigo 933 OR, que, enquanto se não encontrarem registados, os factos

A atribuição tácita de poder de representação tem importância sobretudo no domínio das relações comerciais, onde se admite que o dever de diligência, a boa fé, os usos mercantis, a existência de relações contratuais duradouras justifiquem mais facilmente do que nas relações civis a relevância de comportamentos concludentes.

3.1.2. Conteúdo

Na representação voluntária é, em princípio, o negócio jurídico atributivo de poderes de representação que delimita o âmbito dos poderes conferidos ao representante [79]. A determinação do sentido da declaração emitida pelo representado é o resultado da actividade interpretativa, a realizar segundo os cânones hermenêuticos adoptados em cada ordem jurídica.

Em função da sua extensão, distingue-se a *procuração geral* (*procura generale*, *Generalvollmacht*) — que abrange todos os actos de natureza patrimonial e, neste caso, só atribui legitimação para a prática de actos de administração ordinária — da *procuração especial* (*procura speziale*, *Spezialvollmacht*) — que abrange apenas os actos nela referidos e os actos necessários à sua execução [80]. Nos direitos alemão e suíço fala-se por vezes também de *Gattungsvollmacht* para designar a procuração que legitima o representante para a prática de operações do mesmo tipo.

Em certos casos porém o âmbito do poder de representação emergente de negócio jurídico encontra-se fixado em disposições legais. É o que acon-

---

sujeitos a registo não podem ser opostos a terceiros, salvo se forem deles conhecidos (cfr. BGH, 1.7.1991, JZ 1992, 152, que explica o efeito do registo, nos termos do § 15 HGB, com base no princípio da aparência); artigos 2206 e 2207 do Código Civil italiano, que sujeitam a registo o poder de representação atribuído ao *institore*, respectivas modificações e revogação (disposições aplicáveis ao poder de representação do *commesso*, por força da remissão contida no artigo 2209), determinando a inoponibilidade a terceiros dos factos sujeitos a registo enquanto se não encontrarem registados, salvo se se provar o conhecimento efectivo (cfr. também o artigo 2193 do *Codice*); artigo 10º do Código do Registo Comercial português, que sujeita a registo "o mandato comercial escrito, suas alterações e extinção" (al. a)) e "o contrato de agência ou representação comercial, quando celebrado por escrito, suas alterações e extinção" (al. e) — o que necessariamente acontece quando ao agente for atribuído o poder de celebrar negócios jurídicos em nome do principal), estatuindo-se no mesmo Código que "o registo definitivo constitui presunção de que existe a situação, nos precisos termos em que é definida" (artigo 11º) e que "os factos sujeitos a registo só produzem efeitos contra terceiros depois da data do respectivo registo" (artigo 14º, nº 1).

[79] Assim, expressamente, o artigo 33, nº 2 do Código das Obrigações suíço. Cfr., na jurisprudência: BG, 5.12.1967, BGE 93 II 461 (482); BG, 15.5.1973, BGE 99 II 39 (42).

[80] Por exemplo, o representante não pode celebrar um "contrato consigo mesmo" sem uma procuração que especificadamente lhe dê poderes para esse efeito (§ 181 BGB, artigo 1395 do Código Civil italiano; artigo 261º do Código Civil português).

tece, no direito alemão, relativamente ao poder de representação em matéria comercial, em conformidade com o disposto no HGB (§§ 49 e 50, em relação à *Prokura* [81], §§ 54 e seguintes, §§ 75-g e 91, quanto à *Handlungsvollmacht* e quanto ao poder de representação conferido a determinados tipos de intermediários comerciais [82]). Diversas disposições do Código das Obrigações suíço delimitam o âmbito do poder de representação que tem por fonte uma declaração do representado: artigo 348-b, em relação ao poder atribuído ao viajante de comércio; artigo 396, n° 2, quanto ao poder atribuído ao mandatário; artigo 418-e, no que diz respeito ao poder do agente comercial; artigos 458, n° 1 e 459, n° 1, em relação ao poder de representação conferido ao *Prokurist* ou *fondé de procuration* (poder a que é atribuída a denominação *Prokura* ou *procuration*) [83]; artigo 462, relativamente ao poder de representação do mandatário comercial [84]. É essa mesma

---

[81] No direito alemão, o âmbito da *Prokura* é fixado pela lei de modo imperativo e não pode ser limitado através de negócio jurídico (§ 50, 1 HGB). Designadamente, não são admitidas restrições em função do tipo de negócios a realizar, das circunstâncias, do momento ou do lugar da celebração (§ 50, 2 HGB). Ainda que o representado imponha limitações na relação interna, elas não produzem efeitos em relação a terceiros. Sobre esta impossibilidade de restringir o conteúdo do poder de representação e sobre os efeitos em relação a terceiros de uma eventual limitação, cfr. BGH, 25.3.1968, BGHZ 50, 112, decisão que deu origem a grande número de comentários doutrinários, pois suscita o complexo problema da delimitação e das consequências jurídicas do abuso do poder de representação. Cfr.: TANK, *Der Mißbrauch von Vertretungsmacht und Verfügungsbefugnis*, NJW, 1969, p. 6 ss; HECKELMANN, *Mitverschulden des Vertretenen bei Mißbrauch der Vertretungsmacht*, JZ, 1970, p. 62 ss; MERTENS, *Die Schranken gesetzlicher Vertretungsmacht im Gesellschaftsrecht (unter besonderer Berücksichtigung von BGHZ 50, 112)*, JurA, 1970, p. 467 ss; SCHOTT, *Der Mißbrauch der Vertretungsmacht*, AcP 171 (1971), p. 385 ss; R. FISCHER, *Der Mißbrauch der Vertretungsmacht, auch unter Berücksichtigung der Handelsgesellschaften*, "FS Wolfgang Schilling", 1973, p. 3 ss (p. 17 ss); HÜBNER, *Die Prokura als formalisierter Vertrauensschutz — zugleich eine kritische Würdigung von BGHZ 50, 112 ff*, "FS Ernst Klingmüller", 1974, p. 173 ss.

[82] Diferentemente da disposição relativa ao âmbito da *Prokura*, estas outras normas do direito alemão respeitantes ao âmbito do poder de representação atribuído a certos intermediários comerciais diferentes do *Prokurist* não têm carácter imperativo, são simples presunções. Para uma comparação explícita entre a *Prokura* e a *Handlungsvollmacht*, cfr. K. SCHMIDT, *Handelsrecht*, 3ª ed., Köln, Berlin, Bonn, München, 1987, p. 435 ss.

[83] A lei suíça prevê duas possibilidades de o representado restringir o âmbito legal da *Prokura* (*procuration*): a primeira diz respeito à limitação aos negócios de uma sucursal (artigo 460, n° 1 OR); a segunda refere-se ao caso de a *Prokura* ser outorgada a favor de várias pessoas (*Kollektivprokura, procuration collective*), com a condição de só vincularem o representado actuando todos os representantes em conjunto ou actuando um deles com o acordo dos restantes. Outras limitações ao âmbito da *Prokura* não são oponíveis a terceiros de boa fé (artigo 460, n° 3 OR), salvo se tiverem sido registadas ou se forem deles conhecidas (artigo 933 OR).

[84] Ressalvado o regime especial aplicável à *Prokura*, as disposições do Código das Obrigações suíço que delimitam o âmbito do poder de representação de certos intermediários comerciais têm carácter de meras presunções. Considerando tratar-se em todos os casos de regras dispositivas, KOLLER, *Schweizerisches Obligationenrecht*, p. 322.

a função de certas disposições do Código Civil italiano: artigo 1745, quanto ao poder de representação do agente comercial; artigo 2204, relativo ao poder de representação do gerente de comércio (*institore*) [85], artigo 2209, respeitante ao poder de representação do procurador (*procuratore*), artigos 2210, 2212 e 2213, sobre o poder de representação do caixeiro (*commesso*) [86]. No direito português, são exemplos de delimitação legal do âmbito do poder de representação voluntário as disposições contidas no artigo 1159º do Código Civil, que definem a extensão do mandato [87], e certas dispo-

---

[85] Nos termos do Código Civil italiano, o *institore* está investido de um poder de representação geral, que abrange todas as operações da estrutura empresarial para a qual é designado (artigo 2204, nºs 1 e 2) e que está sujeito a registo (artigo 2206, nº 1). Os poderes representativos do *institore*, definidos por via legal, podem ser ampliados ou limitados pelo *imprenditore*, quer no momento da designação, quer em momento posterior. As modificações e a revogação dos poderes representativos do *institore* devem igualmente ser inscritas no registo e, na falta dessa inscrição, só são oponíveis a terceiros, se se provar que eles as conheciam no momento da celebração do negócio (artigos 2206, nº 2 e 2207, nºs 1 e 2). A doutrina maioritária considera que a representação do *institore* é representação voluntária, mas não necessariamente fundada em procuração: o poder de representação depende sempre de uma manifestação de vontade do *imprenditore* (o acto de designação do *institore*), mas constitui, por lei, um efeito necessário desse acto, está "inerente" a ele, não se exigindo portanto a outorga de procuração para a prática de actos jurídicos em nome do *imprenditore*. Esta circunstância não conduz, porém, a qualificar a representação como legal. Neste sentido, cfr.: D. CORAPI, *La rappresentanza commerciale*, "Trattato di diritto commerciale e di diritto pubblico dell'economia diretto da Francesco Galgano", vol. III, Padova, 1979, p. 311 ss (p. 318 s); GALGANO, *Diritto civile e commerciale*, vol. III — *L'impresa e le società*, t. 1, *L'impresa, le società in generale, le società di persone*, Padova, 1990, p. 138 e nota (11); id., *Diritto commerciale. L'imprenditore. Impresa. Contratti di impresa. Titoli di credito. Fallimento*, 4ª ed., Bologna, 1991, p. 109, nota (11); CAMPOBASSO, *Diritto commerciale*, 1. *Diritto dell'impresa*, 2ª ed., Torino, 1993, p. 135 s, nota (1); AULETTA, SALANITRO, *Diritto commerciale*, 9ª ed., Milano, 1994, p. 98. Veja-se, no entanto, a decisão do Tribunal de Foggia, de 4.12.1990, Riv. not., 1993, II, p. 156 ss, que exige o "acto formal de procuração" para atribuição do poder de representação ao *institore*, e o comentário a essa decisão, da autoria de VITULLI, *Conferimento di poteri di rappresentanza delle società a terzi*, p. 158 ss, que qualifica a representação dos auxiliares do *imprenditore* como representação *ex lege*.

[86] É igualmente possível a ampliação ou limitação pelo *imprenditore* do âmbito fixado na lei para o poder de representação dos *procuratori* e dos *commessi*, mas, enquanto aos *procuratori* são aplicáveis as regras de publicidade estabelecidas nos artigos 2206 e 2207 (por força da remissão do artigo 2209), aos *commessi* são aplicáveis as regras gerais em matéria de representação (artigo 1396 do Código Civil, que permite a oponibilidade a terceiros das limitações levadas ao seu conhecimento por meios idóneos — por exemplo, com avisos afixados no estabelecimento — ou deles efectivamente conhecidas). Por outro lado, se o procurador é um "representante geral", que tem poderes para realizar todos os actos necessários ao exercício da actividade da empresa, salvo os expressamente exceptuados na procuração, o caixeiro tem um poder de representação limitado, que abrange os actos necessários à prática das operações de que é encarregado.

[87] Uma vez que no Código Civil português se consagrou a separação entre mandato e procuração, as disposições do artigo 1159º dizem obviamente respeito à relação interna (nos

sições do Código Comercial [88]: artigo 233°, relativo ao poder de representação do mandatário comercial, artigos 249°, 259° e 260°, sobre o âmbito do poder atribuído aos gerentes de comércio e caixeiros [89]; também o artigo 5°, n° 3 da LCT (constante do Decreto-Lei n° 49 408, de 24 de Novembro de 1969, nesta parte inalterado) fixa os limites do poder de representação atribuído ao trabalhador no âmbito do contrato de trabalho.

A delimitação legal do poder de representação, sobretudo se acompanhada da proibição de negocialmente introduzir limitações a esse poder — como acontece em relação à *Prokura*, no direito alemão e, até certo ponto, no direito suíço —, serve em primeira linha a segurança do comércio jurídico, fazendo recair sobre o representado o risco da celebração de um negócio jurídico não abrangido pelo poder de representação [90].

---

termos do n° 1, o mandato geral só compreende os actos de administração ordinária; de acordo com o n° 2, o mandato especial abrange, além dos actos nele referidos, todos os demais necessários à sua execução). Porém, do mesmo modo que em relação aos preceitos de outras ordens jurídicas invocados no texto — e referimo-nos sobretudo aos do direito suíço, uma vez que os restantes se referem especificamente à relação externa — a delimitação do âmbito de poderes que nesses preceitos se faz não pode deixar de se repercutir na relação externa. A delimitação feita no artigo 1159° do Código Civil português tem a natureza de simples presunção.

[88] Sendo o Código Comercial português inspirado ainda pela doutrina da identificação entre mandato e representação, as normas que delimitam a "amplitude do mandato", a seguir referidas no texto, não se limitam a regular o âmbito dos poderes do mandatário na relação de gestão, entre mandante e mandatário; tais normas dispõem também para a relação externa, entre mandante e terceiros, fixando o âmbito do poder de representação do mandatário na relação com terceiros e portanto o âmbito dentro do qual os actos por ele praticados vinculam o mandante perante terceiros.

[89] Em nosso entender, as referidas disposições do Código Comercial têm carácter dispositivo e, por isso, o representado pode livremente limitar o âmbito do poder que se encontra previsto na lei, bem como modificar posteriormente ou revogar o poder de representação que tiver atribuído aos seus auxiliares. Mas, estando o mandato comercial, quando celebrado por escrito, sujeito a registo comercial (artigo 10°, al. a) do Código do Registo Comercial), e constituindo o registo definitivo a presunção de que existe a situação jurídica em causa nos precisos termos em que é definida (artigo 11° do mesmo Código), essas alterações só são oponíveis a terceiros depois de registadas (artigo 14°, n° 1 também do Código do Registo Comercial).

[90] Sobre as características próprias e o regime especial do poder de representação em matéria comercial, cfr., no direito alemão: K. SCHMIDT, *Handelsrecht*, p. 407 ss; HEYMANN//SONNENSCHEIN, *HGB, vor* § 48, an. 13; CAPELLE, *Handelsrecht. Ein Studienbuch*, 21ª ed. por Claus-Wilhelm Canaris, München, 1989, p. 174 ss; CANARIS, *Handelsrecht*, 22ª ed., München, 1995, p. 202 ss; STAUB/JOOST, *HGB, vor* § 48, an. 20; no direito suíço: E. BUCHER, *Schweizerisches Obligationenrecht*, p. 624 ss; GAUCH, SCHLUEP, TERCIER, *Partie générale ...*, an. 1048 ss; TERCIER, *Les contrats spéciaux*, 2ª ed., com a colaboração de Silvio Venturi, Zürich, 1995, p. 553 ss; GUHL/KOLLER/DRUEY, *OR*, p. 153 ss; no direito italiano: D. CORAPI, *La rappresentanza commerciale*, p. 316 ss; GALGANO, *Diritto civile ...*, III, 1, p. 134 ss; id., *Diritto commerciale ...*, p. 106 ss; CAMPOBASSO, *Diritto commerciale*, 1., p. 130 ss; G. FERRI,

3.1.3. Cessação

Em todas estas ordens jurídicas, a cessação da procuração é objecto de regulamentação própria, independente da regulamentação sobre a cessação da relação fundamental (§§ 168 a 173 BGB, artigos 34 a 37 do Código das Obrigações suíço, artigo 1396 e 1397 do Código Civil italiano, artigos 265° a 267° do Código Civil português). Não se justificando expor aqui de modo exaustivo todos os complexos problemas suscitados pelas normas legais relevantes — alguns dos quais serão aliás objecto de referência em outros pontos do presente estudo —, sublinham-se apenas alguns aspectos.

Prevê-se, em todas as ordens jurídicas em análise, a cessação da procuração por declaração unilateral do representado, designada revogação (*revoca, révocation, Widerruf*) (§ 168 BGB, artigo 34 do Código das Obrigações suíço, artigo 1396, n° 1 do Código Civil italiano, artigo 265°, n°s 2 e 3 do Código Civil português). A revogação pode ser expressa ou resultar de factos concludentes, como no caso da designação de novo representante para celebração do mesmo negócio ou da sua realização pelo próprio representado (revogação tácita). Deve ser levada ao conhecimento dos interessados — o representante e/ou a contraparte [91].

Manuale di diritto commerciale, p. 125 ss; AULETTA, SALANITRO, *Diritto commerciale*, p. 96 ss; ABBADESSA, *Su taluni aspetti della disciplina della rappresentanza riguardanti l' esercizio dell' attività bancaria*, "Le operazioni bancarie" (org. Giuseppe B. Portale), Milano, 1978, vol. I, p. 189 ss; V. AFFERNI, *Rappresentanza e conflitto di interessi nell' ambito dell' impresa*, "Rappresentanza e gestione", 1992, p. 201 ss.

[91] No direito alemão, por força do disposto no § 168, parte final, BGB, à revogação é aplicável o regime estabelecido no § 167, 1 para a outorga da procuração, isto é, a revogação pode ser dirigida ao representante ou à contraparte, em correspondência com as figuras da *Innenvollmacht* e da *Außenvollmacht*; mas os §§ 170 a 173 estabelecem especiais regras para a oponibilidade em relação a terceiros da cessação da *Außenvollmacht*, aplicáveis portanto também ao caso de revogação. No direito suíço, a revogação é declaração dirigida ao representante (VON TUHR, PETER, *Allgemeiner Teil...*, Bd. 1, p. 366 s; E. BUCHER, *Schweizerisches Obligationenrecht*, p. 609; ZÄCH/KÜNZLE, *Stellvertretung...*, p. 197; STETTLER, *Représentation...*, p. 76; GAUCH, SCHLUEP, TERCIER, *Partie générale...*, an. 992; KOLLER, *Schweizerisches Obligationenrecht*, p. 326); mas, se o conteúdo da procuração tiver sido comunicado externamente, a oponibilidade da revogação depende, em certos casos, da comunicação a terceiros (artigo 34, n° 3 OR). No direito italiano, parte da doutrina considera a revogação um negócio unilateral receptício cujo destinatário é o representante (NATOLI, *Rappresentanza (diritto privato)*, p. 482, nota (89); GALGANO, *Diritto civile...*, II, 1, p. 359); outros autores entendem que a revogação deve ser levada ao conhecimento do representante e de terceiros (BIGLIAZZI GERI, *Procura (diritto privato)*, Enc. Dir., XXXVI, 1987, p. 995 ss (p. 1008); BIGLIAZZI GERI e o., *Diritto civile*, 1.2., p. 562); também já se entendeu que a revogação não tem carácter receptício (GALGANO, *Diritto privato*, p. 287, 285). No direito português, a doutrina tem dedicado mais atenção à revogação do mandato do que à revogação da procuração.

O direito de revogação é irrenunciável, nos termos de disposição expressa do Código suíço (artigo 34, nº 2 [92]). No direito português, a procuração é livremente revogável, ainda que exista convenção em contrário ou renúncia ao direito de revogação (artigo 265º, nº 2 do Código Civil [93]), mas, se a procuração tiver sido conferida também no interesse do procurador ou de terceiro, só pode ser revogada com acordo do interessado ou se ocorrer justa causa (artigo 265º, nº 3 do mesmo Código [94]). A solução semelhante se chega perante o direito italiano, mesmo na falta de disposição especial no capítulo sobre a representação, por aplicação do artigo 1723, nº 2 do Código Civil, relativo ao mandato [95]. O § 168 BGB prevê que da relação

---

Cfr., por exemplo, C. MOTA PINTO, *Teoria geral...*, p. 388; JANUÁRIO GOMES, *Em tema de revogação do mandato civil*, em especial, p. 253 ss. A discussão sobre a revogação tem-se centrado na análise dos requisitos da sua oponibilidade a terceiros e não na sua qualificação. Cfr. JANUÁRIO GOMES, *Em tema de revogação...*, p. 251 s; M. Helena BRITO, *A representação sem poderes...*, p. 42 ss. Entendemos que a natural necessidade de conhecimento da revogação do poder de representação, por parte do próprio representante (veja-se, na disciplina do mandato, a regra do artigo 1171º do Código Civil português), e as exigências de comunicação a terceiros estabelecidas no artigo 266º, nº 1 do mesmo Código para que a revogação lhes seja oponível não implicam necessariamente, no nosso direito, a caracterização da revogação como negócio receptício. O Código trata separadamente a extinção (artigo 265º) e a oponibilidade das causas de extinção da procuração (artigo 266º), determinando no primeiro destes preceitos as circunstâncias em que a procuração se extingue. Com efeito, é possível estabelecer uma distinção entre a produção de certos efeitos da extinção, por exemplo no domínio das relações internas, que opera imediatamente, não dependendo da comunicação a terceiros, e a oponibilidade em relação às pessoas que contratam com o representante, que fica dependente dessa comunicação ou do conhecimento por essas pessoas das causas de extinção.

[92] Sobre o carácter imperativo desta disposição do Código das Obrigações suíço, que exclui a admissibilidade de um poder de representação irrevogável, cfr. ZÄCH/KÜNZLE, *Stellvertretung...*, p. 201 ss; KOLLER, *Schweizerisches Obligationenrecht*, p. 325. O carácter irrenunciável do direito de revogar a procuração e o mandato é afirmado em BG, 3.10.1972, BGE 98 II 305 (309, 307).

[93] O regime da revogação da procuração é paralelo ao que se encontra estabelecido a propósito do mandato: também o mandato é livremente revogável — neste caso, por qualquer das partes —, não obstante convenção em contrário ou renúncia ao direito de revogação (artigo 1170º, nº 1 do Código Civil). Porém, a parte que revogar o contrato deve indemnizar a outra parte, se tiver sido estipulada a irrevogabilidade ou se tiver havido renúncia ao direito de revogação (artigo 1172º, b)). Para a discussão, perante o direito português, sobre a irrevogabilidade da procuração, cfr.: OLIVEIRA ASCENSÃO, *Teoria geral...*, III, p. 306 s; PAIS DE VASCONCELOS, *Contratos atípicos*, p. 301 ss.

[94] Regime análogo existe quanto à revogação, pelo mandante, do mandato conferido também no interesse do mandatário ou de terceiro (artigo 1170º, nº 2 do Código Civil). Vejam-se, na jurisprudência, invocando o artigo 265º, nº 3 do Código Civil: ac. Rel. de Évora, 17.1.1991, CJ, 1991, I, p. 286 ss; ac. STJ, 27.9.1994, CJ, 1994, III, p. 66 ss; invocando o artigo 1170º, nº 2 do Código Civil: ac. STJ, 24.1.1990, BMJ, 393 (1990), p. 588 ss; ac. Rel. de Lisboa, 11.10.1990, CJ, 1990, IV, p. 145 ss.

[95] Cfr., por todos, BIGLIAZZI GERI e o., *Diritto civile*, 1.2., p. 563.

interna possa resultar a irrevogabilidade da procuração. Mas a doutrina interpreta a disposição no sentido de que a limitação do direito de revogação não deve conduzir a uma restrição de liberdade que seja imoral, e apenas se admite a exclusão do direito de revogação quando existir um fundamento justificativo, como acontece, por exemplo, no caso de o poder de representação ter sido conferido no interesse do representante ou de terceiro ou no interesse comum do representado e do representante [96].

Nos direitos alemão e português, a cessação da relação fundamental implica cessação do poder de representação (§ 168 BGB e artigo 265º, nº 1 do Código Civil português [97], admitindo esta última disposição a possibilidade de ser outra a vontade do representado). No direito suíço, não se encontrando previsto na lei o efeito da cessação da relação interna sobre o poder de representação, alguma doutrina tem entendido que o poder de representação deve considerar-se extinto tacitamente sempre que tenha sido conferido para execução do negócio jurídico subjacente ou sempre que seja acessório daquele negócio jurídico; nos casos, considerados raros, em que a procuração e o negócio jurídico de base não estejam conexos, a extinção deste não implica extinção do poder de representação, sendo a solução justificada por apelo ao princípio da autonomia do poder de representação [98]. Na doutrina italiana, admite-se a cessação do poder de representação em consequência da execução do negócio para o qual foi conferido [99].

Preocupação comum a todos estes direitos é a protecção dos interesses da contraparte, que justifica, não só as disposições que impõem ao representante o dever de restituir o documento de onde constam os seus poderes (§ 175 BGB, artigo 36, nº 1 OR [100], artigo 1397 do Código Civil italiano, artigo 267º do Código Civil português), como ainda as disposições que estabelecem a necessidade de dar publicidade à cessação do poder de

---

[96] Sobre a irrevogabilidade do poder de representação, cfr.: RABEL, *Unwiderruflichkeit der Vollmacht. Generalstatut des Vollmachtsrechts. Objektivierter Begriff des Wirkungslands*, RabelsZ, 1933, p. 797 ss; LARENZ, *Allgemeiner Teil* ..., p. 611 s; FLUME, *Das Rechtsgeschäft*, p. 876 ss; MEDICUS, *Allgemeiner Teil* ..., an. 940 ss; ENNECCERUS/NIPPERDEY, § 186, IV, 2, p. 576 s; STAUDINGER/DILCHER, § 168, an. 8 ss; BGB-RGRK-STEFFEN, § 168, an. 3; SOERGEL/ /LEPTIEN, § 168, an. 22 ss; PALANDT/HEINRICHS, § 168, an. 6; ERMAN/BROX, § 168, an. 16 ss; SCHRAMM, *Münch.Komm.*, § 168, an. 31 ss; A. FUCHS, *Zur Disponibilität gesetzlicher Widerrufsrechte im Privatrecht — unter besonderer Berücksichtigung der Widerrufsrechte nach §§ 7 VerbrKrG, 168 S.2 und 130 Abs. 1 S.2 BGB*, AcP 196 (1996), p. 313 ss (p. 361 ss).

[97] Também a afirmação inversa é verdadeira: a revogação e a renúncia da procuração implicam revogação do mandato (artigo 1179º do Código Civil).

[98] Cfr. ZÄCH/KÜNZLE, *Stellvertretung* ..., p. 200 s.

[99] Cfr. NATOLI, *Rappresentanza (diritto privato)*, p. 482; BIGLIAZZI GERI e o., *Diritto civile*, 1.2., p. 563.

[100] Aplicando esta disposição, BG, 7.4.1975, BGE 101 II 117 (119).

representação e determinam, em certas circunstâncias, que diferem de uma para outra ordem jurídica, a inoponibilidade a terceiros da cessação (ou das modificações) da procuração (§§ 169 a 173 BGB, artigos 34, n° 3 e 37, n°s 1 e 2 do Código das Obrigações suíço, artigo 1396, n°s 1 e 2 do Código Civil italiano, artigo 266°, n°s 1 e 2 do Código Civil português).

Regime especial de cessação da procuração vigora no domínio do direito comercial, quer no que diz respeito às causas de cessação (§ 52 HGB, que estabelece, entre outros, o princípio da livre revogabilidade da *Prokura*, independentemente da revogação da relação subjacente), quer no que diz respeito à eficácia em relação a terceiros (exigência de inscrição em registo comercial, como requisito de oponibilidade em relação a terceiros: § 53, 3 e § 15 HGB, artigo 461, n°s 1 e 2 OR, artigos 2207 e 2209 do Código Civil italiano, artigo 10°, als. a) e e), e artigo 14°, n° 1 do Código do Registo Comercial português).

3.1.4. Natureza jurídica

A declaração negocial do representado que atribui o poder de representação tem, segundo a concepção dominante nestes direitos, a natureza de negócio jurídico unilateral [101].

---

[101] BGB, § 167; Código Civil português, artigo 262°. Cfr., a título de exemplo, na jurisprudência portuguesa mais recente: ac. Rel. de Coimbra, 27.1.1987, CJ, 1987, I, p. 40 ss; ac. Rel. de Lisboa, 11.10.1990, CJ, 1990, IV, p. 145 ss; ac. STJ, 13.4.1994, CJ, 1994, II, p. 47 ss; ac. Rel. do Porto, 5.12.1994, CJ, 1994, V, p. 226 ss; ac. STJ, 5.3.1996, CJ, 1996, I, p. 111 ss; ac. STJ, n° 1/97, 19.12.1996, D. R. n° 8, I Série-A, de 10.1.1997, p. 92 ss (mas vejam-se o ac. STJ, 19.6.1979, BMJ, 288 (1979), p. 382 ss = RLJ, 112°, 1979-1980, n°s 3656 s, p. 366 ss, e o ac. Rel. de Évora, 17.1.1991, CJ, 1991, I, p. 286 ss, onde se confunde mandato com representação e se define a procuração como o instrumento em que deve ser conferido o mandato). No sentido de que o acto de atribuição do poder de representação tem a natureza de negócio jurídico unilateral se tem pronunciado a generalidade da doutrina, a partir da afirmação da separação conceptual entre o poder de representação e a relação fundamental. Assim, ainda na literatura alemã do séc. XIX: KARLOWA, *Das Rechtsgeschäft...*, p. 53; ZITELMANN, *Die Rechtsgeschäfte...*, p. 86; BRINZ, *Lehrbuch...*, IV, p. 377; REGELSBERGER, *Pandekten...*, I, p. 593; BUCHKA, *Vergleichende Darstellung...*, p. 35; e, na doutrina italiana mais antiga, NATTINI, *La dottrina generale della procura*, p. 97, 153 s; GRAZIANI, *La rappresentanza senza procura*, "Annali dell' Istituto giuridico dell' Università di Perugia", 1927 (= "Studi di diritto civile e commerciale", Napoli, 1953, p. 1 ss, p. 25, nota (47) — "negócio destinado à formação de outros negócios"; id., *In tema di procura irrevocabile*, p. 75; id., *Mandato e procura irrevocabile*, Giur. comp. dir. comm., VI, 1941 (= "Studi...", p. 83 ss, p. 89). Curiosamente, LABAND qualificava como *contratual*, com efeitos não só entre as partes, mas também para terceiros, o acto de atribuição de poderes representativos (cfr. *Die Stellvertretung...*, p. 208 — *Bevollmächtigungsvertrag*, que é também a designação utilizada no ABGB austríaco, §§ 1022 e seguintes); a natureza contratual do acto de atribuição do poder de representação é ainda afirmada por SCHLOSSMANN, *Die Lehre...*, I, p. 270 ss, II, p. 417 ss; SAGGESE,

A questão de saber quem é o destinatário da procuração tem constituído objecto de discussão em todas as ordens jurídicas agora em análise. Entendem alguns que destinatário da procuração é o representan-

La rappresentanza..., p. 90). No domínio do direito em vigor, é prevalecente a qualificação como negócio jurídico unilateral, sem prejuízo da divergência, entre os autores alemães e suíços, quanto à qualificação das declarações previstas nos §§ 171 e 172 BGB e nos artigos 33, n° 3 e 34, n° 3 OR, a que oportunamente se fará referência. Cfr., na doutrina alemã: HUPKA, *La representación...*, p. 87 ss; WINDSCHEID, *Lehrbuch...*, I, 9ª ed., p. 361; LARENZ, *Allgemeiner Teil...*, p. 605; FLUME, *Das Rechtsgeschäft*, p. 823 ss, 865; MEDICUS, *Allgemeiner Teil...*, p. 337; ENNECCERUS/NIPPERDEY, § 184, a), I, p. 531; STAUDINGER/DILCHER, § 167, an. 8 ss; BGB-RGRK-STEFFEN, § 167, an. 1, 3; SOERGEL/LEPTIEN, *vor* § 164, an. 20; ERMAN/BROX, *vor* § 164, an. 11, § 167, an. 2; PALANDT/HEINRICHS, § 167, an. 1; SCHRAMM, *Münch.Komm.*, § 167, an. 4; WITZ, *Droit privé...*, p. 393; STAUB/JOOST, *HGB*, *vor* § 48, an. 17; PAWLOWSKI, *Die gewillkürte Stellvertretung*, p. 126; na doutrina suíça: SAUSSURE, *L' acte juridique...*, p. 57 ss; GAUTSCHI, *Auftrag und Geschäftsführung in der Schweiz. Allgemeines Auftrags- und Geschäftsführungsrecht. Der einfache Auftrag. Tathandlungs- und Rechtshandlungsauftrag. Vollmachts-, fiduziarischer und Anweisungsauftrag*, Zürich, 1953, p. 97 (embora o autor admitisse igualmente a existência de um negócio jurídico de atribuição do poder de representação de natureza contratual, que designava *Auftragsvollmacht*, p. 100 ss); SCHNURRENBERGER, *Vollmacht und Grundverhältnis nach schweizerischem und deutschem Recht sowie nach internationalem privatrecht*, Basel, 1969, p. 22 ss; BERGER, *Das Statut der Vollmacht...*, p. 47; VON TUHR, PETER, *Allgemeiner Teil...*, Bd. 1, p. 354; E. BUCHER, *Schweizerisches Obligationenrecht*, p. 601; GAUCH, SCHLUEP, TERCIER, *Partie générale...*, an. 972; GILLIARD, *La représentation directe...*, p. 171; ZÄCH/KÜNZLE, *Stellvertretung...*, p. 128; GUHL/KOLLER/ /DRUEY, *OR*, p. 150; KOLLER, *Schweizerisches Obligationenrecht*, p. 321, 324; STETTLER, *Représentation...*, p. 69; na doutrina italiana: STOLFI, *Teoria...*, p. 189; BETTI, *Teoria generale...*, p. 565; D' AVANZO, *Rappresentanza*, p. 805 s; CARIOTA FERRARA, *Il negozio giuridico...*, p. 669; MESSINEO, *Dottrina generale del contratto (artt. 1321-1469 Cod. Civ.)*, 3ª ed., Milano, 1948, reimp., 1952, p. 151 s; MIRABELLI, *Dei contratti...*, p. 290; SCOGNAMIGLIO, *Contratti...*, p. 69; SANTORO-PASSARELLI, *Dottrine generali...*, p. 282; MOSCO, *La rappresentanza volontaria nel diritto privato*, p. 149; NATOLI, *Rappresentanza (diritto privato)*, p. 475 (no que diz respeito ao que designa como "procuração em sentido técnico", pois o autor admite que a legitimação representativa possa resultar igualmente de uma simples cláusula *ad hoc* inserida no contrato de gestão — que não tem de ser considerada autonomamente em relação a este — ou ainda de facto do gestor, e portanto independente da vontade do *dominus*, p. 476 ss, e, no mesmo sentido, já antes em *La rappresentanza*, p. 51 ss); GALGANO, *Diritto privato*, p. 285; id., *Diritto civile...*, II, 1, p. 353, 364; BIANCA, *Diritto civile*, 3, p. 84; BIGLIAZZI GERI, *Procura*, p. 997 e *passim*; BIGLIAZZI GERI e o., *Diritto civile*, 1.2., p. 561; ZACCARIA, *Commentario...*, *sub* art. 1392, I; BARBERO, *Il sistema di diritto privato*, 2ª ed. por Antonio Liserre e Giorgio Florida, Torino, 1993, p. 236; G. VISINTINI, *Della rappresentanza*, p. 249, 254; na doutrina portuguesa: FERRER CORREIA, *A procuração...*, p. 18, 29; GALVÃO TELLES, *Manual...*, p. 312 s; C. MOTA PINTO, *Teoria geral...*, p. 538; CARVALHO FERNANDES, *Teoria geral...*, II, p. 320, 2ª ed., p. 177; M. Helena BRITO, *A representação sem poderes...*, p. 17 ss (p. 29); JANUÁRIO GOMES, *Em tema de revogação...*, p. 232 ss; C. FERREIRA DE ALMEIDA, *Texto e enunciado...*, p. 778; P. MOTA PINTO, *Aparência de poderes de representação e tutela de terceiros. Reflexão a propósito do artigo 23° do Decreto-Lei n° 178/86, de 3 de Julho*, BFD, vol. LXIX, 1993, p. 587 ss (p. 607, 608, nota (34)); HÖRSTER, *A parte geral...*, p. 484; R. PINTO, *Falta e abuso de poderes...*, p. 7; MENEZES CORDEIRO,

te [102]; defendem outros que o acto de atribuição do poder de representação deve ser dirigido ao terceiro perante o qual o representante vai agir [103] [104].

Da responsabilidade civil dos administradores das sociedades comerciais, p. 338. O acto de atribuição de poderes representativos constitui uma parte ou elemento do negócio jurídico representativo segundo as concepções de THÖL, *Das Handelsrecht*, p. 221 ss; LENEL, *Stellvertretung* ..., p. 15; MÜLLER-FREIENFELS, *Die Vertretung*..., p. 202 ss (p. 211). O acto de atribuição do poder de representação era também considerado como parte do negócio celebrado pelo representante na construção de MITTEIS, *Die Lehre von der Stellvertretung*..., p. 109 ss, 182 ss.

[102] É este o entendimento prevalecente na doutrina suíça. Cfr.: SAUSSURE, *L' acte juridique*..., p. 57; SCHNURRENBERGER, *Vollmacht und Grundverhältnis*..., p. 25 s; BERGER, *Das Statut der Vollmacht*..., p. 48; VON TUHR, PETER, *Allgemeiner Teil*..., Bd. 1, p. 355; E. BUCHER, *Schweizerisches Obligationenrecht*, p. 602; GAUCH, SCHLUEP, TERCIER, *Partie générale*..., an. 972; GILLIARD, *La représentation directe*..., p. 171; ZÄCH/KÜNZLE, *Stellvertretung*..., p. 129, 175; GUHL/KOLLER/DRUEY, *OR*, p. 150; KOLLER, *Schweizerisches Obligationenrecht*, p. 324; STETTLER, *Représentation*..., p. 69. Na jurisprudência suíça, no mesmo sentido, vejam-se: BG, 15.5.1973, BGE 99 II 39 (41 s); BG, 7.4.1975, BGE 101 II 117 (119) (em BG, 8.5.1923, BGE 49 II 208 [215] admitia-se a possibilidade de a declaração do representado se dirigir quer ao representante quer à contraparte). Na doutrina italiana, é esta também a opinião maioritária (MIRABELLI, *Dei contratti* ..., p. 291 s, que considera ser ónus do representante a comunicação da procuração a terceiros; SCOGNAMIGLIO, *Contratti* ..., p. 69; CARIOTA FERRARA, *Il negozio giuridico*..., p. 670; NATOLI, *La rappresentanza*, p. 55; id., *Rappresentanza (diritto privato)*, p. 476; GALGANO, *Diritto civile*..., II, 1, p. 353; BIGLIAZZI GERI, *Procura*, p. 1000, referindo-se à procuração como "negócio sujeito à *conditio iuris* suspensiva da decisão positiva do destinatário do acto de assumir a gestão de um negócio de outrem"; BIGLIAZZI GERI e o., *Diritto civile*, 1.2., p. 562; ZACCARIA, *Commentario*, *sub* art. 1392, I; G. VISINTINI, *Della rappresentanza*, p. 255); alguns autores entendem porém que a procuração é dirigida à contraparte (D' AVANZO, *Rappresentanza*, p. 807; BETTI, *Teoria generale*..., p. 565; MINERVINI, *Eccesso di procura del rappresentante e responsabilità del "dominus"*, Foro it., 1947, I, c. 380 ss; MESSINEO, *Dottrina*..., p. 152; no direito anterior, era essa a opinião de GRAZIANI, *In tema di procura irrevocabile*, p. 75; id., *Mandato e procura irrevocabile*, p. 89; uma parte da doutrina italiana considera que a procuração é um negócio não receptício (GALGANO, *Diritto privato*, p. 285; BIANCA, *Diritto civile*, 3, p. 85). Segundo Mosco, *La rappresentanza volontaria nel diritto privato*, p. 157 ss, é condição de eficácia da procuração a sua comunicação quer à contraparte quer ao representante.

[103] No direito português, muito embora se admita que a declaração de atribuição do poder de representação possa ser emitida pelo representado perante o representante, perante um terceiro determinado ou por anúncio público, frente a um número indeterminado de pessoas, é maioritária a posição que considera destinatário desse acto jurídico *o terceiro*, isto é, o outro sujeito no negócio jurídico representativo. Cfr.: FERRER CORREIA, *A procuração*..., p. 30, 32; P. MOTA PINTO, *Aparência de poderes*..., p. 607, 608 s, nota (34); M. Helena BRITO, *A representação sem poderes*..., p. 29 ss (onde no entanto se afirma que a procuração deve igualmente ser comunicada ao representante). Para JANUÁRIO GOMES, *Em tema de revogação*..., p. 232 ss, destinatário da procuração é o representante. Segundo CARVALHO FERNANDES, *Teoria geral*..., II, 2ª ed., p. 177, a procuração é um negócio jurídico unilateral não recipiendo, mas esta qualificação não exclui, "no plano prático, a necessidade de materialmente o documento em que se consubstancia esse acto ter de chegar ao poder do procurador".

[104] O § 167, 1 BGB prevê de modo expresso, em alternativa, que a declaração de atribuição do poder de representação seja dirigida ao representante ou ao terceiro com quem o

Admite-se também que a declaração do representado que institui o poder de representação seja dirigida ao público [105].

---

representante vai contratar. Fala-se, no primeiro caso, de *Innenvollmacht* e, no segundo, de *Außenvollmacht*. Na realidade, frequentemente, o representado outorga uma procuração dirigida ao representante e dá a conhecer externamente essa procuração. Antes da aprovação do Código Civil alemão, uma das questões discutidas a propósito do problema da natureza da representação era precisamente a determinação do destinatário da declaração de atribuição do poder de representação. As posições extremas eram ocupadas por LENEL, que considerava destinatário da *Vollmacht* o terceiro e afirmava que "o poder de representação mais não é do que um efeito reflexo da declaração de representação entregue ao terceiro" (cfr. *Stellvertretung* ..., p. 15 s), e MITTEIS, que exigia o conhecimento por parte do representante como requisito de perfeição do acto de atribuição do poder de representação (cfr. *Die Lehre* ..., p. 187). Já influenciado pela solução do BGB, HUPKA concluía que o acto de atribuição do poder de representação não tem um destinatário determinado, não estando por isso a sua eficácia dependente da aceitação nem do conhecimento por qualquer das pessoas que intervêm no negócio (cfr. *La representación* ..., p. 96 ss).

[105] Hipótese prevista nos §§ 171 e 172 BGB e nos artigos 33, n° 3 e 34, n° 3 OR. A doutrina alemã não é unânime quanto ao sentido e alcance destas disposições do BGB (em torno das quais aliás se desenvolve a polémica sobre a admissibilidade do poder de representação aparente), nem quanto à natureza jurídica das declarações aí previstas, para as quais têm sido propostas, de acordo com o entendimento subjacente, diferentes qualificações: "declarações negociais" (FLUME, *Das Rechtsgeschäft*, p. 824; SCHALL, *Die Anscheinsvollmacht im deutschen und französischen Recht und die Lehre vom berechtigten Irrtum*, München, 1971, p. 84 s; BADER, *Duldungs- und Anscheinsvollmacht. Zur Entwicklung der Rechtsprechung der Zivilgerichte und zur dogmatischen Einordnung*, Frankfurt a. M., Bern, Las Vegas, 1979, p. 125 ss, 146); "acto equiparado a actos negociais (*geschäftsähnliche Handlung*), que nos termos da lei tem o mesmo efeito que uma declaração negocial" (LARENZ, *Allgemeiner Teil* ..., p. 623; e também STAUDINGER/DILCHER, § 171, an. 2; SOERGEL/ /LEPTIEN, § 171, an. 4; ERMAN/BROX, § 171, an. 3); "comunicação de uma anterior atribuição do poder de representação" (HUPKA, *La representación* ..., p. 107; ENNECCERUS/NIPPERDEY, § 184, a, II, 3, p. 535; BGB-RGRK-STEFFEN, § 171, an. 4; MEDICUS, *Allgemeiner Teil*..., an. 927; VON CRAUSHAAR, *Die Bedeutung der Rechtsgeschäftslehre für die Problematik der Scheinvollmacht*, AcP 174 (1974), p. 2 ss (p. 14); SCHNURRENBERGER, *Vollmacht und Grundverhältnis*..., p. 24 s); "comunicações declarativas (*deklarative Mitteilungen*) dirigidas a terceiros" (OERTMANN, *Allgemeiner Teil*..., p. 634); "acto declarativo" (*deklaratorischer Akt*) (SCHRAMM, *Münch.Komm.*, § 171, an. 1); "pressupostos de poder de representação por força da lei" (WINDSCHEID, *Lehrbuch*..., I, 9ª ed., p. 362, ZITELMANN, *Rechtsgeschäfte*..., p. 102; GOTTHARDT, *Der Vertrauensschutz bei der Anscheinsvollmacht im deutschen und im französischen Recht*, Karlsruhe, 1970, p. 35 ss — opinião a que adere CANARIS, *Die Vertrauenshaftung im deutschen Privatrecht*, München, 1971, p. 32, nota (2)) ou, numa formulação próxima, "comportamentos não negociais de que, por força da lei, resulta o poder de representação, mesmo que o declarante não tenha consciência desse efeito jurídico" (J.-G. SCHUBERT, *Anscheinsvollmacht und Privatautonomie. Ein Beitrag zur Zurechnungslehre im rechtsgeschäftlichen Bereich unter besonderer Berücksichtigung der Lehre von der Scheinvollmacht*, Berlin, 1970, p. 110 e nota (27)). Discussão paralela, embora menos rica de conteúdo, se desenvolveu a propósito dos referidos preceitos do Código das Obrigações, na doutrina suíça, onde se encontram as seguintes qualificações: "exteriorização de uma ideia"

A autonomia do poder de representação significa, no caso de representação voluntária, autonomia do acto jurídico de que o poder emana. Segundo o entendimento comum, esse acto não se integra no negócio subjacente que liga o representado e o representante (negócio jurídico de base, negócio jurídico fundamental, *Grundgeschäft*) [106], nem é parte integrante do negócio jurídico em que intervêm o representante e a contraparte (negócio jurídico representativo, negócio jurídico principal, *Hauptgeschäft*) [107].

Em geral, a atribuição do poder de representação faz-se com referência a uma relação jurídica constituída ou a constituir entre representado e

---

(*Vorstellungsäusserung*) [que] "tem como fim — diferentemente da procuração — não a criação de uma situação jurídica, mas a notificação de que a situação jurídica se encontra já criada (através da procuração)" (GUHL/KOLLER/DRUEY, *OR*, p. 158); "um acto equiparado a actos jurídicos negociais (*eine rechtsgeschäftsähnliche Handlung*), uma exteriorização ou comunicação de uma ideia (*eine Vorstellungsäusserung bzw. - mitteilung*)" (ZÄCH/KÜNZLE, *Stellvertretung...*, p. 174); "comunicação [que] cria uma aparência de direito" (SAUSSURE, *L'acte juridique...*, p. 72 s); "comunicação de uma anterior atribuição do poder de representação" (SCHNURRENBERGER, *Vollmacht und Grundverhältnis...*, p. 39); "comunicação que o representado faz (directamente ou indirectamente) ao terceiro dos poderes de representação atribuídos ao representante", designada "procuração externa", que "não cria os poderes de representação, justificando apenas, em certas hipóteses, a protecção de terceiros de boa fé" (GAUCH, SCHLUEP, TERCIER, *Partie générale...*, an. 970, 1019); "anúncio de poder de representação" (*Vollmachtskundgabe*), que consiste na "comunicação pelo representado a um terceiro de que outorgou uma procuração" e que "não é negócio jurídico, mas declaração de ciência" (KOLLER, *Schweizerisches Obligationenrecht*, p. 325). Na jurisprudência suíça: considerando tratar-se de "comunicação de uma procuração já outorgada", BG, 15.5.1973, BGE 99 II 39 (42); admitindo que, no caso de o poder de representação ter sido comunicado a terceiros nos termos do artigo 33, n° 3, o respectivo âmbito é determinado em função dessa comunicação, BG, 5.12.1967, BGE 93 II 461 (182); pronunciando-se no sentido de que a eficácia vinculativa só se verifica quando a actuação do representado seja objectivamente valorada como "comunicação dirigida a terceiro, como anúncio de poder de representação", BG, 21.6.1994, BGE 120 II 197; BG, 11.7.1995, PR, 1996, p. 420 ss.

[106] Contra, CASTRO MENDES, *Teoria geral...*, II, p. 287. Também OLIVEIRA ASCENSÃO considera que "a procuração pode estar [...] implícita em contratos que representam a relação fundamental", exemplificando com "contratos de prestação de serviços, como o celebrado pelo agente-vendedor" (*Teoria geral...*, III, p. 297).

[107] Ao contrário do que resulta das construções de THÖL, *Das Handelsrecht*, p. 221 ss; LENEL, *Stellvertretung...*, p. 15; MÜLLER-FREIENFELS, *Die Vertretung...*, p. 202 ss; MITTEIS, *Die Lehre...*, p. 109 ss, 182 ss. Segundo MÜLLER-FREIENFELS, o acto de atribuição do poder de representação tem a natureza de "acto de organização" (*organisatorischer Akt*) tendente à atribuição de "competência" ao representante (p. 65 ss); do mesmo modo que um contrato constitui um todo e não uma simples justaposição de declarações negociais independentes, a procuração forma uma unidade com o negócio celebrado pelo representante em nome do representado (p. 205). Também para outros autores a procuração, embora sem perder a natureza de negócio jurídico autónomo, forma uma *unità continuativa* com o negócio representativo (BETTI, *Teoria generale...*, p. 565, 569) ou participa na formação do negócio representativo, como vontade do representado dirigida à imputação dos efeitos negociais ao sujeito (GRAZIANI, *Rappresentanza senza procura*, p. 25, nota (47)).

representante (relação interna), que define a posição material de um e de outro quanto aos negócios que hão-de realizar-se com base naquele poder. Isto é, a atribuição do poder de representação tem naturalmente a sua justificação económico-social numa relação subjacente de cooperação ou de gestão.

Mas a procuração (o negócio jurídico de atribuição do poder de representação) "não recebe em si o título que todavia materialmente a explica e justifica — o negócio jurídico fundamental" [108]; é um negócio abstracto, no sentido de que não depende da sua causa, da função determinada que visa em cada caso concreto. A sua função é diferente e autónoma em relação à do negócio jurídico subjacente; o âmbito do poder de representação não coincide necessariamente com o poder de gestão; o seu conteúdo é fixado de modo autónomo, não existindo forçosamente um poder de representação próprio do contrato de prestação de serviço, do contrato de mandato, do contrato de agência, do contrato de trabalho; a criação efectiva do poder de representação, a sua validade e subsistência não estão condicionadas pela validade e eficácia do contrato de gestão que o poder de representação supõe.

Daqui decorre uma autonomia funcional e também estrutural da procuração relativamente ao negócio subjacente. Ainda que a atribuição do poder de representação e o contrato de gestão se encontrem reunidos numa declaração única, como acontece com frequência, a atribuição do poder de representação deve ser encarada e valorada como negócio jurídico independente.

A aplicação dos critérios legais conduz à separação entre o negócio jurídico de atribuição do poder de representação e o negócio jurídico fundamental que lhe está subjacente: quanto à formação (a relação fundamental é um contrato entre representado e representante, formando-se por acordo entre as partes; a procuração é um negócio jurídico unilateral, formando-se através da declaração negocial do representado e tornando-se eficaz de acordo com as regras aplicáveis à declaração negocial que tem um destinatário); quanto aos pressupostos e requisitos de validade de natureza subjectiva (que num caso dizem respeito aos dois contraentes e no outro apenas ao declarante); quanto às exigências de forma (relativamente ao primeiro, as exigências eventualmente estabelecidas para o tipo contratual que estiver em causa, relativamente ao segundo, na generalidade das ordens jurídicas — e ressalvado o princípio da simetria formal com o negócio representativo vigente nos direitos italiano e português — a liberdade de for-

---

[108] FERRER CORREIA, *A procuração...*, p. 27. Cfr. também ac. Rel. de Évora, 27.2.1992, CJ, 1992, I, p. 284 ss. Em sentido semelhante, na jurisprudência suíça, BG, 1.7.1952, BGE 78 II 369 (372).

ma); quanto à relevância das instruções dadas pelo representado ao representante sobre o modo de exercer o poder de representação (determinantes para a conformação da relação interna, e podendo, no caso de não serem observadas, constituir fundamento de incumprimento do contrato de base, irrelevantes em princípio na relação externa, se não forem levadas ao conhecimento da contraparte por meios idóneos) [109]; quanto ao modo de cessação (à relação fundamental são aplicáveis as regras gerais sobre a cessação dos contratos e as regras especiais do tipo contratual em causa no caso concreto; à cessação da procuração aplicam-se as regras especialmente fixadas para regular a questão nas várias ordens jurídicas).

Em teoria, e como consequência da aplicação desses critérios, o poder de representação poderia subsistir mesmo depois de ter cessado o contrato fundamental entre representado e representante [110]. Na realidade, assim acontece, até certo ponto, em face do disposto nos §§ 168 a 173 BGB, nos artigos 34 e 35 do Código das Obrigações suíço, no artigo 1396 do Código Civil italiano, nos artigos 265º e 266º do Código Civil português [111].

A autonomia do poder de representação — e do negócio jurídico de que aquele poder emana — sofre porém um importante limite, na medida em que algumas destas ordens jurídicas determinam que a cessação da relação fundamental implica cessação da procuração. Esta é a consequência estabelecida no § 168 BGB e no artigo 265º, nº 1 do Código Civil português [112]. Também no direito suíço, embora não se encontre previsto na lei o efeito da cessação da relação interna sobre a procuração, alguns autores entendem que o poder de representação conferido para execução do negócio jurídico subjacente e o poder de representação que possa ser considerado acessório do negócio jurídico subjacente se extinguem tacitamente quando

---

[109] A questão da oponibilidade a terceiros das instruções *a latere* da procuração tem constituído um aspecto fundamental na discussão sobre o problema da independência, autonomia, abstracção do poder de representação relativamente ao negócio jurídico fundamental. Cfr., por todos, o sempre actual estudo de FERRER CORREIA, *A procuração...*, p. 16 ss.

[110] E também a hipótese inversa, mas só a referida no texto assume relevância para o problema que estamos a considerar.

[111] A autonomia do poder de representação é sobretudo visível nos direitos alemão e suíço, no domínio da legislação comercial. Recordem-se em primeiro lugar as disposições do Código Comercial alemão: §§ 50, 1 e 2 (princípio geral de ineficácia em relação a terceiros das restrições à *Prokura*), § 52 (revogabilidade da *Prokura*, independentemente da revogação da relação subjacente), § 54, 3 (requisitos da eficácia em relação a terceiros das limitações à *Handlungsvollmacht* — aplicável ao poder de representação atribuído ao *Handelsvertreter*, ao *Handlungsbevollmächtigter* e ao *Handlungsgehilfe*, por força do disposto no § 55). Do Código das Obrigações suíço: artigo 460, nº 3 (inoponibilidade a terceiros de restrições ao âmbito da *Prokura* que não estejam previstas na lei).

[112] De "relativização do *carácter abstracto* da procuração" fala P. MOTA PINTO, *Aparência de poderes ...*, p. 600, nota (21). Veja-se também LARENZ, *Allgemeiner Teil ...*, p. 603.

terminar o negócio que lhe serve de base. A extinção da relação interna entre o representado e o representante só não implica cessação do poder de representação quando a procuração for independente daquela relação [113].

Este aspecto do regime não põe em causa o carácter abstracto do poder de representação e da procuração em relação ao negócio jurídico fundamental. Na verdade, nem a abstracção significa indiferença total em relação a uma causa, nem a abstracção negocial tem de ser uma abstracção absoluta. Pelo contrário, os negócios abstractos apresentam, em cada ordem jurídica, graus diversos de independência relativamente ao título ou à relação que lhes está subjacente [114]. No caso da procuração, mesmo na situação referida, continua a falar-se de abstracção, pois a cessação da relação de base não pode ser oposta a terceiro que sem culpa a tenha ignorado (artigo 266°, n° 2 do Código Civil português; veja-se também o § 169 BGB). A existência daquele limite é uma demonstração da interferência entre as diversas relações em que se desdobra o fenómeno representativo [115].

O acto de atribuição de poderes é também funcional e estruturalmente independente em relação ao negócio jurídico representativo, como revelam de modo claro certas disposições legais em vigor nas ordens jurídicas agora em análise. É fundamentalmente o caso do regime relativo à "falta ou vícios da vontade e estados subjectivos relevantes" (artigo 259° do Código Civil português, artigos 1390 e 1391 do Código Civil italiano, § 166 BGB). Já assim não acontece em todos estes direitos no domínio da forma; enquanto o § 167, 2 BGB tem subjacente o princípio da autonomia da procuração, determinando de modo inequívoco que a *Vollmacht* não está sujeita às exigências de forma do negócio representativo — e no direito suíço é também essa a regra geral —, nos direitos português e italiano está consagrado o princípio da simetria formal entre a procuração e o negócio jurídico representativo (artigo 262°, n° 2 do Código Civil português e artigo 1392 do Código Civil italiano).

3.2. Representação aparente

Aceite o princípio da liberdade de forma da procuração, admitida a atribuição tácita de poder de representação, permitida a outorga de poder de

---

[113] Cfr. ZÄCH/KÜNZLE, *Stellvertretung...*, p. 200 s.
[114] C. FERREIRA DE ALMEIDA, *Texto e enunciado...*, p. 546.
[115] Reflexos da interferência da relação de base sobre o poder de representação podem ver-se ainda na regulamentação relativa à faculdade de substituição do procurador (artigo 264°, n° 1, parte final, do Código Civil português), ao abuso de representação (artigo 269° igualmente do Código Civil português), ao conflito de interesses (artigo 1394 do Código Civil italiano). Também a delimitação legal do âmbito dos poderes atribuídos a certos representantes, feita em algumas destas ordens jurídicas a propósito da disciplina da relação interna (cfr., neste parágrafo, n° 3.1.2.), não pode deixar de se repercutir na relação externa.

representação através de declaração dirigida ao público, suscita-se o problema de saber se, em que medida, e em que condições, é possível reconhecer também relevância à situação de mera aparência de poder de representação, isto é, à situação que existe quando alguém a quem não foi conferido poder de representação se comporta como representante de outrem. A questão é discutida em todas as ordens jurídicas consideradas.

Na Alemanha, a jurisprudência dos tribunais superiores, com o objectivo de protecção de terceiros, e fundamentando-se sobretudo nos §§ 170 a 173 e 242 BGB e no § 56 HGB, tem admitido dois tipos de poder de representação aparente (*Rechtsscheinsvollmacht*): num primeiro grupo de situações, o "representado", conhecendo a actuação do "representante" a quem não atribuiu poderes, nada faz, de tal modo que cria perante a contraparte de boa fé, e segundo os usos normais do comércio, a impressão de que a actuação em seu nome tem subjacente o poder de representação correspondente (*Duldungsvollmacht* — poder de representação tolerado ou consentido) [116]; num segundo grupo de casos, o "representado" não conhece a actuação do "representante" a quem não atribuiu poderes, mas, se usasse de um normal dever de diligência, conheceria tal actuação e deveria impedi-la (*Anscheinsvollmacht* — poder de representação aparente) [117]. Em síntese, têm sido considerados elementos ou pressupostos comuns aos diversos casos de representação aparente (*Rechtsscheinsvollmacht*) os seguintes: actuação de uma pessoa como representante de outrem sem que exista um acto de atribuição do poder de representação; existência de uma situação objectiva de aparência jurídica de representação, assente num comportamento ou numa abstenção do representado; imputabilidade da aparência jurídica ao representado; interesse da contraparte digno de protecção, expresso pela confiança na existência do poder de representação do agente [118]. Apesar da distinção conceptual acima referida, os tribunais reconhecem a ambos os tipos de situações os efeitos típicos da representação [119].

---

[116] BGH, 8.6.1964, MDR 1964, 913, n° 23; BGH, 10.6.1976, BGHZ 67, 11; BGH, 15.2.1982, NJW 1982, 1513.

[117] BGH, 12.2.1952, BGHZ, 5, 111 (116); BGH, 8.6.1964, MDR 1964, 913, n° 23; BGH, 12.3.1981, NJW 1981, 1727; BGH, 15.2.1982, NJW 1982, 1513.

[118] Sobre os pressupostos da responsabilidade pela aparência (*Rechtsscheinhaftung*) nos termos do § 172, 1 BGB, numa situação em que existia uma procuração notarial ineficaz, cfr. BGH, 15.10.1987, BGHZ 102, 60.

[119] Cfr.: BGH, 11.3.1955, NJW 1955, 985 (*Anscheinsvollmacht*); BGH, 21.4.1955, NJW 1955, 985 (*Duldungsvollmacht*); BGH, 12.3.1981, NJW 1981, 1727 (*Anscheinsvollmacht*) BGH, 20.1.1983, BGHZ 86, 273 (276) = NJW 1983, 1308 (*Anscheinsvollmacht*). Sobre o desenvolvimento da jurisprudência nesta matéria, cfr.: FIKENTSCHER, *Scheinvollmacht und Vertreterbegriff*, AcP 154 (1955), p. 1 ss; TOCHTERMANN, *Die Anscheinsvollmacht im deutschen und amerikanischen Recht. Eine rechtsvergleichende Untersuchung*, München,

A doutrina não é unânime quanto ao tratamento a dar a estas situações.

No que diz respeito aos casos de *Duldungsvollmacht*, a generalidade dos autores mostra-se favorável à admissibilidade dos efeitos da representação [120], divergindo apenas quanto ao fundamento jurídico da eficácia: fundamento negocial (*Rechtsgeschäftstheorie*) [121], aparência (*Rechtsscheintheorie*) [122], fundamento negocial ou aparência, conforme as circunstâncias do caso [123].

Os casos de *Anscheinsvollmacht* têm suscitado ainda maior discussão. Alguns autores recusam a autonomia da figura [124]. Entre os autores que a

---

1969, p. 91 ss; GOTTHARDT, *Der Vertrauensschutz bei der Anscheinsvollmacht...*, p. 103 ss; SCHUBERT, *Anscheinsvollmacht und Privatautonomie...*, p. 93 ss; SCHALL, *Die Anscheinsvollmacht...*, p. 11 ss; CANARIS, *Die Vertrauenshaftung...*, p. 32 ss; BADER, *Duldungs- und Anscheinsvollmacht*, p. 3 ss.

[120] Discutida é a questão de saber se pode admitir-se uma *Duldungsprokura*, tendo em conta que o § 48, 1 HGB exige declaração expressa para a atribuição da *Prokura*. Cfr., em sentido afirmativo, CAPELLE/CANARIS, *Handelsrecht*, p. 196, e, em sentido negativo, K. SCHMIDT, *Handelsrecht*, p. 416; HEYMANN/SONNENSCHEIN, *HGB*, § 48, an. 14; STAUB/JOOST, *HGB*, § 48, an. 72.

[121] HUPKA, *La representación...*, p. 119 ss, 174 ss; OERTMANN, *Allgemeiner Teil...*, p. 621; ENNECCERUS/NIPPERDEY, § 184, a), II, 2, p. 533; VON CRAUSHAAR, *Die Bedeutung...*, p. 23 ss (não sendo para o autor necessário distinguir entre *Duldungsvollmacht* e *Anscheinsvollmacht*); PALANDT/HEINRICHS, § 173, an. 11; FLUME, *Das Rechtsgeschäft*, p. 828 ss (considerando a situação susceptível de ser reconduzida ao § 171; o autor contesta que a figura da *Duldungsvollmacht* constitua uma autêntica "criação da jurisprudência", pois a solução que decorre da sua admissibilidade corresponde à efectivação natural do direito da representação com fundamento em negócio jurídico); MEDICUS, *Allgemeiner Teil...*, an. 969; KIESEL, *Stellvertretung ohne Vertretungsmacht...*, p. 12 s; SCHNURRENBERGER, *Vollmacht und Grundverhältnis...*, p. 72 ss (p. 80).

[122] FIKENTSCHER, *Scheinvollmacht...*, p. 9 ss; TOCHTERMANN, *Die Anscheinsvollmacht...*, p. 120; CANARIS, *Die Vertrauenshaftung...*, p. 43 ss; BADER, *Duldungs- und Anscheinsvollmacht*, p. 168, 173; LARENZ, *Allgemeiner Teil...*, p. 625 s; STAUDINGER/DILCHER, § 167, an. 30 ss (englobando-a numa noção ampla de *Anscheinsvollmacht*); BGB-RGRK--STEFFEN, § 171, an. 1, § 167, an. 7, 10 ss (considerando a *Duldungsvollmacht* como um caso especial de *Anscheinsvollmacht*, an. 7); SOERGEL/LEPTIEN, § 167, an. 17 ss (não sendo para o autor necessário distinguir entre *Duldungsvollmacht* e *Anscheinsvollmacht*, englobando ambas as figuras numa noção ampla de *Rechtsscheinsvollmacht*); ERMAN/BROX, § 167, an. 7 (de modo menos afirmativo, an. 11); SCHRAMM, *Münch.Komm.*, § 167, an. 38, 31; CAPELLE/ /CANARIS, *Handelsrecht*, p. 196; OTT, *Alternativkommentar*, §§ 170-173, an. 15 ss (reconduzindo-a à *Anscheinsvollmacht*); STAUB/JOOST, *HGB*, vor § 48, an. 22; SCHWONKE, *Verkehrsschutz...*, p. 181.

[123] KROPHOLLER, *Die Anscheinshaftung im internationalen Recht der Stellvertretung*, NJW, 1965, p. 1641 ss (p. 1642).

[124] Assim: FLUME, *Das Rechtsgeschäft*, p. 832 ss (porque contraria o princípio da autonomia privada e porque os problemas a que o instituto pretende dar resposta podem resolver--se com base em princípios gerais do direito civil, designadamente por aplicação do princípio

admitem como instituto autónomo, as opiniões dividem-se não só quanto ao âmbito de matérias em que é reconhecido [125], mas também quanto ao seu fundamento [126], ao critério de imputação ao dono do negócio [127] e ainda quanto aos efeitos que lhe são atribuídos [128][129].

da *culpa in contrahendo*; o autor admite que no domínio das relações comerciais a exigência de inscrição no registo comercial possa estar na origem de situações de aparência, o que não é todavia suficiente para justificar o reconhecimento da representação aparente no direito comercial); SCHUBERT, *Anscheinsvollmacht...*, p. 163 ss; BADER, *Duldungs- und Anscheinsvollmacht*, p. 199 ss; SCHNURRENBERGER, *Vollmacht und Grundverhältnis...*, p. 81 ss (p. 85). Críticas ao reconhecimento geral da *Anscheinsvollmacht* podem ver-se também em LARENZ, *Allgemeiner Teil...*, p. 626 s; MEDICUS, *Allgemeiner Teil...*, p. 351; CANARIS, *Die Vertrauenshaftung...*, p. 49 ss.

[125] Instituto de natureza geral: FIKENTSCHER, *Scheinvollmacht...*, p. 5 ss; TOCHTERMANN, *Die Anscheinsvollmacht...*, p. 141; VON CRAUSHAAR, *Die Bedeutung...*, p. 22; F. PETERS, *Zur Geltungsgrundlage der Anscheinsvollmacht*, AcP 179 (1979), p. 214 ss (p. 242); ENNECCERUS/NIPPERDEY, § 184, a), II, 3, c), p. 535 s; STAUDINGER/DILCHER, § 167, an. 33; BGB-RGRK-STEFFEN, § 167, an. 17; SOERGEL/LEPTIEN, § 167, an. 26 ss; ERMAN/BROX, § 167, an. 7, 23; PALANDT/HEINRICHS, § 173, an. 10; SCHRAMM, *Münch.Komm.*, § 167, an. 61; OTT, *Alternativkommentar*, §§ 170-173, an. 24; K. SCHMIDT, *Handelsrecht*, p. 436; STAUB/ /JOOST, *HGB*, vor § 48, an. 25; SCHWONKE, *Verkehrsschutz...*, p. 192; HITZEMANN, *Stellvertretung beim sozialtypischen Verhalten*, Berlin, 1966, p. 80 ss (implicitamente). Instituto próprio do direito comercial: CANARIS, *Die Vertrauenshaftung...*, p. 51 s, 191 ss; MEDICUS, *Allgemeiner Teil...*, p. 351 s; CAPELLE/CANARIS, *Handelsrecht*, p. 197. Sobre a admissibilidade da *Anscheinsvollmacht* (e da *Duldungsvollmacht*) em domínios específicos, cfr.: CAPELLER, *Zur Duldungs- und Anscheinsvollmacht öffentlich-rechtlicher Körperschaften*, MDR, 1956, p. 7 ss; VOSS, *Zur Frage der Haftung des Vertretenen kraft Rechtsscheins*, VersR, 1962, p. 1121 ss; OSWALD, *Duldungs- und Anscheinsvollmacht im Steuerrecht*, NJW, 1971, p. 1350 ss.

[126] Responsabilidade pela aparência jurídica: ENNECCERUS/NIPPERDEY, § 184, a), II, 3, c), p. 535 s; PALANDT/HEINRICHS, § 173, an. 14; BGB-RGRK-STEFFEN, § 171, an. 1, § 167, an. 10 s; SOERGEL/LEPTIEN, § 167, an. 17; GERNHUBER, *Bürgerliches Recht*, p. 67 ss, 77 ss; OTT, *Alternativkommentar*, §§ 170-173, an. 20 s; K. SCHMIDT, *Handelsrecht*, p. 436. Responsabilidade pela confiança: CANARIS, *Die Vertrauenshaftung...*, p. 51 s, 191 ss, 518; STAUDINGER/DILCHER, § 167, an. 32; KIESEL, *Stellvertretung ohne Vertretungsmacht...*, p. 14; HITZEMANN, *Stellvertretung beim sozialtypischen Verhalten*, p. 82. Fundamento misto (responsabilidade pela confiança ou pela aparência jurídica): SCHRAMM, *Münch.Komm.*, § 167, an. 46, 55, 57. Princípio da proibição de *"venire contra factum proprium"*: GOTTHARDT, *Der Vertrauensschutz ...*, p. 123. Responsabilidade pela violação de deveres (de cuidado ou de vigilância): FABRICIUS, *Stillschweigen als Willenserklärung*, JuS, 1986, p. 1 ss, 50 ss (p. 56 s); MEDICUS, *Allgemeiner Teil...*, an. 969. Fundamento negocial, com a correspondente aplicação analógica dos §§ 171 e seguintes BGB e do § 56 HGB: VON CRAUSHAAR, *Die Bedeutung...*, p. 23 ss.

[127] Princípio da causalidade (*Veranlassungsprinzip*): ENNECCERUS/NIPPERDEY, § 184, a), II, 3, c), p. 536; KROPHOLLER, *Die Anscheinshaftung...*, p. 1642; HITZEMANN, *Stellvertretung beim sozialtypischen Verhalten*, p. 82. Princípio da culpa (*Verschuldensprinzip*): MEDICUS, *Allgemeiner Teil...*, an. 971; PALANDT/HEINRICHS, § 173, an. 16; STAUDINGER/DILCHER, § 167, an. 40; SOERGEL/LEPTIEN, § 167, an. 22; ERMAN/BROX, § 167, an. 18; SCHRAMM, *Münch.Komm.*, § 167, an. 50; KIESEL, *Stellvertretung ohne Vertretungsmacht...*, p. 14. Princípio do risco (*Risikoprinzip*): CANARIS, *Die Vertrauenshaftung...*, p. 479 ss; VON CRAUSHAAR,

No direito suíço, sobretudo a partir das disposições dos artigos 33, n° 3 e 34, n° 3 OR, tem sido aceite a eficácia da aparência de representação. Nas obras doutrinárias e nas decisões do *Bundesgericht*, porventura sob influência germânica, surgem alusões à distinção entre *Duldungsvollmacht* e *Anscheinsvollmacht*, em termos que são próximos dos descritos pela jurisprudência e pela doutrina alemãs [130].

Die Bedeutung ..., p. 21; BGB-RGRK-STEFFEN, § 167, an. 12; CAPELLE/CANARIS, *Handelsrecht*, p. 198; OTT, *Alternativkommentar*, §§ 170-173, an. 22; GERNHUBER, *Bürgerliches Recht*, p. 79.

[128] Efeito típico do acto de atribuição do poder de representação (vinculação do representado ao negócio representativo, tendo a contraparte o direito de exigir dele o cumprimento ou uma indemnização do interesse positivo): ENNECCERUS/NIPPERDEY, § 184, a), II, 3, p. 534 ss; PALANDT/HEINRICHS, § 173, an. 14, 20; STAUDINGER/DILCHER, § 167, an. 44; BGB-RGRK-STEFFEN, § 167, an. 19; SOERGEL/LEPTIEN, § 167, an. 24; ERMAN/BROX, § 167, an. 7, 23; SCHRAMM, *Münch.Komm.*, § 167, an. 61, 63, 34; GERNHUBER, *Bürgerliches Recht*, p. 79, 42; VON CRAUSHAAR, *Die Bedeutung*..., p. 23 ss; KIESEL, *Stellvertretung ohne Vertretungsmacht*..., p. 14; OTT, *Alternativkommentar*, §§ 170-173, an. 23; HITZEMANN, *Stellvertretung beim sozialtypischen Verhalten*, p. 82. Eficácia representativa, mas apenas no domínio das relações comerciais: CANARIS, *Die Vertrauenshaftung*..., p. 51 s, 191 ss, 518; CAPELLE/CANARIS, *Handelsrecht*, p. 197 (e, nos restantes domínios, responsabilidade pela confiança, limitada à indemnização do interesse negativo); MEDICUS, *Allgemeiner Teil*..., an. 972 (e, nos restantes domínios, responsabilidade do representado fundamentada na culpa, com o dever de indemnizar a contraparte apenas pelo interesse negativo, an. 971); LARENZ, *Allgemeiner Teil*..., p. 626 s e nota (16) (aderindo às posições de CANARIS e MEDICUS). Responsabilidade do representado pelo cumprimento, traduzida no dever de ratificar o negócio jurídico celebrado pelo representante aparente (F. PETERS, *Zur Geltungsgrundlage* ..., p. 225, 237 ss).

[129] Considerando possível uma interpretação negocial unitária dos grupos de casos até agora repartidos pela doutrina alemã em três diferentes modalidades de atribuição de poder de representação, PAWLOWSKI, *Die gewillkürte Stellvertretung*, p. 127 ss (p. 128).

[130] Cfr.: VON TUHR, PETER, *Allgemeiner Teil*..., Bd. 1, p. 357, nota (17), 358 s, nota (28), 399; E. BUCHER, *Schweizerisches Obligationenrecht*, p. 612 ss; GUHL/KOLLER/DRUEY, *OR*, p. 158; e, principalmente, ZÄCH/KÜNZLE, *Stellvertretung*..., p. 135 ss (vendo na *Duldungsvollmacht* e na *Anscheinsvollmacht* especiais factos constitutivos do poder de representação, não subsumíveis aos artigos 33, n° 3 e 34, n° 3 OR). De modo menos afirmativo, GAUCH, SCHLUEP, TERCIER, *Partie générale*..., an. 1021 s (reconduzindo à procuração aparente todas as hipóteses em que a "procuração externa" permite a terceiros confiar, por força do artigo 33, n° 3 OR, na existência de poderes); STETTLER, *Représentation* ..., p. 69 s, 73 s (parecendo admitir a eficácia representativa, para além das situações previstas nos artigos 33, n° 3 e 34, n° 3 do Código das Obrigações, apenas nos casos em que o representado permite conscientemente que uma pessoa se comporte como seu representante). Segundo KOLLER, *Schweizerisches Obligationenrecht*, p. 327 ss, produz-se a eficácia representativa, mesmo que a actuação do representante não esteja abrangida pelo poder de representação, nos casos previstos nos artigos 33, n° 3 e 34, n° 3 do Código das Obrigações, em atenção à boa fé do terceiro (o autor considera imprecisas as expressões *Duldungsvollmacht* e *Anscheinsvollmacht*, p. 328). Na doutrina mais antiga: SAUSSURE, *L' acte juridique*..., p. 68 ss, fundava na aparência o que designava por "poderes de representação externos", que, nuns casos, substituem e, noutros casos, sucedem aos poderes internos e se destinam a proteger a boa fé dos terceiros

No direito italiano, a atitude de maior abertura quanto à admissibilidade de eficácia representativa da aparência de representação encontra-se na jurisprudência, que para tal invoca os princípios da aparência jurídica, da confiança e da culpa [131]. A doutrina, que, em geral, tem dedicado redu-

---

que contratam com o representante; KIESEL, *Stellvertretung ohne Vertretungsmacht* ..., p. 92 s, estabelecendo a comparação com o direito alemão, considerava não ser então (na altura em que escreveu, 1966) ainda evidente o reconhecimento pela doutrina suíça do princípio da responsabilidade pela confiança (que para o autor constitui a justificação para a admissibilidade da *Anscheinsvollmacht*). Vejam-se, na jurisprudência do *Bundesgericht*, admitindo a vinculação do representado em caso de poder de representação tolerado ou consentido, BG, 1.12.1905, BGE 31 II 667 (672 s); BG, 8.5.1923, BGE 49 II 208 (215 s); BG, 2.11.1948, BGE 74 II 149 (151 s); BG, 24.2.1975, BGE 101 Ia 39 (43 s). Parecendo fundar a representação aparente (mas sem utilizar a expressão) no artigo 33, n° 3 do Código das Obrigações, BG, 5.12.1967, BGE 93 II 461 (182). Numa decisão em que desenvolve e completa a jurisprudência anterior, o Tribunal Federal suíço alude agora expressamente à distinção entre *Duldungsvollmacht* e *Anscheinsvollmacht* — embora considere que a distinção não é fácil de fundamentar — e faz assentar a vinculação do representado, em caso de aparência de representação, na ideia de responsabilidade pela confiança e na protecção da boa fé da contraparte, recorrendo ao artigo 33, n° 3 do Código das Obrigações. Cfr. BG, 21.6.1994, BGE 120 II 197 (200 ss). Tais princípios são reafirmados em BG, 11.7.1995, PR, 1996, p. 420 ss (p. 423).

[131] Cfr.: Cass. civ., 28.6.1946, Foro it., 1947, I, c. 379 ss (o princípio da aparência constitui fundamento de mandato tácito e de responsabilidade contratual do representado); Cass. civ., 10.6.1949, Giur. compl. Cass. Civ., 1949, II, p. 516 (o representado é responsável, a título de culpa, com base "quer no princípio da aparência jurídica, quer na obrigação que incumbe ao responsável por um facto culposo ou doloso de reparar, quando possível em forma específica, o dano por ele causado" — cfr. anotação crítica de DISTASO, *Responsabilità extracontrattuale del mandante e suoi effeti rispetto alla tutela del terzo. Apparenza del diritto: applicabilità e limiti di essa*, na mesma revista, p. 516 ss (p. 521 ss)); Cass. civ., 5.3.1958, Rdcomm., 1959, II, p. 335 ss (para aplicação do princípio da aparência jurídica, é necessário que a aparência de representação seja criada por comportamento culposo do *dominus*, que razoavelmente tenha induzido a contraparte a confiar na existência de procuração — cfr. an. de BENATTI, *Contratto concluso dal "falsus procurator" e responsabilità del "dominus"*, na mesma revista, p. 335 ss); Cass. civ., 17.10.1968, Giust. civ. Mass., 1968, n° 3340, p. 1738 (para a referência do negócio ao aparente representado é insuficiente a boa fé do terceiro e a circunstância de a convicção deste quanto à existência de poderes ter sido determinada por erro desculpável, exigindo-se também que a aparência tenha sido causada por comportamento culposo do representado, susceptível de justificar a existência de efectiva e válida atribuição do poder de representação); Cass. civ., 24.8.1978, Giust. civ. Mass., 1978, n° 3961, p. 1654 (não pode invocar a aparência jurídica a pessoa que confiou numa aparência resultante apenas de comportamento abusivo do representante); Cass. civ., 17.10.1978, Giust. civ. Mass., 1978, n° 4645, p. 1934 s (o negócio jurídico celebrado pelo representante sem poderes produz efeitos negociais directamente para o representado, se este, pelo seu próprio comportamento, tiver causado na contraparte a convicção quanto à existência de procuração); Cass. civ., 3.2.1984, Giust. civ. Mass., 1984, n° 821, p. 275 (para efeitos de aplicabilidade do princípio da aparência jurídica, exige-se não só a boa fé do terceiro, isto é, a convicção do terceiro, resultante de erro desculpável, quanto à subsistência de poderes representativos, mas também que a aparência tenha sido causada por comportamento imputável ao representado, susceptível de justificar no terceiro essa confiança); Cass. civ., 15.12.1984, Giust. civ. Mass., 1984, n° 6584, p. 2134

zida atenção ao tema, pronuncia-se contra a possibilidade de reconhecer eficácia vinculativa à aparência de representação [132] ou tem aceitado em termos muito moderados essa eficácia: para além dos casos de inoponibilidade

(o negócio celebrado sem poder de representação é ineficaz, salvo no caso de aparência de representação); Cass. civ., 24.2.1986, Giust. civ. Mass., 1986, n° 1125, p. 340 s (para invocar o princípio da aparência jurídica em matéria de representação é necessário demonstrar a existência de elementos objectivos susceptíveis de justificar a convicção não culposa — isto é, não fundada em erro indesculpável — do terceiro quanto à correspondência entre a situação aparente e a situação real); Cass. civ., 28.2.1992, Giust. civ. Mass., 1992, n° 2494, p. 310 (o negócio jurídico celebrado pelo representante sem poderes produz efeitos negociais directamente para o representado — no caso, uma sociedade — se este, pelo seu comportamento culposo, tiver causado na contraparte a convicção quanto à existência de poderes representativos). Cfr., no entanto, Cass. civ., 26.3.1968, Giust. civ. Mass., 1968, n° 947, p. 475 ss, onde o Tribunal afirmou o carácter excepcional do princípio da confiança relativamente ao sistema adoptado como regra no ordenamento vigente e a impossibilidade de aplicar as normas inspiradas nesse princípio a casos não expressamente considerados (estava em causa a questão da aplicabilidade do artigo 1396 do Código Civil italiano a uma situação de representação legal). Veja-se também em GALGANO, *Diritto civile...*, II, 1, p. 335 ss, a apreciação das decisões jurisprudenciais em matéria de aparência jurídica, pondo em evidência a tendencial tipificação dos casos em que o princípio tem sido aplicado (sociedade aparente, procuração aparente e cessão de estabelecimento não publicitada) e recordando decisões em que os tribunais recusaram o valor de instituto geral à aparência jurídica e reconheceram a sua relevância no âmbito de certos negócios jurídicos.

[132] Neste sentido MIRABELLI, *Dei contratti* ..., p. 293 s (considerando que a criação de uma aparência ou a mera tolerância não podem substituir a declaração do representado nem ser vinculativas em relação a ele e apenas podem ser fundamento de responsabilidade a cargo da pessoa que criou a aparência, como violação do dever geral de boa fé na execução das relações contratuais, nos termos do artigo 1337 do Código Civil); CARIOTA FERRARA, *Il negozio giuridico...*, p. 679 (não aceitando, em geral, o princípio da aparência como fundamento de vinculação negocial, considera que a simples aparência de um poder de representação não é susceptível de justificar a vinculação do representado; mas admite que do comportamento do *dominus* seja possível deduzir a vontade de atribuição de poderes representativos, sendo necessário, mas suficiente, um facto concludente que possa considerar-se como acto de atribuição do poder de representação — tácito — ou a inacção, isto é, a tolerância por parte de quem sabe que outros realizam negócios em seu nome; verificadas estas circunstâncias, o autor aceita, com fundamento nos princípios da responsabilidade e da confiança, que o negócio possa ser relevante e eficaz em relação ao representado, não obstante a falta de poderes do representante); DISTASO, *Responsabilità extra-contrattuale...*, p. 521 ss (recusando qualquer tutela da confiança de terceiros para além da prevista no artigo 1396 do Código Civil, e louvando-se na opinião expressa, ainda no domínio do Código anterior por SANTORO-PASSARELLI, *Responsabilità del fatto altrui, mandato, contratto di lavoro gestorio*, Foro it., 1937, IV, c. 329 ss, onde este último autor criticava a jurisprudência da *Cassazione* e afirmava que a aparência não pode justificar o erro do terceiro nem legitimar a ignorância por parte do terceiro dos limites do poder de representação, c. 334 s); BENATTI, *Contratto concluso...*, p. 335 ss, *passim* (negando o carácter de princípio geral ao princípio da aparência jurídica, considera que o comportamento culposo do representado que tenha contribuído para a criação da aparência de procuração não é susceptível de justificar a vinculação do representado ao contrato celebrado pelo *falsus procurator*, apenas podendo fundamentar, com base no direito positivo,

a terceiros das modificações e das causas de extinção da procuração — e, em geral, dos limites à legitimação do representante — expressamente previstos na lei (artigos 1396, 2206, nº 2, 2207, nº 2 do Código Civil), que alguns autores justificam recorrendo à noção de aparência e ao princípio da confiança [133], a atribuição de relevância à aparência de legitimação do representante parece não ir além dos casos de representação tolerada, ou seja, a que se verifica quando o representado, "embora sabendo que o falso representante age em nome dele, não intervém para fazer cessar tal ingerência" [134].

No direito português, não existindo um instituto geral dirigido à tutela da aparência jurídica, nem sendo reconhecida, pela doutrina e pela jurisprudência, a relevância de um princípio geral de protecção da aparência, as disposições que na lei surgem para prosseguir essa tutela são encaradas

---

a sua responsabilidade por *culpa in contrahendo*, nos termos do artigo 1337 do Código Civil italiano); GALGANO, *Diritto civile...*, II, 1, p. 335 ss (partindo da análise de certas decisões jurisprudenciais, afirma que os casos em que foi reconhecida a vinculação do representado com base em procuração aparente mais não são do que o reconhecimento de significado ao comportamento concludente do representado e reconduz, em geral, a procuração aparente à "procuração tácita simulada", sendo a simulação inoponível a terceiros de boa fé, nos termos dos artigos 1415 e 1416 do *Codice*).

[133] Cfr. BIGLIAZZI GERI e o., *Diritto civile*, 1.2, p. 566, 573, 471 s e nota (31); ABBADESSA, *Su taluni aspetti...*, p. 204 ss; NATOLI, *Rappresentanza (diritto privato)*, p. 483, nota (94) (que inclui também o caso em que o representante não tenha restituído o documento de que consta a procuração depois de o seu poder de representação ter cessado, como lhe impõe o artigo 1397 do Código Civil); G. VISINTINI, *Rappresentanza e gestione*, p. 10 s; id., *Della rappresentanza*, p. 222 ss; Giorgio DE NOVA, *La rappresentanza: nozione e disciplina*, p. 15.

[134] BIANCA, *Diritto civile*, 3, p. 121 ss (p. 123): o autor fundamenta a relevância da procuração aparente no princípio geral da aparência, considera suficiente que a aparência seja causalmente imputável ao representado e explica a eficácia em relação ao representado dos actos praticados em seu nome fazendo apelo ao princípio da auto-responsabilidade do sujeito pela confiança suscitada em terceiros. Cfr. também: ZACCARIA, *Commentario*, sub art. 1398, IV; MOSCO, *La rappresentanza volontaria nel diritto privato*, p. 208 ss. Partindo da análise da norma do artigo 1396 do Código Civil italiano, BONELLI (*Studi in tema di rappresentanza e di responsabilità dell'imprenditore*, Milano, 1967, p. 95 ss) ocupa porventura a posição de maior abertura quanto à aceitação da eficácia representativa da simples aparência de representação: o autor admite a aplicação analógica do regime constante daquela disposição (que tem subjacente o princípio da tutela da boa fé de terceiros que desconheçam a revogação ou as limitações ao poder de representação), por um lado, às hipóteses em que a procuração é inválida *ab initio*, por qualquer fundamento desconhecido da contraparte, e, por outro lado, às hipóteses em que não existe um acto de atribuição do poder de representação, mas em que o representado, com o seu comportamento, criou uma situação de aparência que motivou a confiança sem culpa da contraparte; a responsabilidade do representado não se baseia na culpa mas no risco que decorre da confiança legítima de terceiros; a consequência jurídica é a responsabilidade contratual do representado independentemente de culpa na criação da situação de aparência.

como excepcionais [135]. Não contém o Código Civil, incluída na regulamentação relativa à representação, qualquer norma que expressamente e com um âmbito geral se fundamente na ideia de aparência [136]. Não existe nesse mesmo Código nem no Código Comercial, a propósito de alguns dos contratos a que possa associar-se a relação representativa, qualquer norma que tenha subjacente tal princípio. Por todas estas razões, não tem sido grande a atenção dispensada, na ordem jurídica portuguesa, ao problema da designada "representação aparente": a doutrina só escassamente, e de modo incidental, abordou a questão [137]; os tribunais não se têm mostrado receptivos a

---

[135] R. AMARAL CABRAL, *A teoria da aparência e a relação jurídica cambiária*, ROA, 1984, p. 627 ss (p. 638).

[136] O Código Civil inclui, no domínio da representação, disposições destinadas a proteger os interesses de terceiros: artigo 260º, admitindo a possibilidade de o terceiro exigir ao representante a prova dos seus poderes, sob pena de a declaração feita pelo representante não produzir efeitos; artigo 266º, estabelecendo os requisitos de oponibilidade a terceiros das causas extintivas da procuração, e de que decorre, em circunstâncias determinadas, a possibilidade de vinculação do representado, após a extinção da procuração, relativamente a terceiros que, de boa fé, confiem na existência do poder de representação; artigo 267º, impondo ao representante a restituição do documento de onde constam os seus poderes depois de a procuração ter cessado; artigos 268º e 269º, tomando em consideração a posição de terceiros na definição do regime aplicável à representação sem poderes e ao abuso de representação. Embora tais disposições não tenham como objectivo directo a tutela da aparência, os limites nelas traçados são de tomar em conta na definição do enquadramento jurídico a dar a outros casos em que se imponha uma tutela adequada dos interesses de terceiros que entram em contacto com alguém que, apresentando-se como representante de outrem, em condições de suscitar a confiança na sua legitimidade representativa, na realidade não esteja munido do necessário poder de representação.

[137] Embora possa dizer-se que, em vários casos, o fez em termos favoráveis à admissibilidade da representação aparente. H. SCHWARZ, *Sobre a evolução do mandato aparente nos direitos romanísticos. Seu significado para o direito português*, RDES, XIX, 1972, p. 99 ss (p. 121): como resultado do estudo comparatístico elaborado, conclui que "o mandato aparente não pode ser estranho ao direito português". MENEZES CORDEIRO, *Da boa fé no direito civil*, Coimbra, 1984, p. 1244 s, nota (147): começando por afirmar que, face ao regime do Código Civil sobre a representação e sobre a representação sem poderes, parece não haver margem para a admissão de fórmulas mais amplas de protecção de terceiros, o autor vem a considerar que a ponderação da norma do artigo 266º do Código Civil e a possibilidade de nela ver uma referência implícita à boa fé do terceiro "não autoriza a considerar o seu normativo como mais excepcional do que as diversas consagrações da boa fé subjectiva", deixando em aberto a aplicação também neste domínio dos critérios que admite para outros casos. C. MOTA PINTO, *Teoria geral...*, p. 545, nota (1): o autor distingue dois tipos de casos — de *representação aparente* e de *representação tolerada ou consentida*, que define em termos correspondentes aos consagrados no direito alemão —, admitindo ser possível entender, quanto ao último dos casos, que "há poderes de representação [...]"; id., *ob. cit.*, p. 494, nota (2), onde o autor considera subsumíveis à hipótese do artigo 246º do Código Civil português "alguns dos casos que LARENZ e CANARIS denominam de responsabilidade por uma aparência jurídica como complemento de uma responsabilidade derivada de negócio jurídico" — assim, por exemplo, "as hipóteses de *procuração tolerada*, de *procuração aparente* (em que só haverá normalmente

construções jurídicas que, embora aceites perante outros sistemas jurídicos, não assentem em princípios ou regras internamente consagrados [138].

A situação pode vir a sofrer alteração num futuro próximo, na sequência da aprovação do diploma que disciplina o contrato de agência (Decreto-Lei nº 178/86, de 3 de Julho), onde se inclui um preceito — o artigo 23º — relativo à "representação aparente" [139].

---

culpa, tratando-se de comerciante), de *aparência de subsistência de poderes de representação*". BAPTISTA MACHADO, *Tutela da confiança e "venire contra factum proprium"* (RLJ, 1985, nºs 3726 ss), agora em "João Baptista Machado. Obra dispersa", I, 1991, p. 345 ss (p. 389 s): configura uma hipótese de representação aparente para ilustrar, embora com reservas, um exemplo do princípio da proibição de *"venire contra factum proprium"*. ANA PRATA, *Notas sobre a responsabilidade pré-contratual*, Rev. da banca, nº 16, Out.-Dez. 1990, p. 75 ss; nº 17, Jan.-Março 1991, p. 45 ss (nº 17, p. 64): admite o entendimento de que, "tendo sido o representado a criar culposamente a aparência de outorga de poderes, a sanção do seu ilícito pré-negocial revista a forma preventivo-reparadora em espécie, que é a eficácia do negócio relativamente a ele". HÖRSTER, *A parte geral...*, p. 484, nota (36): mencionando a "procuração tolerada" e a "procuração consentida", pronuncia-se no sentido de que "não nos parece que estes dois fenómenos [...], sobretudo o segundo, possam ser aceites no direito português devido ao disposto no art. 457º CCiv.". R. GUICHARD, *Notas sobre a falta e limites do poder de representação*, p. 7, nota (6) remete para posição adoptada em estudo anterior quanto à "desnecessidade e inviabilidade de uma tal figura no nosso direito".

[138] Ac. Rel. de Coimbra, 27.1.1987, CJ, 1987, I, p. 40 ss: "o mandato aparente não está consagrado na nossa lei"; o tribunal, referindo-se ao caso de procuração aparente descrito por BAPTISTA MACHADO em *Tutela da confiança...*, p. 389 ss, recusa a aplicação da responsabilidade pela confiança, tutelada através da proibição de *"venire contra factum proprium"*, porque essa doutrina "sem expressa consagração legal, não deve admitir-se no nosso ordenamento jurídico vigente"; e, mais adiante: "o chamado 'mandato aparente', dado o disposto no art. 268º do Cód. Civil, embora possa fazer incorrer em responsabilidade civil o seu autor, não pode fazer ingressar o negócio concluído sem poderes em quem os não concedeu, expressa ou tacitamente". Mais recentemente, o acórdão da Relação do Porto, de 18.11.1993 (O Direito, 1994, p. 677 ss), admitiu como possível quer a "aparência de que a falta de ratificação nunca seria arguida" (p. 683), quer a limitação à invocação, pelo pretenso representado, da ineficácia do negócio celebrado em seu nome sem poderes de representação, se tal invocação traduzir um abuso de direito na forma de *venire contra factum proprium* (p. 684).

[139] A disposição citada está na origem do interessante estudo de P. MOTA PINTO, *Aparência de poderes de representação e tutela de terceiros. Reflexão a propósito do artigo 23º do Decreto-Lei nº 178/86, de 3 de Julho*, cit. É também significativo o relevo dado à matéria por PINTO MONTEIRO, na anotação ao referido preceito, na 2ª ed. do seu *Contrato de agência. Anotação ao Decreto-Lei nº 178/86, de 3 de Julho*, Coimbra, 1993, p. 84 ss. Sublinhe-se agora o reconhecimento, por OLIVEIRA ASCENSÃO e CARNEIRO DA FRADA, de que "o instituto da representação aparente recebeu entre nós consagração legal inequívoca no domínio do contrato de agência ou representação comercial". Cfr. *Contrato celebrado por agente de pessoa colectiva. Representação, responsabilidade e enriquecimento sem causa*, sep. RDE, 16 a 19 (1990 a 1993), p. 43 ss (p. 58) (estudo publicado já depois de apresentada esta dissertação). Na jurisprudência, não é ainda visível a mudança. Em acórdão de 6.10.1992, o Tribunal da Relação do Porto discutiu com pormenor o artigo 23º do Decreto-Lei nº 178/86 e o respectivo fundamento, afirmando, embora em *obiter dictum*, a possibilidade de aplicar o princípio nele subjacente a outros contratos de cooperação (CJ, 1992, IV, p. 245 ss).

A disposição em causa, na parte que se refere à hipótese de celebração de negócios por um agente sem legitimidade representativa (n° 1), determina que "o negócio celebrado por um agente sem poderes de representação é eficaz perante o principal se tiverem existido razões ponderosas, objectivamente apreciadas, tendo em conta as circunstâncias do caso, que justifiquem a confiança do terceiro de boa fé na legitimidade do agente, desde que o principal tenha igualmente contribuído para fundar a confiança do terceiro" [140]. O n° 2 declara aplicável o mesmo regime, com as necessárias adaptações, à cobrança de créditos por agente não autorizado.

Naturalmente este regime não é aplicável se a atribuição do poder de representação tiver sido inscrita no registo comercial. Estando sujeito a registo o contrato de agência, quando celebrado por escrito, bem como as suas alterações e extinção (artigo 10°, al. e) do Código do Registo Comercial) e constituindo o registo definitivo presunção da existência da situação jurídica em causa (artigo 11° do mesmo Código), no caso de o poder de representação se encontrar registado, a inoponibilidade a terceiros de eventuais alterações ao âmbito do poder, tal como se encontra registado, resultará da aplicação dos princípios gerais do instituto do registo.

Para determinar o sentido e alcance do preceito do artigo 23° [141], há que situá-lo no contexto da regulamentação do contrato de agência. Nos termos do diploma português, o poder de representação para a prática de actos jurídicos em nome do principal não é elemento caracterizador do contrato de agência. Face ao disposto no artigo 2°, o agente só pode celebrar contratos em nome do principal, cujos efeitos se repercutam directa e imediatamente na esfera jurídica deste, se para tal lhe forem conferidos, por escrito, os necessários poderes. Daí que se tenha estabelecido, num capítulo do diploma que tem como objecto a "protecção de terceiros", um *dever de informação*, a cargo do agente, sobre os poderes que possui, designadamente através de letreiros afixados nos locais de trabalho e em todos os documentos em que se identifica como agente de outrem, deles devendo constar se tem ou não poderes representativos e se pode ou não efectuar a cobrança de créditos (artigo 21°).

---

[140] Só nos ocuparemos desta hipótese na exposição subsequente.

[141] Sobre a interpretação do artigo 23° do Decreto-Lei n° 178/86 (ou sobre os seus antecedentes), e para a descrição dos requisitos da sua aplicação, cfr. também: PINTO MONTEIRO, *Contrato de agência*, Coimbra, 1987, 2ª ed., 1993, an. ao artigo 23°; id., *Contrato de agência (Anteprojecto)*, BMJ, 360 (1986), p. 43 ss (p. 65 ss, 105); M. Helena BRITO, *O contrato de agência*, "Novas perspectivas do direito comercial", Coimbra, 1988, p. 109 ss (p. 127 s); JANUÁRIO GOMES, *Apontamentos sobre o contrato de agência*, Trib. Just., n° 3, 1990, p. 9 ss (p. 24 s); LACERDA BARATA, *Sobre o contrato de agência*, Coimbra, 1991, p. 55 s; id., *Anotações ao novo regime do contrato de agência*, Lisboa, 1994, an. ao artigo 23°.

A hipótese configurada no artigo 23º supõe a celebração, pelo agente, em nome do principal, de negócio que não se encontra abrangido por poder de representação conferido nos termos previstos no artigo 2º do diploma (ou porque ao agente não foram atribuídos poderes representativos, ou porque o negócio jurídico celebrado pelo agente não se insere no âmbito dos poderes que lhe foram atribuídos).

Se não existisse a norma do artigo 23º, a consequência natural seria a ineficácia do negócio em relação ao pretenso representado (artigo 268º do Código Civil e artigo 22º, nº 1 do Decreto-Lei nº 178/86). Mas as circunstâncias que rodeiam tal negócio — o seu contexto —, objectivamente apreciadas, podem ser de molde a justificar a confiança da contraparte, que esteja de boa fé, na legitimidade representativa do agente e, por essa via, na eficácia do negócio em relação ao principal [142]. Verificadas essas circunstâncias, umas de natureza objectiva, outras de natureza subjectiva, o preceito estatui que o negócio será eficaz perante o principal [143].

Os requisitos estabelecidos para a aplicação da norma permitem dar resposta às duas questões fundamentais que o problema da aparência suscita: quando pode considerar-se legítima a confiança na aparência; e de que condições depende a imputabilidade ao principal das consequências da aparência.

A aparência de representação, objectivamente apreciada, é considerada como pressuposto de facto do reconhecimento pela lei do efeito correspondente ao poder de representação real. A aparência de representação, condição necessária de aplicação da consequência legal, não é todavia con-

---

[142] Sobre os pressupostos da protecção da confiança, desenvolvidamente, entre nós: MENEZES CORDEIRO, *Teoria geral do direito civil*, Lisboa, 1º vol., 2ª ed., 1989, p. 390 ss; id., *Da boa fé...*, p. 758 ss; MENEZES CORDEIRO, CARNEIRO DA FRADA, *Da inadmissibilidade da recusa de ratificação por venire contra factum proprium* (an. ac. Rel. do Porto, 18.11.1993), O Direito, 1994, p. 677 ss (p. 701 ss).

[143] Em rigor, tendo em conta a terminologia utilizada e perante a remissão para a norma do artigo 268º do Código Civil (implícita no artigo 23º e explícita no artigo 22º do diploma), abrangem-se apenas os casos em que a falta de poderes do agente resulta de ele não ter nem nunca ter tido legitimação representativa ou de ele exceder, no caso concreto, o poder de representação atribuído pelo principal. Se a aparência de representação ocorrer em outros casos de actuação sem poder de representação (actuação depois de ter cessado a legitimação representativa ou actuação dentro dos limites formais do poder de representação mas substancialmente contrária aos fins da representação), serão aplicáveis as normas dos artigos 266º ou 269º do Código Civil, que protegem de modo mais amplo a boa fé do terceiro, pois, sendo a mesma a consequência estabelecida (eficácia do negócio em relação ao representado), são menos exigentes os presssupostos da sua aplicação do que os fixados no artigo 23º do Decreto-Lei nº 178/86. Com efeito, de acordo com o regime previsto naquelas disposições, para a eficácia em relação ao representado do negócio celebrado pelo representante sem poderes, basta que a outra parte não conheça nem deva conhecer a desconformidade entre a actuação do representante e os poderes que lhe haviam sido atribuídos.

dição suficiente, pois se exige que o principal tenha contribuído igualmente para fundar a confiança da contraparte. Nesta medida, a lei portuguesa vai para além de um mero reconhecimento de relevância da aparência e requer no caso em análise, como pressuposto da responsabilidade pela confiança, a "autovinculação resultante de uma conduta anterior" [144] do principal [145]. O facto gerador da confiança de terceiros é a situação objectiva de aparência de poder de representação aliada a uma conduta contraditória do representado.

Segundo as regras gerais da responsabilidade, exige-se, por um lado, a imputabilidade ao representado [146] do facto gerador de confiança (a aparência de poder de representação) e, por outro lado, a existência de danos (danos verificados ou danos iminentes que importa evitar) que para o terceiro de boa fé resultem de actos praticados ou de decisões tomadas com base na confiança depositada na conduta do principal. Requer-se também sempre a *boa fé* da contraparte, pois apenas existe situação de confiança quando o terceiro desconheça a divergência entre a realidade (não outorga de poder de representação por parte do pretenso "representado") e a situação aparente (aparência de procuração) e quando tenha agido de harmonia com os deveres de cuidado exigidos na prática dos negócios [147].

De entre as consequências possíveis da responsabilidade pela confiança, optou-se por considerar relevante o conteúdo significativo da autovinculação do principal que gerou a situação de confiança (a atribuição do poder de representação ao agente), impedindo-se o principal de invocar a falta de poder de representação (proibição de *"venire contra factum proprium"*), e considerando-se assim o negócio eficaz.

---

[144] BAPTISTA MACHADO, *Tutela da confiança...*, p. 372.

[145] A conduta contraditória do "representado" será particularmente notória e a imputabilidade ao pretenso representado será particularmente justificada, ou até mesmo facilitada, quando a aparência ocorra em situações em que a falta de poder de representação se fundamente na actuação do representante para além dos poderes que lhe foram conferidos e a contraparte tenha conhecimento da existência de poderes representativos, porque, por exemplo, a atribuição de poderes havia sido publicitada nos termos do artigo 21º do diploma.

[146] Não basta uma pura relação de causalidade, nem se exige propriamente a culpa do principal. O princípio de imputação é neste caso o princípio do risco, que é inerente a certas actividades e a certas relações contratuais. Cfr. CANARIS, *Die Vertrauenshaftung...*, p. 479 ss; VON CRAUSHAAR, *Die Bedeutung...*, p. 21; BAPTISTA MACHADO, *Tutela da confiança...*, p. 414 s. No mesmo sentido, agora, também OLIVEIRA ASCENSÃO, CARNEIRO DA FRADA, *Contrato celebrado por agente de pessoa colectiva*, p. 57 s.

[147] Por exemplo, será mais desculpável a confiança no poder de representação de um intermediário quando se trate da realização de actos da vida corrente do que quando esteja em causa a celebração de um negócio economicamente importante precedido de negociações demoradas e pormenorizadas.

A "representação aparente" a que se refere o artigo 23º do Decreto-Lei nº 178/86 não corresponde exactamente nem à *Duldungsvollmacht*, nem à *Anscheinsvollmacht* do direito alemão: a "representação tolerada ou consentida", entendida nos termos do direito alemão, dificilmente se compatibilizaria com a exigência de forma do acto de atribuição do poder de representação estabelecida no artigo 2º do diploma; a mera aparência de representação, acompanhada do desconhecimento da situação por parte do principal, inerente à noção de *Anscheinsvollmacht*, é insuficiente para desencadear a aplicação do regime do artigo 23º, tendo em conta a exigência de que o principal tenha contribuído igualmente para fundar a confiança do terceiro. Pode antes dizer-se que a "representação aparente" regulada no direito português actual mais se aproxima da *Rechtsscheinsvollmacht*, figura que generaliza a posição defendida pela jurisprudência alemã nesta matéria e que é adoptada por alguma doutrina. A aparência de poder de representação, demonstrada pelo contexto do negócio objectivamente analisado, e para a qual o principal também contribuiu, substitui o requisito da prática de um acto formal de atribuição de poderes representativos, previsto no artigo 2º e estabelecido com o objectivo de proteger o principal; a exigência de autovinculação do principal relativamente a uma conduta anterior tanto pode verificar-se em caso de comportamento positivo (atitude de tolerância por parte do principal perante a actuação do agente, própria da *Duldungsvollmacht*), como em caso de simples comportamento por omissão do principal (omissão pelo principal do dever de diligência que lhe permitiria conhecer e impedir a actuação do agente, característica da *Anscheinsvollmacht*).

A regulamentação contida no artigo 23º vem suscitar a questão de saber se a protecção de terceiros que confiam de boa fé na legitimidade representativa de alguém que se apresenta como representante de outrem é de aplicação apenas no âmbito do contrato de agência ou se, pelo contrário, deve estender-se a outras situações, com fundamento em que a disposição em causa constitui afloramento de um princípio geral.

O problema da "representação aparente" não é específico do contrato de agência. A tutela da aparência jurídica constitui um problema geral de direito e o instituto da responsabilidade pela confiança, em que a disposição em análise de modo claro inseriu a resolução da questão, é um instituto que corresponde a um "princípio ético-jurídico fundamentalíssimo que a ordem jurídica não pode deixar de tutelar"[148].

Colocada a questão nestes termos, e apesar da atitude geralmente defendida entre nós em relação à tutela da aparência, parece que a resposta

---

[148] BAPTISTA MACHADO, *Tutela da confiança...*, p. 352.

deve ser formulada em termos afirmativos. Importa mesmo assim definir os respectivos pressupostos de admissibilidade e limites de aplicação.

A solução consagrada no Decreto-Lei nº 178/86 pretende ser, como de resto se afirma no preâmbulo do diploma, uma solução prudente e equilibrada entre os interesses em jogo, que conduz à tutela das legítimas expectativas de terceiros e faz portanto prevalecer os interesses de terceiros sobre os interesses do representado apenas em casos em que o interesse do representado na ineficácia do negócio não se apresenta como sendo digno da protecção do direito.

Um eventual alargamento das situações abrangidas na previsão do artigo 23º do Decreto-Lei nº 178/86 só será possível se for respeitado o enquadramento dogmático da tutela de terceiros subjacente à mencionada disposição — o princípio da confiança, concretizado na proibição de *"venire contra factum proprium"* —, nos termos que a seguir se referem.

A inclusão desta norma no diploma em análise justifica-se pela especial necessidade de protecção de terceiros no âmbito do contrato de agência. Entre principal e agente estabelece-se uma relação simultaneamente de confiança e de dependência económica, como resultado da actuação do agente por conta do principal e da muito frequente *integração económica* do agente na rede de distribuição da empresa do principal [149]. Tal situação é susceptível de criar junto da contraparte a convicção de que o agente, além de actuar por conta do principal, age também em seu nome.

A *situação objectiva geradora de confiança* imputável ao pretenso representado — a aparência de poder de representação do pretenso representante — pode surgir no âmbito de outras relações contratuais, como no contrato de trabalho e, em geral, sempre que se confie a execução de determinadas tarefas a outrem. Note-se que por vezes é a própria lei que estabelece presunções quanto à extensão dos poderes conferidos por uma pessoa a outra (artigos 233º, 249º, 259º, 260º do Código Comercial português; artigo 5º, nº 3 da LCT). É portanto natural que a contraparte daquele que age como intermediário de outrem, supondo a existência de um acto de atribuição de poderes representativos, confie na extensão desses mesmos poderes de acordo com a presunção estabelecida na lei. Em certo sentido, a lei aceita a existência de *poderes implícitos*. É de admitir que todo aquele que cria uma especial *situação de risco* para os interesses de terceiros, colocando-se em posição que justifique a aplicação de regimes como os referidos, deve

---

[149] Sobre o vínculo de dependência ou integração económica do agente na rede de distribuição de uma empresa produtora ou distribuidora, cfr. M. Helena BRITO, *O contrato de concessão comercial. Descrição, qualificação e regime jurídico de um contrato socialmente típico*, Coimbra, 1990, p. 11 ss, 80 ss, 127 s.

ser responsável por esse risco. A ideia de risco tem sido utilizada a propósito da imputação da representação aparente e tem conduzido à conclusão de que a admissibilidade da figura se justifica nos domínios em que o risco de organização empresarial assume maior relevância, isto é, no direito comercial [150]. No domínio da actividade comercial são mais fortes as exigências de segurança jurídica e tem maior incidência o risco de imputação pessoal de situações de aparência inerentes a certos modos de actuação. São de resto extraídos do Código Comercial muitos dos exemplos de disposições que admitem a existência de poderes implícitos e que podem estar na origem de situações de aparência.

Apesar de tudo, não nos parece que deva ser este o critério determinante para decidir quanto à extensão, por analogia ou por simples generalização [151], do regime contido no artigo 23º do Decreto-Lei nº 178/86. Para além das dificuldades de determinação do âmbito de aplicação do regime (seria aplicável apenas a casos de representação para a prática de actos objectivamente comerciais ou também para a prática de actos subjectivamente comerciais?), o critério poderia conduzir a um alargamento excessivo de um regime que se justifica pelos interesses específicos de terceiros mas a que não é alheia a conformação da relação interna entre representado e representante.

Somos assim conduzidos à conclusão de que a aplicação do regime estabelecido pelo artigo 23º do Decreto-Lei nº 178/86 se justifica especialmente no âmbito dos contratos de cooperação ou até, de modo mais rigoroso, no âmbito dos contratos de cooperação auxiliar [152], de que o contrato de agência constituiu, nesta matéria, o paradigma [153], por razões que se prendem com o momento em que foi legislativamente regulado [154].

---

[150] CANARIS, *Die Vertrauenshaftung...*, p. 195, 487. Em sentido diferente, situando-se nos quadros gerais do direito português, P. MOTA PINTO, *Aparência de poderes...*, p. 638.

[151] MENEZES CORDEIRO, *Da boa fé...*, p. 525 s.

[152] Sobre o sentido e a delimitação desta categoria de contratos, cfr. M. Helena BRITO, *O contrato de concessão comercial*, p. 209 s.

[153] Assim entendeu também o Tribunal da Relação do Porto, no acórdão de 6.10.1992, já antes citado, ao declarar a norma do artigo 23º do Decreto-Lei nº 178/86 como "norma paradigmática na disciplina dos contratos de cooperação, aplicando-se, assim, analogicamente, a todos os contratos que revistam tal natureza cooperativa ou colaborante". Cfr. CJ, 1992, IV, p. 245 ss (p. 250).

[154] Não pretendemos deste modo excluir o reconhecimento de efeitos à "representação aparente" em domínios diferentes dos considerados no texto. De harmonia com o que já antes foi referido, a aparência de poder de representação pode surgir no âmbito de outras relações contratuais, como no contrato de trabalho e, em geral, sempre que se confie a execução de determinadas tarefas a outrem. A relevância da aparência de representação em situações não abrangidas na previsão legal depende, em cada caso, da verificação dos requisitos que em geral se exijam para a responsabilidade pela confiança, com fundamento na proibição de *"venire*

Pode perguntar-se se o regime geral fixado no direito português para a representação sem poderes (constante dos artigos 268º, 269º e 266º do Código Civil, que adiante analisaremos) comporta a adopção de fórmulas mais amplas de protecção de terceiros como a que aqui se admite. Apesar do seu carácter tendencialmente rígido, o regime da representação constante do Código Civil português tem sido considerado como susceptível de permitir a abertura a figuras construídas no âmbito de outros direitos com o objectivo de assegurar a protecção de terceiros [155].

De qualquer modo, nos casos em que a lei atribui à aparência de representação o valor de pressuposto de facto para o reconhecimento do efeito correspondente ao poder de representação real, pode considerar-se que, afinal, há *poder de representação* e, por isso, não se trata de situações de representação sem poderes, nem é adequado dizer que constituem excepção ao disposto no artigo 268º [156].

A atitude favorável da doutrina portuguesa, defendida timidamente com base apenas em princípios gerais, no domínio do direito anterior ao Decreto-Lei nº 178/86, pode doravante conhecer novos desenvolvimentos perante este precedente legislativo. Aguarda-se também da jurisprudência — que no passado não se mostrou muito ousada nesta matéria — uma contribuição decisiva para a delimitação do âmbito de aplicação do regime de protecção de terceiros agora adoptado [157].

---

contra factum proprium"; à situação serão reconhecidos os efeitos mais adequados às circunstâncias concretas (eficácia do negócio representativo em relação ao "representado" ou pagamento de indemnização à contraparte pelo pretenso "representado" tendo como objecto ressarcir o interesse contratual negativo ou eventualmente, em certos os casos, o interesse contratual positivo). Cfr. MENEZES CORDEIRO, *Da boa fé...*, p. 1249 ss; BAPTISTA MACHADO, *Tutela da confiança...*, p. 367 ss.

[155] MENEZES CORDEIRO, *Da boa fé...*, p. 1245, nota (147); H. SCHWARZ, *Sobre a evolução do mandato aparente...*, p. 121, que considera um ponto de partida auspicioso para o reconhecimento do mandato aparente no direito português a objectivação da figura jurídica da confiança através dos artigos 260º e 267º do Código Civil.

[156] "Não seria um caso de aparência, mas de realidade", na expressão de C. MOTA PINTO, *Teoria geral...*, p. 545, nota (1). Cfr. também FLUME, *Das Rechtsgeschäft*, p. 828: "*so ist es nicht Schein, sondern Wirklichkeit*". Note-se todavia que ambos os autores tinham em mente casos de *Duldungsvollmacht*.

[157] Embora enfermando de alguns vícios metodológicos em outros aspectos, é neste contexto de louvar o citado acórdão do Tribunal da Relação do Porto, de 6.10.1992, que, em *obiter dictum*, admitiu a possibilidade de estender o âmbito de aplicação do regime constante do artigo 23º do Decreto-Lei nº 178/86. Claramente a favor de "um desenvolvimento *praeter legem* do sistema jurídico", de modo a alargar a solução consagrada em matéria de contrato de agência, OLIVEIRA ASCENSÃO, CARNEIRO DA FRADA, *Contrato celebrado por agente de pessoa colectiva*, p. 58 e nota (30).

4. Efeitos da representação

4.1. Princípio geral

Verificados os pressupostos de existência e de eficácia da representação, o seu efeito típico consiste em se produzirem na esfera jurídica do representado as consequências dos actos praticados pelo representante.

Por força da actuação representativa, os elementos constitutivos do negócio jurídico representativo realizam-se na pessoa do representante e as consequências jurídicas produzem-se na pessoa do representado [158]. O re-

---

[158] A esta cisão, característica do fenómeno representativo, se têm referido desde há muito os autores, utilizando expressões que variam consoante a concepção de negócio jurídico ou de representação que lhes está subjacente. Assim, CURTIUS, *Die Stellvertretung...*, p. 87: "característico da representação é que o contraente e o sujeito das obrigações contratuais são pessoas diferentes"; KARLOWA, *Das Rechtsgeschäft...*, p. 55: "deve distinguir-se [...] o acto constitutivo (*Errichtungsact*) e a existência (*Bestand*) do negócio, isto é, a vinculação jurídica das partes relativamente à realização dos efeitos projectados. Aplicada esta distinção à representação, verifica-se que o acto constitutivo tem origem no representante [...], a existência do negócio [...] e os efeitos jurídicos projectados devem realizar-se na pessoa [do representado]"; REGELSBERGER, *Pandekten*, I, p. 585: "através da representação, a actuação e os efeitos ficam separados"; IHERING, *Geist des Römischen Rechts auf den verschiedenen Stufen seiner Entwicklung*, III, 1, Leipzig, 4ª ed., 1883, p. 176, 6ª e 7ª ed., 1924, p. 176: "a representação baseia-se numa separação entre a causa e o efeito no negócio jurídico; a causa: a pessoa do representante fica com a acção; o efeito: o representado fica com o efeito"; FLUME, *Das Rechtsgeschäft*, p. 754: "o representante é no negócio representativo o autor jurídico [...] mas o negócio jurídico como resultado dessa actuação é um regulamento do representado" e ainda "o negócio representativo como actuação jurídico-negocial do representante e como regulamento do representado" (*ob. cit.*, p. 793); LARENZ, *Allgemeiner Teil ...*, p. 570, 598: "o representante celebra o negócio jurídico, mas parte no negócio é o representado"; REINHART, *Die unwiderrufliche Vollmacht, ihre Stellung in der allgemeinen Rechtslehre und in ausgewählten positiven Rechtsordnungen*, Zürich, 1981, p. 24: "a representação constitui um desvio ao princípio geral da responsabilidade própria, que se traduz numa discrepância entre o sujeito de um comportamento juridicamente eficaz e o sujeito das consequências jurídicas daquele resultantes"; ROCCO, *Diritto commerciale*, p. 310: "não coincidência entre o sujeito da acção e o destinatário do fim a que a acção se destina"; BETTI, *Teoria generale ...*, p. 554: "separação entre a *fattispecie* e os efeitos jurídicos do negócio"; BARBERO, *Il sistema di diritto privato*, p. 233: "[o representante] é parte no negócio, mas não na relação; parte na relação será o representado"; GALVÃO TELLES, *Dos contratos em geral*, 1947, p. 259; 2ª ed., 1962, p. 299 s; id. *Manual...*, 1965, p. 301 s: "[na representação não coincide] o sujeito do negócio jurídico, a parte em sentido formal [...] com o sujeito do interesse, parte em sentido substancial"; PESSOA JORGE, *O mandato...*, p. 22 s: "quando lhe são atribuídos poderes de representação, o mandatário [...] substitui-se ao mandante [...] juridicamente tudo se passa como se tivesse sido o mandante a praticar o acto: é ele o sujeito da eficácia deste [...] [o mandatário] é também sujeito, mas mero sujeito formal"; MANUEL DE ANDRADE, *Teoria geral...*, II, p. 266: "um indivíduo conclui o negócio e outro recolhe na sua esfera jurídica os efeitos correspondentes"; C. FERREIRA DE ALMEIDA, *Texto e enunciado...*, p. 580: "o representante é o agente da função comunicativa,

presentante não adquire direitos nem contrai obrigações perante a pessoa com a qual celebrou o negócio representativo, que liga directamente o representado e a contraparte. Os efeitos do negócio jurídico celebrado pelo representante são imputados ao representado. A actividade representativa é essencialmente hetero-eficaz.

4.2. Fundamento da eficácia representativa

A dificuldade de encontrar uma justificação lógica para a eficácia representativa foi sentida logo que, aceite o dogma voluntarista para fundamentar a produção de efeitos derivados dos negócios jurídicos, se procurou encontrar na vontade uma explicação do fenómeno representativo.

Alguns autores, aceitando esse pressuposto voluntarista mas não conseguindo explicar a produção de efeitos numa pessoa diferente daquela que efectivamente manifestou a vontade negocial, sustentaram que a eficácia do negócio representativo recai sobre o representado, porque o negócio celebrado com a intervenção de representante se fundamenta na vontade do próprio representado: ao celebrar o negócio representativo, o representante deve sempre considerar-se como portador da vontade de outrem, como "órgão do verdadeiro contraente" ou simples transmissor material da vontade do *dominus negotii*, não se distinguindo assim da figura do *nuntius*. A teoria (*Geschäftsherrntheorie*), formulada por Savigny [159], conduziu a uma ideia de *ficção de identidade* entre a pessoa do representado e a do representante, que teve larga difusão entre os autores em diversos países.

Partindo da verificação de que com frequência o representante, longe de ser um mero "portador da vontade do representado", efectivamente "quer" o negócio representativo e tem uma participação importante na sua celebração (como, por exemplo, nos casos em que lhe foi conferido um poder de representação geral), outros autores consideraram que o negócio representativo e, por consequência, os seus efeitos têm origem unicamente na vontade do representante. Designa-se *teoria da representação* (*Reprä-*

---

mas os efeitos do negócio (passivos e/ou activos) repercutem-se no representado"; OLIVEIRA ASCENSÃO, *Teoria geral...*, III, p. 298 e 61: "agente é o representante, enquanto que o autor do acto é o representado"; DIAS MARQUES, *Noções elementares de direito civil*, p. 87: "dissociação entre o sujeito que realiza efectivamente certo negócio jurídico (autor material, agente) e o sujeito a quem o mesmo é imputável (autor, autor jurídico)".

[159] *Das Obligationenrecht...*, vol. II, p. 19 s, 57 ss. A mesma ideia estava já presente em WÄCHTER, *Handbuch...*, p. 677, 679. A tese de Savigny foi seguida, entre outros, por RUHSTRAT, *Zur Lehre...*, p. 497 s; JOSÉ TAVARES, *Os princípios...*, vol. II, p. 437, 439 (embora pareça que o autor hesita quanto à posição a tomar sobre a questão, conforme pode ver-se nas páginas 433, 436); CUNHA GONÇALVES, *Tratado...*, vol. IV, p. 193 s.

sentationstheorie) o conjunto de tendências doutrinais para as quais o representante é o autor do negócio e a vontade do representante é elemento constitutivo do negócio desde a tese que assenta na ideia de *ficção*, segundo a qual "a declaração de vontade do representante produz os efeitos jurídicos que se produziriam se fosse emitida pelo representado uma declaração de vontade *como a* do representante" (Windscheid) [160], até à tese que proclama a "separação entre causa e efeito" do negócio celebrado através de representante (Ihering) [161].

Alguns autores procuraram a explicação numa actuação conjunta do representado e do representante (*teorias intermédias*, abrangidas na designação *Vermittlungstheorie* ou *teoria da cooperação*): ou considerando que nas relações com a contraparte não existe um só negócio, mas dois negócios, um que o representante celebra com a contraparte, por referência à vontade do representado de atribuir poder de representação (*Grundvertrag*), e outro que, por efeito daquela mesma referência, o representado celebra com a contraparte (*Hauptvertrag*), traduzindo-se o papel essencial do representante na determinação de um conteúdo contratual que o representado havia deixado indeterminado na procuração (Thöl) [162]; ou considerando que na criação do negócio representativo participam quer a vontade do representado quer a vontade do representante [163].

---

[160] Cfr. *Lehrbuch* ..., I, 9ª ed., p. 352. Vejam-se também LABAND, *Die Stellvertretung*..., p. 226; KELSEN, *Teoria pura do direito*, p. 230.

[161] Cfr. *Geist*..., III, 1, 4ª ed., p. 176, 6ª e 7ª ed., p. 176. A *Repräsentationstheorie* foi seguida por outros autores: CURTIUS, *Die Stellvertretung*..., p. 87; KARLOWA, *Das Rechtsgeschäft*..., p. 55; BRINZ, *Lehrbuch*..., IV, p. 363; REGELSBERGER, *Pandekten*, I, p. 585; HUPKA, *La representación*..., Prólogo, p. 6, e p. 45 ss; ROCCO, *Diritto commerciale*, p. 310, 321 s; VIVANTE, *Trattato*..., p. 264 ss; menos claramente, NAVARRINI, *Trattato teorico-pratico*..., p. 184 ss (que afirma a impossibilidade de isolar completamente a atribuição de poderes do negócio representativo, p. 186); id., *Trattato elementare*..., p. 141; STOLFI, *Teoria*..., p. 181 s; GUILHERME MOREIRA, *Instituições*..., vol. I, p. 449 s; CABRAL DE MONCADA, *Lições*..., p. 656, nota (1), p. 657, nota (1). Pode considerar-se subjacente à regulamentação legal da representação nas ordens jurídicas analisadas no presente parágrafo. Por isso, continua a referir-se aos princípios subjacentes à *Repräsentationstheorie* a generalidade da doutrina que comenta as disposições do Código Civil alemão (cfr. ENNECCERUS/NIPPERDEY, § 182, II, p. 492 ss; STAUDINGER/DILCHER, *vor* § 164, an. 32; BGB-RGRK-STEFFEN, *vor* § 164, an. 4; SOERGEL/LEPTIEN, *vor* § 164, an. 10; ERMAN/BROX, *vor* § 164, an. 7; PALANDT/HEINRICHS, *Einführung* § 164, an. 2; SCHRAMM, *Münch.Komm.*, *vor* § 164, an. 10; OTT, *Alternativkommentar*, *vor* § 164, an. 14) e do Código das Obrigações suíço (cfr. GAUCH, SCHLUEP, TERCIER, *Partie générale*..., an. 936, 939, 941; ZÄCH/KÜNZLE, *Stellvertretung*..., p. 96).

[162] *Das Handelsrecht*, p. 221 ss. Cfr. também LENEL, *Stellvertretung*..., p. 15.

[163] Esta ideia de participação conjunta do representado e do representante no negócio representativo apresenta-se sob diversas fórmulas, mas pode dizer-se que remonta a THÖL. A construção de THÖL, pela sua complexidade, ficou isolada na doutrina, mas não há dúvida de que influenciou MITTEIS, *Die Lehre*..., p. 109 ss. A teoria de MITTEIS aproxima-se da

Uma parte importante da doutrina mais recente, sem particular compromisso quanto ao papel da vontade, encontra o fundamento da produção de efeitos negociais na esfera jurídica do representado no princípio da autonomia privada (Flume [164], Stettler [165], Betti [166], Manuel de Andrade [167], para

construção de THÖL, na medida em que considera a declaração do representado, consubstanciada na procuração, parte integrante do negócio representativo, em coordenação com uma declaração do representante; mas afasta-se do pensamento daquele primeiro autor ao admitir a existência de um único negócio que representado e representante celebram conjuntamente com o terceiro. A explicação encontrada por MITTEIS veio a exercer uma influência considerável na doutrina posterior e foi seguida por alguns autores italianos, entre os quais SAGGESE, *La rappresentanza...*, p. 48 ss. De referir também GRAZIANI, *Rappresentanza senza procura*, p. 25 ss (a vontade das partes necessária para a celebração do negócio tem uma dupla direcção, a que se destina a determinar o conteúdo do negócio, realizada pelo representante e exclusivamente por ele, e a que se destina a imputar o negócio ao sujeito, realizada pelo representado e exclusivamente por ele, através da procuração ou da ratificação), e PUGLIATTI, *L'atto di disposizione e il trasferimento di diritti*, "Annali dell' Istituto di scienze giuridiche, economiche, politiche e sociali della R. Università di Messina", I, 1927 (= "Studi sulla rappresentanza", 1965, p. 1 ss, a que se referem as citações) (para que surja o fenómeno representativo, são necessárias duas vontades: o representado emite o acto de decisão, e por isso a sua manifestação de vontade constitui o elemento formal da vontade negocial, o pressuposto da legitimação jurídica, quer pessoal quer objectiva, de tal modo que lhe pertencem os efeitos negociais; o representante manifesta a vontade do conteúdo, isto é, a matéria do acto volitivo negocial; este acto todavia permanece uno, pois é constituído pela síntese dos dois elementos, p. 23 ss). Filia-se igualmente neste pensamento a concepção de MÜLLER-FREIENFELLS, *Die Vertretung...*, p. 202 ss (o autor considera que o acto de atribuição do poder de representação e o negócio representativo formam, em conjunto, um negócio jurídico, não como uma simples "soma" das consequências jurídicas de um e de outro, mas como uma unidade jurídica, do mesmo modo que um contrato é uma unidade e não a mera justaposição da proposta e da aceitação como declarações de vontade independentes). Mais recentemente, explicando certos aspectos do regime do Código Civil italiano através da teoria da cooperação, PAPANTI-PELLETIER, *Cooperazione e rappresentanza*, "Rappresentanza e gestione", 1992, p. 20 ss (p. 24, 26, 30).

[164] *Das Rechtsgeschäft*, p. 752 ss (a representação não contraria o princípio da autonomia privada, antes constitui um desenvolvimento consequente desse princípio; admitida a representação pela ordem jurídica, tal significa a possibilidade de uma pessoa autorizar outra a realizar uma actividade jurídica com efeitos para a primeira; o negócio jurídico que resultar dessa actividade será um "regulamento" do representado). Em sentido semelhante: LARENZ, *Allgemeiner Teil...*, p. 572; SOERGEL/LEPTIEN, *vor* § 164, an. 15; SCHRAMM, *Münch.Komm.*, *vor* § 164, an. 63 s; ZWEIGERT, KÖTZ, *Einführung in die Rechtsvergleichung*, 3ª ed., p. 429; HITZEMANN, *Stellvertretung beim sozialtypischen Verhalten*, p. 34; C. MOTA PINTO, *Teoria geral...*, p. 536. Não muito diferente é a justificação apresentada por DIAS MARQUES, *Teoria geral...*, p. 294 ss. Insere-se também nesta linha de pensamento BIANCA, ao considerar o acto do representante como "acto de realização da autonomia do representado", em consequência da substituição do representante ao representado (*Diritto civile*, 3, p. 82).

[165] *Représentation ...*, p. 67.

[166] *Teoria generale ...*, p. 542, 557, 581 (a autonomia privada é o fundamento e o limite do reconhecimento pelo direito da possibilidade de celebração de negócios jurídicos com eficácia para outrem; através da procuração, o representado confere uma autorização e, com

citar apenas os mais representativos em cada uma das respectivas ordens jurídicas). Não sendo este o lugar apropriado para discutir o sentido, alcance e fundamento de tal princípio [168], parece constituir esta a explicação que melhor corresponde ao desenvolvimento actual do direito da representação [169]. A emissão de uma declaração negocial própria pelo representante e a exigência de invocação, perante a contraparte, do nome do representado permitem atribuir à actuação negocial do representante e da contraparte um significado que justifica a *não produção* de efeitos em relação ao agente e a *possibilidade de produção* desses mesmos efeitos em relação ao representado; a efectiva produção de efeitos em relação ao representado depende da existência do poder de representação, constante de declaração negocial do representado (procuração, ratificação), ou evidenciado em comportamento juridicamente relevante do representado, uma e outro significativos da *pertença* ou *pertinência* à esfera jurídica do representado do negócio celebrado pelo representante.

5. Representação sem poderes

Nas ordens jurídicas em apreciação é objecto de regulamentação legal a actuação do representante em desconformidade com o poder de represen-

---

essa autorização, apropria-se e faz entrar antecipadamente na sua esfera jurídica os efeitos do acto celebrado pelo representante). De modo semelhante: CARIOTA FERRARA, *Il negozio giuridico...*, p. 662; SANTORO-PASSARELLI, *Dottrine...*, p. 266 ss; MIRABELLI, *Dei contratti...*, p. 268 ss; G. VISINTINI, *Rappresentanza e gestione*, p. 7; Giorgio DE NOVA, *La rappresentanza: nozione e disciplina*, p. 14; RESCIGNO, *Relazione di sintesi*, "Rappresentanza e gestione", 1992, p. 256 ss (p. 258 s). Neste pensamento se filiam também as opiniões de FERRER CORREIA, *A procuração...*, p. 1 s, 10, 31 s; GALVÃO TELLES, *Manual...*, p. 300 s.

[167] *Teoria geral...*, II, p. 303 s (dá-se a produção de efeitos do negócio representativo na esfera jurídica do representado porque "assim o quiseram os autores do mesmo negócio" e porque na situação participou também "a vontade do representado expressa na procuração").

[168] Sobre o princípio da autonomia privada, recentemente, C. FERREIRA DE ALMEIDA, *Texto e enunciado...*, p. 1 ss.

[169] Para uma referência aos problemas da relação entre a representação e o princípio da autonomia privada, numa perspectiva da análise económica do direito, cfr. OTT, *Alternativkommentar, vor* § 164, an. 64 (o autor considera que, em certos casos, as regras da representação conformadas contratualmente podem conduzir a uma concentração de poder no representante e a uma concentração de risco no representado, reconhecendo todavia que a questão não é específica da representação, mas sim uma questão geral de abuso da possibilidade de conformação do conteúdo dos contratos). Para uma apreciação político-filosófica da representação, BRIESKORN, *Stellvertretung — zur Rolle einer Rechtsinstitution. Ein Beitrag zur Politischen Philosophie*, ARSP, 1990, p. 296 ss (o autor vê na outorga de poderes representativos, e na respectiva aceitação, uma emanação da autodeterminação e entende que a história da representação pode ler-se como uma história de poder e de liberdade).

tação que lhe foi atribuído. Não é todavia coincidente o âmbito nem o alcance das disposições respectivas (§§ 177 a 180 BGB, artigos 38 e 39 OR, artigos 1394 a 1399 do Código Civil italiano, artigos 266º, 268º e 269º do Código Civil português).

Elemento essencial da representação sem poderes e comum a todos os casos contemplados nos direitos em análise é a actuação em nome de outrem, ou, pelo menos, a actuação em que exista a possibilidade de determinação, por via interpretativa, de uma referência da eficácia negocial a um sujeito diferente do agente [170].

5.1. Âmbito

5.1.1. No direito alemão, segundo opinião generalizada, a actuação em nome de outrem sem poder de representação (*Vertretung ohne Vertretungsmacht*) pode assumir diversas modalidades: age sem poderes a pessoa a quem não foram conferidos poderes representativos ou cujos poderes são, por qualquer fundamento, nulos ou ineficazes. Existe igualmente actuação sem poder de representação nos casos em que o representante actua para além dos seus poderes ou depois da revogação dos poderes que lhe foram atribuídos [171]. É ainda considerado como actuando sem poderes o representante que dispõe de poderes representativos válidos e eficazes mas não faz uso deles e se comporta como representante sem poderes [172].

Discutida é a inclusão na categoria referida na lei dos casos de *abuso de representação* (*Mißbrauch der Vertretungsmacht*), isto é, dos casos em que o comportamento do representante é contrário aos fins da representação ou aos interesses do representado [173]. A questão, que não tem resolução di-

---

[170] Cfr., na jurisprudência italiana: Cass. civ., 14.7.1971, Giust. civ. Mass., 1971, nº 2292, p. 1249. Veja-se, a propósito, o que antes se escreveu (nº 2.2.) sobre o significado da actuação sob o nome de outrem.

[171] HUPKA, *Die Haftung des Vertreters ohne Vertretungsmacht. Ein Beitrag zur Lehre von der Vertretung in Rechtsgeschäften*, Leipzig, 1903, p. 140 ss; OERTMANN, *Allgemeiner Teil...*, p. 647; ENNECCERUS/NIPPERDEY, § 183, p. 500 e nota (1); FLUME, *Das Rechtsgeschäft*, p. 799; STAUDINGER/DILCHER, § 177, an. 5; BGB-RGRK-STEFFEN, § 177, an. 2; SOERGEL/LEPTIEN, § 177, an. 2 ss; ERMAN/BROX, § 177, an. 3; PALANDT/HEINRICHS, vor § 177-180, an. 1; R. HOFFMANN, *Grundfälle...*, p. 454 (considerando incluída igualmente a actuação em nome de pessoa futura ou não existente); MARTINEK, *Der Vertreter ohne Vertretungsmacht (falsus procurator) beim Vertragsscluß*, JuS, 1988, p. L 17 ss (p. L 17).

[172] HUPKA, *Die Haftung...*, loc. cit.; FLUME, *Das Rechtsgeschäft*, p. 800; MARTINEK, *Der Vertreter ohne Vertretungsmacht...*, p. L 17; ENNECCERUS/NIPPERDEY, § 183, p. 500 e nota (1); STAUDINGER/DILCHER, § 177, an. 6; SOERGEL/LEPTIEN, § 177, an. 7.

[173] E não apenas contrário a meras instruções do representado. Cfr. JOHN, *Der Mißbrauch organschaftlicher Vertretungsmacht*, "FS Otto Mühl", 1981, p. 349 ss (p. 353). Nu-

recta na lei, prende-se com o carácter autónomo, ou mesmo abstracto, do poder de representação, aceite, em geral, pelo direito alemão, de que resultaria, em princípio, a não repercussão (a irrelevância), na relação externa, do incumprimento, pelo representante, dos deveres assumidos perante o representado [174]. Tratando-se de *Kollusion*, ou seja, de actuação por acordo entre representante e contraparte, em prejuízo do representado, a solução que tem obtido o consenso traduz-se em considerar os actos praticados contrários aos bons costumes e, por isso mesmo, nulos, nos termos do § 138 BGB [175]. Quanto aos restantes casos de abuso de representação, em que não exista actuação concertada do representante e da contraparte, em prejuízo do representado, as opiniões dos autores encontram-se divididas: uma parte importante da doutrina tem defendido a sua equiparação à *Vertretung ohne*

---

merosos trabalhos têm sido dedicados, desde a doutrina alemã mais antiga, à delimitação da noção de *abuso de poder de representação* e à problemática dos respectivos efeitos jurídicos: SIEBERT, *Zur Lehre vom Missbrauch der Vertretungsmacht* (*Vertretung und Geschäftsführung*), ZGesStW, 1935, p. 629 ss; RINCK, *Pflichtwidrige Vertretung. Insichgeschäfte und sonstige Vollmachtmißbrauch nach Deutschem und Englischem Recht unter besonderer Berücksichtigung der Umgehungsfälle*, Berlin, 1936; HEINRICH STOLL, *Der Missbrauch der Vertretungsmacht*, "FS Heinrich Lehmann", 1937, p. 115 ss; HEZEL, *Der Missbrauch von Vertretungsmacht und Verfügungsbefugnis*, Urach, 1937; TANK, *Der Mißbrauch von Vertretungsmacht und Verfügungsbefugnis*, cit.; HECKELMANN, *Mitverschulden des Vertretenen bei Mißbrauch der Vertretungsmacht*, cit.; MERTENS, *Die Schranken gesetzlicher Vertretungsmacht im Gesellschaftsrecht*, cit.; SCHOTT, *Der Mißbrauch der Vertretungsmacht*, cit.; PAULUS, *Zur Zurechnung arglistigen Vertreterhandelns*, "FS Karl Michaelis", 1972, p. 215 ss; R. FISCHER, *Der Mißbrauch der Vertretungsmacht...*, cit.; HÜBNER, *Die Prokura als formalisierter Vertrauensschutz...*, cit.; GESSLER, *Zum Missbrauch organschaftlicher Vertretungsmacht*, "FS Ernst von Caemmerer", 1978, p. 531 ss; JÜNGST, *Der Mißbrauch organschaftlicher Vertretungsmacht*, Berlin, 1981. Em obras gerais do direito civil e comercial, cfr. ainda: FLUME, *Das Rechtsgeschäft*, p. 788 ss; LARENZ, *Allgemeiner Teil...*, p. 586 s; MEDICUS, *Allgemeiner Teil...*, an. 965 ss; STAUDINGER/DILCHER, § 167, an. 91 ss; BGB-RGRK-STEFFEN, § 167, an. 24 ss; SOERGEL/LEPTIEN, § 177, an. 15 ss; ERMAN/BROX, § 167, an. 46 ss; SCHRAMM, *Münch.Komm.*, § 164, an. 98 ss; HUECK, *Das Recht der offenen Handelsgesellschaft*, 4ª ed., Berlin, New York, 1971, p. 295 ss; CAPELLE/CANARIS, *Handelsrecht*, p. 181 ss, 191 s; HEYMANN/SONNENSCHEIN, HGB, § 50, an. 22 ss; K. SCHMIDT, *Handelsrecht*, p. 422 ss; id., *Gesellschaftsrecht*, p. 220 ss.

[174] Cfr. R. FISCHER, *Der Mißbrauch ...*, p. 12 s, 20.

[175] Cfr. ENNECCERUS/NIPPERDEY, § 183, I, 5., p. 506; STAUDINGER-DILCHER, § 167, an. 100; BGB-RGRK-STEFFEN, § 167, an. 24; SCHRAMM, *Münch.Komm.*, § 164, an. 99; K. SCHMIDT, *Handelsrecht*, p. 427; HEYMANN/SONNENSCHEIN, HGB, § 50, an. 24; FLUME, *Das Rechtsgeschäft*, p. 788 s; GERNHUBER, *Bürgerliches Recht*, p. 46; RINCK, *Pflichtwidrige Vertretung...*, p. 114; HEZEL, *Der Missbrauch...*, p. 61; KIESEL, *Stellvertretung ohne Vertretungsmacht...*, p. 39; TANK, *Der Mißbrauch...*, p. 8; HECKELMANN, *Mitverschulden...*, p. 62; SCHOTT, *Der Mißbrauch...*, p. 389; R. FISCHER, *Der Mißbrauch...*, p. 3, nota (2); GESSLER, *Zum Missbrauch...*, p. 536; JÜNGST, *Der Mißbrauch...*, p. 133, 141; HÜBNER, *Die Prokura als formalisierter Vertrauensschutz...*, p. 175; KIESEL, *Stellvertretung ohne Vertretungsmacht...*, p. 39.

Vertretungsmacht, com a consequente aplicação dos §§ 177 a 180 BGB, desde que a contraparte tenha conhecimento do abuso [176]; alguns autores, na sequência da jurisprudência [177], vêem no abuso de representação uma

---

[176] Na sequência do estudo de KIPP, *Zur Lehre von der Vertretung ohne Vertretungsmacht*, "Die Reichsgerichtspraxis im Deutschen Rechtsleben, II — Zivil- und Handelsrecht", Berlin, Leipzig, 1929, p. 273 ss (p. 287). Cfr. SIEBERT, *Zur Lehre...*, p. 642 s; HEINRICH STOLL, *Der Missbrauch...*, p. 122, 137, 139 (distinguindo três tipos de actuação contrária ao poder de representação — actuação contra o fim [*zweckwidrig*], contra os deveres [*pflichtwidrig*] ou contra a boa fé [*treuwidrig*], — considera que só a actuação contrária à boa fé pode afectar a relação externa, quando o terceiro conhecer, ou com o necessário cuidado puder conhecer, que o negócio não está abrangido pelo poder de representação); KIESEL, *Stellvertretung ohne Vertretungsmacht...*, p. 35 ss (p. 40); PRÖLSS, *Vertretung ohne Vertretungsmacht*, JuS, 1985, p. 577 ss (p. 578); ENNECCERUS/NIPPERDEY, § 183, I, 5., p. 505 s; LARENZ, *Allgemeiner Teil...*, p. 586 s, 603; FLUME, *Das Rechtsgeschäft*, p. 788 ss, 800; GERNHUBER, *Bürgerliches Recht*, p. 46; PALANDT/HEINRICHS, § 164, an. 14, *vor* § 177-180, an. 1; SCHRAMM, *Münch.Komm.*, § 164, an. 102 a; PAWLOWSKI, *Die gewillkürte Stellvertretung*, p. 129. Críticas a esta solução podem ver-se em: HEZEL, *Der Missbrauch...*, p. 49 ss, 60 s (assegura a protecção do dono do negócio através do recurso à *exceptio doli*, com base no § 242 BGB, no caso de o terceiro desconhecer o abuso do poder de representação em consequência de descuido grosseiro; da nulidade do negócio, no caso de *Kollusion*; de um direito de indemnização nos termos dos §§ 826 e 249 BGB, no caso de o terceiro conhecer o abuso e causar danos intencionalmente ao representado); HECKELMANN, *Mitverschulden...*, p. 64 ss (propõe duas soluções em alternativa: ou ineficácia do negócio representativo, nos termos do § 177 BGB, e direito de indemnização do terceiro contra o representado, por *culpa in contrahendo*, ou eficácia do negócio representativo e direito de indemnização do representado contra o terceiro, por *culpa in contrahendo*); R. FISCHER, *Der Mißbrauch...*, p. 12 s, 14, 20 (considera o abuso irrelevante na relação externa); JÜNGST, *Der Mißbrauch...*, p. 139 ss (assegura a protecção do dono do negócio através da nulidade do negócio, por força do disposto no § 138 BGB, nos casos de *Kollusion*, e da atribuição de um direito de indemnização contra o representante e o terceiro, por força do disposto nos §§ 826 e 840 BGB, nos restantes casos); STAUDINGER/ /DILCHER, § 167, an. 103 (criticando a solução que consiste em aplicar o regime da representação sem poderes por transferir o risco inerente à actuação representativa do representado para os contraentes e por não permitir a responsabilidade própria do representante nos termos do § 179 BGB, considera mais adequado seguir a solução prevalecente na jurisprudência e reconduz o caso ao § 242 BGB, cfr. § 167, an. 93 ss, com a consequência da *Unverbindlichkeit* da declaração negocial do representante, an. 101).

[177] Para uma referência à evolução da jurisprudência sobre este tema, cfr. R. FISCHER, *Der Mißbrauch...*, p. 3 ss, SCHRAMM, *Münch.Komm.*, § 164, an. 99 ss. O *Bundesgerichtshof* tende a ver na teoria do abuso de representação uma concretização da teoria geral do abuso de direito. Nos casos de *Kollusion*, em que há actuação por acordo entre o representante e a contraparte em prejuízo do representado, os tribunais consideram o negócio nulo, por aplicação do § 138 BGB (negócio contrário aos bons costumes); nos restantes casos, afirmam o princípio de que o representado deve suportar o risco do abuso de representação, mas, para protecção dos interesses do representado em caso de abuso conhecido da contraparte (abuso "evidente"), invocam o princípio constante do § 242 BGB (realização da prestação de acordo com a boa fé, com consideração pelos costumes do tráfego) e, quando existe igualmente culpa do representado, por exemplo, em consequência de incumprimento do dever de vigilância da actividade do representante, recorrem ao § 254 BGB (culpa do lesado). Cfr. BGH, 25.3.1968,

concretização da noção geral do abuso de direito (§ 242 BGB), mas muitos deles acabam por aplicar directa ou analogicamente pelo menos algumas das disposições do BGB relativas à *Vertretung ohne Vertretungsmacht*, pois, "na prática, a actuação do representante não se encontra abrangida pelo poder de representação" [178].

Por outro lado, existindo amplo consenso quanto à admissibilidade da *Rechtscheinsvollmacht*, o regime da actuação sem poder de representação só é aplicável se, ainda que verificados os pressupostos acima enunciados, não estiverem presentes os elementos que, segundo a teoria desenvolvida pela jurisprudência e pela doutrina alemãs, justificam a vinculação do representado ao negócio celebrado, sem poderes, pelo representante.

Quanto ao âmbito material de aplicação do regime da *Vertretung ohne Vertretungsmacht*, o § 177 refere-se de modo expresso, e sem qualquer distinção, a "contrato", de onde tem sido retirada a conclusão de que todos os tipos de contratos são abrangidos, em especial também os contratos reais; excluídos são apenas os contratos relativamente aos quais a representação não é admitida [179]. Aos negócios jurídicos unilaterais é aplicável o regime especial do § 180.

5.1.2. No direito suíço, a actuação em nome de outrem sem poder de representação (*Stellvertretung ohne Ermächtigung*) abrange, segundo o entendimento comum, a actuação da pessoa a quem não foram conferidos poderes representativos ou cujos poderes são, por qualquer fundamento,

---

BGHZ 50, 112 (114); BGH, 10.12.1980, DB 1981, 840; BGH, 18.5.1988, MDR 1988, 940, n° 23; BGH, 19.4.1994, NJW 1994, 2082.

[178] Cfr. ERMAN/BROX, § 167, an. 50, § 177, an. 9; BGB-RGRK-STEFFEN, § 167, an. 24, § 177, an. 2; SOERGEL/LEPTIEN, § 177, an. 15; K. SCHMIDT, *Handelsrecht*, p. 425; CAPELLE/CANARIS, *Handelsrecht*, p. 183; HEYMANN/SONNENSCHEIN, *HGB*, § 50, an. 28. PALANDT/HEINRICHS, *BGB*, § 164, an. 14, defendendo em primeira linha a recondução do abuso ao regime dos §§ 177 a 180 BGB, admite a possibilidade de, em função das circunstâncias, corrigir os resultados obtidos com a aplicação desse regime, recorrendo aos §§ 242 e 254 BGB.

[179] Cfr. STAUDINGER/DILCHER, § 177, an. 2; THIELE, col. *Münchener Kommentar...*, *Vertretung. Vollmacht*, 2ª ed., 1984, § 177, an. 3; SCHRAMM, *Münch.Komm.*, § 177, an. 3; SOERGEL/LEPTIEN, § 177, an. 12; ERMAN/BROX, § 177, an. 2. O regime da actuação sem poder de representação constante dos §§ 177 e seguintes tem sido considerado aplicável não apenas no domínio da representação voluntária, mas igualmente quando esteja em causa a actuação de alguém que se apresente como representante legal de outrem ou como órgão de uma pessoa colectiva, sem na realidade ter essa qualidade, ou quando um representante legal ou um órgão de uma pessoa colectiva celebrem um acto que não se inclua no âmbito das suas atribuições. Cfr. K. MÜLLER, *Gesetzliche Vertretung ohne Vertretungsmacht*, p. 116 ss, 123 ss; FLUME, *Das Rechtsgeschäft*, p. 799; STAUDINGER/DILCHER, § 177, an. 3 e 4; SOERGEL/LEPTIEN, § 177, an. 9; ERMAN/BROX, § 177, an. 3; THIELE, *Münch.Komm.*, § 177, an. 4; SCHRAMM, *Münch.Komm.*, § 177, an. 4.

nulos ou ineficazes e a actuação do representante que excede os seus poderes ou que age em nome do representado depois de terem cessado os poderes que lhe haviam sido atribuídos [180]. Tal como à face do direito alemão, é discutida a inclusão do abuso de poder de representação no âmbito da representação sem poderes: o enunciado do problema é o mesmo e são também semelhantes, não só a resposta à questão da delimitação da noção de abuso, como também os tipos de soluções propostas para a sua resolução. Trata-se, em geral, de situações em que o representante age de modo formalmente conforme ao poder de representação que lhe foi atribuído mas substancialmente contrário aos interesses do representado ou aos fins da representação [181]. Alguma doutrina distingue entre os casos de *Kollusion*, em que representante e terceiro actuam concertadamente em prejuízo do representado — e em relação aos quais existe unanimidade em considerá-los contrários aos bons costumes e, por isso, nulos, não ficando o representado vinculado ao negócio [182] — e os casos em que a actuação do representante é contrária aos interesses do representado, mas não existe conluio com a contraparte — para os quais a doutrina propõe soluções divergentes, pois alguns autores equiparam tais situações à actuação sem poderes de representação, aplicando, desde que haja conhecimento do abuso por parte do outro contraente, os artigos 38 e 39 OR [183], enquanto outros consideram que, havendo conhecimento do abuso pela contraparte, esta não pode fun-

---

[180] Cfr. GUHL/KOLLER/DRUEY, *OR*, p. 156; KOLLER, *Schweizerisches Obligationenrecht*, p. 327; STETTLER, *Représentation...*, p. 72; SAUSSURE, *L' acte juridique...*, p. 97; GAUCH, SCHLUEP, TERCIER, *Partie générale...*, an. 1000 (onde é aditada a hipótese de a procuração não permitir ao representante actuar sozinho); ZÄCH/KÜNZLE, *Stellvertretung...*, p. 294 ss (onde é considerado ainda como actuando sem poderes o representante que dispõe de poderes representativos válidos e eficazes mas não faz uso deles e se comporta como representante sem poderes, p. 296 s).

[181] Numa decisão recente, o *Bundesgericht* qualificou como abuso de poder de representação a celebração de um negócio pelo representante "no seu próprio interesse e em prejuízo do representado" (BG, 19.1.1993, BGE 119 II 23 (26)). Não constitui abuso o desrespeito das instruções dadas pelo representado quanto ao exercício dos poderes; o representado fica por isso vinculado quando o representante celebra um contrato em violação de uma instrução mas de modo compatível com a procuração. As instruções que constituam limitação ao poder de representação só são eficazes em relação à contraparte se forem levadas ao seu conhecimento. Assim, BG, 20.3.1951, BGE 77 II 138 (141 ss); BG, 15.5.1973, BGE 99 II 39 (44 s). Em sentido diferente, reconduzindo a violação de instruções ao abuso de representação, KOLLER, *Schweizerisches Obligationenrecht*, p. 323.

[182] Com base no artigo 2, nº 2 do Código Civil (norma que proíbe, em geral, o abuso de direito). Cfr.: EGGER, *Miβbrauch...*, p. 62 s; VON TUHR, PETER, *Allgemeiner Teil...*, Bd. 1, p. 363; ZÄCH/KÜNZLE, *Stellvertretung...*, p. 301 s.

[183] Cfr. SAUSSURE, *L' acte juridique...*, p. 85 ss; KIESEL, *Stellvertretung ohne Vertretungsmacht...*, p. 108; KOLLER, *Schweizerisches Obligationenrecht*, p. 327.

damentar-se na procuração para exigir o cumprimento, sendo invocado para justificar a solução o artigo 2, n° 2 do Código Civil [184].

5.1.3. Os preceitos do Código Civil italiano que estabelecem a disciplina da representação sem poderes (*rappresentanza senza poteri*) têm sido considerados incompletos e mal formulados [185]. O Código limita-se a disciplinar alguns aspectos parcelares de um modo que não facilita a construção jurídica da figura.

Partindo da disciplina contida no Código Civil, a doutrina italiana distingue a *falta* (*difetto di rappresentanza*) e o *abuso* de poderes de representação (*abuso di rappresentanza*).

A falta de representação diz respeito às situações em que alguém actua em nome de outrem sem que lhe tenham sido conferidos poderes representativos, ou excedendo, no concreto negócio celebrado, os poderes que lhe haviam sido atribuídos, ou depois de tais poderes terem cessado [186]. Aos casos de falta de poderes de representação se referem os artigos 1398, 1399 e 1396 do Código Civil italiano.

O abuso de representação tende a ser identificado pela doutrina dominante com as situações de conflito de interesses entre representante e representado, previstas nos artigos 1394 e 1395 do Código [187].

Paradigmática é, neste domínio, a construção de Betti, para quem o abuso de representação consiste no exercício da representação de modo formalmente conforme aos limites dos poderes conferidos, mas substancialmente contrário ao fim da representação, que é a tutela do interesse do representado. A teoria do abuso de representação refere-se à hipótese de um conflito de interesses entre representante e representado. O representante exerce o seu poder de autonomia em sentido contrastante com as razões pelas quais foi investido em tal poder, quando realiza em nome do representado negócios que favoreçam directamente o próprio representante ou um terceiro. O abuso de representação reconduz-se pois às seguintes figuras: negócio celebrado pelo representante para regular relações entre ele próprio e o representado — figura do contrato consigo mesmo (artigo 1395, primeira parte); negócio concluído por quem tem a representação de duas pessoas distintas, para regular relações entre essas duas pessoas

---

[184] Cfr. EGGER, *Mißbrauch*..., p. 63; ZÄCH/KÜNZLE, *Stellvertretung*..., p. 301 ss.

[185] Cfr.: MIRABELLI, *Dei contratti*..., p. 306; NATOLI, *La rappresentanza*, p. 120.

[186] STOLFI, *Teoria*..., p. 194 s; BETTI, *Teoria generale*..., p. 582; CARIOTA FERRARA, *Il negozio giuridico*..., p. 674 s; MIRABELLI, *Dei contratti*..., p. 306; SCOGNAMIGLIO, *Contratti in generale*, p. 76; SANTORO-PASSARELLI, *Dottrine generali*..., p. 290; BIANCA, *Diritto civile*, 3, p. 110 ss; BIGLIAZZI GERI, *Abuso dei poteri di rappresentanza e conflitto di interessi*, p. 163.

[187] Tal como fora proposto, ainda antes do Codice, por PUGLIATTI, *Abuso di rappresentanza*..., p. 270, 278.

(artigo 1395, segunda parte) ou negócio realizado em conluio com a outra parte, que conhecia ou devia conhecer o conflito de interesses (hipótese prevista no artigo 1394). Por isso o abuso de representação é "vício da legitimação", enquanto a falta de poder de representação implica "falta" daquele pressuposto de validade do negócio [188].

5.1.4. O Código Civil português disciplina em normas distintas o que designa por "representação sem poderes" e por "abuso de representação" [189], dedicando à "representação sem poderes" o artigo 268º e ao "abuso de representação" o artigo 269º. Esta última disposição manda aplicar ao abuso o regime definido na disposição anterior "se a outra parte conhecia ou devia conhecer o abuso". Os dois preceitos referidos não esgotam todavia o elenco possível das situações de exercício anormal do poder de representação, sendo ainda necessário atender, como veremos, à norma do artigo 266º.

---

[188] Cfr. BETTI, *Teoria generale...*, p. 586 ss. O critério proposto por BETTI para caracterizar o abuso de representação é seguido por outros autores. Cfr. CARIOTA FERRARA, *Il negozio giuridico...*, p. 674 s; MIRABELLI, *Dei contratti...*, p. 295 s; MESSINEO, *Dottrina generale...*, p. 162; SANTORO-PASSARELLI, *Dottrine generali...*, p. 289 s; NATOLI, *La rappresentanza*, p. 119; BIGLIAZZI GERI e o., *Diritto civile*, 1.2, p. 570; ZACCARIA, *Commentario, sub art. 1393*, I. Na opinião de SCOGNAMIGLIO, *Contratti...*, p. 77, as figuras do conflito de interesses e do abuso de representação não se identificam necessariamente, pois existe abuso sempre que o representante sacrifica o interesse do *dominus*, ainda que o comportamento do representante não corresponda ao previsto nos referidos preceitos do Código. Para MIRABELLI, *Dei contratti...*, p. 296, na hipótese de abuso de poder de representação, estão presentes os pressupostos da actividade do representante e este exerce tal actividade formalmente dentro dos limites fixados, embora com função diversa da estabelecida; na hipótese de falta de poder de representação, não existem, no todo ou em parte, os pressupostos da representação e por isso a actividade do representante não se inclui, nem sequer formalmente, no âmbito da substituição ordenada pelo titular, ainda que externamente se apresente como tal; no abuso de representação há um "desvio funcional"; na falta de poderes existe uma "deficiência inicial e estrutural". Segundo BIANCA, *Diritto civile*, 3, p. 101, o abuso de representação abrange, para além dos casos em que o representante age em conflito de interesses com o representado, as situações em que o representante não tem em conta ou prejudica o interesse do representado e aquelas em que se afasta das instruções recebidas. Por sua vez, BIGLIAZZI GERI, *Abuso dei poteri di rappresentanza e conflitto di interessi*, p. 163 s, critica a distinção consagrada na lei (artigos 1394, 1395 e 1398 do Código Civil), por considerar que em todos os casos está ausente a legitimação representativa (a opinião é no entanto refutada, no âmbito do mesmo encontro de estudo sobre o tema da representação, por V. AFFERNI, *Rappresentanza e conflitto di interessi nell'ambito dell'impresa*, p. 205 s).

[189] A solução difere, neste aspecto, da consagrada nos anteprojectos, e mantida ainda no texto do Projecto (1ª revisão ministerial), em que uma norma única, subordinada à epígrafe "Representação sem poderes. Ratificação", abrangia ambas as categorias de situações. Cfr. BMJ 102 (1961), artigo 11º; BMJ 105 (1961), artigo 37º; BMJ 107 (1961), artigo 237º; BMJ 138 (1964), artigo 11º. Só a partir do Projecto (2ª revisão ministerial), Julho 1965, passou a ser seguida a sistematização adoptada no articulado do Código. Cfr. os artigos 268º e 269º daquele 2º Projecto e os artigos 268º e 269º do Projecto definitivo, publicado em 1966.

A doutrina portuguesa não tem consagrado muita atenção à construção dogmática das duas figuras referidas no Código [190], o que até certo ponto se pode explicar face à regra básica de equiparação estabelecida na lei [191]. Embora a própria terminologia não esteja completamente estabilizada, verifica-se alguma tendência para, a partir das epígrafes dos dois preceitos, contrapor duas categorias, "representação sem poderes" e "abuso de representação", incluindo na primeira os casos em que o representante carece de poderes ou ultrapassa os limites dos seus poderes e na segunda os casos de exercício da actividade representativa dentro dos limites formais dos poderes conferidos mas de modo substancial ou funcionalmente contrário aos fins da representação [192].

Preferimos reservar a expressão "representação sem poderes" para, de um modo genérico, designar todas as modalidades de *exercício anormal do poder representativo*, no sentido de actuação representativa não legitimada pelo poder de representação atribuído por negócio jurídico realizado pelo representado (procuração) [193].

Existe exercício anormal do poder de representação tanto nos casos de *falta de poder de representação* como nos casos de *abuso de poder de representação*.

A *falta de poder de representação* abrange os seguintes tipos de situações:

— o representante actua em nome do representado sem ter, nem nunca ter tido, qualquer legitimação representativa, porque não existe procuração ou porque a procuração é nula;

---

[190] Vejam-se no entanto os recentes estudos de Rui PINTO, *Falta e abuso de poderes na representação voluntária*, 1994, e Raúl GUICHARD, *Notas sobre a falta e limites do poder de representação*, 1995, já antes citados.

[191] Cfr. CARVALHO FERNANDES, *Teoria geral* ..., II, 1983, p. 324 s.

[192] C. MOTA PINTO, *Teoria geral*..., p. 544 s; CARVALHO FERNANDES, *Teoria geral* ..., II, p. 324, 2ª ed., p. 180; HÖRSTER, *A parte geral* ..., p. 488 s; MÁRIO DE BRITO, *Código Civil anotado*, I, Viseu, 1968, an. aos artigos 268° e 269°, p. 328 s. Em sentido diferente, parecendo incluir a actuação para além dos poderes representativos na noção de abuso de representação: OLIVEIRA ASCENSÃO, *Teoria geral* ..., p. 325; CAVALEIRO DE FERREIRA, *Depósito bancário. Simulação. Falsificação. Burla*, Scientia Iuridica, XIX, 1970, n°s 103/104, p. 246 ss (p. 273). C. MOTA PINTO considerava manifestação particular de representação sem poderes o negócio consigo mesmo (*ob. cit.*, p. 546). Na doutrina anterior ao Código Civil, aquela noção e a mesma delimitação do âmbito da "representação sem poderes" estão também subjacentes ao estudo de FERRER CORREIA, *A representação dos menores sujeitos ao pátrio poder na assembleia geral das sociedades comerciais*, RLJ, 95° (1962-1963), 96° (1963-1964), 97° (1964--1965), agora em "Estudos Jurídicos", II, 1969, p. 53 ss (p. 87, nota (2)).

[193] Esta noção ampla de "representação sem poderes" parece estar subjacente aos escritos de GALVÃO TELLES, *Dos contratos*..., 1ª ed., p. 281, 2ª ed., p. 321; id., *Manual* ..., p. 323 (embora o autor critique a expressão "representação sem poderes", por não se tratar de autêntica representação).

— o representante, embora legitimado para agir em nome do representado, pratica um acto que excede os limites dos seus poderes tal como foram conferidos no acto de procuração (o representante tem poderes para comunicar aos eventuais interessados o preço de venda de um imóvel de que é proprietário o representado e para receber quantias a título de "reservas" — entenda-se, importâncias necessárias para o início de negociações conducentes à respectiva venda em nome do representado —, mas celebra um contrato promessa tendo como objecto a venda do mesmo imóvel [194]);

— o representante, que já teve legitimação representativa, exerce a sua actividade depois de ela ter cessado [195].

O *abuso de poder de representação* supõe a existência de uma procuração válida, atribuindo determinados poderes ao representante, e a actuação do representante dentro dos limites formais desses poderes, "mas de modo substancialmente contrário aos fins da representação" [196]. Abrange os seguintes tipos de situações:

— o representante utiliza o poder de representação para praticar um acto que, em concreto, tem em vista uma finalidade distinta da pretendida pelo representado (o representado incumbe o representante de adquirir um imóvel para habitação, outorgando uma procuração com poderes genéricos para comprar, e o representante adquire um imóvel que não serve para aquele fim) ou prossegue interesses diferentes dos do representado (o representado atribui poderes ao representante para vender "pelos preços e condições que tiver por convenientes" um imóvel avaliado em determinado valor e o representante vende em nome do representado o mesmo imóvel por um preço consideravelmente inferior ao da avaliação [197]);

---

[194] Cfr. ac. Rel. de Lisboa, 28.2.1991, CJ, 1991, I, p. 169 ss.

[195] Sublinhe-se que a fórmula "falta de poderes" é utilizada no nº 4 do artigo 268º. A expressão "falta de poder de representação", ou outra equivalente, é utilizada com o sentido que lhe atribuímos no texto, em jurisprudência recente: ac. STJ, 16.11.1988, BMJ, 381 (1988), p. 634 ss; ac. Rel. de Évora, 27.2.1992, CJ, 1992, I, p. 284 ss; ac. STJ, 6.5.1993, CJ, 1993, II, p. 93 ss. Com esta mesma acepção, veja-se, no direito português anterior ao Código Civil, MANUEL DE ANDRADE, *Teoria geral...*, II, p. 302. No entanto, a expressão "falta de poder de representação" é frequentemente usada na doutrina portuguesa para designar apenas as situações em que o representante carece em absoluto de poderes representativos (isto é, as incluídas no primeiro grupo acima enunciado). Cfr. C. MOTA PINTO, *Teoria geral...*, p. 544; CARVALHO FERNANDES, *Teoria geral...*, II, p. 324, 2ª ed., p. 180; MÁRIO DE BRITO, *Código Civil...*, I, an. ao artigo 268º, p. 328.

[196] Esta terminologia pode considerar-se estabilizada não só na doutrina, como antes se referiu, mas igualmente na jurisprudência do STJ. Cfr. ac. STJ, 6.4.1983, BMJ, 326 (1983), p. 430 ss; ac. STJ, 16.11.1988, BMJ, 381 (1988), p. 640 ss; ac. STJ, 13.4.1994, CJ, 1994, II, p. 47 ss. Cfr. também ac. STJ, 20.10.1988 (proc. 76 124), não publ. (em que, no sumário do acórdão, se refere ter sido considerada como abuso de representação "a venda feita por representante em nome de outrem, contra a indicação deste").

[197] Cfr. ac. STJ, 16.11.1988, BMJ, 381 (1988), p. 640 ss (confirmando o entendimento da Relação de Coimbra de que a expressão "pelos preços e condições que tiver por conve-

— o representante exerce a sua actividade dentro dos limites dos poderes que lhe foram inicialmente conferidos mas sem respeitar as alterações desses limites feitas pelo representado em momento posterior, através de declaração dirigida ao representante [198] (o representado atribui poderes ao representante para a venda de um bem, mas mais tarde altera a procuração, comunicando ao representante que afinal apenas pretende dá-lo em locação) [199].

---

nientes" deveria ser interpretada no sentido de "preços equilibrados e justos" e que a venda efectuada pelo representante foi, no caso, uma "venda ao desbarato"). Em acórdão de 6.4.1983, BMJ, 326 (1983), p. 430 ss, o STJ considerou que o "chamado mau negócio ou negócio ruinoso levado a cabo pelo representante de uma das partes não constitui propriamente um abuso de poderes de representação". Em sentido semelhante ao deste último acórdão cfr. ac. STJ, 5.3.1996, CJ, 1996, I, p. 111 ss (114) e também HÖRSTER, *A parte geral...*, p. 489.

[198] A análise deste tipo de situações exige a determinação do alcance jurídico das declarações restritivas da procuração feitas em separado apenas ao representante e não a terceiros e a distinção entre meras instruções e limitações ao poder de representação. De um modo geral, as instruções são directivas ou linhas gerais de orientação sobre o exercício da actividade representativa, transmitidas pelo representado ao representante, que impõem a este um dever de obediência, mas são em princípio irrelevantes na relação externa. As limitações incidem directamente sobre o âmbito ou a extensão do poder de representação, modificando o conteúdo de faculdades atribuídas ao representante e o círculo de eficácia para o representado dos actos praticados pelo representante. A distinção entre instruções e limitações ao poder de representação, que suscita dificuldades quer no plano teórico quer de um ponto de vista prático, constitui um problema de interpretação das declarações do representado, a efectuar de acordo com os critérios hermenêuticos gerais; deve ter-se em conta o conteúdo das declarações e as circunstâncias de cada caso, em especial o momento em que tais declarações são transmitidas ao representante. Por exemplo, a indicação de que nas negociações preliminares se devem observar certas precauções ou cumprir determinadas formalidades não constituirá em regra uma limitação aos poderes conferidos; pelo contrário, as indicações relativas aos termos do negócio a realizar, como a determinação de um preço limite, de uma quantidade mínima de mercadorias a entregar, de um prazo de entrega, de uma cláusula a inserir no contrato, traduzirão frequentemente autênticas limitações ao poder atribuído ao representante, designadamente se forem posteriores à procuração. No caso de se concluir no sentido de que, por meio das instruções, o representado pretende efectivamente limitar o poder de representação, a oponibilidade dessas instruções à contraparte depende da verificação dos pressupostos exigidos no artigo 266º, nº 1 para a oponibilidade das modificações da procuração. Sobre o sentido e alcance das instruções *a latere* da procuração, e sobre os requisitos da sua oponibilidade a terceiros cfr., na doutrina portuguesa: FERRER CORREIA, *A procuração...*, p. 16 ss; CAVALEIRO DE FERREIRA, *Depósito bancário...*, p. 272; P. MOTA PINTO, *Aparência de poderes...*, p. 600, nota (20), p. 607 ss, nota (34); M. Helena BRITO, *A representação sem poderes...*, p. 35 s, 46 ss; R. PINTO, *Falta e abuso de poderes...*, p. 40 s.

[199] A contraposição entre *falta* e *abuso* de poder de representação foi utilizada anteriormente na doutrina portuguesa. Cfr.: RUI DE ALARCÃO, *Breve motivação...*, p. 112; id., *A confirmação dos negócios anuláveis*, Coimbra, 1971, p. 118 s; VAZ SERRA, *Contrato consigo mesmo e negociação de directores ou gerentes de sociedades anónimas ou por quotas com as respectivas sociedades (algumas considerações)*, RLJ, 100º, 1967-1968, nºs 3339 ss, p. 81 ss (nº 3345, p. 177); PIRES DE LIMA, ANTUNES VARELA, *Código Civil...*, I, an. nº 5 ao artigo 268º

A atribuição daquele sentido e alcance genérico à expressão "representação sem poderes" fundamenta-se no conteúdo e na função do artigo 268º do Código Civil e tem em conta o conjunto das normas do Código Civil sobre esta matéria [200].

A disposição do artigo 268º abrange na sua previsão apenas a primeira e a segunda das situações que acima configurámos como hipóteses de falta de poder de representação, isto é, em primeiro lugar, a hipótese em que o representante não tem, nem nunca teve, qualquer legitimação representativa, porque não existe procuração, ou porque a procuração é nula, e, em segundo lugar, a hipótese em que o representante, embora legitimado para agir em nome do representado, pratica um acto que excede os limites dos seus poderes, tal como constam da procuração.

A terceira das situações de falta de poderes, isto é, a situação em que o representante já teve legitimação representativa para actuar em nome do representado mas exerce a sua actividade depois de o poder de representação ter cessado, constitui objecto da previsão do artigo 266º: a hipótese de o poder ter cessado por revogação da procuração encontra-se prevista no nº 1 do artigo 266º; a hipótese de o poder ter cessado com base em outro fundamento, por exemplo, com fundamento em caducidade da procuração, encontra-se prevista no nº 2 do artigo 266º.

Os casos de abuso de poder de representação serão de reconduzir ao artigo 269º, se se tratar, em geral, de actuação contrária à finalidade pretendida pelo representado ou aos interesses do representado, ou ao artigo 266º, nº 1, se estiver em causa o incumprimento de modificações ao conteúdo inicial da procuração.

A norma do artigo 268º tem ainda a função de estabelecer, nos seus nºs 2 a 4, o regime geral da ineficácia do negócio representativo celebrado pelo representante sem poderes (no sentido amplo que atribuímos à expres-

---

e an. nº 1 ao artigo 269º, p. 249; CARVALHO FERNANDES, *A conversão dos negócios jurídicos civis*, Lisboa, 1993, p. 865 s; M. Helena BRITO, *A representação sem poderes...*, p. 36 ss; R. PINTO, *Falta e abuso de poderes...*, em especial, p. 33 ss, 47 ss; R. GUICHARD, Notas sobre a falta e limites do poder de representação, em especial, p. 33. Vejam-se também CAVALEIRO DE FERREIRA, *Depósito bancário...*, p. 275, 276, e OLIVEIRA ASCENSÃO, *Teoria geral...*, III, p. 323, 325 (embora o critério de distinção subjacente à dicotomia estabelecida por estes dois autores não seja inteiramente coincidente com o nosso, uma vez que ambos qualificam como abusivo o acto praticado para além dos limites dos poderes representativos).

[200] E não nos parece que a opção seja contrariada pela sistematização do Código nem pela história dos artigos 268º e 269º. Na verdade, apesar da alteração verificada, que conduziu à regulamentação do abuso em disposição autónoma, manteve-se o essencial da solução constante dos anteprojectos: no direito português, o abuso de representação é fundamentalmente, pelo seu regime, "representação sem poderes". Cfr. OLIVEIRA ASCENSÃO, *Teoria geral...*, p. 325.

são), quando for essa a consequência prevista na lei (artigos 268°, n° 1, 269° e 266° do Código Civil, artigo 22° do Decreto-Lei n° 178/86, de 3 de Julho, relativo ao contrato de agência). Mas, se, nos casos directamente previstos no artigo 268°, n° 1 (actuação sem quaisquer poderes ou para além dos limites dos poderes conferidos), a consequência da ineficácia do negócio não depende da verificação de quaisquer pressupostos, nos restantes casos (actuação depois da cessação da procuração ou abuso de representação), a não produção de efeitos do negócio celebrado pelo representante em nome do representado, como teremos ocasião de analisar em pormenor mais adiante, depende do conhecimento ou da cognoscibilidade pela contraparte da falta ou do abuso de poder de representação.

O sentido amplo com que é entendida a figura da "representação sem poderes" não impede, antes tem a vantagem de facilitar, a comparação com as ordens jurídicas agora consideradas, certamente porque a interpretação a que se chegou constitui ela própria o resultado de um trabalho comparativo. Na verdade, como se verificará, as questões que em outras ordens jurídicas se suscitam a propósito da "representação sem poderes" dizem respeito, no direito português, ao conjunto de situações antes referidas e definidas como casos de falta e de abuso de poder de representação.

Os casos de representação sem poderes que têm chegado aos nossos tribunais e as situações encaradas pela doutrina dizem respeito a contratos. A aplicação a contratos é certamente a hipótese típica configurada na lei, como o demonstram os n°s 3 e 4 do artigo 268° e a parte final do artigo 269° e como resulta da comparação com as fontes legais que inspiraram o articulado do Código Civil português (artigos 1398 e seguinte do Código Civil italiano e § 177 e seguintes BGB). Não é todavia de afastar a inclusão no âmbito destas disposições de negócios jurídicos unilaterais em que a representação seja admitida a fim de que, com as necessárias adaptações, lhes seja aplicado o respectivo regime [201].

5.2. Efeitos

As normas do direito português que estabelecem o regime da representação sem poderes limitam-se a regular as relações entre o pretenso re-

---

[201] Cfr. RUI DE ALARCÃO, *Breve motivação...*, p. 114, 107. Sublinhe-se todavia que a disposição do anteprojecto que expressamente previa a aplicabilidade a negócios unilaterais receptícios sofreu alteração, embora o texto actual mantenha no essencial o mesmo sentido ("até à ratificação do negócio o terceiro tem o direito de o revogar ou, tratando-se de um negócio unilateral, de o rejeitar, a menos que, no momento da conclusão, tivesse conhecido a carência de poderes do representante", n° 5 do artigo 11° do anteprojecto, BMJ, 138 (1964), p. 71 ss, antecedente do n° 4 do artigo 268°).

presentado e a contraparte que contratou com o pretenso representante (artigos 268°, 269° e 266° do Código Civil). Diferentemente, nos outros direitos aqui analisados, são reguladas tanto as relações entre o pretenso representado e a contraparte no negócio representativo (§§ 177 e 178 BGB, artigo 38 OR, artigo 1399 do Código Civil italiano) como as relações entre o representante e a contraparte (§ 179 BGB, artigo 39 OR, artigo 1398 do Código Civil italiano).

5.2.1. Nas relações entre o representado e a contraparte

De acordo com o princípio geral, o negócio celebrado pelo representante em nome do representado só é eficaz relativamente ao representado se o representante estiver legitimado pelo poder de representação e se a sua actuação se situar dentro dos limites desse poder.

Por isso a lei estatui que o negócio celebrado pelo representante sem poderes não produz o efeito típico da representação — a criação de um vínculo directo entre o representado e a contraparte no chamado negócio representativo — enquanto não for ratificado pelo representado (§ 177, 1 BGB, artigo 38, n° 1 OR, artigo 1399, n° 1 do Código Civil italiano, artigo 268°, n° 1 do Código Civil português).

Esta consequência geral traduz a prevalência do interesse do representado, fazendo em princípio recair sobre a contraparte no negócio representativo o risco do exercício anormal do poder de representação.

Os pressupostos de aplicação das normas que determinam a não produção de efeitos do negócio em relação ao pretenso representado não são os mesmos em todos os casos, variando consoante o fundamento do exercício anormal do poder de representação [202].

a) Falta de poder de representação

No direito português, a norma do artigo 268°, n° 1 não faz depender a não produção de efeitos do negócio em relação ao pretenso representado do conhecimento pela outra parte da falta do poder de representação invocado pelo pretenso representante [203]. À mesma conclusão se chega

---

[202] Diferentes requisitos se exigem também, como veremos adiante, para a produção de outros efeitos da representação sem poderes — para a aplicação das normas que prevêem a possibilidade de a contraparte se desvincular unilateralmente do negócio representativo (artigo 268°, n° 4 do Código Civil português, § 178 BGB) e das normas que estabelecem a responsabilidade do representante perante a contraparte (artigo 1398 do Código Civil italiano, § 179 BGB, artigo 39 OR).

[203] Neste sentido, cfr. ac. Rel. de Évora, 27.2.1992, CJ, 1992, I, p. 284 ss.

perante as normas do § 177, 1 BGB, do artigo 38, n° 1 OR e do artigo 1399, n° 1 do Código Civil italiano.

Mas a disposição do artigo 268° do Código Civil português apenas contempla, como se viu, alguns dos casos de falta de poder de representação — os que consistem na actuação sem qualquer poder de representação e na actuação que excede o poder de representação conferido pelo representado.

Nos outros casos de representação sem poderes, quer se trate de falta de poder de representação em consequência da actuação depois da cessação da procuração, quer se trate de actuação considerada abusiva por parte do representante, o carácter anormal do exercício do poder de representação é em princípio irrelevante na relação entre o representado e a contraparte. A falta de poderes em consequência da cessação da procuração e o abuso de representação não implicam, como regra, a ineficácia do negócio representativo. O que bem se compreende em sistemas jurídicos assentes na independência ou autonomia do poder de representação em relação ao negócio subjacente entre representado e representante. Uma vez conhecida externamente a existência e a extensão do poder de representação, só poderá ser oposta a terceiros a cessação de tal poder ou o carácter abusivo da actuação do representante se eles conhecerem, ou se tiverem o dever de conhecer, a cessação ou o abuso.

Daí o regime fixado no artigo 266° do Código Civil português para a outra situação típica de falta de poderes representativos — a que consiste na actuação depois de o poder de representação do agente ter cessado. A norma estabelece os pressupostos de oponibilidade à contraparte no negócio representativo das causas extintivas da procuração: se a procuração cessar em consequência da revogação por parte do representado, a oponibilidade dessa cessação depende da comunicação à contraparte por meios idóneos [204] ou do conhecimento da revogação no momento da celebração do negócio representativo [205] (n° 1 do artigo 266°); quanto às restantes causas extintivas da procuração, não podem ser opostas a terceiro que, sem culpa, as tenha ignorado [206] (n° 2 do artigo 266°). Em todos estes casos

---

[204] Sobre a concretização da expressão "meios idóneos", cfr. RUI DE ALARCÃO, *Breve motivação...*, p. 111 s; MÁRIO DE BRITO, *Código Civil...*, I, an. ao artigo 266°, p. 326, que concluem ser meio idóneo certamente, e pelo menos, o "facultado pelo art. 263° do Cód. Proc. Civil, ou seja, a notificação para revogação da procuração". A disposição invocada mantém-se inalterada no Código de Processo Civil revisto.

[205] Sobre a necessidade de equiparar a cognoscibilidade ao conhecimento efectivo na interpretação deste preceito, cfr. M. Helena BRITO, *A representação sem poderes...*, p. 43.

[206] Tratando-se de poder de representação sujeito a registo comercial (artigo 10°, als. a) e e) do Código do Registo Comercial), valem as regras próprias do instituto do registo, pelo que a eficácia da cessação da procuração relativamente a terceiros fica dependente da

portanto a ineficácia do negócio em relação ao pretenso representado depende da verificação dos pressupostos indicados: comunicação à contraparte por meios idóneos ou conhecimento efectivo, por parte do terceiro, da revogação da procuração; conhecimento ou ignorância culposa por parte do terceiro das restantes causas extintivas da procuração. A situação inverte-se em relação às hipóteses reguladas no artigo 268°: também quem age em nome de outrem depois de ter cessado o poder de representação age sem poderes, mas o risco da actuação do representante recai, em tais situações, sobre o representado e este só afasta a consequência para si desvantajosa da eficácia do negócio jurídico celebrado em seu nome sem poderes se provar que a contraparte tinha conhecimento da cessação da procuração (porque, por exemplo, lhe tinha sido comunicada por escrito) ou que, embora não tendo conhecimento, poderia conhecer tal cessação usando de normal diligência (porque, por exemplo, tinha sido divulgada através de anúncios afixados no estabelecimento ou publicitados por outro meio).

Em todas as restantes ordens jurídicas em análise, a lei estabelece exigências para a oponibilidade a terceiros da cessação do poder de representação.

Assim, de acordo com o disposto no BGB, se a procuração tiver sido dirigida à contraparte (*Außenvollmacht*), o poder de representação mantém os seus efeitos em relação ao destinatário de boa fé até que lhe seja notificada a respectiva cessação (§ 170); se a atribuição de poderes representativos a um representante (*Innenvollmacht*) for comunicada pelo representado a um terceiro ou através de anúncio público, o poder de representação mantém os seus efeitos até que a revogação seja objecto de comunicação da mesma natureza (§ 171, 1 e 2); se a atribuição de poderes representativos a um representante (*Innenvollmacht*) constar de documento entregue ao representante, por este apresentado a terceiro, o poder de representação mantém os seus efeitos até que o documento seja devolvido ao representado ou até que seja declarado ineficaz (§ 172, 1 e 2); todavia os efeitos do poder de representação não se mantêm se a contraparte no momento da celebração do negócio conhecer ou tiver o dever de conhecer a respectiva cessação (§ 173).

Nos termos do Código das Obrigações suíço, sempre que o representado tenha publicitado, expressamente ou através da sua actuação, os poderes representativos por ele atribuídos, só pode opor a terceiros de boa fé a revogação total ou parcial se publicitar igualmente esta revogação (artigo 34, n° 3).

---

realização do correspondente acto de registo, salvo conhecimento efectivo da alteração verificada. Cfr. C. FERREIRA DE ALMEIDA, *Publicidade e teoria dos registos*, Coimbra, 1966, p. 274 ss.

Por outro lado, de acordo com disposição expressa dos direitos alemão e suíço, se o representante ignorar a extinção dos seus poderes, tal extinção, em certas circunstâncias que variam de uma para outra ordem jurídica, não pode ser oposta a terceiros de boa fé (§ 169 BGB, artigo 37, nºs 1 e 2 OR).

O artigo 1396 do Código Civil italiano, que nesta parte constituiu a fonte do regime consagrado no Código Civil português [207], estabelece que as modificações e a revogação da procuração devem ser levadas ao conhecimento de terceiros com meios idóneos, sem o que não são oponíveis a terceiros, salvo se se provar que as conheciam no momento da celebração do contrato (nº 1); as outras causas de cessação do poder de representação não são oponíveis a terceiros que sem culpa as tenham ignorado (nº 2).

b) Abuso de poder de representação

O abuso de poder de representação — a actuação do representante dentro dos limites formais da procuração, mas de modo substancial ou funcionalmente contrário aos fins da representação — é em princípio irrelevante na relação externa.

No direito português, se o abuso se traduzir na utilização consciente dos poderes constantes da procuração em sentido contrário ao da representação, o negócio apenas é ineficaz em relação ao pretenso representado se a contraparte conhecia ou devia conhecer o abuso (artigo 269º) — o que exige o conhecimento pela contraparte da desconformidade entre o conteúdo do poder e o acto de exercício desse poder [208]; se o abuso se traduzir na actuação do representante dentro do âmbito do poder em que inicialmente se encontrava investido, mas desrespeitando as modificações posteriormente feitas pelo representado, o negócio só será ineficaz em relação ao representado, se tais modificações tiverem sido levadas ao conhecimento da contraparte por meios idóneos ou se a contraparte as conhecia no momento da celebração do negócio (artigo 266º, nº 1) [209].

Nos direitos alemão, suíço e italiano, o reconhecimento de relevância ao abuso de representação — com a consequência legalmente estabelecida,

---

[207] Cfr. RUI DE ALARCÃO, *Breve motivação* ..., p. 111.
[208] Cfr. ac. STJ, 22.1.1985 (proc. 72 159), não publ.; ac. STJ, 5.3.1985 (proc. 72 334), não publ.; ac. STJ, 16.11.1988, BMJ, 381 (1988), p. 640 ss; ac. STJ, 13.4.1994, CJ, 1994, II, p. 47 ss.
[209] Se o poder de representação estiver sujeito a registo comercial, as respectivas alterações têm igualmente de ser registadas (cfr. artigo 10º, als. a) e e) do Código do Registo Comercial), pelo que vale para este caso o que acima se observou quanto à cessação do poder de representação sujeito a registo.

ou consagrada pela prática jurisprudencial ou pela doutrina (conforme os casos, ineficácia [210], anulabilidade [211], nulidade [212]) — supõe o conhecimento por parte do terceiro (ou a evidência) da actuação abusiva do representante [213].

---

[210] Consequência geral para os casos de *Vollmachtsmiβbrauch*, no direito alemão, segundo a posição prevalecente na doutrina. Cfr.: ENNECCERUS/NIPPERDEY, § 183, I, 5., p. 506; BGB-RGRK-STEFFEN, § 167, an. 24, § 177, an. 2; SOERGEL/LEPTIEN, § 177, an. 15; ERMAN/ /BROX, § 167, an. 50, § 177, an. 9; PALANDT/HEINRICHS, § 164, an. 14, *vor* § 177-180, an. 1; SCHRAMM, *Münch.Komm.*, § 164, an. 102 a; LARENZ, *Allgemeiner Teil* ..., p. 603; FLUME, *Das Rechtsgeschäft*, p. 789, 800; K. SCHMIDT, *Handelrecht*, p. 425; CAPELLE/CANARIS, *Handelsrecht*, p. 183; HEYMANN/SONNENSCHEIN, *HGB*, § 50, an. 28. A *Unverbindlichkeit der Willenserklärung* (falta de efeito vinculativo da declaração negocial [do representante]) se refere STAUDINGER/DILCHER, § 167, an. 101, como consequência da aplicação do § 242 BGB (recorde-se que nessa obra se recusa a aplicação aos casos de *Vollmachtsmiβbrauch* das disposições contidas nos §§ 177 a 180 BGB). Também no âmbito do direito suíço a ineficácia é a consequência do abuso de representação, para todos os casos (incluindo os de *Kollusion*), segundo a opinião de SAUSSURE, *L' acte juridique* ..., p. 87 (embora a noção de ineficácia tenha de ser entendida, neste caso, no sentido que lhe é atribuído pelo autor — *einseitige Unverbindlichkeit*, como se esclarece adiante, na nota (272)). No mesmo sentido, KOLLER, *Schweizerisches Obligationenrecht*, p. 327, 332 s.

[211] Consequência estabelecida para os casos de conflito de interesses entre representado e representante, nos termos do artigo 1394 do Código Civil italiano.

[212] Consequência que os tribunais alemães têm considerado aplicável a alguns casos de abuso de representação (casos de *Kollusion*, ou seja, de actuação por acordo entre representante e contraparte, em prejuízo do representado), nos termos do § 138 BGB (cfr. ERMAN/ /BROX, § 167, an. 47). A doutrina tem, em geral, aderido a esta solução. Cfr. ENNECCERUS/ /NIPPERDEY, § 183, I, 5., p. 506; STAUDINGER/DILCHER, § 167, an. 100; BGB-RGRK-STEFFEN, § 167, an. 24; PALANDT/HEINRICHS, § 164, an. 13; SCHRAMM, *Münch.Komm.*, § 164, an. 99; K. SCHMIDT, *Handelsrecht*, p. 427; HEYMANN/SONNENSCHEIN, *HGB*, § 50, an. 24; FLUME, *Das Rechtsgeschäft*, p. 788 s; RINCK, *Pflichtwidrige Vertretung*..., p. 114; HEZEL, *Der Missbrauch*..., p. 61; KIESEL, *Stellvertretung ohne Vertretungsmacht*..., p. 39; TANK, *Der Miβbrauch*..., p. 8; HECKELMANN, *Mitverschulden*..., p. 62; SCHOTT, *Der Miβbrauch*..., p. 389; R. FISCHER, *Der Miβbrauch*..., p. 3, nota (2); GESSLER, *Zum Missbrauch*..., p. 536; JÜNGST, *Der Miβbrauch*..., p. 133, 141; HÜBNER, *Die Prokura als formalisierter Vertrauensschutz*..., p. 175; KIESEL, *Stellvertretung ohne Vertretungsmacht*..., p. 39. Também no direito suíço o contrato celebrado pelo representante que abusa dos seus poderes tem sido considerado, no caso de *Kollusion*, contrário aos bons costumes e por isso nulo. Cfr., por todos, VON TUHR, PETER, *Allgemeiner Teil*..., Bd. 1, p. 363; ZÄCH/KÜNZLE, *Stellvertretung*..., p. 300 s.

[213] LARENZ, *Allgemeiner Teil*..., p. 587, 603; FLUME, *Das Rechtsgeschäft*, p. 789 s; MEDICUS, *Allgemeiner Teil*..., an. 967 s, 992; STAUDINGER/DILCHER, § 167, an. 97 ss; ERMAN/ /BROX, § 167, an. 49; SCHRAMM, *Münch.Komm.*, § 164, an. 105; ZÄCH/KÜNZLE, *Stellvertretung*..., p. 301 s. Considere-se também o artigo 1394 do Código Civil italiano. Alguns autores equiparam ao conhecimento do abuso pela contraparte o dever de conhecer esse mesmo abuso (ENNECCERUS/NIPPERDEY, § 183, I, 5., p. 506); outros consideram suficiente a falta de diligência da contraparte (PALANDT/HEINRICHS, § 164, an. 14); outros exigem uma falta grosseira da contraparte (SOERGEL/LEPTIEN, § 177, an. 18; K. SCHMIDT, *Handelsrecht*, p. 428).

c) Actuação eficaz do representante sem poderes

Perante o regime estabelecido para as diversas situações de representação sem poderes existe, em todas estas ordens jurídicas, a possibilidade de ser eficaz em relação ao representado um negócio celebrado pelo representante depois de ter cessado a legitimação representativa (uma das hipóteses de falta de poderes representativos) ou um negócio celebrado pelo representante que abusa dos seus poderes. Tal resulta dos requisitos fixados para a oponibilidade em relação a terceiros das causas de cessação da procuração e do abuso de representação.

No direito português, é eficaz em relação ao representado o negócio celebrado depois de extinto o poder de representação, nos seguintes casos: tratando-se de revogação da procuração, se a revogação não tiver sido levada ao conhecimento da outra parte por meios idóneos ou se não se mostrar que a outra parte tinha conhecimento da revogação no momento da celebração do negócio (por força do disposto no artigo 266º, nº 1); tratando-se de outras causas de cessação, se a outra parte as ignorou sem culpa (face ao regime constante do artigo 266º, nº 2) [214]. É também eficaz em relação ao representado o negócio celebrado pelo representante que abusa dos seus poderes nos seguintes casos: se a outra parte não conhecia nem devia conhecer o abuso (atendendo aos pressupostos do artigo 269º); se as modificações da procuração não tiverem sido levadas ao conhecimento da outra parte por meios idóneos ou se não se mostrar que a outra parte tinha conhecimento de tais modificações no momento da celebração do negócio (tendo em conta o disposto no artigo 266º, nº 1).

Das exigências legais fixadas nos direitos alemão, suíço e italiano é susceptível de resultar a eficácia em relação ao representado do negócio celebrado pelo representante após a cessação do poder de representação ou através de uma utilização abusiva desse poder (cfr. §§ 168 a 173 BGB, artigos 34, nº 3 e 37, nº 2 OR, artigos 1396 e 1394 do Código Civil italiano). Assim também, se não se verificar o pressuposto do conhecimento pela contraparte da actuação abusiva do representante, geralmente exigido pela jurisprudência e doutrina alemãs, na falta de disposição legal expressa, para a relevância do abuso de representação.

Em síntese, a eficácia em relação ao representado do negócio celebrado pelo representante sem poderes tem o seu fundamento na protecção dos interesses de terceiros e pressupõe a boa fé da contraparte (boa fé subjectiva, no sentido de desconhecimento da falta de legitimidade do agente ou do

---

[214] Trata-se, no entendimento de MENEZES CORDEIRO, de casos de consagração legal da "pós-eficácia da procuração", dirigida à tutela da confiança, com base na aparência. Cfr. *Da pós-eficácia das obrigações*, Direito e justiça, vol. II, 1981-1986, p. 109 ss (p. 121, 123).

carácter abusivo da sua actuação). Por isso, a questão da eficácia do negócio só não se coloca nos casos em que o representante não se encontra legitimado para agir em nome do representado, porque essa legitimação nunca existiu ou porque, existindo, o acto praticado se situa fora dos limites dos poderes atribuídos [215]. Pelo contrário, o problema pode razoavelmente suscitar-se em todos os restantes casos, ou seja, naqueles em que a legitimidade do representante existiu, mas em que a actividade representativa se exerce posteriormente à cessação do poder de representação e nas situações de abuso de representação. Na verdade, em todas estas hipóteses pode surgir a confiança da contraparte na existência e extensão do poder de representação e, por essa via, na validade e eficácia do negócio.

Para além disso, será de admitir uma limitação à invocação, pelo pretenso representado, da ineficácia do negócio celebrado em seu nome sem poderes de representação, sempre que tal invocação traduza um abuso de direito na forma de *venire contra factum proprium* (por exemplo, porque, após a celebração do negócio, o representado agiu como se estivesse vinculado, criando na contraparte a confiança de que o negócio seria ratificado ou de que a ineficácia não seria invocada, "tudo se passando como se o negócio não sofresse de qualquer vício" [216]).

d) Responsabilidade do pretenso representado em caso de não produção do efeito típico da actuação representativa

Relativamente aos casos em que o exercício anormal do poder de representação tem como consequência a ineficácia do negócio, tem sido admitida, sobretudo na literatura alemã, a responsabilidade do representado perante a contraparte, dirigida a indemnizar o interesse da confiança. Não existindo disposição legal expressa que preveja tal responsabilidade, a solução fundamenta-se nos princípios gerais da responsabilidade civil. Assim, em síntese, e não obstante as variantes observadas entre os autores, o representado deve responder, com fundamento em *culpa in contrahendo*, por culpa própria — pela escolha como seu representante ou auxiliar de

---

[215] Ressalva-se obviamente a possibilidade de relevância da aparência de representação.

[216] Como é admitido no acórdão da Relação do Porto, de 18.11.1993, O Direito, 1994, p. 677 ss (p. 681 ss), e na anotação ao mesmo acórdão, da autoria de MENEZES CORDEIRO, CARNEIRO DA FRADA, *Da inadmissibilidade da recusa de ratificação por venire contra factum proprium*, p. 700 ss. Em sentido semelhante, também VAZ SERRA, an. ac. STJ, 19.2.1974, RLJ, 108°, 1975-1976, n° 3543, p. 67 ss (p. 75); id., an. ac. STJ, 19.6.1979, RLJ, 112°, 1979-1980, n°s 3656 s, p. 366 ss (p. 374); R. GUICHARD, *Notas sobre a falta e limites do poder de representação*, p. 19 s.

uma pessoa não merecedora dessa confiança, ou pelo incumprimento do dever de vigilância sobre essa pessoa, nos termos do § 276 BGB — ou por culpa do representante sem poderes — como se o representado tivesse utilizado o representante para a prática de um acto por ele devido, nos termos do § 278 BGB [217].

A doutrina suíça aceita igualmente a responsabilidade do representado com fundamento no princípio geral da *culpa in contrahendo*, mas apenas baseada em culpa própria do representado, pela escolha do representante, pelas instruções transmitidas ao representante ou pela insuficiente vigilância exercida sobre o representante [218].

No direito italiano, tanto quanto nos foi possível observar, a discussão sobre o problema da responsabilidade do representado pela actuação do *falsus procurator* não abrange outras situações para além daquelas em que se suscita a responsabilidade do representado pela aparência de representação [219].

Em face do direito português, a responsabilidade do pretenso representado, nos termos do artigo 227º do Código Civil, assenta na culpa do próprio e depende da verificação, no caso, do facto constitutivo típico da responsabilidade pré-contratual — a violação de deveres impostos pela boa fé durante a fase negociatória e preparatória do contrato [220] [221]. Exige-se

---

[217] Cfr. FLUME, *Das Rechtsgeschäft*, p. 808 s; MEDICUS, *Allgemeiner Teil...*, an. 973 s; KIESEL, *Stellvertretung ohne Vertretungsmacht...*, p. 74 ss; ENNECCERUS/NIPPERDEY, § 183, I, 1., p. 502; STAUDINGER/DILCHER, § 179, an. 4, § 177, an. 22 ss; BGB-RGRK-STEFFEN, § 179, an. 18, § 177, an. 16 s; SOERGEL/LEPTIEN, § 177, an. 33 ss, § 179, an. 24; ERMAN/ /BROX, § 177, an. 28; PALANDT/HEINRICHS, § 179, an. 9; SCHRAMM, *Münch.Komm.*, § 177, an. 42 ss. Críticas a esta solução podem ver-se em: PETERS, *Überschreiten der Vertretungsmacht und Haftung des Vertretenen für culpa in contrahendo*, "FS Rudolf Reinhardt", 1972, p. 127 ss; CANARIS, *Schadensersatz- und Bereicherungshaftung des Vertretenen bei Vertretung ohne Vertretungsmacht — BGH, NJW 1980, 115*, JuS, 1980, 1980, p. 332 ss; PRÖLSS, *Haftung bei der Vertretung ohne Vertretungsmacht*, JuS, 1986, p. 169 ss (p. 173).

[218] Cfr.: VON TUHR, PETER, *Allgemeiner Teil...*, Bd. 1, p. 404, nota (37); ZÄCH/KÜNZLE, *Stellvertretung...*, p. 358 ss; KIESEL, *Stellvertretung ohne Vertretungsmacht...*, p. 121 ss; GAUCH, SCHLUEP, TERCIER, *Partie générale...*, an. 1012, 684 ss.

[219] Parecendo referir-se ao problema em termos mais gerais, e recusando qualquer responsabilidade extracontratual do *dominus* pela actuação do representante, MINERVINI, *Eccesso di procura del rappresentante e responsabilità del "dominus"*, c. 380 ss.

[220] Sobre a responsabilidade pré-contratual, no direito português, vejam-se: GALVÃO TELLES, *Dos contratos...*, 2ª ed., 1962, p. 184 ss; id., *Manual...*, 1965, p. 186 ss; C. MOTA PINTO, *A responsabilidade pré-negocial pela não conclusão dos contratos*, BFD, supl. vol. XIV, 1966, p. 143 ss; id., *Cessão da posição contratual*, Coimbra, 1971, p. 22 ss, 350 ss, 458 ss; VAZ SERRA, *Culpa do devedor ou do agente*, BMJ, 68 (1957), p. 13 ss (p. 118 ss, p. 145, artigo 8º do articulado do anteprojecto sobre a "culpa do devedor"); id., an. ac. STJ, 7.10.1976, RLJ, 110º, 1977-1978, nºs 3602 s, p. 267 ss (p. 275 ss), id., an. ac. STJ, 19.1.1978, RLJ, 111º, 1978-1979, nº 3623, p. 211 ss (p. 215 s); PESSOA JORGE, *Direito das obrigações*,

portanto a demonstração de que tenham sido violados pelo representado os deveres de informação e de lealdade em situações susceptíveis de criar a confiança da contraparte na atribuição de poder de representação ao agente (porque, por hipótese, o representado escolheu como representante uma pessoa não merecedora da confiança que a actuação representativa implica, ou porque outorgou uma procuração cujo sentido é equívoco), e obviamente desde que não se trate de um caso em que se tenha admitido a relevância directa da aparência de representação.

Quanto à responsabilidade *in contrahendo* do pretenso representado, assente na culpa do representante, por via do artigo 800º do Código Civil (correspondente ao § 278 BGB), ela só será de admitir na hipótese de o pretenso representante, com conhecimento do dono do negócio, mas sem poder de representação, iniciar negociações com a outra parte, em execução de uma relação interna existente entre pretenso representado e pretenso representante, por exemplo um contrato de mandato ou de agência subjacente a essas negociações. O pretenso representado responderá pelos prejuízos causados à contraparte independentemente de culpa própria, se o representante sem poderes tiver violado com culpa deveres de informação ou de lealdade pré-negociais.

Se não existir qualquer vínculo entre o pretenso representado e o pretenso representante, susceptível de justificar a colaboração deste último na prática de um acto jurídico devido por aquele, a pessoa em nome de quem o representante sem poderes actua não pode ser responsável com fundamento no artigo 800º — assim, designadamente, no caso de o pretenso re-

---

1º vol., Lisboa, 1975-1976, p. 180 s; ALMEIDA COSTA, *Responsabilidade civil por ruptura das negociações preparatórias de um contrato*, RLJ, 116º, 1983-1984, nºs 3708 ss, p. 84 ss; id., *Direito das obrigações*, p. 243 ss; MENEZES CORDEIRO, *Da boa fé...*, p. 571 ss; id., *Teoria geral...*, 1º, p. 685 ss; id., *Da responsabilidade civil dos administradores...*, p. 443 s; ANTUNES VARELA, *Das obrigações em geral*, vol. I, 9ª ed., Coimbra, 1996, p. 274 ss; SINDE MONTEIRO, *Responsabilidade por conselhos, recomendações ou informações*, Coimbra, 1989, p. 355 ss; ANA PRATA, *Notas sobre responsabilidade pré-contratual*, cit.; M. GOMES DA SILVA, R. AMARAL CABRAL, *Responsabilidade pré-contratual*, O Direito, 1995, p. 439 ss.

[221] A doutrina portuguesa maioritária preconiza a aplicação das regras da responsabilidade contratual à responsabilidade pré-contratual, de onde resulta que nesta a culpa se presume. Assim: VAZ SERRA, *Culpa do devedor ou do agente*, p. 130, 136 s; id., *Responsabilidade do devedor pelos factos dos auxiliares, dos representantes legais ou dos substitutos*, BMJ, 72 (1958), p. 259 ss (p. 278, nota (25)); C. MOTA PINTO, *Cessão da posição contratual*, p. 351; ANTUNES VARELA, *Das obrigações em geral*, vol. I, p. 279. Também MENEZES CORDEIRO, embora criticando o conceptualismo inerente a uma qualificação em globo da responsabilidade pré-contratual (*Teoria geral...*, 1º, p. 723), entende que deve presumir-se "a culpa da parte faltosa" (*Da boa fé...*, p. 585). No mesmo sentido ainda M. GOMES DA SILVA, R. AMARAL CABRAL, *Responsabilidade pré-contratual*, p. 454. Contra, ALMEIDA COSTA, *Responsabilidade civil por ruptura das negociações ...*, p. 276.

presentado ignorar a actuação desenvolvida em seu nome pelo pretenso representante [222].

A responsabilidade do representado, nestes casos, não pode exceder o interesse negativo, pois, de outro modo, conduziria a um resultado que se aproximaria da eficácia do negócio, contrariando o princípio geral constante do artigo 268º, nº 1 do Código Civil.

Esta responsabilidade do pretenso representado supõe que a contraparte não tenha tido por outra via a possibilidade de se ressarcir dos prejuízos decorrentes da ineficácia do negócio representativo. Tal não significa que este seja o último recurso à disposição da contraparte, mas apenas que este modo de ressarcimento não é cumulável com qualquer outro, por exemplo, com a eventual indemnização por parte do pretenso representante.

5.2.2. Nas relações entre o representante e a contraparte

a) Regime geral

Em todos estes direitos, com excepção do português, a lei prevê expressamente que, se o pretenso representado não ratificar o negócio celebrado em seu nome sem poder de representação, o representante é responsável perante a contraparte no negócio representativo.

O fundamento, os pressupostos e o âmbito desta responsabilidade divergem de uma para outra ordem jurídica, variando, no interior de cada uma delas, a interpretação e aplicação de alguns dos critérios fixados na lei.

A todos estes regimes legais está subjacente a ideia de protecção da contraparte, cujo interesse fora sacrificado pela regra fundamental em matéria de representação sem poderes, conducente à não produção de efeitos do negócio representativo no caso de não ser ratificado pela pessoa em nome de quem foi celebrado.

Pressupostos comuns são a falta de ratificação pelo representado (em consequência de a mesma ter sido recusada ou por força da presunção

---

[222] A responsabilidade *in contrahendo* do pretenso representado, por via do artigo 800º do Código Civil, foi já admitida entre nós por: C. MOTA PINTO, *Cessão da posição contratual*, p. 352; ANA PRATA, *Notas sobre a responsabilidade pré-contratual*, nº 17, p. 65; P. MOTA PINTO, *A aparência...*, p. 638 s, nota (99); R. GUICHARD, *Notas sobre a falta e limites do poder de representação*, p. 32. Era também nesse sentido a proposta de VAZ SERRA, *Culpa do devedor ou do agente*, p. 136. Na jurisprudência, veja-se o já mencionado acórdão da Relação do Porto, de 5.10.1992, CJ, 1992, IV, p. 245, que, apesar de alguma falta de rigor metodológico, constitui uma decisão pioneira nesta matéria. Para a análise de construções que conduzem à aplicação do artigo 500º do Código Civil, cfr. MENEZES CORDEIRO, *Da pós-eficácia das obrigações*, p. 157 s; ALMEIDA COSTA, *Responsabilidade civil por ruptura das negociações...*, p. 253 ss, em especial, p. 277 s.

constante do § 177, 2 BGB, do artigo 38, n° 2 OR, do artigo 1399, n° 4 do Código Civil italiano) [223]; o não exercício do direito de revogação (pela contraparte ou por acordo entre a contraparte e o representante, conforme os casos); a boa fé da contraparte.

No direito alemão, a responsabilidade do representante não depende de culpa, mas a extensão dessa responsabilidade depende da situação subjectiva do representante, pelo que respeita ao conhecimento ou ao desconhecimento da existência e da extensão dos seus poderes representativos [224]: se o representante conhecia a falta de poderes (§ 179, 1 BGB), a contraparte pode optar entre o cumprimento do contrato pelo representante [225] e a indemnização dos prejuízos sofridos, entendendo-se que, neste

---

[223] O pressuposto essencial da responsabilidade do representante sem poderes é a não produção de efeitos do negócio representativo em relação ao representado, como consequência da falta de ratificação. Sendo assim, tal responsabilidade deve considerar-se excluída nos casos em que o negócio é imputado ao representado por força da teoria da representação aparente e dentro dos limites em que ela é admitida. Na Alemanha, é objecto de controvérsia a questão da relação entre a responsabilidade do representado, como resultado da relevância da *Anscheinsvollmacht*, e a responsabilidade do representante, com fundamento no § 179 BGB. No sentido aqui referido, que tem subjacente a existência de uma responsabilidade subsidiária do representante em relação à do representado, é a jurisprudência do BGH. Cfr. BGH, 5.10.1961, BGHZ 36, 31 (34 s, implicitamente); BGH, 25.6.1973, BGHZ 61, 59 (não perante o § 179 BGB, mas perante o artigo 8 da *Wechselgesetz* — sobre a responsabilidade do representante nos termos dessa disposição, cfr., neste número, alínea b)); BGH, 20.1.1983, BGHZ 86, 273 (274 ss) = NJW 1983, 1308. Na doutrina, defendem este ponto de vista: STAUDINGER/ /DILCHER, § 167, an. 44; BGB-RGRK-STEFFEN, § 167, an. 19, § 179, an. 2; SOERGEL/ /LEPTIEN, § 167, an. 24, § 179, an. 3; ERMAN/BROX, § 179, an. 3; SCHRAMM, *Münch.Komm.*, § 167, an. 62, § 179, an. 25; OTT, *Alternativkommentar*, § 179, an. 3 a; K. SCHMIDT, *Falsus--procurator-Haftung und Anscheinsvollmacht. Ein Versuch über Zivilrechtsdogmatik und Prozeßstrategie*, "FS Joachim Gernhuber", 1993, p. 435 ss (em especial, p. 453, p. 460, onde o autor, embora afastando a existência de um direito de escolha da contraparte, se refere a "responsabilidade alternativa"). Configuram a situação como direito subjectivo de escolha da contraparte: CANARIS, *Die Vertrauenshaftung...*, p. 519 s; LIEB, *Aufgedrängter Vertrauensschutz? Überlegungen zur Möglichkeit des Verzichts auf Rechtsscheinsschutz, insbesondere bei der Anscheinsvollmacht*, "FS Heinz Hübner", 1984, p. 575 ss; PRÖLSS, *Vertretung ohne Vertretungsmacht*, p. 579; HERRMANN, *Die neue Rechtsprechung zur Haftung Anscheinsbevollmächtiger* (an. BGH, 20.1.1983, BGHZ 86, 273 = NJW 1983, 1308), NJW, 1984, p. 471 s (p. 472).

[224] A distinção em função da situação subjectiva do representante resulta da comparação entre o texto do § 179, 1 e o texto do § 179, 2 BGB e é geralmente concretizada nos termos a seguir referidos. FLUME, afastando-se da doutrina dominante, considera que, tal como no regime da anulação por erro constante do BGB, deveria ter-se em conta a culpa do representante. Cfr. *Das Rechtsgeschäft*, p. 807 s.

[225] Entende-se em geral que, na hipótese de a contraparte optar pelo cumprimento, o representante não se torna parte no contrato, não podendo designadamente exigir o cumprimento da prestação da contraparte; mas é criada por força da lei entre o representante e a contraparte uma relação contratual com o mesmo conteúdo do contrato celebrado em nome do

caso, a indemnização tem como fundamento o incumprimento e abrange, por isso, o interesse contratual positivo [226]; se o representante não conhecia a falta de poderes (§ 179, 2 BGB), responderá apenas pelo dano da confiança ou interesse contratual negativo, não podendo o montante da indemnização ultrapassar o que corresponderia ao interesse positivo [227]. A responsabilidade do representante é excluída (§ 179, 3 BGB) se a contraparte conhecer ou tiver o dever de conhecer a falta de poder de representação [228] [229] e ainda se a capacidade de exercício de direitos do representante for

---

representado. Cfr. HUPKA, *Die Haftung...*, p. 222; STAUDINGER/DILCHER, § 179, an. 14; BGB-RGRK-STEFFEN, § 179, an. 9, 11; SOERGEL/LEPTIEN, § 179, an. 16; ERMAN/BROX, § 179, an. 8; PALANDT/HEINRICHS, § 179, an. 5; SCHRAMM, *Münch.Komm.*, § 179, an. 28; OTT, *Alternativkommentar*, § 179, an. 4; MARTINEK, *Der Vertreter ohne Vertretungsmacht*, p. L 19; KIESEL, *Stellvertretung ohne Vertretungsmacht...*, p. 63.

[226] HUPKA, *Die Haftung...*, p. 229; FLUME, *Das Rechtsgeschäft*, p. 805 ss; LARENZ, *Allgemeiner Teil...*, p. 618; MEDICUS, *Allgemeiner Teil...*, an. 985 ss; STAUDINGER/DILCHER, § 179, an. 16; BGB-RGRK-STEFFEN, § 179, an. 1, 12; SOERGEL/LEPTIEN, § 179, an. 17; ERMAN/BROX, § 179, an. 7 ss; PALANDT/HEINRICHS, § 179, an. 5 s; SCHRAMM, *Münch.Komm.*, § 179, an. 32; OTT, *Alternativkommentar*, § 179, an. 4; PRÖLSS, *Haftung bei der Vertretung ohne Vertretungsmacht*, p. 171; MARTINEK, *Der Vertreter ohne Vertretungsmacht*, p. L 19; KIESEL, *Stellvertretung ohne Vertretungsmacht...*, p. 64; WITZ, *Droit privé ...*, p. 405 s.

[227] HUPKA, *Die Haftung...*, p. 230; FLUME, *Das Rechtsgeschäft*, p. 807 s; LARENZ, *Allgemeiner Teil...*, p. 617; MEDICUS, *Allgemeiner Teil...*, an. 988; ENNECCERUS/NIPPERDEY, § 183, I, 3., a), p. 504; ERMAN/BROX, § 179, an. 11 s; PALANDT/HEINRICHS, § 179, an. 7; SCHRAMM, *Münch.Komm.*, § 179, an. 32; OTT, *Alternativkommentar*, § 179, an. 5; MARTINEK, *Der Vertreter ohne Vertretungsmacht*, p. L 19; KIESEL, *Stellvertretung ohne Vertretungsmacht...*, p. 66 s; WITZ, *Droit privé...*, p. 405. Referem a possibilidade de o representante responder pelo interesse positivo nos casos em que tenha expressamente garantido a existência de um poder de representação eficaz: STAUDINGER/DILCHER, § 179, an. 18; BGB-RGRK-STEFFEN, § 179, an. 1, 13; SOERGEL/LEPTIEN, § 179, an. 18.

[228] A exclusão não pode aplicar-se sem limitação no caso de o representante actuar em nome de uma pessoa ainda não existente; o conhecimento ou o dever de conhecer da contraparte, exigido pelo § 179, 3 BGB, diz então igualmente respeito a essa circunstância (BGH, 20.10.1988, BGHZ 105, 283, 286).

[229] Alguns autores entendem que, apesar de a responsabilidade do representante ser excluída quando a contraparte conhece ou tem o dever de conhecer a falta de poderes, nos termos do § 179, 3 BGB, o *falsus procurator* pode ainda assim responder perante a contraparte por *culpa in contrahendo* (porque, por exemplo, actuando abertamente como representante sem poderes, transmite à contraparte a convicção de que o representado ratificará o negócio, ou porque tem um interesse pessoal no negócio em causa). Admitem tal responsabilidade, embora exigindo diferentes pressupostos: CREZELIUS, *Culpa in contrahendo des Vertreters ohne Vertretungsmacht*, JuS, 1977, p. 796 ss (p. 799); PRÖLSS, *Haftung bei der Vertretung ohne Vertretungsmacht*, p. 172 s; U. MÜLLER, *Die Haftung des Stellvertreters bei culpa in contrahendo und positiver Forderungsverletzung*, p. 2174 s; FLUME, *Das Rechtsgeschäft*, p. 805; STAUDINGER/DILCHER, § 179, an. 20; SOERGEL/LEPTIEN, § 179, an. 22, 23. Pronunciam-se, em geral, contra a responsabilidade por *culpa in contrahendo* do representante sem poderes: BGB-RGRK-STEFFEN, § 179, an. 18; THIELE, *Münch.Komm.*, § 177, an. 48; ERMAN/BROX, § 179, an. 22; SCHRAMM, *Münch.Komm.*, § 177, an. 48.

limitada, salvo, neste caso, se tiver obtido o consentimento do seu representante legal [230].

A doutrina alemã divide-se quanto à qualificação da responsabilidade do representante prevista no § 179 BGB: responsabilidade com fundamento em garantia do representante (garantia quanto à existência e extensão do poder de representação ou quanto à futura ratificação do contrato pelo representado) [231]; responsabilidade pela confiança [232]; responsabilidade pelo risco [233]; ou responsabilidade com um fundamento misto [234].

No direito suíço a responsabilidade do representante sem poderes perante a contraparte diz respeito à indemnização pelos prejuízos causados: não existindo culpa do representante, a indemnização é limitada ao interesse negativo (artigo 39, n° 1 OR); se o representante agiu com culpa, a indemnização pode abranger outros danos, se, tendo em conta as circunstâncias do caso, o juiz entender que a equidade o exige (artigo 39, n° 2 OR), o que leva a doutrina a admitir que a indemnização pode dizer respeito ao interesse positivo [235]. Em qualquer caso, a contraparte pode exigir do representante ou do representado tudo o que tiver indevidamente pago, com fundamento em enriquecimento sem causa (artigo 39, n° 3 OR).

A responsabilidade do representante é comummente qualificada, no direito suíço, como responsabilidade por *culpa in contrahendo* [236]; as diver-

---

[230] O BGH, afastando-se da jurisprudência do *Reichsgericht*, considerou que o exercício dos direitos da contraparte está sujeito, em todas as situações previstas no § 179, ao curto prazo de prescrição estabelecido no § 196, 1, 1 BGB (BGH, 8.2.1979, BGHZ 73, 266).

[231] Neste sentido, cfr.: *Die gesammten Materialen...*, I, p. 488; WINDSCHEID, *Lehrbuch...*, I, 9ª ed., p. 368 s e notas (7a) e (8); ENNECCERUS/NIPPERDEY, § 183, I, 3., p. 504; FLUME, *Das Rechtsgeschäft*, p. 801 ss; PALANDT/HEINRICHS, § 179, an. 1; STAUDINGER/DILCHER, § 179, an. 1; ERMAN/BROX, § 179, an. 1; OTT, *Alternativkommentar*, § 179, an. 1; MEDICUS, *Allgemeiner Teil...*, an. 985; KORNBLUM, *Die überzähligen Klorollen — LG Hanau, NJW 1979, 721*, JuS, 1980, p. 258 ss (p. 259); BÜHLER, *Grundsätze und ausgewählte Probleme der Haftung des ohne Vertretungsmacht Handelnden*, MDR, 1987, p. 985 ss (p. 985). Na jurisprudência, vejam-se, neste sentido: BGH, 5.5.1977, BGHZ 68, 356 (360) (*gesetzliche Garantiehaftung*); BGH, 20.10.1988, BGHZ 105, 283 (285) (*gesetzliche Garantenhaftung*).

[232] CANARIS, *Die Vertrauenshaftung...*, p. 532 ss; BGB-RGRK-STEFFEN, § 179, an. 1. Na jurisprudência, no mesmo sentido, cfr.: BGH, 5.5.1960, BGHZ 32, 251 (254); BGH, 29.1.1963, BGHZ 39, 45 (51).

[233] PRÖLSS, *Haftung bei der Vertretung ohne Vertretungsmacht*, p. 169 e *passim*.

[234] "Atenuação de responsabilidade [*Haftungsmilderung*], de uma responsabilidade pela garantia do cumprimento (Abs. 1) para uma responsabilidade pela confiança (Abs. 2)" (MARTINEK, *Der Vertreter ohne Vertretungsmacht*, p. L 20). Cfr. também SOERGEL/LEPTIEN, § 179, an. 1; SCHRAMM, *Münch.Komm.*, § 179, an. 1 e 2.

[235] Assim: E. BUCHER, *Schweizerisches Obligationenrecht*, p. 644; ZÄCH/KÜNZLE, *Stellvertretung...*, p. 341 ss; STETTLER, *Représentation...*, p. 74; KIESEL, *Stellvertretung ohne Vertretungsmacht...*, p. 112 ss; GUHL/KOLLER/DRUEY, *OR*, p. 160; KOLLER, *Schweizerisches Obligationenrecht*, p. 335 s; GAUCH, SCHLUEP, TERCIER, *Partie générale...*, an. 1036.

[236] Neste sentido, expressamente, BG, 14.6.1978, BGE 104 II 94 (94). O Tribunal deixou indefinida a questão da natureza contratual ou extracontratual da responsabilidade por

gências observadas respeitam tão-só ao regime aplicável à responsabilidade por *culpa in contrahendo*, ora sujeita às regras da responsabilidade contratual, ora sujeita às regras da responsabilidade extracontratual [237].

No direito italiano, estabelece-se que aquele que contratar como representante de outrem sem ter poderes representativos ou excedendo os limites dos seus poderes é responsável pelo dano que a contraparte sofrer por ter confiado sem culpa na validade do contrato (artigo 1398 do Código Civil). Da disposição citada resulta que o representante não fica nunca vinculado ao acto celebrado sem poderes, como parte dele; tendo declarado o carácter alheio do contrato, não assume directa responsabilidade nas relações com a contraparte, ressalvada a eventual indemnização dos prejuízos causados [238]. A responsabilidade prevista no artigo 1398 deriva do comportamento do representante (susceptível de criar na contraparte de boa fé a confiança na legitimidade do representante e, consequentemente, na validade e eficácia do negócio em relação ao representado), e abrange o interesse contratual negativo, não o dano do cumprimento. É, em geral, qualificada como pré-contratual e submetida às regras da responsabilidade extracontratual [239].

---

culpa in contrahendo. Assim também, em termos gerais, quanto à *culpa in contrahendo*, BG, 21.5.1975, BGE 101 II 266, 269 s; BG, 14.12.1982, BGE 108 II 419 (422). Em BG, 10.10.1995, PR, 1996, p. 613 ss, p. 617, o *Bundesgericht* qualifica a *culpa in contrahendo* como "um caso especial de responsabilidade pela confiança".

[237] Cfr. GUHL/KOLLER/DRUEY, *OR*, p. 160 (que a sujeitam às regras da responsabilidade extracontratual); KIESEL, *Stellvertretung ohne Vertretungsmacht...*, p. 111, e VON TUHR, PETER, *Allgemeiner Teil...*, Bd. 1, p. 404 (que a qualificam como contratual); ZÄCH/KÜNZLE, *Stellvertretung...*, p. 343 ss, e GAUCH, SCHLUEP, TERCIER, *Partie générale...*, an. 686 ss (que para cada questão procuram a regra mais adequada dentro do regime da responsabilidade contratual ou extracontratual).

[238] Cfr.: STOLFI, *Teoria...*, p. 197; MIRABELLI, *Dei contratti...*, p. 313; SANTORO--PASSARELLI, *Dottrine generali...*, p. 291.

[239] Cfr.: DE MARTINI, *Invalidità del contratto del falsus procurator e interesse contrattuale negativo*, Giur. compl. Cass. Civ., 1949, I, p. 295 ss (p. 295, 299, 302); MESSINEO, *Dottrina generale...*, p. 158; id., *Manuale di diritto civile e commerciale*, I, Milano, 1957, p. 549; *Il contratto in generale*, I, Milano, 1968, p. 248 s; BETTI, *Teoria generale...*, p. 584, 498 s; MIRABELLI, *Dei contratti...*, p. 308, 313); CARIOTA FERRARA, *Il negozio giuridico...*, p. 677; BENATTI, *Contratto concluso...*, p. 344; SACCO, *Il contratto*, "Trattato di diritto civile italiano diretto da Filippo Vassalli", vol. VI, tomo 2º, Torino; 1975, p. 919; MAIORCA, *Il contratto. Profili della disciplina generale*, Torino, 1984, p. 347 s, nota (17), 206 ss; NATOLI, *La rappresentanza*, p. 121; BIANCA, *Diritto civile*, 3, p. 119; GALGANO, *Diritto privato...*, p. 286; id., *Diritto civile...*, II, 1, p. 357 s; BIGLIAZZI GERI e o., *Diritto civile*, 1.2, p. 575; ZACCARIA, *Rappresentanza*, p. 491; id., *Commentario, sub* art. 1398, I; G. VISINTINI, *Della rappresentanza*, p. 319. Poucos são os autores que atribuem uma qualificação diferente à responsabilidade do representante sem poderes: D'AVANZO, *Rappresentanza*, p. 828 (natureza dupla, contratual e extracontratual); BARBERO, *Il sistema di diritto privato*, p. 240 (extracontratual). Na jurisprudência, qualificando a responsabilidade como pré-contratual:

O silêncio do Código Civil português quanto à questão da responsabilidade do representante sem poderes, em face da contraparte no negócio representativo, quando não ocorrer a ratificação pelo representado, é explicado por Rui de Alarcão, que afirma ter sido intenção dos autores do Código relegar a solução do problema para as regras gerais da responsabilidade pré-negocial [240].

Não pode considerar-se que exista no nosso país uma construção dogmática sobre esta questão. A doutrina mais recente tem, salvo raras excepções, ignorado o problema [241]. Os tribunais portugueses não têm sido chamados a pronunciar-se relativamente à responsabilidade do representante sem poderes.

De qualquer modo, uma conclusão parece segura. Não havendo ratificação, o representante sem poderes não responde, seja qual for a sua situação subjectiva, pelo cumprimento do contrato: "o negócio, ineficaz relativamente ao 'representado', não é, também, tratado como um negócio do representante" [242].

Na falta de critérios legais expressos, não existindo uma opinião constante na jurisprudência nem na doutrina, e tendo em conta a essência do instituto da representação e os princípios subjacentes ao regime da responsabilidade no direito civil português, parece-nos que a responsabilidade do representante sem poderes pelos danos causados à contraparte que confiou na validade e eficácia do negócio representativo não pode, quer pelo que diz respeito aos seus pressupostos, quer pelo que se refere aos seus efeitos, ir para além do que em termos gerais se admite no domínio

---

Cass. civ., 18.1.1949, Giur. compl. Cass. Civ., 1949, I, p. 294 ss; Cass. civ., 17.6.1971, Giust. civ. Mass., 1971, nº 1844, p. 999; Cass. civ., 5.2.1980, Giust. civ. Mass., 1980, nº 837, p. 359 s: Cass. civ., 25.8.1986, Giust. civ. Mass., 1986, nº 5170, p. 1496 s. Qualificando a responsabilidade como extracontratual (por violação de deveres de correcção e boa fé): Cass. civ., 16.3.1988, Giust. civ. Mass., 1988, nº 2468, p. 614 s; Cass. civ., 7.12.1988, Giust. civ. Mass., 1988, nº 6669, p. 1629.

[240] Cfr. *Breve motivação...*, p. 114.

[241] No Código Civil de 1867, a responsabilidade do mandatário que excedesse os seus poderes, não só perante o seu constituinte, mas também perante "qualquer terceiro com quem haja contratado", encontrava-se prevista no artigo 1338º. Veja-se GUILHERME MOREIRA, *Instituições...*, I, p. 456. Ainda durante a vigência do Código de Seabra, a aplicação da figura da responsabilidade na formação dos negócios à actuação do *falsus procurator* foi admitida por C. MOTA PINTO, *A responsabilidade pré-negocial...*, p. 150, 157, 159. No domínio do actual Código Civil português, encontram-se algumas referências ao problema. Cfr.: VAZ SERRA, RLJ, 108º, p. 72, 75; C. MOTA PINTO, *Teoria geral...*, p. 545; ANA PRATA, *Notas sobre a responsabilidade pré-contratual*, nº 17, p. 65 s; P. MOTA PINTO, *A aparência...*, p. 593 s, nota (10); R. GUICHARD, *Notas sobre a falta e limites do poder de representação*, p. 22 ss; R. PINTO, *Falta e abuso de poderes ...*, p. 94 ss.

[242] Cfr. C. MOTA PINTO, *Teoria geral ...*, p. 544 s.

da responsabilidade pré-contratual prevista no artigo 227º do Código Civil português [243].

O facto típico que em primeiro lugar justifica a obrigação de indemnização do representante sem poderes por *culpa in contrahendo* é a violação de deveres de informação (no caso, o dever do representante de informar a contraparte sobre a existência e a extensão do poder de representação) e de deveres de lealdade (no caso, o dever do representante de actuar em conformidade com o poder de representação que lhe foi atribuído, não, ou não apenas, tendo em conta o interesse do representado, mas — e é o que neste contexto está em causa — tendo em consideração o interesse da pessoa que contrata com um intermediário de outrem). Estes deveres são impostos, em geral, pela boa fé e são particularmente justificados no âmbito da actuação representativa.

Depois, só existirá responsabilidade do representante sem poderes se a contraparte tiver sofrido danos em consequência da ineficácia do negócio representativo e se o representante actuar com culpa.

De exigir será também, como pressuposto da obrigação de indemnizar a cargo do representante, a confiança da contraparte na legitimidade do agente (na existência e na extensão do poder de representação do agente). Requisito indispensável será portanto a boa fé (subjectiva) da contraparte [244].

---

[243] A questão de saber se os sujeitos do dever pré-contratual de boa fé são as partes do contrato *in fieri* ou também os auxiliares ou representantes que, directa ou indirectamente, intervenham na preparação e celebração daquele é aflorada por ALMEIDA COSTA, *Responsabilidade civil* ..., p. 205, e foi amplamente tratada por BALLERSTEDT, *Zur Haftung für culpa in contrahendo bei Geschäftsabschluß durch Stellvertreter*, AcP 51 (1950-51), p. 501 ss. Nem a *ratio* do artigo 227º nem a utilização da expressão "quem negoceia ..." impõem uma interpretação que faça excluir da sua previsão a actuação de uma pessoa na qualidade de representante. Em conformidade com os princípios dogmáticos subjacentes ao direito da representação na ordem jurídica portuguesa, o representante é necessariamente uma pessoa distinta do representado, que actua autonomamente e emite uma declaração própria. Sobre a pessoa do representante impendem, por isso, os deveres de informação e de lealdade exigíveis na fase pré-contratual.

[244] Pode invocar-se uma máxima da *equity*, susceptível de ser transposta para o caso em análise: "*he who comes into equity must come with clean hands*" (CURZON, *Equity and trusts*, Plymouth, 1985, p. 7). No mesmo sentido são de resto as exigências do direito positivo nas ordens jurídicas em apreciação, como pudemos verificar pelas normas acima referidas. Sobre a exigência da boa fé da contraparte no domínio da responsabilidade pré-contratual, cfr., por todos, BALLERSTEDT, *Zur Haftung*..., p. 508. Como já por diversas vezes se referiu, há que ter em conta, na averiguação da boa fé da contraparte, não apenas a regra que permite à pessoa a quem é dirigida uma declaração em nome de outrem exigir do representante a justificação dos seus poderes (artigo 260º do Código Civil), mas ainda as normas que impõem a inscrição no registo comercial do poder de representação para a prática de actos de comércio e que estabelecem os efeitos do registo (artigos 10º e 14º do Código do Registo Comercial).

Quanto aos efeitos, e tendo em consideração a regra fundamental estabelecida no artigo 227º, nº 1 e os princípios que regem a obrigação de indemnizar constantes dos artigos 562º e seguintes do Código Civil, dir-se-á que os danos ressarcíveis pelo representante sem poderes são os prejuízos sofridos pela contraparte ao confiar na validade e eficácia do negócio representativo (abrangendo tanto o dano emergente como o lucro cessante), que estejam ligados por um nexo de causalidade ao facto gerador da responsabilidade. A medida desses danos deve em princípio aferir-se pelo interesse negativo ou dano da confiança, afigurando-se todavia possível admitir que, no caso particularmente grave de o representante sem poderes conhecer a falta de legitimidade representativa, a indemnização possa abranger o interesse positivo ou dano do cumprimento [245].

b) Regime especial em matéria de títulos de crédito

Regime especial relativamente ao que acaba de ser descrito existe em todas estas ordens jurídicas no domínio dos títulos de crédito.

Sendo os quatro países subscritores das Convenções de Genebra de 7 de Junho de 1930 e de 19 de Março de 1931, que estabelecem, respectivamente, uma Lei Uniforme em matéria de letras e livranças (LULL) e uma Lei Uniforme em matéria de cheques (LUC) [246] [247], em todos eles se

---

[245] Acompanhamos assim, nesta parte, a posição de C. MOTA PINTO, *Teoria geral...*, p. 545: "Não havendo ratificação, o representante sem poderes, se tiver agido com culpa, como será quase sempre o caso, responde perante a contraparte, com fundamento em responsabilidade pré-negocial (artigo 227º) ou na existência de uma promessa tácita de garantia, sempre existente, se não psicologicamente ao menos objectivamente. O 'falsus procurator' responde pelo interesse contratual negativo ou interesse da confiança [...] se desconhecia, com culpa, a falta de poderes (no caso raro de não ter culpa, não responde). Se o representante sem poderes conhecia a falta de legitimidade representativa a contraparte pode optar pela indemnização pelo não cumprimento do contrato". No mesmo sentido também VAZ SERRA, RLJ, 108º, p. 72, nota (2). Crítico, R. GUICHARD, *Notas sobre a falta e limites do poder de representação*, p. 28 s. Opinando, em geral, que a responsabilidade por *culpa in contrahendo* não deve limitar-se ao ressarcimento do denominado "interesse negativo", MENEZES CORDEIRO, *Teoria geral...*, 1º, p. 723.

[246] O regime constante daquelas Convenções foi recebido, no direito alemão, pelas disposições da *Wechselgesetz*, de 21.6.1933, e da *Scheckgesetz*, de 14.8.1933; no direito suíço, foi integrado no Código das Obrigações (na parte quinta, capítulo IV, relativo à letra e à livrança, capítulo V, relativo ao cheque), por força da lei federal de 18.12.1936; no direito italiano, foi incluído em dois decretos: o *regio decreto* n. 1669, de 14.12.1933, sobre a letra de câmbio e a livrança, e o *regio decreto* n. 1736, de 21.12.1933, sobre o cheque. Em Portugal, as Convenções foram aprovadas para ratificação pelo Decreto-Lei nº 23 721, de 29.3.1934, D. G. nº 73, I Série, de 29.3.1934, e ratificadas por Cartas de Confirmação e Ratificação, de 10.5.1934, D. G. nº 144, supl., I Série, de 21.6.1934 (onde se encontram publicados os respectivos textos). Sobre os problemas suscitados pela recepção em Portugal destas

encontra em vigor o regime da representação sem poderes fixado nessas Convenções.

Os preceitos do artigo 8º da LULL [248] e do artigo 11º da LUC estabelecem as consequências da actuação do representante sem poderes, nos seguintes termos: "Todo aquele que apuser a sua assinatura numa letra [num cheque], como representante duma pessoa, para representar a qual não tinha de facto poderes, fica obrigado em virtude da letra [do cheque] e, se a [o] pagar, tem os mesmos direitos que o pretendido representado. A mesma regra se aplica ao representante que tenha excedido os seus poderes" [249].

Tendo em conta a similitude das disposições, trataremos na exposição subsequente apenas da que se refere à letra, tanto mais que a letra constitui o paradigma na teoria dos títulos de crédito [250].

Convenções, cfr. GONSALVES DIAS, *Da letra e da livrança segundo a Lei Uniforme e o Código Comercial*, vol. I, Famalicão, 1939, p. 193 ss; FERRER CORREIA, *Lições de direito comercial*, vol. III — *Letra de câmbio*, Coimbra, 1966, p. 33 ss.

[247] Estas Convenções, celebradas no âmbito da Sociedade das Nações, estabelecem um direito material uniforme aplicável a certos tipos de títulos de crédito, quer em relações meramente internas quer em relações internacionais. Com a Convenção sobre letras e livranças poderá no futuro vir a concorrer, na regulamentação de relações internacionais, a Convenção de Nova Iorque sobre letras e livranças internacionais, preparada pela Comissão das Nações Unidas para o Direito Comercial Internacional (CNUDCI) e adoptada, em 9 de Dezembro de 1988, pela Assembleia Geral das Nações Unidas (cfr., neste capítulo, § 5º, nº 1.1.).

[248] O regime do artigo 8º da LULL é aplicável à livrança por força do artigo 77º da mesma Lei Uniforme.

[249] O texto transcrito é o que consta da versão oficial portuguesa. Cfr.: na Alemanha, artigo 8 da *Wechselgesetz* e artigo 11 da *Scheckgesetz*; na Suíça, artigo 998 OR, aplicável directamente em matéria de letra de câmbio e aplicável em matéria de cheque, por força da remissão contida no artigo 1143 OR; em Itália, artigo 11 do *regio decreto* n. 1669, quanto à letra de câmbio, e artigo 14 do *regio decreto* n. 1736, quanto ao cheque.

[250] Sobre a interpretação do preceito do artigo 8º da LULL (ou, conforme os casos, das disposições nacionais adoptadas em aplicação da Lei Uniforme), cfr.: GONSALVES DIAS, *Da letra e da livrança...*, vol. V, Coimbra, 1943, p. 281 ss; PINTO COELHO, *Lições de direito comercial*, 2º vol., fasc. II — *As letras,* 2ª parte, Lisboa, 1943, p. 94 ss; VAZ SERRA, *Títulos de crédito*, BMJ, 60 (1956), p. 5 ss; 61 (1956), p. 5 ss (60, p. 108 ss); FERRER CORREIA, *Letra de câmbio*, p. 118 ss; PEREIRA DE ALMEIDA, *Direito comercial*, vol. III — *Títulos de crédito*, Lisboa, 1988, p. 143 s; P. SENDIN, *Letra de câmbio. L. U. de Genebra*, vol. II — *Obrigações cambiárias*, Coimbra, 1982, p. 562 ss; A. DELGADO, *Lei Uniforme sobre letras e livranças* (anotada), 6ª ed., 1990, p. 65 ss; PAIS DE VASCONCELOS, *Direito comercial. Títulos de crédito*, Lisboa, 1990, p. 11 s; OLIVEIRA ASCENSÃO, *Direito comercial*, vol. III — *Títulos de crédito*, 1992, p. 110 s; BROX, *Handelsrecht und Wertpapierrecht*, 2ª ed., München, 1981, p. 291; HUECK, *Recht der Wertpapiere*, 12ª ed. por Claus-Wilhelm Canaris, München, 1986, p. 58 s; MEYER-CORDING, *Wertpapierrecht*, 2ª ed., Frankfurt a. M., 1990, p. 40 s; KIESEL,

Implícita no preceito do artigo 8º da LULL está a ideia de que a aposição de assinatura numa letra em representação de outrem vincula o representado [251]. De harmonia com os princípios gerais em matéria de representação, para que o acto produza efeitos na esfera jurídica do representado, exige-se que seja patente a actuação representativa por parte do representante, mediante a invocação do nome do representado, e que o representante actue dentro dos limites dos seus poderes [252]. Se o representante não respeitar os limites dos seus poderes [253], o representado não fica vinculado, a não ser que ratifique a actuação do representante [254].

Stellvertretung ohne Vertretungsmacht..., p. 72 s, 119 ss; ZÄCH/KÜNZKLE, *Stellvertretung...*, p. 367; MOSSA, *La cambiale secondo la nuova legge*, Milano, 1937, I, p. 312 ss; SANTINI, *L' opponibilità delle eccezioni nella cambiale firmata da falsus procurator*, Rdcomm., 1953, I, p. 60 ss; PELLIZZI, PARTESOTTI, *Commentario breve alla legislazione sulla cambiale e sugli assegni*, Padova, 1990, p. 31 ss; COTTINO, *Diritto commerciale*, vol. II, tomo 1, Padova, 1992, p. 294 s; G. FERRI, *Manuale di diritto commerciale*, p. 719 ss.

[251] A admissibilidade de representação na prática de actos cambiários, que foi objecto de discussão com fundamento no carácter formal dos títulos de crédito (GONSALVES DIAS, *Da letra e da livrança...*, vol. II, Coimbra, 1939, p. 436 ss; PINTO COELHO, *As letras*, 2ª parte, p. 9), tem sido reconhecida por resultar de princípios gerais (PINTO COELHO, *loc. cit.*; MOSSA, *La cambiale secondo la nuova legge*, I, p. 300; HUECK, CANARIS, *Recht der Wertpapiere*, p. 57; BROX, *Handelsrecht...*, p. 290) ou por estar pressuposta no regime dos artigos 8º da LULL e 11º da LUC (VAZ SERRA, *Títulos de crédito*, BMJ, 60, p. 49, 67; id., an. ac. STJ, 8.2.1979, RLJ, 112º, 1979-1980, nºs 3647 ss, p. 219 ss (p. 222); FERRER CORREIA, *Letra de câmbio*, p. 118; PEREIRA DE ALMEIDA, *Direito comercial*, vol. III, p. 143; OLIVEIRA ASCENSÃO, *Direito comercial*, vol. III, p. 110; LESCOT, *La nouvelle législation de la lettre de change. Théorie générale. Création, transmission, garanties ordinaires du paiement de la lettre de change*, Paris, 1937, p. 14). A possibilidade de uma letra "ser sacada por ordem e conta de terceiro" é expressamente admitida no artigo 3º, terceiro parágrafo, da LULL. No "saque por conta", o sacador, actuando por conta de outrem, não revela a terceiros a pessoa por conta de quem actua (o dador da ordem ou ordenante), apresentando-se como o autêntico sacador do título que assinou em seu nome. Trata-se de uma hipótese de mandato sem representação ou comissão. Neste sentido, GONSALVES DIAS, *Da letra e da livrança...*, vol. II, p. 446 ss; PEREIRA DE ALMEIDA, *loc. cit.*; LESCOT, ROBLOT, *Les effets de commerce. Lettre de change, billets à ordre et au porteur, warrants*, Paris, 1953, I, p. 176; RIPERT, ROBLOT, *Traité de droit commercial*, tome 2, 14ª ed. por Philippe Delebecque e Michel Germain, Paris, 1994, p. 181 s; JEANTIN, *Droit commercial. Instruments de paiement et de crédit. Entreprises en difficulté*, 3ª ed., Paris, 1992, p. 157 s. Em matéria de cheque, o "saque por conta de terceiro" não parece ter grande utilidade; foi um desejo de simetria em relação ao preceito da LULL que levou à sua inclusão no artigo 6º, segundo parágrafo, da LUC (cfr. RIPERT, ROBLOT, *Traité de droit commercial*, tome 2, p. 276).

[252] Assim: PINTO COELHO, *As letras*, 2ª parte, p. 10; FERRER CORREIA, *Letra de câmbio*, p. 118; VAZ SERRA, RLJ, 112º, p. 222 s; MOSSA, *La cambiale...*, I, p. 307 s; BROX, *Handelsrecht ...*, p. 290 s; MEYER-CORDING, *Wertpapierrecht*, p. 40.

[253] A questão de saber se o representante tem ou não poderes para apor a sua assinatura na letra em nome do representado há-de resolver-se pela lei reguladora da representação. Ora, pode suceder que, perante a lei reguladora da relação interna, o representante não tenha poderes de representação, mas que os tenha face à lei reguladora da relação externa.

A actuação do representante sem poderes tem como efeito, nos termos do artigo 8º da LULL, a responsabilidade pessoal do representante. Essa responsabilidade não se limita à indemnização pelos danos sofridos pelo portador do título em consequêcia da actuação ilícita de uma pessoa que falsamente se apresenta como representante de outrem. Segundo a disposição da Lei Uniforme, o representante fica obrigado em virtude da letra, assumindo a posição cambiária que corresponderia ao representado.

A vinculação do representante tem portanto a natureza de autêntica obrigação cambiária. O representante insere-se validamente no circuito cambiário. E, uma vez que ele toma o lugar do representado no aspecto passivo, ficando vinculado na posição cambiária que pretendia criar para o representado, o artigo 8º reconhece-lhe essa mesma posição no aspecto activo, atribuindo-lhe, no caso de ele pagar a letra, os mesmos direitos que teria o representado, se a representação fosse eficaz.

Tudo se passa como se não estivesse escrita no título a indicação "por procuração de", "como representante de" ou outra equivalente, atribuindo-se apenas efeitos à subscrição pelo representante. O representante obriga-se segundo a sua declaração cambiária, como se não tivesse sido indicada a representação.

O preceito da Lei Uniforme não distingue entre os casos em que o representante está de boa fé, porque ignorava a falta de poderes, e os casos em que ele está de má fé, porque conhecia a falta de poderes [255].

Por outro lado, a aplicação deste regime não depende da boa ou má fé do portador. No sistema da Lei Uniforme, a falta de poderes de representação é uma excepção absoluta, que pode ser invocada por qualquer portador, sem consideração da sua situação subjectiva. Solução diversa levaria a admitir que o responsável seria o representante ou o representado, consoante a letra estivesse em poder de uma pessoa que desconhecesse ou de outra que conhecesse a falta de poderes do representante [256] [257].

Esta simples verificação demonstra que o direito material uniforme não pode prescindir da determinação do direito aplicável nem do recurso ao método conflitual e não elimina os conflitos entre preceitos materiais das ordens jurídicas em contacto com uma situação da vida privada internacional.

[254] A doutrina admite em geral a ratificação por parte do representado. Cfr.: VAZ SERRA, *Títulos de crédito*, BMJ, 60, p. 109, nota (180); P. SENDIN, *Letra de câmbio...*, vol. II, p. 571, nota (171); LESCOT, *La nouvelle législation de la lettre de change...*, p. 29 s; LESCOT, ROBLOT, *Les effets de commerce...*, I, p. 174; MOSSA, *La cambiale...*, I, p. 311; PELLIZZI, PARTESOTTI, *Commentario*, p. 38; FERRI, *Manuale di diritto commerciale*, p. 720; BROX, *Handelsrecht...*, p. 291; HUECK, CANARIS, *Recht der Wertpapiere*, p. 58; MEYER-CORDING, *Wertpapierrecht*, p. 41.

[255] Distinção que, como se viu, consta do § 179 BGB.

[256] Neste sentido, cfr.: LESCOT, *La nouvelle législation de la lettre de change...*, p. 24 ss; LESCOT, ROBLOT, *Les effets de commerce...*, I, p. 168; JEANTIN, *Droit commercial...*,

Estas circunstâncias devem ser consideradas quando se procura o fundamento para o regime contido no artigo 8º da Lei Uniforme [258]. Subjacentes à estatuição do preceito estão as exigências do comércio e da fácil circulação da letra, que não se conciliam com uma averiguação da realidade e do âmbito dos poderes da pessoa que subscreveu a letra em representação de outrem [259] [260].

Por força da disposição contida na parte final do artigo 8º, o mesmo regime é aplicável ao caso do representante que actua para além dos poderes atribuídos pelo representado. Não obstante o teor da disposição [261] e apesar de na discussão do texto da Convenção de Genebra ter sido recusada

---

p. 156; FERRI, *Diritto commerciale*, p. 720. No sentido de que o regime especial de responsabilidade do pretenso representante deve cessar quando o portador esteja de má fé, isto é, quando conheça ou deva conhecer a falta de poderes de representação da pessoa que subscreveu a letra, cfr.: VAZ SERRA, *Títulos de crédito*, BMJ, 60, p. 109 e nota (180); FERRER CORREIA, *Letra de câmbio*, p. 120; MOSSA, *La cambiale...*, I, p. 315; SANTINI, *L' opponibilità delle eccezioni...*, p. 64; PELLIZZI, PARTESOTTI, *Commentario*, p. 37; BROX, *Handelsrecht...*, p. 292. Para HUECK, CANARIS, *Recht der Wertpapiere*, p. 59, a protecção do terceiro só deve deixar de existir quando ele tiver conhecimento efectivo da falta de poderes do representante ou quando tal falta for para ele evidente, continuando a aplicar-se o regime do artigo 8 nos casos em que o terceiro não conhece a falta de poderes em consequência de descuido ou imprudência da sua parte.

[257] A distinção entre a boa fé e a má fé do portador da letra é susceptível de ter relevância para efeitos de determinação dos meios de defesa que o representante pode opor ao portador, sendo de admitir que em relação ao primeiro apenas possam ser opostos os meios de defesa de que poderia dispor o representado, enquanto em relação ao segundo possam ser opostas todas as excepções derivadas de relações pessoais com o representante. Por outro lado, o portador de boa fé deve poder opor ao pretenso representante todas as excepções e não apenas os meios de defesa que poderia invocar contra o pretenso representado. Cfr. LESCOT, *La nouvelle législation de la lettre de change...*, p. 26; LESCOT, ROBLOT, *Les effets de commerce ...* , I, p. 172.

[258] Sobre a questão, desenvolvidamente, P. SENDIN, *Letra de câmbio...*, vol. II, p. 565 ss.

[259] A que alguns autores acrescentam o objectivo último de protecção da boa fé do portador da letra. Cfr. PINTO COELHO, *As letras*, 2ª parte, p. 96; VAZ SERRA, *Títulos de crédito*, BMJ, 60, p. 109; FERRER CORREIA, *Letra de câmbio*, p. 119.

[260] Numa decisão fundamentada no artigo 8 da *Wechselgesetz*, o BGH considerou que recai sobre o representante o ónus de provar que tem poderes para subscrever a letra em nome do representado (BGH, 27.10.1986, MDR 1987, 296, nº 14).

[261] E o texto do relatório do Comité de Redacção, que a seguir se transcreve: *"Quand le signataire a agi, non pas sans aucun pouvoir mais au delà de ses pouvoirs (quand, par exemple, ayant pouvoir de souscrire une lettre de change de 10 000 francs, il en a souscrit une de 20 000), il est tenu personnellement pour le tout (par conséquent, dans l'exemple ci--dessus, pour 20 000 francs et non pas seulement pour 10 000); c' est en ce sens que la Conférence a déclaré entendre l' alinéa 2 de l' article 8"*. Cfr. *Comptes rendus de la Conférence Internationale pour l' unification du droit en matière de lettres de change, billets à ordre et chèques*, 1.ère Session — *Lettres de change et billets à ordre*, Genève, Nov. 1930, p. 130.

uma emenda para que o representado ficasse também responsável até ao limite dos poderes que tinha conferido ao representante [262], divergem as interpretações quanto à questão de saber quem é o obrigado cambiário no caso de o representante ultrapassar os seus poderes (por exemplo, sacando uma letra do valor de 20 000, quando lhe tinham sido conferidos poderes para sacar uma letra do valor de 10 000). Para uns, o representante que ultrapassa os seus poderes fica obrigado pela totalidade, sendo excluída a responsabilidade do representado [263]; segundo outros, ficam obrigados cumulativamente o representado, até ao limite dos poderes conferidos ao representante, e o representante, na parte excedente [264]; para outros, finalmente, existe responsabilidade concorrente do representante e do representado, sendo o representante responsável em relação a terceiros pelo pagamento da totalidade e o representado até ao limite dos poderes conferidos [265].

Muito embora a disposição do artigo 8º da LULL se refira apenas a casos de actuação sem poderes e de actuação para além dos limites dos poderes, alguma doutrina considera o mesmo regime aplicável aos casos de abuso de poderes [266].

As disposições do artigo 8º da LULL e do artigo 11º da LUC, ao determinarem a vinculação do representante sem poderes à obrigação cambiária assumida em nome do representado, constituem um desvio considerável em relação ao regime regra da representação sem poderes em todas as ordens jurídicas aqui em análise. Esta afirmação justifica-se mesmo em comparação com o regime consagrado no BGB, onde se admite a possibilidade de exigir o cumprimento ao representante. Na verdade, em matéria cambiária, não só a consequência prevista vale para todos os casos, independentemente da boa ou má fé do representante, como a estatuição da disciplina uniforme implica a inserção do representante no circuito cambiário,

---

[262] A emenda constava de proposta apresentada pela delegação jugoslava. Cfr. *Comptes rendus...*, p. 190 s, 382 ss, 466.

[263] GONSALVES DIAS, *Da letra e da livrança...*, vol. V, p. 299 s; PINTO COELHO, *As letras*, 2ª parte, p. 95; COTTINO, *Diritto commerciale*, vol. II, tomo 1, p. 294; FERRI, *Diritto commerciale*, p. 720; PELLIZZI, PARTESOTTI, *Commentario*, p. 38 (onde no entanto se admite a possibilidade de o portador agir cambiariamente contra o representado para exigir a importância relativamente à qual este tinha autorizado a assunção da obrigação cambiária).

[264] JEANTIN, *Droit commercial...*, p. 157; BROX, *Handelsrecht...*, p. 292.

[265] MOSSA, *La cambiale...*, I, p. 317; LESCOT, *La nouvelle législation de la lettre de change* ..., p. 19 ss; LESCOT, ROBLOT, *Les effets de commerce...*, I, p. 170.

[266] Assim: FERRER CORREIA, *Letra de câmbio*, p. 119; PEREIRA DE ALMEIDA, *Direito comercial*, vol. III, p. 143 s. Contra: MOSSA, *La cambiale...*, I, p. 310, 316 s; LESCOT, *La nouvelle législation de la lettre de change...*, p. 16 ss; LESCOT, ROBLOT, *Les effets de commerce...*, I, p. 166.

que deste modo assume a posição de parte nos actos praticados, resultado sempre afastado perante o direito civil alemão.

5.2.3. Nas relações entre o representado e o representante

As consequências jurídicas da representação sem poderes nas relações entre representado e representante não são geralmente objecto de análise no âmbito do estudo do instituto da representação. O direito da representação regula, nestas ordens jurídicas, apenas a relação externa, não a relação interna, como consequência do princípio da separação entre o poder de representação e a relação subjacente.

Os direitos e obrigações emergentes para o representado e o representante da representação sem poderes regem-se pela relação jurídica de base.

Se, como acontece no caso considerado paradigmático, entre representado e representante existe um contrato, o exercício anormal do poder de representação constitui incumprimento da relação interna e está sujeito às regras gerais sobre o incumprimento contratual [267]. Se entre eles não existe, nem existiu anteriormente, uma relação contratual, através da qual o representado atribua ao representante poderes de gestão para agir por sua conta, a actuação do agente pode ser equiparada à actuação do gestor de negócios, sendo aplicáveis as regras desse instituto relativas às relações entre o dono do negócio e o gestor [268].

---

[267] O Código de Seabra determinava, no artigo 1338°, a responsabilidade do mandatário que exceder os seus poderes "pelas perdas e danos que causar, tanto para com o constituinte, como para com qualquer terceiro com quem haja contratado" (veja-se também GUILHERME MOREIRA, *Instituições* ..., I, p. 456).

[268] Admitindo a aplicação à relação interna entre representado e representante sem poderes das regras do instituto da gestão de negócios que regulam a relação entre o dono do negócio e o gestor, podem ver-se: CUNHA GONÇALVES, *Tratado*..., IV, p. 204; MAGALHÃES COLLAÇO, *Da legitimidade*..., p. 112; PIRES DE LIMA, ANTUNES VARELA, *Código Civil*..., an. n° 1 ao artigo 268°, p. 248; MARTINEK, *Der Vertreter ohne Vertretungsmacht*, p. L 20; KIESEL, *Stellvertretung ohne Vertretungsmacht*..., p. 18; BGB-RGRK-STEFFEN, § 177, an. 4; PALANDT/ /HEINRICHS, § 178, an. 4 (apenas implicitamente); VON TUHR, PETER, *Allgemeiner Teil*..., Bd. 1, p. 400; E. BUCHER, *Schweizerisches Obligationenrecht*, p. 645 s; GUHL/KOLLER/ /DRUEY, *OR*, p. 147; KOLLER, *Schweizerisches Obligationenrecht*, p. 334, 336; ZÄCH/ /KÜNZLE, *Stellvertretung*..., p. 338; LISCHER, *Die Geschäftsführung ohne Auftrag im schweizerischen Recht*, Basel, Frankfurt a. M., 1990, p. 125; SCHMID, *Die Geschäftsführung ohne Auftrag*, Freiburg, 1992, p. 434. Sobre a responsabilidade do gestor perante o dono do negócio, cfr., entre nós, os recentes estudos monográficos de: L. MENEZES LEITÃO, *A responsabilidade do gestor perante o dono do negócio no direito civil português*, CTF, 1991, em especial, n° 364, p. 39 ss; VIEIRA GOMES, *A gestão de negócios*, BFD, supl. vol. XXXIX, 1994, p. 261 ss (p. 504 ss). A aplicação da disciplina da representação sem poderes à gestão de negócios (na modalidade de gestão representativa) — prevista no artigo 471° do Código Civil e

5.3. Valor jurídico do negócio celebrado pelo representante sem poderes

Se alguém celebrar um contrato em nome de outrem sem poder de representação, a produção de efeitos em relação ao representado depende da sua ratificação (§ 177, 1 BGB, artigo 38, n° 1 OR, artigo 1399, n° 1 do Código Civil italiano, artigo 268°, n° 1 do Código Civil português).

Não pode esquecer-se que, em certas situações, já antes analisadas, o representado pode ficar vinculado aos actos praticados pelo representante, apesar do exercício anormal do poder de representação. Tal acontece, verificadas certas circunstâncias, em relação a negócios realizados pelo representante que actue depois de ter cessado a legitimação representativa ou abusando dos seus poderes.

Deixando de lado esses casos em que existe vinculação do representado, abordaremos agora o valor jurídico e o regime a que ficam sujeitos os negócios jurídicos que não produzem efeitos em relação ao representado enquanto não forem por ele ratificados, sempre que seja essa a consequência estabelecida pelas disposições legais aplicáveis.

Com base nas disposições acima referidas do BGB [269], do Código das

---

desde há muito admitida pela doutrina portuguesa — diz respeito à relação externa. Cfr.: JOSÉ TAVARES, *Os princípios fundamentais...*, II, p. 438; CABRAL DE MONCADA, *Lições ...*, II, p. 333 (4ª ed., p. 656 s); GALVÃO TELLES, *Dos contratos...*, 1ª ed., p. 280, 2ª ed., p. 321; id., *Manual...*, p. 323; id., *Direito das obrigações*, p. 170 s, p. 179; ALMEIDA COSTA, *Direito das obrigações*, p. 406; FERRER CORREIA, *A representação...*, p. 87, nota (2); CARVALHO FERNANDES, *Teoria geral...*, II, p. 323, 2ª ed., p. 170. Sobre a relação entre as normas respeitantes à representação sem poderes e as normas respeitantes à gestão de negócios, veja-se agora a perspicaz análise de W. OTT, *Stellvertretung ohne Vollmacht versus Geschäftsführung ohne Auftrag — Normenkollision oder Normenkomplementarität?*, "Rechtskollisionen", 1995, p. 285 ss.

[269] No período anterior à entrada em vigor do BGB, diferentes teorias foram avançadas para explicar a natureza jurídica do negócio celebrado pelo representante sem poderes antes da ratificação.

a) Teoria da proposta

A teoria foi enunciada pela primeira vez por WÄCHTER, *Handbuch...*, II, 1842, p. 682 e notas (19) e (20): se alguém celebrar um negócio em nome de outrem, sem para tal estar legitimado pela lei ou através de mandato, existe apenas uma proposta (*Anerbieten*) do terceiro ao pretenso representado; só a adesão deste à proposta pode dar origem a um negócio jurídico válido. Antes da aceitação pelo representado — que não pode ser feita de modo eficaz pelo representante, pois não está para esse efeito legitimado — só o proponente pode retirar a proposta. Este entendimento mereceu alguns apoios: RUHSTRAT, *Ueber Stellvetretung ohne Vollmacht*, 1871, p. 208 ss, defendeu que, quando um representante sem poderes intervém num negócio (*contrahirt*), só existe um sujeito jurídico — o terceiro contraente —, já que o representante não deve nem quer ser parte nele como tal (*als solches nicht eintreten soll und will*); até à ratificação falta a segunda vontade negocial; através da ratificação não é suprida uma falta, pois só então o contrato se completa, só então se pode considerar perfeito; antes da ratificação o terceiro não fica imediatamente vinculado ao contrato e tem, em princípio, a possibilidade de o revogar unilateralmente, pois o negócio celebrado apenas pode ser entendido como uma proposta (*Anerbieten*) feita pelo terceiro ao *dominus*; nos casos em que excepcionalmente o terceiro fique imediatamente vinculado, é excluída a possibilidade de revogação unilateral. HÖLDER, em comentário dedicado à parte geral do "Projecto de Código Civil alemão", sustentou, a propósito do § 123 do Projecto (ratificação do contrato celebrado sem poder de representação) que quem actua perante terceiros sem poderes de representação deve apresentar ao representado a declaração do terceiro para aceitação, pois, na realidade, o negócio celebrado pelo representante sem poderes é em si uma proposta de contrato (*Vertragsantrag*) dirigida ao representado; a revogação unilateral de tal proposta está portanto sujeita às condições aplicáveis a qualquer proposta contratual (cfr. *Zum allgemeinen Theil...*, 1888, p. 122 s); mais tarde o autor afirmou que "a ratificação do representado fundamenta a existência do contrato celebrado em seu nome sem poderes de representação" (cfr. *Kommentar zum Allgemeinen Theil...*, 1900, p. 374 s). BEKKER, *System...*, II, 1889, p. 220 s e nota (k), considerou que, nos negócios jurídicos celebrados por conta e em nome de outrem sem poderes de representação, a celebração provisória do negócio (*der vorläufige Geschäftsabschluss*) se apresenta como uma proposta (*Offerte*) do terceiro ao pretenso representado (*Quasivertretene*) através da intermediação do pretenso representante (*Quasivertreter*) e a respectiva ratificação como declaração de aceitação (*Annameerklärung*); na opinião do autor, a construção parece forçada para as situações em que a falta de poderes é desconhecida: o terceiro poderia provavelmente manter a proposta se conhecesse a falta de poderes, mas quem sabe se ele estaria interessado no negócio caso tivesse conhecimento de tal falta.

b) Teoria da ineficácia

Contra a ideia subjacente à teoria da proposta se manifestaram alguns autores, observando que ela subverte completamente a posição jurídica dos três intervenientes na relação representativa: se a função do representante se esgota na transmissão ao *dominus* da proposta apresentada pelo terceiro, então o representante transforma-se num simples núncio do terceiro, este passa a ser representado e o *dominus* transforma-se em terceiro contratante. Diferentemente do que pretendia a teoria da proposta, o negócio jurídico celebrado em nome de outrem sem poderes de representação é um negócio concluído, dependendo a sua eficácia da ratificação. Neste sentido se pronunciava já LABAND, acrescentando que, no caso de ambos os intervenientes (representante e contraparte) conhecerem a falta de poderes, o negócio deveria ser considerado sujeito à condição de o principal dar o seu acordo (cfr. *Die Stellvertretung...*, 1866, p. 183 ss (p. 231 s)). Também CURTIUS considerava o negócio válido, manifestando todavia dúvidas quanto à questão de saber se o *dominus* está a ele vinculado; como o negócio se encontra concluído, os contraentes estão obrigados, mas, não tendo adquirido quaisquer direitos, podem revogá-lo (cfr. *Die Stellvertretung...*, 1875, p. 69 ss, p. 105 s). Para KARLOWA, o negócio celebrado sem poderes em nome do representado existe, sem dúvida, imediatamente. Reporta-se o autor à sua concepção de negócio jurídico, segundo a qual há que distinguir entre factos de que depende a existência de um negócio jurídico ou a produção dos seus efeitos jurídicos e factos que apenas decidem se outros factos constitutivos fundam ou não efectivamente um negócio jurídico. O poder de representação decide se, e em que medida, o negócio celebrado pelo representante em nome do representado é um negócio deste último. A decisão depende portanto de declaração do representado. A ratificação não é a segunda vontade contratual, deve tão-só decidir que o negócio antes celebrado é negócio do ratificante (cfr. *Das Rechtsgeschäft...*, 1877, p. 58 ss, 60 ss). A formulação mais comum é no entanto a que foi introduzida por WINDSCHEID: até à ratificação o negócio jurídico encontra-se em estado de pendência ("*in der Zustand der Schwebe*"); o seu efeito jurídico não é negado, mas

Obrigações suíço [270] e do Código Civil português [271], é hoje em dia prevalecente a posição que sustenta que, antes da ratificação pelo representado, o negócio celebrado pelo representante sem poderes é ineficaz (no sentido de meramente ineficaz, ou ineficaz *stricto sensu*) em relação a ele, encontrando-se em estado de pendência (*in der Schwebe*) [272]. A situação de suspensão

---

apenas suspenso. O negócio jurídico não é inválido, encontra-se em situação semelhante à do negócio condicionado, sem que possa dizer-se que é um negócio sob condição (cfr. *Lehrbuch des Pandektenrechts*, I, 2ª ed., 1867, p. 175 e nota (4); 9ª ed., 1906, p. 365 e nota (4)). No mesmo sentido: BRINZ, *Lehrbuch der Pandekten*, IV, 2ª ed., 1892, p. 379 s; REGELSBERGER, *Pandekten*, I, 1893, p. 598; BUCHKA, *Vergleichende Darstellung*..., 1897, p. 6; HUPKA, *Die Haftung des Vertreters ohne Vertretungsmacht*, 1903, p. 156.

[270] O artigo 38, nº 1 OR reproduz a disposição contida no artigo 46 da lei federal suíça sobre o direito das obrigações, de 1881.

[271] Salvo pormenores de redacção, o texto da disposição mantém-se inalterado desde os anteprojectos. Veja-se a sua justificação em RUI DE ALARCÃO, *Breve motivação*..., p. 112. No domínio do Código de Seabra, não era unânime a opinião da doutrina quanto ao valor do acto praticado pelo mandatário sem poder de representação. Assim, para GUILHERME MOREIRA, "são nullos em relação ao constituinte, se este os não ratificou tácita ou expressamente, todos os actos que o mandatario praticar fóra dos limites expressos do mandato" (*Instituições*..., I, p. 456). Mas, para o mesmo autor: "emquanto se não dá a ratificação, o negocio juridico fica pendente, não produzindo effeitos nem entre o gestor e [o] terceiro, visto aquelle não o haver realizado em proprio nome, salvo no caso em que haja assumido a responsabilidade da ratificação, nem entre o terceiro e o *dominus negotii*, pois não póde atribuir-se a este uma declaração de vontade que não auctorizou" (*ob. cit.*, p. 458). De nulidade falava também CUNHA GONÇALVES, *Tratado*..., IV, p. 202 (embora utilizando, na página anterior, os termos "anulável" e "ineficaz" e qualificando como "condicional" a obrigação contraída pelo terceiro, na página 207). Segundo GALVÃO TELLES, "o acto [celebrado pelo representante sem poderes] é nulo, pois lhe falta um requisito de validade: a *legitimidade* do agente, que nem é titular dos interesses em jogo, nem tem poderes que lhe permitam gerir tais interesses" (*Dos contratos*..., 1ª ed., p. 280; 2ª ed., p. 321; id., *Manual*..., p. 323). MAGALHÃES COLLAÇO utilizava a figura da nulidade relativa e considerava que a declaração pela qual mais tarde é sanada a invalidade "vem a constituir, juntamente com o primeiro negócio, um acto composto, esse já perfeito na sua eficácia, eficácia que se projecta de forma directa, por força da legitimidade posteriormente surgida, na esfera do *dominus*" (*Da legitimidade*..., p. 112); DIAS MARQUES considerava os negócios nulos em relação ao constituinte (*Teoria geral*..., vol. I, 1958, p. 374). Mas era já a ideia de ineficácia em sentido estrito que justificava as seguintes afirmações: "o acto praticado pelo [...] mandatário fóra dos limites do seu poder de representação persiste num estado de pendência até que intervenha a ratificação" (JOSÉ TAVARES, *Os princípios fundamentais*..., p. 439); "os actos jurídicos praticados por estes *representantes de facto* [...] não são imediatamente nulos, ficando antes num estado de pendência ou suspensão, até que o representado os ratifique" (CABRAL DE MONCADA, *Lições*..., II, p. 334 (4ª ed., p. 657); "[o negócio do representante sem poderes] é um negócio estranho [ao representado], que só se tornará eficaz, para com ele, se for ratificado" (VAZ SERRA, RLJ, 91º, 1958-1959, p. 246 e nota (3)). De negócio ineficaz relativamente ao representante falavam também FERRER CORREIA, *A representação dos menores*..., p. 87; MANUEL DE ANDRADE, *Teoria geral*..., II, p. 302.

[272] No direito alemão: OERTMANN, *Die Rechtsbedingung (condicio iuris). Untersuchungen zum Bürgerlichen Recht und zur allgemeinen Rechtslehre*, Leipzig, Erlangen,

1924, p. 211; id., *Allgemeiner Teil...*, p. 648; ENNECCERUS/NIPPERDEY, § 183, I, 1, p. 501; FLUME, *Das Rechtsgeschäft*, p. 800; MEDICUS, *Allgemeiner Teil...*, an. 976; LARENZ, *Allgemeiner Teil...*, p. 614, 472 s; GERNHUBER, *Bürgerliches Recht*, p. 51 s; PALANDT/HEINRICHS, § 178, an. 5; STAUDINGER/DILCHER, § 177, an. 8; BGB-RGRK-STEFFEN, § 177, an. 10; SOERGEL/LEPTIEN, § 177, an. 1 e 23; ERMAN/BROX, § 177, an. 1, 12 s, 23 s; SCHRAMM, *Münch.Komm.*, § 177, an. 15 s; OTT, *Alternativkommentar*, § 177, an. 1, 3; STAUB/JOOST, *HGB, vor* § 48, an. 31; KIESEL, *Stellvertretung ohne Vertretungsmacht...*, p. 15; MARTINEK, *Der Vertreter ohne Vertretungsmacht*, p. L 18; KORNBLUM, *Die überzähligen Klorollen*, p. 259. No direito suíço: VON TUHR, PETER, *Allgemeiner Teil...*, Bd. 1, p. 400; ZÄCH/KÜNZLE, *Stellvertretung...*, p. 306; STETTLER, *Représentation...*, p. 73 (que no entanto utiliza igualmente o termo "invalidade", p. 74); GUHL/KOLLER/DRUEY, *OR*, p. 157; KOLLER, *Schweizerisches Obligationenrecht*, p. 333; GAUCH, SCHLUEP, TERCIER, *Partie générale...*, an. 1003, 1009. Vejam-se, no entanto: SAUSSURE, *L' acte juridique...*, p. 106 ss, reconduzindo a situação a uma categoria especial de invalidade provisória — *einseitige Unverbindlichkeit*, ou, num neologismo em língua francesa, *inastriction unilatérale* —, que se não confunde com a nulidade e que se caracteriza pela não produção de efeitos em relação ao representado, pela possibilidade que este tem de ratificar o negócio e pela vinculação da contraparte (mas o autor usa também a expressão *schwebende Unwirksamkeit*, p. 118); E. BUCHER, *Schweizerisches Obligationenrecht*, referindo-se a negócio inválido (*ungültig*, p. 641 s) e a negócio nulo (*nichtig*, p. 644). No direito português actual, o estado de pendência do contrato celebrado pelo representante sem poderes encontra-se patente na disposição do artigo 64º, nº 1, al. j) do Código do Registo Comercial, que determina a inscrição provisória por natureza do "negócio jurídico celebrado por [...] procurador sem poderes suficientes, antes da ratificação". Na doutrina portuguesa, pronunciam-se no sentido da ineficácia: C. MOTA PINTO, *Teoria geral...*, p. 544 s, 606 s (ineficácia relativa); CARVALHO FERNANDES, *Teoria geral ...*, II, p. 324; id, *A conversão...*, p. 865 s; HÖRSTER, *A parte geral...*, p. 488; GALVÃO TELLES, *Direito das obrigações*, p. 177; ANTUNES VARELA; *Das obrigações em geral*, vol. I, p. 484; ALMEIDA COSTA, *Direito das obrigações*, p. 406; FERRER CORREIA, *A representação dos menores...*, p. 87, nota (2), 83, nota (1); RUI DE ALARCÃO, *A confirmação...*, p. 118 s, 46 ss; VAZ SERRA, RLJ, 108º, p. 75; M. Helena BRITO, *A representação sem poderes...*, p. 40 e *passim*; P. MOTA PINTO, *Aparência de poderes...*, p. 592, nota (8), p. 614, 629 (ineficácia relativa); MENEZES CORDEIRO, CARNEIRO DA FRADA, *Da inadmissibilidade da recusa de ratificação por venire contra factum proprium*, p. 700, 708 (ineficácia relativa); R. GUICHARD, *Notas sobre a falta e limites do poder de representação*, p. 12 s (ineficácia relativa); R. PINTO, *Falta e abuso de poderes...*, p. 67 ss, 92 s (ineficácia absoluta). Apesar de tudo, ouvem-se autorizadas vozes na doutrina portuguesa exprimindo opinião não concordante com esta. Assim, para DIAS MARQUES, o acto praticado pelo representante sem poderes "é, em relação aos intervenientes, nulo e, em relação ao representado, ineficaz" (*Noções elementares...*, p. 88). Segundo OLIVEIRA ASCENSÃO, em rigor, não há representação neste caso, pois, "se não há poderes, também não há representação" (*Teoria geral...*, p. 324) e o acto praticado tem um *defeito*, que é *sanado* mediante ratificação (*ob. cit.*, p. 324, 455, onde o autor admite que o termo "ineficaz" no artigo 268º, nº 1 possa interpretar--se em sentido amplo, "de maneira que o acto praticado sem procuração seja mesmo nulo"). Também C. FERREIRA DE ALMEIDA, embora não discutindo expressamente o valor jurídico do acto celebrado sem poder de representação, se refere sempre à ratificação como "acto de validação de negócios jurídicos" (*Texto e enunciado...*, p. 256, 430, permitindo supor, pela menção de p. 543, nota (229), que está em causa a figura da nulidade). Já antes falavam de

de eficácia termina com a ratificação ou a recusa de ratificação pelo representado ou, nos termos de disposições dos direitos alemão e português, com a revogação do contrato pela contraparte.

No direito italiano não tem existido unanimidade de pontos de vista quanto ao valor jurídico do acto celebrado pelo *falsus procurator* antes da ratificação pelo pretenso representado. A diversidade de interpretações resulta principalmente do texto do artigo 1398 que impõe ao pretenso representante a obrigação de indemnizar o prejuízo que a outra parte tenha sofrido por confiar, sem culpa sua, na validade do contrato. A utilização do termo "validade" tem conduzido alguns autores a pensar que está em causa a nulidade ou anulabilidade do acto; para outros, este argumento literal não é considerado só por si decisivo, havendo mesmo quem sustente tratar-se de mera "imperfeição verbal", facilmente explicável por ter sido mantida no mencionado preceito a expressão usada no artigo 1338 (disposição genérica sobre os efeitos do conhecimento, por uma das partes, da existência de causas de invalidade do contrato), norma a que se reporta o artigo 1398 em discussão [273].

Do teor das disposições incluídas no Código, da jurisprudência italiana e da vastíssima literatura sobre o tema uma única conclusão resulta clara: o acto padece de um vício. O *falsus procurator* não tinha o direito nem o poder de vincular o representado através de uma declaração sua. Logo, o acto praticado não pode afectar a esfera jurídico-patrimonial do representado, pois falta um dos requisitos exigidos no artigo 1388 do Código Civil

---

nulidade CAVALEIRO DE FERREIRA, *Depósito bancário* ..., p. 313, e H. SCHWARZ, *Sobre a evolução...*, p. 113. Considerando agora que a ineficácia do negócio celebrado pelo representante sem poderes se aproxima da inexistência jurídica, CARVALHO FERNANDES, *Teoria geral...*, II, 2ª ed., p. 181. No sentido da ineficácia, cfr., na jurisprudência portuguesa dos últimos anos: ac. STJ, 10.2.1987, BMJ, 364 (1987), p. 861 ss (ineficácia *stricto sensu*, relativa); ac. STJ, 16.11.1988, BMJ, 381 (1988), p. 640 ss; ac. STJ, 31.10.1990 (proc. 79 288), não publ.; ac. STJ, 21.3.1991 (proc. 79 097), não publ.; ac. STJ, 6.5.1993, CJ, 1993, II, p. 93 ss (ineficácia *stricto sensu*, relativa); ac. STJ, 7.12.1993 (proc. 84 364), não publ.; ac. STJ, 27.9.1994, CJ, 1994, III, p. 66 ss (considerando expressamente o pedido de declaração de nulidade do negócio como um "erro de qualificação jurídica" que ao tribunal cumpre corrigir); ac. STJ, 16.4.1996, CJ, 1996, II, p. 19 ss (ineficácia relativa); ac. Rel. de Coimbra, 27.1.1987, CJ, 1987, I, p. 40 ss; ac. Rel. do Porto, 20.11.1990, CJ, 1990, V, p. 202 ss; ac. Rel. de Lisboa, 28.2.1991, CJ, 1991, I, p. 169 ss; ac. Rel. do Porto, 18.11.1993, O Direito, 1994, p. 677 ss. Mas veja-se o ac. STJ, 9.6.1992 (proc. 81 554), não publ. (considera que, sendo nulo o negócio jurídico que atribui o poder de representação, nulo será também o contrato celebrado pelo representante, por lhe faltar um requisito de validade — a legitimidade do agente).

[273] AURICCHIO, *L'art. 1399 cod. civ. e il recesso del terzo*, Rdcomm., 1955, II, p. 37 ss (p. 38). No mesmo sentido, MESSINEO, *La sorte del contratto stipulato dal rappresentante aparente ("falsus procurator")*, Rtdproc.civ., 1956, p. 394 ss (p. 410); BRUSCUGLIA, GIUSTI, *Ratifica (diritto privato)*, Enc. Dir., XXXVIII, 1987, p. 693. Falava também em "impropriedade de linguagem" CARIOTA FERRARA, *Il negozio giuridico...*, p. 677, nota (3).

para a eficácia da representação que é a actuação dentro dos limites dos poderes conferidos pelo representado. Descrita a situação jurídica em termos uniformes, divergem as qualificações jurídicas: desde as "teorias negativas" que, principalmente nos anos seguintes à aprovação do Código Civil, sustentaram a invalidade do acto realizado pelo representado (para alguns, nulidade [274] e, para outros, anulabilidade [275]) até à tese que defende a plena

---

[274] A tese da nulidade do acto praticado pelo *falsus procurator* começou por ser defendida ainda no domínio do direito anterior. Cfr.: BRUGI, *Ratifica di atti anulabili e rappresentanza*, Rdcomm., 1905, II, p. 78 ss (p. 79 s); ROCCO, *La convalescenza dei negozi giuridici e l'art. 137 cód. di comm.*, Rdcomm., 1910, II, p. 178 ss (p. 182 ss); id., *Diritto Commerciale*, p. 322; NAVARRINI, *Diritto delle obbligazioni*, p. 188 s (afirmando este último autor que se trata de nulidade, mas simplesmente relativa, não absoluta). Na vigência do novo Código Civil foi sustentada por DE MARTINI, com fundamento em que a falta de poderes representativos equivale à "falta de declaração". Cfr.: *Invalidità del contratto del falsus procurator...*, p. 295 e passim; *Vizi di validità degli atti compiuti in nome o in sostituzione d'altrui*, Giur. compl. Cass. Civ., 1949, I, p. 437 ss (p. 441 s); *Ancora sul difetto di poteri del rappresentante*, Giur. compl. Cass. Civ., 1949, I, p. 547 s (p. 548); *Nullità, annulabilità, inefficacia e mancato perfezionamento del negozio nella rappresentanza senza potere*, Giur. compl. Cass. Civ., 1951, III, p. 828 ss (p. 831 e *passim*); *Recesso unilaterale del contratto concluso col rappresentante senza potere*, Rdcomm., 1955, II, p. 266 ss (p. 277 ss). O autor fundamenta-se no referido argumento literal retirado do artigo 1398 do Código Civil, e na comparação com o regime estabelecido na lei para os casos de abuso de representação: existindo invalidade nos casos previstos pelos artigos 1394 e 1395, não pode deixar de resultar invalidade (e não mera ineficácia) no caso de falta de poderes, que é um vício mais grave da declaração negocial, equiparável à falta da própria declaração; porém, tendo em conta a disciplina excepcional de convalidação que para esta nulidade prevê o artigo 1399 do Código italiano, tal nulidade tem carácter *relativo* (cfr. *Recesso unilaterale...*, p. 279). De *nulidade absoluta* fala o autor em outros pontos dos seus escritos (cfr. *Invalidità del contratto...*, p. 295; *Vizi di validità...*, p. 442). Às opiniões expressas por DE MARTINI aderiu DISTASO, *Responsabilità extra-contrattuale del mandante...*, p. 527; *Natura giuridica delle autorizzazioni amministrative e vizio di validità degli atti compiuti senza di esse. Considerazioni in tema di vizio di validità del contratto del "falsus procurator"*, Giur. compl. Cass. Civ., 1949, II, p. 861 ss (p. 875 s). A conclusões não muito diferentes chegou BETTI, *Teoria generale...*, p. 581 ss, com fundamento em que a "falta de poderes representativos" implica "falta de legitimação". Se uma pessoa actuar em representação de outrem, sem que tenha sido investida dos "poderes de autonomia que pretende exercer em nome e no interesse de outrem", ou exercite tais poderes fora dos limites ou contra os fins para os quais foram conferidos, o "preceito" realizado não é susceptível de ser referido ao designado destinatário (representado); o "regulamento de interesses" que lhe era destinado fica sem efeito, sem valor vinculativo em relação ao representado: o negócio é *inválido* em relação ao representado; a medida mais adequada à tutela do interesse ameaçado pela ingerência do pretenso representante desprovido de poderes é a *nulidade relativa* do negócio; tal invalidade, pendente até que surja a ratificação, torna-se definitiva se esta for negada; pelo contrário, no caso de existir ratificação, o negócio, até então pendente, deve configurar-se como um negócio subjectivamente complexo de formação sucessiva (cfr. *ob. cit.*, p. 583, 483). Outro defensor da tese da nulidade foi MIRABELLI, *Dei contratti...*, p. 308, recolhendo argumentos do texto dos preceitos do Código Civil italiano: se no artigo 1398 se faz referência à confiança não culposa na "validade do negócio", tal significa que o acto é sem mais inválido; por outro lado, nas duas únicas disposições que regulam a matéria (artigos 1398

validade do acto, cuja eficácia apenas depende de um elemento externo ao mesmo [276] (que pode porventura considerar-se prevalecente na doutrina

e 1399), não se prevê qualquer acção do *dominus* para obter a declaração de tal invalidade (ao contrário do que sucede expressamente nos artigos 1394 e 1395 para hipóteses de abuso de poderes), pelo que a invalidade em causa não necessita ser declarada judicialmente, mas afecta radicalmente o acto e pode ser invocada em qualquer momento; a validade do acto em consequência da ratificação deriva de uma distinta e autónoma determinação do titular da posição jurídica. Na jurisprudência, sobretudo nos primeiros anos após a aprovação do Código Civil e porventura sob influência das opiniões doutrinárias referidas, foram proferidas algumas decisões em que se considerou nulo o negócio celebrado pelo representante sem poderes: Cass. civ., 18.1.1949, Giur. compl. Cass. Civ., 1949, I, p. 294 s; Trib. Benevento, 28.6.1949, Dir. e Giur., 1950, p. 458 ss; Trib. Messina, 12.4.1950, Dir. e Giur., 1951, p. 314 ss. A uma "invalidade relativa" se referem algumas decisões: Cass. civ., 19.7.1978, Giust. civ. Mass., 1978, n° 3606, p. 1481 s; Cass. civ., 23.1.1980, Giust. civ. Mass., 1980, n° 570, p. 239.

[275] A tese da anulabilidade foi defendida por MINERVINI, *Eccesso di procura del rappresentante*..., cit.. Partindo do pressuposto de que a procuração é "declaração de vontade, receptícia por parte do terceiro" e de que raramente o representado entra em contacto directo com o terceiro, o autor considera que o representante desempenha a função de núncio na transmissão da declaração de procuração ao terceiro. O "excesso de representação" traduz-se num desvio do representante, que consiste na inexacta transmissão da procuração ao terceiro. A inexactidão na transmissão da declaração pela pessoa incumbida dessa missão constitui fundamento de anulação por parte do sujeito que emitiu a declaração (o pretenso representado), se a inexactidão for essencial e reconhecível pelo outro contraente, nos termos fixados para a relevância do erro, segundo o direito italiano (artigos 1428, 1429 e 1431 do Código Civil, aplicáveis, na opinião do autor, por força do artigo 1433 do mesmo Código, que tem como objecto o erro na declaração ou na sua transmissão). Verificados esses requisitos, o *dominus* pode pedir a anulação da procuração inexactamente notificada ao terceiro e, por essa via, desvincular-se do negócio representativo concluído com base na procuração. Faltando um só dos requisitos (essencialidade, recognoscibilidade da inexactidão), a procuração, apesar de inexactamente notificada, manter-se-á e, como consequência, o *dominus* ficará vinculado ao negócio representativo. Na jurisprudência, consideraram anulável o negócio celebrado pelo representante sem poderes: Cass. civ., 28.12.1948, Giur. compl. Cass. Civ., 1948, III, p. 509 ss; Cass. civ., 14.3.1949, Giur. compl. Cass. Civ., 1949, I, p. 437 ss.

[276] Em pólo oposto às teses anteriores, segundo as quais o negócio celebrado pelo *falsus procurator* é inválido, encontra-se a tese que o considera não só válido, mas perfeito, completo enquanto negócio, embora ineficaz até à ratificação pelo *dominus*. O aspecto fundamental desta orientação doutrinal está na afirmação de que os efeitos do negócio se encontram suspensos ou condicionados até que intervenha a ratificação, o que não afecta o negócio na sua entidade ou essência. Ocupa lugar de relevo na doutrina jurídica italiana esta teoria nos termos da qual o negócio celebrado pelo *falsus procurator* não é nulo nem anulável, mas sim meramente ineficaz. Cfr. SANTORO-PASSARELLI, *Dottrine generali*..., p. 291 s (o autor invoca em favor da sua tese a disciplina legal da venda de coisa alheia: apesar de nesse caso o alienante não ter o poder de dispor da coisa vendida, a consequência não é a invalidade, mas apenas, e dentro de certos limites, a faculdade de resolução atribuída ao comprador pelo artigo 1479, n° 1 do Código Civil italiano); CARIOTA FERRARA, *Il negozio giuridico*..., p. 676 s (o contrato celebrado pelo representante sem poderes é em princípio irrelevante em relação ao *dominus*, por se tratar de *res inter alios acta*). Também MESSINEO aderiu à tese da ineficácia, que considera prevalecente. O autor abordou este tema não só em obras de carácter geral

actual [277]), passando por posições intermédias, variáveis em função das influências metodológicas ou das perspectivas de análise que lhes estão subjacentes [278] (que encontram eco sobretudo na jurisprudência, favorável

---

(*Dottrina generale...*, p. 157 ss; *Manuale...*, I, p. 548 ss; *Il contratto...*, I, p. 247 ss), mas sobretudo no estudo dedicado à situação do contrato celebrado pelo *falsus procurator — La sorte del contratto stipulato dal rappresentante apparente* ("*falsus procurator*"), cit.. Segundo Messineo, o contrato celebrado pelo *falsus procurator* é válido, pois a declaração de vontade é em si "íntegra" (isto é, imune de vícios), existe consenso e estão presentes os outros requisitos exigidos pela lei, mas, não sendo o contrato "pertinente" ao representado, pode este considerá-lo *res inter alios*. Na concepção deste autor, a falta de poder de representação não pode dar origem a invalidade, uma vez que opera *sobre os efeitos e não sobre o processo de formação do contrato*; a ineficácia do contrato celebrado pelo *falsus procurator* estende-se também às relações entre este sujeito e o outro contraente, pois, se assim não fosse, não se compreenderia a possibilidade, prevista no artigo 1399, n° 3, de ambos revogarem o contrato por acordo. O autor recusa e critica as teses da nulidade e da anulabilidade: um contrato nulo não é susceptível de "convalidação" nem de "ratificação"; um contrato anulável é susceptível de "convalidação", mas não de "ratificação" e, neste caso, só a ratificação é possível, nos termos do artigo 1399 do Código Civil. No sentido da ineficácia, cfr. ainda: STOLFI, *Teoria...*, 1947, p. 195; FORTUNATO, *Sulla pretesa invalidità del negozio soggetto a ratifica*, Giur. compl. Cass. Civ., 1948, III, p. 509 ss (p. 513, 515); AURICCHIO, *L'art. 1399 cod. civ....*, p. 42; VARELLI, *Inefficacia del contratto concluso dal "falsus procurator" (art. 1398, 1599 CC)*, Giur. compl. Cass. Civ., 1952, III, p. 731 ss (p. 740); id., *Somiglianze e differenze tra la ratifica del contratto concluso del "falsus procurator" e la convalida del contratto annullabile (art. 1398, 1444 CC)*, Giur. compl. Cass. Civ., 1953, V, p. 114 ss (p. 116); D'AVANZO, *Rappresentanza*, p. 827 (que se refere a "inoponibilidade"); BENATTI, *Contratto concluso...*, p. 340; SCOGNAMIGLIO, *Contratti...*, p. 79. Um outro autor, CARRESI, considera que a discussão é puramente teórica e não pretende tomar posição na querela sobre a natureza jurídica do negócio celebrado pelo representante sem poderes, mas refere-se a certo passo do seu trabalho a contrato "em situação de pendência" (cfr. *In tema di difetto e di abuso di rappresentanza*, Rdcomm., 1951, I, p. 209 ss (p. 211)).

[277] Assim considera também ZACCARIA, *Rappresentanza*, p. 491. Sustentam a tese da ineficácia: NATOLI, *La rappresentanza*, p. 121; id, *Rappresentanza (diritto privato)*, p. 484; MAIORCA, *Il contratto*, p. 206, n. (20 bis); BIANCA, *Diritto civile*, 3, p. 110 ss; BRUSCUGLIA, GIUSTI, *Ratifica*, p. 693; GALGANO, *Diritto privato*, p. 286; id., *Diritto civile...*, II, 1, p. 355, 357; BIGLIAZZI GERI e o., *Diritto civile*, 1.2, p. 573 s, nota (57); ZACCARIA, *Commentario, sub art. 1398*, I; BARBERO, *Il sistema di diritto privato*, p. 241 (referindo-se igualmente a "irrelevância", p. 239); G. VISINTINI, *Della rappresentanza*, p. 314 ss, 327. Na jurisprudência, consideraram ineficaz o negócio celebrado pelo representante sem poderes, entre outras, as seguintes decisões: Cass. civ., 6.4.1949, Giur. compl. Cass. Civ., 1949, I, p. 547; Trib. Roma, 19.5.1949, Giur. compl. Cass. Civ., 1949, II, p. 861 ss; Cass. civ., 17.4.1951, Giur. compl. Cass. Civ., 1951, III, p. 828 ss; Trib. Napoli, 7.7.1952, Giur. compl. Cass. Civ., 1952, III, p. 731 ss; Cass. civ., 23.4.1953, Giur. compl. Cass. Civ., 1953, V, p. 114 ss; C. App. Napoli, 14.2.1955, Foro it., 1955, I, c. 979 ss; Cass. civ., 25.1.1968, Giust. civ. Mass., 1968, n° 220, p. 106 s; Cass. civ., 26.3.1968, Giust. civ. Mass., 1968, n° 947, p. 475 ss; Cass. civ., 13.10.1978, Giust. civ. Mass., 1978, n° 4600, p. 1917 s; Cass. civ., 15.12.1984, Giust. civ. Mass., 1984, n° 6584, p. 2134; Cass. civ., 16.3.1988, Giust. civ. Mass., 1988, n° 2467, p. 614 s.

[278] Posição intermédia entre os dois grupos anteriores ocupa a tese que vê no negócio celebrado pelo *falsus procurator* uma entidade jurídica inacabada, negócio imperfeito,

ao entendimento do negócio jurídico celebrado pelo *falsus procurator* como negócio jurídico em formação, negócio jurídico subjectivamente complexo de formação sucessiva ou negócio jurídico *in itinere* [279]).

incompleto, simples parte de um *iter* negocial a que falta o consentimento do *dominus*, que se traduzirá na ratificação (e por isso designada teoria da formação sucessiva do negócio *in itinere*). O fundador da teoria foi GRAZIANI, com um estudo publicado em 1927 (*La rappresentanza senza procura*, cit.), mas as suas ideias continuaram a ter seguidores em Itália, mesmo à face do direito em vigor depois do Código Civil. Segundo a construção de Graziani, a ratificação é elemento constitutivo do negócio entre representado e terceiro; por isso, até que exista ratificação, o negócio não é perfeito, nem nulo, mas sim um negócio em via de formação (p. 26). Nada impede, considera o autor, que se qualifique o negócio, antes da ratificação, como negócio "suspenso", ou "em potência", mas apenas no sentido de que, estando ainda em via de formação e existindo já alguns dos seus elementos constitutivos, é possível que, com a verificação do último elemento constitutivo — a ratificação — o negócio venha a existir; ao mesmo fenómeno de formação sucessiva se assiste quando o negócio é celebrado pelo representante com base em procuração pré-existente. Com efeito, Graziani entende que a norma que admite a particular forma de constituição do negócio por meio de ratificação posterior (dada a identidade conceptual entre procuração e ratificação) tem como consequência a "indiferença cronológica" dos elementos constitutivos na formação do negócio através de representante (p. 27). Admitido o princípio da "indiferença cronológica" na verificação dos diversos elementos constitutivos, não se pode falar, quando o representante age sem poderes, de negócio nulo, como não poderia falar-se de negócio nulo a propósito da procuração antes da celebração do ou dos negócios representativos. Em ambos os casos o autor vê declarações negociais destinadas a produzir um ulterior negócio e que naturalmente são susceptíveis de produzir efeitos jurídicos próprios. A construção deste autor, que pode considerar-se uma emanação da designada "teoria da proposta", com origem na doutrina alemã, exerceu em Itália uma influência considerável. Foi defendida, ainda no direito anterior, por SAGGESE, *La rappresentanza...*, p. 240, e PUGLIATTI, *Abuso di rappresentanza...*, p. 291, e, já no domínio do novo Código Civil, por GIORDANO, *Tradizione e potere di disposizione nel contratto estimatorio*, Rdcomm., 1949, I, p. 174 ss (p. 189 s), e RUSSO DE CERAME, *Sulla natura giuridica del negozio posto in essere dal "falsus procurator"*, Dir. e Giur., 1950, p. 458 ss (p. 462 s); id., *Ancora sul negozio concluso dal "falsus procurator"*, Dir. e Giur., 1951, p. 314 ss (p. 316). Além disso, alguns autores sentiram a necessidade de definir as suas posições relativamente à construção de Graziani: a "negócio subjectivamente complexo de formação sucessiva" se refere mais tarde BETTI (*Teoria generale...*, p. 583), mas em relação apenas ao caso do negócio celebrado pelo *falsus procurator* que é ratificado pelo *dominus*, criticando a ideia de "indiferença cronológica" expressa por Graziani (*loc. cit.*, nota (6)); segundo MESSINEO, a tese de Graziani (e dos que o seguem) é menos distante — quanto ao resultado — da tese da ineficácia, ou da eficácia suspensa, embora tenha sempre de observar-se que, para Graziani, existe imperfeição do contrato, ao passo que, para a tese da ineficácia, está pressuposta a perfeição do contrato (cfr. *La sorte...*, p. 417). Mais recentemente pronunciaram-se a favor da tese do negócio *in itinere*: VENOSTA, *Condizioni generali vessatorie, forma della ratifica e nullità parziale del contratto*, Banca e borsa, 1990, I, p. 646 ss (p. 648, 659); VITULLI, *Conferimento di poteri di rappresentanza...*, p. 161.

[279] Decisões que consideraram o negócio jurídico celebrado pelo *falsus procurator* como um negócio jurídico em formação, negócio subjectivamente complexo de formação sucessiva ou negócio jurídico *in itinere*: Cass. civ., 17.10.1961, Giust. civ. Mass., 1961, nº 2191, p. 975; Cass. civ., 6.2.1963, Giust. civ. Mass., 1963, nº 190, p. 88 s; Cass. civ.,

5.4. Ratificação pelo representado

A eficácia em relação ao representado do negócio celebrado em seu nome sem poder de representação depende da ratificação pelo representado (§ 177 BGB, artigo 38 OR, artigo 1399 do Código Civil italiano, artigo 268º do Código Civil português).

5.4.1. Regime jurídico da ratificação

A ratificação do negócio pelo pretenso representado está sujeita ao regime fixado, respectivamente, nos §§ 182, 184 e 185 BGB (em tudo o que não for contrário à disposição especial do § 177, 2), no artigo 38, nº 2 OR, no artigo 1399 do Código Civil italiano, no artigo 268º, nºs 2 a 4 do Código Civil português [280].

Tal como em relação à procuração, são divergentes nos direitos considerados as regras sobre a forma exigida para a ratificação.

Segundo o BGB, a ratificação não está sujeita a exigências de forma [281] e é admitida a ratificação tácita; só vale como tal o comportamento do representado que reconheça que o negócio foi celebrado sem poderes de representação e que o representado pretende para si os respectivos efeitos [282]. O silêncio e a abstenção do representado não são em geral entendidos como ratificação [283].

No direito suíço, não se estabelecem exigências de forma para a ratificação [284]; a ratificação pode ser tácita [285]. O silêncio do representado tem em regra o significado de recusa de ratificação, excepto "quando a boa fé

9.7.1968, Giust. civ. Mass., 1968, nº 2356, p. 1216; Cass. civ., 6.4.1971, Giust. civ. Mass., 1971, nº 1001, p. 538 s; Cass. civ., 15.4.1971, Giust. civ. Mass., 1971, nº 1058, p. 571 s; Cass. civ., 23.10.1971, Giust. civ. Mass., 1971, nº 2996, p. 1614; Cass. civ., 24.11.1971, Giust. civ. Mass., 1971, nº 3418, p. 1842; Cass. civ., 26.9.1974, Giust. civ. Mass., 1974, nº 2526, p. 1143 s; Cass. civ., 9.10.1974, Giust. civ. Mass., 1974, nº 2739, p. 1229 s; Cass. civ., 8.1.1980, Giust. civ. Mass., 1980, nº 123, p. 58; Cass. civ., 29.1.1980, Giust. civ. Mass., 1980, nº 688, p. 296 s; Cass. civ., 8.7.1983, Giust. civ. Mass., 1983, nº 4601, p. 1619 s (pronunciando-se esta última simultaneamente no sentido da ineficácia).

[280] Para uma comparação entre o regime da ratificação e o da confirmação dos negócios anuláveis, no direito português, cfr. RUI DE ALARCÃO, *A confirmação* ..., p. 118 ss.

[281] A solução foi reafirmada e amplamente justificada em decisão recente (BGH, 25.2.1994, JZ 1995, 97 (98 ss), com anotação concordante de Hermann DILCHER (*loc. cit.*, p. 101 s)).

[282] Sobre a exigência de que o ratificante tenha conhecimento da ineficácia do contrato e de que, com a sua ratificação, ele se tornará eficaz, cfr.: RG, 4.11.1927, RGZ 118, 335 (336); BGH, 16.5.1951, BGHZ 2, 150 (152 s); BGH, 17.4.1967, BGHZ 47, 341 (351 s).

[283] Assim, BGH, 9.2.1951, NJW 1951, 398. Veja-se no entanto adiante uma excepção a esta regra, constante dos §§ 75-h e 91-a HGB.

exigir que a parte em causa manifeste o seu desacordo no caso de não pretender ficar vinculada", o que se justifica sobretudo no domínio da actividade comercial [286].

Nos termos do artigo 1399, nº 1 do Código Civil italiano, a ratificação deve obedecer às exigências de forma prescritas para o negócio celebrado pelo *falsus procurator* [287].

No direito português, o carácter formal ou consensual da ratificação, como da procuração, depende das exigências formais do negócio representativo (artigo 268º, nº 2, primeira parte, e artigo 262º, nº 2 do Código Civil). Se em princípio existe coincidência entre a forma do negócio representativo e a da procuração, o artigo 262º, nº 2 admite que assim não seja; por essa razão, estabelece o artigo 268º, nº 2 que a forma a que se encontra sujeita a ratificação é a mesma a que se encontra sujeita a procuração [288] e não aquela, que pode ser mais exigente, requerida para o negócio representativo [289]. A ratificação pode ser expressa ou tácita [290] [291].

---

[284] Ainda que para o acto a ratificar se estabeleçam exigências de forma. Alguns autores ressalvam todavia os casos em que a procuração está sujeita a determinada forma. Cfr. GAUCH, SCHLUEP, TERCIER, *Partie générale* ..., an. 1008.

[285] Assim: BG, 25.5.1917, BGE 43 II 293 (300); BG, 3.10.1967, BGE 93 II 302 (307).

[286] Cfr. ZÄCH/KÜNZLE, *Stellvertretung* ..., p. 316 ss (p. 317); KIESEL, *Stellvertretung ohne Vertretungsmacht* ..., p. 96 s (p. 97). Na jurisprudência do *Bundesgericht*, assim também BG, 3.10.1967, BGE 93 II 302 (307 s). Vejam-se ainda: VON TUHR, PETER, *Allgemeiner Teil* ..., Bd. 1, p. 401; E. BUCHER, *Schweizerisches Obligationenrecht*, p. 604.

[287] Pode assumir a forma de comportamento concludente (ratificação tácita). Cfr. BETTI, *Teoria generale*..., p. 584; MIRABELLI, *Dei contratti*..., p. 310; SCOGNAMIGLIO, *Contratti*..., p. 81. Os tribunais entendem que a ratificação deve resultar de "uma clara manifestação de vontade do *dominus*", no sentido "de fazer próprio o contrato celebrado pelo *falsus procurator*", admitindo a ratificação tácita. Cfr.: Cass. civ., 13.7.1971, Giust. civ. Mass., 1971, nº 2259, p. 1231 s; Cass. civ., 22.6.1978, Giust. civ. Mass., 1978, nº 3092, p. 1270; Cass. civ., 23.2.1983, Giust. civ. Mass., 1983, nº 1397, p. 487; Cass. civ., 25.8.1986, Giust. civ. Mass., 1986, nº 5170, p. 1496 s; Cass. civ., 9.6.1987, Giust. civ. Mass., 1987, nº 5040, p. 1443 s.

[288] Cfr.: ac. STJ, 31.10.1990 (proc. 79 288), não publ.; ac. STJ, 2.12.1993 (proc. 84 323), não publ.; ac. Rel. de Lisboa, 28.2.1991, CJ, 1991, I, p. 169 ss.

[289] Veja-se no entanto o regime especial estabelecido na disposição do artigo 22º, nº 2 do Decreto-Lei nº 178/86, de 3 de Julho, relativo ao contrato de agência, a que se fará referência adiante, no texto.

[290] Admitindo a ratificação tácita, na jurisprudência portuguesa dos últimos anos: ac. STJ, 19.6.1979, BMJ, 288 (1979), p. 382 ss = RLJ, 112º, 1979-1980, nºs 3656 s, p. 366 ss (considerando ratificação de contrato promessa de compra de imóvel celebrado por representante sem poderes o pagamento da sisa pelo representado); ac. STJ, 2.2.1984 (proc. 71 315), não publ. (implicitamente, mas considerando não constituir ratificação de contrato promessa de compra e venda de imóvel celebrado por representante sem poderes a outorga de procuração concedendo poderes para a venda de quaisquer imóveis, onde não exista indicação da qual possa inferir-se que o mandante quis ratificar o negócio anterior, assumindo-o como seu); ac. STJ, 14.4.1988 (proc. 74 579), não publ. (considerando ratificação do aviso de denúncia do contrato de arrendamento feito por representante sem poderes a posterior proposição pelo

Entende-se nestes direitos que a ratificação deve dizer respeito a todo o negócio celebrado pelo representante sem poderes e não apenas a uma parte dele. É todavia admitida ratificação parcial, com a consequência de uma eficácia também parcial, se o negócio celebrado for divisível e se tal for compatível com as regras vigentes em cada ordem jurídica sobre a redução do negócio parcialmente inválido [292].

A ratificação tem eficácia retroactiva, ressalvados os direitos de terceiros (§ 184, 1 BGB, artigo 1399, nº 2 do Código Civil italiano, artigo 268º, nº 2, parte final, do Código Civil português, princípio aceite igualmente no direito suíço [293]), de onde resulta que o negócio será considerado eficaz em relação ao representado como se o representante tivesse tido o necessário poder de representação no momento da celebração [294]. Ao negó-

---

representado da respectiva acção de despejo); ac. STJ, 7.12.1993 (proc. 84 364), não publ. (considerando ratificação de contrato promessa de compra de imóvel celebrado por representante sem poderes a outorga de procuração concedendo poderes para a compra do referido imóvel); ac. Rel. do Porto, 18.11.1993, O Direito, 1994, p. 677 ss (em *obiter dictum*).

[291] VAZ SERRA admitia que, em certos casos — por imposição da boa fé —, "o representado tem de deixar valer contra si a aparência, por ele criada, de ter ratificado" (RLJ, 108º, p. 75; RLJ, 112º, p. 374).

[292] Cfr.: STAUDINGER/DILCHER, § 177, an. 15; SOERGEL/LEPTIEN, § 177, an. 26; ERMAN//BROX, § 179, an. 4; THIELE, *Münch.Komm.*, § 177, an. 35; SCHRAMM, *Münch.Komm.*, § 177, an. 35; KORNBLUM, *Die überzähligen Klorollen*, p. 259; KIESEL, *Stellvertretung ohne Vertretungsmacht ...*, p. 22 s; ZÄCH, KÜNZLE, *Stellvertretung...*, p. 315 s; ZACCARIA, *Commentario, sub* art. 1399, VI; CAVALEIRO DE FERREIRA, *Depósito bancário...*, p. 276; R. PINTO, *Falta e abuso de poderes ...*, p. 76.

[293] Cfr. ZÄCH/KÜNZLE, *Stellvertretung...*, p. 326 s; SAUSSURE, *L' acte juridique...*, p. 133 ss; KIESEL, *Stellvertretung ohne Vertretungsmacht...*, p. 94; GUHL/KOLLER/DRUEY, *OR*, p. 157; KOLLER, *Schweizerisches Obligationenrecht*, p. 333; GAUCH, SCHLUEP, TERCIER, *Partie générale...*, an. 1008. Admitem todavia alguns autores que a eficácia retroactiva tem natureza meramente dispositiva, podendo os interessados, expressa ou tacitamente, estipular que a ratificação produza efeitos apenas para o futuro (cfr. ZÄCH/KÜNZLE, SAUSSURE e GAUCH, SCHLUEP, TERCIER, *locs. cits.*).

[294] A retroactividade da ratificação é consequência natural da concepção que vê no negócio do *falsus procurator* um negócio perfeito e na ratificação um mero requisito de eficácia. Mas também os autores que não consideram o negócio perfeito antes da ratificação admitem a eficácia retroactiva desta. Cfr. GRAZIANI, *La rappresentanza...*, p. 44 ss; BETTI, *Teoria generale...*, p. 583; MIRABELLI, *Dei contratti...*, p. 309 s. Este último autor suscita a questão de saber se a retroactividade constitui obstáculo à construção da ratificação como "acto autónomo de determinação actual e específica". O autor entende que a ponderação dos interesses em jogo justifica, neste como em outros casos, uma derrogação ao princípio geral da irretroactividade dos factos e actos juridicamente relevantes. A retroactividade não é consequência própria e inevitável do acto, antes é estabelecida excepcionalmente pela lei, para satisfazer exigências de estabilidade e certeza das situações jurídicas. Daí que, nos termos do artigo 1399, nº 1, a ratificação não atribua eficácia plena ao acto a que se refere, realizando apenas, no dizer do autor, um "regulamento actual de interesses, correspondente ao que antes foi determinado por outros, se e enquanto aquela determinação for ainda susceptível de ser

cio celebrado sem poderes de representação passa a ser aplicável, por força da ratificação, o regime geral constante das disposições reguladoras da representação.

O estado de pendência do contrato (ou, segundo outros entendimentos, a situação de imperfeição ou incompletude em que o contrato se encontra) coloca a contraparte num estado de incerteza. Tendo em conta essa circunstância, em todas estas ordens jurídicas se dá à contraparte no negócio representativo a possibilidade de exigir ao pretenso representado que se pronuncie sobre a ratificação do contrato (§ 177, 2 BGB, artigo 38, n° 2 OR, artigo 1399, n° 4 do Código Civil italiano, artigo 268°, n° 3, parte final, do Código Civil português [295]). Nesse caso, de acordo com o direito alemão, o representado dispõe do prazo de duas semanas a contar da recepção do convite (*Aufforderung*) para se pronunciar; segundo o direito suíço, o representado deverá pronunciar-se em prazo conveniente; segundo as disposições dos direitos italiano e português, o prazo para a ratificação será o fixado pela contraparte. Em todas estas ordens jurídicas, ao silêncio do representado é atribuído o valor de não aprovação do negócio.

Regime especial em relação ao que acaba de ser descrito se encontra, quer no direito alemão, quer no direito português, a propósito da regulamentação do contrato de agência, com o objectivo de proteger os interesses de terceiros. De harmonia com o disposto no § 91-a HGB, sempre que um agente comercial (*Handelsvertreter*) celebrar um negócio em nome do principal sem poder de representação, presume-se ratificado o negócio pelo principal se este, logo que seja avisado pelo agente ou pelo terceiro da celebração do negócio e do conteúdo essencial do mesmo, não declarar de imediato ao terceiro desconhecedor da falta de poder que não aceita o negócio [296]. Nos termos do artigo 22°, n° 2 do Decreto-Lei n° 178/86, de 3 de Julho (com a alteração introduzida pelo Decreto-Lei n° 118/93, de 13 de Abril), considera-se ratificado o negócio celebrado pelo agente sem poder

---

realizada na situação material e jurídica, tal como se apresenta no momento da ratificação e sem possibilidade de a modificar, reportando-a à posição anterior".

[295] Também o artigo 596°, n° 2 do Código Civil português admite que, no caso de transmissão singular de dívidas, qualquer das partes tem o direito de fixar ao credor um prazo para a ratificação, findo o qual esta se considera recusada.

[296] O preceito do § 91-a HGB refere-se no seu n° 1 aos negócios celebrados pelo "agente negociador" (*Vermittlungsvertreter*); o n° 2 torna extensivo o mesmo regime aos negócios celebrados pelo "agente outorgante" (*Abschlußvertreter*), que tenha actuado para além dos poderes que lhe haviam sido conferidos. Uma disposição com conteúdo equivalente existe na secção do HGB relativa ao *Handlungsgehilfe* (§ 75-h). Para a interpretação destes preceitos do HGB, cfr.: HONSELL, col. HEYMANN *Handelsgesetzbuch, Handlungsgehilfen und Handlungslehrlinge*, 1989, § 75-h; SONNENSCHEIN, col. HEYMANN *Handelsgesetzbuch, Handelsvertreter*, 1989, § 91-a; CAPELLE/CANARIS, *Handelsrecht*, p. 198 s; BRÜGGEMANN, col. STAUB *HGB*, §§ *84-104, Handelsvertreter*, 4ª ed., 1983, § 91-a.

de representação se o principal, logo que tenha conhecimento da sua celebração e do seu conteúdo essencial, não manifestar ao terceiro de boa fé, no prazo de cinco dias a contar daquele conhecimento [297], a sua oposição ao negócio [298][299].

O *dominus* só pode proceder à ratificação [300] durante o estado de pen-

---

[297] Na versão inicial do diploma, presumia-se a ratificação pelo principal se este, tendo conhecimento da celebração do negócio e do conteúdo essencial do mesmo, não avisasse, de imediato, o terceiro de boa fé de que não aceitava o negócio. Era ainda mais nítida nessa redacção a influência do Código Comercial alemão.

[298] Sobre a interpretação da disposição, cfr.: PINTO MONTEIRO, *Contrato de agência*..., an. ao artigo 22º; id., *Contrato de agência (Anteprojecto)*, p. 105; M. Helena BRITO, *O contrato de agência*, p. 126 s; JANUÁRIO GOMES, *Apontamentos*..., p. 24; LACERDA BARATA, *Sobre o contrato de agência*, p. 52 ss; id., *Anotações*..., an. ao artigo 22º. O preceito do artigo 22º do Decreto-Lei nº 178/86 suscita o problema da delimitação do seu âmbito material de aplicação. Porque a questão se aproxima, quer quanto ao seu enunciado, quer quanto à sua resolução, da que discutimos a propósito do artigo 23º do mesmo diploma, deixamos aqui apenas uma remissão para outro ponto do presente trabalho (neste parágrafo, nº 3.2.).

[299] Tanto no artigo 1163º do Código Civil português como no artigo 1712 do Código Civil italiano se encontra estabelecida uma regra de aprovação tácita da conduta do mandatário: comunicada a execução ou inexecução do mandato, o silêncio do mandante por tempo superior àquele em que teria de pronunciar-se, segundo os usos ou de acordo com a natureza do assunto, vale como aprovação da conduta do mandatário, ainda que este tenha excedido os limites do mandato ou desrespeitado as instruções do mandante. Tendo em conta o princípio da separação entre a representação e o contrato de gestão, que inspira ambos os Códigos, essas regras dizem respeito à relação interna (neste sentido, também, P. MOTA PINTO, *Declaração tácita e comportamento concludente no negócio jurídico*, Coimbra, 1995, p. 666 e nota (540)) . Estando em causa a prática de um acto jurídico perante terceiros, o regime assim estabelecido pode naturalmente vir a repercutir-se na relação externa. Os preceitos mencionados no texto (§ 91-a HGB e artigo 22º, nº 2 do Decreto-Lei nº 178/86, de 3 de Julho) reportam-se directamente à relação externa.

[300] A doutrina, salvo raras excepções, não tem discutido o problema da natureza jurídica da situação subjectiva do ratificante e refere-se indiferentemente a direito de ratificar (*diritto di ratifica, Genehmigungsrecht*) (SAGGESE, *La rappresentanza*..., p. 249; SANTORO--PASSARELLI, *Dottrine generali*..., p. 292; ERMAN/BROX, § 177, an. 18; MARTINEK, *Der Vertreter ohne Vertretungsmacht*, p. L 18; ZÄCH/KÜNZLE, *Stellvertretung*..., p. 322); direito potestativo (*droit formateur, diritto potestativo, Gestaltungsrecht*) (SAUSSURE, *L' acte juridique*..., p. 123; VON TUHR, PETER, *Allgemeiner Teil*..., Bd. 1, p. 401; GAUCH, SCHLUEP, TERCIER, *Partie générale*..., an. 1008; KOLLER, *Schweizerisches Obligationenrecht*, p. 332; NATOLI, *Rappresentanza (diritto privato)*, p. 485; BIGLIAZZI GERI e o., *Diritto civile*, 1.2, p. 574; R. PINTO, *Falta e abuso de poderes*..., p. 75); faculdade de ratificar (*facoltà di ratifica, Genehmigungsbefugnis*), que é, aliás, a expressão utilizada no artigo 1399, 5 do Código Civil italiano (BETTI, *Teoria generale*..., p. 585; CARIOTA FERRARA, *Il negozio giuridico*..., p. 678; MEDICUS, *Allgemeiner Teil*..., an. 975 ss); poder de ratificar (*potere di ratifica*) (MESSINEO, *Manuale*..., p. 551: id., *Dottrine*..., p. 159; id., *Il contratto*..., p. 253; DE MARTINI, *Recesso unilaterale*..., p. 271, que, no mesmo trabalho, também utiliza "faculdade", na p. 269, e se refere a "posição de sujeição" do outro contraente, na p. 270); ou possibilidade de ratificar (*Genehmigungsmöglichkeit*) (OERTMANN, *Allgemeiner Teil*..., p. 648; LARENZ, *Allgemeiner Teil*..., p. 614). Em BRUSCUGLIA, GIUSTI (*Ratifica*..., p. 697 s), a questão é abordada *ex professo*,

dência [301] (ou enquanto se mantiver a situação de imperfeição ou incompletude em que o contrato se encontra): a ratificação não é possível se o contrato deixou definitivamente de produzir efeitos em consequência do decurso do prazo após o pedido de ratificação feito pela contraparte (o que é admitido em todos estes direitos, como acabamos de ver), em consequência do exercício do direito de revogação pela contraparte (que se encontra previsto nos direitos português e alemão) ou em consequência do exercício do direito de revogação por acordo entre o *falsus procurator* e a contraparte (previsto, como se dirá, no direito italiano).

Por outro lado, a recusa da ratificação pode em certas circunstâncias constituir um *venire contra factum proprium*, uma violação da boa fé. Se, após a celebração do negócio pelo representante sem poderes, o representado agiu como se estivesse vinculado, criando na contraparte a confiança de que o negócio seria ratificado e permitindo um "investimento de confiança" pela contraparte, a recusa da ratificação é susceptível de traduzir o exercício ilegítimo de um direito, isto é, de configurar um abuso de direito [302].

---

e a conclusão é no sentido de se tratar de um "direito potestativo", já que a situação em que se encontra o *dominus* lhe permite, com o seu próprio comportamento e independentemente da cooperação de outrem, obter um resultado favorável, provocando uma modificação na esfera jurídico-patrimonial de outro sujeito, que por sua vez está numa posição de mera sujeição, sem poder validamente opor-se à produção de tal modificação. A *ratio* da atribuição desse direito potestativo consistiria na valorização favorável, por parte da ordem jurídica, do interesse do pretenso representado em receber na sua esfera jurídica o resultado da actividade do pretenso representante, em nome do princípio da conservação do negócio jurídico. Também ZÄCH/KÜNZLE, *Stellvertretung*..., p. 322 ss, e KIESEL, *Stellvertretung ohne Vertretungsmacht*..., p. 18 ss, 97 ss (este último, quer perante o direito alemão, quer perante o direito suíço), discutem a questão de saber se a contraparte (e bem assim o representante, no caso de KIESEL) tem um direito à ratificação (*Genehmigungsanspruch*) e, correlativamente, se existe um dever do representado de ratificar o negócio (*Genehmigungspflicht*). Os autores concluem em sentido negativo. Veja-se, na doutrina portuguesa, a qualificação do poder de ratificar como "direito potestativo" nos estudos recentes de MENEZES CORDEIRO, CARNEIRO DA FRADA, *Da inadmissibilidade da recusa de ratificação*..., p. 707, e de R. GUICHARD, *Notas sobre a falta e limites do poder de representação*, p. 15.

[301] Devendo por isso a ratificação ocorrer antes do decurso do prazo fixado pelo representante sem poderes à contraparte, por exemplo, para aceitação de uma proposta de contrato por ele feita em nome do representado (BGH, 15.6.1960, BGHZ 32, 375; BGH, 13.7.1973, JZ 1973, 699).

[302] Cfr. ac. Rel. do Porto, de 18.11.1993, O Direito, 1994, p. 677 ss (p. 681 ss); MENEZES CORDEIRO, CARNEIRO DA FRADA, *Da inadmissibilidade da recusa de ratificação por venire contra factum proprium*, p. 700 ss; VAZ SERRA, RLJ, 108º, p. 75; id., RLJ, 112º, p. 374; R. GUICHARD, *Notas sobre a falta e limites do poder de representação*, p. 19 s; CANARIS, *Die Vertrauenshaftung*..., p. 312 ss, 317 s; LARENZ, *Allgemeiner Teil* ..., p. 614.

5.4.2. Função e natureza jurídica da ratificação

A discussão sobre a função e natureza jurídica da ratificação é naturalmente influenciada pelas posições assumidas quanto à natureza jurídica do negócio jurídico celebrado pelo *falsus procurator*, mas, quanto a alguns aspectos, as posições tomadas não decorrem necessariamente, ou não decorrem apenas, da concepção sobre a natureza daquele negócio.

De acordo com a opinião dominante nas ordens jurídicas alemã, suíça e portuguesa, se o representado ratificar o negócio, "realizam-se os mesmos efeitos jurídicos que produz um negócio jurídico celebrado em nome do principal por um representante no âmbito dos seus poderes" [303]; "é suprida a originária falta de poderes do representante e o negócio torna-se eficaz para o representado, como se tivesse sido celebrado com os seus poderes" [304]; a ratificação "faz cessar o estado de pendência" em que o negócio se encontrava [305]; "a situação jurídica é de encarar como se o representante tivesse agido com poder de representação" [306]; "a ratificação é a declaração de vontade pela qual alguém faz seu um acto jurídico celebrado por outrem em seu nome, sem poderes de representação, outorgando retroactivamente esses poderes" [307]. Dado que o negócio celebrado pelo falso representante se encontrava perfeito antes da ratificação, esta nada lhe acrescenta, "não é a segunda vontade contratual" [308]. Nesta perspectiva, a ratificação não é um

---

[303] LABAND, *Die Stellvertretung...*, p. 232. Vejam-se também: E. BUCHER, *Schweizerisches Obligationenrecht*, p. 603; GAUCH, SCHLUEP, TERCIER, *Partie générale...*, an. 1008; CAVALEIRO DE FERREIRA, *Depósito bancário...*, p. 275; MENEZES CORDEIRO, CARNEIRO DA FRADA, *Da inadmissibilidade da recusa de ratificação...*, p. 706 e nota (35) (onde se equipara o efeito da ratificação a uma "condição potestativa").

[304] WINDSCHEID, *Lehrbuch...*, I, 9ª ed., p. 367. Cfr. também ERMAN/BROX, § 177, an. 19.

[305] ERMAN/BROX, § 177, an. 12.

[306] PRÖLSS, *Vertretung ohne Vertretungsmacht*, p. 584. Cfr. igualmente GUHL/KOLLER/ /DRUEY, *OR*, p. 157. Veja-se ainda o ac. Rel. do Porto, 20.11.1990, CJ, 1990, V, p. 202 ss ("com a ratificação tudo se passa como se o contrato tivesse sido celebrado entre o dono do negócio, por intermédio de representante com poderes, e a outra parte").

[307] GALVÃO TELLES, *Direito das obrigações*, p. 177 s. Uma formulação muito próxima desta pode ver-se em ANTUNES VARELA: a ratificação "é a declaração de vontade pela qual alguém faz seu ou chama a si o acto *jurídico* realizado por outrem em seu nome, mas sem poderes de representação" (*Das obrigações em geral*, vol. I, p. 481 s). Cfr. também R. GUICHARD, *Notas sobre a falta e limites do poder de representação*, p. 9.

[308] Cfr. KARLOWA, *Das Rechtsgeschäft...*, p. 60 s. Diferentemente, os autores alemães defensores da teoria da proposta viam na ratificação a aceitação, por parte do representado, da proposta apresentada pela contraparte e transmitida através do representante: a proposta do terceiro "transforma-se através da aceitação do [representado] num negócio jurídico válido" (WÄCHTER, *Handbuch...*, p. 682); "até à ratificação falta a segunda vontade contratual [...]; através da ratificação não é aqui suprida uma falta [...], mas o contrato é [...] concluído (*wird der Vertrag zur Vollendung gebracht*)" (RUHSTRAT, *Ueber Stellvertretung...*, p. 212); "só por

elemento do negócio representativo, constitui um negócio jurídico autónomo [309]. Negócio jurídico unilateral receptício [310], a ratificação pode, nos termos do § 182 BGB, ser dirigida pelo representado ao representante ou à contraparte [311], a menos que o representado proceda à ratificação na sequência de pedido formulado pelo outro contraente, pois, neste caso, só a declaração dirigida a esse contraente será eficaz (§ 177, 2 BGB) [312].

Perante o direito italiano, aqueles que no negócio realizado sem poderes de representação vêem um acto inválido, porque lhe falta um elemento

---

meio da declaração do representado o contrato se realiza" (HÖLDER, *Zum allgemeinen Theil...*, p. 123); "a ratificação [apresenta-se] como declaração de aceitação" (BEKKER, *System...*, p. 221, nota (k)). MAGALHÃES COLLAÇO, embora afastando expressamente a teoria da proposta, defendeu que a declaração do *dominus* pela qual é sanada a invalidade constitui, "juntamente com o primeiro negócio, um acto composto, esse já perfeito na sua eficácia" (*Da legitimidade ...*, p. 112). Em todas estas construções, a ratificação seria um elemento constitutivo do negócio celebrado pelo representante. Também para SAUSSURE, a ratificação constitui a "validação de um acto existente, mas inválido e ineficaz" (*L' acte juridique ...*, p. 118).

[309] Para C. FERREIRA DE ALMEIDA, *Texto e enunciado ...*, p. 543, nota (229), a ratificação (tal como "outros meios de convalidação de negócios nulos") reproduz o "texto" do acto inválido que assim é recuperado para o domínio da eficácia jurídica. À ratificação é portanto atribuída, em sentido diferente ao da doutrina dominante, uma função de validação ou sanação do negócio celebrado pelo representante sem poderes (cfr. ainda p. 256, 430). De sanação de um defeito fala também OLIVEIRA ASCENSÃO, *Teoria geral...*, III, p. 324, 455 (o autor atribui à ratificação um alcance mais amplo do que aquele que lhe é reconhecido pela generalidade da doutrina — que a restringe ao domínio da representação sem poderes —, invocando principalmente o artigo 44°, n° 2 do Regime do Arrendamento Urbano, aprovado pelo Decreto-Lei n° 321-B/90, de 15 de Outubro).

[310] Cfr., no direito alemão: PALANDT/HEINRICHS, § 178, an. 6; ERMAN/BROX, § 177, an. 13; KIESEL, *Stellvertretung ohne Vertretungsmacht...*, p. 15; no direito suíço, cfr.: VON TUHR, PETER, *Allgemeiner Teil...*, Bd. 1, p. 400; ZÄCH/KÜNZLE, *Stellvertretung...*, p. 314; SAUSSURE, *L' acte juridique...*, p. 123; KIESEL, *Stellvertretung ohne Vertretungsmacht...*, p. 94; E. BUCHER, *Schweizerisches Obligationenrecht*, p. 603; GAUCH, SCHLUEP, TERCIER, *Partie générale...*, an. 1008; KOLLER, *Schweizerisches Obligationenrecht*, p. 331. Antes do actual Código Civil português, consideravam já a ratificação como um negócio jurídico unilateral: GUILHERME MOREIRA, *Instituições...*, I, p. 459 (recusando expressamente a qualificação como "aceitação de uma promessa", na página 458); CUNHA GONÇALVES, *Tratado...*, IV, p. 204; GALVÃO TELLES, *Dos contratos...*, 1ª ed., p. 281; 2ª ed., p. 321; id., *Manual...*, p. 323; CAVALEIRO DE FERREIRA, *Depósito bancário...*, p. 275; R. PINTO, *Falta e abuso de poderes ...*, p. 75. À face do Código Civil português vigente, qualificam-na como negócio jurídico unilateral receptício (embora não explicitando quem é o destinatário): C. MOTA PINTO, *Teoria geral...*, p. 388 s; CARVALHO FERNANDES, *Teoria geral...*, II, p. 211, 2ª ed., p. 62. HÖRSTER entende tratar-se de negócio jurídico unilateral, não necessariamente receptício (*A parte geral...*, p. 488). Destinatário da ratificação, no sistema do direito português actual, deve considerar-se a contraparte no negócio representativo. Neste sentido se pronuncia também R. GUICHARD, *Notas sobre a falta e limites do poder de representação*, p. 12, 15 s.

[311] Cfr. BGH, 9.2.1951, NJW 1951, 398. Assim entende igualmente a jurisprudência suíça (BG, 8.5.1915, BGE 41 II 268 (273)).

[312] Cfr. OLG Köln, 26.5.1994, NJW 1995, 1499.

intrínseco (a legitimação ou a declaração), terão tendência para considerar a ratificação como um elemento que vai integrar-se no negócio representativo [313]. A ratificação é um elemento constitutivo do negócio entre o representado e a contraparte, segundo os autores que consideram que o acto celebrado pelo *falsus procurator* constitui simplesmente um negócio em via de formação [314]. Diversamente, para os que consideram o negócio celebrado pelo *falsus procurator* um acto em si completo, perfeito, a que apenas falta um elemento externo que lhe confira eficácia, a ratificação tem a natureza de elemento condicionante do negócio, *conditio iuris* [315], que torna o negó-

---

[313] "O *falsus procurator* para si não dita qualquer regulamento preceptivo, mas dita--o para o *dominus*, de tal modo que o próprio regulamento só adquire *uma referência a um sujeito* quando intervém a declaração integrativa do *dominus*" (DE MARTINI, *Invalidità*..., p. 296). "A ratificação configura-se como um negócio de segundo grau destinado a constituir um elemento daquele de primeiro grau a que se refere" e "o negócio, até então pendente, considera-se agora realizado como negócio subjectivamente complexo de formação sucessiva" (BETTI, *Teoria generale*..., p. 582 s; de salientar que o autor se refere a "negócio unilateral, que tem como conteúdo [...] a aprovação e a *assunção*, por parte do interessado, *das consequências* vinculativas, sobretudo *onerosas*, do negócio celebrado sem [poder de representação]" — cfr. *loc. cit.*). Em sentido diferente, MIRABELLI, *Dei contratti*..., p. 309, que, apesar de defender talvez a posição mais radical dentro da tese da nulidade, propende para a "natureza autónoma da ratificação, não como acto integrador da posição do representante, mas como acto de apropriação do acto por este realizado" (o autor não esconde a dificuldade que, para a sua construção, pode significar a eficácia retroactiva reconhecida à ratificação pelo artigo 1399, nº 2 do Código Civil italiano — cfr. *ob. cit.*, p. 309 s).

[314] Ou seja, a ratificação é um dos elementos de uma *fattispecie* complexa, no sentido de que os efeitos jurídicos não se produzem, nem pelo acto do sujeito não autorizado, nem pelo acto de ratificação, considerados de per si, mas sim pela sequência dos dois actos. A ratificação tem como função completar ou tornar perfeito um negócio *in itinere*. Cfr. GRAZIANI, *La rappresentanza*..., p. 26 ss; RUSSO DE CERAME, *Sulla natura*..., p. 462 s; id., *Ancora sul negozio*..., p. 316 s. Segundo GIORDANO, *Tradizione*..., p. 189, que defende igualmente a tese do negócio em via de formação, "a ratificação não é uma declaração que venha integrar ou substituir a outra emitida pelo *falsus procurator*, mas é um acto que confere a 'pronúncia' sobre o interesse do *dominus*, a qual faltava precisamente porque o representante sem poderes não estava legitimado, não tinha 'competência' para a emitir". Recorde-se que, para os defensores da tese agora em análise, o mesmo fenómeno de formação sucessiva do negócio existe em qualquer acto celebrado através de representante com base em poder de representação previamente conferido ao agente. É a "indiferença cronológica" entre procuração e ratificação, no processo de formação do negócio celebrado através de representante, e, por isso mesmo, a função desempenhada pela ratificação, que permite distinguir esta posição da que foi mencionada na nota anterior (dado que em ambas se considera a ratificação como elemento integrante do negócio). Até certo ponto a ideia de formação sucessiva do negócio vale também para a concepção de BETTI, mas só para o caso de ratificação superveniente. Cfr. *Teoria generale*..., p. 582, nota (6). É também esta a concepção que inspira grande parte das decisões dos tribunais italianos (cfr. nota (279)).

[315] Cfr. VARELLI, *Inefficacia del contratto*..., p. 740; MESSINEO, *Manuale*..., p. 552; id., *Dottrina*..., p. 160; id., *Il contratto*..., p. 254; NATOLI, *Rappresentanza (diritto privato)*, p. 484. Na jurisprudência, a referência à natureza de elemento condicionante do negócio atribuída à

cio eficaz [316], ou é entendida como negócio jurídico autónomo que exprime o poder de legitimação do interessado através do qual este faz entrar o acto do representante na sua esfera jurídica [317], sendo até qualificada como "negócio de legitimação" [318]. Identidade conceptual entre procuração e ratificação existe certamente para os defensores do negócio jurídico em via de formação, que propugnam também a designada "indiferença cronológica" dos diversos elementos constitutivos no processo de formação do negócio celebrado através de representante [319]. A mesma equivalência funcional é afirmada por autores que, assumindo diferentes posições doutrinárias em matéria de representação sem poderes, invocam a fórmula tradicional *ratihabitio mandato comparatur* [320]. Pelo contrário, segundo outros, o carácter autónomo da ratificação manifesta-se ainda na diversidade do seu conteúdo e da sua função relativamente à procuração [321]. Digna de menção

---

ratificação surge tanto em decisões que se pronunciam no sentido da ineficácia (Trib. Roma, 19.5.1949, Giur. compl. Cass. Civ., 1949, II, p. 861 ss, Trib. Napoli, 7.7.1952, Giur. compl. Cass. Civ., 1952, III, p. 731 ss;), como em decisões que consideram tratar-se de negócio complexo de formação sucessiva sujeito à *conditio iuris* da ratificação (Cass. civ., 6.2.1963, Giust. civ. Mass., 1963, nº 190, p. 88 s; Cass. civ., 23.10.1971, Giust. civ. Mass., 1971, nº 2996, p. 1614, Cass. civ., 29.1.1980, Giust. civ. Mass., 1980, nº 688, p. 296 s).

[316] Cfr. CARRESI, *In tema di diffetto...*, p. 212; CARIOTA FERRARA, *Il negozio giuridico...*, p. 678; SANTORO-PASSARELLI, *Dottrine generali...*, p. 292; SCOGNAMIGLIO, *Contratti...*, p. 81; MESSINEO, *Manuale...*, p. 552; id., *Dottrina...*, p. 160; id., *Il contratto...*, p. 254, 257; NATOLI, *La rappresentanza*, p. 124; id., *Rappresentanza (diritto privato)*, p. 484.

[317] Cfr. MESSINEO, *Manuale...*, p. 551; id., *Dottrina...*, p. 160; id., *Il contratto...*, p. 253; id., *La sorte...*, p. 398; SANTORO-PASSARELLI, *loc. ult. cit.* (que, tal como SCOGNAMIGLIO, *loc. cit.* na nota anterior, considera a ratificação um negócio integrativo); D' AVANZO, *Rappresentanza*, p. 828; NEPPI, *La rappresentanza...*, p. 81; BIANCA, *Diritto civile*, 3, p. 114 ("acto de autorização que integra a falta de legitimação do representante"); BIGLIAZZI GERI e o., *Diritto civile*, 1.2, p. 574; G. VISINTINI, *Della rappresentanza*, p. 327. A "acto autónomo de apropriação da determinação de outrem" se referia igualmente MIRABELLI (*Dei contratti...*, p. 309) e de "negócio de aprovação e assunção de consequências vinculativas" falava BETTI (*Teoria generale...*, p. 582).

[318] BRUSCUGLIA, GIUSTI, *Ratifica*, p. 696 ss.

[319] Cfr. GRAZIANI, *La rappresentanza...*, p. 27; RUSSO DE CERAME, *Sulla natura giuridica...*, p. 462; GIORDANO, *Tradizione...*, p. 190.

[320] STOLFI, *Teoria...*, p. 198 (e também, ainda no domínio do direito anterior, em *Sulla ratifica della compravendita immobiliare conchiusa dal rappresentante senza potere*, Rdcomm., 1936, II, p. 63 ss, p. 65); CARIOTA FERRARA, *Il negozio giuridico...*, p. 678; SCOGNAMIGLIO, *Contratti...*, p. 81. Cfr. igualmente, embora sem invocar aquela fórmula, GALGANO, *Diritto privato*, p. 286; id., *Diritto civile ...*, II, 1, p. 356.

[321] MESSINEO, *Il contratto...*, p. 253 (o autor fala em eficácia *equivalente* à da procuração, acrescentando que se distingue desta pois não confere poder de representação). Em obras anteriores, MESSINEO era mais favorável à aproximação entre as duas figuras (*Manuale...*, p. 160 s; *Dottrina...*, p. 551 s). Cfr. ainda: MIRABELLI, *Dei contratti...*, p. 308; SANTORO-PASSARELLI, *Dottrine generali...*, p. 292. Também para BETTI a ratificação se distingue da procuração, pois o seu conteúdo não é a "atribuição *a posteriori* do poder de representação"

é ainda a tendência da doutrina para reconhecer na ratificação o acto que tem como função sanar a falta de poder de representação (falta de legitimação) mesmo por parte de autores que não vêem no negócio celebrado pelo *falsus procurator* um acto inválido [322].

Segundo o entendimento que apesar de tudo pode hoje considerar-se mais generalizado na doutrina italiana, a ratificação é um negócio jurídico unilateral e receptício, dirigido à contraparte do *falsus procurator* [323]. É em geral considerada distinta da confirmação ou convalidação do negócio anulável (apesar de com esta ter algumas afinidades) e não está por isso sujeita ao seu regime [324].

5.5. Posição jurídica da contraparte no negócio celebrado pelo representante sem poderes

A indefinição relativamente à sorte do negócio representativo enquanto o representado o não ratificar coloca a contraparte do representante sem poderes num estado de incerteza. Esse inconveniente é de certo modo reduzido por força das disposições que permitem à contraparte provocar a ratificação pelo *dominus* (§ 177, 2 BGB, artigo 38, n° 2 OR, artigo 1399, n° 4 do Código Civil italiano, artigo 268°, n° 3 do Código Civil português).

Ainda assim, a situação é susceptível de prejudicar os interesses da pessoa que contrata com o *falsus procurator*. Por isso lhe é permitido, nos direitos alemão e português, revogar a sua declaração negocial, desvinculando-se do contrato, salvo se, no momento da celebração, conhecia a falta

---

(*ob. cit.*, p. 582). Tal conteúdo apenas poderia existir no caso de ratificação "de uma procuração já existente, da qual tenham sido ultrapassados os limites". Então a ratificação poderia conceber-se como negócio complementar e integrativo da procuração precedente, por exemplo, como um negócio de "certificação" (*accertamento*) daquela. Cfr. *Teoria generale...*, p. 582, nota (5).

[322] Cfr. MESSINEO, *Manuale...*, p. 551; id., *Dottrina...*, p. 160; id., *Il contratto...*, p. 253; id., *La sorte...*, p. 418; GIORDANO, *Tradizione...*, p. 189; NATOLI, *Rappresentanza (diritto privato)*, p. 484; GALGANO, *Diritto privato*, p. 286; id., *Diritto civile...*, II, 1, p. 355.

[323] Cfr. STOLFI, *Teoria...*, p. 198; BETTI, *Teoria generale...*, p. 582 s, 482 s; MIRABELLI, *Dei contratti...*, p. 310; SCOGNAMIGLIO, *Contratti...*, p. 81; MESSINEO, *Manuale...*, p. 552; id., *Dottrina...*, p. 160; id., *Il contratto...*, p. 254; NATOLI, *La rappresentanza*, p. 128; id., *Rappresentanza (diritto privato)*, p. 485; BIANCA, *Diritto civile*, 3, p. 115; BRUSCUGLIA, GIUSTI, *Ratifica...*, p. 699; BIGLIAZZI GERI e o., *Diritto civile*, 1.2, p. 574; BARBERO, *Il sistema...*, p. 241; G. VISINTINI, *Della rappresentanza*, p. 330. Segundo CARIOTA FERRARA, *Il negozio giuridico...*, p. 678, 149, a ratificação deve ser levada ao conhecimento quer do *falsus procurator* quer do outro contraente. Na jurisprudência, cfr.: Cass. civ., 24.11.1971, Giust. civ. Mass., 1971, n° 3418, p. 1842; Cass. civ., 13.7.1971, Giust. civ. Mass., 1971, n° 2259, p. 1231 s; Cass. civ., 7.5.1987, Giust. civ. Mass., 1987, n° 4237, p. 1200; Cass. civ., 9.6.1987, Giust. civ. Mass., 1987, n° 5040, p. 1443 s.

[324] A comparação explícita foi outrora feita por VARELLI, *Somiglianze e differenze...*, cit..

de poderes do representante (§ 178 BGB [325] [326], artigo 268º, nº 4 do Código Civil português [327]). No caso de ter conhecimento da falta de poderes do representante, a contraparte fica vinculada ao negócio representativo, suportando o risco da eventual recusa da ratificação por parte do representado.

No Código Civil italiano, diferentemente, estabelece-se que aquele que contratou como representante de outrem e a contraparte podem, de comum acordo, revogar o contrato antes da ratificação pelo pretenso representado (artigo 1399, nº 3), de onde resulta que, perante o direito italiano, enquanto aguarda a ratificação, a contraparte no negócio representativo fica vinculada ao contrato, não podendo dele desvincular-se unilateralmente [328].

O Código das Obrigações suíço não contém qualquer disposição que permita à contraparte desvincular-se do contrato celebrado com o representante sem poderes, nem através de declaração unilateral, nem sequer por acordo com o representante; por isso, ao contrário do representado, o terceiro fica vinculado ao contrato [329].

---

[325] A declaração de revogação deve dar a entender que o contrato não pode produzir efeitos em consequência da falta de poder de representação (BAG, 31.1.1996, NJW 1996, 2594).

[326] O § 178 BGB prevê expressamente que a declaração de revogação pode também ser dirigida ao representante.

[327] RUI DE ALARCÃO fazia uma apreciação crítica relativamente à norma correspondente do anteprojecto (artigo 11º, nº 5), por considerar que, além de susceptível de originar muitas dificuldades na sua aplicação, é inconveniente para o interesse do representado, na medida em que pode precludir a ratificação. Cfr. *Breve motivação...*, p. 114. Sobre os nºs 3 e 4 do artigo 268º, cfr. ac. STJ, 16.11.1988, BMJ, 381 (1988), p. 634 ss.

[328] Não obstante ser esta a conclusão que ressalta do texto do Código Civil, certos autores e algumas decisões jurisprudenciais têm admitido a possibilidade de a contraparte de boa fé se desvincular unilateralmente do contrato. Na doutrina, cfr. BETTI, *Teoria generale...*, p. 584. Na jurisprudência, cfr.: C. App. Venezia, 25.3.1954, Rdcomm., 1954, II, p. 381 ss, com an. crítica de SIMONETTO, *Il contratto concluso dal falsus procurator con il terzo ignaro del difetto di procura* (= Rdcomm., 1955, II, p. 37 ss, com an. igualmente crítica de AURICCHIO, *L' art. 1399 cod. civ. e il recesso del terzo*, cit.); Cass. civ., 21.6.1955, Rdcomm., 1955, II, p. 266 ss (que confirma aquela primeira decisão), com an. crítica de DE MARTINI, *Recesso unilaterale del contratto concluso col rappresentante senza potere*, cit. (veja-se também o comentário discordante de STOLFI, *In tema di recesso unilaterale del terzo contraente*, em Foro it., 1955, I, c. 979 ss, onde se publica a sentença em sentido diferente da C. App. Napoli, 14.2.1955).

[329] Assim, expressamente: VON TUHR, PETER, *Allgemeiner Teil...*, Bd. 1, p. 402; ZÄCH//KÜNZLE, *Stellvertretung...*, p. 306; STETTLER, *Représentation...*, p. 73 GUHL/KOLLER/DRUEY, *OR*, p. 156; KOLLER, *Schweizerisches Obligationenrecht*, p. 332; GAUCH, SCHLUEP, TERCIER, *Partie générale...*, an. 1009. Alguns autores, em face da comparação com o BGB, colocam a hipótese da admissibilidade de um direito de revogação por parte do terceiro de boa fé, mas, analisada a questão, acabam por se pronunciar em sentido negativo (ZÄCH/KÜNZLE, *Stellvertretung...*, p. 307 s; SAUSSURE, *L' acte juridique...*, p. 117). Discute-se também se a contraparte pode anular o contrato com fundamento em erro essencial, nos termos do artigo 24º do Código das Obrigações. Cfr., recusando tal anulação, ZÄCH/KÜNZLE, *Stellvertretung...*, p. 307, e, admitindo-a, KIESEL, *Stellvertretung ohne Vertretungsmacht...*, p. 102 s.

§ 2º
A representação como efeito do mandato
(direito francês)

1. Fontes de direito e delimitação do instituto

No Código Civil francês, a representação não é objecto de regulamentação geral distinta do mandato [330] e é tratada como simples característica ou efeito jurídico do mandato [331].

Segundo o artigo 1984, *"Le mandat ou procuration est un acte par lequel une personne donne à une autre le pouvoir de faire quelque chose pour le mandant et en son nom. Le contrat ne se forme que par l'acceptation du mandataire"*.

O teor do preceito explica a confusão entre mandato e representação que dominou no passado e influencia ainda hoje, notoriamente, a construção jurídica francesa [332].

---

[330] A figura encontra-se ainda prevista no *Code Civil* em normas dispersas (como, por exemplo, no artigo 1375, em matéria de gestão de negócios), mas tais disposições não são de grande auxílio para a construção de uma teoria jurídica sobre a representação.

[331] Solução diferente pretendia adoptar a Comissão de reforma do *Code Civil*. Com efeito, no âmbito dos trabalhos de preparação do *Projet de textes relatifs aux actes juridiques*, foi incluído um articulado que versava sobre a representação, em termos gerais (artigos 20 a 34). Cfr. *Travaux de la Commission de réforme du Code Civil*, Paris, 1947-1948, p. 339 ss.

[332] A identificação entre o mandato e a representação consta de diversos códigos, influenciados directa ou indirectamente pelo *Code Civil*. Para além dos Códigos Civis belga e luxemburguês que, em razão da sua origem, reproduzem as disposições dos artigos 1984 e seguintes do *Code Civil*, cfr.: Código Civil italiano de 1865 (artigos 1737 e seguintes); Código Civil português de 1867 (artigos 1318º e seguintes); Código Civil espanhol de 1889 (artigos 1709 e seguintes, em especial, artigos 1725, 1734); Código Civil brasileiro de 1916 (artigos 1288º e seguintes). Apesar da solução legislativamente consagrada, a separação conceptual entre mandato e representação é aceite pela doutrina espanhola mais recente. Assim: A. GORDILLO, *La representación aparente (Una aplicación del principio general de protección de la apariencia jurídica)*, Sevilla, 1978, p. 27, 55 ss (p. 71); DÍEZ-PICAZO, *La representación en el derecho privado*, Madrid, 1979, p. 35 ss (p. 43), 133 ss; ALBALADEJO, *Derecho civil*, I — *Introducción y parte general*, vol. 2º — *La relación, las cosas y los hechos jurídicos*, 10ª ed., Barcelona, 1989, p. 399 ss. Veja-se a crítica da solução consagrada

"O mandato é o contrato pelo qual uma parte dá à outra, que aceita, o poder de a representar para a realização de um ou vários actos jurídicos" [333]. "No direito moderno, o mandato, pelo menos tal como o compreende e organiza o Código Civil, é sempre *representativo*" [334]. "A definição dada pelo Código Civil demonstra o carácter *essencialmente representativo* do mandato"; [...] "no Código Civil, a missão do mandatário tem por objecto apenas a *conclusão de actos jurídicos* e a noção de representação permite dizer que o cumprimento dessa missão cria directa ou imediatamente efeitos no património do mandante"; [...] "o mandato atribui ao mandatário o poder de representação"; [...] "é o seu carácter representativo que dá ao mandato a sua especificidade; na técnica jurídica actual, o mandato é uma condição da representação convencional"; [...] "só existe mandato se houver representação" [335]. "O mandato é o contrato pelo qual uma pessoa, o mandante, encarrega outra pessoa, que aceita, de realizar um acto jurídico, representando-o; o artigo 1984 do Código Civil sublinha que *a representação é da essência do mandato*"; [...] "o mandato supõe assim a representação" [336] [337].

Em geral a doutrina entende que o mandato tem por objecto a prática de actos jurídicos, pois, apesar do carácter impreciso da fórmula do artigo 1984 — *pouvoir de faire quelque chose* —, tem considerado que a prática de actos jurídicos está pressuposta na expressão utilizada, atenta sobretudo a segunda parte da frase *pour le mandant et en son nom* [338]. Por sua vez, a

---

no Código Civil brasileiro em Orlando GOMES, *Representação*, Polis, vol. 5, Lisboa, São Paulo, 1987, c. 381 ss, em especial, c. 397.

[333] BAUDRY-LACANTINERIE, WAHL, *Traité théorique et pratique de droit civil*, tome XXIV — *Des contrats aléatoires, du mandat, du cautionnement, de la transaction*, 3ª ed., Paris, 1907, p. 173.

[334] JOSSERAND, *Cours de droit civil positif français*, II — *Théorie générale des obligations*, 3ª ed., Paris, 1939, p. 858 s.

[335] RIPERT, BOULANGER, *Traité de droit civil d'après le Traité de Planiol*, tome III — *Sûretés réelles, Contrats civils*, Paris, 1958, p. 700, 701, 702.

[336] MAZEAUD, MAZEAUD, *Leçons de droit civil*, tome III — *Sûretés, Publicité foncière, Principaux contrats*, 2ª ed., Paris, 1963, p. 1113. A fórmula utilizada em MAZEAUD ("a representação é da essência do mandato") aparece também em LE TOURNEAU, *De l' évolution du mandat*, Dalloz, 1992, Chr., p. 157 ss (p. 157, 158).

[337] Não se afasta, na sua essência, destas definições a noção de *mandat*, constante do artigo 1 do *Avant-projet de loi relatif aux contrats de mandat, de commission, de courtage, d' agence et de représentation de commerce* (in *Travaux de la Commission de réforme du Code de Commerce et du droit des sociétés*, 5° vol., Paris, 1951, p. 145 ss): "*le mandat est le contrat par lequel une personne donne à une autre le pouvoir d' accomplir en son nom un acte juridique*".

[338] Cfr.: HUC, *Commentaire théorique et pratique du Code Civil*, tome XII *(art. 1984 à 2091)*, Paris, 1899, p. 40; PLANIOL, *Traité élémentaire de droit civil*, 10ª ed., com a colaboração de Georges Ripert, tome II — *Les preuves, théorie générale des obligations, les contrats, les privilèges et les hypothèques*, Paris, 1926, p. 745; SAVATIER, *Mandat*, in PLANIOL,

representação apenas é concebível em relação a actos jurídicos, pois só quanto a estes tem sentido determinar a produção de efeitos relativamente a (em benefício ou em prejuízo de) outra pessoa [339]. A ligação essencial entre mandato e representação assenta na circunstância de ambos dizerem respeito a actos jurídicos.

Desde cedo, uma parte da doutrina esforçou-se por sublinhar a autonomia e as características próprias da representação [340]. Admite-se, de modo geral, que o mandato pode existir sem representação, sempre que o mandatário, agindo por conta do mandante, se apresente perante terceiros em seu nome pessoal, como no caso do *contrat de commission*, da *déclaration de command*, ou da *convention de prête-nom*. Por outro lado, admite-se que pode existir representação sem mandato; assim acontece na representação legal e na representação judiciária.

A representação é entendida como "instituição" [341], "modalidade" [342],

---

RIPERT, *Traité pratique de droit civil français*, tome XI — *Contrats civils, 2.ème partie*, 2ª ed., Paris, 1954, p. 851; RIPERT, BOULANGER, *Traité...*, III, p. 700; JOSSERAND, *Cours de droit civil...*, II, p. 859; AUBRY, RAU, *Droit civil français*, tome VI, 5ª ed. por Étienne Bartin, Paris, 1920, p. 154 e nota (2 *bis*); 6ª ed. por Paul Esmein, Paris, 1951, p. 197 e nota (2); MAZEAUD, MAZEAUD, *Leçons...*, III, p. 1113; PÉTEL, *Les obligations du mandataire*, Paris, 1988, p. 15; DUTILLEUL, DELEBECQUE, *Contrats civils et commerciaux*, 2ª ed., Paris, 1993, p. 473 s; MALAURIE, AYNÈS, *Cours de droit civil*, VIII — *Les contrats spéciaux. Civils et commerciaux*, 8ª ed., Paris, 1994, p. 277 ss.

[339] LARROUMET, *Droit civil*, tome III — *Les obligations, 1.ère partie*, Paris, 1986, p. 146; STORCK, *Essai sur le mécanisme de la représentation dans les actes juridiques*, cit., p. 13, 59 ss, 95 ss, 191 ss e *passim*. No mesmo sentido, a jurisprudência da *Cour de Cassation*: cfr. 1.ère ch. civ., 19.2.1968, Gazette, 1968, 2, 144.

[340] PLANIOL, *Traité élémentaire de droit civil*, tome I — *Principes généraux, les personnes, la famille, les incapables, les biens*, 10ª ed., Paris, 1925, p. 115; CAPITANT, *Introduction à l' étude du droit civil. Notions générales*, 4ª ed., Paris, 1925, p. 388; DEMOGUE, *Traité des obligations en général*, I — *Sources des obligations*, cit., 1923, p. 183 ss; POPESCO-RAMNICEANO, *De la représentation dans les actes juridiques en droit comparé*, Paris, 1927, p. 193 ss (em especial, p. 233 s); MADRAY, *De la représentation en droit privé*, cit., 1931, p. 164 ss e *passim*; AUBRY, RAU, *Droit civil français*, VI, 6ª ed. por Paul Esmein, p. 198 (a crítica à noção do artigo 1984 do Código Civil, por não distinguir entre mandato e representação, não estava expressa no comentário constante da 5ª ed. por Étienne Bartin, p. 153 ss); PLANIOL, RIPERT, *Traité pratique de droit civil français*, tome VI — *Obligations*, 2ª ed. por Paul Esmein, Paris, 1952, p. 62; RIPERT, BOULANGER, *Traité de droit civil d' après le Traité de Planiol*, tome II — *Obligations, Droits réels*, cit., 1957, p. 87.

[341] MADRAY, *De la représentation ...*, p. 157; FARJAT, *Droit privé de l' économie*, 2 — *Théorie des obligations*, Paris, 1975, p. 81; GAILLARD, *La représentation et ses idéologies en droit privé français*, Droits, 6, 1987, p. 91 ss (p. 91, 92) (mas também "técnica", p. 94).

[342] LÉVY-ULLMANN, *La contribution essentielle du droit anglais à la théorie générale de la représentation dans les actes juridiques*, "Mémoires de l' Académie Internationale de droit comparé", I, Berlin, London, Paris, 1928, p. 341 ss (p. 342, onde define a representação como *modalité de l' acte juridique*). Essa qualificação aparece também em POPESCO-RAMNICEANO, *De la représentation ...*, p. 220 (e p. 233, *modalité du mandat*).

"técnica" [343], "mecanismo" [344], "procedimento" [345], "relação jurídica" [346], através do qual uma pessoa (o representante) celebra actos jurídicos *em nome e por conta* de outra (o representado) de modo que os efeitos dos actos por ele realizados se repercutem no património do representado [347].

Mas, apesar da tendência para o tratamento autónomo do conceito de representação relativamente ao facto jurídico de que emana, não se faz uma separação nítida entre a relação interna e a relação externa de representação, ou, mais precisamente, essa distinção nunca foi aceite. Considera-se que as relações entre representado e representante e as relações com o terceiro perante o qual o representante actua constituem um todo uno e incindível.

A pedra de toque da questão situa-se na determinação da origem do poder de representação, no caso da chamada representação voluntária (que, no direito francês, é significativamente denominada *représentation conventionnelle* [348]). Ora, a generalidade da ciência jurídica francesa continua a identificar essa fonte com o mandato [349]. E, quando se verifica na prática a

---

[343] SAVATIER, *La théorie des obligations. Vision juridique et économique*, 3ª ed., Paris, 1974, p. 158; STARCK, ROLAND, BOYER, *Droit civil. Obligations*: 2 — *Contrat et quasi-contrat. Régime général*, 2ª ed., Paris, 1986, p. 72; STORCK, *Essai...*, p. 59 ss (mas também "mecanismo", p. 7, 70, 239 s); GAILLARD, *La représentation...*, p. 94.

[344] CARBONNIER, *Droit civil*, 4, *Les obligations*, 13ª ed., Paris, 1988, p. 220; LARROUMET, *Droit civil*, III, p. 145; FLOUR, AUBERT, *Les obligations*, vol. I — *Sources: L' acte juridique*, 2ª ed., Paris, 1988, p. 341; MALAURIE, AYNÈS, *Cours de droit civil*, VI — *Les obligations*, 5ª ed., Paris, 1994, p. 373; FARJAT, *Droit privé...*, 2, p. 81; MARTY, RAYNAUD, *Droit civil. Introduction générale à l' étude du droit*, 2ª ed., Paris, 1972, p. 285; STORCK, *Essai...*, p. 7 s, 70, 239 s; GAILLARD, *Le pouvoir en droit privé*, Paris, 1985, p. 10, 162 s; DUTILLEUL, DELEBECQUE, *Contrats...*, p. 475; GHESTIN, JAMIN, BILLIAU, *Traité de droit civil. Les effets du contrat*, 2ª ed., Paris, 1994, p. 612 ss.

[345] WEILL, TERRÉ, *Droit civil. Les obligations*, 4ª ed., Paris, 1986, p. 77; MARTY, RAYNAUD, *Les obligations*, 1, p. 86; TERRÉ, SIMLER, LEQUETTE, *Droit civil. Les obligations*, 5ª ed., Paris, 1993, p. 131.

[346] POPESCO-RAMNICEANO, *De la représentation ...*, p. 11, 13.

[347] Em geral, a doutrina considera elementos da noção de representação "a actuação em nome do representado" e "a actuação por conta do representado". Cfr., por todos, STORCK, *Essai ...*, p. 14, 95 ss.

[348] Ou mesmo *mandat conventionnel*. Cfr. HUC, *Commentaire...*, XII, p. 42; DEMOGUE, *Traité des obligations...*, I, p. 175; SAVATIER, *L' écran de la représentation devant l' autonomie de la volonté de la personne*, Dalloz, 1959, Chr., IX, p. 48; DUTILLEUL, DELEBECQUE, *Contrats...*, p. 466.

[349] RIPERT, BOULANGER, *Traité ...*, II, p. 88; FARJAT, *Droit privé...*, 2, p. 81, 86; STORCK, *Essai...*, p. 13; WEILL, TERRÉ, *Les obligations*, p. 78; STARCK, ROLAND, BOYER, *Obligations*, 2, p. 74; LARROUMET, *Droit civil*, III, p. 153 s; MARTY, RAYNAUD, *Les obligations*, 1, p. 87 s; FLOUR, AUBERT, *Les obligations*, I, p. 342; CARBONNIER, *Droit civil*, 4, p. 220 s (embora este autor considere o poder de representação — que ele identifica com a *procuration* — como elemento externo que dá efeito à vontade do representante sobre a esfera jurídica do representado e tem a natureza de acto unilateral); MAZEAUD, MAZEAUD, *Leçons de droit civil*, tome II,

existência de poder de representação associado, por exemplo, a uma relação contratual de trabalho ou de prestação de serviços, a solução encontrada pela doutrina e pela jurisprudência consiste em qualificar a relação como mista, envolvendo, com carácter acessório, um contrato de mandato [350]. O termo mandato surge com frequência na literarura jurídica com o sentido de representação. Poucos são os autores que na realidade admitem a separação conceptual entre mandato e representação [351].

---

vol. 1 — *Obligations: Théorie générale*, 8ª ed., por François Chabas, Paris, 1991, p. 136; TERRÉ, SIMLER, LEQUETTE, *Les obligations*, p. 132 s; GHESTIN, JAMIN, BILLIAU, *Les effets du contrat*, p. 632; MALAURIE, AYNÈS, *Cours...*, VI, p. 374. Raramente a doutrina admite a representação associada a um contrato diferente do mandato, por exemplo o contrato de trabalho ou o contrato de prestação de serviços: cfr. POPESCO-RAMNICEANO, *De la représentation...*, p. 234 s, 262; DOUCET, an. C. Cass., 1.ère ch. civ., 19.2.1968, Gazette, 1968, 2, p. 144 ss (p. 145 s); FARJAT, *Droit privé ...*, 2, p. 86 (onde se admite que "a representação convencional [...] pode também resultar de cláusula de um contrato diferente do mandato"); GHESTIN, *Mandat et représentation civile et commerciale en droit français*, "FS Zentaro Kitagawa", 1992, p. 317 ss (p. 318 s) (mas a identificação entre os dois institutos surge de novo em GHESTIN, JAMIN, BILLIAU, *Les effets du contrat*, p. 623 ss, 632).

[350] HUC, *Commentaire théorique et pratique du Code Civil*, tome X *(art. 1582 à 1831)*, Paris, 1897, p. 530; tome XII, p. 147; SAVATIER, *Mandat*, p. 853 s (que, reportando-se aos casos em que o empregado, o depositário, o locatário, etc., recebem do empregador, do depositante, do locador, etc., poderes para a prática de actos jurídicos "que interessam" a estes últimos, como sejam pagamentos, cobranças, etc., qualifica tais situações como de "combinação" do mandato com outros contratos). A mesma ideia parece estar ainda subjacente à noção de *contrats complexes et accessoires* utilizada por MALAURIE, AYNÈS, *Cours...*, VIII, p. 273.

[351] Exprimem-se de modo a revelar a aceitação dessa separação: POPESCO-RAMNICEANO, *De la représentation ...*, p. 262, ao admitir que o poder de representação é atribuído através de procuração e que a representação possa estar associada às relações jurídicas mais variadas, ilustrando a separação entre mandato e representação com a imagem gráfica de dois círculos que se cortam *(ob. cit.*, p. 234 s, 262); MADRAY, *De la représentation...*, p. 164 s, 168, ao retirar a representação voluntária do âmbito contratual, fundamentando-a na noção de acto jurídico; DEMOGUE, *Traité des obligations...*, I, p. 185, quando afirma que a representação é distinta do mandato, podendo existir representação sem mandato e mandato sem representação, e quando considera que a representação voluntária resulta de uma declaração, designando o representante, levada ao conhecimento deste ou de terceiros, constituindo portanto um "efeito jurídico de um acto unilateral" (embora este autor em vários pontos do seu *Traité* utilize expressões que mais se conciliam com a doutrina tradicional: "*la représentation peut découler d'un mandat conventionnel, judiciaire ou légal*" — p. 175; "*s' il n' y a pas de mandat du tout, la représentation n' a pas lieu*" — p. 191); DOUCET, an. C. Cass., 19.2.1968, cit., p. 145, na medida em que afirma a autonomia entre o contrato de mandato e a representação, que pode surgir associada a qualquer outro contrato; STORCK, *Essai ...*, p. 59 ss e *passim*, ao considerar a representação como "técnica de realização de actos jurídicos"; CARBONNIER, *Droit civil*, 4, p. 221, 227 (de qualquer modo, o autor não retira todas as consequências da distinção entre mandato e poder de representação que está subjacente à sua construção — pois, ao definir *mandat* como o contrato através do qual o mandante dá ao mandatário, que aceita, o poder de o representar na realização de um ou mais actos jurídicos, constituindo, assim, a fonte da representação voluntária e *procuration* como o poder conferido ao mandatário através do mandato, com a natureza de acto unilateral, acaba por considerar que a fonte da

A insegurança quanto à qualificação jurídica reflecte-se na hesitação quanto à inserção sistemática da representação nas obras gerais de direito civil francês. Alguns autores abordam o tema, no âmbito da teoria geral das obrigações, a propósito do fundamento do contrato [352] ou da formação do contrato (quer como técnica de formação de contratos [353], quer integrado na questão da determinação das partes [354], quer integrado na problemática do consentimento [355], quer como exemplo de formação do contrato através da vontade de outrem [356]) ou entre os elementos do contrato [357]; outros incluem o estudo da representação na matéria dos efeitos do contrato, a propósito da discussão sobre o efeito relativo do contrato [358] [359], ou a propósito da delimitação do âmbito de eficácia do contrato [360].

---

representação voluntária é o mandato); GHESTIN, *Mandat et représentation* ..., p. 319, ao pôr em dúvida que, no domínio da representação voluntária, mandato e representação coincidam. Recentemente, a distinção entre mandato e representação está a ser procurada numa diferente caracterização jurídica do mandato — na sua "profissionalização" — e no seu objecto — que se estende cada vez mais à prática de actos materiais e não apenas à prática de actos jurídicos, como é próprio da representação. Cfr.: GHESTIN, *Mandat et représentation* ..., p. 319 ss (caminhando este autor porventura no sentido de uma nova identificação, com base na ideia de que tanto o mandato como a representação — sobretudo a designada representação comercial — "não proíbem necessariamente a realização de actos materiais", o que aliás é afirmado com clareza em GHESTIN, JAMIN, BILLIAU, *Les effets du contrat*, p. 623 ss); LE TOURNEAU, *De l'évolution du mandat*, p. 157 ss; MALAURIE, AYNÈS, *Cours...*, VIII, p. 274 s.

[352] LARROUMET, *Droit civil*, III, p. 145 ss.

[353] STARCK, ROLAND, BOYER, *Obligations*, 2, p. 72 ss. Cfr. também DEMOGUE, *Traité des obligations...*, I, p. 173 ss.

[354] PLANIOL, RIPERT, *Traité pratique...*, VI, p. 60 ss; MARTY, RAYNAUD, *Les obligations*, 1, p. 86 ss (que também se refere à figura da representação na introdução geral ao estudo do direito, quando aborda o tema da relatividade dos actos jurídicos e das suas excepções, cfr. *Introduction...*, p. 282 ss).

[355] MAZEAUD, MAZEAUD, *Leçons...*, II, 1, p. 135; WEILL, TERRÉ, *Les obligations*, p. 76 ss (que também tratam a questão da representação na introdução ao direito civil, incluída na problemática das condições de validade do acto jurídico, cfr. *Droit civil. Introduction générale*, 4ª ed, Paris, 1979, p. 317 ss); TERRÉ, SIMLER, LEQUETTE, *Les obligations*, p. 131 ss (dentro de um parágrafo subordinado ao título "*facteurs de complication*").

[356] SAVATIER, *La théorie des obligations*, p. 118 ss.

[357] Englobada na "capacidade e poder de contratar" (RIPERT, BOULANGER, *Traité...*, II, p. 86 ss); incluída na exposição sobre "as partes no contrato" (FARJAT, *Droit privé...*, 2, p. 81 ss).

[358] GAUDEMET, *Théorie générale des obligations*, Paris, 1937, p. 208 s; JOSSERAND, *Cours de droit civil...*, II, p. 144; COLIN, CAPITANT, *Traité de droit civil*, por Léon Julliot de la Morandière, Paris, tome II — *Obligations*, 1959, p. 539 ss (o tema é também abordado a propósito dos efeitos dos actos jurídicos, em geral, no tome I — *Introduction générale*, 1957, p. 97 ss); FLOUR, AUBERT, *Les obligations*, I, p. 340 ss. PLANIOL incluía uma referência de natureza geral à representação no vol. I do *Traité élémentaire* (p. 114 ss), ao tratar, no âmbito da teoria geral dos actos jurídicos, do efeito relativo dos actos jurídicos (e portanto independente da exposição do regime da representação, integrado no mandato, no vol. II, p. 745 ss).

[359] A inserção da problemática da representação no estudo do efeito dos contratos não significa só por si que os autores entendam a representação como uma excepção ao princípio

Mas naturalmente são muitos os exemplos de autores que discutem os problemas relativos à representação em conjunto com o mandato [361].

2. Pressupostos da actuação representativa

A doutrina considera geralmente como pressupostos da actuação representativa [362]:
— a vontade do representante;
— a intenção de representar;
— o poder de representação.

---

enunciado no artigo 1165 do *Code Civil*. Pronunciam-se expressamente no sentido de que a produção de efeitos do acto do representante em relação ao representado não constitui excepção ao princípio do efeito relativo dos contratos, uma vez que o representado é juridicamente parte no contrato: GAUDEMET, *Théorie générale...*, p. 209; PLANIOL, RIPERT, *Traité pratique...*, VI, p. 418; LARROUMET, *Droit civil*, III, p. 149; MALAURIE, AYNÈS, *Cours...*, VI, p. 372 (no vol. VIII — *Les contrats spéciaux ...*, p. 279, afirma-se que "pelo menos aparentemente, a representação afecta o efeito relativo dos contratos"). Consideram tratar-se de excepção àquele princípio: COLIN, CAPITANT, *Traité...*, I, p. 96 s; MARTY, RAYNAUD, *Introduction...*, p. 282 s; MAZEAUD, MAZEAUD, *Leçons...*, II, 1, p. 135 (mas a situação não é tratada como autêntica excepção ao "princípio do efeito relativo do vínculo obrigatório", p. 903 ss, a propósito da explicitação do sentido deste princípio, o representado é expressamente mencionado entre os "obrigados originários", p. 879).

[360] Incluída no tema dos *contrats pour autrui* (MALAURIE, AYNÈS, *Cours...*, VI, p. 372 ss; GHESTIN, JAMIN, BILLIAU, *Les effets du contrat*, p. 612 ss); incluída na questão da determinação das partes (CARBONNIER, *Droit civil*, 4, p. 220 ss).

[361] Cfr.: HUC, *Commentaire...*, XII, p. 1 ss; BAUDRY-LACANTINERIE, WAHL, *Traité...*, XXIV, p. 173 ss; PLANIOL, *Traité élémentaire...*, II, p. 745 ss; PLANIOL, RIPERT, *Traité pratique...*, XI, p. 849 ss (*Mandat*, por SAVATIER); RIPERT, BOULANGER, *Traité...*, III, p. 700 ss; AUBRY, RAU, *Droit civil français*, VI, 5ª ed., p. 153 ss; 6ª ed., p. 197 ss; MAZEAUD, MAZEAUD, *Leçons...*, III, p. 1110 ss; DUTILLEUL, DELEBECQUE, *Contrats...*, p. 463 ss; MALAURIE, AYNÈS, *Cours...*, VIII, p. 271 ss.

[362] Assim: POPESCO-RAMNICEANO, *De la représentation...*, p. 237 ss (a vontade própria do representante, a *contemplatio domini*, o poder de representar); PLANIOL, RIPERT, *Traité pratique...* VI, p. 63 ss (a vontade própria do representante; a intenção de produzir efeitos no património do representado; o poder de representação); RIPERT, BOULANGER, *Traité...*, II, p. 91 s (a vontade do representante e a intenção de representar e, como pressuposto de eficácia, o poder de representação); MAZEAUD, MAZEAUD, *Leçons...*, II, 1, p. 136 ss (o poder de representação; a vontade de representar; a vontade de contratar do representante); TERRÉ, SIMLER, LEQUETTE, *Les obligations*, p. 132 ss (o poder de representação; a invocação da qualidade de representante; a vontade de contratar do representante); STARCK, ROLAND, BOYER, *Obligations*, 2, p. 72 ss (o poder de representação; a intenção de representação; a vontade do representante). Alguns autores reconduzem a dois os pressupostos da representação: o poder de representação e a *contemplatio domini*: FARJAT, *Droit privé...*, 2, p. 86 ss (que acaba por reduzir a uma as condições essenciais da representação — o poder de representação — dado que o conhecimento pela contraparte da qualidade de representante do agente serve apenas

2.1. A vontade do representante

Este primeiro pressuposto é deduzido pelos autores da própria noção de representação. Entende-se que o representante não é um simples *porte-parole* e que, se ele se limitasse a transmitir a vontade de outrem, mais não seria do que um mensageiro ou *nuntius*. O representante tem poder de iniciativa e de apreciação pessoal, cujos limites dependem da missão que lhe é confiada; ele "exprime a *vontade* de realizar um acto jurídico" [363].

Sendo o representante que exprime a vontade contratual, é na pessoa do representante que deve apreciar-se a existência do consentimento e a questão de saber se o consentimento se encontra ou não viciado.

As exigências de capacidade, diferentemente das que se referem à vontade, devem verificar-se na pessoa do representado. Este deve ter capacidade negocial, considerando que se repercutem na sua esfera jurídica os efeitos dos actos praticados pelo representante. Como corolário, a incapacidade do representante não constitui fundamento de invalidade do contrato por ele celebrado em nome do representado.

2.2. A intenção de representar

O representante deve agir com a intenção de representar, declarando essa intenção externamente, para que a contraparte o reconheça como tal: é o requisito da *contemplatio domini*, "a acção em nome de outrem" [364] ou "a invocação da qualidade de representante" [365]. Trata-se do "elemento psicológico" da representação [366], que assume uma importância fundamental, pois "é na intenção de representar que se encontra o princípio da representação; ela dirige os efeitos do contrato" [367].

A manifestação perante a outra parte de actuar por conta e em nome do representado tem na realidade um duplo efeito. Por um lado, é necessário que a contraparte saiba quem se torna sujeito dos direitos e deveres

---

para distinguir entre representação directa e indirecta); CARBONNIER, *Droit civil*, 4, p. 220 ss; FLOUR, AUBERT, *Les obligations*, I, p. 342 ss; MALAURIE, AYNÈS, *Cours...*, VI, p. 373 s.

[363] STORCK, *Essai...*, p. 218.

[364] STORCK, *Essai...*, p. 99 ss. Diferentemente, POPESCO-RAMNICEANO, *De la représentation...*, p. 246 ss, considerando elemento da representação a *contemplatio domini* (a intenção de produzir efeitos no património do representado), entendia que a invocação do nome do representado "não é da essência da representação".

[365] TERRÉ, SIMLER, LEQUETTE, *Les obligations*, p. 134.

[366] CARBONNIER, *Droit civil*, 4, p. 220; RIPERT, BOULANGER, *Traité ...*, II, p. 92.

[367] RIPERT, BOULANGER, *Traité...*, II, p. 92.

resultantes do contrato; por outro lado, se não declarar que actua em nome de outrem, o representante fica pessoalmente obrigado perante a contraparte, sem vincular a pessoa por conta de quem actua [368].

2.3. O poder de representação

O poder de representar é o "elemento essencial da representação [...]; por conseguinte, não há representação sem poder" [369]. O poder de representação "fixa as prerrogativas do representante com o objectivo de proteger a personalidade jurídica do representado" [370].

O poder é o "elemento jurídico exterior que dá efeito à vontade do representante sobre o património do representado" [371], "aptidão para obrigar bens através dos seus actos" [372], "prerrogativa que permite a uma pessoa celebrar um acto por conta de outrem" [373], "aptidão para exprimir um interesse distinto do seu" [374], "título jurídico que legitima a intervenção do representante nos negócios de outrem" [375], "ordem dada ao mandatário em virtude da qual ele poderá e deverá agir" [376], "habilitação conferida ao representante" [377], que justifica que o acto do representante produza efeitos sobre o património do representado.

Tal como regulado no Código Civil francês, o poder de representação tem natureza contratual e depende, quanto à sua existência, validade e extensão, das vicissitudes do contrato que lhe dá origem — o contrato de mandato [378]. Ao poder de representação está inerente uma obrigação do mandatário perante o mandante tendo como objecto a prática dos actos abrangidos pelo mandato.

---

[368] STARCK, ROLAND, BOYER, *Obligations*, 2, p. 80 s; MAZEAUD, MAZEAUD, *Leçons...*, II, 1, p. 138; STORCK, *Essai...*, p. 220 ss.
[369] LARROUMET, *Droit civil*, III, p. 153.
[370] GHESTIN, JAMIN, BILLIAU, *Les effets du contrat*, p. 631 (no texto original a frase tem um lapso, aparecendo trocados os termos representante e representado).
[371] CARBONNIER, *Droit civil*, 4, p. 220.
[372] MALAURIE, AYNÈS, *Cours ... VI*, p. 373.
[373] STORCK, *Essai...*, p. 136.
[374] GAILLARD, *Le pouvoir...*, p. 139.
[375] TERRÉ, SIMLER, LEQUETTE, *Les obligations*, p. 134.
[376] DUTILLEUL, DELEBECQUE, *Contrats...*, p. 468.
[377] FLOUR, AUBERT, *Les obligations*, I, p. 342.
[378] No mesmo sentido, cfr. FERID, SONNENBERGER, *Das Französische Zivilrecht*, Bd. 1/1. *Erster Teil: Allgemeine Lehren des Französischen Zivilrechts: Einführung und Allgemeiner Teil des Zivilrechts*, 2ª ed., Heidelberg, 1994, an. 1 F 1013.

3. Origem do poder de representação

Embora tratando por vezes de modo autónomo o conceito de representação, a doutrina francesa continua a considerar que o facto jurídico voluntário susceptível de criar o poder de representação é o contrato de mandato [379]. Segundo entendimento unânime, a representação "convencional" tem origem no mandato, constituindo um efeito jurídico deste [380].

No direito francês, portanto, o regime da representação não tem autonomia relativamente ao regime do facto que lhe dá origem e deve assim ser procurado nas disposições relativas ao mandato [381]. Não nos ocuparemos aqui de todas as questões que se suscitam a propósito do mandato, mas apenas de alguns aspectos do regime que sejam necessários para estabelecer a comparação com as outras ordens jurídicas analisadas.

3.1. Mandato

3.1.1. Forma

O mandato é, em princípio, um contrato consensual (artigo 1985 do *Code Civil*). Pode ser celebrado por escrito (o documento de onde consta o mandato é geralmente designado *procuration* [382]) ou verbalmente. É admitido o mandato tácito.

---

[379] A solução quanto à origem contratual da representação voluntária era mantida no artigo 21 do *Projet de textes relatifs aux actes juridiques*, nos termos do qual *"la représentation résulte [...] de la volonté commune du représentant et du représenté"*. Cfr. *Travaux de la Commission de réforme do Code Civil* (ano de 1947-1948), p. 341.

[380] Considera-se também por vezes que existe representação voluntária na gestão de negócios, pois, se uma pessoa, por sua iniciativa, agir por conta de outrem e o dono do negócio ratificar a gestão, *"il y a mandat rétroactivement"*. Graças à ratificação, a gestão de negócios "transforma-se em mandato" e existe nessa hipótese "uma representação convencional" (cfr. LARROUMET, *Droit civil*, III, p. 154; WEILL, TERRÉ, *Les obligations*, p. 81, 826; no mesmo sentido, na doutrina mais antiga, DEMOGUE, *Traité des obligations...*, I, p. 175, p. 198; GAUDEMET, *Théorie générale...*, p. 209). Este entendimento fundamenta-se no artigo 1375 do *Code Civil*, disposição segundo a qual o dono do negócio deve cumprir as obrigações que o gestor tenha contraído em seu nome e indemnizar o gestor de todas as despesas feitas, desde que a operação tenha sido bem conduzida.

[381] Por isso, quando se trata de definir o regime jurídico do acto de atribuição de poderes representativos, os autores remetem para as regras relativas ao mandato. Cfr. GHESTIN, JAMIN, BILLIAU, *Les effets du contrat*, p. 632.

[382] *Procuration* é a expressão usada no artigo 1984 do *Code Civil*, num contexto que permite atribuir-lhe o sentido equivalente a *mandat*. Não obstante os termos utilizados nesse preceito, parte da doutrina francesa procura distinguir *mandat* e *procuration*, vendo nesta o instrumento ou exteriorização daquele acto. Assim: PLANIOL, *Traité élémentaire ...*, II, p. 745;

Em certos casos a lei estabelece exigências de forma: deve ser expresso o mandato para alienar e para hipotecar (artigo 1988, 2 do Código Civil); deve ser celebrado por escrito o contrato de mandato com o agente imobiliário [383] e com o intermediário que intervém na "distribuição de espaço publicitário" por conta de um anunciante (artigo 20 da lei nº 93-122, de 29 de Janeiro [*loi Sapin*]). O contrato de mandato com o agente comercial, outrora sujeito à forma escrita e à inscrição em registo especial (decreto de 23 de Dezembro de 1958, artigos 1 e 4, respectivamente), não tem hoje de revestir a forma escrita (artigo 2 da lei nº 91-593, de 25 de Junho, que se limita a permitir a cada uma das partes a obtenção, da outra parte, de um documento escrito assinado mencionando o conteúdo do contrato) [384].

Por outro lado, tem-se defendido que, quando a lei exige uma forma solene (por exemplo, intervenção notarial) para o acto que o mandatário deve celebrar em nome do mandante, à mesma forma deve estar sujeito o contrato de mandato, sempre que a exigência legal se destine a proteger uma das partes, pois, a não ser assim, poderia ser iludido o objectivo da lei. É o caso do mandato para doar e para hipotecar [385].

3.1.2. Conteúdo

Compete ao mandante delimitar o âmbito ou extensão dos poderes atribuídos ao mandatário, fixando assim os limites dentro dos quais o vinculam perante terceiros os actos praticados pelo mandatário. O âmbito dos

---

PLANIOL, RIPERT, *Traité pratique...*, VI, p. 68; XI, p. 852; RIPERT, BOULANGER, *Traité...*, II, p. 87, 94; III, p. 700; JOSSERAND, *Cours de droit civil...*, II, p. 858; FLOUR, AUBERT, *Les obligations*, I, p. 342, nota (2); DUTILLEUL, DELEBECQUE, *Contrats...*, p. 466. Não é raro, porém, que na doutrina sejam atribuídos sentidos diferentes ao termo *procuration*: CARBONNIER, *Droit civil*, 4, p. 221, 227 s, identifica-a com o poder de representação (tal como CAPITANT, *Introduction à l'étude du droit civil*, p. 388); já antes HUC, *Commentaire...*, XII, p. 7 s, considerava *mandat* "aquela parte da convenção que determina os actos jurídicos que constituem objecto do mandato", reservando para *procuration* o sentido da "parte da convenção pela qual o mandatário aceita o poder de representar o mandante"; BAUDRY-LACANTINERIE, WAHL, *Traité...*, XXIV, p. 173, utilizavam o termo *procuration* em dois sentidos: para designar o poder que o mandante confere ao mandatário, sendo então sinónimo de *mandat*; e para designar o acto escrito que certifica o poder. Tanto quanto nos foi dado observar, só POPESCO-RAMNICEANO, *De la représentation...*, p. 262, considerou *procuration* o acto de atribuição do poder de representação.

[383] DUTILLEUL, DELEBECQUE, *Contrats...*, p. 467, 519.

[384] Na sequência da Directiva do Conselho das Comunidades Europeias sobre os agentes comerciais independentes, de 18 de Dezembro de 1986 (86/653/CEE).

[385] DUTILLEUL, DELEBECQUE, *Contrats...*, p. 467; MALAURIE, AYNÈS, *Cours...*, VIII, p. 302.

poderes do mandatário para representar o mandante coincide portanto com o âmbito dos poderes de gestão que lhe são conferidos [386].

Segundo o artigo 1987 do *Code Civil*, o mandato pode ser especial ou geral. Num dos extremos, ao mandatário é conferida a missão de praticar um acto determinado, cujo conteúdo está previamente definido pelo mandante; no extremo oposto, o mandato é geral, ou seja, diz respeito globalmente à gestão do património do mandante.

O mandato conferido em termos gerais apenas abrange actos de administração, com exclusão de actos de disposição (artigo 1988, 1) [387].

A oposição referida no Código é obviamente relativa e admite gradações. O mandante pode encarregar o mandatário de celebrar um contrato ou uma categoria de contratos, fixando as respectivas condições, ou pode deixar ao mandatário a possibilidade de discutir os termos dos actos a realizar ou até dar-lhe a oportunidade de escolher a contraparte.

A doutrina admite um princípio de interpretação restritiva dos poderes atribuídos ao mandatário, a partir das disposições do artigo 1989, por analogia ("o mandatário não pode agir para além do que consta do seu mandato [...]"), e do artigo 1998, 2 ("[o mandante] só fica vinculado pelos actos praticados para além [do poder atribuído ao mandatário] se os ratificar expressa ou tacitamente") [388].

3.1.3. Cessação

Para além dos fundamentos de cessação aplicáveis à generalidade dos contratos, o mandato está sujeito a causas especiais de cessação tendo em

---

[386] Definido o objecto e a extensão do mandato, alguma doutrina discute a natureza das instruções dadas pelo mandante relativamente ao modo de execução da missão do mandatário e o valor dos actos realizados quando tais instruções não sejam respeitadas. Cfr., por todos, PÉTEL, *Les obligations* ..., p. 28 ss.

[387] O Código parece fazer referência a duas dicotomias: "geral/especial" (artigo 1987 — que diz respeito ao conteúdo, extensão ou âmbito dos poderes conferidos); "em termos gerais (no sentido de "em termos imprecisos ou vagos")/em termos expressos" (artigo 1988 — que diz respeito ao sentido da linguagem utilizada e que se repercute sobre a natureza dos actos abrangidos pelo mandato). Assim, SAVATIER, *Mandat*, p. 899; MALAURIE, AYNÈS, *Cours...*, VIII, p. 312; PÉTEL, *Les obligations...*, p. 42 ss. Conferem à expressão *mandat conçu en termes généraux* uma interpretação que a reporta à primeira das dicotomias referidas: SAVATIER, *L' écran...*, p. 51; FLOUR, AUBERT, *Les obligations*, I, p. 343; GHESTIN, JAMIN, BILLIAU, *Les effets du contrat*, p. 632. Neste sentido também a redacção utilizada no artigo 27, 1 do *Projet de textes relatifs aux actes juridiques, Travaux de la Commission de réforme do Code Civil* (ano de 1947-1948), p. 342. Sobre as dificuldades de interpretação das disposições referidas, cfr. FERID, SONNENBERGER, *Das Französische Zivilrecht*, Bd. 1/1, an. 1 F 1051.

[388] Cfr. SAVATIER, *Mandat*, p. 897; DUTILLEUL, DELEBECQUE, *Contrats...*, p. 473; MALAURIE, AYNÈS, *Cours...*, VIII, p. 312.

conta a relação de confiança recíproca que se estabelece entre as partes. Nos termos dos artigos 2003 e seguintes do *Code Civil*, o mandato extingue-se se for revogado por iniciativa do mandante e se o mandatário a ele renunciar.

De sublinhar, em particular, o regime da revogação. O Código consagra um princípio geral de livre revogabilidade do mandato: o mandante pode "revogar a sua procuração quando assim o entender", exigindo ao mandatário a restituição do documento de onde constam os seus poderes (artigo 2004). A revogação não está sujeita a exigências de forma e pode ser tácita, como acontece no caso de designação de um novo mandatário para o mesmo fim (artigo 2006).

A doutrina e a jurisprudência entendem que o direito de revogação não é absoluto e que está submetido aos limites gerais do abuso do direito, considerando abusiva a revogação *sem motivo legítimo*. Admitem-se excepções à liberdade de revogação, quer no caso de a irrevogabilidade ter sido convencionada — uma vez que à revogabilidade do mandato não é reconhecido o carácter de princípio de ordem pública —, quer no caso de se tratar de um *mandat d' intérêt commun*, apenas revogável por acordo entre mandante e mandatário, salvo existindo força maior ou culpa do mandatário. O aspecto referido em último lugar assume especial relevância no domínio do direito comercial, pois a jurisprudência tende a generalizar a aplicação da noção de *mandat d' intérêt commun* às diversas modalidades de mandato comercial [389].

Com o objectivo de proteger as pessoas que contratam com o mandatário depois de o mandato ter cessado por iniciativa do mandante, o Código estabelece a inoponibilidade da revogação em relação a terceiros de boa fé (artigo 2005 e ainda artigo 2008, cujo âmbito é mais amplo, pois determina a inoponibilidade a terceiros de boa fé, não só da revogação, mas igualmente de outras causas de cessação do mandato). Daqui resulta a possibilidade de subsistir para além do momento da cessação do mandato o poder de representar o mandante perante terceiros.

3.1.4. Natureza jurídica

No sistema jurídico francês, o acto de atribuição do poder de representação tem natureza contratual — é o contrato de mandato. Embora seja

---

[389] Esta qualificação foi utilizada pela jurisprudência, designadamente, em matéria de contrato de agência, antes de a lei a consagrar, primeiro no Decreto nº 58-1345, de 23 de Dezembro de 1958, e agora na Lei nº 91-593, de 25 de Junho (artigo 4, 1). Sobre a aplicação da noção às diversas modalidades de mandato comercial, cfr.: SAVATIER, *Mandat*, p. 936 ss; MAZEAUD, MAZEAUD, *Leçons...*, III, p. 1136; FARJAT, *Droit privé...*, 2, p. 94; DUTILLEUL, DELEBECQUE, *Contrats...*, p. 502 ss; MALAURIE, AYNÈS, *Cours...*, VIII, p. 295 ss.

admitida a existência do mandato sem representação, tem de reconhecer-se que o mandato, tal como concebido e organizado no *Code Civil*, é essencialmente representativo [390].

É um contrato celebrado em atenção à pessoa do mandatário (*intuitu personae*), que tem como objecto a realização de actos jurídicos no interesse do mandante, e do qual resulta, por estas razões, uma relação de confiança entre as partes. O mandato civil é, em princípio, gratuito (artigo 1986). Tem carácter essencialmente temporário (artigo 2003), sem prejuízo de se admitir a sua irrevogabilidade em certos casos. O mandato comercial é sempre oneroso (elemento por vezes considerado para o qualificar como de "interesse comum") e tem frequentemente carácter irrevogável.

A natureza contratual do acto de atribuição do poder de representação e a regulamentação da representação como um efeito jurídico do mandato têm repercussões sobre o regime aplicável e sobre as características e a qualificação do poder de representação. A representação está sujeita, como vimos, às regras do mandato. O poder do mandatário de representar o mandante tem carácter *causal*, depende da relação contratual que lhe dá origem e constitui uma obrigação do mandatário.

3.2. Mandato aparente

A jurisprudência e a doutrina francesas têm admitido uma importante extensão do âmbito dos poderes do mandatário com base na teoria do mandato aparente: uma pessoa pode ficar validamente vinculada por actos de um intermediário que excedeu os seus poderes ou que agiu sem poderes, no caso de existir uma aparência de mandato [391]. São invocados três fundamentos possíveis para a vinculação do mandante perante terceiros de *boa fé* aos actos praticados pelo mandatário aparente: a culpa (*faute*) do mandante;

---

[390] Sobre esta característica do *mandat* do Código Civil francês, veja-se FERID, SONNENBERGER, *Das Französische Zivilrecht*, Bd. 2. *Schuldrecht: Die einzelnen Schuldverhältnisse. Sachenrecht*, 2ª ed., Heidelberg, 1986, an. 2 K 201 ss. A natureza essencialmente representativa do mandato era mantida no artigo 1 do *Avant-projet de loi relatif aux contrats de mandat, de commission, de courtage, d' agence et de représentation de commerce*: "le mandat est le contrat par lequel une personne donne à une autre le pouvoir d' accomplir en son nom un acte juridique". Cfr. *Travaux de la Commission de réforme du Code de Commerce et du droit des sociétés* (ano de 1951), p. 145.

[391] Sobre o mandato aparente, em comparação com a *Anscheinsvollmacht* do direito alemão, cfr.: GOTTHARDT, *Der Vertrauensschutz bei der Anscheinsvollmacht im deutschen und im französischen Recht*, cit., em especial, p. 64 ss, 138 ss, 186 ss, 198 ss; SCHALL, *Die Anscheinsvollmacht im deutschen und französischen Recht und die Lehre vom berechtigten Irrtum*, cit., em especial, p. 35 ss, 92 ss.

a confiança legítima da pessoa que contrata com o mandatário; a teoria geral da aparência com base em erro comum.

Numa primeira fase, considera-se que, se o mandante, por negligência ou falta de cuidado, não permitir o conhecimento rigoroso dos limites dos poderes atribuídos ao mandatário ou consentir que uma pessoa se apresente perante terceiros como seu mandatário, pratica um facto ilícito susceptível de o tornar responsável pelos prejuízos daí decorrentes para a contraparte de boa fé, entendendo-se que a melhor forma de reparação seria a vinculação do mandante ao acto celebrado pelo mandatário [392] [393].

Como nem sempre era fácil provar a *faute* do representado, a jurisprudência posterior, pretendendo afirmar a segurança das transacções, reconheceu a possibilidade de vinculação do representado, mesmo não existindo culpa do mandante, no caso de ser legítima a confiança da contraparte na existência e na extensão dos poderes (*erreur légitime*), admitindo que tal acontece, pelo menos, no caso de as circunstâncias justificarem a não verificação pela contraparte dos limites exactos desses poderes [394].

Por vezes, a protecção do terceiro tem sido procurada na teoria da aparência, de acordo com a máxima *error communis facit ius*: o mandante ficará vinculado ao acto celebrado em seu nome sem poderes no caso de a contraparte do mandatário ter cometido um erro que uma pessoa normal-

---

[392] Cfr., neste sentido, na literatura mais antiga: DEMOGUE, *Traité des obligations...*, I, p. 198; PLANIOL, *Traité élémentaire...*, II, p. 753, n. 1; PLANIOL, RIPERT, *Traité pratique...*, VI, p. 70; SAVATIER, *Mandat*, p. 949 ss; RIPERT, BOULANGER, *Traité...*, III, p. 709, nota (1); JOSSERAND, *Cours de droit civil...*, II, p. 870; AUBRY, RAU, *Droit civil français*, VI, 6ª ed., p. 233. Uma apreciação crítica da jurisprudência e da doutrina desta época pode ver-se em LÉAUTÉ, *Le mandat apparent dans ses rapports avec la théorie générale de l'apparence*, RTDC, 1947, p. 288 ss (que propõe como fundamento próprio da teoria do mandato aparente a *responsabilité délictuelle pour autrui*, p. 303 ss).

[393] Ainda hoje alguns autores consideram o mandante responsável pelo cumprimento do contrato celebrado pelo mandatário sem poderes, em caso de boa fé da contraparte, nos termos gerais da responsabilidade civil, com fundamento na culpa, quer pela escolha do mandatário, quer pela criação de uma aparência susceptível de enganar terceiros. Veja-se: MAZEAUD, MAZEAUD, *Leçons...*, II, 1, p. 137 (que admite, em alternativa, a vinculação do mandante com base na máxima *error communis facit ius*).

[394] Cfr. C. Cass., Ass. pl. civ., 13.12.1962, D. 1963, 277 (= MAZEAUD, MAZEAUD, *Leçons...*, III, p. 1123); C. Cass., 1.ère ch. civ., 4.1.1965, D. 1965, 218; C. Cass., 1.ère ch. civ., 30.3.1965, D. 1965, 559. Neste sentido, na doutrina actual, MALAURIE, AYNÈS, *Cours...*, VIII, p. 314 ss (exigindo, como requisitos da vinculação do mandante, a criação de uma situação de aparência, a boa fé do terceiro e a imputação da aparência ao mandante — com o esclarecimento de que tal não supõe a culpa do mandante); GHESTIN, JAMIN, BILLIAU, *Les effets du contrat*, p. 642 ss (exigindo, para além do erro legítimo da contraparte, a actuação de uma pessoa como representante de outra; a imputação da aparência ao representado). Implicitamente parecem inserir-se nesta linha as posições de: PÉTEL, *Les obligations...*, p. 64 s; TERRÉ, SIMLER, LEQUETTE, *Les obligations*, p. 133 s.

mente razoável, colocada na mesma situação, pudesse cometer ao acreditar na existência ou nos limites dos poderes [395] [396].

Mais tarde, a jurisprudência da *Cour de Cassation* retoma as noções de *erreur légitime* e de *croyance légitime* [397] e vê na *faute* do representado apenas um dos elementos que justificam o erro da contraparte quanto à existência ou extensão dos poderes do representante [398].

Alguns autores invocam, como casos particulares de *mandat apparent*, certas disposições do *Code Civil* relativas ao mandato, que consideram conter afloramentos da teoria da aparência: o artigo 2005, que determina a inoponibilidade a terceiros de boa fé da revogação do mandato notificada exclusivamente ao mandatário; o artigo 2008, que considera válidos os actos realizados pelo mandatário ignorando a cessação do mandato; o artigo 2009, que impõe ao mandante o cumprimento perante terceiros de boa fé das obrigações contraídas pelo mandatário nas circunstâncias referidas nos artigos anteriores [399].

---

[395] Assim, na doutrina, cfr.: FARJAT, *Droit privé*..., 2, p. 88 ss; LARROUMET, *Droit civil*, III, p. 160; DUTILLEUL, DELEBECQUE, *Contrats*..., p. 486 (porventura mais próximo da noção de *erreur légitime*, tal como é entendida por outros); FLOUR, AUBERT, *Les obligations*, I, p. 342, 344, nota (1) (aparentemente de modo mais amplo). Na jurisprudência da *Cour de Cassation*, a fórmula *erreur légitime* foi substituída pela fórmula *erreur commune*, numa decisão de 30.11.1965 (cfr. C. Cass., 1.ère ch. civ., 30.11.1965, D. 1966, 449). Para a interpretação dessa modificação, veja-se a anotação de J. CALAIS-AULOY, que acompanha a referida decisão.

[396] Discutindo os vários fundamentos propostos pela jurisprudência e pela doutrina, LESCOT recusou a relevância da aparência como fonte de obrigações e considerou fundamento da vinculação do mandante (no caso, uma sociedade, em consequência de actos praticados por um seu administrador) a "inoponibilidade a terceiros das cláusulas estatutárias restritivas dos poderes dos gerentes e administradores de sociedades comerciais". Cfr. *Le mandat apparent*, Sem. Jur., 1964, I — Doct., 1826. A inoponibilidade em relação a terceiros das restrições estatutárias aos poderes legais dos "mandatários sociais" veio a ser consagrada posteriormente no direito francês (artigos 14; 49, 5; 98, 2 e 3; 113, 3 e 4; e 124, 2 e 3 da lei n° 66-537, de 24 de Julho de 1966, com a redacção dada pela *Ordonnance* n° 69-1176, de 20 de Dezembro de 1969; artigo 1849, 3 do Código Civil, com a redacção dada pela lei n° 78-9, de 4 de Janeiro de 1978).

[397] Cfr., entre outros: C. Cass., ch. comm., 28.2.1966, Bull. civ., 1966, III, n° 124, 105; C. Cass., 1.ère ch. civ., 13.6.1967, Sem. jur., 1967, II, 15217; C. Cass., 1.ère ch. civ., 29.4.1969 (2 acórdãos), D. 1970, 23; C. Cass., ch. comm., 29.4.1970 (2 acórdãos), Sem. jur., 1971, II, 16694; C. Cass., 3.ème ch. civ., 2.10.1974, Sem. jur., 1976, II, 18247; C. Cass., 1.ère ch. civ., 15.6.1977, Sem. jur., 1978, II, 18865.

[398] Cfr. C. Cass., ch. comm., 29.3.1966, C. Cass., ch. comm., 25.5.1967, ambas em Sem. jur., 1967, II, 15310.

[399] SAVATIER, *Mandat*, p. 952 s; MAZEAUD, MAZEAUD, *Leçons*..., III, p. 1117; LARROUMET, *Droit civil*, III, p. 159 s.

4. Efeitos da representação

4.1. Princípio geral

No sistema do Código Civil francês, sendo a representação uma consequência do mandato, os efeitos jurídicos da representação são os estabelecidos pelas regras que regulam o mandato.

O contrato celebrado pelo mandatário em conformidade com o poder que lhe foi conferido produz todas as consequências, activas e passivas, directa e imediatamente na esfera jurídica do mandante (artigo 1998, 1 do *Code Civil*), ligando o mandante e a contraparte.

O representante (mandatário), cujo papel é decisivo no momento da formação do contrato com a contraparte, não adquire direitos nem contrai obrigações perante a pessoa com quem contratou, pois não actuou em nome próprio [400].

O terceiro adquire direitos e contrai obrigações em relação ao representado (mandante). Não se estabelece qualquer vínculo jurídico entre representante e contraparte.

Para vincular o representado, o representante deve actuar dentro dos limites dos poderes que lhe foram conferidos (sendo tais limites fixados pela lei, pelo juiz ou pelo contrato, conforme as modalidades de representação).

4.2. Fundamento da eficácia representativa

A ciência jurídica francesa tem procurado por diversos meios explicar o mecanismo da representação e o fenómeno que permite que um acto praticado por uma pessoa (o representante) produza efeitos criadores de direitos e deveres na esfera jurídica de outra pessoa (o representado), que não participou no acto. A dificuldade em encontrar uma resposta satisfatória

---

[400] No entanto, em certos casos, o representante (o mandatário) pode obrigar-se pessoalmente perante a contraparte, por virtude de actos distintos, não como efeito directo da relação de mandato. Tal acontece, em primeiro lugar, nos termos da cláusula ou *promesse de porte-fort* (artigo 1120 do *Code Civil*, que prevê que uma pessoa pode *se porter fort pour un tiers, en promettant le fait de celui-ci*). A cláusula de *porte-fort*, que tem a natureza de obrigação de prestação de facto próprio, não vinculando a pessoa em relação à qual a promessa é feita (cfr. WEILL, TERRÉ, *Les obligations*, p. 548), significa, no domínio aqui considerado, que o representante se compromete a obter a ratificação do negócio pelo representado e, se ele o não fizer, o representante será responsável perante a contraparte pelos prejuízos que esta sofrer. Em segundo lugar, o representante pode ainda vincular-se perante a contraparte a título pessoal se, por qualquer forma, assumir uma obrigação de garantia da execução do contrato pelo representado.

justifica que Ghestin se tenha referido à questão como *le fondement introuvable de la représentation conventionnelle* [401].

A doutrina tradicional de base individualista vê na representação uma ficção: tudo se passa como se o representado manifestasse a sua vontade por intermédio do representante. O representado é considerado autor do acto realizado pelo representante; o representante limita-se a ser portador da vontade do representado [402].

Esta explicação, considerada artificial e inadequada para caracterizar a representação legal e judiciária, assim como os casos de actuação por conta de outrem sem conhecimento ou sem autorização prévia do interessado [403], deu lugar à tese, com grande aceitação na doutrina francesa, segundo a qual a representação se caracteriza juridicamente pela substituição real e completa da personalidade do representante à do representado; a vontade do representante, substituindo-se à do representado, participa directa e efectivamente na formação do acto, cujos efeitos se produzem no património do representado [404].

---

[401] GHESTIN, JAMIN, BILLIAU, *Les effets du contrat*, p. 615.
[402] Cfr.: HUC, *Commentaire...*, XII, p. 106 (*"le fait du mandataire est le fait du mandant"*); BAUDRY-LACANTINERIE, WAHL, *Traité...*, XXIV, p. 175 (*"le mandataire agit et parle pour le compte du mandant, il n' est que son organe; de sorte que, l' acte une fois accompli par le mandataire, la situation est la même que si le mandant l' avait accompli lui-même"*); id., p. 411 (*"tous les actes du mandataire sont donc réputés avoir été faits par le mandant"*); JOSSERAND, *Cours de droit civil...*, II, p. 858 s (*"le mandataire parle, écrit et agit au nom du mandant dont il est l' organe et le porte-parole"*); AUBRY, RAU, *Droit civil français*, VI, 6ª ed., p. 228 s (*"les actes juridiques faits par le mandataire [...] doivent être considérés comme ayant été faits par ce dernier personnellement"*; mantém-se a expressão que era utilizada na 5ª ed., p. 180 s). Esta ideia continua presente, para explicar a representação voluntária, em autores que sublinham, em geral, o papel da vontade do representante no fenómeno da representação. Cfr. SAVATIER, *Mandat*, p. 946 s, e RIPERT, BOULANGER, *Traité...*, III, 1958, p. 709, onde as seguintes expressões aparecem repetidas: *"il [le mandant] est reputé avoir contracté lui-même"* [...] *"l' exécution du mandat oblige le mandant directement envers les tiers, comme s' il avait traité lui-même, sans employer d' intermédiaire"* (tais expressões eram já utilizadas em PLANIOL, *Traité élémentaire...*, II, 10ª ed., 1926, p. 752). Ainda actualmente, em obras como as de MAZEAUD, MAZEAUD (*Leçons...*, II, 1, p. 139), CARBONNIER (*Droit civil*, 4, p. 221) e MALAURIE, AYNÈS (*Cours...*, VI, p. 373), se apresenta como fundamento da representação voluntária a vontade do representado (embora nestes autores já não exactamente como ficção de vontade, mas como vontade real). Por sua vez, a noção de *ficção* é utilizada por GHESTIN, não para explicar a eficácia representativa, mas para descrever a representação (GHESTIN, JAMIN, BILLIAU, *Les effets du contrat*, p. 621 s).

[403] Assim: PLANIOL, RIPERT, *Traité pratique...*, VI, p. 62 s; MADRAY, *De la représentation...*, p. 105 ss; WEILL, TERRÉ, *Les obligations*, p. 81; LARROUMET, *Droit civil*, III, p. 148; MARTY, RAYNAUD, *Introduction...*, p. 285. A crítica à ideia de ficção era já expressa em CAPITANT, *Introduction à l' étude du droit civil*, p. 389.

[404] POPESCO-RAMNICEANO, *De la représentation...*, p. 22 s, 204 ss; COLIN, CAPITANT, *Traité...*, I, p. 99 s; PLANIOL, RIPERT, *Traité pratique...* VI, p. 63; RIPERT, BOULANGER, *Traité...*, II, p. 91.

A teoria segundo a qual a representação resulta da actuação conjunta ou da cooperação entre os vários interessados encontrou também eco na doutrina francesa. Nos termos de uma primeira formulação, a representação produz-se quando existe vontade do representante e também do terceiro, sempre que a sua colaboração para o acto seja indispensável; a vontade do representado é determinante na representação convencional, mas a representação pode existir sem o seu conhecimento (representação legal) ou contra a sua vontade (casos de abuso de poderes, gestão de negócios); o representante é uma pessoa que, por razões de solidariedade social, tem um poder sobre o património do representado, existindo entre os dois como que uma "solidariedade activa", tendo em conta o contrato a celebrar (Demogue) [405]. De acordo com uma outra explicação, os efeitos do acto praticado pelo mandatário produzem-se na esfera jurídica do mandante, porque tal corresponde à vontade comum do mandante e do mandatário, expressa no contrato de mandato (Rouast) [406].

Uma parte da doutrina francesa pretende fundamentar a representação na análise do acto jurídico. Primeiro afirmou-se que a representação é "uma modalidade do acto jurídico, [...] um dos elementos acidentais através dos quais o negócio pode ser afectado pelo direito positivo ou pela vontade das partes" (Lévy-Ullmann) [407]. Uma teoria proposta no início dos anos 30, baseada na crítica a um certo entendimento da autonomia privada e construída sobre a noção de acto jurídico, considerou a representação assente no concurso de vontades do representante e do terceiro, susceptível de desencadear a aplicação da regra jurídica que determina a vinculação do representado como consequência do acto celebrado pelo representante; a representação traduz-se na substituição de uma pessoa (o representante) a outra (o representado) tendo em vista a formação de uma relação jurídica entre o representado e um terceiro; o seu carácter específico reside na produção de efeitos jurídicos em relação a uma pessoa que não participou no acto, efeitos esses criados por força da lei (Madray) [408]. Mais tarde, partiu-se de uma análise do acto jurídico que o decompõe em três elementos — o direito exercido, o exercício desse direito, os efeitos jurídicos daí

---

[405] *Traité des obligations...*, I, p. 242 ss.

[406] *Rapport sur la représentation dans les actes juridiques*, "Travaux de l' Association Henri Capitant", III (1947), Paris, 1948, p. 110 ss (p. 120).

[407] *La contribution essentielle...*, p. 342.

[408] *De la représentation...*, p. 148, 157 ss. A tese de MADRAY foi criticada por alguma doutrina francesa. Afirma-se que qualquer teoria que fundamente os efeitos da representação no direito objectivo é susceptível de explicar a representação legal, mas minimiza o papel e o poder da vontade nos casos de "representação convencional", em que o direito objectivo se limita a reconhecer efeitos à vontade das partes. Cfr. ROUAST, *Rapport...*, p. 120; MARTY, RAYNAUD, *Introduction...*, p. 285.

resultantes —, que podem dizer respeito, não apenas a uma, mas a diversas categorias de pessoas, conforme o modo de actuação do agente (em nome próprio ou em nome de outrem, por conta própria ou por conta de outrem); a representação é entendida como "uma técnica de realização do acto jurídico", que envolve duas pessoas, o representante e o representado, segundo a qual o representante actua em nome e por conta do representado, e que tem o significado de "tornar presente o representado", assim se justificando a vinculação deste ao acto celebrado (Storck) [409].

O princípio da autonomia privada continua ainda hoje, de um modo ou de outro, subjacente a diversas tentativas de explicação do fenómeno da representação. De um lado, afirma-se que na maior parte dos casos de representação se encontra "uma espécie de prolongamento da autonomia da vontade" [410]. Além disso, acentua-se a importância e a autonomia do representante: a lei admite a representação em casos em que não é relevante a vontade do representado (casos de representação legal e de representação no âmbito da gestão de negócios); o acto é realizado pelo representante, pelo que a vontade relevante é a do representante; tal justifica que os vícios da vontade devam ser analisados relativamente à pessoa do representante e que, se a sua vontade estiver viciada, o contrato possa ser invalidado por iniciativa do representado; assim se explica também que o representado possa vir a sofrer consequências decorrentes do conhecimento de certos factos pelo representante ou do dolo por este cometido na formação do contrato [411]. Por vezes, admite-se que a vontade do representante desempenha papel relevante, sendo no entanto o poder de agir em nome e por conta de outrem, reconhecido ao representante, que explica a dissociação entre formação e efeitos do contrato e constitui a essência da representação [412]. Finalmente, regressa-se à ideia de que o fundamento da representação está na substituição, que a lei ordena ou permite, de uma pessoa por outra: a pessoa substituída e a que a substitui são consideradas o prolongamento uma da outra, de harmonia com um esquema análogo ao da substituição do comissário pelo comitente nas relações com terceiros, que fundamenta a responsabilidade do comitente [413].

---

[409] *Essai...*, p. 92 ss.

[410] SAVATIER, *La théorie des obligations*, p. 160. O autor afirmara anteriormente que "a explicação deste fenómeno se encontra nas necessidades da vida jurídica da pessoa" (cfr. *L' écran de la représentation...*, p. 48) e que "toda a representação faz do representante o órgão da vida jurídica do representado" (*loc. cit.*, p. 49 ss).

[411] WEILL, TERRÉ, *Les obligations*, p. 81; id., *Introduction*, p. 317 s.

[412] LARROUMET, *Droit civil*, III, p. 149, 153.

[413] MAZEAUD, MAZEAUD, *Leçons...*, II, p. 139 s, 503 s (utiliza-se, na 8ª ed., de 1991, a noção de "substituição", nas páginas 139 e seguinte, e a de "identificação entre comissário e comitente", nas páginas 503 e seguinte, onde antes se falava apenas apenas de "substituição";

Perante a dificuldade de encontrar um fundamento de natureza jurídica único e inequívoco, há quem considere que a representação deve apreciar-se, não em termos técnicos, mas "principalmente em termos de ideologia" (Gaillard) [414], e quem entenda que o que importa é verificar o modo como a representação se exerce e, sob este ponto de vista, tem de concluir-se que "a representação institui uma ficção": tornar presente alguém que está ausente, exprimir a vontade do representado embora considerando que o representante não é um simples mensageiro, em suma, encontrar uma correspondência entre as pessoas ou entre as vontades do representante e do representado; mais importante do que encontrar uma explicação para esta ficção, é fazer com que a vontade (no caso de representação convencional) ou os interesses (no caso da representação legal) da pessoa ausente sejam representados da melhor forma possível, ou seja, que a vontade do representante se identifique o mais exactamente possível com a vontade ou com os interesses do representado (Ghestin) [415].

5. Representação sem poderes

O regime da representação sem poderes é, no direito francês, construído a partir do artigo 1998 do *Code Civil*, nos termos do qual "O mandante fica vinculado a executar as obrigações assumidas pelo mandatário em conformidade com o poder que lhe conferiu. Só fica vinculado pelos actos praticados para além desse poder se os ratificar expresssa ou tacitamente".

5.1. Âmbito

A doutrina distingue habitualmente três categorias de situações: os casos em que o mandatário age sem quaisquer poderes, ou porque não lhe foram atribuídos, ou porque o mandato é nulo (*défaut de pouvoir* ou *absence de pouvoir*); os casos de actuação para além dos poderes, em que o mandatário ultrapassa os limites dos seus poderes (*dépassement de pouvoir* ou *excès de pouvoir*); e os casos de abuso de poderes, em que o representante se mantém formalmente dentro dos limites dos seus poderes, mas prossegue na realidade interesses diferentes dos do representado (*détournement de pouvoir* ou *abus de pouvoir*) [416].

---

cfr. 6ª ed., de 1978, respectivamente p. 131 e 483). A ideia de substituição aparecia já em MADRAY, *De la représentation...*, p. 157.
[414] *La représentation...*, p. 93 ss.
[415] GHESTIN, JAMIN, BILLIAU, *Les effets du contrat*, p. 621 s.
[416] LESCOT, *Le mandat apparent*, nºs 4 ss; GHESTIN, JAMIN, BILLIAU, *Les effets du contrat*, p. 641; MALAURIE, AYNÈS, *Cours...*, VIII, p. 313.

O *dépassement de pouvoir* deve apreciar-se objectivamente, estabelecendo uma comparação entre o que o mandatário fez e aquilo que podia fazer; a análise do *détournement de pouvoir* deve fazer-se subjectivamente, através da consideração dos objectivos ou finalidades que justificaram a actuação do mandatário: a conduta do mandatário é abusiva se não respeitar os interesses do mandante [417], ou se prosseguir interesses próprios do mandatário em detrimento dos interesses do mandante [418].

5.2. Efeitos

5.2.1. Nas relações entre o representado e a contraparte

Um acto celebrado em nome e por conta de outrem sem poderes de representação, ou para além dos limites dos poderes atribuídos ao representante, ou com abuso de poderes, não vincula o representado [419], *est dénué d' effet à l' égard du représenté* [420], se não for por ele ratificado (artigo 1998, 1 e 2 do *Code Civil*).

A não produção de efeitos em relação ao representado depende, em certos casos, do conhecimento, por parte do terceiro, da falta de poderes, conforme resulta dos artigos 2005, 2008 e 2009 do Código Civil.

Alguma doutrina parece pretender a extensão a outras situações do regime consagrado nestes preceitos, ao sustentar que a regra da não produção de efeitos do acto celebrado sem poderes só deve aplicar-se se a contraparte conhecia efectivamente (ou se devia conhecer, ou se ignorava com negligência da sua parte) a falta ou o abuso de poderes do representante. O conhecimento ou a negligência da contraparte permitem considerar que a sua situação não merece protecção e, em consequência, o representado não fica vinculado pelos actos praticados para além do limite dos poderes conferidos ao representante. Pelo contrário, se a contraparte não conhecia nem podia conhecer os limites dos poderes do representante, a situação da contraparte de boa fé merece ser protegida tanto como a situação do representado [421].

---

[417] GHESTIN, JAMIN, BILLIAU, *Les effets du contrat*, p. 641; GAILLARD, *Le pouvoir...*, p. 97.

[418] MALAURIE, AYNÈS, *Cours...*, VIII, p. 313; DUTILLEUL, DELEBECQUE, *Contrats....*, p. 479.

[419] Porque "quando se ultrapassa o poder, já não há representação" (LARROUMET, *Droit civil*, III, p. 157). Vejam-se também: MALAURIE, AYNÈS, *Cours...*, VIII, p. 313; MARTY, RAYNAUD, *Les obligations*, 1, p. 87. Alguns autores consideram como modalidade distinta de representação, para além da convencional, judiciária e legal, a representação sem poderes (RIPERT, BOULANGER, *Traité...*, II, p. 88).

[420] GHESTIN, JAMIN, BILLIAU, *Les effets du contrat*, p. 641.

[421] Cfr. LARROUMET, *Droit civil*, III, p. 157 s.

Para a relevância do abuso de poderes, exige-se por vezes que tenha havido concertação fraudulenta entre o mandatário e a contraparte [422].

Por outro lado, tem-se entendido que o representado é responsável perante terceiros de boa fé se, pela sua actuação, contribuiu para o desconhecimento do conteúdo dos poderes (porque, por hipótese, outorgou uma procuração em branco) ou não permitiu o conhecimento rigoroso dos limites dos poderes do mandatário (porque, por hipótese, a procuração é obscura) [423].

5.2.2. Nas relações entre o representante e a contraparte

a) Regime geral

O representante, ainda que actue fora do âmbito dos seus poderes, não fica pessoalmente obrigado perante a contraparte, pois não actuou em seu próprio nome, mas em nome do representado.

O *Code Civil* não contém qualquer regra que preveja a responsabilidade do representante pelos prejuízos resultantes para a contraparte da actuação em nome de outrem sem poderes de representação. Invocando como fundamento a disposição do artigo 1997, *a contrario*, a doutrina francesa tem admitido que, em caso de actuação desconforme com os poderes de representação, a contraparte de boa fé tem a possibilidade de demandar o representante, para exigir a reparação dos prejuízos sofridos, através de um *recours en responsabilité* (*responsabilité délictuelle*) [424].

b) Regime especial em matéria de títulos de crédito

O regime geral que acaba de ser descrito sofre um importante desvio em matéria de títulos de crédito. Sendo a França um dos países que subscreveram as Convenções de Genebra de 1930 e 1931 sobre letras e livranças e sobre cheques, o direito francês recebeu as regras uniformes anexas àquelas Convenções [425]. Ora, o artigo 8º da LULL e o artigo 11º da LUC

---

[422] MALAURIE, AYNÈS, *Cours...*, VIII, p. 313.
[423] MALAURIE, AYNÈS, *Cours...*, VIII, p. 314.
[424] PÉTEL, *Les obligations...*, p. 79 s; CARBONNIER, *Droit civil*, 4, p. 222; FLOUR, AUBERT, *Les obligations*, I, p. 344; TERRÉ, SIMLER, LEQUETTE, *Les obligations*, p. 133 (excluindo qualquer acção contra o pretenso representado); DUTILLEUL, DELEBECQUE, *Contrats...*, p. 484, 487; MALAURIE, AYNÈS, *Cours...*, VIII, p. 314; MAZEAUD, MAZEAUD, *Leçons...*, III, p. 1132 s; GHESTIN, JAMIN, BILLIAU, *Les effets du contrat*, p. 642.
[425] A Lei Uniforme em matéria de letras e livranças foi integrada, por um Decreto-Lei de 30 de Outubro de 1935, no Código Comercial francês (título oitavo, artigos 110 e seguintes); a Lei Uniforme em matéria de cheques encontra-se reproduzida num Decreto-Lei, também de 30 de Outubro de 1935, não tendo sido incluída no Código Comercial.

determinam a vinculação pessoal do representante à obrigação cambiária assumida em nome do representado, nos termos já antes analisados [426].

5.2.3. Nas relações entre o representado e o representante

Sendo a representação no direito francês um efeito jurídico do mandato, a actuação do mandatário para além dos poderes conferidos pelo mandante constitui violação do contrato de mandato, face ao preceito geral do artigo 1991, segundo o qual *le mandataire est tenu d' accomplir le mandat tant qu' il en demeure chargé, et répond des dommages-intérêts qui pourraient résulter de son inexécution.*

O incumprimento pelo mandatário das obrigações assumidas perante o mandante torna o mandatário responsável, segundo as regras gerais da responsabilidade contratual.

5.3. Valor jurídico do acto celebrado pelo representante sem poderes

A doutrina francesa divide-se quanto ao valor jurídico do acto celebrado pelo representante sem poderes, antes da ratificação.

Uma parte da doutrina pronuncia-se no sentido de que o acto é inoponível em relação ao representado (*inopposable*) [427]; há quem defenda que o acto é ineficaz (*sans effet*) [428]; segundo alguns autores, trata-se de um

---

[426] Cfr., neste capítulo, § 1°, n° 5.2.2., b). O texto do artigo 8° da LULL encontra-se reproduzido no artigo 114, 3° parágrafo, do *Code de Commerce* e o artigo 11° da LUC consta do artigo 11 do Decreto-Lei de 30 de Outubro de 1935. Em especial, para a interpretação do artigo 114, 3° parágrafo do *Code de Commerce*, cfr.: DESCHAMPS, *Le nouveau statut de la lettre de change, du billet à ordre et du chèque. Décrets-lois du 30 octobre 1935*, Paris, 1936, p. 32; PERCEROU, BOUTERON, *La nouvelle législation française et internationale de la lettre de change, du billet à ordre et du chèque avec un exposé sommaire des principales législations étrangères*, I — *Lettre de change et billet à ordre*, Paris, 1937, p. 25 s; LESCOT, *La nouvelle législation de la lettre de change...*, p. 14 ss; LESCOT, ROBLOT, *Les effets de commerce...*, I, p. 164 ss; RIPERT, ROBLOT, *Traité de droit commercial*, tome 2, p. 181; JEANTIN, *Droit commercial...*, p. 156 s. Para uma comparação entre o sistema cambiário francês e o americano, com referências ao então projecto de Convenção da CNUDCI, cfr. BLOCH, *Les lettres de change et billets à ordre dans les relations commerciales internationales. Étude comparative de droit cambiaire français et américain*, Paris, 1986.

[427] A *actes inopposables* se referem: FARJAT, *Droit privé...*, 2, p. 87; WEILL, TERRÉ, *Les obligations*, p. 79; FLOUR, AUBERT, *Les obligations*, I, p. 344; CARBONNIER, *Droit civil*, 4, p. 222; STORCK, *Essai...*, p. 170. A mesma opinião era sustentada, na doutrina mais antiga, por: DEMOGUE, *Traité des obligations...*, I, p. 206; RIPERT, BOULANGER, *Traité...*, II, p. 93. Neste sentido, C. Cass., Ass. pl., 28.5.1982, D. 1983, 117.

[428] PÉTEL, *Les obligations...*, p. 60 ss. Com um sentido que parece equivalente a "ineficaz" foi utilizada a expressão *acte non avenu à l' égard du représenté* por autores que de

acto nulo, sendo a nulidade entendida por uns como absoluta [429], por outros como meramente relativa, pois se destina a proteger o representado [430], e por outros ainda num sentido próximo da noção de inexistência [431].

5.4. Ratificação pelo representado

Os actos praticados em nome e por conta de outrem por uma pessoa a quem não foram atribuídos poderes representativos, ou para além dos seus poderes, ou com abuso de poderes, apenas podem ser eficazes em relação ao representado se este os ratificar (artigo 1998 do *Code Civil*).

Como resulta do citado artigo 1998, a ratificação pode ser expressa ou tácita e pode ser feita a todo o tempo. Tem por efeito vincular o representado perante a contraparte no acto celebrado com o representante, como se tivesse existido *mandat préalable* [432]; vale como "complemento de poderes e produz os mesmos efeitos que um mandato" [433]. "A ratificação é um *mandat rétroactif*" [434], o que significa que o acto praticado pelo representante sem poderes é considerado como regular desde a sua celebração, mas também que os direitos adquiridos por terceiros antes da ratificação podem ser afectados, desde que sejam observados requisitos de publicidade [435].

---

resto se referem igualmente no mesmo contexto a *inefficacité*. Cfr. AUBRY, RAU, *Droit civil français*, VI, 6ª ed., p. 231 e nota (5), p. 232 (e já antes, 5ª ed., p. 183 e nota (5), p. 184).

[429] Referem-se a *actes nuls* (*nullité absolue*): MALAURIE, AYNÈS, *Cours...*, VI, p. 374; VIII, p. 313. Esta é também a tese da jurisprudência, com fundamento em falta de consentimento: C. Cass., 3.ème ch. civ., 15.4.1980, Bull. civ., 1980, III, nº 73, 53. Para a crítica à solução da nulidade absoluta defendida pela jurisprudência, cfr. GHESTIN, JAMIN, BILLIAU, *Les effets du contrat*, p. 641 s; TERRÉ, SIMLER, LEQUETTE, *Les obligations*, p. 133. A solução da nulidade parece ser a que está implícita no *Projet de textes relatifs aux actes juridiques*, artigo 25, parágrafo 3º (que sujeita a ratificação ao regime aplicável à confirmação dos actos nulos). Cfr. *Travaux de la Commission de réforme du Code Civil* (ano de 1947-1948), p. 342.

[430] A *acte nul* e *nullité relative* se referem GHESTIN, JAMIN, BILLIAU, *Les effets du contrat*, p. 642 s (no texto afirma-se, certamente por lapso, que a nulidade se destina a "proteger o representante", p. 642), com o sentido definido em GHESTIN, *Traité de droit civil. Les obligations. Le contrat: formation*, 2ª ed., Paris, 1988, p. 881. No sentido de que a nulidade deve ser entendida como relativa se pronunciam também: GAILLARD, an. C. Cass., Ass. pl., 28.5.1982, Dalloz, 1983, p. 349 ss; TERRÉ, SIMLER, LEQUETTE, *Les obligations*, p. 133.

[431] DUTILLEUL, DELEBECQUE, *Contrats...*, p. 484 (*l'acte est nul ou plus exactement ne s'est pas formé*).

[432] PLANIOL, *Traité élémentaire...*, II, p. 753; PLANIOL, RIPERT, *Traité pratique...*, VI, p. 71; RIPERT, BOULANGER, *Traité...*, III, p. 709.

[433] MALAURIE, AYNÈS, *Cours...*, VIII, p. 319.

[434] DUTILLEUL, DELEBECQUE, *Contrats...*, p. 485.

[435] Assim, DUTILLEUL, DELEBECQUE, *Contrats...*, p. 485 e nota (4); SAVATIER, *Mandat*, p. 949. Em sentido semelhante, implicitamente, MALAURIE AYNÈS, *Cours...*, VIII, p. 319. No sentido de que a ratificação não pode nunca prejudicar os direitos adquiridos por terceiros

A ratificação é qualificada como "manifestação unilateral de vontade", que deve emanar do representado ou de uma pessoa com poderes para a fazer em nome daquele [436].

A falta de poderes do mandatário e a falta de ratificação não impedem que o acto produza efeitos em relação ao representado quando o acto do agente for "útil" para o representado, isto é, se houver *gestion utile* no sentido do artigo 1375 do *Code Civil*. A citada disposição estabelece que o dono do negócio deve cumprir as obrigações contraídas em seu nome pelo gestor e indemnizar o gestor das despesas feitas e das responsabilidades por ele pessoalmente assumidas, desde que o negócio tenha sido bem administrado.

5.5. Posição jurídica da contraparte no acto celebrado pelo representante sem poderes

Não contém o *Code Civil* qualquer disposição que permita à pessoa que contratou com o representante sem poderes pôr termo à situação de indefinição em que se encontra durante o período que decorre entre a celebração do acto e a ratificação (ou a recusa de ratificação) pelo representado. A investigação a que procedemos permitiu concluir que o problema não tem sido discutido nem na jurisprudência nem na doutrina francesas [437].

---

durante o tempo que decorreu entre a celebração do negócio e a ratificação, AUBRY, RAU, *Droit civil français*, VI, 6ª ed., p. 232 (e, já antes, 5ª ed., p. 184).

[436] PLANIOL, RIPERT, *Traité pratique...*, VI, p. 71.

[437] Assim também FERID, SONNENBERGER, *Das Französische Zivilrecht*, Bd. 1/1, an. 1 F 1031.

§ 3º
Agency
(direitos inglês e dos Estados Unidos da América)

1. Fontes de direito e delimitação do instituto

O *case law* constitui a principal fonte do direito da *agency*. Todavia, o poder de actuar através de um *agent* é por vezes expressamente reconhecido ou limitado por *statutory law* [438].

Nos Estados Unidos da América, a *agency* é regulada por direito estadual, encontrando-se actualmente o "direito comum estadual" nesta área compilado e organizado no *Restatement of the law second. Agency 2nd* [439].

Os princípios do moderno direito da *agency* [440] formaram-se em diversas áreas do direito: *common law* e *equity*; *law of torts*, *law of contracts* e *law of trusts*; *mercantile law* e *maritime law*. Esta multiplicidade explica as dificuldades em construir uma noção e em definir a natureza e o âmbito de aplicação da *agency* [441], passos necessários para quem se proponha distin-

---

[438] Cfr., a título de exemplo, no direito inglês, *Bills of Exchange Act 1882* (sections 25, 26), *Factors Act 1889* (sections 1, 2), *Consumer Credit Act 1974* (section 56, 3(a), section 145) (textos em BILLINS, *Agency law*, London, 1994, D — Source material).

[439] *Restatement of the law second. Agency 2nd*, American Law Institute, May 23, 1957, vol. I, §§ 1-283, vol. II, §§ 284-end, St. Paul, Minn., 1958, que neste capítulo será citado *Restatement, Second, Agency* ou apenas *Restatement*. A primeira compilação havia sido feita em 1933.

[440] Pode considerar-se que a moderna doutrina da *agency* data dos primeiros anos do séc. XIX. Sobre as origens e o desenvolvimento da *agency*, cfr.: WÜRDINGER, *Geschichte der Stellvertretung (agency) in England zugleich ein Beitrag zur Entwicklung des englischen Privatrechts*, Marburg, 1933; FERSON, *Principles of agency*, Brooklyn, 1954, p. 7 ss; STOLJAR, *The law of agency. Its history and present principles*, London, 1961, p. 14; HANBURY, *The principles of agency*, 2ª ed., London, 1961, p. 2 (diferentemente da generalidade da doutrina, este autor filia a *agency* do direito anglo-americano no *mandatum* do direito romano); POWELL, *The law of agency*, 2ª ed., London, 1961, p. 3; MÜLLER-FREIENFELS, *Legal relations in the law of agency: power of agency and commercial certainty*, AJCL, 1964, p. 193 ss (p. 195); FRIDMAN, *The law of agency*, 5ª ed., London, 1983, p. 3 ss.

[441] A descrição breve e a exposição sistemática do instituto da *agency* não constituem tarefa fácil, mesmo para os juristas anglo-americanos. Assim, expressamente: STOLJAR, *The law of agency...*, p. 1; SEAVEY, *Handboock of the law of agency*, St. Paul, Minn., 1964, p. 2;

gui-la de outras figuras e compará-la com institutos de *civil law*, *maxime* com a representação.

Subjacente ao direito da *agency* está o princípio, hoje em dia geralmente aceite, segundo o qual uma pessoa pode exercer a sua actividade encarregando outros da prática, por sua conta, de actos constitutivos, modificativos ou extintivos de relações jurídicas. Quando uma pessoa, o *principal*, autoriza outra, o *agent*, a actuar por sua conta, o direito reconhece que o *agent* tem o poder de afectar a posição jurídica do *principal* através de actos realizados pelo *agent* (*qui facit per alium facit per se*).

De acordo com uma primeira noção, e em termos gerais, a *agency* é a relação que existe entre duas pessoas quando uma delas, chamada *agent*, pode afectar directamente, perante terceiros, a posição jurídica de outra, chamada *principal*, através de actos que o *principal* autorizou o *agent* a praticar e que, uma vez realizados, são, em alguns aspectos, tratados como actos do *principal* [442].

O *Restatement, Second, Agency* define a *agency* como a "relação fiduciária que resulta da manifestação de consentimento por parte de uma pessoa a outra pessoa, para que esta actue por conta da primeira e sob sua direcção, e de consentimento por parte da outra pessoa de que actuará desse modo" (§1 (1)); "a pessoa por conta de quem o acto ou actos são praticados é o *principal*" (§1 (2)); "a pessoa que deve agir é o *agent*" (§1 (3)).

Tendo em conta o conjunto de definições contidas nos §§ 1 e 2 do *Restatement*, conclui-se que, no direito norte-americano, a *agency* abrange três tipos de relações: *principal – agent*; *master – servant*; *employer – independent contractor*. No direito inglês, o poder de direcção do *principal* em relação ao *agent* não é considerado elemento da noção de *agency*. Reconhece-se, em geral, neste direito, que o *principal* tem o poder de dirigir instruções ao *agent*, mas não o *control of physical conduct* relativamente ao *agent*. Por isso, a doutrina inglesa discute a aplicação do direito da *agency* às relações *master – servant* e *employer – independent contractor* e bem assim a distinção entre *agent, servant* e *independent contractor*. Segundo o entendimento mais comum, umas vezes os *servants* têm *agency powers* e outras vezes não; o mesmo pode acontecer em relação aos *independent contractors*, não sendo por isso possível dar uma resposta única, válida para todos os casos [443].

REYNOLDS, *Agency: theory and practice*, LQR, 1978, p. 224 ss (p. 224); BOWSTEAD *on agency*, 15ª ed. por F. M. B. Reynolds, London, 1985, p. 1; FRIDMAN, *The law of agency*, p. 8 s; MARKESINIS, MUNDAY, *An outline of the law of agency*, 3ª ed., London, 1992, p. 3.

[442] Noção adaptada de BOWSTEAD and REYNOLDS *on agency*, 16ª ed. por F. M. B. Reynolds, com a colaboração de Michele Graziadei, London, 1996, p. 2 s.

[443] Sobre a aplicação do direito da *agency* às relações *master – servant* e *employer – independent contractor* e sobre a distinção entre *agent, servant* e *independent contractor*, cfr.,

A relação de *agency* encontra-se muito difundida na vida económica [444]. Mesmo no sentido, por alguns considerado limitado [445], com que tem sido entendida, quer na linguagem jurídica, quer na linguagem comum, a relação *principal – agent* constitui um fenómeno de âmbito alargado e de importância económica significativa; a relação *principal – agent* tem sido utilizada como o modelo para a análise de diversas formas de organização económica e é vista como elemento componente de quase todas as operações comerciais ou financeiras.

Os domínios jurídicos onde o poder do *agent* assume maior relevância são o *law of contract* (em que o poder do *agent* inclui a possibilidade de celebrar contratos por conta do *principal* e de praticar actos relacionados com o cumprimento de contratos) e o *law of property* (em que o poder do *agent* inclui a possibilidade de adquirir bens para o *principal* ou de dispor de bens do *principal*).

Os princípios da *agency* são também aplicáveis em outras áreas — como *torts* e *evidence* —, embora aí a doutrina não se encontre tão desenvolvida. A actividade confiada ao *agent* pode inclusivamente dizer respeito à prática de actos materiais. Trata-se, de qualquer modo, de matérias que não se incluem no âmbito desta investigação.

A caracterização do instituto da *agency* desenvolve-se frequentemente em torno da discussão sobre três aspectos principais: o carácter consensual, o carácter fiduciário e o carácter de poder-responsabilidade da relação que se estabelece entre *principal* e *agent*.

---

no direito inglês: BOWSTEAD & REYNOLDS *on agency*, p. 24, 29, 502 ss; FRIDMAN, *The law of agency*, p. 26 ss, 266 ss; MARKESINIS, MUNDAY, *An outline...*, p. 6 ss, 194 s; POWELL, *The law of agency...*, p. 7 ss, 197 ss; HANBURY, *The principles...*, p. 10 s, 180 ss; STOLJAR, *The law of agency...*, p. 3 ss; ANSON's *Law of contract*, 26ª ed. por A. G. Guest, Oxford, 1984, p. 535; REYNOLDS, *Agency*, in CHITTY *on contracts*, 27ª ed. por A. G. Guest, vol. II — *Specific contracts*, London, 1994, 31-009.

[444] É abundante a literatura jurídica que se dedica à análise económica do direito em relação à *agency*. Vejam-se, a título de exemplo, os estudos incluídos em *Principals and agents: the structure of business* (org. Pratt, Zeckhauser), Boston, 1985, e ainda: ALCHIAN, DEMSETZ, *Production, information costs, and economic organization*, Am. ec. rev., 1972, p. 777 ss; S. A. ROSS, *The economic theory of agency: the principal's problem*, Am. ec. rev., "Papers and Proceedings", 1973, p. 134 ss; FAMA, JENSEN, *Agency problems and residual claims*, J. of law & economics, 1983, p. 327 ss; SYKES, *The economics of vicarious liability*, Yale L. J., 1984, p. 1231 ss; COOTER, FREEDMAN, *The fiduciary relationship: its economic character and legal consequences*, N. Y. Univ. L. Rev., 1991, p. 1045 ss (todas estas obras contêm indicações bibliográficas sobre o tema).

[445] Cfr. ARROW, *The economics of agency*, "Principals and agents", 1985, p. 37 ss (p. 37). Uma ilustração do amplo campo de actuação da *agency* pode ver-se em PRATT, ZECKHAUSER, *Principals and agents: an overview*, "Principals and agents", p. 1 ss.

1.1. A *agency* como *consensual relationship*

No caso tomado como paradigma na definição do *Restatement* e na construção da jurisprudência e da generalidade dos autores, a *agency* fundamenta-se num *agreement* entre *principal* e *agent*: o *principal* deve consentir que o *agent* actue por sua conta e o *agent* deve consentir em actuar desse modo [446].

A natureza intrinsecamente consensual da *agency* tem sido criticada com base na ideia de que, se o *consent* é o fundamento típico da *agency*, fixando o respectivo âmbito, compete ao direito determinar o que é ou não *agency* [447]; o poder de afectar a posição jurídica do *principal* é um efeito jurídico, estabelecido pelo direito para certas situações, umas em que existe acordo entre *principal* e *agent*, outras em que as partes não consentiram na formação de uma relação de *agency* e todavia o direito considera que tal relação existe (como sucede nos casos de *apparent authority* e de *ratification*, e sobretudo nos casos de *agency by operation of law* [448]).

A divergência entre as duas abordagens referidas não está porém na admissibilidade de formação de *agency* nas situações apontadas; reside antes na qualificação que lhes é dada: para uns, trata-se de casos análogos aos casos típicos de *agency* (necessariamente fundados em *agreement by express consent*), a que é aplicável por analogia o regime da *agency* [449];

---

[446] Em 1863, Lord Cranworth afirmava "ninguém pode tornar-se *agent* de outra pessoa a não ser pela vontade dessa outra pessoa" (*Pole v. Leask* [1863] 33 L.J.Ch. 155, 161, em voto de vencido) e, em 1968, Lord Pearson considerava que "a relação entre *principal* e *agent* apenas pode ser estabelecida pelo acordo entre o *principal* e o *agent*" (*Garnac Grain Co. Inc. v. H. M. F. Faure & Fairclough Ltd.* [1968] A.C. 1130 n., 1137). Na jurisprudência americana, cfr., por exemplo, *Kmart Co. v. First Hartford Realty Corp.* 810 F.Supp. 1316 (D.Conn. 1993). Na doutrina, cfr.: BOWSTEAD & REYNOLDS *on agency*, p. 5 s; POWELL, *The law of agency*, p. 296; REYNOLDS, *Agency*, 31-008; TREITEL, *The law of contract*, 9ª ed., London, 1995, p. 622; SEAVEY, *The rationale of agency*, Yale L. Rev., 1920, p. 859 ss = "Studies in agency", St. Paul, Minn., 1949, p. 65 ss (p. 69 s); id., *Handbook...*, p. 3 s; HENN, *Agency, partnership and other incorporated business enterprises*, St. Paul, Minn., 1972, p. 19; SELL, *Agency*, Mineola, New York, 1975, p. 1; REUSCHLEIN, GREGORY, *The law of agency and partnership*, 2ª ed., St. Paul, Minn., 1990, p. 32; R. DAVID, *Les contrats en droit anglais*, com a colaboração de Françoise Grivart de Kerstrat, Paris, 1973, p. 275 ss; ELLAND-GOLDSMITH, *La notion de représentation en droit anglais*, Droits, 6, 1987, p. 99 ss (p. 99 s).

[447] FRIDMAN, *The law of agency*, p. 11 ss; id., *Establishing agency*, LQR, 1968, p. 224 ss; MARKESINIS, MUNDAY, *An outline...*, p. 4 s; DOWRICK, *The relationship of principal and agent*, MLR, 1954, p. 24 ss.

[448] Cfr., neste parágrafo, nº 3.

[449] Cfr. BOWSTEAD & REYNOLDS *on agency*, p. 4, 5, 6, onde, a este propósito, se utilizam os termos *extensions* e *derivatives*; REYNOLDS, *Agency*, 31-008 (*except perhaps in the case of agency of necessity, such consent is however essential for the full agency relationship*).

segundo outros, trata-se de casos de *agency* com fundamento diferente do *consent* [450].

1.2. A *agency* como *fiduciary relationship*

A *agency* é uma *fiduciary relationship* [451]. Tal significa que o *agent*, tendo o poder de afectar a posição jurídica do *principal*, deve actuar no interesse deste. Independentemente da existência de um contrato entre *principal* e *agent*, ao *agent* são impostos pelo direito deveres de lealdade e fidelidade, que vão desde o dever de informar (o dever de comunicar ao *principal* qualquer informação relevante sobre as operações realizadas em execução da *agency*) ao dever de guardar segredo e de prestar contas e ao dever de evitar um conflito de interesses (o dever de não celebrar, sem para tal estar autorizado, qualquer acto em que o seu interesse pessoal possa conflituar com os interesses do *principal*) [452].

1.3. A *agency* como *power-liability relationship*

Característica essencial da *agency* é a *ability* de uma pessoa (o *agent*) para afectar a posição jurídica de outra (o *principal*).

---

[450] FRIDMAN, *The law of agency*, p. 11 ss, 97 ss; id., *Establishing agency*, p. 230 s; MARKESINIS, MUNDAY, *An outline ...*, p. 4 s, 52 ss.

[451] A categoria da *fiduciary relationship* tem origem na *equity*. Cfr. DOWRICK, *The relationship ...*, p. 28 ss; R. DAVID, *Les contrats en droit anglais*, p. 304. A apreciação da *fiduciary relationship* do ponto de vista da *economic analysis of law*, tomando como paradigma o modelo *principal-agent*, pode ver-se em COOTER, FREEDMAN, *The fiduciary relationship...*, p. 1045 ss. Cfr. também CLARK, *Agency costs versus fiduciary duties*, "Principals and agents", 1985, p. 55 ss. A definição da *agency* como *fiduciary relationship* aparece também na jurisprudência de tribunais dos Estados Unidos da América. Por exemplo, *Kmart Co. v. First Hartford Realty Corp.* 810 F.Supp. 1316 (D.Conn. 1993).

[452] Sobre os deveres do *agent* decorrentes da natureza fiduciária da *agency*, cfr.: *Restatement*, §§ 387 a 398 (*duties of loyalty*); BOWSTEAD & REYNOLDS *on agency*, p. 7, 191 ss (*fiduciary duties, duties of loyalty*); FRIDMAN, *The law of agency*, p. 152 (*fidelity duties*); MARKESINIS, MUNDAY, *An outline...*, p. 103 ss (*fiduciary duties*); POWELL, *The law of agency...*, p. 25 ss, 313 ss (*fiduciary obligation*); STOLJAR, *The law of agency...*, p. 288 ss (*fiduciary obligations, duties of economic loyalty*); ANSON's *Law of contract*, p. 542 ss (*fiduciary duties*); REYNOLDS, *Agency*, 31-001, 31-107 ss (*fiduciary duties*); id., *Agency: theory and practice*, p. 227 (*fiduciary duties*); COLLINS, *The law of contract*, 2ª ed., London, Dublin, Edinburgh, 1993, p. 198 (*fiduciary duties*); TREITEL, *The law of contract*, p. 661 ss (*fiduciary duty*); SEAVEY, *Handbook...*, p. 4, 243 ss (*duties of loyalty*); HENN, *Agency...*, p. 81 ss (*fiduciary duties*); SELL, *Agency*, p. 2, 119 ss (*duty of loyalty*); REUSCHLEIN, GREGORY, *The law of agency...*, p. 11 s, 125 ss (*duties of loyalty*); R. DAVID, *Les contrats en droit anglais*, p. 303 ss.

Saber se um acto do *agent* pode produzir esse efeito é uma questão a que o direito dá resposta. Sempre que do direito resultar que o acto do *agent* produz tal efeito, considera-se que o *agent* tem o poder (*power*) de afectar a relação jurídica entre o *principal* e a outra parte com quem contratou.

Na generalidade dos casos, o poder do *agent* fundamenta-se na autorização (*authority*) atribuída pelo *principal*. Mas existem circunstâncias em que o direito reconhece o poder do *agent*, sem que lhe corresponda uma *authority* concedida pelo *principal* (como sucede, desde logo, nos casos de *agency by operation of law*).

Não sendo possível explicar a *agency* com base exclusivamente na noção de *authority*, e reconhecendo que a essência da *agency* reside no poder de afectar a posição jurídica de outrem, alguns *common lawyers* têm qualificado a relação de *agency* como *power-liability relationship* entre duas pessoas, o *principal* e o *agent* [453]. O *agent* está investido de um poder jurídico de alterar as relações jurídicas do seu *principal* perante terceiros; o *principal* tem uma responsabilidade correspondente no sentido de ver as suas relações alteradas pela actuação do *agent*.

Mas a relação entre *principal* e *agent* não é relevante apenas do ponto de vista das duas partes, pois dela decorrem também direitos e deveres para pessoas estranhas a essa relação. Grande parte do regime da *agency* diz respeito ao modo como a conduta do *principal* e do *agent* (ou, mais precisamente, de duas pessoas tratadas pelo direito como sendo *principal* e *agent*) afecta terceiros. Por isso se acentua por parte de alguns autores a tendência para reconhecer a necessidade de distinguir dois aspectos na relação de *agency*: o interno e o externo. Se a relação é triangular (ligando *principal*, *agent* e terceiro), não pode ser entendida a noção global de *agency* se apenas se tiver em conta a relação *principal* – *agent*, esquecendo as outras duas relações: *principal* – contraparte e *agent* – contraparte [454].

2. Pressupostos da *agency*

Em algumas decisões jurisprudenciais afirma-se que a existência de uma relação de *agency* depende da verificação de dois pressupostos: a

---

[453] Cfr.: DOWRICK, *The relationship...*, p. 36 ss; FRIDMAN, *The law of agency*, p. 17 ss; MARKESINIS, MUNDAY, *An outline...*, p. 8 ss.
[454] Cfr.: FRIDMAN, *The law of agency*, p. 17; MARKESINIS, MUNDAY, *An outline...*, p. 8; STOLJAR, *The law of agency...*, p. 17, 20; REYNOLDS, *Agency*, 31-001, 31-078, 31-092; DOWRICK, *The relationship...*, p. 24 ss (p. 36); REUSCHLEIN, GREGORY, *The law of agency...*, p. 9 ss. Para uma apreciação crítica desta abordagem, BOWSTEAD *on agency*, p. 6 ss (mas em BOWSTEAD & REYNOLDS *on agency*, p. 8, é clara a referência à necessidade de distinguir entre o aspecto interno e o aspecto externo da *agency*).

actuação por conta do *principal* e o poder de afectar a posição jurídica do *principal* [455].

2.1. A actuação por conta do *principal*

O *agent* deve actuar por conta do *principal*, prosseguindo os seus interesses. Este pressuposto da *agency* decorre do carácter de *fiduciary relationship* que acima ficou apontado.

Diferentemente do que acontece em alguns outros sistemas jurídicos, a aplicação do regime do *common law* neste domínio não pressupõe que o *agent* invoque o nome do *principal* nos actos que celebra em execução de uma relação de *agency*.

Normalmente o *principal* pretende que os actos sejam concluídos em seu nome. Em actos de significativa importância económica, é com frequência relevante para a conclusão da operação a identidade do *principal*. Mas em muitas transacções, conduzidas por correspondência, a outra parte nada mais conhece do que o nome do *principal*. Em certos negócios, acontece mesmo ser mais importante a identidade do *agent* do que a do *principal*. Por vezes, comprador e vendedor ignoram a identidade um do outro, conhecendo cada um deles apenas o *agent* com quem negoceia.

O direito da *agency* regula estas diferentes situações, distinguindo entre o *fully disclosed principal* (o *principal* para quem o *agent* actua se, no momento da celebração do negócio, a outra parte for informada de que o *agent* actua para um *principal* e da identidade do *principal*), o *partially disclosed principal, unidentified principal* ou *unnamed principal* (o *principal* para quem o *agent* actua se, no momento da celebração do negócio, a outra parte for informada de que o *agent* actua para um *principal*, mas não da identidade do *principal*), e o *undisclosed principal* (o *principal* para quem o *agent* actua se, no momento da celebração do negócio, a outra parte não for informada de que o *agent* actua para um *principal*) [456].

Se ao intermediário tiver sido atribuída a necessária *authority*, as regras da *agency* são aplicáveis apesar de a existência de um *principal* ou a sua conexão com o negócio serem desconhecidas da outra parte. Os efeitos jurídicos, *maxime* a responsabilidade das pessoas envolvidas, diferem porém de um caso para outro.

---

[455] *Regardless of the words used by the parties, or by whatever name the transaction is described, if the facts fairly disclose that one party is acting for or representing another party, by the latter's authority, a relationship of agency exists* (Feinberg v. Automobile Banking Corporation 353 F.Supp. 508 (1973)).

[456] Cfr. *Restatement*, § 4 (1), (2) e (3).

Na situação extrema em que o *agent* celebra um contrato por conta de um *undisclosed principal*, é admitida posteriormente à celebração a prova de que o *undisclosed principal* era o autêntico *principal* do negócio realizado e, desde que o *agent* tenha actuado nos limites da sua *authority*, o *undisclosed principal* pode demandar a contraparte para o cumprimento do contrato realizado pelo seu *agent*. Como corolário deste *right of intervention* do *undisclosed principal*, pode ser-lhe exigido pela contraparte o cumprimento da sua prestação. À contraparte é reconhecido um *right of election*, podendo optar por exigir o cumprimento pelo *agent* ou pelo *principal* [457].

A doutrina do *undisclosed principal*, que representa um caso limite do instituto da *agency*, constitui um traço característico do sistema de *common law*.

2.2. O poder de afectar a posição jurídica do *principal*

Característica essencial da *agency* é, como se referiu, a *ability* de uma pessoa (o *agent*) para afectar a posição jurídica de outra (o *principal*). Os actos do *agent* apenas podem produzir esse efeito se o *agent* tiver o poder (*power*) correspondente [458]. Este poder constitui o pressuposto fundamental da *agency*.

O poder do *agent* de afectar a posição jurídica do *principal* tem sempre a natureza de um efeito jurídico, pois a sua existência decorre do

---

[457] Sobre a teoria do *undisclosed principal*, cfr: MÜLLER-FREIENFELS, *Die "Anomalie" der verdeckten Stellvertretung (undisclosed agency) des englischen Rechts*, RabelsZ, 1952, p. 578 ss, 1953, p. 12 ss; id., *The undisclosed principal*, MLR, 1953, p. 299 ss; id., *Comparative aspects of undisclosed agency*, MLR, 1955, p. 33 ss; SEAVEY, *Undisclosed principal; unsettled problems*, Howard L. J., 1955, p. 79 ss; id., *Handbook...*, p. 198 ss; HEISTER, *Die Undisclosed Agency des Anglo-Amerikanischen Rechtes. Aspekte zur sogenannten mittelbaren Stellvertretung des Deutschen Rechtes unter besonderer Berücksichtigung des obligatorischen Geschäfts für den, den es angeht. Eine rechtsvergleichende Betrachtung*, Bonn, 1980; REYNOLDS, *Practical problems of the undisclosed principal doctrine*, CLP, 1983, p. 119 ss; id., *Agency*, 31-058 ss; BOWSTEAD & REYNOLDS *on agency*, p. 408 ss; FRIDMAN, *The law of agency*, p. 221 ss; MARKESINIS, MUNDAY, *An outline...*, p. 166 ss; TREITEL, *The law of contract*, p. 645 ss; POWELL, *The law of agency...*, p. 151 ss; HANBURY, *The principles...*, p. 162 ss; STOLJAR, *The law of agency...*, p. 203 ss; ANSON's *Law of contract*, p. 535, 551 ss; FERSON, *Principles...*, p. 247 ss; HENN, *Agency...*, p. 104 ss; SELL, *Agency*, p. 63 ss; REUSCHLEIN, GREGORY, *The law of agency...*, p. 176 ss. Veja-se também, na jurisprudência inglesa, como decisão importante para a construção da teoria, *Armstrong v. Stokes* [1872] L.R. 7 Q.B. 598. A teoria do *undisclosed principal* constituiu o tema principal de uma conferência proferida por Ben Atkinson WORTLEY, na Sociedade Jurídica Portuense, em 3 de Abril de 1960, e publicada em português, sob o título *Alguns problemas da representação*, Scientia Iuridica, X, 1961, nºs 55/56, p. 373 ss.

[458] Nos termos do *Restatement, Second, Agency* (§ 6), *a power is an ability on the part of a person to produce a change in a given legal relation by doing or not doing a given act*.

direito: em geral, tem subjacente a autorização (*authority*) concedida pelo *principal*, mas pode não ser assim, como acontece no âmbito da *agency by operation of law*.

Por isso se estabelece a distinção entre as noções de *power* e de *authority* [459]. *Power* indica um conceito mais amplo do que *authority*. O *power* é um efeito jurídico, a sua existência decorre do direito; a *authority* depende da verificação de circunstâncias de facto — a existência de uma declaração do *principal* autorizando o *agent* a actuar por sua conta. A *authority* constitui o caso paradigmático que justifica um resultado jurídico. O *power* determina o efeito independentemente da justificação concreta.

Alguns autores, sobretudo norte-americanos, apresentam de tal modo a distinção entre as duas noções que parecem induzir uma separação entre o poder na relação externa e a licitude da conduta do *agent* na relação com o *principal* [460].

Apesar de tudo, as duas expressões surgem frequentemente utilizadas com sentido equivalente [461].

3. Origem

3.1. *Agency by agreement: actual authority*

Na maior parte dos casos, a *agency* tem origem num *agreement* entre *principal* e *agent* [462]. Designa-se *real* ou *actual authority* a "relação jurídica

---

[459] Sobre a distinção entre *power* e *authority*, cfr.: BOWSTEAD & REYNOLDS *on agency*, p. 6 s; FRIDMAN, *The law of agency*, p. 15 ss; MARKESINIS, MUNDAY, *An outline...*, p. 6 ss; POWELL, *The law of agency...*, p. 5 ss; ATIYAH, *An introduction to the law of contract*, 5ª ed., Oxford, 1995, reimp., 1996, p. 366; SEAVEY, *The rationale...*, p. 67 s; id., *Handbook...*, p. 11; REUSCHLEIN, GREGORY, *The law of agency...*, p. 33 ss.

[460] Cfr. SEAVEY, *Handbook...*, p. 11 (ao prever que *the agent may have a privilege to act without the power to bind the principal*); REUSCHLEIN, GREGORY, *The law of agency...*, p. 33 (ao fazer corresponder a distinção entre *authority* e *power* à diferença entre *may* e *can*).

[461] Veja-se a definição de *authority* contida no *Restatement, Second, Agency* (§ 7), que parece identificar as duas noções: "*authority is the power of the agent to affect the legal relations of the principal by acts done in accordance with the principal's manifestations of consent*".

[462] Tendo em conta que o objectivo desta exposição é a comparação com a representação voluntária dos direitos continentais, limitaremos a referência, no campo da *agency*, aos casos em que a *agency* tem origem num acordo entre *principal* e *agent* (*agency by agreement*) ou numa actuação do *principal* (como sucede na *apparent authority* e na *agency by ratification*). Deixaremos de lado portanto as situações em que a relação de *agency* surge independentemente de qualquer manifestação por parte do *principal*, isto é, as situações que a doutrina inglesa abrange na designação *agency by operation of law*. Apesar da divergência de

entre *principal* e *agent* criada por um *consensual agreement* em que apenas eles são partes" [463].

3.1.1. Forma

O acordo entre *principal* e *agent* pode ser expresso ou deduzir-se "das palavras e da conduta das partes" [464].

Consequentemente, a *actual authority* diz-se expressa quando é atribuída pelo *principal* ao *agent* no todo ou em parte através de palavras ou por escrito (*express authority*) e diz-se tácita quando resulta das circunstâncias (*implied authority*) [465].

O caso típico de *express authority* é aquele em que a *authority* é atribuída através de documento escrito, por exemplo, um *power of attorney* (equivalente a procuração, na maioria das vezes com poderes gerais [466]) ou uma carta em que o *principal* designa certa pessoa como seu *agent*.

---

opiniões quanto ao âmbito da *agency by operation of law*, a generalidade da doutrina inclui nessa categoria a *agency of necessity* e estuda-o no âmbito da formação da *agency* (diferentemente, agora, BOWSTEAD & REYNOLDS *on agency*, p. 145 ss, dedica à *agency of necessity* um capítulo autónomo). Segundo a doutrina da *agency of necessity*, considera-se que uma pessoa, perante uma situação de emergência em que estão em perigo bens ou interesses de outra pessoa, tem o poder de actuar por conta dessa outra pessoa, sem para tal estar autorizada, a fim de defender tais bens ou interesses. Mencionam-se dois tipos de hipóteses: em primeiro lugar, aquelas em que a uma pessoa são reconhecidos poderes para afectar a posição jurídica de outra (casos de autêntica *agency*, onde se incluem situações em que é criada *ex novo* uma relação de *agency* e situações em que uma pessoa já é *agent* de outra, sendo-lhe tão só reconhecidos poderes mais amplos para ocorrer à situação de emergência); em segundo lugar, aquelas em que a pessoa que agiu não pretende que lhe seja reconhecido o poder de afectar a posição jurídica da outra, mas apenas que lhe seja reconhecido o direito ao reembolso das despesas efectuadas ou a justificação da sua actuação. Sobre a *agency of necessity*, cfr. BOWSTEAD *on agency*, p. 84 ss; BOWSTEAD & REYNOLDS *on agency*, p. 145 ss; REYNOLDS, *Agency*, 31-031 ss; STOLJAR, *The law of agency*, p. 149 ss; POWELL, *The law of agency*, p. 410 ss. Os juristas de *common law* equiparam geralmente a *agency of necessity* à *negotiorum gestio* (cfr. *obs*. e *locs. cits.*). Para a apreciação dessa aproximação, na perspectiva de juristas continentais, cfr.: L. MENEZES LEITÃO, *A responsabilidade do gestor perante o dono do negócio...*, n° 363, p. 186 ss, p. 190 ss; ZENO-ZENCOVICH, *Agency of necessity e negotiorum gestio*, "Rappresentanza e gestione", 1992, p. 67 ss.

[463] Noção de *actual authority*, por oposição à de *apparent authority*, apresentada em *Freeman & Lockyer v. Buckhurst Park Properties (Mangal) Ltd*. [1964] 2 Q.B. 480, 502.

[464] Cfr. *Garnac Grain Co. Inc. v. H. M. F. Faure & Fairclough Ltd*. [1968] A.C. 1130, n. 1137.

[465] Cfr. Lord Denning em *Hely-Hutchinson v. Brayhead Ltd*. [1967] 3 All ER 98 (em *Case extracts*, n° 6, p. 186 s).

[466] Sobre a correspondência entre as expressões *power of attorney*, dos países de *common law*, e procuração, dos países de *civil law*, cfr. ZACHMANN, *Les procurations ou les formes des pouvoirs de représentation*, Rev. dr. unif., 1979, II, p. 3 ss, p. 7, nota (°).

A designação do *agent*, seja qual for o objecto dos actos a realizar, não está, em geral, sujeita a exigências de forma e pode ser feita verbalmente. Existem raras excepções, fixadas em *statutes*, de que resulta a necessidade de designação por escrito [467] ou por acto autêntico (*deed*) [468].

As situações mais comuns de *implied authority* são aquelas em que a *agency* se considera inerente à realização de um acto expressamente autorizado pelo *principal* (*incidental authority*) [469] ou é reconhecida a um *agent* que exerce determinada actividade profissional (*usual authority*) [470] ou é reconhecida, pelos usos de determinado lugar, praça ou negócio, a um *agent* expressamente autorizado a exercer certa actividade (*customary authority*) [471]. A questão de saber se num caso concreto ao *agent* pode ser reconhecida uma *implied authority* não depende da intenção do *principal*, mas de uma apreciação segundo critérios objectivos.

É frequentemente mencionada a categoria da *presumed authority* para designar a *authority* que pode inferir-se de situações de coabitação, como é o caso, por exemplo, do poder de um dos cônjuges para actuar por conta do outro [472].

---

[467] Assim, no direito inglês, *Law of Property Act 1925, sections* 53, 54, que exigem autorização por escrito para a assinatura pelo *agent* de certos tipos de actos relativos a prédios rústicos (*land*). Cfr., por todos, BOWSTEAD & REYNOLDS *on agency*, p. 56 e nota (51). Sobre a exigência de forma escrita para a designação do *agent*, cfr., no direito americano, REUSCHLEIN, GREGORY, *The law of agency*..., p. 32 (afastando a *equal formality rule*, isto é, a regra segundo a qual a *authority* deve revestir a mesma forma do contrato a realizar pelo *agent*, e considerando de maior importância as exigências contidas no *Satute of Frauds*, onde se exige a forma escrita para os actos relativos a imóveis, os contratos de garantia que devam ser executados em prazo superior a um ano e os contratos de venda de bens pessoais acima de determinado valor).

[468] Assim, no direito inglês, *Trustee Act 1925, section* 25, com a redacção que lhe foi dada pelo *Powers of Attorney Act 1971*. A partir do *Law of Property (Miscellaneous Act) 1989*, deixou de ser exigido o *deed* para autorizar a prática de um *deed* pelo *agent* (por exemplo, por um *solicitor*). Cfr., por todos, REYNOLDS, *Agency*, 311-021.

[469] Cfr. *Pole v. Leask* [1863] 33 L.J.Ch. 155, 158, 162.

[470] Cfr. *Hely-Hutchinson v. Brayhead Ltd.* [1967] 3 All ER 98 (em *Case extracts*, n° 6, p. 186 s). Veja-se também *Watteau v. Fennick* [1893] 1 Q.B. 346 (em *Case extracts*, n° 8, p. 190 s).

[471] Sobre a distinção entre a *express* e a *implied authority*, e sobre a caracterização das diversas modalidades de *implied authority*, cfr.: BOWSTEAD & REYNOLDS *on agency*, p. 103 ss; FRIDMAN, *The law of agency*, p. 52 ss; MARKESINIS, MUNDAY, *An outline*..., p. 16 ss; REYNOLDS, *Agency*, 31-020 ss, 31-038 ss; TREITEL, *The law of contract*, p. 627 s; POWELL, *The law of agency*..., p. 35 ss; STOLJAR, *The law of agency*..., p. 20 ss; ANSON's *Law of contract*, p. 530; SEAVEY, *Handbook*..., p. 12 ss; SELL, *Agency*, p. 25 s; REUSCHLEIN, GREGORY, *The law of agency*..., p. 34 ss.

[472] A categoria surgiu, em parte, para dar resposta aos problemas emergentes dos actos praticados pela mulher casada. Veja-se ainda hoje a abordagem da questão em BOWSTEAD & REYNOLDS *on agency*, p. 136 ss; REYNOLDS, *Agency*, 31-045 s.

3.1.2. Conteúdo

No caso de *agency by agreement*, o âmbito do poder atribuído ao *agent* para afectar a posição jurídica do *principal* é definido pelo acordo entre as partes. Se o acordo revestir a forma escrita, a determinação do respectivo sentido depende da aplicação dos princípios gerais de interpretação dos contratos, devendo atender-se ao sentido implícito das palavras utilizadas, aos usos comerciais e às relações negociais entre as partes [473]. Quando o acordo for redigido em termos ambíguos, os actos praticados por um *agent* de boa fé, com base numa interpretação razoável dos termos utilizados, devem ser considerados autorizados [474]. Mas entende-se que nos casos em que a *authority* é conferida através de documento autêntico deve ser interpretada em termos estritos [475].

Existem diversos tipos de *agents*, conforme a extensão e a natureza dos actos que são autorizados a praticar: *general and special agents, factors, brokers, insurance agents, del credere agents, auctioneers, house, estate and land agents, commission agents, commercial agents* [476]. Algumas destas categorias são actualmente criticadas ou estão abandonadas porque, nuns casos, o objectivo que presidiu à distinção passou a ser atingido através de outros meios jurídicos (a distinção entre *general* e *special agents* deixou de ter significado perante a afirmação da doutrina da *apparent authority*), em outros casos, porque correspondem a figuras que deixaram de ter relevância na vida prática (a distinção inicial entre *factors* e *brokers*, com grande importância no séc. XIX, foi alterada pelo *Factors Act 1889* e está desactualizada, mantendo importância apenas para a interpretação das decisões jurisprudenciais que a referiam).

Nos diversos casos em que é admitida a *implied authority*, o poder reconhecido ao *agent* abrange actos não expressamente autorizados pelo *principal*, mas cuja prática pode ser considerada incluída na autorização

---

[473] Cfr. *Freeman & Lockyer v. Buckhurst Park Properties (Mangal) Ltd.* [1964] 2 Q.B. 480, 502. Veja-se igualmente *Pole v. Leask* [1863] 33 L.J.Ch. 155, 158, 162.

[474] Cfr. *Ireland v. Livingston* [1872] L.R. 5 H.L. 395 (em *Case extracts*, n° 5, p. 186).

[475] Cfr. BOWSTEAD & REYNOLDS *on agency*, p. 111 ss; REYNOLDS, *Agency*, 31-040.

[476] Esta categoria de *commercial agents*, que não tem tradição no direito inglês, foi recebida recentemente sob influência do direito comunitário por dois regulamentos que têm como finalidade dar execução à Directiva do Conselho das Comunidades Europeias 86/653//CEE, de 18 de Dezembro de 1986, sobre os agentes comerciais independentes — *Commercial Agents (Council Directive) Regulations 1993* (S.I. 1993 No. 3053, alterado por S.I. 1993 No. 3173, em vigor desde 1.1.1994). Nos termos do artigo 2(1), *commercial agent* é definido como *self-employed intermediary who has continuing authority to negotiate the sale or purchase of goods on behalf of and in the name of another person (the principal), or to negotiate and conclude the sale or purchase of goods on behalf of and in the name of that principal.*

concedida, porque, conforme os casos, se presume inerente à realização de um acto expressamente autorizado pelo *principal* (*incidental authority*), inerente ao exercício de determinada actividade profissional desempenhada pelo *agent* (*usual authority*) ou inerente ao exercício de certa actividade permitida ao *agent*, tendo em conta os usos de determinado lugar, praça ou negócio (*customary authority*). Situação semelhante pode ocorrer nos casos de *presumed authority*.

3.1.3. Cessação

As causas de cessação do poder do *agent* podem agrupar-se em duas categorias: cessação por acto das partes, cessação *by operation of law* [477].

Limitamo-nos a descrever as causas de cessação por iniciativa dos interessados. No acordo inicial que dá origem à relação de *agency*, *principal* e *agent* podem desde logo fixar expressa ou implicitamente um período de duração dessa relação. Podem também por mútuo consentimento pôr termo, em qualquer momento, ao acordo inicial. Além disso, a *authority* do *agent* pode terminar em consequência de revogação pelo *principal* (*revocation*) ou de renúncia pelo *agent* (*renunciation*). A cessação da *agency* nos casos referidos é um resultado inevitável da natureza consensual da relação; a nenhuma das partes é imposto o dever de ficar indefinidamente vinculada ao acordo inicial. Tal não exclui no entanto uma eventual responsabilidade do *principal* perante o *agent*, ou do *agent* perante o *principal*, conforme os casos, pelos prejuízos que causar ao fazer cessar unilateralmente a relação.

A mera verificação das causas de cessação da *agency* não significa que o *principal* deixe de ficar vinculado por actos celebrados pelo *agent*, pois admite-se que ele pode ser responsável nos termos da doutrina da *apparent authority*, se a contraparte não for informada da cessação da *agency* [478].

Embora o poder do *agent* seja generalizadamente considerado revogável por natureza, é por vezes afirmada a sua irrevogabilidade nos casos em que o acordo entre *principal* e *agent* consta de acto autêntico [479] ou em que existe um interesse associado a esse poder (*power coupled with an interest*), porque, por hipótese, o *principal* obteve um empréstimo do *agent* e, como garantia, atribui ao *agent* poderes para vender determinados bens se o empréstimo não for reembolsado no prazo acordado [480]. A doutri-

---

[477] BOWSTEAD & REYNOLDS *on agency*, p. 656 ss; REYNOLDS, *Agency*, 31-144 ss; TREITEL, *The law of contract*, p. 664 ss; SEAVEY, *Handbook...*, p. 81 ss; SELL, *Agency*, p. 189 ss; REUSCHLEIN, GREGORY, *The law of agency...*, p. 84 ss.
[478] Cfr. *E. A. Prince & Son v. Selective Ins. Co.* 818 F.Supp. 910 (D.S.C. 1993).
[479] Em sentido diferente, SEAVEY, *Handbook ...*, p. 88; SELL, *Agency*, p. 191.
[480] O *Restatement* (§ 138) refere-se a *powers given as security*.

na mais representativa considera todavia que o *power coupled with an interest* não é um autêntico *agency power* [481]. A irrevogabilidade do poder do *agent* tem afinal um significado muito restrito em *common law*.

3.1.4. Natureza jurídica

O acordo entre *principal* e *agent* que dá origem à *agency* é na maioria dos casos incorporado num contrato [482]. Tal não significa, no entanto, que esse acordo tenha necessariamente natureza contratual. Mesmo os defensores da tese segundo a qual a *agency* é, na sua essência, uma relação consensual, admitem que esta não implica sempre a existência de um contrato entre *principal* e *agent* [483].

O *agency agreement* ou *agency contract* cria direitos e obrigações entre *principal* e *agent* em que se inclui a obrigação do *agent* de celebrar contratos por conta do *principal*, dentro dos limites da *authority* que lhe é atribuída. Seja ou não um contrato, o acordo que cria a relação de *agency* regula não apenas as relações entre o *principal* e o *agent* mas também as relações com a contraparte.

3.2. Apparent authority

"A *apparent authority* é equivalente à *real authority* e vincula o *principal*" [484]. A *apparent* ou *ostensible authority* é "a *authority* de um *agent* tal

---

[481] Cfr. BOWSTEAD *on agency*, p. 510; BOWSTEAD & REYNOLDS *on agency*, p. 662 (com fundamentação mais extensa do que na 15ª ed.); REYNOLDS, *Agency*, 31-145; REUSCHLEIN, GREGORY, *The law of agency...*, p. 100.

[482] Por isso a *agency* aparece tratada em algumas obras gerais de introdução ao direito inglês ou em algumas obras sobre o direito dos contratos, incluída na rubrica *particular contracts*. Cfr. P. S. JAMES, *Introduction to english law*, 11ª ed., London, 1985, p. 342 ss; REYNOLDS, *Agency*, in CHITTY *on contracts*, vol. II — *Specific contracts*, chapter 31 (diversas vezes citado neste trabalho). Na jurisprudência, também inglesa, veja-se a referência ao *contract of agency* em *De Bussche v. Alt* [1878] 8 Ch.D. 286 (em *Case extracts*, nº 21, p. 212 s); *Migdley Estates Ltd. v. Hand* [1952] 1 All ER 1394 (em *Case extracts*, nº 27, p. 220).

[483] Porque "a *consideration* não é essencial" (SEAVEY, *Handbook...*, p. 3 s) ou porque "um *agent* pode actuar gratuitamente" (REYNOLDS, *Agency*, 31-008, cfr. ainda 31-019) ou porque "a justificação básica para o poder do *agent* [...] parece ser a ideia de uma manifestação de vontade unilateral do *principal* no sentido de ter a sua posição jurídica alterada pelo *agent*, [não existindo] razão de natureza conceptual que exija um contrato entre *principal* e *agent*" (BOWSTEAD & REYNOLDS *on agency*, p. 3 s). Em sentido semelhante também: TREITEL, *The law of contract*, p. 622; POWELL, *The law of agency*, p. 296; HENN, *Agency...*, p. 19; SELL, *Agency*, p. 1, 8; REUSCHLEIN, GREGORY, *The law of agency...*, p. 32. Para STOLJAR, nos termos de uma complexa *theory of transmissible contracts or transmissible contract-interests*, a *agency* é sempre contratual, envolvendo dois contratos diferentes, um entre o *agent* e o terceiro, o outro entre o *principal* e o terceiro. Cfr. *The law of agency...*, p. 30 ss (p. 36).

como aparece perante os outros"[485]. "Geralmente a *actual authority* e a *apparent authority* coexistem e coincidem"[486]. Mas a contraparte conta com o poder que o intermediário parece ter, pois tudo o que pode conhecer sobre tal poder depende da informação que lhe é transmitida pelo *principal* ou pelo próprio *agent* e essa informação pode não ser correcta. Só em época recente se atribuiu significado à distinção entre *actual authority* e *apparent authority* e passou a ter autonomia a *authority* meramente aparente[487].

Com base na doutrina da *apparent authority*, o *common law* ficciona, em certas circunstâncias, a existência de *authority* e a formação de uma relação de *agency*[488].

Designa-se *apparent* ou *ostensible authority* "a relação jurídica entre o *principal* e o outro contraente criada por uma afirmação [*representation*], feita pelo *principal* ao outro contraente, com a intenção de mostrar — e na realidade assim interpretada pelo outro contraente — que o *agent* tem poder [*authority*] para realizar por conta do *principal* um contrato do tipo dos incluídos no âmbito do poder 'aparente', de modo a tornar o *principal* responsável pelo cumprimento das obrigações emergentes desse contrato"[489].

Tal acontece em casos em que não existe *agreement* entre duas pessoas quanto à formação de uma relação de *agency* (não existe tão-pouco *implied authority*, que é um caso de *actual authority*[490]). Porém uma dessas

---

[484] Cfr. *Lloyd v. Grace Smith & Co.* [1912] A.C. 716 (em *Case extracts*, nº 1, p. 183).
[485] Cfr. Lord Denning em *Hely-Hutchinson v. Brayhead Ltd.* [1967] 3 All ER 98 (em *Case extracts*, nº 6, p. 186 s).
[486] Cfr. *Freeman & Lockyer v. Buckhurst Park Properties (Mangal) Ltd.* [1964] 2 Q.B. 480, 502.
[487] A categoria da *apparent authority* foi já considerada "provavelmente o conceito central no moderno direito da *agency*" (STOLJAR, *The law of agency*..., p. 20).
[488] Sobre a doutrina da *apparent authority*, cfr.: BOWSTEAD & REYNOLDS *on agency*, p. 5, 7, 366 ss; FRIDMAN, *The law of agency*, p. 105 ss; MARKESINIS, MUNDAY, *An outline*..., p. 38 ss; POWELL, *The law of agency*..., p. 56 ss; STOLJAR, *The law of agency*..., p. 20 ss; ANSON's *Law of contract*, p. 533 ss; REYNOLDS, *Agency*, 31-038, 31-055 ss; TREITEL, *The law of contract*, p. 629 ss; SEAVEY, *Handbook*..., p. 13 ss, 35 ss; SELL, *Agency*, p. 4 ss, 25 s, 35 ss; REUSCHLEIN, GREGORY, *The law of agency*..., p. 57 ss.
[489] Noção apresentada em *Freeman & Lockyer v. Buckhurst Park Properties (Mangal) Ltd.* [1964] 2 Q.B. 480, 503 (a tradução não é, em diversos pontos, literal).
[490] É por vezes difícil na prática distinguir entre *implied authority* e *apparent* ou *ostensible authority*. Por exemplo, em *Ryan v. Pilkington* [1959] 1 W.L.R. 403, o tribunal refere-se a *ostensible authority*, no sentido de *implied authority* (discutia-se a questão de saber se um *estate agent* tinha poder para receber um depósito feito por um futuro comprador de bens de que o seu *principal* era proprietário). Sobre a distinção entre as duas figuras, cfr. *Waugh v. H. B. Clifford & Sons Ltd.* [1982] Ch. 374, 387 (em que, na discussão sobre o poder de um *solicitor* para a prática de actos processuais, se considerou que a *implied authority* diz respeito à relação com o cliente e a *apparent authority* diz respeito à relação com a outra parte no processo).

pessoas procede de tal modo que é considerada pelo direito como tendo autorizado a outra a actuar por sua conta, podendo ficar vinculada perante terceiros por actos praticados por esta dentro do âmbito da *authority* que parece ter sido conferida.

A uma primeira análise, a *apparent authority* não é *authority*, porque nem o *principal* autorizou o *agent* a actuar por sua conta, nem o próprio *agent* acreditava ter sido autorizado, apesar de aparecer perante terceiros como tal. Enquanto a *actual authority* é uma relação jurídica que se estabelece entre *principal* e *agent*, a *apparent authority* é uma relação jurídica que se constitui entre o *principal* e a contraparte, sendo o *agent* estranho à relação deste modo criada [491].

A doutrina da *apparent authority* é geralmente considerada, em Inglaterra, como um caso especial da doutrina de *estoppel* [492]. Os autores americanos, na sequência da distinção feita nos §§ 140 e 141 do *Restatement* entre os casos em que o *principal* é responsável pelos actos realizados pelo *agent*, com fundamento nos princípios da *agency* [493] e os casos em que a responsabilidade do *principal* tem fundamento mais amplo [494], defendem

---

[491] Neste sentido, expressamente, *Freeman & Lockyer v. Buckhurst Park Properties (Mangal) Ltd.*, loc. cit..

[492] Segundo a doutrina de *estoppel*, se uma pessoa permitiu a outra confiar na existência de uma certa situação e alterar por isso a sua posição não pode mais tarde invocar que a situação real era diferente, se ao fazê-lo causar prejuízo à outra pessoa. Esta ideia aplicada à *agency* significa que, quando uma pessoa, pelo seu comportamento, tiver criado em terceiros a convicção de que outra está agindo por sua conta (é seu *agent*), será responsável em relação a terceiros que, alterando a sua posição, tenham contratado com o *agent* confiando na existência de *authority* e tenham sofrido danos em consequência dessa actuação (*agency by estoppel*). São elementos da *agency by estoppel*: o comportamento do *principal*; a confiança de terceiros na existência de *authority* conferida pelo *principal* a certo *agent*; a alteração da posição da outra parte que a levou a contratar com o *agent*. Cfr.: FRIDMAN, *The law of agency*, p. 105 ss; MARKESINIS, MUNDAY, *An outline...*, p. 39 ss; ANSON's *Law of contract*, p. 533 s; CHESHIRE and FIFOOT's *Law of contract*, 10ª ed. por M. P. Furmston, London, 1981, p. 425; COOKE, OUGHTON, *The common law of obligations*, London, Edinburgh, 1989, p. 140; BEALE, BISHOP, FURMSTON, *Contract. Cases and materials*, 2ª ed., London, Edinburgh, 1990, p. 135, 796; TREITEL, *The law of contract*, p. 629 ss; P. S. JAMES, *Introduction to english law*, p. 342. No mesmo sentido, na jurisprudência inglesa, cfr. também: *Rama Corp. Ltd. v. Proved Tin and General Investments Ltd.* [1952] 2 Q.B. 147 (em *Case extracts*, nº 10, p. 194); *Freeman & Lockyer v. Buckhurst Park Properties (Mangal) Ltd.*, loc. cit.; *Armagas Ltd. v. Mundogas SA, The Ocean Frost* [1986] All ER 385, 389 s. Críticas à posição tradicional podem ver-se em REYNOLDS, *Agency: theory and practice*, p. 226. Defendem a autonomia das duas doutrinas, BOWSTEAD & REYNOLDS *on agency*, p. 5, 375 ss; REYNOLDS, *Agency*, 31-055. A diferença entre as duas abordagens, embora parecendo meramente teórica, pode ter consequências quanto ao tratamento a dar a certas situações, como se explica em BOWSTEAD & REYNOLDS *on agency*, p. 377.

[493] § 140, onde se incluem os actos que o *agent* estava autorizado a praticar e aqueles que estava aparentemente autorizado a praticar.

[494] § 141, onde entre outros princípios que fundamentam a responsabilidade do *principal* se menciona o princípio de *estoppel*.

que as duas teorias (doutrina da *apparent authority* e doutrina de *estoppel*) são distintas quanto à origem, requisitos e resultados [495].

De acordo com os princípios fixados pela jurisprudência, a *apparent authority* fundamenta-se, em primeiro lugar, no comportamento do *principal* [496]. Exige-se que o *principal* tenha procedido de modo a permitir à contraparte confiar na existência de *authority* que legitime certa pessoa (tratada como *agent*) a actuar por sua conta. Esse comportamento pode consistir em palavras ou escritos do *principal* ou na sua actuação durante uma negociação; ou pode estar implícito na conduta do *principal* ao consentir que o *agent* intervenha de qualquer modo nos seus negócios ou ao atribuir-lhe a posse de bens ou documentos. A contraparte deve ter actuado sob influência da impressão criada pelo *principal* [497].

A regra aplica-se não só a casos em que ao *agent* em questão não havia sido atribuída *authority*, mas também a casos em que um *agent* estava autorizado a actuar por conta do seu *principal*, mas actuou para além dessa *authority* (ou contra as instruções do *principal*), e ainda a casos em que os actos foram praticados por um *agent* depois de ter cessado a relação de *agency by agreement* [498].

A doutrina da *apparent authority* permite tornar eficazes, perante a outra parte, os actos praticados pelo *agent* [499]; mas não isenta o *agent* de

---

[495] Cfr.: SEAVEY, *Handbook...*, p. 13 ss; SELL, *Agency*, p. 4 ss; REUSCHLEIN, GREGORY, *The law of agency...*, p. 57 ss. Sobre a *apparent authority* no direito americano, veja-se ainda TOCHTERMANN, *Die Anscheinsvollmacht im deutschen und amerikanishen Recht*, cit., p. 1 ss.

[496] Veja-se, na jurisprudência inglesa, por exemplo, uma das mais importantes decisões sobre esta matéria — *Freeman & Lockyer v. Buckhurst Park Properties (Mangal) Ltd.*, loc. cit.. Sublinhando a actuação do *principal* na criação da *apparent authority*, também *Armagas Ltd. v. Mundogas SA, The Ocean Frost* [1986] All ER 385, 389. Na jurisprudência americana mais recente, cfr.: *Merex A. G. v. Fairchild Weston Systems, Inc.* 810 F.Supp. 1356 (S.D.N.Y. 1993); *E. A. Prince & Son v. Selective Ins. Co.* 818 F.Supp. 910 (D.S.C. 1993); *Commercial Associates v. Tilcon Gammino, Inc.* 998 F.2nd 1092 (1st Cir. 1993).

[497] Em decisões recentes de tribunais americanos tem-se exigido como requisitos da *apparent authority*, para além do comportamento do *principal*, que a contraparte razoavelmente confie na *authority* do *agent* (*Merex A. G. v. Fairchild Weston Systems, Inc.* 810 F.Supp. 1356 (S.D.N.Y. 1993), nos termos do direito de New York; *Commercial Associates v. Tilcon Gammino, Inc.* 998 F.2nd 1092 (1st Cir. 1993), nos termos do direito de Rhode Island) ou que pessoas com prudência comum e conhecimento razoável dos usos comerciais sejam induzidas a acreditar na *authority* do *agent* e a contratar com ele baseadas nessa confiança (*E. A. Prince & Son v. Selective Ins. Co.* 818 F.Supp. 910 (D.S.C. 1993), nos termos do direito de South Carolina).

[498] Deste modo, expressamente, no já citado caso *E. A. Prince & Son v. Selective Ins. Co.*.

[499] Cfr. o caso referido na nota anterior e a também já citada decisão *Merex A. G. v. Fairchild Weston Systems, Inc.*. Como consequência, a outra parte pode sem mais exigir o cumprimento do negócio pelo *principal*. Mas não é esse o entendimento unânime. Por vezes

eventual responsabilidade, face ao *principal*, por actuar para além dos limites da sua *actual authority* [500].

A ficção subjacente à doutrina da *apparent authority* tem um triplo alcance: em primeiro lugar, diz respeito à existência da *authority*; por outro lado, diz respeito ao modo de formação, quando se considera que a *apparent authority* resulta de uma manifestação de *consent* dirigida pelo *principal* ao terceiro [501]; finalmente, diz respeito aos efeitos, quando se afirma que a noção se confina essencialmente às relações entre o *principal* e o terceiro [502].

3.3. *Agency by ratification*

Quando um acto for celebrado em nome ou por conta de outrem por uma pessoa que agiu sem que lhe tenha sido atribuída *authority* ou para além da *authority* que lhe foi conferida, a pessoa em nome ou por conta de quem o acto foi celebrado pode, *a posteriori*, através de ratificação, tomar para si o acto celebrado, como se desde o início tivesse sido realizado com a sua autorização [503].

O *common law* admite nestas circunstâncias, com fundamento na doutrina da *ratification* [504], a formação de uma relação de *agency* [505].

---

afirma-se que o *principal* só pode exigir o cumprimento pela outra parte depois de ratificar o negócio (BOWSTEAD & REYNOLDS *on agency* p. 379; COOKE, OUGHTON, *The common law of obligations*, p. 140). Em sentido diferente, POWELL, *The law of agency*, p. 70.

[500] BOWSTEAD & REYNOLDS *on agency*, p. 173; ATIYAH, *An introduction...*, p. 366.

[501] Cfr.: BOWSTEAD & REYNOLDS *on agency*, p. 7, 103; SEAVEY, *Handbook...*, p. 13; HENN, *Agency...*, p. 30; SELL, *Agency*, p. 4, 25; REUSCHLEIN, GREGORY, *The law of agency...*, p. 57. Assim também, na jurisprudência inglesa, *Freeman & Lockyer v. Buckhurst Park Properties (Mangal) Ltd.* [1964] 2 Q.B. 480, 503, e, na jurisprudência americana, *Commercial Associates v. Tilcon Gammino, Inc.* 998 F.2nd 1092 (1st Cir. 1993).

[502] Por exemplo, *Waugh v. H. B. Clifford & Sons Ltd.* [1982] Ch. 374, 387.

[503] A ratificação é por vezes apresentada como uma ficção (ficção de celebração do contrato pelo próprio ratificante). Cfr. *Keighley, Maxsted & Co. v. Durant* [1901] A.C. 240 (em *Case extracts*, nº 16, p. 203 s). Negando a ideia de ficção, REUSCHLEIN, GREGORY, *The law of agency...*, p. 72.

[504] Sobre a *ratification*, cfr.: BOWSTEAD & REYNOLDS *on agency*, p. 61 ss; FRIDMAN, *The law of agency*, p. 73 ss; MARKESINIS, MUNDAY, *An outline...*, p. 66 ss; POWELL, *The law of agency...*, p. 120 ss; HANBURY, *The principles...*, p. 98 ss; STOLJAR, *The law of agency...*, p. 177 ss; REYNOLDS, *Agency*, 31-024 ss; TREITEL, *The law of contract*, p. 639 ss; ANSON's *Law of contract*, p. 530 ss; CHESHIRE and FIFOOT's *Law of contract*, p. 425 ss; FERSON, *Principles...*, p. 315 ss; SEAVEY, *Handbook...*, p. 57 ss; HENN, *Agency...*, p. 38 ss; SELL, *Agency*, p. 49 ss; REUSCHLEIN, GREGORY, *The law of agency...*, p. 72 ss.

[505] BOWSTEAD & REYNOLDS *on agency*, p. 36 s, 62 s; FRIDMAN, *The law of agency*, p. 94 ss; MARKESINIS, MUNDAY, *An outline...*, p. 67; HANBURY, *The principles...*, p. 12, 98; REYNOLDS, *Agency*, 31-019, 31-024 ss; TREITEL, *The law of contract*, p. 627, 639 ss. Em

A *ratification* é assim definida no § 82 do *Restatement*: "a confirmação (*affirmance*) por uma pessoa de um acto anterior que não a vinculava, mas que foi declaradamente (*professedly*) celebrado por sua conta, através da qual é atribuído efeito ao acto como se tivesse sido originariamente por ela autorizado".

A regra exprime um princípio de equivalência entre a *ratification* e a *authority*; mas a *ratification* cria a relação de *agency* com efeitos limitados ao acto ratificado (muito embora a ratificação de um acto possa ser utilizada como meio de prova da existência de *authority*).

A ratificação opera, e o seu uso justifica-se, apenas em casos em que o *agent* não tem poderes para, no caso concreto, vincular o *principal* [506]. Por outro lado, é necessário que o contrato tenha sido declaradamente celebrado por conta do *principal*, ou seja, é necessário que o *agent* tenha revelado o nome do *principal* ou, pelo menos, que ao contratar tenha fornecido informação suficiente para permitir a identificação do *principal* [507].

São estes, em traços gerais, alguns dos aspectos do regime da ratificação: é admitida relativamente a todos os actos que podem ser realizados através de um *agent*, não sendo possível a ratificação de actos nulos [508] (por exemplo, por falta de *consideration*); apenas pode ser feita pela pessoa por conta de quem o acto foi realizado; pode ser expressa ou tácita (pode resultar de qualquer actuação que demonstre a intenção de assumir como seu o acto praticado sem *authority* [509], por exemplo, do silêncio [510], da proposição de uma acção judicial com base nesse acto ou da intervenção em processo judicial iniciado sem *authority* [511]).

---

sentido diferente: POWELL, *The law of agency*, p. 120, 139; SEAVEY, *The rationale...*, p. 98 s ("pelo menos para evitar confusão de conceitos, a ratificação deveria ser retirada da sua tradicional posição nos capítulos relativos à formação da *agency*").

[506] SEAVEY, *Handbook...*, p. 59.

[507] Cfr. *Firth v. Staines* [1897] 2 Q.B. 70 (em *Case extracts*, n° 15, p. 202); *Keighley, Maxsted & Co. v. Durant* [1901] A.C. 240 (em *Case extracts*, n° 16, p. 203 s). Sobre esta exigência, de que resulta a inadmissibilidade da ratificação, em sentido próprio, no caso de o contrato ter sido celebrado por conta de um *undisclosed principal*, cfr., em especial, BOWSTEAD & REYNOLDS *on agency*, p. 71 ss; REYNOLDS, *Agency*, 31-026; CHESHIRE and FIFOOT's *Law of contract*, p. 426 s; TREITEL, *The law of contract*, p. 640; SELL, *Agency*, p. 53; REUSCHLEIN, GREGORY, *The law of agency...*, p. 73.

[508] Cfr. REUSCHLEIN, GREGORY, *The law of agency...*, p. 73; TREITEL, *The law of contract*, p. 643.

[509] Nestes termos, *Prisco v. State of N. Y.* 804 F.Supp. 518 (S.D.N.Y. 1992).

[510] Cfr. *Merex A. G. v. Fairchild Weston Systems, Inc.*, cit. (considerando válida a ratificação através do silêncio, nos termos do direito de New York).

[511] Exemplo de ratificação através da intervenção em processo judicial iniciado por um *solicitor* sem *authority* pode ver-se em *Presentaciones Musicales SA v. Secunda* [1994] 2 All ER 737, 743.

No direito inglês, a ratificação de um contrato para o qual é exigida a forma escrita não tem de revestir a forma escrita; mas, se for exigido um *deed*, a mesma exigência deve ser observada na ratificação [512]. A doutrina americana considera, em geral, que na ratificação devem ser observadas as mesmas formalidades a que está sujeita a autorização para a prática do acto a ratificar [513].

A pessoa que ratifica um acto realizado por sua conta sem *authority* deve conhecer todas as circunstâncias em que o mesmo foi praticado [514]. A ratificação deve realizar-se em momento e em circunstâncias tais que permitam ao ratificante intervir regularmente no acto ratificado [515] e, no que diz respeito a contratos, deve ocorrer em prazo razoável após a sua celebração ou, se for o caso, antes de decorrido o prazo fixado para o início do cumprimento pela outra parte [516].

Em princípio, a ratificação deve dizer respeito a todo o contrato celebrado pelo *agent*, não podendo o *principal* adoptar apenas uma parte e rejeitar a outra parte [517].

Da ratificação resultam, para a pessoa que agiu e para a pessoa por conta de quem aquela agiu, os direitos e deveres de um *principal* e de um *agent* relativamente ao acto ratificado; entre o *principal* e a outra parte, a ratificação opera retroactivamente, colocando-os em relação directa um com o outro, como se o acto praticado pelo *agent* tivesse sido autorizado previamente [518]; na relação entre o *agent* e a outra parte, o *agent* deixa de estar sujeito a responsabilidade por *breach of implied warranty of authority* [519].

---

[512] Cfr. BOWSTEAD & REYNOLDS *on agency*, p. 80, 84 s; REYNOLDS, *Agency*, 31-025.
[513] Cfr. SELL, *Agency*, p. 51; REUSCHLEIN, GREGORY, *The law of agency*..., p. 74 ss.
[514] Cfr. BOWSTEAD & REYNOLDS *on agency*, p. 77 ss; REYNOLDS, *Agency*, 31-027; SELL, *Agency*, p. 54; REUSCHLEIN, GREGORY, *The law of agency*, p. 74. No mesmo sentido, *Prisco v. State of N. Y.* 804 F.Supp. 518 (S.D.N.Y. 1992).
[515] Cfr. *Presentaciones Musicales SA v. Secunda* [1994] 2 All ER 737, 743, 746.
[516] Cfr. *Metropolitan Asylums Board v. Kingham & Sons* [1890] 6 T.L.R. 217 (em *Case extracts*, nº 18, p. 207). No mesmo sentido, TREITEL, *The law of contract*, p. 642. Criticando a última parte da regra enunciada: BOWSTEAD *on agency*, p. 77 s (mais fortemente, ainda, BOWSTEAD & REYNOLDS *on agency*, p. 94 s); REYNOLDS, *Agency*, 31-030.
[517] Cfr. BOWSTEAD & REYNOLDS *on agency*, p. 80, 84; CHESHIRE and FIFOOT's *Law of contract*, p. 426; *Restatement, Second, Agency*, § 96.
[518] Cfr. *Bolton Partners v. Lambert* [1889] 41 Ch.D. 295 (em *Case extracts*, nº 17, p. 204 ss), onde a retroactividade da ratificação vai ao ponto de se sobrepor à revogação da declaração pela contraparte. No sentido do efeito retroactivo da ratificação, cfr. também *Dorothy K. Winston & Co. v. Town Heights Develop., Inc.* 376 F.Supp. 1214 (1974) (nos termos do direito de Columbia).
[519] Cfr., neste parágrafo, nº 5.2.2., a).

A ratificação é por vezes qualificada como manifestação unilateral de vontade, que normalmente é comunicada ao *agent*; não tem de ser notificada à contraparte, embora com frequência o seja [520].

4. Efeitos da *agency*

4.1. Princípio geral [521]

Quando um *agent* celebra um contrato por conta de um *disclosed principal* [522], que existe e que autorizou o *agent* a celebrá-lo, estabelece-se uma relação contratual directa, ou *privity of contract*, entre o *principal* e a outra parte [523]. Este é o objectivo e o fundamento essencial da *agency*.

Para que este efeito se produza, o *agent* deve, ao celebrar o contrato, actuar dentro dos limites da *authority* [524], tal como antes foram definidos. O *agent* deixa de desempenhar qualquer papel na relação criada [525] e os

---

[520] Cfr. BOWSTEAD & REYNOLDS *on agency*, p. 82; REYNOLDS, *Agency*, 31-025.

[521] Porque o objectivo desta exposição é a comparação com a representação, tal como ela é entendida nos direitos europeus continentais, e porque a pedra de toque do instituto da representação reside no tratamento a dar às relações com a contraparte que celebra um contrato com o representante (*maxime* nas situações de "crise" ou de "patologia" do poder de representação), iremos aqui também privilegiar a referência a essas questões. Para a descrição pormenorizada dos direitos e deveres do *principal* e do *agent* nas relações entre si, que, pela razão apontada, não serão analisados, cfr.: BOWSTEAD & REYNOLDS *on agency*, p. 171 ss, 273 ss; FRIDMAN, *The law of agency*, p. 137 ss, 164 ss; MARKESINIS, MUNDAY, *An outline...*, p. 96 ss; POWELL, *The law of agency...*, p. 295 ss; HANBURY, *The principles...*, p. 47 ss; STOLJAR, *The law of agency...*, p. 267 ss; ANSON's *Law of contract*, p. 543 ss; REYNOLDS, *Agency*, 31-104 ss; TREITEL, *The law of contract*, p. 656 ss; FERSON, *Principles...*, p. 410 ss; SEAVEY, *Handbook...*, p. 234 ss, 263 ss; HENN, *Agency...*, p. 76 ss; SELL, *Agency*, p. 114 ss, 140 ss; REUSCHLEIN, GREGORY, *The law of agency...*, p. 123 ss, 140 ss. Uma análise crítica do método tradicional de abordar a relação entre *principal* e *agent* pode ver-se em DOWRICK, *The relationship...*, p. 24 e passim.

[522] Também por razões de paralelismo com a representação nos sistemas de *civil law*, e tendo em conta a finalidade pretendida com a exposição, apenas nos interessa estudar os efeitos da actuação do *agent* por conta de um *disclosed principal*.

[523] *[...] At common law the only person who may sue is the principal, and the only person who can be sued is the principal* (Montgomerie v. United Kingdom Mutual SS Association Ltd. [1891] 1 Q.B. 370, em *Case extracts*, nº 2, p. 183 s). Na doutrina, sobre a relação entre o princípio da *privity of contract* e os efeitos da *agency*, cfr., por todos, ATIYAH, *An introduction ...*, p. 365.

[524] *[...] The principal is liable for all the acts of the agent which are within the authority usually confided to an agent of that caracter [...]* (Watteau v. Fennick [1893] 1 Q.B. 346, em *Case extracts*, nº 8, p. 190 s).

[525] *[...] Agent is not personally liable on contracts made on behalf of his principal unless he exceeds the scope of his authority* (Haines v. National Union Fire Ins. Co. 812 F.Supp 93 (S.D.Tex. 1993)).

direitos e deveres do *principal* e da outra parte são determinados independentemente de quaisquer direitos ou deveres de que o *agent* possa ser sujeito. O *principal* fica vinculado pelos actos do seu *agent* [526] e, se não cumprir, responde perante a outra parte com fundamento em *contractual liability*.

São no entanto admitidos desvios à regra geral segundo a qual o *agent* deixa de desempenhar qualquer papel na relação criada por seu intermédio [527]. Em primeiro lugar, a circunstância de uma pessoa actuar como *agent* não a isenta de responsabilidade pessoal. Por isso a doutrina admite que a responsabilidade do *agent* perante a outra parte seja regulada no contrato em que ele intervém por conta do *principal* ou em *collateral contracts* [528]. Por outro lado, discutem-se as condições em que um *agent* pode ficar pessoalmente obrigado com base em certos actos praticados para e por conta de um *principal*: contratos celebrados por documento escrito [529] ou *under seal* [530]; *negotiable instruments* [531]; actos praticados por conta de

---

[526] A responsabilidade do *principal* pelos actos praticados pelo *agent* estende-se à responsabilidade por *torts of agent committed by agent while acting within the scope of his employment* (*Alexander v. Fujitsu Business Com. Systems* 818 F.Supp. 462 (D.N.H. 1993)).

[527] Assim, *Montgomerie v. United Kingdom Mutual SS Association Ltd.* [1891] 1 Q.B. 370 (em *Case extracts*, n° 2, p. 183 s). Cfr. igualmente *Stroll v. Epstein* 818 F.Supp. 640 (S.D.N.Y. 1993), onde se afirma que, nos termos do direito de New York, *agent for disclosed principal will not be held personally liable unless there is clear and explicit evidence of agent's intent to substitute or add his personal liability for, or to, that of principal*.

[528] Cfr. BOWSTEAD & REYNOLDS *on agency*, p. 548 ss; REYNOLDS, *Agency*, 31-078, 31-093 ss; TREITEL, *The law of contract*, p. 654.

[529] Nos casos em que o *agent* celebra com a outra parte um contrato por escrito, a questão de saber se o *agent* assume responsabilidade pessoal depende da intenção das partes, tendo em conta a natureza do contrato e as circunstâncias do caso. Cfr. *The Swan* [1968] 1 Lloyd's Rep. 5 (em *Case extracts*, n° 38, p. 238 s).

[530] Quando um *agent* subscreve um documento autêntico (*deed*) em seu próprio nome fica pessoalmente vinculado, mesmo que indique no documento que está a actuar por conta de um *named principal* (BOWSTEAD & REYNOLDS *on agency*, p. 586 s; REYNOLDS, *Agency*, 31-084; TREITEL, *The law of contract*, p. 652). Todavia, nos termos do *Powers of Attorney Act 1971, section* 7(1), o *agent* munido de um *power of attorney* pode não ficar pessoalmente vinculado se indicar que actua na qualidade de representante [*in a representative capacity*]. Cfr. BOWSTEAD & REYNOLDS *on agency*, p. 587, 427 s (onde se afirma não ser claro o sentido da regra mencionada).

[531] Nem o Reino Unido nem os Estados Unidos da América subscreveram as Convenções de Genebra de 1930 e 1931 sobre letras e livranças e sobre cheques. Estes países têm em vigor um sistema próprio em matéria de *negotiable instruments* (constante, respectivamente do *Bills of Exchange Act 1882* e do *Uniform Commercial Code*). Nos termos do *Bills of Exchange Act 1882, section* 26, quando uma pessoa subscrever um título e aditar à sua assinatura palavras que indiquem que a assina para ou por conta de outrem, ou na qualidade de representante, não ficará vinculada nos termos do título; mas a mera junção à sua assinatura de palavras que o identifiquem como *agent* não o isenta de responsabilidade pessoal. Daqui

um *foreign principal* [532] (para além do regime particular dos contratos celebrados por conta de um *undisclosed principal*).

4.2. Fundamento da afectação da posição jurídica de outrem

Como acontece frequentemente a propósito das mais diversas matérias, os problemas de qualificação ou de fundamentação de soluções não têm nas literaturas jurídicas inglesa e americana o mesmo enquadramento que lhes é dado pelos juristas continentais. A questão relativa ao fundamento da afectação da posição jurídica de outrem não surge identificada como tal nas obras consultadas, nem parece que tenha preocupado os respectivos autores [533]. Pode porventura considerar-se implícita na discussão sobre a natureza da *agency*.

Das diferentes concepções sobre a natureza da *agency*, que foi necessário referir logo no início da exposição, de modo a permitir a descrição e

---

resulta que, segundo o direito inglês, um *agent* pode ficar pessoalmente vinculado em relação a terceiros se o seu nome ou a sua assinatura forem inscritos num título de crédito, a menos que assine apenas com o nome do *principal* ou que expressamente declare por escrito a qualidade em que intervém. De acordo com o *Uniform Commercial Code*, section 3-403(2), o *agent* que tenha poder para vincular o *principal* não fica pessoalmente responsável desde que conste do título o nome do *principal* e a sua qualidade de representante [*representative capacity*]; no mesmo sentido desta norma, veja-se também o § 324(1) do *Restatement, Second, Agency*. Para o comentário das disposições referidas, cfr., respectivamente: BYLES *on Bills of exchange. The law of bills of exchange, promissory notes, bank notes and cheques*, 17ª ed. por Frank R. Ryder e Antonio Bueno, London, 1988, p. 65 ss; WHITE, SUMMERS, *Uniform Commercial Code*, 3ª ed., St. Paul, Minn., 1988, § 13-3 a § 13-5, p. 547 ss.

[532] No direito inglês existiu durante muito tempo uma presunção segundo a qual, quando um *agent* celebrava em Inglaterra um contrato por conta de um *foreign principal*, mesmo que a sua identidade fosse revelada (isto é, ainda que se tratasse de um *disclosed principal*), esse *agent* assumia responsabilidade pessoal e não era autorizado a estabelecer a *privity of contract* entre o *principal* e a contraparte (cfr., por exemplo, *Montgomerie v. United Kingdom Mutual SS Association Ltd.* [1891] 1 Q.B. 370, em *Case extracts*, nº 2, p. 183 s). Em 1968, o *Court of Appeal* decidiu que a presunção tinha deixado de existir, pois "os usos comerciais estão longe de ser imutáveis", mas considerou que o facto de o *principal* ser estrangeiro é uma das cicunstâncias a ter em conta para determinar se a contraparte tinha a intenção de celebrar o contrato com o *principal* (*Teheran-Europe Co. Ltd. v. S. T. Belton (Tractors) Ltd.* [1968] 2 All ER 886, em *Case extracts*, nº 39, p. 240 s, e comentado por HUDSON, *Privity and the foreign principal*, MLR, 1969, p. 207 ss). Sobre o estado da questão e as hesitações da jurisprudência nos anos que precederam a decisão no caso *Teheran-Europe*, cfr. HANBURY, *The principles...*, p. 176 ss; POWELL, *The law of agency*, p. 252 s; STOLJAR, *The law of agency*, p. 288 ss; HUDSON, *Agent of a foreign principal*, MLR, 1960, p. 695 ss; id., *Agents for foreign principals*, MLR, 1966, p. 353 ss.

[533] Consideramos portanto que o panorama não se alterou substancialmente em relação ao que é descrito por LÉVY-ULLMANN, *La contribution essentielle du droit anglais à la théorie générale de la représentation dans les actes juridiques*, 1928, cit., p. 354 ss.

caracterização do instituto, o jurista continental pode retirar duas principais linhas de pensamento que indicam meras tendências quanto ao fundamento da afectação da posição jurídica de outrem: segundo a primeira, a produção dos efeitos típicos da *agency* seria a consequência de um acordo entre *principal* e *agent* (*consent*) [534]; nos termos da segunda, a eficácia da *agency* assentaria no direito objectivo, como resultado da aplicação de uma regra jurídica à relação criada entre *principal* e *agent* [535].

Independentemente da polémica sobre a natureza da relação, os autores reconhecem que o direito da *agency* tem subjacente o princípio segundo o qual uma pessoa pode exercer a sua actividade, encarregando outros da prática, por sua conta, de actos constitutivos, modificativos ou extintivos de relações jurídicas; o objectivo essencial do instituto da *agency* consiste em permitir a uma pessoa alargar o âmbito das suas actividades, através dos serviços de outrem, e receber os benefícios dos esforços de outrem, mediante remuneração [536]. A doutrina da *agency* assenta fundamentalmente na ideia de que, quando ao *agent* é reconhecido o poder de afectar a posição jurídica do *principal*, os actos realizados pelo *agent* são tratados como se fossem actos do *principal* [537]. Dizendo de outro modo, muitos aspectos do regime da *agency* são inspirados pela ideia de ficção de identidade entre o *agent* e o *principal* [538]. Aliás, a noção de ficção atravessa todo o direito da *agency*, reflectindo-se, não apenas na explicação da eficácia dos actos celebrados pelo *agent*, mas igualmente na abordagem das questões em que se desenvolve a doutrina da *agency*.

---

[534] BOWSTEAD & REYNOLDS *on agency*, p. 5 s; POWELL, *The law of agency*, p. 296; REYNOLDS, *Agency*, 31-008; TREITEL, *The law of contract*, p. 622; SEAVEY, *The rationale* ..., p. 69 s; id., *Handbook*..., p. 3 s; HENN, *Agency*, p. 19; SELL, *Agency*, p. 1; REUSCHLEIN, GREGORY, *The law of agency* ..., p. 32.

[535] FRIDMAN, *The law of agency*, p. 11 ss; id., *Establishing agency*, p. 230 ss; MARKESINIS, MUNDAY, *An outline*..., p. 4 s; DOWRICK, *The relationship*..., p. 34 ss. Cfr. também SEAVEY, *Handbook*..., p. 4 (apesar de descrever a *agency* como *intrinsically consensual*, o autor considera que *all legal relations are created by law; the legal consequences of an act done by a person are determined by rules of law and not by his intent*).

[536] SEAVEY, *The rationale*..., p. 67; REUSCHLEIN, GREGORY, *The law of agency*..., p. 3.

[537] [...] *The act of the agent [...], in pursuance of his authority, is in law the act of the principal* (Higgins v. Senior [1841] 8 M & W 834, em *Case extracts*, nº 41, p. 242 s). Cfr. na doutrina inglesa: BOWSTEAD & REYNOLDS *on agency*, p. 3; ATIYAH, *An introduction*..., p. 365; CHESHIRE and FIFOOT's *Law of contract*, p. 422.

[538] Cfr., neste sentido, SCHMITTHOFF, *Agency in international trade. A study in comparative law*, Recueil des Cours, 1970 — I, tome 129, p. 107 ss (p. 129). A ideia de ficção de identidade é criticada por SEAVEY, *The rationale*..., p. 65 ss.

5. Actuação por conta de outrem sem *authority*

A problemática suscitada pela actuação de um *"agent"* sem *authority* [539] não constitui normalmente, na literatura anglo-americana, objecto de uma análise de conjunto, integrada na exposição sobre o instituto da *agency*, como acontece nas ordens jurídicas de *civil law* em relação à representação sem poderes. A explicação reside porventura na circunstância de a *authority* ou o *power* do *agent* ser mais do que um mero pressuposto de eficácia (como é o poder de representação em relação à representação nos direitos continentais). Em *common law*, sem *authority* ou sem *power* não existe *agency*; em *civil law*, mesmo sem poder de representação existe representação — pelo menos segundo o entendimento mais generalizado —, sendo adequado, por essa razão, falar de representação sem poderes e elaborar uma construção jurídica do instituto.

A análise que se segue traduz o resultado de uma pesquisa em material disperso, onde foi possível encontrar respostas a questões que são comuns às que encontrámos perante outras ordens jurídicas.

5.1. Âmbito

Quando em *common law* se afirma que alguém actua *without authority*, abrangem-se as situações em que uma pessoa actua por conta de

---

[539] Atendendo à lógica da distinção entre *authority* e *power*, poderia parecer que o termo a utilizar neste contexto deveria ser *power* e não *authority*. Mas os casos abrangidos são aqueles em que o *principal* não autorizou o *agent* a actuar por sua conta (não lhe atribuiu *authority*) e em que obviamente não existe uma relação de *agency by operation of law*. Além de ser portanto adequado o uso da palavra *authority*, é o que corresponde à linguagem dos autores, mesmo americanos, e dos tribunais. Cfr., apenas a título de exemplo, as expressões *without authority* e *unauthorised act*, utilizadas a propósito da definição de *ratification*, nos seguintes textos: BOWSTEAD & REYNOLDS *on agency*, p. 61 ss; REYNOLDS, *Agency*, 31-024; CHESHIRE and FIFOOT's *Law of contract*, p. 425; TREITEL, *The law of contract*, p. 639; SELL, *Agency*, p. 49; REUSCHLEIN, GREGORY, *The law of agency...*, p. 72. Na jurisprudência inglesa, surgem as expressões *without authority*, *unauthorised agent* e *unauthorised act*. Vejam-se, entre outros: *Collen v. Wright* [1857] XXVI Q.B. (n.s.) 147; *Ireland v. Livingston* [1872] L.R. 5 H.L. 395 (em *Case extracts*, nº 5, p. 186); *Bolton Partners v. Lambert* [1889] 41 Ch.D. 295 (em *Case extracts*, nº 17, p. 204 ss); *Metropolitan Asylums Board v. Kingham & Sons* [1890] 6 T.L.R. 217 (em *Case extracts*, nº 18, p. 207 s); *Keighley, Maxsted & Co. v. Durant* [1901] A.C. 240 (em *Case extracts*, nº 16, p. 203 s); *Farquharson Brothers & Co. v. C. King & Co.* [1902] A.C. 325 (em *Case extracts*, nº 11, p. 195 s); *Presentaciones Musicales SA v. Secunda* [1994] 2 All ER 737, 738, 743. Na jurisprudência americana, são utilizadas as expressões *without authority*, *outside the scope of the authority*, *not within the scope of the authority*. Vejam-se, por exemplo: *Prisco v. State of N. Y.* 804 F.Supp. 518 (S.D.N.Y. 1992); *E. A. Prince & Son v. Selective Ins. Co.* 818 F.Supp. 910 (D.S.C. 1993); *Complaint of Bankers Trust Co. v. Bethlehem Steel Corp.* 752 F.2nd 874 (1984).

outrem sem que lhe tenha sido atribuída qualquer *authority* e as situações em que um *agent* actua por conta do seu *principal*, excedendo a *authority* que lhe foi atribuída ou depois de a sua *authority* ter cessado [540].

5.2. Efeitos

5.2.1. Nas relações entre o *principal* e a contraparte

Inversamente ao princípio geral acima enunciado sobre a eficácia dos actos praticados pelo *agent*, um contrato celebrado para além da *actual* ou *apparent authority* do *agent* não vincula o *principal*, se não for por este ratificado [541].

Ainda que o *agent* pareça ter *authority* para actuar por conta do *principal*, este não pode ficar vinculado se se demonstrar que a outra parte conhecia a falta de *authority*. Com efeito, a doutrina da *apparent authority* só é aplicável se se verificarem determinadas circunstâncias e, designadamente, se a contraparte tiver contratado em consequência da actuação do *principal*, confiando na existência de *authority*.

5.2.2. Nas relações entre o *agent* e a contraparte

a) Regime geral

Se alguém celebrar um contrato como *agent*, sem que lhe tenha sido atribuída *authority* pela pessoa por conta de quem actua (ou se exceder a *authority* que lhe foi atribuída) e se o contrato não for ratificado pelo *principal*, o "*agent*" não se torna parte no contrato, porque não actuou como tal, nem é assim considerado pela contraparte [542]. Mas o *agent* fica responsável perante a contraparte que tenha contratado com ele confiando na sua *authority*.

A natureza desta responsabilidade depende do estado subjectivo do *agent*.

---

[540] Assim, expressamente, *Younge v. Toynbee* [1910] 1 K.B. 215 (em *Case extracts*, nº 20, p. 208 ss). Cfr. BOWSTEAD & REYNOLDS *on agency*, p. 61.

[541] Assim, expressamente, *Complaint of Bankers Trust Co. v. Bethlehem Steel Corp.* 752 F.2nd 874 (1984), invocando o direito de Pennsylvania.

[542] Cfr. SEAVEY, *The rationale...*, p. 97 (*it is now clear that he [the agent] is not a party to the contract, since it was not agreed that he should be*). Cfr. igualmente CHESHIRE and FIFOOT's *Law of contract*, p. 447.

Se o *agent* celebrou o contrato conhecendo que não tinha *authority*, a sua actuação configura uma situação de *fraud* e ele será responsável com fundamento em *tort for deceit* [543].

Se o *agent* celebrou o contrato sem conhecer que não tinha *authority* — e portanto se não existir *fraud* —, ele será responsável com fundamento em *breach of implied warranty of authority*. A responsabilidade existe mesmo nos casos em que o *agent* actuou de boa fé, na convicção de que lhe tinha sido conferida *authority* pela pessoa por conta de quem celebrou o contrato [544].

Subjacente a esta responsabilidade [545] está a ideia de que qualquer pessoa que actue por conta de outrem implicitamente garante (*warrants*) que tem *authority* para celebrar o acto, salvo se por qualquer meio provar a *authority* ou se a outra parte conhecer a falta de *authority* do *agent* [546]. Por isso o *agent*, ainda que esteja de boa fé, será responsável pelos danos que causar à outra parte, sempre que esta tenha sido induzida a contratar confiando na existência de *authority*.

São requisitos da responsabilidade do *agent*: o seu inequívoco comportamento no sentido de actuar por conta de outrem; a falta de *authority* no momento em que agiu; a confiança da outra parte na existência de *authority* susceptível de vincular o *principal*; os prejuízos causados à outra parte pela situação criada pelo *agent* [547] [548].

---

[543] Podendo a outra parte optar por demandar o *agent* com fundamento em *tort for deceit* ou com fundamento em *breach of implied warranty of authority*. Cfr. MARKESINIS, MUNDAY, *An outline...*, p. 87.

[544] Cfr. MARKESINIS, MUNDAY, *An outline...*, p. 87.

[545] Sobre a origem histórica da *implied warranty of authority*, cfr. BOWSTEAD & REYNOLDS *on agency*, p. 593 s. O *leading case* nesta matéria é *Collen v. Wright* [1857] XXVI Q.B. (n.s.) 147.

[546] Neste sentido: *Collen v. Wright* [1857] XXVI Q.B. (n.s.) 147; *Re National Coffee Palace ex p. Panmure* [1883] 24 Ch.D. 367 (transcrito em BEALE, BISHOP, FURMSTON, *Contract...*, p. 799 s); *Younge v. Toynbee* [1910] 1 K.B. 215 (em *Case extracts*, n° 20, p. 208 ss). Veja-se também o § 329 do *Restatement, Second, Agency*, que, no entanto, admite a possibilidade de exclusão da responsabilidade do *agent*, no caso de ele ter declarado que não assume essa obrigação de garantia ou no caso de a outra parte conhecer a falta de poderes do *agent*.

[547] Na doutrina inglesa, discute-se a natureza jurídica da responsabilidade com fundamento em *breach of implied warranty of authority*. Esta responsabilidade do *agent* tem sido qualificada como *contractual* (BOWSTEAD & REYNOLDS *on agency*, p. 594; MARKESINIS, MUNDAY, *An outline...*, p. 94; STOLJAR, *The law of agency*, p. 263); *quasi-contractual* (FRIDMAN, *Law of agency*, p. 214 — "*implied obligation, wich seems to be quasi-contractual in nature*"; POWELL, *Law of agency*, p. 254), ou resultante de um *collateral contract* (REYNOLDS, *Agency*, 31-093; CHESHIRE and FIFOOT's *Law of contract*, p. 447; ATIYAH, *An introduction...*, 2ª ed., Oxford, 1971, reimp., 1979, p. 80 — mas o autor afastou recentemente esta tese, referindo-se agora a *liability in tort* ou, em alternativa, a *liability arising out of the requirements of good faith*, *ob. cit.*, 5ª ed., p. 92).

[548] Pode suceder que o *agent* tenha expressamente garantido à contraparte a sua

O *agent* considerado responsável com fundamento em *breach of implied warranty of authority* não é responsável como se fosse parte no contrato; responde apenas, segundo as regras gerais do incumprimento no *common law*, "por aquilo que a [contraparte] teria ganho com o contrato que o [*agent*] garantiu que se realizaria" [549] [550].

A responsabilidade do *agent* deve considerar-se excluída e o *remedy* acima descrito não deve ser admitido, quando o contrato for eficaz em relação ao *principal* com fundamento em *apparent authority* ou em consequência de *ratification*, pois, nestes casos, a outra parte não pode invocar prejuízos [551].

b) Regime em matéria de *negotiable instruments*

O regime acima descrito é considerado aplicável, no direito inglês, também em matéria de *negotiable instruments*. Não tendo o Reino Unido subscrito as Convenções de Genebra de 1930 e 1931 sobre letras e livranças e sobre cheques, continua a vigorar nesse país o *Bills of Exchange Act 1882*. Embora seja expressamente prevista e regulada a intervenção de um *agent* em *negotiable instruments* [552], não se estabelece uma disciplina própria para a actuação sem *authority*, pelo que não existe qualquer derrogação aos princípios comuns [553].

Neste aspecto, a situação é diferente nos Estados Unidos. Não tendo também este país aderido às Convenções de Genebra, adoptou um sistema próprio, constante do *Uniform Commercial Code*, que não corresponde nem ao sistema inglês nem ao daquelas Convenções.

Enquanto o *Bills of Exchange Act 1882* prevê e regula a intervenção de um *agent* em *negotiable instruments*, mas não estabelece uma disciplina própria para a actuação sem *authority*, o *Uniform Commercial Code* contém o regime aplicável à responsabilidade da pessoa que intervém como *agent* na subscrição de *negotiable instruments*, quer actue dentro dos limites da sua *authority* [554], quer actue sem *authority*.

---

authority, caso em que será demandado com fundamento em *breach of warranty of authority* (REYNOLDS, *Agency*, 31-093).

[549] Cfr. *Re National Coffee Palace ex p. Panmure* [1883] 24 Ch.D. 367 (transcrito em BEALE, BISHOP, FURMSTON, *Contract...*, p. 799 s).

[550] No direito americano, admite-se por vezes que o *agent*, em casos em que tenha actuado sem *authority* para vincular o *principal*, se torne parte no contrato. Cfr. SEAVEY, *Handbook...*, p. 215; REUSCHLEIN, GREGORY, *The law of agency...*, p. 193. Crítico quanto a essa solução, SELL, *Agency*, p. 171 s.

[551] BOWSTEAD & REYNOLDS *on agency*, p. 599; TREITEL, *The law of contract*, p. 655.

[552] *Bills of Exchange Act 1882, section* 26 (cfr., neste parágrafo, n° 4.1., nota (531)).

[553] Cfr., neste sentido, BYLES *on bills of exchange...*, p. 71 s.

[554] *Uniform Commercial Code, section* 3-403(2) (cfr., neste parágrafo, n° 4.1, nota (531)).

Em face do disposto na *section* 3-404(1), parte final, do *Uniform Commercial Code*, é aceite a responsabilidade cambiária do *agent* que actua por conta de outrem sem *authority*, em relação a terceiros de boa fé [555].

Em desvio ao regime geral da *agency*, admite-se a possibilidade de o *agent* sem *authority* assumir a posição de parte no acto praticado; diversamente do que estabelecem as Convenções de Genebra, faz-se uma distinção em função da boa ou má fé de terceiros.

5.2.3. Nas relações entre o *principal* e o *agent*

Resultando a *agency*, em princípio, de um acordo entre *principal* e *agent*, e sendo esse acordo na maioria dos casos incorporado num contrato, as obrigações do *agent* para com o *principal* assumem, em regra, natureza contratual. O incumprimento de qualquer das suas obrigações torna o *agent* responsável perante o *principal* com fundamento em *breach of contract* [556].

O *agent* deve actuar dentro dos limites da *authority* que lhe foi atribuída pelo *principal* [557]. Esta obrigação do *agent* estende-se ao dever de seguir as instruções lícitas e razoáveis transmitidas pelo *principal* [558].

Se o *agent* exceder os limites da sua *actual authority* e, apesar disso, com fundamento em *apparent authority* ou em consequência de *ratification*, o acto celebrado for eficaz em relação ao *principal*, o *agent* é considerado responsável pelos prejuízos causados ao *principal* [559].

5.3. Valor jurídico do negócio celebrado pelo *agent* sem *authority*

Tanto quanto foi possível apurar, o problema não é objecto de discussão. Discutida é tão-somente a natureza jurídica dos actos susceptíveis de ratificação pelo *principal*. De qualquer modo, na referência ao contrato celebrado por um *unauthorised agent* têm sido utilizados termos que apontam para a qualificação do contrato como ilícito e inválido: *unlawful* [560],

---

[555] Vejam-se, no mesmo sentido: comentário *a.* ao § 324 e comentário *a.* ao § 329, ambos do *Restatement, Second, Agency*. Sobre as disposições do *UCC* relativas à actuação de um *agent* na prática de actos cambiários, cfr. WHITE, SUMMERS, *Uniform Commercial Code*, § 13-3 a § 13-5, p. 547 ss.

[556] Em qualquer caso, seja a *agency* contratual ou não, o *agent* pode ser demandado *in tort* (POWELL, *The law of agency*, p. 322; REYNOLDS, *Agency*, 31-113). A responsabilidade de um *gratuitous agent* só pode ser *in tort* (REYNOLDS, *Agency*, 31-104, 31-106).

[557] Cfr. § 383 do *Restatement, Second, Agency*.

[558] Cfr. BOWSTEAD & REYNOLDS *on agency*, p. 175 ss; REYNOLDS, *Agency*, 31-104.

[559] BOWSTEAD & REYNOLDS *on agency*, p. 173; ATIYAH, *An introduction...*, p. 366 (*the agent can no doubt be sued by his principal for acting in excess of his actual authority*).

[560] BOWSTEAD & REYNOLDS *on agency*, p. 65.

wrongful [561], *illegal* [562], *void* [563]. A mesma ideia aflora por vezes na definição da ratificação ou na descrição dos seus efeitos: *ratification is the validation of an act* [564].

Algumas decisões jurisprudenciais inglesas parecem ter subjacente o entendimento de que, se o *agent* celebrar o contrato submetendo-o expressa ou implicitamente à ratificação pelo *principal*, o contrato não se forma sem a ratificação, existindo uma simples proposta feita pela contraparte [565].

5.4. Ratificação pelo *principal*

A generalidade dos autores entende a ratificação como um modo de formação da relação de *agency*.

Por essa razão, a problemática da ratificação por parte do *principal* do negócio celebrado pelo *agent* sem *authority* (respectivo regime e efeitos) foi tratada a propósito da origem da *agency*, para onde agora se remete [566].

5.5. Posição jurídica da contraparte no negócio celebrado pelo *agent* sem *authority*

Alguns aspectos do regime aplicável à ratificação revelam a intenção de proteger os interesses da contraparte e minorar os efeitos da situação de incerteza em que se encontra.

Assim, o *principal* deve proceder à ratificação do contrato em prazo razoável após a sua celebração e, em qualquer caso, antes de decorrido o prazo fixado para o início do cumprimento pela contraparte [567].

A jurisprudência inglesa tem reconhecido a possibilidade de a contraparte se desvincular unilateralmente (*withdraw*) do contrato antes da

---

[561] REYNOLDS, *Agency*, 31-027.
[562] SELL, *Agency*, p. 52.
[563] REYNOLDS, *Agency*, 31-028.
[564] SEAVEY, *Handbook...*, p. 57. Cfr. também BOWSTEAD & REYNOLDS *on agency*, p. 61.
[565] Cfr. *Bolton Partners v. Lambert* [1889] 41 Ch.D. 295 (em *Case extracts*, n° 17, p. 204 ss), embora rejeitando que no caso fosse essa a situação; *Watson v. Davies* [1931] 1 Ch. 455 (em *Case extracts*, n° 19, p. 208).
[566] Cfr., neste parágrafo, n° 3.3.
[567] Cfr. *Metropolitan Asylums Board v. Kingham & Sons* [1890] 6 T.L.R. 217 (em *Case extracts*, n° 18, p. 207 s). Mas a última parte da regra enunciada tem sido objecto de crítica. Cfr. BOWSTEAD *on agency*, p. 77; BOWSTEAD & REYNOLDS *on agency*, p. 94 s; REYNOLDS, *Agency*, 31-030.

ratificação pelo *principal*, no caso de o *agent* ter expressa ou implicitamente submetido o contrato à ratificação pelo *principal* [568].

Na doutrina, embora pontualmente, é referida a possibilidade de o *agent* e a contraparte revogarem por acordo o contrato, antes da ratificação pelo *principal* [569].

---

[568] Cfr., por exemplo, *Watson v. Davies* [1931] 1 Ch. 455 (em *Case extracts*, n° 19, p. 208). A questão tinha sido discutida em *Bolton Partners v. Lambert* [1889] 41 Ch.D. 295 (em *Case extracts*, n° 17, p. 204 ss), mas nesse caso foi negada a possibilidade de o terceiro se desvincular do contrato e afirmada com todo o seu vigor a regra da retroactividade da ratificação.

[569] Cfr. BOWSTEAD *on agency*, p. 75 (a referência não aparece na 16ª ed.; em BOWSTEAD & REYNOLDS *on agency*, p. 93 s, afirma-se expressamente que a *warranty of authority* prestada pelo *agent* é suficiente para proteger a contraparte da situação de incerteza em que se encontra).

§ 4º
Síntese comparativa

Concluída a exposição analítica dos institutos da representação, do mandato e da *agency*, sob o ponto de vista dos elementos seleccionados, procuraremos neste parágrafo apurar semelhanças e diferenças entre os vários grupos de ordens jurídicas em observação [570].

---

[570] De entre as obras que, em termos gerais, procedem à comparação explícita ou implícita do direito material da representação (algumas das quais já antes citadas) referem-se como mais significativas: POPESCO-RAMNICEANO, *De la représentation dans les actes juridiques en droit comparé* (1927); relatórios sobre *La représentation dans les actes juridiques*, "Travaux de l' Association Henri Capitant", III (1947), Paris, 1948, p. 109 ss; JEEP, *Überstaatliche Kollisionsnormen zur Regelung der Vollmacht bei Abschluss von Kaufverträgen über bewegliche Sachen*, Göttingen, 1955, p. 9 ss; MÜLLER-FREIENFELS, *Law of agency* (1957), p. 165 ss; id., *Legal relations in the law of agency: power of agency and commercial certainty* (1964), p. 193 ss; ainda do mesmo autor os diversos estudos compilados em *Stellvertretungsregelungen in Einheit und Vielfalt. Rechtsvergleichende Studien zur Stellvertretung*, Frankfurt a. M., 1982; RIGAUX, *Le statut de la représentation. Étude de droit international privé comparé*, Leyden, 1963, p. 43 ss; id., *Agency*, IECL, vol. III — *Private International Law*, cap. 29, 1973, nºs 1 a 4; SCHMITTHOFF, *Agency in international trade. A study in comparative law* (1970), p. 118 ss; A. DE THEÜX, *Le droit de la représentation commerciale. Étude comparative et critique du statut des représentants salariés et des agents commerciaux*, Bruxelas, tome 1, 1975; tome 2, vol. I, 1977, vol. II, 1981; BOGDAN, *Travel agency in comparative and private international law*, Lund, 1976, em especial, p. 37 ss; HAY, MÜLLER-FREIENFELS, *Agency in the conflict of laws and the 1978 Hague Convention*, AJCL, 1979, p. 1 ss (p. 4 ss); R. DE QUÉNAUDON, *Recherches sur la représentation volontaire dans ses dimensions interne et internationale*, Strasbourg, 1979, p. 249 ss; KRÄNZLIN, *Das Handelsvertreterrecht im deutsch-amerikanischen Wirtschaftsverkehr*, Augsburg, 1983, p. 4 ss; BADR, *Agency: unification of material law and of conflict rules*, Recueil des Cours, 1984 — I, p. 45 ss; SCHWONKE, *Verkehrsschutz bei der Stellvertretung im deutschen Recht und in den lateinamerikanischen Rechten* (1990); SCHNITZER, *Vergleichende Rechtslehre*, Bd. II (1961), p. 655 ss; ZWEIGERT, KÖTZ, *Einführung in die Rechtsvergleichung*, 2ª ed., Bd. II (1984), p. 129 ss; 3ª ed. (1996), p. 427 ss; SCHLESINGER, BAADE, DAMASKA, HERZOG, *Comparative law* (1988), p. 768 ss; *Rappresentanza e gestione* (org. Giovanna Visintini), Padova, 1992, em especial, p. 53 ss; VERHAGEN, *Agency in private international law* (1995), p. 4 ss; KÖTZ, *Europäisches Vertragsrecht*, Bd. I — *Abschluß, Gültigkeit und Inhalt des Vertrages. Die Beteiligung Dritter am Vertrag*, Tübingen, 1996, p. 329 ss; RUTHIG, *Vollmacht und Rechtsschein im IPR*, Heidelberg, 1996, p. 9 ss.

1. Fontes de direito e delimitação do instituto

Em todas as ordens jurídicas europeias continentais consideradas no presente estudo a principal fonte de direito em matéria de representação é a lei (os Códigos Civis, na França, Alemanha, Itália e Portugal, o Código das Obrigações, na Suíça) e a partir das disposições contidas na lei se foi construindo ou aperfeiçoando o instituto da representação, por obra da jurisprudência e da doutrina. Pelo contrário, nos sistemas de *common law*, neste como em outros domínios, os princípios fundamentais da *agency* têm sido construídos pelos tribunais e desenvolvidos e sintetizados pela doutrina, sendo muito limitados e dispersos os aspectos em que as regras jurídicas têm origem legal.

Nos direitos alemão, suíço, italiano e português, inspirados pelo princípio da separação, a representação é regulada autonomamente em relação ao contrato que lhe está subjacente e estabelece-se uma distinção nítida entre a relação interna (entre o representado e o representante ou relação de gestão) e o poder de representação, que é relevante nas relações externas (entre, de um lado, o representado ou o representante e, de outro lado, a contraparte no negócio representativo). No direito francês, a representação confunde-se com o mandato, constitui um efeito jurídico daquele contrato e é regulada em conjunto com o mandato, sendo sobretudo pelo esforço da doutrina que a representação começa a afirmar-se como instituto com características próprias; as disposições sobre o mandato regulam tanto a relação entre mandante e mandatário como as relações entre estes e a contraparte no acto celebrado pelo mandatário. Em *common law*, a *agency* é uma relação que se estabelece entre *principal* e *agent* de que resulta o poder do *agent* de afectar a posição jurídica do *principal* através da prática, perante terceiros, de actos que são tratados como actos do *principal*; o direito da *agency* regula todas as relações daí emergentes e, não obstante a ficção de identidade entre *principal* e *agent*, distingue-se a relação entre o *principal* e o *agent* do poder do *agent* para actuar perante terceiros.

Apesar da originalidade do instituto da *agency*, sempre sublinhada pela doutrina sobretudo continental, a *agency* e a representação têm uma função comum, que se traduz na prática de actos com efeitos para outrem. Mas a *agency* tem um âmbito consideravelmente mais amplo do que a representação nos direitos romano-germânicos, pois, além da realização de actos jurídicos — que é característica da representação —, pode dizer ainda respeito à prática de actos materiais e à prática de actos ilícitos com efeitos para o *principal*.

2. Pressupostos da actuação com efeitos jurídicos para outrem

Nos direitos europeus continentais menciona-se entre os pressupostos da actuação representativa a existência de uma declaração negocial própria do representante, significativa da distinção entre a pessoa que actua (o representante) e a pessoa a quem se dirigem os efeitos do negócio representativo (o representado). Esta exigência não é, em geral, referida no âmbito da doutrina da *agency*. A omissão encontra porventura a sua justificação na ficção de identidade entre *principal* e *agent* que caracteriza a *agency*. Sublinhe-se no entanto que o reconhecimento, quer no direito inglês, quer no direito dos Estados Unidos da América, de responsabilidade pessoal do *agent* em muitas situações permite concluir que, pelo menos nesse âmbito, é reconhecida a autonomia da actuação do *agent* em relação à do *principal*.

Uma das diferenças mais relevantes entre os sistemas de *civil law* e os sistemas de *common law* reside no modo de actuação do representante. Nos primeiros, é pressuposto da actuação representativa a invocação do nome do representado (*contemplatio domini* ou princípio da exteriorização), só se produzindo os efeitos típicos da representação se for revelada à contraparte a identidade do representado; nos segundos, basta a actuação do *agent* por conta do *principal* e não é indispensável a revelação do nome do *principal*, admitindo-se a produção dos efeitos típicos da *agency*, verificadas certas circunstâncias, mesmo em relação a um *undisclosed principal*. Nos direitos de *civil law* é precisamente a invocação do nome do representado que permite distinguir a representação em sentido próprio da designada representação indirecta. O reconhecimento da produção de efeitos directamente na esfera jurídica de outrem no caso do *Geschäft für den, den es angeht* ou no caso de "indiferença" da pessoa do outro contraente, em alguns dos países de *civil law* (Alemanha e Suíça), significa uma atenuação do princípio da exteriorização e conduz também à atenuação da distinção entre representação directa e indirecta e nessa parte a uma aproximação entre a *agency* e a representação dos direitos europeus continentais. Ainda assim, duas diferenças fundamentais subsistem: tais situações continuam, nos direitos europeus continentais, a constituir excepções relativamente ao regime geral da exigência de *contemplatio domini* e, além disso, nesses mesmos direitos, quando excepcionalmente se reconhece a possibilidade de produção de efeitos em relação a um representado não identificado, não é atribuído à contraparte um *right of election* que lhe permita optar por exigir o cumprimento ao representado ou ao representante.

Pressuposto fundamental exigido em todas as ordens jurídicas analisadas para a produção de efeitos na esfera jurídica de outrem é o poder atribuído ao representante. Trata-se, segundo a opinião unânime, e sem prejuízo das diferentes qualificações que lhe são atribuídas, de um pressuposto de natureza jurídica. Ainda assim, uma diferença parece vislumbrar-se entre os direitos europeus continentais e o *common law*: enquanto nos primeiros o poder de representação é um requisito de eficácia do acto para o representado, sendo ainda possível falar de representação sem poderes, na doutrina da *agency* a relação de *agency* não chega a formar-se se não existir *authority*.

Ao poder de representação não é inerente qualquer vinculação do representante, nas ordens jurídicas europeias continentais que se baseiam na autonomia entre o poder de representação e a relação interna. Uma obrigação do representante tendo como objecto a celebração dos actos abrangidos pelo poder de representação apenas pode resultar do negócio jurídico subjacente. Diversamente, no sistema do mandato e na doutrina da *agency*, do acordo entre as partes deriva a obrigação de realizar os actos por conta do mandante ou do *principal*, respectivamente.

A celebração de negócios no interesse do *principal* é elemento da *agency*, dado o seu carácter de *fiduciary relationship*, e é considerada essencial à noção de representação segundo o entendimento maioritário no direito italiano, face ao texto do *Codice*, e na doutrina francesa, como pode deduzir-se da inclusão repetida na definição de representação do elemento "actuação por conta do representado". Em sentido diferente, segundo a opinião dominante nas ordens jurídicas alemã, suíça e portuguesa, a defesa do interesse do representado não é característica da noção de representação.

3. Origem do poder de actuar com efeitos jurídicos para outrem

3.1. Acto de atribuição do poder de actuar com efeitos jurídicos para outrem

Nos direitos que seguiram o modelo alemão, o acto de atribuição do poder de representação é, segundo a posição largamente maioritária, um acto autónomo — a procuração —, que é um negócio jurídico independente, quer em relação ao contrato subjacente, regulador dos direitos e deveres recíprocos do representado e do representante, quer em relação ao negócio representativo, celebrado entre o representante e a contraparte para produzir efeitos jurídicos entre o representado e a contraparte.

No direito francês, não obstante a tendência para a afirmação da noção de representação, o acto jurídico voluntário susceptível de criar o poder de representação é o contrato de mandato.

Nos direitos inglês e dos Estados Unidos da América, a *agency* tem, em regra, origem num *consensual agreement* entre *principal* e *agent*.

3.1.1. Forma [571]

As ordens jurídicas portuguesa e italiana são as mais rigorosas neste domínio, ao estabelecerem o princípio da simetria formal entre a procuração e o negócio representativo. Tal princípio, que é afastado por disposição legal no direito alemão, é no entanto seguido na *praxis* de alguns países (Suíça, França).

Apesar do princípio da consensualidade que, ressalvada aquela exigência dos Códigos Civis português e italiano, vigora nas ordens jurídicas consideradas, em todas elas se prevêem excepções — de natureza e âmbito variável e relacionadas com o objecto dos actos a realizar ou da actividade a exercer pelo representante —, das quais resulta a necessidade de observar certos requisitos formais relativamente ao acto de atribuição do poder de actuar com efeitos para outrem.

Em todas as ordens jurídicas se admite a atribuição tácita de poder, deduzida da conduta das pessoas envolvidas ou das circunstâncias do caso. A atribuição tácita de poder assume grande importância no direito da *agency*, tendo em conta a relevância atribuída aos usos profissionais e aos costumes razoáveis, o que está na origem de alguma ambiguidade na sua determinação, revelada em certas decisões jurisprudenciais.

3.1.2. Conteúdo

Na representação voluntária dos direitos da família romano-germânica e na *agency by agreement* do *common law*, o âmbito do poder atribuído ao representante é, em princípio, delimitado pelo acto jurídico voluntário de que tal poder emana, isto é, conforme os casos, pela procuração, pelo mandato ou pelo *agreement* entre *principal* e *agent*. A determinação do sentido desses actos e portanto do conteúdo exacto do poder conferido é o resultado da actividade interpretativa, a realizar segundo os cânones hermenêuticos adoptados em cada ordem jurídica. No direito francês, por exemplo, vigora um princípio de interpretação restritiva dos poderes atribuídos ao mandatário. No *common law*, a interpretação da *authority* faz-se de acordo com critérios fundamentalmente de natureza objectiva, em defesa dos interesses de terceiros, e, no caso de constar de documento autêntico, deve ser feita em termos restritivos.

---

[571] Sobre este tema, veja-se em especial o estudo preliminar de direito comparado preparado no âmbito do UNIDROIT por ZACHMANN, *Les procurations ou les formes des pouvoirs de représentation* (1979) p. 3 ss (que, do ponto de vista das ordens jurídicas consideradas, tem um âmbito de observação muito mais alargado do que o do presente trabalho).

Nos países de *civil law*, a lei fixa frequentemente o âmbito do poder de representação emergente de negócio jurídico, por vezes de modo imperativo. Tal acontece sobretudo no domínio do direito comercial e tem como objectivo a defesa dos interesses de terceiros e a segurança do comércio jurídico. O sistema jurídico que neste aspecto vai mais longe é o alemão, ao estabelecer a proibição de restringir o conteúdo legalmente fixado ao poder de representação em matéria comercial *(Prokura)*.

No *common law*, a admissibilidade da categoria da *implied authority* tem como consequência alargar o âmbito da *authority* expressamente atribuída pelo *principal* ao *agent*, considerando em certos casos que a *authority* está inerente à autorização expressa para a realização de um determinado acto ou de uma determinada actividade ou resulta dos usos do lugar, praça ou negócio em que o *agent* está autorizado a exercer a sua actividade. Mas na prática nem sempre é fácil concluir se um acto praticado pelo *agent* está ou não abrangido no âmbito da *implied authority*.

3.1.3. Cessação

Nos direitos que seguem o modelo alemão, a cessação da procuração é objecto de regulamentação própria e está sujeita a causas de cessação em princípio distintas das causas de cessação da relação subjacente. No direito francês, o mandato, para além das causas de cessação aplicáveis à generalidade dos contratos, está sujeito a um regime especial de cessação, tendo em conta a relação de confiança recíproca entre as partes. Na doutrina da *agency* são referidas a cessação por acto das partes e a cessação *by operation of the law*.

Em todas estas ordens jurídicas se admite a cessação por acto unilateral de cada um dos interessados: revogação pelo representado (mandante ou *principal*), renúncia pelo representado (mandatário ou *agent*).

A admissibilidade de limitações ou mesmo de exclusão da revogabilidade pelo representado (mandante ou *principal*) do poder conferido ao representante é objecto de discussão em todos estes sistemas [572]. No Código suíço, a revogabilidade da procuração tem natureza imperativa, o direito de revogação é irrenunciável e não é admitida qualquer excepção a essa regra. No *common law* tem alcance limitadíssimo a irrevogabilidade da *authority*. Nas restantes ordens jurídicas, apesar das diferenças quanto ao âmbito e aos requisitos fixados para a admissibilidade do poder irrevogá-

---

[572] Sobre a questão, cfr. o estudo comparativo de T. REINHART, *Die unwiderrufliche Vollmacht* ... (1981), em especial, p. 116 ss (em que se abrangem todos os direitos analisados no presente trabalho, excepto o português).

vel, pode considerar-se elemento comum a restrição do direito de livre revogação, no caso de o poder ter sido conferido no interesse do representante.

Em todas estas ordens jurídicas a preocupação de proteger os interesses de terceiros tem como consequência que a simples verificação das causas de cessação do poder do representante não exclui imediatamente a responsabilidade do representado pelos actos praticados pelo representante. Nos direitos europeus continentais estabelecem-se exigências de comunicação a terceiros da cessação do poder de representação ou do mandato e determina-se a inoponibilidade em relação a terceiros da cessação do poder, se as exigências de publicidade não forem cumpridas. No *common law*, admite-se a possibilidade de vinculação do *principal*, depois de cessar a *actual authority*, com fundamento na *apparent authority*, se se verificarem os respectivos requisitos.

3.1.4. Natureza jurídica

Nos direitos inspirados pela teoria da separação, o acto de atribuição do poder de representação é uma declaração unilateral do representado, que tem a natureza de negócio jurídico unilateral — a procuração —, não sendo portanto exigida para a sua perfeição a aceitação por parte do representante. No sistema francês e no direito da *agency*, o acto de atribuição de poderes tem natureza bilateral, dependendo a sua perfeição do consentimento do mandatário ou do *agent*.

Nos direitos que seguiram o modelo alemão, a procuração é independente ou autónoma, do ponto de vista funcional e estrutural, quer em relação ao negócio jurídico subjacente que liga o representado e o representante (negócio jurídico de base, negócio jurídico fundamental, *Grundgeschäft*), quer em relação ao negócio jurídico celebrado entre o representante e a contraparte (negócio jurídico representativo, negócio jurídico principal, *Hauptgeschäft*). O grau de autonomia da procuração em relação ao negócio subjacente e ao negócio representativo varia de um para outro sistema jurídico, como consequência do regime legal estabelecido, e, em cada ordem jurídica, pode ter alcance diferente conforme o domínio considerado (por exemplo, a independência da procuração em relação ao negócio subjacente é mais marcada no âmbito do direito comercial do que no do direito civil).

No direito francês, o acto que dá origem ao poder de actuar com efeitos jurídicos para outrem é o mesmo que regula as relações entre o mandante e o mandatário e bem assim as relações com o terceiro, ou, dizendo de modo mais rigoroso, na disciplina do mandato não se estabelece qualquer distinção entre relação externa e relação interna.

Em parte semelhante ao francês é o sistema da *agency*, pois o acto de que emana a *authority* é o mesmo que regula as relações entre o *principal* e o *agent* e as relações com o terceiro. Mas uma importante diferença se verifica. Desde sempre no direito da *agency* se distinguiu entre os vários tipos de relações a que a *agency* dá origem: relações entre *principal* e *agent*, relações entre *principal* e terceiro e relações entre *agent* e terceiro.

3.2. Representação aparente [573]

Em todas as ordens jurídicas a que se estendeu esta investigação se discute o problema da designada representação aparente ou, na terminologia anglo-americana, da *apparent authority*. A situação em discussão tem contornos semelhantes: uma pessoa a quem não foi conferido o correspondente poder comporta-se perante terceiros como representante ou *agent* de outra. A questão suscitada é, em todos os casos, a mesma: pergunta-se se o direito pode atribuir relevância ao poder que essa pessoa parece ter para produzir efeitos na esfera jurídica de outrem.

As respostas diferem até no interior de uma mesma ordem jurídica.

Nos países de *civil law*, a atitude de maior abertura em relação à atribuição de eficácia às situações de aparência em matéria de representação encontra-se, em geral, na jurisprudência. São em reduzido número os exemplos de consagração legal (entre os quais se conta o regime estabelecido pelo diploma português que disciplina o contrato de agência). Certamente por essa razão, a doutrina encontra-se muito dividida.

As soluções divergem quer quanto à admissibilidade da representação aparente e ao âmbito de matérias em que é admitida, quer quanto ao fundamento e aos pressupostos exigidos, quer ainda quanto aos efeitos reconhecidos, que vão desde a recusa em atribuir qualquer efeito à aparência de poder até à vinculação do representado ao negócio representativo, como consequência da aceitação da produção dos efeitos típicos da representação, passando pela responsabilidade do representado pelos prejuízos causados à contraparte por *culpa in contrahendo*.

Dois pressupostos podem considerar-se comuns a todas as construções propostas nas diversas ordens jurídicas observadas: a actuação do representado ou *principal* que deu origem à aparência de poder; a boa fé da contraparte, seja qual for o instituto a que se faça apelo.

---

[573] Trabalhos comparativos sobre este tema (todos já citados): TOCHTERMANN, *Die Anscheinsvollmacht im deutschen und amerikanishen Recht...* (1969); GOTTHARDT, *Der Vertrauensschutz bei der Anscheinsvollmacht im deutschen und im französischen Recht* (1970); SCHALL, *Die Anscheinsvollmacht im deutschen und französischen Recht...* (1971).

No *common law*, sobretudo no direito inglês, atendendo ao modo de criação das suas regras e à doutrina do precedente, existe porventura a construção mais homogénea e, tanto quanto pudemos observar, a que, reconhecendo como efeito da *apparent authority* a vinculação do *principal* ao negócio celebrado pelo *agent*, leva mais longe a protecção da contraparte. Porém, é dominante no direito inglês a posição que considera a doutrina da *apparent authority* como um caso especial da doutrina de *estoppel*. Tal significa, por um lado, que a *apparent authority* apenas pode fundamentar-se no comportamento do *principal* (e não no comportamento do *agent*), por outro lado, que o princípio de *estoppel* funciona como uma excepção, a invocar contra o *principal*, se este pretender provar a falta de poderes do *agent* e, finalmente, que a excepção apenas está à disposição da pessoa induzida a contratar com o *agent* pela impressão criada pelo *principal*, não sendo possível a qualquer interessado nem ao próprio *principal* justificar a validade de um contrato celebrado pelo *agent* com o fundamento de que ele tinha, em geral, uma *apparent authority*. Este enquadramento, ao mesmo tempo que limita as consequências práticas da doutrina, distingue a *apparent authority* da representação aparente dos direitos europeus continentais e pode eventualmente, pelo menos em teoria, conduzir a resultados distintos na sua aplicação a situações concretas.

4. Efeitos da representação

4.1. Princípio geral

Verificados os pressupostos exigidos em cada uma das ordens jurídicas, o efeito típico dos institutos analisados consiste em se produzirem na esfera jurídica de outrem (o representado ou o *principal*) as consequências dos actos celebrados pelo representante.

Desde que o representante actue dentro dos limites do seu poder, estabelece-se uma relação contratual directa entre o representado e a contraparte. O representante deixa de desempenhar qualquer papel na relação contratual assim criada. O representado e a contraparte são as partes no contrato, ficam obrigadas ao cumprimento e, se não cumprirem, assumem, uma perante a outra, as posições jurídicas decorrentes do incumprimento.

Sendo estes os corolários da regra geral em todas as ordens jurídicas consideradas, o *common law* admite mais facilmente do que os direitos europeus continentais a existência de desvios ao princípio segundo o qual o *agent* deixa de desempenhar qualquer papel na relação criada, pois admite, em várias circunstâncias, a responsabilidade pessoal do *agent*, mesmo actuando dentro dos limites da sua *authority*: para além dos casos de contratos celebrados por conta de um *undisclosed principal*, essa responsabilidade pode existir, por exemplo, em relação a contratos celebrados por escrito ou *under seal* e a *negotiable instruments* (e, até há poucos anos, em relação a contratos celebrados por conta de um *foreign principal*).

4.2. Fundamento da produção de efeitos na esfera jurídica de outrem

Em todos os países, principalmente nos do continente europeu, a ciência jurídica tem procurado uma justificação para a eficácia representativa, para a produção de efeitos na esfera de uma pessoa diferente daquela que interveio na celebração do negócio. Os autores ingleses e dos Estados Unidos da América não têm dedicado grande atenção ao problema e parecem aceitar uma explicação única para o mecanismo da *agency*: a ficção de identidade entre representado e representante.

As teorias propostas na literatura alemã do séc. XIX que, sob diversas formulações, assentavam na vontade, tiveram continuadores em todos os países. A teoria que explica os efeitos da representação apelando à vontade do representado, e que está na origem da ficção de identidade entre representado e representante, influenciou fortemente os autores franceses e a doutrina portuguesa mais antiga e continua a ser o fundamento invocado no domínio da *agency*. A tese que considera que o negócio representativo tem origem unicamente na vontade do representante está na base da ideia de separação entre a representação e a relação subjacente e tem consagração legal nos direitos alemão, suíço, italiano e português. As teorias que assentam na actuação conjunta ou na cooperação entre representado e representante inspiraram as construções, sobretudo da doutrina italiana e francesa, preocupadas em reagir contra o individualismo tradicional.

Segundo a opinião da doutrina mais recente nos países de *civil law*, a eficácia representativa encontra o seu fundamento no princípio da autonomia privada, com diferentes graus de referência à noção de vontade.

5. Representação sem poderes [574]

Nos direitos europeus continentais, em que o poder de representação é um pressuposto de eficácia da representação, existe, com maior ou menor

---

[574] Uma comparação de direitos versando em especial sobre a representação sem poderes pode ver-se em KIESEL, *Stellvertretung ohne Vertretungsmacht im deutschen, schweizerischen und österreichischen Recht* (1966).

desenvolvimento, uma construção dogmática da representação sem poderes. No direito da *agency*, a *authority* do *agent* é mais do que um pressuposto de eficácia; constitui um elemento essencial à formação da relação de *agency*. Assim se justifica que não se encontre, na doutrina anglo-saxónica, uma análise de conjunto dos problemas emergentes da actuação por conta de outrem sem *authority*. Por essa razão, os elementos utlizados para a comparação são o resultado de uma pesquisa em material disperso, onde foi possível encontrar respostas a questões que são comuns às que nos surgiram perante outras ordens jurídicas.

5.1. Âmbito

Nos países de *civil law* influenciados pelo direito alemão, a representação sem poderes é objecto de regulamentação legal específica, incluída nos preceitos dedicados à representação. No direito francês, a delimitação e o regime do instituto da representação sem poderes são o resultado da construção jurisprudencial e doutrinária, a partir da disposição do *Code Civil* que estabelece os efeitos para o mandante dos actos praticados pelo mandatário.

Partindo das disposições relevantes e/ou da construção jurisprudencial e doutrinária, conclui-se que não é coincidente, nestas ordens jurídicas, o âmbito da representação sem poderes.

Uma afirmação pode fazer-se perante todos os direitos, incluindo o *common law*: actua sem poderes ou sem *authority* a pessoa que celebra um negócio, pretendendo que ele produza efeitos na esfera jurídica de outrem, sem que lhe tenham sido atribuídos poderes para tal, ou para além dos poderes que lhe foram atribuídos, ou depois de terem cessado os poderes que lhe foram atribuídos.

Nos direitos inspirados pelo princípio da separação, é discutida a questão de saber se o abuso de representação, isto é, a actuação formalmente contida no âmbito dos poderes do representante, mas substancialmente contrária aos fins da representação ou aos interesses do representado, se inclui ou não na noção de representação sem poderes e, consequentemente, se fica ou não sujeita ao regime fixado para a representação sem poderes. Como corolário da separação entre a relação interna e a relação externa, em todos os direitos se exige, para a relevância do abuso, que a contraparte conheça ou tenha o dever de conhecer a desconformidade entre o poder de representação atribuído pelo representado e a actuação do representante. A relevância do abuso de representação traduz-se, em alguns direitos, na equiparação à falta de poderes representativos (como no direito português e, pelo menos em parte, segundo o entendimento prevalecente, no direito alemão) ou na aplicação de um regime especial (como no direito italiano, onde o abuso de representação é geralmente reconduzido à figura do conflito de interesses entre representado e representante e sujeito a regulamentação autónoma prevista no *Codice Civile*, dando origem a consequências distintas da representação sem poderes). Nos direitos alemão e suíço, os casos de conluio entre representante e contraparte (*Kollusion*) são unanimemente considerados contrários aos bons costumes, com a consequência legal respectiva.

No direito francês, uma parte significativa da doutrina equipara o abuso à actuação sem poderes. No direito da *agency*, não são descritas situações correspondentes aos casos qualificados como abuso de representação nos direitos da família romano-germânica.

5.2. Efeitos

5.2.1. Nas relações entre o representado e a contraparte

Consequência inerente quer à noção de representação quer à noção de *agency* é a produção de efeitos na esfera jurídica do representado ou do *principal* apenas nos casos em que o representante ou o *agent* esteja legitimado pelo respectivo poder de representação ou *authority*.

Inversamente, os actos que não estejam abrangidos no âmbito desse poder não vinculam o representado ou *principal*, salvo se forem por ele ratificados. Esta é a estatuição comum a todas as ordens jurídicas.

Em certos casos porém o representado só não fica vinculado pelos actos praticados pelo representante se o exercício anormal do poder de representação for oponível à contraparte. É o que resulta em todas as ordens jurídicas de *civil law* dos requisitos estabelecidos para a oponibilidade em relação à contraparte das causas de cessação do poder de representação e do abuso de representação. No direito francês, pretende-se por vezes estender a outros casos as exigências constantes do *Code Civil* para a oponibilidade em relação a terceiros das causas de cessação do mandato; para a relevância do abuso de poderes, alguns autores exigem que tenha havido concertação fraudulenta entre o mandatário e a contraparte.

No *common law*, é admitida a vinculação do *principal* se o *agent* actuar depois de ter cessado a *actual authority*, desde que estejam presentes os pressupostos da *apparent authority*.

É deste modo admitida, em todos os sistemas jurídicos analisados, a vinculação do representado em casos em que existe desconformidade entre a actuação do representante e o conteúdo do poder de representação, tal como foi definido pelo representado, embora não sejam coincidentes os pressupostos exigidos para essa vinculação.

Nos casos em que a consequência do exercício anormal do poder de representação é a não vinculação do representado, atendendo a que a não produção de efeitos é susceptível de causar prejuízos à contraparte no negócio representativo, tem sido admitida em alguns destes direitos (alemão e suíço) a responsabilidade do pretenso representado com fundamento em *culpa in contrahendo* ou com fundamento em responsabilidade pelos actos de auxiliares. No direito português, onde a questão se suscitou apenas pontual e parcialmente, entendemos que essa responsabilidade do representado pode eventualmente existir se se verificarem os pressupostos legais da responsabilidade pré-contratual ou da responsabilidade por danos causados por actos de auxiliares no cumprimento da obrigação e, neste último caso, desde que, preenchidos os demais requisitos, exista uma relação negocial anterior entre representado e representante de que resulte para este a obrigação de celebrar contratos por conta do representado.

5.2.2. Nas relações entre o representante e a contraparte

O representante ou *agent* que tenha actuado fora do âmbito dos seus poderes não se torna parte no contrato celebrado. Esta é a consequência aceite em todas as ordens jurídicas em apreciação, considerando que o representante ou *agent* não actuou como parte, mas sim em nome ou por conta de outrem. Em todos estes sistemas jurídicos se admite a responsabilidade do representante pelos prejuízos que com a sua actuação causou à contraparte. Pressuposto dessa responsabilidade comum a todos os direitos é a falta de ratificação do contrato pelo pretenso representado.

Em alguns países de *civil law*, essa responsabilidade encontra-se legalmente prevista (direitos alemão, suíço e italiano); em França, é admitida em geral pela doutrina e, em Portugal, tem sido pontualmente aceite na doutrina, encontrando-se a respectiva teoria pouco elaborada nestes dois últimos países.

Os pressupostos e os efeitos da responsabilidade do representante variam de uma para outra ordem jurídica e, no interior de cada uma delas, ainda se estabelecem regimes distintos conforme as circunstâncias concretas, designadamente em função do estado subjectivo do representante ao actuar sem poderes. Os efeitos vão desde a exigência do cumprimento do contrato pelo próprio representante, admitida para certos casos no direito alemão, até à responsabilidade pelo interesse contratual negativo, em geral defendida pela doutrina suíça e italiana para a generalidade dos casos, com base nas disposições legais em vigor nos respectivos países. Na falta de determinação legal no direito português, esta parece ser também a construção compatível com os princípios gerais vigentes no direito da responsabilidade civil.

À responsabilidade do representante para com a contraparte são atribuídos fundamentos e qualificações diversos, até perante um mesmo regime legal: responsabilidade com fundamento em garantia do representante quanto à existência e extensão do poder de representação ou quanto à ratificação do contrato pelo representado, responsabilidade pela confiança, responsabilidade pelo risco, responsabilidade por *culpa in contrahendo*.

No sistema da *agency*, a natureza da responsabilidade depende do estado subjectivo do *agent*, admitindo-se a responsabilidade com fundamento em *breach of implied warranty of authority* e com fundamento em *tort for deceit* (apenas se existir *fraud*).

Sublinhe-se o paralelismo neste aspecto existente entre o fundamento considerado por parte da doutrina alemã — garantia do representante quanto à existência e extensão do poder de representação — e o fundamento geral proposto pela jurisprudência inglesa para a responsabilidade do *agent* — *breach of implied warranty of authority*.

Nos sistemas de *civil law* abrangidos por esta investigação vigora um regime especial em matéria cambiária, dado que todos os países subscreveram as Convenções de Genebra de 1930 e 1931 em matéria de letras e livranças e em matéria de cheques. Nos termos do artigo 8º da LULL e do artigo 11º da LUC, ou das disposições nacionais que deram execução às referidas convenções, o representante sem poderes fica pessoalmente vinculado nos termos da obrigação cambiária assumida em nome do representado.

Nem o Reino Unido nem os Estados Unidos da América subscreveram tais Convenções. No direito inglês, o regime geral de responsabilidade de quem actua por conta de outrem sem *authority* é considerado aplicável em matéria de *negotiable instruments*. Nos Estados Unidos, onde existe, em matéria de *negotiable instruments*, um sistema próprio, constante do *Uniform Commercial Code*, que não corresponde nem ao sistema inglês nem ao das Convenções de Genebra, é aceite a responsabilidade cambiária do *agent* que actua por conta de outrem sem *authority*, mas favorecendo apenas terceiros de boa fé.

5.2.3. Nas relações entre o representado e o representante

Nas ordens jurídicas que consagram a separação entre a representação e o negócio jurídico subjacente, as consequências da representação sem poderes nas relações entre representado e representante não são geralmente objecto de análise no âmbito do direito da representação. Os direitos e obrigações emergentes da representação sem poderes são, nessas ordens jurídicas, determinados pelas regras que regem a relação contratual subjacente, quando exista — o contrato de mandato, de agência, de trabalho, etc. — ou, quando a actuação do representante não tenha subjacente qualquer vínculo contratual que o ligue à pessoa em cujo nome actua, pelas regras da gestão de negócios aplicáveis às relações entre o dono do negócio e o gestor.

No direito francês, a actuação do mandatário para além dos seus poderes constitui violação do contrato de mandato, sujeita às regras da responsabilidade contratual.

Também no direito da *agency*, resultando esta na maior parte dos casos de um contrato entre *principal* e *agent*, o *agent* que exceder os limites da sua *actual authority* é responsável com fundamento em *breach of contract*; no caso de a *agency* não ter natureza contratual, o *agent* só pode ser demandado *in tort*. Explicita-se no direito da *agency* que a responsabilidade do *agent* abrange os prejuízos resultantes da circunstância de o acto por ele celebrado para além dos limites da sua *actual authority* ser eficaz em relação ao *principal* com fundamento em *apparent authority* ou em *ratification*.

5.3. Valor jurídico do acto celebrado pelo representante sem poderes

A discussão sobre o valor jurídico do acto celebrado pelo representante sem poderes antes da ratificação pelo representado tem ocupado principalmente a doutrina dos países europeus continentais. Na actualidade, as várias respostas dadas ao problema assentam nos textos legais respectivos e dependem também da tipificação das causas de invalidade ou ineficácia em sentido amplo dos negócios jurídicos, aceite em cada ordem jurídica ou até por cada autor.

Nos direitos alemão, suíço e português, apesar de algumas opiniões discordantes, é maioritário, tanto na jurisprudência como na doutrina, o entendimento de que se trata de ineficácia em sentido estrito (*Unwirksamkeit*), relativa, ficando o negócio jurídico em estado de pendência (*Schwebezustand*); perante o direito italiano, coexistem ainda hoje duas correntes muito fortes (para referir apenas as mais importantes), defendendo uma a tese da ineficácia (que domina principalmente na doutrina) e sustentando a outra a tese do negócio jurídico em formação, negócio subjectivamente complexo de formação sucessiva ou negócio jurídico *in itinere* (que pode considerar-se prevalecente na jurisprudência); no direito francês, são utilizadas sobretudo as qualificações de inoponibilidade e nulidade.

No *common law*, onde a questão não é abertamente discutida, os termos utilizados na doutrina apontam para a qualificação do contrato como ilícito e inválido: *unlawful, wrongful, illegal, void*. Algumas decisões jurisprudenciais inglesas parecem ter subjacente o entendimento de que, se o *agent* celebrar o contrato submetendo-o expressa ou implicitamente à ratificação pelo *principal*, o contrato não se forma sem a ratificação, existindo uma simples proposta feita pela contraparte (concepção próxima da defendida por alguma doutrina alemã mais antiga).

5.4. Ratificação pelo representado

É comum a todos estes direitos o princípio segundo o qual a eficácia em relação ao representado, ou ao *principal*, do negócio celebrado sem poderes ou sem *authority* depende da ratificação pelo interessado.

No *common law*, à doutrina da *ratification* é atribuído um sentido peculiar, pois se considera geralmente que a *ratification* é um dos modos de formação da relação de *agency*.

Para além da eficácia retroactiva da ratificação, que é admitida em todos estes direitos, o regime da ratificação apresenta grandes diferenças nas ordens jurídicas consideradas.

O Código Civil italiano sujeita a ratificação à forma prescrita para o negócio celebrado pelo representante sem poderes. No direito português, a ratificação está sujeita à forma exigida para a procuração. Nos direitos alemão, suíço e francês não se estabelece qualquer exigência de forma. No direito inglês, a *ratification* de um contrato para o qual é exigida a forma escrita não tem de revestir a forma escrita; mas, se for exigido um *deed*, a mesma exigência deve ser observada na ratificação. No direito americano, considera-se que na ratificação devem ser observadas as mesmas formalidades a que está sujeita a autorização para a prática do acto a ratificar.

Em todos os direitos é admitida a ratificação expressa e a ratificação tácita. O silêncio e a abstenção do representado não são em geral entendidos como ratificação (ressalvado, nos direitos alemão e português, o regime especial de ratificação no domínio do contrato de agência, que adiante será referido); nos termos do direito do Estado de New York, é admitida a ratificação através do silêncio.

Nos direitos alemão, suíço, italiano e português, atribui-se à contraparte a possibilidade de exigir ao representado que se pronuncie sobre a ratificação do contrato num certo prazo (variando de um sistema para outro a extensão desse prazo e as regras sobre a fixação do mesmo), findo o qual, em caso de silêncio do representado, se presume a não aprovação do negócio.

No direito alemão e no direito português, vigora um regime especial de ratificação para os negócios celebrados pelo agente comercial sem poder de representação, segundo o qual, com o objectivo de proteger os interesses da contraparte e a segurança do comércio jurídico, se estabelece uma presunção de ratificação no caso de o principal não declarar, de imediato (no direito alemão) ou no prazo de cinco dias (no direito português), que não aceita o negócio.

A ratificação é em geral qualificada como negócio autónomo (negócio jurídico unilateral receptício, dirigido ao representante ou à contraparte, conforme as opiniões), nos direitos europeus continentais, embora uma parte da doutrina italiana a considere como um elemento que vai integrar-se no negócio representativo.

5.5. Posição jurídica da contraparte no acto celebrado pelo representante sem poderes

Nos direitos alemão, suíço, italiano e português existem disposições destinadas a obviar ao estado de indefinição em que se encontra a contraparte quanto à sorte do contrato celebrado com o representante sem poderes.

Nestes quatro sistemas jurídicos permite-se à contraparte provocar a ratificação do representado.

Por outro lado, segundo os direitos alemão e português, a contraparte pode desvincular-se unilateralmente do contrato se, no momento da celebração, não conhecia a falta de poderes do representante. Nos termos do direito italiano, a contraparte e o representante podem, por acordo, revogar o contrato.

No *common law*, encontraram-se referências pontuais à possibilidade de a contraparte se desvincular do contrato antes da ratificação, no caso de o *agent* ter expressa ou implicitamente submetido o contrato à ratificação pelo *principal*, e à possibilidade de o *agent* e a contraparte revogarem por acordo o contrato antes de ser ratificado.

No direito francês não é descrita qualquer medida destinada a tutelar a posição da contraparte enquanto aguarda a ratificação pelo representado do acto celebrado sem poderes de representação.

6. Apreciação final

A descrição analítica dos vários elementos seleccionados das ordens jurídicas em observação e a exposição de aspectos comuns e de soluções divergentes permitem confirmar que, em todos os sistemas, a principal dificuldade da regulamentação material da representação, inerente à natureza tripartida da relação, consiste em conciliar o poder do representante na relação externa com a faculdade que ele tem, na relação interna, de gerir os interesses do representado.

Por estranho que possa parecer em face das diferentes concepções subjacentes à representação, tal como é entendida nos direitos que seguiram o modelo alemão, ao mandato e à *agency*, o problema está sempre em compatibilizar o âmbito do *Können* com o âmbito do *Dürfen*.

Se, na doutrina da separação, o poder de representação do representante é autónomo ou independente da relação interna existente entre representado e representante, em vários momentos se verifica a interferência da relação interna na relação externa: em algumas dessas ordens jurídicas, para a delimitação do âmbito do poder de representação não é indiferente a relação subjacente entre representado e representante; os actos praticados pelo representante que, embora abrangidos pelo poder de representação, estejam em desconformidade com a relação interna não são, em certos casos, imputados ao representado; a cessação da relação interna implica frequentemente cessação do poder de representação.

Por sua vez, se, no sistema do mandato e da *agency*, o poder do representante é a mera projecção exterior da relação interna entre mandante e mandatário ou entre *principal* e *agent*, em muitos aspectos o regime da relação interna surge moldado pelo lado externo, em atenção aos interesses da contraparte e da segurança do comércio jurídico: a aparência exterior de poder é susceptível de vincular o representado; a mera verificação das causas de cessação da relação entre mandante e mandatário ou entre *principal* e *agent* não implica necessariamente a cessação do poder na relação externa e a desresponsabilização do representado pelos actos praticados pelo representante.

§ 5º
Direito uniforme

1. Os ensaios de unificação e de harmonização do direito com relevância em matéria de representação

A diversidade de regulamentações nacionais em matéria de representação justifica os esforços empreendidos por algumas organizações internacionais, tendo em vista a unificação ou harmonização das regras materiais nesta área [575].
As diligências efectuadas não têm tido resultados muito animadores. Em alguns casos, os trabalhos foram abandonados; em outros casos, os actos adoptados não chegaram a entrar em vigor. Os textos que acabaram por ser aprovados tiveram sempre um longo período de preparação tendo como consequência que, para se atingir o consenso, o âmbito de matérias abrangidas pelas regras uniformes foi sendo sucessivamente restringido.
A unificação conseguida diz respeito a um âmbito limitado, quer em função das matérias objecto de regulamentação, quer em função do espaço abrangido pelas regras uniformes. Nunca até hoje se conseguiu uma unificação ou harmonização de âmbito global, isto é, que compreenda todos os aspectos em que se desdobra a relação representativa e que seja susceptível de aplicação a nível mundial.
Os actos aprovados ou em curso têm natureza e alcance muito diversos.

1.1. Certas convenções internacionais de direito uniforme que disciplinam matérias específicas incluem a regulamentação de um ou outro tópi-

---

[575] Sobre a diversidade de regulamentações nacionais e a necessidade de harmonização do direito material da representação, cfr., entre outros: SCHMITTHOFF, *Agency in international trade*, p. 182 ss; BASEDOW, *Das Vertretungsrecht im Spiegel konkurrierender Harmonisierungsentwürfe*, RabelsZ, 1981, p. 196 ss; BADR, *Agency: unification of material law and of conflict rules*, em especial, p. 102 ss; TROMBETTA-PANIGADI, *L' unificazione del diritto in materia di contratti internazionali di intermediazione e di rappresentanza*, "L' unificazione del diritto internazionale privato e processuale", 1989, p. 917 ss; SCHWONKE, *Verkehrsschutz bei der Stellvertretung...*, p. 17 ss.

co do regime da representação. É o caso das convenções internacionais aprovadas em matéria cambiária.

Assim, as Convenções de Genebra de 1930 e 1931 que estabelecem leis uniformes em matéria de letras e livranças (LULL) e em matéria de cheques (LUC), aprovadas nas Conferências de Genebra de 7 de Junho de 1930 e de 19 de Março de 1931, sob a égide da Sociedade das Nações, contêm disposições que estabelecem os efeitos da representação sem poderes na prática de actos cambiários — artigo 8º da LULL e artigo 11º da LUC, que foram antes analisados, pois constituem direito positivo em todas as ordens jurídicas europeias continentais abrangidas neste trabalho [576].

A Convenção de Nova Iorque de 1988 sobre letras e livranças internacionais, adoptada, em 9 de Dezembro de 1988, pela Assembleia Geral das Nações Unidas e preparada no âmbito da Comissão das Nações Unidas para o Direito Comercial Internacional (CNUDCI) [577], regula, no artigo 36º, a prática de actos cambiários através de representante (*by an agent*).

A Convenção da CNUDCI consagra o princípio de que a aposição de assinatura num título, em representação de outrem, vincula o representado (*principal*) e não o representante (*agent*). Para a vinculação do representado exige-se: que o representante declare a sua qualidade de representante,

---

[576] Cfr., neste capítulo, § 1º, nº 5.2.2., b).

[577] Esta Convenção, que se insere num conjunto de iniciativas promovidas no âmbito das Nações Unidas com o objectivo de unificar o direito do comércio internacional, cria dois novos tipos de *negotiable instruments* destinados a serem utilizados nas transacções internacionais — a letra internacional e a livrança internacional, excluindo expressamente os cheques do seu âmbito de aplicação. A aplicabilidade da Convenção depende do carácter internacional do título e da escolha exercida pelos signatários do título (artigos 1º a 3º). Nos termos do artigo 89º, a Convenção entrará em vigor no primeiro dia do mês seguinte ao prazo de doze meses após o depósito do décimo instrumento de ratificação, aceitação, aprovação ou adesão. Assinaram a Convenção os Estados Unidos da América, o Canadá e a Federação Russa; até ao momento, a Convenção foi ratificada pela Guiné e pelo México. Sobre a Convenção de Nova Iorque ou sobre o projecto que esteve na sua origem, cfr.: SCHÜTZ, *Die UNCITRAL-Konvention über internationale gezogene Wechsel und internationale Eigenwechsel vom 9. Dezember 1988*, Berlin, New York, 1992; SPANOGLE, *United Nations: Convention on international bills of exchange and international promissory notes. Introductory note*, ILM, vol. XXVIII, nº 1, Jan. 1989, p. 170 ss; id., *The proposed UNCITRAL Convention on international bills of exchange and international promissory notes*, "Current legal issues affecting Central Banks" (ed. Robert C. Effros), vol. I, International Monetary Fund, Washington, 1992, p. 461 ss; id., *The U. N. Convention on international bills and notes (CIBN): a primer for attorneys and international bankers*, UCCLJ, 1992, p. 99 ss; BLOCH, *Le projet de convention sur les lettres de change internationales et sur les billets à ordre internationaux*, Clunet, 1979, p. 770 ss; id., *Un espoir déçu? La Convention des Nations Unies sur les lettres de change internationales et sur les billets à ordre internationaux*, Clunet, 1992, p. 907 ss; ADEMUNI-ODEKE, *The United Nations Convention on international bills of exchange and promissory notes*, JBL, 1992, p. 281 ss.

revele a identidade do representado e actue dentro dos limites dos poderes que lhe foram conferidos pelo representado (artigo 36º, nº 2).

O artigo 36º, nº 3 da Convenção enuncia de modo expresso que fica vinculada a pessoa que subscreve o título e não o pretenso representado nos seguintes casos: se quem age como representante de outrem não tiver poderes ou agir para além dos seus poderes; se o representante, actuando dentro dos limites dos seus poderes, não revelar no instrumento que está a agir na qualidade de representante de uma pessoa determinada ou se, revelando que está a apor a sua assinatura na qualidade de representante, não identificar a pessoa por conta de quem actua. Quem nestes termos ficar responsável e pagar o título tem os mesmos direitos que teria o pretenso representado (artigo 36º, nº 5).

O regime fixado nesta Convenção relativamente à representação sem poderes não é assim substancialmente distinto do regime contido nas Convenções de Genebra. A grande diferença está em que a mesma consequência é aplicável à actuação por conta de um *undisclosed principal* ou de um *unnamed principal*. Neste aspecto, a Convenção é inspirada pelo disposto na secção 3-403(2) do UCC norte-americano.

1.2. Por outro lado, foram aprovados alguns actos que têm como objectivo a harmonização ou a unificação das regras aplicáveis a certos aspectos do contrato de agência. Dada a matéria sobre que versam — um dos tipos contratuais a que pode associar-se a relação representativa, constituindo tão-só a relação interna ou subjacente ao poder de representação —, tais actos não interessam directamente ao tema principal que nos ocupa. Não deixaremos todavia de lhes fazer aqui uma referência muito resumida.

1.2.1. Um dos exemplos é a Directiva do Conselho das Comunidades Europeias relativa à coordenação dos direitos dos Estados membros sobre os agentes comerciais independentes (86/653/CEE), aprovada em 18 de Dezembro de 1986 [578]. Fundamentando-se nos artigos 57º, nº 2 e 100º do

---

[578] A Directiva foi aprovada após um período de preparação de dez anos. A primeira proposta de Directiva apresentada pela Comissão, em 17 de Dezembro de 1976 (publicada no JO nº C 13, de 18.1.1977, p. 2 ss), suscitou objecções por parte do Comité Económico e Social (parecer adoptado na sessão de 23 e 24.11.1977, publicado no JO nº C 59, de 8.3.1978, p. 31 ss) e do Parlamento Europeu (resolução publicada no JO nº C 239, de 9.10.1978, p. 17 ss). Também a *Law Commission* (inglesa) formulou críticas ao texto da proposta, considerando-o demasiadamente influenciado pelas disposições do direito alemão reguladoras do agente comercial. Cfr. *Law of contract. Report on the proposed E.E.C. directive on the law relating to commercial agents — Advice to the Lord Chancellor*, London, Outubro 1977 (Cmnd. 6948), p. 4 s e *passim* (comentários a este relatório podem ver-se em MCFARLANE, *Commercial agents: the Law Commission report*, NLJ, 1978, p. 416 ss; LANDO, *The EEC*

Tratado de Roma, pretende suprimir as restrições ao funcionamento do mercado comum e as desigualdades nas condições de concorrência, através da harmonização das disposições das várias legislações nacionais e do estabelecimento de normas de protecção dos agentes comerciais, que constituam um nível mínimo de protecção a assegurar por todos os Estados membros; tendo em vista o objectivo de assegurar a "protecção dos agentes comerciais nas relações com os seus comitentes", a Directiva inclui apenas a regulamentação da relação interna entre comitente e agente [579].

---

draft directive relating to self-employed commercial agents. The English Law Commission versus the EC Commission, RabelsZ, 1980, p. 1 ss). Em 29 de Janeiro de 1979, a Comissão apresentou um segundo projecto (publicado no JO n° C 56, de 2.3.1979, p. 5 ss), que, embora tendo sofrido modificações, está na origem da versão final da Directiva. Para a análise das propostas, cfr.: LANDO, *The EEC draft directive...*, p. 1 ss; THUESEN, *Approximation of agency law and the proposed EEC directive on the law relating to commercial agents*, ELR, 1981, p. 427 ss; BASEDOW, *Das Vertretungsrecht...*, p. 200 ss; MATRAY, SERVAIS, *L' harmonisation des contrats d' agence*, DPCI, 1981, n° 3, p. 387 ss, n° 4, p. 627 ss (n° 3, p. 394 ss). Para a análise pormenorizada da versão final dos preceitos da Directiva, cfr.: LELOUP, *La directive européenne sur les agents commerciaux*, Sem. Jur., 1987, I — Doct., 3308; BALDI, *La direttiva del Consiglio delle Comunità Europee 18 diciembre 1986 sugli agenti di commercio*, Rdintpriv.proc., 1989, p. 55 ss; R. DE QUÉNAUDON, *Les intermédiaires de commerce dans les relations internationales*, Jurisc. dr. int., fasc. 565-A-10, 1989, n°s 42 ss; *Les contrats de distribution — Contrat d' agence commerciale*, in "Lamy contrats internationaux" (org. Henry Lesguillons), tome 4, Paris, 1989 (com actualizações), n°s 2 ss, onde a referência às regras da Directiva surge a propósito dos diversos temas tratados na obra e em comparação com disposições de ordens jurídicas nacionais e com outros textos de fonte internacional; CRAHAY, *La directive communautaire relative aux agents commerciaux indépendants*, rapport présenté à la Conférence sur "Contrats d' intermédiaires et commissions illicites", organisée par l' Institut du Droit et des Pratiques des Affaires Internationales de la CCI, Paris, 29/30 mars 1990; SCHMITTHOFF's *agency and distribution agreements* (ed. Stephen Kenion-Slade, Michael Thornton), London, 1992, p. 19 ss; FEENSTRA, *Distribution and commercial agency and EEC law*, "Commercial agency and distribution agreements", 1993, p. 9 ss.

[579] O artigo 22° fixa o dia 1 de Janeiro de 1990 como data limite em que os Estados membros devem ter em vigor as disposições necessárias para se conformarem com a Directiva; essa data é substituída pela de 1 de Janeiro de 1994, para o Reino Unido e para a Irlanda, e pela de 1 de Janeiro de 1993, para a Itália, no que se refere às obrigações resultantes do artigo 17° (indemnização ou compensação devida ao agente aquando da cessação do contrato). Entre nós, a disciplina do contrato de agência constante do Decreto-Lei n° 178/86, de 3 de Julho, foi alterada pelo Decreto-Lei n° 118/93, de 13 de Abril, tendo em conta a necessidade de adaptar algumas das suas disposições ao texto da Directiva. A descrição das disposições adoptadas nos diversos países em execução da Directiva comunitária pode ver-se em *Commercial agency and distribution agreements. Law and practice in the member states of the European Community and The European Free Trade Association* (ed. Geert Bogaert, Ulrich Lohmann), 2ª ed., London, 1993. Para uma análise comparativa entre as normas da Directiva e as de vários países da Europa ocidental e dos Estados Unidos da América, cfr. CRAHAY, *Les contrats internationaux d' agence et de concession de vente*, Paris, 1991. Cfr., em comentário a alguns dos textos legislativos (ou projectos de textos legislativos) nacionais de adaptação à Directiva: RIZZOLI, *Operare in Germania: il contratto di agenzia*,

1.2.2. Outro exemplo é a Convenção Benelux relativa ao contrato de agência, celebrada na Haia em 26 de Novembro de 1973 pelos três países do Benelux. Trata-se de uma convenção de direito material uniforme, que impõe aos Estados contratantes a obrigação de adaptarem o seu direito interno em matéria de contrato de agência, o mais tardar na data da sua entrada em vigor [580], aos princípios estabelecidos nas disposições comuns constantes do anexo, e que tem igualmente como objectivo estabelecer um regime de protecção do agente comercial. Tal como a Directiva comunitária, esta Convenção regula apenas a relação interna entre comitente e agente, não se ocupando dos efeitos do contrato de agência em relação a terceiros.

Comm. int., 1991, p. 335 ss; KILESTE, *La loi belge du 13 avril 1995 relative au contrat d'agence commerciale transposant en droit interne la Directive européenne 86/653*, RDAI, 1995, p. 801 ss; MARTINETTI, CENA, *Contratto di agenzia: al traguardo la legge spagnola*, Comm. int., 1992, p. 1063 ss; KLIMA, *Die Umsetzung der Richtlinie des Rats der EG über das Recht der Handelsvertreter in das nationale französische Recht*, RIW, 1991, p. 712 ss; COSTA, *Francia: emanata la nuova legge sugli agenti*, Comm. int., 1991, p. 1160 s; CENA, *Italia: recepita la direttiva CEE sugli agenti commerciali indipendenti*, Comm. int., 1991, p. 1161 s; COSTA, *Contratto di agenzia: uno sguardo all' Italia*, Comm. int., 1992, p. 153 ss; COSTA, *Un "nuovo" contratto di agenzia per la Grecia*, Comm. int., 1992, p. 265 ss; SCHMITTHOFF's *agency...*, p. 30 ss; ROBINSON, *Changes to law on commercial agents*, BLB, 1993, Nov., p. 6 s; KESSEL, *Probleme des neuen Handelsvertreterrechts in Großbritannien*, RIW, 1994, p. 562 ss; BANKES, *Termination of agreements with commercial agents: the effect of the commercial agents directive in the United Kingdom*, ICCLR, 1994, p. 247 ss; REYNOLDS, *Commercial agents Directive*, JBL, 1994, p. 265 ss; ELLINGTON, CARR, *The UK commercial agents regulations 1993 (Council Directive 86/653/EC)*, RDAI, 1995, p. 51 ss; CENA, *Contratto di agenzia: la Svezia si ispira al modello CE*, Comm. int., 1994, p. 200 ss; SVERNLÖV, *Agency and distribution in Sweden*, ICCLR, 1994, p. 374 ss. Em relação à lei portuguesa, ver as obras já citadas de: PINTO MONTEIRO, *Contrato de agência. Anotação...*; LACERDA BARATA, *Sobre o contrato de agência*; id., *Anotações ao novo regime do contrato de agência*; M. Helena BRITO, *O contrato de agência*. Sobre a questão de saber se o diploma português de Julho de 1986 (Decreto-Lei nº 178/86, publicado em data anterior à da aprovação do texto comunitário) podia ser considerado como diploma de transposição da Directiva, cfr. CENA, MARTINETTI, *Portogallo: la legge in materia di agenzia e la direttiva comunitaria*, Comm. int., 1992, p. 1437 ss.

[580] Nos termos do artigo 5°, nº 2, a Convenção entrará em vigor no primeiro dia do segundo mês após o depósito do segundo instrumento de ratificação. Até ao momento não entrou em vigor, pois apenas foi ratificada pelos Países Baixos. Não se prevê a possibilidade de esta Convenção vir a constituir direito positivo nos países signatários, tendo em conta a harmonização entretanto realizada a nível comunitário pela Directiva 86/653/CEE, acima referida. Para a análise da Convenção, cfr.: *Les contrats de distribution — Contrat d' agence commerciale*, "Lamy contrats internationaux", nºs 2 ss, onde as normas da Convenção são mencionadas em comparação com regimes de fonte interna e com outros textos de fonte internacional; MATRAY, SERVAIS, *L' harmonisation...*, nº 3, p. 392 ss (onde se estabelece o confronto entre os preceitos da Convenção e os preceitos incluídos na então proposta de directiva da CEE sobre agentes comerciais); TROMBETTA-PANIGARDI, *L' unificazione del diritto...*, p. 956 ss.

1.2.3. Também a Câmara de Comércio Internacional preparou dois textos sobre o contrato de agência — um guia para a elaboração de contratos de agência comercial e um contrato-tipo de agência comercial. O guia tem como objectivo "fornecer informação clara e precisa às partes encarregadas de negociar e redigir um contrato de agência comercial" em relações internacionais [581]. O contrato-tipo pretende proporcionar um modelo susceptível de ser adoptado na negociação e redacção dos contratos internacionais de agência, através da inclusão de um conjunto de "regras contratuais uniformes", que não se fundamentam em qualquer direito nacional, mas que incorporam a prática dominante no comércio internacional e os princípios geralmente reconhecidos nas diferentes ordens jurídicas em matéria de contrato de agência [582]. Não constituindo objectivo destes textos

---

[581] CCI, *Guide pour l' élaboration de contrats — agence commerciale*, publ. n° 410, Paris, 1983, reimp. 1992, que actualiza o anterior guia, de 1961. Para o comentário do guia, cfr.: *Les contrats de distribution — Contrat d' agence commerciale*, n°s 17 ss, onde a remissão para as regras incluídas no guia surge também em paralelo com as referências a textos legislativos nacionais e a convenções internacionais; SCHMITTHOFF, *Agency...*, p. 184 ss; BONELL, *Is it feasible to elaborate uniform rules governing the relations between principal and agent?*, Rev. dr. unif., 1984, I, p. 52 ss (p. 65 s).

[582] CCI, *Contrat modèle CCI d' agence commerciale*, publ. n° 496, Paris, 1992. Na elaboração do modelo contratual, os seus autores tiveram em conta as exigências constantes dos diversos direitos nacionais e da Directiva comunitária e, de harmonia com o que consta do texto da introdução, procuraram respeitar os princípios fundamentais de cada uma das ordens jurídicas, a fim de evitarem o risco de contradição com disposições de ordem pública e com normas de aplicação imediata (cfr. introdução, n° 1). O modelo foi construído na presunção de que o contrato não seria sujeito à lei de um determinado Estado, mas apenas às cláusulas contratuais e aos princípios geralmente aceites no comércio internacional como aplicáveis ao contrato de agência, ou, por outras palavras, à *lex mercatoria*. Por outro lado, o texto considera desejável que os eventuais litígios sejam resolvidos de acordo com um sistema uniforme, organizado a nível internacional, revelando preferência pelo recurso à arbitragem comercial internacional (introdução, n° 4). Dando sequência a estas ideias, o artigo 23° do modelo submete os litígios emergentes do contrato a arbitragem comercial internacional organizada pela Câmara de Comércio Internacional (artigo 23°, n° 1) e impõe aos árbitros o dever de aplicarem as cláusulas contratuais e os princípios jurídicos geralmente reconhecidos no comércio internacional em matéria de contrato de agência, com exclusão das leis nacionais (artigo 23°, n° 2, opção A). Admitindo como hipótese alternativa a designação pelas partes de uma ordem jurídica nacional (artigo 23°, n° 2, opção B), o texto do modelo adverte (introdução, n° 2 e nota (22) ao artigo 23°) para a necessidade de as partes compatibilizarem o conteúdo das cláusulas propostas no contrato-tipo com as disposições aplicáveis da ordem jurídica escolhida. Prevê-se em qualquer dos casos que os árbitros tenham em consideração as disposições imperativas do Estado em cujo território se encontra estabelecido o agente, que sejam aplicáveis mesmo a contratos submetidos a um direito estrangeiro — n° 3 do mesmo artigo 23°. Por sua vez, o guia aconselha as partes a estipularem expressamente a lei aplicável à relação contratual e a incluírem nos contratos uma cláusula atributiva de jurisdição (n° 15). Para a análise do modelo de contrato da CCI, cfr. BORTOLOTTI, *Vers une nouvelle lex mercatoria de l' agence commerciale internationale? Le modèle de contrat d' agence de la CCI*, RDAI, 1995, p. 685 ss.

regular as relações externas, isto é, as que envolvem o terceiro contratante, nem o guia nem o modelo de contrato deixam de se referir à questão. Pressupõe-se que a figura típica de agente comercial no comércio internacional não tem poderes para celebrar contratos em nome do comitente nem para vincular o comitente em relação a terceiros [583]; mas os textos alertam não só para a hipótese de os actos praticados pelo agente nos limites dos poderes que lhe são reconhecidos vincularem o comitente — aconselhando a regulamentação clara e precisa da origem, natureza e extensão do poder de representação do agente [584] —, como para a possibilidade de, em certos casos, o terceiro poder confiar no poder aparente do agente — sugerindo que, nos sistemas jurídicos em que o agente tem, como regra, o poder de celebrar contratos em nome do comitente, a exclusão contratual dessa faculdade, prevista no artigo 3º, nº 3 do modelo, seja acompanhada da informação pelo comitente ao terceiro de que o agente não tem poderes para o representar [585].

1.3. A *Commission on European Contract Law*, que actualmente prepara a continuação dos *Principles of european contract law* [586], inclui na unificação um capítulo sobre a representação.

De acordo com os documentos de trabalho a que tivemos acesso [587], a redacção dos "Princípios" sobre esta matéria, elaborada a partir da comparação do direito vigente nos quinze países da União Europeia [588], assenta na separação entre a relação externa e a relação interna. A unificação promovida por estes "Princípios" diz respeito apenas à relação externa, ou seja, ao poder de representação conferido a uma pessoa para vincular outra perante terceiros. É excluída a representação legal e a representação que tem origem na designação por uma autoridade pública ou judicial.

Os "Princípios" adoptam uma concepção ampla de representação, na medida em que se referem tanto aos casos em que o representante actua em nome do representado (a representação directa) como aos casos em que ele actua em nome próprio (a designada representação indirecta).

São abrangidas as seguintes questões: modos de atribuição do poder de representação, efeitos da actuação do representante no exercício do po-

---

[583] Cfr. guia, nº 10, b); modelo de contrato, artigo 3º, nº 3 e nota (13).
[584] Cfr. guia, introdução, p. 6; nº 9, a) e nº 10, b); modelo, nota (13) ao artigo 3º.
[585] Cfr. modelo, nota (14) ao artigo 3º.
[586] Acerca dos "Princípios do direito europeu dos contratos", cfr. capítulo I, nota (74).
[587] Versão de Abril de 1996.
[588] Os "Princípios" sobre a representação recebem ainda o contributo da Convenção de Genebra de 1983 sobre a representação na compra e venda internacional de mercadorias, que a seguir será analisada.

der de representação, consequências da actuação sem poder de representação, conflito de interesses, substituição do representante, ratificação, cessação do poder de representação. A regulamentação respeitante à representação indirecta pretende contemplar situações abrangidas quer no instituto da *undisclosed agency* quer no mandato sem representação ou comissão dos direitos europeus continentais.

2. A Convenção de Genebra de 1983 sobre a representação na compra e venda internacional de mercadorias

2.1. Natureza e história da Convenção

A experiência mais significativa de unificação, quer pelo âmbito de matérias que abarca, quer pela possibilidade de vir a estender-se a grande número de países, é porém a Convenção de Genebra de 1983 sobre a representação na compra e venda internacional de mercadorias (conhecida por CAISG, abreviatura da sua designação em língua inglesa — *Convention on agency in the international sale of goods*).

Sendo uma convenção de direito material uniforme, o regime nela fixado tomou em conta diversos modelos nacionais [589]. Esta Convenção propõe-se unificar o regime substancial aplicável às situações em que um contrato de compra e venda internacional de mercadorias é celebrado com a intervenção de um representante. Constitui um complemento da Convenção das Nações Unidas sobre os contratos de compra e venda internacional de mercadorias, celebrada em Viena em 1980 (conhecida por CISG, abreviatura da sua designação em língua inglesa — *Convention on contracts for the international sale of goods*).

A aprovação da Convenção sobre a representação na compra e venda internacional de mercadorias (adiante designada "Convenção de Genebra sobre representação" ou simplesmente "Convenção") constitui o resultado

---

[589] Na opinião de HANISCH, esta Convenção constitui um bom exemplo de aplicação do método comparativo. Cfr. *Das Genfer Abkommen über die Stellvertretung beim internationalen Warenkauf von 1983 als Beispiel angewandter Rechtsvergleichung*, "FS Hans Giger", 1989, p. 251 ss (p. 254). Para uma análise do método utilizado na elaboração das regras uniformes contidas na Convenção de Genebra sobre representação, cfr. MATTEUCCI, *Les dispositions uniformes sur la représentation analysées sous l' aspect méthodologique*, "Unification and comparative law in theory and practice", 1984, p. 173 ss. Sobre as hipóteses de solução susceptíveis de ser adoptadas na unificação do direito, em matéria de representação, cfr. EÖRSI, *Two problems of the unification of the law of agency*, "Law and international trade", 1973, p. 83 ss (p. 86 ss).

de um longo esforço de unificação do direito. A sua origem remonta a estudos realizados pelo UNIDROIT desde 1935, que conduziram à publicação, em 1961, de dois projectos — *Projet de convention portant loi uniforme sur la représentation en matière de droit privé dans les rapports internationaux* [590] e *Projet de convention portant loi uniforme sur le contrat de commission de vente ou d' achat d' objets mobiliers corporels dans les rapports internationaux* [591].

O sistema adoptado na elaboração destes projectos tinha subjacente uma concepção próxima dos direitos continentais, baseando-se na distinção entre representação directa e indirecta; o primeiro projecto regulava os casos de representação directa, limitando-se todavia a considerar as relações entre representado e terceiro (relação externa); o segundo tratava fundamentalmente dos direitos e obrigações derivadas do contrato de comissão para o comitente e o comissário (relação interna), embora incluísse igualmente disposições respeitantes à relação entre o comitente e o terceiro.

As críticas formuladas pelos Estados membros do UNIDROIT, convidados a apresentar observações, mostraram que a distinção entre representante e comissário constituía um obstáculo à aceitação dos textos, sobretudo para os países de *common law* [592]. Um comité de peritos governamentais (de que fez parte a Professora Isabel de Magalhães Collaço), reunido entre 1970 e 1972, sugeriu, como meio de ultrapassar o impasse, a limitação do âmbito de matérias em que a unificação deveria ser tentada e redigiu um novo texto contendo um projecto de regulamentação uniforme relativa aos aspectos práticos dos contratos de representação nas relações internacionais em matéria de compra e venda de bens móveis corpóreos, que veio a dar origem ao *Projet de convention portant loi uniforme sur la représentation dans les rapports internationaux en matière de vente et d' achat d' objets mobiliers corporels* [593].

Em Dezembro de 1976, o Governo Romeno anunciou a decisão de convocar uma conferência diplomática para adopção do projecto de convenção. A Conferência Diplomática realizou-se em Bucareste, de 28 de Maio a 13 de Junho de 1978, mas os trabalhos não foram bem sucedidos. A complexidade da matéria e as divergências, já não entre países de *civil*

---

[590] U.D.P. 1961, Et/XIX, doc. 43, Roma, Abril 1961.
[591] U.D.P. 1961, Et/XXIV, doc. 28, Roma, Abril 1961.
[592] Cfr. *Analyse des observations des gouvernements sur les projets de conventions portant lois uniformes sur la représentation en matière de droit privé dans les rapports internationaux et sur le contrat de commission de vente ou d' achat d' objets mobiliers corporels dans les rapports internationaux*, U.D.P. 1970, Et/XIX e XXIV, doc. 44 e 29, Roma, Abril 1970.
[593] Et/XIX, doc. 55, Roma, UNIDROIT, Fevereiro 1974.

law e países de *common law*, mas no âmbito dos próprios países da Europa continental, quanto ao modo de regular as relações entre representado e "intermediário", impediram a análise de todas as disposições do projecto no prazo fixado; apenas foram aprovados os artigos do capítulo I (âmbito de aplicação e definições), assim como dois artigos do capítulo II, relativos à substituição do "intermediário", e, provisoriamente, dois artigos sobre a atribuição de poderes ao "intermediário" e sobre o poder aparente do "intermediário". Os textos aprovados foram anexos à resolução final adoptada pela Conferência [594].

Perante esta situação, o UNIDROIT recorreu a um procedimento excepcional, tendo designado um grupo restrito, composto por três peritos (Professores W. Müller-Freienfels, L. C. G. Gower e G. Eörsi, representando, respectivamente, os sistemas de *civil law*, os sistemas de *common law* e os sistemas socialistas), para examinarem os textos existentes e avaliarem as possibilidades de adopção de um projecto de convenção. Na opinião do grupo, o esforço de unificação deveria restringir-se à actividade do "intermediário" na compra e venda internacional de mercadorias, completando assim uma lacuna da Convenção de Viena que recentemente tinha sido adoptada; por outro lado, deveria eliminar-se o principal defeito do projecto anterior (que consistia em pretender disciplinar num único texto as relações externas e as relações entre representado e "intermediário"), limitando o objecto da regulamentação uniforme ao regime aplicável às relações entre o representado (ou o "intermediário") e o terceiro; consequentemente, o capítulo III do projecto anterior, que regia as relações entre o representado e o "intermediário", deveria ser suprimido e eventualmente reservado para ser incorporado numa futura convenção internacional se tal fosse considerado oportuno. Estas propostas foram aprovadas, tendo sido elaborada pelo Secretariado do UNIDROIT uma nova versão do projecto de lei uniforme que procurou ater-se às indicações contidas no relatório dos três professores.

O projecto foi submetido a um comité de representantes governamentais que, em finais de 1981, adoptou a versão definitiva (*Projet de convention sur la représentation en matière de vente internationale de marchandises avec rapport explicatif préparé par le Secrétariat d' UNIDROIT*, Roma, UNIDROIT, 1981).

Reunida em Genebra entre 31 de Janeiro e 17 de Fevereiro de 1983 a convite do Governo Suíço, a Conferência Diplomática (em que participa-

---

[594] Cfr. texto da resolução final em anexo ao documento *Implications financières de la convocation de la seconde session de la Conférence diplomatique pour l' adoption du projet de convention d' UNIDROIT portant loi uniforme sur la représentation dans les rapports internationaux en matière de vente et d' achat d' objets mobiliers corporels*, A.G. 31, doc. 5, Roma, UNIDROIT, Outubro 1979.

ram quarenta e nove Estados — entre os quais Portugal —, e em que estiveram presentes, como observadores, nove Estados e sete organizações intergovernamentais), aprovou por unanimidade a Convenção sobre a representação na compra e venda internacional de mercadorias. Em resolução anexa à acta final, a Conferência, considerando que a existência de regras internacionais relativas às relações entre representado e "intermediário" contribuiria para o desenvolvimento do comércio internacional, solicitou ao UNIDROIT que examinasse a possibilidade de elaborar normas, aplicáveis a nível mundial ou regional, reguladoras das relações entre representado e "intermediário".

A Convenção esteve aberta à assinatura desde 17 de Fevereiro de 1983 até 31 de Dezembro de 1984, tendo sido assinada por Chile, Marrocos, Santa Sé, Suíça, Itália e França. Até ao momento foi ratificada pela Itália e pela França; aderiram à Convenção a África do Sul, o México, o Reino dos Países Baixos. Nos termos do artigo 33º, entrará em vigor no primeiro dia do mês seguinte ao decurso do prazo de doze meses após a data do depósito do décimo instrumento de ratificação, aceitação, aprovação ou adesão [595].

2.2. Âmbito de aplicação da Convenção. Noção de representação

Tratando-se de um complemento da Convenção de Viena sobre os contratos de compra e venda internacional, a regulamentação da Convenção sobre representação limita-se, em princípio, aos contratos de compra e venda de mercadorias (artigo 1º, nº 1) [596].

---

[595] Sobre a evolução dos projectos de Convenção, cfr., para além dos sucessivos estudos do UNIDROIT já citados: SCHMITTHOFF, *Agency in international trade...*, p. 183, 187, 197 ss; EÖRSI, *Two problems of the unification of the law of agency*, p. 87 ss; BASEDOW, *Das Vertretungsrecht...* p. 203 ss; MATRAY, SERVAIS, *L' harmonisation des contrats d' agence*, nº 4, p. 627 ss; EVANS, *Rapport explicatif sur la Convention sur la représentation en matière de vente internationale de marchandises*, Rev. dr. unif., 1984, I, p. 72 ss; BONELL, *Una nuova disciplina in materia di rappresentanza: la Convenzione di Ginevra del 1983 sulla rappresentanza nella compravendita internazionale di merci*, Rdcomm., 1983, I, p. 273 ss (p. 277 ss); id, *The 1983 Geneva Convention on agency in the international sale of goods*, AJCL, 1984, p. 717 ss (p. 720 ss); MATTEUCCI, *Les dispositions uniformes...*, p. 175 ss; BADR, *Agency: unification of material law and of conflict rules*, p. 102 ss; STAUDER, *La Convention de Genève de 1983 sur la représentation en matière de vente internationale de marchandises*, "Mélanges Robert Patry", Lausanne, 1988, p. 216 ss (p. 221); R. DE QUÉNAUDON, *Les intermédiaires de commerce...*, nº 48; MASKOW, *Kommentierung der Konvention über die Vertretung beim internationalen Warenkauf vom 17.2.1983*, in ENDERLEIN, MASKOW, STROHBACH, "Internationales Kaufrecht. Kaufrechtskonvention, Verjährungskonvention, Vertretungskonvention, Rechtsanwendungskonvention", Berlin, 1991, p. 347 ss (p. 348 s).

[596] O artigo 30º, nº 2, al. a) permite que um Estado declare, em qualquer momento,

A aplicação da disciplina uniforme depende da verificação de duas condições cumulativas: a existência de uma relação de representação, no sentido do artigo 1º, nº 1; o carácter internacional da transacção, nos termos do artigo 2º.

O âmbito material de aplicação da Convenção é definido no artigo 1º. A Convenção aplica-se quando uma pessoa, o representante [597], tem o poder de agir ou pretende agir [598] por conta de outra, o representado, para celebrar [599] com um terceiro um contrato de compra e venda de mercadorias (nº 1) [600]; rege não só a celebração do contrato pelo representante, mas

---

que pretende aplicar o regime da Convenção a contratos diferentes da compra e venda de mercadorias.

[597] A noção utilizada na Convenção (*intermédiaire* e *agent*, respectivamente, nas versões francesa e inglesa) é uma noção autónoma, que deve ser interpretada no contexto em que se insere, tendo em conta o regime estabelecido na própria Convenção e os objectivos por ela prosseguidos. Propus anteriormente o termo "intermediário", para traduzir aquelas expressões, alertando para a circunstância de não lhe corresponder um conteúdo jurídico preciso, mas justificando a escolha com a necessidade de encontrar uma noção susceptível de revelar a actividade desenvolvida pela pessoa em causa e de se adaptar à diversidade dos sistemas jurídicos nacionais sobre a matéria (cfr. *O contrato de concessão comercial*, p. 124 ss). Será agora usada a palavra "representante", apesar da não inteira correspondência com o léxico jurídico português (face ao conceito amplo de representação em que assenta a Convenção) e da diferença entre a actuação do representante, segundo a Convenção, e a actuação do representante, segundo o Código Civil português. A referência a "representante" justifica-se pelo reconhecimento de que, no sistema da Convenção, o efeito típico dos actos realizados pela pessoa que age consiste em criar uma relação contratual directa entre representado e contraparte (artigo 12º). A propósito da questão terminológica, cfr. BONELL, *Una nuova disciplina...*, p. 283, nota (33), que, na versão italiana opta pela utilização do termo *rappresentante*. Na tradução da Convenção para língua alemã, efectuada por MASKOW, é usado o termo *Vertreter* (cfr. *Kommentierung...*, artigo 1º, nº 1 e disposições seguintes).

[598] Não é coincidente o sentido do artigo 1º, nº 1 nas duas versões oficiais da Convenção: "... *une personne ... a le pouvoir d' agir ou prétend agir pour le compte d' une autre..., pour conclure ... un contrat ...*" e "*... one person has authority or purports to have authority on behalf of another person ... to conclude a contract ...*". As fórmulas utilizadas permitem aplicar a disciplina uniforme à actuação do *falsus procurator* e do gestor de negócios. Neste sentido, EVANS, *Rapport explicatif...*, p. 88, nº 21. No sentido de que a gestão de negócios está excluída do âmbito da Convenção, BONELL, *Una nuova disciplina...*, p. 283, nota (35).

[599] A Convenção exclui assim do seu âmbito de aplicação as hipóteses em que o representante tem apenas a obrigação de promover e negociar operações por conta de outrem sem ter o poder de celebrar os respectivos contratos (e, desde logo, a actuação do agente comercial, uma das figuras mais típicas no domínio dos contratos de intermediação nos países da Europa continental, em todos os casos em que não lhe sejam atribuídos poderes para concluir os contratos em que intervém).

[600] O nº 1 do artigo 3º exclui a aplicação da Convenção à representação em alguns importantes actos do comércio internacional: operações efectuadas por representantes profissionais em bolsas de valores e de mercadorias (al. a)); vendas em leilão (al. b)). Sobre a justificação destas exclusões, cfr. *Rapport explicatif préparé par le Secrétariat d' UNIDROIT*,

também qualquer acto por ele realizado tendo em vista a celebração ou qualquer acto relativo à execução do contrato (n° 2); diz apenas respeito às relações entre, por um lado, o representado ou o representante e, por outro lado, o terceiro (n° 3); é aplicável quer o representante actue em nome próprio quer actue em nome do representado.

Abrangem-se diversas modalidades de actuação por conta de outrem:
— a actuação dentro dos limites dos poderes conferidos pelo representado e a actuação para além desses poderes ou sem poderes, incluindo assim a actuação do chamado *falsus procurator*;
— a actuação em nome do representado ou em nome do representante e mesmo a actuação, sem invocação do nome da pessoa por quem o representante age, incluindo deste modo a actuação por conta de um *undisclosed principal*.

A noção de representação adoptada na Convenção é portanto muito ampla, aproximando-se mais da figura da *agency*, na medida em que engloba toda a actuação por conta de outrem, independentemente de ser invocado ou não o nome do representado. São excluídas a representação legal e a judiciária (artigo 3°, n° 1, als. c), d) e e)), bem como a representação orgânica (artigo 4°, al. a)) e a actuação do *trustee* (artigo 4°, al. b)).

Por outro lado, a Convenção apenas estabelece o regime aplicável às relações externas de representação (representado — terceiro; representante — terceiro).

O âmbito espacial de aplicação da Convenção é estabelecido no artigo 2° [601]. Nos termos do n° 1, a Convenção só pode aplicar-se se o representado e o terceiro (as partes no contrato de compra e venda) tiverem estabelecimento em Estados diferentes [602]. As als. a) e b) precisam este critério, formulando duas condições suplementares em alternativa: é necessário que o representante tenha estabelecimento num dos Estados contratantes [603] ou

---

n°s 28 e 29, in *Projet de convention sur la représentation en matière de vente internationale de marchandises*, Roma, UNIDROIT, 1981.

[601] Para uma interessante e minuciosa análise da questão relativa ao âmbito territorial das regras uniformes, à face dos projectos do UNIDROIT, cfr. EÖRSI, *Two problems of the unification of the law of agency*, p. 93 ss.

[602] O critério adoptado é análogo ao do artigo 1°, n° 1 da Convenção de Viena. Daí que se afirme que a Convenção sobre representação se aplica a contratos já sujeitos ao direito uniforme em matéria de compra e venda internacional. Cfr. STAUDER, *La Convention de Genève de 1983 sur la représentation...*, p. 226. Mas não é necessariamente coincidente o âmbito das duas Convenções, como esclarece EVANS, *Rapport explicatif...*, p. 90 s, n° 26. Sobre a questão também BONELL, *Una nuova disciplina...*, p. 286; id., *The 1983 Geneva Convention...*, p. 727 s; TROMBETTA-PANIGADI, *L'unificazione del diritto...*, p. 952.

[603] Assim, o lugar do estabelecimento do representante é irrelevante para a determinação do carácter internacional das relações, mas não para a determinação da aplicabilidade da

que as regras de direito internacional privado conduzam à aplicação do direito de um Estado contratante.

Exige-se o carácter internacional da compra e venda, não da representação[604]. Mas, nos termos da al. a), o elemento determinante para decidir da aplicação da regulamentação uniforme é a figura do representante [605]. Assim, em primeiro lugar, a Convenção rege as situações internacionais, em que representado e terceiro têm estabelecimentos em Estados diferentes, quando o representante tiver o estabelecimento num Estado contratante [606]. Em alternativa, a al. b) delimita o âmbito de aplicação da Convenção recorrendo ao método conflitual: o regime uniforme é também aplicável quando, situando-se em Estados diferentes os estabelecimentos do representado e do terceiro, a norma de conflitos do foro designe como competente para regular as relações externas de representação o direito de um Estado contratante [607].

Convenção. Cfr. BONELL, *Una nuova disciplina...*, p. 285 s; id., *The 1983 Geneva Convention...*, p. 727 s; SARCEVIC, *The Geneva Convention on agency in the international sale of goods*, "International sale of goods. Dubrovnik lectures" (ed. Petar Sarcevic, Paul Volken), New York, London, Rome, 1986, p. 443 ss (p. 451).

[604] A *ratio* desta solução pode ver-se na circunstância de a Convenção se aplicar apenas às relações externas; não se justificaria a sua aplicação a hipóteses em que a única relação com carácter internacional fosse a relação interna (entre representado e representante) se o representante agisse no Estado em que se encontra estabelecido o terceiro.

[605] Por isso, a propósito da delimitação do âmbito de aplicação desta Convenção, o representante foi já designado *messager du droit uniforme*. Cfr. MOULY, *La Convention de Genève sur la représentation en matière de vente internationale de marchandises*, RIDC, 1983, p. 829 ss (p. 833). Um dos objectivos pretendidos com a introdução da condição da al. a) foi evitar conflitos com a Convenção de Haia sobre representação, designadamente com o artigo 11º, que considera aplicável, nas relações com o terceiro, a lei do Estado em que o representante tem o seu estabelecimento profissional. De qualquer modo, esta conexão de natureza objectiva facilita a previsibilidade da aplicação da Convenção para todas as partes envolvidas. Cfr. *Rapport explicatif...*, nº 23, in *Projet de convention sur la représentation...*, 1981.

[606] O critério adoptado constitui um compromisso entre aqueles que, pretendendo estender o âmbito de aplicação da Convenção, propunham como critério o estabelecimento de qualquer um dos três interessados num Estado contratante e aqueles que, defendendo uma solução mais restritiva, exigiam que não só o representante mas também o terceiro tivessem estabelecimento num Estado contratante. Cfr. EVANS, *Rapport explicatif...*, p. 92, nº 28; TROMBETTA-PANIGADI, *L' unificazione del diritto...*, p. 950.

[607] Condição análoga se encontra no artigo 1º, nº 1, al. b) da Convenção de Viena, a propósito da qual se suscitaram dúvidas e críticas. Cfr. BENTO SOARES, MOURA RAMOS, *Contratos internacionais*, Coimbra, 1986 (reimp., 1995), p. 21 ss. No âmbito da Convenção de Genebra sobre representação, a condição foi aceite sem grande discussão. Mas, tal como na Convenção de Viena, prevê-se no artigo 28º a possibilidade de os Estados declararem que não estão vinculados pelo artigo 2º, nº 1, al. b). Esta faculdade de reserva foi incluída sobretudo por insistência dos países socialistas, alguns dos quais tinham aprovado regulamentação material especial para as relações comerciais internacionais (Código de comércio internacional da

Os critérios utilizados no nº 1 do artigo 2º são susceptíveis de conduzir à aplicação do direito uniforme a situações que, do ponto de vista do terceiro, não têm carácter internacional. Daí que o nº 2 do mesmo preceito contenha uma restrição suplementar ao âmbito de aplicação da Convenção, determinando que, se, no momento da celebração do contrato, o terceiro não conhecer (ou não dever conhecer) que o representante actua como tal, a Convenção só se aplica se, para além das condições referidas, o representante e o terceiro tiverem estabelecimento em Estados diferentes [608].

A Convenção tem carácter dispositivo, podendo as suas normas ser afastadas pela autonomia das partes. Nos termos do artigo 5º, o representado, ou um representante agindo de harmonia com instruções do representado, pode acordar com o terceiro em excluir total ou parcialmente a aplicação do regime da Convenção. Sobre a disciplina da Convenção prevalecem ainda os usos a que o representado (ou o representante) e o terceiro se tenham submetido e as práticas comerciais estabelecidas entre eles, como prevê o artigo 7º.

2.3. Origem e extensão do poder do representante

O capítulo II da Convenção, ao referir-se à formação do poder de representação, regula apenas os requisitos a que deve obedecer o acto jurídico de atribuição de poderes ao representante.

A atribuição de poderes (*habilitation*, no texto francês; *authorisation*, na versão inglesa) [609] ao representante pelo representado pode ser expressa ou tácita (artigo 9º, nº 1), não está sujeita a especiais exigências de forma e pode ser provada por qualquer meio (artigo 10º) [610]. Não é mencionada no

---

Checoslováquia, de 4 de Dezembro de 1963, e Lei sobre os contratos económicos internacionais da República Democrática Alemã, de 5 de Fevereiro de 1976) e para quem a disposição do artigo 2º, nº 1, al. b) significava uma renúncia à aplicação da sua própria legislação em favor da disciplina convencional fora dos casos em que o representante tinha o seu estabelecimento num Estado contratante.

[608] O artigo 2º, nº 2 tem assim a intenção de evitar que o terceiro, acreditando de boa fé estar a celebrar um contrato meramente interno, tenha a surpresa de se ver ligado a um *undisclosed principal* com estabelecimento no estrangeiro. Crítico quanto a esta restrição do âmbito de aplicação da Convenção, STÖCKER, *Das Genfer Übereinkommen über die Vertretung beim internationalen Warenkauf*, WM, 1983, p. 778 ss (p. 780).

[609] Ao distinguir a *habilitation* do *pouvoir*, ou, na versão inglesa, a *authorisation* (termo que aliás não tem tradição no direito da *agency*) da *authority*, a Convenção parece aceitar implicitamente a doutrina da separação em matéria de representação.

[610] Porque, no momento da negociação e aprovação da Convenção, alguns direitos (então designados) socialistas exigiam que todos os actos relativos ao comércio internacional (e por isso também o acto de atribuição de poderes representativos em relações internacionais) revestissem a forma escrita, foi necessário introduzir a disposição do artigo 11º. Esta

artigo 9º a *apparent authority*. Na Convenção, a relevância da *apparent authority* surge no contexto dos efeitos dos actos praticados pelo representante sem poderes ou para além dos seus poderes (artigo 14º, nº 2) [611].

A Convenção não se refere com clareza ao critério a utilizar para delimitar a extensão dos poderes do representante. Segundo o artigo 9º, nº 2, o representante tem o poder de realizar todos os actos necessários para a execução da sua missão, tendo em conta as circunstâncias [612].

2.4. Cessação do poder de representação

A inclusão de disposições relativas à cessação do poder de representação no texto da Convenção esteve em dúvida até ao último momento da Conferência Diplomática de Genebra: invocavam alguns que a matéria da cessação do poder de representação diz respeito fundamentalmente, se não mesmo exclusivamente, à disciplina da relação interna, excedendo por isso o âmbito material da Convenção; pelo contrário, os que defendiam a sua inclusão sublinhavam que o conhecimento das causas de cessação do poder de representação tem tanta importância para o terceiro como o conhecimento das modalidades da sua formação.

As disposições do capítulo IV da Convenção constituem um compromisso entre as duas posições. O número de casos em que se reconhece a cessação do poder de representação foi reduzido de modo a só mencionar os que são admitidos por todos os sistemas jurídicos, remetendo-se, quanto ao mais, para o direito aplicável. Assim, segundo a Convenção, o poder do representante extingue-se por acordo entre representado e representante, pela execução completa da operação ou das operações para as quais tinha sido atribuído, através de revogação por parte do representado ou de renúncia por parte do representante (artigo 17º) ou quando tal resultar do direito aplicável (artigo 18º), sem que todavia se indique qual é o direito competente.

À semelhança da solução consagrada em todas as ordens jurídicas internas que antes analisámos, a extinção do poder de representação, no sis-

---

norma permite a um Estado em cuja legislação nacional exista aquela exigência declarar que não aplica os preceitos da Convenção que admitem a atribuição de poderes, a ratificação ou a extinção de poderes por forma diferente da forma escrita, desde que o representado ou o representante tenham o estabelecimento nesse Estado (cfr. artigo 27º). Por outro lado, o artigo 11º, último parágrafo, impede as partes de afastarem tal disposição ou de lhe alterarem o efeito.

[611] Sobre as razões desta solução, cfr. *Rapport explicatif...*, 1981, nºs 51 s.

[612] Esta formulação ampla sugere os termos que caracterizam a categoria da *implied authority*, na teoria da *agency* (sendo susceptível de abranger as situações de *incidental authority*, *usual authority*, *customary authority*).

tema da Convenção, não é oponível em relação a terceiros, salvo se estes conhecerem ou tiverem o dever de conhecer tal extinção ou os factos que lhe deram origem (artigo 19º). Não obstante a extinção dos seus poderes, o representante tem legitimidade para realizar por conta do representado ou dos seus herdeiros os actos necessários para evitar qualquer prejuízo dos seus interesses (artigo 20º).

2.5. Efeitos dos actos realizados pelo representante

O capítulo III, que constitui a parte mais original e mais importante da disciplina da Convenção, estabelece os efeitos jurídicos dos actos realizados pelo representante.

O regime contido nos artigos 12º a 16º assenta numa distinção fundamental entre os casos em que o representante actua dentro dos limites dos poderes que lhe foram conferidos (artigos 12º e 13º) e os casos em que ele actua sem poderes ou para além dos poderes que lhe foram atribuídos (artigos 14º a 16º).

2.5.1. Efeitos dos actos realizados pelo representante dentro dos limites dos seus poderes

Tratando-se de actos celebrados dentro dos limites dos poderes do representante, a Convenção determina efeitos diferentes para as situações em que o terceiro conhece ou devia conhecer a qualidade em que actua o representante (artigo 12º) e para aquelas em que o terceiro desconhece essa qualidade (artigo 13º, nº 1, al. a)).

Em relação ao primeiro tipo de casos (o representante actua por conta do representado, dentro dos limites dos seus poderes, e o terceiro conhece ou devia conhecer a qualidade em que actua o representante), a Convenção estabelece que os actos praticados pelo representante vinculam directamente o representado e o terceiro (artigo 12º). É irrelevante se o representante actua por conta de um *disclosed principal* ou de um *unnamed principal*; o que importa é que o terceiro tenha conhecimento de que o intermediário não está a agir por sua própria conta. Ao determinar a produção de eficácia directa entre representado e terceiro, a Convenção prescinde do requisito formal da *contemplatio domini* exigido nos direitos continentais, considerando suficiente que o representante actue dentro dos limites dos seus poderes e que o terceiro tenha conhecimento de que o representante actua por conta de outrem. A solução reflecte a influência da noção de *agency* e afasta-se da abordagem tradicional dos sistemas de *civil law*.

Só não se estabelecerá um vínculo directo entre o representado e o terceiro se resultar das circunstâncias, nomeadamente através da referência a um contrato de comissão, que o representante pretendia vincular-se apenas a si próprio (artigo 12º, parte final), pois, nesse caso, o contrato vincula o representante e o terceiro (artigo 13º, nº 1, al. b)). Nesta parte, a Convenção reporta-se à distinção tradicional nos direitos continentais entre representação directa e indirecta.

Em relação ao segundo tipo de casos (o representante actua por conta de outrem, dentro dos limites dos seus poderes, mas o terceiro não conhece nem devia conhecer a qualidade em que actua o representante), a Convenção estabelece que os actos praticados pelo representante apenas vinculam o representante e o terceiro (artigo 13º, nº 1, al. a)). Nesta hipótese pode ver-se uma referência à figura do *undisclosed principal* e a solução da Convenção corresponde basicamente à dos direitos continentais, pois consagra como princípio geral que o contrato vincula apenas as pessoas que nele intervêm. Uma pessoa por conta de quem o representante actua, mas cuja identidade não seja revelada à contraparte, não pode ser considerada parte num contrato, embora tenha conferido poderes ao representante para o celebrar por sua conta.

Para todas as situações em que é prevista a vinculação do representante ao contrato (artigo 13º, nº 1, als. a) e b)), admite-se que, observados certos requisitos, se o representante não cumprir ou não estiver em condições de cumprir as suas obrigações (quer perante a pessoa por conta de quem actuou, quer perante o terceiro) [613], a pessoa por conta de quem o representante actuou (o representado) possa demandar directamente o terceiro ou ser por este directamente demandado (artigo 13º, nº 2, als. a) e b)) [614].

Trata-se de uma regulamentação original, que pretende conciliar as soluções contrastantes em vigor nos sistemas de *civil law* e de *common law* [615]. De acordo com a concepção geral dos sistemas de *civil law* em relação à chamada representação indirecta, os actos do representante vinculam apenas o representante e o terceiro. Esta solução, aceite como regra geral no nº 1 do artigo 13º, foi mitigada no nº 2 do mesmo preceito a fim de satisfazer exigências dos sistemas de *common law*. Como vimos, segundo o

---

[613] Porque, por exemplo, se encontra em situação de insolvência ou de falência.

[614] Sobre as diferenças entre as condições de exercício da acção directa pelo representado e pelo terceiro e entre as excepções de que podem prevalecer-se, respectivamente, o terceiro e o representado, tendo em conta o disposto nas als. a) e b), cfr. EVANS, *Rapport explicatif...*, p. 124 s, nºs 74 s.

[615] Para uma apreciação do compromisso entre os sistemas de *civil law* e os de *common law*, conseguido nos artigos 12º e 13º da Convenção, cfr. BONELL, *La nuova Convenzione di Ginevra sulla rappresentanza nella vendita internazionale di merci*, Rdciv., 1983, II, p. 223 ss; id., *Una nuova disciplina...*, p. 296 ss; id., *The 1983 Geneva Convention...*, p. 735 ss; BADR, *Agency...*, p. 125 ss; STAUDER, *La Convention de Genève ...*, p. 232 ss; HANISCH, *Das Genfer Abkommen...*, p. 263 ss.

direito da *agency*, é indiferente que o *agent* actue por conta de um *disclosed principal*, de um *partially disclosed principal* ou de um *undisclosed principal*. Se existir *authority*, as regras da *agency* são aplicáveis apesar de a existência de um *principal* ou a sua conexão com o negócio serem desconhecidas da outra parte. O *undisclosed principal* pode demandar e ser demandado com fundamento em contrato válido celebrado por sua conta, desde que o *agent* tenha actuado dentro dos limites da sua *authority*. Todavia, no sistema da Convenção, e diferentemente do que acontece no direito da *agency*, a acção directa prevista a favor do representado (artigo 13º, nº 2, al. a)) e a favor do terceiro (artigo 13º, nº 2, al. b)) pressupõe necessariamente o incumprimento por parte do representante.

O representado não pode exercer contra o terceiro os direitos adquiridos por sua conta pelo representante se resultar das circunstâncias do caso que o terceiro não teria contratado se conhecesse a identidade do representado (artigo 13º, nº 6) [616].

O regime constante do artigo 13º, nº 2 pode ser afastado por acordo entre o terceiro e o representante actuando de harmonia com instruções expressas ou implícitas do representado (artigo 13º, nº 7) [617].

2.5.2. Efeitos dos actos realizados pelo representante sem poderes ou para além dos limites dos seus poderes

a) Nas relações entre o representado e a contraparte

Tratando-se de actos celebrados pelo representante sem poderes ou para além dos seus poderes, a Convenção estabelece que tais actos não vinculam o representado e o terceiro (artigo 14º, nº 1).

No entanto, quando o comportamento do representado levar o terceiro a acreditar razoavelmente e de boa fé que o representante tem poderes para agir por conta do representado e que actua dentro dos limites desses poderes, o representado não pode prevalecer-se em relação ao terceiro da falta de poderes do representante (artigo 14º, nº 2). A disposição assenta numa abordagem que mais se aproxima da doutrina da *apparent authority* do

---

[616] A fim de permitir aos interessados exercer a acção directa prevista no artigo 13º, o representante deve comunicar ao representado e ao terceiro a identidade de cada um deles (nºs 4 e 5).

[617] A faculdade de afastar ou de modificar o efeito de disposições da Convenção consta da norma geral do artigo 5º. Sobre as razões que podem explicar a repetição que no artigo 13º, nº 7 se faz do preceito geral do artigo 5º, cfr.: BONELL, *Una nuova disciplina...*, p. 299 ss; id., *The 1983 Geneva Convention...*, p. 737 ss; EVANS, *Rapport explicatif...*, p. 130, nº 81; SARCEVIC, *The Geneva Convention...*, p. 467 s.

common law, fundamentada no princípio de *estoppel*, mas substancialmente não contraria a solução da representação aparente ou consentida dos direitos continentais. Diferentemente do que acontece quando existe atribuição tácita ou implícita de poderes, em que o acto do representante produz os mesmos efeitos que produziria se existisse uma atribuição expressa de poderes (por aplicação conjugada dos artigos 12º e 13º e 9º, nº 1), no caso da aparência de poderes, estabelece-se apenas que a falta de poderes não pode ser oposta pelo representado ao terceiro. Por isso, se, numa situação concreta, a pessoa que contratou com o representante não invocar este regime, o contrato de compra e venda não produz efeitos em relação ao representado.

O artigo 15º permite ao representado ratificar um acto praticado pelo representante sem poderes ou para além dos limites dos seus poderes. O acto ratificado pelo representado produz os mesmos efeitos que produziria se tivesse sido desde o início celebrado com poderes (nº 1) [618]. Não se estabelecem exigências de forma para a ratificação, que pode ser feita de modo expresso ou resultar do comportamento do representado (nº 8) [619].

Tal como em algumas das ordens jurídicas nacionais analisadas, certos aspectos do regime da ratificação dependem da boa ou má fé do terceiro, no momento da celebração do contrato.

Assim, se o terceiro não conhecia nem devia conhecer a falta de poderes do representante, ele pode, antes da ratificação do negócio, notificar o representado de que se recusa a aceitar qualquer ratificação; no caso de o representado ratificar, mas a ratificação não ser feita em prazo razoável, o terceiro pode recusar-se a aceitar a ratificação, desde que notifique imediatamente o representado (artigo 15º, nº 2). A disposição do artigo 15º, nº 2, ao permitir, em certas circunstâncias, que o terceiro de boa fé não aceite a ratificação, tem como objectivo obviar ao estado de indefinição sobre a sorte do contrato, atenuando, por um meio distinto do consagrado em alguns países de *civil law*, a situação de vantagem em que se encontraria o representado se fosse o único a decidir quanto à produção ou não de efeitos do contrato.

Se o terceiro conhecia ou devia conhecer a falta de poderes do representante, ele não pode recusar-se a aceitar a ratificação antes do prazo estipulado para a ratificação ou, não tendo sido acordado qualquer prazo, antes de decorrido um período razoável fixado pelo terceiro (artigo 15º, nº 3).

Em qualquer caso, o terceiro pode recusar a ratificação parcial (artigo 15º, nº 4).

---

[618] Tais efeitos são os previstos nos artigos 12º e 13º: abrangem-se quer os casos em que o representante actua claramente por conta de outrem quer aqueles em que o intermediário pretende vincular-se a si próprio.

[619] Ressalvado o direito reconhecido aos Estados contratantes de formularem a declaração prevista no artigo 27º, já antes mencionado (cfr., neste parágrafo, nº 2.3., nota (610)).

A ratificação produz efeitos logo que chegue ao conhecimento do terceiro, não podendo depois disso ser revogada, e é válida ainda que, no momento em que é feita, o contrato não pudesse ser validamente cumprido (artigo 15º, nºs 5 e 6).

b) Nas relações entre o representante e a contraparte

Em todas as ordens jurídicas antes analisadas, na falta de ratificação pelo representado, o representante que tenha actuado sem poderes ou para além dos limites dos seus poderes incorre em responsabilidade perante o terceiro de boa fé. Nos termos do artigo 16º da Convenção, o representante "deve indemnizar o terceiro a fim de o colocar na situação em que estaria se o representante tivesse agido com poderes e dentro dos limites dos seus poderes".

Esta norma estabelece portanto o dever de indemnizar o interesse contratual positivo [620]. Não se encontra expressamente prevista a hipótese de cumprimento do contrato pelo próprio representante, solução que é admitida no direito alemão (§ 179 BGB). Mas não pode daí deduzir-se que tal via esteja excluída pela Convenção. O cumprimento por parte do representante constitui uma alternativa ao pagamento de uma indemnização, sempre que o representante fique vinculado em relação ao terceiro nos termos do contrato de compra e venda [621].

A responsabilidade do representante é excluída se o terceiro conhecia ou devia conhecer que o representante não tinha poderes ou actuava para além dos seus poderes (artigo 16º, nº 2).

c) Nas relações entre o representado e o representante

A Convenção não estabelece, como vimos, o regime das relações internas entre representado e representante [622]. Os efeitos da actuação sem

---

[620] Sobre a interpretação do preceito do artigo 16º e sobre a evolução do seu texto ao longo dos sucessivos projectos do UNIDROIT, cfr. BADR, *Agency...*, p. 120 ss.

[621] Neste sentido, cfr. STÖCKER, *Das Genfer Übereinkommen...*, p. 783; BONELL, *The 1983 Geneva Convention...*, p. 743 s e nota (91); id., *Una nuova disciplina...*, p. 307 s e nota (97); EVANS, *Rapport explicatif...*, p. 140, nº 95; SARCEVIC, *The Geneva Convention...*, p. 473; STAUDER, *La Convention de Genève ...*, p. 231.

[622] A supressão do capítulo III do projecto de 1974, que disciplinava as relações entre representado e representante foi, como ficou referido, uma das medidas de simplificação que permitiu aprovar a Convenção sobre a representação na compra e venda internacional de mercadorias. Na sequência da resolução final da Conferência Diplomática de Genebra, o Conselho de Direcção do UNIDROIT deliberou, em Maio de 1983, encarregar o Secretariado de preparar um relatório sobre a possibilidade de elaborar regras uniformes aplicáveis às relações entre representado e representante, em particular no domínio da compra e venda internacional de mercadorias. Apresentado esse relatório no ano seguinte, só na sessão do Conselho de

poderes na relação interna, incluindo a eventual responsabilidade do representante perante o representado, devem ser regulados pela lei que, no país em que a questão se suscite, seja considerada competente pelas regras de direito internacional privado.

Direcção de Setembro de 1987, após a adopção da Directiva do Conselho das Comunidades Europeias sobre os agentes comerciais independentes, se decidiu prosseguir o exame da questão, tendo sido solicitado ao professor Dietrich MASKOW do Instituto de Potsdam--Babelsberg (República Democrática Alemã) um estudo sobre as relações internas entre representado e representante em matéria de compra e venda internacional de mercadorias, a fim de ser submetido ao Conselho na sessão de Abril de 1989. Esse estudo, acompanhado de um anteprojecto de convenção sobre contratos de representação em matéria de compra e venda internacional de mercadorias (*Internal relations between principals and agents in the international sale of goods. Preliminary draft of a Unidroit Convention on contracts of commercial agency in the international sale of goods*, St/LXXI, doc. 1, Roma, UNIDROIT, Outubro 1989, publicado na Rev. dr. unif., 1989, I, p. 60 ss), foi examinado pelo Conselho na altura prevista e o assunto foi incluído no plano de trabalhos para o triénio de 1990-1992. Foram solicitadas observações aos governos e a organizações interessadas, mas as reacções foram decepcionantes: só dois governos responderam (a Suécia e a União das Repúblicas Socialistas Soviéticas); das organizações consultadas, apenas três enviaram elementos (entre elas, a Comissão das Comunidades Europeias); somente alguns professores de direito apresentaram as suas observações. Das respostas recebidas, umas consideravam o projecto inútil ou inoportuno; outras sublinhavam a necessidade de adoptar uma solução em harmonia com a directiva comunitária; outras ainda propunham uma atitude prudente, no sentido de se aguardar a entrada em vigor da Convenção de Genebra sobre representação, da Convenção de Haia sobre a lei aplicável aos contratos de intermediação e à representação e da Convenção de Roma sobre a lei aplicável às obrigações contratuais. Perante estas reacções, o Secretariado propôs, e o Conselho de Direcção do Instituto aprovou, a preparação de um estudo comparativo entre a directiva comunitária e o anteprojecto de convenção do Professor MASKOW (cfr. C.D. (70) 20, Roma, UNIDROIT, Fevereiro 1991). O documento elaborado contém a comparação, não só entre aqueles dois textos, mas ainda com um terceiro — o projecto definitivo do contrato-tipo de agência para o comércio internacional, elaborado pela CCI (*Internal relations between principals and agents in the international sale of goods. Comparative presentation of the provisions of the Council Directive of the European Communities on the coordination of the laws of the member states relating to self-employed commercial agents (86/653 EEC), the preliminary draft of a Unidroit convention on contracts of agency in the international sale of goods (COCAISG) drawn up by Professor Dietrich Maskow and the final draft of the model form of agency contract for international trade (self-employed commercial agents) of the International Chamber of Commerce, incorporating the comments on COCAISG of governments and correspondents of the Institute*, St/LXXI, doc. 2, Roma, UNIDROIT, Fevereiro 1992, da autoria de Ray SHAHANI). Na sessão de Génova, em Junho de 1992, o Conselho de Direcção do UNIDROIT deliberou suprimir esta matéria do programa de trabalho do Instituto: a adopção da directiva comunitária por um grande número de Estados que estavam em vias de aderir às Comunidades Europeias tornava na prática inútil a continuação dos trabalhos sobre a matéria (cfr. Conseil de Direction, 71 ème session, Gênes, 22 au 24 juin 1992, C.D. (71) 18, Roma, UNIDROIT, Agosto 1992). A possibilidade de elaboração de regras uniformes aplicáveis, a nível mundial ou regional, às relações entre representado e representante tem sido considerada na doutrina como um projecto que, embora desejável, é irrealista ou sem grande hipótese de sucesso, dadas as divergências entre os sistemas de *civil law* e de *common law*. Cfr. BONELL, *Is it feasible...*, p. 67 ss.

CAPÍTULO III
O instituto da representação:
perspectiva comparada de direito internacional privado

§ 1º
Direito alemão

1. Fontes de normas de conflitos

A reforma do direito internacional privado alemão, realizada pela lei de 25 de Julho de 1986, alterou e completou as disposições contidas nos artigos 7 a 31 da *Einführungsgesetz zum Bürgerlichen Gesetzbuche* (EGBGB), introduzindo importantes modificações no sistema anterior, mas mantendo o essencial da tradição savigniana e das técnicas continentais [1].

---

[1] Os trabalhos preparatórios desta reforma iniciaram-se pouco tempo após o termo da segunda guerra mundial, tendo sido publicados pelo *Deutscher Rat für IPR* diversos projectos (*Vorschläge und Gutachten*), a partir dos anos 50; entre outras iniciativas, foram importantes os trabalhos realizados no âmbito do *Max-Planck-Institut* de Hamburgo. Sobre a história e o significado da reforma, foram publicados, aquando da sua entrada em vigor, diversos estudos em revistas e em obras da especialidade. Para além dos comentários contidos nos manuais e tratados sobre o direito internacional privado, que, depois da nova lei, têm vindo a ser actualizados (citados ao longo deste trabalho), vejam-se os seguintes estudos: BÖHMER, *Das deutsche Gesetz zur Neuregelung des Internationalen Privatrechts von 1986. Struktur, Entstehung, Lücken und Schwerpunkte*, RabelsZ, 1986, p. 646 ss; SANDROCK, *Die Bedeutung des Gesetzes zur Neuregelung des Internationalen Privatrechts für die Unternehmenspraxis*, RIW, 1986, p. 841 ss; JAYME, *Das neue IPR-Gesetz — Brennpunkte der Reform*, IPRax, 1986, p. 265 ss; J. HOFMANN, *À propos des nouvelles règles de la partie générale du droit international privé en République Fédérale d'Allemagne, en Autriche et en Suisse*, RIDC, 1986, p. 921 ss; SONNENBERGER, *Introduction générale à la réforme du droit international privé dans la République fédérale d'Allemagne selon la loi du 25 juillet 1986*, Rev. crit., 1987, p. 1 ss; STURM, *Personnes, famille et successions dans la Loi du 25 juillet 1986 portant réforme du droit international privé allemand*, Rev. crit., 1987, p. 33 ss; BASEDOW, *Les conflits de juridictions dans la réforme du droit international privé allemand*, Rev. crit., 1988, p. 77 ss; C. VON BAR, *Das deutsche IPR vor, in und nach der Reform: Rechtsprechung zum Kollisionsrecht seit 1984*, JZ, 1987, p. 755 ss, 814 ss; LÜDERITZ, *Internationales Privatrecht im Übergang — Theoretische und praktische Aspekte der deutschen Reform*, "FS Gerhard Kegel", 1987, p. 343 ss; WITZ, *La loi allemande du 25 juillet 1986 portant réforme du droit international privé (RFA) et les opérateurs du commerce international*, RDAI, 1987, p. 561 ss; GILDEGGEN, LANGKEIT, *The new conflict of laws code provisions of the Federal Republic of Germany: introductory comment and translation*, Ga. J. Int'l & Comp. L., 17 (1986), p. 229 ss; HOHLOCH, *Erste Erfahrungen mit der Neuregelung des Internationalen Privatrechts in der Bundesrepublik Deutschland*, JuS, 1989, p. 81 ss (incluindo já uma referência às

A nova lei, que está em vigor desde 1 de Setembro de 1986, regula questões gerais de direito internacional privado e ocupa-se sucessivamente do direito das pessoas singulares e do negócio jurídico, do direito da família, das sucessões e das obrigações contratuais e inclui modificações da legislação processual, nomeadamente no que diz respeito ao reconhecimento de decisões estrangeiras e à competência dos tribunais alemães em matéria de direito da família.

No domínio do direito das obrigações (artigos 27 a 37), reconhecem-se em grande parte as disposições da Convenção de Roma sobre a lei aplicável às obrigações contratuais. A Convenção é por esta via recebida no direito alemão, não sendo assim na Alemanha aplicável directamente como tal [2].

Mesmo depois da reforma de 1986, continuam a não existir normas de conflitos de fonte legislativa sobre diversas matérias, como por exemplo sobre representação. Na sequência do sistema adoptado na Convenção comunitária, a lei alemã exclui da regulamentação conflitual contida na subsecção relativa às obrigações contratuais a questão de saber se um representante pode vincular em relação a terceiros a pessoa por conta de quem actua (artigo 37, n° 3 EGBGB e artigo 1°, n° 2, al. f) da Convenção de Roma), isto é, o poder de representação ou a relação externa de representação [3].

---

primeiras experiências de aplicação da lei). Para uma apreciação crítica de alguns dos aspectos da lei, cfr. WENGLER, *Zur Technik der internationalprivatrechtlichen Rechtsanwendungsanweisungen des IPR-"Reform"gesetzes von 1986*, RabelsZ, 1989, p. 409 ss.

[2] Sobre os problemas suscitados na Alemanha pela adopção de uma lei interna, incorporando disposições da Convenção de Roma, reformulando umas e omitindo outras, cfr.: *Recommandation de la Commission des Communautés Européennes du 15 janvier 1985*, JO L 44, 14.2.85, p. 42 s; *Stellungnahme des Max-Planck-Instituts für ausländisches und internationales Privatrecht zum Regierungsentwurf von 1983*, RabelsZ, 1983, p. 595 ss (p. 665 ss); e, na doutrina, B. VON HOFFMANN, *Empfiehlt es sich, das EG-Übereinkommen auf vertragliche Schuldverhältnisse anzuwendende Recht in das deutsche IPR-Gesetz zu inkorporieren?*, IPRax, 1984, p. 10 ss; NOLTE, *Zur Technik der geplanten Einführung des EG-Schuldvertragsübereinkommens in das deutsche Recht aus völkerrechtlicher Sicht*, IPRax, 1985, p. 71 ss; DICKSON, *The reform of private international law in the Federal Republic of Germany*, I.C.L.Q., 1985, p. 231 ss (p. 238); SANDROCK, *Die Bedeutung des Gesetzes...*, p. 842 ss; MARTINY, col. *Münchener Kommentar..., Einführungsgesetz zum BGB*, 2ª ed., 1990, vor Art. 27, an. 15; JUNKER, *Die einheitliche europäische Auslegung nach dem EG-Schuldvertragsübereinkommen*, RabelsZ, 1991, p. 674 ss (p. 689 ss).

[3] Assim, MARTINY, *Münch.Komm.*, Art. 37, an. 34; HOHLOCH, col. ERMAN, *Handkommentar zum BGB, Einführungsgesetz*, 9ª ed., 1993, Art. 37, an. 6; SANDROCK, *Die Bedeutung des Gesetzes...*, p. 845, nota (31); HAUSMANN, col. REITHMANN, MARTINY, "Internationales Vertragsrecht", *Vollmacht*, 4ª ed., 1988, p. 873; G. FISCHER, *Verkehrsschutz im internationalen Vertragsrecht*, Köln, Berlin, Bonn, München, 1990, p. 277; REDER, *Die Eigenhaftung vertragsfremder Dritter im internationalen Privatrecht*, Konstanz, 1989, p. 177.

Na falta de norma de conflitos de fonte legal sobre a representação, ao longo do tempo tem sido desempenhado um papel decisivo por outras fontes de direito. A jurisprudência é abundante e criadora; a doutrina tem dedicado atenção à representação, mesmo em obras gerais de direito internacional privado.

2. Determinação do direito aplicável

A doutrina alemã que se tem ocupado da representação em direito internacional privado considera o tema no âmbito da teoria geral do negócio jurídico, seguindo a tradição do direito civil, e trata apenas de determinar o direito aplicável ao poder de representação, designadamente ao poder de representação que tem origem em negócio jurídico (*Vollmacht*), isolando-o das outras relações envolvidas na relação representativa (a relação jurídica de base entre o representado e o representante ou *Grundverhältnis* e o negócio jurídico celebrado pelo representante ou *Hauptgeschäft*). Nos estudos sobre a representação em direito internacional privado, essas outras duas relações são em regra mencionadas pelos autores com a finalidade de clarificar o objecto da investigação ou por vezes também com a finalidade de afastar a competência das ordens jurídicas que as regulam e que são determinadas a partir das normas de conflitos respeitantes aos contratos [4]. Sublinhe-se desde já que, se a independência em relação à *Grundverhältnis* é geralmente aceite, alguns autores continuam a defender a sujeição do poder de representação ao estatuto do negócio representativo.

Em sentido diferente, SPELLENBERG, col. *Münchener Kommentar...*, *Einführungsgesetz zum BGB*, 2ª ed., 1990, *vor* Art. 11, an. 234, interpreta a exclusão do nº 3 do artigo 37 no sentido de que a lei pretendeu deixar à jurisprudência e à doutrina a decisão quanto à conexão da representação e considera que portanto a norma não pode ser entendida como uma proibição de aplicar as disposições dos artigos 27 a 36 da EGBGB na determinação do direito competente para regular esta matéria.

[4] Vejam-se, como paradigmáticos, os seguintes exemplos: RABEL, *Vertretungsmacht für obligatorische Rechtsgeschäfte*, RabelsZ, 1929, p. 807 ss (p. 807); id., *Sobre la situación actual del derecho internacional privado comparado*, p. 24 s; MAKAROV, *Die Vollmacht im internationalen Privatrecht*, "Scritti di diritto internazionale in onore di Tomaso Perassi", II, Milano, 1957, p. 39 ss (p. 39); VON CAEMMERER, *Die Vollmacht für schuldrechtliche Geschäfte im deutschen internationalen Privatrecht*, RabelsZ, 1959, p. 201 ss (p. 203); MÜLLER, col. SANDROCK, "Handbuch der Internationalen Vertragsgestaltung", *Probleme der Vollmacht*, 1980, p. 637 s; STEDING, *Die Anknüpfung der Vollmacht im internationalen Privatrecht*, ZVglRWiss, 1987, p. 25 ss (p. 25); REITHMANN/HAUSMANN, *Vollmacht*, p. 873; KROPHOLLER, *Internationales Privatrecht*, p. 274 ss.

2.1. Relação entre o representado e o representante

A relação interna entre representado e representante (*Grundverhältnis*), que tem geralmente natureza contratual, não é abrangida pela exclusão prevista no artigo 37, nº 3 EGBGB. Como ficou referido, nos estudos sobre a representação em direito internacional privado, a disciplina conflitual da relação interna não tem merecido mais do que uma referência simplificada à norma de conflitos relevante.

Por essa razão, limitamo-nos aqui também a uma exposição muito sintética sobre a questão.

No direito de conflitos alemão actual, não apresentando o contrato subjacente qualquer especialidade em relação a outros contratos, está sujeito às normas de conflitos que têm como objecto as obrigações contratuais (artigos 27 a 30 EGBGB, correspondentes aos artigos 3º a 6º da Convenção de Roma sobre a lei aplicável às obrigações contratuais).

Por força dessas regras de conflitos, o contrato que constitui a relação subjacente ao poder de representação será regulado pelo direito designado expressa ou tacitamente pelas partes (artigo 27)[5] e, na falta de escolha, pelo direito do país com o qual tem a conexão mais estreita (artigo 28, nº 1), presumindo-se que o contrato tem a conexão mais estreita com o país onde a parte que está obrigada a fornecer a prestação característica tem, no momento da celebração do contrato, a sua residência habitual (a sua administração central, no caso de se tratar de pessoa colectiva, o seu estabelecimento, se estiver em causa um contrato celebrado no exercício da actividade económica ou profissional do devedor da prestação característica) (artigo 28, nº 2).

Sendo o contrato subjacente ao poder de representação um contrato de mandato, um contrato de agência ou um *Geschäftsbesorgungsvertrag*, o direito aplicável será, consoante os casos, o do país da residência habitual do mandatário, do agente, ou do prestador do serviço de promoção de negócios, ou, se o contrato for celebrado no exercício da actividade económica ou profissional do devedor da prestação característica, o do país do

---

[5] Sobre as eventuais limitações à escolha do direito aplicável, no âmbito do contrato de agência comercial, cfr., por todos, à face da nova lei alemã de DIP: KINDLER, *Der Ausgleichsanspruch des Handelsvertreters im deutsch-italienischen Warenverkehr. Eine rechtsvergleichende und kollisionsrechtliche Untersuchung*, Frankfurt a. M., Bern, New York, Paris, 1987, p. 139 ss; id., *Zur Anknüpfung von Handelsvertreter- und Vertragshändlerverträgen im neuen bundesdeutschen IPR*, RIW, 1987, p. 660 ss (p. 661 ss). Para a discussão do problema antes da lei de 1986, mas tendo já presentes as disposições da Convenção de Roma (e as da Convenção de Haia sobre representação), WENGLER, *Zum internationalen Privatrecht des Handelsvertretervertrags*, ZHR, 1982, p. 30 ss.

respectivo estabelecimento principal [6]. Só assim não será se do conjunto das circunstâncias do caso resultar que o contrato tem uma conexão mais estreita com outro país, como determina o nº 5 do artigo 28 EGBGB (correspondente ao nº 5 do artigo 4º da Convenção de Roma) [7].

Se o contrato subjacente for um contrato de trabalho — sendo representado o empregador e representante o trabalhador —, são aplicáveis as normas especiais consagradas no artigo 30, que repete o artigo 6º da Convenção de Roma. A escolha pelas partes do direito competente não pode ter como consequência privar o trabalhador da protecção que decorre das disposições imperativas da lei que seria aplicável na falta de escolha e que é a lei indicada no nº 2 de cada uma das mencionadas disposições — a lei do país em que o trabalhador no cumprimento do contrato presta habitualmente o seu trabalho, ainda que tenha sido destacado temporariamente para outro país, ou, no caso de o trabalhador não prestar habitualmente o seu trabalho num único país, a lei do país em que se situa o estabelecimento através do qual o trabalhador foi contratado, a não ser que resulte do conjunto das circunstâncias que o contrato de trabalho apresenta uma conexão mais estreita com outro país, pois, se assim for, a lei aplicável será a deste último país.

---

[6] Assim, designadamente a propósito do contrato de agência, cfr.: KINDLER, *Der Ausgleichsanspruch des Handelsvertreters...*, p. 165, 189; id., *Zur Anknüpfung von Handelsvertreter- und Vertragshändlerverträgen...*, p. 663; C. VON BAR, *Internationales Privatrecht*, II — *Besonderer Teil*, München, 1991, p. 368; KROPHOLLER, *Internationales Privatrecht*, p. 406; FIRSCHING, VON HOFFMANN, *Internationales Privatrecht*, p. 365. Neste sentido se pronunciava antes da nova lei alemã de DIP uma parte da doutrina: A. SURA, *Die Anknüpfung des internationalen Handelsvertretervertrages*, DB, 1981, p. 1269 ss (p. 1271); KRÄNZLIN, *Das Handelsvertreterrecht im deutsch-amerikanischen Wirtschaftsverkehr*, p. 333 ss; id., *Das deutsche internationale Handelsvertreterrecht im Rechtsverkehr mit den USA*, ZVglRWiss, 1984, p. 257 ss (p. 276 ss); EBENROTH, *Kollisionsrechtliche Anknüpfung der Vertragsverhältnisse von Handelsvertretern, Kommissionsagenten, Vertragshändlern und Handelsmaklern*, RIW, 1984, p. 165 ss (p. 167). Diferentemente, LÜDERITZ, *Internationales Privatrecht*, Frankfurt a. M., 1987, p. 135 s, 2ª ed., Neuwied, Kriftel, Berlin, 1992, p. 134, considera que a presunção do artigo 28º, nº 2 conduz à aplicação da lei do lugar onde o agente exerce habitualmente a sua actividade — na sequência da tese defendida anteriormente, como regra geral, por alguns autores: BEITZKE, *Das anwendbare Recht beim Handelsvertretervertrag*, DB, 1961, p. 528 ss (p. 530); BIRK, *La legge applicabile al rapporto di agenzia commerciale nelle relazioni italo-tedesche*, Rdintpriv.proc., 1981, p. 5 ss (p. 20); LUTHER, *Probleme bei deutsch-italienischen Handelsvertreterverträgen*, RIW, 1985, p. 620 ss (p. 621); id., *Nochmals: Deutsch-italienische Handelsvertreterverträge*, RIW, 1985, p. 965.

[7] Sobre o sentido e alcance da disposição do nº 5 do artigo 28 EGBGB, cfr., entre outros: C. VON BAR, *Internationales Privatrecht*, II, p. 359 ss; KROPHOLLER, *Internationales Privatrecht*, p. 403, 407 s; FIRSCHING, VON HOFFMANN, *Internationales Privatrecht*, p. 369 s; KEGEL, *Internationales Privatrecht*, p. 233, 489; MARTINY, *Münch.Komm.*, Art. 28, an. 90 ss.

O contrato subjacente ao poder de representação pode ainda incluir-se na categoria dos contratos com consumidores — como, por exemplo, os contratos com instituições de crédito, com outras instituições financeiras ou com agências de viagens — em que o cliente/consumidor (representado) atribui a uma dessas entidades (representante) poder para que esta o represente nas relações com terceiros. Desde que se verifiquem certas condições, umas de natureza subjectiva, outras de natureza objectiva e outras ainda respeitantes às circunstâncias de celebração do contrato, por força do que determina o artigo 29 EGBGB (que reproduz o artigo 5º da Convenção de Roma), a escolha pelas partes do direito aplicável não pode privar o consumidor da protecção que lhe é assegurada pelas disposições imperativas da lei do país onde ele tem residência habitual; na falta de escolha do direito competente, o contrato será regulado pela lei do país em que o consumidor tem a sua residência habitual [8].

A remissão operada por todas as normas de conflitos referidas dirige-se às disposições materiais da ordem jurídica designada (artigo 35, nº 1 EGBGB, que repete o artigo 15º da Convenção de Roma, excluindo, no domínio contratual, quer a *Rückverweisung* quer a *Weiterverweisung*).

A aplicação do direito estrangeiro designado pelas normas de conflitos contidas na EGBGB não pode prejudicar a aplicação das disposições do direito material alemão que regulem de modo imperativo a situação independentemente de qual seja a lei aplicável ao contrato (artigo 34 EGBGB, correspondente ao artigo 7º, nº 2 da Convenção de Roma [9]), nem pode conduzir a um resultado que seja manifestamente incompatível com os princípios essenciais do direito alemão e, particularmente, com os direitos funda-

---

[8] Fora das hipóteses expressamente abrangidas por este regime especial, aplicam-se os princípios gerais constantes dos artigos 27 e 28 EGBGB (correspondentes aos artigos 3º e 4º da Convenção de Roma) e não as disposições protectoras do artigo 29 EGBGB (correspondente ao artigo 5º da Convenção).

[9] A República Federal Alemã formulou, nos termos do artigo 22º da Convenção de Roma, uma reserva quanto à aplicação do artigo 7º, nº 1 (disposição que permite, em certas condições, atribuir relevância a normas imperativas pertencentes a uma ordem jurídica estrangeira que tenha com o contrato uma conexão estreita). Por essa razão, a nova lei alemã de direito internacional privado apenas se refere no artigo 34 às disposições imperativas do direito do foro. Sobre o sentido e alcance do artigo 34 EGBGB, cfr.: KROPHOLLER, *Internationales Privatrecht*, p. 427 ss; FIRSCHING, VON HOFFMANN, *Internationales Privatrecht*, p. 384 ss; KEGEL, *Internationales Privatrecht*, p. 230 s, 508; MARTINY, *Münch.Komm.*, Art. 34; SCHURIG, *Zwingendes Recht, "Eingriffsnormen" und neues IPR*, p. 233 ss; MARQUES DOS SANTOS, *As normas de aplicação imediata...*, p. 964 ss. Sobre a interferência de disposições imperativas do direito alemão destinadas a tutelar a posição do *Handelsvertreter*, cfr., à face da lei de 1986, KINDLER, *Der Ausgleichsanspruch des Handelsvertreters...*, p. 171 ss; id., *Zur Anknüpfung von Handelsvertreter- und Vertragshändlerverträgen...*, p. 661 s (em ambas as obras com referência à doutrina anterior).

mentais (artigo 6 EGBGB e também, embora em termos não inteiramente coincidentes, artigo 16º da Convenção de Roma).

2.2. Relação entre o representado e a contraparte

Na determinação da disciplina conflitual da relação entre o representado e a contraparte, há que considerar a questão de saber se a actuação do representante vincula o representado perante a pessoa com quem aquele contrata e a questão dos efeitos decorrentes para o representado e para a contraparte do contrato em que intervêm o representante e a contraparte. A generalidade da doutrina alemã distingue, também no domínio do direito internacional privado, os dois problemas.

A determinação do direito competente para regular a primeira questão, excluída do âmbito de aplicação da Convenção de Roma (artigo 1º, nº 2, al. f)) e da EGBGB (artigo 37, nº 3 [10]), constitui o tema central de análise nos estudos sobre a representação em direito internacional privado. A segunda questão, dizendo respeito à determinação do direito aplicável aos efeitos de um contrato, não apresenta qualquer especialidade em relação à generalidade dos contratos. Só da primeira questão nos ocuparemos na exposição subsequente.

2.2.1. Evolução da jurisprudência alemã

As decisões alemãs mais antigas sobre o direito aplicável à representação remontam aos anos de 1871 e 1872 e provêm do *Reichsoberhandelsgericht*. Dando prevalência à protecção dos interesses do representado, aquele tribunal considerou a representação sujeita à lei do domicílio do principal [11]. No entanto, o escasso número de casos decididos, a natureza das situações apreciadas [12] e a reduzida influência que exerceram na doutrina e na jurisprudência não permitem atribuir às decisões do *Reichsoberhan-*

---

[10] Sobre o sentido da exclusão prevista no artigo 37, nº 3 EGBGB, cfr., na jurisprudência recente, OLG Düsseldorf, 23.12.1994, IPRspr. 1994, Nr. 19, p. 52 ss = IPRax, 1995, p. 396 s.

[11] ROHG, 17.2.1871, ROHGE 2, 54; ROHG, 4.12.1872, SeuffA 28, 70 (ambas as decisões são comentadas em Clunet, nº 1, 1874, p. 81 s). Mas cfr.: ROGH, 5.3.1877, Clunet, nº 6, 1879, p. 627 s (em que se considera competente a lei nos termos da qual o poder foi atribuído).

[12] Na decisão de 17.2.1871, estava em causa a representação orgânica de uma sociedade. Na decisão de 4.12.1872, discutiam-se os poderes de um viajante de comércio. Por sua vez, na decisão de 5.3.1877, questionava-se a responsabilidade do armador de um navio pelos actos praticados pelo comandante.

delsgericht um papel de relevo na resolução das questões de direito internacional privado atinentes à representação.

O *Reichsgericht* seguiu uma via diferente desde as suas primeiras decisões. Em processos em que se discutia o poder de representação de agentes comerciais, o tribunal considerou competente o direito em vigor no país em que o agente desenvolvia a sua actividade e em que se situava o seu estabelecimento (e que era, em alguns desses casos, o país em que o agente celebrou os negócios) [13]. O tribunal entendeu ser essa solução a que mais facilmente permite ao público que contrata com o agente conhecer e verificar o âmbito do poder de representação [14].

Neste primeiro grupo de decisões, era elemento comum às diversas situações apreciadas o carácter estável da representação. Posteriormente o *Reichsgericht* avançou ainda mais no sentido da protecção do comércio jurídico, ao abandonar a exigência de estabilidade da representação, conduzindo assim, na prática, à aplicação da lei do lugar em que são exercidos os poderes de representação [15].

O *Bundesgerichtshof*, naquela que pode considerar-se a sua primeira decisão sobre este tema [16], submeteu a *extensão* do poder de representação de um representante não permanente ao direito do país onde o poder de representação deve produzir os seus efeitos, pelo menos quando se trate de representação comercial e quando o representante exerça uma actividade profissional independente.

Pouco tempo depois [17], o *Bundesgerichtshof* distinguiu, quanto ao direito aplicável, entre duas questões: a *existência* do poder de representação, que sujeitou ao direito francês, por ser, no caso, a lei da nacionalidade do representante e dos representados e a lei do lugar do acto institutivo da representação; a *extensão* do poder de representação, a que aplicou o direito alemão, como lei do país em que o poder de representação deveria pro-

---

[13] RG, 5.12.1896, RGZ 38, 194 (também lei do lugar de celebração); RG, 3.4.1902, RGZ 51, 147 (também lei do lugar de celebração); RG, 14.1.1910, JW 1910, 181. A solução foi adoptada por outros tribunais: OLG Hamburg, 15.5.1931, IPRspr. 1931, Nr. 39, p. 87 ss; KG, 30.5.1932, IPRspr. 1932, Nr. 25, p. 52 ss. Veja-se, no entanto, anteriormente, RG, 24.10.1892, RGZ 30, 122 (em que se considerou competente a lei da residência comum do mandante e do mandatário, como lei tacitamente escolhida pelas partes).

[14] Cfr. RG, 14.1.1910, JW 1910, 181 (182).

[15] RG, 5.12.1911, RGZ 78, 55; RG, 14.10.1931, RGZ 134, 67 (69). No mesmo sentido: LG Berlin, 5.10.1932, Giur. comp. d. i. p., 1939, V, n. 47, p. 129 s (com anotação, nesta parte concordante, de ECKSTEIN, *La procura nel diritto internazionale privato*, p. 130 ss). Veja-se RG, 18.10.1935, RGZ 149, 93 (onde se considerou aplicável ao poder de representação para constituir uma hipoteca a lei do lugar da situação do imóvel).

[16] BGH, 13.7.1954, NJW 1954, 1561 = BB 1954, 730.

[17] BGH, 30.7.1954, JZ 1955, 702, com anotação de GAMMILLSCHEG = Rev. crit., 1956, p. 58, com anotação de MEZGER.

duzir os seus efeitos. Esta solução, que abriu o caminho a um *dépeçage* entre existência e extensão do poder de representação, foi por esse motivo objecto de crítica por parte da doutrina alemã [18].

Em decisões posteriores, o tribunal acabou por abandonar a distinção [19], podendo hoje considerar-se constante a jurisprudência do *Bundesgerichtshof* [20], assente nas seguintes linhas:

— conexão autónoma do *Vollmachtsstatut*, quer em relação ao negócio jurídico de base (*Grundverhältnis*), quer em relação ao negócio jurídico celebrado pelo representante (*Hauptgeschäft*) [21];

— definição do *Vollmachtsstatut* pelo direito do *Wirkungsland*, ou seja, pelo direito do país onde o poder de representação produz ou deve produzir os seus efeitos [22];

— em geral, o lugar onde o poder de representação deve produzir os seus efeitos (o *Wirkungsland*) coincide com o lugar onde o representante

---

[18] Cfr. VON CAEMMERER, *Die Vollmacht...*, p. 211; STEDING, *Die Anknüpfung der Vollmacht...*, p. 28.

[19] Afastando inequivocamente o *dépeçage* (embora em *obiter dictum*): BGH, 9.12.1964, IPRspr. 1964/65, Nr. 33, p. 124 ss = BGHZ 43, 21 = NJW 1965, 487. Afirmando de modo claro que a existência do poder de representação está sujeita à lei do lugar onde o representante faz uso do seu poder (*Gebrauchsort*): BGH, 26.6.1968, IPRspr. 1968/69, Nr. 28, p. 56 s; BGH, 17.1.1968, IPRspr. 1968/69, Nr. 19, b), p. 44 (que confirma a decisão de OLG Saarbrücken, 28.10.1966, IPRspr. 1968/69, Nr. 19, a), p. 42 ss). Aplicando expressamente o mesmo direito às questões da atribuição e da extensão do poder de representação: BGH, 29.11.1961, IPRspr. 1960/61, Nr. 40, p. 134 ss = JZ 1963, 167 (com anotação de LÜDERITZ, p. 169 ss); BGH, 13.5.1982, IPRspr. 1982, Nr. 139, p. 339 ss = NJW 1982, 2733 = IPRax 1983, p. 67 ss (com anotação de H. STOLL, *Gerichtsstand des Erfüllungsortes nach Art. 5 Nr. 1 EuGVÜ bei strittigem Vertragsschluß*, p. 52 ss).

[20] Sobre a evolução da jurisprudência do BGH em matéria de representação, cfr. MÜLLER-GINDULLIS, *Das internationale Privatrecht in der Rechtsprechung des Bundesgerichtshofs*, Berlin, New York, Tübingen, 1971, p. 24 s, 135.

[21] Assim, expressamente: BGH, 29.11.1961, IPRspr. 1960/61, Nr. 40, p. 134 ss = JZ 1963, 167; BGH, 9.12.1964, IPRspr. 1964/65, Nr. 33, p. 124 ss = BGHZ 43, 21 = NJW 1965, 487; BGH, 16.4.1975, IPRspr. 1975, Nr. 118, p. 304 ss = NJW 1975, 1220 = Rev. crit., 1977, p. 72 ss (com anotação de MEZGER, p. 80 ss); BGH, 13.5.1982, IPRspr. 1982, Nr. 139, p. 339 ss = NJW 1982, p. 2733 = IPRax 1983, p. 67 ss; BGH, 26.4.1990, IPRspr. 1990, Nr. 25, p. 46 s = IPRax 1991, p. 247 ss (com anotação de ACKMANN, *Zur Geltung des "Wirkungsstatuts" im Fall des Handelns eines Vertreters von seiner ausländischen Niederlassung aus*, p. 220 ss).

[22] Cfr.: BGH, 5.2.1958, DB 1958, 1010; BGH, 29.11.1961, IPRspr. 1960/1061, Nr. 40, p. 134 ss = JZ 1963, 167; BGH, 3.10.1962, IPRspr. 1962/63, Nr. 145, p. 421 ss; BGH, 9.12.1964, IPRspr. 1964/65, Nr. 33, p. 124 ss = BGHZ 43, 21 = NJW 1965, 487; BGH, 17.1.1968, IPRspr. 1968/69, Nr. 19, b), p. 44; BGH, 26.6.1968, IPRspr. 1968/69, Nr. 28, p. 56 s; BGH, 16.4.1975, IPRspr. 1975, Nr. 118, p. 304 ss = NJW 1975, 1220 = Rev. crit., 1977, p. 72 ss; BGH, 13.5.1982, IPRspr. 1982, Nr. 139, p. 339 ss = NJW 1982, p. 2733 = IPRax 1983, p. 67 ss; BGH, 24.11.1989, IPRspr. 1989, Nr. 3, p. 3 ss; BGH, 26.4.1990, IPRspr. 1990, Nr. 25, p. 46 s = IPRax 1991, p. 247 ss; BGH, 27.5.1993, IPRspr. 1993, Nr. 27, p. 70 ss.

faz uso dos seus poderes (o *Gebrauchsort*); a concretização do *Wirkungsland* é diferente quando o representante exerce a sua actividade com carácter permanente, a partir de um estabelecimento, caso em que o factor de conexão relevante é o lugar do estabelecimento (*Niederlassung*) [23], ou quando o poder de representação diz respeito à disposição de bens imóveis, caso em que o factor de conexão relevante é o lugar da situação dos bens [24].

Soluções concordantes com as adoptadas pelo *Bundesgerichtshof* encontram-se em grande número de decisões de outros tribunais alemães [25].

2.2.2. Doutrina

Se na jurisprudência alemã actual pode considerar-se unânime a definição do estatuto da representação pelo direito do *Wirkungsland*, na doutrina têm sido defendidas quase todas as conexões que, há mais de sessenta anos, Ernst Rabel [26] admitiu como possíveis neste domínio: lei reguladora da relação interna; lei da sede ou do domicílio do representado; lei do lugar da atribuição do poder de representação; lei do domicílio ou do estabelecimento do representante; lei do lugar da celebração do negócio jurídico

---

[23] Na sequência do princípio afirmado em BGH, 13.7.1954, NJW 1954, 1561 = BB 1954, 730. Cfr.: BGH, 29.11.1961, IPRspr. 1960/61, Nr. 40, p. 134 ss = JZ 1963, 167; BGH, 26.4.1990, IPRspr. 1990, Nr. 25, p. 46 s = IPRax 1991, p. 247 ss.

[24] Cfr.: BGH, 3.10.1962, IPRspr. 1962/63, Nr. 145, p. 421 ss; BGH, 24.11.1989, IPRspr. 1989, Nr. 3, p. 3 ss.

[25] Vejam-se, a título de exemplo: KG-West, 12.7.1958, IPRspr. 1958/59, Nr. 40, p. 163 ss; LG Hamburg, 23.2.1961, IPRspr. 1960/61, Nr. 49, p. 157 ss; OLG Frankfurt, 2.4.1963, IPRspr. 1962/63, Nr. 164, p. 526 ss; OLG Saarbrücken, 28.10.1966, IPRspr. 1968/69, Nr. 19, a), p. 42 ss; OLG München, 9.4.1969, IPRspr. 1968/69, Nr. 20, p. 44 s; OLG Frankfurt, 8.7.1969, IPRspr. 1968/69, Nr. 21, p. 45 ss = AWD 1969, 415 s; OLG Düsseldorf, 28.9.1970, IPRspr. 1970, Nr. 15, p. 51 ss; OLG München, 20.11.1970, IPRspr. 1970, Nr. 93, p. 293 ss; LG München, 15.3.1973, OLG München, 30.10.1974, IPRspr. 1974, Nr. 10 (a) e b)), p. 36 ss; LG Hamburg, 3.3.1976, IPRspr. 1976, Nr. 5, p. 22 s; OLG Stuttgart, 11.11.1980, IPRspr. 1980, Nr. 12, p. 47 ss; BFH, 2.4.1987, IPRspr. 1987, Nr. 13, p. 36; OLG Hamburg, 27.5.1987, IPRspr. 1987, Nr. 14, p. 36 s; BayObLG, 15.11.1987, IPRspr. 1987, Nr. 14-A, p. 37; OLG München, 10.3.1988, IPRspr. 1988, Nr. 15, p. 33 ss = IPRax, 1990, p. 320 ss (com anotação de SPELLENBERG, *Atypischer Grundstücksvertrag, Teilrechtswahl und nicht ausgeübte Vollmacht*, p. 295 ss); LG Essen, 12.12.1990, IPRspr. 1991, Nr. 167, p. 333 ss; KG, 24.1.1994, IPRspr. 1994, Nr. 25, p. 65 ss; LG München, 21.3.1994, IPRspr. 1994, Nr. 199, p. 447 ss; OLG Düsseldorf, 8.12.1994, IPRspr. 1994, Nr. 17, p. 35 ss; OLG Düsseldorf, 23.12.1994, IPRspr. 1994, Nr. 19, p. 52 ss = IPRax, 1995, p. 396 s (com anotação de GROSSFELD, WILDE, *Die Konzentration des Vertretungsrechts im Gesellschaftsstatut*, p. 374 ss). Veja-se porém LG Hamburg, 16.3.1977, IPRspr. 1977, Nr. 6, p. 18 ss (em que o tribunal se pronunciou no sentido da aplicação cumulativa do direito do *Wirkungsland* e do direito do país da residência do representado).

[26] *Vertretungsmacht für obligatorische Rechtsgeschäfte*, cit..

representativo; lei da sede ou do domicílio da contraparte no negócio jurídico representativo; lei do lugar onde o poder de representação deve produzir os seus efeitos; lei reguladora do negócio jurídico representativo.

Alguns autores têm admitido, com maior ou menor amplitude, a possibilidade de escolha do direito aplicável para regular o poder de representação atribuído para a realização de negócios jurídicos em relação aos quais seja reconhecida a autonomia privada [27].

A doutrina alemã tem oscilado fundamentalmente entre a ideia de proteger os interesses do representado e a necessidade de salvaguardar a posição da contraparte no negócio jurídico representativo e de, por esta via, defender os interesses do comércio jurídico em geral.

Daí que na determinação do direito aplicável na falta de escolha se coloque o acento tónico preferencialmente em elementos de natureza subjectiva, respeitantes ao representado, ou, pelo contrário, em elementos mais próximos da contraparte no negócio representativo ou, no mínimo, em elementos tendencialmente equidistantes entre os dois principais centros de imputação de interesses no instituto da representação.

Na literatura mais antiga, em que ainda se incluem os estudos iniciais de Rabel sobre o poder de representação em direito internacional privado, predominam as conexões favoráveis ao representado [28].

---

[27] Através de declaração unilateral do representado dirigida à contraparte, tendo em conta a natureza jurídica do acto de atribuição do poder de representação: RABEL, *Vertretungsmacht...*, p. 835; ECKSTEIN, *La procura...*, p. 133; MAKAROV, *Die Vollmacht...*, p. 51 s; REITHMANN, *Auslegung und Wirkung ausländischer Vollmachten*, DNotZ, 1956, p. 125 ss (p. 128); P. MÜLLER, *Die Vollmacht im Auslandsgeschäft — ein kalkulierbares Risiko?*, RIW/AWD, 1979, p. 377 ss (p. 383 s); REITHMANN/HAUSMANN, *Vollmacht*, p. 875; LÜDERITZ, *Prinzipien im internationalen Vertretungsrecht*, "FS Helmut Coing", II, 1982, p. 305 ss (p. 319, exigindo o acordo da outra parte apenas quando as restantes circunstâncias do caso — sede do representado, do representante ou lugar onde os poderes são exercidos — dêem a entender que o acto de atribuição do poder de representação deveria estar sujeito a outra ordem jurídica); LÜDERITZ, col. SOERGEL *Bürgerliches Gesetzbuch..., Einführungsgesetz*, 11ª ed., 1983, *vor* Art. 7, an. 302 (onde também se admite a escolha por acordo entre o representado e a contraparte). SPELLENBERG, *Münch.Komm.*, *vor* Art. 11, an. 237 ss (an. 240, 241), exige em todos os casos o acordo entre representado e contraparte. Veja-se também no mesmo sentido SPELLENBERG, *Geschäftsstatut und Vollmacht im internationalen Privatrecht*, München, 1979, p. 244 ss; FIRSCHING, col. *Staudingers Kommentar..., Einführungsgesetz*, 10ª-11ª ed., 1978, *vor* Art. 12, an. 235.

[28] Assim: L. VON BAR, *Theorie und Praxis des internationalen Privatrechts*, II, 1889, p. 68 ss, 132, partindo ainda de uma perspectiva de não completa separação entre a representação e a relação subjacente, considerou a representação sujeita à lei reguladora da relação subjacente e por isso, em geral, à lei do domicílio do mandante, com uma única excepção para os casos em que se estabelece uma representação fixa, a que deve ser aplicado o direito do país do domicílio do representante (*ob. cit.*, p. 70, 132, e *Internationales Handelsrecht*, "Handbuch des gesamten Handelsrecht" (org. Victor Ehrenberg), Bd. 1, Leipzig, 1913, p. 327 ss,

Mais tarde, a generalidade da doutrina alemã, admitindo a autonomia do poder de representação, tanto em relação ao negócio jurídico subjacente, como em relação ao negócio jurídico celebrado pelo representante, e procu-

p. 344 s). Estas soluções foram, em geral, seguidas por HUPKA, *La representación voluntaria en los negocios jurídicos*, p. 232 ss, que, no entanto, censurou L. VON BAR pela errada perspectiva teórica em que este autor se colocou quanto à natureza jurídica do poder de representação (*ob. cit.*, p. 234 s e nota (1)). Semelhantes são ainda as posições defendidas por NUSSBAUM, *Deutsches internationales Privatrecht*, 1932, p. 263 s. Na mesma linha de protecção do representado, embora com as características próprias do sistema proposto pelo seu autor, vai a solução de FRANKENSTEIN, *Internationales Privatrecht*, I, 1926, p. 589 s: sobre a extensão do poder de representação decide primariamente o direito da nacionalidade do representado. O autor admite porém que o direito primariamente competente submeta os seus nacionais a uma conexão secundária, que no caso será o direito em vigor no lugar onde o representante exerce a sua actividade (*ob. cit.*, I, p. 590, II, 1929, p. 409 s, em relação à representação dos comerciantes, sendo de considerar, neste caso, o direito do país onde se situa o estabelecimento comercial a partir do qual actua o representante). Também SPIEß, *Vertretungsmacht im deutschen internationalen Privatrecht*, Düsseldorf, 1934, p. 15, aceitando plenamente a tese da separação e qualificando o poder de representação como capacidade jurídica, mostra-se favorável a uma conexão à pessoa do representado, mas, como não está em causa uma qualidade da pessoa do representado e sim um negócio jurídico que facilita o desenvolvimento da vida económica, deve ser decisivo o domicílio e não a nacionalidade do representado. Referência especial merece a teoria de Ernst RABEL, que tem influenciado as posições da doutrina e da jurisprudência alemãs até aos nossos dias. No seu estudo de 1929 (*Vertretungsmacht...*), Rabel tomou como ponto de partida, para efeitos de determinação do direito aplicável, a separação feita por Laband, ao nível do direito material, entre a relação interna, a relação externa (o poder de representação) e o negócio representativo. Quanto à relação externa, o autor entendia necessário distinguir entre a *existência* e a *extensão* do poder de representação, para submeter a questão de saber se (*ob*) o *dominus* produziu uma declaração autorizando o representante a celebrar negócios em nome do representado num determinado país estrangeiro ao estatuto pessoal do representado (o direito em vigor no país da respectiva sede ou domicílio) e a questão relativa à extensão (*Umfang*) desse poder ao direito do país em que o poder de representação deve produzir os seus efeitos (*ob. cit.*, p. 824 ss). Na construção inicial de Rabel sobre a determinação da lei reguladora da representação, desempenha assim um papel decisivo o estatuto pessoal do representado, competindo-lhe decidir sobre a *existência* da própria relação externa de representação, que é, deste modo, objecto de conexão autónoma relativamente ao conteúdo dessa mesma relação. Por outro lado, o autor concretiza o direito do *Wirkungsland* com base num elemento de natureza subjectiva: a intenção do representado de submeter o poder de representação à lei de um determinado país. Este é, em princípio, o país onde o representante tem o estabelecimento ou o domicílio permanente ou fixo, a partir do qual são celebrados os contratos, ou, no caso do representante que não actua através de um estabelecimento fixo, o país onde ele emite ou recebe a declaração correspondente ao negócio representativo (*ob. cit.*, p. 835). GUTZWILLER, *Internationalprivatrecht*, "Das gesamte deutsche Recht in systematischer Darstellung" (org. Rudolf Stammler), VIII, Berlin, 1931, p. 1614, sublinhando a complicação inerente à necessidade de distinguir entre a relação interna, o poder de representação e o negócio jurídico principal, e referindo-se ao caso da representação através de um representante estável, parece aderir à doutrina defendida por Rabel — que apresenta como dominante — segundo a qual deveria aplicar-se o direito do país do estabelecimento do agente. Porém, Rabel afastou-se progressivamente do subjectivismo ini-

rando acima de tudo uma solução que tenha em conta os interesses da contraparte no negócio representativo, coloca-se no caminho traçado pelo *Reichsgericht* e pelo *Bundesgerichtshof* e aceita a competência do direito do *Wirkungsland* [29].

---

cial. Em 1933 (*Unwiderruflichkeit der Vollmacht...*), embora mantivesse ainda a conexão ao estatuto pessoal da questão relativa à existência do poder de representação e considerasse como devendo incluir-se no âmbito da *lex domicilii* as disposições vigentes em algumas ordens jurídicas sobre os limites temporais ao poder de representação (*ob. cit.*, p. 807), o autor propôs para a concretização do direito do *Wirkungsland* um elemento de natureza objectiva: seria de considerar o lugar onde o poder de representação efectivamente produz os seus efeitos, e não o lugar onde deve produzi-los segundo a hipotética vontade do representado (*ob. cit.*, p. 805). Mais tarde, o autor pronunciou-se no sentido de que a questão da existência do poder de representação deve ser entregue ao *Wirkungsstatut*, ao qual aliás competiria decidir todas as questões relativas à *Vollmacht* (cfr.: Agency, "The conflict of laws and international contracts (1949). Lectures on the conflict of laws and international contracts. Delivered at the Summer Institute on International and Comparative Law, University of Michigan Law School (August 5-20, 1949)", Ann Arbor, Michigan, 1951, p. 82 ss, p. 85; *Sobre la situación actual...*, p. 25; *The conflict of laws. A comparative study*, vol. III — *Special obligations. Modification and discharge of obligations*, Ann Arbor, Chicago, 1950, p. 161 ss; 2ª ed. por Herbert Bernstein, Ann Arbor, 1964, p. 167 ss). Rabel abandona deste modo a distinção inicial, que vinha sendo criticada por alguma doutrina, por demasiado subtil (*The conflict of laws...*, III, p. 161, 2ª ed., p. 168).

[29] Assim, para além dos trabalhos mais recentes de RABEL referidos na nota anterior (*Unwiderruflichkeit der Vollmacht...*, p. 805; *Agency*, p. 85 s; *The conflict of laws...*, III, p. 162 ss, 2ª ed., p. 169 ss), cfr.: WOLFF, *Internationales Privatrecht*, p. 76; id., *Das internationale Privatrecht Deutschland*, 3ª ed., Berlin, Göttigen, Heidelberg, 1954, p. 124; ECKSTEIN, *La procura...*, p. 132; REITHMANN, *Auslegung...*, p. 127; id., *Die Form ausländischer Vollmachten*, DNotZ, 1956, p. 469 ss (p. 471); MAKAROV, *Die Vollmacht...*, p. 61, 63; id., *Das Recht des Wirkunslandes als Vollmachtstatut*, RabelsZ, 1959, p. 328 ss; VON CAEMMERER, *Die Vollmacht...*, p. 205; MÜLLER-FREIENFELS, *Die Sonderanknüpfung der Vollmacht*, RabelsZ, 1959, p. 326 ss (p. 328); RAAPE, *Internationales Privatrecht*, 5ª ed., Berlin, Frankfurt a. M., 1961, p. 503; KROPHOLLER, *Die Anscheinshaftung im internationalen Recht der Stellvertretung*, p. 1644; id., *Internationales Privatrecht*, p. 275; KAYSER, *Vertretung ohne Vertretungsmacht im deutschen internationalen Privatrecht. Eine Untersuchung zur kollisionsrechtlichen Problematik der falsa procuratio bei rechtsgeschäftlich erteilter Vertretungsmacht*, Würzburg, 1967, p. 27 ss; DROBNIG, *American-german private international law*, "Bilateral studies in private international law", nº 4 (ed. Nina Moore Galston), 2ª ed., New York, 1972, p. 246; STEDING, *Die Anknüpfung der Vollmacht...*, p. 43 ss; REDER, *Die Eigenhaftung vertragsfremder Dritter...*, p. 197; NEUHAUS, *Die Grundbegriffe des internationalen Privatrechts*, p. 238; SANDROCK/MÜLLER, *Probleme der Vollmacht*, p. 641; WENGLER, *Internationales Privatrecht*, I, p. 571; SCHLOSSHAUER-SELBACH, *Das Internationale Privatrecht in der Fallbearbeitung*, JuS, 1985, p. 621 ss, 786 ss, 962 ss (p. 963); STAUDINGER/ /FIRSCHING, 12ª ed., 1984, Art. 11, an. 79; ARNDT, col. ERMAN, *Handkommentar zum BGB, Einführungsgesetz*, 7ª ed., 1981, *vor* Art. 12, an. 13; ERMAN/HOHLOCH, Art. 37, an. 13; REITHMANN/HAUSMANN, *Vollmacht*, p. 874; C. VON BAR, *Internationales Privatrecht*, II, p. 428; HELDRICH, col. PALANDT *Bürgerliches Gesetzbuch, Einführungsgesetz zum BGB*, 55ª ed., 1996, *Anhang zu* Art. 32, an. 1; KUNZ, *Internationales Privatrecht*, 3ª ed., Köln, Berlin, Bonn, München, 1993, p. 128; FIRSCHING, von HOFFMANN, *Internationales Privatrecht*, p. 352; KOCH, MAGNUS, WINKLER v. MOHRENFELS, *IPR und Rechtsvergleichung*, p. 112.

Se pode dizer-se consagrada a designação do direito do *Wirkungsland* como *Vollmachtsstatut*, já não existe acordo quanto à concretização desse direito.

O *Wirkungsland* corresponde, segundo o entendimento comum, ao lugar onde o poder de representação *produz* ou *deve produzir* os seus efeitos. Para a concretização do elemento de conexão, os autores atendem, segundo a posição adoptada, ao lugar onde o representante faz uso dos seus poderes, isto é, ao lugar onde o representante celebra o negócio representativo ou, mais precisamente, ao lugar onde o representante emite a sua declaração para o negócio representativo (*Gebrauchsort*) [30]; ao lugar do estabelecimento ou domicílio do representante [31]; à vontade do representado[32]; ou ainda a

---

[30] RABEL, *Agency*, p. 85; id., *Sobre la situación actual...*, p. 25; MAKAROV, *Die Vollmacht...*, p. 61; id., *Das Recht des Wirkungslandes...*, p. 330; REITHMANN, *Auslegung...*, p. 126 s; id., *Die Form...*, p. 471; MÜLLER-FREIENFELS, *Die Sonderanknüpfung...*, p. 328; RAAPE, *Internationales Privatrecht*, 5ª ed., p. 503; KAYSER, *Vertretung ohne Vertretungsmacht...*, p. 37; ECKSTEIN, *La procura...*, p. 132; NEUHAUS, *Die Grundbegriffe...*, p. 238; BIRK, *La legge applicabile al rapporto di agenzia commerciale...*, p. 28 (que se refere ao lugar onde o agente comercial exerce a sua actividade); REDER, *Die Eigenhaftung vertragsfremder Dritter...*, p. 196 s (exceptuando apenas o caso do representante comercial com estabelecimento permanente, ao qual aplica a lei do lugar do estabelecimento); C. VON BAR, *Internationales Privatrecht*, II, p. 428 s; PALANDT/HELDRICH, *Anhang zu* Art. 32, an. 1; ERMAN//HOHLOCH, Art. 37, an. 16; KUNZ, *Internationales Privatrecht*, p. 128; KOCH, MAGNUS, WINKLER v. MOHRENFELS, *IPR und Rechtsvergleichung*, p. 112; FIRSCHING, VON HOFFMANN, *Internationales Privatrecht*, p. 352 (exemplificando com o caso de um representante que actua a partir de um estabelecimento fixo, considera aplicável a lei do lugar do estabelecimento, se este puder ser reconhecido pela contraparte — face a esta restrição, a solução aproxima-se da que é proposta por Lüderitz, como se dirá adiante). A conexão ao direito do *Gebrauchsort* é também, basicamente, a opinião de STEDING, *Die Anknüpfung der Vollmacht...*, p. 45 (que prefere falar em conexão ao direito do *intendierte Gebrauchsort*, de modo a contemplar os casos em que o representante actua de modo não autorizado num país diferente, com conhecimento da contraparte). Para WENGLER, *Internationales Privatrecht*, I, p. 571, não pode ser considerado como *Wirkungsland* nem o país da realização fortuita do negócio, nem o lugar onde a existência do poder de representação é comunicada à contraparte ou onde a contraparte se dispõe a negociar com o representante, mas sim, no caso de um contrato obrigacional, "o país que o estatuto do negócio fixa para o contrato" (ou seja, por outras palavras, o lugar da celebração do contrato, determinado segundo um critério jurídico, por aplicação das regras contidas no direito aplicável ao contrato).

[31] Cfr. STAUDINGER/FIRSCHING, Art. 11, an. 79 (que no entanto apenas se refere ao caso em que o representante exerce a sua actividade profissional característica a partir de um estabelecimento fixo).

[32] REITHMANN/HAUSMANN, *Vollmacht*, p. 874 (onde no entanto se admitem limitações à liberdade de determinação, pelo representado, do lugar onde o poder de representação deve produzir os seus efeitos, em casos em que o representante esteja mais estreitamente ligado a outra ordem jurídica (p. 877 ss)). Assim também os autores que, em relação ao caso especial de o representante abusar dos seus poderes, fazendo uso deles num país diferente do indicado pelo representado, defendiam a aplicação do direito do país onde o poder de

uma série de presunções baseadas nas características da actuação do representante ou no próprio objecto do negócio representativo [33]. Recentemente, foi proposta, para a concretização do *Wirkungsland*, a aplicação analógica dos critérios utilizados na Convenção de Roma sobre a lei aplicável às obrigações contratuais (e nos correspondentes preceitos da EGBGB) [34].

De qualquer modo, a doutrina jurídica e a prática procedem frequentemente, com base no princípio geral da competência do direito do *Wirkungsland*, à individualização de diversos tipos de representação, para os submeterem a diferentes leis, utilizando como critérios de distinção o modo de actuar do representante [35] e o objecto do negócio jurídico representativo [36].

Apesar desta tendência, que pode considerar-se dominante, no sentido de aceitar a conexão ao direito do *Wirkungsland*, alguma doutrina tem proposto outras soluções.

Certos autores, partindo de uma diferente concepção quanto ao poder de representação, defendem a aplicação do direito competente para regular o negócio jurídico celebrado pelo representante (*Geschäftsstatut* [37]).

---

representação *deve produzir* os seus efeitos, desde que a contraparte tivesse conhecimento do abuso: MAKAROV, *Die Vollmacht...*, p. 61, 63; MÜLLER-FREIENFELS, *Die Sonderanknüpfung...*, p. 328.

[33] RABEL, *The conflict of laws...*, III, p. 167, 2ª ed., p. 174; VON CAEMMERER, *Die Vollmacht...*, p. 205 ss; WOLFF, *Das internationale Privatrecht...*, p. 124 s; SANDROCK/ /MÜLLER, *Probleme der Vollmacht*, p. 643 ss; SCHLOSSHAUER-SELBACH, *Das Internationale Privatrecht...*, p. 963; ERMAN/ARNDT, *vor* Art. 12, an. 13; KROPHOLLER, *Die Anscheinshaftung...*, p. 1644; id., *Internationales Privatrecht*, p. 275 ss; PALANDT/HELDRICH, *Anhang zu* Art. 32, an. 2.

[34] RUTHIG, *Vollmacht und Rechtsschein im IPR*, p. 121 ss, 288 ss.

[35] Representante com ou sem estabelecimento fixo; representante permanente ou ocasional; actuação no país onde se encontra o estabelecimento (do representante ou do representado, conforme os casos) ou fora desse país.

[36] Representação para a celebração de negócios jurídicos relativos a imóveis; representação processual; representação para a celebração de negócios jurídicos em bolsas, mercados ou leilões.

[37] Assim, MÜLLER-FREIENFELS, *Die Vertretung beim Rechtsgeschäft*, p. 236 ss. Defendendo uma concepção que não coincide com a dominante na doutrina alemã quanto à natureza e função da representação no direito material, a sua teoria tem naturalmente reflexos no tratamento da representação internacional. Se, como sustenta à face do direito material, o poder de representação e o negócio representativo formam uma unidade jurídica e se só os dois em conjunto constituem o negócio jurídico com efeitos para o representado (*Die Vertretung...*, p. 202 ss), também ao nível do direito de conflitos poder de representação e negócio representativo têm de ser considerados unitariamente. Daí que o autor proponha a aplicação de um estatuto unitário ao poder de representação e ao negócio representativo, o *Geschäftsstatut*, que deve ser determinado segundo o tipo do negócio representativo. No seu entender, a competência do *Geschäftsstatut* protege em primeira linha os interesses da contraparte. Outro defensor da aplicação do estatuto do negócio principal é actualmente SPELLENBERG, *Geschäftsstatut und Vollmacht im internationalen Privatrecht*, p. 147 ss (veja-se a crítica nas recensões de

Outros, procurando maior protecção dos interesses do representado, sugerem soluções assentes na competência da lei do domicílio do representado [38]. Há ainda quem pretenda encontrar uma fórmula susceptível

---

K. FIRSCHING, NJW, 1980, p. 2626 s, R. de QUÉNAUDON, Rev. crit., 1980, p. 919 ss, F. RIGAUX, RabelsZ, 1982, p. 845 ss); id., *Münch.Komm.*, *vor* Art. 11, an. 268 ss. Partindo da ligação funcional entre o poder de representação e o negócio celebrado pelo representante, SPELLENBERG põe em causa a conexão autónoma do poder de representação admitida pela generalidade da doutrina alemã e defende a competência de uma lei única para regular a representação e o negócio representativo (*Geschäftsstatut und Vollmacht im internationalen Privatrecht*, p. 148 ss; *Münch.Komm.*, *vor* Art. 11, an. 268). A aplicação do *Geschäftsstatut* também à representação tem, segundo o autor, a vantagem de garantir a harmonia interna de decisões (*Geschäftsstatut und Vollmacht...*, p. 151 ss) e dispensa a distinção entre modalidades ou tipos de representação (*Münch.Komm.*, *vor* Art. 11, an. 274). Próxima desta á a opinião de C. BECKER, *Theorie und Praxis der Sonderanknüpfung im internationalen Privatrecht*, Tübingen, 1991, p. 215. Já no passado ZITELMANN, *Internationales Privatrecht*, II, München, Leipzig, 1912, p. 209, tinha defendido a inclusão do poder de representação no âmbito de competência da lei reguladora do negócio celebrado através de representante (mas o autor considerava decisivo quanto à questão da existência do poder de representação o estatuto pessoal do representado, p. 208). Também NEUMEYER, *Internationales Privatrecht*, Berlin, 1923, p. 14, submetia a representação, no que diz respeito à relação externa, à lei reguladora do negócio jurídico celebrado pelo representante.

[38] Assim, KEGEL, *Internationales Privatrecht*, p. 455. Criticando a aplicação do direito do *Gebrauchsort*, tal como tem sido feita pela jurisprudência, este autor propõe um regresso à *lex domicilii* do representado (lei do estabelecimento profissional do representado ou lei do lugar da administração principal da pessoa colectiva, conforme os casos), limitada, se necessário, em benefício da contraparte de boa fé, pelas disposições da lei do lugar de celebração, com base numa aplicação analógica do artigo 12, primeira parte, da EGBGB (artigo 7, 3, primeira parte, na redacção anterior da EGBGB); os interesses do comércio jurídico obteriam com este regime protecção adequada (veja-se já antes KEGEL, col. SOERGEL *Bürgerliches Gesetzbuch..., Einführungsgesetz*, 10ª ed., 1970, *vor* Art. 7, an. 208). A crítica formulada por Kegel obteve o apoio de FERID, *Internationales Privatrecht. Das neue Recht. Ein Leitfaden für Praxis und Ausbildung*, em colaboração com Christof Böhmer, 3ª ed., Frankfurt a. M., 1986, § 5-146. Sustentando posições semelhantes às de Kegel: P. MÜLLER, *Die Vollmacht im Auslandsgeschäft...*, p. 383; EBENROTH, *Kollisionsrechtliche Anknüpfung kaufmännischer Vollmachten*, JZ, 1983, p. 821 ss (p. 824 s); G. FISCHER, *Rechtsscheinhaftung im internationalen Privatrecht*, IPRax, 1989, p. 215 ss (p. 215, nota (13)); id., *Verkehrsschutz...*, p. 302. Propuseram outras vias tendentes a assegurar uma maior protecção do representado: LUTHER, *Kollisionsrechtliche Vollmachtsprobleme im deutsch-italienischen Rechtsverkehr*, RabelsZ, 1974, p. 421 ss (defendendo a aplicação cumulativa de duas ordens jurídicas: a lei do *Wirkungsland* e a lei do estabelecimento ou domicílio do representado, com o objectivo de aplicar a lei cuja regulamentação for "mais hostil à representação" [*vollmachtfeindlicher*]); id., *La rappresentanza e la procura nei rapporti giuridici internazionali*, p. 669 ss; KLINKE, *Bemerkungen zum Statut der Vollmacht*, RIW/AWD, 1978, p. 642 ss (considerando indispensável introduzir uma limitação a prioridade tradicionalmente atribuída, na regulamentação da representação, aos interesses gerais do comércio jurídico, o autor refere-se em especial aos casos de actuação de representantes sem estabelecimento fixo e de representantes ocasionais, por serem situações em que tal limitação se justifica; faz assentar a sua teoria na ideia de risco: o representado deve suportar os efeitos do poder de representação quando partir dele

de constituir a síntese entre os vários critérios utilizados na jurisprudência e na doutrina [39].

2.3. Relação entre o representante e a contraparte

A questão da determinação do direito aplicável à relação entre o representante e a contraparte não surge individualizada como tal na literatura jurídica alemã que se tem ocupado da representação em direito internacional privado.

Compreende-se que assim seja, uma vez que, na concepção do direito civil alemão — como de resto na concepção dos países de *civil law* —, só se estabelece uma relação entre o representante e a contraparte no caso de a actuação do representante não estar abrangida pelo poder de representação que lhe foi atribuído pelo representado. Se e na medida em que a actuação do representante estiver contida nos limites dos seus poderes, a relação que se estabelece respeita exclusivamente ao representado e à contraparte.

O reflexo desta concepção no domínio do direito internacional privado justifica que, na doutrina alemã, apenas se discutam certos aspectos pontuais da relação entre o representante e a contraparte a propósito da actuação sem poder de representação.

Concretamente pergunta-se qual o direito competente para reger a responsabilidade do representante perante a contraparte, no caso de o representado não ratificar o negócio realizado em seu nome sem poderes representativos — problema em relação ao qual não existe unanimidade de opiniões, tendo já sido proposta a aplicação do *Vollmachtsstatut* [40], do direi-

---

próprio ou do representante a iniciativa de celebrar o negócio jurídico principal, devendo nesse caso ser competente o direito do país do domicílio da contraparte; pelo contrário, se a iniciativa partir da contraparte, esta deve suportar o risco inerente à representação, sendo então competente o direito do país do estabelecimento ou do domicílio do representado).

[39] É o caso de LÜDERITZ: *Prinzipien im internationalen Vertretungsrecht*, p. 318; *Internationales Privatrecht*, 1987, p. 142 s, 2ª ed., 1992, p. 134; SOERGEL/LÜDERITZ, vor Art. 7, an. 302. O autor propõe a seguinte fórmula geral: "o poder de representação deve estar sujeito à ordem jurídica com base na qual o representante reconhecidamente actua". Tal significa, em regra, no caso de representantes com estabelecimento fixo, a aplicação da lei do lugar do estabelecimento, e, no caso de representação para a celebração de negócios jurídicos relativos a imóveis, a aplicação da lei do lugar da situação, a não ser que do acto institutivo do poder de representação resulte a competência de outra ordem jurídica. Se existir especial referência ao direito de um determinado lugar (do estabelecimento ou da celebração), ou, pelo contrário, se não for reconhecível qualquer direito, será decisivo para a contraparte apenas o sentido da declaração do representante. A solução proposta recebe o contributo de outras posições doutrinárias, mas pretende apresentar-se como dotada de flexibilidade, deixando ao julgador espaço para uma apreciação casuística das situações.

[40] Cfr. adiante, nota (60).

to competente para reger o negócio jurídico celebrado pelo *falsus procurator* [41] e da lei do lugar onde foi praticado o acto [42].

3. Âmbito de aplicação dos direitos designados

A lei define o âmbito de aplicação do estatuto do contrato: o direito aplicável ao contrato regula as questões da sua existência e validade (artigo 31 EGBGB, que repete o artigo 8º da Convenção de Roma) e bem assim a interpretação das suas cláusulas, o cumprimento das obrigações dele decorrentes, as consequências do incumprimento, as causas de cessação, as consequências da invalidade (artigo 32 EGBGB, correspondente ao artigo 10º da Convenção de Roma).

Fica assim enunciado, embora em termos puramente abstractos, o elenco de matérias que integram o estatuto quer da *Grundverhältnis* quer do *Hauptgeschäft*.

No que diz respeito ao estatuto da representação, a par da divergência quanto aos critérios a utilizar para a sua determinação, existe também, na ordem jurídica alemã, diversidade de pontos de vista quanto à delimitação do respectivo âmbito, mesmo entre os que defendem a sujeição da representação a uma conexão autónoma.

Subjacente à multiplicidade de opiniões está, obviamente, o complexo problema de demarcação do âmbito de aplicação do estatuto da representação e do estatuto do negócio representativo e, por vezes ainda, embora nem sempre isso seja reconhecido, do próprio estatuto da relação interna.

Alguns autores procuram fazer a delimitação distinguindo, também no plano do direito internacional privado, entre "as questões que se relacionam com a representação como tal", isto é, com a circunstância de uma pessoa actuar em nome de outrem (correspondentes, no domínio do direito material, aos §§ 164-166, 177-181 BGB), para as sujeitarem ao estatuto do negócio principal, e "as questões que dizem respeito ao poder de representação propriamente dito" (correspondentes, no domínio do direito material, aos §§ 167-176 BGB), as quais devem ser decididas pelo estatuto da representação [43].

---

[41] Cfr. adiante, nota (61).
[42] Cfr. adiante, nota (62).
[43] Na sequência da distinção outrora feita por ZITELMANN (*Internationales Privatrecht*, p. 206 ss) e por RABEL (*Vertretungsmacht*, p. 824 ss; *Unwiderruflichkeit...*, p. 806 s). Cfr.: BRAGA, *Der Anwendungsbereich des Vollmachtstatuts*, RabelsZ, 1959, p. 337 ss (p. 337 s); MÜLLER-FREIENFELS, *Die Sonderanknüpfung...*, p. 327; VON CAEMMERER, *Die Vollmacht...*, p. 214 ss; RAAPE, *Internationales Privatrecht*, 5ª ed., p. 502 s; STAUDINGER/FIRSCHING,

A construção mencionada não resolve ainda definitivamente todos os problemas e, por isso, encontram-se divergências mesmo entre os que propõem esta bipartição. É o que acontece, por exemplo, a propósito da forma do acto de atribuição do poder de representação, matéria em que, por via da norma de conflitos geral relativa à forma, uns reconhecem competência ao *Vollmachtsstatut* [44], outros ao *Geschäftsstatut* [45] e outros ainda admitem que ambos os estatutos devem ser considerados em alternativa, com o objectivo de facilitar o comércio jurídico [46].

Aquela distinção constitui porventura a única tentativa de sistematização. No entanto, as respostas concretas dadas pela jurisprudência e pela doutrina alemãs aos problemas que se têm suscitado na prática permitem extrair algumas conclusões.

Depois de, em certo momento, se ter procedido à distinção, para efeitos de determinação do direito aplicável, entre existência e extensão do poder de representação [47], é hoje praticamente unânime a opinião segundo a qual o *Vollmachtsstatut* rege as questões da existência e da extensão ou âmbito do poder de representação [48].

Dominante é também a recondução ao *Vollmachtsstatut* das seguintes questões: modalidades de atribuição do poder de representação (negócio jurídico unilateral ou contrato); requisitos de validade intrínseca e eficácia

---

Art. 11, an. 79; REITHMANN/HAUSMANN, *Vollmacht*, p. 884 ss, 894 ss; FIRSCHING, VON HOFFMANN, *Internationales Privatrecht*, p. 352.

[44] MÜLLER-FREIENFELS, *Die Sonderanknüpfung...*, p. 327; VON CAEMMERER, *Die Vollmacht...*, p. 213; REITHMANN/HAUSMANN, *Vollmacht*, p. 887.

[45] RAAPE, *Internationales Privatrecht*, 5ª ed., p. 503.

[46] STAUDINGER/FIRSCHING, Art. 11, an. 81.

[47] Na doutrina: ZITELMANN, *Internationales Privatrecht*, p. 207 s; RABEL, *Vertretungsmacht*, p. 824 ss; id., *Unwiderruflichkeit...*, p. 806 s; BRAGA, *Der Anwendungsbereich...*, p. 337. Na jurisprudência: BGH, 30.7.1954, JZ 1955, 702 = Rev. crit., 1956, p. 58.

[48] Na doutrina: RABEL, *The conflict of laws*, III, p. 161 s, 2ª ed., p. 167 s; WOLFF, *Das internationale Privatrecht...*, p. 124 s; VON CAEMMERER, *Die Vollmacht*, p. 211; KAYSER, *Vertretung ohne Vertretungsmacht...*, p. 39; FERID, *Internationales Privatrecht*, § 5-160; STEDING, *Die Anknüpfung der Vollmacht...*, p. 46; SANDROCK/MÜLLER, *Probleme der Vollmacht*, p. 656 ss.; STAUDINGER/FIRSCHING, Art. 11, an. 79; ERMAN/ARNDT, *vor* Art. 12 an. 13; ERMAN/HOHLOCH, Art. 37 an. 19; SOERGEL/LÜDERITZ, *vor* Art. 7, an. 303; KROPHOLLER, *Internationales Privatrecht*, p. 277; PALANDT/HELDRICH, *Anhang zu* Art. 32, an. 3; REITHMANN/HAUSMANN, *Vollmacht*, p. 884 s; C. VON BAR, *Internationales Privatrecht*, II, p. 432; KUNZ, *Internationales Privatrecht*, p. 128; FIRSCHING, VON HOFFMANN, *Internationales Privatrecht*, p. 352. Na jurisprudência, cfr.: BGH, 29.11.1961, IPRspr. 1960/61, Nr. 40, p. 134 ss = JZ 1963, 167; BGH, 9.12.1964, IPRspr. 1964/65, Nr. 33, p. 124 ss = BGHZ 43, 21 = NJW 1965, 487; BGH, 26.6.1968, IPRspr. 1968/69, Nr. 28, p. 56; BGH, 17.1.1968, IPRspr. 1968/69, Nr. 19, b), p. 44 (que confirma a decisão de OLG Saarbrücken, 28.10.1966, IPRspr. 1968/69, Nr. 19, a), p. 42 ss); BGH, 13.5.1982, IPRspr. 1982, Nr. 139, p. 339 ss = NJW 1982, 2733.

do acto de atribuição do poder de representação; interpretação do acto de atribuição do poder de representação; cessação do poder de representação.

Por outro lado, não são em geral contestadas nem a sujeição da capacidade do representado à norma de conflitos geral sobre a capacidade, nem a resolução do problema da admissibilidade da representação pelo *Geschäftsstatut*.

Para além desta relativamente restrita área de concordância, existe um elevadíssimo número de questões cuja solução é controversa: qual a lei competente para definir os efeitos dos negócios celebrados pelo representante dentro do âmbito do poder de representação [49]; a que lei compete pronunciar-se sobre a exigibilidade ou não de invocação do nome do representado para a produção de efeitos representativos e sobre as consequências jurídicas da não invocação do nome do representado [50]; qual a lei que decide se, por exemplo, um menor ou incapaz perante a respectiva lei pessoal pode ser representante [51]; qual a lei que regula a imputação ao representado da

---

[49] Defendem a competência do *Vollmachtsstatut*: BRAGA, *Der Anwendungsbereich...*, p. 338; STEDING, *Die Anknüpfung der Vollmacht...*, p. 47; C. VON BAR, *Internationales Privatrecht*, II, p. 432; ERMAN/HOHLOCH, Art. 37 an. 19; Na jurisprudência, vejam-se, no mesmo sentido: BGH, 16.4.1975, IPRspr. 1975, Nr. 118, p. 304 ss = NJW 1975, 1220 = Rev. crit., 1977, p. 72 ss; BGH, 13.5.1982, IPRspr. 1982, Nr. 139, p. 339 ss = NJW 1982, 2733 = IPRax 1983, p. 67 ss. Propõem a aplicação do *Geschäftsstatut*: REITHMANN, *Auslegung ...*, p. 127; FERID, *Internationales Privatrecht*, § 5-161; REITHMANN/HAUSMANN, *Vollmacht*, p. 894 s; FIRSCHING, VON HOFFMANN, *Internationales Privatrecht*, p. 352.

[50] Defendem a competência do *Vollmachtsstatut*: KAYSER, *Vertretung ohne Vertretungsmacht...*, p. 41 s; STEDING, *Die Anknüpfung der Vollmacht...*, p. 47. Propõem a aplicação do *Geschäftsstatut*: RABEL, *The conflict of laws...*, III, p. 141, 2ª ed., p. 145; RAAPE, *Internationales Privatrecht*, 5ª ed., p. 502 s; BRAGA, *Der Anwendungsbereich...*, p. 338; SOERGEL/ /LÜDERITZ, *vor* Art. 7, an. 304, 307; REITHMANN/HAUSMANN, *Vollmacht*, p. 894 s. STOLL, *Kollisionsrechtliche Fragen beim Kommissionsgeschäft unter Berücksichtigung des internationalen Börsenrechts*, RabelsZ, 1959, p. 601 ss (p. 624), sustentou, a propósito da questão de saber se o comitente fica vinculado pelos negócios celebrados pelo comissário, em seu próprio nome, mas por conta do comitente, que essa vinculação apenas existe quando o comissário, nos termos da lei do lugar do estabelecimento a partir do qual actua, tiver poderes para criar relações jurídicas directamente entre o comitente e o terceiro e quando a ordem jurídica reguladora do negócio jurídico celebrado atribuir efeitos representativos à designada representação indirecta — solução que implica uma aplicação cumulativa da lei do lugar do estabelecimento a partir do qual o comissário actua e da lei reguladora do negócio celebrado.

[51] Estatuto da relação interna: VON CAEMMERER, *Die Vollmacht...*, p. 215 s (embora considerando a questão não definitivamente esclarecida, p. 216); KAYSER, *Vertretung ohne Vertretungsmacht...*, p. 45. Estatuto do negócio principal: MÜLLER-FREIENFELS, *Die Vertretung beim Rechtsgeschäft...*, p. 243; RAAPE, *Internationales Privatrecht*, 5ª ed., p. 503; STAUDINGER/FIRSCHING, Art. 11, an. 79; STEDING, *Die Anknüpfung der Vollmacht...*, p. 48. Estatuto pessoal do representante: MAKAROV, *Die Vollmacht...*, p. 63 (embora admitindo a criação de uma conexão especial, p. 43). Indeciso mantém-se BRAGA, *Der Anwendungsbereich...*, p. 338 e nota (8).

falta ou vícios da vontade, ou de outros estados subjectivos relevantes, verificados na pessoa do representante [52]; qual a lei que determina se, para a prática de um determinado negócio jurídico, é suficiente a atribuição de poderes gerais de representação ou se é exigida a atribuição de poderes especiais [53]; qual a lei reguladora do objecto da procuração, para efeitos de aplicação da conexão alternativa contida na norma de conflitos alemã em matéria de forma [54]; qual a lei reguladora da existência de representação consentida (*Duldungsvollmacht*) ou aparente (*Anscheinsvollmacht*) [55].

---

[52] Defendem a competência do *Vollmachtsstatut*: VON CAEMMERER, *Die Vollmacht...*, p. 216; KAYSER, *Vertretung ohne Vertretungsmacht...*, p. 40; SOERGEL/KEGEL, vor Art. 7, an. 210; SOERGEL/LÜDERITZ, vor Art. 7, an. 305 s (quanto à questão da imputabilidade, mas sem prejuízo da aplicação do *Geschäftsstatut*, quanto a certos efeitos); STAUDINGER/ /FIRSCHING, vor Art. 12, an. 242; STEDING, *Die Anknüpfung der Vollmacht...*, p. 47; SANDROCK/MÜLLER, *Probleme der Vollmacht*, p. 664 (quanto à questão da imputabilidade, mas propondo a aplicação do *Geschäftsstatut*, quanto aos efeitos). Propõem a aplicação do *Geschäftsstatut*: RAAPE, *Internationales Privatrecht*, 5ª ed., p. 503; FERID, *Internationales Privatrecht*, § 5-161; REITHMANN/HAUSMANN, *Vollmacht*, p. 895.

[53] RABEL, *Vertretungsmacht...*, p. 826, propunha a aplicação do *Vollmachtsstatut*. Defendem a competência do *Geschäftsstatut*: RABEL, *The conflict of laws*, III, p. 141, 2ª ed., p. 145; VON CAEMMERER, *Die Vollmacht...*, p. 217; BRAGA, *Der Anwendungsbereich...*, p. 338; KAYSER, *Vertretung ohne Vertretungsmacht...*, p. 46; SANDROCK/MÜLLER, *Probleme der Vollmacht*, p. 656; SOERGEL/LÜDERITZ, vor Art. 7, an. 304; REITHMANN/HAUSMANN, *Vollmacht*, p. 894. FERID, *Internationales Privatrecht*, § 5-153, pronuncia-se a favor da aplicação da lei do lugar onde o poder de representação produz os seus efeitos.

[54] Sustentam a competência do *Vollmachtsstatut*: REITHMANN, *Die Form...*, p. 471; MAKAROV, *Die Vollmacht...*, p. 47; VON CAEMMERER, *Die Vollmacht...*, p. 213; MÜLLER- -FREIENFELS, *Die Sonderanknüpfung...*, p. 327; ZWEIGERT, *Die Form der Vollmacht*, RabelsZ, 1959, p. 334 ss (p. 334 s); KAYSER, *Vertretung ohne Vertretungsmacht...*, p. 40; SANDROCK/ /MÜLLER, *Vollmacht...*, p. 660; REITHMANN/HAUSMANN, *Vollmacht*, p. 887; C. VON BAR, *Internationales Privatrecht*, II, p. 433; FERID, *Internationales Privatrecht*, § 5-160; KROPHOLLER, *Internationales Privatrecht*, p. 277; PALANDT/HELDRICH, Anhang zu Art. 32, an. 3; ERMAN/HOHLOCH, Art. 37, an. 20; FIRSCHING, VON HOFFMANN, *Internationales Privatrecht*, p. 353. Propõem a aplicação do *Geschäftsstatut*: RABEL, *The conflict of laws*, III, p. 141, 2ª ed., p. 145; RAAPE, *Internationales Privatrecht*, 5ª ed., p. 503. Segundo STAUDINGER/FIRSCHING, Art. 11, an. 81, "ambos os estatutos devem ser considerados em alternativa, com o objectivo de facilitar o comércio jurídico". Na jurisprudência, cfr. BGH, 22.6.1965, IPRspr. 1964/65, Nr. 34, p. 129 ss (*Vollmachtsstatut*); BGH, 15.4.1970, IPRspr. 1970, Nr. 12, p. 46 ss (*Geschäftsstatut*); LG Hamburg, 16.3.1977, IPRspr. 1977, Nr. 6, p. 18 ss (*Geschäftsstatut*).

[55] Pronunciam-se no sentido da aplicabilidade do *Vollmachtsstatut*: RABEL, *The conflict of laws...*, III, p. 139 s, 2ª ed., p. 143 s; VON CAEMMERER, *Die Vollmacht...*, p. 215; NEUHAUS, *Die Grundbegriffe...*, p. 238; KROPHOLLER, *Die Anscheinshaftung...*, p. 1645; id., *Internationales Privatrecht*, p. 277; KAYSER, *Vertretung ohne Vertretungsmacht...*, p. 58 ss (p. 62); SANDROCK/MÜLLER, *Vollmacht...*, p. 653 s, 662; SOERGEL/LÜDERITZ, vor Art. 7, an. 308 (com limitações, na sequência aliás do que se propunha antes em SOERGEL/KEGEL, vor Art. 7, an. 208); STEDING, *Die Anknüpfung der Vollmacht...*, p. 46; REITHMANN/ /HAUSMANN, *Probleme der Vollmacht*, p. 892 ss; G. FISCHER, *Verkehrsschutz...*, p. 313;

As maiores dificuldades surgem no domínio da representação sem poderes [56]: qual a lei que responde à questão de saber se existe representação sem poderes e que determina os efeitos do negócio celebrado pelo

---

REDER, *Die Eigenhaftung vertragsfremder Dritter...*, p. 195; C. VON BAR, *Internationales Privatrecht*, II, p. 432. Defendendo a competência do *Geschäftsstatut*, cfr. WENGLER, *Internationales Privatrecht*, I, p. 571. Consideram que deve aplicar-se a "lei do lugar onde a aparência produz os seus efeitos": ERMAN/ARNDT, *vor* Art. 12, an. 13 (embora expressando-se de modo que sugere coincidência com o *Vollmachtsstatut*); ERMAN/HOHLOCH, Art. 37, an. 19; FERID, *Internationales Privatrecht*, § 5-159; KEGEL, *Internationales Privatrecht*, p. 455; PALANDT/HELDRICH, *Anhang zu* Art. 32, an. 3; STAUDINGER/FIRSCHING, *vor* Art. 12, an. 236; GROSSFELD, col. *Staudingers Kommentar..., Einführungsgesetz — Internationales Gesellschaftsrecht*, 13ª ed., 1993, an. 266; FIRSCHING, VON HOFFMANN, *Internationales Privatrecht*, p. 352. É esta a solução prevalecente na jurisprudência. Cfr.: BGH, 9.12.1964, IPRspr. 1964//65, Nr. 33, p. 124 ss = BGHZ 43, 21 = NJW 1965, 487; BGH, 24.11.1989, IPRspr. 1989, Nr. 3, p. 3 ss; OLG Karlsruhe, 25.7.1986, IPRspr. 1986, Nr. 25, p. 60 s = ZIP 1986, 1578 (vejam--se ainda outras decisões em que o direito considerado competente pelo tribunal era igualmente, no caso, o *Vollmachtsstatut*: BGH, 17.1.1968, IPRspr. 1968/69, Nr. 19, b), p. 44, confirmando a decisão de OLG Saarbrücken, 28.10.1966, IPRspr. 1968/69, Nr. 19, a), p. 42 ss; OLG Frankfurt, 8.7.1969, IPRspr. 1968/69, Nr. 21, p. 45 ss = AWD 1969, 415 s). Numa decisão mais recente, o tribunal considerou competente o direito do país onde a aparência foi criada (no caso, o direito alemão): OLG Koblenz, 31.3.1988, IPRax 1989, p. 232 ss. Sobre esta decisão, cfr. os comentários de G. FISCHER, *Rechtsscheinhaftung...*, p. 215 ss, e de REDER, *Die Eigenhaftung vertragsfremder Dritter...*, p. 93.

[56] Diferentemente do que sucede perante outras ordens jurídicas, no direito alemão existem elementos relevantes para o estudo das questões de direito internacional privado suscitadas pela representação sem poderes. Alguns dos problemas foram já objecto de decisões da jurisprudência; muitos deles têm sido discutidos na doutrina, quer em estudos dedicados à representação internacional, quer mesmo em obras gerais de direito internacional privado. Uma vez mais se deve a RABEL (*Vertretungsmacht*, p. 821 ss; *The conflict of laws*, III, p. 139 ss, 159, 174 ss, 2ª ed., p. 143 ss, 163, 181 s) o impulso da discussão teórica neste domínio, embora sejam de referir as anteriores contribuições de ZITELMANN (*Internationales Privatrecht*, II, p. 211) e FRANKENSTEIN (*Internationales Privatrecht*, I, p. 591). Os primeiros problemas que despertaram a atenção da doutrina relacionam-se com o direito aplicável à ratificação, pelo pretenso representado, do negócio jurídico celebrado pelo *falsus procurator* e à responsabilidade do pretenso representante perante a contraparte, no caso de o pretenso representado não ratificar o negócio. Por outro lado, tendo em vista a participação da delegação alemã nos trabalhos da 9ª Sessão da Conferência de Haia de Direito Internacional Privado, foram elaborados, sob a responsabilidade do *Deutscher Rat für internationales Privatrecht — Kommission für internationales Kaufrecht*, diversos relatórios sobre o estatuto da representação (publicados em RabelsZ, 1959, p. 326 ss). Um dos relatórios parcelares, da autoria de Georg PETERSEN, dedicado à representação sem poderes (*Die Vertretung ohne Vertretungsmacht*, p. 340 s) apresentava a síntese dos elementos fornecidos pela jurisprudência e pela doutrina sobre este tema. O autor identificava então quatro questões (a "licitude" da representação sem poderes, a admissibilidade e efeitos da ratificação, o direito de revogação do negócio pela pessoa que contratou com o *falsus procurator*, a responsabilidade do representante sem poderes perante a contraparte), sublinhando a falta de unidade de opiniões quanto à sua resolução. Importante, não só pela enunciação dos problemas, mas sobretudo pelas posições que, a propósito de cada um deles sustentou, foi o relatório geral preparado na mesma ocasião

representante sem poderes [57]; em particular, qual a lei que decide da existência e efeitos do abuso de poderes [58]; qual a lei que regula a responsabilidade do representado perante a contraparte [59]; qual a lei aplicável à questão da responsabilidade do representante perante a contraparte, no caso de o

---

por VON CAEMMERER (*Die Vollmacht für schuldrechtliche Geschäfte im deutschen internationalen Privatrecht*, p. 201 ss). Não era muito diferente da descrita por Petersen e von Caemmerer a situação que, alguns anos mais tarde, se apresentava a Manfred KAYSER quando elaborou a sua dissertação de doutoramento (*Vertretung ohne Vertretungsmacht im deutschen internationalen Privatrecht*, de 1967, já anteriormente referida, que é, tanto quanto sabemos, a única monografia sobre a representação sem poderes em direito internacional privado). A mesma dispersão de opiniões se encontra ainda hoje, como em seguida se verificará.

[57] A questão surge por vezes referida na doutrina de um modo muito genérico. Assim: KEGEL, *Internationales Privatrecht*, p. 457 ("consequências da falta de poder de representação", defendendo a aplicação do *Vollmachtsstatut*); FERID, *Internationales Privatrecht*, § 5-161 ("efeitos do negócio celebrado sem poder de representação", sustentando a competência do *Geschäftsstatut*); KUNZ, *Internationales Privatrecht*, p. 128 ("efeitos da actuação do representante sem poderes, em especial o direito de ratificação do representado", propondo a aplicação do *Geschäftsstatut*); ERMAN/ARNDT, vor Art. 12, an. 13 ("representação sem poderes: competente é o *Geschäftsstatut*").

[58] Quanto à questão da existência de abuso, os autores que partem da conexão autónoma da representação defendem em geral a aplicação do *Vollmachtsstatut*: RABEL, *Vertretungsmacht...*, p. 823; VON CAEMMERER, *Die Vollmacht...*, p. 214; KAYSER, *Vertretung ohne Vertretungsmacht...*, p. 63 ss; LUTHER, *Kollisionsrechtliche Vollmachtsprobleme...*, p. 429; SANDROCK/MÜLLER, *Probleme der Vollmacht*, p. 663; STAUDINGER/FIRSCHING, vor Art. 12, an. 243; REITHMANN/HAUSMANN, *Vollmacht*, p. 886. Maior divergência existe em relação à questão dos efeitos do abuso. Assim, sustentando a competência do *Vollmachtsstatut*: SOERGEL/KEGEL, vor Art. 12, an. 210; SOERGEL/LÜDERITZ, vor Art. 7, an. 303; SANDROCK/ /MÜLLER, *Probleme der Vollmacht*, p. 663; REITHMANN/HAUSMANN, *Vollmacht*, p. 887; DROBNIG, *American-german private international law*, p. 248. Propondo a aplicação do *Geschäftsstatut*: STAUDINGER/FIRSCHING, vor Art. 12, an. 243. Na jurisprudência o problema não tem surgido. Veja-se apenas RG, 14.10.1931, RGZ 134, 67 (71 s).

[59] Por exemplo, saber se o representado é responsável pelo comportamento do seu representante com fundamento em *culpa in contrahendo* — cfr. SOERGEL/LÜDERITZ, vor Art. 7, an. 306 (que considera aplicável o *Geschäftsstatut*, no caso de violação de deveres de protecção em conexão com um determinado contrato, e o *Tatortrecht*, segundo a regra geral, nos restantes casos); mas veja-se SOERGEL/KEGEL, vor Art. 12, an. 210 (que sustentava a aplicabilidade do *Vollmachtsstatut*). Cfr. ainda: STAUDINGER/FIRSCHING, vor Art. 12, an. 243 (submetendo a responsabilidade por incumprimento contratual ou por *culpa in contrahendo* ao *Geschäftsstatut*); SANDROCK/MÜLLER, *Probleme der Vollmacht*, p. 662 (sustentando a aplicabilidade do *Geschäftsstatut*); FERID, *Internationales Privatrecht*, § 5-161 (considerando aplicável o *Geschäftsstatut*); REITHMANN/HAUSMANN, *Vollmacht*, p. 887 (defendendo a competência do *Geschäftsstatut* ou do *Deliktsstatut*, conforme o fundamento de responsabilidade que esteja em causa); VON CAEMMERER, *Die Vollmacht...*, p. 217 (afastando a competência do *Vollmachtsstatut*, mas deixando a determinação do direito aplicável dependente da qualificação como incumprimento contratual, *culpa in contrahendo* ou ilícito extracontratual). À opinião de von Caemmerer aderiu KAYSER, *Vertretung ohne Vertretungsmacht...*, p. 102.

representado não ratificar o negócio (problema para o qual tem sido proposta a aplicação do *Vollmachtsstatut* [60], do direito competente para reger o negócio jurídico principal [61] e da lei do lugar onde foi praticado o acto [62]); qual a lei reguladora da admissibilidade e dos efeitos da ratificação (que alguns submetem ao *Vollmachtsstatut* [63] e outros ao *Geschäftsstatut* [64]); qual

---

[60] Reconduzem a questão ao *Vollmachtsstatut*: NEUHAUS, *Die Grundbegriffe...*, p. 238; KROPHOLLER, *Die Anscheinshaftung...*, p. 1646; id., *Internationales Privatrecht*, p. 278 (*Vertrauenshaftung*); KAYSER, *Vertretung ohne Vertretungsmacht...*, p. 109 ss (mas considerando competente a lei do lugar onde o pretenso representante invoca os seus poderes, no caso de não existir procuração, e a *lex loci delicti commissi*, se o acto praticado pelo pretenso representante tiver a natureza de delito segundo a lei do lugar onde foi praticado); G. FISCHER, *Verkehrsschutz...*, p. 311 ss (p. 313); REDER, *Die Eigenhaftung vertragsfremder Dritter...*, p. 194 (cabendo ao *Geschäftsstatut* pronunciar-se sobre o âmbito da responsabilidade); SOERGEL/KEGEL, *vor* Art. 7, an. 210; SOERGEL/LÜDERITZ, *vor* Art. 7, an. 306 (mas competindo ao *Geschäftsstatut* decidir se ao representante sem poderes pode ser exigido o cumprimento do contrato e não apenas uma indemnização); STEDING, *Die Anknüpfung der Vollmacht...*, p. 47; PALANDT/HELDRICH, *Anhang zu* Art. 32, an. 3. No mesmo sentido, na jurisprudência, cfr. OLG Hamburg, 27.5.1987, IPRspr. 1987, Nr. 14, p. 36 s.

[61] Incluem a questão no âmbito do *Geschäftsstatut des Hauptvertrages*: RABEL, *Vertretungsmacht...*, p. 824; id., *The conflict of laws...*, III, p. 141, 2ª ed., p. 146; RAAPE, *Internationales Privatrecht*, 5ª ed., p. 503; VON CAEMMERER, *Die Vollmacht...*, p. 217; SANDROCK/MÜLLER, *Vollmacht...*, p. 663; REITHMANN/HAUSMANN, *Probleme der Vollmacht*, p. 897; C. VON BAR, *Internationales Privatrecht*, II, p. 432 s; ERMAN/HOHLOCH, Art. 37, an. 19; FIRSCHING, VON HOFFMANN, *Internationales Privatrecht*, p. 352. Na jurisprudência, cfr.: OLG Celle, 7.9.1983, WM 1984, 494, e também BGH, 29.11.1961, IPRspr. 1960/61, Nr. 40, p. 134 ss = JZ 1963, 167 (mas apenas em *obiter dictum*).

[62] Defendendo a competência da lei do lugar da prática do acto, NUSSBAUM, *Deutsches internationales Privatrecht*, p. 265.

[63] No sentido da competência do *Vollmachtsstatut*: RABEL, *Vertretungsmacht...*, p. 823 s; id., *The conflict of laws...*, III, p. 139, 174 s, 2ª ed., p. 143, 181 s; VON CAEMMERER, *Die Vollmacht...*, p. 215 (mas submetendo ao *Geschäftsstatut* a questão dos efeitos do negócio jurídico celebrado sem poderes representativos, p. 217); SOERGEL/KEGEL, *vor* Art. 7, an. 210; SOERGEL/LÜDERITZ, *vor* Art. 7, an. 304; STEDING, *Die Anknüpfung der Vollmacht...*, p. 47; KAYSER, *Vertretung ohne Vertretungsmacht...*, p. 93 ss (p. 99).

[64] No sentido da competência do *Geschäftsstatut des Hauptvertrages*: RAAPE, *Internationales Privatrecht*, 5ª ed., p. 503 (mas submetendo ao *Vollmachtsstatut* a questão de saber se existe uma ratificação, p. 503, 505, e defendendo a necessidade de ter em conta a lei do domicílio ou do estabelecimanto do representado para verificar se existe uma manifestação de vontade imputável ao representado, p. 503); SANDROCK/MÜLLER, *Vollmacht...*, p. 663; STAUDINGER/FIRSCHING, *vor* Art. 12, an. 249; REITHMANN/HAUSMANN, *Probleme der Vollmacht*, p. 896; C. VON BAR, *Internationales Privatrecht*, II, p. 432 s; KUNZ, *Internationales Privatrecht*, p. 128; ERMAN/HOHLOCH, Art. 37 an. 19; PALANDT/HELDRICH, *Anhang zu* Art. 32, an. 3. Na jurisprudência, cfr.: BGH, 22.6.1965, IPRspr. 1964/65, Nr. 34, p. 129 ss; OLG Celle, 7.9.1983, WM 1984, 494; BGH, 8.10.1991, IPRspr. 1991, Nr. 28, p. 61 s = JZ 1992, 579 (com anotação concordante de C. VON BAR, p. 581 s).

a lei competente para reger o direito de revogação do negócio pela pessoa que contratou com o *falsus procurator* (umas vezes reconduzida ao *Vollmachtsstatut* [65], outras ao *Geschäftsstatut* [66] e outras ainda ao estatuto pessoal da contraparte [67]).

---

[65] Considerando competente o *Vollmachtsstatut*: RABEL, *Vertretungsmacht...*, p. 823; SOERGEL/KEGEL, *vor* Art. 7, an. 210; KAYSER, *Vertretung ohne Vertretungsmacht...*, p. 103 ss (p. 108); STEDING, *Die Anknüpfung der Vollmacht...*, p. 47.

[66] Submetendo a questão ao *Geschäftsstatut des Hauptvertrages*: RAAPE, *Internationales Privatrecht*, 5ª ed., p. 505; SOERGEL/LÜDERITZ, *vor* Art. 7, an. 304; STAUDINGER/ /FIRSCHING, *vor* Art. 12, an. 249; REITHMANN/HAUSMANN, *Probleme der Vollmacht*, p. 897.

[67] Numa decisão do *Reichsgericht* (RG, 15.6.1920, SeuffA 76, Nr. 2, p. 2 s), foi considerado competente o estatuto pessoal da contraparte (para a crítica desta decisão, cfr.: RABEL, *Vertretungsmacht...*, p. 823; id, *The conflict of laws...*, III, p. 141, nota (66), 2ª ed., p. 146, nota (66); NUSSBAUM, *Deutsches internationales Privatrecht*, p. 265, nota (2); PETERSEN, *Die Vertretung ohne Vertretungsmacht*, p. 340).

§ 2º
Direito suíço

1. Fontes de normas de conflitos

Em 18 de Dezembro de 1987, foi adoptada pelo Parlamento Federal Suíço a lei federal sobre direito internacional privado, que substituiu a lei federal de 1891 sobre as relações de direito civil dos cidadãos estabelecidos ou residentes [68]. A nova lei foi sujeita a referendo facultativo (nos termos do respectivo artigo 200) e entrou em vigor em 1 de Janeiro de 1989.

Para além das disposições comuns, onde surgem reguladas questões gerais do direito de conflitos, a lei contém extensa e pormenorizada disciplina da parte especial do direito internacional privado, referindo-se sucessivamente às seguintes matérias: pessoas singulares, casamento, filiação, tutela e outras medidas de protecção, sucessões, direitos reais, propriedade

---

[68] A lei federal sobre as relações de direito civil dos cidadãos estabelecidos ou residentes, de 25 de Junho de 1891, regulava em primeira linha os conflitos intercantonais; só por analogia se aplicava às questões emergentes das relações criadas por suíços no estrangeiro e às questões emergentes das relações criadas por estrangeiros na Suíça. Apesar de ter sido objecto de sucessivas alterações, era incompleta (não incluía a matéria do direito das obrigações e dos direitos reais) e inadaptada à resolução dos conflitos internacionais. Por isso a doutrina suíça se interrogou frequentemente no passado sobre a necessidade de uma nova codificação do direito internacional privado (cfr., por exemplo, SCHNITZER, *Bedarf das schweizerische internationale Privatrecht eines neues Gesetzes?*, Schw. Jb. Int. R., 1955, p. 55 ss; id., *Entwurf eines Rechtsanwendungsgesetzes*, "FG Max Gutzwiller", 1959, p. 429 ss). A *Société Suisse des Juristes* incluiu a questão da codificação do direito internacional privado na ordem de trabalhos da sua 105ª assembleia anual, realizada em Engelberg, em Setembro de 1971; nessa reunião foram discutidos os relatórios dos Professores Frank Vischer e Gerardo Broggini, que demonstravam a necessidade de uma revisão completa do direito internacional privado e enunciavam alguns princípios orientadores da futura codificação. Em 1973, o Conselho Federal criou uma comissão extraparlamentar de peritos, que apresentou o seu relatório em Junho de 1978; o anteprojecto foi submetido a processo de consulta, que, com raras excepções (entre as quais se conta o cantão de Vaud), conduziu a resultados positivos. A "Mensagem" do Conselho Federal Suíço tem a data de 10 de Novembro de 1982 (cfr. *Message concernant une loi fédérale sur le droit international privé (loi de DIP) du 10 novembre 1982*, doc. 82.072, 1982). A nova lei sobre o direito internacional privado veio a ser adoptada cerca de cinco anos mais tarde.

intelectual, obrigações, sociedades, falência e concordata, arbitragem internacional. Uma das particularidades da lei reside na divisão tripartida de cada um dos capítulos, ao incluir a determinação da competência dos tribunais suíços, a designação do direito aplicável em questões internacionais e o reconhecimento e execução de sentenças estrangeiras. Além disso, a lei caracteriza-se pela sua flexibilidade (tendo em conta nomeadamente a "cláusula de excepção", de âmbito geral, prevista no artigo 15) e pela consagração de algumas ideias novas, como a atribuição de relevância a normas imperativas estrangeiras (artigo 19), a possibilidade de aplicação de direito público estrangeiro (artigo 13) e a aceitação generalizada da conexão ao domicílio e à residência habitual [69].

---

[69] A versão final da lei apresenta algumas alterações, sobretudo nas disposições incluídas na parte especial, em relação ao projecto e ao relatório do Conselho Federal de 10 de Novembro de 1982. Sobre os textos que estiveram na origem da lei, vejam-se: VISCHER, VOLKEN, *Bundesgesetz über das internationale Privatrecht (IPR-Gesetz). Gesetzentwurf der Expertkommission und Begleitbericht*, Zürich, 1978; LAGARDE, *Les contrats dans le projet suisse de codification du droit international privé*, Schw. Jb. int. R., 1979, p. 72 ss; VISCHER, VON PLANTA, *Internationales Privatrecht*, 2ª ed., Basel, Frankfurt a. M., 1982; bem como a *Message...* do Conselho Federal Suíço e ainda os estudos incluídos em *Beiträge zum neuen IPR des Sachen-, Schuld- und Gesellschaftsrechts. Festschrift für Prof. Rudolf Moser* (org. Hochschule St. Gallen, Ivo Schwander), Zürich, 1987. Uma referência à evolução do projecto pode ver-se em VASSILAKAKIS, *Orientations méthodologiques dans les codifications récentes du droit international privé en Europe*, p. 362 ss. Para além dos manuais e das obras gerais sobre o direito internacional privado que têm vindo a ser actualizados em função da nova lei (alguns dos quais serão referidos neste trabalho), destacam-se os seguintes comentários, publicados em revistas da especialidade: KNOEPFLER, SCHWEIZER, *La nouvelle loi fédérale suisse sur le droit international privé (partie générale)*, Rev. crit., 1988, p. 207 ss; VON OVERBECK, *Le droit des personnes, de la famille, des régimes matrimoniaux et des successions dans la nouvelle loi fédérale suisse sur le droit international privé*, Rev. crit., 1988, p. 237 ss; STOJANOVIC, *Le droit des obligations dans la nouvelle loi fédérale suisse sur le droit international privé*, Rev. crit., 1988, p. 261 ss; PATOCCHI, *Il nuovo diritto internazionale privato svizzero. Prima parte: I contratti*, Rep. giur. patria, 121º, 1988, p. 3 ss; id., *Il nuovo diritto internazionale privato svizzero. Parte seconda: L'atto illecito*, Rep. giur. patria, 121º, 1988, p. 105 ss; BROGGINI, *Aspetti del nuovo diritto internazionale privato svizzero. I principi generali*, Rep. giur. patria, 121º, 1988, p. 149 ss; id., *Aspetti del nuovo diritto internazionale privato svizzero. Diritto matrimoniale e diritto successorio*, Rep. giur. patria, 121º, 1988, p. 191 ss; POCAR, *La nuova legge svizzera sul diritto internazionale privato*, Rdintpriv.proc., 1989, p. 5 ss; LALIVE, GAILLARD, *Le nouveau droit de l'arbitrage international en Suisse*, Clunet, 1989, p. 905 ss; KARRER, *Switzerland's new law of international arbitration in the private international law statute*, JBL, 1989, p. 169 ss; id., *High tide of private international law codification*, JBL, 1990, p. 78 ss. Por outro lado, dada a grande importância das relações com a Suíça, no comércio internacional, têm sido publicadas em outros países traduções e comentários da lei suíça de DIP, designadamente em língua inglesa. A nova lei suíça é na actualidade objecto de referência indispensável em trabalhos universitários sobre o direito internacional privado em diversos países. São assim numerosos os contributos para a análise das soluções consagradas no direito de conflitos suíço vigente.

A nova lei suíça inclui, no capítulo dedicado ao direito das obrigações (capítulo 9), integrada na secção 1 respeitante aos contratos, uma disposição que tem por objecto a representação — o artigo 126.

2. Determinação do direito aplicável

O artigo 126 da lei de 18 de Dezembro de 1987 (a seguir designada "lei suíça de DIP" ou simplesmente "lei suíça") é subordinado à epígrafe "representação" e dispõe o seguinte:
"1. Quando a representação tem subjacente um contrato, a relação entre o representado e o representante é regulada pelo direito aplicável ao seu contrato.
2. As condições em que os actos do representante vinculam o representado perante terceiros são reguladas pelo direito do Estado em que o representante tem o seu estabelecimento ou, se tal estabelecimento não existir ou não for reconhecível pelo terceiro, pelo direito do Estado em que o representante exerce a título principal a sua actividade no caso concreto.
3. Quando o representante estiver ligado ao representado por um contrato de trabalho e não tiver um estabelecimento comercial próprio, presume-se que o seu estabelecimento se situa no lugar da sede do representado.
4. O direito designado no nº 2 aplica-se igualmente à relação entre o representante sem poderes e o terceiro."

Tal como as disposições correspondentes incluídas nos trabalhos preparatórios (artigo 127 do anteprojecto de 1978, artigo 123 do projecto de 1982), e apesar de algumas diferenças pontuais, a norma do artigo 126 regula apenas a designada "representação voluntária"[70].

---

[70] Assim, expressamente: VISCHER, VOLKEN, *Gesetzentwurf...*, p. 144, 329; *Message...*, p. 151; SIEHR, *Gemeinsame Kollisionsnormen für das Recht der vertraglichen und ausservertraglichen Schuldverhältnisse*, "FS Rudolf Moser", 1987, p. 101 ss (p. 107); STOJANOVIC, *Le droit des obligations...*, p. 281; PATOCCHI, *Il nuovo diritto internazionale privato svizzero. Prima parte: I contratti*, p. 94; SCHNYDER, *Das neue IPR-Gesetz. Eine Einführung in das Bundesgesetz vom 18. Dezember 1987 über das internationale Privatrecht (IPRG)*, 2ª ed., Zürich, 1990, p. 114; ZÄCH/KÜNZLE, *Stellvertretung...*, p. 30; *IPRG Kommentar. Kommentar zum Bundesgesetz über das Internationale Privatrecht (IPRG) vom 1. Januar 1989* (org. Anton Heini e o.), Zürich, 1993, Art. 126, an. 5; *Kommentar zum schweizerischen Privatrecht. Internationales Privatrecht* (org. Heinrich Honsell, Nedim Peter Vogt, Anton K. Schnyder), Basel, Frankfurt a. M., 1996, Art. 126, an. 5.

A disposição distingue na relação representativa três tipos de relações jurídicas: a relação entre o representado e o representante (n° 1); a relação entre o representado e a contraparte (n°s 2 e 3); a relação entre o representante e a contraparte (n° 4).

2.1. Relação entre o representado e o representante

Nos termos do n° 1 do artigo 126, quando a representação assenta sobre um contrato, as relações entre o representado e o representante são reguladas pelo direito aplicável ao seu contrato.

O direito competente para reger a relação interna deve portanto determinar-se de acordo com as normas de conflitos gerais relativas aos contratos (artigos 116 e seguintes).

Destas normas de conflitos resulta em primeiro lugar a possibilidade de aplicar o direito escolhido expressa ou tacitamente pelas partes (artigo 116) ou, na falta de escolha, o direito com o qual o contrato apresente uma conexão mais estreita (artigo 117, n° 1). Presume-se que a conexão mais estreita existe com o Estado em que a parte que deve fornecer a prestação característica [71] tem a sua residência habitual ou, se o contrato for celebrado no exercício de uma actividade profissional ou comercial, o seu estabele-

---

[71] A presunção geral utilizada na lei, recorrendo à noção de prestação característica, corresponde à solução há muito proposta pela jurisprudência e pela doutrina suíças, que exerceu influência por exemplo na Convenção de Roma sobre a lei aplicável às obrigações contratuais. Na jurisprudência, vejam-se, como mais significativas na fase da consagração do princípio, as seguintes decisões: BG, 21.10.1941, BGE 67 II 179 (181); BG, 28.2.1950, BGE 76 II 33 (36); BG, 22.3.1951, BGE 77 II 83 (84); BG, 26.6.1951, BGE 77 II 189 (191); BG, 12.2.1952, BGE 78 II 74 (78); BG, 31.8.1953, BGE 79 II 295 (298); BG, 12.11.1956, BGE 82 II 550 (554). Na doutrina, cfr.: SCHNITZER, *Rechtsanwendung auf Verträge*, "FS Hans Lewald", 1953, p. 383 ss (p. 391); id., *Handbuch des internationalen Privatrechts*, II, p. 639 ss; id., *Les contrats internationaux en droit international privé suisse*, Recueil des Cours, 1968 — I, tome 123, p. 541 ss (p. 571 ss); id., *Die Zuordnung der Verträge im internationalen Privatrecht*, RabelsZ, 1969, p. 17 ss (p. 21 ss); VISCHER, *Internationales Vertragsrecht. Die kollisionsrechtlichen Regeln der Anknüpfung bei internationalen Verträgen*, Bern, 1962, p. 108 ss; VISCHER, VON PLANTA, *Internationales Privatrecht*, p. 177 ss. Para uma exposição sobre a origem e o desenvolvimento da doutrina da prestação característica e sobre a influência exercida por essa doutrina em diversas legislações nacionais e instrumentos internacionais, cfr. KAUFMANN-KOHLER, *La prestation caractéristique en droit international privé des contrats et l'influence de la Suisse*, Schw. Jb. int. R., 1989, p. 195 ss (p. 196 ss). A comparação entre a lei suíça de direito internacional privado e a Convenção de Roma pode ver-se, por último, em DUTOIT, *Le nouveau droit international privé suisse des contrats à l' aune de la Convention (CEE) de Rome du 19 juin 1980 sur la loi applicable aux obligations contractuelles*, "Études Lalive", p. 31 ss, e PATOCCHI, *Characteristic performance: a new myth in the conflict of laws? Some comments on a recent concept in the swiss and european private international law of contract*, "Études Lalive", 1993, p. 113 ss (p. 114 ss).

cimento (artigo 117, nº 2) [72]. Nestes termos, e em face da exemplificação de prestação característica relativamente a diversos tipos contratuais contida no nº 3 do mesmo artigo 117, o direito competente será o do país da residência habitual ou do estabelecimento do prestador do serviço (entendida esta categoria num sentido amplo, de modo a incluir o mandatário, o agente) [73].

O direito encontrado a partir da norma de conflitos do artigo 117 não será aplicável se, tendo em conta as circunstâncias, for manifesto que a situação tem um vínculo ténue com esse direito e que, em contrapartida, tem uma relação muito mais estreita com outra ordem jurídica (artigo 15) [74].

---

[72] Diferentemente do que acontece na norma do artigo 4º, nº 2 da Convenção de Roma sobre a lei aplicável às obrigações contratuais, o artigo 117, nº 2 da lei suíça não fixa o momento relevante para a concretizar o elemento de que depende a determinação do direito competente. Em geral, a doutrina entende que, quanto aos contratos de execução instantânea, o momento a considerar é o da celebração do contrato; relativamente aos contratos duradouros, admite a possibilidade de se ter em conta a alteração posterior daquele elemento, o que pode ter como consequência a sucessão de estatutos. Cfr. *IPRG Kommentar*, Art. 117, an. 74 s. No mesmo sentido se pronunciava VISCHER, *Internationales Vertragsrecht*, p. 113 s.

[73] Já antes da nova lei a jurisprudência suíça se pronunciava neste sentido. Cfr. BG, 1.7.1974, BGE 100 II 200 (209) = Schw. Jb. int. R., 1976, p. 323 ss (com anotação de Frank VISCHER, p. 337 ss) = Rev. crit., 1977, p. 55 ss (também com anotação de Frank VISCHER, p. 69 ss). O artigo 418-b, nº 2 do Código das Obrigações Suíço delimitava o âmbito de aplicação da disciplina relativa ao contrato de agência, determinando que "se o centro de actividade do agente se situar na Suíça, as relações jurídicas entre o comitente e o agente regem-se pela lei suíça". Esta disposição foi expressamente revogada pela lei de DIP (artigo 195 e anexo, I, b)).

[74] A disposição tem, como se referiu, um âmbito de aplicação geral, podendo portanto intervir na aplicação do direito designado para reger qualquer uma das relações incluídas na relação representativa. Sobre o artigo 15 da lei suíça de DIP ou sobre a disposição correspondente incluída no projecto de lei, cfr.: DUBLER, *Les clauses d'exception en droit international privé*, Genève, 1983, p. 41 ss, 59 ss (*passim*); CAMPIGLIO, *L' esperienza svizzera in tema di clausola d' eccezione: l' articolo 14 del progetto di riforma del diritto internazionale privato*, Rdintpriv.proc., 1985, p. 47 ss (que dá conta de decisões do Tribunal Federal Suíço, a partir dos anos 50, algumas não publicadas, recorrendo à "cláusula de excepção" no domínio do contrato de agência, do contrato de mandato e do contrato de trabalho); LAGARDE, *Le principe de proximité dans le droit international privé contemporain. Cours général de droit international privé*, Recueil des Cours, 1986 — I, tome 196, p. 9 ss (p. 97 ss); *Message...*, p. 46 s; KNOEPFLER, SCHWEIZER, *Précis de droit international privé suisse*, Bern, 1990, p. 110 ss; SCHWANDER, *Einführung in das internationale Privatrecht*, I — *Allgemeiner Teil*, 2ª ed., St. Gallen, 1990, p. 181 ss; *IPRG Kommentar*, Art. 15; HONSELL e o., *Internationales Privatrecht*, Art. 15; VISCHER, *Kollisionsrechtliche Verweisung und materielles Resultat. Bemerkungen zur Auslegung der Ausnahmeklausel (Art. 15 IPRG)*, "Rechtskollisionen", 1995, p. 479 ss; MARQUES DOS SANTOS, *As normas de aplicação imediata...*, p. 403 ss. Veja-se a primeira decisão de aplicação da "cláusula de excepção", após a entrada em vigor do artigo 15 da lei suíça de DIP, em BG, 28.11.1991, BGE 118 II 79 = Rev. crit., 1992, p. 484 ss (com anotação de François KNOEPFLER).

Tratando-se de contrato de trabalho, a regra especial contida no artigo 121 remete para o direito do Estado em que o trabalhador realiza habitualmente o seu trabalho ou, se o trabalhador realizar habitualmente o seu trabalho em vários Estados, para o direito do Estado do estabelecimento (domicílio ou residência habitual) do empregador. Apenas se admite a possibilidade de escolha pelas partes do direito aplicável se tal escolha recair sobre a ordem jurídica do país da residência habitual do trabalhador, do estabelecimento, do domicílio ou da residência habitual do empregador (n° 3 do artigo 121).

Se o contrato subjacente ao poder de representação tiver por objecto uma prestação de consumo, tal como definida no artigo 120, n° 1, e se estiverem preenchidos os requisitos exigidos nessa disposição, será aplicável o direito do país da residência habitual do consumidor/representado. Em relação a essa categoria de contratos é excluída a possibilidade de escolha da ordem jurídica competente (artigo 120, n° 2).

Não existe no domínio contratual disposição que excepcione o princípio da referência material, expresso no artigo 14, n° 1 da lei de DIP.

Por outro lado, na determinação da disciplina jurídica das situações internacionais, a lei suíça de DIP atribui relevância às normas imperativas quer do direito do foro quer de uma ordem jurídica diferente da *lex causae* que se encontre em conexão estreita com a situação. São todavia distintos os pressupostos e os efeitos da actuação de tais normas, conforme se integrem no direito do foro ou pertençam a uma ordem jurídica estrangeira. Nos termos do artigo 18, o órgão de aplicação do direito deve sempre dar prevalência às normas imperativas do direito suíço que, em razão do seu fim particular, sejam aplicáveis independentemente da lei designada pelas normas de conflitos suíças; nos termos do artigo 19, quando tal for exigido pelos interesses legítimos e manifestamente preponderantes em face da concepção suíça do direito, pode tomar em consideração uma disposição imperativa de uma ordem jurídica diferente da que é designada pelas normas de conflitos suíças, se a situação tiver uma ligação estreita com essa ordem jurídica [75].

---

[75] Para a análise das disposições dos artigos 18 e 19 da lei suíça de DIP (ou das disposições contidas no projecto de lei), vejam-se, entre a vasta bibliografia sobre a matéria, J.-L. CHENAUX, *L' application par le juge des dispositions impératives étrangères non désignées par la règle de conflit du for: étude de l' article 18 du projet suisse de loi fédérale sur le droit international privé*, ZSchwR, 1988, p. 61 ss; VISCHER, *Zwingendes Recht und Eingriffsgesetze nach dem schweizerischen IPR-Gesetz*, RabelsZ, 1989, p. 438 ss; BROGGINI, *Considerazioni sul diritto internazionale privato dell' economia*, Rdintpriv.proc., 1990, p. 277 ss (p. 285 ss); KNOEPFLER, SCHWEIZER, *Précis de droit international privé suisse*, p. 125 ss (p. 129 ss); SCHWANDER, *Einführung in das internationale Privatrecht*, I, p. 239 ss; *IPRG Kommentar*, Art. 18, Art. 19; HONSELL e o., *Internationales Privatrecht*, Art. 18, Art. 19; MARQUES DOS SANTOS, *As normas de aplicação imediata...*, p. 964 s, 970, 1009 s, 1025 ss.

Além disso, a aplicação do direito estrangeiro competente é excluída se conduzir a um resultado incompatível com a ordem pública suíça (artigo 17).

2.2. Relação entre o representado e a contraparte

Reflectindo a concepção subjacente ao direito material suíço e seguindo neste ponto a tradição da jurisprudência e da doutrina suíças que se ocuparam da matéria da representação em situações internacionais, o artigo 126 consagra, também no domínio do direito internacional privado, a autonomia do poder de representação, quer relativamente ao negócio subjacente [76], quer relativamente ao negócio representativo [77].

---

[76] Não existia no direito anterior norma de conflitos de âmbito geral aplicável à representação (mesmo o artigo 418-b OR, que delimitava o âmbito de aplicação da disciplina relativa ao contrato de agência, reportava-se apenas à relação interna entre comitente e agente). As regras aplicadas antes da entrada em vigor da nova lei eram portanto de fonte jurisprudencial e doutrinária. Seguindo uma jurisprudência constante, pelo menos desde 1916, o *Bundesgericht* afirmava a autonomia do estatuto da representação em direito internacional privado. Cfr.: BG, 22.12.1916, BGE 42 II 648 (651); BG, 14.12.1920, BGE 46 II 490 (493); BG, 5.3.1923, BGE 49 II 70 (74); BG, 22.11.1950, BGE 76 I 338 (351); BG, 15.5.1962, BGE 88 II 191 (193); BG, 26.6.1962, BGE 88 II 195 (200). No mesmo sentido se pronunciou desde muito cedo a doutrina suíça. Cfr.: PFISTER, *Vollmacht und Stellvertretung im internationalen Privatrecht*, Zürich, 1927, p. 75 ss; MOSER, *Einzelinteresse und Verkehrsschutz bei internationaler Betrachtung der gewillkürten Stellvertretung*, "Individuum und Gemeinschaft. Festschrift für Fünfzigjahrfeier der Handels-Hochschule St. Gallen", St. Gallen, 1949, p. 385 ss (p. 387 ss); PATRY, *À propos de la représentation en droit international privé*, SJ, 1954, p. 377 ss (p. 381); BLOCH, *Der Umfang und die Tragweite der Vollmacht eines vertraglichen Stellvertreters nach schweizerischem internationalem Privatrecht*, SJZ, 1963, p. 81 ss (p. 81); SCHNURRENBERGER, *Vollmacht und Grundverhältnis...*, p. 148 ss; BERGER, *Das Statut der Vollmacht...*, p. 101 ss; SCHNITZER, *Handbuch*, p. 672 (embora pareça referir-se apenas à situação prevista no artigo 33, n° 3 OR, ou seja, à comunicação a terceiros da atribuição de poder de representação); id., *Entwurf eines Rechtsanwendungsgesetzes*, p. 440 (artigo 55); id., *Les contrats internationaux...*, p. 623 s; VISCHER, *Internationales Vertragsrecht*, p. 229; id., an. BG, 1.7.1974, Schw. Jb. int. R., 1976, p. 337 ss (p. 338 s); id., an. BG, 1.7.1974, Rev. crit., 1977, p. 69 ss (p. 70); VISCHER, VON PLANTA, *Internationales Privatrecht*, p. 191.

[77] A solução constitui portanto uma das excepções ao estatuto unitário do contrato, definido nos artigos 116 e 117 da lei. Este aspecto é particularmente sublinhado pela doutrina suíça actual (SCHWANDER, *Internationales Vertragsschuldrecht — Direkte Zuständigkeit und objektive Anknüpfung*, "FS Rudolf Moser", 1987, p. 79 ss, p. 93; KNOEPFLER, SCHWEIZER, *Précis ...*, p. 89, 92; *IPRG Kommentar, vor* Art. 123-126, an. 2; Art. 126, an. 50; ZÄCH/ /KÜNZLE, *Stellvertretung ...*, p. 31), tendo em conta a não muito longínqua posição da jurisprudência daquele país, que defendia a competência da lei do lugar de celebração para regular a questão da formação do contrato e a competência da lei escolhida pelas partes ou da lei subsidiariamente determinada de acordo com critérios objectivos para regular os efeitos do contrato (de acordo com a teoria da *grosse Vertragsspaltung*, a que o Tribunal Federal pôs

Do disposto no artigo 126 decorre claramente não só que o poder de representação é subtraído à competência do direito que regula a relação entre o representado e o representante — o direito indicado no n° 1 — mas também que o poder de representação constitui objecto de conexão autónoma relativamente ao estatuto do contrato celebrado pelo representante com a contraparte — o *Hauptgeschäft*, que se rege pelo direito determinado segundo as normas de conflitos gerais relativas aos contratos (artigos 116 e seguintes da lei).

O n° 2 do artigo 126 determina a aplicabilidade ao poder de representação do direito do Estado onde se situa o estabelecimento do representante ou, se tal estabelecimento não existir ou se não for reconhecível pela contraparte, do direito do Estado onde o representante exerce a título principal a sua actividade no caso concreto [78]. O n° 3 do mesmo artigo refere-se

---

termo a partir da decisão proferida no processo *Chevalley c. Genimportex* — BG, 12.2.1952, BGE 78 II 74).

[78] Antes da entrada em vigor da nova lei, várias soluções foram propostas para a determinação do estatuto da representação. A jurisprudência, mesmo depois de abandonar a teoria da *grosse Vertragsspaltung* em matéria contratual, manteve a distinção no âmbito da representação, sujeitando a questão da existência do poder de representação à lei da sede ou do domicílio do representado e a questão dos efeitos ou do âmbito do poder de representação à lei do lugar em que o poder produz os seus efeitos — lei do lugar em que o representante faz uso da procuração. Seguindo a teoria da separação em matéria de representação: BG, 15.5.1962, BGE 88 II 191 (193 s); BG, 26.6.1962, BGE II 195 (199, 201); BG, 1.7.1974, BGE 100 II 200 (207). A doutrina mais antiga adoptou a teoria da separação entre existência e efeitos: PFISTER, *Vollmacht und Stellvertretung...*, p. 77 ss, 104, e MOSER, *Einzelinteresse und Verkehrsschutz...*, p. 391 ss (defendendo estes dois autores a aplicação da lei do domicílio do representante à questão dos efeitos da representação); AUBERT, *Les contrats internationaux dans la doctrine et la jurisprudence suisses*, Rev. crit., 1962, p. 19 ss (p. 28 s), aderindo às conexões definidas pela jurisprudência (lei do domicílio do representado, quanto à questão da existência do poder, lei do lugar onde o representante desenvolve a sua actividade, quanto à questão da extensão do poder). Alguns autores pronunciaram-se no sentido de um estatuto unitário para reger todas as questões emergentes da representação, embora divergindo quanto à conexão relevante: PATRY, *À propos de la représentation...*, p. 382 (lei do lugar onde o representante celebra o contrato em nome do representado); BLOCH, *Der Umfang und die Tragweite der Vollmacht...*, p. 85 (lei do lugar do domicílio do representado, desde que a contraparte tenha conhecimento da extensão do poder de representação, excepto nos casos em que o representante tenha um estabelecimento fixo, para os quais propõe a aplicação da lei do lugar desse estabelecimento); SCHNURRENBERGER, *Vollmacht und Grundverhältnis...*, p. 166 ss (lei do domicílio do representado em relação à *interne Vollmacht* e lei do *Wirkungsland* em relação à *externe Vollmacht*); BERGER, *Das Statut der Vollmacht...*, p. 111 ss (lei do *Gebrauchsort*); SCHNITZER, *Handbuch*, I, p. 672 s; id., *Entwurf eines Rechtsanwendungsgesetzes*, p. 440 (artigo 55°) (em relação ao representante dependente, lei do domicílio do representado, em relação ao representante independente, lei do lugar em que este exerce a sua actividade); id., *Les contrats internationaux...*, p. 625 (lei do domicílio do representado); VISCHER, *Internationales Vertragsrecht*, p. 231 s (lei do *Wirkungsland*, entendendo-se como tal a lei do lugar do estabelecimento do representante com estabelecimento fixo, ou a lei do

em especial aos casos em que a relação subjacente entre representado e representante é um contrato de trabalho e em que o representante não tem estabelecimento próprio; nos termos dessa disposição presume-se, para efeitos de aplicação da regra contida no nº 2, que o estabelecimento do representante se situa no lugar da sede do representado.

Embora na disposição em análise não se preveja a possibilidade de designação do direito aplicável ao poder de representação [79], uma parte da doutrina suíça tende a admitir tal designação nos termos gerais previstos no artigo 116 da lei, por acordo entre representado e contraparte [80].

2.3. Relação entre o representante e a contraparte

A disposição do nº 4 do artigo 126, respeitante à relação entre o representante e a contraparte, inspira-se na Convenção de Haia sobre representação [81], que adiante analisaremos. Mas, diferentemente da Convenção, a norma de conflitos da lei suíça trata apenas da relação entre o representante sem poderes e a contraparte. A restrição justifica-se pela circunstância de, segundo os princípios do direito da representação nas ordens jurídicas continentais europeias, só se constituir uma relação jurídica entre o representante e a contraparte no caso de o representante actuar sem poderes representativos ou fora do âmbito dos seus poderes [82].

---

lugar em que o representante faz uso dos seus poderes, no caso de representante ocasional sem estabelecimento fixo); VISCHER, VON PLANTA, *Internationales Privatrecht*, p. 191 (lei do *Wirkungsland*, entendendo-se como tal a lei do lugar do estabelecimento do representante com estabelecimento fixo, ou a lei do lugar em que o representante faz uso dos seus poderes, no caso de representante ocasional sem estabelecimento fixo).

[79] Diferentemente, o anteprojecto de 1978 previa que o representado podia designar o direito aplicável à relação externa de representação, desde que a atribuição de poder de representação e a designação do direito competente constassem de documento escrito e que esse documento fosse apresentado à contraparte o mais tardar no momento da celebração do contrato (artigo 127, nº 2, al. c)). Cfr. VISCHER, VOLKEN, *Gesetzentwurf* ..., p. 145, 330; VISCHER, VON PLANTA, *Internationales Privatrecht*, p. 194.

[80] Neste sentido, cfr.: HEINI, *Die Rechtswahl im Vertragsrecht und das neue IPR--Gesetz*, "FS Rudolf Moser", 1987, p. 67 ss (p. 68 s); STOJANOVIC, *Le droit des obligations...*, p. 281, nota (68); *IPRG Kommentar*, Art. 126, an. 45; ZÄCH/KÜNZLE, *Stellvertretung...*, p. 29 s; HONSELL e o., *Internationales Privatrecht*, Art. 126, an. 36, 40. Na doutrina anterior à entrada em vigor da nova lei não existia unanimidade quanto a esta questão: MOSER, *Einzelinteresse und Verkehrsschutz...*, p. 391, admitia a possibilidade de designação, pelo representado, do direito aplicável à representação; VISCHER, *Internationales Vertragsrecht*, p. 233, excluía a relevância da autonomia privada neste domínio.

[81] Neste sentido, cfr. *IPRG Kommentar*, Art. 126, an. 49. Na *Message...*, p. 152, afirma-se, todavia, que a referida Convenção de Haia se inspirou nos trabalhos preparatórios da lei suíça.

[82] Em sentido concordante, agora expressamente HONSELL e o., *Internationales Privatrecht*, Art. 126, an. 41.

Nos termos do nº 4 do artigo 126, a relação entre o representante sem poderes e a contraparte é regulada pelo direito designado no nº 2, isto é, pelo estatuto da representação.

3. Âmbito de aplicação dos direitos designados

Nos termos do nº 1 do artigo 126, quando a representação assenta sobre um contrato, as relações entre o representado e o representante são reguladas pelo direito aplicável ao seu contrato. O direito aplicável ao contrato subjacente ao poder de representação deve em especial reger a formação, o âmbito, a duração e a cessação dos poderes do representante, na relação interna entre o representado e o representante, assim como a admissibilidade do contrato consigo mesmo e a responsabilidade do representante perante o representado em consequência da actuação fora dos limites dos seus poderes [83].

A conexão autónoma estabelecida no nº 2 do artigo 126 da lei suíça diz respeito à relação entre o representado e a contraparte, ou seja, ao poder de representação.

Os termos utilizados na previsão da norma — "as condições em que os actos do representante vinculam o representado perante terceiros" — demonstram a intenção da lei de afastar a tese da jurisprudência suíça, que, na determinação do direito competente para regular a representação, distinguia entre a questão da existência do poder de representação (a que aplicava a lei do domicílio do representado) e a questão do âmbito ou dos efeitos do poder de representação (a que aplicava a lei do lugar em que o poder produz os seus efeitos — lei do lugar em que o representante faz uso da procuração). Do nº 2 do artigo 126 resulta portanto um estatuto unitário para a representação, ao qual devem ser reconduzidas ambas aquelas questões [84].

---

[83] Assim, *IPRG Kommentar*, Art. 126, an. 12; HONSELL e o., *Internationales Privatrecht*, Art. 126, an. 14 ss (onde no entanto, sob a influência de uma concepção heteronomista da representação, é proposta a inclusão de questões que outros autores adjudicam à lei designada no nº 2 do artigo 126).

[84] Neste sentido, cfr.: VISCHER, VOLKEN, *Gesetzentwurf...*, p. 144 s, 329 s; *Message...*, p. 152; SIEHR, *Gemeinsame Kollisionsnormen...*, p. 107; PATOCCHI, *Il nuovo diritto internazionale privato svizzero. Prima parte: I contratti*, p. 95 (que todavia considera que a ideia não está claramente expressa no texto da disposição); WALDER, *Die Vollmacht zum Abschluss einer Schiedsabrede, insbesondere im internationalen Verhältnis*, "FS Max Keller", 1989, p. 677 ss (p. 680 s); SCHNYDER, *Das neue IPR-Gesetz*, p. 114; *IPRG Kommentar*, Art. 126, an. 18; ZÄCH/KÜNZLE, *Stellvertretung...*, p. 31. Em sentido diferente, HONSELL e o., *Internationales Privatrecht*, Art. 126, an. 25 ss, onde se retoma a solução adoptada na anterior jurisprudência do *Bundesgericht* (an. 28).

Segundo o entendimento da doutrina que até agora analisou a norma de conflitos do artigo 126, nº 2, o estatuto da representação deve fornecer a resposta para as seguintes questões: exigibilidade ou não de atribuição de poderes especiais para a prática de um determinado acto [85]; criação e âmbito ou extensão do poder de representação [86]; cessação do poder de representação [87]. A opinião dos autores continua dividida sobre a inclusão da questão relativa à admissibilidade da representação no estatuto da representação [88].

Quanto a certas matérias vigora um regime próprio. A capacidade das partes é submetida ao respectivo estatuto pessoal (artigo 35) — sendo defendida a aplicação por analogia da regra do artigo 36, nº 1 aos casos em que o acto representativo é praticado por um representante considerado incapaz face à sua lei pessoal mas considerado capaz segundo a lei do lugar de celebração [89]. A forma do acto de atribuição do poder de representação está sujeita à regra geral fixada em relação aos contratos no artigo 124 da lei, aplicável analogicamente [90] — considerando-se para o efeito como "lei

---

[85] *IPRG Kommentar*, Art. 126, an. 20. Antes da nova lei, BERGER, *Das Statut der Vollmacht* ..., p. 157, incluía esta questão no âmbito do estatuto do negócio principal.

[86] *IPRG Kommentar*, Art. 126, an. 21, 25; SCHNYDER, *Das neue IPR-Gesetz*, p. 114; SIEHR, *Gemeinsame Kollisionsnormen* ..., p. 107; PATOCCHI, *Il nuovo diritto internazionale privato svizzero. Prima parte: I contratti*, p. 95; WALDER, *Die Vollmacht*..., p. 681. No mesmo sentido, já anteriormente: MOSER, *Einzelinteresse und Verkehrsschutz*..., p. 396; VISCHER, *Internationales Vertragsrecht*, p. 234; VISCHER, VON PLANTA, *Internationales Privatrecht*, p. 191 s; BERGER, *Das Statut der Vollmacht* ..., p. 148 ss. Em sentido diferente, HONSELL e o., *Internationales Privatrecht*, Art. 126, an. 29 (onde se propõe a aplicação da lei designada no nº 1 do artigo 126).

[87] *IPRG Kommentar*, Art. 126, an. 26. No mesmo sentido, antes da aprovação da nova lei: MOSER, *Einzelinteresse und Verkehrsschutz*..., p. 396; VISCHER, *Internationales Vertragsrecht*, p. 234; VISCHER, VON PLANTA, *Internationales Privatrecht*, p. 192; BERGER, *Das Statut der Vollmacht*..., p. 152 s. Em sentido diferente, agora, HONSELL e o., *Internationales Privatrecht*, Art. 126, an. 29 (onde se propõe a aplicação da lei designada no nº 1 do artigo 126).

[88] Em sentido afirmativo, *IPRG Kommentar*, Art. 126, an. 20. Diferentemente, HONSELL e o., *Internationales Privatrecht*, Art. 126, an. 10, 40, onde se considera necessário atender a todas as ordens jurídicas envolvidas: defendendo que o ponto de partida reside na lei designada no nº 1 do artigo 126, admite-se todavia que pode decorrer da lei competente nos termos do nº 2 a possibilidade de a contraparte demandar directamente o representado; se existir eficácia representativa de acordo com qualquer um destes dois sistemas, há ainda que verificar se a lei reguladora do negócio jurídico principal proíbe no caso a representação. No domínio do direito anterior, alguns autores submetiam a questão da admissibilidade da representação ao estatuto do negócio principal. Assim: VISCHER, *Internationales Vertragsrecht*, p. 236; VISCHER, VON PLANTA, *Internationales Privatrecht*, p. 192; BERGER, *Das Statut der Vollmacht*..., p. 157.

[89] *IPRG Kommentar*, Art. 126, an. 29. Defendia esta solução no domínio do direito anterior BERGER, *Das Statut der Vollmacht*..., p. 137 s.

[90] *IPRG Kommentar*, Art. 126, an. 32; WALDER, *Die Vollmacht*..., p. 680; ZÄCH/ /KÜNZLE, *Stellvertretung*..., p. 31; HONSELL e o., *Internationales Privatrecht*, Art. 126, an. 19.

aplicável ao contrato" o estatuto da representação e como lei do lugar de celebração a lei do lugar onde a procuração é outorgada [91].

Em relação à *Rechtsscheinsvollmacht*, é proposta, com fundamento no paralelismo dos interesses conflituais subjacentes à situação, a aplicação da mesma lei que regula os pressupostos da representação, inclusivamente nos casos em que não exista coincidência entre o estatuto da representação e o direito do lugar onde a aparência produz os seus efeitos [92].

Por força de disposição expressa da lei, é incluída no estatuto da representação a disciplina da relação entre o representante sem poderes e a contraparte (artigo 126, n° 4). Os autores que se pronunciaram sobre o tema depois da entrada em vigor da nova lei interpretam a norma no sentido de que o direito assim designado regula apenas as questões relacionadas com a representação, como a responsabilidade do representante perante a contraparte e as consequências da falta de ratificação do negócio representativo pelo representado [93].

Seguindo a mesma perspectiva, ficariam fora do âmbito de aplicação do estatuto especial do n° 2 do artigo 126 todas as questões não directamente relacionadas com a representação, que seriam reguladas pela lei aplicável ao negócio principal, como, por exemplo, a questão da imputação ao representado da falta de vontade e outros estados subjectivos relevantes verificados na pessoa do representante [94].

---

[91] Assim, *IPRG Kommentar*, Art. 126, an. 32. A mesma solução era anteriormente defendida por: VISCHER, *Internationales Vertragsrecht*, p. 237; VISCHER, VON PLANTA, *Internationales Privatrecht*, p. 192; BERGER, *Das Statut der Vollmacht...*, p. 139 s. Em sentido diferente, HONSELL e o., *Internationales Privatrecht*, Art. 126, an. 19 (onde se afirma que compete à lei reguladora da relação interna determinar se a atribuição de poder de representação está sujeita a exigências de forma e que, em certos casos, devem ser observadas as disposições sobre forma contidas na lei reguladora do contrato principal ou na lei do lugar da situação dos bens imóveis, desde que tenham subjacente uma função de protecção dos contraentes).

[92] *IPRG Kommentar*, Art. 126, an. 35; HONSELL e o., *Internationales Privatrecht*, Art. 126, an. 32 (onde se admite a aplicação da lei designada no n° 2 do artigo 126 às pretensões da contraparte "fundamentadas na protecção do comércio jurídico"). Já antes, no mesmo sentido, BERGER, *Das Statut der Vollmacht...*, p. 118 s.

[93] Assim, *IPRG Kommentar*, Art. 126, an. 22, 47 s; HONSELL e o., *Internationales Privatrecht*, Art. 126, an. 34 s, 41. Antes da entrada em vigor da nova lei, as opiniões não eram coincidentes com esta. Relativamente à responsabilidade do representante perante a contraparte sustentavam a aplicação da lei reguladora do negócio principal: VISCHER, *Internationales Vertragsrecht*, p. 236; VISCHER, VON PLANTA, *Internationales Privatrecht*, p. 192; BERGER, *Das Statut der Vollmacht...*, p. 172 s. Relativamente à ratificação e aos seus efeitos: VISCHER, *Internationales Vertragsrecht*, p. 236, sustentava a aplicação do estatuto da representação; BERGER, *Das Statut der Vollmacht...*, p. 170, defendia a competência do estatuto do negócio principal.

[94] Assim, *IPRG Kommentar*, Art. 126, an. 51. A mesma solução era anteriormente defendida por BERGER, *Das Statut der Vollmacht...*, p. 166 s.

§ 3º
Direito italiano

1. Fontes de normas de conflitos

A recente reforma do sistema italiano de direito internacional privado operada pela lei n. 218, de 31 de Maio de 1995, em vigor a partir de 1 de Setembro do mesmo ano [95], tem como objecto a determinação do âmbito da jurisdição italiana, a fixação dos critérios de conexão para a designação do direito aplicável a relações internacionais e a disciplina da eficácia de sentenças e actos estrangeiros. O título relativo ao direito aplicável, que vem substituir os artigos 17 a 31 das disposições preliminares do Código Civil italiano de 1942, contém normas sobre problemas gerais do direito de conflitos e regula em dez capítulos as pessoas singulares, as pessoas colectivas, as relações de família, a adopção, a protecção dos incapazes e as obrigações alimentares, as sucessões, os direitos reais, as doações, as obrigações contratuais e as obrigações não contratuais [96] [97].

---

[95] O artigo 74 da lei fixava uma *vacatio legis* de noventa dias após a publicação. Diplomas posteriores (d.l. n. 361, de 28.8.1995, d.l. n. 547, de 23.12.1995, d.l. n. 78, de 26.2.1996) alteraram a versão inicial, determinando a entrada em vigor da lei em 1 de Setembro de 1995, com excepção dos artigos 64 a 71 (as disposições relativas à eficácia de sentenças e actos estrangeiros), que apenas se encontram em vigor desde 1 de Junho de 1996.

[96] O projecto que deu origem à lei havia sido apresentado pela Comissão de Reforma do sistema italiano de direito internacional privado ao Governo em 26 de Outubro de 1989 (veja-se o respectivo texto e relatório anexo em Rdintpriv.proc., 1989, p. 932 ss, 947 ss). A alteração do direito internacional privado italiano foi objecto de um projecto inicial da autoria de Edoardo Vitta, analisado em sucessivos colóquios, em que participaram especialistas italianos e estrangeiros. Cfr. *Prospettive del diritto internazionale privato. Un simposio*, Milano, 1968; *Problemi di riforma del diritto internazionale privato italiano. Convegno di studi tenutosi à Roma nei giorni 1 e 2 giugno 1984 a cura del Consiglio Nazionale del Notariato*, Milano, 1986. Sobre os projectos vejam-se ainda: VITTA, *Aspetti di una riforma del diritto internazionale privato*, Rdint., 1986, p. 5 ss; LONARDO, *Rapporti trasnazionali e diritto civile costituzionale. A proposito di un recente progetto di riforma del diritto internazionale privato*, Napoli, 1988; LENZI, *Osservazioni sul recente progetto di riforma del diritto internazionale privato*, Riv. not., 1990, p. 599 ss; BALLARINO, *Sul progetto di riforma del sistema italiano di diritto internazionale privato*, Rdint., 1990, p. 525 ss; DAVÌ, *Le questioni generali del diritto internazionale privato nel progetto di riforma*, Rdint., 1990, p. 556 ss; PICONE, *I metodi di*

O capítulo X, relativo às obrigações contratuais, contém uma única disposição (artigo 57), que remete a regulamentação para a Convenção de Roma sobre a lei aplicável às obrigações contratuais (recebida no direito

coordinamento tra ordinamenti nel progetto di riforma del diritto internazionale privato italiano, Rdint., 1990, p. 639 ss; assim como outros estudos incluídos em *La riforma del diritto internazionale privato e processuale. Raccolta in ricordo di Edoardo Vitta* (org. Giorgio Gaja), Milano, 1994. Em especial sobre a influência da Convenção de Roma de 1980 na reforma do direito internacional privado italiano, cfr.: FORLATI PICCHIO, *Limiti posti dalla Convenzione di Roma alla riforma del diritto internazionale privato italiano*, Rdint., 1992, p. 269 ss; BARATTA, *Sull' adattamento del diritto interno alla Convenzione di Roma del 1980*, Rdint., 1993, p. 118 ss. A comparação entre a Convenção de Roma e o sistema italiano de direito internacional privado tem frequentemente ocupado a doutrina italiana. Cfr.: BONELL, *Il diritto applicabile alle obbligazioni contrattuali: recenti tendenze nelle dottrina e giurisprudenza italiane (anche con riguardo alla nuova convenzione CEE in materia)*, Rdcomm., 1980, I, p. 215 ss; VITTA, *La convenzione CEE sulle obbligazioni contrattuali e l' ordinamento italiano*, Rdintpriv.proc., 1981, p. 837 ss; GIARDINA, *La convenzione comunitaria sulla legge applicabile alle obbligazioni contrattuali e il diritto internazionale privato italiano*, Rdint., 1981, p. 795 ss; id., *The impact of the E.E.C. Convention on the italian system of conflict of laws*, "Contract conflicts", 1982, p. 237 ss; POCAR, *L' entrata in vigore della convenzione di Roma del 1980 sulla legge applicabile ai contratti*, Rdintpriv.proc., 1991, p. 249 ss (p. 250 ss); BALLARINO, *La Convenzione di Roma sulla legge applicabile alle obbligazioni contrattuali entra in vigore*, Banca e Borsa, 1991, I, p. 649 ss (p. 651 s); BONOMI, *Il nuovo diritto internazionale privato dei contratti: La Convenzione di Roma del 19 giugno 1980 è entrata in vigore*, Banca e Borsa, 1992, I, p. 36 ss (p. 37). Os primeiros comentários sobre o texto da nova lei, tal como veio a ser aprovada, podem ver-se em: M. RITA SAULLE, *Lineamenti del nuovo diritto internazionale privato. L. 31 maggio 1995 n. 218 e norme richiamate*, Napoli, 1995; V. FRANCESCHELLI, *Il nuovo diritto internazionale privato. La legge n. 218/1995 di riforma del sistema italiano*, em colaboração com Angelo Ciancarella, Milano, 1995; N. BOSCHIERO, *Appunti sulla riforma del sistema italiano di diritto internazionale privato*, Torino, 1996; D. STELÉ, P. CERINA, *La réforme du droit international privé en Italie: loi nº 218 du 31 Mai 1995*, RDAI, 1996, p. 11 ss; PICONE, *La teoria generale del diritto internazionale privato nella legge italiana di riforma della materia*, Rdint., 1996, p. 289 ss. À anotação das disposições da lei foram dedicados o fascículo 4, de 1995, da "Rivista di diritto internazionale privato e processuale" (agora em *Commentario del nuovo diritto internazionale privato*, Padova, 1996) bem como o nº 1, de 1996, da "Revue critique de droit international privé". A lei sobre a reforma do DIP italiano tem sido objecto de encontros de estudo; citam-se o seminário organizado pela "Rivista trimestrale di diritto e procedura civile", que decorreu em Milão, em 16 de Dezembro de 1995 (cfr. *La riforma del sistema di diritto internazionale privato e processuale*, Milano, 1996) e o colóquio realizado no Instituto de Direito Comparado de Lausanne, em 8 de Março de 1996 (cfr. JAYME, GANZ, *Die italienische IPR-Reform und die Schweiz. Tagung in Lausanne*, IPRax, 1996, p. 372 s). Começam também a surgir edições actualizadas dos manuais de direito internacional privado, algumas das quais procurámos ainda ter em conta, em matérias centrais desta dissertação.

[97] Uma importante inovação consagrada na lei de 1995 diz respeito à natureza da referência feita pela norma de conflitos a uma ordem jurídica estrangeira. Rompendo com a tradição do princípio da referência material, consagrado no artigo 30 das disposições preliminares do Código Civil de 1942, a lei de reforma do direito internacional privado italiano permite a aceitação do reenvio, sob certas condições, no artigo 13. Sobre esta disposição, cfr.: M. RITA

italiano pela lei n. 975, de 18 de Dezembro de 1984) e ressalva a aplicação de outras convenções internacionais.

No capítulo XI, que tem como objecto as obrigações não contratuais, está incluída a disposição relativa à "representação voluntária" — o artigo 60.

2. Determinação do direito aplicável

O artigo 60 da lei de 31 de Maio de 1995 (a seguir designada "lei italiana de DIP" ou simplesmente "lei italiana") é subordinado à epígrafe "representação voluntária" e dispõe o seguinte:

"1. A representação voluntária é regulada pela lei do Estado em que o representante tem a sede dos seus negócios sempre que actue a título profissional e desde que tal sede seja conhecida ou cognoscível pela contraparte. Não se verificando tais condições, aplica-se a lei do Estado em que o representante exerça a título principal os seus poderes no caso concreto.

2. O acto de atribuição do poder de representação é válido, quanto à forma, se assim for considerado pela lei que regula a sua substância ou pela lei do Estado em que é celebrado."

A disposição do artigo 60 contém duas normas de conflitos, tendo como objecto respectivamente a determinação do direito aplicável ao poder de representação (n° 1) e a determinação do direito aplicável à forma do acto de atribuição do poder de representação (n° 2).

2.1. Relação entre o representado e o representante

A relação entre o representado e o representante não é objecto da nova norma de conflitos, encontrando-se abrangida pela regulamentação constante da Convenção de Roma [98]. A determinação do direito aplicável ao contrato subjacente ao poder de representação não apresenta qualquer especificidade relativamente à generalidade dos contratos nem ao regime estabelecido pela lei alemã de DIP, que nesta matéria repete, como vimos, as

---

SAULLE, *Lineamenti del nuovo diritto internazionale privato*, p. 9; V. FRANCESCHELLI, *Il nuovo diritto internazionale privato*, p. 25; N. BOSCHIERO, *Appunti sulla riforma del sistema italiano...*, p. 175 ss; MOSCONI, col. *Riforma del sistema italiano di diritto internazionale privato: legge 31 maggio 1995 n. 218 — Commentario*, Rdintpriv.proc., 1995, p. 905 ss, an. Art. 13 (p. 956 ss); id., *Diritto internazionale privato e processuale. Parte generale e contratti*, p. 116 ss.

[98] Veja-se o já mencionado artigo 57 da lei de reforma do direito internacional privado italiano.

disposições da Convenção. Por isso se remete quanto a este ponto para a exposição feita a propósito do direito alemão [99].

2.2. Relação entre o representado e a contraparte

A disposição do artigo 60 vem preencher uma das lacunas do sistema italiano de direito internacional privado [100], regulando uma matéria excluída

---

[99] Neste capítulo, § 1º, nº 2.1. Sublinhe-se apenas que, diferentemente da Alemanha, a Itália não se reservou o direito de não aplicar o nº 1 do artigo 7º da Convenção, que permite atribuir relevância a normas imperativas contidas numa ordem jurídica estrangeira com a qual a situação tenha uma ligação estreita; apesar disso, o artigo 17 da nova lei italiana de DIP, integrado no capítulo relativo às disposições gerais, apenas ressalva as normas de aplicação necessária ou imediata contidas no direito do foro. Sobre a questão, cfr. N. BOSCHIERO, *Appunti sulla riforma del sistema italiano* ..., p. 239 ss; TREVES, col. *Riforma del sistema italiano di diritto internazionale privato: legge 31 maggio 1995 n. 218 — Commentario*, Rdintpriv.proc., 1995, p. 905 ss, an. Art. 17 (p. 986 ss)). Por outro lado, a Itália reservou-se o direito de não aplicar o artigo 10º, nº 1, al. e) da Convenção, disposição que inclui no âmbito de aplicação da lei do contrato as consequências da nulidade do contrato.

[100] A doutrina italiana mostrava-se em geral favorável à regulamentação legal da matéria numa futura reforma do direito internacional privado italiano. Assim, ainda nos anos sessenta, M. MIELE, *Diritto internazionale privato. Teoria generale, diritto italiano, diritto comparato*, Padova, 1966, p. 97. A falta de uma norma de conflitos sobre a representação deu origem a uma grande diversidade de construções a propósito do direito aplicável à representação e à procuração. As decisões jurisprudencias, raríssimas, dizem respeito na sua maior parte à *procura alle liti* e versam sobre aspectos formais. Cfr.: Cass. civ., 9.3.1942, Giur. comp. d. i. p., 1954, XI, p. 49 ss; Cass. civ., 22.4.1953, Giur. compl. Cass. Civ., 1953, V, p. 42 ss; Cass. civ., 25.2.1959, Giust. civ. Mass., 1959, I, p. 1571 ss; mais recentemente, cfr. Trib. Monferrato, 20.7.1977, C. App. Torino, 15.11.1978, C. App. Napoli, 22.3.1980, Cass. civ., 9.11.1984 (todas em CAPOTORTI e o., *La giurisprudenza italiana di diritto internazionale privato. Repertorio 1967-1990*, Milano, 1991, p. 1479 s); Cass. civ., 28.4.1993, Rdintpriv.proc., 1994, p. 375 ss; Cass. civ., 8.5.1995, Rdintpriv.proc., 1996, p. 313 ss. A doutrina italiana procurava nas normas escritas do sistema de conflitos vigente (constante das disposições preliminares do Código Civil italiano) aquela ou aquelas a que poderia subsumir os institutos em causa. Alguns autores reconduziam a questão ao artigo 17, relativo à capacidade, solução que conduzia à competência da lei nacional do representado. Cfr. BALLADORE PALLIERI, *Diritto internazionale privato*, 2ª ed., Milano, 1950, p. 154 ss, que considerava a representação análoga à capacidade de agir, na medida em que se traduziria numa faculdade reconhecida ao sujeito de tratar os seus negócios, não directamente, mas por intermédio de outrem (como veremos, o autor abandonou mais tarde esta tese). Outros autores subsumiam a representação ao artigo 25, nº 1, relativo às obrigações contratuais, interpretado em sentido amplo, de modo a englobar os contratos e "tudo o que aos contratos se refere" — tal posição levaria a considerar competente a lei nacional comum dos contraentes, representado e contraparte, e, não tendo os contraentes nacionalidade comum, a lei do lugar de celebração, no caso, "a lei do lugar onde a procuração se destina a produzir os seus efeitos". Cfr. WEILLER, *Sulla procura estera*, Riv. not., 1956, p. 546 ss (p. 548 s), com fundamento em que, embora não se trate de uma obrigação derivada de um contrato, a procuração é um "pressuposto de determinados contratos *inter absentes*, isto é, daqueles em que a declaração contratual do

do âmbito de aplicação da Convenção de Roma sobre a lei aplicável às obrigações contratuais [101].

Ao poder de representação é aplicável o direito do país da sede do representante, desde que se verifiquem duas condições: se o representante actuar a título profissional e se tal sede for conhecida ou puder ser conhecida pela contraparte. Não se verificando as condições estabelecidas, será aplicável o direito do país em que o representante exerce os seus poderes, a título principal, no caso concreto. As conexões consagradas e as condições estabelecidas para aplicação da lei primariamente designada na norma de conflitos demonstram uma preocupação de regular a representação por um direito com que a contraparte possa contar.

A norma relativa à forma do acto de atribuição do poder de representação é inspirada no princípio do *favor negotii* e permite considerar em alternativa, para conseguir a validade formal do acto, a lei reguladora da sua substância (a lei indicada no nº 1 do artigo 60) e a lei do lugar de celebração, transpondo assim os critérios de conexão utilizados, em matéria contratual, pelo artigo 9º da Convenção de Roma.

As soluções adoptadas assentam na autonomia do acto de atribuição do poder de representação (*procura*), quer em relação ao negócio jurídico subjacente [102], quer em relação ao negócio jurídico representativo [103].

---

ausente é produzida, para ele, pelo representante". Finalmente, segundo outros autores, a norma de conflitos relevante era a do artigo 25, nº 2, relativo às obrigações não contratuais, que atribuía competência à lei do lugar onde é praticado o acto que institui o poder de representação. Cfr. VENTURINI, *Diritto internazionale privato. Diritti reali ed obbligazioni*, Padova, 1956, p. 261 ss; VITTA, *Diritto internazionale privato*, III — *Diritti reali, successioni e donazioni, obbligazioni*, Torino, 1975, p. 449; id., *Corso di diritto internazionale privato e processuale*, p. 309. A fim de superar a crítica segundo a qual a norma do artigo 25, nº 2, reportando-se directamente às "obrigações não contratuais", só poderia abranger no seu âmbito os negócios unilaterais de que resultam obrigações — entre os quais não se conta o acto institutivo da representação — estes últimos autores restringiram a aplicação da norma em causa à procuração que atribuísse poderes de representação para a celebração de negócios obrigacionais.

[101] Sobre o sentido da exclusão feita pela Convenção de Roma, cfr., na doutrina italiana: MAGAGNI, *La prestazione caratteristica nella Convenzione di Roma del 19 giugno 1980*, Milano, 1989, p. 474; BONOMI, *Il nuovo diritto internazionale privato...*, p. 47 e nota (24); F. PARENTE, *La disciplina dell' agire rappresentativo nella Convenzione di Roma sulla legge applicabile alle obbligazioni contrattuali*, Rdintpriv.proc., 1993, p. 341 ss (p. 344 ss); BALLARINO, BONOMI, *Sulla disciplina delle materie escluse dal campo di applicazione della Convenzione di Roma*, Rdint., 1993, p. 939 ss (p. 962 s e nota (66)); BALLARINO, *Diritto internazionale privato*, 2ª ed., com a colaboração de Andrea Bonomi, Padova, 1996, p. 706 s; DAVÌ, *La Convenzione dell' Aja sulla legge applicabile ai contratti di intermediazione e alla rappresentanza e il diritto internazionale privato italiano*, Rdint., 1995, p. 597 ss (p. 600, 626); MOSCONI, *Diritto internazionale privato e processuale. Parte speciale*, Torino, 1997, p. 152 s.

[102] A autonomia da procuração em relação ao negócio jurídico subjacente, para efeitos de determinação do direito a que se encontra sujeita, é geralmente afirmada pela

A opção tomada quanto à inserção sistemática da norma de conflitos relativa à representação — inclusão na regulamentação conflitual das obrigações não contratuais — corresponde à tese preconizada por uma parte

doutrina, em harmonia com a concepção que inspira o direito civil italiano. Cfr.: VENTURINI, *Diritto internazionale privato*, p. 261; BALLADORE PALLIERI, *Diritto internazionale privato italiano*, 1974, p. 340 s; VITTA, *Diritto internazionale privato*, III, p. 447; id., *Corso* ..., p. 308 s; BALLARINO, *Diritto internazionale privato*, 1ª ed., 1982, p. 696; CAPOTORTI, *Riflessioni sul "mandato alle liti" alla luce del nostro diritto internazionale privato*, Giur. comp. d. i. p., 1954, XI, p. 49 ss (p. 50); CASSONI, *La procura nel diritto internazionale privato*, Dir. int., 1960, p. 256 ss (p. 261, 263); STARACE, *La rappresentanza nel diritto internazionale privato*, Napoli, 1962, p. 53 ss (para o comentário à obra de Starace, veja-se a recensão de E. JAYME, RabelsZ, 1964, p. 776 ss); STARACE, DE BELLIS, *Rappresentanza (diritto internazionale privato)*, Enc. dir., XXXVIII, Milano, 1987, p. 489 ss (p. 492 s). Veja-se também MONACO, *L' efficacia della legge nello spazio*, p. 279 s (que, apesar de tratar a questão no âmbito da disciplina internacionalprivatística do mandato, considera necessário distinguir "as relações entre representado e representante", sujeitas à lei aplicável ao "negócio de representação", e "as relações entre representante e contraparte", que, em certos casos, podem ser submetidas a uma lei diferente). Sublinhando que a solução da nova lei italiana se fundamenta na autonomia da representação em relação ao negócio jurídico subjacente, POCAR, *Le droit des obligations dans le nouveau droit international privé italien*, Rev. crit., 1996, p. 41 ss (p. 56); BALLARINO, *Diritto internazionale privato*, 2ª ed., p. 705 ss; MOSCONI, *Diritto internazionale privato e processuale. Parte speciale*, p. 153.

[103] Assim também agora BALLARINO, *Diritto internazionale privato*, 2ª ed., p. 707. Se, no domínio do direito internacional privado, a doutrina italiana dominante tem defendido a autonomia do acto de atribuição do poder de representação em relação ao negócio jurídico subjacente, já não se mostrou sempre favorável ao tratamento autónomo da procuração em relação ao negócio jurídico representativo. Anteriormente à aprovação da nova lei, uma parte significativa da doutrina sustentava que a procuração faz parte de um grupo numeroso de actos unilaterais sem autonomia própria e sem individualidade no domínio do direito internacional privado, que devem por isso ser regulados pela lei aplicável à relação a que se encontram ligados; consistindo a função essencial e típica da representação na eficácia de um negócio jurídico relativamente a um sujeito diferente daquele que nele intervém, o acto institutivo da representação deveria estar sujeito à lei reguladora da substância e efeitos do acto representativo. Cfr. neste sentido: CAPOTORTI, *Riflessioni...*, p. 52; CASSONI, *La procura...*, p. 264 ss; id., *I contratti collegati nel diritto internazionale privato*, Rdintpriv.proc., 1979, p. 23 ss (p. 25 s); STARACE, *La rappresentanza...*, p. 75 ss (opinião que reafirmou em comunicação efectuada durante um seminário realizado antes da aprovação da nova lei de DIP, e agora publicada em *La procura nel diritto internazionale privato*, Rdintpriv.proc., 1996, p. 421 ss, p. 423, 433); STARACE, DE BELLIS, *Rappresentanza*, p. 493 ss; BALLADORE PALLIERI, *Diritto internazionale privato italiano*, p. 341 s; F. PARENTE, *La disciplina dell' agire rappresentativo...*, p. 353. Também CARBONE, *La legge regolatrice dei poteri rappresentativi del comandante di nave*, Rdintpriv.proc., 1966, p. 692 ss, ao referir-se à representação voluntária do comandante do navio, parece defender idêntica solução, na medida em que remete para as posições de Starace (cfr. p. 699, *in fine*, e nota (21)), mas a conclusão não é segura, dado que as referências à obra de Starace se reportam às questões da capacidade e da forma do negócio atributivo de poderes de representação e não propriamente, pelo menos de modo expresso, à substância e efeitos de tal negócio. Por sua vez, BALLARINO, *Diritto internazionale privato*, 1ª ed., p. 699, propunha a aplicação da lei reguladora do negócio representativo à procuração

importante da doutrina italiana, em que se contava o Professor Edoardo Vitta [104], e reflecte, neste ponto, as mais recentes versões do projecto [105]. Todavia, do ponto de vista substancial, a norma de conflitos constante do n° 1 do artigo 60 difere não apenas da que constava inicialmente do projecto Vitta, mas das que foram sendo incluídas nos sucessivos projectos de reforma [106] e das que eram propostas pelos sectores mais representativos da doutrina italiana nos últimos anos.

Em primeiro lugar, enquanto a norma aprovada tem como objecto a "representação voluntária", em todos os projectos se regulava a "procuração". Por outro lado, e principalmente, as conexões que vieram a ser consagradas na norma legal não foram sugeridas, pelo menos a título principal, nos trabalhos preparatórios, nem têm tradição na doutrina italiana [107].

---

conferida para a prática de um acto especificamente determinado no seu texto (defendendo em outras situações a "atracção" pelo âmbito de competência de outras leis: conforme os casos, estatuto pessoal da sociedade, lei nacional do representante profissional, p. 688 s; no mesmo sentido, já antes em *Disciplina dei negozi-base nel diritto internazionale privato italiano*, "Multitudo legum ius unum", II, 1973, p. 105 ss, p. 108). BETTI, *Problematica del diritto internazionale*, p. 387 ss, ao considerar que a representação implica uma substituição de pessoas e suscita um problema de legitimação, defendia a competência da lei que disciplina a relação jurídica criada pelo acto ou negócio jurídico, ou seja, no caso, a competência da lei reguladora do negócio celebrado pelo representante. Na reduzida jurisprudência italiana sobre o tema, consideraram aplicável à procuração o direito competente para regular o contrato a que aquela se refere as seguintes decisões: Trib. Monferrato, 20.7.1977, C. App. Torino, 15.11.1978, ambas em CAPOTORTI e o., *La giurisprudenza italiana...*, p. 1479 s. A defesa da solução autonomista aparecia de modo claro em DAVÌ, *La Convenzione dell' Aja...*, p. 604 ss (p. 624).

[104] Cfr. VITTA, *Diritto internazionale privato*, III, p. 449; id., *Corso...*, p. 309; VENTURINI, *Diritto internazionale privato*, p. 261 s.

[105] Cfr. artigo 62 do último projecto (projecto de 1989), publicado em Rdintpriv.proc., 1989, p. 932 ss, e artigo 50, segundo parágrafo, do projecto publicado em *Problemi di riforma...*, 1986 (projecto de 1984), p. 262 ss. Estes dois projectos, tal como a lei que veio a ser aprovada, distribuíam a regulamentação das obrigações por duas divisões, relativas, respectivamente, às obrigações contratuais e às obrigações não contratuais (capítulos VIII e IX do projecto de 1989, títulos VII e VIII do projecto de 1984). No projecto inicial (projecto de 1968), a matéria das obrigações não contratuais surgia agrupada em três categorias "obrigações provenientes de negócios unilaterais", "obrigações provenientes de factos lícitos" e "obrigações provenientes de factos ilícitos". A norma de conflitos relativa à procuração era incluída no título respeitante às "obrigações provenientes de negócios unilaterais". Cfr. artigo 23° do projecto publicado em *Prospettive ...*, 1968, p. 261 ss (= VITTA, *Diritto internazionale privato*, III, apêndice, p. 580 ss).

[106] A diferença entre o texto do artigo 60 e a redacção que constava do último projecto é sublinhada por: V. FRANCESCHELLI, *Il nuovo diritto internazionale privato*, p. 87; TROMBETTA-PANIGADI, col. *Riforma del sistema italiano di diritto internazionale privato: legge 31 maggio 1995 n. 218 — Commentario*, Rdintpriv.proc., 1995, p. 905 ss, an. Art. 60 (p. 1198 ss, p. 1199 s).

[107] Com efeito, a doutrina italiana nunca atribuiu grande relevância aos elementos de conexão "lugar da sede", "lugar do estabelecimento do representante" ou "lugar da prática

Vale a pena recordar o teor das normas incluídas nos projectos.

Artigo 23 do projecto de 1968
(Procuração)
A procuração, assim como os seus efeitos, é regulada pela lei do Estado em que o representado a institui [108].

(Texto alternativo)
A procuração, assim como os seus efeitos, é regulada pela lei do Estado em que os actos representativos são celebrados [109].

Artigo 50 do projecto de 1984
(... e procuração)
...
A procuração é regulada pela lei do Estado em que é celebrada; os concretos actos representativos são regulados, incluindo a responsabilidade do representante em relação ao representado e em relação ao terceiro, pelo direito do Estado ou Estados em que se realizam [110].

---

dos actos representativos" para a determinação da lei aplicável à representação ou à procuração. Ficaram isolados os exemplos de Weiller e Monaco. WEILLER, *Sulla procura estera*, p. 548 s, subsumia a procuração à norma de conflitos do artigo 25, nº 1 (obrigações contratuais) e atribuía relevância, na falta de nacionalidade comum do representado e da contraparte, ao princípio *locus regit actum*, entendido num sentido diferente do comum, pois deveria ser referido, não ao *locus a quo*, ou seja ao lugar de onde provém a procuração, mas ao *locus ad quem*, isto é, ao lugar em que se destina a ser utilizada. MONACO, *L' efficacia della legge nello spazio*, p. 279 s, considerava que o âmbito das faculdades atribuídas ao representante, nas relações entre representado e representante, deveria determinar-se pela lei reguladora do contrato que os liga; nas relações com a contraparte, deveria ter-se em conta a necessidade de proteger os interesses de terceiros; a circunstância de o representante exercer a sua actividade no âmbito de um ordenamento diferente daquele em que assenta a fonte dos seus poderes é susceptível de ter influência na lei competente para determinar a extensão dos poderes; assim, tais poderes devem ser definidos pela lei do lugar em que o representante desenvolve a sua actividade de representação, o que acontecerá sempre que ele actue em posição de independência relativamente à empresa representada; se actuar sem autonomia em relação à empresa, não existem razões para determinar os limites dos poderes pela lei do lugar em que actua, sendo então de aplicar a lei do domicílio da empresa.

[108] No relatório anexo ao projecto, justifica-se a conexão sublinhando especialmente a vantagem prática de reduzir o número de leis aplicáveis à procuração, em comparação com outras soluções propostas na doutrina. Cfr. VITTA, *Relazione e progetto di legge sul diritto internazionale privato*, "Prospettive...", 1968, p. 1 ss (p. 189 s).

[109] Curiosamente, o relatório anexo ao projecto não se refere a esta proposta alternativa, mas sim à "conveniência de tomar em consideração, pelo menos em alternativa, a solução que consiste em submeter a procuração à lei aplicável ao acto representativo". Cfr. VITTA, *Relazione...*, p. 190, 255 s.

[110] Tal como consta da justificação de motivos, esta redacção constitui um compromisso entre a tese que consiste em aplicar um direito único à procuração e aos seus efeitos (tal

Artigo 62 do projecto de 1989
(Procuração)
A procuração é regulada pelo direito que nela for designado pela pessoa que a confere ou, na sua falta, pelo direito do Estado em que reside o procurador [111].

A solução acolhida na lei, se na verdade se afasta das propostas feitas ao longo de vários anos pelos autores italianos, mesmo pelos mais envolvidos na elaboração dos projectos de reforma, tende a aproximar-se das normas de conflitos sobre esta matéria vigentes em outras ordens jurídicas e foi certamente por elas influenciada [112] [113].

Nas relações entre o representado e a contraparte há ainda que considerar o regime do negócio celebrado pelo representante e pela contraparte. Este problema, não sendo abrangido na norma de conflitos do artigo 60,

---

como constava do projecto inicial) e a tese que defende a competência da lei do lugar onde a procuração produz os seus efeitos, assente num critério de efectividade; a procuração em si seria regulada pelo direito do lugar a que se encontra mais estreitamente conexa (que regularia a sua existência e validade); os efeitos, isto é, o acto ou os actos representativos seriam sujeitos ao direito do lugar onde são celebrados. Aproveitou-se ainda a oportunidade para esclarecer que a disciplina internacionalprivatística da procuração abrange também os seus efeitos "patológicos", prevendo-se a aplicação da lei reguladora dos efeitos à responsabilidade do representante quer perante o representado quer perante a contraparte. Cfr. VITTA, *Memoriale e progetto di legge*, "Problemi di riforma ...", 1986, p. 3 ss (p. 208 ss).

[111] Como se afirmava no relatório anexo ao projecto, a solução acolhida afasta-se das habitualmente propostas, pois atribui relevo em primeira linha à autonomia negocial do sujeito que confere a procuração; a escolha como conexão subsidiária da lei do lugar da residência do procurador é justificada por coincidir frequentemente com a lei do lugar em que os actos representativos são celebrados pelo procurador. Cfr. Rdintpriv.proc., 1989, p. 980. Para uma apreciação desta norma do projecto, vejam-se: LENZI, *Osservazioni* ..., p. 603 (que a apreciava favoravelmente, por considerar que traduzia uma solução de equilíbrio entre os interesses do representado e os interesses daqueles que contratam com o representante); DAVÌ, *La Convenzione dell'Aja*..., p. 624 ss (que a criticava, entre outras razões, por considerar que se afastava das soluções consagradas em outros sistemas de direito internacional privado, designadamente das disposições incluídas na Convenção de Haia sobre representação). Cfr. também em STARACE, *La procura nel diritto internazionale privato*, p. 424 ss, observações críticas quer em relação ao objecto quer em relação aos elementos de conexão da norma de conflitos contida no projecto de 1989.

[112] Segundo informa DAVÌ, *La Convenzione dell'Aja* ..., p. 598, nota (1) (nota aditada após a elaboração do estudo, para dar conta da publicação da lei italiana de DIP), a fórmula que veio a ser adoptada no artigo 60 corresponde a uma proposta de alteração apresentada, pouco tempo antes da aprovação, à Comissão de Justiça da Câmara dos Deputados (proposta a que o autor se referia, nas páginas 644 s). Reconhecendo a influência da Convenção de Haia sobre a lei aplicável à representação, POCAR, *Le droit des obligations*..., p. 41, 56 s; MOSCONI, *Diritto internazionale privato e processuale. Parte speciale*, p. 154.

[113] Sobre as dificuldades a que pode dar origem a aplicação da norma de conflitos do artigo 60, n° 1, cfr. BALLARINO, *Diritto internazionale privato*, 2ª ed., p. 709.

nem afectado pela exclusão do artigo 1º, nº 2, al. f) da Convenção de Roma, está sujeito à lei indicada nos artigos 3º e seguintes dessa Convenção.

2.3. Relação entre o representante e a contraparte

De acordo com a tradição dos direitos europeus continentais, os autores italianos, de um modo geral, não autonomizam no estudo da representação em direito internacional privado a relação entre o representante e a contraparte. A determinação do direito aplicável a certos aspectos dessa relação surge apenas a propósito da discussão da disciplina conflitual da representação sem poderes ou mais precisamente de certas questões a que dá origem a actuação do representante sem poderes ou fora dos limites dos seus poderes [114].

3. Âmbito de aplicação dos direitos designados

A norma de conflitos contida no nº 1 do artigo 60 refere-se em termos genéricos à "representação voluntária". Na falta de indicação na própria lei de critérios para a interpretação a aplicação dos conceitos nela utilizados [115], não existindo ainda contributos da jurisprudência e sendo de momento reduzidos os elementos doutrinários para a delimitação desta categoria de conexão, procuraremos determinar o seu sentido e alcance recorrendo aos critérios hermenêuticos da ordem jurídica em que ela se insere, tendo também em conta os elementos extraídos dos trabalhos preparatórios, sempre que pertinentes, e as opiniões anteriormente expressas pela doutrina sobre esta matéria.

Em geral, a doutrina italiana adopta como ponto de partida para a operação de qualificação a interpretação segundo os critérios da *lex fori*, invocando a estreita interligação existente entre o sistema de direito mate-

---

[114] Um aspecto particular da relação entre o representante e a contraparte — a responsabilidade do representante em consequência da actuação sem poderes — encontrava-se prevista no artigo 50 do projecto de reforma de 1984. Essa norma submetia a questão da responsabilidade do representante sem poderes quer perante a contraparte quer perante o representado à lei reguladora dos actos representativos, no caso, a lei do Estado ou Estados em que tais actos eram realizados (cfr. *Problemi di riforma...*, p. 209 s, 273).

[115] O artigo 1 do projecto de 1984, incluído no título I (disposições gerais), referia-se ao problema da qualificação nos seguintes termos: "Na determinação do direito aplicável com base nas disposições seguintes ter-se-á em conta o significado geral no nosso ordenamento dos conceitos e institutos referidos nessas disposições". Cfr. *Problemi di riforma...*, p. 262, 701. Para um comentário da solução consagrada naquela norma do projecto, cfr. LONARDO, *Rapporti trasnazionali...*, p. 73 ss. A disposição já não aparece no projecto de 1989.

rial de uma ordem jurídica e o respectivo sistema de direito internacional privado, mas propõe uma interpretação autónoma dos conceitos utilizados nas normas de conflitos [116].

Considerando a sistemática do direito civil italiano e a concepção subjacente ao regime da representação constante do Código Civil, a categoria "representação voluntária" sintetiza as características fundamentais do instituto, tal como antes descrito no capítulo II. A norma de conflitos reporta-se à relação que existe quando os efeitos de um negócio jurídico realizado por uma pessoa (o representante) se repercutem directa e imediatamente na esfera jurídica de outra (o representado) em nome da qual o acto foi praticado. Objecto da norma de conflitos é portanto a relação externa de representação.

A lei designada pela norma de conflitos regula por certo a formação e validade substancial do acto de atribuição do poder de representação, a respectiva interpretação, o âmbito ou limites do poder de representação, a cessação do poder de representação [117].

Não são abrangidas nem a questão relativa à forma do acto de atribuição do poder de representação, que constitui objecto da regra de conflitos

---

[116] Cfr.: BETTI, *Problematica del diritto internazionale*, p. 202 s; BALLADORE PALLIERI, *Diritto internazionale privato italiano*, p. 77; VITTA, *Diritto internazionale privato*, I, p. 314 ss; id., *Cours général...*, p. 60 ss (p. 62 s); id., *Corso...*, p. 140 s; BALLARINO, *Diritto internazionale privato*, 1ª ed., p. 288. No mesmo sentido, já no domínio da nova lei de direito internacional privado, MOSCONI, *Diritto internazionale privato e processuale. Parte generale e contratti*, p. 100 ss. Admitindo a possibilidade de uma alteração de perspectiva da doutrina e da jurisprudência italianas a partir da entrada em vigor da nova lei, DAVÌ, *Le questioni generali...*, p. 585 ss (com base na solução do projecto de 1984 e referindo-se concretamente à interpretação dos critérios de conexão). Também N. BOSCHIERO, *Appunti sulla riforma del sistema italiano...*, p. 221 ss, considera que do artigo 15 da lei italiana de DIP (nos termos do qual "a lei estrangeira é aplicada segundo os próprios critérios de interpretação e de aplicação no tempo") podem derivar importantes consequências em matéria de qualificação, pois, em seu entender, a norma exige um processo de "qualificação por graus".

[117] Neste sentido se pronunciavam os autores italianos no domínio do direito internacional privado anterior à nova lei. Para além das obras em que se defendia a sujeição da representação à lei do negócio representativo (CASSONI, *La procura...*, p. 267 s; STARACE, *La rappresentanza...*, p. 117 ss; STARACE, DE BELLIS, *Rappresentanza*, p. 496; BALLADORE PALLIERI, *Diritto internazionale privato italiano*, p. 341), cfr. ainda: VENTURINI, *Diritto internazionale privato*, p. 262 s; VITTA, *Diritto internazionale privato*, III, p. 449 s; id., *Corso...*, p. 309. A mesma interpretação era feita a propósito das normas contidas nos projectos de reforma. Cfr. *Prospettive...*, 1968, p. 265 (onde se incluíam igualmente os efeitos); *Problemi di riforma...*, 1986, p. 209; Rdintpriv.proc., 1989, p. 980 (onde se incluíam igualmente as questões de forma). Com base no texto da disposição incluída na lei, vejam-se agora, no sentido acima referido, TROMBETTA-PANIGADI, *Commentario*, an. Art. 60, p. 1201; BALLARINO, *Diritto internazionale privato*, 2ª ed., p. 711; MOSCONI, *Diritto internazionale privato e processuale. Parte speciale*, p. 152.

do n° 2 do artigo 60 (sendo aplicável em alternativa a lei reguladora da substância da procuração ou a lei do lugar em que a mesma é instituída), nem a questão relativa à capacidade para instituir a representação, que é abrangida na norma de conflitos geral do artigo 20, primeira parte, da nova lei italiana de DIP (sendo aplicável a lei nacional do representado) [118].

Quanto à capacidade do representante, regulada antes de tudo pela sua lei nacional, nos termos da mesma norma de conflitos do artigo 20, primeira parte, admite-se como possível que subsistam dúvidas quanto ao problema de saber se, por exemplo, um menor segundo a sua lei nacional pode ser representante (hipótese admitida no § 165 BGB, no artigo 1389, n° 1 do Código Civil italiano e no artigo 263° do Código Civil português). Na verdade, mesmo existindo uma norma de conflitos como a da segunda parte do artigo 20 — que estabelece que "as condições especiais de capacidade, prescritas pela lei reguladora de uma relação, são disciplinadas pela mesma lei" — pode perguntar-se qual a relação que se deve considerar no caso de um negócio jurídico celebrado através de representante: a relação externa de representação ou a relação constituída com a intervenção do representante, ou seja, o negócio jurídico representativo [119].

---

[118] A exclusão do âmbito do estatuto da representação das questões relativas à forma da procuração e à capacidade para atribuir poderes representativos tem sido sustentada unanimemente pela doutrina, que reconduzia tais matérias às normas de conflitos gerais em vigor no sistema italiano. Cfr.: CASSONI, *La procura...*, p. 261 ss, 268 ss; STARACE, *La rappresentanza...*, p. 108 ss; STARACE, DE BELLIS, *Rappresentanza*, p. 496 s; BALLADORE PALLIERI, *Diritto internazionale privato italiano*, p. 342; VENTURINI, *Diritto internazionale privato*, p. 263; VITTA, *Diritto internazionale privato*, III, p. 451; id., *Corso...*, p. 309; BALLARINO, *Diritto internazionale privato*, 1ª ed., p. 699 s. Certos autores admitiam todavia uma limitação à aplicabilidade da lei reguladora da forma, atribuindo competência a outra lei para decidir quanto aos requisitos de publicidade através dos quais são levados ao conhecimento de terceiros a procuração, respectivas modificações e cessação. Assim: VENTURINI, *Diritto internazionale privato*, p. 264 (remetendo para a lei do lugar em que são exercidos os poderes do representante ou, no caso de poder de representação sujeito a registo, lei do lugar onde a empresa se encontra registada); VITTA, *Diritto internazionale privato*, III, p. 451 (considerando competente a *lex fori*).

[119] BALLADORE PALLIERI, *Diritto internazionale privato italiano*, p. 342, defendia a aplicação da lei reguladora do negócio representativo. Alguns autores referiam-se apenas ao caso de negócio jurídico celebrado em Itália por pessoa considerada incapaz perante a sua lei nacional, mas considerada capaz perante o direito italiano, face ao disposto no artigo 1389, n° 1 do Código Civil italiano, e sustentavam a aplicação da norma do direito italiano, por ser mais favorável à validade do acto, com base no princípio consagrado no artigo 17, n° 2 das disposições preliminares do Código Civil. Cfr. VENTURINI, *Diritto internazionale privato*, p. 263; VITTA, *Diritto internazionale privato*, III, p. 451; STARACE, *La rappresentanza...*, p. 18 ss; STARACE, DE BELLIS, *Rappresentanza*, p. 496; BALLARINO, *Diritto internazionale privato*, 1ª ed., p. 700.

Por resolver continua a determinação do direito competente para regular diversos aspectos, não muito aprofundados pela doutrina italiana, mas em relação aos quais de qualquer modo têm sido propostas soluções divergentes: a disciplina da *contemplatio domini* [120]; os efeitos da representação [121]; as repercussões na validade do negócio representativo da falta ou vícios da vontade ou de outros estados subjectivos do representado [122]; a admissibilidade de representação para a celebração de determinado negócio jurídico [123]; a exigibilidade de procuração com poderes especiais ou a sufi-

---

[120] STARACE, *La rappresentanza...*, p. 25 ss, considerava que a questão da disciplina de direito internacional privado da *contemplatio domini* deve ser tratada independentemente da disciplina conflitual da representação; entendendo a *contemplatio domini* como um "pressuposto do mecanismo da representação", que diz respeito à eficácia do acto representativo, sujeitava-a à lei reguladora dos efeitos desse acto; essa lei seria chamada a resolver as seguintes questões: se o agente actuou em nome próprio ou em nome de outrem; se é exigida a invocação expressa do nome de outrem ou se a actuação em nome de outrem pode inferir-se das circunstâncias; quais as consequências do não reconhecimento da actuação em nome de outrem.

[121] Matéria que alguns autores têm submetido à lei reguladora da representação (VENTURINI, *Diritto internazionale privato*, p. 262) e outros à lei reguladora da substância e efeitos do negócio representativo, como direito competente para reger, em geral, as questões relativas à representação (BALLADORE PALLIERI, *Diritto internazionale privato italiano*, p. 341; STARACE, DE BELLIS, *Rappresentanza*, p. 496). Nos projectos de reforma do direito internacional privado italiano, a questão dos efeitos da representação ou da procuração chegou a ser expressamente referida: no texto da norma de conflitos do artigo 23 do projecto de 1968, estava incluída no âmbito de competência da lei designada para regular a procuração (*Prospettive...*, 1968, p. 265); no projecto de 1984, a norma do artigo 50 distinguia entre a lei aplicável à procuração (lei do lugar em que a procuração é atribuída) e a lei aplicável aos actos representativos (lei do lugar da celebração de tais actos) (*Problemi di riforma...*, 1986, p. 273); existia neste caso um *dépeçage* entre a lei reguladora da procuração e a lei reguladora dos seus efeitos. Segundo VITTA, *Memoriale e progetto di legge*, "Problemi di riforma...", 1986, p. 209 s, tal separação não significava "fraccionamento do direito aplicável ao negócio 'procuração', nem sequer, vendo bem, do direito aplicável aos actos representativos".

[122] O problema era assim enunciado por STARACE, *La rappresentanza...*, p. 117; STARACE, DE BELLIS, *Rappresentanza*, p. 496. Estes autores propunham, do mesmo modo que em relação às restantes questões atinentes à representação, a aplicação da lei competente para regular o negócio representativo. Também BALLADORE PALLIERI, *Diritto internazionale privato italiano*, p. 341, considerava competente a lei do negócio representativo para disciplinar "as consequências no caso de divergência entre a vontade manifestada pelo representante e a do representado". À face da nova lei, sustentando a aplicabilidade a esta questão do direito designado pela norma de conflitos do artigo 60, TROMBETTA-PANIGADI, *Commentario*, an. Art. 60, p. 1201.

[123] Os autores que defendiam a sujeição da representação à lei reguladora do negócio representativo pronunciavam-se em geral a favor da competência dessa mesma lei para decidir da possibilidade de celebração do negócio jurídico através de representante, não necessariamente porque o problema se insira no domínio do estatuto da representação, mas porque ele diz respeito ao próprio negócio representativo. Cfr. CASSONI, *La procura...*, p. 267 s;

ciência de procuração com poderes gerais para a prática de determinado negócio jurídico [124]; o regime conflitual da representação sem poderes [125].

STARACE, *La rappresentanza* ..., p. 93 s; STARACE, DE BELLIS, *Rappresentanza*, p. 496; BALLADORE PALLIERI, *Diritto internazionale privato italiano*, p. 341. Aliás, a tomada de posição sobre o direito competente para reger o estatuto da representação era por vezes justificada com a necessidade de evitar incompatibilidades entre essa lei e a lei aplicável à questão da admissibilidade, que seria — segundo se afirmava, sem qualquer discussão sobre o problema, mas invocando a opinião generalizada na doutrina — a lei reguladora da substância e efeitos do negócio representativo (STARACE, *La rappresentanza*..., p. 93). A sujeição da admissibilidade da representação à lei reguladora do negócio celebrado pelo representante foi proposta por autores que defendiam soluções de outro tipo para o estatuto da representação. Cfr.: VENTURINI, *Diritto internazionale privato*, p. 262; MONACO, *L' efficacia della legge nello spazio*, p. 279; e já antes BALLADORE PALLIERI, *Diritto internazionale privato*, 2ª ed., 1950, p. 156 (numa altura em que o autor, propugnando a aplicação à representação da lei reguladora da capacidade, considerava que as normas que excluem a procuração quanto a certos institutos se inserem na disciplina dos mesmos institutos e por isso teria de ser a lei que os rege a decidir quais de entre tais normas devem ser observadas); DAVÌ, *La Convenzione dell' Aja*..., p. 612. Diferentemente da maioria da doutrina, VITTA (*Diritto internazionale privato*, III, p. 449 s; *Corso*..., p. 309) atribuía relevância, neste aspecto, ao direito do lugar em que são celebrados os actos representativos, afirmando que tais actos devem ser admissíveis face à ordem jurídica local sob um duplo ponto de vista: deve tratar-se de actos que, por um lado, possam realizar-se através de representante e que, por outro lado, tendo em conta o seu conteúdo e os fins prosseguidos, não contrariem os princípios informadores da ordem local. Para BALLARINO, *Diritto internazionale privato*, 1ª ed., p. 698, não assume grande importância a questão de saber que actos podem ser celebrados por intermédio de representante, uma vez que, dizendo respeito a matérias pertinentes à condição dos sujeitos, deve ter-se por indiscutível o predomínio da *lex personae*. No relatório que acompanhava o último projecto de lei, justificava-se a conexão subsidiária utilizada (lei do Estado onde o procurador reside) invocando a tendencial coincidência entre o lugar da residência do procurador e o lugar da celebração dos actos representativos e sublinhando o título de aplicação desta última lei no que diz respeito ao problema da admissibilidade da representação. Cfr. Rdintpriv.proc., 1989, p. 980. Analisando o texto da nova lei de DIP, submetem a questão da admissibilidade da representação à lei reguladora do negócio representativo: TROMBETTA-PANIGADI, *Commentario*, an. Art. 60, p. 1201; MOSCONI, *Diritto internazionale privato e processuale. Parte speciale*, p. 152.

[124] Perante a nova lei de direito internacional privado: BALLARINO, *Diritto internazionale privato*, 2ª ed., p. 711, pronuncia-se no sentido da competência do estatuto da representação; TROMBETTA-PANIGADI, *Commentario*, an. Art. 60, p. 1201, defende a aplicação da lei reguladora do negócio representativo. No domínio do direito anterior: sujeitando a questão à lei reguladora do negócio representativo, VENTURINI, *Diritto internazionale privato*, p. 262; STARACE, *La rappresentanza*..., p. 117; STARACE, DE BELLIS, *Rappresentanza*, p. 496; BALLADORE PALLIERI, *Diritto internazionale privato italiano*, p. 341; considerando aplicável a lei reguladora da relação entre o representado e o representante, MONACO, *L' efficacia della legge nello spazio*, p. 279.

[125] Um aspecto particular da representação sem poderes — a responsabilidade do representante quer perante o representado quer perante a contraparte — integrava a previsão da norma contida no projecto de reforma de 1984, segundo o texto do artigo 50. Esta norma submetia a questão à lei reguladora dos actos representativos, no caso, a lei do Estado ou

Estados em que tais actos eram realizados (cfr. *Problemi di riforma...*, p. 209 s, 273). Na ordem jurídica italiana, são muito reduzidas as referências aos problemas de direito internacional privado suscitados pela actuação do *falsus procurator*. STARACE, na sua monografia sobre *La rappresentanza nel diritto internazionale privato*, de 1962, já referida, dedicou alguma atenção aos problemas internacionalprivatísticos decorrentes da actuação do representante sem poderes. O autor identificou e analisou três questões: a possibilidade de o pretenso representado ratificar o negócio celebrado em seu nome pelo *falsus procurator*, a situação jurídica do pretenso representante, a possibilidade de o terceiro se desvincular do contrato (p. 121 ss). No que se refere à primeira, o autor propunha a aplicabilidade da lei reguladora do negócio a que a ratificação se refere, ou seja, do negócio representativo, à qual competiria disciplinar a eficácia retroactiva ou não da ratificação, o prazo para a ratificação, a admissibilidade de ratificação parcial, a revogabilidade da ratificação (p. 123 s). Quanto à situação jurídica do *falsus procurator* perante a contraparte, designadamente no que se refere à eventual obrigação de reparar os prejuízos causados pela ineficácia do contrato, o autor afastava a competência da lei aplicável à responsabilidade *ex delicto*, para aplicar a lei reguladora da substância e efeitos do negócio representativo (p. 125). Finalmente, em relação à possibilidade de o terceiro se desvincular do contrato celebrado com o *falsus procurator*, o autor defendia a competência da lei aplicável à substância e efeitos de tal negócio, por se tratar de uma causa extintiva do mesmo (p. 125). As soluções propostas por STARACE foram em geral retomadas por CARBONE, *La legge regolatrice...*, p. 700; STARACE, DE BELLIS, *Rappresentanza*, p. 498. Sustentando a aplicabilidade da lei reguladora do negócio representativo à ratificação também BALLARINO, *Disciplina dei negozi-base nel diritto internazionale privato italiano*, p. 107; id., *Diritto internazionale privato*, 1ª ed., p. 254; BALLADORE PALLIERI, *Diritto internazionale privato italiano*, p. 339. Mais recentemente, DAVÌ, *La Convenzione dell' Aja...*, p. 612, considerou possível submeter à lei aplicável à representação "pelo menos a questão da responsabilidade do *falsus procurator* perante a contraparte", mas deixou em dúvida se "a faculdade de ratificação pelo *dominus negotii* e o eventual direito de revogação pela contraparte devem ser sujeitos à mesma lei ou à lei que regula o acto representativo". Já depois da entrada em vigor da Convenção de Roma sobre a lei aplicável às obrigações contratuais, STARACE, *La procura nel diritto internazionale privato*, p. 422 s, sustentou a aplicabilidade da lei reguladora do negócio representativo à ratificação, invocando a disposição do artigo 9º, nº 4 da referida Convenção. Pronunciando-se no domínio da nova lei de DIP, TROMBETTA-PANIGADI, *Commentario*, an. Art. 60, p. 1202, submete a ratificação e a possibilidade de revogação pela contraparte à lei que regula o contrato representativo; quanto à responsabilidade do *falsus procurator* perante a contraparte, que qualifica como pré-contratual, limita-se a apresentar, sem tomar posição, duas alternativas (recondução à norma de conflitos sobre as obrigações contratuais ou à norma de conflitos que rege a responsabilidade por facto ilícito). Segundo BALLARINO, *Diritto internazionale privato*, 2ª ed., p. 712, o estatuto da representação abrange "as consequências no caso de negócio concluído por um *falsus procurator*, a disciplina da representação aparente". MOSCONI, *Diritto internazionale privato e processuale. Parte speciale*, p. 155, não chega a comprometer-se quanto à solução e refere apenas que a doutrina admite a aplicação da lei reguladora do negócio jurídico representativo quer à relação entre o *falsus procurator* e a contraparte, quer à possibilidade de o pretenso representado aproveitar para si os efeitos do negócio celebrado em seu nome, "sanando *ex post* a falta de representação" (o autor não deixa de invocar a regra diferente consagrada no artigo 126, nº 4 da lei suíça de DIP).

§ 4º
Direito inglês

1. Fontes de normas de conflitos

O *Contract (Applicable Law) Act 1990*, que incorporou no direito do Reino Unido a Convenção de Roma de 1980 sobre a lei aplicável às obrigações contratuais, veio introduzir importantes alterações no direito de conflitos inglês em matéria contratual, com repercussão também no domínio da *agency* [126].

Quer a relação entre *principal* e *agent*, se tiver natureza contratual, quer o contrato entre o *agent* e a contraparte, celebrados depois de 1 de Abril de 1991, data de entrada em vigor do *Contracts (Applicable Law) Act 1990*, são regulados pela ordem jurídica determinada de acordo com as regras da Convenção [127].

Quanto à questão de saber se um *agent* pode vincular um *principal* em relação a terceiros (ou seja, quanto ao poder de representação ou *authority* do *agent*), excluída do âmbito material de aplicação da Convenção de Roma pelo artigo 1º, nº 2, al. f), continuam a aplicar-se as regras de conflitos do *common law*, formadas e reveladas nas decisões dos tribunais, de acordo com a interpretação e o desenvolvimento que lhes tem sido atribuído pela doutrina.

---

[126] Assim, DICEY and MORRIS *on the conflict of laws*, 12ª ed., p. 1453 ss.

[127] Neste sentido, DICEY and MORRIS *on the conflict of laws*, 12ª ed., p. 1453 ss, 1459 ss, e, em geral, a doutrina inglesa que tem procedido à análise da Convenção de Roma: FLETCHER, *Conflict of laws and European Community law. With special reference to the Community Conventions on private international law*, Oxford, 1982, p. 154, 181, nota (28); WILLIAMS, *The EEC convention on the law applicable to contractual obligations*, ICLQ, 1986, p. 1 ss (p. 10); LASOK, STONE, *Conflict of laws in the European Community*, Abingdon, 1987, p. 354; PLENDER, *The European Contracts Convention. The Rome Convention on the Choice of Law for Contracts*, London, 1991, p. 75 s; YOUNG, *An EEC choice of law code for contracts*, JIBL, 1991, p. 445 ss (p. 446); MERKIN, *Contracts (Applicable Law) Act 1990*, JBL, 1991, p. 205 ss (p. 210); WHISH, *Les engagements unilatéraux bancaires et la convention de Rome*, "Convention de Rome et opérations bancaires", p. 36 ss (p. 37 s); P. KAYE, *The new private international law of contract of the European Community. Implementation of the EEC's Contractual Obligations Convention in England and Wales under the Contracts (Applicable Law) Act 1990*, Aldershot, 1993, p. 127 s, 130 s.

2. Determinação do direito aplicável

No direito inglês existiu durante muito tempo uma presunção nos termos da qual quando um *agent* celebrava em Inglaterra um contrato por conta de um *foreign principal* assumia responsabilidade pessoal e não era autorizado a estabelecer a *privity of contract* entre o *principal* e a contraparte [128]. A presunção foi provavelmente limitada a casos em que o contrato de *agency* era regido pelo direito inglês [129]. Na verdade, como veremos, os tribunais ingleses cedo aplicaram regras de *conflict of laws* em decisões em que estavam em causa contratos de *agency*.

Nos *leading cases* da jurisprudência, há muito se estabeleceu, também no domínio do *conflict of laws*, a distinção entre os efeitos da *agency* nas relações entre *principal* e *agent* e os seus efeitos nas relações com a contraparte. A doutrina inglesa tem igualmente adoptado esta separação [130].

2.1. Relação entre o *principal* e o *agent*

O conjunto das decisões jurisprudenciais inglesas em matéria de *agency* tem sido interpretado pela doutrina no sentido de que os tribunais sujeitam a relação entre o *principal* e o *agent* à *proper law* do contrato entre eles, tradicionalmente entendida como a ordem jurídica do país onde a relação se forma [131]; em casos decididos nos tribunais em que *principal* e *agent* residiam em países diferentes e actuaram a partir de países diferentes na formação do contrato, atribuiu-se especial relevância ao lugar onde o *principal* exerce a sua actividade [132].

---

[128] Cfr. capítulo II, nota (532).

[129] Cfr. *Teheran-Europe Co. Ltd. v. S. T. Belton (Tractors) Ltd.* [1968] 2 All ER 886, em *Case extracts*, n° 39, p. 240 s.

[130] BRESLAUER, *Agency in private international law*, Jur. rev., 1938, p. 282 ss; MORRIS, *The conflict of laws*, p. 297 s; CHESHIRE & NORTH's *Private international law*, p. 493 s; DICEY and MORRIS *on the conflict of laws*, 11ª ed. por Lawrence Collins, London, 1987, p. 1339 ss, 12ª ed., p. 1452 ss; HANBURY, *The principles of agency*, p. 78 s; FRIDMAN, *The law of agency*, 6ª ed., London, 1990, p. 346 ss (embora o autor acabe por pôr em causa a validade da distinção, p. 349 s); P. KAYE, *The new private international law of contract* ..., p. 127 ss.

[131] Cfr., por exemplo, *Maspons y Hermano v. Mildred, Goyeneche & Co.* [1882] 9 Q.B.D. 530 (539, em que se considerou aplicável o direito inglês, no caso, direito do lugar da celebração do contrato, do lugar do cumprimento e do lugar do domicílio comum das partes), decisão confirmada em *Mildred, Goyeneche & Co. v. Maspons y Hermano* [1883] L.R. 8 App.Cas. 874.

[132] Cfr., por exemplo, *Mauroux v. Soc. Com. Abel Pereira da Fonseca S.A.R.L.* [1972] 1 W.L.R. 962 (968, em que se considerou aplicável o direito português, no caso, direito do lugar da celebração do contrato e do domicílio do *principal*, onde o *agent* propôs ao *principal* a celebração do contrato). Invocando esta última decisão, GRAVESON, *Conflict of laws. Private international law*, 7ª ed., London, 1974, p. 417, considera que relativamente aos contratos de

Na aplicação da Convenção de Roma à determinação do direito competente para reger a relação interna de *agency*, a doutrina inglesa actual mais representativa coloca a questão de saber se se deve atender às regras da Convenção para determinar a ordem jurídica reguladora da relação entre o *principal* e o *agent* seja qual for o modo como essa relação se forma ou se, pelo contrário, só pode atender-se a tais regras quando a relação se constitui através de um contrato; à questão suscitada os mesmos autores respondem que não existe razão para afastar a Convenção se a relação entre o *principal* e o *agent* for alegadamente baseada num "contrato expresso ou implícito", mas que a situação é diferente no caso de a relação se constituir por referência a um instrumento como um *power of attorney*; não podendo o *power of attorney* ser entendido como um contrato para efeitos de aplicação da Convenção, deveriam aplicar-se os princípios do *common law* na determinação do direito competente para reger qualquer relação entre *principal* e *agent* emergente de tal instrumento [133].

A doutrina inglesa, que em geral se mostra muito crítica quanto à presunção geral contida no artigo 4º, nº 2 da Convenção de Roma [134], considera simplista a conclusão de que, na falta de escolha pelas partes do direito aplicável, a relação entre o *principal* e o *agent* será regulada pelo direito do país onde se situa a residência habitual ou o estabelecimento principal do *agent*, e admite a possibilidade de com frequência vir a ser aplicado outro direito com o qual o contrato se encontre mais estreitamente ligado, nos termos do disposto no artigo 4º, nº 5 da Convenção [135].

---

agency, a presunção a favor da lei do país do *principal* "é mais forte do que uma presunção a favor da lei do lugar de cumprimento pelo *agent*".

[133] Cfr. DICEY and MORRIS *on the conflict of laws*, 12ª ed., p. 1454 s.

[134] Cfr.: DICEY and MORRIS *on the conflict of laws*, 12ª ed., p. 1233 ss (apesar de, nesta edição da obra, a regra relativa à determinação do direito aplicável aos contratos, na falta de designação pelas partes — *rule 176* — assentar em grande parte, como é natural, no critério da Convenção de Roma); CHESHIRE & NORTH's *Private international law*, p. 505; FLETCHER, *Conflict of laws...*, p. 162 ss; JAFFEY, *Choice of law in relation to ius dispositivum with particular reference to the E. E. C. Convention on the law applicable to contractual obligations*, "Contract conflicts", p. 33 ss (p. 37 ss) e, com mais vigor, em *The english proper law doctrine and the EEC Convention*, ICLQ, 1984, p. 531 ss (p. 546 ss, 550 ss); COLLINS, *Practical implications in England of the E. E. C. Convention on the law applicable to contractual obligations*, "Contract conflicts", p. 205 ss (p. 209 s); F. A. MANN, rec. "Contract conflicts", ICLQ, 1983, p. 265 s; WILLIAMS, *The EEC convention...*, p. 15 s; LASOK, STONE, *Conflict of laws...*, p. 361 ss; PLENDER, *The European Contracts Convention*, p. 108 ss; YOUNG, *An EEC choice of law code...*, p. 447; MERKIN, *Contracts...*, p. 216; WHISH, *Les engagements unilatéraux bancaires...*, p. 38 s; NORTH, *Is european harmonization of private international law a myth or a reality? A british perspective*, "Essays", p. 1 ss (p. 18); id., *The EEC Convention on the law applicable to contractual obligations (1980): its history and main features*, "Essays", p. 23 ss (p. 40 s); P. KAYE, *The new private international law of contract...*, p. 57, 179 ss, 187 ss; STONE, *The conflict of laws*, p. 238 ss.

Aceita-se por outro lado que certos contratos de *agency* possam ser subsumíveis na categoria dos "contratos com consumidores", prevista no artigo 5°, n° 1 da Convenção de Roma: contratos entre *estate agents* (agentes imobiliários) e clientes, entre advogados e clientes, entre *stockbrokers* (corretores de bolsa) e clientes. Nestes casos, a posição de consumidor é ocupada pelo *principal* e o contrato tem como objecto a prestação de serviços ao consumidor/*principal* pelo *agent*. O direito aplicável será determinado a partir das regras especiais constantes do referido artigo 5° da Convenção [136].

Na aplicação das disposições da ordem jurídica competente, um tribunal inglês apenas dará relevância a normas imperativas do direito inglês, uma vez que o Reino Unido se reservou o direito de não aplicar o artigo 7°, n° 1 da Convenção de Roma.

2.2. Relação entre o *principal* e a contraparte

Numa das primeiras decisões da *House of Lords* em que se discutiu a questão do direito aplicável a um contrato celebrado através de um *agent*, foi utilizada uma expressão que desde então tem sido frequentemente citada: "*If I send down my agent to Scotland, and he makes contracts for me there, it is the same as if I went there and made them*" [137]. A regra exprime, também no domínio do *conflict of laws*, a ficção de identidade entre *principal* e *agent* que domina todo o direito da *agency*. Apesar de o caso não versar directamente sobre o problema do direito aplicável à *authority* de um *agent*, a regra enunciada, dada a sua amplitude, tem sido entendida de modo a abranger também esta questão [138].

Em processos posteriores em que se suscitou concretamente o problema do direito aplicável à *authority* de um *agent*, os tribunais ingleses, nas decisões consideradas mais significativas, formularam regras do seguinte teor: "*the spanish law appears to us to be a circumstance to be taken into account in considering the nature and the extent of the authority given by the plaintiffs to D.; but the spanish law is not, in our opinion, material for any other purpose*" [139]; "*if we find that the authority might be carried out in*

---

[135] Cfr. DICEY and MORRIS *on the conflict of laws*, 12ª ed., p. 1455. Em sentido semelhante, também, COLLINS, *Practical implications...*, p. 209 s; WILLIAMS, *The EEC convention...*, p. 16; P. KAYE, *The new private international law of contract of the European Community*, p. 128; STONE, *The conflict of laws*, p. 240.

[136] Cfr. DICEY and MORRIS *on the conflict of laws*, 12ª ed., p. 1456 s.

[137] Cfr. *Pattison v. Mills* [1828] 1 Dow. & Cl. 342.

[138] Assim, BRESLAUER, *Agency* ..., p. 299; DICEY and MORRIS *on the conflict of laws*, 11ª ed., p. 1341 s e nota (64), 12ª ed., p. 1458, nota (78).

[139] Cfr. *Maspons y Hermano v. Mildred, Goyeneche & Co.* [1882] 9 Q.B.D. 530. A decisão, bem como a respectiva fundamentação, foi confirmada em *Mildred, Goyeneche & Co. v. Maspons y Hermano* [1883] L.R. 8 App.Cas. 874. A lei espanhola era, no caso, lei do domi-

England, or in France, or in any other country, we come to the conclusion that it must have been intended that in any country where in fact it was to be carried out, that part of it which was to be carried out in that country was to be carried out according to the law of that country" [140]; "*the proper law* [de um *power of attorney*] *is the law of the country in which the power is to operate*" [141] [142].

A doutrina interpreta as decisões dos tribunais sobre a matéria no sentido de que a questão de saber se o *principal* fica vinculado perante a contraparte pelos actos praticados por sua conta é submetida à *proper law* do contrato celebrado, por conta do *principal*, entre o *agent* e a contraparte.

Apenas num caso o *Court of Appeal* considerou aplicável à relação externa a lei reguladora do contrato entre *principal* e *agent* [143]. Em geral, a doutrina tem criticado a solução, propondo que não seja seguida em futuras decisões [144]; certos autores pretendem agora determinar o sentido da regra de modo a compatibilizá-la com a jurisprudência considerada dominante neste domínio [145].

---

cílio da contraparte, lei do lugar do cumprimento do contrato celebrado entre o *agent* e a contraparte e *proper law* desse contrato. Não são claramente expressas na decisão todas estas conexões. Mas é este o sentido que lhe é atribuído na doutrina. Cfr. BRESLAUER, *Agency...*, p. 301; DICEY and MORRIS *on the conflict of laws*, 11ª ed., p. 1343, nota (75).

[140] Cfr. Lord Esher, *Chatenay v. The Brazilian Submarine Telegraph Company, Limited* [1891] 1 Q.B. 79 (83 s). Para SCHMITTHOFF, *The english conflict of laws*, 3ª ed., London, 1954, p. 114, esta decisão — ao admitir a sujeição da *authority* de um *agent* a uma lei própria — ilustra o que designa por "multiplicidade da doutrina da *proper law*", ou seja, a possibilidade de a um mesmo contrato serem aplicadas diferentes ordens jurídicas, conforme o aspecto considerado.

[141] Cfr. *Sinfra Aktiengesellschaft v. Sinfra, Ltd.* [1939] 2 All ER 675 (682).

[142] Para além das decisões citadas nas notas anteriores, incluem ainda *dicta* com relevância para o tema em análise: *Armstrong v. Stokes* [1872] L.R. 7 Q.B. 598 (605); *Jacobs, Marcus & Co. v. The Crédit Lyonnais* [1884] 12 Q.B. 589 (601, 604).

[143] Cfr. *Ruby Steamship Corporation Limited v. Commercial Union Assurance Company* [1933] 150 L.T. 38 = Giur. comp. d. i. p., 1938, IV, p. 285 ss (com anotação de M. SCHOCH, *Ueber Auftrag und Vollmacht im internationalen Privatrecht*, p. 290 ss). RABEL, *The conflict of laws...*, III, p. 154, 2ª ed., p. 158, considera porém que a decisão não contraria os princípios anteriormente afirmados.

[144] Cfr. DICEY and MORRIS *on the conflict of laws*, 11ª ed., p. 1344; aparentemente, também, CHESHIRE & NORTH's *Private international law*, p. 494, nota (11); FRIDMAN, *The law of agency*, 6ª ed., p. 350. Refira-se todavia que na decisão *Ruby Steamship Corporation Limited v. Commercial Union Assurance Company* [1933] 150 L.T. 38 se invocava e utilizava como fundamento a regra enunciada na obra de Dicey: "*An agent's authority, as between himself and his principal, is governed by the law with reference to which the agency is constituted, which is in general the law of the country where the relation of principal and agent is created*". A regra transcrita, cujo texto se mantém ainda na 11ª edição de DICEY and MORRIS *on the conflict of laws* (*rule 200*), não é inteiramente clara quanto à sua previsão, podendo perguntar-se se ela se refere à *authority* do *agent* ou ao contrato de *agency* (a dúvida foi pertinentemente suscitada por RABEL, *The conflict of laws...*, III, p. 137, 2ª ed., p. 141).

[145] Cfr. DICEY and MORRIS *on the conflict of laws*, 12ª ed., p. 1463.

Com base nos casos decididos na jurisprudência, a doutrina inglesa entende que a *authority* de um *agent* deve ser regida pela *proper law* do contrato celebrado pelo *agent* [146] — ou, utilizando a terminologia posterior ao *Contracts (Applicable Law) Act 1990*, pelo direito aplicável ao contrato celebrado entre o *agent* e a contraparte.

Todavia, alguns autores seguem ainda uma outra distinção, para efeitos de determinação do direito competente, separando entre a *actual authority* e a *apparent* ou *ostensible authority* [147]. A *actual authority* é, segundo o entendimento mais comum, submetida à "lei reguladora do contrato entre o *principal* e o *agent*" [148] ou à "lei com referência à qual a *agency* foi criada, que é, em geral, a lei do lugar onde a relação entre o *principal* e o *agent* foi criada" [149]. Quanto à *apparent* ou *ostensible authority*, uma parte significativa da doutrina considera aplicável "a lei reguladora do contrato entre o *agent* e a contraparte" [150]; alguns autores consideram competente a lei do lugar onde o *principal* praticou os actos

---

[146] Até há pouco tempo, era reduzida a relevância atribuída nesta matéria ao elemento de conexão "lugar onde o *agent* actua ou celebra o contrato por conta do *principal* ou onde exerce os seus poderes". Cfr.: HANBURY, *The principles of agency*, p. 79; CHESHIRE & NORTH's *Private international law*, p. 494 (neste último caso, porventura ainda como método auxiliar para concretizar a *proper law* do contrato em que intervêm o *agent* e a contraparte); P. KAYE, *The new private international law of contract...*, p. 129 (considerando que a *proper law* do contrato em que intervêm o *agent* e a contraparte pode ser a lei do país onde o *agent* actua, nos termos de *Chatenay v. The Brazilian Submarine Telegraph Company, Limited*, ou a lei de outro país a que o contrato se encontre mais estreitamente ligado). Veja-se também agora a 12ª ed. de DICEY and MORRIS *on the conflict of laws*, p. 1463, onde, com base nos *leading cases* acima referidos, se admite afinal a competência da lei do lugar onde o *agent* actua, para regular a *authority* do *agent* no que diz respeito aos direitos e obrigações entre *principal* e contraparte.

[147] A distinção é também referida numa decisão relativamente recente do *Court of Appeal*. Cfr. *Britannia Steamship Insurance Association Ltd. and others v. Ausonia Assicurazioni S.p.a.* [1984] 2 Lloyd's Rep. 98 (99, 100).

[148] Cfr.: DICEY and MORRIS *on the conflict of laws*, 11ª ed., p. 1343 (implicitamente); 12ª ed., p. 1461 (de modo explícito); MORRIS, *The conflict of laws*, p. 297; LASOK, STONE, *Conflict of laws...*, p. 354; P. KAYE, *The new private international law of contract...*, p. 127.

[149] Cfr. PLENDER, *The European Contracts Convention*, p. 76.

[150] Neste sentido, cfr.: DICEY and MORRIS *on the conflict of laws*, 11ª ed., p. 1343 (implicitamente); 12ª ed., p. 1459 ss (de modo explícito; veja-se porém, nesta última edição, a referência à lei do lugar onde o *agent* actua, p. 1463); MORRIS, *The conflict of laws*, p. 297 s; P. KAYE, *The new private international law of contract...*, p. 129 (sendo a *proper law* do contrato em que intervêm o *agent* e a contraparte concretizada através do lugar onde o *agent* actua ou por recurso ao princípio da conexão mais estreita). Na jurisprudência, o *Court of Appeal* considerou expressamente aplicável à *apparent* ou *ostensible authority* a *proper law* do contrato celebrado pelo *agent*, na decisão *Britannia Steamship Insurance Association Ltd. and others v. Ausonia Assicurazioni S.p.a.* [1984] 2 Lloyd's Rep. 98 (101, 102).

que criaram a aparência de *authority* [151]; outros ainda referem-se à "lei do lugar onde o *agent* actua ou celebra o contrato com a contraparte" [152].

Esta separação proposta pela doutrina reflecte a distinção aceite no direito material da *agency* entre a *actual authority* (como relação jurídica entre o *principal* e o *agent*) e a *apparent* ou *ostensible authority* (como relação jurídica entre o *principal* e terceiros). Pode porventura ser interpretada no sentido de traduzir, no âmbito do direito internacional privado, a distinção entre o aspecto interno e o aspecto externo da relação de *agency*, embora aparentemente os autores a utilizem a propósito da determinação do direito aplicável à relação entre o *principal* e a contraparte.

Afigura-se todavia que tal separação pode redundar na aplicação, como ordem jurídica primariamente competente, da lei reguladora do contrato entre *principal* e *agent*, perante a qual seria apreciada a questão da existência e do âmbito da *actual authority*; só no caso de se concluir que o *agent* actuou sem *authority* seria de atender à lei reguladora do contrato celebrado entre o *agent* e a contraparte, para determinar a eventual existência e âmbito da *apparent* ou *ostensible authority* [153] [154].

---

[151] Cfr.: LASOK, STONE, *Conflict of laws...*, p. 354; PLENDER, *The European Contracts Convention*, p. 76.

[152] Cfr. CHESHIRE & NORTH's *Private international law*, p. 494. Veja-se também agora DICEY and MORRIS *on the conflict of laws*, 12ª ed., p. 1463, e, com o sentido já antes mencionado, P. KAYE, *The new private international law of contract...*, p. 129.

[153] Esta análise não parece ser contrariada pelo comentário de DICEY and MORRIS *on the conflict of laws*, 12ª ed., p. 1462 s.

[154] Alguma flutuação da jurisprudência e a relativa indefinição da doutrina inglesa quanto à determinação do direito aplicável à *agency* e quanto à interpretação dada a certas decisões dos tribunais justificam a apreciação feita por autores estrangeiros a propósito do direito internacional privado inglês em matéria de *agency*: formula-se uma crítica geral sobre o modo como os tribunais ingleses têm tratado o problema da *agency* em direito internacional privado (FALCONBRIDGE, *Essays on the conflict of laws*, p. 432 ss, p. 439); considera-se que a situação não é clara (SANDROCK/MÜLLER, *Probleme der Vollmacht*, p. 691), que é incerta (VERHAGEN, *Agency in private international law*, p. 99) ou que a interpretação das decisões jurisprudenciais é duvidosa na doutrina (BERGER, *Das Statut der Vollmacht...*, p. 66, 70 s); extraem-se conclusões de sentido divergente, afirmando-se que a tendência geral da jurisprudência inglesa aponta para a competência da lei reguladora do contrato celebrado pelo *agent* (BATIFFOL, *Les conflits de lois en matière de contrats*, p. 288 e nota (2); SPELLENBERG, *Geschäftsstatut und Vollmacht...*, p. 65 s, reconhecendo no entanto este autor que têm sido admitidas reservas à competência dessa lei; REDER, *Die Eigenhaftung vertragsfremder Dritter...*, p. 198 s), para a competência da lei do lugar "onde o mandato é executado", desde que esse lugar seja determinado (BATIFFOL, LAGARDE, *Droit international privé*, 2ª ed., Paris, 1955, p. 660), para a competência da lei do lugar onde o *agent* actua (RIGAUX, *Le statut de la représentation*, p. 148 ss, p. 164; id., *Agency*, p. 9; KAYSER, *Vertretung ohne Vertretungsmacht...*, p. 33; LOUSSOUARN, BREDIN, *Droit du commerce international*, Paris, 1969, p. 714).

2.3. Relação entre o *agent* e a contraparte

Alguns dos autores ingleses que se têm dedicado ao tema da *agency* em direito internacional privado referem, em paralelismo com as duas categorias de relações já mencionadas, as relações entre o *agent* e a contraparte [155]. A autonomia desta relação é todavia menos nítida para a doutrina inglesa do que para a doutrina norte-americana, como teremos ocasião de verificar. Por vezes aliás os problemas respeitantes à relação entre o *agent* e a contraparte são tratados em conjunto com a matéria relativa à relação entre o *principal* e a contraparte [156].

Antes da entrada em vigor do *Contracts (Applicable Law) Act 1990*, sustentava-se a aplicabilidade à relação entre o *agent* e a contraparte do direito nos termos do qual o *agent* pretende agir ou nos termos do qual declara ter agido [157].

Actualmente é unânime o entendimento de que a relação entre o *agent* e a contraparte está abrangida no âmbito de aplicação da Convenção de Roma [158], devendo portanto determinar-se segundo as regras gerais dos artigos 3º e 4º o direito competente para regular tal relação.

Admitem alguns autores todavia que a relação entre o *agent* e a contraparte possa não ter autonomia relativamente à relação entre o *principal* e a contraparte, como, por exemplo, se apenas estiver em discussão a questão de saber quais os direitos e obrigações do *principal* para com a contraparte, emergentes da actuação do *agent*. Em tais situações, considera-se aplicável a lei reguladora da relação entre o *principal* e a contraparte.

---

[155] Cfr.: DICEY and MORRIS *on the conflict of laws*, 11ª ed., p. 1346, 12ª ed., p. 1453; MORRIS, *The conflict of laws*, p. 297; FRIDMAN, *The law of agency*, 6ª ed., p. 350 s. Vejam-se ainda as referências feitas por autores ingleses que têm comentado a exclusão da questão da representação do âmbito da Convenção de Roma (autores e *locs. cits.* na nota (127) do presente parágrafo).

[156] Assim, DICEY and MORRIS *on the conflict of laws*, 11ª ed., p. 1346, 12ª ed., p. 1453, 1465; MORRIS, *The conflict of laws*, p. 297 s.

[157] No sentido de *proper law* do contrato celebrado entre o *agent* e a contraparte. Cfr.: DICEY and MORRIS *on the conflict of laws*, 11ª ed., p. 1346 (veja-se, confirmando esta interpretação, p. 1342 e nota (67)); FRIDMAN, *The law of agency*, 6ª ed., p. 350. Segundo MORRIS, *The conflict of laws*, p. 297, a relação entre o *agent* e a contraparte deveria ser regulada pela *proper law* do contrato celebrado entre o *agent* e a contraparte, a mesma lei que o autor considerava competente para reger a relação entre o *principal* e a contraparte.

[158] Assim: DICEY and MORRIS *on the conflict of laws*, 12ª ed., p. 1453, 1465; FLETCHER, *Conflict of laws...*, p. 154, 181, nota (28); WILLIAMS, *The EEC convention...*, p. 10; LASOK, STONE, *Conflict of laws...*, p. 354; PLENDER, *The European Contracts Convention*, p. 75 s; YOUNG, *An EEC choice of law code...*, p. 446; MERKIN, *Contracts...*, p. 210; P. KAYE, *The new private international law of contract...*, p. 130 s (mas criticando a solução, por considerar que as relações *principal*-contraparte e *agent*-contraparte deveriam estar sujeitas à mesma lei).

Só nos casos em que o problema suscitado não disser respeito à situação jurídica do *principal*, mas aos direitos e obrigações recíprocos do *agent* e da contraparte — por hipótese, saber se através do acto praticado se estabeleceu a *privity of contract* entre o *agent* e a contraparte — o direito aplicável será determinado autonomamente com base nas regras da Convenção [159].

3. Âmbito de aplicação dos direitos designados

O direito aplicável ao contrato entre o *principal* e o *agent*, determinado hoje em dia na generalidade dos casos pelas regras de conflitos da Convenção de Roma, rege a validade da formação da relação de *agency*, a interpretação do contrato, os direitos e obrigações recíprocos do *principal* e do *agent*, a extensão dos poderes do *agent* perante o *principal*, as consequências do incumprimento, a cessação do contrato [160].

O direito competente para regular a relação entre o *principal* e a contraparte, determinado segundo as regras do *common law* nos termos anteriormente indicados, regula a existência, extensão e duração da *authority* de um *agent* [161] e o problema de saber se e em que medida um *agent* criou *privity of contract* entre a contraparte e o seu *principal*, designadamente se um *unnamed* ou um *undisclosed principal* pode demandar e ser demandado nos termos do contrato celebrado pelo *agent* [162].

---

[159] Cfr. DICEY and MORRIS *on the conflict of laws*, 12ª ed., p. 1465. Veja-se também a observação crítica de P. KAYE, *The new private international law of contract* ..., p. 131.

[160] Cfr. artigo 10º da Convenção de Roma (note-se que o Reino Unido formulou uma reserva quanto à aplicação do artigo 10º, nº 1, al. e) da Convenção de Roma, disposição que inclui no âmbito de aplicação da lei do contrato "as consequências da nulidade do contrato"). Na doutrina: DICEY and MORRIS *on the conflict of laws*, 12ª ed., p. 1456 (que, ao definir o âmbito de matérias reguladas pelo contrato entre o *principal* e o *agent*, invoca o artigo 8º da Convenção de Haia sobre representação, que adiante analisaremos); P. KAYE, *The new private international law of contract*..., p. 127. Já antes da entrada em vigor da Convenção, incluíam as matérias referidas no domínio do direito aplicável à relação entre o *principal* e o *agent*: DICEY and MORRIS *on the conflict of laws*, 11ª ed., p. 1339; MORRIS, *The conflict of laws*, p. 297; CHESHIRE & NORTH's *Private international law*, p. 493; FRIDMAN, *The law of agency*, 6ª ed., p. 346 s; BRESLAUER, *Agency*..., p. 283. Na jurisprudência, cfr.: *Maspons y Hermano v. Mildred, Goyeneche & Co.* [1882] 9 Q.B.D. 530; *Mauroux v. Soc. Com. Abel Pereira da Fonseca S.A.R.L.* [1972] 1 W.L.R. 962.

[161] Cfr.: DICEY and MORRIS *on the conflict of laws*, 12ª ed., p. 1460, 1464; MORRIS, *The conflict of laws*, p. 297 s; BRESLAUER, *Agency*..., p. 309, 312; FRIDMAN, *The law of agency*, 6ª ed., p. 348; P. KAYE, *The new private international law of contract*..., p. 129. Na jurisprudência, cfr.: *Maspons y Hermano v. Mildred, Goyeneche & Co.* [1882] 9 Q.B.D. 530 (natureza e extensão); *Chatenay v. The Brazilian Submarine Telegraph Company, Limited* [1891] 1 Q.B. 79 (extensão); *Sinfra Aktiengesellschaft v. Sinfra, Ltd.* [1939] 2 All ER 675 (revogação).

[162] Cfr.: DICEY and MORRIS *on the conflict of laws*, 12ª ed., p. 1460; MORRIS, *The conflict of laws*, p. 298; BRESLAUER, *Agency*..., p. 312; FRIDMAN, *The law of agency*, 6ª ed., p. 348 s;

Até ao momento não existe jurisprudência assente a propósito das consequências para o *principal* da actuação de um *agent* sem *actual authority*. Admite-se que, em tal situação, a vinculação do *principal* possa resultar dos princípios sobre *apparent* ou *ostensible authority* contidos na lei reguladora do contrato celebrado pelo *agent* [163] ou da ratificação do contrato realizada de acordo com essa mesma lei [164] [165].

Na doutrina foi também proposta a competência da *proper law* do contrato celebrado pelo *agent* para determinar a responsabilidade do *agent* por *breach of warranty of authority* [166], mas os tribunais ingleses não tiveram ainda ocasião de se pronunciar sobre tal problema.

O direito competente para regular a relação entre o *agent* e a contraparte — agora individualizado segundo as regras de conflitos da Convenção de Roma — determinará se e em que medida, através do contrato celebrado, se estabeleceu entre eles a *privity of contract* e ainda quais os direitos e obrigações do *agent*, no caso de ter celebrado um contrato por conta de um *unnamed* ou de um *undisclosed principal* [167].

CHESHIRE & NORTH's *Private international law*, p. 494 (que, como vimos, atribui competência, diferentemente da generalidade dos autores, à lei do lugar onde o *agent* actua ou exerce os seus poderes); P. KAYE, *The new private international law of contract...*, p. 129. Na jurisprudência, cfr.: *Maspons y Hermano v. Mildred, Goyeneche & Co.* [1882] 9 Q.B.D. 530.

[163] Cfr. P. KAYE, *The new private international law of contract...*, p. 129; também, embora com limitações: DICEY and MORRIS *on the conflict of laws*, 12ª ed., p. 1463 s; MORRIS, *The conflict of laws*, p. 298.

[164] Cfr.: DICEY and MORRIS *on the conflict of laws*, 12ª ed., p. 1460, nota (90); BRESLAUER, *Agency...*, p. 314.

[165] A questão é enunciada em termos semelhantes aos descritos no texto em *Britannia Steamship Insurance Association Ltd. and others v. Ausonia Assicurazioni S.p.a.* [1984] 2 Lloyd's Rep. 98 (99).

[166] Cfr. P. KAYE, *The new private international law of contract...*, p. 130; MORRIS, *The conflict of laws*, p. 298. No mesmo sentido, DICEY and MORRIS *on the conflict of laws*, 11ª ed., p. 1346. Na 12ª ed. da obra, p. 1465, nota (28), fica em dúvida a aplicabilidade dessa lei para regular a responsabilidade do *agent* por *breach of warranty of authority*, tendo em conta que no direito inglês se admite uma responsabilidade alternativa, *in contract* ou *in tort*, nos casos em que o *agent* actuou fraudulentamente. Veja-se ainda WILLIAMS, *The EEC Convention ...*, p. 10, que exclui do âmbito da lei reguladora da relação entre o *agent* e a contraparte a questão da responsabilidade do *agent* por *breach of warranty of authority*, sugerindo que deve ser reconduzida à lei competente para regular a *authority* (embora o autor não indique qual a lei reguladora desta questão).

[167] Cfr. DICEY and MORRIS *on the conflict of laws*, 12ª ed., p. 1465; P. KAYE, *The new private international law of contract...*, p. 130. No domínio do direito anterior à vigência da Convenção de Roma, tais questões, respeitantes à relação entre o *agent* e a contraparte, eram afinal submetidas à mesma lei que regulava a relação entre o *principal* e a contraparte: DICEY and MORRIS *on the conflict of laws*, 11ª ed., p. 1346; FRIDMAN, *The law of agency*, 6ª ed., p. 350 s.

§ 5º
Direito dos Estados Unidos da América

1. Fontes de normas de conflitos

Nos Estados Unidos da América, o direito de conflitos é fundamentalmente direito estadual [168].

As regras de *choice of law* dos Estados federados têm como objectivo primeiro regular os conflitos de leis interestaduais, aplicando-se por analogia aos conflitos internacionais.

As regras destinadas a solucionar os problemas de conflitos de leis foram desenvolvidas autonomamente pelos vários Estados. Cada Estado

---

[168] Em 13 de Maio de 1993, o *American Law Institute*, associação que agrupa os mais eminentes juristas norte-americanos e que tem desempenhado um importante papel na compilação do "direito comum" estadual em diversas áreas, apresentou ao Congresso dos Estados Unidos o texto de um projecto de lei federal, com fundamento na *full faith and credit clause*, contendo regras de jurisdição e regras de conflitos, aplicáveis a uma determinada categoria de processos — o *Complex Litigation Project*. Os casos de *complex litigation* são litígios que envolvem uma multiplicidade de partes e que são submetidos a uma multiplicidade de tribunais; caracterizam-se pela existência de processos relacionados uns com os outros, dispersos em vários tribunais, derivados frequentemente de eventos que se prolongam no tempo; são exemplos os acidentes que dão origem a uma pluralidade de processos individuais simultâneos, como os acidentes de avião (*mass disasters*) e os acidentes que dão origem a uma pluralidade de processos que surgem em momentos diferentes, como os acidentes provocados por um produto defeituoso (*multiple-event disasters*); tais casos têm em comum a repetição de processos sobre as mesmas questões e o seu elevado custo. O *Complex Litigation Project* tem como objectivo a adopção de regras processuais e de conflitos de leis (não de regras materiais) que permitam a apensação de processos (através dos mecanismos de *transfer and consolidation* — capítulos 3 a 5) e a aplicação de uma única lei (através de *choice of law rules* uniformes, relativas a *mass torts* e a *mass contracts* — capítulo 6). Ao projecto foi dedicado todo um número da Louisiana Law Review (1994, nº 4). Cfr., em especial: TRAUTMAN, *Some thoughts on choice of law, judicial discretion, and the ALI's Complex Litigation Project*, p. 835 ss; SYMÉONIDES, *The ALI's Complex Litigation Project: commencing the national debate*, p. 843 ss (onde se inclui, em anexo, o texto do projecto). Apesar da importância que a iniciativa pode vir a ter para o tratamento dos casos abrangidos na sua previsão e não obstante a alteração que, em geral, pode implicar na composição e na própria natureza do *conflicts law* dos Estados Unidos da América, o projecto não tem interesse directo para o tema desta investigação, pois não se vislumbra a hipótese de um problema do direito da *agency* poder estar na origem de uma situação de *complex litigation*.

tem o seu próprio sistema de regras de *choice of law*, que pode diferir do sistema vigente nos outros Estados. Não existe direito federal, nem legal nem jurisprudencial, para regular os conflitos de leis [169]. Não há um direito de conflitos dos Estados Unidos da América, mas tantos direitos de conflitos quantos os Estados federados [170]. Os tribunais federais, ao decidir os casos de *diversity jurisdiction*, recorrem ao sistema de normas de conflitos do Estado em que se situam.

Na generalidade dos Estados, tais regras têm a sua fonte na jurisprudência e são desenvolvidas pela doutrina. Excepção constitui o Estado da Louisiana, cujo Código Civil inclui regras de *choice of law* (livro IV, artigos 3515º a 3549º, na redacção do *Act 923*, de 1991, em vigor desde 1 de Janeiro de 1992 [171]).

Os casos publicados em que foram aplicadas regras de conflitos respeitantes à *agency* são relativamente escassos. Para tal contribui a considerável uniformidade do direito material da *agency* no interior dos Estados Unidos. Por outro lado, não são em grande número os casos de natureza internacional discutidos em tribunais americanos sobre este tema [172].

---

[169] Assim decidiu o Supremo Tribunal dos Estados Unidos no caso *Klaxon Co. v. Stentor Electric Manufactoring Co.* 313 U.S. 487 (1941), que veio completar, para a matéria de conflitos de leis, a regra definida em termos gerais no caso *Erie Railroad Co. v. Tompkins* 304 U.S. 64 (1938).

[170] Por facilidade de exposição vamos referir-nos a "direito de conflitos dos Estados Unidos" ou "direito de conflitos norte-americano", expressões que não podem fazer perder de vista a pluralidade de sistemas jurídicos e que serão utilizadas para traduzir as soluções comuns que, em relação a certos aspectos, se verifiquem entre os vários direitos. Tais expressões são de resto também usadas pelos próprios autores norte-americanos.

[171] O direito internacional privado da Louisiana, como de resto todo o sistema jurídico daquele Estado, tem carácter híbrido, como resultado da combinação entre a raiz francesa e as posteriores influências exercidas pelas ordens jurídicas dos restantes Estados federados, que pertencem à família de direitos de *common law*. O Código Civil da Louisiana, contemporâneo do *Code Napoléon* e por ele inspirado — a versão original do Código foi promulgada em 1808 —, continha normas de conflitos dispersas, de alcance limitado e que naturalmente não abrangiam toda a matéria dos conflitos de leis. A nova lei pretende constituir um compromisso entre "segurança jurídica" e "flexibilidade", ao combinar regras de conflitos estritas e um princípio geral de orientação quanto à determinação do direito aplicável. Cfr. o artigo 3515, nos termos do qual "salvo disposição em contrário [...], qualquer questão suscitada por uma situação que apresente conexão com vários Estados é regulada pela lei do Estado cujos objectivos de política legislativa sejam mais gravemente comprometidos se essa lei não for aplicada à questão" (*comparative impairment*). Para uma apreciação do direito internacional privado da Louisiana tal como alterado pelo *Act 923*, de 1991, cfr. SYMÉONIDES, *Les grands problèmes de droit international privé et la nouvelle codification de Louisiane*, Rev. crit., 1992, p. 223 ss; id., *Private international law codification in a mixed jurisdiction: the Louisiana experience*, RabelsZ, 1993, p. 460 ss; id., *Louisiana conflicts law: two "surprises"*, Louisiana L. Rev., 1994, p. 497 ss.

[172] Sobre a escassez de decisões jurisprudenciais neste domínio, cfr. HAY, MÜLLER--FREIENFELS, *Agency...*, p. 9, 22 ss; SCOLES, HAY, *Conflict of laws*, p. 685; 2ª ed., 1992,

A tradição comum dos Estados federados permitiu apesar de tudo manter, no domínio do *conflicts law*, uma significativa unidade de soluções, estimulada pelos *Restatements* do *American Law Institute* [173].

O *Restatement of the law second. Conflict of laws 2nd*, que compila e organiza o direito comum no domínio dos conflitos de leis, inclui nos §§ 291 a 293 as regras dedicadas à *agency*.

Como é natural, as modernas tendências do pensamento jurídico norte-americano no domínio do *conflicts law* têm também exercido influência no direito da *agency*, embora este não tenha sido escolhido como terreno privilegiado para as novas construções [174].

---

p. 714. De entre as decisões citadas no presente trabalho, todas dizem respeito a conflitos internos de leis, com excepção da decisão *Merex A. G. v. Fairchild Weston Systems, Inc.* 810 F.Supp. 1356 (S.D.N.Y. 1993), em que estava envolvido o direito alemão.

[173] Sobre a natureza e o papel desempenhado no direito norte-americano pelos *Restatements* do *American Law Institute*, cfr. C. FERREIRA DE ALMEIDA, *Introdução ao direito comparado*, p. 125 ss. Para uma comparação entre os *Restatements* e outras técnicas de unificação e harmonização do direito, cfr. ROSETT, *The unification of american commercial law: restatements and codification*, "Il diritto privato europeo", 1993, p. 99 ss; David P. CURRIE, *Die Vereinheitlichung des amerikanischen Privatrechts*, JZ, 1996, p. 933 ss. A partir dos anos 30, o *American Law Institute* incumbiu especialistas de pesquisarem e de publicarem o "direito comum" estadual em diversas áreas. Os resultados desse trabalho, publicados em obras separadas sob a designação de *Restatements*, constituem tendencialmente compilações da jurisprudência dos tribunais estaduais sobre cada matéria, apresentadas sob a forma de regras, a que se seguem os comentários do redactor e a referência a outras fontes de direito. Apesar de a sua forma de apresentação ser comparável à de uma codificação, os *Restatements* assentam em princípio na jurisprudência, mas têm natureza doutrinária, acabando muitas vezes por traduzir a opinião dos próprios redactores e não necessariamente o conteúdo das regras aplicadas pelos tribunais. Como fontes secundárias de direito, a sua influência sobre outras fontes e designadamente sobre as decisões dos juízes depende em grande parte do prestígio dos seus redactores. No domínio do *conflicts law*, o primeiro *Restatement*, de 1934, que assentava na doutrina dos *vested rights*, e cujo redactor havia sido Joseph Beale, foi objecto de diversas críticas, tendo sido revisto e substituído pelo segundo *Restatement*, de 1969, que teve como redactor Willis L. Reese. Cfr. *Restatement of the law second. Conflict of laws 2nd*, American Law Institute, May 23, 1969, vol. I, §§ 1-221, vol. II, §§ 222-end, St. Paul, Minn., 1971 (com actualizações), que neste capítulo será citado *Restatement, Second, Conflict of laws*, ou apenas *Restatement*. Para uma exposição sobre a evolução do direito internacional privado norte-americano entre o primeiro e o segundo *Restatements*, na perspectiva de um autor europeu continental, cfr. HANOTIAU, *Le droit international privé américain (Du premier au second Restatement of the law, Conflict of laws)*, Paris, Bruxelles, 1979.

[174] O acolhimento, pelos tribunais, das mais recentes concepções sobre o *conflicts law* varia de Estado para Estado. Assim, e tomando como base os elementos recolhidos nos estudos a seguir indicados, pode dizer-se que, por exemplo, em matéria de *contracts*, o critério da *most significant relationship*, consagrado no *Restatement*, é preferencialmente adoptado pelos tribunais de um grande número de Estados (Arizona, Colorado, Delaware, Idaho, Illinois, Iowa, Kentucky, Maine, Mississippi, Missouri, New Hampshire, North Carolina, Ohio, Oklahoma, Oregon, Texas, Utah, Vermont, Washington, West Virginia, e, provavelmente, Connecticut, Michigan e Wyoming); se considerarmos que os princípios do *center of gravity*

O *Act 923*, de 1991, da Louisiana não contém normas de conflitos específicas sobre *agency*, pelo que continuam a aplicar-se a esta questão regras de fonte jurisprudencial, certamente inspiradas, a partir da entrada em vigor da nova lei, pelos princípios gerais nela definidos [175].

Vamos por tudo isto encontrar no campo da *agency* regras de conflitos que não são necessariamente uniformes nos vários direitos estaduais.

2. Determinação do direito aplicável

Para efeitos de aplicação das regras de *choice of law*, no direito norte-americano é unanimemente reconhecida a necessidade de distinguir as três categorias de relações jurídicas a que a *agency* dá origem; relação entre *principal* e *agent*; relação entre *principal* e contraparte; relação entre *agent* e contraparte [176].

---

ou dos *significant contacts* se integram na metodologia do *Restatement*, aquele grupo torna-se ainda mais numeroso, pois teremos de acrescentar os tribunais dos Estados de Arkansas, Indiana, Puerto Rico e, possivelmente, North Dakota; a *better law approach* é seguida pelos tribunais dos Estados de Minnesota e Wisconsin; os tribunais de alguns Estados adoptam uma abordagem flexível, combinando mais do que um critério (California, Hawaii, Louisiana, Massachusetts, New Jersey, New York, North Dakota, Pennsylvania, District of Columbia); em muitos Estados predomina ainda uma abordagem tradicional, que defende a aplicação da regra *lex loci contractus* (Alabama, Alaska, Florida, Georgia, Kansas, Maryland, Montana, Nebraska, New Mexico, Rhode Island, South Carolina, South Dakota, Tennesse, Virginia). As conclusões de uma síntese deste tipo têm um sentido meramente indicativo, pois dependem em grande parte do âmbito de matérias a que se reportam as decisões observadas. Para dar apenas um exemplo, a *interest analysis* é sobretudo seguida, em matéria de *torts*, pelos tribunais dos Estados de California e New Jersey e do District of Columbia, mas é frequentemente invocada, em combinação com outros métodos, no domínio dos *contracts*, pelos tribunais de vários Estados (acima referidos no grupo dos que adoptam uma abordagem flexível). Além disso, em muitos Estados, registaram-se alterações ao longo dos últimos anos. Porventura o termo mais adequado para exprimir a metodologia de *conflicts law* dominante nos Estados Unidos é "eclectismo". Sobre a evolução da jurisprudência em matéria de *choice of law*, vejam-se as análises elaboradas por diversos autores norte-americanos, algumas das quais por iniciativa da *Association of American Law Schools*: KAY, *Theory into practice: choice of law in the courts*, Mercer L. Rev., 1983, p. 521 ss; KOZYRIS, SYMÉONIDES, *Choice of law in the american courts in 1989: an overview*, AJCL, 1990, p. 601 ss; KRAMER, *Choice of law in the american courts in 1990: trends and developments*, AJCL, 1991, p. 465 ss; SOLIMINE, *Choice of law in the american courts in 1991*, AJCL, 1992, p. 951 ss; BORCHERS, *Choice of law in the american courts in 1992: observations and reflections*, AJCL, 1994, p. 125 ss; SYMÉONIDES, *Choice of law in the american courts in 1993 (and in the six previous years)*, AJCL, 1994, p. 599 ss.

[175] Sobre as orientações seguidas pela jurisprudência no período que precedeu a publicação do *Act 923*, de 1991, cfr. SYMÉONIDES, *Les grands problèmes de droit international privé et la nouvelle codification de Louisiane*, p. 226 ss.

[176] Assim, cfr.: RABEL, *The conflict of laws...*, III, p. 139 ss, 2ª ed., p. 143 ss; REESE, FLESCH, *Agency and vicarious liability in conflict of laws*, Columbia L. Rev., 1960, p. 764 ss

2.1. Relação entre o *principal* e o *agent*

Tendo a relação de *agency* geralmente a sua origem num contrato entre o *principal* e o *agent*, a jurisprudência e a doutrina admitem a designação pelas partes do direito que há-de regê-lo. Na falta de escolha pelas partes, diversas soluções têm sido propostas: o direito do lugar da celebração do contrato entre *principal* e *agent* [177]; o direito do Estado em que o *agent* actua [178]; um daqueles dois direitos em alternativa [179] o direito do Estado em que o contrato de *agency* tem o seu "centro de gravidade" ou com o qual o contrato tem a "conexão mais significativa" [180]. Certos autores consideram todavia que este último critério tem sido frequentemente utilizado de modo a conduzir à aplicação do direito do Estado do foro [181].

O § 291 do *Restatement*, respeitante à relação entre o *principal* e o *agent*, estabelece que "os direitos e deveres recíprocos do *principal* e do

---

(p. 764); REESE, *Agency in conflict of laws*, "XXth. century comparative and conflicts law", 1961, p. 409 ss (p. 409); REESE, ROSENBERG, HAY, *Cases and materials on the conflict of laws*, 9ª ed., Westbury, N. Y., 1978, p. 971; EHRENZWEIG, *A treatise on the conflict of laws*, St. Paul, Minn., 1962, p. 443 ss; HAY, MÜLLER-FREIENFELS, *Agency...*, p. 8 ss; SCOLES, HAY, *Conflict of laws*, p. 682 ss, 2ª ed., p. 711 ss; *Restatement, Second, Conflict of laws*, comentário *a*. ao § 291.

[177] Cfr. STUMBERG, *Principles of conflict of laws*, 3ª ed., Brooklyn, 1963, p. 226 ss (solução que parecia aceitar, quanto à questão da validade, relativamente à generalidade dos contratos). Na jurisprudência, veja-se *Johnson v. Allen* 158 P.2d 134 (1945) (nos termos do direito de conflitos de Utah). A atribuição de competência ao direito do lugar da celebração do contrato entre *principal* e *agent* era igualmente a solução proposta por Joseph BEALE, *A treatise on the conflict of laws*, vol. II — *Choice of law*, New York, 1935, p. 1192, e a que constava do primeiro *Restatement of the law of conflict of laws* (§ 342).

[178] Cfr. *Davis v. Jouganatos* 402 P.2d 985 (Nev. 1965) (nos termos do direito de conflitos de Nevada); *Matarese v. Calise* 305 A.2d 112 (R. I. 1973) (nos termos do direito de conflitos de Rhode Island).

[179] Cfr. *Frankel v. Allied Mills, Inc.* 17 N.E. 2d 570 (1938) (nos termos do direito de conflitos de Illinois).

[180] Neste sentido, cfr.: REESE, FLESCH, *Agency...*, p. 767; REESE, *Agency in conflict of laws*, p. 412. Na jurisprudência, vejam-se, a título de exemplo: *Feinberg v. Automobile Banking Corporation* 353 F.Supp. 508 (1973) (nos termos do direito de conflitos de Pennsylvania); *Warner v. Kressly* Wash.App. 512 P.2d 1116 (1973) (nos termos do direito de conflitos de Washington); *Weston Funding Corp. v. Lafayette Towers, Inc.* 550 F.2d 710 (1977) (nos termos do direito de conflitos de New York); *McMorrow v. Rodman Ford Sales, Inc.* 462 F.Supp. 947 (1979) (nos termos do direito de conflitos de Massachusetts, mas apenas implicitamente); *Wonderlic Agency, Inc. v. Acceleration Corp.* 624 F.Supp. 801 (N.D.Ill. 1985) (nos termos do direito de conflitos de Illinois, que, de acordo com o que é afirmado na decisão, se encontra em fase de mudança de uma abordagem tradicional e mecânica para o critério da *most significant relationship*, tal como proposto no *Restatement*).

[181] Cfr., por último, SCOLES, HAY, *Conflict of laws*, 2ª ed., p. 712 ss. Crítico também quanto à aplicação do critério da *most significant relationship* pela jurisprudência americana, KRÄNZLIN, *Das Handelsvertreterrecht...*, p. 228 s.

agent são determinados pelo direito interno do Estado que, em relação à questão em causa, tem a conexão mais significativa com as partes e com a operação, de acordo com os princípios estabelecidos no § 6. Esse direito é determinado por aplicação das regras contidas nos §§ 187-188".

A regra repete o critério geral de orientação utilizado pelo *Restatement* — relativamente às questões em contacto com diversas ordens jurídicas, o juiz deve aplicar o direito interno [182] do Estado que tem a conexão mais significativa com a questão submetida à sua apreciação e, para a determinação desse direito, deve atender aos princípios, critérios ou factores enunciados no § 6 [183]. Atendendo à natureza que normalmente reveste a relação entre *principal* e *agent*, o § 291 contém uma remissão para as regras relativas aos contratos: § 187 (que prevê a designação pelos interessados do direito aplicável) e § 188 (que, para o caso de não existir uma efectiva escolha do direito aplicável, indica os factores que devem utilizar-se na aplicação, à matéria contratual, dos princípios enunciados no § 6). Sobre os contactos a ter em conta para determinar o Estado que tem a conexão mais significativa com a relação interna de *agency*, o comentário *f.* ao § 291 considera especialmente importante o lugar onde o *agent* actua ou deve actuar por conta do *principal*, distinguindo diversos tipos de situações em função do lugar de actuação definido pelo próprio *principal*, do lugar de actuação efectiva e do carácter duradouro ou não da actuação por conta do *principal*.

Apesar de, nas decisões mais recentes, os tribunais norte-americanos fazerem frequentemente apelo ao critério proposto no *Restatement* [184], algu-

---

[182] A referência é feita para o "direito interno" (*local law*), de modo a não incluir as *choice-of-law rules* do sistema designado. São razões de certeza quanto ao resultado e de facilidade na aplicação que justificam esta solução, como se esclarece no comentário *g.* ao § 291 (que remete para o comentário *b.* ao § 186). A fórmula e a respectiva justificação repetem-se em todas as regras incluídas no capítulo dedicado à *agency* (§§ 292 e 293).

[183] O § 6 do *Restatement* enuncia os princípios gerais a observar pelo tribunal na selecção do direito aplicável ao litígio. Nos termos do nº 2, são os seguintes os factores a atender: "as necessidades dos sistemas interestadual e internacional; as políticas do foro; as políticas de outros Estados interessados e os interesses relativos desses Estados na resolução do litígio em causa; a protecção de expectativas justificadas; as políticas subjacentes à matéria jurídica em causa; a certeza, a previsibilidade e a uniformidade do resultado; a facilidade na determinação e na aplicação do direito competente".

[184] A regra constante do § 291 do *Restatement* traduz mais o ponto de vista do seu redactor (Willis M. Reese) do que propriamente o critério até então seguido pelos tribunais para a determinação do direito aplicável à relação interna de *agency*. Veja-se a referência feita pelo próprio autor à jurisprudência sobre a matéria, concluindo que "os resultados atingidos pelos tribunais são compatíveis com o ponto de vista de que o direito competente é o do Estado onde o contrato de *agency* tem o seu centro de gravidade ou, dito por outras palavras, o Estado com o qual o contrato tem a sua conexão mais importante e mais significativa" (REESE, *Agency in conflict of laws*, p. 411 s, e, já antes, REESE, FLESCH, *Agency...*,

ma doutrina, perante o resultado concreto dessa aplicação, entende que não pode considerar-se estabilizada a solução do direito de conflitos americano quanto à relação interna de *agency* [185].

2.2. Relação entre o *principal* e a contraparte

De acordo com o entendimento dominante no direito de conflitos norte-americano, estabelece-se a distinção entre a lei reguladora dos direitos e obrigações resultantes para o *principal* e para a contraparte do contrato celebrado pelo *agent* — que é determinada por aplicação das normas de conflitos gerais relativas aos contratos — e a lei aplicável à questão de saber se um *agent* tem poder ou *authority* para actuar por conta do *principal* — que, não obstante a diversidade de opiniões, se admite constituir objecto de conexão autónoma.

Se, em geral, são em número reduzido as decisões de tribunais norte-americanos sobre questões de *agency* no domínio do *conflicts law*, é particularmente escasso o *case law* a propósito do direito competente para reger a *authority*. A doutrina também não tem dedicado muito espaço a este tema.

Além disso, as soluções adoptadas não têm sido uniformes.

Quanto à questão de saber se um *principal* fica vinculado perante terceiros pelos actos praticados por sua conta por um *agent*, têm sido sugeridos diversos critérios: domicílio do *principal* [186]; lugar onde o *agent* está autorizado ou aparentemente autorizado a actuar por conta do *principal* [187]; lugar da celebração do contrato por conta do *principal* [188]; lugar onde o

---

p. 766 s). A jurisprudência dos últimos anos tem utilizado frequentemente o critério do *Restatement*, demonstrando assim a influência que as compilações promovidas pelo *American Law Institute* podem exercer na criação e na aplicação do direito.

[185] Cfr. HAY, MÜLLER-FREIENFELS, *Agency*..., p. 12 ss; SCOLES, HAY, *Conflict of laws*, p. 684 s, 2ª ed., p. 714.

[186] Cfr., na literatura mais antiga, STORY, *Commentaries on the conflict of laws*..., 1872, p. 331 ss (que se referia concretamente à responsabilidade do proprietário do navio quanto aos actos praticados pelo comandante do navio).

[187] Era esta a regra contida no § 345 do primeiro *Restatement*. Em comentário, esclarecia-se que "quanto à questão de saber se um acto em concreto foi ou não autorizado, o direito do Estado em que o acto é realizado determina se o *principal* fica vinculado por um contrato celebrado com um terceiro"; por outro lado, segundo o § 343, a lei reguladora do contrato entre o *principal* e o *agent* decidia a questão de saber se o acordo entre eles implicava "o poder dado por uma das partes à outra de realizar um acto por sua conta". (A importância do papel desempenhado por Joseph Beale na elaboração daquele *Restatement* justifica porém que na interpretação dos §§ 343 a 345 se tenha em conta a opinião expressa pelo autor sobre a matéria, cfr. nota seguinte). Na jurisprudência, veja-se *Mercier v. John Hancock Mut. Life Ins. Co.* 44 A.2d 372 (1945), onde se invocou o § 345 do primeiro *Restatement*.

[188] Cfr. BEALE, *A treatise on the conflict of laws*, vol. II, p. 1193 ss (mas, de acordo com o *principle of causation*, para saber se uma pessoa autorizou outra a agir por sua conta

agent actua por conta do *principal* [189]. Foram também utilizados o princípio da conexão mais significativa [190] e "uma 'metodologia de conflitos flexível', combinando a *interest analysis* e a teoria dos contactos do *Restatement*" [191]. Foi ainda proposta a aplicação do direito cuja política legislativa mais se aproxime da que se encontra subjacente ao direito do foro [192].

O *Restatement, Second, Conflict of laws* contém regras muito complexas e de difícil interpretação sobre este problema [193]. O § 292, que tem como epígrafe "responsabilidade contratual do *principal* em relação a terceiros", estabelece:

"1. A questão de saber se um *principal* fica vinculado perante terceiros pelos actos praticados por sua conta por um *agent* é determinada pelo direito interno do Estado que, em relação à questão em causa, tem a conexão mais significativa com as partes e com a operação, de acordo com os princípios estabelecidos no § 6.

— *caused another to [act]* — "apenas é importante a lei do lugar onde o *agent* foi designado"). Na jurisprudência, veja-se uma das decisões mais discutidas, em diferentes contextos, na literatura jurídica norte-americana: *Milliken v. Pratt* 125 Mass. 374 (1878) (que no entanto RABEL, *The conflict of laws...*, III, p. 152, 2ª ed., p. 156, considera não configurar um caso de *agency*).

[189] Cfr.: REESE, FLESCH, *Agency...*, p. 767 ss; REESE, *Agency in conflict of laws*, p. 412 ss (segundo a opinião expressa nestes textos, o tribunal do foro deve no entanto aplicar os seus próprios critérios para verificar se existem as condições exigidas pela norma de conflitos do foro para aplicação do direito competente, ou seja, para verificar se o *agent* foi autorizado ou aparentemente autorizado a actuar no lugar em causa ou se o *principal* está impedido, com base no princípio de *estoppel*, de negar a *authority* do *agent*; só para saber se o *agent* tem *authority* para praticar um acto em concreto e portanto para determinar se o *agent* pode vincular o *principal* através de tal acto o tribunal deve atender ao direito do país onde o *agent* actua). Mas veja-se REESE, ROSENBERG, HAY, *Cases and materials...*, p. 974, nota (4), onde se afirma que "o direito competente para reger o contrato celebrado pelo *agent* será em geral aplicado para determinar se o *principal* fica titular dos direitos e obrigações emergentes do contrato". Aplicando o critério do lugar onde o *agent* actua por conta do *principal*, cfr., na jurisprudência, *Young v. Masci* 289 U.S. 253 (1933) (onde se discutia uma questão de responsabilidade extracontratual).

[190] Cfr.: *Shasta Lives. Auc. Yard v. Bill Evans Cat. Man. Corp.* 375 F.Supp. 1027 (1974) (nos termos do direito de conflitos de Idaho).

[191] Cfr. *Complaint of Bankers Trust Co. v. Bethlehem Steel Corp.* 752 F.2nd 874 (1984) (nos termos do direito de conflitos de Pennsylvania).

[192] Cfr. EHRENZWEIG, *A treatise on the conflict of laws*, St. Paul, Minn., 1962, p. 445 ss. O autor considera que são meras questões de facto as questões de saber se o *agent* tem *authority* para praticar um acto em concreto, se a *authority* foi revogada ou cessou (excepto se se tratar de cessação *by operation of law*) ou se o *principal* ratificou um acto praticado pelo *agent*; admite que, se o *agent* foi designado nos termos de uma lei estrangeira que delimita os poderes do *agent*, essa lei deve ser aplicada sem que seja necessário averiguar se o *principal* autorizou o *agent* a agir no lugar onde ele o fez (explicitando que essa lei é geralmente a do lugar onde se situa o principal centro de negócios do *agent*, p. 446, nota (11)).

[193] Assim também SPELLENBERG, *Geschäftsstatut und Vollmacht...*, p. 75 ss.

2. O *principal* será considerado vinculado pelos actos praticados pelo *agent* se como tal for considerado pelo direito interno do Estado onde o *agent* contratou com a contraparte, pelo menos desde que o *principal* tenha autorizado o *agent* a actuar por sua conta nesse Estado ou desde que o *principal* tenha conduzido a contraparte a confiar razoavelmente que o *agent* tinha *authority* para a prática desses actos".

Do nº 1 decorre a aplicabilidade, também quanto à relação externa de representação, do direito interno do Estado com o qual a questão em causa tenha a conexão mais significativa, de acordo com os princípios enunciados no § 6 do *Restatement*. O nº 2 parece particularizar aquele critério e, na linha proposta anteriormente pelo seu redactor, dá relevância ao direito do Estado onde o *agent* contratou com a contraparte. Segundo a interpretação constante dos comentários *d.* e *e.* ao § 292, o *principal* não deve ficar vinculado aos actos praticados por sua conta nos termos de um direito com o qual não tenha uma *"reasonable relationship"*. Entende-se que existe uma razoável ligação com o Estado onde o *agent* foi autorizado pelo *principal* a actuar por sua conta ou com o Estado onde o *principal* agiu de modo a permitir à contraparte confiar justificadamente na *authority* do *agent*.

A propósito da questão concreta da validade de um *power of attorney*, considerou-se aplicável o direito do lugar da situação dos bens (prédios rústicos, *land*) [194]; o direito do lugar em que o *agent* actua por conta do *principal* [195]; o direito que resultar da aplicação de "uma 'metodologia de conflitos flexível', combinando a *interest analysis* e a teoria dos contactos do *Restatement*" [196].

Em relação à ratificação, foram adoptados os critérios do lugar onde o *agent* actua por conta do *principal* [197] e da *interest analysis* [198].

---

[194] Cfr. *Clark v. Graham* 6 W. 577 (1821) (nos termos do direito de conflitos de Ohio).

[195] Cfr. STORY, *Commentaries...*, p. 337 (em excepção à regra geral *locus regit actum*).

[196] Cfr. *Complaint of Bankers Trust Co. v. Bethlehem Steel Corp.* 752 F.2nd 874 (1984) (nos termos do direito de conflitos de Pennsylvania).

[197] Cfr.: REESE, FLESCH, *Agency...*, p. 770 s; REESE, *Agency in conflict of laws*, p. 415 ss (tal como a propósito da *authority*, sustenta-se que o tribunal do foro deve aplicar os seus próprios critérios para verificar se existem as condições exigidas pela norma de conflitos do foro para aplicação do direito competente, ou seja, neste caso, para verificar se o comportamento do *principal* pode razoavelmente ser considerado como equivalente a uma ratificação; se a resposta for em sentido afirmativo, o juiz atenderá ao direito designado para determinar se tal comportamento constitui ratificação e quais os seus efeitos).

[198] Cfr. *Dorothy K. Winston & Co. v. Town Heights Develop., Inc.* 376 F.Supp. 1214 (1974) (nos termos do direito de conflitos do Distrito de Columbia); *Merex A. G. v. Fairchild Weston Systems, Inc.* 810 F.Supp. 1356 (S.D.N.Y. 1993) (nos termos do direito de conflitos de New York).

Por sua vez, a regra de conflitos do § 293 do *Restatement*, respeitante à ratificação pelo *principal* dos actos praticados pelo *agent*, é do seguinte teor:

"1. As consequências da ratificação pelo *principal* de um acto praticado por sua conta por um *agent* são determinadas pelo direito interno do Estado que, em relação à questão em causa, tem a conexão mais significativa com as partes e com a operação, de acordo com os princípios estabelecidos no § 6.
2. A ratificação será em geral eficaz se como tal for considerada pelo direito interno:
   a) do Estado onde o *agent* contratou com a contraparte, ou
   b) do Estado determinado com base na regra do § 291".

Estando os princípios enunciados no § 6 subjacentes a todas as regras de conflitos contidas no *Restatement, Second, Conflict of laws*, também a eles se deve atender para encontrar o direito aplicável aos efeitos da ratificação, que é, de acordo com a filosofia geral da compilação, o direito interno do Estado que tem a conexão mais significativa com a questão em causa (n° 1 do § 293). Sublinhando a necessidade de a vinculação do *principal* inerente à ratificação ser determinada por um direito que tenha uma ligação substancial às partes e à operação, o n° 2 do mesmo parágrafo prevê que tal vinculação possa resultar do direito do Estado em que o *agent* contratou com a contraparte ou do direito aplicável à relação interna entre *principal* e *agent*. Esta regra, de conexão alternativa, é justificada pelo seu objectivo de facilitar a validade e eficácia do contrato celebrado pelo *agent* [199].

Perante a exposição que antecede não surpreenderá a conclusão de que, nos múltiplos direitos de conflitos vigentes nos Estados Unidos da América, o estatuto do poder de representação é incerto [200] e de que o critério do *Restatement*, pelo menos enquanto não for confirmado e clarificado através de um número importante de decisões jurisprudenciais, não pode considerar-se uma regra geralmente aceite [201]. Outro aspecto a sublinhar prende-se com a circunstância de em nenhuma das fontes de normas de conflitos ser referida a possibilidade de designação do direito aplicável quanto à questão de saber se os actos praticados pelo *agent* vinculam o *principal* perante terceiros.

---

[199] Assim, REESE, ROSENBERG, HAY, *Cases and materials...*, p. 975.
[200] Cfr. SANDROCK/MÜLLER, *Probleme der Vollmacht*, p. 745.
[201] Cfr. SCOLES, HAY, *Conflict of laws*, 2ª ed., p. 716, e, já antes, HAY, MÜLLER-FREIENFELS, *Agency* ..., p. 25 s.

2.3. Relação entre o *agent* e a contraparte

Os autores norte-americanos que se têm ocupado do tema da *agency* no direito de conflitos consideram geralmente, a par das duas relações jurídicas já analisadas, a relação entre o *agent* e a contraparte.

Fazem-no porém muitas vezes apenas com o objectivo de completar a exposição da matéria, pois entendem que "a determinação da lei aplicável aos direitos e obrigações assumidos reciprocamente pelo *agent* e pela contraparte não suscita problemas particulares no domínio do *conflict of laws*" [202].

No *Restatement, Second, Conflict of laws* a relação entre o *agent* e a contraparte não é objecto das regras incluídas no capítulo relativo à *agency*, por se considerar que o direito competente para reger os direitos e deveres de um *agent* em relação à pessoa com quem ele contrate "é o mesmo que seria aplicado se não existisse relação de *agency* e é determinado de acordo com as regras de conflitos comuns"[203].

A referência aos "direitos e deveres assumidos reciprocamente pelo *agent* e pela contraparte" e a opinião de que a determinação da lei competente para os reger "não suscita problemas especiais no domínio do direito de conflitos", devendo ser resolvida segundo as regras de conflitos comuns, têm obviamente de ser entendidas à luz do direito material da *agency*. Como vimos[204], tanto no direito inglês como no direito norte-americano, se admite em certos casos a responsabilidade pessoal do *agent* perante a contraparte, mesmo quando actua dentro dos limites da sua *authority*; é diferente a concepção das ordens jurídicas europeias continentais, que apenas aceitam a existência de relações entre o representante e a contraparte no âmbito da representação sem poderes.

Na perspectiva subjacente à *agency*, os direitos e deveres do *agent* e da contraparte emergentes, por exemplo, de *collateral contracts*, de contratos celebrados por escrito ou *under seal*, de *negotiable instruments*, de contratos celebrados por conta de um *undisclosed principal* são regulados pela lei aplicável ao acto em causa, que será determinada segundo as regras de conflitos comuns [205].

---

[202] Assim, cfr.: REESE, FLESCH, *Agency...*, p. 773; REESE, *Agency in conflict of laws*, p. 417; REESE, ROSENBERG, HAY, *Cases and materials...*, p. 971; SCOLES, HAY, *Conflict of laws*, p. 682, 2ª ed., p. 711.
[203] Cfr. comentário *a.* ao § 291.
[204] Cfr. capítulo II, § 3º, nº 4.1.
[205] Cfr. *Stroll v. Epstein* 818 F.Supp. 640 (S.D.N.Y. 1993), onde, nos termos do direito de conflitos de New York, se atende ao critério da *most significant relationship* para determinar o direito aplicável à questão de saber se o *agent* assumiu responsabilidade pessoal perante a contraparte.

À face do direito norte-americano são também tratados no âmbito da relação agora considerada os direitos e deveres que para o *agent* e para a contraparte decorrem da actuação do *agent* para além dos limites da sua *authority*. Essa actuação, que implica *breach of warranty of authority*, é qualificada como *tort* por uma parte da doutrina; a responsabilidade do *agent* por *breach of warranty of authority* seria assim determinada, por aplicação da regra de conflitos geral relativa a *torts*, pela lei do lugar da prática do acto ilícito [206].

3. Âmbito de aplicação dos direitos designados

O direito aplicável à relação interna determina a validade do contrato e os direitos e obrigações recíprocos do *principal* e do *agent* [207], a extensão dos poderes do *agent* para praticar actos por conta do *principal*, a remuneração devida ao *agent* pelo *principal* [208], as circunstâncias em que cessa a relação entre *principal* e *agent*, a responsabilidade do *agent* perante o *principal* pelos actos praticados sem *authority* [209].

Ao âmbito de aplicação do direito competente para reger a relação externa apenas se referem de modo sistemático os comentários incluídos no *Restatement*. Segundo a interpretação constante do comentário *a.* ao § 292, o direito designado por essa norma de conflitos determina se o *agent* actuou com *authority* ou com *apparent authority*, qual o âmbito ou a extensão da *authority* [210], se a *authority* do *agent* tinha sido revogada antes da prática do acto e se tal *authority* era ou não revogável. Por outro lado, considera-se que a aplicabilidade do direito designado não depende do modo de actuação do *agent* e que a vinculação do *principal* aos actos praticados por sua

---

[206] Cfr.: REESE, FLESCH, *Agency*..., p. 773; REESE, *Agency in conflict of laws*, p. 417 s.

[207] Cfr. *Frankel v. Allied Mills, Inc.* 17 N.E. 2d 570 (1938); *McMorrow v. Rodman Ford Sales, Inc.* 462 F.Supp. 947 (1979); *Wonderlic Agency, Inc. v. Acceleration Corp.* 624 F.Supp. 801 (N.D.Ill. 1985).

[208] Cfr.: *Johnson v. Allen* 158 P.2d 134 (1945); *Feinberg v. Automobile Banking Corporation* 353 F.Supp. 508 (1973); *Warner v. Kressly* Wash.App. 512 P.2d 1116 (1973); *Weston Funding Corp. v. Lafayette Towers, Inc.* 550 F.2d 710 (1977)

[209] Veja-se, em geral, sobre o âmbito de aplicação do direito competente para reger a relação interna: REESE, FLESCH, *Agency*..., p. 765; REESE, *Agency in conflict of laws*, p. 410. Cfr. ainda o texto do § 291 do *Restatement* e o comentário *b.* ao mesmo § 291, onde se refere que o direito designado determina o âmbito dos actos que o *agent* pode praticar por conta do *principal*, os direitos e obrigações recíprocos das partes, as circunstâncias em que o *principal* ou o *agent* podem fazer cessar a relação, a eventual remuneração a pagar ao *agent*, a responsabilidade do *agent* pela prática de um acto não autorizado.

[210] Já assim se considerou, pelo menos de modo implícito, em *Milliken v. Pratt* 125 Mass. 374 (1878).

conta é determinada por tal direito, quer se trate de *disclosed* quer se trate de *undisclosed agency* [211].

Tal como se refere no comentário *f.* ao mesmo § 292, uma vez apurada a vinculação do *principal* à actuação do *agent*, nos termos do direito assim designado, determinar se o acto celebrado entre o *agent* e a contraparte constitui um contrato e, em caso afirmativo, quais os direitos e obrigações das partes (*principal* e contraparte) são questões a resolver perante o direito encontrado por aplicação das regras gerais relativas aos contratos (§§ 187 e 188) [212].

O direito aplicável ao contrato celebrado entre o *agent* e a contraparte determina ainda a validade do contrato — designadamente se o *principal* e a contraparte têm capacidade contratual, se existe *consideration* e se foram cumpridas as formalidades essenciais — e, em geral, os efeitos decorrentes do contrato para o *principal* e para a contraparte [213].

Essa lei pode eventualmente regular os direitos e obrigações assumidos no caso concreto pelo *agent* e pela contraparte (os quais podem no entanto, como antes se referiu, derivar de uma outra ordem jurídica, aplicável a título de lei reguladora de um contrato ou a título de lei reguladora de um facto ilícito, consoante a natureza da responsabilidade que esteja em causa).

O direito competente para reger a ratificação (que, como vimos, segundo uma concepção, é o mesmo que se aplica à *authority* [214] e, segundo outra, é determinado por uma norma de conflitos autónoma [215]), indica se o acto do *agent* está sujeito a ratificação, qual a forma da ratificação e designadamente se o silêncio vale como ratificação, qual o prazo em que o *principal* deve ratificar o contrato e ainda se o comportamento do *principal* constitui ratificação e quais os efeitos da ratificação [216] [217].

---

[211] No mesmo sentido, na jurisprudência, *Shasta Lives. Auc. Yard v. Bill Evans Cat. Man. Corp.* 375 F.Supp. 1027 (1974). Diferentemente, REESE, FLESCH, *Agency...*, p. 773; REESE, *Agency in conflict of laws*, p. 417, onde se considerava aplicável a lei reguladora do contrato celebrado pelo *agent* para determinar se um *undisclosed principal* pode demandar e ser demandado nos termos desse contrato.

[212] O comentário do *Restatement* acompanha, neste ponto, a opinião de REESE, FLESCH, *Agency ...*, p. 772; REESE, *Agency in conflict of laws*, p. 416.

[213] REESE, FLESCH, *Agency...*, p. 772 s; REESE, *Agency in conflict of laws*, p. 416 s.

[214] REESE, FLESCH, *Agency...*, p. 770 s; REESE, *Agency in conflict of laws*, p. 415 ss.

[215] *Restatement*, § 293.

[216] Cfr. *Dorothy K. Winston & Co. v. Town Heights Develop., Inc.* 376 F.Supp. 1214 (1974); *Merex A. G. v. Fairchild Weston Systems, Inc.* 810 F.Supp. 1356 (S.D.N.Y. 1993).

[217] Cfr. REESE, FLESCH, *Agency...*, p. 770 s; REESE, *Agency in conflict of laws*, p. 416. De acordo com a interpretação constante do comentário *a.* ao § 293, o direito designado por essa norma de conflitos decide se o acto praticado pelo *agent* é susceptível de ser ratificado, se as palavras ou a conduta do *principal* importam ratificação e se a ratificação ocorreu em tempo.

§ 6º
Convenção de Haia sobre representação

1. Os ensaios de unificação de normas de conflitos com relevância em matéria de representação

A unificação das normas de conflitos em matéria de representação, considerada necessária e porventura mais fácil de atingir do que a unificação do direito material [218], não se tem revelado um processo simples nem de sucesso imediato.

Diversas organizações internacionais promoveram a realização de trabalhos, que por vezes se prolongaram durante vários anos, tendo em vista a unificação de normas de conflitos neste domínio específico ou num âmbito de matérias mais alargado onde se incluía igualmente o direito da representação.

1.1. Nos projectos de lei uniforme sobre o direito internacional privado, elaborados no âmbito dos países do Benelux [219], existia uma norma de

---

[218] Sobre a diversidade das regras de conflitos em matéria de representação e a necessidade de unificação do direito internacional privado neste domínio, cfr., entre outros: JEEP, *Überstaatliche Kollisionsnormen zur Regelung der Vollmacht...*, p. 40 ss; TOMASI, *Les conflits de lois en matière de représentation conventionnelle et l' opportunité d' une convention internationale*, Rev. crit., 1958, p. 651 ss; RIBETTES-TILLHET, *Les conflits de lois en matière de représentation commerciale*, Clunet, 1964, p. 34 ss; VIOLLE, *Les conflits de lois en matière de représentation conventionnelle*, Rennes, s.d. (mas 1975), p. 132 ss; LUTHER, *Zur internationalen Vereinheitlichung des Vollmachtsstatuts*, "Le nuove frontiere del diritto e il problema dell' unificazione", II, 1979, p. 697 ss; HAY, MÜLLER-FREIENFELS, *Agency in the conflict of laws and the 1978 Hague Convention*, p. 1 s; BASEDOW, *Das Vertretungsrecht im Spiegel konkurrierender Harmonisierungsentwürfe*, p. 196 ss; BADR, *Agency: unification of material law and of conflict rules*, p. 132 ss; TROMBETTA-PANIGADI, *L' unificazione del diritto in materia di contratti internazionali di intermediazione e di rappresentanza*, p. 917 ss; SCHWONKE, *Verkehrsschutz bei der Stellvertretung...*, p. 17 ss. Também FRANKENSTEIN incluiu a representação no seu *Projet d' un code européen de droit international privé*, 1950 (artigos 34 a 37). Sobre a vantagem de, pelo menos em relação a certas matérias (de que seria exemplo a representação), a unificação de normas de conflitos se processar em simultâneo com a unificação de normas materiais, cfr. MATTEUCCI, *Unification of conflicts rules in relation to international unification of private law*, p. 156.

[219] Cfr.: *Projet de loi uniforme relative au droit international privé élaboré par la Commission belgo-néerlandaise-luxembourgeoise pour l' étude de l' unification du droit*

conflitos sobre a lei aplicável ao poder de representação. O artigo 22º da lei uniforme anexa ao Tratado de 1951, reproduzido no artigo 18º da lei uniforme anexa ao Tratado de 1969, dispunha que: "O direito de representar uma pessoa nos termos de uma procuração (*pouvoir*) é regulado, em relação a terceiros, pela lei do país em que o representante actua. Essa lei determina em que medida aquele que age em nome pessoal por conta de outrem pode criar relações jurídicas entre a pessoa por conta de quem actua e o terceiro perante quem actua".

As tentativas de unificação do direito internacional privado nos países do Benelux não foram coroadas de êxito: o primeiro Tratado apenas foi ratificado pelo Luxemburgo e o processo de aprovação relativo ao segundo não chegou a ser concluído, conforme deliberação dos Ministros da Justiça dos três países [220].

1.2. Também no âmbito do Instituto de Direito Internacional, na Sessão realizada em Bath, em 1950, o Professor Max Gutzwiller apresentou um primeiro relatório sobre *La commission, le courtage et le mandat commercial en droit international privé* e um projecto de resolução que tinha como objecto a designação do direito aplicável ao contrato internacional de comissão de compra e de venda de objectos móveis corpóreos. Para efeitos de aplicação das disposições contidas no projecto de resolução, à compra e venda eram equiparados a empreitada e o contrato de fornecimento nos casos em que o empreiteiro e o fornecedor devem fornecer as matérias-primas necessárias (artigo 1º). Indicava-se como competente para regular a relação interna entre comitente e comissário a lei designada pelas partes (artigo 2º) e, na falta de escolha pelas partes, a lei do país da residência habitual do comissário, desde que ele tivesse recebido nesse país a ordem de compra ou de venda (artigo 3º) [221].

(15 mars 1950), Rev. crit., 1951, p. 710 ss; 1952, p. 165 ss, 377 ss (que inclui o relatório da Comissão); *Projet de loi uniforme Benelux sur le droit international privé*, Clunet, 1969, p. 358 ss. Para o comentário aos projectos, vejam-se: MEIJERS, *The Benelux Convention on private international law*, AJCL, 1953, p. 1 ss; KISCH, *La loi la plus favorable. Réflexions à propos de l' article 9 (3), 2 de la loi uniforme Benelux*, p. 373 ss; DE WINTER, *La nouvelle version du projet Benelux de loi uniforme de droit international privé*, Rev. crit., 1968, p. 577 ss; JESSURUN D' OLIVEIRA, *Die Freiheit des niederländischen Richters bei der Entwicklung des Internationalen Privatrechts. Zur antizipierenden Anwendung des Benelux-Einheitsgesetzes über das Internationale Privatrecht — ein Requiem*, RabelsZ, 1975, p. 224 ss.

[220] Cfr. *Benelux uniform law on private international law abandoned*, Neth. Int'l L. Rev., 1976, p. 248 ss.

[221] Cfr. Annuaire de l' IDI, vol. 43, tome II, *Session de Bath, Septembre 1950*, Bâle, 1950, p. 74 ss, 153 ss.

O relatório foi objecto de discussão na Sessão realizada em Amsterdão, em 1957 [222]; os trabalhos prosseguiram na Sessão de Salzburgo, em 1961, tendo sido apresentado também pelo Professor Gutzwiller um relatório complementar e um novo projecto de resolução relativa à lei aplicável ao contrato de comissão de compra e de venda de objectos móveis corpóreos. No novo projecto, restringiu-se o respectivo âmbito de aplicação, através da eliminação da equiparação prevista no texto anterior. Na falta de escolha do direito competente para reger a relação interna entre comitente e comissário, era designada a lei do país do estabelecimento profissional do comissário no momento em que é incumbido da sua missão (artigo 2º). Foi incluída uma disposição que tinha por objecto a relação externa, nos termos da qual "a extensão dos poderes do comissário e as relações entre o seu comitente e o terceiro são regidas pela lei do país onde o comissário agiu, independentemente de ser ou não revelada a existência de um contrato de comissão (artigo 5º) [223].

Os trabalhos foram pouco tempo depois abandonados e nenhum acto chegou a ser concluído no âmbito do Instituto de Direito Internacional sobre esta matéria [224].

1.3. Maior significado tiveram os esforços desenvolvidos sob a égide da *International Law Association*.

Este agrupamento internacional de juristas em diversas ocasiões tomou a iniciativa de chamar a atenção do Governo neerlandês ou da Conferência de Haia de Direito Internacional Privado para certas áreas jurídicas onde considerava possível ou desejável um esforço de unificação a nível internacional.

Pode dizer-se que os trabalhos nesta área remontam ao final dos anos 20. Na sequência de uma sugestão feita pela *International Law Association* foi inscrita na ordem do dia da Sexta Sessão da Conferência de Haia de Direito Internacional Privado, reunida em 1928, a questão dos conflitos de leis no domínio da compra e venda de objectos móveis corpóreos. Depois da guerra, a partir de 1946, o *Conflict of laws Committee* da *International Law Association* esforçou-se por colaborar com a Conferência de Haia, analisando os "contratos satélites" do contrato de compra e venda. Os Professores E. M. Meijers e Max Gutzwiller foram incumbidos de preparar

---

[222] Cfr. Annuaire de l' IDI, vol. 47, tome II, *Session d' Amsterdam, Septembre 1957*, Bâle, 1957, p. 328 ss.

[223] Cfr. Annuaire de l' IDI, vol. 49, tome I, *Session de Salzbourg, Septembre 1961*, Bâle, 1961, p. 298 ss, 344 s.

[224] Sobre os projectos do Instituto de Direito Internacional, cfr.: VIOLLE, *Les conflits de lois...*, p. 139 ss; BADR, *Agency...*, p. 136 ss.

anteprojectos, respectivamente sobre o mandato e sobre o contrato de comissão.

Os documentos elaborados e as discussões que a propósito dos mesmos se desenvolveram estão na origem de dois projectos de convenção sobre os conflitos de leis em matéria de representação, aprovados nas sessões da *International Law Association* que decorreram em Copenhaga, em 1950, e em Lucerna, em 1952, respectivamente: "projecto de convenção internacional sobre os conflitos de leis em matéria de representação nos actos de direito privado" [225] e "projecto de convenção internacional sobre os conflitos de leis em matéria de representação nos contratos de compra e venda" [226].

Ambos os projectos tinham como objecto a determinação da lei aplicável quer à relação interna quer à relação externa [227].

O projecto de Copenhaga — "projecto de convenção internacional sobre os conflitos de leis em matéria de representação nos actos de direito privado" — tinha um âmbito de aplicação muito vasto, excluindo apenas a representação nas relações de família, a representação de incapazes e a representação judiciária (artigo 1º); abrangia todas as modalidades de actuação por conta de outrem, pois não distinguia entre a actuação em nome do representado e a actuação em nome próprio (artigo 2º). Em termos gerais, o projecto considerava competente para reger a relação entre o representado e o representante a lei escolhida pelas partes (artigo 3º) e, na falta de escolha, a lei do lugar da residência habitual do representante, se o poder de representação lhe tivesse sido atribuído nesse país e se o representante exercesse profissionalmente a actividade de representação, e a lei do lugar da residência habitual do representado (ou do lugar do estabelecimento através do qual conferiu o poder de representação), nos restantes casos (artigo 4º). Quanto aos efeitos nas relações entre o representado e terceiros dos actos praticados pelo representante por conta do representado, o projecto de Copenhaga remetia para a lei do lugar da celebração de tais actos (artigo 7º). O artigo 8º referia-se aos actos praticados pelo representante para além dos poderes que lhe haviam sido conferidos, determinando a aplicabilidade da lei do lugar da prática dos actos à questão da responsabilidade do representante perante terceiros.

---

[225] Cfr. *International Law Association. Report of the 44th. Conference held at Copenhagen (August 27th. to 2nd. September 1950)*, 1952, p. 167 ss (p. 192 ss).

[226] Cfr. *International Law Association. Report of the 45th. Conference held at Lucern (August 31st. to September 6th. 1952)*, 1953, p. 303 ss (p. 309 ss).

[227] Para uma apreciação das soluções constantes dos projectos da *International Law Association*, cfr. JEEP, *Überstaatliche Kollisionsnormen...*, p. 42 ss; VIOLLE, *Les conflits de lois...*, p. 145 ss; BADR, *Agency...*, p. 132 ss.

O projecto de Lucerna — "projecto de convenção internacional sobre os conflitos de leis em matéria de representação nos contratos de compra e venda" — restringia o âmbito de aplicação em relação ao projecto de Copenhaga, ao definir o seu objecto com referência apenas à representação nos contratos de compra e venda (artigo 1º); tal como o projecto de Copenhaga, abrangia todas as modalidades de actuação por conta de outrem, mas explicitando agora a sua aplicabilidade quer aos casos em que o representante actua em nome do representado quer aos casos em que ele actua em nome próprio (artigo 2º). Considerava competente para reger a relação interna entre representado e representante a lei designada pelas partes (artigo 3º) e, na falta de designação, a lei do lugar em que o representado tem a residência habitual (ou o estabelecimento através do qual conferiu o poder de representação) e, nos casos em que o representante exerce profissionalmente a actividade de representação e é independente relativamente ao representado, a lei do lugar onde o representante tem a sua residência habitual (ou o estabelecimento através do qual lhe foi atribuído o poder de representação) (artigo 4º). Neste projecto foi objecto de regulamentação especial a situação em que o poder de representação resulta de um contrato acessório de outro contrato, determinando-se que nesse caso as relações entre o representado e o representante se regem pela lei aplicável ao contrato principal (artigo 5º). O artigo 8º sujeita as relações entre o representado e o terceiro, incluindo o caso de actuação fora do âmbito dos poderes atribuídos ao representante, à lei do lugar onde o acto representativo (*acte de représentation*, *act of agency*) se realizou; se o representante celebrar em nome do representado um acto não abrangido nos poderes que lhe foram conferidos, a responsabilidade do representante em relação ao terceiro rege-se pela lei do lugar onde o acto se realizou (artigo 9º).

Estes projectos constituíram o ponto de partida para as negociações no âmbito da Conferência de Haia de Direito Internacional Privado, estando na origem da única Convenção internacional de direito internacional privado actualmente em vigor em matéria de representação, a que em seguida faremos referência mais desenvolvida.

2. A Convenção de Haia de 14 de Março de 1978 sobre a lei aplicável à representação

2.1. Natureza e história da Convenção

A Convenção sobre a lei aplicável aos contratos de intermediação e à representação, de 14 de Março de 1978, que é, como a sua designação indica, uma Convenção de normas de conflitos, foi celebrada no âmbito da Conferência de Haia de Direito Internacional Privado.

Esta Convenção tem origem nos trabalhos da *International Law Association* antes mencionados. Após a conclusão, em 15 de Junho de 1955, da Convenção sobre a lei aplicável à compra e venda de carácter internacional de objectos móveis corpóreos, a *International Law Association* solicitou à Conferência de Haia de Direito Internacional Privado que incluísse na ordem de trabalhos da sessão seguinte a questão da representação em matéria de compra e venda internacional. A Comissão de Estado Neerlandesa para a codificação do direito internacional privado considerou que deveria ser a própria Conferência reunida em sessão plenária a pronunciar-se sobre a oportunidade da análise dessa matéria. Foi a Oitava Sessão, reunida de 3 a 24 de Outubro de 1956, que, com base num questionário preparado pela Conferência e nas respostas enviadas pelos países membros, se pronunciou no sentido de "instituir uma Comissão especial tendo em vista individualizar as principais questões de direito internacional privado relativas à representação não legal e a outros institutos similares em matéria de obrigações contratuais, examinar a possibilidade de resolver o problema através de uma convenção internacional e, no caso de a resposta ser afirmativa, delimitar do modo mais oportuno o objecto e o âmbito de aplicação de tal convenção, preparando o respectivo anteprojecto", com a indicação de que competia à Comissão de Estado nomear os membros e fixar o plano de trabalho da comissão especial a instituir [228].

A Comissão de Estado Neerlandesa entendeu que, antes de executar esta decisão seria necessário dispor de elementos precisos sobre a extensão e a importância dos problemas a examinar pela Comissão especial, tendo dirigido aos membros da Conferência duas perguntas: "quais são as hipóteses em que a lei, a jurisprudência ou os meios interessados se confrontaram, em concreto, com um problema de conflito de leis em matéria de representação que exigisse uma solução?"; "quais são as regras de conflitos aplicáveis em tais hipóteses?" [229]. Com exclusão das respostas enviadas pela Alemanha e pelo Reino dos Países Baixos, os elementos recebidos foram reduzidos e não documentados [230]. Perante a falta de entusiasmo, ou

---

[228] Cfr. *Conférence de La Haye de Droit International Privé. Actes de la Huitième Session (3 au 24 octobre 1956)*, La Haye, 1957, p. 324; GUTZWILLER, *Die achte Haager Konferenz für Internationales Privatrecht. Erster Teil*, Schw. Jb. int. R., 1956, p. 35 ss.

[229] Cfr. *Memorandum pour connaître les aspects pratiques du problème juridique*, in *Conférence de La Haye de Droit International Privé. Actes et documents de la Neuvième Session (5 au 26 octobre 1960)*, tome I — *Matières diverses*, La Haye, 1961, p. 253 ss.

[230] Cfr. *Actes et documents de la Neuvième Session*, I, p. 257 ss. A resposta das autoridades alemãs foi publicada na Zeitschrift für ausländisches und internationales Privatrecht, 1959, p. 201 ss, subscrita por von CAEMMERER, *Die Vollmacht für Schuldrechtliche Geschäfte im deutschen internationalen Privatrecht*. No mesmo número daquela revista, foram incluídos outros relatórios sobre problemas específicos do direito internacional privado da representa-

mesmo de interesse, manifestada pelos governos dos Estados membros em relação ao problema da representação, na Nona Sessão, que decorreu entre 5 e 26 de Outubro de 1960, foi decidido adiar o tema, mantendo-o todavia no plano de trabalhos da Conferência [231].

A questão ficou em suspenso até à Décima Segunda Sessão, realizada de 2 a 21 de Outubro de 1972, onde se decidiu inscrever no programa da Décima Terceira Sessão as questões relativas ao contrato de agência e à representação [232].

O relatório sobre a lei aplicável aos contratos de intermediários, então elaborado por Michel Pelichet, primeiro secretário do *Bureau* permanente da Conferência, contendo a análise e a comparação das diversas concepções em matéria de representação [233], foi enviado, juntamente com um questionário [234], aos governos dos Estados membros. A questão preliminar colocada aos Estados nesse questionário era a seguinte: "considera útil unificar as regras de conflitos no domínio das actividades de um intermediário?". A resposta dos governos foi maioritariamente em sentido afirmativo.

A Comissão de peritos reuniu, sob a presidência do Professor Mario Giuliano, em Maio e em Novembro de 1975 [235]. Perante a impossibilidade de chegar a acordo no período de tempo disponível, a Comissão decidiu incluir no anteprojecto de Convenção soluções alternativas relativamente a algumas questões [236]. Submetido o anteprojecto à Décima Terceira Sessão

---

ção, realizados no âmbito do *Deutscher Rat für internationales Privatrecht* e integrados na preparação da Nona Sessão da Conferência de Haia. Esses relatórios — todos eles já anteriormente referidos — são da autoria de: MÜLLER-FREIENFELS, *Die Sonderanknüpfung der Vollmacht*, p. 326 ss; MAKAROV, *Das Recht des Wirkungslandes als Vollmachtstatut*, p. 328 ss; FICKER, *Die Bestimmung des Vollmachtstatuts in besonderen Fällen*, p. 330 ss; ZWEIGERT, *Die Form der Vollmacht*, p. 334 ss; BRAGA, *Der Anwendungsbereich des Vollmachtstatuts*, p. 337 ss; PETERSEN, *Die Vertretung ohne Vertretungsmacht*, p. 340 s.

[231] Cfr. *Actes et documents de la Neuvième Session*, I, p. 315; FERID, *Die 9. Haager Konferenz*, RabelsZ, 1962, p. 411 ss (p. 452 s).

[232] *Conférence de La Haye de Droit International Privé. Actes et documents de la Douzième Session (2 au 21 octobre 1972)*, tome I — *Matières diverses*, La Haye, 1974, *Acte final*, I-50.

[233] *Rapport sur la loi applicable aux contrats d'intermédiaires*, Doc. prél. nº 1, La Haye, Julho 1974.

[234] *Questionnaire commenté sur la loi applicable aux contrats d'intermédiaires*, Doc. prél. nº 2, La Haye, Julho 1974.

[235] Integrava esta Comissão, em representação de Portugal, um magistrado judicial, Senhor Dr. Manuel Gonçalves Salvador, que apenas assistiu à primeira reunião (Maio de 1975). Cfr. *Conférence de La Haye de Droit International Privé. Actes et documents de la Treizième Session (4 au 23 Octobre 1976)*, tome IV — *Contrats d'intermédiaires*, La Haye, 1979, p. 75.

[236] *Avant-projet de Convention sur la loi applicable aux contrats d'intermédiaires*, in *Actes et documents de la Treizième Session*, IV, p. 76 ss.

da Conferência, que se realizou de 4 a 23 de Outubro de 1976, verificou-se ser necessário prosseguir o trabalho de modo a conseguir resultados satisfatórios. Seguindo um procedimento não usual, foi instituída uma Comissão especial para concluir o texto do projecto ainda no âmbito da mesma Sessão. O *Bureau* permanente preparou um documento com o resumo do estado dos trabalhos no termo da Décima Terceira Sessão [237]. A Comissão especial reuniu, sob a presidência do canadiano T. B. Smith, de 6 a 16 de Junho de 1977 [238], e o texto definitivo da Convenção foi aprovado por unanimidade em Sessão Plenária em 16 de Junho de 1977, ainda no âmbito da Décima Terceira Sessão da Conferência. Aberta à assinatura em 14 de Março de 1978 [239], foi assinada pela França nesse mesmo dia e por Portugal no dia 26 de Maio de 1978.

A Convenção sobre a lei aplicável aos contratos de intermediação e à representação [240] [241] apenas se encontra em vigor em Portugal, França e

---

[237] *Loi applicable aux contrats d'intermédiaires. État des travaux à la fin de la Treizième Session*, Doc. prél. n° 7, La Haye, Fevereiro 1977.

[238] Quer na segunda Comissão (Outubro de 1976), quer na Comissão especial (Junho de 1977), a delegação portuguesa era constituída pelos magistrados judiciais Senhores Drs. João de Deus Pinheiro Farinha e Abel Pereira Delgado. Cfr. *Actes et documents de la Treizième Session*, IV, p. 113 e 231, respectivamente.

[239] Apesar de ter sido aprovado o texto final em Junho de 1977, a data oficial da Convenção é a do dia em que foi aberta à assinatura (14 de Março de 1978).

[240] O texto da Convenção foi publicado, nas versões francesa e portuguesa, juntamente com o Decreto que a aprovou para ratificação (Decreto n° 101/79, de 18 de Setembro, D. R. n° 216, I Série, de 18.9.79, p. 2381 ss). Transcreve-se, em anexo, o texto da Convenção, em línguas francesa e portuguesa, tal como consta do Decreto n° 101/79, e, em língua inglesa, tal como consta do *Recueil des Conventions (1951-1988)*, editado pelo *Bureau Permanent* da Conferência de Haia de Direito Internacional Privado.

[241] Em francês, a Convenção intitula-se *Convention sur la loi applicable aux contrats d' intermédiaires et à la représentation*. Segundo a tradução oficial portuguesa, a sua designação é "Convenção sobre a lei aplicável aos contratos de mediação e à representação". Atendendo ao âmbito de aplicação da Convenção e considerando que o contrato de mediação corresponde a um tipo contratual aceite na ordem jurídica portuguesa, com um conteúdo próprio e mais restrito do que os *contrats d' intermédiaires* referidos na versão francesa, sugerimos anteriormente a utilização da expressão "contratos de intermediação" (cfr. *O contrato de concessão comercial*, p. 127 e nota (88)). As denominações perifrásticas usadas nas versões francesa e portuguesa explicam-se pela necessidade de exprimir no título da Convenção a aplicabilidade da disciplina uniforme quer à relação interna quer às relações externas de representação (cfr., neste parágrafo, n° 2.2.1.). No texto inglês é possível a utilização de uma expressão sintética (*Convention on the law applicable to agency*), tendo em conta não só o âmbito lato do instituto da *agency* nos direitos inglês e dos Estados Unidos da América como a proximidade entre os domínios de aplicação da *agency* e da própria Convenção. Na exposição subsequente, por razões de comodidade, a "Convenção sobre a lei aplicável aos contratos de intermediação e à representação" será designada "Convenção de Haia sobre a lei aplicável à representação", "Convenção de Haia sobre representação", "Convenção de Haia" ou simplesmente "Convenção".

Argentina, desde 1 de Maio de 1992 [242], e nos Países Baixos, desde 1 de Outubro de 1992 [243].

Dado o carácter universal da Convenção, expresso no artigo 4°, as normas de conflitos que dela constam substituem-se às correspondentes normas de conflitos dos Estados contratantes [244]. No conjunto de direitos abrangidos por esta investigação, a Convenção substitui as normas de conflitos antes em vigor em Portugal e em França quanto às matérias nela tratadas (respectivamente, as normas de conflitos do Código Civil português [245] e as normas de conflitos construídas pela jurisprudência e pela

---

[242] Cfr. Aviso n° 37/92, D. R. n° 77, I Série-A, de 1.4.1992, p. 1588.

[243] Cfr. Aviso n° 136/92, D. R. n° 203, I Série-A, de 3.9.1992, p. 4202.

[244] Sobre o sentido e alcance da aplicabilidade *erga omnes* das convenções celebradas no âmbito da Conferência de Haia e sobre a evolução seguida pela Conferência, quanto a este aspecto, desde o primeiro período até às convenções mais recentes, cfr., por todos, von OVERBECK, *La contribution de la Conférence de La Haye au développement du droit international privé*, Recueil des Cours, 1992 — II, tome 233, p. 9 ss (p. 33 ss). Para a discussão mais pormenorizada sobre esta questão, cfr. capítulo IV, § 1°, n° 4.

[245] O mencionado efeito de substituição diz respeito, desde logo, às normas de conflitos portuguesas que têm como objecto a representação voluntária, constantes do artigo 39° do Código Civil. O preceito referido está incluído na subsecção relativa aos negócios jurídicos, diz respeito apenas à relação externa de representação e consagra uma conexão própria para o poder de representação; ao autonomizar o poder de representação quer relativamente ao negócio jurídico subjacente, quer relativamente ao negócio jurídico representativo, a norma de conflitos reflecte, no domínio do direito internacional privado, a tese que inspira o direito material português da representação. Estabelece-se como regra geral a aplicação da lei do Estado em que os poderes representativos são exercidos (n° 1); se, porém, o representante exercer os seus poderes em país diferente daquele que o representado tiver indicado e se o facto for conhecido da contraparte, a lei aplicável será a do país da residência habitual do representado (n° 2); no caso de o representante exercer profissionalmente a representação e de o facto ser conhecido pela contraparte, será aplicável a lei do país do domicílio profissional do representante (n° 3); tratando-se de representação para a prática de acto de disposição ou de administração de bens imóveis, atribui-se competência à lei do país da situação dos bens (n° 4). Em face do disposto no n° 1 do artigo 39°, a lei designada por essa norma de conflitos decide as matérias de existência, extensão, modificação, efeitos e extinção dos poderes representativos. Sobre o artigo 39° do Código Civil português, cfr.: BAPTISTA MACHADO, *Lições de direito internacional privado*, p. 356 s; MARQUES DOS SANTOS, *Direito internacional privado. Sumários*, p. 281 s; LIMA PINHEIRO, *A venda com reserva da propriedade...*, p. 191, nota (165). O artigo 39° tem origem na norma do artigo 22° do anteprojecto de 1964, da autoria de FERRER CORREIA e BAPTISTA MACHADO, *Aplicação das leis no espaço. Direitos dos estrangeiros e conflitos de leis*, BMJ, 136 (1964), p. 17 ss; o anteprojecto de 1951 não regulava a questão da representação (cfr. FERRER CORREIA, *Direito internacional privado. Direitos dos estrangeiros*, BMJ, 24 (1951), p. 9 ss). A solução constante da norma de conflitos do artigo 39°, designadamente a combinação de vários critérios de conexão, permitiu incluir o regime conflitual português sobre a representação no grupo das legislações modernas mais avançadas (DAVÌ, *La Convenzione dell' Aja...*, p. 641 s e nota (84)). No domínio do direito anterior ao Código Civil de 1966, MACHADO VILLELA, *Tratado elementar (teórico e prático) de direito internacional privado*, Livro II — Aplicações, Coimbra, 1922, p. 133 ss, defendera a sujeição do

doutrina francesas [246], aplicáveis aos aspectos da relação representativa regulados na Convenção) [247].

---

poder de representação (no caso da "representação convencional") ao direito aplicável ao "contrato que o constitui" — o contrato de mandato.

[246] Antes da entrada em vigor da Convenção de Haia, a solução acolhida no direito internacional privado francês em matéria de representação era naturalmente influenciada pela concepção subjacente ao direito civil francês e pela qualificação da representação como um efeito jurídico do mandato. De acordo com a regra segundo a qual a representação em geral está sujeita à lei que regula a sua fonte, a *représentation conventionnelle* deveria reger-se pela lei aplicável ao contrato que lhe dá origem, isto é, na maior parte dos casos, pela lei aplicável ao mandato; era afastada qualquer distinção entre as relações mandante-mandatário e mandante-contraparte; uma única lei era chamada a reger o conjunto da operação, determinando os poderes do mandatário, quer perante o mandante quer perante a contraparte. Principalmente sob o impulso de BATIFFOL, *Les conflits de lois en matière de contrats*, 1938, p. 274 ss, passou a entender-se que o mandato deveria ser sujeito à lei do lugar da sua execução, ou seja, à lei do lugar onde o mandatário celebra o acto de que foi incumbido pelo mandante. À regra geral que determinava, na falta de escolha pelas partes do direito competente, a aplicação ao mandato da lei do lugar de execução, aderiram alguns autores por entenderem ser essa lei particularmente adequada para reger certos tipos contratuais, como o contrato de mandato (LOUSSOUARN, BREDIN, *Droit du commerce international*, 1969, p. 712 ss; LOUSSOUARN, BOUREL, *Droit international privé*, 2ª ed., Paris, 1980, p. 483 s; JOBARD-BACHELLIER, *L' apparence en droit international privé. Essai sur le rôle des représentations individuelles en droit international privé*, Paris, 1984, p. 320). No mesmo sentido, na jurisprudência: Cour d' appel de Rouen, 1.ère ch., 31.5.1950, Rev. crit., 1950, p. 603 ss; Cour d' appel de Paris, 1.ère ch., 21.5.1957, Rev. crit., 1958, p. 128 ss; Cour d' appel de Limoges, 10.11.1970, Rev. crit., 1971, p. 703 ss; Tribunal de commerce de Paris, 4.12.1970, Rev. crit., 1971, p. 703 ss; Cour d' appel de Lyon, 1.ère ch., 21.3.1973, Clunet, 1974, p. 345 ss; Tribunal de grande instance de Paris, 1.ère ch., 1.ère sect., 3.2.1982, Clunet, 1984, p. 584 ss. Nos casos, considerados pouco frequentes, em que ao acto praticado pelo mandatário não fosse aplicável a lei do lugar da sua celebração, deveria atribuir-se competência à lei reguladora do acto que constitui o objecto do mandato. Cfr: BATIFFOL, LAGARDE, *Droit international privé*, 2ª ed., 1955, p. 659 s; 6ª ed., II, 1976, p. 285, nota (43); FRANCESCAKIS, an. Cour d' appel de Paris, 1.ère ch., 21.5.1957, Rev. crit., 1958, p. 133 ss (p. 139); DAYANT, *Représentation*, Rép. Dalloz droit int., 1969, p. 765 ss, p. 766, nºs 6, 10 s; VIOLLE, *Les conflits de lois...*, p. 226 ss; MAYER, *Droit international privé*, Paris, 1977, p. 510; DELAPORTE, an. C. Cass., 1.ère ch. civ., 24.1.1978, Rev. crit., 1978, p. 691 ss (p. 694). Se o mandato tivesse como objecto uma pluralidade de contratos a celebrar em países diferentes, justificar-se-ia a competência da lei do lugar do estabelecimento do mandante (BATIFFOL, LAGARDE, *Droit international privé*, II, 6ª ed., p. 285, nota (43); MAYER, *loc. cit.*; DELAPORTE, *loc. cit.*). Relativamente ao mandatário profissional, a opção seria entre a lei do lugar do exercício da actividade e a lei do lugar do estabelecimento do mandatário, que de resto muitas vezes coincidiriam (vejam-se Cour d' appel de Limoges, 10.11.1970, Rev. crit., 1971, p. 703 ss; Tribunal de commerce de Paris, 4.12.1970, Rev. crit., 1971, p. 703 ss). Alguns autores chamaram a atenção para a necessidade de distinguir entre a actuação do representante independente (agente comercial) — submetida à lei da residência habitual ou do domicílio do representante — e a actuação do representante assalariado (*représentant statutaire*) — em princípio sujeita à lei da sede ou do domicílio do representado (TOMASI, *Les conflits de lois...*, p. 663; VIOLLE, *Les conflits de lois...*, p. 293, que todavia aplicava a distinção apenas aos representantes permanentes ou profissionais; RIBETTES-TILLHET, *Les conflits de lois...*, p. 34 ss, que tratou somente da actuação do representan-

2.2. Âmbito de aplicação. Noção de representação

O âmbito de aplicação da Convenção [248], definido no capítulo I (artigos 1º a 4º), é muito vasto, estendendo-se a todas as "relações de representação" que tenham carácter internacional.

---

te assalariado). A jurisprudência relativa ao "contrato de representação comercial", no caso de o representante comercial ser um assalariado, conheceu muitas flutuações: aplicação da lei do lugar da sede da empresa (C. Cass., ch. civ., sect. comm., 9.11.1959, Rev. crit., 1960, p. 566 ss); aplicação da lei do lugar do exercício da actividade de representação (C. Cass., 1.ère ch. civ., 9.12.1960, Rev. crit., 1961, p. 835); aplicação da lei designada tacitamente pelas partes (C. Cass., ch. civ., sect. soc., 1.7.1964, Rev. crit., 1966, p. 47 ss; C. Cass., ch. soc., 5.3.1969, Rev. crit., 1970, p. 279 ss; Cour d' appel de Paris, 18.ème ch., 20.3.1990, Clunet, 1991, p. 711 ss). No centro do debate esteve quase sempre o problema da natureza e do âmbito de aplicação das normas do direito francês que fixavam o estatuto profissional dos *voyageurs, représentants et placiers (V.R.P.)* (relacionado com a nacionalidade — francesa ou não — do representante, como chegou a admitir, com alguma ironia, BATIFFOL, an. C. Cass., ch. soc., 5.3.1969, Rev. crit., 1970, p. 281 ss (p. 282)). Discussão de teor semelhante se desenvolveu a propósito da aplicação do regime especial de protecção dos agentes comerciais independentes (C. Cass., ch. comm., 19.1.1976, Clunet, 1977, p. 651 ss = Rev. crit., 1977, p. 503 ss; C. Cass., 1.ère ch. civ., 24.1.1978, Rev. crit., 1978, p. 689 ss; C. Cass., 1.ère ch. civ., 25.3.1980, Rev. crit., 1980, p. 576 ss; C. Cass., ch. comm., 9.10.1990, Rev. crit., 1991, p. 545 ss). A confusão entre representação e mandato e a recondução do poder de representação à lei aplicável ao mandato foram contestadas por alguma doutrina (JAMBU-MERLIN, an. Cour d' appel de Rouen, 1.ère ch., 31.5.1950, Rev. crit., 1950, p. 607 ss (p. 608 s); TOMASI, *Les conflits de lois...*, p. 661 ss). Na literatura francesa de direito internacional privado, porém, a tese da conexão autónoma quanto ao poder de representação apenas foi sustentada, com base em argumentos de natureza teórica, num momento em que se encontrava já concluída a Convenção de Haia sobre representação, por René DE QUÉNAUDON, *Recherches sur la représentation volontaire dans ses dimensions interne et internationale*, 1979, p. 349 ss, 423 ss, 546 s; id., *Quelques remarques sur le conflit de lois en matière de représentation volontaire*, Rev. crit., 1984, p. 413 ss, 597 ss (p. 425 ss, 435 ss, 597 ss, 615). Em processo relativo a um contrato de *sponsorship*, que o tribunal qualificou como contrato de mandato, foi admitida, porventura pela primeira vez, numa decisão emitida por um juiz estadual fora de qualquer processo de arbitragem, a aplicação directa da *lex mercatoria* (Tribunal de commerce de Nantes, 11.7.1991, Clunet, 1993, p. 330 ss, com anotação de Philippe LEBOULANGER, p. 347 ss). Em decisão recente, em que foi invocada, mas não aplicada, a Convenção de Haia sobre representação, a *Cour d' appel de Paris*, nos termos "dos princípios gerais da jurisprudência anterior", aplicou a um mandato conferido a "intermediário com estabelecimento profissional fixo" a lei em vigor no lugar desse estabelecimento (Cour d' appel de Paris, 2.ème ch. B, 21.1.1994, Rev. crit., 1995, p. 535 ss, com anotação de Paul LAGARDE, p. 539 ss, onde o autor refere que o Tribunal alinha "os princípios gerais da jurisprudência anterior" com o sistema da Convenção de Haia e da Convenção de Roma).

[247] Neste parágrafo, far-se-á somente a descrição simplificada das normas contidas na Convenção. Certos aspectos polémicos, como a coordenação da Convenção com outras fontes e a compatibilização entre os diversos estatutos envolvidos na relação representativa, serão objecto de análise no capítulo IV, perante o conjunto do sistema de direito internacional privado em vigor no ordenamento português.

[248] Para a análise da Convenção, cfr.: KARSTEN, *Rapport explicatif*, in *Actes et documents de la Treizième Session*, IV, p. 378 ss; LAGARDE, *La Convention de La Haye sur la*

2.2.1. Âmbito material de aplicação

Nos termos do artigo 1°, a Convenção designa a lei aplicável às relações que se formam quando uma pessoa (o representante [249]) tem o poder

---

loi applicable aux contrats d' intermédiaires et à la représentation, Rev. crit., 1978, p. 31 ss; M. ARGÚAS, *Derecho de los intermediarios. Convención sobre la ley aplicable a los contratos de intermediarios y a la representación, suscrita en La Haya el 16 de junio de 1977, conforme a la decisión tomada en ocasión de la 13ª sesión de la Conferencia de La Haya de Derecho Internacional Privado*, R. D. C. O., 1978, p. 467 ss; PFEIFER, *The Hague convention on the law applicable to agency*, AJCL, 1978, p. 434 ss; LOUSSOUARN, BOUREL, *Convention de La Haye sur la loi applicable aux contrats d' intermédiaires et à la représentation*, RTDC, 1979, p. 166 ss; HAY, MÜLLER-FREIENFELS, *Agency in the conflict of laws and the 1978 Hague Convention*, p. 35 ss; MÜLLER-FREIENFELS, *Der Haager Konventionsentwurf über das auf die Stellvertretung anwendbare Recht*, RabelsZ, 1979, p. 80 ss; SPELLENBERG, *Geschäftsstatut und Vollmacht...*, p. 91 s, 199, 209 ss, 247 s; R. DE QUÉNAUDON, *Recherches sur la représentation volontaire...*, p. 385 ss, 426 ss, 436 ss, 459 ss, 482 ss, 493 ss; M.-C. MESTRE, *La Convention de La Haye du 14 mars 1978 sur la loi applicable aux contrats d' intermédiaires et à la représentation*, Paris, 1981; BASEDOW, *Das Vertretungsrecht im Spiegel konkurrierender Harmonisierungsentwürfe*, p. 206 ss; MATRAY, SERVAIS, *L' harmonisation des contrats d' agence*, n° 4, p. 652 ss; BADR, *Agency...*, p. 141 ss; BALDI, *Il diritto della distribuzione commerciale nell' Europa comunitaria*, Padova, 1984, p. 201 ss; PAQUET, *Grandeurs et misères de la représentation parfaite en droit international privé*, Rev. Barreau, 1984, p. 71 ss (p. 106 ss); STEDING, *Die Anknüpfung der Vollmacht...*, p. 40 s; REITHMANN/ /HAUSMANN, *Vollmacht*, p. 898 s; TROMBETTA-PANIGADI, *L' unificazione del diritto...*, p. 926 ss; BOGGIANO, *Derecho internacional privado*, tomo II — *Derecho mercantil internacional*, 3ª ed., Buenos Aires, 1991, p. 668 s; LOUSSOUARN, BOUREL, *Droit international privé*, 5ª ed., p. 427 s; LIPSTEIN, *One hundred years of Hague Conferences on private international law*, ICLQ, 1993, p. 553 ss (p. 624 ss); JACQUET, *Aperçu de l' oeuvre de la Conférence de La Haye de droit international privé dans le domaine économique*, Clunet, 1994, p. 5 ss (*passim*, uma vez que a Convenção sobre representação é um dos exemplos utilizados pelo autor neste estudo, dedicado à obra da Conferência de Haia nos últimos anos e realizado a propósito do centenário da instituição); KROPHOLLER, *Internationales Privatrecht*, p. 275 ss; KEGEL, *Internationales Privatrecht*, p. 457 s; VERHAGEN, *Agency in private international law*, p. 126 ss; DAVÌ, *La Convenzione dell' Aja...*, p. 597 ss; M. SUMAMPOUW e o., *Les nouvelles conventions de La Haye. Leur application par les juges nationaux*, tome V, The Hague, Boston, London, 1996, p. 320 ss.

[249] Os conceitos utilizados na Convenção têm um sentido e um conteúdo próprios que resultam do contexto em que se inserem e do regime estabelecido pelas regras uniformes. Os termos *intermédiaire* e *représenté*, *agent* e *principal*, empregues nas versões francesa e inglesa do artigo 1° e de diversas outras disposições da Convenção, devem portanto ser interpretados autonomamente tendo em conta o carácter internacional do texto. O sentido a atribuir a tais conceitos pode não coincidir com aquele que lhes corresponde no direito francês e no *common law*. Sobre a escolha dessas palavras nos textos originais da Convenção, cfr. *Rapport* KARSTEN, p. 407 e 408. Na versão oficial portuguesa foram traduzidos aqueles termos por "intermediário" e "representado", solução que adoptámos em *O contrato de concessão comercial...*, p. 122 ss. Se não perdermos de vista a observação que acima deixámos quanto à necessidade de interpretação autónoma dos conceitos utilizados em regras uniformes de fonte internacional, parece-nos que nada impede a utilização das expressões "representante" e

de agir, age ou pretende agir perante um terceiro por conta de outra pessoa (o representado), abrangendo a actividade do representante que consiste em receber e comunicar propostas ou em conduzir negociações por conta de outras pessoas; aplica-se quer o representante actue em seu próprio nome quer actue em nome do representado e tanto nos casos em que a sua actividade seja habitual como nos casos em que seja ocasional.

A Convenção designa a ordem jurídica competente em relação a todas as situações abrangidas pelas suas disposições sejam ou não susceptíveis de ser reconduzidas à noção de representação pela lei interna do país onde se aplica a Convenção.

A descrição contida no artigo 1º pretende abarcar todas as situações que em geral são consideradas como casos de representação tanto pelos sistemas de *civil law* como pelos sistemas de *common law*. São abrangidas a representação directa e a designada representação indirecta, a *undisclosed agency*, a actuação do *negotiorum gestor* e do *falsus procurator*.

A Convenção determina a lei aplicável aos casos de actuação de "intermediários comerciais" como o mediador e o agente comercial (mas não a do concessionário, que age por conta própria [250]) e aos casos de intermediação realizada a título profissional ou a título meramente ocasional. Ainda que destinada principalmente a ser aplicada no domínio dos

---

"representado", que, como resultará da exposição seguinte, têm no direito material português um conteúdo não inteiramente coincidente com o que deve ser-lhes atribuído para efeitos de interpretação e aplicação da Convenção (por um lado, mais amplo, porque se reportam também à representação legal, que é excluída do âmbito da Convenção; simultaneamente, mais restrito, porque não são em si adequados para cobrir a relação contratual interna entre o comitente e o intermediário, que é regulada pela Convenção). O emprego neste momento dos termos "representante" e "representado" justifica-se aliás pela circunstância de esta dissertação incidir fundamentalmente sobre o poder de representação, não pretendendo fazer uma análise de todas as figuras e situações abrangidas pela Convenção de 1978. Na doutrina italiana, são usados os termos *intermediario* e *rappresentato* por: BALDI, *Il diritto della distribuzione...*, p. 201 ss; TROMBETTA-PANIGADI, *L' unificazione del diritto...*, p. 926 ss (veja-se expressamente sobre a questão terminológica, p. 926 s, nota (16)); DAVÌ, *La Convenzione dell' Aja...*, 509 ss (que também discute a questão terminológica, quanto à designação da própria Convenção, p. 600, nota (3)). Na doutrina alemã, surgem as designações *Vertreter* e *Prinzipal* (BASEDOW, *Das Vertretungsrecht...*, p. 206 ss); *Mittelsperson* e *Prinzipal* (MÜLLER-FREIENFELS, *Der Haager Konventionsentwurf...*, p. 80 ss, que usa ainda *Vertreter* e *Vollmachtgeber*, p. 93 ss); *Vertreter* e *Auftraggeber* (MASKOW, *Kommentierung der Konvention über die Vertretung beim internationalen Warenkauf vom 17.2.1983*, p. 351). No direito argentino, BOGGIANO, *Derecho internacional privado*, II, p. 668 s, utiliza, respectivamente, *intermediario* (mas igualmente *intermediario representante, representante, agente*) e *representado*.

[250] Para a caracterização do concessionário e para a comparação com outros tipos de intermediários comerciais, cfr. M. Helena BRITO, *O contrato de concessão comercial ...*, em especial, p. 127 ss.

negócios e do comércio internacional, nenhuma referência é feita à chamada "representação comercial". Não sendo tradicional em *common law* a distinção entre contratos civis e comerciais, nem constituindo a "representação comercial" uma categoria jurídica autónoma, seria impossível definir o âmbito de aplicação da Convenção utilizando tais noções. Daí que a terminologia se adapte à actividade de intermediação de todos os tipos. Como veremos, apenas para efeito de determinação do direito competente se faz, em certas normas, a distinção entre o representante que tem um estabelecimento profissional e o que não tem tal estabelecimento.

A noção ampla de representação implícita nas disposições da Convenção é comparável à que encontrámos na Convenção de Genebra sobre representação [251]; de qualquer modo, aproxima-se mais da noção de *agency* do que da noção de representação dos direitos europeus continentais, na medida em que, abrangendo situações de representação indirecta e de *undisclosed agency*, se estende para além da actuação em nome de outrem.

A Convenção utiliza, na versão francesa, uma expressão que não tem tradição, e por isso não tem correspondência, na linguagem jurídica francesa: *rapport de représentation* (artigos 5º, 6º, primeiro e terceiro parágrafos, 7º, 8º, 9º, 10º). Trata-se de tradução da locução inglesa *agency relationship*, a que deve portanto atribuir-se um conteúdo lato, independentemente de no caso existir ou não representação, tal como esta noção é entendida, em sentido próprio, nos direitos europeus continentais. Se tivermos em atenção que a expressão *rapport de représentation* surge apenas em normas de conflitos respeitantes à relação interna, pode concluir-se que ela deve relacionar-se com aquela outra usada no título da Convenção, *contrat d' intermédiaire*; ainda assim, *contrat d' intermédiaire* não contempla todos os casos abrangidos pela Convenção, pois directamente designa apenas a situação tomada como modelo pela Convenção, em que entre representado e representante existe uma relação contratual [252]. Estas observações valem também a propósito do texto português oficial da Convenção, onde aparece "relação de representação", no sentido de "contrato de intermediação" [253]. Por tudo isto, mais adequada poderia ser a expressão "relação de intermediação", que, pelo seu carácter amplo e tecnicamente pouco preciso, se

---

[251] O âmbito de aplicação desta Convenção é ainda mais amplo do que o da Convenção de Genebra, pois, além de se aplicar inequivocamente ao agente negociador, diz respeito à representação para a celebração de todos os tipos de contratos e não apenas de contratos de compra e venda.

[252] Cfr., neste parágrafo, nº 2.4.1.

[253] Em qualquer caso, "relação de representação" tem no texto da Convenção um conteúdo mais restrito do que aquele que é atribuído a *agency* em *common law* e do que aquele que, nesta dissertação, face ao ensinamento do direito comparado, atribuímos à expressão "relação representativa".

revela apta para designar as situações em que a relação entre o representado e o representante não tem natureza contratual.

Como se viu, a Convenção designa a lei aplicável às relações que se formam quando uma pessoa (o representante) tem o poder de agir, age ou pretende agir perante um terceiro por conta de outra pessoa (o representado). Três tipos de relações entram no âmbito de aplicação da Convenção: a relação representado-representante (relação interna ou "contrato de intermediação", artigos 5° a 10°), a relação representado-contraparte e a relação representante-contraparte (relações externas, artigos 11° a 15°). Sob este aspecto, o âmbito de aplicação da Convenção de Haia não coincide com o da Convenção de Genebra, que apenas diz respeito às relações com a contraparte.

Quanto à representação que tem subjacente um contrato de trabalho entre representado e representante, a Convenção só abrange a actuação perante terceiros; na verdade, o artigo 10° exclui a aplicabilidade das disposições contidas no capítulo respeitante à relação interna (capítulo II) se a representação estiver associada a um contrato de trabalho.

Os termos amplos utilizados na definição das situações abrangidas pela Convenção justificam as listas de exclusões (artigos 2° e 3°) e de reservas (artigo 18°) [254].

São excluídas a capacidade das partes e a forma dos actos (artigo 2°, als. a) e b)); certas modalidades de representação, como a representação legal no domínio do direito da família, dos regimes matrimoniais e das sucessões e a representação em virtude de decisão de autoridade administrativa ou judicial, que não têm origem em declaração negocial dos interessados (artigo 2°, als. c) e d)); e certas modalidades de representação, como a representação ligada a processos de carácter judicial e a representação pelo comandante de um navio quando actua no exercício das suas funções, em relação às quais se considerou que, apesar de terem origem em declaração dos interessados, não seria adequado aplicar as regras da Convenção (artigo 2°, als. e) e f)). A aplicação da Convenção é ainda afastada em relação a certas situações susceptíveis de serem qualificadas de modo diferente em ordens jurídicas de *civil law* e de *common law*, como é o caso da actuação das pessoas colectivas através dos seus órgãos (em geral colocada fora da noção de representação nos direitos europeus continentais e tradicional-

---

[254] Em geral, sobre o sentido e os efeitos das reservas formuladas pelos Estados no âmbito das convenções de Haia, cfr. DROZ, *Les réserves et les facultés dans les Conventions de La Haye de droit international privé*, Rev. crit., 1969, p. 381 ss (p. 383 ss); QUEL LÓPEZ, *Las reservas en los convenios de la Haya de derecho internacional privado*, R. E. D. I., 1993, p. 115 ss. As questões suscitadas pelas reservas são objecto dos artigos 19° a 23° da Convenção de Viena sobre o direito dos tratados entre Estados, assinada em 23 de Maio de 1969.

mente incluída na noção de *agency*) (artigo 3º, al. a)) [255] e a actuação do *trustee* por conta do *trust* (instituto próprio dos sistemas de *common law*, que não constitui um caso de *agency*) (artigo 3º, al. b)) [256].

Por outro lado, qualquer Estado contratante poderá, no momento da assinatura, ratificação, aceitação, aprovação ou adesão, reservar-se o direito de não aplicar a Convenção à representação exercida por um banco ou grupo de bancos em matéria de operações bancárias, à representação em matéria de seguros e aos actos de um funcionário público actuando no exercício das suas funções por conta de uma pessoa privada (artigo 18º) [257].

2.2.2. Âmbito espacial de aplicação

A aplicabilidade da Convenção depende do carácter internacional da situação. Não é porém indicado o elemento de estraneidade relevante para

---

[255] Segundo alguns autores, a exclusão prevista no artigo 3º, al. a) apenas diz respeito aos casos em que o órgão, gerente ou sócio de uma sociedade, associação ou outra entidade, dotada ou não de personalidade jurídica, actua no exercício das suas funções em virtude de poderes conferidos por lei ou pelo acto constitutivo dessa entidade; em todos os outros casos, a Convenção seria aplicável: por exemplo, se a pessoa age não em virtude dos poderes que lhe foram conferidos como órgão, mas no exercício de poderes atribuídos para a prática de um acto concreto, ou se age sem poderes. Assim, cfr. *Rapport* KARSTEN, p. 413 s; TROMBETTA-PANIGADI, *L' unificazione del diritto...*, p. 933. Em sentido não inteiramente coincidente, sustentando que a disposição da Convenção exclui a representação orgânica, como um todo, cfr. HAY, MÜLLER-FREIENFELS, *Agency in the conflict of laws...*, p. 36, nota (185); MÜLLER-FREIENFELS, *Der Haager Konventionsentwurf...*, p. 93; VERHAGEN, *Agency in private international law*, p. 179 ss, 188.

[256] A figura do *trust* constitui hoje, aliás, o objecto de uma outra Convenção de Haia, a Convenção de 1 de Julho de 1985 sobre a lei aplicável ao *trust* e ao seu reconhecimento.

[257] Nos termos do instrumento de aceitação do Reino dos Países Baixos, a Convenção não será aplicada nesse país à representação em matéria de seguros (cfr. Aviso nº 136/92, D. R. nº 203, I Série-A, de 3.9.1992, p. 4202). Nos termos do instrumento de ratificação depositado em 4 de Março de 1982, Portugal reservou-se o direito de não aplicar a Convenção à representação em todas as situações referidas no artigo 18º. Veja-se a referência às reservas formuladas por Portugal em *Conférence de La Haye de droit international privé. Nouvelles Conventions (1951-1993). État des signatures et des ratifications au 1.er mars 1996*, Rev. crit., 1996, p. 189 ss (p. 213). Todavia, nos avisos em que inicialmente se publicitou a ratificação desta Convenção pela República Portuguesa e a sua entrada em vigor em Portugal (Aviso nº 37/92, D. R. nº 77, I Série-A, de 1.4.1992, p. 1588 — onde erradamente se mencionava que o instrumento de ratificação foi depositado em 4 de Fevereiro de 1982 — e Aviso nº 136/92, D. R. nº 203, I Série-A, de 3.9.1992, p. 4202), não se fazia qualquer menção à reserva formulada pelo nosso país. Só em Julho de 1997, já depois de apresentada esta dissertação, foi publicado o aviso que tornou público ter o Ministério dos Negócios Estrangeiros do Reino dos Países Baixos notificado que Portugal depositou, em 4 de Março de 1982, o seu instrumento de ratificação da Convenção de Haia sobre representação, com a reserva de que "não aplicará esta Convenção em todos os casos previstos no artigo 18º da Convenção" (Aviso nº 239/97, D. R. nº 173, I Série-A, de 29.7.1997, p. 3867 s). Sobre a questão, cfr. capítulo IV, § 1º, nº 3, nota (15).

definir o carácter internacional da situação e para desencadear a aplicação da Convenção [258]. Neste aspecto a Convenção repete a solução da Convenção de Haia de 15 de Junho de 1955 sobre a lei aplicável à compra e venda internacional de objectos móveis corpóreos (artigo 1º), mas afasta-se de outras Convenções recentes, quer de direito material (como a Convenção de Viena de 1980 sobre os contratos de compra e venda internacional de mercadorias, artigo 1º, e a Convenção de Genebra de 1983 sobre a representação em matéria de compra e venda internacional de mercadorias, artigo 2º), quer de direito internacional privado (como a Convenção de Haia de 22 de Dezembro de 1986 sobre a lei aplicável aos contratos de compra e venda internacional de mercadorias, artigo 1º).

Na falta de indicação no texto da Convenção do elemento susceptível de desencadear a sua aplicação, compete em cada caso ao órgão de aplicação do direito a tarefa de determinar se está ou não perante uma situação internacional.

A lei designada pelas regras da Convenção aplica-se mesmo que se trate da ordem jurídica de um Estado não contratante, como determina o artigo 4º. Esta disposição exprime o carácter universal da Convenção, já antes sublinhado: a Convenção não tem efeitos limitados às situações em contacto com as ordens jurídicas em vigor nos Estados contratantes; as normas de conflitos convencionais substituem-se às normas de conflitos dos Estados contratantes, no âmbito de matérias definido na Convenção. Esse efeito de substituição só não se produz em relação às normas de conflitos constantes de convenções internacionais em que um Estado contratante seja parte, face ao disposto no artigo 22º [259].

---

[258] Desde o relatório elaborado por Michel Pelichet a solução proposta foi no sentido de não explicitar o elemento de estraneidade relevante, tendo em conta os problemas que a solução inversa acarretaria. Às dificuldades já experimentadas na redacção de outros textos internacionais acresceria neste caso a natureza tripartida da relação representativa. Cfr. *Rapport sur la loi applicable aux contrats d' intermédiaires*, p. 27, 29 ss; *Rapport* KARSTEN, p. 407. Na fase final dos trabalhos da Comissão, o delegado italiano propôs a seguinte fórmula para definir o carácter internacional das relações abrangidas pela Convenção sobre representação: "relações internacionais para efeitos de aplicação da presente Convenção são aquelas em que dois elementos de conexão relevantes nos termos da Convenção, com excepção da escolha pelas partes, conduzam à aplicação de leis diferentes". Tal sugestão não foi aceite. Cfr. R. DE NOVA, *Quando un contratto è "internazionale"?*, Rdintpriv.proc., 1978, p. 665 ss (p. 679 s).

[259] A regra constante do artigo 22º da Convenção suscita um delicado problema de coordenação entre convenções internacionais sempre que a outra Convenção cujas normas são por esta ressalvadas contenha uma disposição com igual conteúdo. Cfr. capítulo IV, § 1º, nº 5.

2.3. Estrutura e princípios gerais da Convenção

Designando o direito competente para reger a relação entre o representado e o representante e também a ordem jurídica aplicável nas relações com a contraparte, a Convenção dedica um capítulo à relação interna (capítulo II, artigos 5º a 10º) e outro às relações externas (capítulo III, artigos 11º a 15º). O capítulo IV (artigos 16º a 22º) inclui disposições gerais, prevendo a atribuição de relevância, em certas condições, a normas imperativas de uma ordem jurídica com a qual a situação se encontre conexa (artigo 16º), a intervenção da reserva de ordem pública (artigo 17º), a formulação de reservas quanto ao âmbito de aplicação da Convenção (artigo 18º, já antes mencionado), a remissão para ordenamentos jurídicos complexos (artigos 19º a 21º), a relação com outros instrumentos internacionais que regulem matérias abrangidas pela Convenção (artigo 22º, também anteriormente referido). O último capítulo (capítulo V, artigos 23º a 28º) trata das questões relativas à assinatura, adesão, entrada em vigor e período de vigência da Convenção.

A disciplina da Convenção fundamenta-se portanto na independência do poder de representação quer em relação ao negócio jurídico representativo quer em relação ao negócio jurídico subjacente [260]. Quanto ao primeiro aspecto, nem o regime conflitual do negócio jurídico representativo é abrangido pela Convenção, nem as normas de conflitos relativas ao poder de representação mandam aplicar a lei competente para reger tal negócio. Quanto ao segundo aspecto, é reveladora da distinção entre o negócio jurídico subjacente e o poder de representação não apenas a sistematização utilizada na Convenção (capítulos II e III) mas também a separação consagrada em matéria de contrato de trabalho: as regras de conflitos uniformes excluem do seu âmbito de aplicação a relação interna (artigo 10º), mas aplicam-se à relação externa, ao poder de representação, como resulta claramente da norma do artigo 12º.

No que diz respeito à designação do direito competente, a Convenção assenta no princípio da autonomia privada (artigos 5º e 14º) e, embora sem se expressar nestes termos, no princípio da conexão mais estreita [261],

---

[260] Citando uma afirmação de Jean-Michel JACQUET, "recusar a autonomia à 'relação de representação' teria sido uma escolha surpreendente para uma Convenção em que a 'relação de representação' constitui o objecto principal". Cfr. *Aperçu de l'oeuvre de la Conférence de La Haye...*, p. 11, nota (18). Sobre as vicissitudes da adopção do ponto de vista autonomista durante os trabalhos de preparação da Convenção, veja-se R. DE QUÉNAUDON, *Recherches sur la représentation volontaire...*, p. 426 ss.

[261] Assim também: HAY, MÜLLER-FREIENFELS, *Agency in the conflict of laws...*, p. 41, 45; SCOLES, HAY, *Conflict of laws*, p. 717; JACQUET, *Aperçu de l'oeuvre de la Conférence de*

concretizado através do critério do lugar do estabelecimento da parte que deve realizar a prestação característica (artigos 6°, primeiro parágrafo, e 11°, primeiro parágrafo) [262] [263].

Na medida em que as normas de conflitos da Convenção remetem para o "direito interno" do Estado cuja lei é designada (artigos 5°, 6° e 11°), a remissão não abrange as regras de direito internacional privado da ordem jurídica designada e fica consequentemente excluída a possibilidade de admitir o reenvio.

2.4. Determinação do direito competente

Como decorre da exposição anterior, na designação do direito competente, a Convenção optou pela solução do *dépeçage* da relação representativa, distinguindo três categorias de relações jurídicas: a relação entre o representado e o representante; a relação entre o representado e a contraparte, a relação entre o representante e a contraparte.

Por força de norma expressa (artigo 16°), ao aplicar qualquer uma das ordens jurídicas designadas na Convenção, o juiz pode dar efeito às disposições imperativas de outro Estado com o qual a situação tenha uma conexão significativa, se e na medida em que, segundo o direito desse Estado, tais disposições se considerem aplicáveis seja qual for a lei designada pelas respectivas normas de conflitos. Quando, pela análise das circunstâncias do caso, o órgão de aplicação do direito considerar que é adequado dar efeito a disposições dessa natureza contidas na ordem jurídica do país do foro ou de um país estrangeiro [264], fará uma aplicação combinada de tais disposi-

---

La Haye..., p. 25 ss; mais timidamente, parecendo ter em consideração apenas as disposições dos artigos 6°, terceiro parágrafo, e 11°, terceiro parágrafo, adiante referidas, KEGEL, *Paternal home and dream home: traditional conflict of laws and the american reformers*, AJCL, 1979, p. 615 ss (p. 629, nota (57)).

[262] Cfr. BATIFFOL, LAGARDE, *Droit international privé*, II, 7ª ed., Paris, 1983, p. 313; LAGARDE, *Le principe de proximité...*, p. 42; id., *Les limites objectives de la convention de Rome (conflits de lois, primauté du droit communautaire, rapports avec les autres conventions)*, Rdintpriv.proc., 1993, p. 33 ss (p. 39); JACQUET, *Aperçu de l' oeuvre de la Conférence de La Haye...*, p. 29.

[263] Estas noções foram no entanto deliberadamente excluídas do texto da Convenção, com os seguintes objectivos: evitar elementos de flexibilidade, promover a uniformidade de decisões e facilitar a previsibilidade quanto à lei aplicável. Cfr. a discussão a este propósito em *Actes et documents de la Treizième Session*, IV, p. 126, 196 s, 315 s.

[264] Com efeito, o artigo 16° da Convenção de Haia sobre representação não distingue entre normas imperativas contidas no direito do foro e normas imperativas pertencentes a uma ordem jurídica estrangeira, como fazem algumas disposições do mesmo tipo constantes de legislações internas ou de outras convenções internacionais. Sobre a noção e o modo de

ções com as normas do direito designado pelas normas de conflitos da Convenção [265].

Por outro lado, nos termos do artigo 17º da Convenção, as normas da lei competente podem ser afastadas se forem manifestamente incompatíveis com a ordem pública do foro.

2.4.1. Relação entre o representado e o representante

Embora o seu âmbito de aplicação seja mais amplo, a Convenção toma como modelo a situação em que a representação tem subjacente uma relação contratual entre representado e representante. É porém excluída a aplicação das disposições contidas no capítulo respeitante à relação interna se a representação estiver associada a um contrato de trabalho (artigo 10º). Por outro lado, sabendo-se como neste domínio são frequentes os contratos que combinam elementos característicos de vários tipos contratuais (os designados "contratos mistos" e "uniões de contratos"), apenas é aplicável a disciplina conflitual estabelecida para a relação interna se a relação de intermediação constituir o objecto principal do contrato ou se a relação de intermediação for separável do conjunto do contrato (artigo 7º [266]).

O artigo 5º considera competente para reger a relação entre o representado e o representante a lei interna [267] escolhida pelas partes [268]. Não se

---

actuação de tais normas, cfr., por todos, MARQUES DOS SANTOS, *As normas de aplicação imediata...*, em especial, p. 697 ss, 945 ss (com referência ao artigo 16º da Convenção de Haia sobre representação, p. 946, nota (2947), p. 965, nota (2981), p. 1010 s).

[265] Sobre o sentido desta aplicação combinada de normas do direito competente com as disposições imperativas pertencentes a outras ordens jurídicas, cfr. capítulo V, § 4º, nº 3.4.3., nº 4.1.2.

[266] Com fundamento no artigo 7º, um tribunal neerlandês aplicou a um contrato entre uma "sociedade italiana" e uma "sociedade inglesa" as disposições da Convenção de Haia respeitantes à relação interna, por considerar que "a formação da relação de intermediação constituía a parte principal do contrato"; o litígio tinha como objecto o pagamento da actividade realizada em Inglaterra pelo intermediário (a sociedade com sede em Inglaterra) por conta do representado (a sociedade com sede em Itália). Cfr. Rb. Rotterdam, 27.5.1994, transcrita em M. SUMAMPOUW, *Les nouvelles conventions de La Haye*, V, p. 321 s.

[267] O uso da expressão "lei interna", em todas as disposições que têm por objecto a designação do direito competente para regular as diversas questões abrangidas pela Convenção, revela a intenção de incluir na referência apenas as normas materiais e não as normas de direito internacional privado da ordem jurídica designada. Vejam-se os artigos 5º, 6º, primeiro e segundo parágrafos, 11º, primeiro e segundo parágrafos; só assim não acontece no artigo 9º, por inadvertência na redacção final, como aliás se explica no *Rapport* KARSTEN, p. 424. Sobre o papel do reenvio nas Convenções celebradas no âmbito da Conferência de Haia, e concretamente na Convenção sobre representação, cfr. GRAUE, *Rück- und Weiterverweisung (renvoi) in den Haager Abkommen, Grandeur et déclin du renvoi dans les Conventions de La Haye*, RabelsZ, 1993, p. 26 ss (p. 55).

[268] Em face do texto do artigo 5º da Convenção, TROMBETTA-PANIGADI, *L' unificazione*

fixam limites à liberdade de escolha, quer de natureza objectiva (por exemplo, exigindo uma qualquer conexão entre a lei designada e as partes ou o contrato), quer de natureza subjectiva (por exemplo, fazendo depender de um interesse sério ou de um motivo atendível a designação de uma lei sem conexão objectiva com o contrato). Segundo o entendimento da Comissão Especial e do autor do relatório sobre a Convenção, uma eventual escolha abusiva do direito aplicável pode ser contrariada através das disposições dos artigos 16° (que prevê a atribuição de relevância a disposições imperativas de uma lei que tenha conexão efectiva com a situação) e 17° da Convenção (que admite o afastamento do direito designado através da actuação da reserva de ordem pública) [269].

Nos termos do segundo parágrafo do artigo 5°, a escolha deve ser expressa ou resultar com uma "certeza razoável" das cláusulas do contrato ou das circunstâncias da causa; a disposição confere um certo poder discricionário ao juiz na determinação da lei escolhida pelos contraentes, com o limite apenas de que a intenção comum das partes deve resultar, de modo considerado inequívoco, do texto do contrato ou do seu contexto.

Para o caso de os interessados não escolherem a lei competente, ou de a escolha por eles feita não ser eficaz, o artigo 6° indica os factores objectivos de conexão a considerar. Nos termos do primeiro parágrafo, é aplicável a lei interna do país em que, no momento da formação da relação de intermediação, o representante tinha o seu estabelecimento profissional [270], ou, se o representante não tiver estabelecimento profissional, a sua residência habitual. O critério de conexão utilizado corresponde, sem que tal seja expressamente afirmado, ao do estabelecimento da parte que realiza a prestação característica; o lugar do estabelecimento do representante coincidirá frequentemente com o lugar onde ele exerce a sua actividade e celebra os contratos através dos quais dá cumprimento ao contrato que o liga ao representado. A solução consagrada reconhece a importância da figura do repre-

---

del diritto..., p. 935, exclui a possibilidade de designação da *lex mercatoria* para regular a relação entre representado e representante. Afastando também essa possibilidade no âmbito das normas de conflitos que reconhecem a autonomia privada incluídas em outras convenções celebradas no âmbito da Conferência de Haia (concretamente na Convenção sobre a lei aplicável aos contratos de compra e venda internacional de mercadorias, de 22 de Dezembro de 1986), BOGGIANO, *The contribution of the Hague Conference to the development of private international law in Latin America*, Recueil des Cours, 1992 — II, tome 233, p. 99 ss (p. 168 ss). Sobre a questão homóloga, perante a Convenção de Roma sobre a lei aplicável às obrigações contratuais, cfr. capítulo IV, § 1°, n° 5, nota (36).

[269] Cfr. *Rapport* KARSTEN, p. 390.
[270] Recorrendo a este critério para a determinação da lei aplicável à relação entre o representado e o representante: Rb. Rotterdam, 27.5.1994, Ktg. Groenlo, 2.11.1994, ambas transcritas em M. SUMAMPOUW, *Les nouvelles conventions de La Haye*, V, respectivamente, p. 321 s e p. 323 s.

sentante na categoria de contratos abrangidos pela Convenção e tem a vantagem de ser de fácil concretização e, em princípio, temporalmente estável.

Não será todavia aplicável essa lei no caso previsto no segundo parágrafo do mesmo artigo 6º, que atribui competência à lei do Estado em que o representante deve exercer a título principal a sua actividade, se o representado tiver nesse Estado o seu estabelecimento profissional ou, na falta deste, a sua residência habitual. A excepção justifica-se com fundamento em que, nas circunstâncias descritas na norma, o contrato tem uma ligação mais estreita com outra lei [271].

A Convenção explicita que, se o representado ou o representante tiverem mais do que um estabelecimento profissional, a referência feita pela norma de conflitos do artigo 6º deve entender-se para o lugar do estabelecimento com o qual a relação de intermediação tenha um vínculo mais estreito (artigo 6º, terceiro parágrafo).

2.4.2. Relação entre o representado e a contraparte

A Convenção reconhece também relevância à autonomia das partes no domínio da designação da lei competente para regular a relação externa

---

[271] Admitindo que o conjunto de circunstâncias de um caso concreto poderia revelar a inadequação da lei do lugar do estabelecimento do representante para reger a relação com o representado, a Comissão de redacção ponderou quer a hipótese de incluir na Convenção uma *escape clause* de carácter geral, prevendo o afastamento da lei designada nos casos em que o contrato apresentasse uma conexão mais estreita com outra lei, quer a hipótese de atribuir ao lugar do estabelecimento do representante o valor de simples presunção para concretizar a conexão mais estreita. Acabou por afastar ambas essas possibilidades, que teriam o inconveniente de gerar incerteza quanto ao direito aplicável (cfr. *Rapport* KARSTEN, p. 392). A Convenção apenas permite o afastamento da lei normalmente competente — a lei do lugar do estabelecimento profissional do representante no momento da formação da relação de intermediação — quando se verificar uma determinada combinação dos factores de conexão, enunciando de modo expresso no artigo 6º, segundo parágrafo, a única lei a que pode vir a dar-se prevalência — a lei do Estado onde o representante deve exercer a título principal a sua actividade, se nesse Estado se situar o estabelecimento profissional (ou, na falta deste, a residência habitual) do representado. Na determinação do direito aplicável à relação entre o representado e a contraparte é adoptada uma técnica semelhante (artigo 11º, primeiro e segundo parágrafos). Por isso a Convenção de Haia sobre representação é considerada um dos exemplos mais característicos de *groupements fixes de rattachements prédéterminés*. Cfr. LAGARDE, *Le principe de proximité* ..., p. 42 s. Afirmam também tratar-se do método do "agrupamento de pontos de contacto": LAGARDE, *La Convention de La Haye sur la loi applicable aux contrats d'intermédiaires et à la représentation*, p. 37; LOUSSOUARN, BOUREL, *Convention de La Haye sur la loi applicable aux contrats d'intermédiaires et à la représentation*, p. 167; HAY, MÜLLER-FREIENFELS, *Agency in the conflict of laws*..., p. 40; M.-C. MESTRE, *La Convention de La Haye du 14 mars 1978*..., p. 177; BADR, *Agency*..., p. 156; JACQUET, *Aperçu de l'oeuvre de la Conférence de La Haye*..., p. 30; DAVÌ, *La Convenzione dell'Aja*..., p. 635, 646.

de representação, ao permitir que as questões relativas à existência e extensão dos poderes do representante e aos efeitos dos actos praticados pelo representante (isto é, as questões que constituem a essência da representação) sejam reguladas pela lei que for escolhida por acordo entre representado e contraparte (artigo 14°) [272]. A disposição prevê a hipótese de a designação do direito competente ser feita em declaração escrita, pelo representado ou pelo terceiro, e aceite expressamente pela outra parte, mas nada se opõe a que a escolha seja feita através de declaração conjunta da contraparte e do representado, podendo este actuar através de representante, a quem tenha atribuído expressamente poderes para o efeito [273].

A solução quanto à lei subsidiariamente aplicável é o resultado de um compromisso entre a competência da lei do estabelecimento profissional do representante e a da lei do lugar onde o representante actua (artigo 11°) [274].

Assim, o primeiro parágrafo do artigo 11° remete para a lei interna do Estado em que o representante tinha o seu estabelecimento profissional no momento em que agiu, isto é, no momento em que actuou por conta do representado perante terceiros. A escolha desta conexão foi justificada por ser a mais estreitamente ligada à parte cujos poderes se discutem, por ocupar uma posição intermédia entre o representado e a contraparte e por apresentar a vantagem suplementar de ser frequentemente a lei que regula a relação interna entre representado e representante, em suma, por ser a lei susceptível de estabelecer o equilíbrio entre os interesses do representado e os da contraparte[275]. Para efeitos de aplicação da norma de conflitos do pri-

---

[272] Sobre a génese e o alcance do artigo 14° da Convenção, cfr. R. DE QUÉNAUDON, *Recherches sur la représentation volontaire...*, p. 437 ss.

[273] Criticando os requisitos exigidos pelo artigo 14° da Convenção para a validade da escolha do direito aplicável, designadamente em comparação com os exigidos pelo artigo 5°, BADR, *Agency...*, p. 144 s. Em sentido semelhante também SPELLENBERG, *Geschäftsstatut und Vollmacht...*, p. 247 s. Por outro lado, certos autores exprimem um juízo desfavorável em relação à norma do artigo 14° por não assegurar em todos os casos o conhecimento pelo representante do acordo entre representado e contraparte quanto à designação do direito competente. Cfr.: R. DE QUÉNAUDON, *Quelques remarques sur le conflit de lois en matière de représentation volontaire*, p. 601; BASEDOW, *Das Vertretungsrecht im Spiegel konkurrierender Harmonisierungsentwürfe*, p. 209.

[274] A inversão, no capítulo III da Convenção, das disposições relativas à designação da lei pelos interessados (artigo 14°) e à determinação objectiva do direito competente (artigo 11°) não pode ter o sentido de subordinar a faculdade de *electio iuris* à lei que seria competente na falta de escolha. Reflecte apenas, na opinião de Jean-Michel JACQUET, a reduzida importância que têm tido na prática os acordos entre o representado e a contraparte para a indicação do direito aplicável aos poderes do representante. Cfr. *Aperçu de l' oeuvre de la Conférence de La Haye...*, p. 22.

[275] Cfr. *Rapport* KARSTEN, p. 399. Defendendo a localização da representação voluntária internacional fundamentada num índice relacionado com a pessoa do representante e

meiro parágrafo do artigo 11°, a Convenção estabelece uma presunção: se o representante actuar em virtude de um contrato de trabalho e não tiver estabelecimento profissional próprio, considera-se que ele tem estabelecimento profissional localizado no país do estabelecimento profissional do representado a que se encontra vinculado (artigo 12°) [276].

O segundo parágrafo do artigo 11° vem todavia afastar o critério do estabelecimento profissional do representante em casos em que se entendeu que a questão dos poderes do representante tem uma conexão mais estreita com outra lei — a lei interna do Estado em que o representante agiu. Será aplicável o direito do país em que o representante agiu se se verificar alguma das seguintes condições:

— se o representado tiver o seu estabelecimento profissional ou, na falta deste, a sua residência habitual nesse Estado e o representante tiver actuado em nome do representado (al. a));
— se a contraparte tiver o seu estabelecimento profissional ou, na falta deste, a sua residência habitual nesse Estado (al. b) [277]);
— se o representante tiver actuado em bolsa ou num leilão (al. c));
— se o representante não tiver estabelecimento profissional (al. d)).

Para efeitos de aplicação da norma de conflitos do segundo parágrafo do artigo 11°, a Convenção estabelece uma presunção: encontrando-se o representante e a contraparte em Estados diferentes, se o representante tiver dirigido a sua declaração à contraparte através de correio, telegrama, telex ou telefone ou de meios semelhantes aos descritos, considera-se que o representante agiu no lugar do seu estabelecimento profissional (artigo 13°).

Tal como a propósito da norma de conflitos relativa à determinação do direito competente para reger a relação interna, a Convenção explicita que, se uma das partes tiver mais do que um estabelecimento profissional, a referência feita pela norma de conflitos do artigo 11° deve entender-se para o estabelecimento com o qual a relação de intermediação tenha um vínculo mais estreito (artigo 11°, terceiro parágrafo).

---

concordando por isso, de um modo geral, com a solução da Convenção, R. DE QUÉNAUDON, *Recherches sur la représentation volontaire...*, p. 455 ss; id., *Quelques remarques sur le conflit de lois en matière de représentation volontaire*, p. 602 ss.

[276] A disposição do artigo 12° é criticada por assentar numa "ambiguidade heteronomista", contrariando o ponto de vista autonomista que em geral inspira o regime da Convenção. Cfr. R. DE QUÉNAUDON, *Recherches sur la représentation volontaire...*, p. 468 s.

[277] Aplicando o artigo 11°, segundo parágrafo, al. b), para a determinação da lei aplicável à relação entre o representado e a contraparte, Rb. Arnhem, 14.7.1994, transcrita em M. SUMAMPOUW, *Les nouvelles conventions de La Haye*, V, p. 322 (no caso, o artigo 11°, primeiro parágrafo conduziria à competência da mesma lei, razão por que o tribunal invoca simultaneamente as duas normas).

2.4.3. Relação entre o representante e a contraparte

Por força do artigo 15°, a lei aplicável à relação entre o representado e a contraparte rege igualmente a relação entre o representante e a contraparte "resultante do facto de o representante ter actuado no exercício dos seus poderes, para além dos seus poderes ou sem poderes".

A opção da Convenção é justificada pela necessidade de evitar as incompatibilidades que sempre poderiam surgir se fossem leis diferentes a regular, por um lado, a relação entre o representado e a contraparte e, por outro lado, a relação entre o representante e a contraparte [278].

2.5. Âmbito de aplicação dos direitos designados

As normas de conflitos da Convenção definem o âmbito de matérias reguladas pelas ordens jurídicas designadas por cada uma delas.

O artigo 8° enuncia as questões sujeitas à lei indicada nos artigos 5° e 6°. O primeiro parágrafo determina, de um modo geral, a aplicabilidade dessa lei a todas as questões de fundo emergentes da relação entre representado e representante: a formação e a validade da relação de intermediação, as obrigações das partes, o cumprimento, as consequências do incumprimento e a extinção dessas obrigações. O segundo parágrafo contém uma lista de matérias incluídas no âmbito da lei competente, com carácter meramente exemplificativo: a existência, a extensão, a modificação e a cessação dos poderes do representante, assim como as consequências da actuação para além dos poderes ou com abuso dos poderes; a faculdade do representante de designar um substituto para o cumprimento total ou parcial das suas funções ou de designar um representante adicional; a faculdade do representante de celebrar um contrato por conta do representado, quando exista um potencial conflito de interesses entre o representante e o representado; a cláusula de não concorrência e a cláusula *del credere*; a indemnização de clientela; as categorias de danos susceptíveis de reparação.

Quanto ao modo de cumprimento das obrigações, o artigo 9° determina que, seja qual for a lei competente para regular a relação de intermediação, o órgão de aplicação do direito deve ter em consideração (*aura égard, shall take into consideration*) a lei do lugar do cumprimento. Não se impõe a aplicação da lei do lugar do cumprimento mas a consideração das disposições dessa lei, em conjunto com as disposições da ordem jurídica em princípio competente para reger a relação entre o representado e o representante, no que diz respeito ao modo, lugar, momento do cumprimen-

---

[278] Cfr. *Rapport* KARSTEN, p. 401 s, 429 s.

to (por exemplo, o exame das mercadorias, o horário de funcionamento do estabelecimento). A maior ou menor relevância atribuída às disposições da lei do lugar do cumprimento depende das circunstâncias do caso, a apreciar pelo julgador.

A lei designada no artigo 11º (ou no artigo 14º, conforme os casos) rege: "a existência e a extensão dos poderes do representante" — ou seja, a existência e a extensão dos poderes para actuar por conta do representado, nos quais a contraparte pode confiar, incluindo quer os poderes efectivos quer os poderes meramente aparentes (quer a *actual authority*, quer a *apparent authority*), segundo a interpretação do relatório explicativo da Convenção [279] — e "os efeitos dos actos do representante no exercício real ou pretendido dos seus poderes" — por outras palavras, em que medida o representado fica vinculado perante terceiros pelos actos do representante.

Essa lei regula também, nos termos do disposto no artigo 15º, as relações entre o representante e a contraparte. Ao referir que tais relações podem resultar do facto de o representante ter actuado no exercício dos seus poderes, para além dos seus poderes ou sem poderes, a norma é susceptível de abranger uma grande diversidade de situações, desde aquelas em que se suscita o problema de saber se o representante assume responsabilidade pessoal perante a contraparte (sem vincular o representado ou independentemente da vinculação do representado), em virtude, por exemplo, da celebração de um *collateral contract* ou de um contrato por conta de um *undisclosed principal*, até às situações em que se questiona a responsabilidade do representante perante a contraparte em consequência da actuação fora dos limites dos seus poderes (seja qual for a qualificação dessa responsabilidade no âmbito do direito material designado). Fora do âmbito dessa lei ficam porém as relações entre o representante e a contraparte no caso da designada representação indirecta; os efeitos do contrato nas relações entre as pessoas que nele intervêm serão regulados pela lei determinada com base nas regras de conflitos do foro respeitantes aos contratos.

Tendo em conta as soluções que consagra, a Convenção de Haia sobre representação tem merecido apreciações globalmente favoráveis por parte dos autores que até ao momento a comentaram [280].

---

[279] Cfr. *Rapport* KARSTEN, p. 426. No mesmo sentido, M.-C. MESTRE, *La Convention de La Haye du 14 mars 1978...*, p. 168; VERHAGEN, *Agency in private international law*, p. 307 s.

[280] Assim: LAGARDE, *La Convention de La Haye sur la loi applicable aux contrats d' intermédiaires et à la représentation*, p. 43; M. ARGÚAS, *Derecho de los intermediarios...*, p. 480; PFEIFER, *The Hague convention on the law applicable to agency*, p. 437; LOUSSOUARN, BOUREL, *Convention de La Haye sur la loi applicable aux contrats d' intermédiaires et à la représentation*, p. 168; HAY, MÜLLER-FREIENFELS, *Agency in the conflict of laws...*, p. 48 s;

O compromisso entre os sistemas jurídicos de *civil law* e de *common law* e o equilíbrio entre as exigências de flexibilidade e previsibilidade na determinação da lei aplicável conseguidos em muitas das suas disposições fazem da disciplina instituída pela Convenção um importante instrumento de uniformização do direito internacional privado da representação.

Embora em múltiplos aspectos a Convenção constitua um modelo para a regulamentação conflitual da representação, que supera em qualidade técnica qualquer um dos sistemas de fonte interna actualmente em vigor, o regime convencional suscita dificuldades de aplicação e não dá resposta a todas as questões.

Assim, e apesar de ser relativamente pormenorizada a definição do âmbito de aplicação das diversas leis designadas na Convenção, não foram eliminados todos os problemas de delimitação dos estatutos que concorrem na regulamentação da relação representativa.

À semelhança do que encontrámos em todos os sistemas de fonte interna, também no domínio da Convenção existem dificuldades de compatibilização entre os estatutos aplicáveis às várias relações em que se decompõe a relação representativa.

Designadamente, suscita-se a questão de saber qual a relação entre a lei indicada no capítulo II (aplicável à relação entre o representado e o representante) e a lei indicada no capítulo III (aplicável às relações entre, de um lado, o representado ou o representante e, de outro lado, a contraparte).

Além disso, os termos genéricos em que se encontram formuladas determinadas normas dão origem a problemas de interpretação e de qualificação e, de novo, a questões de coordenação entre os estatutos envolvidos. É o caso da disposição do artigo 15º, que, reportando-se de modo amplo à relação entre o representante e a contraparte, deixa em aberto a determinação da lei aplicável aos diversos problemas emergentes da actuação do representante sem poderes.

A estas questões voltaremos no capítulo seguinte.

MÜLLER-FREIENFELS, *Der Haager Konventionsentwurf...*, p. 112 s; R. DE QUÉNAUDON, *Recherches sur la représentation volontaire...*, 499 s; M.-C. MESTRE, *La Convention de La Haye du 14 mars 1978...*, p. 186 ss (p. 189); BASEDOW, *Das Vertretungsrecht im Spiegel konkurrierender Harmonisierungsentwürfe*, p. 213, 215; BADR, *Agency...*, p. 141 ss; PAQUET, *Grandeurs et misères de la représentation parfaite...*, p. 110; BOGGIANO, *Derecho internacional privado*, II, p. 668; JACQUET, *Aperçu de l' oeuvre de la Conférence de La Haye...*, p. 13, 26, 30; KROPHOLLER, *Internationales Privatrecht*, p. 275; VERHAGEN, *Agency in private international law*, p. 428 ss; DAVÌ, *La Convenzione dell'Aja...*, p. 641.

§ 7º
Síntese comparativa

Concluída a exposição das soluções conflituais adoptadas em matéria de representação, procuraremos agora apurar os elementos comuns e as principais diferenças entre as ordens jurídicas nacionais em observação e entre estas e o direito de conflitos uniforme [281].

---

[281] De entre os estudos que procedem a uma comparação explícita ou implícita do direito de conflitos em matéria de representação referem-se como mais significativos: BATIFFOL, *Les conflits de lois en matière de contrats. Étude de droit international privé comparé*, (1938), p. 274 ss; RABEL, *The conflict of laws. A comparative study*, III, 1ª ed. (1950), p. 143 ss, 2ª ed. (1964), p. 147 ss; JEEP, *Überstaatliche Kollisionsnormen zur Regelung der Vollmacht...* (1955), p. 16 ss; CASSONI, *La procura nel diritto internazionale privato* (1960), p. 256 ss; STARACE, *La rappresentanza nel diritto internazionale privato* (1962), p. 28 ss; RIGAUX, *Le statut de la représentation. Étude de droit international privé comparé* (1963); id., *Agency*, IECL, III, cap. 29 (1973); KAYSER, *Vertretung ohne Vertretungsmacht...* (1967), em especial, p. 32 ss, 114 ss; LOUSSOUARN, BREDIN, *Droit du commerce international* (1969), p. 711 ss; SCHNURRENBERGER, *Vollmacht und Grundverhältnis nach schweizerischem und deutschem Recht sowie nach internationalem privatrecht* (1969); K. LIPSTEIN, *Conflict of laws and comparative law — powers of appointment in a civil law sphere*, "Multitudo legum ius unum", II, 1973, p. 431 ss; BERGER, *Das Statut der Vollmacht im schweizerischen IPR mit vergleichender Berücksichtigung Deutschlands, Frankreichs, Großbritanniens, sowie der internationalen Verträge und Vertragsentwürfe* (1974); BOGDAN, *Travel agency in comparative and private international law* (1976), em especial, p. 147 ss; CIGOJ, *Das auf die Vertretung von Wirtschaftseinheiten anzuwendende Recht (Rechtsvergleichende und internationalprivatrechtliche Aspekte unter besonderer Berücksichtigung der sozialistischen Länder)*, Osteuropa Recht, 1978, p. 279 ss; SPELLENBERG, *Geschäftsstatut und Vollmacht ...* (1979), p. 21 ss; HAY, MÜLLER-FREIENFELS, *Agency in the conflict of laws and the 1978 Hague Convention* (1979), p. 8 ss; R. de QUÉNAUDON, *Recherches sur la représentation volontaire...* (1979), p. 285 ss; id., *Quelques remarques sur le conflit de lois en matière de représentation volontaire* (1984), p. 413 ss, 597 ss; SANDROCK/MÜLLER, *Probleme der Vollmacht* (1980), p. 666 ss; KRÄNZLIN, *Das Handelsvertreterrecht im deutsch-amerikanischen Wirtschaftsverkehr* (1983), p. 180 ss; BADR, *Agency...* (1984), p. 78 ss; STEDING, *Die Anknüpfung der Vollmacht im internationalen Privatrecht* (1987), p. 25 ss; VERHAGEN, *Agency in private international law* (1995), p. 66 ss; RUTHIG, *Vollmacht und Rechtsschein im IPR* (1996), p. 9 ss.

1. Fontes de normas de conflitos

No direito internacional privado das ordens jurídicas abrangidas por esta investigação existe uma grande diversidade de fontes de normas de conflitos atendíveis em matéria de representação.

Em alguns dos países considerados — Portugal e França — vigora a Convenção de Haia sobre representação.

Nas ordens jurídicas dos países integrados na União Europeia — Portugal, França, Itália, Alemanha e Reino Unido — estão em vigor os princípios constantes da Convenção de Roma sobre a lei aplicável às obrigações contratuais, princípios esses que, no caso do direito alemão, se encontram acolhidos na EGBGB [282].

Tanto a Convenção de Haia como a Convenção de Roma têm carácter universal. As normas de conflitos nelas contidas podem determinar a aplicabilidade da lei de um país que não esteja vinculado pelas regras uniformes; tais normas de conflitos são invocáveis, em substituição das regras de conflitos de fonte interna, quanto às matérias por elas abrangidas, mesmo relativamente a situações que se encontrem em contacto com a ordem jurídica de países que não são parte nas Convenções.

O âmbito de aplicação da Convenção de Haia é muito vasto, abrangendo as três relações em que pode analiticamente decompor-se a relação representativa: a relação entre o representado e o representante, a relação entre o representado e a contraparte, a relação entre o representante e a contraparte.

As regras da Convenção de Roma são susceptíveis de ser aplicadas, nos cinco países acima referidos, para a determinação do estatuto do negócio representativo e para a determinação da lei reguladora do contrato que liga o representado e o representante.

Independentemente da discussão sobre o problema das relações entre a Convenção de Haia e a Convenção de Roma e seja qual for a conclusão a que se chegar quanto à delimitação do âmbito de aplicação respectivo das duas Convenções [283], serão ainda as regras da Convenção de Roma, mesmo nos países onde a Convenção de Haia se encontra em vigor, a indicar o direito competente para reger a relação entre o representado e o representante quando essa relação for qualificada como contrato de trabalho, dado tal situação ser excluída do âmbito da Convenção de Haia.

---

[282] Uma vez que a EGBGB transpõe no essencial os princípios fixados na Convenção de Roma, privilegiaremos nesta síntese comparativa, por facilidade de exposição, a referência às regras da Convenção.

[283] Cfr. capítulo IV, § 1º, nº 5.

Fora da Convenção de Roma fica, por força de determinação expressa da própria Convenção, a questão de saber se um acto realizado por um representante é susceptível de obrigar perante terceiros a pessoa por conta de quem aquele pretende agir, isto é, o poder de representação na relação externa.

A questão do poder de representação constitui o tema central da Convenção de Haia sobre representação. O regime fixado pela Convenção regula esta matéria nas ordens jurídicas aqui analisadas em que a mesma se encontra em vigor — Portugal, França.

Nos países em que vigora a Convenção de Roma, mas em que não vigora a Convenção de Haia — Alemanha, Itália, Reino Unido —, a questão de saber se um acto realizado por um representante vincula o representado perante terceiros rege-se por normas de conflitos de fonte interna. Quanto a esta matéria, o direito italiano tem normas de conflitos de fonte legal e nos direitos alemão e inglês continuam a aplicar-se as soluções de origem jurisprudencial, desenvolvidas pela doutrina.

Nas restantes ordens jurídicas abrangidas por esta investigação, de países não integrados na União Europeia — Suíça e Estados Unidos da América —, as normas de conflitos relevantes na matéria analisada são também de fonte interna.

Na lei federal suíça sobre direito internacional privado, a relação representativa é objecto de regulamentação própria, que engloba a relação entre o representado e o representante, a relação entre o representado e a contraparte, a relação entre o representante e a contraparte.

Nos Estados Unidos da América, o direito de conflitos é, também no domínio da *agency*, fundamentalmente direito estadual, de fonte jurisprudencial.

2. Determinação do direito aplicável

Para efeitos de determinação do direito aplicável à relação representativa, esta surge frequentemente decomposta em três relações distintas: a relação entre o representado e o representante, a relação entre o representado e a contraparte, a relação entre o representante e a contraparte.

Esta decomposição é nítida em *common law*, principalmente no direito norte-americano, na Convenção de Haia sobre representação (que sofreu forte influência do *common law*) e na lei suíça de DIP (que por sua vez recebeu o contributo da Convenção de Haia). No direito internacional privado dos países de *civil law* que adoptaram, em matéria de representação, a teoria da separação, e em que portanto a distinção entre as várias relações envolvidas é geralmente aceite, prevalece todavia a tendência para, nos estudos sobre a representação internacional, tratar isoladamente o tema do poder de representação ou a relação externa, sem incluir a determinação do direito aplicável à relação interna entre representado e representante e à relação entre representante e terceiro (relação que, na perspectiva das ordens jurídicas de *civil law*, é eventual, só se constituindo nas situações em que o representante actua sem poderes ou fora dos limites dos seus poderes).

Tanto a Convenção de Haia como a Convenção de Roma admitem que uma disposição do direito competente possa ser afastada se a sua aplicação ao caso concreto conduzir a um resultado incompatível com os princípios fundamentais da ordem jurídica do foro (artigos 17º e 16º, respectivamente). A mesma possibilidade se encontra prevista no artigo 17 da lei suíça de DIP e no artigo 16 da lei italiana de DIP. Por outro lado, ambas aquelas Convenções permitem ao órgão de aplicação do direito, em certas circunstâncias, atribuir relevância a normas imperativas de uma ordem jurídica em contacto com a situação (artigo 16º da Convenção de Haia, que não distingue entre normas imperativas da ordem jurídica do foro e normas imperativas de uma ordem jurídica estrangeira; nºs 1 e 2 do artigo 7º da Convenção de Roma, que atribuem relevância diferente a normas imperativas de uma ordem jurídica estrangeira [284] e a normas imperativas da ordem jurídica do foro). A lei suíça de DIP encontra-se, sob este aspecto, mais próxima do regime da Convenção de Roma, pois distingue igualmente entre normas imperativas da ordem jurídica do foro (artigo 18) e normas imperativas de uma ordem jurídica estrangeira (artigo 19).

2.1. Relação entre o representado e o representante

A relação interna entre o representado e o representante tem geralmente natureza contratual, sendo por isso regulada pela lei aplicável ao contrato em causa [285].

---

[284] O artigo 22º, nº 1, al. a) da Convenção admite a possibilidade de os Estados contratantes se reservarem o direito de não aplicar o nº 1 do artigo 7º, que permite a atribuição de relevância a normas imperativas de uma ordem jurídica estrangeira com a qual a situação apresente uma conexão estreita. Vários Estados fizeram uso desta faculdade (entre eles, três Estados cujos direitos são abrangidos por esta investigação: Portugal, Alemanha e Reino Unido).

[285] Assim, expressamente, o artigo 126, nº 1 da lei federal suíça sobre direito internacional privado; em sentido algo diferente o artigo 7º da Convenção de Haia, que parece admitir a aplicação da lei designada nos artigos 5º ou 6º à relação interna de representação cumulativamente com a lei competente para regular o contrato entre representado e representante, pelo menos nos casos em que a relação de intermediação, não constituindo o objecto exclusivo das relações entre representado e representante, seja separável do conjunto dessas relações.

Vigora no domínio contratual em todas as ordens jurídicas consideradas o princípio da autonomia privada em direito internacional privado, podendo as partes (representado e representante) designar a lei competente (artigo 5º da Convenção de Haia, artigo 3º da Convenção de Roma, artigo 27 EGBGB, artigo 116, nº 1 da lei suíça de DIP, princípio geralmente aceite no direito norte-americano e recebido, quanto a esta matéria, no *Restatement, Second, Conflict of laws*, § 291, com remissão para o § 187). A escolha deve ser expressa ou resultar com razoável certeza das cláusulas do contrato ou das circunstâncias do caso.

Na falta de escolha do direito aplicável, o contrato entre representado e representante será regido pelo direito do país onde, no momento da celebração do contrato, se situa o estabelecimento profissional ou a residência habitual do representante (artigo 6º, primeiro parágrafo, da Convenção de Haia). Ao mesmo resultado conduzirá, na generalidade dos casos, o princípio geral da aplicação do direito com o qual o contrato tem uma conexão mais estreita (artigo 4º, nº 1 da Convenção de Roma, artigo 28, nº 1 EGBGB, artigo 117, nº 1 da lei suíça de DIP), concretizado através do lugar da residência ou do estabelecimento principal da parte que deve realizar a prestação característica (artigo 4º, nº 2 da Convenção de Roma, artigo 28, nº 2 EGBGB, artigo 117, nºs 2 e 3, al. c) da lei suíça de DIP).

Não será aplicável a lei referida se do conjunto das circunstâncias resultar que o contrato apresenta uma conexão mais estreita com outro país, sendo então competente a lei desse outro país (artigo 4º, nº 5, segunda frase, da Convenção de Roma, artigo 28, nº 5 EGBGB, artigo 15 da lei suíça de DIP). No sistema da Convenção de Haia, a lei primariamente designada só deixa de se aplicar se o representante exercer a título principal a sua actividade no país onde se situa o estabelecimento profissional ou a residência habitual do representado, cedendo então a sua competência à lei deste país (artigo 6º, segundo parágrafo).

No direito dos Estados Unidos da América, as opiniões não são convergentes, mas verifica-se que a concretização do critério geral da *most significant relationship* (§ 291 e § 188 do *Restatement*) — atendendo aos factores ou contactos que, neste domínio, têm sido utilizados para determinar o Estado da conexão mais significativa — conduz frequentemente à aplicação do direito do lugar onde o representante actua.

Em alguns dos sistemas observados, admite-se que a lei competente para reger a relação entre o representado e o representante seja designada através de regras de conflitos especiais, se o contrato entre as partes for um contrato de trabalho ou se se incluir na categoria dos contratos com consumidores.

A Convenção de Haia exclui expressamente a aplicabilidade das suas regras respeitantes à relação interna quando o contrato subjacente ao poder de representação for um contrato de trabalho (artigo 10º).

Tratando-se de um contrato de trabalho, será de atender, conforme os casos, às normas de conflitos especiais incluídas no artigo 6º da Convenção de Roma, no artigo 30 EGBGB ou no artigo 121 da lei suíça de DIP, que estabelecem desvios ou limites aos princípios gerais de determinação do direito competente, fundamentados na ideia de protecção da parte institucionalmente mais fraca.

No direito norte-americano, em que o instituto da *agency* inclui igualmente a relação *master and servant*, não se encontraram distinções neste domínio.

Por sua vez, quando o representado assumir na relação contratual com o representante a posição de consumidor no sentido das disposições convencionais ou legais relativas aos contratos com consumidores, e desde que se verifiquem os requisitos de aplicabilidade do regime especial relativo a tal categoria de contratos, a lei competente (ou subsidiariamente competente) será a do Estado da residência habitual do consumidor/representado (artigo 5º da Convenção de Roma, artigo 29 EGBGB, artigo 120 da lei suíça de DIP).

2.2. Relação entre o representado e a contraparte

Na determinação da disciplina conflitual das relações entre o representado e a contraparte, em todos os sistemas normativos abrangidos por esta investigação se considera que o contrato celebrado entre o representante, agindo por conta do representado, e a contraparte está sujeito às regras de conflitos aplicáveis em matéria contratual (artigos 3º e seguintes da Convenção de Roma, artigos 27 e seguintes EGBGB, artigos 116 e seguintes da lei suíça de DIP, §§ 187 e 188 do *Restatement*). Por isso a matéria não está incluída no objecto da Convenção de Haia sobre representação.

A questão de saber se um acto realizado por um representante é susceptível de obrigar perante terceiros a pessoa por conta de quem aquele pretende agir, isto é, o poder de representação na relação externa, constitui o tema central do capítulo III da Convenção de Haia respeitante à relação entre o representado e a contraparte. Estando expresssamente excluída do âmbito de aplicação da Convenção de Roma, nos países em que esta Convenção se encontra em vigor e que não estejam vinculados à Convenção de Haia sobre representação, são as normas de conflitos de fonte interna que determinam o direito aplicável a essa questão.

Tendo em conta as soluções actualmente consagradas nos sistemas que aqui foram analisados, o poder de representação é objecto de conexão autónoma em relação ao negócio subjacente, quer perante as normas de conflitos convencionais quer perante as normas de conflitos de fonte interna. Diferentemente, em certos direitos, subsiste a concepção segundo a qual o poder de representação está sujeito à lei aplicável ao negócio jurídico celebrado pelo representante.

A possibilidade de ser escolhido o direito aplicável é admitida pela Convenção de Haia sobre representação, que para o efeito exige declaração escrita do representado ou da contraparte, expressamente aceite pela outra parte (artigo 14°). Em sentido semelhante se pronunciam alguns autores alemães e suíços. Nas restantes ordens jurídicas em análise não tem sido admitida a designação do direito aplicável à questão do poder de representação.

Nas ordens jurídicas em que a autonomia das partes não se estende a esta matéria — ou, nos direitos em que a designação é admitida, se não for designada uma lei pelos interessados —, a lei competente será determinada de acordo com critérios objectivos, que variam de um para outro sistema normativo e conforme as circunstâncias do caso.

Na localização objectiva do poder de representação, desempenha papel relevante o lugar do estabelecimento profissional do representante no momento em que agiu, ou seja, no momento em que actuou por conta do representado perante terceiros. Com efeito, é este o critério indicado no primeiro parágrafo do artigo 11° da Convenção de Haia e nas normas de conflitos do artigo 126, n° 2, primeira parte, da lei suíça de DIP e do artigo 60, n° 1, primeira parte, da nova lei italiana de DIP, se se verificarem certas condições, isto é, se o representante actuar a título profissional e se esse estabelecimento (ou o centro de negócios do representante) for conhecido ou cognoscível pela contraparte. A uma solução não muito diferente chegam a jurisprudência e parte da doutrina alemã com base no critério do *Wirkungsland*, nos casos em que o representante exerce a sua actividade a título profissional e com carácter de estabilidade ou permanência.

Para efeitos de aplicação das normas de conflitos que atribuem competência ao direito do país do estabelecimento do representante, tanto a Convenção de Haia como a lei suíça de DIP estabelecem uma presunção: se o representante actuar em virtude de um contrato de trabalho e não tiver estabelecimento profissional próprio, considera-se que ele tem estabelecimento profissional localizado no país do estabelecimento profissional do representado a que se encontra vinculado (artigo 12° da Convenção e artigo 126, n° 3 da lei suíça).

Em todos estes sistemas, porém, o critério do estabelecimento profissional do representante é afastado em benefício do critério do lugar em que o representante agiu, desde que se verifiquem certas condições.

Nos termos do segundo parágrafo do artigo 11° da Convenção de Haia, será aplicável a lei interna do Estado em que o representante agiu nos casos em que se verifique alguma das seguintes condições: se o representado tiver o seu estabelecimento profissional ou, na falta deste, a sua residência habitual nesse Estado e o representante tiver actuado em nome do representado; se a contraparte tiver o seu estabelecimento profissional ou, na falta deste, a sua residência habitual nesse Estado; se o representante tiver actuado em bolsa ou num leilão; se o representante não tiver estabelecimento profissional.

A aplicação da lei do Estado em que o representante desenvolve a título principal a sua actividade no caso concreto corresponde à estatuição das normas de conflitos do artigo 126, n° 2, segunda parte, da lei suíça de DIP e do artigo 60, n° 1, segunda parte, da nova lei italiana de DIP, se não se verificarem as condições de que depende a aplicabilidade da lei do lugar do estabelecimento do representante.

À competência da lei do lugar onde o representante actua conduzirá a tese defendida pela jurisprudência alemã e pela maioria da doutrina, na medida em que, propondo a definição do *Vollmachtstatut* pelo direito do *Wirkungsland*, ou seja, pelo direito do país onde o poder de representação produz ou deve produzir os seus efeitos, sustenta que, na generalidade das situações (excluídos os casos em que o representante exerce a sua actividade a título profissional e com carácter de estabilidade ou permanência), o lugar onde o poder de representação deve produzir os seus efeitos (o *Wirkungsland*) coincide com o lugar onde o representante faz uso dos seus poderes (o *Gebrauchsort*).

O lugar onde o *agent* contratou com a contraparte é também nos Estados Unidos da América — onde alguns tribunais têm atendido, nos últimos anos, ao § 292 do *Restatement* para determinar o direito aplicável à relação externa de representação — um dos índices a que parece atribuir-se especial relevância para a particularização do critério geral da aplicabilidade do direito com o qual a questão em causa tenha a conexão mais significativa (vejam-se o n° 2 do § 292 e os comentários *d.* e *e.* ao § 292 do *Restatement*). Todavia, na jurisprudência e na doutrina norte-americanas, além da solução do *Restatement*, têm sido utilizados diversos critérios para determinar o direito aplicável à questão de saber se um *principal* fica vinculado perante terceiros pelos actos praticados por sua conta por um *agent*: domicílio do *principal*, lugar onde o *agent* está autorizado ou aparentemente autorizado a actuar por conta do *principal*, lugar onde o *agent* actua por conta do *principal*, lugar onde se considera celebrado o contrato por conta do *principal*.

A sujeição do poder de representação à lei competente para regular o contrato em que intervêm o *agent* e a contraparte é a solução prevalecente no direito inglês. Esta tese, defendida maioritariamente pela doutrina italiana antes da entrada em vigor da nova lei de DIP, e aceite por uma corrente significativa da doutrina francesa antes da entrada em vigor da Convenção de Haia sobre representação, continua ainda a ter adeptos numa parte importante da doutrina alemã.

2.3. Relação entre o representante e a contraparte

A relação entre o representante e a contraparte é objecto de regulamentação expressa na Convenção de Haia sobre representação e na lei suíça de DIP.

O artigo 15º da Convenção de Haia determina que a lei aplicável à relação entre o representado e a contraparte rege igualmente a relação entre o representante e a contraparte "resultante do facto de o representante ter actuado no exercício dos seus poderes, para além dos seus poderes ou sem poderes".

Por sua vez, o artigo 126, nº 4 da lei suíça de DIP estabelece que "o direito designado no nº 2 [o direito aplicável ao poder de representação] rege igualmente as relações entre o representante sem poderes e a contraparte".

As duas normas de conflitos convergem quanto à estatuição — na medida em que designam como competente o mesmo direito que rege a relação entre o representado e a contraparte —, mas divergem quanto à previsão — pois, enquanto a norma da Convenção abrange quer as situações em que o representante actua dentro do âmbito dos poderes que lhe foram conferidos quer as situações em que o representante actua para além dos limites dos seus poderes ou sem poderes, a norma do direito suíço apenas se refere aos casos em que o representante não se encontra legitimado pelo poder de representação.

O texto da Convenção é neste aspecto influenciado pelo *common law*. No direito material da *agency* admite-se a possibilidade de vinculação pessoal do *agent* perante a contraparte, mesmo quando actua dentro dos poderes atribuídos pelo *principal*. A norma da lei suíça, embora inspirada na solução da Convenção de Haia, insere-se na tradição do direito material dos países de *civil law*, onde em princípio só é admitida a constituição de uma relação entre o representante e a contraparte nos casos em que aquele actua sem poderes ou fora dos limites dos poderes em que estava investido.

No direito norte-americano considera-se que a lei competente para reger os direitos e deveres de um *agent* em relação à pessoa com quem ele contrata "é a mesma que seria aplicada se não existisse relação de *agency* e é determinada de acordo com as regras de conflitos comuns" relativas aos contratos.

No direito inglês é menos nítida do que no direito norte-americano a autonomia da relação entre o representante e a contraparte. Entende-se em geral que a relação entre o *agent* e a contraparte está abrangida no âmbito de aplicação da Convenção de Roma, e portanto sujeita à lei designada pelas regras gerais dos artigos 3º e 4º; mas admite-se que a relação entre o *agent* e a contraparte possa não ter autonomia relativamente à relação entre o *principal* e a contraparte, ficando então sujeita à lei reguladora da relação entre o *principal* e a contraparte. Só nos casos em que o problema suscitado disser respeito aos direitos e obrigações recíprocos do *agent* e da contraparte — por hipótese, saber se através do acto praticado se estabeleceu a *privity of contract* entre o *agent* e a contraparte — o direito aplicável será determinado autonomamente com base nas regras da Convenção.

No direito internacional privado alemão e italiano, como reflexo da concepção subjacente ao direito material, não se discute globalmente o problema da lei aplicável à relação entre o representante e a contraparte, mas sim qual a lei competente para regular certos aspectos pontuais da relação que entre eles se estabelece no caso de o representante actuar sem poder de representação ou para além dos limites do seu poder.

3. Âmbito de aplicação dos direitos designados

Em todos os sistemas analisados se procura definir o âmbito de aplicação de cada uma das leis designadas para regular as múltiplas relações que se integram na relação representativa. Quanto a este aspecto e quanto à tentativa de compatibilização entre os vários estatutos aplicáveis são de sublinhar os resultados conseguidos na Convenção de Haia, na lei suíça de direito internacional privado e no *Restatement, Second, Conflict of laws*. Nas ordens jurídicas onde não existe uma disciplina específica tendo como objecto o conjunto da relação representativa, tem competido à doutrina a tarefa de procurar uma delimitação entre as leis chamadas a reger as diferentes relações jurídicas.

A lei aplicável à relação interna — que tem geralmente natureza contratual — rege a formação, a validade e os efeitos do contrato, as obrigações das partes, o cumprimento, as consequências da invalidade e do incumprimento, a extinção das obrigações. Segundo o entendimento comum em todas as ordens jurídicas em observação, incluem-se no âmbito dessa lei, designadamente, a formação, o âmbito, a duração e a cessação da relação entre o representado e o representante e a responsabilidade do representante perante o representado em consequência da actuação fora dos limites dos seus poderes (artigo 8º da Convenção de Haia; artigos 8º e 10º, nº 1, als. a) a e) da Convenção de Roma [286]; artigo 32, nº 1 EGBGB; artigo 126, nº 1 da lei suíça de direito internacional privado; § 291 do *Restatement*).

---

[286] O artigo 22º, nº 1, al. b) da Convenção admite a possibilidade de os Estados contratantes se reservarem o direito de não aplicar o nº 1, al. e), do artigo 10º, que inclui no estatuto do contrato "as consequências da invalidade do contrato". A Itália e o Reino Unido fizeram uso desta faculdade.

A lei designada para reger a relação entre o representado e a contraparte regula "a existência e a extensão dos poderes do representante" — ou seja, a existência e a extensão dos poderes para actuar por conta do representado, nos quais a contraparte pode confiar — e "os efeitos dos actos do representante no exercício real ou pretendido dos seus poderes", ou, por outras palavras, em que medida o representado fica vinculado perante terceiros pelos actos do representante (artigos 14° ou 11° da Convenção de Haia, conforme os casos; artigo 126, n° 2 da lei suíça de direito internacional privado; artigo 60, n° 1 da lei italiana de direito internacional privado; § 292, n° 1 do *Restatement*; entendimento subjacente às regras do *common law* aplicáveis no direito inglês). Segundo a concepção actualmente dominante no direito internacional privado alemão, o *Vollmachtsstatut* é também um estatuto que se pretende unitário, abrangendo não apenas as questões relativas à existência como as questões relativas à extensão ou ao âmbito do poder de representação, e sendo assim chamado a reger as modalidades de atribuição do poder de representação e os requisitos de validade e eficácia do acto de atribuição do poder de representação, a sua interpretação, a cessação do poder de representação.

Objecto de discussão continua a ser, em todos os sistemas analisados, a coordenação entre a lei designada para reger a relação interna e a lei competente para disciplinar a relação externa (na medida em que ambos os complexos normativos abrangem no seu âmbito de aplicação a questão da "existência e extensão dos poderes do representante").

Uma vez apurada, nos termos da lei aplicável ao estatuto da representação, a vinculação do representado à actuação do representante, a questão de saber se o acto celebrado entre o representante, agindo por conta do representado, e a contraparte constitui um contrato e, em caso afirmativo, quais os direitos e obrigações das partes (representado e contraparte) terá de resolver-se perante o direito encontrado a partir das regras de conflitos gerais em matéria contratual (artigos 3° e seguintes da Convenção de Roma; artigos 27 e seguintes EGBGB; artigos 116 e seguintes da lei suíça de DIP; §§ 187 e 188 do *Restatement*).

Mas nem sempre é fácil estabelecer uma linha nítida de demarcação entre o âmbito de competência do estatuto da representação e o âmbito de competência do estatuto do negócio jurídico representativo.

Daí que subsistam zonas de penumbra e que se discuta, pelo menos nas ordens jurídicas em que os problemas desta natureza têm sido objecto de estudo mais aprofundado, a recondução a um ou a outro daqueles dois estatutos de questões como a admissibilidade da representação; a exigibilidade ou não de invocação do nome do representado e as consequências da não invocação do nome do representado; a exigibilidade ou não de atribuição de poderes especiais de representação para a prática de um determinado negócio jurídico.

Por força de determinação expressa em alguns dos sistemas analisados, pertence ao estatuto da representação a disciplina das "relações entre o representante e a contraparte, resultantes do facto de o representante ter actuado no exercício dos seus poderes, para além dos seus poderes ou sem poderes" (artigo 15º da Convenção de Haia) ou das "relações entre o representante sem poderes e a contraparte" (artigo 126, nº 4 da lei suíça de direito internacional privado).

Nos outros sistemas jurídicos estudados, não existindo regras definidas sobre o direito aplicável à actuação do representante sem poderes, não têm sido uniformes as soluções adoptadas pela jurisprudência e pela doutrina quanto aos diversos problemas suscitados pela representação sem poderes.

São por isso muitas as hesitações quanto ao regime conflitual de algumas questões: existência e efeitos do abuso de poderes; responsabilidade do representado perante a contraparte; responsabilidade do representante perante a contraparte, no caso de o representado não ratificar o negócio; admissibilidade e efeitos da ratificação; direito de revogação do negócio pela pessoa que contratou com o *falsus procurator*.

Consoante as matérias e as concepções dos autores, são defendidas soluções muito diversificadas, que vão desde a aplicabilidade da lei reguladora da relação interna, do estatuto da representação, da lei reguladora do negócio representativo até à competência de outras leis, como a lei que rege o estatuto pessoal do representante ou o estatuto pessoal da contraparte e a lei do lugar da prática de um acto.

A algumas das dúvidas apontadas não escapam também os sistemas que procuraram definir pormenorizadamente o âmbito de aplicação de cada uma das leis designadas para regular as diversas relações que se integram na relação representativa, como é o caso do sistema instituído pela Convenção de Haia.

4. Apreciação final

A análise que agora se conclui revela antes de mais a pluralidade de fontes de normas de conflitos que, no âmbito de uma mesma ordem jurídica, podem concorrer para a designação do direito aplicável à representação internacional.

Por outro lado, a descrição do regime conflitual da representação em diversas ordens jurídicas nacionais e na Convenção celebrada sob a égide da Conferência de Haia de Direito Internacional Privado, bem como a exposição comparativa das soluções consagradas neste domínio, confirmam a existência de problemas de delimitação entre os vários estatutos que concorrem na regulamentação da relação representativa.

Em todos os sistemas analisados se procura definir o âmbito de aplicação de cada uma das leis designadas e existe a preocupação, mais ou menos nítida, de compatibilizar os vários estatutos.

Porém, mesmo nos sistemas que conseguiram levar mais longe a definição do âmbito de aplicação das várias leis designadas, não foram eliminadas as questões de compatibilização entre os estatutos concorrentes.

Na origem dos problemas mais complexos estão por vezes lacunas de regulamentação nos sistemas de normas de conflitos e a dificuldade de reconduzir as matérias não reguladas a uma ou a outra das leis em presença, dada a interligação entre todas elas, como consequência da unidade da situação da vida a disciplinar.

Outras vezes, existem pontos de interferência entre as normas provenientes de várias ordens jurídicas, porque a regulamentação derivada de uma ordem jurídica se repercute sobre matérias reguladas por outra ordem jurídica, atenta a relação de proximidade ou de dependência entre essas matérias, todas elas afinal integradas na relação representativa.

Em outros casos, o resultado da aplicação de uma lei a uma determinada questão é incompatível com o resultado da aplicação de outra lei a uma questão próxima ou a um conjunto amplo de questões em que a primeira é susceptível de se enquadrar.

Algumas destas complicações são comuns a outras situações reguladas por normas de conflitos e derivam da técnica do *dépeçage* subjacente ao direito internacional privado. Outras são próprias das situações aqui analisadas, porque são inerentes ao carácter tripartido da relação representativa.

Na origem dos problemas estão sobretudo a diferente qualificação, de uma para outra ordem jurídica, das normas materiais que integram o regime da representação e a interferência, observada no regime material das ordens jurídicas consideradas, entre as várias relações em que se decompõe a relação representativa.

Os factores referidos obstam à completa independência dos vários estatutos e exigem a coordenação entre estes estatutos no momento da determinação da disciplina aplicável às situações da vida privada internacional que envolvam o direito da representação.

CAPÍTULO IV
O regime da representação
perante o sistema de direito internacional privado
em vigor no ordenamento português

A actuação em nome de outrem dá origem a um complexo de relações, de estrutura tripartida, que temos vindo a englobar na designação sintética "relação representativa".

A lição do direito comparado revelou, em todos os sistemas de normas de conflitos analisados, a dificuldade de delimitação dos diversos estatutos que concorrem na regulamentação da complexa relação representativa. A essa dificuldade não escapa, como vimos, o regime constante da Convenção de Haia sobre representação.

O problema da delimitação de estatutos — a fixação do âmbito de aplicação de diversas regras de conflitos conexas — decorre, em matéria de representação, do carácter tripartido da relação e é potenciado pela adopção de soluções autonomistas na regulamentação conflitual do poder de representação [1], como a que se encontra consagrada na Convenção de Haia.

Constitui objectivo da investigação subsequente encontrar os processos metodológicos que permitam compatibilizar os diversos estatutos [2] que concorrem na regulamentação da relação representativa.

A análise que nos propomos realizar toma como ponto de partida o sistema de conflitos em vigor na ordem jurídica portuguesa e incide sobre alguns dos mais relevantes problemas do regime da representação em direito internacional privado.

Proceder-se-á por isso, em primeiro lugar, à identificação das normas de conflitos atendíveis em matéria de representação (§ 1º).

Na selecção dos temas a tratar houve a preocupação de escolher questões que, perante as normas de conflitos aplicáveis ou em face do testemu-

---

[1] Na verdade, as soluções heteronomistas — quer a que submete o poder de representação à lei reguladora da relação interna, quer a que o submete à lei reguladora do negócio em que intervêm o representante e a contraparte —, tornando menor o número de ordens jurídicas aplicáveis ao conjunto da relação representativa, reduzem os problemas de compatibilização entre essas ordens jurídicas. Este argumento é de resto invocado, como uma vantagem de tais teses, por alguns dos seus defensores. Vejam-se, por exemplo, entre os autores que sustentam a aplicação à representação da lei reguladora do negócio jurídico representativo: MÜLLER-FREIENFELS, *Die Vertretung...*, p. 237; SPELLENBERG, *Geschäftsstatut und Vollmacht...*, p. 149, 151 ss, 272; id., *Münch.Komm.*, vor Art. 11, an. 268, 271, 274; CASSONI, *La procura...*, p. 264 s; id., *I contratti collegati ...*, p. 25 s; STARACE, *La rappresentanza...*, p. 88 ss, p. 118, nota (96); id., *La procura...*, p. 423, 433; STARACE, DE BELLIS, *Rappresentanza*, p. 493 ss; PARENTE, *La disciplina dell' agire rappresentativo...*, p. 353.

[2] A uma *Harmonisierung von Anknüpfungen* se refere SCHWIND, *Prinzipien des neuen österreichischen IPR-Gesetzes*, StAZ, 1979, p. 109 ss (p. 114).

nho recolhido junto de outras ordens jurídicas, constituem exemplos paradigmáticos de interferência entre os diversos estatutos envolvidos. Serão discutidas sucessivamente a determinação do direito aplicável à existência e extensão do poder de representação (§ 2º) e a determinação do direito aplicável à representação sem poderes (§ 3º).

A discussão desses problemas permitirá extrair conclusões sobre a delimitação do âmbito do estatuto da representação e sobre os critérios utilizados para a compatibilização dos estatutos que concorrem na regulamentação da relação representativa (§ 4º).

§ 1º
Fontes de normas de conflitos atendíveis em matéria de representação

1. Identificação das normas de conflitos em vigor na ordem jurídica portuguesa com relevância para a disciplina da representação

Seguindo o ensinamento do direito comparado, vamos considerar a relação representativa nas diversas relações em que ela se decompõe; só essa abordagem permite ter em conta o carácter triangular da relação e a interdependência recíproca entre as várias relações que a integram — interdependência que se detectou quer ao nível da regulamentação material, quer ao nível do direito de conflitos, nos diversos sistemas observados.

Tal como em outros sistemas jurídicos antes analisados, também no direito português se encontra uma pluralidade de fontes de normas de conflitos que concorrem na designação do regime da relação representativa, entendida em toda a sua complexidade.

As normas de conflitos relevantes neste domínio provêm de fontes internacionais — a Convenção de Haia de 1978 sobre a lei aplicável aos contratos de intermediação e à representação e a Convenção de Roma de 1980 sobre a lei aplicável às obrigações contratuais — bem como de fontes internas — *maxime* o Código Civil português de 1966.

Comecemos por verificar como coexistem e como se coordenam entre si as normas de conflitos provenientes das diversas fontes.

Os efeitos da vigência na ordem jurídica portuguesa das normas de conflitos incluídas nos dois instrumentos internacionais mencionados, a coordenação entre as normas que compõem os dois complexos normativos e as normas de conflitos do Código Civil e a coordenação entre as normas de conflitos de uma e outra Convenções são questões a decidir em função do âmbito de aplicação temporal, material e espacial das duas Convenções.

2. Âmbito de aplicação da Convenção de Roma de 1980 sobre a lei aplicável às obrigações contratuais

A Convenção de Roma de 1980 sobre a lei aplicável às obrigações contratuais, a que Portugal aderiu através da Convenção do Funchal de 18 de Maio de 1992 [3], entrou em vigor no nosso país em 1 de Setembro de 1994 [4]. Tendo em conta o disposto no artigo 17º, a Convenção aplica-se, em cada Estado contratante, aos contratos celebrados após a data de entrada em vigor nesse Estado. Por outro lado, o artigo 30º determina que a Convenção terá um período de vigência limitado — dez anos a partir da data de entrada em vigor, isto é, a partir de 1 de Abril de 1991 [5], mesmo em relação aos Estados em que começou a vigorar mais tarde —, admitindo-se porém a sua renovação tácita de cinco em cinco anos, salvo denúncia, nos termos e com os efeitos previstos nos n°s 3 e 4 do mesmo artigo 30º. A Convenção de Roma vigora neste momento em doze países da União Europeia [6,7].

---

[3] A Convenção do Funchal de 18 de Maio de 1992 foi aprovada para ratificação pela Resolução da Assembleia da República nº 3/94 (D. R. nº 28, I Série-A, de 3.2.1994, p. 520 ss) e ratificada pelo Decreto do Presidente da República nº 1/94 (no mesmo D. R., p. 520).

[4] Cfr. Aviso nº 240/94, D. R. nº 217, I Série-A, de 19.9.1994, p. 5610.

[5] A Convenção de Roma foi aplicada "por antecipação" em vários países. Alguns Estados membros introduziram no ordenamento interno, e tornaram assim aplicável alguns anos antes da entrada em vigor da Convenção, legislação de direito internacional privado contendo normas de conflitos iguais ou em grande parte correspondentes às da Convenção. Foi o que aconteceu na Dinamarca (lei de 9 de Maio de 1984, em vigor desde 1 de Julho de 1984), no Luxemburgo (lei de 27 de Março de 1986, em vigor desde 1 de Setembro de 1986), na Alemanha (lei de 25 de Julho de 1986, em vigor desde 1 de Setembro de 1986) e na Bélgica (lei de 14 de Julho de 1987, em vigor desde 1 de Janeiro de 1988). Em outros países, os tribunais tomaram em consideração a Convenção, sem a isso estarem obrigados, por considerarem que a mesma consagra "princípios comummente aceites que mereceram aprovação formal por parte do legislador quando autorizou a ratificação" (Cour d' appel de Paris, 27.11.86, Rev. crit., 1988, p. 314 ss, com anotação de LYON-CAEN). Para o comentário das primeiras decisões jurisprudenciais que aplicaram disposições da Convenção de Roma, cfr.: BONELLI, *Le garanzie bancarie a prima domanda nel commercio internazionale*, Milano, 1991, p. 170, nota (91); LAGARDE, an. Cour d' appel de Versailles, 6.2.1991, Rev. crit., 1991, p. 745 ss; id., *La convention de Rome*, "Convention de Rome et opérations bancaires", 1993, p. 1 ss (p. 3); FOYER, an. Cour d' appel de Versailles, 6.2.1991, Clunet, 1992, p. 125 ss; H. GAUDEMET-TALLON, *Convention de Rome du 19 juin 1980 sur la loi applicable aux obligations contractuelles — Chronique de jurisprudence* (an. Cour d' appel de Versailles, 6.2.1991), RTDE, 1992, p. 529 ss; CAMPIGLIO, *Prime applicazioni della clausola d' eccezione "europea" in materia contrattuale*, Rdintpriv.proc., 1992, p. 241 ss; FRIGESSI DI RATTALMA, *Le prime esperienze giurisprudenziali sulla convenzione di Roma del 19 giugno 1980*, Rdintpriv.proc., 1992, p. 819 ss; LUPONE, *Prime applicazioni della Convenzione di Roma: la giurisprudenza tedesca*, in SACERDOTI, FRIGO, "La Convenzione di Roma...", 1993, p. 119 ss.

[6] A Convenção de adesão do Funchal alterou a Convenção de Roma, suprimindo o artigo 27º, que definia o âmbito territorial de aplicação da Convenção. Sobre esta modificação e sobre os problemas de direito transitório a que pode dar origem a coexistência de dois textos, enquanto não for ratificada por todos os Estados membros a Convenção do Funchal, cfr. H. GAUDEMET-TALLON, *Signature de la convention d' adhésion de l' Espagne et du Portugal à la convention de Rome du 19 juin 1980*, RTDE, 1993, p. 61 ss (p. 62 ss). A Convenção do Funchal foi até agora ratificada por nove Estados, onde se encontra em vigor: Países Baixos, Espanha, Itália, Portugal, Alemanha, França, Luxemburgo, Reino Unido e Bélgica (dados referentes a Setembro de 1998).

De acordo com o artigo 1º, nº 1, a Convenção de Roma é aplicável às obrigações contratuais. Não se define em qualquer das suas disposições "obrigação contratual" nem "contrato". Para decidir sobre a inclusão ou não de determinada matéria no âmbito de aplicação da Convenção, não pode atender-se a critérios próprios da *lex fori*; deve proceder-se a uma interpretação autónoma, utilizando o método comparativo, único susceptível de ter em conta o carácter internacional das disposições em causa e a necessidade de garantir uma interpretação e aplicação uniformes (como já antes tivemos ocasião de propor [8] e como de resto impõe o artigo 18º da Convenção) [9].

---

[7] A Convenção de adesão da República da Áustria, da República da Finlândia e do Reino da Suécia à Convenção de Roma foi celebrada em Bruxelas, em 29 de Dezembro de 1996 (cfr. JO C 15, 15.1.1997, p. 10 ss), tendo sido ratificada por três Estados membros: Países Baixos, Suécia e Áustria (dados referentes a Setembro de 1998).

[8] Cfr. capítulo I, nº 2.1.1. A doutrina tem-se pronunciado a favor da interpretação autónoma das regras da Convenção de Roma. Nesse sentido, cfr.: H. GAUDEMET-TALLON, *Convention de Rome du 19 juin 1980 sur la loi applicable aux obligations contractuelles*, Jurisclasseur Europe, fasc. 3200, 1989 (com actualizações), nº 176; LAGARDE, *Le nouveau droit international privé des contrats après l' entrée en vigueur de la Convention de Rome du 19 juin 1980*, Rev. crit., 1991, p. 287 ss (p. 293); JUNKER, *Die einheitliche europäische Auslegung nach dem EG-Schuldvertragsübereinkommen*, p. 677 ss; BALLARINO, BONOMI, *Sulla disciplina delle materie escluse dal campo di applicazione della Convenzione di Roma*, p. 939 s; SACERDOTI, *Finalità e caratteri generali della Convenzione di Roma*, p. 6, 8; MALATESTA, *La legge applicabile ai contratti di cooperazione tra imprese secondo la Convenzione di Roma*, p. 93 s; MIGNOLLI, *L' interpretazione della Convenzione di Roma da parte della Corte di giustizia delle Comunità Europee*, p. 131, 141 s; JAYME, *Identité culturelle et intégration...*, p. 115 ss; M. Helena BRITO, *Os contratos bancários e a Convenção de Roma de 19 de Junho de 1980 sobre a lei aplicável às obrigações contratuais*, Rev. da banca, nº 28, Out.-Dez., 1993, p. 75 ss (p. 86, nota (23)).

[9] A necessidade de garantir a interpretação e a aplicação uniformes da Convenção esteve na origem da atribuição de competência interpretativa ao Tribunal de Justiça das Comunidades Europeias. Essa competência não se encontrava prevista no texto da Convenção. Apenas em declaração comum anexa à Convenção os Estados membros manifestaram o desejo de "garantir uma aplicação tão eficaz quanto possível das suas disposições" e de "evitar que divergências de interpretação da Convenção prejudiquem o seu carácter unitário", declarando-se por isso dispostos a "examinar a possibilidade de atribuir certas competências ao Tribunal de Justiça das Comunidades Europeias e a negociar, se necessário, um acordo para o efeito". Tendo sobretudo em conta o carácter flexível da disciplina constante da Convenção, muitos autores, em diversos países, consideraram indispensável garantir a uniformidade de interpretação mediante a atribuição de competência interpretativa ao Tribunal de Justiça. Cfr.: NADELMANN, *Impressionism and unification of law: the EEC draft convention on the law applicable to contractual and non-contractual obligations*, "Le nuove frontiere del diritto e il problema dell' unificazione", II, 1979, p. 755 ss (p. 774 ss); VILLANI, *L' azione comunitaria in materia di diritto internazionale privato*, Rdeur., 1981, p. 386 ss (p. 399, 423 s); id., *Aspetti problematici della prestazione caratteristica*, Rdintpriv.proc, 1993, p. 513 ss (p. 539 s); GIARDINA, *La convenzione comunitaria sulla legge applicabile alle obbligazioni contrattuali...*, p. 816 s; F. JUENGER, *Parteiautonomie und objektive Anknüpfung im*

A Convenção de Roma tem um âmbito de aplicação geral; abrange a generalidade dos contratos e não tipos contratuais determinados. Apenas são excluídas as questões taxativamente indicadas no artigo 1°, n° 2. De um modo sintético e simplificado pode afirmar-se que certas matérias são excluídas em razão da sua natureza, ou porque não dizem respeito aos objectivos próprios da União Europeia (als. a), b), h)), ou porque constituem objecto de regulamentação através de actos normativos já existentes ou em preparação no momento da celebração da Convenção de Roma, cuja disciplina se pretendeu não fosse afectada pelas novas regras uniformes (em alguns casos, convenções internacionais — als. c), d), f), g); em outros casos, actos comunitários — al. e)) [10].

Interessa em especial sublinhar a exclusão mencionada no artigo 1°, n° 2, al. f) — "a questão de saber se um intermediário pode vincular, em relação a terceiros, a pessoa por conta de quem aquele pretende agir ...".

Esta exclusão tem sido interpretada no sentido de que se confina ao poder de representação na relação entre o representado e a contraparte, não

---

EG-Übereinkommen zum Internationalen Vertragsrecht. Eine Kritik aus amerikanischer Sicht, RabelsZ, 1982, p. 57 ss (p. 62 s); WEINTRAUB, *How to choose law for contracts and how not to: the EEC Convention*, Texas Int. L. J., 1982, p. 155 ss (p. 161); VITTA, *Influenze americane nella Convenzione CEE sulle obbligazioni contrattuali*, Rdintpriv.proc., 1983, p. 261 ss (p. 276); GIULIANO, *Osservazioni introdutive*, "Verso una disciplina comunitaria", 1983, p. XVII ss (p. XXI s); LUZZATTO, *L' interpretazione della Convenzione e il problema della competenza della Corte di Giustizia delle Comunità*, "Verso un disciplina comunitaria", cit., p. 57 ss (p. 57 ss, 64 ss); DANIELE, *La Corte di Giustizia Comunitaria e le convenzioni di Roma e di Lugano*, Rdintpriv.proc., 1990, p. 917 ss (p. 919 ss); JUNKER, *Die einheitliche europäische Auslegung ...*, p. 681 ss; SOUSI, *La Convention de Rome et la loi applicable aux contrats bancaires*, IUIL, policop., 1993, p. 20 s; MIGNOLLI, *L' interpretazione della Convenzione di Roma da parte della Corte di giustizia delle Comunità Europee*, p. 132 ss; VAN GERVEN, *Convention de Rome, Traité de Rome et prestation de services dans le secteur financier*, "Convention de Rome et opérations bancaires", 1993, p. 23 ss. Em 19 de Dezembro de 1988 foram assinados, em Bruxelas, dois Protocolos: o "Primeiro Protocolo relativo à interpretação pelo Tribunal de Justiça das Comunidades Europeias da Convenção sobre a lei aplicável às obrigações contratuais" (JO L 48, de 20.2.1989, p. 1 ss; D. R. n° 28, I Série-A, de 3.2.1994, p. 529 ss) e o "Segundo Protocolo que atribui ao Tribunal de Justiça das Comunidades Europeias determinadas competências em matéria de interpretação da Convenção sobre a lei aplicável às obrigações contratuais" (JO L 48, de 20.2.1989, p. 17 ss; D. R. n° 28, I Série-A, de 3.2.1994, p. 533 ss). Sobre os protocolos, veja-se o Relatório de Antonio Tizzano, publicado no JO C 219, de 3.9.1990, p. 1 ss. Os referidos protocolos ainda não se encontram em vigor; esta circunstância inviabiliza para já a interpretação pelo Tribunal de Justiça e faz recair sobre os juízes nacionais a responsabilidade da interpretação e aplicação uniformes das regras convencionais.

[10] Sobre a justificação destas exclusões, cfr. GIULIANO, LAGARDE, *Rapport concernant la convention sur la loi applicable aux obligations contractuelles*, JO C 282, 30.10.80, p. 1 ss (p. 10 ss). Para uma apreciação crítica das soluções consagradas, P. KAYE, *The new private international law of contract...*, p. 111 ss.

dizendo respeito nem à relação entre o representado e o representante (relação interna, negócio jurídico subjacente ou negócio jurídico fundamental — *Grundgeschäft*) nem ao negócio jurídico celebrado entre o representante, agindo por conta do representado, e a contraparte (negócio jurídico representativo ou negócio jurídico principal — *Vertretergeschäft* ou *Hauptgeschäft*), uma e outro abrangidos no âmbito de aplicação da Convenção de Roma, se tiverem a natureza de contrato [11].

Ainda por força do artigo 1º, nº 1, a Convenção é aplicável às obrigações contratuais "nas situações que impliquem um conflito de leis" ("dans les situations comportant un conflit de lois"). Com esta redacção — que substituiu a versão do anteprojecto "dans les situations ayant un caractère international" —, pretendeu-se atribuir à Convenção um "âmbito máximo de aplicação" [12], susceptível de abranger:

— situações em contacto com várias ordens jurídicas estaduais;
— situações em contacto com várias ordens jurídicas locais dentro de um mesmo ordenamento jurídico complexo (veja-se o artigo 19º da Convenção);
— situações em contacto com uma única ordem jurídica, submetidas à apreciação de um tribunal de outro país em que a Convenção se encontre em vigor (situações na sua origem puramente internas, mas posteriormente internacionalizadas pela sujeição à jurisdição de um tribunal estrangeiro);
— situações em contacto com uma única ordem jurídica, submetidas pelas partes a um direito estrangeiro (como é permitido face ao disposto, e nas condições previstas, no artigo 3º, nº 3 da Convenção).

As regras da Convenção de Roma são assim aplicáveis às obrigações contratuais em situações plurilocalizadas, no sentido que acaba de ser descrito.

Por outro lado, a Convenção não tem efeitos limitados às situações em contacto com as ordens jurídicas dos Estados contratantes; nos termos do artigo 2º, as normas de conflitos nela contidas podem conduzir à aplicação da ordem jurídica de um país que não seja parte na Convenção.

---

[11] Assim, *Rapport* GIULIANO, LAGARDE, p. 13. No mesmo sentido, além dos autores citados nas notas (3), (101) e (127) do capítulo III, cfr.: H. GAUDEMET-TALLON, *Le nouveau droit international privé européen des contrats (Commentaire de la convention CEE nº 80//934 sur la loi applicable aux obligations contractuelles, ouverte à la signature à Rome le 19 juin 1980)*, RTDE, 1981, p. 215 ss (p. 239); id., *Convention de Rome*, nº 50; LAGARDE, *Le nouveau droit international privé ...*, p. 297.

[12] LAGARDE, *Les limites objectives de la convention de Rome...*, p. 33.

3. Âmbito de aplicação da Convenção de Haia de 1978 sobre a lei aplicável aos contratos de intermediação e à representação

A Convenção de Haia de 1978 sobre a lei aplicável aos contratos de intermediação e à representação entrou em vigor em Portugal (e, simultaneamente, em França e na Argentina, em conformidade com o seu artigo 26º), em 1 de Maio de 1992. Vigora também no Reino dos Países Baixos desde 1 de Outubro de 1992 [13]. De acordo com o disposto no artigo 27º, a Convenção tem um período de vigência inicial de cinco anos a partir da data de entrada em vigor, isto é, a partir de 1 de Maio de 1992, mesmo em relação aos Estados em que entre em vigor mais tarde, sendo tacitamente renovada de cinco em cinco anos, salvo denúncia, nos termos e com os efeitos previstos nos terceiro e quarto parágrafos do mesmo artigo 27º.

O âmbito de aplicação material e espacial da Convenção de Haia foi oportunamente descrito [14]. Recordam-se agora apenas alguns dos seus traços essenciais, indispensáveis para a discussão do problema que neste momento nos ocupa.

Nos termos do artigo 1º, a Convenção designa a lei aplicável às relações de carácter internacional que se formam quando uma pessoa (o representante) tem o poder de agir, age ou pretende agir perante um terceiro por conta de outra pessoa (o representado), quer o representante actue em seu próprio nome quer actue em nome do representado e tanto nos casos em que a sua actividade seja habitual como nos casos em que seja ocasional.

Tendo em conta o âmbito de aplicação definido no artigo 1º [15], a Convenção abrange o conjunto de relações que se formam quando uma

---

[13] Apesar de a Convenção apenas ter entrado em vigor no Reino dos Países Baixos na data mencionada, as suas disposições começaram muito antes (a partir de 1982) a influenciar as decisões de tribunais desse país. Cfr. VAN ROOIJ, POLACK, *Private international law in the Netherlands*, The Hague, 1987, p. 151; VLAS, *Neue Entwicklungen im niederländischen IPR, insbesondere in der Rechtsprechung*, IPRax, 1995, p. 194 ss (p. 198 e nota (44)); VERHAGEN, *Agency in private international law*, p. 85 ss, 138 s, 192 s.

[14] Cfr. capítulo III, § 6º, nº 2. Não existindo na Convenção uma norma sobre a sua aplicação no tempo, a *Cour d'appel de Paris* considerou que ela apenas seria aplicável a contratos celebrados após a sua entrada em vigor (cfr. decisão de 21.1.1994, Rev. crit., 1995, p. 535 ss); em sentido contrário, a *Cour d'appel de Grenoble*, em decisão a que tivemos acesso já depois de ter sido entregue esta dissertação, aplicou a Convenção a um contrato celebrado anteriormente à sua entrada em vigor em França (cfr. decisão de 11.1.1996, Clunet, 1997, p. 123 ss, com anotação de René DE QUÉNAUDON, p. 129 ss, louvando a aplicação antecipada da Convenção feita pelo tribunal francês). Os tribunais neerlandeses têm aplicado as disposições da Convenção a contratos celebrados anteriormente (cfr. Rb. Rotterdam, 27.5.1994, Rb. Arnhem, 14.7.1994, Ktg. Groenlo, 2.11.1994, todas em M. SUMAMPOUW, *Les nouvelles conventions de La Haye*, V, p. 321 ss).

[15] Os termos amplos utilizados na definição das situações abrangidas pela Convenção justificam a exclusão de diversas matérias (artigos 2º e 3º) e a admissibilidade de formulação

pessoa actua perante um terceiro por conta de outra pessoa. Três tipos de relações entram portanto no seu âmbito de aplicação: a relação entre o representado e o representante (relação interna, artigos 5º a 10º), a relação entre o representado e a contraparte e a relação entre o representante e a contraparte (relações externas, artigos 11º a 15º). É porém excluída a aplicação das disposições contidas no capítulo respeitante à relação interna se essa relação for qualificada como contrato de trabalho (artigo 10º).

Fora do âmbito de aplicação da Convenção está, em qualquer caso, o negócio celebrado entre o representante, agindo por conta do representado, e a contraparte. O regime do negócio jurídico representativo determina-se a partir das mesmas normas de conflitos do sistema do foro que ao acto e aos seus efeitos seriam aplicáveis se na sua celebração não tivesse havido

---

de reservas (artigo 18º). Recorda-se que o artigo 18º da Convenção de Haia admite que qualquer Estado contratante, no momento da assinatura, ratificação, aceitação, aprovação ou adesão, se reserve o direito de não aplicar a Convenção à representação exercida por um banco ou grupo de bancos em matéria de operações bancárias, à representação em matéria de seguros e aos actos de um funcionário público actuando no exercício das suas funções por conta de uma pessoa privada. Nos termos do instrumento de ratificação depositado em 4 de Março de 1982, Portugal reservou-se o direito de não aplicar a Convenção à representação em todas as situações mencionadas naquele preceito. Todavia, nos avisos que tornaram pública a entrada em vigor desta Convenção em Portugal não se fazia qualquer menção à existência de reservas (cfr. capítulo III, nota (257)). Tendo em conta o tempo que decorreu entre a entrada em vigor da Convenção e a publicação do Aviso nº 239/97 (D. R. nº 173, I Série-A, de 29.7.1997, p. 3867 s) — mais de cinco anos — não pode ser excluída a aplicação do regime fixado pela Convenção relativamente à representação nas situações previstas no artigo 18º, antes da publicação no Diário da República do mencionado aviso, que deu a conhecer as reservas formuladas pelo nosso país ao abrigo da referida disposição. Na verdade, em nosso entender, não pode ser considerado meio de publicitação adequado a menção contida na "Nota justificativa" que acompanha o Decreto nº 101/79, de 18 de Setembro, segundo a qual os Ministérios consultados sobre a Convenção "são também concordantes no sentido de que devem fazer-se as reservas do artigo 18º, as quais serão efectuadas no acto da ratificação". Os requisitos constitucionais exigidos para a vigência na ordem interna das normas de direito internacional convencional (artigo 8º, nº 2; artigo 161º, al. i), ou artigo 197º, nº 1, al. c); artigo 134º, al. b); e artigo 119º, nº 1, al. b), da Constituição) devem considerar-se extensivos às reservas. Neste sentido, veja-se expressamente a propósito da competência para aprovar e revogar reservas, JORGE MIRANDA, *Direito internacional público — I*, Lisboa, 1995, p. 101. Sem a observância das exigências constitucionais, as normas constantes das convenções não vigoram na ordem interna, ainda que vigorem na ordem internacional e vinculem internacionalmente o Estado Português (cfr. o acórdão do Tribunal Constitucional, nº 32/88, de 27.1.2988, ATC, 11º vol., p. 191 ss); do mesmo modo, sem a observância dessas exigências constitucionais, não produzem efeitos as reservas às normas convencionais que vigorem em Portugal, embora se encontrem verificados os requisitos contidos na Convenção a propósito da qual a questão se suscite (no caso, os artigos 18º e 28º da Convenção de Haia sobre representação). O problema de direito internacional público que desta situação pode surgir nas relações entre os Estados que são parte na Convenção não cabe no âmbito deste trabalho e não será por isso objecto de mais ampla discussão.

actuação representativa. À lei designada pela Convenção de Haia (artigos 14º ou 11º e 15º) compete apenas reger os aspectos relacionados com a imputação do negócio.

A aplicabilidade da Convenção depende do carácter internacional das situações abrangidas no seu âmbito.

Na falta de indicação do critério relevante para definir o carácter internacional da situação e para desencadear a aplicação da Convenção, cabe em cada caso ao julgador a tarefa de determinar se está ou não perante uma situação internacional.

A lei designada pelas regras da Convenção aplica-se mesmo que se trate da ordem jurídica de um Estado não contratante, como determina o artigo 4º. Ou seja, as normas de conflitos contidas na Convenção são aplicáveis ainda que o elemento de estraneidade se relacione com o direito de um país que não seja parte na Convenção.

4. Efeitos da vigência na ordem jurídica portuguesa da Convenção de Roma e da Convenção de Haia. Coordenação entre as normas de conflitos contidas nas duas Convenções e as normas de conflitos do Código Civil

A vinculação do Estado Português às duas Convenções internacionais e a verificação dos requisitos exigidos para a respectiva entrada em vigor — nos termos fixados pelo direito constitucional português e pelas próprias Convenções — têm como efeito a vigência na ordem jurídica portuguesa das normas constantes das Convenções, como normas de direito internacional [16].

---

[16] Reconhecemos assim à Convenção de Roma a natureza de acordo internacional, concluído entre os Estados membros da Comunidade Económica Europeia e não imposto directamente pelo Tratado CEE. Esta Convenção não se encontra prevista e não tem por isso o seu fundamento no artigo 220º do Tratado CEE, embora exista estreita unidade funcional entre ela e a Convenção de Bruxelas de 1968 relativa à competência judiciária e à execução de decisões em matéria civil e comercial. Sobre a natureza jurídica da Convenção de Roma, cfr.: *Rapport* GIULIANO, LAGARDE, p. 9, 13, 41; FLETCHER, *Conflict of laws...*, p. 147 s; LUZZATTO, *L' interpretazione della Convenzione...*, p. 61 ss; SACERDOTI, *I rapporti con le altre convenzioni e con le norme di diritto comunitario*, "Verso una disciplina comunitaria", 1983, p. 67 ss (p. 77 ss); id., *Finalità e caratteri generali della Convenzione di Roma*, p. 2 ss; LASOK, STONE, *Conflict of laws...*, p. 341; PLENDER, *The European Contracts Convention*, p. 7 s; MOTA DE CAMPOS, *Direito comunitário*, II — *O ordenamento jurídico comunitário*, Lisboa, 1988, p. 69 ss; RADICATI DI BROZOLO, *L' ambito di applicazione della legge del paese di origine nella libera prestazione dei servizi bancari nella Cee*, Foro It., 1990, IV, c. 454 ss (c. 465); P. KAYE, *The new private international law of contract...*, p. 2; MARTINY, *Münch.Komm.*, *vor* Art. 27, an. 19 ss (implicitamente).

Na ordem jurídica portuguesa, as normas de direito internacional convencional têm valor infraconstitucional, mas prevalecem sobre as leis ordinárias de fonte interna [17].

---

[17] Assim, perante o texto do artigo 8º da Constituição Portuguesa de 1976: JORGE MIRANDA, *A Constituição de 1976. Formação, estrutura, princípios fundamentais*, Lisboa, 1978, p. 297 s, 301; id., *As actuais normas constitucionais e o direito internacional*, Nação e defesa, sep. ano X, 1985, p. 4 ss; id., *Manual de direito constitucional*, II — *Introdução à teoria da Constituição*, 2ª ed., reimp., Coimbra, 1988, p. 277 s; id., *Direito internacional público — I*, p. 179 ss, 190, 197 ss; A. QUEIRÓ, *Lições de direito administrativo*, vol. I, Coimbra, 1976, p. 330; id., *Fontes não voluntárias de direito administrativo*, RDES, XXIII, 1976, p. 1 ss (p. 21); id., *A hierarquia das normas de direito administrativo português*, BFD, vol. LVIII, 1982, "Estudos em homenagem aos Profs. Doutores M. Paulo Merêa e G. Braga da Cruz", II, p. 775 ss (p. 778); M. REBELO DE SOUSA, *A adesão de Portugal à C.E.E. e a Constituição de 1976*, "Estudos sobre a Constituição", 3º vol., Lisboa, 1979, p. 457 ss (p. 465 ss); AZEVEDO SOARES, *Relações entre o direito internacional e o direito interno. O problema na Constituição Portuguesa de 1976*, BFD, nº especial, "Estudos em homenagem ao Prof. Doutor J. J. Teixeira Ribeiro", II, 1979, p. 9 ss (p. 36 ss); MOURA RAMOS, *A Convenção Europeia dos Direitos do Homem. Sua posição face ao ordenamento jurídico português*, DDC, nº 5, 1981, p. 93 ss (p. 127 ss, 144 ss, 154 ss, 193 ss); CASTRO MENDES, *Introdução ao estudo do direito*, por Victor Manuel Pereira de Castro, Lisboa, 1984, p. 106 s; A. GONÇALVES PEREIRA, F. DE QUADROS, *Manual de direito internacional público*, 3ª ed., Coimbra, 1993, p. 106 ss (p. 110, 121); MOTA DE CAMPOS, *As relações da ordem jurídica portuguesa com o direito internacional e o direito comunitário à luz da revisão constitucional de 1982. Estudo de direito internacional, de direito comunitário e de direito político comparado*, Lisboa, 1985, p. 53 ss (p. 56, 78 ss); R. MEDEIROS, *Relações entre normas constantes de convenções internacionais e normas legislativas na Constituição de 1976*, O Direito, 1990, p. 355 ss (no que diz respeito à relação entre os tratados e as leis ordinárias); M. Luísa DUARTE, *A liberdade de circulação de pessoas e a ordem pública no direito comunitário*, Coimbra, 1992, p. 88 ss; id., *O Tratado da União Europeia e a garantia da Constituição (Notas de uma reflexão crítica)*, "Estudos em memória do Professor Doutor João de Castro Mendes", 1995, p. 665 ss (p. 695 ss); P. PITTA E CUNHA, N. RUIZ, *O ordenamento comunitário e o direito interno português*, ROA, 1995, p. 341 ss (p. 344 ss). Em termos menos conclusivos, no que se refere ao valor infraconstitucional mas supralegislativo do direito internacional convencional: GOMES CANOTILHO, *Direito constitucional*, 5ª ed., Coimbra, 1991, p. 913; GOMES CANOTILHO, VITAL MOREIRA, *Constituição da República Portuguesa anotada*, 3ª ed., Coimbra, 1993, Art. 8, an. VIII s. Tendendo para a aceitação da paridade hierárquico-normativa entre normas convencionais internacionais e actos legislativos internos: A. GONÇALVES PEREIRA, *O direito internacional na Constituição de 1976*, "Estudos sobre a Constituição", 1º vol., Lisboa, 1977, p. 37 ss (p. 39 ss); SILVA CUNHA, *Direito internacional público. Introdução e fontes*, 5ª ed., Lisboa, 1991, p. 98; BARBOSA DE MELO, *A preferência da lei posterior em conflito com normas convencionais recebidas na ordem interna ao abrigo do nº 2 do art. 8º da Constituição da República (a propósito do art. 4º do Decreto-Lei nº 262/83, de 16 de Junho)*, CJ, 1984, IV, p. 12 ss (p. 25 ss); SIMÕES PATRÍCIO, *Conflito da lei interna com fontes internacionais: o artigo 4º do Decreto-Lei nº 262/83*, sep. BMJ, Lisboa, 1984, p. 49 ss (p. 79); BESSA LOPES, *A Constituição e o direito internacional*, Porto, 1979, p. 95 ss (implicitamente). O Tribunal Constitucional, embora em *obiter dicta*, tem-se pronunciado no sentido de que as normas de direito internacional vigoram como normas internacionais e não como normas internas e de que têm eficácia supralegal. Cfr., por exemplo, os acórdãos a seguir indicados, não obstante a

No caso específico das duas Convenções em análise, a disciplina nelas contida tem carácter universal. Os Estados contratantes têm a obrigação de aplicar as regras de conflitos convencionais ainda que tais regras reme-

divergência entre eles existente quanto à qualificação do vício de que enferma a norma interna contrária a uma norma internacional. Da 1ª Secção (que, qualificando a desconformidade entre lei interna e convenção internacional como vício de inconstitucionalidade, admite que o Tribunal dele tome conhecimento em sede de fiscalização concreta): n° 27/84, de 21.3.1984, ATC, 2° vol., p. 445 ss (p. 450); n° 62/84, de 19.6.1984, ATC, 3° vol., p. 371 ss (p. 383 ss); n° 24/85, de 6.2.1985, ATC, 5° vol., p. 353 ss (p. 376 ss); n° 431/87, de 4.11.1987, D. R. n° 36, II Série, de 12.2.1988, p. 1352 ss (p. 1352); n° 66/91, de 8.4.1991, ATC, 18° vol., p. 421 ss (p. 425 s); n° 100/92, de 17.3.1992, ATC, 21° vol., p. 365 ss (p. 371); n° 364/92, de 12.11.1992, ATC, 23° vol., p. 515 ss (p. 519). Da 2ª Secção (que, vendo em tal desconformidade um vício de inconstitucionalidade meramente indirecta, recusa a competência do Tribunal para dele conhecer em sede de controlo concreto da constitucionalidade): n° 47/84, de 23.5.1984, ATC, 3° vol., p. 357 ss (p. 361 s, 364); n° 88/84, de 30.7.1984, ATC, 4° vol., p. 415 ss (p. 418 s); n° 118/84, de 28.11.84, ATC, 4° vol., p. 355 ss (p. 357 s); n° 8/85, de 9.1.1985, ATC, 5° vol., p. 325 ss (p. 330 s); n° 154/90, de 3.5.1990, ATC, 16° vol., p. 245 ss (p. 247); n° 281/90, de 30.10.1990, ATC, 17° vol. p. 153 ss (p. 155); n° 185/92, de 20.5.1992, D. R. n° 216, II Série, de 18.9.1992, p. 8787 s (p. 8787); n° 405/93, de 29.6.1993, ATC, 25° vol., p. 609 ss (p. 612). No acórdão n° 371/91, de 10.10.1991, ATC, 20° vol., p. 7 ss — que deliberadamente deixa em aberto a questão relativa à posição do direito internacional na hierarquia de fontes do direito português — pode encontrar-se um resumo das soluções defendidas na jurisprudência do Tribunal Constitucional e na doutrina sobre os diversos problemas suscitados pelas relações entre o direito internacional e o direito interno. (A divergência a que se aludiu, entre a jurisprudência da 1ª e 2ª Secções do Tribunal Constitucional, deixou de ser relevante para efeitos de delimitação dos poderes de cognição do Tribunal, após a Lei n° 85/ /89, de 7 de Setembro, que aditou ao n° 1 do artigo 70° da Lei Orgânica do Tribunal Constitucional uma al. i), segundo a qual cabe recurso de constitucionalidade das decisões dos tribunais "que recusem a aplicação de norma constante de acto legislativo, com fundamento na sua contrariedade com uma convenção internacional, ou a apliquem em desconformidade com o anteriormente decidido sobre a questão pelo Tribunal Constitucional". Perante esta alteração, deixou de poder questionar-se a competência do Tribunal Constitucional para conhecer da eventual contrariedade entre norma constante de acto legislativo e norma constante de convenção internacional — como de resto tem sido sublinhado em acórdãos mais recentes, por exemplo, no acórdão n° 228/97, de 12.3.1997, D. R. n° 147, II Série, de 28.6.1997, p. 7431 ss). As soluções que decorrem da Constituição de 1976 quanto à relevância do direito internacional na ordem interna portuguesa e quanto à posição ocupada pelo direito internacional na hierarquia das fontes do direito português não são substancialmente diferentes das que eram sustentadas pela doutrina dominante, perante o direito anterior. Assim, ainda antes da Constituição de 1933, MACHADO VILLELA, *Tratado elementar*, I, p. 53 ss (tendo sobretudo em conta as disposições do Código Civil de 1867 e do Código Comercial). Face ao texto da Constituição de 1933, cfr.: MAGALHÃES COLLAÇO, *Direito internacional privado*, I, p. 288 ss; FERRER CORREIA, *Letra de câmbio*, p. 34; M. GALVÃO TELES, *Eficácia dos tratados na ordem interna portuguesa (condições, termos e limites)*, Lisboa, 1967 (em especial, p. 75 ss, 92 ss); A. GONÇALVES PEREIRA, *Relevância do direito internacional na ordem interna portuguesa*, RFD, 1964, p. 219 ss (p. 221, 237), id., *Novas considerações sobre a relevância do direito internacional na ordem interna portuguesa*, Lisboa, 1969, p. 68 s, e *Curso de direito internacional público*, 2ª ed., Lisboa, s.d. (mas 1970), p. 113 s (quanto à questão da vigência das

tam para a lei de um Estado não contratante (artigo 2º da Convenção de Roma [18] e artigo 4º da Convenção de Haia [19]). A aplicação da disciplina convencional não está sujeita, em qualquer dos dois casos, a condição de reciprocidade.

---

normas internacionais convencionais como normas internacionais). O Supremo Tribunal de Justiça, em acórdão de 14.1.1975, BMJ 243 (1975), p. 276 ss, considerou que as normas de conflitos constantes de convenção internacional prevalecem sobre as normas de conflitos de fonte interna (estava em causa a aplicação da Convenção de Haia de 17 de Julho de 1905 sobre os conflitos de leis relativos aos efeitos do casamento).

[18] Sobre o carácter universal das disposições da Convenção de Roma (em alguns casos, perante as disposições do anteprojecto), cfr.: GIULIANO, LAGARDE, VAN SASSE VAN YSSELT, *Rapport concernant l' avant-projet de convention sur la loi applicable aux obligations contractuelles et non contractuelles*, Rdintpriv.proc., 1973, p. 198 ss (p. 258); *Rapport* GIULIANO, LAGARDE, p. 13 s; LAGARDE, *Examen de l' avant-projet de convention CEE sur la loi applicable aux obligations contractuelles et non contractuelles: rapport*, "Travaux du Comité Français de Droit International Privé 1971-1973", p. 147 ss (p. 149); id., *Le nouveau droit international privé des contrats...*, p. 291; J. FOYER, *L' avant-projet de convention C.E.E. sur la loi applicable aux obligations contractuelles et non-contractuelles*, Clunet, 1976, p. 555 ss (p. 562 sss); FIRSCHING, *Übereinkommen über das auf vertragliche Schuldverhältnisse anzuwendende Recht (IPR-VertragsÜ) vom 11.6.1980*, IPRax, 1981, p. 37 ss (p. 38); H. GAUDEMET-TALLON, *Le nouveau droit international privé européen des contrats*, p. 228 s; id., *Convention de Rome*, nº 28; GIARDINA, *La convenzione comunitaria...*, p. 813 s; MOURA RAMOS, *L' adhésion du Portugal aux conventions communautaires en matière de droit international privé* (BFD, sep. vol. LXIII [1987], Coimbra, 1988), "Das relações privadas internacionais", p. 143 ss (p. 162); FERRER CORREIA, *Algumas considerações acerca da Convenção de Roma de 19 de Junho de 1980 sobre a lei aplicável às obrigações contratuais*, RLJ, 122º, 1990, nºs 3787 a 3789, p. 289 ss (p. 290); MARTINY, *Münch.Komm.*, vor Art. 27, an. 27; POCAR, *L' entrata in vigore della convenzione di Roma...*, p. 250; BALLARINO, *La Convenzione di Roma sulla legge applicabile alle obbligazioni contrattuali entra in vigore*, p. 651 s; BONOMI, *Il nuovo diritto internazionale privato...*, p. 41; LESGUILLONS, *Loi applicable aux obligations contractuelles: entrée en vigueur de la Convention de Rome du 19 juin 1980*, RDAI, 1991, p. 267 ss (p. 271); SACERDOTI, *Finalità e caratteri generali della Convenzione di Roma*, p. 5 s; FORLATI PICCHIO, *Limiti posti dalla Convenzione di Roma alla riforma del diritto internazionale privato italiano*, p. 269; KASSIS, *Le nouveau droit européen des contrats internationaux*, Paris, 1993, p. 523; P. KAYE, *The new private international law of contract...*, p. 34, 36, 143 ss; BARATTA, *Il collegamento più stretto nel diritto internazionale privato dei contratti*, Milano, 1991, p. 54 ss; id., *Sull' adattamento del diritto interno alla Convenzione di Roma del 1980*, p. 118 s; M. Helena BRITO, *Os contratos bancários e a Convenção de Roma...*, p. 86 e nota (22); MOSCONI, *Diritto internazionale privato e processuale. Parte generale e contratti*, p. 19, 169; id., *Diritto internazionale privato e processuale. Parte speciale*, p. 135; JAYME, *Identité culturelle et intégration ...*, p. 67.

[19] A propósito do carácter universal da Convenção de Haia sobre representação, cfr.: *Rapport* KARSTEN, p. 415; LAGARDE, *La Convention de La Haye sur la loi applicable aux contrats d' intermédiaires et à la représentation*, p. 43; HAY, MÜLLER-FREIENFELS, *Agency in the conflict of laws and the 1978 Hague Convention*, p. 38; MÜLLER-FREIENFELS, *Der Haager Konventionsentwurf über das auf die Stellvertretung anwendbare Recht*, p. 85; R. DE QUÉNAUDON, *Recherches sur la représentation volontaire ...*, p. 547, nota (3); M.-C. MESTRE, *La Convention de La Haye...*, p. 75; JACQUET, *Aperçu de l' oeuvre de la Conférence de La*

As normas de conflitos destas Convenções são aplicáveis a situações internacionais mesmo quando a respectiva internacionalidade resulte do contacto com o direito de um país onde as Convenções não estejam em vigor. A disciplina de fonte convencional constitui, em ambos os casos, "lei uniforme" de direito internacional privado, excluindo, consequentemente, a existência, em cada um dos Estados a ela vinculados, de um duplo sistema de normas de conflitos; a disciplina de fonte convencional substitui no ordenamento dos Estados contratantes a correspondente regulamentação de fonte interna.

Os limites em que se verifica a mencionada substituição são naturalmente determinados pelo âmbito de aplicabilidade material e temporal das regras convencionais. Ambas as Convenções têm, quer do ponto de vista material, quer do ponto de vista temporal, uma esfera de eficácia circunscrita.

As normas de fonte interna não são revogadas nem caducam. O facto normativo que atribui título de vigência na ordem jurídica portuguesa às Convenções de Haia e de Roma tem como efeito a suspensão da eficácia das normas de conflitos de fonte interna respeitantes às matérias abrangidas pelas Convenções. As mesmas normas mantêm a sua eficácia relativamente às matérias excluídas do âmbito de aplicação das Convenções; retomarão a sua plena aplicabilidade se e no momento em que cada uma das Convenções deixar de vigorar em consequência do decurso do tempo nelas fixado ou na sequência da denúncia por um Estado contratante. Daí a utilização das noções de *suspensão* e *substituição* e não de revogação ou caducidade [20] das normas de conflitos de fonte interna [21].

Haye..., p. 46 s; VERHAGEN, *Agency in private international law*, p. 129. Em geral, sobre o carácter universal das convenções adoptadas pela Conferência de Haia de Direito Internacional Privado, cfr.: VON OVERBECK, *L'application par le juge interne des conventions de droit international privé*, Recueil des Cours, 1971 — I, tome 132, p. 1 ss (p. 20); id., *La contribution de la Conférence de La Haye au développement du droit international privé*, p. 33 ss; BORRÁS RODRÍGUEZ, *Cuatro elementos estructurales de los convenios de la Haya, con especial referencia a los convenios ratificados por España*, R. J. C., 1993, p. 9 ss (p. 11 ss); QUEL LÓPEZ, *Las reservas en los convenios de la Haya...*, p. 117. Sobre a evolução da solução dada ao problema do âmbito de aplicação territorial das convenções celebradas sob a égide da Conferência de Haia, VAN HOOGSTRATEN, *La codification par traités en droit international privé dans le cadre de la Conférence de La Haye*, Recueil des Cours, 1967 — III, tome 122, p. 337 ss (p. 386 ss); VON OVERBECK, *La contribution de la Conférence de La Haye...*, loc. cit..

[20] Sobre o sentido e alcance das figuras da revogação, caducidade e suspensão das regras (ou das fontes), cfr. OLIVEIRA ASCENSÃO, *O direito. Introdução e teoria geral. Uma perspectiva luso-brasileira*, 9ª ed., Coimbra, 1995, p. 288 ss.

[21] Segundo M. GALVÃO TELES, *Eficácia dos tratados na ordem interna portuguesa*, p. 98 ss, que discute em termos gerais o problema da relação entre a regra convencional e

Relativamente às matérias abrangidas pelas Convenções e durante o período da respectiva vigência, as normas de conflitos de fonte interna sofrem tão-somente uma *compressão* ou um *redimensionamento* do seu âmbito de aplicação [22] — âmbito esse que em cada Estado retomará os limites originais se e no momento em que as Convenções deixarem de vigorar no Estado em causa [23].

---

uma superveniente norma constitucional contrária e da relação entre o preceito legal e uma norma convencional posterior incompatível, a privação da eficácia do tratado, por motivo da regra constitucional, ou da lei, por acção da regra convencional, tem carácter meramente provisório; está em causa uma simples suspensão da eficácia do tratado ou da lei e não uma revogação. O autor justifica a solução com fundamento no significado substancial das normas de recepção do direito internacional e na diferença entre os fundamentos da eficácia, na ordem estadual, das fontes de origem interna e das de origem internacional; a vigência da norma proveniente de cada uma dessas fontes não pode impedir a vigência da norma emanada da outra, constituindo apenas uma circunstância impeditiva, temporária, da eficácia desta última. Em sentido semelhante, em face da Constituição de 1976, M. GALVÃO TELES, *Inconstitucionalidade pretérita*, "Nos dez anos da Constituição", Lisboa, 1987, p. 267 ss (p. 328, nota (69)); JORGE MIRANDA, *Manual de direito constitucional*, II, p. 278 s, nota (1); id., *Direito internacional público — I*, p. 208 s; A. GONÇALVES PEREIRA, F. DE QUADROS, *Manual de direito internacional público*, p. 123. Utilizando a noção de revogação, BARBOSA DE MELO, *A preferência da lei posterior em conflito com normas convencionais recebidas na ordem interna ...*, p. 25 s.

[22] Segundo Edoardo VITTA, *Corso di diritto internazionale privato e processuale*, p. 289, o "âmbito de aplicação das normas de conflitos [de fonte interna] encontra-se comprimido (*compresso*) de maneira decisiva pela entrada em vigor da Convenção de Roma". A "apagamento (*effacement*) do sistema nacional anterior de conflitos de leis em matéria de contratos" se refere Paul LAGARDE, *Les limites objectives de la convention de Rome ...*, p. 41.

[23] A discussão do problema ganha novos contornos se disser respeito a normas de conflitos de fonte interna, abrangendo o domínio contratual, adoptadas por um Estado membro após a entrada em vigor da Convenção de Roma. Mas não parece que o problema deva ser resolvido de modo substancialmente diferente: se, quanto ao primeiro caso — sistema de normas de conflitos de fonte interna anterior à Convenção de Roma —, a consequência é a suspensão de eficácia das normas desse sistema que tenham como objecto as matérias abrangidas pela Convenção, em relação ao hipotético caso de um Estado membro adoptar um sistema de normas de conflitos de fonte interna, abrangendo o domínio contratual, posteriormente à sua vinculação à Convenção de Roma, a consequência deverá ser a não produção de efeitos — a ineficácia — de tal sistema de normas. A questão (que de resto foi prevista pela própria Convenção, no artigo 23º, mas apenas, naturalmente, em relação a normas de conflitos que tenham como objecto uma categoria especial de contratos abrangidos pela Convenção) foi debatida em Itália a propósito dos trabalhos preparatórios da reforma do direito internacional privado italiano. Cfr. FORLATI PICCHIO, *Limiti posti dalla Convenzione di Roma...*, p. 269 ss; BARATTA, *Sull' adattamento del diritto interno alla Convenzione di Roma del 1980*, p. 118 ss. Em geral, sobre o problema da relação entre as consequências da contradição entre conteúdo de lei interna posterior e tratado anterior, cfr. M. GALVÃO TELES, *Eficácia dos tratados na ordem interna portuguesa*, p. 102 ss (onde se conclui que o efeito da contrariedade entre a lei e uma convenção anterior não deverá ultrapassar a ineficácia, p. 110). Sustentando, perante a Constituição de 1976, a ineficácia da norma legal interna que contrarie uma norma

Tal acontece com determinadas normas de conflitos do Código Civil português cujo objecto coincida no todo ou em parte com normas de conflitos incluídas na Convenção de Roma. Tendo em conta a delimitação do âmbito de aplicação da lei do contrato, constante dos artigos 10º e 8º da Convenção, e considerando ainda as matérias reguladas em outras disposições da Convenção, como os artigos 9º e 11º, são afectadas no seu âmbito de aplicabilidade, designadamente, as regras que têm como objecto a substância e efeitos das obrigações (artigos 41º e 42º), e bem assim as regras que têm como objecto a prescrição e caducidade (artigo 40º), certos aspectos da declaração negocial (artigos 35º e 36º) e certos desvios quanto às consequências da incapacidade (artigo 28º), na parte em que se reportem a obrigações contratuais ou a contratos obrigacionais.

Afectadas no seu âmbito de aplicabilidade, porque abrangidas no domínio específico da Convenção de Haia, são, desde logo, as normas de conflitos do artigo 39º do Código Civil, que têm como objecto a representação voluntária (concretamente, a existência, extensão, modificação, efeitos e extinção dos poderes representativos) — correspondentes às normas dos artigos 11º e 14º da Convenção —, mas também as normas de conflitos dos artigos 41º e 42º, na medida em que sejam chamadas a indicar a lei aplicável ao negócio jurídico subjacente à representação — matéria regulada nos artigos 5º, 6º e 8º da Convenção.

Para além de normas de conflitos, também outras disposições do Código Civil português, respeitantes a problemas gerais do direito internacional privado, serão afectadas na sua eficácia por normas correspondentes incluídas em ambas as Convenções. Têm-se agora em vista as disposições relativas à natureza da referência feita por uma norma de conflitos do foro a uma ordem jurídica estrangeira, bem como a disposição relativa à remissão para um ordenamento jurídico complexo. Quando forem aplicáveis as normas de conflitos incluídas nestas Convenções, atender-se-á, não às

---

de direito internacional convencional anterior, MOURA RAMOS, *A Convenção Europeia dos Direitos do Homem*, p. 149, 193; M. GALVÃO TELES, *Inconstitucionalidade pretérita*, p. 328, nota (69)); JORGE MIRANDA, *Manual de direito constitucional*, II, p. 278 s, nota (1); id., *Direito internacional público — I*, p. 208 s; A. GONÇALVES PEREIRA, F. DE QUADROS, *Manual de direito internacional público*, p. 123. Em sentido diferente, defendendo que os tribunais portugueses devem obediência a normas internas contrárias a convenções que Portugal ratificou e às quais está internacionalmente obrigado (sem prejuízo de o Estado assim se constituir em responsabilidade internacional, por violação do tratado), BARBOSA DE MELO, *A preferência da lei posterior...*, p. 26, 27; SIMÕES PATRÍCIO, *Conflito da lei interna com fontes internacionais...*, p. 48 s, 55, 79. Neste sentido se pronunciou, perante a Constituição de 1933 (após a revisão constitucional de 1971), A. QUEIRÓ, *Relações entre o direito internacional e o direito interno ante a última revisão constitucional portuguesa*, BFD, vol. XLVIII, 1972, p. 55 ss (p. 73).

normas do Código Civil português (respectivamente, artigos 16º a 19º e artigo 20º), mas aos princípios estabelecidos nas próprias Convenções sobre as questões mencionadas (o princípio da referência material, expresso no artigo 15º da Convenção de Roma, e implícito no léxico utilizado na Convenção de Haia; o princípio da remissão para uma ordem jurídica local determinada, nos termos dos artigos 19º da Convenção de Roma e 19º da Convenção de Haia).

Mantêm a sua plena aplicabilidade as normas de conflitos que estão fora do âmbito das duas Convenções referidas (por exemplo, as normas de conflitos sobre a capacidade das partes, ainda assim com a restrição resultante do artigo 11º da Convenção de Roma, que interfere com o artigo 28º do Código Civil português; as normas de conflitos sobre a representação legal e a actuação das pessoas colectivas através dos seus órgãos, matérias excluídas do âmbito da Convenção de Haia; e, obviamente, as normas de conflitos sobre os direitos reais, as relações de família, as sucessões, a que nenhuma das duas Convenções se aplica).

5. Coordenação entre as normas de conflitos da Convenção de Roma e as normas de conflitos da Convenção de Haia

A conclusão que acaba de ser enunciada não resolve todos os problemas de compatibilização entre as diversas fontes de normas de conflitos, pois dela apenas resulta o afastamento das normas de conflitos do Código Civil relativas às matérias abrangidas pelas Convenções de Roma e de Haia, enquanto estas vincularem internacionalmente o Estado Português.

Fica ainda por resolver a questão da disciplina conflitual aplicável às matérias abrangidas simultaneamente no âmbito das duas Convenções. Na verdade, as normas de conflitos das duas Convenções concorrem na regulamentação de certas matérias.

A Convenção de Roma, ao excluir do seu âmbito de aplicação "a questão de saber se um intermediário pode vincular, em relação a terceiros, a pessoa por conta de quem aquele pretende agir ..." (artigo 1º, nº 2, al. f)), refere-se apenas ao poder de representação na relação externa.

Não é abrangido pela exclusão o negócio jurídico celebrado entre o representante, actuando por conta do representado, e a contraparte (negócio jurídico representativo). Este negócio jurídico, se tiver natureza contratual, é regulado pelas normas de conflitos da Convenção de Roma. Quanto ao contrato representativo não existe porém qualquer problema de concurso de normas, pois a matéria não é objecto da Convenção de Haia sobre representação.

Não é também abrangida pela exclusão a relação entre o representado e o representante (relação interna). Esta relação estará incluída no âmbito de aplicação da Convenção de Roma, se, como acontece nas situações consideradas típicas, tiver natureza contratual [24]. Do mesmo modo não é abrangida pela exclusão a relação entre o representante e a contraparte, que, nos casos em que se constitua [25], poderá estar sujeita às regras da Convenção de Roma quanto aos aspectos qualificados como contratuais.

Nas situações susceptíveis de ser reconduzidas a estes dois grupos de relações, pode surgir um problema de concurso entre as normas de conflitos [26] da Convenção de Roma e as da Convenção de Haia respeitantes quer à regulamentação da relação representado-representante (capítulo II da Convenção de Haia), no primeiro caso, quer à regulamentação da relação representante-contraparte (artigo 15º da Convenção de Haia), no segundo caso.

Na exposição subsequente, ter-se-á em atenção preferencialmente o concurso de normas respeitantes à relação entre o representado e o representante, por ser nesse domínio que com maior frequência a questão surgirá. Justificam esta opção o carácter eventual da relação entre o representante e a contraparte e a circunstância de apenas em casos muito circunscritos essa relação revestir natureza contratual e por isso mesmo estar na origem da aplicabilidade de normas de conflitos das duas Convenções.

Ambas as Convenções contêm cláusulas de compatibilização com outros instrumentos internacionais que vinculem um Estado contratante (artigo 21º da Convenção de Roma [27] e artigo 22º da Convenção de

---

[24] A relação entre o representado e o representante não tem a natureza de contrato nem na *negotiorum gestio* nem nos casos de representação com fundamento na aparência de poderes, admitidos, embora com pressupostos e efeitos distintos, em todas as ordens jurídicas analisadas na presente dissertação.

[25] Como já se salientou, o direito material da *agency* aceita a possibilidade de vinculação pessoal do *agent* perante a contraparte, mesmo quando actua dentro do âmbito dos poderes atribuídos pelo *principal*; diferentemente, nos países de *civil law* em princípio só é admitida a constituição de uma relação entre o representante e a contraparte nos casos em que aquele actua sem poderes ou fora dos limites dos poderes em que estava investido. O texto do artigo 15º da Convenção de Haia sobre representação, respeitante às relações entre o representante e a contraparte, reflecte a concepção do *common law*.

[26] Em geral, sobre a noção de concurso de normas de conflitos, sobre a distinção entre concurso de normas de conflitos, conflito de normas de conflitos e falta de normas aplicáveis e sobre os respectivos critérios de solução, cfr. MAGALHÃES COLLAÇO, *Da qualificação...*, p. 237 ss. Utilizando noções e critérios não inteiramente coincidentes, BAIÃO DO NASCIMENTO, *Do concurso de normas*, Lisboa, 1971, p. 99 ss. Relativamente ao concurso de normas de conflitos contidas em convenções internacionais, cfr. VOLKEN, *Konventionskonflikte im internationalen Privatrecht*, Zürich, 1977 (o autor atribui à noção de *Konventionskonflikt* o sentido de "concurso de normas no plano das convenções internacionais", p. 7, 45, 234 ss, 307).

[27] Nos termos do artigo 21º da Convenção de Roma, "a presente Convenção não prejudica a aplicação das convenções internacionais de que um Estado contratante seja ou venha a

Haia [28]). O teor das duas disposições é semelhante. Os termos utilizados exprimem a subordinação de cada uma das Convenções relativamente a outros instrumentos internacionais da mesma natureza que incluam disposições (incompatíveis) nas matérias que constituem o respectivo objecto; cada uma das Convenções dá prioridade à aplicação das regras contidas na outra [29].

A resolução do problema de determinação das normas de conflitos aplicáveis neste caso de reenvio circular não pode assentar nas regras sobre sucessão de normas no tempo, designadamente no princípio *lex posterior derogat legi priori* [30].

---

ser parte". Em geral, sobre as relações entre as regras de conflitos da Convenção de Roma e as regras de conflitos contidas em outros instrumentos internacionais, cfr.: SACERDOTI, *I rapporti con le altre convenzioni...*, p. 67 ss; JAYME, *The Rome Convention on the law applicable to contractual obligations (1980)*, "International contracts and conflicts of laws", 1990, p. 36 ss (p. 40 s); PLENDER, *The European Contracts Convention*, p. 15 ss; H. GAUDEMET-TALLON, *Convention de Rome*, n° 186 ss; LAGARDE, *Le nouveau droit international privé...*, p. 337 s; id., *Les limites objectives de la convention de Rome...*, p. 37 ss; BLOCH, *La coordination de la convention de Rome avec d' autres règles de conflit*, "Convention de Rome et opérations bancaires", 1993, p. 5 ss; KASSIS, *Le nouveau droit européen des contrats internationaux*, p. 524; P. KAYE, *The new private international law of contract...*, p. 37, 367 ss.

[28] Nos termos do artigo 22° da Convenção de Haia, "a Convenção não afecta os instrumentos internacionais de que um Estado contratante é ou venha a ser parte e que contenham disposições sobre matérias reguladas pela presente Convenção". Para uma apreciação geral das cláusulas de compatibilização com outros instrumentos internacionais contidas em convenções celebradas no âmbito da Conferência de Haia de Direito Internacional Privado, cfr. ALVAREZ GONZÁLEZ, *Clausulas de compatibilidad en los convenios de la Conferencia de la Haya de DIPR*, R. E. D. I., 1993, p. 39 ss.

[29] A Convenção de Roma prevê a organização de um processo de consulta entre os Estados signatários no caso de algum desses Estados pretender aderir a uma convenção de direito internacional privado sobre matérias abrangidas pela própria Convenção de Roma (artigo 24°); admite ainda a organização de um processo semelhante no caso de um Estado contratante considerar que a celebração de outros acordos internacionais pode comprometer a realização da unificação pretendida com a Convenção de Roma (artigo 25°). Segundo informam JAYME, KOHLER, *Das Internationale Privat- und Verfahrensrecht der EG nach Maastricht*, p. 355, o Reino dos Países Baixos notificou os outros Estados signatários da Convenção de Roma da sua intenção de ratificar a Convenção de Haia sobre representação, invocando o artigo 23° da Convenção de Roma (disposição que prevê o procedimento a seguir no caso de um Estado signatário pretender adoptar novas normas de conflitos sobre uma categoria especial de contratos abrangidos pela Convenção de Roma).

[30] O princípio da aplicação do tratado posterior encontra-se acolhido no artigo 30° da Convenção de Viena sobre o direito dos tratados entre Estados, assinada em 23 de Maio de 1969 (repetido no artigo 30° da Convenção de Viena sobre o direito dos tratados entre Estados e Organizações Internacionais ou entre Organizações Internacionais, assinada em 21 de Março de 1986). Nos termos do n° 3 da disposição referida, aquele princípio só tem aplicação automática no caso de todas as partes na primeira convenção serem igualmente partes na segunda. Nos outros casos, a aplicação da *lex posterior* é mitigada. Por força do n° 4, al. a), do mesmo preceito, "se as partes no primeiro tratado não forem todas partes no segundo, nas

A aplicação desse critério, por si só, prescindiria de uma análise de natureza funcional, esquecendo o conteúdo ou objecto das duas Convenções.

Não seria, além disso, conciliável com a existência de cláusulas de compatibilização incluídas em ambos estes instrumentos internacionais, que ressalvam mesmo a aplicação de convenções anteriores.

O princípio *lex posterior*, se combinado com o critério do momento da entrada em vigor [31], conduziria a soluções diferentes nos vários Estados que se encontram vinculados às Convenções de Roma e de Haia (em Portugal, a Convenção de Haia entrou primeiro em vigor; em França e nos Países Baixos, a vigência da Convenção de Roma precedeu a da Convenção de Haia).

Uma interpretação funcional das duas Convenções revela que as normas de conflitos da Convenção de Haia, tendo como objecto, na parte que agora interessa considerar, os contratos de intermediação, constitui disciplina especial relativamente à disciplina instituída pela Convenção de Roma, que, quando globalmente considerada, se refere à generalidade dos contratos e a certas matérias gerais do direito dos contratos [32].

Aplicando ao caso noções da teoria do concurso de normas, dir-se-á que a situação é de concurso meramente aparente entre as normas de conflitos da Convenção de Roma que designam a lei aplicável à generalidade dos contratos e as normas de conflitos da Convenção de Haia que designam a lei aplicável a um tipo (uma categoria) especial de contratos, a dos contratos de intermediação.

No caso do concurso aparente de normas, existe uma relação de "consunção total unilateral" [33]; só uma das normas em concurso é atendível,

---

relações entre duas partes nos dois tratados, a regra aplicável é a enunciada no nº 3" [a regra geral da aplicação do tratado posterior]. Para a análise do artigo 30º da Convenção de Viena sobre o direito dos tratados, cfr. VOLKEN, *Konventionskonflikte im internationalen Privatrecht*, p. 295 ss; MAJOROS, *Les conventions internationales en matière de droit privé*, p. 401 ss; id, *Konflikte zwischen Staatsverträgen auf dem Gebiete des Privatrechts*, RabelsZ, 1982, p. 84 ss (p. 100 s); N. Q. DINH, *Droit international public*, 2ª ed. por Patrick Daillier e Alain Pellet, Paris, 1994, p. 263 ss.

[31] Sobre a questão de saber se para a aplicação do princípio *lex posterior* deve ter-se em conta a data da assinatura dos tratados ou a data da entrada em vigor, cfr. VOLKEN, *Konventionskonflikte im internationalen Privatrecht*, p. 271 s.

[32] Partindo da ideia de que a Convenção de Roma tem um âmbito de aplicação geral em matéria contratual e constitui uma nova *lex generalis* de direito internacional privado quanto às obrigações contratuais no direito dos Estados signatários, SACERDOTI, *I rapporti con le altre convenzioni* ..., p. 70 s, conclui que "o artigo 21º deveria ter limitado a prevalência de futuras convenções só às de direito internacional privado que sejam relativas a matérias especiais".

[33] Na terminologia de BAIÃO DO NASCIMENTO, *Do concurso de normas*, p. 46 ss.

consumindo a aplicabilidade da outra — no caso particular da relação de especialidade, a consunção total unilateral da norma geral pela norma especial significa o afastamento da norma geral pela norma especial.

No problema que agora nos ocupa, tendo em conta o critério da especialidade [34], a regulamentação contida na Convenção de Haia quanto ao contrato entre o representado e o representante afasta, e por isso prevalece sobre, a regulamentação relativa aos contratos contida na Convenção de Roma [35].

---

[34] Sobre o critério da especialidade na resolução dos concursos entre normas contidas em convenções internacionais, cfr. MAJOROS, *Les conventions internationales en matière de droit privé*, p. 343 ss; id, *Konflikte zwischen Staatsverträgen* ..., p. 96 ss. O autor atende aos critérios da "eficácia máxima", da especialidade e da aplicação da *lex posterior*, atribuindo todavia prioridade ao critério da "eficácia máxima" (respectivamente, p. 253 ss e p. 93 ss). À doutrina de MAJOROS aderem: L. S. ROSSI, *Il problema dei conflitti fra le Convenzioni promosse dalla CEE e dalla Conferenza Permanente dell' Aja sulla disciplina internazionalprivatistica delle vendite internazionali*, DCSI, 1986, p. 347 ss (p. 360 ss); GARCÍA VELASCO, *Derecho internacional privado*, p. 187 ss. Para VOLKEN, *Konventionskonflikte im internationalen Privatrecht*, p. 296 ss, a resolução dos concursos entre normas contidas em convenções internacionais assenta em quatro critérios fundamentais: o princípio da hierarquia, a vontade das partes, a ordem de prioridade (no âmbito do qual o autor faz apelo à noção de especialidade, p. 298 s) e a responsabilidade internacional dos Estados; relativamente às convenções de direito internacional privado, considera aplicáveis apenas dois desses critérios: o da vontade das partes e o da ordem de prioridade (p. 305). Sobre a questão, cfr. ainda N. Q. DINH, *Droit international public*, p. 266.

[35] Neste sentido se pronuncia a generalidade da doutrina que tem discutido o problema das relações entre a Convenção de Roma e a Convenção de Haia. Cfr.: BALDI, *Il diritto della distribuzione commerciale nell' Europa comunitaria*, p. 204; R. DE QUÉNAUDON, *Les intermédiaires de commerce dans les relations internationales*, n° 67; TROMBETTA-PANIGADI, *L' unificazione del diritto in materia di contratti internazionali di intermediazione e di rappresentanza*, p. 960; LAGARDE, *Le nouveau droit international privé...*, p. 337 s (tendo em conta a precedência da entrada em vigor, em França, da Convenção de Roma, o autor considera que os contratos de intermediação celebrados entre 1 de Abril de 1991 e 1 de Maio de 1992, estão sujeitos, segundo o direito internacional privado francês, à Convenção de Roma, e os celebrados após 1 de Maio de 1992, à Convenção de Haia — cfr. an. C. Cass., 2.ème Ch. B, 21.1.1994, Rev. crit., 1995, p. 539 ss, p. 541 s); KASSIS, *Le nouveau droit européen des contrats internationaux*, p. 524; BLOCH, *La coordination de la convention de Rome avec d' autres règles de conflit*, p. 6; P. KAYE, *The new private international law of contract...*, p. 368; C. FERRY, *Convention de Rome du 19 juin 1980 sur la loi applicable aux obligations contractuelles, Convention de La Haye du 14 mars 1978 sur la loi applicable aux contrats d' intermédiaires et à la représentation et la loi n. 91-593 du 25 juin 1991 relative aux rapports entre les agents commerciaux et leurs mandants*, J. C. P., 1993, éd. E, I, 233, p. 154 ss (p. 154); VERHAGEN, *Agency in private international law*, p. 135 s; DAVÌ, *La Convenzione dell' Aja...*, p. 651. Também MARTINY, *Münch.Komm., vor* Art. 27, an. 19 ss, ao analisar as relações entre a Convenção de Roma e outros tratados internacionais, atribui prioridade às convenções especiais, que tenham como objecto a regulamentação de um determinado tipo contratual (mencionando globalmente as convenções celebradas no âmbito da Conferência de Haia de Direito Internacional Privado).

É porém excluído o concurso de normas de conflitos no âmbito da relação interna, em dois grupos de situações em que, por força de determinação expressa da Convenção de Haia, as disposições do capítulo II dessa Convenção não são aplicáveis: nas situações em que a formação da relação de intermediação não constitui o objecto exclusivo do contrato entre o representado e o representante (artigo 7°, que se refere aos "contratos mistos" ou "uniões de contratos", mas que limita essa estatuição aos casos em que a formação da relação de intermediação não constitui o objecto principal do contrato ou em que a relação de intermediação não é separável do conjunto do contrato); nas situações em que a relação entre o representado e o representante é qualificada como contrato de trabalho (artigo 10°). Tais contratos ficam portanto sujeitos às normas de conflitos da Convenção de Roma: as normas gerais dos artigos 3° e 4°, no primeiro grupo de situações; a norma de conflitos especial do artigo 6°, no caso de se tratar de um contrato de trabalho.

Aos contratos de intermediação abrangidos pela Convenção de Haia serão sempre aplicáveis as normas da Convenção de Roma sobre matérias não reguladas na Convenção de Haia, como sejam as normas de conflitos sobre forma (artigo 9°) e sobre as consequências da incapacidade (artigo 11°) — que constitui regime geral não consumido pela regulamentação da Convenção de Haia.

Para além de interesse teórico, a resolução do problema a que se aludiu tem implicações quanto ao regime aplicável.

No que diz respeito ao direito competente para reger a relação entre o representado e o representante, as regras das duas Convenções conduzem, pelo menos em primeira linha, a soluções em boa parte coincidentes. Os dois instrumentos internacionais, preparados na mesma época, com a colaboração de alguns peritos comuns, têm subjacentes os mesmos princípios.

Utilizando uma formulação simplificada e sintética, dir-se-á que é aplicável a lei designada pelas partes (artigo 3° da Convenção de Roma [36];

---

[36] A utilização do termo "lei" no artigo 3° (e também no artigo 4° da Convenção) não deve constituir obstáculo à possibilidade de as partes remeterem para os "Princípios dos contratos comerciais internacionais", elaborados sob a égide do UNIDROIT, ou para os "Princípios do direito europeu dos contratos", preparados pela *Commission on European Contract Law* (cfr. capítulo I, nota (74)). As duas séries de "Princípios" admitem a sua aplicabilidade mediante remissão directa pelos interessados ou mediante remissão para os "princípios gerais de direito" ou para a *lex mercatoria*. A escolha de tais "Princípios", como, em geral, a escolha da *lex mercatoria*, é por natureza uma escolha parcial, que não exclui a necessidade de determinar a ordem jurídica aplicável ao contrato segundo os critérios gerais contidos na Convenção de Roma. Esta perspectiva não implica porém o reconhecimento da *lex mercatoria* como uma ordem jurídica autónoma, à semelhança do que entendem, por exemplo, DRAETTA, *Il diritto dei contratti internazionali. La formazione dei contratti*, p. 14, 23, e OSMAN, *Les*

artigo 5º da Convenção de Haia); na falta de escolha, é aplicável a lei do lugar em que, no momento da celebração do contrato, se situa o estabelecimento profissional ou a residência habitual do intermediário (artigo 4º,

---

principes généraux de la lex mercatoria. Contribution à l' étude d' un ordre juridique anational, p. 405 ss (p. 454 s). Na verdade, seja qual for a natureza que se atribua às regras e princípios que integram a *lex mercatoria*, não é possível reconhecer à *lex mercatoria* uma posição de exclusividade; as operações do comércio internacional não podem ser por inteiro subtraídas à competência dos direitos estaduais. Isto mesmo foi afirmado por WENGLER, *Immunité législative des contrats multinationaux*, Rev. crit., 1971, p. 637 ss (p. 649), e repetido por um incontestável partidário da *lex mercatoria*, GOLDMAN, *La lex mercatoria dans les contrats et l'arbitrage internationaux*, p. 498. Não obstante, uma parte significativa da doutrina pronuncia-se no sentido de que o artigo 3º da Convenção de Roma não admite a escolha da *lex mercatoria* e de que a remissão para os usos do comércio internacional dependeria da lei (estadual) reguladora do contrato, determinada de acordo com as normas de conflitos supletivas constantes da Convenção. Assim: LAGARDE, *Examen de l' avant-projet de convention CEE...*, p. 153; id., *Approche critique de la lex mercatoria*, "Études Goldman", 1987, p. 125 ss (p. 140 ss); id., *Le nouveau droit international privé...*, p. 300 s; id., *La convention de Rome*, p. 2; H. GAUDEMET-TALLON, *Le nouveau droit international privé européen des contrats*, p. 242; id., *Convention de Rome*, nº 56; GIARDINA, *La convenzione comunitaria...*, p. 800 s, nota (12); id., *Volontà delle parti, prestazione caratteristica e collegamento più significativo*, "Verso una disciplina comunitaria", 1983, p. 3 ss (p. 7 ss); RADICATI DI BROZOLO, *La legge regolatrice delle operazioni bancarie secondo la convenzione comunitaria del 19 giugno 1980*, Rdcomm., 1982, I, p. 329 ss (p. 332) (= "Verso una disciplina comunitaria", cit., p. 83 ss); id., *Operazioni bancarie internazionali e conflitti di leggi*, Milano, 1984, p. 66 ss (p. 77); PATOCCHI, *Règles de rattachement localisatrices et règles de rattachement à caractère substantiel. De quelques aspects récents de la diversification de la méthode conflictuelle en Europe*, Genève, 1985, p. 85 s; E. LORENZ, *Die Rechtswahlfreiheit im internationalen Schuldvertragsrecht*, RIW, 1987, p. 569 ss (p. 573 s); RIGAUX, *Examen de quelques questions laissées ouvertes par la Convention de Rome sur la loi applicable aux obligations contractuelles*, CDE, 1988, p. 306 ss (p. 318 s); id., *Droit international privé*, II — *Droit positif belge*, 2ª ed., com a colaboração de Marc Fallon, Bruxelles, 1993, p. 626; MARTINY, *Münch.Komm.*, Art. 27, an. 26; BARATTA, *Il collegamento più stretto...*, p. 36, 191 ss; LOUSSOUARN, BOUREL, *Droit international privé*, p. 422, 55 s; SACERDOTI, *Finalità e caratteri generali della Convenzione di Roma*, p. 14 s; KASSIS, *Le nouveau droit européen des contrats internationaux*, p. 373 ss; MOSCONI, *Diritto internazionale privato e processuale. Parte generale e contratti*, p. 10. Particularmente crítico, C. VON BAR, *Internationales Privatrecht*, I, p. 86, II, p. 315, considera que a escolha da *lex mercatoria* conduz "ao vazio". Em sentido diferente, alguns autores, apesar de considerarem que a Convenção adoptou uma perspectiva conflitualística tradicional, chamam a atenção para certas disposições (das quais se destaca o artigo 7º) inspiradas em soluções substanciais, que exigem, na sua aplicação, uma abordagem semelhante à da *lex mercatoria* (BONELL, *Il diritto applicabile alle obbligazioni contrattuali*, p. 232 ss). Outros entendem que a Convenção de Roma não impõe necessariamente a escolha de um direito estadual, invocando a favor da aplicabilidade da *lex mercatoria* e do "contrato sem lei" a amplitude reconhecida à autonomia privada pela própria Convenção (CARBONE, *Il "contratto senza legge" e la Convenzione di Roma del 1980*, Rdintpriv.proc., 1983, p. 279 ss (p. 285); CARBONE, LUZZATTO, *Il contratto internazionale*, Torino, 1994, p. 24 s; AUDIT, *Droit international privé*, p. 634). Outros ainda lembram o significado da referência aos usos do comércio internacional em muitos contratos, considerando por isso inoportuna, do ponto de vista

n°s 1 e 2 da Convenção de Roma, tendo em conta a presunção segundo a qual o contrato tem a conexão mais estreita com o país onde a parte que está obrigada a fornecer a prestação característica [37] tem, no momento da

dos interesses do meio dos negócios internacionais, a solução proposta pelo (então) projecto de Convenção, que teria como consequência excluir do âmbito da Convenção contratos economicamente importantes (FOYER, *L' avant-projet de convention C.E.E.....*, p. 597 s).
É também admitida a designação de direito não estadual, sujeita aos limites gerais da escolha do direito competente, quando nas matérias consideradas existam fontes suficientes para um "direito do comércio internacional" (SIEHR, *Die Parteiautonomie im Internationalen Privatrecht*, "FS Max Keller", 1989, p. 485 ss (p. 501 s)). No domínio das operações bancárias, a necessidade de conciliar a relevância efectiva da *lex mercatoria* com a abordagem de natureza conflitual da Convenção de Roma foi defendida por: STOUFFLET, *L' oeuvre de la Chambre de commerce internationale dans le domaine bancaire*, "Études Goldman", cit., p. 361 ss (p. 369 ss); CECCHINI, *Le operazioni bancarie fra convenzione di Roma e lex mercatoria*, "L' unificazione del diritto internazionale privato e processuale", 1989, p. 281 ss (p. 288, 302 ss).

[37] A ideia de prestação característica a que recorre a Convenção de Roma para concretizar, com o valor de presunção, o princípio da conexão mais estreita surgiu pela primeira vez (embora a expressão utilizada não fosse exactamente a mesma) numa resolução da Sessão de Florença do Instituto de Direito Internacional, em 1908. De acordo com o artigo 2° da resolução relativa a conflitos de leis em matéria de obrigações, na falta de designação da lei competente para regular os efeitos das obrigações contratuais, "a determinação da lei a aplicar como direito supletivo será deduzida da natureza do contrato, da condição relativa às partes ou da situação da coisa". A mesma disposição continha, no parágrafo seguinte, um catálogo de conexões relativamente a diversos tipos de contratos. Cfr. Annuaire de l' IDI, vol. XXII (*Session de Florence de 1908*), p. 289 ss. Todavia, o princípio que está subjacente à ideia de prestação característica pode ser muito mais antigo. MEIJERS ensinava que, na Idade Média, nos países onde vigorava o regime da personalidade das leis, os contratos de venda estavam sujeitos à lei do vendedor, "porque o vendedor cede a propriedade da coisa vendida ao comprador; [...] o comprador nada mais tem a fazer do que pagar o preço, este pagamento é feito em todas as leis da mesma maneira" (cfr. *L' histoire des principes fondamentaux du droit international privé à partir du moyen age spécialement dans l' Europe occidentale*, Recueil des Cours, 1934 — III, tome 49, p. 543 ss (p. 555)). A noção de prestação característica encontrou eco na jurisprudência e na doutrina suíças e está actualmente consagrada na lei federal suíça sobre direito internacional privado (artigo 117, n° 2); encontra-se, naturalmente, acolhida nas leis de direito internacional privado dos países da União Europeia que introduziram nos seus ordenamentos internos os princípios constantes da Convenção de Roma (por exemplo, no artigo 28, n° 2 EGBGB). Para uma exposição sobre a influência da doutrina suíça da prestação característica na Convenção de Roma, cfr., por todos, KAUFMANN-KOHLER, *La prestation caractéristique en droit international privé des contrats et l' influence de la Suisse*, em especial, p. 206 ss. Sobre a noção de prestação característica e os problemas que suscita a sua determinação, cfr., na literatura de diversos países, a propósito da Convenção comunitária ou do respectivo projecto: LANDO, *The EC draft convention on the law applicable to contractual and non-contractual obligations. Introduction to contractual obligations*, RabelsZ, 1974, p. 6 ss (p. 27 ss); id., *The EEC Convention on the law applicable to contractual obligations*, CMLR, 1987, p. 159 ss (p. 202 ss); J. FOYER, *L' avant-projet de convention C.E.E. ...*, p. 610 s; id., *Entrée en vigueur de la Convention de Rome du 19 juin 1980 sur la loi applicable aux obligations contractuelles*, Clunet, 1991, p. 601 ss (p. 608 s); JESSURUN D' OLIVEIRA, *"Characteristic obligation" in the draft EEC obligation convention*, AJCL,

celebração do contrato, a sua residência habitual ou o seu estabelecimento, se estiver em causa um contrato celebrado no exercício da actividade económica ou profissional; artigo 6°, primeiro parágrafo, da Convenção de

---

1977, p. 303 ss; VITTA, *La convenzione CEE sulle obbligazioni contrattuali e l' ordinamento italiano*, p. 845 ss; id., *Influenze americane nella Convenzione CEE sulle obbligazioni contrattuali*, p. 263 s; H. GAUDEMET-TALLON, *Le nouveau droit international privé européen des contrats*, p. 248 s; id., *Convention de Rome*, n° 74 ss; F. JUENGER, *Parteiautonomie und objektive Anknüpfung im EG-Übereinkommen...*, p. 75 ss; id., *The E.E.C. Convention on the law applicable to contractual obligations: an american assessment*, "Contract conflicts", 1982, p. 295 ss (p. 300 ss); SCHULTSZ, *The concept of caracteristic performance and the effect of the E.E.C. Convention on carriage of goods*, "Contract conflicts", cit., p. 185 ss; JAFFEY, *Choice of law in relation to ius dispositivum with particular reference to the E. E. C. Convention...*, p. 37 ss; id., *The english proper law doctrine and the EEC Convention*, p. 546 ss, 550 ss; COLLINS, *Practical implications in England of the E. E. C. Convention...*, p. 209 s; F. A. MANN, rec. "Contract conflicts", p. 265 s; WEINTRAUB, *How to choose law for contracts and how not to: the EEC Convention*, p. 161 s; FLETCHER, *Conflict of laws and European Community law*, p. 162 ss; GIARDINA, *Volontà delle parti, prestazione caratteristica e collegamento più significativo*, p. 13 ss; WILLIAMS, *The EEC convention on the law applicable to contractual obligations*, p. 15 s; MOURA RAMOS, *L' adhésion du Portugal aux conventions communautaires en matière de droit international privé*, p. 165 s; LASOK, STONE, *Conflict of laws in the European Community*, p. 361 ss; CHESHIRE and NORTH's *Private international law*, p. 505; MAGAGNI, *La prestazione caratteristica nella Convenzione di Roma...*, p. 330 ss; FORLATI PICCHIO, *Contratto nel diritto internazionale privato*, Digesto delle discipline privatistiche, Sezione Civile, IV, 1989, p. 196 ss (p. 211 s); KAUFMANN-KOHLER, *La prestation caractéristique...*, p. 206 ss, 219; FERRER CORREIA, *Algumas considerações acerca da Convenção de Roma...*, p. 366; Th. M. DE BOER, *The EEC contracts Convention and the dutch courts. A methodological perspective*, RabelsZ, 1990, p. 24 ss (p. 46 ss); JAYME, *The Rome Convention...*, p. 42 s; BARATTA, *Il collegamento più stretto...*, p. 146 ss (p. 153); PLENDER, *The European Contracts Convention*, p. 108 s; YOUNG, *An EEC choice of law code for contracts*, p. 447; MERKIN, *Contracts...*, p. 216; LAGARDE, *Le nouveau droit international privé...*, p. 307 ss; BONOMI, *Il nuovo diritto internazionale privato...*, p. 66 ss; FRIGO, *La determinazione della legge applicabile in mancanza di scelta dei contraenti e le norme imperative nella Convenzione di Roma*, in SACERDOTI, FRIGO, "La Convenzione di Roma...", 1993, p. 17 ss (p. 21 ss); MALATESTA, *La legge applicabile ai contratti di cooperazione tra imprese secondo la Convenzione di Roma*, p. 94 ss; KASSIS, *Le nouveau droit européen des contrats internationaux*, p. 288 ss; P. KAYE, *The new private international law of contract...*, p. 56 ss, 177 ss; VILLANI, *Aspetti problematici della prestazione caratteristica*, p. 513 ss; PATOCCHI, *Characteristic performance: a new myth in the conflict of laws?*, p. 113 ss; DICEY and MORRIS *on the conflict of laws*, 12ª ed., p. 1233 ss; WHISH, *Les engagements unilatéraux bancaires et la convention de Rome*, p. 38 s; NORTH, *Is european harmonization of private international law a myth or a reality?*, p. 18; id., *The EEC Convention on the law applicable to contractual obligations (1980): its history and main features*, p. 40 s; M. Helena BRITO, *Os contratos bancários e a Convenção de Roma...*, p. 97 ss, 103 ss; E. GALVÃO TELES, *A prestação característica: um novo conceito para determinar a lei subsidiariamente aplicável aos contratos internacionais. O artigo 4° da Convenção de Roma sobre a lei aplicável às obrigações contratuais*, O Direito, 1995, p. 71 ss. Para uma síntese das críticas formuladas, cfr. CARRILLO POZO, *El contrato internacional: la prestación característica*, Bolonia, 1994, p. 113 ss (que, em geral, revela uma atitude favorável quanto ao sistema da Convenção de Roma).

Haia, que designa directamente a lei do lugar do estabelecimento profissional ou, a título subsidiário, da residência habitual do intermediário).

Apesar de as normas de conflitos referidas conduzirem essencialmente à mesma solução, deve reconhecer-se que o fundamento da aplicação da lei do estabelecimento profissional do intermediário é diferente num caso e no outro.

No domínio da Convenção de Roma, o lugar do estabelecimento do intermediário (como contraente que está obrigado a fornecer a prestação característica) tem o valor de presunção, que não dispensa a determinação da lei com a qual o contrato tem a conexão mais estreita; a lei encontrada a partir daquela presunção pode por isso mesmo vir a ser afastada em favor da lei com a qual o contrato apresente a conexão mais estreita (artigo 4°, n° 5 da Convenção de Roma [38]).

No domínio da Convenção de Haia, o lugar do estabelecimento do representante constitui o elemento de conexão de uma regra de conflitos de conteúdo preciso; a lei assim designada só pode ser afastada quando se verificar uma determinada combinação dos factores de conexão — em favor da lei do lugar onde o representante deve exercer a título principal a sua actividade, se o representado tiver nesse lugar o seu estabelecimento profissional ou a sua residência habitual (artigo 6°, segundo parágrafo, da Convenção de Haia).

Sendo as duas Convenções inspiradas no princípio geral da conexão mais estreita [39], não deve atribuir-se grande significado à diferença entre a formulação abstracta das normas que na Convenção de Roma e na Convenção de Haia permitem o afastamento da lei normalmente competente, pois, na aplicação a situações concretas, tais normas conduzirão ainda, na maioria das vezes, à aplicação da mesma lei [40].

---

[38] Sobre o artigo 4°, n° 5 da Convenção de Roma, veja-se, por todos, *Rapport* GIULIANO, LAGARDE, p. 22. Cfr. também capítulo V, § 3°, n° 4.2. Comentando as primeiras decisões que aplicam esta disposição da Convenção, CAMPIGLIO, *Prime applicazioni della clausola d' eccezione "europea" in materia contrattuale*, cit.. Em geral sobre a designada "cláusula de excepção", cfr.: DUBLER, *Les clauses d' exception en droit international privé*, cit.; LAGARDE, *Le principe de proximité...*, p. 97 ss; WENGLER, *L' évolution moderne du droit international privé et la prévisibilité du droit applicable*, p. 666 ss; ALVAREZ GONZÁLEZ, *Objeto del derecho internacional privado y especialización normativa*, A. D. C., 1993, p. 1109 ss (p. 1130 ss); MARQUES DOS SANTOS, *As normas de aplicação imediata...*, p. 397 ss; MOURA RAMOS, *Les clauses d' exception en matière de conflits de lois et de conflits de juridictions — Portugal*, "Das relações privadas internacionais", p. 295 ss.

[39] O princípio é claramente expresso no artigo 4° da Convenção de Roma; a propósito da Convenção de Haia, cfr. capítulo III, § 6°, n° 2.3.

[40] Por isso se afirmou já que, em matéria de contratos de intermediação, não há contradições a temer entre as Convenções de Roma e de Haia. Cfr. LAGARDE, *Les limites objectives de la convention de Rome ...*, p. 39.

Porém, no que se refere a outros aspectos do regime que decorre destas Convenções, não é indiferente aplicar, num caso concreto, as regras da Convenção de Roma ou da Convenção de Haia.

Analisando o âmbito de matérias regidas pela lei competente face a uma e a outra Convenção, verifica-se que o elenco constante dos artigos 8º, primeiro parágrafo, e 9º da Convenção de Haia corresponde, no essencial, ao dos artigos 8º, nº 1 e 10º, nºs 1 e 2 da Convenção de Roma: em termos amplos, a lei aplicável por força das normas de conflitos relevantes num caso e no outro regula a existência e validade do contrato, as obrigações das partes, o cumprimento — sem prejuízo da relevância atribuída à lei do lugar do cumprimento, no que se refere ao modo de cumprimento —, as consequências do incumprimento, a extinção das obrigações.

A este conjunto de matérias, a Convenção de Haia acrescenta, no artigo 8º, segundo parágrafo, toda uma série de questões que são próprias dos contratos de intermediação e dos contratos subjacentes à representação, como sejam: a existência, a extensão, a modificação e a cessação dos poderes do representante e as consequências da actuação para além dos poderes ou com abuso de poderes; a faculdade do representante de designar um substituto para o cumprimento total ou parcial das suas funções ou de designar um representante adicional; a faculdade do representante de celebrar um contrato por conta do representado, quando exista um potencial conflito de interesses entre o representante e o representado; a cláusula de não concorrência e a cláusula *del credere*; a indemnização de clientela; as categorias de danos susceptíveis de reparação.

Estas particularidades de regime constituem mais uma demonstração do carácter especial das normas de conflitos incluídas na Convenção de Haia relativamente às normas de conflitos gerais que constam da Convenção de Roma.

Diferenças a registar existem ainda quanto à relevância atribuída às normas imperativas pelas disposições de uma e de outra Convenção.

A Convenção de Roma distingue entre normas imperativas contidas na ordem jurídica do foro e normas imperativas contidas numa ordem jurídica estrangeira (artigo 7º, nºs 2 e 1, respectivamente). A distinção entre o regime de umas e outras traduz-se, antes de tudo, na situação em que se encontra o órgão de aplicação do direito: tratando-se de normas imperativas contidas na ordem jurídica do foro, o órgão de aplicação do direito tem o dever de as aplicar, uma vez que, nos termos do artigo 7º, nº 2, o disposto na Convenção não pode prejudicar a aplicação das regras do país do foro que regulem imperativamente a situação seja qual for a lei competente para reger o contrato; quando estiverem em causa normas imperativas contidas numa ordem jurídica estrangeira, nos termos do artigo 7º, nº 1, o órgão de aplicação do direito pode [41] atribuir-lhes relevância [42] na conformação da disciplina do contrato, mas só o fará se verificar que essa ordem jurídica estrangeira apresenta uma ligação estreita com a situação e se concluir que a atendibilidade se justifica em face da natureza e objecto das normas imperativas e da ponderação sobre as consequências que resultariam da sua aplicação ou da sua não aplicação [43].

A diferença de tratamento que a Convenção de Roma dá às normas imperativas do foro e às normas imperativas estrangeiras reflecte-se ainda na circunstância de o artigo 22º, nº 1, al. a) apenas admitir a possibilidade de um Estado se reservar o direito de não aplicar a norma que permite a atribuição de relevância a normas imperativas estrangeiras (artigo 7º, nº 1).

A Convenção de Haia não estabelece qualquer distinção entre normas imperativas contidas na ordem jurídica do foro e normas imperativas contidas numa ordem jurídica estrangeira. Nos termos do artigo 16º, o órgão de aplicação do direito pode atribuir efeito às disposições imperativas de qualquer ordem jurídica com a qual a situação apresente uma conexão efectiva, se e na medida em que segundo essa ordem jurídica tais disposições forem aplicáveis seja qual for a lei designada pelas suas regras de conflitos [44] [45].

---

[41] No sentido de que se trata de uma norma facultativa se pronuncia MARQUES DOS SANTOS, *As normas de aplicação imediata...*, p. 980, nota (3022), p. 1021. Considerando que a expressão do artigo 7º, nº 1 da Convenção de Roma traduz mais a ideia de *eventualidade* (e de carácter não automático) na aplicação das normas imperativas estrangeiras do que a ideia de *faculdade*: MAYER, *Les lois de police étrangères*, Clunet, 1981, p. 277 ss (p. 326 s); TREVES, *Norme imperative e di applicazione necessaria nella Convenzione di Roma del 19 giugno 1980*, Rdintpriv.proc., 1983, p. 25 ss, p. 33 (= "Verso una disciplina comunitaria", 1983, p. 25 ss).

[42] O texto português do artigo 7º, nº 1 afasta-se das restantes versões linguísticas da Convenção, utilizando a expressão "dar prevalência" para traduzir as expressões *donner effet, dare efficacia, give effect, Wirkung verleihen, dar efecto*. Sendo autênticos todos os textos da Convenção e fazendo fé qualquer deles (artigo 33º da Convenção de Roma e artigo 6º da Convenção do Funchal relativa à adesão do Reino de Espanha e da República Portuguesa à Convenção de Roma), presume-se que os termos utilizados têm o mesmo sentido nos diversos textos autênticos (artigo 33º, nº 3 da Convenção de Viena sobre o direito dos tratados). A solução que melhor concilia aqueles textos, considerando o objecto e o fim da disposição (veja-se o nº 4 do mesmo artigo 33º da Convenção de Viena sobre o direito dos tratados), consiste em imputar à expressão o sentido de "dar relevância", "atribuir relevância" ("dar efeito" ou "atribuir efeito").

[43] A propósito do artigo 7º da Convenção de Roma (ou das disposições que estiveram na sua origem) existe uma bibliografia vastíssima. Limitamo-nos a remeter para as obras fundamentais de MARQUES DOS SANTOS, *As normas de aplicação imediata...*, em especial, p. 965, 1010 ss, e MOURA RAMOS, *Da lei aplicável...*, p. 698 ss.

[44] Sobre o artigo 16º da Convenção de Haia, vejam-se, na literatura portuguesa, MARQUES DOS SANTOS, *As normas de aplicação imediata...*, p. 946, nota (2947), p. 965, nota (2981), p. 1010 s, e MOURA RAMOS, *Da lei aplicável...*, p. 698 ss. Para a crítica ao regime contido no artigo 16º da Convenção sobre representação (ou ao texto do projecto, na versão

Confirma-se assim, perante alguns aspectos concretos do regime instituído pelas duas Convenções, que tem relevância prática a discussão do problema das relações entre elas e que o critério mais adequado para a sua resolução é o critério da especialidade, que conduz à prioridade da aplicação da Convenção de Haia relativamente à aplicação da Convenção de Roma.

Mas, se o critério determinante é o da especialidade — assente na verificação de que a Convenção de Roma, quando globalmente considerada, institui uma disciplina geral, aplicável a todos os tipos contratuais, e de que a Convenção de Haia regula um tipo (uma categoria) especial de contratos, a dos contratos de intermediação —, então importa ainda ponderar os casos em que a própria Convenção de Roma contém regimes especiais para certas categorias de contratos, onde possam incluir-se os contratos de intermediação.

Um dos casos foi tido em conta pelos próprios intervenientes nas negociações que conduziram à celebração da Convenção de Haia e diz respeito ao contrato de trabalho. Como ficou já referido, o capítulo II da Convenção, relativo à relação entre o representado e o representante, não é aplicável se o contrato subjacente à representação for um contrato de trabalho (artigo 10º). Sempre que a relação interna entre o representado e o representante seja qualificada como contrato de trabalho, será portanto aplicável o artigo 6º da Convenção de Roma [46], sem que se suscite qualquer

---

que veio a ser aprovada), cfr. NADELMANN, *Clouds over international efforts to unify rules of conflict of laws*, "Contemporary perspectives in conflict of laws", 1977, p. 54 ss (p. 70); HEUZÉ, *La réglementation française des contrats internationaux. Étude critique des méthodes*, Paris, 1990, p. 322, 339 s.

[45] Comparando as soluções consagradas na Convenção de Roma e na Convenção de Haia sobre esta matéria: A. PHILIP, *Recent provisions on mandatory laws in private international law*, "Multum non multa", 1980, p. 241 ss; MAYER, *Les lois de police étrangères*, p. 279 ss, *passim*; C. FERRY, *La validité des contrats en droit international privé. France/U. S. A.*, Paris, 1989, p. 276 ss; id., *Contrat international d'agent commercial et lois de police*, Clunet, 1993, p. 299 ss; id., *Convention de Rome...*, p. 155 s; MARQUES DOS SANTOS, *As normas de aplicação imediata...*, p. 964 ss, 1010 ss. Para mais desenvolvimentos sobre esta questão, cfr. capítulo V, § 1º, nº 7.3., § 4º, nº 3.4.3., nº 4.1.2.

[46] No sistema da Convenção de Roma, a escolha pelas partes do direito competente para regular o contrato de trabalho não pode ter como consequência privar o trabalhador da protecção que decorre das disposições imperativas da lei que seria aplicável na falta de escolha e que é a lei indicada no nº 2 do artigo 6º — a lei do país em que o trabalhador no cumprimento do contrato presta habitualmente o seu trabalho, ainda que tenha sido destacado temporariamente para outro país ou, no caso de o trabalhador não prestar habitualmente o seu trabalho num único país, a lei do país em que se situa o estabelecimento que contratou o trabalhador, a não ser que resulte do conjunto das circunstâncias que o contrato de trabalho apresenta uma conexão mais estreita com outro país, pois, se assim for, a lei aplicável será a deste último país.

problema de concurso entre esta norma de conflitos e as normas de conflitos da Convenção de Haia relativas à relação interna.

A questão do concurso de normas coloca-se em relação ao regime da Convenção de Roma sobre os contratos com consumidores.

Como tem sido reconhecido [47], o contrato subjacente ao poder de representação pode integrar-se na categoria dos contratos com consumidores — por exemplo, os contratos com instituições de crédito ou outras instituições financeiras ou com agências de viagem — em que o cliente/consumidor (representado) atribui a uma dessas entidades (representante) poder para que esta o represente nas relações com terceiros.

A especialidade do regime consagrado no artigo 5º da Convenção de Roma relativamente aos contratos com consumidores [48] (do mesmo modo que a especialidade do regime consagrado relativamente ao contrato de trabalho) traduz-se em desvios ou limites aos princípios gerais que inspiram a Convenção — o princípio da autonomia privada (artigo 3º) e o princípio da conexão mais estreita, concretizado através da residência habitual do devedor da prestação característica (artigo 4º, nºs 1 e 2).

O limite à autonomia privada contido no artigo 5º, nº 2 (e no artigo 6º, nº 1) encontra o seu fundamento no princípio de protecção da parte institucionalmente mais fraca, através do reconhecimento de um *standard* mínimo de protecção.

A *lex specialis* relativa aos contratos com consumidores, que visa salvaguardar a aplicação de normas imperativas destinadas a proteger uma das partes, deve prevalecer sobre o regime próprio de um tipo ou categoria contratual.

Por isso nos parece que, embora dentro do âmbito restrito que lhe é traçado pelas disposições da Convenção de Roma [49], o regime estabelecido

---

[47] Cfr. DICEY and MORRIS *on the conflict of laws*, 12ª ed., p. 1456 s.

[48] De acordo com o regime fixado na Convenção de Roma para os contratos com consumidores, tendo as partes designado o direito competente para reger o contrato, a escolha é válida, mas a aplicação desse direito não pode privar o consumidor da protecção que lhe é assegurada pelas disposições imperativas da lei do país em que tem a sua residência habitual (artigo 5º, nº 2); não tendo as partes designado o direito competente, o contrato é regido pela lei do país em que o consumidor tem a sua residência habitual (artigo 5º, nº 3).

[49] O âmbito de aplicação do regime especial dos contratos com consumidores, constante do artigo 5º da Convenção de Roma, assenta em três elementos: um elemento objectivo, respeitante ao objecto do contrato (o fornecimento de bens móveis corpóreos ou de serviços ou o financiamento de tal fornecimento); um elemento subjectivo, relativo à qualidade de uma das partes (o consumidor, definido como pessoa que actua para uma finalidade estranha à sua actividade profissional); a verificação de determinadas circunstâncias relacionadas com a formação do contrato, previstas no nº 2 do artigo 5º (o regime especial da Convenção só é aplicável numa das seguintes situações: se a celebração do contrato tiver sido precedida no país da residência habitual do consumidor de proposta que lhe tenha sido especialmente

para a categoria dos contratos com consumidores será aplicável aos contratos de intermediação que satisfaçam as condições previstas no nº 2 do artigo 5º. Uma vez que pode ser entendido como *lex specialis* relativamente à disciplina (comum) dos contratos de intermediação, o regime próprio dos contratos com consumidores consagrado na Convenção de Roma (artigo 5º) afastará, e por isso prevalecerá sobre, as normas de conflitos da Convenção de Haia respeitantes à relação entre o representado e o representante (artigos 5º e 6º) [50].

---

dirigida ou de anúncio publicitário, desde que o consumidor tenha executado nesse país todos os actos necessários à celebração do contrato; ou se a outra parte ou o seu representante tiver recebido a encomenda do consumidor no país da residência habitual do consumidor; ou se o contrato tiver por objecto a venda de mercadorias e o consumidor se tiver deslocado do país da sua residência habitual a um país estrangeiro e aí tiver feito a encomenda, desde que a viagem tenha sido organizada pelo vendedor com o objectivo de incitar o consumidor a realizar a compra). O regime do artigo 5º não se aplica ao contrato de transporte (nº 4, al. a)) nem ao contrato de prestação de serviços quando o serviço deva ser prestado ao consumidor exclusivamente num país diferente daquele em que ele tem a sua residência habitual (nº 4, al. b)). A disposição do artigo 5º da Convenção de Roma tem de ser articulada com a do artigo 13º da Convenção de Bruxelas, na versão revista de 1978, que estabelece regras especiais de competência dos tribunais em matéria de contratos celebrados por consumidores. Sobre a coordenação entre as normas das Convenções de Roma e de Bruxelas, nesta matéria, cfr. POCAR, *La legge applicabile ai contratti con i consumatori*, "Verso una disciplina comunitaria", 1983, p. 303 ss (p. 305 s, 309); P. NASCIMENTO TEIXEIRA, *A questão da protecção dos consumidores nos contratos plurilocalizados*, p. 317 ss. Propondo uma interpretação ampla da categoria "contratos com consumidores", ALPA, *La tutela dei consumatori nella Convenzione europea sulla legge applicabile in materia di obbligazioni contrattuali*, "Verso una disciplina comunitaria", cit., p. 317 ss (p. 336). A definição de consumidor subjacente às duas Convenções tem conteúdo negativo e constitui uma noção autónoma, própria do direito comunitário, coincidente com a que consta do artigo 13º da Convenção de Bruxelas e do artigo 1º, nº 2, al. a) da Directiva relativa ao crédito ao consumo (Directiva 87/102/CEE, de 22.12.1986, JO l 42, de 12.2.1987, p. 48 ss, alterada pela Directiva 90/88/CEE, de 22.2.1990, JO L 61, de 10.3.1990, p. 14 ss). No sentido de que se trata de uma noção autónoma, que não supõe qualquer remissão para o direito interno dos Estados contratantes, cfr. M. M. SALVADORI, *La protezione del contraente debole (consumatori e lavoratori) nella Convenzione di Roma*, in SACERDOTI, FRIGO, "La Convenzione di Roma...", 1993, p. 43 ss (p. 50).

[50] Como se verificou, o princípio que inspira o regime especial relativo aos contratos com consumidores é basicamente o mesmo que inspira o regime especial relativo ao contrato de trabalho — o reconhecimento do carácter imperativo das disposições internas em vigor em diversos Estados nestes domínios, assentes no princípio de protecção da parte institucionalmente mais fraca. Veja-se, por todos, POCAR, *La protection de la partie faible en droit international privé*, Recueil des Cours, 1984 — IV, tome 188, p. 339 ss (p. 353 ss, 404 ss). Para mais desenvolvimentos sobre este ponto, cfr. capítulo V, § 1º, nº 7.2., § 4º, nº 3.4.2. A consagração no texto da Convenção de Haia de uma norma destinada a excluir, com esse fundamento, o contrato de trabalho do âmbito dos contratos de intermediários (cfr. *Rapport* KARSTEN, p. 393 s) e a não exclusão dos contratos com consumidores justifica-se pela maior importância social, económica e jurídica atribuída, ao tempo da celebração da Convenção, à protecção do trabalhador.

6. Síntese das normas de conflitos em vigor na ordem jurídica portuguesa com relevância para a disciplina da representação

Tendo em conta o exposto, estamos agora em condições de traçar o quadro das normas de conflitos em vigor na ordem jurídica portuguesa com relevância para a disciplina da representação.

6.1. Relação entre o representado e o representante — contrato subjacente ao poder de representação ou contrato fundamental [51]

1º — quanto à substância e efeitos do contrato:
— na generalidade dos casos (se se tratar de contrato de mandato, de agência ou, em geral, de contrato de prestação de serviço) — artigos 5º ou 6º da Convenção de Haia;
— se se tratar de contrato de trabalho — artigo 6º da Convenção de Roma;
— se se tratar de contrato com consumidores celebrado nas circunstâncias previstas no artigo 5º, nº 2 da Convenção de Roma — artigo 5º da Convenção de Roma;
— se se tratar de contrato misto, desde que a relação de intermediação não constitua o objecto principal do contrato ou não seja separável do conjunto do contrato — artigos 3º ou 4º da Convenção de Roma;

2º — quanto à forma do contrato:
— artigo 9º da Convenção de Roma;

3º — quanto à capacidade das partes:
— normas de conflitos de fonte interna (artigos 25º e 31º, nº 1 do Código Civil português, artigo 33º do mesmo Código, artigo 3º do Código das Sociedades Comerciais) e artigo 11º da Convenção de Roma;

4º — quanto à relevância de normas imperativas:
— artigo 16º da Convenção de Haia (normas imperativas do direito português ou de um direito estrangeiro que tenha com o contrato uma conexão efectiva) ou artigo 7º, nº 2 da Convenção de Roma (só normas imperativas do direito português), conforme o contrato em causa esteja sujeito às normas de conflitos de uma ou de outra Convenção;

---

[51] Serão examinados apenas os casos considerados típicos em que a relação interna tem natureza contratual.

6.2. Relação entre o representado e a contraparte

6.2.1. Acto de atribuição do poder de representação

1º — quanto à substância e efeitos:
— artigos 14º ou 11º da Convenção de Haia;

2º — quanto à forma:
— norma de conflitos de fonte interna (artigo 36º do Código Civil português), sendo todavia necessário atender ao artigo 14º da Convenção de Haia, se do acto de atribuição do poder de representação constar a designação do direito competente para reger a relação entre o representado e a contraparte;

3º — quanto à capacidade:
— normas de conflitos de fonte interna;

4º — quanto à relevância de normas imperativas:
— artigo 16º da Convenção de Haia (normas imperativas do direito português ou de um direito estrangeiro que tenha uma conexão efectiva com a situação);

6.2.2. Contrato representativo ou contrato principal

1º — quanto à substância e efeitos do contrato:
— artigos 3º e seguintes da Convenção de Roma;

2º — quanto à forma do contrato:
— artigo 9º da Convenção de Roma (nos termos do nº 3 do artigo 9º, quando o contrato é celebrado através de representante, o lugar a tomar em consideração para efeitos de aplicação das normas de conflitos dos nºs 1 e 2 do mesmo artigo 9º, que se referem a esse elemento de conexão, é o país em que os poderes representativos são exercidos) [52];

3º — quanto à capacidade das partes:
— normas de conflitos de fonte interna;

---

[52] A circunstância de um contrato ser celebrado através de representante é susceptível de ter influência na localização do contrato. Na Convenção de Roma, essa influência apenas é reconhecida em matéria de forma, como resulta da disposição do artigo 9º, nº 3.

4° — quanto à relevância de normas imperativas:
— artigo 7°, n° 2 da Convenção de Roma (só normas imperativas do direito português);

6.3. Relação entre o representante e a contraparte

— artigo 15° da Convenção de Haia.

A síntese que antecede limita-se a traduzir de modo esquemático as conclusões que ao longo da exposição foram enunciadas quanto ao problema das relações entre as normas de conflitos das Convenções de Haia e de Roma e as normas de conflitos de fonte interna, designadamente as contidas no Código Civil português. Não pode ser-lhe atribuído outro sentido que não seja o de simples guia de orientação e ponto de partida para a determinação da disciplina conflitual da representação, de acordo com o sistema de direito internacional privado em vigor na ordem jurídica portuguesa.

Nos parágrafos seguintes, ensaiaremos a delimitação do âmbito de aplicação das normas de conflitos referidas e a articulação entre as diversas leis designadas por essas normas de conflitos.

Tendo em conta o objecto principal desta dissertação, a discussão incidirá fundamentalmente sobre questões relacionadas com a relação externa de representação — e, por isso, sobre as normas de conflitos incluídas no capítulo III da Convenção de Haia —, não sendo nossa intenção fazer uma análise global do sistema dessa Convenção.

§ 2º
Determinação do direito aplicável
à existência e extensão do poder de representação

Uma das questões mais discutidas no âmbito da representação internacional consiste na determinação do direito competente para definir a existência e a extensão do poder de actuar com efeitos jurídicos para outrem.

Está em causa, afinal, "a questão de saber se um intermediário pode vincular, em relação a terceiros, a pessoa por conta de quem aquele pretende agir", ou seja, a problemática que é excluída do campo de aplicação da Convenção de Roma pelo artigo 1º, nº 2, al. f).

Na perspectiva do jurista continental, trata-se de apurar o direito aplicável à existência e extensão do poder de representação.

O texto da Convenção de Haia sobre representação, a história da aprovação de alguns dos seus preceitos e a interpretação que deles tem sido feita pela doutrina justificam a análise pormenorizada desta matéria.

1. O problema

A questão relativa à existência e extensão dos poderes do representante constitui objecto de regulamentação da Convenção de Haia, encontrando-se referida em duas das suas normas: no artigo 8º, segundo parágrafo, al. a) e no artigo 11º [53].

O artigo 8º, integrado no capítulo II da Convenção, tem como função enunciar o elenco de matérias sujeitas à lei reguladora das relações entre o representado e o representante, lei essa que é designada nas normas de conflitos dos artigos 5º ou 6º.

---

[53] Neste parágrafo, assim como no parágrafo seguinte, as disposições referidas sem outra indicação pertencem à Convenção de Haia sobre representação. Transcreve-se, ao longo da exposição, o texto de certos preceitos da Convenção. Esta opção explica-se pelo facto de a redacção utilizada procurar corrigir algumas imprecisões detectadas na versão oficial portuguesa, constante do Diário da República (versão que, de qualquer modo, se junta em anexo).

Dispõe o artigo 8º, na parte que agora interessa considerar:
"A lei aplicável nos termos dos artigos 5º e 6º regula a formação e a validade da relação de intermediação, as obrigações das partes e as condições do cumprimento, as consequências do incumprimento e a extinção dessas obrigações.
Essa lei aplica-se em particular:
a) À existência, extensão, modificação e cessação dos poderes do representante e às consequências decorrentes da sua utilização excessiva ou abusiva".

O artigo 11º, inserido no capítulo III, contém a norma de conflitos que indica o direito subsidiariamente aplicável às relações entre o representado e a contraparte, se estes não escolherem o direito competente nos termos em que a escolha é permitida pelo artigo 14º. O âmbito da conexão é, pelo que diz respeito a esta relação, definido através da fórmula sintética utilizada no primeiro parágrafo do artigo 11º.

Determina o primeiro parágrafo do artigo 11º:
"Nas relações entre o representado e a contraparte, a existência e a extensão dos poderes do representante e os efeitos dos actos do representante no exercício real ou pretendido dos seus poderes são regulados pela lei interna do Estado em que o representante tinha o seu estabelecimento profissional no momento em que agiu".

Pode acontecer que seja a mesma a lei reguladora da relação entre o representado e o representante (relação interna) e da relação entre o representado e a contraparte (relação externa) — se, ao abrigo dos artigos 5º e 14º, as partes em cada uma daquelas relações designarem a mesma ordem jurídica como competente ou se, na falta dessa escolha e tendo em conta, por hipótese, o disposto no artigo 6º, primeiro parágrafo [54], e no artigo 11º, primeiro parágrafo [55], não tiver existido alteração do lugar do estabelecimento profissional do representante entre o momento da formação da relação de intermediação e o momento em que o representante celebrou com a contraparte um negócio jurídico em nome do representado [56].

---

[54] O art. 6º, primeiro parágrafo, considera aplicável a lei interna do Estado em que, no momento da formação da relação de intermediação, o representante tinha o seu estabelecimento profissional, ou, na falta deste, a sua residência habitual.

[55] O art. 11º, primeiro parágrafo, considera aplicável a lei interna do Estado em que o representante tinha o seu estabelecimento profissional no momento em que agiu.

[56] Na exposição subsequente, quando estiver em causa a aplicabilidade das normas de conflitos dos artigos 6º ou 11º da Convenção de Haia, referiremos apenas, por razões de simplificação, os critérios de conexão utilizados no primeiro parágrafo de cada um daqueles preceitos.

Nesses casos, será uma única lei a regular a questão da existência e da extensão dos poderes do representante, quer o litígio surja na relação entre o representado e o representante, quer surja na relação entre o representado e a contraparte, não se suscitando qualquer problema de compatibilização de estatutos.

Mas admitamos que são distintas as leis aplicáveis à relação entre o representado e o representante (relação interna) e à relação entre o representado e a contraparte (relação externa) — porque, por hipótese, nos termos do artigo 5º, foi designada, por acordo entre o representado e o representante, para regular as relações entre eles, uma lei que não é a lei do lugar do estabelecimento profissional actual do representante, lei que, por força da norma subsidiária do artigo 11º, primeiro parágrafo, e na falta de designação de outra lei pelos interessados (como permite o artigo 14º), é chamada a regular o poder de representação na relação entre o representado e a contraparte no negócio representativo. Suponhamos ainda que são diferentes quanto ao seu conteúdo essas duas leis, relativamente à matéria em causa — a questão da existência ou da extensão dos poderes do representante.

Por exemplo, segundo o direito francês, designado, nos termos do artigo 5º, para reger a relação interna (um contrato de agência), a celebração do contrato de agência implica a atribuição de poderes de representação pelo principal (*P*) ao agente (*A*), isto é, o âmbito dos poderes do agente (*A*) para representar o principal (*P*) coincide com os poderes de gestão atribuídos pelo principal (*P*) ao agente (*A*) (artigo 1 da Lei nº 91-593, de 25 de Junho de 1991, conjugado com o artigo 1984 do *Code Civil*). Daqui resulta que, perante o direito francês, *A* tem poderes para celebrar negócios jurídicos que vinculem *P* em relação à contraparte (*T*). Segundo o direito português, aplicável por força do artigo 11º, primeiro parágrafo, porque, por hipótese, se situava em Portugal o estabelecimento do agente no momento em que agiu, o agente só pode celebrar contratos em nome do principal se este lhe tiver conferido, por escrito, os necessários poderes (artigo 2º, nº 1 do Decreto-Lei nº 178/86, de 3 de Julho). Se *P* não outorgou procuração atribuindo poderes a *A* para celebrar contratos de compra e venda em seu nome, conclui-se que, em face do direito português, *A* não tinha poderes para representar *P*, quando celebrou em nome de *P* um contrato de compra e venda com *T*[57].

Pelo menos numa primeira fase de análise do problema, parece existir contradição ou incompatibilidade entre os resultados da aplicação das normas materiais designadas por duas normas de conflitos que incluem ambas no seu objecto a questão da existência de poderes do representante.

---

[57] Cfr. o *caso 1* da nota de apresentação.

Há que proceder a uma interpretação conjunta das duas normas de conflitos, a fim de delimitar o âmbito de aplicação de cada uma delas, tendo em conta a existência da outra.

A correcta utilização dos cânones hermenêuticos constitui um caminho indispensável e certamente o primeiro a seguir para eliminar as antinomias que surgem no processo de aplicação das normas de conflitos [58].

A Convenção em análise não contém qualquer indicação sobre a metodologia a seguir na sua interpretação, nem sequer um princípio geral como o que consta do artigo 18º da Convenção de Roma de 1980 sobre a lei aplicável às obrigações contratuais ou do artigo 16º da Convenção de Haia de 1986 sobre a lei aplicável aos contratos de compra e venda internacional de mercadorias, segundo o qual na interpretação e aplicação das regras uniformes deve ser tomado em conta o seu carácter internacional e a conveniência de serem interpretadas e aplicadas de modo uniforme.

Decerto, na interpretação das normas de conflitos da Convenção serão de observar os critérios próprios do direito internacional, concretamente os princípios gerais de interpretação dos tratados internacionais constantes da Convenção de Viena sobre o direito dos tratados (artigos 31º a 33º) [59]. Admite-se ainda, pelo menos nas ordens jurídicas de *civil law*, que as normas de direito internacional uniforme, mesmo as incluídas em tratados, estão sujeitas aos cânones hermenêuticos gerais, utilizados na interpretação e aplicação das normas de fonte interna [60].

Na interpretação de normas de direito internacional uniforme é indispensável adoptar uma perspectiva comparatista, que faça apelo a princípios comuns às ordens jurídicas dos Estados contratantes e até a princípios consagrados em outras convenções internacionais. Ora, neste aspecto, pode considerar-se que a linha de orientação definida no artigo 18º da Conven-

---

[58] Cfr. capítulo V, § 4º, especialmente, nºs 2. e 3.

[59] Os preceitos contidos nos artigos 31º a 33º da Convenção de Viena sobre o direito dos tratados "representam a consagração de princípios de direito internacional consuetudinariamente aceites", pelo que a sua observância não se encontra dependente da entrada em vigor, em cada país, da mesma Convenção (MOURA RAMOS, *A Convenção Europeia dos Direitos do Homem...*, p. 157). Em geral, sobre o problema da interpretação dos tratados internacionais, cfr.: M. GALVÃO TELES, *Eficácia dos tratados na ordem interna portuguesa*, p. 85 ss (defendendo a interpretação e a integração conforme os critérios e nos quadros do direito das gentes); SILVA CUNHA, *Direito internacional público*, p. 211 ss; A. GONÇALVES PEREIRA, F. DE QUADROS, *Manual de direito internacional público*, p. 240 ss; JORGE MIRANDA, *Direito internacional público — I*, p. 154 ss; N. Q. DINH, *Droit international public*, p. 254 ss.

[60] Cfr. JORGE MIRANDA, *Direito internacional público — I*, p. 154 ss; KROPHOLLER, *Internationales Einheitsrecht*, p. 258 ss; DIEDRICH, *Autonome Auslegung von Internationalem Einheitsrecht*, p. 56 ss. Nas ordens jurídicas de *common law*, sobretudo no direito inglês, mantém-se a tendência para considerar prevalentemente o teor literal das normas jurídicas de fonte internacional.

ção de Roma sobre a lei aplicável às obrigações contratuais e no artigo 16º da Convenção de Haia sobre a lei aplicável aos contratos de compra e venda internacional de mercadorias traduz um princípio geral de interpretação das convenções internacionais de direito uniforme. Tal princípio encontra-se também consagrado no instrumento internacional que hoje em dia constitui o paradigma dos actos do direito do comércio internacional — a Convenção de Viena de 1980 sobre os contratos de compra e venda internacional de mercadorias (CISG) [61].

Na determinação do sentido dos conceitos usados nas normas da Convenção de Haia sobre representação, não pode pois deixar de ser considerado o seu carácter internacional e a necessidade de promover a sua aplicação uniforme. Para esse efeito, devem ter-se em conta os elementos comuns aos regimes das várias famílias de direitos em que se integram os Estados contratantes, bem como os resultados da aplicação feita pela jurisprudência [62] e da interpretação seguida pela doutrina de outros países.

Perante as fórmulas utilizadas na delimitação do âmbito de aplicação das normas de conflitos que ora nos ocupam, e considerando a distinção entre o aspecto interno e o aspecto externo da relação representativa, que esteve subjacente à regulamentação uniforme e que se reflecte na própria sistematização da Convenção, é possível enunciar o seguinte critério geral.

As normas de conflitos dos artigos 5º ou 6º (conjugadas com o artigo 8º, segundo parágrafo, al. a)) indicam a lei reguladora dos aspectos relacionados com a relação interna entre o representado e o representante; essa lei determina os direitos e obrigações das partes e estabelece a *medida da responsabilidade contratual* recíproca do representado e do representante — mais concretamente, quanto ao problema em análise, determina a faculdade (*Dürfen*), que constitui simultaneamente a obrigação, de uma das

---

[61] Estabelece o artigo 7º, nº 1 da Convenção de Viena sobre os contratos de compra e venda internacional de mercadorias que "na interpretação da presente Convenção ter-se-á em conta o seu carácter internacional bem como a necessidade de promover a uniformidade da sua aplicação e de assegurar o respeito da boa fé no comércio jurídico". Sobre os princípios de interpretação contidos no artigo 7º, nº 1 da Convenção de Viena, cfr.: BENTO SOARES, MOURA RAMOS, *Contratos internacionais*, p. 35 s; BONELL, col. BIANCA, BONELL, *Commentary on the international sales law*, 1987, Art. 7, p. 65 ss; HERBER, col. VON CAEMMERER, SCHLECHTRIEM, *CISG-Kommentar*, 1995, Art. 7, an. 6 s, 10 ss; F. DIEDRICH, *Autonome Auslegung von Internationalem Einheitsrecht*, p. 117 ss (p. 139 ss).

[62] É ainda reduzida a jurisprudência sobre as normas desta Convenção. Algumas decisões proferidas por tribunais neerlandeses, que invocaram por antecipação soluções da Convenção de Haia, encontram-se mencionadas em VAN ROOIJ, POLACK, *Private international law in the Netherlands*, p. 151, e em VERHAGEN, *Agency in private international law*, p. 85 ss, 138 s, 192 s. Para uma referência de conjunto às decisões proferidas por tribunais neerlandeses e franceses após a entrada em vigor da Convenção, cfr. M. SUMAMPOUW, *Les nouvelles conventions de La Haye*, V, p. 320 ss.

partes (o representante) de gerir os interesses da outra parte (o representado) e estabelece a medida da responsabilidade do representante perante o representado pelos actos praticados pelo primeiro em nome do segundo.

As normas de conflitos dos artigos 14º ou 11º indicam a lei reguladora dos aspectos relacionados com a relação externa entre o representado e a contraparte no negócio representativo; essa lei fixa o poder externo de representação (*Können*), define os limites dentro dos quais os actos praticados pelo representante vinculam o representado perante a contraparte (define os *limites da imputação ao representado dos actos praticados pelo representante perante a contraparte*) e estabelece a *medida da responsabilidade do representado pelos actos praticados em seu nome pelo representante*.

Feita nestes termos genéricos a delimitação entre as duas normas de conflitos, o problema apresenta-se sob um aspecto diferente e poderia pensar-se estar em causa apenas uma falsa contradição ou uma falsa antinomia, dado que as normas de conflitos têm campos de aplicação distintos, regulando relações independentes, em que intervêm pessoas diferentes.

Apesar do âmbito de aplicação teoricamente distinto dessas duas ordens jurídicas, as regulamentações nelas contidas, se tiverem conteúdos divergentes, podem, em situações concretas, conduzir a resultados incompatíveis, dada a interdependência recíproca das relações de que se trata. Em consequência da aplicação de duas leis pode, num caso concreto, concluir-se pela existência de poderes de representação na relação interna e pela sua inexistência na relação externa, como na hipótese que configurámos, ou inversamente, ou pode ainda verificar-se ser diferente a extensão dos poderes representativos em face das duas leis, por exemplo, em virtude de uma delas admitir a existência de poderes implícitos, ou a representação aparente, e a outra não.

A contradição não é, nesta matéria, exclusivamente imputável ao direito internacional privado e ao método de especialização que lhe é próprio. É uma consequência imediata da concepção autónoma do poder de representação, concepção essa responsável pelo *dépeçage* da relação representativa, em certas ordens jurídicas, mesmo ao nível do direito material. Resultados contraditórios neste domínio podem surgir em relações meramente internas. Mas, se, no interior de cada ordem jurídica, existem mecanismos adequados para assegurar a harmonia dos resultados (vejam-se, a título de exemplo, os artigos 1178º e 1179º do Código Civil português, que mandam aplicar ao mandato representativo certas normas do instituto da representação), no campo das situações internacionais, a aplicação de complexos normativos provenientes de ordens jurídicas distintas a diferentes aspectos da mesma relação pode ter como consequência a destruição do equilíbrio conseguido no interior de cada uma das leis individualmente considerada.

Importa assim encontrar um método que permita compatibilizar a aplicação das leis reguladoras da relação interna e da relação externa, no que diz respeito à questão da existência e da extensão dos poderes do representante.

2. Esforços de compatibilização dos estatutos envolvidos

A ideia de que a regulamentação contida na lei aplicável à relação interna pode afectar a existência ou extensão do poder do representante na relação externa tem constituído preocupação de muitos daqueles que, a partir de Rabel, se manifestaram a favor de uma conexão autónoma para o poder de representação.

No plano do direito internacional privado, o reconhecimento da autonomia do poder de representação justifica a utilização de critérios de natureza objectiva para a sua localização (em função do negócio jurídico representativo ou da actividade desenvolvida pelo representante). Por outro lado, conduz a soluções tendencialmente divergentes das que, fundamentando-se numa teoria do conflito de interesses (localização do interesse preponderante ou respeito da previsão feita pela parte cujo interesse é considerado preponderante), pretendam dar prevalência ao interesse do representado [63].

---

[63] Para a crítica da determinação do direito aplicável à representação segundo o método proposto pela teoria do conflito de interesses, cfr. RIGAUX, *Le statut de la représentation*, p. 209 ss. Um exemplo recente de determinação do direito aplicável à representação a partir da análise dos interesses dos sujeitos envolvidos pode ver-se na obra de SPELLENBERG, *Geschäftsstatut und Vollmacht...*, p. 191 ss. Em geral, sobre o significado dos "interesses" na escolha da conexão, cfr. KEGEL, *Begriffs- und Interessenjurisprudenz im internationalen Privatrecht*, "FS Hans Lewald", 1953, p. 259 ss (p. 270 ss); id., *The crisis of conflict of laws*, p. 186 ss; id., *Wandel auf dünnem Eis. Ein Diskussionsbeitrag von Gerhard Kegel*, in JUENGER, "Zum Wandel des Internationalen Privatrechts", Karlsruhe, 1974, p. 35 ss (p. 37 s); id., *Fundamental approaches*, p. 14 s; id., *Internationales Privatrecht*, p. 108 ss; id., *The Conflict-of-Laws Machine*, p. 310 ss. Vejam-se ainda, por certo sob influência dos trabalhos de Kegel, mas também com referência (frequentemente crítica) à *governmental interest analysis* de Currie: BRAGA, *Kodifikationsgrundsätze des internationalen Privatrechts*, p. 440 ss; SIEGRIST, *Gleichberechtigung von Mann und Frau und internationales Privatrecht*, RabelsZ, 1959, p. 54 ss (p. 66 ss); BATIFFOL, *Les intérêts de droit international privé*, cit.; P. M. GUTZWILLER, *Von Ziel und Methode des IPR*, Schw. Jb. int. R., 1968, p. 161 ss (p. 166 ss); VISCHER, *Die Kritik an der herkömmlichen Methode des internationales Privatrechts. Hintergründe und Versuch einer Antwort*, "Rechtsfindung", 1969, p. 287 ss; FERRER CORREIA, *Lições de direito internacional privado*, com a colaboração de J. Baptista Machado e J. M. Correia Pinto, Coimbra, 1969, p. 16 ss; id., *Principais interesses a considerar na resolução dos conflitos de leis*, Apêndice de *O problema da qualificação segundo o novo direito internacional privado português*, "Estudos jurídicos", III, 1970, p. 84 ss; id., *O novo direito internacional privado português (Alguns princípios gerais)* (1972), p. 6 ss; id., *Lições de direito*

A adopção da via autonomista na determinação do direito competente para reger a representação é susceptível de permitir a aplicação de uma lei que não seja "familiar" ao representado. O desejo de fazer intervir uma lei pró-

---

internacional privado, 1973, p. 37 ss; id., *Direito internacional privado. Alguns problemas*, p. 109 ss; id., *Direito internacional privado — conceitos fundamentais*, p. 309 ss; BAPTISTA MACHADO, *Âmbito de eficácia e âmbito de competência das leis*, p. 174 ss; id., *Lições de direito internacional privado*, p. 46 ss; PÉREZ VERA, *Intereses del trafico jurídico externo y derecho internacional privado*, Granada, 1973, p. 34 ss, 67 ss, 94 ss, 122; LÜDERITZ, *Anknüpfung im Parteiinteresse*, "FS Gerhard Kegel", 1977, p. 31 ss; WIETHÖLTER, *Begriffs- oder Interessenjurisprudenz — falsche Fronten im IPR und Wirtschaftsverfassungsrecht. Bemerkungen zur selbstgerechten Kollisionsnorm*, "FS Gerhard Kegel", 1977, p. 213 ss; SCHURIG, *Kollisionsnorm und Sachrecht*, p. 134 ss, 184 ss; id., *Interessenjurisprudenz contra Interessenjurisprudenz im IPR. Anmerkungen zu Flessners Thesen*, RabelsZ, 1995, p. 227 ss; DROBNIG, *Die Beachtung von ausländischen Eingriffsgesetzen — eine Interessenanalyse*, "FS Karl H. Neumayer", 1985, p. 159 ss; MAYER, *Le mouvement des idées dans le droit des conflits de lois*, Droits, 2, 1985, p. 129 ss (p. 135 ss); LIMA PINHEIRO, *A jurisprudência dos interesses e o direito internacional privado*, relatório apresentado no Seminário de Filosofia do Direito do Curso de Mestrado da Faculdade de Direito de Lisboa, no ano lectivo de 1985- -1986; SPELLENBERG, *Münch.Komm.*, Einleitung, an. 75 ss; FLESSNER, *Interessenjurisprudenz im internationalen Privatrecht*, Tübingen, 1990, p. 67 ss; LOUSSOUARN, BOUREL, *Droit international privé*, p. 156 ss; A. BUCHER, *L' ordre public et le but social des lois en droit international privé*, p. 71 ss (onde se exprime a ideia de que o respeito dos interesses dos Estados na aplicação ou na não aplicação das suas leis constitui um elemento inerente às regras de conflitos e de que por isso tais regras devem respeitar a "finalidade social" das leis). Uma parte importante da doutrina prefere referir-se à importância dos "princípios gerais de direito internacional privado" na interpretação e aplicação das regras de conflitos e na integração das suas lacunas, seguindo o ensinamento de WENGLER (*Les principes généraux du droit international privé et leurs conflits* (1943/44), Rev. crit., 1952, p. 595 ss, 1953, p. 37 ss; *The general principles of private international law*, cit.). Em alguns autores podem ver-se catálogos de "postulados" (NIEDERER, *Die Frage der Qualifikation als Grundproblem des internationalen Privatrechts*, p. 103 ss), "princípios" (ZWEIGERT, *Die dritte Schule im internationalen Privatrecht*, p. 50 ss; id., *Zur Armut des internationalen Privatrechts an sozialen Werten*, p. 445 ss; BEITZKE, *Betrachtungen zur Methodik im Internationalprivatrecht*, p. 17 ss; MAGALHÃES COLLAÇO, *Direito internacional privado*, II, p. 90 ss; MARQUES DOS SANTOS, *Direito internacional privado. Sumários*, p. 41 ss; OPPETIT, *Les principes généraux en droit international privé*, Arch. Ph. Dr., XXXII, 1987, p. 179 ss), "critérios" (QUADRI, *Lezioni di diritto internazionale privato*, 5ª ed., Napoli, 1969, p. 169 ss), "máximas" (NEUHAUS, *Die Grundbegriffe des internationalen Privatrechts*, p. 160 ss), "tendências" (VITTA, *Cours général de droit international privé*, p. 42 ss), "valores" (KROPHOLLER, *Internationales Privatrecht*, p. 32 ss), que inspiram ou estão subjacentes ao direito internacional privado, ou de "objectivos" por ele prosseguidos (BATIFFOL, *Aspects philosophiques du droit international privé*, p. 195 ss; id., *The objectives of private international law*, cit.; YNTEMA, *Les objectifs du droit international privé*, cit.). Para a crítica à utilização e à graduação dos interesses de direito internacional privado proposta por Kegel, cfr.: NEUHAUS, rec. Kegel, "Internationales Privatrecht. Ein Studienbuch" (1960), RabelsZ, 1960, p. 375 ss (p. 377 s); id., *Legal certainty versus equity in the conflict of laws*, "New trends in the conflict of laws", 1963, p. 795 ss (p. 802); id., *Abschied von Savigny ?*, RabelsZ, 1982, p. 4 ss (p. 19 s); WENGLER, *The general principles...*, p. 355 ss; A. BUCHER, *Grundfragen der*

xima do representado — em princípio, a lei do seu domicílio, ou, eventualmente, a lei da sua nacionalidade, ou até a lei reguladora da relação interna entre o representado e o representante —, sem todavia abandonar a perspectiva de conexão autónoma do poder de representação, está na origem de diversas propostas de solução, algumas das quais têm já mais de sessenta anos.

2.1. Na doutrina e na jurisprudência, perante os sistemas de direito internacional privado de fonte interna

No seu estudo inicial sobre a representação em direito internacional privado, Rabel adoptou a tese de Laband e aceitou a separação entre a relação que liga o representado e o representante (relação interna ou negócio jurídico fundamental), o poder de representação (relação externa) e o negócio jurídico em que intervêm o representante e a contraparte (negócio jurídico principal ou negócio representativo). Para encontrar o direito aplicável à relação externa, Rabel considerava ser necessário distinguir duas questões: a questão de saber se (*ob*) o *dominus* emitiu uma declaração autorizando o representante a celebrar negócios em seu nome num determinado país estrangeiro — que submetia ao estatuto pessoal do representado (o direito em vigor no país da respectiva sede ou domicílio) — e a questão de saber qual o âmbito (*Umfang*) desse poder — que sujeitava ao direito do país em que o poder de representação deve produzir os seus efeitos [64].

Na construção inicial de Rabel sobre a determinação da lei reguladora da representação [65], as questões da existência e do âmbito do poder de representação eram portanto objecto de conexões distintas; a lei reguladora do estatuto pessoal do representado desempenhava, neste contexto, um papel relevante, competindo-lhe decidir sobre a existência da própria relação externa de representação.

Anknüpfungsgerechtigkeit im internationalen Privatrecht (aus kontinentaleuropäischer Sicht), Basel, Stuttgart, 1975, p. 35; id., *L' ordre public...*, p. 63. Céptico também, em parte, BAPTISTA MACHADO, *Âmbito de eficácia...*, p. 180 ss. Para uma apreciação positiva, EVRIGENIS, *Tendances doctrinales actuelles en droit international privé*, p. 415 s, que considera o método sistemático e de grande fecundidade, apesar das suas naturais limitações. Contrapondo "princípios" e "interesses" mas, ao mesmo tempo, sugerindo uma "atenuação" da diferença e uma "aproximação" entre uns e outros, através da ponderação conjunta de princípios e interesses, NEUHAUS, *Prinzipien oder Interessen als Basis des internationalen Privatrechts?*, sep. "Akrothinia Petros G. Vallindas", Thessaloniki, 1971, p. 549 ss.

[64] Cfr. RABEL, *Vertretungsmacht für obligatorische Rechtsgeschäfte*, p. 824 ss.

[65] Mais tarde o autor abandonou esta tese e a distinção que lhe estava subjacente. Cfr. RABEL, *The conflict of laws...*, III, p. 161 ss, 2ª ed., p. 167 ss.

A construção abriu o caminho para a distinção entre a *existência* e a *extensão* do poder de representação, outrora adoptada pelos tribunais alemães e suíços para efeitos de determinação da disciplina internacionalprivatística da representação; de acordo com essa distinção, a questão da existência do poder de representação seria regida pela lei da sede ou do domicílio do representado e a questão da extensão do poder de representação seria regida pela lei do lugar em que o poder produz ou deve produzir os seus efeitos (lei do lugar em que o representante faz uso ou deve fazer uso dos seus poderes).

A separação entre *existência* e *extensão* do poder de representação — se reflectia o princípio da *grosse Spaltung* adoptado, no domínio contratual, sobretudo pela jurisprudência suíça — tinha em vista, em matéria de representação, restringir o âmbito da lei reguladora da relação externa e fazer aplicar, mesmo depois do reconhecimento do carácter autónomo do poder de representação, uma lei próxima do representado [66].

Conteúdo próximo e objectivo semelhante tem a distinção entre, de um lado, a *formação* do poder de representação e, de outro lado, a *execução* ou os *efeitos* do poder de representação, como ponto de partida para uma aplicação combinada da lei reguladora da relação interna e da lei reguladora do negócio jurídico celebrado pelo representante; a formação do poder de representação seria reconduzida à lei reguladora da relação interna, enquanto a execução ou os efeitos do poder de representação seriam sujeitos à lei reguladora do negócio jurídico em que intervêm o representante e a contraparte [67].

Na concepção de Rabel se inserem igualmente diversas construções que, para a aplicação da norma de conflitos do foro relativa ao poder de representação ou relativa à vinculação do representado através de actos praticados pelo representante, exigem a verificação de certos pressupostos, ou recorrem à noção de questão prévia.

---

[66] Assim se explica que os tribunais suíços tenham mantido a *grosse Spaltung* no domínio da representação durante muito tempo depois de a terem abandonado para a determinação do direito aplicável ao contrato.

[67] SCHMITTHOFF, *Agency in international trade*, p. 177 ss. Também no projecto de reforma do direito internacional privado italiano, de 1984, se procurava, até certo ponto, uma aplicação combinada de duas (ou até mais) leis, a partir da distinção entre a procuração e os concretos actos representativos: a procuração seria sujeita (quanto à sua "existência" e "validade") à lei do Estado em que é celebrada; os efeitos, isto é, o acto ou os actos representativos seriam sujeitos à lei do Estado ou Estados em que se realizam. Cfr. o artigo 50 do projecto de 1984, e a respectiva justificação, em VITTA, *Memoriale e progetto di legge*, p. 273, 208 ss. Sublinhe-se, todavia, que no caso citado em último lugar, a distinção pode traduzir tão--somente a separação entre o acto de atribuição do poder de representação e os actos representativos. Isto mesmo parecia querer significar VITTA, quando, na exposição de motivos, afastava a ideia de fragmentação do direito aplicável ao negócio jurídico procuração (*loc. cit.*, p. 210).

Nos direitos norte-americano e inglês, encontram-se algumas variantes desta abordagem.

Assim, no direito norte-americano mais antigo recorreu-se ao *principle of causation*, nos seguintes termos: o direito em vigor no lugar onde o *agent* celebra o contrato por conta do *principal* determinaria os efeitos desse contrato no que diz respeito aos direitos e obrigações do *principal* e da contraparte, pois "cada Estado tem competência para impor obrigações a uma pessoa como resultado dos actos que ela praticou ou como resultado dos actos que ela induziu outra pessoa a praticar (*caused another to do*) nesse Estado". O problema poderia reconduzir-se a uma questão de *causation* (causalidade) e, quanto a este aspecto, "apenas é importante a lei do lugar onde o *agent* foi designado", que seria a lei reguladora da relação entre o *principal* e o *agent*; não seria necessário que essa lei autorizasse o *agent* a realizar o acto em questão no país em que ele agiu, bastando que a actividade do *agent* nesse país pudesse ser imputada ao *principal* [68].

Sentido não muito diferente deve afinal atribuir-se à posição defendida por alguns autores norte-americanos, que, para a aplicação da lei competente para reger a questão da vinculação do *principal* — a lei do Estado onde o *agent* actua —, exige duas condições: que a relação entre as partes permita de modo "*fair and reasonable*" impor a uma pessoa responsabilidade pelos actos praticados por outra; que a conexão entre o *principal* e o Estado em que o *agent* actua seja de tal modo estreita que permita considerar "*fair and reasonable*" a aplicação da lei desse Estado. Existirá conexão suficiente com o Estado onde o *agent* actua se o *principal* autorizar o *agent* a agir por sua conta no referido Estado, se o *principal* permitir a terceiros acreditar que o *agent* tem essa *authority* ou se, de acordo com o direito desse Estado, o *principal* puder legitimamente ser impedido, com base no princípio de *estoppel*, de negar a *authority* do *agent*. Dependerá das regras de *choice of law* do foro a questão de saber se deve ser aplicado o direito do Estado onde o *agent* actua para decidir da vinculação do *principal* pelos actos do *agent*. O tribunal do foro deve decidir segundo os seus próprios critérios se estão verificadas as condições exigidas pela sua regra de conflitos para a aplicação da lei do lugar onde o *agent* actua; por outras palavras, ao tribunal do foro compete aplicar as suas próprias concepções para verificar se o *agent* foi autorizado ou aparentemente autorizado a actuar em determinado Estado ou se, pelo direito desse Estado, o *principal* está impedido, com base no princípio de *estoppel*, de negar a *authority* do *agent* [69].

---

[68] BEALE, *A treatise on the conflict of laws*, II, p. 1193 ss, e §§ 342 a 345 do primeiro *Restatement of the law of conflict of laws*.

[69] Cfr. REESE, FLESCH, *Agency and vicarious liability in conflict of laws*, p. 767 s; REESE, *Agency in conflict of laws*, p. 412 ss. Veja-se no § 292, nº 2 do *Restatement, Second, Conflict of laws*, e nos respectivos comentários, a influência da tese sustentada por Reese.

Também na doutrina inglesa se considerou que a aplicação da lei reguladora da relação entre o *principal* e a contraparte (a lei competente para reger o negócio em que intervêm o *agent* e a contraparte) pressupõe a verificação de que "nos termos da lei aplicável ao contrato de *agency*, o *agent* esteja autorizado ou aparentemente autorizado a actuar para o seu *principal* de modo a criar obrigações internacionais" e de que "no momento da celebração do contrato a contraparte não tenha conhecimento de intenção contrária, expressa ou implícita, por parte do *principal*" [70].

Mais recentemente, uma parte da doutrina inglesa propôs, para efeitos de determinação do direito aplicável à *authority*, uma distinção entre *actual authority* e *apparent authority*, que, a nosso ver, assenta também na ideia de tornar aplicável neste domínio uma lei próxima do representado. Nos termos dessa distinção, e segundo o entendimento dominante, a *actual authority* (entendida como relação jurídica entre o *principal* e o *agent*) seria submetida à lei reguladora do contrato entre o *principal* e o *agent* e a *apparent authority* (entendida como relação jurídica entre o *principal* e terceiros) estaria sujeita à lei competente para reger o contrato em que intervêm o *agent* e a contraparte [71].

Nos direitos de *civil law*, diversas fórmulas utilizadas na doutrina, exigindo a verificação de certos pressupostos para a aplicação da norma de conflitos do foro relativa ao poder de representação, têm como resultado a aplicação de uma lei próxima do representado e a restrição do âmbito da lei reguladora da relação externa. Assim: a exigência de um "comportamento do representado que revele a outorga de uma procuração para ser usada em determinado Estado" [72], a exigência de uma "manifestação de vontade do representado a que possa ser atribuído o sentido de concordância com a actuação alheia" [73], a exigência de um "acto de vontade imputável ao representado como elemento essencial da hipótese das regras de conflitos aplicáveis à representação facultativa" [74].

---

[70] BRESLAUER, *Agency in private international law*, p. 312 ss.

[71] Cfr., por todos, DICEY and MORRIS *on the conflict of laws*, 11ª ed., p. 1343 (implicitamente); 12ª ed., p. 1461 (de modo explícito); MORRIS, *The conflict of laws*, p. 297.

[72] ECKSTEIN, *La procura nel diritto internazionale privato*, p. 132; em sentido próximo, REITHMANN, *Auslegung und Wirkung ausländischer Vollmachten*, p. 130. A mesma ideia está afinal subjacente ao pensamento de alguns autores que, defendendo em geral a competência do direito do *Wirkungsland*, propõem a aplicação do direito do país em que a procuração deve produzir os seus efeitos, no caso de o representante actuar em país diferente daquele que foi determinado pelo representado, desde que essa circunstância seja conhecida pela contraparte (MAKAROV, *Die Vollmacht im internationalen Privatrecht*, p. 61, 63; MÜLLER--FREIENFELS, *Die Sonderanknüpfung der Vollmacht*, p. 328).

[73] BRAGA, *Der Anwendungsbereich des Vollmachtstatuts*, p. 337.

[74] RIGAUX, *Le statut de la représentation*, p. 229.

É ainda a ideia de equilíbrio entre os interesses envolvidos através da designação do direito competente que, dentro de uma perspectiva de conexão autónoma do poder de representação, justifica a opinião de alguns autores, sobretudo alemães e suíços, defendendo a necessidade de, na aplicação da lei reguladora da relação externa, ter em conta (*berücksichtigen, in Betracht ziehen*) a lei competente para reger a relação interna [75].

Dentro de uma perspectiva diferente — porque inserida numa construção não autonomista do poder de representação — uma parte da doutrina francesa procurou a conciliação entre os diversos estatutos, e a protecção da contraparte, na adopção de uma conexão alternativa, atribuindo competência a uma das seguintes três leis: a lei reguladora do contrato de mandato, a lei do lugar onde o mandatário celebra o contrato em nome do mandante ou a lei reguladora do contrato celebrado pelo mandatário [76].

2.2. Durante os trabalhos da Conferência de Haia

A necessidade de coordenar a aplicação das leis designadas nos capítulos II e III da Convenção foi naturalmente sentida por ocasião da preparação das regras uniformes e esteve subjacente a diversas propostas e a longas discussões.

Durante os trabalhos da Segunda Comissão (reunida no âmbito da Décima Terceira Sessão da Conferência, em Outubro de 1976), o perito jugoslavo Stojan Cigoj pronunciou-se no sentido de o poder de representação exercido pelo representante relativamente à contraparte dever ser tratado como um "direito adquirido" nos termos de uma lei estrangeira, isto é, como um *vested right*; assim sendo, no plano da execução do poder de representação não se suscitaria qualquer problema de determinação do direito aplicável; apenas estaria em causa a questão de saber se um *vested right* pode ou não ser reconhecido pela lei do país em que o poder de repre-

---

[75] BRAGA, *Der Anwendungsbereich...*, p. 337; MOSER, *Einzelinteresse und Verkehrsschutz bei internationaler Betrachtung der gewillkürten Stellvertretung*, p. 391; VISCHER, *Internationales Vertragsrecht*, p. 234 s; VISCHER, VON PLANTA, *Internationales Privatrecht*, p. 192.

[76] JOBARD-BACHELLIER, *L' apparence en droit international privé*, p. 324, 327. Em sentido semelhante, os autores que, para protecção da pessoa que contratou com o mandatário sem poderes, e na sequência da decisão do *Tribunal de grande instance de la Seine*, 1.ère Ch., 12.6.1963, Rev. crit., 1964, p. 689 ss, sugerem a aplicação dos princípios da "jurisprudência Lizardi" (aplicação da lei do lugar onde o mandatário agiu, em substituição da lei reguladora do contrato de mandato): BATIFFOL, an. Tribunal de grande instance de la Seine, 1.ère Ch., 12.6.1963, *loc. cit.*, p. 691 ss; BATIFFOL, LAGARDE, *Droit international privé*, II, 6ª ed., p. 285, 7ª ed., p. 328; MAYER, *Droit international privé*, p. 481; AUDIT, *Droit international privé*, p. 654 (implicitamente).

sentação é exercido. Em favor da sua tese invocou: a independência do acto institutivo do poder de representação relativamente ao seu exercício; a impossibilidade de a regra de conflitos que submete a relação entre o representado e a contraparte à lei do lugar de execução ter em conta esta lei no momento em que o poder é instituído se o lugar de execução não for ainda conhecido nesse momento; a qualificação do poder de representação como instituição ligada à capacidade [77], de onde resultaria que o poder de representação não pode ultrapassar a capacidade e que, para verificar se o poder existe, é necessário tomar em conta a lei sob a qual o poder foi na realidade instituído, ou seja, a lei do direito adquirido; a possibilidade de separar as questões da existência (e da validade) do poder de representação e a protecção da contraparte, com a consequente aplicação da lei do lugar de execução do poder se esta devesse ser tomada em consideração no momento da instituição do poder, como acontece nos casos em que o representado prevê a execução do poder num certo país. Com estes fundamentos, Stojan Cigoj propôs a regulamentação do poder de representação como uma relação já existente no momento em que deve ser executada, nos seguintes termos:

"1. O poder de representação validamente constituído nos termos da lei de determinado país deve ser reconhecido em qualquer outro país se este reconhecimento não contrariar as disposições imperativas sobre a formação do poder de representação contidas na lei do país onde o representado tem a sua sede ou residência habitual nem as disposições imperativas sobre a admissibilidade contidas na lei do país onde o poder é exercido.
2. Se a lei do país da residência habitual do representante estabelecer uma protecção mais ampla da contraparte de boa fé, tais regras de protecção serão aplicáveis desde que não contrariem as disposições imperativas sobre a formação do poder de representação contidas na lei do país onde o representado tem a sua sede ou residência habitual" [78].

---

[77] O aspecto da ligação entre a capacidade e a regulamentação conflitual da representação foi sublinhado pelo mesmo Professor Stojan CIGOJ num estudo dedicado a alguns problemas suscitados pela determinação do direito aplicável à representação de pessoas colectivas. Cfr. CIGOJ, *Das auf die Vertretung von Wirtschaftseinheiten anzuwendende Recht*, p. 283 ss. Fazem igualmente apelo à analogia com a capacidade: SCHMITTHOFF, *Agency in international trade*, p. 177; DICEY and MORRIS *on the conflict of laws*, 12ª ed., p. 1463; KEGEL, *Internationales Privatrecht*, p. 455 (sustentando, em certas circunstâncias, a aplicação analógica do artigo 12 EGBGB). Também na doutrina francesa esta aproximação tem sido feita por autores que, para protecção da contraparte, sugerem a aplicação à representação sem poderes dos princípios da "jurisprudência Lizardi" (cfr. nota anterior).

[78] Cfr. documento de trabalho nº 8, *Conférence de La Haye de Droit International Privé. Actes et documents de la Treizième Session (4 au 23 Octobre 1976)*, IV, p. 73.

Ainda durante esse mesmo período de trabalhos da Comissão, foi apresentada a seguinte proposta pela delegação do Reino Unido:

"Artigo 12º

Se, nos termos da lei aplicável por força do artigo 11º [79], se suscitar uma questão relativa à existência ou à extensão dos poderes reais ou efectivos do representante (*actual authority*) para agir por conta do representado, essa questão deve ser regida pela lei que, segundo as disposições do capítulo II, rege a relação entre o representado e o representante" [80].

Embora utilizando meios distintos, ambas as sugestões tinham em vista coordenar as leis aplicáveis às várias relações envolvidas. Nenhuma delas teve sequência.

Em Junho de 1977, aquando da discussão na Comissão especial instituída pela acta final da Décima Terceira Sessão da Conferência, as delegações dinamarquesa, finlandesa, norueguesa e sueca formularam uma proposta tendo em vista aditar uma norma com a seguinte redacção:

"Artigo 14º

Se, de acordo com a lei aplicável por força dos artigos 11º a 13º [81], a existência ou a extensão dos poderes reais ou efectivos do representante (*actual authority*) para agir com efeitos para o representado for relevante na relação entre o representado e a contraparte, essa questão deve ser determinada pelo direito interno que, segundo o capítulo II, rege a relação entre o representado e o representante" [82].

Na justificação da proposta, Blok, delegado dinamarquês, afirmou que a disposição deveria ser entendida "mais como uma questão de clarificação do que como uma questão de substância" e que, perante a necessidade

---

[79] O artigo 11º, na versão constante da mesma proposta da delegação do Reino Unido, determinava a lei aplicável à existência e extensão dos poderes do representante, nas relações entre o representado e a contraparte, ressalvando o disposto no artigo 12º.

[80] Cfr. documento de trabalho nº 34, *Actes et documents de la Treizième Session*, IV, p. 165.

[81] Os artigos 11º a 13º, incluídos no capítulo III do anteprojecto e reformulados na mesma proposta das delegações dinamarquesa, finlandesa, norueguesa e sueca, continham as disposições respeitantes às relações com a contraparte.

[82] Cfr. documento de trabalho nº 78, *Actes et documents de la Treizième Session*, IV, p. 260.

de uma norma sobre a lei aplicável à *actual authority*, "a única solução seria remeter para as regras do capítulo II", pois "a questão da *actual authority* constitui uma questão preliminar em relação ao representante e à contraparte" [83].

Vale a pena resumir os termos da discussão que a esse propósito então se desenvolveu [84].

O delegado dos Estados Unidos, Pfeifer, considerou que seria inconveniente a remissão da questão da *actual authority* para as normas reguladoras da relação interna se não fosse incluída a indicação de que a contraparte conhecia a falta de poderes do representante. Em sua opinião, só no caso de a contraparte estar de má fé seria adequado aplicar as regras do capítulo II; essa situação era aliás contemplada numa proposta da delegação dos Estados Unidos, do seguinte teor:

"Artigo 13º

"Não obstante o disposto nos artigos 11º e 12º [85], se a contraparte conhecer ou tiver o dever de conhecer a falta de poderes do representante, na relação entre o representado e o representante, para negociar, celebrar um contrato ou executar o acto em causa, a questão de saber se o representante criou uma relação jurídica entre o representado e a contraparte rege-se pelo direito aplicável à relação interna entre o representado e o representante" [86].

Enquanto alguns delegados se pronunciaram no sentido de que nenhuma daquelas duas propostas clarificava a questão, considerando preferível não incluir qualquer disposição sobre a matéria [87], outros mostraram-se favoráveis à ideia expressa no documento escandinavo [88].

Em face da discussão, o Presidente da sessão pediu a opinião das delegações, perguntando se deveria ser adoptada uma solução na linha das propostas escandinava ou norte-americana (artigo 14º do documento de

---

[83] Cfr. *Actes et documents de la Treizième Session*, IV, p. 309.

[84] Cfr. *Actes et documents de la Treizième Session*, IV, p. 309 s.

[85] Os artigos 11º e 12º, na versão constante da mesma proposta da delegação dos Estados Unidos, determinavam a lei aplicável à relação entre o representado e a contraparte.

[86] Cfr. documento de trabalho nº 77, *Actes et documents de la Treizième Session*, IV, p. 259.

[87] Cfr. as observações dos delegados suíço, grego, alemão, japonês e israelita, e ainda as do Secretário-geral da Conferência, em *Actes et documents de la Treizième Session*, IV, p. 309 s.

[88] Cfr. as observações dos delegados jugoslavo e checoslovaco, em *Actes et documents de la Treizième Session*, IV, p. 309.

trabalho nº 78 ou artigo 13º do documento de trabalho nº 77), se deveria ser omitida qualquer referência à questão, o que teria como consequência a aplicação do artigo 11º, ou, finalmente, se deveria ser encontrada outra redacção para o artigo 11º, de modo a deixar o problema em aberto.

Tendo em conta que dez delegações votaram a favor da inclusão de uma disposição semelhante à do artigo 14º do documento de trabalho nº 78 ou do artigo 13º do documento de trabalho nº 77 e outras dez delegações se manifestaram em sentido contrário, a proposta foi rejeitada. Em seguida, a maioria dos delegados pronunciou-se no sentido de deixar a questão de tal modo que fosse aplicável o artigo 11º (a norma de conflitos relativa à existência e extensão dos poderes do representante nas relações entre o representado e a contraparte).

O Relator convidou então os delegados a indicarem qual a consequência do voto que acabavam de exprimir, uma vez que, em sua opinião, o texto do artigo 11º em discussão remetia para as regras do capítulo III. O delegado dinamarquês, Blok, respondeu que todas as questões relativas à *actual authority* do representante cabiam no âmbito do capítulo II; o delegado suíço, Vischer, afirmou que a primeira questão — ou seja, a questão de saber qual a *actual authority* do representante — deveria ser determinada pelo capítulo II, enquanto a questão seguinte — ou seja, a questão de saber qual a consequência, na relação entre o representado e a contraparte, da actuação do representante para além dos seus poderes — deveria ser regulada pelo capítulo III. O Presidente da sessão afirmou então que o seu entendimento quanto ao sentido do voto correspondia ao que tinha sido expresso pelo delegado suíço, Vischer, mas sublinhou ser essencial para o Relator conhecer as consequências de modo a poder enumerá-las no relatório final, e perguntou de novo se era intenção da Comissão que a lei prevista no capítulo III fosse aplicável à questão. Apenas o Secretário-geral afirmou que estava de acordo com essa abordagem e o delegado dinamarquês, Blok, esclareceu que não se tratava necessariamente de uma situação de aplicação alternativa de duas leis, uma vez que certos aspectos da *authority* devem ser regulados pelo capítulo II, enquanto outros aspectos devem ser regulados pelo capítulo III [89].

Na sessão seguinte o problema foi novamente suscitado e o delegado grego, Evrigenis, transmitiu o seu ponto de vista quanto ao resultado da votação dos documentos de trabalho nºs 78 e 77, afirmando que, na situação prevista no artigo 14º do documento de trabalho nº 78, em princípio deveria aplicar-se o capítulo III, "mas que não se pode excluir totalmente a possibilidade de tomar em consideração o capítulo II". O comentário mere-

---

[89] Cfr. *Actes et documents de la Treizième Session*, IV, p. 311.

ceu o apoio dos delegados dinamarquês (que esclareceu ser esse o sentido que se pretendia obter com a proposta de artigo 14º, incluída no documento de trabalho nº 78) e israelita e do Presidente da sessão. Concluindo não existir desacordo aparente entre as delegações, o Presidente deu como encerrada a discussão sobre este assunto [90].

No relatório final sobre a Convenção [91], indica-se que a Comissão especial rejeitou a proposta escandinava porque "não foi considerado oportuno identificar e regular antecipadamente as situações em que seria permitido a um juiz, ao aplicar o direito competente por força do capítulo III para reger as relações entre o representado e a contraparte, ter em conta a lei competente nos termos do capítulo II para reger as relações internas entre o representado e o representante". O Relator Karsten afirma ter sido opinião da Comissão que "enquanto o capítulo III se aplica em princípio a todas as questões relacionadas com o poder de representação que possam suscitar-se entre o representado e a contraparte, não é afastada a possibilidade de o juiz tomar também em consideração a lei competente para reger as relações internas em virtude do capítulo II".

Segundo a interpretação constante do relatório, "quando o litígio que opõe o representado à contraparte sobre a questão de saber se o representante foi expressamente autorizado pelo representado a agir nos termos em que o fez, está em causa uma simples questão de facto e não pode surgir nenhum problema de relação entre a lei aplicável por força do capítulo III e a lei aplicável em virtude do capítulo II; mas se o litígio entre o representado e a contraparte disser respeito à questão de saber se o acto realizado pelo representante tinha sido implicitamente autorizado pelo representado, o problema da relação entre os dois capítulos da Convenção pode surgir em diversos contextos".

Assim, "quando os poderes implícitos do representante forem mais amplos nos termos da lei aplicável por força do capítulo III do que nos termos da lei aplicável por força do capítulo II", o relatório propõe a aplicação da lei indicada no capítulo III pelas mesmas razões que considera aplicável essa lei ao poder aparente e tendo em conta a dificuldade de distinção entre poder implícito e poder aparente.

Na situação inversa, "quando os poderes implícitos do representante forem mais amplos nos termos da lei aplicável por força do capítulo II do que nos termos da lei aplicável por força do capítulo III", e se, de acordo com esta última lei, não existir poder aparente, o Relator Karsten considera mais delicada a relação entre as duas leis e não propõe qualquer regra geral; a solução dependerá das circunstâncias de cada caso.

---

[90] Cfr. *Actes et documents de la Treizième Session*, IV, p. 312.
[91] Cfr. *Rapport* KARSTEN, p. 402 s.

Embora a partir destes elementos não seja possível retirar uma conclusão segura para a resolução do problema das relações entre as normas de conflitos dos capítulos II e III da Convenção, as discussões durante a preparação do texto da Convenção e a posição expressa no relatório apontam para fórmulas ou métodos que, em certas situações, admitem a possibilidade de tomar em consideração, no âmbito da lei reguladora da relação externa, as soluções que decorrem da lei reguladora da relação interna.

2.3. Na doutrina posterior à aprovação da Convenção de Haia sobre representação

O problema da relação entre as ordens jurídicas designadas pelas normas de conflitos contidas nos capítulos II e III não tem, de um modo geral, ocupado grande espaço nos comentários da Convenção de Haia. Nos casos em que o tema é debatido, os termos da discussão e as propostas de solução formuladas dependem obviamente da concepção adoptada pelos próprios comentadores quanto ao poder de representação e quanto à relação entre o poder de representação e o negócio jurídico subjacente.

Nas ordens jurídicas inspiradas no modelo alemão, onde se consagra a separação entre o poder de representação e o negócio jurídico subjacente, afirma-se com naturalidade que o capítulo II da Convenção tem por objecto o *Dürfen*, na relação interna, e o capítulo III tem por objecto o *Können*, na relação externa [92].

A generalidade da doutrina francesa que tem interpretado a Convenção de Haia sobre representação procura compatibilizar a lei designada pelas normas de conflitos contidas no capítulo II com a lei designada pelas normas de conflitos contidas no capítulo III recorrendo à dicotomia representação com poderes — representação sem poderes: a actuação do mandatário dentro dos limites dos seus poderes seria regulada pela lei indicada nos artigos 5º ou 6º; a actuação para além dos poderes e o abuso de representação seriam sujeitos à lei indicada nos artigos 14º ou 11º [93]. A explicação

---

[92] MÜLLER-FREIENFELS, *Der Haager Konventionsentwurf...*, p. 96 (admitindo embora que a distinção nem sempre é suficientemente clara); BASEDOW, *Das Vertretungsrecht im Spiegel konkurrierender Harmonisierungsentwürfe*, p. 208; REITHMANN/HAUSMANN, *Vollmacht*, p. 898 s; TROMBETTA-PANIGADI, *L' unificazione del diritto...*, p. 939, 942; KROPHOLLER, *Internationales Privatrecht*, p. 275; KEGEL, *Internationales Privatrecht*, p. 457 s; DAVÌ, *La Convenzione dell'Aja...*, p. 599, 640 s, 652 ss.

[93] LAGARDE, *La Convention de La Haye...*, p. 40; MESTRE, *La Convention de La Haye...*, p. 138; BATIFFOL, LAGARDE, *Droit international privé*, II, 7ª ed., p. 313; MAYER, *Droit international privé*, p. 481; HEUZÉ, *La réglementation française des contrats internationaux*, p. 321, nota (194); LOUSSOUARN, BOUREL, *Droit international privé*, p. 428;

tem subjacente o entendimento da representação como um efeito jurídico do mandato e a submissão do poder de representação à lei da respectiva fonte; como consequência, apenas seriam subtraídas à competência da lei reguladora da relação entre o mandante e o mandatário as situações de patologia no exercício do poder de representação.

Compreensivelmente a discussão mais completa a propósito desta matéria consta da única monografia até ao momento publicada sobre a Convenção, da autoria do neerlandês Verhagen, *Agency in private international law. The Hague Convention on the law applicable to agency*, The Hague, Boston, London, 1995, já por diversas vezes citada nesta dissertação.

O autor começa por distinguir no acto de atribuição de poderes (*authorisation*, no original) dois actos jurídicos, um acto jurídico bilateral entre o representado e o representante (*internal authorisation*) e um acto jurídico unilateral dirigido pelo representado à contraparte (*external authorisation*). Vendo na distinção um instrumento adequado para a determinação do sentido das normas de conflitos da Convenção de Haia sobre representação e para a análise das relações entre os capítulos II e III, o autor considera que as questões relativas ao acto de atribuição de poderes entre o representado e o representante seriam de reconduzir à lei indicada no capítulo II e as questões relativas ao acto de atribuição de poderes entre o representado e a contraparte seriam de reconduzir à lei indicada no capítulo III.

Verhagen adopta como ponto de partida para a interpretação das disposições da Convenção uma perspectiva que designa de *"external" approach*, de onde resulta que, nas relações entre o representado e a contraparte, o poder de representação deve estar sujeito à lei designada pelas normas de conflitos do capítulo III; essa lei regularia a formação, a extensão, a modificação e a cessação do poder de representação, aplicando-se tanto à *actual authority* como à *apparent authority*. Mas o autor admite a existência de interacções entre o capítulo II e III: em primeiro lugar, sempre que, nos termos da lei aplicável por força do capítulo III, a actuação do representante seja vinculativa para o representado, é possível que, de acordo com a lei designada como competente pelo capítulo II, venha a desencadear-se a responsabilidade do representante em relação ao representado por actuar para além dos limites dos seus poderes; por outro lado, nos casos em que, segundo a lei aplicável por força do capítulo III, o poder de representação do representante "esteja de algum modo ligado à existência da rela-

---

AUDIT, *Droit international privé*, p. 654 (o autor sugere que, no caso de actuação para além dos poderes, e com o objectivo de protecção da contraparte, seja aplicada, ou pelo menos consultada, a lei do lugar onde o representante agiu, apesar de reconhecer que a Convenção de Haia não prevê esta excepção).

ção interna", como, por exemplo, quando a lei reguladora da relação externa determina que o poder de representação cessa com a cessação do acordo entre o representado e o representante, não pode ignorar-se a lei reguladora da relação interna; finalmente, existem situações em que a existência e a extensão do poder de representação devem ser primariamente determinadas pela relação interna, como acontece nos casos de *undisclosed agency*.

Com base nestes pressupostos, Verhagen conclui que se, nos termos da lei designada pelo capítulo III, a extensão do poder de representação for determinada pela extensão dos deveres estabelecidos para o representante no contrato subjacente, a lei reguladora deste contrato deve ser aplicada para definir o âmbito de tais deveres; o âmbito dos deveres do representante segundo a relação interna constitui uma questão incidental, a regular pela sua própria lei, no caso, a lei que rege a relação interna [94].

A uma solução parcialmente coincidente conduz a interpretação feita por uma parte da doutrina suíça em face do artigo 126 da lei federal suíça sobre direito internacional privado, preceito que foi influenciado pelo texto da Convenção de Haia sobre representação. Referindo-se o nº 1 do artigo 126 à determinação do direito aplicável à relação entre o representado e o representante e o nº 2 do mesmo artigo à determinação do direito aplicável à relação entre o representado e a contraparte, a doutrina considera que os pressupostos do poder de representação são, do ponto de vista do direito de conflitos, independentes da relação interna. Mas a questão de saber se a relação interna abrange poder de representação definido por lei (*kraft Gesetzes*) deve ser objecto de conexão como questão prévia, sujeita ao direito competente para reger a relação jurídica subjacente, independentemente de saber qual o direito a que está sujeita a relação com a contraparte [95].

3. Soluções propostas

Um dos problemas mais delicados do direito internacional privado da representação diz sem dúvida respeito à determinação do direito aplicável ao poder de representação, uma vez que, tal como no domínio do direito material, a relação interna e a relação externa se intersectam.

Como se observou, é comum a todas as ordens jurídica estudadas o princípio segundo o qual os actos jurídicos celebrados pelo representante só produzem efeitos na esfera jurídica do representado se o representante estiver legitimado pelo poder de representação. O poder de representação é

---

[94] Cfr. VERHAGEN, *Agency in private international law*, p. 305 ss.
[95] Cfr. *IPRG Kommentar*, Art. 126, an. 18.

atribuído ao representante pelo representado. Em geral, e mesmo nas ordens jurídicas inspiradas pela ideia de separação entre o poder de representação e o negócio jurídico subjacente, a atribuição de poder de representação faz-se com referência a uma relação jurídica constituída ou a constituir entre representado e representante; a atribuição de poder de representação tem naturalmente a sua justificação económico-social numa relação subjacente de cooperação ou de gestão. Este aspecto liga o poder de representação com a relação interna. Mas é também claro que o poder de representação se destina a produzir efeitos perante a contraparte; o poder de representação legitima o representante a actuar perante terceiros com efeitos jurídicos para o representado. O poder de representação é assim o elemento indispensável para o estabelecimento da relação entre o representado e a contraparte; nessa medida, insere-se na relação externa, constituindo a essência dessa relação.

A complexidade inerente ao poder de representação há-de reflectir-se na sua disciplina conflitual. É natural que as divergências verificadas ao nível da análise interna dos mecanismos que asseguram a representação se repercutam ao nível do direito de conflitos.

Nas ordens jurídicas em que o poder de representação é considerado autónomo quer em relação ao negócio jurídico subjacente quer em relação ao negócio jurídico representativo, ele é também, pelo menos tendencialmente, objecto de uma conexão autónoma para efeitos de determinação do seu regime internacionalprivatístico (assim, por exemplo, as normas de conflitos contidas no artigo 39º do Código Civil português e no artigo 126, nº 2 da lei suíça de DIP, as normas de conflitos formuladas pela jurisprudência e pela doutrina alemãs dominantes). Diferentemente, nas ordens jurídicas em que o poder de representação constitui um efeito jurídico da relação subjacente, ele é em princípio sujeito à lei reguladora dessa relação (designadamente, o contrato de mandato, no direito internacional privado francês).

A regulamentação da Convenção de Haia sobre representação assenta na ideia de distinção do poder de representação, quer em relação ao negócio jurídico subjacente, quer em relação ao negócio jurídico representativo: a relação interna e a relação externa são objecto de normas de conflitos distintas, susceptíveis de conduzir à aplicabilidade de ordens jurídicas diferentes; o contrato representativo não é objecto da disciplina contida nesta Convenção, ficando por isso sujeito às normas de conflitos do sistema em vigor no ordenamento do foro em matéria de contratos.

Mas isto não pode significar a exclusão de interferências recíprocas entre as diversas leis que concorrem na regulamentação da relação representativa. Do mesmo modo que no domínio do direito interno existem, nas diferentes ordens jurídicas analisadas, exemplos de interferência entre as várias relações em que se decompõe a relação representativa, assim também no campo do direito internacional privado, e como reflexo da regulamentação material, teremos de admitir pontos (ou momentos) de contacto entre essas relações e por isso mesmo entre as leis que são em primeira linha competentes para regular cada uma delas.

É esta problemática que irá ocupar-nos de seguida. Começaremos por indagar qual é, em geral, o direito aplicável à determinação dos pressupostos da actuação com efeitos jurídicos para outrem [96].

3.1. O direito aplicável aos pressupostos da actuação com efeitos jurídicos para outrem

Em todas as ordens jurídicas analisadas, o efeito típico da representação (ou da *agency*) consiste em se produzirem na esfera jurídica de uma pessoa (o representado ou o *principal*) as consequências dos actos celebrados por outra pessoa (o representante ou o *agent*). A produção desse efeito típico depende da verificação dos pressupostos de existência e eficácia da representação. Os pressupostos da actuação com efeitos jurídicos para outrem não são coincidentes em todos os direitos estudados. Nos sistemas de *civil law*, é pressuposto da actuação representativa a invocação do nome do representado; nos sistemas de *common law*, basta a actuação do *agent* por conta do *principal*, admitindo-se em certos casos a produção dos efeitos típicos da *agency*, mesmo em relação a um *undisclosed principal*.

Dentro de uma perspectiva de distinção entre a relação interna e a relação externa no âmbito da relação representativa, como a que inspira a Convenção de Haia sobre representação, a determinação dos pressupostos da actuação com efeitos jurídicos para outrem constitui certamente objecto da norma de conflitos respeitante à relação entre o representado e a contraparte. O artigo 11º expressamente determina que a lei aí indicada rege, "nas relações entre o representado e a contraparte, a existência e a extensão dos poderes do representante e os efeitos dos actos do representante no exercício [...] dos seus poderes [...]". A actuação com efeitos jurídicos para outrem depende da existência e da extensão dos poderes do representante e dos outros pressupostos fixados, em cada caso, na lei aplicável.

É portanto o direito designado pelo artigo 11º (ou pelo artigo 14º) da Convenção — o direito competente para reger a produção de efeitos entre o representado e a contraparte — que, em princípio, define os pressupostos

---

[96] Sempre que possível, a exposição segue a ordem usada na análise comparativa do direito material.

da actuação representativa. Para referir a lei indicada naquelas normas de conflitos será doravante utilizada a expressão "estatuto da representação".

Deste modo nos afastamos das teses que defendem (ou defenderam no passado) a necessidade de distinguir, na determinação do regime internacionalprivatístico da representação, entre a formação e os efeitos da representação. A lei que, segundo a norma de conflitos da Convenção de Haia, regula a produção de efeitos entre o representado e a contraparte aplica-se igualmente à definição dos pressupostos da actuação representativa.

Consequentemente, ao estatuto da representação compete decidir a questão de saber se é pressuposto da produção de efeitos na esfera jurídica de outrem a invocação do nome do representado (*contemplatio domini* ou princípio da exteriorização, como é em geral exigido nos direitos europeus continentais) ou se basta a actuação por conta de outrem (como se admite no direito da *agency*) [97]. Todavia, se, de acordo com o estatuto da representação, esta questão depender de uma autorização conferida pelo representado ao representante para gerir os seus negócios (isto é, se depender da atribuição pelo representado ao representante de poderes de gestão), a exis-

---

[97] Neste sentido também VERHAGEN, *Agency in private international law*, p. 364. Todavia a questão é controversa. Estando em causa a imputabilidade ao representado dos efeitos do negócio jurídico celebrado pelo representante, o problema diz igualmente respeito à eficácia do negócio representativo. Daí que uma parte significativa da doutrina alemã proponha a aplicação do *Geschäftsstatut* (RABEL, *The conflict of laws...*, III, p. 141, 2ª ed., p. 145; RAAPE, *Internationales Privatrecht*, 5ª ed., p. 502 s; BRAGA, *Der Anwendungsbereich...*, p. 338; SOERGEL/LÜDERITZ, *vor* Art. 7, an. 304, 307; REITHMANN/HAUSMANN, *Vollmacht*, p. 894 s) e que, na doutrina italiana, se entenda que a questão da disciplina conflitual da *contemplatio domini*, como "pressuposto do mecanismo da representação", deva ser tratada independentemente da disciplina conflitual da representação e sujeita à lei reguladora dos efeitos do acto representativo (STARACE, *La rappresentanza nel diritto internazionale privato*, p. 25 ss). No sistema de direito internacional privado actualmente em vigor em Portugal, a adopção de uma posição diferente da proposta no texto — isto é, a sujeição da *contemplatio domini* à lei reguladora do negócio representativo —, teria como consequência a aplicação da lei indicada na Convenção de Roma, que, recorde-se, exclui expressamente do seu âmbito "a questão de saber se um intermediário pode vincular, em relação a terceiros, a pessoa *por conta* de quem aquele pretende agir [...]" (artigo 1º, nº 2, al. f)). O aspecto em discussão está no centro da problemática do instituto da representação e deve por isso ser submetido à lei competente para reger a representação. De acordo com a solução aqui proposta, se uma pessoa celebrar, por conta de um *undisclosed principal*, um contrato sujeito, por hipótese, ao direito português, a questão de saber se o representado dispõe de um *right of intervention* ou se a contraparte no negócio celebrado dispõe de um *right of election* deve ser resolvida perante o direito competente para reger a representação — no caso, por hipótese, o direito inglês (direito do lugar onde se situa o estabelecimento profissional da pessoa que agiu). Esta conclusão é reforçada pelo disposto no artigo 15º da Convenção, que considera aplicável o estatuto da representação às relações entre o representante e a contraparte resultantes do facto de "o representante ter actuado no exercício dos seus poderes [...]" e onde se contemplam precisamente as situações em que a pessoa que age o faz sem revelar que actua por conta de outrem.

tência de tal autorização (de poderes de gestão) deve apreciar-se perante a lei competente para reger a relação interna.

3.2. Em especial, o direito aplicável ao poder de representação

Mas as maiores dificuldades surgem a propósito do pressuposto fundamental, exigido em todas as ordens jurídicas estudadas, para a produção de efeitos na esfera jurídica de outrem — o poder de representação —, a que, por essa razão, como foi anunciado, se dedica uma análise mais aprofundada, abordando as várias questões de que depende a existência e a extensão do poder de representação.

Pressuposto de natureza jurídica, indispensável para a produção de efeitos na esfera jurídica de outrem, o poder de representação constitui nos sistemas de *civil law* um requisito de eficácia para o representado do acto celebrado pelo representante, enquanto nos sistemas de *common law* a *authority* constitui um pressuposto de existência da relação de *agency*, relação que por isso não chega a formar-se se não existir *authority*. Esta súmula é só por si reveladora dos problemas que suscita a determinação do regime conflitual do poder de representação.

O poder de representação, que significa sempre, independentemente da qualificação que se lhe atribua, a legitimidade ou legitimação do representante para actuar perante terceiros com efeitos jurídicos na esfera do representado, insere-se na relação externa. No domínio do direito material, a discussão principal que se suscita consiste em saber se a pessoa que se apresenta como representante de outrem tem poderes, ou está legitimada, para celebrar actos jurídicos cujos efeitos possam repercutir-se na esfera jurídica do representado. No domínio do direito internacional privado, a questão que se coloca traduz-se em saber qual a ordem jurídica que determina se a pessoa que se apresenta como representante de outrem tem poderes, ou está legitimada, para celebrar actos jurídicos cujos efeitos possam repercutir-se na esfera jurídica do representado.

A Convenção de Haia sobre representação adjudica esta matéria à lei reguladora da relação externa, conforme resulta, de modo claro, dos termos utilizados para a delimitação do objecto e do âmbito da conexão no artigo 11º. Esta opção da Convenção deve portanto constituir o critério geral de orientação a seguir na interpretação e na aplicação das normas de conflitos nela contidas [98].

O propósito fundamental do capítulo III da Convenção — e o fundamento da conexão objectiva estabelecida no artigo 11º — consiste precisa-

---

[98] Em sentido concordante, VERHAGEN, *Agency in private international law*, p. 305 ss.

mente em permitir à contraparte determinar de modo simples a ordem jurídica competente para reger o poder de representação, contribuindo assim para facilitar o comércio jurídico. Sujeitar o poder de representação à lei reguladora da relação interna teria como resultado contrariar tais propósitos e colocaria a contraparte na situação que a Convenção pretendeu evitar ao consagrar uma conexão autónoma para o poder de representação.

Deste modo nos afastamos da tese tradicional do direito internacional privado francês que, qualificando o poder de representação como um efeito jurídico do contrato de mandato, sujeitava a representação à lei reguladora do mandato; deste modo nos afastamos também da concepção actualmente dominante na doutrina francesa que, perante as normas de conflitos da Convenção de Haia, considera aplicável a lei designada no capítulo III apenas nas situações em que o representante actua para além dos seus poderes.

Por conseguinte, a lei indicada pelo artigo 11° (se não tiver sido escolhido pelos interessados o direito aplicável, como é permitido no artigo 14°) rege a questão de saber se a pessoa que se apresenta como representante de outrem tem poder de representação e qual a extensão ou o âmbito desse poder, independentemente de quais sejam as obrigações e os direitos das partes (representado e representante) nos termos da relação fundamental entre eles existente (relação interna, submetida ao direito designado nos artigos 5° ou 6° da Convenção). A lei indicada pelos artigos 14° ou 11° decide a questão fundamental de saber se a contraparte pode razoavelmente confiar no poder de representação da pessoa que pretende agir com efeitos jurídicos para outrem [99].

Assim, na hipótese que acima foi configurada [100], a questão de saber se o agente tem poderes para representar o principal perante terceiros rege-

---

[99] No mesmo sentido, *Rapport* KARSTEN, p. 426. Assim também Rb. Arnhem, 14.7.1994, transcrita em M. SUMAMPOUW, *Les nouvelles conventions de La Haye*, V, p. 322 (o litígio tinha como objecto a questão de saber se uma pessoa, com estabelecimento profissional na Alemanha, tinha poderes para levantar dinheiro, como representante de uma sociedade com sede em Inglaterra, de uma conta constituída junto de uma instituição de crédito com estabelecimento na Alemanha; o tribunal neerlandês considerou aplicável o direito alemão, nos termos do artigo 11°, segundo parágrafo, al. b) — que seria igualmente, no caso, o direito aplicável por força do artigo 11°, primeiro parágrafo). Distinguiu, de modo muito claro, os poderes do intermediário na relação externa e na relação interna, a decisão da *Cour d' appel de Grenoble*, de 11.1.1996, Clunet, 1997, p. 123 ss (estava em causa a questão de saber se uma sociedade de direito turco, com sede em Istambul, que tinha actuado como intermediário na celebração de um contrato de compra e venda de vestuário, vinculou o fabricante, igualmente sociedade de direito turco, com sede em Istambul, perante o comprador, sociedade de direito francês, com sede em Loriol, Drôme; o tribunal francês considerou aplicável o direito turco, nos termos do artigo 11°, primeiro parágrafo, da Convenção de Haia sobre representação).

[100] Cfr., neste parágrafo, n° 1, e *caso 1* da nota de apresentação.

-se pela lei designada pelo artigo 11° da Convenção, no caso, o direito português. Uma vez que *P* não outorgou procuração atribuindo poderes a *A* para celebrar contratos de compra e venda em seu nome, conclui-se que, em face do direito português (artigo 2°, n° 1 do Decreto-Lei n° 178/86, de 3 de Julho), *A* não tinha poderes para representar *P*, quando celebrou em nome de *P* um contrato de compra e venda com *T*. A conclusão não se altera pela circunstância de *A* estar legitimado para promover a celebração de negócios por conta de *P*, e até para celebrar tais negócios, nos termos do direito francês (aplicável, no caso, ao contrato de agência entre *P* e *A*).

Mas se assim é como regra, se a lei designada pelo artigo 11° é a lei primariamente competente nesta matéria, ela não pode deixar de sofrer a influência ou a interferência de outra ou outras leis envolvidas na regulamentação da relação representativa, como reflexo, já o dissemos, da interferência observada em diversas ordens jurídicas ao nível do direito material.

A tomada de posição sobre os pressupostos, o sentido e os efeitos dessa interferência exige a análise, numa perspectiva conflitual, das vicissitudes do poder de representação.

3.3. Formação ou origem do poder de representação

3.3.1. Acto de atribuição do poder de actuar com efeitos jurídicos para outrem

a) Validade substancial

A Convenção de Haia sobre representação não se refere directamente ao direito competente para decidir da validade substancial do acto de atribuição do poder de actuar com efeitos jurídicos para outrem.

O artigo 8°, ao delimitar o âmbito de aplicação da lei designada nos artigos 5° e 6°, determina que essa lei "regula [a formação e] a validade da relação de intermediação [...]". Mas trata-se aí da validade substancial do acto que constitui a relação interna entre representado e representante (a relação de gestão ou relação fundamental) e não da validade do acto que institui o poder de representação.

Dependendo das circunstâncias, e da ordem jurídica tomada como referência numa situação concreta, a atribuição do poder de representação pode ser objecto de um negócio jurídico autónomo de procuração, ou pode ser incluída como simples cláusula de um contrato (de mandato, de agência, de prestação de serviço, de trabalho) ou de um *agency agreement*. Porém, a solução adoptada pela Convenção para a regulamentação conflitual da representação exige a valoração autónoma do acto através do qual o representado confere a outrem poderes representativos, ainda que a atribuição do poder de representação e o contrato de gestão se encontrem reunidos numa declaração única [101].

Por outro lado, afastada a distinção, para determinação do regime internacionalprivatístico da representação, entre formação e efeitos da relação representativa, a questão da validade substancial do acto de atribuição de poderes há-de ser reconduzida à mesma lei que regula a produção de efeitos representativos, ou seja à lei que rege a relação entre o representado e a contraparte.

No sistema da Convenção, a validade substancial do acto de atribuição do poder de actuar com efeitos jurídicos para outrem deve portanto ser apreciada perante a lei indicada pela norma de conflitos relativa à relação entre o representado e a contraparte (artigo 14º ou artigo 11º), seja qual for a natureza jurídica que lhe corresponda na ordem jurídica designada.

A referência a essa lei abrange a questão de saber se para a perfeição do acto é ou não exigido o consentimento do representante, por outras palavras, a questão de saber se o acto de atribuição de poderes tem natureza bilateral ou unilateral; tratando-se de acto unilateral, à mesma lei compete definir se a declaração negocial do representado tem um destinatário, quem é o seu destinatário e quais os requisitos de que depende a eficácia de tal declaração; no âmbito da referida lei se inclui ainda o regime da falta e vícios da vontade relativamente ao acto de atribuição de poderes.

b) Validade formal

A formação do poder de representação depende igualmente da validade formal do acto de atribuição desse poder.

A questão da validade formal é subtraída à competência directa da lei designada pelos artigos 14º ou 11º, tendo em conta a exclusão da matéria da forma do âmbito da própria Convenção (artigo 2º, al. b)).

Apesar disso, o artigo 14º da Convenção estabelece directamente uma exigência de forma que se estenderá ao acto de atribuição do poder de representação nos casos em que esse acto inclua a designação do direito competente para reger a relação entre o representado e a contraparte. Por

---

[101] Por isso, quando de aqui em diante nos referirmos a "acto de atribuição do poder de actuar com efeitos jurídicos para outrem" ou a "acto de atribuição do poder de representação" pretendemos abranger quer o negócio jurídico autónomo de procuração, quer a parte ou cláusula de um contrato (de mandato, de agência, de prestação de serviço, de trabalho) ou de um *agency agreement*, através do qual o representado confere tal poder ao representante. As conclusões a seguir enunciadas valem tanto para o caso de o contrato entre o representado e o representante, subjacente à representação, estar sujeito às regras da Convenção de Haia (o que sucede geralmente) como para o caso de esse contrato estar sujeito às regras da Convenção de Roma (o que sucede se se tratar de um contrato de trabalho ou de um contrato com consumidores).

força do disposto no mencionado preceito, sempre que tal aconteça, o acto de atribuição do poder de representação deve revestir a forma escrita e dele deve constar o acordo entre o representado e a contraparte quanto à escolha do direito aplicável [102].

Em consequência do *dépeçage* expressamente consentido pela Convenção no domínio da forma, a questão da validade formal do acto de atribuição do poder de representação deve ser apreciada perante a lei ou as leis indicadas na norma de conflitos geral sobre a forma [103], que é, no sistema de direito internacional privado em vigor no ordenamento português, a norma do artigo 36º do Código Civil [104]. Tendo em conta o tipo de conexão utilizada na norma de conflitos portuguesa — norma de conexão alternativa —, e atendendo às leis nela referidas — a lei aplicável à substância do negócio (*lex causae*), a lei do lugar da celebração (*lex loci actus*), a lei do Estado para que remete a norma de conflitos da lei do lugar da celebração —, a ordem jurídica competente para regular o acto de atribuição de poderes representativos (*lex causae*) pode afinal vir a ser aplicada à questão da forma, por força daquela conexão dependente.

No âmbito da lei reguladora da forma se incluem as disposições que, em certos direitos e em determinados casos, sujeitam a atribuição de poderes à forma escrita, estabelecem a atribuição de poderes expressos, exigem a autenticação de assinaturas ou impõem a intervenção notarial.

Problema delicado suscitam as normas que consagram o princípio antes referido sob a designação de "simetria formal" entre a procuração e o negócio jurídico representativo, como são o artigo 262º, nº 2 do Código Civil português e o artigo 1392 do Código Civil italiano [105]. As normas

---

[102] Como anteriormente se referiu, alguma doutrina tem criticado as exigências de que o artigo 14º da Convenção de Haia faz depender a validade da escolha do direito aplicável à relação entre o representado e a contraparte. Cfr.: BADR, *Agency: unification of material law and of conflict rules*, p. 144 s; SPELLENBERG, *Geschäftsstatut und Vollmacht im internationalen Privatrecht*, p. 247 s.

[103] Consideram que cada país deve aplicar as suas próprias normas de conflitos em matéria de forma: *Rapport* KARSTEN, p. 411; M.-C. MESTRE, *La Convention de La Haye...*, p. 169; VERHAGEN, *Agency in private international law*, p. 333 s.

[104] Não são aplicáveis as regras da Convenção de Roma relativas à forma (artigo 9º). Ainda que em certas situações o "acto de atribuição do poder de representação" possa ser qualificado como "um acto jurídico unilateral relativo a um contrato [...] a celebrar", sujeito à Convenção de Roma, tal acto não é abrangido pelo regime do artigo 9º, nº 4, pois esta disposição não se aplica aos actos relativos a matérias excluídas do âmbito da Convenção pelo artigo 1º, nºs 2 e 3 da mesma Convenção (no caso em análise, excluídos pelo artigo 1º, nº 2, al. f) da Convenção).

[105] Tal como tivemos ocasião de verificar aquando da exposição e comparação de direitos materiais em matéria de representação, o mesmo princípio de simetria formal é adoptado na prática em alguns outros países onde não existe regra legal expressa sobre a matéria (assim acontece na Suíça e em França).

materiais mencionadas dizem respeito à forma da procuração mas, de acordo com uma metodologia que adiante explicitaremos, elas exigem para a sua aplicação uma referência a normas eventualmente contidas em outra ordem jurídica — no caso, as normas que estabelecem os requisitos formais a observar na celebração do negócio representativo.

O princípio do *favor negotii* consagrado na norma de conflitos portuguesa acaba no entanto, em muitos casos, por reduzir as dificuldades, pois basta a observância das exigências prescritas por uma das leis indicadas para que a procuração seja formalmente válida.

c) Determinação do conteúdo do poder de representação

Na representação fundada em negócio jurídico em que intervém o representado, o conteúdo ou âmbito do poder de representação é, em princípio, delimitado pelo acto jurídico de que tal poder emana, isto é, conforme os casos, pela procuração, pelo mandato ou pelo *agreement* entre *principal* e *agent*. A determinação do sentido desses actos e, por essa via, do conteúdo exacto do poder conferido ao representante é o resultado da actividade interpretativa, a realizar segundo os cânones hermenêuticos adoptados na ordem jurídica competente.

A Convenção de Haia sobre representação, não determinando directamente o direito competente para reger o acto de atribuição de poderes representativos, também não contém uma norma de conflitos sobre a interpretação desse acto. É razoável submeter a interpretação de um negócio jurídico à lei que regula a sua formação e validade substancial, ou seja, no caso, ao estatuto da representação [106]. A essa lei compete fornecer os princípios de interpretação a observar na determinação do sentido do acto de atribuição de poderes representativos (exemplificando, no direito francês, vigora um princípio de interpretação restritiva dos poderes conferidos ao mandatário; no *common law*, em atenção aos interesses de terceiros, o sentido da *authority* atribuída ao *agent* deve determinar-se com base em critérios de natureza objectiva e, se constar de documento autêntico, de modo restritivo).

A lei indicada nos artigos 14º ou 11º da Convenção define também o âmbito de actos autorizados pelo poder de representação geral e regula a questão de saber se para um determinado acto é suficiente a atribuição de

---

[106] A sujeição da interpretação e da integração do negócio jurídico à lei que regula a sua formação e validade substancial corresponde a um princípio que tem concretização designadamente no artigo 10º, nº 1, al. a) da Convenção de Roma e no artigo 35º, nº 1 do Código Civil português.

poderes gerais de representação ou se é exigida a atribuição de poderes especiais [107], pois está ainda em causa a fixação do âmbito do poder de representação.

Ao estatuto da representação devem igualmente ser reconduzidas as normas materiais que, em diversas ordens jurídicas analisadas, delimitam, de modo imperativo ou não, o conteúdo do poder de representação que tem por fonte uma declaração do representado, como, por exemplo: §§ 49 e 50 HGB, quanto à *Prokura*; §§ 54 e seguintes, §§ 75-g e 91 HGB, quanto à *Handlungsvollmacht* e quanto ao poder de representação conferido a determinados tipos de intermediários comerciais; artigos 458, nº 1 e 459, nº 1 do Código das Obrigações suíço, quanto ao poder de representação conferido ao *Prokurist* ou *fondé de procuration*; artigo 2204 do Código Civil italiano, relativo ao poder de representação do gerente de comércio (*institore*); artigo 2209 do mesmo Código, respeitante ao poder de representação do procurador (*procuratore*); artigos 2210, 2212 e 2213 também do Código Civil italiano, sobre o poder de representação do caixeiro (*commesso*). Algumas destas disposições que definem o conteúdo do poder de representação têm carácter imperativo, como acontece com as normas do direito alemão e do direito suíço relativas à *Prokura* [108]. Perante as restantes nor-

---

[107] Assim entende também VERHAGEN, *Agency in private international law*, p. 307. Perante os sistemas de direito internacional privado de fonte interna analisados no capítulo anterior, a questão da exigibilidade de procuração com poderes especiais tem recebido respostas muito diversificadas, que aqui se recordam. Defenderam a aplicação do estatuto da representação: RABEL, *Vertretungsmacht...*, p. 826; *IPRG Kommentar*, Art. 126, an. 20; BALLARINO, *Diritto internazionale privato*, 2ª ed., p. 711. Incluíram a questão na lei reguladora do negócio representativo: RABEL, *The conflict of laws*, III, p. 141, 2ª ed., p. 145; VON CAEMMERER, *Die Vollmacht...*, p. 217; BRAGA, *Der Anwendungsbereich...*, p. 338; KAYSER, *Vertretung ohne Vertretungsmacht...*, p. 46; SANDROCK/MÜLLER, *Probleme der Vollmacht*, p. 656; SOERGEL/ /LÜDERITZ, vor Art. 7, an. 304; REITHMANN/HAUSMANN, *Vollmacht*, p. 894; BERGER, *Das Statut der Vollmacht...*, p. 157; VENTURINI, *Diritto internazionale privato*, p. 262; STARACE, *La rappresentanza...*, p. 117; STARACE, DE BELLIS, *Rappresentanza*, p. 496; BALLADORE PALLIERI, *Diritto internazionale privato italiano*, p. 341; TROMBETTA-PANIGADI, *Commentario*, an. Art. 60, p. 1201. Para além destas duas teses principais, outras soluções foram propostas: MONACO, *L'efficacia della legge nello spazio*, p. 279, considerou aplicável a lei reguladora da relação entre o representado e o representante; FERID, *Internationales Privatrecht*, § 5-153, pronunciou-se a favor da aplicação da lei do lugar onde o poder de representação produz os seus efeitos.

[108] Tendo em conta a especificidade das normas relativas à *Prokura*, durante os trabalhos de preparação da Convenção de Haia, foi discutida a questão de saber se o instituto deveria ser abrangido no âmbito da Convenção ou se, pelo contrário, deveria ser excluído por se tratar de representação legal. O Professor Müller-Freienfels, que na Segunda Comissão era um dos representantes da República Federal da Alemanha, esclareceu que a *Prokura* não configura um caso de representação legal. Cfr. *Actes et documents de la Treizième Session*, IV, p. 121. Segundo RABEL, que incluía a *Prokura*, do direito alemão (do mesmo modo que a *procura institoria*, do direito italiano), na categoria das *authorizations internationally determined*

mas referidas, o âmbito do poder de representação fixado na lei pode, em certas circunstâncias, ser ampliado ou limitado pelo representado; as disposições em questão têm a natureza de meras presunções. Em qualquer dos casos, porém, as normas com o conteúdo descrito devem certamente ser caracterizadas como normas relativas à representação e são portanto aplicáveis quando a ordem jurídica em que se inserem é chamada como estatuto da representação. A admissibilidade de alterações ao conteúdo resultante das disposições mencionadas há-de aferir-se por essa lei, e as alterações, quando admitidas, estão sujeitas ao regime e produzirão os efeitos determinados pela mesma lei [109].

Pode todavia suceder que o poder de representação tenha sido atribuído ao representante ao abrigo do regime especial da *Prokura* — ou ao abrigo dos regimes especiais estabelecidos em certas ordens jurídicas relativamente a alguns tipos de intermediários comerciais — contido, por exemplo, no direito do país da sede ou do estabelecimento profissional do representado, não sendo esse direito aplicável à representação, porque, como será frequentemente o caso, o representante tem o seu estabelecimento profissional em outro país no momento em que celebra o contrato com a contraparte. A definição legal do âmbito dos poderes do representante não pode deixar de repercutir-se na delimitação do poder de representação tal como

---

by their source, deveria ser aplicável neste domínio o "princípio da lei pessoal" (RABEL, *The conflict of laws...*, III, p. 149, 2ª ed., p. 153). Apesar de na actualidade a doutrina maioritária entender que se trata de um caso de representação com origem em declaração do representado — mas cujo âmbito é fixado na lei —, alguns autores consideram que a *Prokura* (assim como a *Handlungsvollmacht*) deve ser sujeita a um regime especial de direito internacional privado, propondo a aplicação da lei do lugar da sede da empresa do representado (RAAPE, *Internationales Privatrecht*, 5ª ed., p. 502; STAUDINGER/FIRSCHING, *vor* Art. 12, an. 228; SOERGEL/LÜDERITZ, *vor* Art. 7, an. 302; REITHMANN/HAUSMANN, *Vollmacht*, p. 878; SANDROCK/MÜLLER, *Probleme der Vollmacht*, p. 645, que, apesar de considerarem em princípio competente a lei do lugar da sede da empresa do representado, sustentam a aplicação da lei do *Gebrauchsort*, no caso de os poderes serem exercidos num lugar diferente do da sede da empresa).

[109] Segundo VERHAGEN, *Agency in private international law*, p. 351 s, o poder de representação atribuído ao *Prokurist*, ao *Handlungsbevollmächtigter* e a outros representantes, cujo âmbito é legalmente fixado, está em qualquer caso sujeito às normas de conflitos da Convenção de Haia, uma vez que não é abrangido pela exclusão do artigo 3º, al. a). Sustentando a aplicabilidade do estatuto da representação, já antes, RIGAUX, *Le statut de la représentation*, p. 234 s (que é, na concepção do autor, a *lex loci actus*); BERGER, *Das Statut der Vollmacht...*, p. 120 s (segundo propõe, a lei do *Gebrauchsort*); R. DE QUÉNAUDON, *Recherches sur la représentation volontaire ...*, p. 518 s (podendo ser, conforme os casos, a lei escolhida pelos interessados, a lei do estabelecimento profissional do representante, a lei do lugar onde o representante agiu ou a lei do lugar da situação dos imóveis a que se refere o contrato celebrado pelo representante). No mesmo sentido, actualmente, STAUDINGER/ /GROSSFELD, *Internationales Gesellschaftsrecht*, an. 268.

resulta do estatuto da representação, designadamente se a contraparte tiver confiado na extensão dos poderes fixados na lei [110].

Na determinação do conteúdo do poder de representação podem ainda surgir outras situações em que, a nosso ver, se justifica a influência ou a interferência na regulamentação contida na lei primariamente competente — a lei indicada nos artigos 14º ou 11º — de outra ou outras leis em contacto com a relação representativa.

Admitamos, em primeiro lugar, que a lei reguladora da relação externa é uma ordem jurídica em que o poder de representação é qualificado como efeito jurídico da relação subjacente, concretamente do mandato — por hipótese, o direito francês. No direito francês, o âmbito dos poderes do mandatário para representar o mandante coincide com o âmbito dos poderes de gestão que lhe são atribuídos. A definição do âmbito do poder de representação depende da definição do âmbito dos poderes de gestão, isto é, depende da delimitação dos direitos e obrigações do mandatário tal como decorrem da relação interna. Se, de acordo com a norma de conflitos do sistema em vigor no ordenamento do foro, a relação interna estiver sujeita a uma lei diferente, deverá ser esta outra lei a definir os direitos e obrigações do mandatário e, por essa via, a definir os seus poderes como representante. A competência atribuída à lei reguladora da relação externa abrange, por força da norma de conflitos em vigor no Estado do foro, a definição dos poderes representativos do agente (poderes cujos efeitos dizem respeito às relações com a contraparte); estabelecendo a norma material dessa lei que o poder de representação se define em função dos poderes de gestão na relação entre o representado e o representante e sendo a relação interna regida por uma ordem jurídica diferente, tal norma contém, pelo menos implicitamente, uma referência dirigida à ordem jurídica competente para reger a relação interna, de modo a permitir o preenchimento do seu conteúdo. O conteúdo da lei reguladora da relação interna é, por força de determinação contida na lei competente para reger a relação externa, recebido no âmbito desta última lei. Esta é a solução que, compatibilizando as ordens jurídicas em presença, permite a correcta aplicação das normas materiais designadas, dentro dos princípios comummente aceites em matéria de qualificação. Outra solução, que consistisse em permitir à lei designada para reger a relação externa definir directamente os direitos e obrigações do mandatário, teria o significado de tornar aplicáveis normas de uma ordem jurídica (a ordem jurídica designada para reger a relação externa) para além do âmbito de competência que lhe fora atribuído.

---

[110] Em alguns dos casos em que o âmbito do poder de representação atribuído por declaração do representado é delimitado por disposição legal encontra-se também sujeito à inscrição no registo. Sobre esta questão, cfr., neste número, alínea d).

Encaremos agora um segundo grupo de situações — as situações em que a lei reguladora da relação externa é uma ordem jurídica que assenta na distinção entre o poder de representação e a relação subjacente, mas que contém certas disposições legais onde se procede à delimitação do âmbito do poder de representação através da definição dos direitos e obrigações na relação interna. São exemplos, no Código das Obrigações suíço: artigo 348-b, em relação ao poder atribuído ao viajante de comércio; artigo 396, n° 2, quanto ao poder atribuído ao mandatário; artigo 418-e, no que diz respeito ao poder do agente comercial; artigo 462, relativamente ao poder de representação do mandatário comercial; no Código Civil italiano, artigo 1745, quanto ao poder de representação do agente comercial; no Código Civil português, artigo 1159°, que delimita a extensão do mandato; no Código Comercial português: artigo 233°, relativo ao poder de representação do mandatário comercial, artigos 249°, 259° e 260°, sobre o âmbito do poder atribuído aos gerentes de comércio e caixeiros; no diploma português que estabelece o regime jurídico do contrato individual de trabalho (aprovado pelo Decreto-Lei n° 49 408, de 24 de Novembro de 1969, e nesta parte inalterado): artigo 5°, n° 3, relativo ao poder de representação implicitamente atribuído ao trabalhador no âmbito desse contrato. Também nestes casos, e pelas razões acima referidas, se a relação interna for regida por uma lei diferente, deverá ser esta outra lei a definir os direitos e obrigações do mandatário (do agente, do viajante de comércio, do gerente, do caixeiro, do trabalhador, conforme os casos) e, por essa via, a definir os respectivos poderes como representante (isto é, a delimitar os poderes no âmbito dos quais a actuação do intermediário se repercute na esfera jurídica do seu representado) [111].

Consideremos ainda um outro grupo de situações — as situações em que na lei reguladora da relação externa se considera que a atribuição de determinados poderes ao representante envolve ou implica o reconhecimento de outros poderes inerentes ao âmbito dos poderes expressamente conferidos. No direito inglês, o poder reconhecido ao *agent* abrange a realização de actos não expressamente autorizados pelo *principal*, mas cuja prática pode ser considerada inerente à autorização concedida, conforme os casos, para a realização de um determinado acto (*incidental authority*), para o exercício de determinada actividade profissional (*usual authority*), ou para o exercício de certa actividade, tendo em conta os usos de determinado lugar, praça ou negócio (*customary authority*). A tarefa interpretativa dirigida

---

[111] Apesar de não se referir à distinção feita no texto e de utilizar mecanismos jurídicos diferentes, a tese de VERHAGEN, *Agency in private international law*, p. 310 ss, é susceptível de conduzir, nestes dois primeiros grupos de casos considerados, a soluções semelhantes às que aqui propomos.

à definição do âmbito dos poderes implícitos exige em certos casos a consulta a outra ordem jurídica, designadamente no caso de ser necessário apurar quais os actos cuja prática é inerente ao exercício de certa actividade ou é abrangida pelos usos de determinado lugar, praça ou negócio, quando não haja coincidência entre o estatuto da representação e a lei em vigor no lugar do exercício da actividade em causa ou no lugar tido como relevante para a averiguação desses usos. Aqui também a determinação do conteúdo da norma material do direito designado para reger a relação externa pressupõe a definição de poderes em outra ou outras ordens jurídicas e envolve por isso uma referência a normas contidas nessas ordens jurídicas.

d) Registo do poder de representação

Muitas das ordens jurídicas analisadas estabelecem, relativamente ao poder de representação conferido para a prática de actos de comércio, uma exigência de inscrição no registo comercial.

De acordo com os princípios gerais do instituto do registo, os factos sujeitos a registo só produzem efeitos relativamente a terceiros depois da data do respectivo registo; o registo definitivo constitui presunção de que existe a situação jurídica nos termos em que é definida no mesmo registo.

O registo, nos casos em que é exigido, constitui condição de eficácia em relação a terceiros dos factos a ele sujeitos. Ressalvam-se apenas os casos de conhecimento efectivo por parte das pessoas a quem se pretende opor tais factos. A realização do registo — e bem assim a prova do conhecimento efectivo dos factos sujeitos a registo — constitui um ónus para a pessoa interessada na produção de efeitos dos factos a registar.

Tratando-se do poder de representação, o registo, quando exigido, é condição de oponibilidade a terceiros (designadamente à contraparte no negócio representativo) da legitimidade do representante para celebrar negócios jurídicos cujos efeitos se repercutem na esfera jurídica de outrem — o representado.

O problema suscitado pelo instituto do registo — bem como o problema que pode surgir no caso de as regras sobre o registo não terem sido observadas — é um problema de eficácia, mas não deixa de dizer respeito à "presunção de existência de uma situação jurídica", no caso, o poder de representação do agente. Seja como for, perante as normas de conflitos da Convenção de Haia, as disposições que estabelecem a exigência de inscrição do poder de representação no registo comercial, fixando os pressupostos e efeitos da respectiva oponibilidade, serão de reconduzir ao estatuto da representação — artigos 14º ou 11º, onde se delimita o âmbito de aplicação da lei designada utilizando a fórmula ampla "a existência e a extensão dos poderes do representante e os efeitos dos actos do representante".

Mas, para a delimitação dos poderes do representante, não pode deixar de se atender também ao registo do poder de representação realizado em país diferente daquele cuja lei regula a representação (por hipótese, no país onde o representante celebra o contrato com a contraparte ou no país onde se situa a sede ou o estabelecimento profissional do representado), designadamente se a contraparte invocar a extensão de tais poderes, tal como decorre do registo. Esta conclusão fundamenta-se na natureza do instituto do registo e nos efeitos que a este instituto são reconhecidos na generalidade dos sistemas jurídicos [112].

3.3.2. Representação aparente

Em todas as ordens jurídicas abrangidas por esta investigação se discute o problema da representação aparente ou *apparent authority*. A situação que se discute sob esta problemática tem contornos semelhantes: uma pessoa a quem não foi conferido o correspondente poder comporta-se perante terceiros como representante ou *agent* de outra.

No âmbito do direito material, pergunta-se se o direito pode atribuir relevância ao poder que essa pessoa parece ter para produzir efeitos na esfera jurídica de outrem. As respostas divergem, por vezes até no interior de uma mesma ordem jurídica, quer quanto à admissibilidade da representação aparente e ao âmbito de matérias em que é admitida, quer quanto ao fundamento e aos pressupostos exigidos, quer ainda quanto aos efeitos reconhecidos, que vão desde a recusa em atribuir qualquer efeito à aparência de poder até à vinculação do representado ao negócio representativo, como consequência da aceitação da produção dos efeitos típicos da representação, passando pela responsabilidade do representado pelos prejuízos causados à contraparte por *culpa in contrahendo* [113].

---

[112] Tanto M.-C. MESTRE, *La Convention de La Haye...*, p. 170, como VERHAGEN, *Agency in private international law*, p. 348, consideram que os efeitos do registo são regulados pelo estatuto da representação. Mas, na opinião deste último autor, se o representante e a contraparte agirem no país onde os poderes se encontram registados, não existem razões para não aplicar a lei deste país (cfr. *ob. cit.*, p. 349). No sentido da aplicação do estatuto da representação, já anteriormente, RIGAUX, *Le statut de la représentation*, p. 234 ss (*lex loci actus*); BERGER, *Das Statut der Vollmacht...*, p. 120 (lei do *Gebrauchsort*); R. DE QUÉNAUDON, *Recherches sur la représentation volontaires...*, p. 518 s (conforme os casos, lei escolhida pelos interessados, lei do estabelecimento profissional do representante, lei do lugar onde o representante agiu ou lei do lugar da situação dos imóveis a que se refere o contrato celebrado pelo representante).

[113] Este exemplo chama a atenção para um problema delicado no domínio do direito internacional privado, que se suscita nos casos em que é indefinido ou incerto o direito na ordem jurídica designada como competente. A indefinição ou incerteza a que nos referimos é susceptível de existir mesmo em ordens jurídicas e relativamente a matérias em que a

Dois pressupostos podem apesar disso considerar-se comuns a todas as construções propostas nas diversas ordens jurídicas observadas: a actuação do representado ou *principal* que deu origem à aparência de poder; a boa fé da contraparte, seja qual for o instituto a que se faça apelo.

No domínio do direito internacional privado, a questão que se coloca consiste em saber a que lei compete decidir sobre a aparência do poder de representação — sua admissibilidade, âmbito, pressupostos e efeitos.

O regime conflitual da representação aparente tem suscitado dificuldades não só perante o direito internacional privado de todas as ordens jurídicas analisadas como também perante as normas de conflitos da Convenção de Haia.

Não existindo em qualquer destes sistemas de conflitos um instituto geral dirigido à tutela da aparência jurídica, a diversidade de mecanismos jurídicos utilizados pela jurisprudência e pela doutrina dá origem, na resolução de situações internacionais, a complicados problemas de qualificação.

Perante o sistema da Convenção de Haia, uma parte da doutrina pretendeu distinguir entre o âmbito de aplicação das normas de conflitos contidas nos capítulos II e III utilizando a distinção entre o poder real ou efectivo de representação, sujeito às normas de conflitos do capítulo II, e o poder aparente de representação, regulado pelas normas de conflitos do capítulo III [114].

---

principal fonte do direito seja a lei, porque, por hipótese, diverge a interpretação que perante os textos legais fazem os diversos intervenientes na vida jurídica. Naturalmente, nos países em que a principal fonte do direito é a lei, as dificuldades aumentam quando sobre uma determinada questão não exista disposição legal que a contemple directa ou indirectamente. O direito estrangeiro deve ser interpretado dentro do sistema a que pertence e de acordo com as regras interpretativas nele fixadas (veja-se o artigo 23º do Código Civil português). Perante construções discordantes na jurisprudência e na doutrina do país cuja ordem jurídica foi designada pela norma de conflitos do sistema em vigor no ordenamento do foro, o órgão de aplicação do direito no Estado do foro deverá atender ao modo como as questões são efectivamente decididas, isto é, deverá atender às soluções que, no país em causa, são adoptadas pelas entidades a que compete a aplicação das regras jurídicas. Em sentido globalmente concordante, BAPTISTA MACHADO, *Lições de direito internacional privado*, p. 244 ss. Na resolução deste problema — como na resolução de outros problemas que surgem na aplicação do direito estrangeiro —, é de afastar o método da "presunção de semelhança" entre o direito estrangeiro e a *lex fori*. Sobre tal método, cfr. RABEL, *The conflict of laws. A comparative study*, vol. IV — *Property. Bills and notes. Inheritance. Trusts. Application of foreign law. Intertemporal relations*, Ann Arbor, 1958, p. 493 ss; ZAJTAY, *The application of foreign law*, IECL, vol. III — *Private international law*, cap. 14, 1970, p. 26 s; LETOWSKI, *Comparative law science in the so called applied fields of law*, Comp. L. Rev., 1991, p. 21 ss (p. 23).

[114] Vejam-se as declarações dos delegados Blok e Vischer durante os trabalhos da Comissão especial instituída no âmbito da Décima Terceira Sessão da Conferência de Haia, em *Actes et documents de la Treizième Session*, IV, p. 309 a 311. Recorde-se também a distinção feita pela maioria da doutrina inglesa que sujeita a *actual authority* à lei reguladora da

Os resultados obtidos através da comparação de direitos — naturalmente num âmbito mais alargado do que aquele que constitui o objecto desta dissertação — demonstram não ser viável, no momento presente, a formulação de uma regra de conflitos geral destinada a indicar o direito aplicável a uma categoria ampla que abranja todas as "situações aparentes" susceptíveis de surgir nos mais diversos domínios da vida jurídica [115].

Tal não significa no entanto excluir toda e qualquer relevância à aparência no domínio do direito internacional privado. Na fase actual de desenvolvimento do direito de conflitos, a tutela da aparência tem contornos específicos em cada sector, como reflexo do carácter igualmente específico dos regimes materiais através dos quais lhe é dado relevo.

Partindo da observação de soluções adoptadas em sistemas jurídicos próximos do nosso, é possível afirmar que, quando, no domínio do direito internacional privado, se reconhece relevância à aparência jurídica, a norma de conflitos utiliza um elemento de conexão de natureza objectiva relacionado com o lugar onde a aparência se verifica — *maxime*, o lugar da celebração de um negócio jurídico —, em desvio à aplicação da norma de conflitos geral sobre a matéria em discussão, norma essa que designa a ordem jurídica competente através de um elemento de natureza subjectiva. Assim acontece, em diversos sistemas de conflitos, em matéria de capacidade [116]. Uma parte significativa da doutrina pretende de resto aplicar por analogia à representação esse regime especial estabelecido a propósito da capacidade [117].

---

relação entre o *principal* e o *agent* (a lei reguladora do contrato de *agency*) e a *apparent authority* à lei reguladora do contrato em que intervêm o *agent* e a contraparte.

[115] Em sentido diferente, procurando construir uma norma de conflitos própria das situações de aparência que comportam elementos de estraneidade, JOBARD-BACHELLIER, *L'apparence en droit international privé*, em especial, p. 361 ss (p. 376 ss).

[116] Cfr. o artigo 11° da Convenção de Roma (e as normas correspondentes incluídas no artigo 12 EGBGB e no artigo 23, n° 2 da nova lei italiana de DIP), o artigo 36, n° 1 da lei suíça de DIP e, já antes, o artigo 28° do Código Civil português, bem como os artigos 2°, n° 2 das duas Convenções de Genebra, de 1930 e de 1931, destinadas a regular certas questões de conflitos de leis em matéria, respectivamente, de letras e livranças e de cheques. A solução consagrada nestas disposições corresponde à decisão da *Cour de Cassation*, de 16.1.1861, no processo *Lizardi c. Chaize et autres*, transcrita em B. ANCEL, Y. LEQUETTE, *Grands arrêts de la jurisprudence française de droit international privé*, p. 35 s.

[117] Assim, na doutrina alemã: KEGEL, *Internationales Privatrecht*, p. 455 (esta posição foi sustentada pelo autor, perante a redacção primitiva do artigo 7, 3, primeira parte, EGBGB, em edições anteriores da mesma obra e em SOERGEL/KEGEL, *vor* Art. 7, an. 208); FISCHER, *Verkehrsschutz im internationalen Vertragsrecht*, p. 302, 310; já antes também: P. MÜLLER, *Die Vollmacht im Auslandsgeschäft*, p. 382 s; EBENROTH, *Kollisionsrechtliche Anknüpfung kaufmännischer Vollmachten*, p. 824 s. Na doutrina suíça: BERGER, *Das Statut der Vollmacht...*, p. 137 s; *IPRG Kommentar*, Art. 126, an. 29. Na doutrina inglesa: DICEY and MORRIS *on the conflict of laws*, 12ª ed., p. 1463. Na doutrina francesa, vejam-se os autores e *locs. cits.* na nota (76) deste capítulo.

Perante os sistemas em que a escolha da conexão relevante em matéria de representação foi sobretudo determinada em função da necessidade de proteger a contraparte no negócio representativo e os interesses gerais do comércio jurídico — como acontece precisamente com o sistema contido na Convenção de Haia —, o estatuto da representação é em princípio adequado para fornecer o regime aplicável às consequências jurídicas da aparência de poderes representativos.

Todavia, a lei do lugar onde a aparência produz os seus efeitos pode não coincidir num caso concreto com a lei reguladora da representação [118]. Por isso a jurisprudência alemã se tem pronunciado no sentido de aplicar, em matéria de representação, a lei do lugar onde a aparência produz os seus efeitos, suscitando a confiança de terceiros na existência de poderes representativos [119].

Apesar de tudo, afigura-se-nos que tais casos não exigem a admissibilidade de uma conexão especial [120].

A questão diz certamente respeito ao âmbito da representação — à existência e extensão do poder de representação —, na medida em que a aceitação da relevância da aparência em matéria de representação implica (ou pode implicar) o alargamento dos casos em que os actos praticados pelo representante se repercutem na esfera jurídica do representado. Dir-se-á portanto que a competência para regular esta questão pertence à lei reguladora da representação, indicada nos artigos 14º ou 11º da Convenção. O estatuto da representação abrange a matéria da existência e extensão do poder de representação, não sendo necessário nem adequado distinguir entre poder real ou efectivo e poder aparente de representação; na verdade, os termos utilizados no artigo 11º para a delimitação do objecto e do âmbito da conexão não exige — e, a nosso ver, não consente — qualquer distinção relacionada com a origem do poder de representação [121].

---

[118] Pense-se numa situação em que a lei reguladora da representação é a lei do lugar do estabelecimento profissional do representante (artigo 11º, primeiro parágrafo, da Convenção de Haia) e em que a actividade do representante dirigida à celebração do contrato se desenvolveu em outro país.

[119] Cfr.: BGH, 9.12.1964, IPRspr. 1964/65, Nr. 33, p. 124 ss = BGHZ 43, 21 = NJW 1965, 487; BGH, 24.11.1989, IPRspr. 1989, Nr. 3, p. 3 ss; OLG Karlsruhe, 25.7.1986, IPRspr. 1986, Nr. 25, p. 60 s = ZIP 1986, 1578 (vejam-se ainda outras decisões em que o direito considerado competente pelo tribunal era igualmente, no caso, o *Vollmachtsstatut*: BGH, 17.1.1968, IPRspr. 1968/69, Nr. 19, b), p. 44, confirmando a decisão de OLG Saarbrücken, 28.10.1966, IPRspr. 1968/69, Nr. 19, a), p. 42 ss; OLG Frankfurt, 8.7.1969, IPRspr. 1968/69, Nr. 21, p. 45 ss = AWD 1969, 415 s). Numa decisão mais recente, o tribunal considerou competente o direito do país onde a aparência foi criada (no caso, o direito alemão): OLG Koblenz, 31.3.1988, IPRax 1989, p. 232 ss.

[120] Assim também G. FISCHER, *Rechtsscheinhaftung im internationalen Privatrecht*, p. 215, 217, e agora igualmente RUTHIG, *Vollmacht und Rechtsschein im IPR*, p. 184, 291.

[121] Neste sentido também: *Rapport* KARSTEN, p. 426; MÜLLER-FREIENFELS, *Der*

Estas proposições afastam as teses que pretendem sujeitar o poder real ou efectivo de representação (*actual authority*) à lei designada no capítulo II (lei reguladora da relação interna), deixando para a lei indicada no capítulo III (lei reguladora da relação externa) o poder aparente de representação (*apparent authority*).

Ao estatuto da representação compete portanto decidir sobre a admissibilidade, âmbito, pressupostos e efeitos da representação aparente, seja qual for o meio de tutela utilizado na ordem jurídica designada [122].

Temos como certo porém ser este um dos sectores normativos em que, na determinação da disciplina de algumas situações, há-de admitir-se a interferência na regulamentação contida na lei primariamente competente — a lei indicada nos artigos 14° ou 11° da Convenção de Haia — por parte de outra ou outras leis em contacto com a relação representativa.

Enunciada a conclusão em termos gerais, a sua demonstração não pode todavia fazer-se em abstracto, dependendo da natureza e do conteúdo da disposição material em concreto invocada.

Procuraremos explicitar esta ideia utilizando um preceito do direito português — o artigo 23°, n° 1 do Decreto-Lei n° 178/86, de 3 de Julho, relativo ao contrato de agência (nesta parte inalterado pelo Decreto-Lei n° 118/93, de 13 de Abril).

Nos termos da disposição referida, "o negócio celebrado por um agente sem poderes de representação é eficaz perante o principal se tiverem existido razões ponderosas, objectivamente apreciadas, tendo em conta as circunstâncias do caso, que justifiquem a confiança do terceiro de boa fé na legitimidade do agente, desde que o principal tenha igualmente contribuído para fundar a confiança do terceiro".

A norma em causa diz respeito à representação — logo, será aplicável quando, na regulamentação de um caso concreto, o direito português for competente como estatuto da representação. Trata-se porém de regra especial, relativa à representação exercida por *agente comercial* [123], que consa-

---

Haager Konventionsentwurf..., p. 112; M.-C. MESTRE, *La Convention de La Haye...*, p. 168; VERHAGEN, *Agency in private international law*, p. 307 s.

[122] Incluindo o caso em que o estatuto da representação é definido pelo direito inglês. Como se viu (capítulo II, § 3°, n° 3.2.), no direito inglês, a doutrina da *apparent authority* é construída com base no princípio de *estoppel*, que é tradicionalmente caracterizado como uma matéria de prova (*rule of evidence*) (CHESHIRE and FIFOOT's *Law of contract*, p. 86, 273; TREITEL, *The law of contract*, p. 372 s; P. S. JAMES, *Introduction to english law*, p. 286). Apesar disso, a doutrina entende que o princípio de *estoppel*, aplicado à *apparent authority*, não pode ser encarado como uma *rule of procedure*, sujeita à *lex fori*, mas sim como uma *rule of substance*, sujeita à *lex causae* (DICEY and MORRIS *on the conflict of laws*, 12ª ed., p. 1460, nota (91), p. 181).

[123] A norma reporta-se a uma situação correspondente à hipótese configurada neste parágrafo, n° 1 (= *caso 1* da nota de apresentação).

gra um desvio ao princípio geral de ineficácia consagrado no artigo 268º, nº 1 do Código Civil português.

O preceito estabelece toda uma série de exigências, que é indispensável ter presentes para a sua exacta caracterização. Assim, o negócio celebrado pelo agente sem poderes de representação só é eficaz em relação ao principal: 1º — se existirem razões ponderosas, objectivamente apreciadas, tendo em conta as circunstâncias do caso, que justifiquem a confiança da contraparte de boa fé na legitimidade do agente; 2º — se o principal tiver também contribuído para fundar a confiança da contraparte [124].

Determinada a competência do direito português para reger a representação numa situação em contacto com diversas ordens jurídicas — porque, por hipótese, se situava em Portugal o estabelecimento do agente no momento em que agiu por conta do principal (artigo 11º, primeiro parágrafo, da Convenção de Haia) —, surge o problema da interpretação e da aplicação da regra material contida no artigo 23º, nº 1 do Decreto-Lei nº 178//86, designadamente, o problema de saber se, para a interpretação e para o preenchimento do conteúdo dos pressupostos previstos naquela disposição, é possível ou é necessário recorrer a regulamentações contidas em outras ordens jurídicas.

A problemática que acaba de ser enunciada pode surgir a propósito da interpretação e aplicação de regras materiais contidas em qualquer sistema jurídico. A existência de um preceito no direito português sobre o tema agora em análise, e relativamente ao qual aquelas questões se suscitam, oferece-nos a oportunidade de discutir tal problemática e de formular critérios de orientação que permitam a respectiva resolução.

Como vimos, o regime especial contido no artigo 23º, nº 1 do Decreto-Lei nº 178/86 só é aplicável se a relação subjacente for qualificada como contrato de agência — ou, por interpretação extensiva, como contrato de cooperação auxiliar. Exige-se ainda a verificação de circunstâncias, a apreciar objectivamente, que justifiquem a confiança da contraparte na existência ou na extensão dos poderes de representação do agente, a boa fé da contraparte e uma actuação do principal que tenha contribuído para esse estado de confiança da contraparte.

A norma material portuguesa refere-se na sua hipótese a elementos normativos, subordinando a produção da sua consequência jurídica à verificação de pressupostos que não são apenas constituídos por factos materiais. A disposição remete implicitamente para outras normas onde se definem os conceitos utilizados. Quando aplicada a uma situação meramente interna, a

---

[124] Para a análise pormenorizada do preceito do artigo 23º, nº 1 do Decreto-Lei nº 178//86, cfr. capítulo II, § 1º, nº 3.2., e bibliografia então referida.

remissão é entendida como remissão para outras normas do direito material português. Se estiver em causa a sua aplicação a uma situação internacional, a questão reside em determinar se essa remissão deve entender-se como dirigida a normas do direito português ou a normas de outros direitos.

Cada norma é, em princípio, interpretada dentro do sistema em que se insere. Mas a circunstância de uma norma ser aplicada a uma situação internacional não pode deixar de influenciar o sentido que, em concreto, venha a ser-lhe atribuído.

A solução do problema poderia consistir na construção de conceitos autónomos, obtidos por abstracção, a partir de uma análise comparativa que tomasse como base os elementos comuns retirados das ordens jurídicas em contacto com a situação internacional a regular, à semelhança do que defendemos a propósito da determinação do conteúdo do conceito-quadro da norma de conflitos. "Contrato de agência", "situação de confiança", "boa fé" teriam o conteúdo que, em relação a cada um desses conceitos, resultasse da síntese dos elementos comuns aos direitos que, no caso, estivessem em contacto com a situação internacional a disciplinar.

Esta construção é aliciante, mas não parece que, no domínio dos princípios, se imponha a sua adopção.

Em relação à definição do conceito-quadro da norma de conflitos, a construção de conceitos autónomos com base no direito comparado a partir do círculo de leis em conexão com a situação internacional pode justificar--se pela circunstância de todas essas ordens jurídicas serem potencialmente aplicáveis; o conceito-quadro da norma de conflitos deve ser aberto a todos os direitos cuja aplicabilidade pode, em cada caso, suscitar.

Na resolução da questão que neste momento nos ocupa, está determinada a ordem jurídica ou o direito "primariamente competente" (a ordem jurídica designada para definir os efeitos da representação aparente).

O problema é de interpretação de conceitos de direito material, não de categorias de conexão contidas em normas de conflitos.

Com frequência, os conceitos jurídicos utilizados na norma material do direito competente são conceitos sintéticos, são, em certo sentido, conceitos-quadro, atendendo à sua parcial indeterminação [125]. A remissão contida na norma material do direito primariamente competente é, em relação a cada um dos pressupostos da sua aplicação, dirigida a um certo conjunto normativo e não à generalidade das ordens jurídicas envolvidas na situação internacional em causa. Tudo está em saber se o conteúdo de tais conceitos pode ou deve ser determinado pelo recurso a normas incluídas em ordens

---

[125] Cfr. CORTES ROSA, *Da questão incidental em direito internacional privado*, p. 40 ss.

jurídicas estrangeiras e, em caso afirmativo, a que ordens jurídicas estrangeiras deve atender-se.

Diferentemente da solução antes proposta quanto à definição do conceito-quadro da norma de conflitos, entendemos não ser nesta matéria adequado formular noções autónomas, com base nos elementos comuns extraídos das ordens jurídicas em contacto com a situação.

A questão que agora se discute diz respeito à determinação do conteúdo dos conceitos normativos através dos quais a norma material do direito competente faz referência a situações condicionantes de um certo efeito jurídico. Ponto de partida para a interpretação de tais conceitos e para o seu preenchimento tem de ser portanto o conteúdo específico fornecido pelo próprio direito interno a que pertence a norma em análise (o direito primariamente competente, neste caso, o direito material português).

A interpretação de uma determinada norma material pode porventura levar a excluir a recepção de conteúdos estrangeiros ou a admitir uma recepção de alcance limitado. Tal acontecerá sempre que um certo conceito apenas possa ser preenchido através de conteúdos susceptíveis de produzir os efeitos jurídicos que lhe são atribuídos na norma material onde ele é utilizado. Para a recepção de conteúdos provenientes de outras ordens jurídicas, será então necessário verificar a "predestinação" dos conteúdos estrangeiros [126], ou seja, a susceptibilidade de eles produzirem efeitos jurídicos correspondentes aos que são pretendidos pela lei a que pertence a norma material a aplicar [127].

Perante o exposto, podem enunciar-se os seguintes critérios de interpretação.

Quando uma norma material (norma *A*) de uma determinada ordem jurídica contém, na sua previsão (ou na sua estatuição), uma remissão (ou uma referência ainda que implícita) para outra norma material (norma *B*), esta segunda norma material (norma *B*) integra a hipótese normativa (ou a consequência legal) da primeira norma (norma *A*). Remissões ou referências desta natureza são frequentes e são em regra tipicamente entendidas como remissões dirigidas a normas pertencentes à mesma ordem jurídica. Tais remissões são naturalmente interpretadas, em cada ordem jurídica, como remissões intra-sistemáticas.

Quando, a propósito da regulamentação de uma situação privada internacional, uma norma material da ordem jurídica competente para reger um determinado aspecto dessa situação (ordem jurídica *1*) contém, na sua

---

[126] A noção de "predestinação" provém de WENGLER, *Die Vorfrage im Kollisionsrecht*, p. 161 ss. Cfr. igualmente CORTES ROSA, *Da questão incidental* ..., p. 46 ss.
[127] Sobre a questão, veja-se também capítulo V, § 4°, n° 4.2.2.

previsão (ou na sua estatuição), uma remissão do mesmo tipo (ou uma referência ainda que implícita) para outra norma material, deve averiguar-se, por interpretação da norma material da ordem jurídica *1*, se é de admitir a possibilidade de a segunda norma pertencer não à ordem jurídica em que aquela norma material se insere (ordem jurídica *1*), mas a uma outra ordem jurídica com a qual a situação se encontre conexa (ordem jurídica 2, 3, 4, ...).

No caso de regulamentação de uma situação da vida privada internacional, ressalvados apenas os casos em que, perante a interpretação da norma material em causa, se conclua estar excluída a recepção de conteúdos estrangeiros, deve admitir-se que tais remissões sejam extra-sistemáticas.

Se a situação a regular estiver em todos os seus aspectos em contacto com uma única ordem jurídica, o regime que lhe será aplicável é em relação a todas as matérias o que decorre dessa ordem jurídica. Se a situação a regular se encontrar em contacto com diversas ordens jurídicas, a aplicabilidade de cada ordem jurídica designada pelas normas de conflitos do foro não pode ir para além do âmbito de matérias que lhe foi atribuído de acordo com os princípios vigentes em matéria de qualificação (veja-se, por exemplo, o artigo 15º do Código Civil português).

A remissão que uma norma material de uma determinada ordem jurídica (ordem jurídica *1*), designada como competente para regular um certo aspecto *a* de uma situação internacional, faça para uma norma ou complexo de normas materiais aplicáveis ao aspecto *b* pode, em princípio, ser entendida como remissão para as regras da ordem jurídica designada como competente pela norma de conflitos em vigor no sistema do foro relativa ao aspecto *b*, remissão que tem o sentido, alcance e fundamento que mais adiante serão explicitados.

Analisemos, sob esta perspectiva, os pressupostos de que depende a verificação do efeito estabelecido no artigo 23º, nº 1 do Decreto-Lei nº 178/ /86: a qualificação da relação subjacente à actuação representativa como contrato de agência (ou como contrato de cooperação auxiliar); a confiança da contraparte na existência ou na extensão dos poderes de representação do agente; a boa fé da contraparte; a actuação do principal que tenha contribuído para esse estado de confiança da contraparte.

Antes de mais, trata-se, em todos os casos, de conceitos-quadro abertos, susceptíveis de preenchimento através de conteúdos estrangeiros.

De acordo com os princípios gerais em matéria de qualificação, a caracterização da relação subjacente à actuação representativa compete à lei reguladora dessa relação (a relação interna entre representado e representante). No caso agora em análise, a remissão contida na norma do artigo 23º, nº 1 do Decreto-Lei nº 178/86, na parte em que se refere à qualificação da relação subjacente como contrato de agência — ou como contrato de cooperação auxiliar —, deve ser entendida como dirigida à lei reguladora da relação interna (a lei designada nos artigos 5º ou 6º da Convenção).

A situação objectiva geradora de confiança (a aparência de poder de representação) há-de aferir-se pelo direito competente para reger a representação, que é, em primeira linha, o direito em vigor no lugar onde o agente tem o seu estabelecimento profissional (artigo 11º, primeiro parágrafo, da Convenção de Haia) e onde, na maior parte dos casos, exerce a sua actividade. Esse direito coincide, em regra, com o direito em vigor no lugar onde a aparência de representação é criada e produz os seus efeitos. Mas se, no caso concreto, a ordem jurídica aplicável à representação tiver sido designa-da nos termos do artigo 14º da Convenção ou se, sendo aplicável à representação a lei do lugar do estabelecimento profissional do agente, a actividade dirigida à celebração do negócio representativo e a aparência de representação se tiverem desenvolvido em outro país, para avaliar a situação geradora da confiança da contraparte na existência ou na extensão do poder de representação atender-se-á ao direito em vigor no lugar onde a aparência é criada e produz os seus efeitos — que é o direito do país em que o agente celebra o contrato com a contraparte (por força do princípio que tem afloramento no artigo 11º da Convenção de Roma e no artigo 28º do Código Civil português).

A boa fé da contraparte, elemento essencial da situação de confiança, que justifica este regime de protecção dos interesses de terceiros, deve aferir-se pelo direito competente para reger a representação. Perante essa ordem jurídica será de analisar o estado de ignorância desculpável [128] da contraparte — o desconhecimento da divergência entre a realidade (não outorga do poder de representação por parte do principal) e a situação aparente (aparência de poder de representação), bem como o cumprimento pela contraparte dos deveres de diligência ou deveres de cuidado exigidos na prática dos negócios. O estatuto da representação coincidirá, na generalidade dos casos, com o direito em vigor no lugar onde é criada a aparência e onde se produzem os seus efeitos; eventualmente, quando essa coincidência se não verifique, ter-se-á em conta, nos termos acima referidos, o direito do país em que o agente celebra o contrato com a contraparte (à luz do princípio que tem afloramento no artigo 11º da Convenção de Roma e no artigo 28º do Código Civil português).

A conduta (acção ou omissão) do principal que tenha contribuído igualmente para fundar a confiança da contraparte, e que justifica a imputabilidade ao principal do facto gerador dessa confiança, deve ser apreciada perante o estatuto da representação (no caso, o direito português); mas ao principal deve ser permitido invocar o direito em vigor no país da sua residência habitual (ou do seu estabelecimento) para se opor à vinculação ao

---

[128] MENEZES CORDEIRO, *Da boa fé no direito civil*, p. 516.

negócio celebrado pelo agente "aparente" (em conformidade com o princípio subjacente ao artigo 8º, nº 2 da Convenção de Roma) [129].

---

[129] A questão da determinação da ordem jurídica competente para definir o valor de um comportamento como declaração negocial é em geral debatida no âmbito da determinação do direito aplicável à formação do contrato. A solução tradicional do direito internacional privado português consistia na atribuição de competência ao estatuto do contrato a propósito do qual o problema se discutisse, com o eventual limite da intervenção da reserva de ordem pública, no caso de a lei do contrato imputar à conduta de uma das partes um valor muito diferente daquele com que ela pudesse contar (MAGALHÃES COLLAÇO, *Da compra e venda em direito internacional privado*, p. 276 s; id., *Direito internacional privado*, III, Lisboa, 1963, p. 249 s). O Código Civil português optou pelo estabelecimento de uma conexão autónoma, estatuindo no nº 2 do artigo 35º que "o valor de um comportamento como declaração negocial é determinado pela lei da residência habitual comum do declarante e do destinatário e, na falta desta, pela lei do lugar onde o comportamento se verificou". Diferente é a solução expressa na Convenção de Roma sobre a lei aplicável às obrigações contratuais. O artigo 8º da Convenção — disposição que, no nº 1, consagra o princípio da unidade do estatuto contratual ao indicar uma conexão hipotética que submete à lei designada pelas normas de conflitos uniformes as questões da existência e validade substancial do contrato — estabelece no nº 2: "todavia, um contraente, para demonstrar que não deu o seu acordo, pode invocar a lei do país onde tem a sua residência habitual, se resultar das circunstâncias que não seria razoável que o valor do comportamento desse contraente fosse determinado pela lei prevista no número anterior". Este preceito da Convenção de Roma — que, no domínio dos contratos obrigacionais, suspende a eficácia da norma de conflitos de fonte interna acima referida — não estabelece propriamente uma conexão especial. Do artigo 8º, nº 2 da Convenção de Roma não decorre a atribuição de competência para, em qualquer caso, reger a questão do valor de um comportamento como declaração negocial. Prevê-se apenas a possibilidade de atender (mediante invocação pelo interessado) a uma lei diferente daquela que é primariamente designada, se as circunstâncias do caso o justificarem. Da atendibilidade dessa lei não pode resultar a formação e a eficácia do contrato, quando o estatuto do contrato não preveja a vinculação do declarante. A ponderação dos interesses do declarante não exige a consagração de uma conexão especial que conduza em todos os casos à aplicação de um direito que lhe seja mais próximo ou mais familiar — do seu *Umweltrecht*. De tal solução poderia decorrer a quebra da unidade do estatuto contratual. Por isso se entendeu ser suficiente a consideração (*Berücksichtigung*) do direito do país da residência habitual do declarante quando das circunstâncias resultar que não é razoável que o valor do seu comportamento (isto é, a sua vinculação ao contrato) seja determinado pela lei que rege o estatuto do contrato (LINKE, *Sonderanknüpfung der Willenserklärung? Auflösungstendenzen im internationalen Schuldvertragsrecht*, ZVglRWiss, 1980, p. 1 ss (p. 56); em sentido próximo, CANARIS, *Bankvertragsrecht*, 2ª ed., Berlin, New York, 1981, an. 2502). De qualquer modo, a norma reconhece em certos termos à lei da residência habitual de um dos contraentes uma "função de veto" quanto ao resultado da aplicação da lei do contrato (com a consequente quebra da unidade do estatuto contratual); da consideração das disposições dessa lei pode resultar a desvinculação de uma parte que ficaria vinculada em caso de aplicação exclusiva da lei designada no nº 1 do artigo 8º e, por isso mesmo, a não formação ou ineficácia de um contrato que segundo o estatuto contratual seria eficaz (G. FISCHER, *Verkehrsschutz im internationalen Vertragsrecht*, p. 328). O artigo 8º, nº 2 da Convenção de Roma e a função de veto nele atribuída à lei da residência habitual do declarante exige a aplicação cumulativa de tal lei com o estatuto do contrato, com a consequência de que a declaração só será eficaz se esse for o

As conclusões a que se chega perante esta norma do direito material português não são certamente muito diferentes das que poderiam ser formuladas se fossem analisadas as regras — em geral construídas pela jurisprudência — em vigor nas outras ordens jurídicas abrangidas por esta investigação. Na verdade, a determinação do conteúdo dos dois pressupostos comuns a todas as construções propostas nas diversas ordens jurídicas observadas (a actuação do representado ou *principal* que deu origem à aparência de poder; a boa fé da contraparte) podem exigir, em certos casos, a atendibilidade do direito em que, para os efeitos considerados, se localizam a actuação do representado e a confiança da contraparte, tendo em conta os princípios e as normas do sistema de direito internacional privado em vigor no ordenamento português.

3.4. Cessação do poder de representação

Perante o princípio geral anteriormente enunciado, no sistema da Convenção a cessação do poder de representação, bem como a sua modificação (que pode afinal envolver revogação parcial do poder de representação), são reguladas pela lei enunciada no capítulo III — o estatuto da representação [130].

Assim sendo, a essa ordem jurídica compete fornecer o regime da cessação, indicando, antes de tudo, as causas de cessação do poder de

---

resultado perante as duas leis em presença (REDER, *Die Eigenhaftung vertragsfremder Dritter im internationalen Privatrecht*, p. 126; SPELLENBERG, *Münch.Komm.*, *vor* Art. 11, an. 58 s; PALANDT/HELDRICH, Art. 31, an. 4). O princípio subjacente a este regime estabelecido pela Convenção de Roma é susceptível de generalização a outros negócios jurídicos; no domínio da representação, o valor de um comportamento do representado como acto de atribuição de poderes representativos (ou como acto de ratificação de um negócio jurídico celebrado pelo representante sem poderes) é em princípio determinado perante o estatuto da representação; deve todavia ressalvar-se a possibilidade de em determinadas circunstâncias se atender a disposições de outra lei, a lei da residência habitual (ou do estabelecimento) do representado, quando perante as circunstâncias do caso não seja razoável que ao comportamento da pessoa em causa seja imputado o significado previsto no estatuto da representação (a atribuição de poderes representativos ou a ratificação do negócio jurídico celebrado pelo representante sem poderes). Em sentido próximo, invocando a aplicação analógica do artigo 8º, nº 2 da Convenção de Roma ou da disposição correspondente da EGBGB (artigo 31, nº 2): STARACE, *La procura nel diritto internazionale privato*, p. 433; LÜDERITZ, *Prinzipien im internationalen Vertretungsrecht*, p. 320 s; SPELLENBERG, *Münch.Komm.*, *vor* Art. 11, an. 272; PALANDT/HELDRICH, *Anhang zu* Art. 32, an. 3. Contra a aplicação deste regime no domínio da representação, ERMAN/HOHLOCH, Art. 37, an. 19.

[130] No mesmo sentido, em termos gerais, M.-C. MESTRE, *La Convention de La Haye...*, p. 171; VERHAGEN, *Agency in private international law*, p. 338.

representação (quer as que decorrem imediatamente da lei [131] quer as que supõem um acto unilateral ou bilateral dos interessados).

Mas, tal como a propósito da determinação do âmbito do poder de representação, vamos deparar com algumas situações em que, em nossa opinião, se justifica a influência ou a interferência na regulamentação proveniente da lei primariamente competente — a lei indicada nos artigos 14º ou 11º — de outra ou outras leis em contacto com a relação representativa.

Se a ordem jurídica competente para reger a relação externa estabelecer que a cessação da relação subjacente envolve cessação do poder de representação (como decorre do regime do mandato no ordenamento francês ou do direito da *agency*, mas também do artigo 265º, nº 1 do Código Civil português) ou que a cessação do poder de representação se determina a partir da relação que lhe serve de base (como resulta do § 168 BGB), para encontrar o regime material da cessação do poder de representação é necessário aplicar, ou pelo menos tomar em consideração, a lei reguladora da relação interna, sempre que a relação externa e a relação interna estejam sujeitas a ordens jurídicas diferentes. Também neste domínio, certas normas materiais exigem, para a sua interpretação e para o preenchimento do seu conteúdo, uma remissão dirigida a um determinado complexo normativo (as normas que regem a cessação da relação interna), que, em certos casos de situações internacionais, pode pertencer a uma ordem jurídica estrangeira. Será então a lei reguladora da relação interna a fornecer as causas de cessação do poder de representação [132]; nesses casos, à mesma lei compete também decidir se, e em que circunstâncias, é admitida a manutenção do poder de representação apesar de ter cessado a relação fundamental (como permite o artigo 265º, nº 1, *in fine*, do Código Civil português).

Referência especial merece o regime internacionalprivatístico da revogabilidade do poder de representação.

É princípio comum às ordens jurídicas analisadas a cessação do poder de representação em consequência de declaração unilateral do representado, denominada revogação. Mas, como vimos, em todos os sistemas é objecto de discussão a questão de saber se é admissível a limitação ou a exclusão da faculdade de revogar o poder conferido ao representante. No direito material suíço, a revogabilidade do poder de representação tem natureza

---

[131] Para além de certas causas legais de cessação dos poderes representativos como a morte, a declaração de ausência, a falência do representado ou do representante, previstas em diversas ordens jurídicas, os autores referem a cessação em consequência do decurso de um prazo fixado na lei, outrora estabelecida no direito russo (RABEL, *Unwiderruflichkeit der Vollmacht*, p. 807; SPELLENBERG, *Münch.Komm.*, vor Art. 11, an. 263).

[132] Ao mesmo resultado conduz a tese proposta por VERHAGEN, *Agency in private international law*, p. 311, 339.

imperativa, o direito de revogação é irrenunciável e não é admitida qualquer excepção a essa regra. No *common law*, a irrevogabilidade do poder do *agent* tem alcance limitado, pois diz respeito unicamente aos casos em que o acordo entre o *principal* e o *agent* consta de acto autêntico ou em que existe um interesse associado a esse poder. Nas restantes ordens jurídicas, apenas se admite a restrição do direito de livre revogação se o poder de representação tiver sido conferido no interesse do representante ou de terceiro e, nesse caso, a revogabilidade depende do acordo do interessado ou da ocorrência de justa causa.

No domínio do direito internacional privado a questão que se coloca consiste em saber a que lei compete decidir sobre a irrevogabilidade do poder de representação — sua admissibilidade, pressupostos e efeitos.

Numa situação em contacto com diversas ordens jurídicas, a apreciação da validade de um acordo de irrevogabilidade celebrado entre o representado e o representante não pode ser feita em abstracto, pois depende sempre das circunstâncias concretas e dos efeitos que em cada caso se tenham produzido.

Se os poderes representativos não chegarem a ser exercidos, a questão da revogabilidade ou irrevogabilidade do poder de representação, a validade de um acordo de irrevogabilidade e as consequências de uma eventual violação desse acordo obviamente respeitam apenas às relações entre o representado e o representante e, por isso, serão regidas pela lei reguladora da relação interna (artigo 8°, segundo parágrafo, al. a) da Convenção de Haia).

Se os poderes representativos tiverem sido exercidos — produzindo assim efeitos relativamente a terceiros —, a competência de princípio, no que se refere à relação entre o representado e a contraparte, deve caber ao estatuto da representação. Em face do sistema da Convenção de Haia, e uma vez que a revogação constitui uma modalidade de cessação do poder de representação, é esta a solução que corresponde ao critério geral de orientação antes enunciado [133].

Mas, sendo a regra da revogabilidade do poder de representação e a delimitação dos casos de irrevogabilidade ditadas sobretudo para protecção dos interesses do representado, pode perguntar-se se o problema da revogabilidade do poder de representação não deveria ser subtraído à competência do estatuto da representação e adjudicado a outra lei, mais próxima do representado, porventura até à sua lei pessoal [134].

---

[133] Assim também, em geral, M.-C. MESTRE, *La Convention de La Haye...*, p. 171; VERHAGEN, *Agency in private international law*, p. 343 s.

[134] A sujeição da irrevogabilidade do poder de representação à lei pessoal do representado foi a solução inicialmente proposta por RABEL, *Unwiderruflichkeit der Vollmacht*, p. 806 s. Mais tarde o autor abandonou esta tese, passando a defender a aplicabilidade do estatuto da

Afastada no direito internacional privado português qualquer possibilidade de atribuir competência nesta matéria à lei pessoal do representado, e considerando que, perante o regime estabelecido pela Convenção de Haia, o problema da cessação dos poderes do representante diz igualmente respeito à relação interna (nos termos do citado artigo 8º, segundo parágrafo, al. a)), a questão consistirá apenas em saber se o regime da lei reguladora desta última relação pode ou deve de algum modo repercutir-se nas relações com terceiros.

Em nossa opinião, se o estatuto da representação consagrar a livre revogabilidade do poder de representação, proibindo a renúncia ao direito de revogação e não admitindo qualquer excepção à regra da revogabilidade (como sucede no direito suíço, perante o artigo 34 do Código das Obrigações), a irrevogabilidade do poder de representação ou as limitações à sua revogabilidade, estipuladas em benefício do representante ao abrigo da lei reguladora da relação interna (por exemplo, face ao disposto no artigo 1170º, nº 2 do Código Civil português, relativamente ao mandato), não podem ter qualquer repercussão no regime resultante da lei reguladora da relação externa. A eventual violação de um acordo de irrevogabilidade celebrado entre o representado e o representante apenas poderá ter as consequências inerentes ao incumprimento contratual decorrentes da lei reguladora da relação interna (como expressamente prevê, no direito português, o artigo 1172º, al. b) do Código Civil).

Se a lei reguladora da relação interna estabelecer com carácter imperativo a revogabilidade dos poderes do representante (à semelhança do que, por exemplo, no direito suíço, estabelece o artigo 404, nº 1 do Código das Obrigações, relativamente ao mandato), a invocação pelo representante ou pela contraparte de qualquer violação de restrições contratuais ao direito de revogação apenas pode fundamentar-se no regime resultante do estatuto da representação que admita a existência de limites ao exercício de tal direito (como acontece, em certos casos, no direito português, perante o artigo 265º, nº 3 do Código Civil).

Se o estatuto da representação admitir a irrevogabilidade do poder de representação, estipulada nos termos da lei reguladora da relação interna

---

representação. Cfr. RABEL, *The conflict of laws...*, III, p. 179 s, 2ª ed., p. 186. Consideram também aplicável o estatuto da representação: VON CAEMMERER, *Die Vollmacht...*, p. 215; BRAGA, *Der Anwendungsbereich...*, p. 339; RAAPE, *Internationales Privatrecht*, 5ª ed., p. 503; SOERGEL/LÜDERITZ, vor Art. 7, an. 303; REITHMANN/HAUSMANN, *Vollmacht*, p. 892; PALANDT/ /HEINRICHS, *Anhang zu* Art. 32, an. 3; FIRSCHING, VON HOFFMANN, *Internationales Privatrecht*, p. 352; RIGAUX, *Le statut de la représentation*, p. 253; VISCHER, *Internationales Vertragsrecht*, p. 234; VISCHER, VON PLANTA, *Internationales Privatrecht*, p. 192; BERGER, *Das Statut der Vollmacht...*, p. 154; *IPRG Kommentar*, Art. 126, an. 26.

(como acontece no direito alemão, perante o § 168 BGB), o regime dessa irrevogabilidade pode resultar da lei reguladora da relação interna, desde que sejam respeitados os limites estabelecidos na ordem jurídica competente para reger a representação (no caso do direito alemão, tais limites relacionam-se com a existência de um fundamento justificativo da exclusão do direito de revogação e têm sido enunciados pela doutrina a propósito da referida disposição do BGB).

Assim sendo, perante a análise das hipóteses configuradas, não existem razões que justifiquem a admissibilidade, em matéria de revogação, de maior interferência da lei reguladora da relação interna sobre a regulamentação contida na lei primariamente competente do que aquela que foi admitida em geral no domínio da cessação do poder de representação [135].

Ao estatuto da representação pertencem as disposições, como as que vigoram na ordem jurídica alemã, que estabelecem um regime especial de revogação do poder de representação no domínio do direito comercial (§ 52 e seguintes HGB, de onde decorre a livre revogabilidade da *Prokura*, independentemente da relação subjacente).

É também a lei indicada nos artigos 14º ou 11º da Convenção que regula os efeitos da cessação do poder de representação, o dever imposto ao representante de restituir o documento de onde constam os seus poderes, as exigências de comunicação e de publicidade necessárias para a produção dos efeitos da cessação (ou da modificação), as circunstâncias em que as causas de cessação são inoponíveis à contraparte e em que, portanto, apesar da cessação dos poderes representativos, os actos praticados pelo representante continuam a ser imputáveis ao representado.

3.5. Sentido, alcance e fundamento da interferência no estatuto da representação de outra ou outras leis em contacto com a relação representativa

No sistema da Convenção de Haia sobre representação, compete à lei designada nos artigos 14º ou 11º — o "estatuto da representação" — definir os pressupostos da actuação com efeitos jurídicos para outrem.

Ao estatuto da representação pertencem a existência e a extensão do poder de representação.

---

[135] Uma interferência de sentido inverso — repercussão da lei reguladora da relação externa na regulamentação proveniente da lei reguladora da relação interna — deve admitir-se nos casos em que a lei competente para reger a relação interna preveja que a revogação (e a renúncia) da procuração implicam revogação do mandato (como consta do artigo 1179º do Código Civil português).

Em diversos aspectos porém houve ocasião de verificar a interferência no estatuto da representação de outra ou outras leis em contacto com a relação representativa.

Vejamos o sentido da interferência observada, no âmbito da determinação da existência e extensão do poder de representação:

1º — No domínio da validade formal do acto de atribuição do poder de representação

Certas normas relativas à forma da procuração, em vigor em algumas das ordens jurídicas analisadas, que consagram o princípio de "simetria formal" entre a procuração e o negócio jurídico representativo, exigem para a sua aplicação uma referência a normas eventualmente contidas em outra ordem jurídica — no caso, as normas que estabelecem os requisitos formais a observar na celebração do negócio representativo.

2º — No domínio da determinação do conteúdo do poder de representação

Se, por aplicação do sistema de normas de conflitos do sistema em vigor no ordenamento do foro, a relação externa e a relação interna estiverem sujeitas a leis diferentes — como sucede perante o sistema da Convenção de Haia — e se, nos termos da lei competente para reger a representação, a definição do âmbito do poder de representação depender da definição do âmbito dos poderes de gestão, isto é, se depender da delimitação dos direitos e obrigações do mandatário tal como decorrem da relação interna, é necessário atender à lei reguladora da relação interna para a definição dos direitos e obrigações do mandatário e, por essa via, para a definição dos seus poderes como representante.

No caso de a lei reguladora da relação externa determinar que a atribuição de determinados poderes ao representante envolve ou implica o reconhecimento de outros poderes, considerados inerentes ao âmbito dos poderes expressamente conferidos, a definição do âmbito dos poderes implícitos exige a atendibilidade de uma ordem jurídica diferente da que rege a representação, a fim de apurar quais os actos cuja prática é inerente ao exercício de certa actividade ou é abrangida pelos usos de determinado lugar, praça ou negócio, quando não haja coincidência entre o estatuto da representação e a lei em vigor no lugar do exercício da actividade em causa ou no lugar tido como relevante para a averiguação desses usos.

Também a definição legal do âmbito dos poderes do representante (estabelecida, por hipótese, no direito do país da sede ou do estabelecimento profissional do representado, nos termos do regime especial da *Prokura* ou dos regimes especiais relativos a certos tipos de intermediários comerciais) e a inscrição no registo dos poderes do representante num país diferente daquele cuja lei regula a representação (por hipótese, no país onde o representante celebra o contrato com a contraparte ou no país onde se situa a residência ou o estabelecimento profissional do representado) não podem deixar de se repercutir na delimitação do poder de representação resultante do estatuto da representação, designadamente se a contraparte tiver confiado na extensão dos poderes representativos fixados na lei ou constantes do registo.

3º — No domínio da representação aparente
A determinação do conteúdo dos pressupostos de que depende, em todos os direitos observados, a relevância da representação aparente (a actuação do representado ou *principal* que deu origem à aparência de poder; a boa fé da contraparte) exige a atendibilidade de ordens jurídicas diferentes do estatuto da representação, nos casos em que não há coincidência entre este estatuto e as ordens jurídicas onde se localizam a actuação do representado e a confiança da contraparte na existência e na extensão dos poderes representativos da pessoa que se apresenta como representante de outrem [136].

4º — No domínio da cessação do poder de representação
Sempre que a ordem jurídica competente para reger a relação externa estabeleça que a cessação da relação subjacente envolve cessação do poder de representação ou que a cessação do poder de representação se determina a partir da relação que lhe serve de base, para encontrar o regime material da cessação do poder de representação é necessário atender à lei reguladora da relação interna; a essa lei compete então indicar as causas de cessação do poder de representação.

Nos casos em que a interferência foi observada, as leis que interferem na regulamentação proveniente do estatuto da representação são as seguintes:
— a lei reguladora da relação interna, quanto à definição do conteúdo

---

[136] No caso de o estatuto da representação ser definido pelo direito português, a qualificação da relação subjacente à actuação representativa como contrato de agência (ou como contrato de cooperação auxiliar) — pressuposto de que depende a aplicação do regime especial sobre a representação aparente, constante do artigo 23º, nº 1 do Decreto-Lei nº 178/ /86 — exige ainda a consulta à ordem jurídica reguladora da relação interna.

do poder de representação e quanto à indicação das causas de cessação do poder de representação [137];
— a lei do país da residência, da sede ou do estabelecimento profissional do representado: quanto à delimitação do poder de representação, se essa lei contiver disposições definindo imperativamente o âmbito dos poderes do representante ou se nesse país tiverem sido inscritos no registo os poderes representativos; quanto à apreciação da conduta (acção ou omissão) do representado que tenha contribuído, juntamente com outros factores, para fundar a confiança da contraparte na aparência de representação;
— a lei do país onde é celebrado o contrato entre o representante e a contraparte, quanto à delimitação do poder de representação, se nesse país tiverem sido inscritos no registo os poderes representativos;
— a lei do país onde o representante exerce a sua actividade, quanto à determinação de poderes implícitos, considerados inerentes ao exercício dessa actividade ou abrangidos pelos usos de determinado lugar, praça ou negócio;
— a lei do país onde a aparência de representação é criada e produz os seus efeitos (que, quando não coincida com o estatuto da representação, frequentemente coincidirá com a lei do país onde é celebrado o contrato entre o representante e a contraparte ou com a lei do país onde o representante exerce a sua actividade), quanto à apreciação da situação de confiança da contraparte na existência e na extensão do poder de representação;
— a lei reguladora da forma do negócio representativo, quanto à determinação da forma a que se encontra sujeito o acto de atribuição de poderes representativos.

Na origem da interferência está, em muitos dos exemplos analisados, uma referência explícita ou implícita das disposições materiais da lei primariamente competente a um determinado regime normativo que, nas circunstâncias, perante o carácter internacional da situação, deve ser entendida como remissão para um regime contido em outra ou outras ordens jurídicas; em todos os casos, a especial ligação entre o estatuto da representação e certas outras leis determina a influência do regime destas leis na regulamentação da situação em apreciação.

---

[137] E também, no caso de ser aplicável a disposição material portuguesa acima analisada a propósito da representação aparente (o artigo 23°, n° 1 do Decreto-Lei n° 178/86), para a qualificação da relação subjacente à actuação representativa como contrato de agência (ou como contrato de cooperação auxiliar).

A interferência de uma lei na regulamentação contida no ordenamento jurídico primariamente competente (no caso, o estatuto da representação) tem como efeito a "consideração" ou "atendibilidade" (*Berücksichtigung*), no âmbito desse ordenamento jurídico, dos dados retirados de outra lei, em ordem a permitir a determinação do regime aplicável à situação privada internacional em causa.

Na verdade, a referência a uma ordem jurídica pode ter em vista objectivos distintos: umas vezes, o objectivo consiste em encontrar a regra jurídica aplicável; outras vezes, pretende-se encontrar algum elemento relevante face à regra jurídica fornecida pelo direito aplicável. No primeiro grupo de casos, a regra jurídica designada é aplicada pelo juiz do foro como critério normativo (*rule of decision*). No segundo grupo de casos, é considerada como mero dado de facto, pressuposto de facto ou condição de aplicação de uma outra norma material (da lei do foro ou de uma lei estrangeira); então, a regra não é tida como critério de valoração, mas enquanto simples dado, a atender na aplicação de uma outra norma material (*datum*) [138].

---

[138] Esta distinção qualitativa entre os dois métodos de referência a regras jurídicas (estrangeiras), ou distinção quanto à intensidade na actuação das regras jurídicas (estrangeiras), está presente nas construções de diversos autores, quer norte-americanos quer europeus. CURRIE sugeria que existe uma grande diferença entre "o objectivo de determinar uma *rule of decision* e qualquer outro objectivo, incluindo o de encontrar algum *datum* considerado relevante pela *rule of decision* contida na lei do foro". Cfr., do autor, *The desinterested third state*, p. 756; id., *On the displacement of the law of the forum* (1958), "Selected essays on the conflict of laws", 1963, p. 3 ss (p. 67 ss). Currie sublinhava também que a sua *governmental interest approach* era limitada a casos em que se suscitava o que entendia ser o problema central do *conflict of laws*, isto é, a casos em que, estando em confronto os interesses de dois ou mais Estados, era necessário determinar a *rule of decision* adequada. Cfr. *Notes on methods and objectives in the conflict of laws*, p. 178. Por sua vez, Ehrenzweig admitia a diferença entre *moral data* (regras fundamentais da ordem jurídica do foro, inspiradas por valores de justiça e equidade, que devem ser "automaticamente" aplicadas, mesmo a situações em contacto com outras ordens jurídicas) e *local data* (regras estrangeiras que podem ser referidas "automaticamente" como elementos da regra interna). Cfr. EHRENZWEIG, *Local and moral data in the conflict of laws: terra incognita*, Buffalo L. Rev., 1966-67, p. 55 ss (p. 56 ss); id., *Private international law. A comparative treatise on american international conflicts law, including the law of admiralty, General part*, Leyden, Dobbs Ferry, NY, 1967, p. 77 ss, 83 s. Veja-se também BAADE, *Operation of foreign public law*, IECL, vol. III — *Private International Law*, cap. 12, 1991, p. 16 ss. A distinção entre a aplicação de disposições de uma ordem jurídica estrangeira e o recurso a disposições de uma ordem jurídica estrangeira para o preenchimento do conteúdo de um pressuposto de facto que condiciona a aplicação da norma que decide a questão está desde há muito presente na literatura jurídica europeia. WENGLER distingue entre *Verweisung* e *Berücksichtigung*. Cfr., do autor, *Die Vorfrage im Kollisionsrecht*, p. 155 ss; id., *Betrachtungen über den Zusammenhang der Rechtsnormen in der Rechtsordnung und die Verschiedenheit der Rechtsordnungen*, "FS Rudolf Laun", 1953, p. 719 ss (p. 728, 740 ss); id., *Über die Maxime von der Unanwendbarkeit ausländischer politischer Gesetze*, IntRDipl., 1956, p. 191 ss (p. 194); id., *Zur Technik der internationalprivatrechtlichen Rechtsanwendungsanweisungen des IPR-"Reform"gesetzes von 1986*,

Nos exemplos até aqui analisados — aqueles em que se observou a interferência de uma lei na regulamentação contida na ordem jurídica primariamente competente — a "consideração" ou "atendibilidade", no âmbito da lei primariamente competente (no caso, o estatuto da representação), dos dados fornecidos por outras ordens jurídicas reveste modalidades diferentes e tem fundamentos teóricos também distintos.

Frequentemente, o regime proveniente dessas outras ordens jurídicas é recebido na norma material da lei primariamente competente, "tomando o lugar" do regime material que resultaria da lei primariamente competente, se a situação a regular fosse uma situação meramente interna em relação a essa lei — produz-se então um efeito que designaremos de *substituição*. Assim acontece, por exemplo, no domínio da determinação do conteúdo do poder de representação, com os dados provenientes da lei reguladora da relação interna, sempre que, segundo a lei aplicável à relação externa, a definição do âmbito do poder de representação dependa da definição do âmbito dos poderes de gestão. Assim acontece também, em certas hipóteses de determinação do regime aplicável à representação aparente, com os elementos fornecidos pela lei do lugar onde a aparência de representação é criada e produz os seus efeitos, elementos que são atendíveis para a apreciação da situação de confiança da contraparte na existência e na extensão do poder de representação [139].

---

p. 431. MAGALHÃES COLLAÇO assinala a diferença entre aplicação e atendibilidade (*Da compra e venda...*, p. 318 ss). BAPTISTA MACHADO fazia a contraposição entre a "atribuição de competência a uma lei estrangeira", que existe em consequência de uma remissão directa, e a "relevância indirecta do direito estrangeiro", que existe em consequência de uma remissão ou referência pressuponente (*Âmbito de eficácia...*, p. 315 ss; *Da referência pressuponente ou questão prévia na aplicação da lei competente*, p. 789 s; *Lições de direito internacional privado*, p. 70 ss). A distinção entre aplicabilidade e mera atendibilidade (ou consideração) do direito estrangeiro é igualmente aceite por MOURA RAMOS, *Da lei aplicável...*, p. 299 ss, p. 700 ss; MARQUES DOS SANTOS, *As normas de aplicação imediata...*, p. 778 ss, 979 ss, 987 ss, 995 ss; id., *Le statut des biens culturels en droit international privé*, "XIV ème Congrès International de Droit Comparé. Rapports portugais", DDC, nº 57/58, 1994, p. 7 ss " (p. 34); id., *Projecto de Convenção do UNIDROIT sobre a restituição internacional dos bens culturais roubados ou ilicitamente exportados*, "Direito do património cultural", INA, 1996, p. 61 ss (p. 74); FERRER CORREIA, *A venda internacional de objectos de arte e a protecção do património cultural* (RLJ, 125º, 1993, nºs 3823 ss, p. 289 ss; 126º, 1993, nºs 3826 ss, p. 8 ss), sep., Coimbra, 1994, p. 31 s; Susana B. BRITO, *Sobre a indagação da lei aplicável aos pactos de jurisdição*, "Estudos em memória do Professor Doutor João de Castro Mendes", 1995, p. 45 ss (p. 60). Vejam-se ainda MAYER, *Droit international privé*, p. 101 s, e P. KINSCH, *Le fait du prince étranger*, Paris, 1994, p. 328 ss.

[139] Assim acontece igualmente, na determinação do regime aplicável à representação aparente, quando o estatuto aplicável à representação for o direito material português, com os dados fornecidos pela lei reguladora da relação interna, para a caracterização da relação entre o representado e o representante como contrato de agência (ou como contrato de cooperação auxiliar), face ao disposto no artigo 23º, nº 1 do Decreto-Lei nº 178/86.

Em alguns casos, os dados retirados dessas outras ordens jurídicas concorrem, juntamente com o direito material primariamente designado, para a formulação da solução própria que irá ser aplicada à situação privada internacional em causa — estando na origem da *aplicação conjunta* de diferentes direitos. Assim acontece, perante a regulamentação contida em certas ordens jurídicas, com a determinação do regime da cessação do poder de representação: a lei primariamente competente (a lei reguladora da relação externa) regula os efeitos da cessação do poder de representação, o dever imposto ao representante de restituir o documento de onde constam os seus poderes, as exigências de comunicação e de publicidade necessárias para a produção dos efeitos da cessação, as circunstâncias em que as causas de cessação são inoponíveis à contraparte; mas é a lei reguladora da relação interna que fornece as causas de cessação. Neste exemplo, e nesta matéria, há uma *aplicação distributiva* das duas leis.

Mas a *aplicação conjunta* de diferentes direitos pode ter um alcance diferente; por exemplo, na determinação do regime aplicável à representação aparente, a atendibilidade dos dados fornecidos pela lei do lugar da residência habitual (ou do estabelecimento profissional) do representado, relativamente ao valor do comportamento do representado, é susceptível de envolver a *aplicação cumulativa* de duas ordens jurídicas, tendo como consequência a limitação da lei primariamente competente (o estatuto da representação).

Em qualquer dos grupos de exemplos referidos está em causa um problema de interpretação e de aplicação das normas do direito material competente para reger uma questão da vida privada internacional. O preenchimento dos conceitos utilizados nas normas materiais do sistema competente exige sempre a referência a normas contidas em outros direitos.

O critério que decide da possibilidade de *substituir* a um conceito (ou a uma relação) de determinado direito um conteúdo (ou uma relação) de um direito estrangeiro é necessariamente a *equivalência jurídica* ou *funcional* (a correspondência ou a analogia) de conceitos ou de relações nas ordens jurídicas consideradas, apurada com base na comparação de direitos [140].

A *aplicação conjunta do* estatuto da representação e da lei reguladora da relação subjacente à representação justifica-se pela *interligação*, ou *interdependência*, entre as duas relações em que se analisa a relação representativa — a relação externa e a relação interna. Essa mesma interligação é ainda reconhecida quanto a outras leis em contacto com a relação representativa, relativamente a certas matérias, como antes se observou.

O fundamento da interferência no estatuto da representação (como, de modo mais geral, o fundamento da interferência na *lex causae*) de normas

---

[140] Neste sentido, cfr. *obs.* e *locs. cits.* no capítulo I, nota (60).

provenientes de outras ordens jurídicas é portanto o reconhecimento da complementaridade funcional de certas relações jurídicas. Visto o problema de outro ângulo, está em causa o reconhecimento do carácter complementar, em relação ao estatuto da representação (à *lex causae*), de certas ordens jurídicas que se encontram em contacto com a situação internacional e que por isso têm de ser tomadas em consideração conjuntamente na regulamentação da mesma situação.

Em causa está por vezes a relevância atribuída a finalidades prosseguidas por certos regimes materiais contidos em ordens jurídicas em contacto com a relação representativa — protecção da boa fé, protecção do comércio jurídico — em termos que justificam a "intromissão" ou "interferência" dessas ordens jurídicas no direito primariamente competente (o estatuto da representação).

Esta problemática não é exclusiva do tema que em especial aqui está a ser tratado; é constante no domínio do direito internacional privado. Frequentemente, uma situação da vida privada internacional, submetida a um determinado direito material pela norma de conflitos do sistema em vigor no ordenamento do foro, apresenta com outra ordem jurídica um vínculo tal que se torna necessário tomar em consideração esta última ordem jurídica durante o processo de interpretação e aplicação das normas materiais competentes. Na determinação da disciplina própria de uma situação da vida privada internacional, os preceitos contidos em ordens jurídicas diferentes da *lex causae*, que se encontrem em contacto com a situação a regular, não podem ser ignorados, tendo precisamente em conta o carácter internacional da situação. A situação internacional encontra-se dentro do âmbito de eficácia possível de diversas ordens jurídicas e essa realidade não se altera pela circunstância de a escolha da norma de conflitos ter recaído apenas sobre uma das ordens jurídicas com as quais a situação apresenta contactos [141].

Não existe hoje em dia um princípio de exclusividade na aplicação da ordem jurídica indicada pela norma de conflitos do foro, sendo possível admitir a concorrência ou interferência, na lei designada, de normas contidas em outras leis em contacto com a situação [142]. Necessário é que seja respeitado o limite de competência atribuído pela norma de conflitos do foro à lei primariamente chamada e que a relevância de outras ordens jurídicas assente em critérios extraídos do sistema vigente no foro.

As conclusões enunciadas implicam o reconhecimento de que o problema do direito internacional privado não se esgota com a designação do direito competente.

---

[141] Cfr. BAPTISTA MACHADO, *Âmbito de eficácia...*, p. 4.
[142] Valem aqui as considerações expendidas por MOURA RAMOS, *Da lei aplicável...*, p. 410 ss, embora o autor esteja, na ocasião, a referir-se a uma problemática diferente.

Esta asserção, só por si, não é inovadora, nem pode constituir qualquer surpresa. Através dela se exprime tradicionalmente a admissibilidade de limites à natureza formal da norma de conflitos e do método conflitual[143]. Mas é possível ir mais longe.

Na determinação da regulamentação aplicável a uma situação da vida privada internacional, o órgão de aplicação do direito defronta-se com o carácter internacional da situação em dois momentos: num primeiro momento, a verificação de que a situação se encontra em contacto com duas ou mais ordens jurídicas conduz o órgão de aplicação do direito a recorrer às normas de conflitos, a fim de determinar o direito primariamente competente para reger a matéria em discussão; num segundo momento, o carácter plurilocalizado da situação não pode deixar de influenciar a interpretação do direito material designado e a determinação da disciplina concreta aplicável.

Com efeito, as normas de direito material de cada ordem jurídica são, em regra, ditadas para situações que se encontram exclusivamente em contacto com essa mesma ordem jurídica [144].

Quando as normas materiais de uma dada ordem jurídica são chamadas pela norma de conflitos do foro para reger uma situação internacional [145], na sua aplicação deve ter-se em conta que tal situação se encontra igualmente "impregnada" pelos outros ordenamentos dentro de cujo âmbito de eficácia se situa. Por isso, qualquer referência expressa ou implícita a um determinado regime normativo, operada por normas materiais da ordem jurídica primariamente competente, justifica, em certas circunstâncias, ponderado o carácter internacional da situação, a remissão para um regime contido em outro ou outros dos ordenamentos com os quais a situação se encontra em conexão e que no primeiro momento foram afastados pela norma de conflitos do sistema em vigor no ordenamento do foro, tida como relevante quanto à matéria em causa.

Nesta perspectiva, a determinação da regulamentação aplicável às situações da vida privada internacional — que constitui o objecto do direito internacional privado — coloca-se em dois níveis ou em dois momentos: o nível ou o momento da actuação das normas de conflitos, em que se determina o direito primariamente aplicável à questão; e o nível ou o momento

---

[143] É ainda neste sentido que Marques dos Santos caracteriza o direito internacional privado como um direito de decisão (*Entscheidungsrecht*), negando que se trate de um mero direito de remissão (*Verweisungsrecht*). Cfr. MARQUES DOS SANTOS, *As normas de aplicação imediata...*, p. 36, nota (145); id., *Defesa e ilustração do direito internacional privado*, p. 185, 210.

[144] Para as "situações homogéneas", na terminologia de WENGLER, *Internationales Privatrecht*, 1981, p. 3.

[145] Uma "situação heterogénea" (WENGLER, *ob. cit.*, p. 3 ss, 52 ss).

da actuação das normas materiais contidas na ordem jurídica designada pela norma de conflitos do foro, em que, para a formulação da disciplina concreta aplicável, pode ser necessário ter em conta ou tomar em consideração o regime material contido em outra ou outras ordens jurídicas com as quais a situação se encontra em contacto [146].

[146] A distinção entre dois níveis ou dois degraus na aplicação das normas de direito internacional privado constitui a ideia central da teoria alemã designada *Zweistufentheorie des IPR* ou *Zweistufigkeit des IPR*, segundo a qual, na aplicação *do direito do foro* a uma situação internacional, pode ser tomado em consideração (*berücksichtigt*) o direito estrangeiro, como *datum*, mesmo na ausência de uma remissão conflitual. A *Zweistufentheorie* encontra-se ancorada na *Datum-Theorie* e nos trabalhos de Erik Jayme que transportaram para o direito internacional privado alemão as teses de Currie e sobretudo de Ehrenzweig relativamente aos diferentes objectivos da referência a regras jurídicas contidas em outros ordenamentos. Cfr. JAYME, *Ausländische Rechtsregeln und Tatbestand inländischer Sachnormen. Betrachtungen zu Ehrenzweigs Datum-Theorie*, "GS Albert A. Ehrenzweig", 1976, p. 35 ss; id., *Kollisionsrecht und Bankgeschäfte mit Auslandsberührung*, Berlin, 1977, p. 25 ss; id., *O risco da diversidade linguística e o direito internacional privado*, BFD, vol. LIV, 1978, p. 1 ss (p. 15, 21 s); id., *Rechtswahlklausel und zwingendes ausländisches Recht beim Franchise--Vertrag*, IPRax, 1983, p. 105 ss; id., *Versorgungsausgleich mit Auslandsberührung und Theorie des internationalen Privatrechts. Begriffe und Instrumente*, "Der Versorgungsausgleich im internationalen Vergleich und in der zwischenstaatlichen Praxis", 1985, p. 423 ss (p. 424 s); id., *Internationales Familienrecht heute*, "FS Müller-Freienfels", 1986, p. 341 ss (p. 367 ss); id., *Kollisionsrechtliche Techniken für Langzeitverträge mit Auslandsberührung*, "Der komplexe Langzeitvertrag", 1987, p. 311 ss; id., *Komplexe Langzeitverträge und internationales Privatrecht. Ein Tagungsbericht*, IPRax, 1987, p. 63 s; id., *"Timesharing--Verträge" im Internationalen Privat- und Verfahrensrecht*, IPRax, 1995, p. 234 ss (p. 236); id., *Identité culturelle et intégration: le droit international privé postmoderne*, p. 87 s, 253 ss. A teoria tem sido aplicada por vários autores em diferentes domínios. Cfr.: Hans STOLL, *Deliktsstatut und Tatbestandswirkung ausländischen Rechts*, "Multum non multa", 1980, p. 259 ss (p. 260 ss); CANARIS, *Bankvertragsrecht*, an. 2504; HESSLER, *Sachrechtliche Generalklausel und internationales Familienrecht. Zu einer zweistufigen Theorie des internationalen Privatrechts*, München, 1985 (em especial, p. 99 ss); id., *Datum-Theorie und Zweistufigkeit des internationalen Privatrechts*, "Albert A. Ehrenzweig und das internationale Privatrecht", 1986, p. 137 ss; id., *Auslandsehe und mißbräuchliche Erhebung der Ehenichtigkeitsklage*, IPRax, 1986, p. 146 ss; id., *Islamisch-rechtliche Morgengabe: vereinbarter Vermögensausgleich im deutschen Scheidungsfolgenrecht*, IPRax, 1988, p. 95 ss; MÜLBERT, *Ausländische Eingriffsnormen als Datum*, IPRax, 1986, p. 140 ss; WAGNER, *Statutenwechsel und dépeçage im internationalen Deliktsrecht. Unter besonderer Berücksichtigung der Datumtheorie*, Heidelberg, 1988, p. 175 ss; VON DER SEIPEN, *Akzessorische Anknüpfung und engste Verbindung im Kollisionsrecht der komplexen Vertragsverhältnisse*, Heidelberg, 1989, p. 86 ss; GRUNDMANN, *Deutsches Anlegerschutzrecht in internationalen Sachverhalten. Vom internationalen Schuld- und Gesellschaftsrecht zum internationalen Marktrecht*, RabelsZ, 1990, p. 283 ss (p. 317 ss); e agora também RUTHIG, *Vollmacht und Rechtsschein im IPR*, p. 220 ss, 271 ss, 291 s (precisamente em matéria de representação aparente). A teoria conheceu novos desenvolvimentos com os trabalhos de E. LORENZ, *Zur Zweistufentheorie des IPR und zu ihrer Bedeutung für das neue internationale Versorgungsausgleichsrecht*, FamRZ, 1987, p. 645 ss, e WINKLER V. MOHRENFELS, *Kollisionsrechtliche Vorfrage und materielles Recht*, p. 25 ss (cfr., a seguir, notas (147) e (150)). Aco-

Importa por conseguinte definir o instrumento jurídico a utilizar para a individualização do ordenamento ou dos ordenamentos que podem ou devem ser tomados em consideração no momento da interpretação e aplicação do direito material primariamente designado [147].

Em nossa opinião, a referência a um determinado regime normativo, contida em normas materiais da ordem jurídica primariamente competente, fundamenta, na ordem jurídica do foro, o recurso a uma *conexão complementar*. Atribuímos a tal conexão o nome de *conexão complementar*, porque ela vem completar (complementar) ou preencher o regime que decorre da *conexão primária* operada pela norma de conflitos do sistema em vigor no ordenamento do foro, tida como relevante quanto à matéria em discussão [148].

---

lhendo os aspectos essenciais do raciocínio em dois níveis, para a consideração das particularidades da situação internacional, KELLER, SIEHR, *Allgemeine Lehren...*, p. 516 ss. Veja-se em JESSURUN D' OLIVEIRA, *Krypto-Internationales Privatrecht*, ZfRV, 1986, p. 246 ss (p. 260), uma aproximação entre *Krypto-IPR* e *Zweistufentheorie des IPR*. Para a crítica à *Zweistufentheorie*, cfr. SONNENBERGER, *Münch.Komm.*, *Einleitung*, an. 441 ss; MARQUES DOS SANTOS, *As normas de aplicação imediata...*, p. 985 ss; FIRSCHING, VON HOFFMANN, *Internationales Privatrecht*, p. 35 s. Fazendo uma apreciação globalmente favorável, SÁNCHEZ LORENZO, *Postmodernismo y derecho internacional privado*, R. E. D. I., 1994, p. 557 ss (p. 563 s, 570 s, 579 s).

[147] Em geral, os autores alemães defensores da teoria da *Zweistufigkeit* limitam-se a afirmar que o problema diz respeito à interpretação do direito do foro e que a atendibilidade do direito estrangeiro se faz sem remissão conflitual, mas não definem critérios para a determinação do direito estrangeiro a tomar em consideração (HESSLER, *Sachrechtliche Generalklausel und internationales Familienrecht...*, p. 149 ss; id., *Datum-Theorie und Zweistufigkeit...*, p. 139 ss; id., *Auslandsehe und mißbräuchliche Erhebung der Ehenichtigkeitsklage*, p. 148; id., *Islamisch-rechtliche Morgengabe*, p. 97; JAYME, *Internationales Familienrecht heute*, p. 369 s). Esta tem sido uma das críticas dirigidas em especial à construção de Hessler. Vejam-se: em NJW, 1986, p. 2485, a recensão de Peter WINKLER V. MOHRENFELS à dissertação de Hessler, "Sachrechtliche Generalklausel und internationales Familienrecht...", e, em "Albert A. Ehrenzweig und das internationale Privatrecht", 1986, p. 159, o comentário de Rainer HAUSMANN a propósito da comunicação de Hessler, "Datum--Theorie und Zweistufigkeit...". Segundo WINKLER V. MOHRENFELS, *Kollisionsrechtliche Vorfrage und materielles Recht*, p. 31 s, que aplicou aquela teoria na resolução da questão prévia, as ordens jurídicas a ter em conta são todas aquelas que seriam designadas como competentes quer segundo as normas de conflitos da *lex fori* quer segundo as normas de conflitos da *lex causae*, mas que, no caso concreto, foram afastadas.

[148] A opção pelo nome *conexão complementar* — *complementar*, em relação à conexão considerada primária — justifica-se fundamentalmente por duas ordens de razões. Por um lado, é conveniente utilizar uma expressão diferente de outras já tradicionais na distinção entre os vários tipos de conexão; por outro lado, pretende-se traduzir a posição de instrumentalidade e subordinação (até mesmo de hierarquia) entre a lei designada pela conexão considerada primária e a lei encontrada a partir desta conexão complementar, que vem de algum modo completar ou preencher um espaço de um determinado conjunto (a disciplina aplicável à questão privada internacional), dentro dos limites ou parâmetros fixados pela lei

O objecto da conexão complementar é definido a partir das normas materiais a propósito das quais a questão se suscita. Estando em causa um problema de determinação do sentido de normas materiais do direito competente — o preenchimento do conteúdo de conceitos ou relações utilizados nas normas materiais do direito competente — a individualização do objecto da conexão complementar resulta da interpretação de tais normas (no domínio aqui analisado, "poderes do representante na relação interna entre representado e representante", "causas de cessação da relação interna entre representado e representante", "comportamento do representado que deu origem à aparência de poderes representativos").

Mas, dado que, num sistema bilateralista de regras de conflitos, não apenas a competência como também a atendibilidade de cada ordem jurídica deve resultar de critérios da *lex fori*, a concretização do ordenamento ou dos ordenamentos a ter em conta terá de fazer-se utilizando os critérios de conexão do sistema de direito internacional privado em vigor no Estado do foro. A solução corresponde a um imperativo de coerência do sistema jurídico do foro considerado na sua globalidade [149].

Exemplificando, quanto à matéria em apreciação: a lei que define os direitos e obrigações do representante na relação interna entre representado e representante (bem como as causas de cessação da relação interna entre representado e representante) é a lei encontrada a partir dos artigos 5º ou 6º da Convenção de Haia; a lei susceptível de ser invocada para valorar o comportamento do representado que deu origem à aparência de poderes representativos é a lei a que se refere o artigo 8º, nº 2 da Convenção de Roma.

Por outro lado, porque não se trata de determinar o direito aplicável (isto é, não se trata de determinar a *rule of decision*), e porque a atendibilidade de normas materiais pertencentes a outras ordens jurídicas apenas funciona nos limites consentidos pelo direito competente (o direito designado pela conexão primária), a remissão operada pela *conexão complementar* tem necessariamente o sentido de uma referência material.

Em resumo, nos casos agora analisados, os limites da atendibilidade de normas incluídas em ordenamentos jurídicos diferentes da *lex causae* [150]

---

primariamente competente. WENGLER admite, para a resolução de certos casos de questão preliminar, o recurso à técnica da conexão alternativa. Cfr: *Nouvelles réflexions sur les "questions préalables"*, p. 179, 214; *Internationales Privatrecht*, p. 180 ss; *Alternative Zuweisungen von Vorfragen und hinkende Ehe*, IPRax, 1984, p. 68 ss; *The law applicable to preliminary (incidental) questions*, p. 11 ss. Defendendo igualmente o recurso à técnica da conexão alternativa na resolução do problema da questão preliminar, SIEHR, *Ehrenzweigs Lex-Fori-Theorie und ihre Bedeutung für das amerikanische und deutsche Kollisionsrecht*, RabelsZ, 1970, p. 585 ss (p. 627).

[149] Cfr. capítulo V, § 2º, nº 2.2.4., § 4º, nº 4.2.2., b).

[150] Segundo alguns autores, a atendibilidade de normas de um direito diferente da *lex causae* justifica-se sobretudo como elemento para preenchimento do conteúdo de cláusulas

são fixados pelas normas materiais do direito competente a propósito das quais a questão se suscita, a partir da interpretação dessas normas [151]. Os ordenamentos a ter em consideração determinam-se com base no conteúdo das normas materiais aplicáveis, mas a respectiva concretização faz-se utilizando os critérios de conexão do sistema de conflitos aplicável na ordem jurídica do foro. A *conexão complementar*, cujo objecto é delimitado com base nas normas materiais da ordem jurídica designada pela *conexão primária*, concretiza-se a partir do sistema de direito internacional privado em vigor no ordenamento do foro e constitui o título de relevância, na ordem jurídica do foro, juntamente com a *lex causae*, das normas materiais da ordem jurídica assim encontrada.

O método proposto vem preencher um espaço deixado vago pela clássica técnica de remissão do direito de conflitos, sem negar as vantagens da segurança jurídica e da possibilidade de codificação que em geral são reconhecidas ao método conflitual. Como se verá, é possível recorrer a este método para a resolução de todos os problemas em que se suscite a questão do preenchimento de conceitos ou relações utilizados nas normas materiais de um ordenamento jurídico através de conteúdos pertencentes a um ordenamento diferente (problemas que a doutrina procura distinguir e, em alguns casos, tratar separadamente, sob as figuras da questão prévia, substituição e transposição) [152].

Em todo este processo, desempenha papel de relevo o direito comparado. Com efeito, o recurso ao direito comparado é essencial:
— para a actuação da *conexão complementar*, pois só a comparação de direitos permite avaliar a correspondência entre os conceitos utilizados na norma material do direito primariamente competente

---

gerais utilizadas no direito material competente segundo a norma de conflitos do foro (que é, nos casos apreciados pelos mesmos autores, o direito material do foro). Cfr. HESSLER, *Sachrechtliche Generalklausel und internationales Familienrecht...*, em especial, p. 149 ss; id., *Datum-Theorie und Zweistufigkeit...*, p. 137 ss; id., *Auslandsehe und mißbräuchliche Erhebung der Ehenichtigkeitsklage*, p. 147 ss. Veja-se também, JAYME, *Versorgungsausgleich mit Auslandsberührung...*, p. 424; id., *Internationales Familienrecht heute*, p. 369, 374. A possibilidade de alargar os casos de atendibilidade de normas contidas num direito diferente da *lex causae* foi admitida por E. LORENZ, *Zur Zweistufentheorie des IPR...*, p. 646 s (que prevê a aplicabilidade do método perante todas as normas materiais do direito competente — e não necessariamente perante cláusulas gerais — ainda que o direito aplicável seja um direito estrangeiro).

[151] Como antes foi explicitado, as normas materiais da ordem jurídica primariamente competente têm de permitir a recepção de conteúdos provenientes de outros sistemas jurídicos, têm de ser *normas abertas*. Assim se explica que a designada *Zweistufentheorie* tenha sido aplicada fundamentalmente a propósito de cláusulas gerais da *lex causae*. Cfr. nota anterior.

[152] Cfr. capítulo V, § 4°, n° 4.2.2.

e os conceitos utilizados na norma de conflitos do sistema em vigor no ordenamento do foro que irá indicar a ordem jurídica atendível;
— para a *substituição* de conceitos ou relações do direito primariamente competente por conceitos ou relações provenientes das ordens jurídicas atendíveis, uma vez que o critério decisivo da substituição é a equivalência funcional (ou a analogia) de conceitos ou relações e a comparação de direitos constitui o instrumento para aferir essa equivalência;
— para a *aplicação conjunta* de regimes oriundos de diversas ordens jurídicas, dirigida à formulação de uma solução própria da situação privada internacional a regular, porque apenas com base na comparação de direitos se atinge a essência de cada ordem jurídica ou regime, indispensável para a combinação de regras integradas em diferentes sistemas normativos.

Da metodologia proposta resulta que a disciplina concreta de uma situação da vida privada internacional, sujeita pela norma de conflitos do sistema em vigor no ordenamento do foro a uma determinada lei, pode ser — e na realidade é com frequência — diferente da disciplina aplicável a uma situação do mesmo tipo que se desenvolva exclusivamente no âmbito dessa ordem jurídica (situação interna em relação a essa ordem jurídica) [153].

---

[153] HESSLER, *Datum-Theorie und Zweistufigkeit...*, p. 161; JAYME, *Internationales Familienrecht heute*, p. 369; SÁNCHEZ LORENZO, *Postmodernismo y derecho internacional privado*, p. 563 s. Cfr., em sentido semelhante, embora com fundamentações nem sempre coincidentes: WENGLER, *Les conflits de lois et le principe d'égalité*, Rev. crit., 1963, p. 203 ss, 503 ss (p. 226 ss); id., *Nouvelles réflexions sur les "questions préalables"*, p. 195 ss; BATIFFOL, *Réflexions sur la coordination des systèmes nationaux*, p. 211; AZEVEDO MOREIRA, *Breves considerações sobre os limites da substituição. Notas a um estudo de Wengler*, RDES, XIV, 1967, p. 85 ss (p. 85); BAIÃO DO NASCIMENTO, *Do concurso de normas*, p. 125; JACQUET, *La norme juridique extraterritoriale dans le commerce international*, Clunet, 1985, p. 327 ss (p. 346); CARBONE, LUZZATTO, *Il contratto internazionale*, p. 22, 24 s.

§ 3º
Determinação do direito aplicável à representação sem poderes

1. Consequências jurídicas da representação sem poderes. Preliminares

Um dos domínios que maiores dificuldades suscita, tanto no direito material como no direito internacional privado da representação, é a actuação do representante não legitimado pelo poder de representação.

A Convenção de Haia sobre representação não contém uma norma de conflitos autónoma que de modo unitário designe o direito aplicável à representação sem poderes. Essa circunstância e o carácter (porventura deliberadamente) vago de algumas das suas disposições explicam as dificuldades experimentadas com a determinação do regime conflitual da representação sem poderes também perante o sistema de regras uniformes instituído pela Convenção.

1.1. O direito aplicável aos efeitos da actuação representativa

No sistema da Convenção de Haia sobre representação, a lei competente, por força das normas do capítulo III, para regular a existência, a extensão e a cessação do poder de representação, nas relações entre o representado e o representante, é chamada igualmente a reger os efeitos do exercício desse poder. Esta conclusão não suscita dúvidas, pois está claramente expressa nas disposições do artigo 11º ("nas relações entre o representado e a contraparte, a existência e a extensão dos poderes do representante, assim como os *efeitos* dos actos do representante no exercício real ou pretendido dos seus poderes são regidos [...]") e do artigo 15º ("a lei aplicável nos termos do presente capítulo rege também as relações entre o representante e a contraparte resultantes do facto de o representante ter actuado no exercício dos seus poderes, para além dos seus poderes ou sem poderes"). A Convenção afastou portanto o princípio da *grosse Spaltung*.

A questão da imputação ao representado dos efeitos jurídicos dos actos celebrados pelo representante — em geral, a determinação dos efeitos da actuação representativa — constitui o núcleo central de competência da lei indicada nos artigos 14º ou 11º da Convenção.

Mas a eficácia da actuação representativa, em sentido lato, diz também respeito à eficácia do contrato representativo — o contrato celebrado pelo representante em nome do representado —, que é regida pelo direito designado pelas normas de conflitos da Convenção de Roma.

Se, no caso em que o representante actua em nome do representado dentro dos limites dos poderes representativos, a questão que se coloca, na aplicação das regras respeitantes ao instituto da representação, é a da imputabilidade dos efeitos do contrato celebrado em nome (ou, em alguns sistemas jurídicos, por conta) de outrem — e essa questão não contende com a produção e a determinação dos efeitos do contrato celebrado, não podendo portanto surgir qualquer incompatibilidade entre a lei reguladora da representação e a lei reguladora do contrato —, já nos casos de exercício anormal do poder de representação, algumas das questões que se colocam a propósito da "eficácia da actuação representativa" são igualmente questões relativas à eficácia do contrato representativo e, por isso mesmo, enquadráveis na lei reguladora dos efeitos deste contrato — podendo eventualmente dar origem a incompatibilidades ou contradições entre a lei reguladora da representação e a lei reguladora do contrato.

Em relação a diversos aspectos do regime da representação sem poderes surgem assim problemas de concurso entre o estatuto da representação e o estatuto do contrato representativo.

Existem também neste domínio pontos de interferência entre a lei reguladora da relação interna e a lei reguladora da relação externa.

1.2. O direito aplicável à representação sem poderes. Princípio geral

Como ficou dito, na Convenção de Haia, não existe uma norma de conflitos que unitariamente tenha como objecto a representação sem poderes.

Todavia, várias normas de conflitos dispersas se reportam às "consequências" ou aos "efeitos" da actuação do representante para além dos poderes ou sem poderes. O artigo 8º, ao definir o âmbito de aplicação da lei reguladora da relação entre o representado e o representante (a lei indicada nos artigos 5º ou 6º), estabelece que essa lei se aplica "às consequências do incumprimento" (primeiro parágrafo) e, em particular, às "consequências decorrentes da utilização excessiva ou abusiva" dos poderes do representante (segundo parágrafo, al. a)). O artigo 11º inclui no domínio da lei reguladora da relação entre o representado e a contraparte os "efeitos dos actos do representante no exercício real ou pretendido dos seus poderes". O artigo 15º determina que a lei reguladora da relação entre o representado e a contraparte rege também as "relações entre o representante e a contraparte emergentes do facto de o representante ter actuado [...] para além [dos seus poderes] ou sem eles".

A indicação de duas leis diferentes para reger as consequências do exercício anormal dos poderes do representante — a lei reguladora da relação interna e a lei reguladora da relação externa — justifica a necessidade de demarcar o âmbito de aplicação dessas leis, através da delimitação do objecto das normas de conflitos referidas.

A aplicação do critério geral apurado no parágrafo anterior conduz à seguinte delimitação preliminar.

A lei designada pelas normas de conflitos dos artigos 5º ou 6º (conjugadas com o artigo 8º, segundo parágrafo, al. a)) regula os aspectos relacionados com a relação entre o representado e o representante; essa lei determina os direitos e obrigações das partes e estabelece a *medida da responsabilidade contratual* recíproca do representado e do representante. Quanto ao conjunto de problemas agora em análise, a mesma lei determina as consequências, na relação entre o representado e o representante, da utilização anormal dos poderes de gestão conferidos pelo representado ao representante (concretamente, a medida da responsabilidade do representante perante o representado pelos actos praticados pelo primeiro em nome do segundo, em violação dos limites dos poderes fixados pelo representado).

A lei designada pelas normas de conflitos dos artigos 14º ou 11º e 15º regula os aspectos relacionados com a relação entre o representado, ou o representante, e a contraparte no negócio representativo; essa lei define os limites dentro dos quais os actos praticados pelo representante vinculam o representado perante a contraparte (define os *limites da imputação ao representado dos actos praticados pelo representante perante a contraparte*) e estabelece a *medida da responsabilidade do representado pelos actos praticados em seu nome pelo representante*. Quanto ao conjunto de problemas que agora nos ocupa, a mesma lei determina as consequências, na relação entre o representado e a contraparte e na relação entre o representante e a contraparte, do exercício anormal dos poderes representativos (concretamente, as condições e os limites da imputabilidade ao representado dos actos praticados pelo representante sem estar legitimado pelo poder de representação, assim como os pressupostos e efeitos da responsabilidade do representante perante a contraparte pelos actos praticados pelo primeiro em nome do representado, nos casos em que o representante agiu sem poderes, para além dos limites dos seus poderes ou abusando dos poderes que lhe haviam sido conferidos pelo representado).

Esta distinção permite traçar a linha de orientação geral que será seguida nesta investigação. Como regra, e para mencionar apenas o aspecto que mais interessa considerar, os efeitos da representação sem poderes na relação entre o representado e a contraparte (e na relação entre o representante e a contraparte) são regidos pela lei indicada no capítulo III da Convenção (artigos 14º ou 11º e 15º) — o estatuto da representação (em alguns casos, o *estatuto putativo* da representação).

Todavia, as fórmulas amplas utilizadas na Convenção para referir as matérias adjudicadas à lei reguladora da relação interna e à lei reguladora da relação externa, assim como a inclusão de muitos dos problemas suscitados no âmbito de competência da ordem jurídica que rege a eficácia do contrato representativo, exigem uma apreciação analítica e por isso mesmo a distinção entre as diversas questões a que dá origem a representação sem poderes [154].

2. Delimitação da representação sem poderes

2.1. O direito competente para decidir sobre a existência de representação sem poderes

Como resulta da síntese comparativa de direito material, são diferentes, perante as ordens jurídicas analisadas, o âmbito e os efeitos da representação sem poderes, bem como os pressupostos de oponibilidade à contraparte de certas modalidades de exercício anormal do poder de representação [155].

O primeiro problema suscitado pela representação sem poderes em direito internacional privado consiste em saber a que lei recorrer para decidir se o representante agiu sem poderes, para além dos limites dos seus poderes ou abusando dos poderes que lhe haviam sido conferidos pelo representado.

Na maior parte dos casos, a questão de saber se o representante agiu sem estar legitimado pelo poder de representação atribuído pelo representado suscitar-se-á a propósito da interpretação de uma norma material aplicável à questão jurídica principal em análise — a imputabilidade ao representado do negócio jurídico celebrado pelo representante, a responsabilidade do representante perante a contraparte, a responsabilidade do representante perante o representado, a validade ou eficácia do negócio celebrado pelo representante, etc..

Por exemplo — e restringindo a referência a disposições incluídas na regulamentação das relações com a contraparte —, a norma do artigo 268º do Código Civil português, que exige a ratificação pelo representado para que seja eficaz em relação a ele o negócio celebrado em seu nome sem poderes de representação, ou a norma do § 179 BGB, que prevê a responsabilidade, perante a contraparte, da pessoa que actua como representante de

---

[154] Tal como no parágrafo anterior, a exposição segue, sempre que possível, a ordem usada na análise comparativa do direito material.
[155] Cfr. capítulo II, § 4º, nº 5.

outrem sem poderes de representação, exigem a verificação do pressuposto da "actuação em nome de outrem sem poderes de representação".

A questão reconduz-se à determinação da existência ou do âmbito do poder de representação, abordada no parágrafo anterior. Nas relações com a contraparte, a lei reguladora da existência e da extensão de poderes representativos é, como se viu, a ordem jurídica designada nos artigos 14º ou 11º da Convenção.

Sempre que se admita que uma ordem jurídica diferente dessa seja chamada a reger a questão jurídica principal (a imputabilidade ao representado do negócio jurídico celebrado pelo representante, a responsabilidade do representante perante a contraparte, a responsabilidade do representante perante o representado, a validade ou eficácia do negócio celebrado pelo representante, questões que adiante serão analisadas), para determinar o pressuposto de carácter normativo de que depende a aplicação da norma material chamada a reger essa questão, haverá então que, nos termos do método da *conexão complementar* descrito no parágrafo anterior, atender à lei reguladora da existência de poderes representativos — a lei reguladora da relação entre o representado e a contraparte (referida nas normas de conflitos dos artigos 14º ou 11º da Convenção de Haia).

A remissão operada para a lei reguladora da relação entre o representado e a contraparte, com o objectivo de decidir se existe uma situação de representação sem poderes, não pode todavia prescindir das conclusões antes enunciadas sobre a questão da existência e extensão dos poderes do representante. Nas circunstâncias referidas no parágrafo anterior, a resposta que decorre da lei reguladora da relação externa não pode abstrair da solução que resultaria da lei aplicável à relação interna (ou até, como se verificou, de outra lei com a qual a situação se encontre em contacto). Na decisão sobre a existência de representação sem poderes, deve ter-se em conta, dentro dos limites acima referidos, a regulamentação da lei aplicável à relação interna (ou de outra lei a que se atribua relevância, nos termos anteriormente expostos) sobre a matéria da existência e extensão dos poderes do representante.

A referência contida na lei reguladora da questão jurídica principal relativamente à existência de representação sem poderes, que em primeira linha se dirige à lei reguladora da relação externa, deve afinal entender-se como reportada a duas ordens jurídicas — a ordem jurídica competente para reger a relação externa e a ordem jurídica competente para reger a relação interna (ou outra ordem jurídica a que, pela sua posição, se atribua relevância no caso). Mas a consideração dos dados emergentes desta última lei deve ser delimitada, quer quanto à sua finalidade, quer quanto ao seu âmbito, pela norma material relevante contida no direito aplicável à relação externa.

Sendo esta a regra a seguir para verificar se o representante actuou sem poderes ou para além dos limites dos poderes que lhe haviam sido conferidos pelo representado (casos de *falta de poder de representação*), considere-se em especial o problema suscitado pela determinação do direito aplicável à decisão sobre a existência de uma situação de *abuso de poder de representação*.

2.2. Em especial, o direito competente para decidir sobre a existência de abuso de poder de representação

A multiplicidade de regulamentações nacionais sobre o abuso de poder de representação (em que as diferenças observadas dizem respeito às consequências jurídicas a que dá origem, às condições de oponibilidade à contraparte, e até mesmo à delimitação da figura) exige a determinação do direito competente para decidir sobre a existência de abuso de poder de representação.

O elemento da noção de abuso, que, apesar das diferenças sublinhadas, pode considerar-se comum a todas as ordens jurídicas — a actuação por parte do representante dentro dos limites formais dos poderes atribuídos pelo representado, mas de modo substancial ou funcionalmente contrário aos fins da representação ou aos interesses do representado — coloca a figura do abuso no campo da relação interna entre representado e representante. Por isso nos direitos inspirados pelo princípio da separação entre o poder de representação e o negócio jurídico subjacente é discutida a possibilidade de atribuir relevância à actuação abusiva do representante na relação com a contraparte e a possibilidade de incluir essa actuação na noção de representação sem poderes [156].

A Convenção de Haia sobre representação apenas se refere directamente à utilização abusiva dos poderes do representante na norma do artigo 8º, que delimita o âmbito de aplicação da lei designada nos artigos 5º ou 6º (a lei reguladora da relação entre o representado e o representante):

"Essa lei [a lei designada nos artigos 5º ou 6º] aplica-se em particular [...] às consequências decorrentes [...] da sua [dos poderes do representante] utilização [...] abusiva" (artigo 8º, segundo parágrafo, al. a)).

Como problema típico da relação interna, o abuso de representação encontra-se submetido à lei que regula a relação (o contrato) entre o repre-

---

[156] Cfr. capítulo II, § 1º, nº 5.1.

sentado e o representante, quer pelo que se refere à delimitação dos casos de abuso, quer pelo que diz respeito à determinação dos efeitos do abuso na relação entre o representado e o representante. Tais questões seriam submetidas a essa lei ainda que não existisse a disposição expressa contida na parte final do artigo 8º, segundo parágrafo, al. a), na medida em que o abuso de poderes traduz o incumprimento do contrato entre o representado e o representante — e as consequências do incumprimento do contrato entre o representado e o representante regem-se pela lei que regula a relação entre eles (veja-se o artigo 8º, primeiro parágrafo da Convenção).

Na relação entre o representado e a contraparte, a utilização abusiva do poder de representação tem os efeitos determinados pela lei indicada no artigo 14º ou no artigo 11º da Convenção. As consequências jurídicas do abuso de representação são susceptíveis de ser abrangidas no âmbito de competência dessa lei, âmbito que se encontra descrito de modo genérico através da fórmula "os efeitos dos actos do representante no exercício real ou *pretendido* (*pretendu, purported*) dos seus poderes".

À lei designada nos artigos 14º ou 11º da Convenção há-de pedir-se a delimitação dos casos de abuso a que se atribui relevância na relação externa, as condições em que o abuso é oponível à contraparte e os efeitos, na relação entre o representado e a contraparte, da actuação abusiva do representante.

Assim, em primeiro lugar — e é apenas esta a questão que por ora interessa considerar —, a essa lei compete decidir se constituem abuso relevante, susceptível de ser invocado pelo representado perante a contraparte:

— os casos em que o representante e a contraparte actuam concertadamente em prejuízo do representado (que a jurisprudência e a doutrina alemãs e suíças caracterizam como casos de *Kollusion* e que podem integrar a hipótese prevista no artigo 1394 do Código Civil italiano);

— os casos em que o representante utiliza o poder de representação para praticar um acto que, em concreto, tem em vista uma finalidade distinta da pretendida pelo representado ou prossegue interesses diferentes dos do representado (a que genericamente se refere o artigo 269º do Código Civil português e a que, em todas as ordens jurídicas europeias continentais, se procura atribuir relevância, sob certas condições, através de diferentes meios jurídicos);

— os casos em que o representante exerce a sua actividade dentro dos limites dos poderes que lhe foram inicialmente conferidos mas sem respeitar as alterações desses limites feitas pelo representado em momento posterior (situação prevista no artigo 266º, nº 1 do Código Civil português);

— os casos em que o representante utiliza o poder de representação para praticar um acto contrário a instruções sobre o exercício da actividade representativa, que lhe tenham sido transmitidas pelo representado (hipótese que tem sido objecto de discussão perante o direito em vigor em todas as ordens jurídicas europeias continentais).

O reconhecimento de relevância, na relação entre o representado e a contraparte, da actuação abusiva do representante e a consequente possibilidade de invocação do abuso pelo representado perante a contraparte significam sempre uma interferência da relação interna na relação externa. As obrigações assumidas pelo representante para com o representado quanto à gestão dos interesses deste repercutem-se no âmbito do poder de representação e, por isso mesmo, na relação entre o representado e a contraparte.

Numa situação internacional, estando a relação externa e a relação interna sujeitas a leis diferentes, a norma material da lei reguladora da relação externa que atribuir relevância ao abuso de representação envolve uma remissão para a lei definidora dos poderes do representante na relação interna, justificando, na ordem jurídica do foro, o recurso ao método da *conexão complementar*, nos termos antes definidos. Objecto da conexão complementar é a definição dos poderes atribuídos pelo representado ao representante e a determinação dos "fins da representação" e dos "interesses do representado", tendo em vista a delimitação do "abuso de representação". A ordem jurídica a atender é a lei reguladora da relação interna, determinada nos termos dos artigos 5º ou 6º da Convenção de Haia. O efeito da atendibilidade é, neste caso, a recondução (e assim a substituição) ao conceito de "abuso de representação", utilizado na lei reguladora da relação externa, de uma situação de abuso de poderes, apurada perante a lei reguladora da relação interna. Os limites da atendibilidade das normas contidas no ordenamento aplicável à relação interna são, naturalmente, fixados pela norma material da ordem jurídica a propósito da qual a questão se suscita (a ordem jurídica competente para reger a relação externa). Se, por hipótese, o direito português for aplicável à relação entre o representado e a contraparte, sendo outra a ordem jurídica competente para reger a relação entre o representado e o representante, o artigo 269º do Código Civil português exige a atendibilidade da lei reguladora da relação interna para a concretização de uma situação de abuso de poderes, mas é aquela norma do direito português que estabelece as consequências da actuação abusiva do representante e as condições em que o abuso é oponível à contraparte.

3. Ratificação do negócio jurídico celebrado pelo representante sem poderes

3.1. O problema

Vigora em todos os direitos abrangidos por esta investigação o princípio segundo o qual a eficácia em relação ao representado ou ao *principal* do negócio celebrado sem poderes ou sem *authority* depende da sua ratificação pelo interessado.

Para além desse princípio comum, e da regra da eficácia retroactiva da ratificação, admitida, pelo menos em certos termos, por todos os direitos, a regulamentação material da ratificação apresenta grandes diferenças nas ordens jurídicas estudadas. A ratificação tem conteúdo e natureza jurídica diferentes nos vários sistemas jurídicos. Consoante os direitos materiais a que se atende, a ratificação é considerada um dos modos de formação da relação de *agency* [157], vale como complemento de poderes e produz os mesmos efeitos que um mandato [158], é qualificada como negócio jurídico autónomo [159] ou como elemento constitutivo do negócio entre o representado e a contraparte [160].

Interessa por isso determinar qual o direito que deve reger a questão de saber se o negócio celebrado pelo representante sem poderes é susceptível de ratificação e quais os pressupostos e efeitos da ratificação.

Suponhamos que a sociedade *P*, com sede na Suíça, encarregou *A*, com estabelecimento profissional em Portugal, de vender determinadas mercadorias. Alguns dias mais tarde, em Portugal, *A* celebrou com *T*, sociedade com sede em Portugal, um contrato de venda das referidas mercadorias, devendo a respectiva entrega efectuar-se em certa data. *P* não entregou as mercadorias na data fixada, invocando falta de poderes de *A* para celebrar o negócio. *T* pretende que *P* ratifique o negócio celebrado por *A* em nome de *P* [161].

Admitamos como aplicável ao contrato de compra e venda o direito material suíço (nos termos do artigo 3º da Convenção de Roma) e ao poder de representação o direito material português (nos termos do artigo 11º, primeiro parágrafo, da Convenção de Haia). Não obstante a semelhança entre o direito português e o direito suíço nesta matéria (ambas as ordens jurídicas consideram ineficaz em relação ao representado o negócio jurídico celebrado sem poderes de representação se não for ratificado pelo representado, como decorre do artigo 268º, nº 1 do Código Civil português e do artigo 38, nº 1 do Código das Obrigações suíço), algumas diferenças existem quanto a certos aspectos do regime da ratificação (por exemplo, quanto ao prazo do exercício do direito por parte do pretenso representado, perante o

---

[157] Cfr. capítulo II, § 3º, nº 3.3.
[158] É esta a opinião prevalecente no direito francês. Cfr. capítulo II, § 2º, nº 5.4.
[159] Segundo a opinião dominante nos direitos alemão, suíço e português, seguida por uma parte da doutrina italiana. Cfr. capítulo II, § 1º, nº 5.4.
[160] Segundo a posição adoptada, no direito italiano, pela jurisprudência e por uma parte da doutrina. Cfr. capítulo II, § 1º, nº 5.4.
[161] Cfr. o *caso 2* da nota de apresentação.

disposto no artigo 268°, n° 3 do Código Civil e no artigo 38, n° 2 do Código das Obrigações suíço).

A Convenção de Haia sobre representação não regula expressamente a questão. O Relator da Convenção e alguns dos autores que a têm comentado pronunciaram-se no sentido de que o efeito da ratificação na relação entre o representado e a contraparte deve considerar-se abrangido na expressão "efeitos dos actos do representante no exercício real ou pretendido dos seus poderes", utilizada no artigo 11°, e, consequentemente, submetido à lei designada por esta disposição (a lei reguladora da relação externa) [162].

Esta conclusão merece uma discussão mais aprofundada, pois a ratificação (ou o efeito da ratificação) não pode, sem mais, ser qualificada como um dos "efeitos dos actos do representante no exercício real ou pretendido dos seus poderes".

A solução a dar ao problema exige a interpretação das normas de conflitos contidas no capítulo III da Convenção — uma vez que a questão diz respeito às relações entre o representado e a contraparte — e a ponderação dos resultados do direito comparado. A solução depende ainda, como se verá, do teor da norma material invocada no caso concreto.

A ordem jurídica designada pelas normas de conflitos dos artigos 14° ou 11° da Convenção regula a relação entre o representado e a contraparte no negócio representativo. Essa ordem jurídica define portanto os *limites da imputação ao representado dos actos praticados pelo representante perante a contraparte*, e estabelece a *medida da responsabilidade do representado pelos actos praticados em seu nome pelo representante*. No caso de representação sem poderes, essa mesma lei determina as consequências, na relação entre o representado e a contraparte, do exercício anormal dos poderes representativos, concretamente, as condições e os limites da imputação ao representado dos actos praticados pelo representante sem estar legitimado pelo poder de representação.

Diferente da imputabilidade ao representado dos efeitos dos actos praticados pelo representante, com fundamento na relação entre representado e representante e dentro dos limites do poder de representação — e também diferente da imputabilidade (em casos especiais) ao representado dos actos praticados pelo representante sem estar legitimado pelo poder de representação —, é a apropriação pelo representado dos efeitos dos actos praticados pelo representante sem poderes, por força de um acto autónomo de ratificação.

---

[162] Cfr. *Rapport* KARSTEN, p. 426. Considerando também aplicável o estatuto da representação: MÜLLER-FREIENFELS, *Der Haager Konventionsentwurf* ..., p. 112; M.-C. MESTRE, *La Convention de La Haye* ..., p. 172; VERHAGEN, *Agency in private international law*, p. 369 s.

Só a questão da imputabilidade está directamente regulada nas mencionadas normas de conflitos da Convenção de Haia (artigos 14° ou 11°). O instituto da ratificação, resolvendo um problema de eficácia (ou de validade) de um acto praticado pelo representante sem poderes, não se reconduz a uma questão de imputabilidade e não é por isso imediatamente visado pela norma de conflitos (que delimita o estatuto da representação utilizando a categoria "efeitos dos actos do representante no exercício real ou pretendido dos seus poderes").

3.2. Soluções propostas

3.2.1. Critério geral

Sob o ponto de vista estrutural, a ratificação constitui um acto jurídico autónomo, quer relativamente ao negócio jurídico a ratificar, quer relativamente à procuração (ao acto de atribuição do poder de representação).

No direito material de diversas ordens jurídicas, entre as quais a portuguesa, a ratificação é qualificada como negócio jurídico unilateral.

Esta qualificação deveria ter como consequência, no domínio do direito internacional privado, a sujeição da ratificação ao seu próprio estatuto, a determinar com base no sistema de normas de conflitos do foro. Perante o sistema de direito internacional privado em vigor no ordenamento português, a conexão autónoma da ratificação levaria à aplicação da lei escolhida pelo declarante — o representado —, ao abrigo do artigo 41° do Código Civil, e, no caso de o declarante não fazer uso dessa faculdade, levaria à aplicação do direito do país da sua residência habitual, nos termos da norma de conflitos do artigo 42°, n° 1 do mesmo Código. Qualquer das soluções seria, pelo menos potencialmente, susceptível de aumentar ainda mais a dispersão das ordens jurídicas envolvidas na situação.

A lição do direito comparado revela todavia que na determinação do regime conflitual da ratificação, mesmo em ordens jurídicas onde a ratificação constitui um acto jurídico autónomo, quer relativamente ao negócio jurídico a ratificar, quer relativamente à procuração (ao acto de atribuição do poder de representação), o aspecto estrutural tem cedido perante uma análise funcional do instituto.

Não existindo na generalidade dos sistemas positivos de direito internacional privado analisados nesta dissertação uma norma de conflitos que tenha como objecto a ratificação [163], a determinação do respectivo regime

---

[163] No direito norte-americano, o § 293 do *Restatement, Second, Conflict of laws*, repetindo o critério geral de orientação utilizado na compilação, indica como aplicável à ratificação "o direito interno do Estado que tem a conexão mais significativa com as partes e com a operação, de acordo com os princípios estabelecidos no § 6".

conflitual não tem tido soluções uniformes. A análise funcional do instituto tem conduzido ora à aplicação do estatuto da representação ora à aplicação do estatuto do negócio celebrado pelo representante sem poderes. A assimilação, sob o ponto de vista funcional, da ratificação à procuração tem sido invocada para justificar a recondução da ratificação ao estatuto da representação [164]. Por outro lado, tendo em conta que a ratificação equivale, mais do que à outorga ou ampliação da procuração (do acto de atribuição do poder de representação), à sanação de um concreto negócio celebrado pelo representante sem poderes, alguns autores têm proposto a inclusão da ratificação no âmbito da lei aplicável a esse negócio [165].

A ratificação torna eficazes em relação ao representado os actos praticados pelo representante sem poderes. Em causa está portanto um problema de eficácia do negócio representativo. Diferentemente da procuração (de todo o acto de atribuição do poder de representação que não diga respeito apenas à prática de um único negócio ou contrato), a ratificação tem sempre efeitos limitados ao acto ratificado. Perante a generalidade das ordens jurídicas, se o representado não ratificar o acto do representante, o negócio jurídico celebrado não produz efeitos em relação ao representado, que o não fez seu através da ratificação, nem em relação ao representante, que o não celebrou para si próprio. Por isso se tem defendido que o negócio jurí-

---

[164] Perante os sistemas de conflitos de fonte interna, apontam neste sentido as propostas básicas de solução formuladas por diversos autores, que agora se recordam: RABEL, *Vertretungsmacht* ..., p. 823 s; id., *The conflict of laws* ..., III, p. 139, 174 s, 2ª ed., p. 143, 181 s; VON CAEMMERER, *Die Vollmacht*..., p. 215; SOERGEL/KEGEL, *vor* Art. 7, an. 210; SOERGEL/ /LÜDERITZ, *vor* Art. 7, an. 304; STEDING, *Die Anknüpfung der Vollmacht*..., p. 47; KAYSER, *Vertretung ohne Vertretungsmacht*..., p. 93 ss (p. 99); VISCHER, *Internationales Vertragsrecht*, p. 236; *IPRG Kommentar*, Art. 126, an. 22, 48; HONSELL e o., *Internationales Privatrecht*, Art. 126, an. 34, 41; REESE, FLESCH, *Agency*..., p. 770 s; REESE, *Agency in conflict of laws*, p. 415 ss.

[165] REITHMANN/HAUSMANN, *Probleme der Vollmacht*, p. 896. Em sentido semelhante, não obstante as limitações propostas por alguns dos autores, quanto ao âmbito de competência do estatuto do negócio principal: RAAPE, *Internationales Privatrecht*, 5ª ed., p. 503, 505; STAUDINGER/FIRSCHING, *vor* Art. 12, an. 249; SANDROCK/MÜLLER, *Vollmacht*..., p. 663; C. VON BAR, *Internationales Privatrecht*, II, p. 432 s; KUNZ, *Internationales Privatrecht*, p. 128; PALANDT/HELDRICH, *Anhang zu* Art. 32, an. 3; ERMAN/HOHLOCH, Art. 37 an. 19; BERGER, *Das Statut der Vollmacht*..., p. 170; STARACE, *La rappresentanza*..., p. 123 s; id., *La procura*..., p. 422 s; STARACE, DE BELLIS, *Rappresentanza*, p. 498; BALLARINO, *Disciplina dei negozi-base* ..., p. 107; id., *Diritto internazionale privato*, 1ª ed., p. 254 (mas na 2ª ed. desta obra, p. 712, o autor admite, perante a norma de conflitos contida na nova lei italiana de DIP, a aplicação do estatuto da representação a todas as consequências do negócio celebrado pelo *falsus procurator*); BALLADORE PALLIERI, *Diritto internazionale privato italiano*, p. 339; TROMBETTA-PANIGADI, *Commentario*, an. Art. 60, p. 1202; DICEY and MORRIS *on the conflict of laws*, 12ª ed., p. 1460, nota (90); BRESLAUER, *Agency*..., p. 314; RIGAUX, *Le statut de la représentation*, p. 255 ss. Foi esta também a solução proposta por FRANKENSTEIN, *Projet d' un code européen de droit international privé*, artigo 36º.

dico celebrado pelo representante sem poderes se encontra em formação [166] e que a ratificação mais não é do que um elemento constitutivo do negócio entre o representado e a contraparte [167]. Estas circunstâncias são susceptíveis de justificar — e têm sido invocadas para justificar — a recondução da ratificação ao estatuto do negócio celebrado pelo representante sem poderes.

Apesar de todas estas razões, não pode esquecer-se que, nas ordens jurídicas que assentam na autonomia do poder de representação, como é o caso do direito português, a ratificação é regulada a propósito e no âmbito da disciplina da representação; no direito francês, a ratificação é tratada como *mandat rétroactif*; em *common law*, a ratificação é discutida entre os modos de *creation of agency*.

Além disso, em todos os direitos analisados, a ratificação tem um conteúdo e desempenha uma função até certo ponto equivalentes aos da procuração (do acto de atribuição do poder de representação), que se traduzem na *legitimação representativa* do representante: a *legitimação representativa* é *originária*, no caso da procuração, e *subsequente*, no caso da ratificação [168]. É possível aceitar a ideia de equivalência funcional entre a atribuição originária de poderes representativos e a ratificação [169], sem que tal signifique o acolhimento da tese da "indiferença cronológica" dos diversos elementos constitutivos no processo de formação do negócio celebrado através de representante [170].

A ratificação constitui, em todos os direitos, uma figura jurídica típica do instituto da representação.

---

[166] BETTI, *Teoria generale del negozio giuridico*, p. 582 s; MAGALHÃES COLLAÇO, *Da legitimidade no acto jurídico*, 1949, p. 112.
[167] Esta a opinião que se encontra expressa em diversas decisões de tribunais italianos. Cfr. capítulo II, notas (314) e (279).
[168] Vejam-se, na doutrina portuguesa, *obs.* e *locs. cits.* no capítulo II, nota (66).
[169] Assim, entre outros: LABAND, *Die Stellvertretung...*, p. 232; WINDSCHEID, *Lehrbuch des Pandektenrechts*, p. 367; ERMAN/BROX, § 177, an. 12, 19; PRÖLSS, *Vertretung ohne Vertretungsmacht*, p. 584; GAUCH, SCHLUEP, TERCIER, *Partie générale...*, an. 1008; GUHL/ /KOLLER/DRUEY, *OR*, p. 157; STOLFI, *Teoria...*, p. 198; CARIOTA FERRARA, *Il negozio giuridico...*, p. 678; SCOGNAMIGLIO, *Contratti...*, p. 81; GALGANO, *Diritto privato*, p. 286; id., *Diritto civile...*, II, 1, p. 356; PLANIOL, *Traité élémentaire...*, II, 1926, p. 753; PLANIOL, RIPERT, *Traité pratique...*, VI, 1952, p. 71; RIPERT, BOULANGER, *Traité...*, III, 1958, p. 709; DUTILLEUL, DELEBECQUE, *Contrats...*, p. 485; MALAURIE, AYNÈS, *Cours...*, VIII, p. 319; BOWSTEAD *on agency*, p. 51; *Restatement of the law second. Agency 2nd*, § 82. Na doutrina portuguesa, cfr., por todos, GALVÃO TELLES, *Direito das obrigações*, p. 178, e, na jurisprudência, ac. Rel. do Porto, 20.11.1990, CJ, 1990, V, p. 202 ss.
[170] A tese da "indiferença cronológica" dos diversos elementos constitutivos no processo de formação do negócio celebrado através de representante foi proposta por GRAZIANI, *La rappresentanza senza procura*, p. 27, e criticada, pelo menos em parte, por BETTI, *Teoria generale...*, p. 582, nota (6).

As normas materiais que nos diversos direitos regem a ratificação devem ser caracterizadas como normas respeitantes à representação, tendo em conta o seu conteúdo e a função que desempenham, e reconduzidas à norma de conflitos relativa aos efeitos da representação.

As questões respeitantes aos efeitos da representação, aos efeitos da representação sem poderes e aos efeitos da ratificação estão intimamente ligadas entre si, no direito material das ordens jurídicas analisadas. A mesma ligação deve ser mantida no domínio do regime conflitual. Submeter a resolução de tais questões a leis diferentes poderia originar graves incompatibilidades ou incongruências entre a lei reguladora do poder de representação e a lei reguladora da ratificação.

Conclui-se assim que o conteúdo e os efeitos da ratificação devem ser regidos pela mesma ordem jurídica que tem competência para reger o poder de representação, isto é, no sistema da Convenção de Haia, a ordem jurídica indicada nos artigos 14º ou 11º. Trata-se de resto, não pode negar-se, de uma questão do âmbito das relações entre o representado e a contraparte, que os artigos 14º e 11º da Convenção pretendem abranger.

3.2.2. Fundamento teórico da competência do estatuto da representação

As considerações que acabam de se fazer demonstram que a ratificação, muito embora do ponto de vista estrutural constitua um negócio jurídico autónomo, do ponto de vista funcional se integra no estatuto da representação (designado pelas normas de conflitos dos artigos 14º ou 11º da Convenção de Haia).

Dada a estreita ligação funcional entre o poder de representação e a ratificação, a lei reguladora da representação *atrai* para o seu âmbito de competência o regime (certos aspectos do regime) da ratificação, de modo a evitar incompatibilidades — sempre possíveis quando ordens jurídicas diferentes são chamadas a reger matérias conexas.

Esta conclusão decorre de uma interpretação teleológica das disposições incluídas na Convenção de Haia. Às normas de conflitos contidas no capítulo III da Convenção (concretamente ao artigo 11º) deve ser atribuído o âmbito mais amplo possível, através de uma interpretação lata da categoria de conexão "efeitos dos actos do representante no exercício real ou pretendido dos seus poderes".

Assim, o instituto da ratificação, não resolvendo uma questão de imputabilidade ao representado do negócio celebrado pelo representante (no caso de representação sem poderes), e não sendo por isso imediatamente visado pela norma de conflitos relativa aos efeitos dos actos do representante, acaba por ser reconduzido à norma de conflitos da Convenção de

Haia que designa o direito aplicável aos efeitos dos actos do representante na relação entre o representado e a contraparte — a norma do artigo 11º, que define igualmente o âmbito de aplicação do artigo 14º.

Esta *atracção* exercida por uma ordem jurídica de modo a abranger certas matérias não directamente visadas na categoria da norma de conflitos mas com elas intimamente ligadas exige a atribuição de um sentido amplo à categoria de conexão e tem como consequência o alargamento do âmbito de competência inicial do direito designado.

A solução proposta para o problema em análise parte da verificação de que no direito material das ordens jurídicas estudadas existe uma relação de *inclusão* do instituto da ratificação no instituto da representação. O processo jurídico utilizado assenta na interpretação da norma de conflitos da Convenção aproveitando os resultados do direito comparado. Na tarefa comparativa foram ponderados não só os elementos respeitantes à regulamentação material e ao regime conflitual aplicáveis nas ordens jurídicas abrangidas nesta dissertação, mas também os dados disponíveis para a interpretação da Convenção de Haia.

O mecanismo descrito tem o seu fundamento no princípio da regulamentação unitária de uma situação complexa, com o objectivo de evitar o *dépeçage*.

Na verdade, o método do *dépeçage* tem, em certos casos, importantes inconvenientes. A aplicação a uma situação internacional de regras materiais provenientes de duas ou mais ordens jurídicas pode ter como consequência a descaracterização do sentido que cada uma dessas regras tem no conjunto do ordenamento a que pertence.

Com o objectivo de reduzir alguns dos inconvenientes do *dépeçage*, na aplicação das normas de conflitos deve procurar-se que complexos de questões tratadas pelos sistemas de direito interno como um todo sejam regidas por uma única ordem jurídica, de modo a assegurar o respeito da coerência entre as regras de cada sistema de direito privado.

A Convenção de Roma sobre a lei aplicável às obrigações contratuais, apesar de, por diversos meios, admitir o fraccionamento da disciplina do contrato, privilegia a ideia de um estatuto contratual único, ao submeter os pressupostos de existência e os requisitos de validade do contrato à mesma lei que regula os seus efeitos (artigo 8º, nº 1) e ao definir em termos amplos o âmbito de matérias regidas pela lei do contrato (artigo 10º).

No caso concreto da representação, a Convenção de Roma, ao excluir do seu âmbito de aplicação "a questão de saber se um intermediário pode vincular, em relação a terceiros, a pessoa por conta de quem aquele pretende agir ..." (artigo 1º, nº 2, al. f)), aceita que seja separada do estatuto do contrato e sujeita a um estatuto especial a matéria da imputabilidade ao representado dos efeitos dos actos praticados pelo representante. Nesta medida, e quanto a esta matéria, a Convenção de Roma prevê o *dépeçage*.

Por sua vez, a Convenção de Haia sobre a lei aplicável à representação, embora assentando no *dépeçage* da relação representativa, tem subjacente a preocupação de atingir soluções unitárias, designadamente através da competência da lei do estabelecimento profissional do representante (assim, sem prejuízo da diferença — que não deve ser desvalorizada — quanto ao momento relevante para a concretização da conexão, recordem--se os artigos 6º, primeiro parágrafo, 11º, primeiro parágrafo, e 15º). Este objectivo da Convenção de Haia e o respeito pela unidade do conjunto formado pelas regras de cada direito material sobre a representação (onde se inclui a disciplina da ratificação) só podem ser conseguidos através de uma interpretação lata das categorias utilizadas pelas suas normas de conflitos [171].

Os limites dessa interpretação lata são definidos pela função da categoria de conexão de cada norma de conflitos; o critério da inclusão ou recondução de normas materiais à categoria utilizada na norma de conflitos é a equivalência ou correspondência funcional entre as normas materiais e a categoria de conexão, respeitando os princípios que devem presidir a toda a operação de qualificação [172]; essa equivalência ou correspondência funcional será apurada através do recurso à comparação de direitos.

A utilização do critério da funcionalidade — princípio fundamental do método comparativo, de que o direito internacional privado não pode prescindir — nas diversas fases de aplicação das normas de conflitos, concretamente no processo de qualificação, reduz os problemas de falta ou de cúmulo de normas aplicáveis e as situações de conflito entre normas de conflitos.

A interpretação das normas de conflitos de modo a atribuir às categorias de conexão um sentido amplo, utilizando os resultados da comparação de direitos, é portanto um dos processos que permite a reconstrução do *dépeçage*.

Através de conexões com âmbito de aplicação amplo é novamente formada uma síntese e reposta a unidade. Assim surge um novo estatuto

---

[171] Muito embora em relação ao problema que nos ocupa a adopção de uma solução diferente — a aplicação da lei competente para reger o contrato celebrado pelo representante sem poderes — pudesse contribuir para o reforço do estatuto do contrato, tal alternativa não corresponderia ao sentido da exclusão feita pela Convenção de Roma no artigo 1º, nº 2, al. f) (vejam-se porém, em sentido contrário, SPELLENBERG, *Münch.Komm.*, *vor* Art. 11, an. 234; STARACE, *La procura* ..., p. 422 s) e não seria consentânea com a prossecução da solução unitária pretendida pela Convenção de Haia nem com a necessidade de preservar a coerência das regulamentações internas sobre a representação. A outra solução possível — a aplicação de um estatuto próprio ao negócio jurídico de ratificação, a determinar de modo autónomo através das normas de conflitos do sistema em vigor no ordenamento do foro — seria susceptível de aumentar ainda mais o número de leis chamadas a reger a situação.

[172] Considere-se a norma exemplar do artigo 15º do Código Civil português.

global, um *Gesamtstatut*, no caso, o estatuto da representação, que deve prevalecer sobre possíveis conexões especiais relativamente a aspectos particulares [173].

3.2.3. Determinação de alguns aspectos do regime conflitual da ratificação

É agora possível enunciar de modo sintético o regime conflitual da ratificação no direito internacional privado português.

a) Conteúdo e efeitos, pressupostos, condições de validade substancial

Esclarecido que o conteúdo e os efeitos da ratificação estão sujeitos ao estatuto da representação, também os pressupostos e as condições de validade substancial desse negócio jurídico devem ser regidos pelo mesmo estatuto. O afastamento da distinção entre existência e eficácia, consagrado na Convenção de Roma a propósito da determinação da disciplina internacionalprivatística da relação contratual (artigo 8°, n° 1), pode considerar-se um princípio geral do direito de conflitos actual, susceptível de ser invocado em domínios diferentes e por isso também no domínio do direito aplicável aos negócios jurídicos unilaterais. O mesmo princípio tem de resto afloramento na Convenção de Haia sobre representação, tanto na delimitação do direito competente para reger a relação interna (artigo 8°, primeiro parágrafo), como na delimitação do direito competente para reger a relação externa (artigo 11°, primeiro parágrafo).

Ao estatuto da representação compete portanto reger as seguintes questões: admissibilidade da ratificação, modalidades da ratificação, prazo em que a ratificação pode ser efectuada, bem como a questão de saber se a ratificação tem um destinatário, quem é o seu destinatário e quais os requisitos de que depende a eficácia da declaração do representado.

Assim, na hipótese que acima foi configurada [174], as modalidades de ratificação admitidas e o prazo dentro do qual o representado pode exercer o direito de ratificação regem-se pela lei designada no artigo 11° da Convenção, no caso, o direito português. A contraparte pode provocar a ratificação do contrato pelo representado; o representado deve proceder à ratificação dentro do prazo que a contraparte lhe fixar e, se o não fizer, considera-se negada a ratificação (artigo 268°, n° 3 do Código Civil).

---

[173] Transpondo a ideia de Gerte REICHELT, *Gesamtstatut und Einzelstatut im IPR. Ein Beitrag zu den allgemeinen Lehren des Kollisionsrechts*, Wien, 1985, p. 99 ss (p. 110).
[174] Cfr., neste parágrafo, n° 3.1., e *caso 2* da nota de apresentação.

O estatuto da representação determina ainda o efeito típico da ratificação relativamente ao negócio jurídico celebrado pelo representante sem poderes e os eventuais limites da eficácia retroactiva da ratificação.

O regime do negócio celebrado entre o representante e a contraparte e os efeitos que ele produzirá após a ratificação (pressupostos da sua eficácia, conteúdo, cumprimento) serão definidos pelo estatuto desse negócio — no caso de se tratar de um contrato, a lei designada pelas normas de conflitos da Convenção de Roma.

O regime conflitual aplicável aos efeitos da não ratificação — a eventual responsabilidade do representante ou do representado — será objecto de apreciação nos números seguintes.

b) Forma

O direito competente para reger a forma da ratificação é determinado a partir da norma de conflitos geral contida no artigo 36° do Código Civil português [175]. Tendo em conta o tipo de conexão utilizada e as ordens jurídicas referidas na norma de conflitos, o estatuto da representação pode ser chamado a regular a questão da forma da ratificação em alternativa nomeadamente ao direito em vigor no lugar da celebração do negócio jurídico de ratificação.

No âmbito da lei reguladora da forma são de incluir as disposições que admitem a ratificação tácita e as que exigem que a ratificação obedeça às exigências de forma estabelecidas para a procuração (como o artigo 268°, n° 2 do Código Civil português [176] e as regras correspondentes em vigor no direito norte-americano). Pertencem também ao estatuto da forma as normas que em alguns direitos sujeitam a forma da ratificação aos requisitos estabelecidos para o negócio representativo (como o artigo 1399, n° 1 do Código Civil italiano e as regras correspondentes em vigor, quanto a determinados casos de ratificação, no direito inglês). Mas a aplicação das regras mencionadas exige, de acordo com a metodologia explicitada no

---

[175] Em nossa opinião, não é aplicável à forma da ratificação o artigo 9°, n° 4 da Convenção de Roma, tendo em conta a exclusão feita pelo artigo 1°, n° 2, al. f) da mesma Convenção. Através da expressão "acto jurídico unilateral relativo a um contrato celebrado ou a celebrar", o artigo 9°, n° 4 reporta-se a actos jurídicos unilaterais que têm como objecto a modificação (novação) ou a extinção do contrato (resolução, denúncia), e, principalmente, à proposta e à aceitação. Em sentido diferente, incluindo a ratificação no âmbito do artigo 9°, n° 4 da Convenção de Roma, STARACE, *La procura* ..., p. 422 s.

[176] Por sua vez, o artigo 262°, n° 2 do Código Civil português, relativo à forma da procuração, determina que esta revestirá a forma exigida para o negócio que o procurador deva realizar.

parágrafo anterior, uma referência a normas eventualmente contidas em outras ordens jurídicas — as normas que estabelecem os requisitos formais a que devem obedecer a procuração, no primeiro caso, ou o negócio representativo, no segundo caso.

Fora do âmbito do estatuto da forma ficam as questões de saber se a ratificação tem um destinatário, quem é o respectivo destinatário e quais os requisitos exigidos para a eficácia da declaração do representado — questões que, dizendo respeito à natureza e à produção de efeitos da ratificação, estão abrangidas no estatuto da representação.

c) O valor do silêncio em matéria de ratificação

Certas disposições materiais, em alguns dos direitos estudados, atribuem valor ao silêncio em matéria de ratificação. Se, na generalidade das ordens jurídicas, o silêncio e a abstenção do representado não são entendidos como ratificação, o direito do Estado de New York admite a ratificação através do silêncio e, nos direitos alemão e português, vigora um regime especial de ratificação para os negócios celebrados pelo agente comercial sem poder de representação que imputa determinado significado ao silêncio do principal (§ 91-a HGB [177] e artigo 22º, nº 2 do Decreto-Lei nº 178/86, de 3 de Julho [178]).

Ao estatuto da representação compete, em geral, decidir sobre as modalidades de ratificação admitidas. As normas materiais a que se aludiu devem portanto ser reconduzidas ao estatuto da representação quando a ordem jurídica em que se inserem for chamada pela norma de conflitos dos artigos 14º ou 11º da Convenção de Haia.

Mas o problema diz igualmente respeito à ordem jurídica competente para definir o valor do silêncio como meio declarativo. Perante o sistema de direito internacional privado em vigor no ordenamento português, o valor do silêncio como meio declarativo em matéria de ratificação é definido pelo estatuto da representação. É todavia de admitir a possibilidade de atender a outra lei — a lei do país da residência habitual (ou do estabeleci-

---

[177] Disposição de conteúdo semelhante existe no § 75-h HGB, relativamente ao *Handlungsgehilfe*.

[178] No artigo 1163º do Código Civil português e no artigo 1712 do Código Civil italiano encontra-se estabelecida uma regra de aprovação tácita da execução ou da inexecução do mandato. Tendo em conta o princípio da separação entre a representação e o contrato de gestão, que inspira ambos os Códigos, essas regras dizem directamente respeito à relação interna, embora o regime nelas fixado possa vir a repercutir-se na relação externa. Os preceitos mencionados no texto (§ 91-a HGB e artigo 22º, nº 2 do Decreto-Lei nº 178/86, de 3 de Julho) reportam-se directamente à relação externa.

mento) do representado —, à luz do princípio que tem afloramento no artigo 8°, n° 2 da Convenção de Roma [179].

Enunciada a questão em termos gerais, a sua discussão dependerá ainda da natureza e do conteúdo da norma material em concreto invocada.

Suponhamos que, na regulamentação de uma situação internacional, o direito português é chamado como estatuto da representação e tomemos como exemplo o citado preceito do diploma relativo ao contrato de agência sobre a ratificação dos negócios celebrados pelo agente comercial sem poder de representação.

O artigo 22° do Decreto-Lei n° 178/86 determina no seu n° 1 que "sem prejuízo do disposto no artigo seguinte, o negócio que o agente sem poderes de representação celebre em nome da outra parte tem os efeitos previstos no artigo 268°, n° 1 do Código Civil".

Nos termos do n° 2, na redacção que lhe foi dada pelo Decreto-Lei n° 118/93, de 13 de Abril, "considera-se o negócio ratificado se a outra parte, logo que tenha conhecimento da sua celebração e do conteúdo essencial do mesmo, não manifestar ao terceiro de boa fé, no prazo de cinco dias a contar daquele conhecimento, a sua oposição ao negócio" [180].

A norma exige que o principal avise a contraparte de que recusa a ratificação do negócio. Se o principal o não fizer, no prazo de cinco dias após o conhecimento da celebração do negócio e do respectivo conteúdo essencial, presume-se a ratificação, desde que a contraparte tenha actuado de boa fé.

A disposição em causa diz respeito à ratificação de negócio celebrado sem poderes representativos e pode, por isso, ser englobada na categoria ampla "representação" utilizada no artigo 11° da Convenção de Haia. Trata-se porém de norma especial, relativa à representação exercida por *agente comercial*, que consagra um desvio à regra geral do artigo 268° do Código Civil (também considerada regra geral no âmbito do contrato de agência,

---

[179] O artigo 8°, n° 2 da Convenção de Roma refere-se, em termos gerais, ao valor de um comportamento como declaração negocial, não contemplando de modo expresso o problema do valor do silêncio. A solução constante do preceito deve todavia entender-se aplicável à determinação do valor do silêncio como declaração, sendo essa aliás a hipótese em que mais se revela o seu interesse prático (cfr., por exemplo, KASSIS, *Le nouveau droit européen...*, p. 407 s, PLENDER, *The European Contracts Convention*, p. 164, KAYE, *The new private international law of contract...*, p. 275, e, perante a correspondente disposição da EGBGB, FIRSCHING, VON HOFFMANN, *Internationales Privatrecht*, p. 382). Sobre a possibilidade de generalização a outros negócios jurídicos do princípio subjacente ao regime estabelecido na Convenção de Roma, cfr. neste capítulo, nota (129)).

[180] Na sua versão inicial, o preceito dispunha que "considera-se, no entanto, o negócio ratificado se a outra parte, logo que tenha conhecimento da sua celebração e do conteúdo essencial do mesmo, não avisar, de imediato, o terceiro de boa fé, de que não aceita o negócio".

por força do artigo 22º, nº 1, acima transcrito). Este regime especial tem o seu fundamento no princípio de conservação do negócio jurídico, em atenção aos interesses da contraparte e do comércio jurídico em geral.

Pressupostos da aplicação do regime estabelecido no artigo 22º, nº 2 do Decreto-Lei nº 178/86 são: a qualificação da relação subjacente à relação representativa como contrato de agência (ou como contrato de cooperação auxiliar); a boa fé da contraparte; o comportamento (silêncio) do principal.

Numa situação internacional, a determinação do conteúdo dos conceitos normativos através dos quais a norma material do direito competente (o direito material português) faz referência a situações condicionantes de um certo efeito jurídico pode implicar o recurso a normas incluídas em outras ordens jurídicas com as quais a situação se encontra em contacto, de acordo com o método da *conexão complementar* anteriormente descrito. O objecto da conexão complementar é definido pela norma material em apreciação ("contrato de agência", "boa fé da contraparte" e, dentro de certos limites, "comportamento (silêncio) do principal"); o critério de conexão é determinado pela norma de conflitos correspondente incluída no sistema de direito internacional privado em vigor no Estado do foro.

Competindo à lei reguladora da relação entre o representado e o representante a qualificação da relação subjacente à actuação representativa, a disposição do artigo 22, nº 2 envolve, na sua aplicação a uma situação internacional em que não exista coincidência entre o direito aplicável à relação externa e o direito aplicável à relação interna, uma referência à lei designada nos artigos 5º ou 6º da Convenção de Haia. Assim, a qualificação resultante do direito aplicável à relação interna substituirá, nos termos expostos no parágrafo anterior, o conceito próprio do direito português, direito primariamente competente para reger a relação externa.

A boa fé da contraparte deve apreciar-se perante o direito português, enquanto ordem jurídica competente para definir, na hipótese tomada como ponto de partida, o estatuto da representação. Estando em causa o cumprimento pela contraparte de deveres de cuidado impostos no caso, concretamente do dever de se informar sobre a existência e a extensão dos poderes representativos do agente, a determinação do conteúdo desses deveres da contraparte — e consequentemente a indagação sobre o estado de ignorância desculpável [181] da contraparte — são questões do âmbito do estatuto da representação.

A modalidade de ratificação prevista atribui determinado sentido ao comportamento (silêncio) do representado (o principal). Vale como ratifica-

---

[181] MENEZES CORDEIRO, *Da boa fé* ..., p. 516, cit..

ção do negócio celebrado pelo agente sem poderes representativos a não oposição, perante a contraparte, no prazo de cinco dias após o conhecimento da celebração do negócio e do respectivo conteúdo essencial. Estando em causa a questão de saber se existe um acto de ratificação susceptível de produzir os efeitos típicos de apropriação por uma pessoa (o representado) das consequências jurídicas dos actos praticados por uma outra pessoa (o representante) sem poderes representativos, a resposta compete ao estatuto da representação. Tendo em conta o princípio consagrado no artigo 8°, n° 2 da Convenção de Roma, deve todavia ressalvar-se a possibilidade de o principal invocar as disposições de outra lei — a lei da sua residência habitual (ou do seu estabelecimento) — para se opor à vinculação ao negócio celebrado pelo representante sem poderes, quando perante as circunstâncias do caso não seja razoável imputar ao silêncio do representado a consequência de ratificação do negócio. Para a produção do efeito estabelecido no artigo 22°, n° 2 deve portanto admitir-se a atendibilidade do direito em vigor no país da residência habitual (ou do estabelecimento) do principal.

A consideração ou atendibilidade da lei do país da residência habitual (ou do estabelecimento) do principal, nos casos em que se justificar perante os requisitos exigidos no preceito, terá como consequência a aplicação cumulativa do estatuto da representação (que admite a ratificação e, por isso, a vinculação do principal ao negócio celebrado pelo agente sem poderes) e da lei do país da residência habitual (ou do estabelecimento) do principal (que não admite tal vinculação). O efeito será então a não admissibilidade da ratificação estabelecida na lei reguladora da representação [182].

---

[182] Nestes termos se deve resolver, quanto a este ponto, o *caso 1* da nota de apresentação, tal como foi decidido pelo *Oberlandesgericht* de Hamburg, no caso real que o inspirou (OLG Hamburg, 26.6.1959, IPRspr. 1958/59, Nr. 52, p. 195 ss = DB 1959, 1396): um cidadão persa, com estabelecimento em Hamburgo, exercia nesta cidade as funções de agente comercial de um comerciante persa de frutos secos com estabelecimento em Teerão, sem que o seu principal lhe tivesse atribuído uma procuração com poderes gerais para a celebração de contratos; o agente celebrou com uma sociedade com sede na Alemanha um contrato de fornecimento de uma grande partida de amêndoas, tendo comunicado a celebração do contrato, por escrito, ao principal; este não respondeu e não forneceu os produtos. O tribunal considerou competente para reger o âmbito do poder de representação o direito alemão mas recusou a aplicação do § 91-a HGB. Estando em causa a questão de saber se o silêncio do principal ou uma atitude de tolerância da sua parte deve ser interpretado como ratificação e não o âmbito do poder do agente, entendeu necessário atender (*mitberücksichtigen*) à lei do domicílio do principal. Uma vez que não existia no direito iraniano uma norma paralela ao § 91-a HGB nem vigorava nesse direito o princípio segundo o qual o silêncio daquele por conta de quem foi celebrado um negócio sem poderes de representação deve ser interpretado como ratificação, o tribunal concluiu ser ineficaz o contrato celebrado pelo agente. Sustentando uma opinião semelhante, na doutrina alemã: RAAPE, *Internationales Privatrecht*, 5ª ed., p. 503, 505 (que, embora submetendo a ratificação ao *Geschäftsstatut*, aplicava o *Vollmachtsstatut* à questão de saber se existe uma ratificação, e defendia a necessidade de ter em conta a lei do

4. Posição jurídica da contraparte no negócio celebrado pelo representante sem poderes

No direito material de algumas das ordens jurídicas analisadas existem disposições destinadas a obviar ao estado de indefinição em que se encontra a contraparte relativamente à sorte do contrato celebrado pelo representante sem poderes enquanto o representado o não ratificar [183].

A diversidade de regulamentações materiais sobre a questão justifica a indagação sobre o direito competente para a reger.

O problema — que apenas foi discutido perante os sistemas de direito internacional privado alemão e italiano — não tem obtido respostas uniformes. Vejamos como pode ser resolvido perante a Convenção de Haia, onde também não está regulado de modo expresso.

As disposições que, nos direitos alemão, suíço, italiano e português, permitem à contraparte provocar a ratificação do representado encontram-se integradas na regulamentação da representação, fazendo parte da disciplina material da ratificação.

Do ponto de vista do regime conflitual, incluem-se no estatuto da ratificação — ou, mais precisamente, no *estatuto putativo* da ratificação, uma vez que pode não chegar a formar-se o negócio jurídico de ratificação. Por isso, são também atraídas para o estatuto da representação.

Maior dificuldade suscitam os preceitos dos códigos civis alemão e português, que conferem à contraparte a faculdade de se desvincular unilateralmente do contrato se, no momento da celebração, não conhecia a falta de poderes, e a norma do direito italiano, que admite a revogação do contrato, por acordo entre a contraparte e o representante sem poderes.

Não está certamente em causa a aplicabilidade do estatuto pessoal da contraparte [184].

Todas estas disposições prevêem modos de cessação do contrato celebrado em nome do representado pelo representante sem poderes — no primeiro caso, através de declaração unilateral da contraparte, no segundo caso, mediante acordo entre o representante e a contraparte. Ora, a cessação de um contrato é matéria do âmbito do estatuto que o rege, como expressamente determina o artigo 10º, nº 1, al. d) da Convenção de Roma sobre a lei aplicável às obrigações contratuais.

---

domicílio ou do estabelecimento do representado para verificar se existe uma manifestação de vontade imputável ao representado); KAYSER, *Vertretung ohne Vertretungsmacht...*, p. 58, 98; G. FISCHER, *Verkehrsschutz* ..., p. 307; KEGEL, *Internationales Privatrecht*, p. 455.

[183] Cfr. capítulo II, § 4º, nº 5.5.

[184] Como se admitiu numa decisão do *Reichsgericht* (RG, 15.6.1920, SeuffA 76, Nr. 2, p. 2 s). Para a crítica desta decisão, cfr.: RABEL, *Vertretungsmacht* ..., p. 823; id, *The conflict of laws* ..., III, p. 141, nota (66), 2ª ed., p. 146, nota (66); NUSSBAUM, *Deutsches internationales Privatrecht*, p. 265, nota (2); PETERSEN, *Die Vertretung ohne Vertretungsmacht*, p. 340.

Tendo em conta esse aspecto, diversos sectores da doutrina defenderam no passado que o direito de revogação do negócio pela pessoa que contratou com o *falsus procurator* deveria ser sujeito ao *Geschäftsstatut* do negócio celebrado pelo representante [185].

Trata-se porém de modalidades de cessação próprias do negócio celebrado por representante sem poderes. A faculdade de revogação atribuída à contraparte, quer através de declaração unilateral (nos direitos alemão e português) quer mediante acordo com o representante (no direito italiano), está intimamente ligada à circunstância de o negócio celebrado por representante sem poderes não produzir efeitos em relação ao representado se não for por ele ratificado.

Assim se explica que, no primeiro caso, o contrato possa cessar por declaração de revogação de uma das partes, independentemente da exigência de outras condições para além da boa fé (o desconhecimento pela contraparte da falta de poderes do representante no momento da celebração do contrato) [186], e independentemente do estabelecimento de certas consequências que, nos termos da lei, por vezes acompanham a extinção unilateral de uma relação contratual [187].

Assim se explica também que, no segundo caso, o contrato possa cessar por acordo entre um dos contraentes e uma pessoa que não é parte e que apenas teve intervenção no contrato em nome da outra parte mas sem estar devidamente legitimada para a representar.

Trata-se afinal de mais um mecanismo jurídico, a par da ratificação, mas de sentido inverso ao da ratificação, que tem como efeito fazer cessar o estado de pendência (*Schwebezustand*) em que se encontra o contrato celebrado em nome de outrem sem poderes de representação.

Por isso a questão da revogação do contrato celebrado sem poderes, seja por declaração unilateral da contraparte, seja por acordo entre a

---

[185] Assim, como antes se observou, na doutrina alemã: RAAPE, *Internationales Privatrecht*, 5ª ed., p. 505; SOERGEL/LÜDERITZ, *vor* Art. 7, an. 304; STAUDINGER/FIRSCHING, *vor* Art. 12, an. 249; REITHMANN/HAUSMANN, *Probleme der Vollmacht*, p. 897; na doutrina italiana: STARACE, *La rappresentanza...*, p. 125; STARACE, DE BELLIS, *Rappresentanza*, p. 498; TROMBETTA-PANIGADI, *Commentario*, an. Art. 60, p. 1202.

[186] Compare-se com outra modalidade de cessação unilateral do contrato — a resolução — em que, por exemplo, segundo o regime estabelecido na ordem jurídica portuguesa, o contraente que pretende fazer cessar a relação contratual deve alegar e provar o fundamento previsto na lei ou na convenção das partes, que justifica o exercício do seu direito (artigo 432º, nº 1 do Código Civil).

[187] Pensando igualmente no regime constante da ordem jurídica portuguesa, compare-se com outro caso de revogação — a revogação do mandato — em que é imposta ao contraente que revoga o contrato a obrigação de indemnizar a outra parte do prejuízo por ela sofrido (artigo 1172º do Código Civil).

contraparte e o representante, não deve — tal como a ratificação — ser subtraída ao estatuto da representação [188].

É o mesmo fenómeno de *atracção* exercido pela lei reguladora da representação relativamente a matérias conexas, que encontrámos a propósito da ratificação e que se nos depara novamente no domínio da revogação do negócio celebrado pelo representante sem poderes. A interpretação teleológica das disposições incluídas na Convenção de Haia, que atribua um sentido lato à categoria de conexão "efeitos dos actos do representante no exercício real ou pretendido dos seus poderes", permite reconduzir mais esta matéria à norma de conflitos da Convenção que designa o direito aplicável à relação entre o representado e a contraparte — a norma do artigo 11º, que define igualmente o âmbito de aplicação do artigo 14º.

O conteúdo e os efeitos desta modalidade especial de revogação do contrato celebrado pelo representante sem poderes estão assim sujeitos ao estatuto da representação, seja qual for a sua natureza jurídica na lei designada — negócio jurídico unilateral ou bilateral.

Ao estatuto da representação compete ainda reger as seguintes questões: admissibilidade desta modalidade especial de revogação, requisitos de que depende o seu exercício, prazo em que pode ser efectuada; no caso de se tratar de negócio jurídico unilateral, à mesma lei compete definir quem é o seu destinatário e quais os requisitos de que depende a eficácia da declaração de revogação pela contraparte.

Estas questões, suscitadas na hipótese anteriormente formulada [189], devem ser resolvidas perante o direito material português, que, no caso, define o estatuto da representação (artigo 268º, nº 4 do Código Civil).

5. Responsabilidade do representante sem poderes

Duas normas de conflitos da Convenção de Haia sobre representação incluem no seu objecto as consequências da actuação sem poderes ou para além dos poderes atribuídos ao representante: o artigo 8º, segundo parágrafo, al. a), parte final, e o artigo 15º.

O artigo 8º, que delimita o âmbito de aplicação da lei reguladora da relação entre o representado e o representante (a lei indicada nos artigos 5º

---

[188] Recorda-se que, na doutrina alemã, atribuíram competência nesta matéria ao *Vollmachtsstatut*: RABEL, *Vertretungsmacht...*, p. 823; SOERGEL/KEGEL, *vor* Art. 7, an. 210; KAYSER, *Vertretung ohne Vertretungsmacht...*, p. 103 ss (p. 108); STEDING, *Die Anknüpfung der Vollmacht...*, p. 47. No mesmo sentido parece apontar a fórmula ampla agora utilizada por BALLARINO, *Diritto internazionale privato*, 2ª ed., p. 712.
[189] Cfr., neste parágrafo, nº 3.1. (= *caso 2* da nota de apresentação).

ou 6°), estabelece que essa lei se aplica em particular às "consequências decorrentes da utilização excessiva ou abusiva" dos poderes do representante (segundo parágrafo, al. a)).

O artigo 15° determina que a lei reguladora da relação entre o representado e a contraparte rege também as "relações entre o representante e a contraparte emergentes do facto de o representante ter actuado [...] para além [dos seus poderes] ou sem eles".

De acordo com o critério geral definido anteriormente, sendo diferentes as ordens jurídicas chamadas por aquelas normas de conflitos, é possível aceitar como ponto de partida a seguinte delimitação entre as ordens jurídicas envolvidas:

A lei designada pelas normas dos artigos 5° ou 6° (conjugadas com o artigo 8°, segundo parágrafo, al. a)) regula os aspectos relacionados com a relação entre o representado e o representante; essa lei determina os direitos e obrigações das partes e estabelece a *medida da responsabilidade contratual* recíproca do representado e do representante. Quanto ao problema agora em análise, a mesma lei determina as consequências, na relação entre o representado e o representante, da utilização anormal dos poderes de gestão conferidos pelo representado ao representante (concretamente, a medida da responsabilidade do representante perante o representado pelos actos praticados pelo primeiro em nome do segundo, em violação dos limites dos poderes fixados pelo representado).

A lei designada pela norma do artigo 15° regula os aspectos relacionados com a relação entre o representante e a contraparte, determinando, quanto ao problema que agora se discute, as consequências, na relação entre o representante e a contraparte, do exercício anormal dos poderes representativos conferidos pelo representado ao representante.

5.1. Responsabilidade do representante perante o representado

Não tem suscitado particulares dificuldades a determinação do direito primariamente competente para reger a responsabilidade do representante perante o representado com fundamento na actuação do representante sem poderes ou para além dos poderes que lhe foram conferidos pelo representado ou com fundamento na utilização abusiva de tais poderes.

No caso tomado como paradigma tanto pelos sistemas de direito internacional privado de fonte interna como pela Convenção, os poderes do representante para gerir os negócios do representado e para celebrar contratos em seu nome (poderes de gestão) têm a sua origem num contrato celebrado entre o representado e o representante. A actuação do representante em nome do representado sem que lhe tenham sido atribuídos poderes representativos, para além dos limites dos poderes que lhe foram conferidos ou através de uma utilização abusiva de tais poderes traduz violação dos deveres do representante decorrentes da relação contratual que o liga ao representado e, nessa medida, incumprimento do contrato.

A lei competente para reger as consequências do incumprimento do contrato entre representado e representante é a lei do contrato que os liga. Assim dispõem o artigo 8º, segundo parágrafo, al. a) da Convenção de Haia sobre representação (relativamente aos casos em que essa lei é a definida nos artigos 5º ou 6º da mesma Convenção) e o artigo 10º, nº 1, al. c) da Convenção de Roma sobre a lei aplicável às obrigações contratuais (relativamente aos casos em que a relação entre eles esteja fora do âmbito de aplicação da Convenção de Haia — como acontecerá, face ao que determina o artigo 10º da Convenção de Haia, se estiver em causa um contrato de trabalho — e em que portanto a lei aplicável é a designada pelo artigo 6º da Convenção de Roma).

No caso de entre o representado e o representante não existir, nem ter existido anteriormente, uma relação contratual, com a correspondente atribuição de poderes de gestão, a actuação do agente, equiparada à actuação do gestor de negócios, é igualmente regulada pela lei designada nos artigos 5º ou 6º da Convenção de Haia, como resulta dos termos amplos utilizados no artigo 1º para a delimitação do seu âmbito de aplicação.

Se não coloca particulares dificuldades a determinação do direito primariamente competente para reger a responsabilidade do representante perante o representado, já a aplicação das disposições contidas na ordem jurídica designada não pode deixar de ter em conta a regulamentação contida em outras leis em contacto com a relação representativa.

Na verdade, perante todos os direitos materiais analisados, discutindo--se a questão da responsabilidade do representante perante o representado por actuação sem poderes, numa situação meramente interna, o representante apenas pode vir a ser considerado responsável perante o representado, por incumprimento das obrigações decorrentes da relação interna, se se concluir que, apesar da falta de poderes, o negócio foi, no caso, com algum fundamento, eficaz para o pretenso representado. Inversamente, se o negócio for ineficaz em relação ao representado, a ineficácia do negócio exclui qualquer responsabilidade do representante perante o representado. Pressuposto da responsabilidade do representante perante o representado é, em todas as ordens jurídicas estudadas, a eficácia em relação ao representado do negócio celebrado sem poderes.

Este equilíbrio atinge-se e é construído de modos diversos no interior de cada ordem jurídica, resultando de um conjunto de disposições que formam entre si um todo coerente. Veja-se, por exemplo, o complexo normativo formado pelos artigos 266º, 268º e 269º do Código Civil português, a propósito da representação, e pelos artigos 1161º, al. a) e 1178º do mesmo Código, em matéria de mandato. Tal equilíbrio pode ser destruído no caso de situações internacionais, quando à relação interna e à relação entre o representado e a contraparte, tal como delimitadas pelas normas de conflitos da Convenção, forem, no que a esta matéria diz respeito, aplicáveis leis diferentes.

Numa situação internacional, a verificação do pressuposto essencial da responsabilidade do representante na relação interna — a eficácia para o representado do contrato celebrado pelo representante sem poderes — justifica o recurso ao método da *conexão complementar*, nos termos anteriormente expostos. Objecto da conexão é a questão da eficácia representativa do negócio celebrado pelo representante; a ordem jurídica a tomar em consideração é o estatuto da representação.

Esta conclusão implica portanto a "consideração" ou "atendibilidade" no âmbito da ordem jurídica primariamente competente (a ordem jurídica reguladora da relação entre o representado e o representante) de disposições contidas na ordem jurídica designada pela norma de conflitos do foro para reger a relação entre o representado e a contraparte (a ordem jurídica designada pelas normas de conflitos dos artigos 14º ou 11º da Convenção de Haia).

Os dados provenientes da lei reguladora da relação entre o representado e a contraparte vêm preencher o conteúdo de um conceito jurídico utilizado na ordem jurídica competente para reger a responsabilidade do representante perante o representado: o pressuposto "eficácia do contrato" é fornecido pelo estatuto da representação. O efeito da "consideração" ou "atendibilidade" de disposições contidas em outra ordem jurídica implica, neste caso, a substituição de um conceito ou de uma relação de um preceito material de uma ordem jurídica por um conceito ou relação equivalente de uma outra ordem jurídica. O fundamento da atendibilidade consiste uma vez mais no carácter complementar de duas ordens jurídicas que se encontram em contacto com a situação internacional e que por isso têm de ser consideradas conjuntamente na regulamentação da situação.

Assiste-se neste caso — no caso de actuação sem poderes, se apesar disso o acto praticado for eficaz para o representado — à repercussão sobre a regulamentação da relação interna da regulamentação aplicável à relação externa. As consequências da actuação do representante na relação entre o representado e o representante são influenciadas pelos efeitos que essa actuação produzir na relação entre o representado e a contraparte.

5.2. Responsabilidade do representante perante a contraparte

5.2.1. Determinação do direito aplicável

Em todas as ordens jurídicas analisadas nesta dissertação se admite a responsabilidade do representante sem poderes pelos prejuízos que com a sua actuação causou à contraparte.

Todavia, a variedade de regimes materiais sobre essa responsabilidade, a pluralidade de fundamentos invocados e a diversidade de qualificações que lhe têm sido atribuídas [190] originam problemas ao nível do direito de conflitos e explicam que, mesmo no interior de cada sistema de direito internacional privado, sejam frequentemente adoptadas soluções contrastantes.

Consoante os instrumentos jurídicos de que os órgãos de aplicação do direito se servem, assim têm reconduzido o problema ao estatuto da representação [191], ao direito competente para reger o negócio jurídico principal [192] ou à lei do lugar onde foi praticado o acto [193].

---

[190] Cfr. capítulo II, § 4°, n° 5.2.2.

[191] Perante os sistemas de direito internacional privado de fonte interna, e sem prejuízo das limitações estabelecidas quanto à competência do direito aplicável, oportunamente referidas, conduzem a esta solução as propostas de: NEUHAUS, *Die Grundbegriffe...*, p. 238; KROPHOLLER, *Die Anscheinshaftung...*, p. 1646; id., *Internationales Privatrecht*, p. 278; KAYSER, *Vertretung ohne Vertretungsmacht...*, p. 109 ss; G. FISCHER, *Verkehrsschutz...*, p. 311 ss (p. 313); REDER, *Die Eigenhaftung vertragsfremder Dritter...*, p. 194; SOERGEL/ /KEGEL, vor Art. 7, an. 210; SOERGEL/LÜDERITZ, vor Art. 7, an. 306; STEDING, *Die Anknüpfung der Vollmacht...*, p. 47; PALANDT/HELDRICH, Anhang zu Art. 32, an. 3; *IPRG Kommentar*, Art. 126, an. 47; HONSELL e o., *Internationales Privatrecht*, Art. 126, an. 35, 41; BALLARINO, *Diritto internazionale privato*, 2ª ed., p. 712. No sentido da aplicação do estatuto da representação, na jurisprudência alemã, cfr. OLG Hamburg, 27.5.1987, IPRspr. 1987, Nr. 14, p. 36 s. Também os projectos elaborados no âmbito da *International Law Association* previam a aplicação à responsabilidade do representante sem poderes perante a contraparte da lei que rege a representação (no caso, a lei do lugar da celebração dos actos). Cfr. projecto de Copenhaga, de 1950 (artigos 7° e 8°) e projecto de Lucerna, de 1952 (artigos 8° e 9°).

[192] Recordam-se as propostas apresentadas neste sentido, perante os direitos anteriormente analisados. Na doutrina alemã: RABEL, *Vertretungsmacht...*, p. 824; id., *The conflict of laws...*, III, p. 141, 2ª ed., p. 146; RAAPE, *Internationales Privatrecht*, 5ª ed., p. 503; VON CAEMMERER, *Die Vollmacht...*, p. 217; SANDROCK/MÜLLER, *Vollmacht...*, p. 663; REITHMANN/ /HAUSMANN, *Probleme der Vollmacht*, p. 897; C. VON BAR, *Internationales Privatrecht*, II, p. 432 s; ERMAN/HOHLOCH, Art. 37 an. 19; FIRSCHING, VON HOFFMANN, *Internationales Privatrecht*, p. 352. Na jurisprudência alemã, cfr.: OLG Celle, 7.9.1983, WM 1984, 494; BGH, 29.11.1961, IPRspr. 1960/61, Nr. 40, p. 134 ss = JZ 1963, 167 (*obiter dictum*). Na doutrina suíça: VISCHER, *Internationales Vertragsrecht*, p. 236; VISCHER, VON PLANTA, *Internationales Privatrecht*, p. 192; BERGER, *Das Statut der Vollmacht...*, p. 172 s. Na doutrina italiana: STARACE, *La rappresentanza...*, p. 125; STARACE, DE BELLIS, *Rappresentanza*, p. 498. Na

Pelo menos tendencialmente, os defensores de uma ideia de protecção da confiança submetem a questão ao estatuto da representação [194], enquanto os seguidores de uma ideia de garantia do representante quanto à existência e extensão do poder de representação consideram aplicável o estatuto do contrato [195].

A qualificação da responsabilidade do representante sem poderes como responsabilidade pré-contratual não resolve só por si o problema da determinação do regime conflitual a que fica sujeita, tendo em conta as dificuldades que tradicionalmente suscita a qualificação da responsabilidade pré-contratual e a sua recondução aos quadros da responsabilidade contratual ou da responsabilidade extracontratual. Apesar da orientação adoptada em diversos países pela doutrina moderna e pelas legislações mais recentes, no sentido da aproximação dos regimes da responsabilidade contratual e da responsabilidade extracontratual, algumas diferenças significativas subsistem entre os regimes positivos de uma e de outra modalidade. No direito português, uma das especificidades diz precisamente respeito à determinação da ordem jurídica aplicável em situações internacionais. A qualificação como responsabilidade contratual conduziria à competência da lei do contrato (hoje determinada pelas normas de conflitos da Convenção de Roma), enquanto a qualificação como responsabilidade extracontratual conduziria à competência da lei do lugar onde decorreu a principal actividade causadora do prejuízo (face ao disposto no artigo 45º do Código Civil) [196]. A circunstância de se tratar de responsabilidade pré-contratual no âmbito da relação representativa exige ainda a consideração das normas de conflitos respeitantes à representação (as normas de conflitos da Convenção de Haia).

---

doutrina inglesa, a propósito da determinação da responsabilidade do *agent* por *breach of warranty of authority*: P. KAYE, *The new private international law of contract...*, p. 130; MORRIS, *The conflict of laws*, p. 298; DICEY and MORRIS *on the conflict of laws*, 11ª ed., p. 1346 (mas veja-se a dúvida, quanto à resolução do problema, na 12ª ed. desta obra, p. 1465, nota (28)). Indefinida é também a posição de TROMBETTA-PANIGADI, *Commentario*, an. Art. 60, p. 1202 (entre a recondução à norma de conflitos sobre as obrigações contratuais e à norma de conflitos que rege a responsabilidade por facto ilícito).

[193] Defendendo a competência da lei do lugar da prática do acto, NUSSBAUM, *Deutsches internationales Privatrecht*, p. 265. Assim também, em geral, na doutrina norte-americana. Cfr.: REESE, FLESCH, *Agency...*, p. 773; REESE, *Agency in conflict of laws*, p. 417 s. Vejam-se igualmente as dúvidas colocadas por TROMBETTA-PANIGADI, *Commentario*, an. Art. 60, p. 1202; DICEY and MORRIS *on the conflict of laws*, 12ª ed., p. 1465, nota (28).

[194] Cfr., por todos, KROPHOLLER, *Die Anscheinshaftung...*, p. 1646.

[195] Assim, fundamentalmente, na literatura inglesa. Na doutrina europeia continental, cfr., por todos, VON CAEMMERER, *Die Vollmacht...*, p. 217.

[196] A aplicação da norma de conflitos do artigo 45º do Código Civil português, em matéria de responsabilidade pré-contratual, é defendida por ALMEIDA COSTA, *Responsabilidade civil por ruptura das negociações preparatórias de um contrato*, cit., p. 256, 276.

Uma conclusão é segura: ainda que se negue — ou porventura sobretudo quando se negue — o alcance dogmático da distinção entre a responsabilidade contratual e a responsabilidade extracontratual [197], importa reconhecer que para a regulamentação da responsabilidade do representante sem poderes numa situação internacional podem concorrer diversas ordens jurídicas.

A determinação do direito aplicável à responsabilidade do representante sem poderes, perante o sistema da Convenção de Haia sobre representação, não exige, porém, em nosso entender, uma tomada de posição quanto à qualificação dessa responsabilidade segundo o direito do foro ou segundo o direito designado. A norma de conflitos da Convenção relativa a esta matéria procede à determinação do direito aplicável de tal modo que — como é de resto adequado a um instrumento internacional de direito internacional privado uniforme — não depende do entendimento que for dado à questão pelo órgão de aplicação do direito segundo os critérios da *lex fori* ou segundo os critérios da *lex causae*.

O artigo 15º da Convenção estabelece que a lei reguladora da relação entre o representado e a contraparte rege também as "relações entre o representante e a contraparte emergentes do facto de o representante ter actuado [...] para além [dos seus poderes] ou sem eles". Sabendo-se que a responsabilidade do representante sem poderes é, no direito material e no direito internacional privado de muitos países, o aspecto mais relevante e mais discutido do âmbito das relações entre o representante e a contraparte, a fórmula ampla utilizada no preceito implica uma qualificação autónoma da responsabilidade do representante, que abstrai da sua qualificação, segundo o direito do foro ou segundo o direito designado, como responsabilidade contratual, como responsabilidade extracontratual ou como responsabilidade pré-contratual.

A responsabilidade do representante sem poderes perante a contraparte, e, de um modo mais geral, as relações entre o representante sem poderes e a contraparte são assim submetidas à mesma lei que rege a relação entre o representado e a contraparte (artigos 14º ou 11º), isto é, são reconduzidas ao estatuto da representação [198].

---

[197] Assim, MENEZES CORDEIRO, *Direito das obrigações*, 2º vol., Lisboa, 1980, p. 273 ss; id., *Da boa fé* ..., p. 585, nota (193). Todavia, em *Da responsabilidade civil dos administradores*..., p. 446 ss (p. 470), o autor revê a posição anteriormente adoptada, considerando agora relevante a determinação do tipo de responsabilidade em causa em cada situação.

[198] Comentando a norma do artigo 15º da Convenção, BADR, *Agency*..., p. 153, considera que a solução adoptada é a única acertada nesta matéria. Em sentido semelhante, cfr.: LAGARDE, *La Convention de La Haye*..., p. 42; M.-C. MESTRE, *La Convention de La Haye*..., p. 173; TROMBETTA-PANIGADI, *L' unificazione del diritto*..., p. 946. Sustentando que o regime das relações entre o representante e a contraparte, pelo menos com o âmbito fixado no

A Convenção recorre à técnica da conexão dependente ou acessória, de modo a evitar as incompatibilidades que poderiam surgir se fossem ordens jurídicas diferentes a regular, por um lado, a relação entre o representado e a contraparte e, por outro lado, a relação entre o representante e a contraparte [199].

Por conexão dependente ou acessória entende-se uma modalidade de conexão que torna aplicável a uma situação a lei competente para reger uma outra, considerada principal, com a qual a situação a regular se encontre de algum modo ligada. Este tipo de conexão é particularmente adequado para a designação do direito competente em caso de relações jurídicas estrutural ou funcionalmente ligadas a outras relações jurídicas [200].

Na matéria em análise, a conexão dependente ou acessória relativamente ao estatuto da representação, consagrada no artigo 15º da Convenção de Haia, implica o reconhecimento de que a conexão mais estreita da relação entre o representante e a contraparte — inclusivamente nos casos em que o representante age sem poderes — se verifica com o país cuja lei define o estatuto da representação e tem como consequência a aplicação de uma única ordem jurídica à relação entre o representado e a contraparte e à relação entre o representante e a contraparte.

5.2.2. Âmbito de aplicação do direito designado

A lei a que se refere o artigo 15º define em geral os pressupostos e o âmbito da responsabilidade do representante sem poderes.

Pressupostos de tal responsabilidade, comuns a diversas ordens jurídicas, são a falta de ratificação por parte do representado (mais precisamente, a não produção de efeitos do negócio representativo em relação ao representado), o não exercício do direito de revogação (pela contraparte ou por acordo entre a contraparte e o representante, conforme os casos), a boa fé da contraparte. A verificação de todos estes pressupostos compete ao estatuto da representação, segundo as conclusões a que fomos chegando ao longo da exposição. Fica assim mais clara a vantagem da solução unitária consagrada na Convenção.

---

artigo 15º, não deveria ter sido incluído na Convenção, HAY, MÜLLER-FREIENFELS, *Agency in the conflict of laws...*, p. 47 (secundando aliás a proposta formulada pela delegação dos Estados Unidos durante as negociações que conduziram à celebração da Convenção).

[199] A mesma solução encontra-se consagrada no artigo 126, nº 4 da lei suíça de DIP para determinar o direito aplicável à "relação entre o representante sem poderes e a contraparte".

[200] Para mais desenvolvimentos sobre a técnica da conexão dependente ou acessória, cfr. capítulo V, § 3º, nº 4.

A exigibilidade de outros pressupostos para a responsabilidade do representante (por exemplo, a culpa do representante), as causas de exclusão da responsabilidade (por exemplo, o conhecimento ou a cognoscibilidade pela contraparte da falta de poderes), a natureza ou a extensão do dano indemnizável (o interesse contratual negativo ou o interesse contratual positivo) e a influência que no dano indemnizável porventura tenha a situação subjectiva do representante (o conhecimento ou o desconhecimento da existência e da extensão dos seus poderes representativos) são igualmente questões a decidir pela lei designada no artigo 15º, o estatuto da representação.

Ao estatuto da representação devem também ser reconduzidas as disposições que, como o § 179 BGB, permitem à contraparte optar entre o cumprimento do contrato pelo representante sem poderes e a indemnização dos prejuízos sofridos. Todavia, importa introduzir aqui uma limitação.

A matéria do cumprimento diz fundamentalmente respeito ao estatuto do contrato; o artigo 10º, nº 1, al. b) da Convenção de Roma sujeita à lei do contrato "o cumprimento das obrigações dele decorrentes". É certo que a norma material alemã do § 179 BGB não pressupõe que o representante sem poderes se torne parte no contrato; o representante não pode designadamente exigir o cumprimento da prestação da contraparte. Mas, segundo o entendimento comum, o regime em causa implica a formação, por força da lei, entre o representante e a contraparte, de uma relação contratual com o mesmo conteúdo do contrato celebrado em nome do representado [201]. Nessa medida, tendo em conta o disposto no artigo 8º, nº 1 da Convenção de Roma, deve atender-se à ordem jurídica que seria competente para reger o contrato celebrado pelo representante sem poderes (o *estatuto putativo* do contrato), a fim de verificar se essa ordem jurídica admite a formação de tal relação contratual.

A "consideração" ou "atendibilidade" do estatuto do contrato tem como efeito, neste caso, a aplicação cumulativa de duas ordens jurídicas, com a consequente limitação da aplicabilidade da lei primariamente competente (o estatuto da representação). A exigibilidade do cumprimento ao representante sem poderes, prevista no estatuto da representação, só será admitida numa situação concreta se a lei reguladora do contrato também a admitir. O fundamento da atendibilidade consiste uma vez mais no carácter complementar de duas ordens jurídicas que se encontram em contacto com a situação internacional e que por isso têm de ser consideradas conjuntamente na regulamentação da situação.

---

[201] Cfr. capítulo II, nota (225).

6. Responsabilidade do representado pela actuação do representante sem poderes

Relativamente aos casos em que o exercício anormal do poder de representação tem como consequência a ineficácia do contrato celebrado pelo representante em nome do representado, tem sido admitida, em algumas das ordens jurídicas abrangidas por esta investigação, a responsabilidade do representado perante a contraparte, dirigida a indemnizar o interesse da confiança. Não obstante as variantes observadas, a responsabilidade do representado é qualificada como responsabilidade por *culpa in contrahendo* e assenta na culpa própria do representado (pela escolha como representante de uma pessoa não merecedora da confiança que a actuação representativa implica, pelas instruções transmitidas ao representante ou pelo incumprimento do dever de vigilância sobre o representante) ou na culpa do representante sem poderes (como se o representado tivesse utilizado o representante para a prática de um acto por ele devido).

Nos sistemas de direito internacional privado de fonte interna não existe unanimidade de pontos de vista quanto à determinação do regime conflitual desta responsabilidade do representado. De um modo geral, a diversidade de opiniões é consequência da variedade de qualificações propostas relativamente à qualificação da responsabilidade por *culpa in contrahendo* [202]; raros são os exemplos em que, de modo independente em relação àquela qualificação, se propõe a recondução ao estatuto da representação [203] ou ao estatuto do negócio representativo [204].

Numa situação internacional, para a regulamentação da responsabilidade do representado pela actuação do representante sem poderes podem concorrer diversas ordens jurídicas: a ordem jurídica aplicável ao contrato celebrado pelo representante sem poderes (determinada pelas normas de conflitos da Convenção de Roma); a ordem jurídica do lugar onde foi praticado o facto ilícito que causou prejuízos à contraparte (no caso, a ordem

---

[202] Assim, afastando a competência do *Vollmachtsstatut*, mas deixando a determinação do direito aplicável dependente da qualificação como incumprimento contratual, *culpa in contrahendo* ou ilícito extracontratual: VON CAEMMERER, *Die Vollmacht...*, p. 217; KAYSER, *Vertretung ohne Vertretungsmacht...*, p. 102. Defendendo a competência do *Geschäftsstatut* ou do *Deliktsstatut*, conforme o fundamento de responsabilidade que esteja em causa: SOERGEL/LÜDERITZ, *vor* Art. 7, an. 306; REITHMANN/HAUSMANN, *Vollmacht*, p. 887.

[203] SOERGEL/KEGEL, *vor* Art. 12, an. 210.

[204] SANDROCK/MÜLLER, *Probleme der Vollmacht*, p. 662 (onde se sustenta a competência do *Geschäftsstatut*, quer se trate de incumprimento contratual, *culpa in contrahendo* ou ilícito extracontratual); STAUDINGER/FIRSCHING, *vor* Art. 12, an. 243 (submetendo a responsabilidade por incumprimento contratual ou por *culpa in contrahendo* ao *Geschäftsstatut*); FERID, *Internationales Privatrecht*, § 5-161 (considerando aplicável o *Geschäftsstatut*).

jurídica em vigor no país onde foi celebrado o contrato ineficaz pelo representante sem poderes, a título de lei do lugar onde decorreu a principal actividade causadora do prejuízo, por força do disposto no artigo 45º do Código Civil); o estatuto da representação (designado pelas normas de conflitos da Convenção de Haia), tendo em conta que se trata de responsabilidade pré-contratual no âmbito da relação representativa.

A Convenção de Haia não se refere expressamente à responsabilidade do representado pelos prejuízos sofridos pela contraparte em consequência da actuação do representante sem poderes. Uma interpretação teleológica das disposições incluídas na Convenção, já anteriormente proposta com o objectivo de atribuir às normas de conflitos contidas no capítulo III o âmbito mais amplo possível, permite reconduzir esta questão à categoria de conexão "efeitos dos actos do representante no exercício real ou pretendido dos seus poderes". Trata-se também aqui indubitavelmente de uma questão do âmbito das relações entre o representado e a contraparte, que constituem o objecto dos artigos 14º ou 11º da Convenção.

À responsabilidade do representado perante a contraparte pela actuação do representante sem poderes será portanto aplicável o estatuto da representação, determinado com base nos artigos 14º ou 11º da Convenção, independentemente da qualificação que for atribuída a essa responsabilidade, segundo o direito do foro ou segundo o direito designado.

Esta solução reforça o carácter unitário do estatuto da representação e assegura a coerência da regulamentação da representação sem poderes. Permite facilmente verificar o pressuposto essencial desta responsabilidade do representado — a não produção da eficácia representativa do contrato celebrado pelo representante sem poderes, matéria indubitavelmente abrangida no âmbito de competência do estatuto da representação. Por outro lado, tratando-se de uma responsabilidade por natureza não cumulável com qualquer outro modo de ressarcimento dos prejuízos sofridos pela contraparte em consequência da ineficácia do contrato em relação ao pretenso representado (designadamente não cumulável com a eventual responsabilidade do próprio representante sem poderes), a solução tem a vantagem de tornar aplicável a mesma lei que regula a responsabilidade do representante perante a contraparte.

O estatuto da representação decide quanto aos pressupostos exigidos para a responsabilidade do representado e para o exercício pela contraparte do direito à indemnização (a não produção de efeitos do negócio representativo em relação ao representado; o não exercício do direito de revogação pela contraparte ou por acordo entre a contraparte e o representante, conforme os casos; a boa fé da contraparte; a culpa do representado ou do representante) e quanto à natureza ou extensão do dano indemnizável (o interesse contratual negativo ou o interesse contratual positivo).

7. Valor e efeitos jurídicos do negócio celebrado em nome de outrem sem poderes representativos

Se, no domínio do direito material de vários países, é discutida a questão dos efeitos e da natureza jurídica do negócio celebrado em nome de outrem sem poderes de representação, no âmbito do direito internacional privado o problema consiste em determinar a lei que tem competência para definir os efeitos e a natureza jurídica de tal negócio.

A análise dos direitos materiais considerados neste trabalho demonstra que as concepções quanto a esta questão se dividem basicamente em três grupos: para uns, o negócio celebrado em nome de outrem sem poderes de representação seria um negócio inválido; para outros, tratar-se-ia de um negócio jurídico ineficaz; finalmente, para outros, o negócio jurídico encontrar-se-ia em formação, constituindo um negócio subjectivamente complexo de formação sucessiva ou um negócio jurídico *in itinere* [205].

A Convenção de Haia não contém solução expressa quanto ao direito competente para reger a questão. Como foi possível verificar, diversas normas de conflitos da Convenção se reportam às "consequências" ou aos "efeitos", quer do exercício dos poderes, quer dos actos praticados, quer da actuação para além dos poderes ou sem poderes (vejam-se os artigos 8°, segundo parágrafo, al. a), 11°, primeiro parágrafo, e 15° da Convenção).

As consequências ou efeitos da actuação do representante sem poderes dizem respeito aos vários elos em que se desdobra a relação representativa (atente-se nas disposições citadas da Convenção de Haia: artigo 8°, respeitante à relação interna; artigo 11°, quanto à relação entre o representado e a contraparte; artigo 15°, a propósito da relação entre o representante e a contraparte).

Trata-se fundamentalmente de questão jurídica do âmbito da representação. O problema situa-se no cerne do efeito típico do poder representativo, isto é, da possibilidade de uma pessoa (o representante) actuar em nome de outra (o representado), no uso de poderes conferidos pelo representado, de modo que os actos praticados pelo representante produzam efeitos directa e imediatamente na esfera jurídico-patrimonial do representado.

Quando o artigo 11° da Convenção de Haia inclui na lei reguladora da relação entre o representado e a contraparte os "efeitos dos actos do representante no exercício real ou pretendido dos seus poderes", tal determinação significa que a lei designada por essa norma de conflitos (ou a lei escolhida pelos interessados nos termos do artigo 14°) rege a questão da imputabilidade ao representado dos actos celebrados pelo representante.

---

[205] Cfr. capítulo II, § 4°, n° 5.3.

O direito material da ordem jurídica assim designada responde à questão de saber se estão verificados os pressupostos de que depende a imputação ao representado do negócio jurídico celebrado pelo representante.

A essa norma de conflitos devem ser reconduzidas as normas que, em geral, estabelecem os pressupostos da actuação representativa, e ainda as regras de protecção de terceiros, que exigem o conhecimento ou a cognoscibilidade pela contraparte ou a comunicação à contraparte, como condição de oponibilidade da actuação abusiva do representante ou da cessação ou alteração do conteúdo do poder de representação (como as que constam, por exemplo, dos artigos 269º e 266º do Código Civil português).

Consequentemente, é a lei competente nos termos do artigo 14º ou do artigo 11º da Convenção que decidirá se, e em que circunstâncias, os actos praticados pelo representante sem poderes (isto é, pelo representante que agir sem poderes, para além dos seus poderes, ou abusando dos poderes que lhe foram conferidos) são imputáveis ao representado, isto é, se, e em que circunstâncias, apesar do exercício anormal do poder de representação, se produz a eficácia representativa.

Os efeitos que, em concreto, um negócio praticado através de representante produz na esfera jurídica do representado são definidos pela lei reguladora de tal negócio [206] — no caso de se tratar de um contrato (hipótese que aqui se privilegia), a lei indicada pelas normas de conflitos da Convenção de Roma.

Se, perante a ordem jurídica designada no artigo 14º ou no artigo 11º da Convenção de Haia, se concluir que não estão verificados os pressupostos exigidos para a imputação ao representado, não se produzirá a eficácia representativa e o negócio celebrado pelo representante, não pode, antes da ratificação, vincular o representado.

Está decerto em causa um problema relativo à validade ou eficácia do negócio representativo e por isso o estatuto putativo desse negócio é naturalmente um dos direitos "interessados" na regulamentação do problema.

As consequências ou os efeitos que o negócio praticado seja susceptível de desencadear nessas condições (as consequências ou os efeitos que do negócio possam resultar para os diversos intervenientes, no caso de o negócio ter sido celebrado por representante sem poderes) encontram-se, em alguns direitos nacionais, expressamente previstos na lei, integrados na regulamentação da representação. Trata-se principalmente dos efeitos decorrentes de tal negócio para o pretenso representado e para a contraparte

---

[206] Assim também *Rapport* KARSTEN, p. 407, 426. Crítico quanto à solução da Convenção, precisamente por sujeitar a questão da imputação e os efeitos resultantes do negócio representativo a ordens jurídicas diferentes, MÜLLER-FREIENFELS, *Der Haager Konventionsentwurf...*, p. 101 ss.

(a admissibilidade de ratificação pelo representado, a revogabilidade pela contraparte) e que, nas ordens jurídicas nacionais, são determinados tendo em atenção a especialidade da actuação representativa, com o objectivo de pôr termo à situação de pendência em que o negócio jurídico se encontra. São, em síntese, efeitos próprios do negócio celebrado em nome de outrem sem poderes representativos.

Para reger esses aspectos, assim como para reger a responsabilidade do representante sem poderes perante a contraparte e a responsabilidade do representado também perante a contraparte, em consequência da actuação do representante sem poderes, já antes se concluiu ser competente, à face do sistema da Convenção de Haia, o estatuto da representação.

Do mesmo modo, a questão do valor ou natureza jurídica do negócio celebrado pelo representante sem poderes, que afinal mais não é do que o reflexo do regime que a tal negócio for aplicável segundo a lei competente, há-de reger-se pela lei que regula os seus efeitos, no caso, o estatuto da representação.

A tal conclusão conduz a interpretação teleológica da Convenção que temos vindo a defender.

§ 4º
Observações conclusivas

1. Consequências gerais do princípio do *dépeçage* da relação representativa

No sistema de direito internacional privado em vigor em Portugal, a disciplina da relação representativa — entendida a expressão no sentido amplo que lhe tem sido atribuída nesta investigação e que decorre do ensinamento do direito comparado — é determinada a partir de uma pluralidade de normas de conflitos; numa situação internacional, para a disciplina da relação representativa podem em certos casos, por força dessas normas de conflitos, concorrer regimes provenientes de diversas ordens jurídicas.

Esta é a consequência do *dépeçage* da relação representativa em que assenta a Convenção de Haia sobre a lei aplicável aos contratos de intermediação e à representação. O princípio do *dépeçage* da relação representativa inspirava já anteriormente o direito material e o direito internacional privado português em matéria de representação e é admitido pela Convenção de Roma sobre a lei aplicável às obrigações contratuais.

Na relação representativa, sinteticamente considerada, incluem-se as relações jurídicas entre o representado e o representante, entre o representado e a contraparte e entre o representante e a contraparte. Para cada uma dessas relações e consoante o aspecto considerado, há que atender às normas de conflitos relevantes, contidas na Convenção de Haia, na Convenção de Roma e no Código Civil português.

A teia complexa resultante do funcionamento destas normas de conflitos é, pelo menos potencialmente, susceptível de prejudicar a coerência dos regimes materiais internos sobre a representação.

É certo que as regras da Convenção de Haia procuram que seja uma só a lei competente para regular os três grupos de relações em que se decompõe a relação representativa; nos termos do artigo 15º, a relação entre o representante e a contraparte está submetida à lei que rege a relação entre o representado e a contraparte; tendo em conta o disposto nos artigos 11º e 6º, as leis que regem, respectivamente, a relação entre o representado e a contraparte e a relação entre o representado e o representante, coincidem, na prática, com alguma frequência.

Mas se, considerando o disposto no artigo 15º, é forçosamente aplicável a mesma lei à relação entre o representado e a contraparte e à relação entre o representante e a contraparte, já no que diz respeito ao direito competente para reger a relação entre o representado e a contraparte e a relação entre o representado e o representante, a coincidência é meramente fortuita, pois depende, em cada caso, da inalterabilidade do conteúdo concreto do elemento de conexão relevante (o lugar do estabelecimento profissional do representante).

Por essa razão, quando forem duas leis diferentes a regular tais relações, exige-se a delimitação e a compatibilização entre elas.

Além disso, com as ordens jurídicas designadas pelas normas de conflitos da Convenção de Haia concorre ainda, quanto a certas matérias, a lei do contrato celebrado pelo representante em nome do representado, sendo necessário também delimitar os respectivos âmbitos de competência e eventualmente compatibilizar os resultados obtidos.

Nos parágrafos anteriores, procedeu-se à delimitação do estatuto da representação, através da determinação do direito aplicável a diversos problemas suscitados pela actuação representativa. Ensaiou-se igualmente a compatibilização do estatuto da representação com outras ordens jurídicas em contacto com a relação representativa.

É agora possível enunciar conclusões quanto ao âmbito de competência do estatuto da representação, quanto às interferências recíprocas entre o estatuto da representação e outras ordens jurídicas em contacto com a relação representativa e quanto aos processos metodológicos utilizados para compatibilizar os diversos estatutos que concorrem na regulamentação da relação representativa.

2. Delimitação do âmbito do estatuto da representação

O estatuto da representação, determinado a partir das normas de conflitos dos artigos 14º e 11º da Convenção de Haia, é chamado a reger as seguintes matérias:
— os pressupostos da actuação representativa; em particular, a questão de saber se é pressuposto da produção de efeitos na esfera jurídica de outrem a invocação do nome do representado ou se basta a actuação por conta de outrem;
— a validade substancial do acto de atribuição do poder de representação;
— a interpretação e a integração do acto de atribuição do poder de representação;
— a existência e a extensão do poder de representação, nomeadamente

* a delimitação legal do conteúdo do poder de representação, bem como a admissibilidade, o regime e os efeitos das alterações ao conteúdo do poder legalmente fixado,
* a delimitação do âmbito de actos autorizados pelo poder de representação geral,
* a questão de saber se para um determinado acto é suficiente a atribuição de poderes gerais de representação ou se é exigida a atribuição de poderes especiais,
* a exigência de inscrição no registo do poder de representação conferido para a prática de actos de comércio, bem como os pressupostos e efeitos da respectiva oponibilidade a terceiros,
* a admissibilidade, o âmbito, os pressupostos e os efeitos da representação aparente;
— a modificação e a cessação do poder de representação (respectivas causas, efeitos e requisitos de comunicação e de publicidade exigidos para a oponibilidade à contraparte); em particular, a questão da revogabilidade ou irrevogabilidade do poder de representação;
— os efeitos, na relação entre o representado e a contraparte, da actuação representativa, nomeadamente
* a imputação ao representado dos efeitos jurídicos dos actos celebrados pelo representante,
* a medida da responsabilidade do representado pelos actos praticados pelo representante em nome do representado;
— a delimitação dos casos de representação sem poderes, incluindo a delimitação dos casos de abuso de representação a que se atribui relevância na relação entre o representado e a contraparte;
— os efeitos, na relação entre o representado e a contraparte, da representação sem poderes, incluindo os efeitos do abuso de representação;
— a ratificação pelo representado do contrato celebrado pelo representante sem poderes (a admissibilidade da ratificação, as modalidades da ratificação, o prazo em que a ratificação pode ser efectuada, bem como o efeito típico da ratificação relativamente ao contrato celebrado pelo representante sem poderes);
— o valor de um comportamento do representado como acto de atribuição de poderes representativos ou como acto de ratificação de um negócio jurídico celebrado pelo representante sem poderes;
— a revogação pela contraparte do contrato celebrado pelo representante sem poderes (a admissibilidade desta modalidade especial de revogação, os requisitos de que depende o seu exercício, o prazo em que pode ser efectuada, bem como o respectivo conteúdo e efeitos);

— a responsabilidade do representante sem poderes perante a contraparte (os pressupostos e o âmbito da responsabilidade do representante sem poderes);
— a responsabilidade do representado pela actuação do representante sem poderes (os pressupostos e o âmbito da responsabilidade do representado);
— o valor e os efeitos jurídicos do negócio celebrado em nome de outrem sem poderes representativos.

Estas conclusões, que tomaram como base a interpretação das regras da Convenção, revelam a atribuição de um sentido amplo ao estatuto da representação.

Ao estatuto da representação escapam, apesar de tudo, os aspectos relacionados com a relação entre o representado e o representante, sujeitos à lei indicada pelos artigos 5º ou 6º da Convenção de Haia (eventualmente à lei indicada pelas normas de conflitos da Convenção de Roma), e o regime do negócio representativo, definido pela lei reguladora de tal negócio — no caso de se tratar de um contrato (hipótese que aqui tem sido preferencialmente considerada), a lei indicada pelas normas de conflitos da Convenção de Roma.

Fora do estatuto da representação ficam também as matérias excluídas do âmbito da Convenção de Haia, nos termos do artigo 2º, designadamente a capacidade das partes (al. a)) e a forma dos actos (al. b)), que seguem o regime conflitual em vigor no ordenamento do foro.

Ao estatuto do negócio representativo compete decidir da admissibilidade da representação, isto é, da possibilidade de celebração do negócio através de representante. Sublinhe-se todavia que, no domínio de matérias que temos vindo a considerar — os contratos de natureza patrimonial —, a questão da admissibilidade da representação não suscita, em regra, problemas de conflitos de leis, dado o princípio geral que em todas as ordens jurídicas reconhece a possibilidade de uma pessoa actuar em representação de outra, produzindo efeitos na esfera jurídica do representado.

3. Interferências recíprocas entre o estatuto da representação e outras ordens jurídicas em contacto com a relação representativa

A delimitação a que se chegou não exclui porém a existência de influências ou interferências recíprocas entre o estatuto da representação e a lei reguladora da relação interna ou a lei reguladora do negócio representativo.

As influências ou interferências recíprocas verificadas são, na sua maioria, consequência das relações de *complementaridade* que existem entre os diversos elos integrados na relação representativa, entendida no sentido amplo que temos vindo a atribuir-lhe; são ainda consequência das relações de *complementaridade* que, a partir das normas materiais do direito primariamente competente, se estabelecem não apenas entre as ordens jurídicas aplicáveis aos elos que compõem a relação representativa mas também relativamente a outras ordens jurídicas em contacto com algum dos elos da relação representativa.

A verificação de relações de complementaridade justifica a "atendibilidade" ou "consideração" (*Berücksichtigung*), no âmbito da lei primariamente competente, de regimes contidos em outro ou outros dos ordenamentos jurídicos com os quais a relação representativa se encontra em contacto, por via do método que denominámos *conexão complementar*.

Na regulamentação proveniente do estatuto da representação podem interferir, se, e dentro dos limites em que, tal resultar das normas materiais aplicáveis:

— a lei reguladora da relação interna, para a definição do conteúdo do poder de representação; para a indicação das causas de cessação do poder de representação; para a determinação dos "fins da representação" e dos "interesses do representado", a fim de permitir a delimitação dos casos de abuso de representação relevantes;

— a lei do país da residência, da sede ou do estabelecimento profissional do representado, para a delimitação do poder de representação, se essa lei contiver disposições que definam imperativamente o âmbito dos poderes do representante ou se nesse país tiverem sido inscritos no registo os poderes representativos; para a apreciação da conduta (acção ou omissão) do representado que tenha contribuído, juntamente com outros factores, para fundar a confiança da contraparte na aparência de representação; para a apreciação do silêncio do representado, a fim de verificar se pode ser-lhe imputado o sentido de ratificação do negócio celebrado pelo representante sem poderes;

— a lei do país da celebração do contrato entre o representante e a contraparte, para a delimitação do poder de representação, se nesse país tiverem sido objecto de inscrição no registo os poderes atribuídos ao representante;

— a lei do país onde o representante exerce a sua actividade, para a determinação de poderes implícitos, considerados inerentes ao exercício de certa actividade ou abrangidos pelos usos de determinado lugar, praça ou negócio;

— a lei do país onde a aparência de representação é criada e produz os seus efeitos, para a apreciação da situação de confiança da contraparte na existência e na extensão do poder de representação;

— a lei reguladora da forma do negócio representativo, para a determinação das exigências de forma a que se encontra sujeito o acto de atribuição de poderes representativos;
— o estatuto do contrato celebrado pelo representante sem poderes, para a verificação da possibilidade de ser exigido, pela contraparte, o cumprimento do contrato pelo próprio representante sem poderes.

Os efeitos da interferência de ordens jurídicas diferentes no âmbito do direito primariamente competente não são sempre os mesmos.

Por vezes, o regime proveniente dessas outras ordens jurídicas é recebido na norma material do direito primariamente competente, tomando em parte o lugar do regime que resultaria da lei designada pela conexão primária, se a situação a regular fosse uma situação meramente interna em relação a essa lei. Produz-se então o efeito que designámos de *substituição*. Assim, por exemplo, no domínio da determinação do conteúdo do poder de representação, os dados provenientes da lei reguladora da relação interna preenchem o conteúdo dos conceitos utilizados na lei reguladora da relação externa, sempre que, segundo esta lei, a definição do âmbito do poder de representação dependa da definição do âmbito dos poderes de gestão; em certas hipóteses de determinação do regime aplicável à representação aparente, os elementos fornecidos pela lei do lugar onde a aparência de representação é criada e produz os seus efeitos são atendíveis para a apreciação da situação de confiança da contraparte na existência e na extensão do poder de representação e substituem os que resultariam da lei que define o estatuto da representação; na delimitação dos casos de abuso de representação relevantes segundo a lei aplicável à relação externa, os fins da representação e os interesses do representado são definidos pela lei reguladora da relação interna.

Em outros casos, os dados retirados dessas outras ordens jurídicas concorrem, juntamente com o direito material primariamente designado, para a formulação da solução própria que irá ser aplicada à situação privada internacional em causa. Exige-se agora a *aplicação conjunta* de diferentes direitos. Assim, por exemplo, perante a regulamentação contida em certas ordens jurídicas a propósito da cessação do poder de representação, a lei primariamente competente (a lei aplicável à relação externa) rege os efeitos da cessação do poder de representação, o dever imposto ao representante de restituir o documento de onde constam os seus poderes, as exigências de comunicação e de publicidade necessárias para a produção dos efeitos da cessação, as circunstâncias em que as causas de cessação são inoponíveis à contraparte, enquanto a lei reguladora da relação interna fornece as causas de cessação — caso de *aplicação distributiva* das duas leis. Na determinação do regime aplicável à representação aparente, bem como na determinação do regime especial de ratificação contido em certas ordens jurídicas, a atendibilidade dos dados fornecidos pela lei do lugar da residência habitual (ou do estabelecimento profissional) do representado para apreciação do valor do comportamento do representado é susceptível de envolver a *aplicação cumulativa* de duas ordens jurídicas, tendo como consequência a limitação da lei primariamente competente (o estatuto da representação).

Embora tendo analisado fundamentalmente as influências ou interferências de outros estatutos no estatuto da representação, existem também fenómenos de sentido inverso.

A remissão contida em certas normas materiais da lei reguladora da relação interna entre o representado e o representante justifica o recurso ao método da *conexão complementar*, e a "consideração" ou "atendibilidade", no âmbito dessa ordem jurídica, de disposições contidas no estatuto da representação, por exemplo, nos seguintes casos: em matéria de responsabilidade do representante perante o representado, regida primariamente pela lei aplicável à relação interna, a apreciação do pressuposto indispensável da eficácia relativamente ao representado do contrato celebrado pelo representante sem poderes terá de ser feita perante o direito competente para decidir da eficácia representativa dos actos praticados pelo representante, isto é, perante o estatuto da representação; nas ordens jurídicas em que a revogação e a renúncia da procuração implicam revogação do mandato, a aplicação da norma material contida na lei reguladora da relação interna relativa à cessação do mandato exige a verificação da cessação da procuração perante as normas do estatuto da representação.

Por outro lado, no âmbito da relação interna existem, em diversos domínios, casos de interferência, no direito primariamente competente, de normas imperativas pertencentes a ordens jurídicas que tenham uma conexão efectiva ou estreita com o contrato subjacente ao poder de representação. Refiram-se, a propósito, as normas imperativas contidas em diversas ordens jurídicas nacionais a propósito da regulamentação do contrato de agência e do contrato de trabalho. É todavia distinto o fundamento da atendibilidade (ou da aplicação) de tais normas. Está agora em causa, não uma mera interligação ou interdependência entre relações jurídicas e entre ordens jurídicas, mas o reconhecimento do carácter imperativo de certas disposições, mesmo em relação a situações submetidas a uma lei estrangeira, tendo em conta os objectivos prosseguidos por tais disposições no contexto do ordenamento em que se inserem [207].

---

[207] Diferente é também o instrumento jurídico a utilizar: no caso de relações de complementaridade, a *conexão complementar* constitui o título de relevância, na ordem jurídica

4. Processos metodológicos utilizados para assegurar a coerência dos regimes materiais internos sobre a representação e para compatibilizar os estatutos que concorrem na regulamentação da relação representativa

O objectivo de assegurar a coerência dos regimes materiais internos sobre a representação e a necessidade de compatibilizar os estatutos que concorrem na regulamentação da relação representativa justificam os cânones hermenêuticos utilizados na interpretação da Convenção de Haia e os mecanismos adoptados na aplicação do direito designado pelas suas regras de conflitos.

Está patente na própria Convenção a intenção de evitar a dispersão de conexões. Na elaboração das regras uniformes procurou-se atribuir competência a uma única lei para regular a relação entre o representado e o representante, a relação entre o representado e a contraparte e a relação entre o representante e a contraparte.

Nas normas de conflitos dos artigos 6º e 11º, são tendencialmente os mesmos os pressupostos de que depende a determinação da lei aplicável à relação entre o representado e o representante e à relação entre o representado e a contraparte; todavia, se são comuns os elementos de conexão dessas normas de conflitos, é diferente o momento relevante para a concretização da conexão, o que torna contingente a finalidade da designação de um único direito, no campo das relações representado – representante e representado – contraparte.

O mais relevante instrumento utilizado na Convenção de Haia para prosseguir aquela finalidade reside porém na técnica da *conexão dependente ou acessória*; o artigo 15º, ao sujeitar as relações entre o representante e a contraparte à lei competente para reger as relações entre o representado e a contraparte, evita de modo infalível a aplicabilidade de ordens jurídicas diferentes àquelas duas relações, intimamente ligadas entre si.

A partir da verificação de que a Convenção de Haia procura impedir a dispersão de conexões, ao intérprete compete encontrar os processos que, na aplicação das normas da Convenção, permitam, tanto quanto possível, atingir aquele resultado.

---

do foro, das normas materiais pertencentes a uma ordem jurídica diferente, que vão ser tomadas em consideração juntamente com a *lex causae*; tratando-se do reconhecimento do carácter imperativo das "normas de aplicação imediata ou necessária", o título de relevância (a "regra de reconhecimento", segundo MARQUES DOS SANTOS, *As normas de aplicação imediata...*, p. 1046 ss) de tais normas, pelo menos no âmbito do sistema instituído pela Convenção de Haia sobre representação e pela Convenção de Roma, encontra-se nas disposições do artigo 16º da Convenção de Haia e do artigo 7º da Convenção de Roma, respectivamente. Sobre a questão, em geral, cfr. capítulo V, § 1º, nº 7., § 4º, nº 3.4., nº 4.1.2.

Na investigação a que se procedeu, a interpretação lata do objecto das normas de conflitos e a pesquisa de relações de *inclusão* entre certas questões, ou entre grupos de normas materiais, permitiu atribuir o sentido mais amplo possível às categorias de conexão e facilitou a aplicabilidade de uma única lei, evitando as incompatibilidades susceptíveis de ocorrer quando ordens jurídicas distintas são aplicadas a matérias próximas.

O entendimento do estatuto da representação como um estatuto unitário é um passo indispensável para assegurar a coerência dos regimes materiais internos sobre a representação, impedindo a aplicabilidade de ordens jurídicas diferentes a questões que, dada a interligação entre elas existente, são tratadas, em cada direito, como uma unidade e estão sujeitas a regras que se encontram englobadas num instituto único. Assim se conseguiu aplicar uma única ordem jurídica aos efeitos da representação, aos efeitos da representação sem poderes e aos efeitos da ratificação.

Por outro lado, a observação de relações de *complementaridade* entre relações jurídicas e entre ordens jurídicas justificou o recurso, no sistema de direito internacional privado em vigor no ordenamento do foro, ao método da *conexão complementar*, permitindo a consideração ou atendibilidade, no âmbito da lei primariamente competente, de normas materiais contidas em outras ordens jurídicas em contacto com a relação representativa.

Através deste procedimento, evita-se o tratamento isolado e a valoração independente de relações que, ao nível do direito material, sofrem interferências mútuas. Quando aplicado aos casos de interferência que, em todos os direitos, se verificam entre as regulamentações da relação interna e da relação externa, esta técnica permite obter, na generalidade dos casos, a harmonização entre o direito primariamente competente e a ordem jurídica cujas normas são tomadas em consideração na formulação da disciplina aplicável à situação em apreciação.

CAPÍTULO V

**O princípio da coerência
em direito internacional privado**

Muitas das soluções encontradas no capítulo anterior para a definição do regime conflitual da representação procuram preservar a coerência dos regimes materiais sobre a representação. Pretendeu-se evitar, na regulação de situações internacionais, a aplicação dispersa de normas jurídicas que, em cada direito, constituem uma unidade; nos casos em que se não conseguiu evitar essa aplicação dispersa, o objectivo consistiu em minimizar os efeitos resultantes do fraccionamento provocado pelas normas de conflitos.

No presente capítulo procuraremos descobrir critérios que permitam proceder à reconstrução do *dépeçage* e à coordenação das normas materiais oriundas das diversas ordens jurídicas em contacto com uma mesma situação da vida privada internacional, à luz do princípio da coerência.

No § 1º serão descritos os factores que contribuem para o fraccionamento da disciplina das situações privadas internacionais, bem como as dificuldades que podem resultar desse fraccionamento. Depois de, no § 2º, ensaiarmos a determinação do sentido e alcance do princípio da coerência em direito internacional privado, procuraremos, nos §§ 3º e 4º, descrever alguns dos mais importantes instrumentos jurídicos que, no sistema de normas de conflitos em vigor no ordenamento português, dão concretização a esse princípio.

Privilegiar-se-á como espaço de observação o direito dos contratos, aproveitando naturalmente as soluções consagradas em matéria de representação internacional pela Convenção de Haia sobre a lei aplicável aos contratos de intermediação e à representação.

§ 1º
Factores de dispersão na regulação das situações privadas internacionais

Tradicionalmente o termo *dépeçage* é utilizado para exprimir o desmembramento das situações da vida e a separação das normas de conflitos aplicáveis aos diversos aspectos dessas situações, como consequência necessária do método analítico ou da técnica de especialização que preside à construção das normas de conflitos nos vários sistemas nacionais e nas convenções internacionais de unificação do direito internacional privado.

Mas o *dépeçage* da disciplina aplicável às situações privadas internacionais não é apenas um efeito do método analítico; outros factores são responsáveis por esse resultado. O *dépeçage* traduz qualquer fraccionamento da disciplina aplicável às situações plurilocalizadas, provocado pela concorrência de normas provenientes de diferentes ordens jurídicas, em consequência da actuação de diversos métodos e técnicas próprios do direito internacional privado.

É portanto numa acepção ampla que serão utilizados os termos "*dépeçage*" e, preferencialmente, "fraccionamento", para abranger todos os casos de dispersão na regulação das situações internacionais em consequência dos factores que agora se enunciam e mais adiante se explicitam: o método analítico do direito internacional privado; a valoração autónoma de actos jurídicos que, apesar de estruturalmente independentes, se encontram ligados por vínculos de natureza jurídica, económica ou funcional; a sucessão no tempo de estatutos aplicáveis à mesma questão; a atendibilidade de outro direito por via da conexão complementar; a actuação da reserva de ordem pública internacional do Estado do foro; a interferência de normas imperativas; a aplicação, no ordenamento jurídico do foro, de normas de direito material uniforme sobre a questão internacional em apreciação.

Antes porém deixa-se uma breve referência sobre a fórmula adoptada para exprimir o carácter internacional de certas situações jurídicas, *maxime* aquelas que têm origem no contrato.

1. Sobre a noção de situação privada internacional

No centro do debate para a construção de uma noção de contrato internacional esteve, na jurisprudência francesa mais antiga, a questão da validade de certas cláusulas contratuais contrárias a disposições imperativas do direito material francês (validade de cláusulas de protecção contra variações cambiais e validade de cláusulas compromissórias).

A jurisprudência francesa ateve-se durante muito tempo a critérios sobretudo de natureza económica ou mesmo material. Numa primeira fase, os tribunais consideraram que seria internacional o contrato que implica um duplo movimento de importação e exportação, "fluxo e refluxo através das fronteiras" [1]. Depois, foi qualificado como internacional o contrato que "põe em jogo interesses do comércio internacional" [2]. Só em momento posterior a jurisprudência francesa recorreu explicitamente a um critério jurídico, assente na "pluralidade de pontos de contacto" [3].

A doutrina francesa mais representativa ocupou-se da definição do carácter internacional do contrato a propósito da determinação dos limites ao princípio da autonomia privada; apenas em relação ao contrato internacional — definido a partir de um critério jurídico —, é admitida a possibilidade de escolha pelas partes do direito aplicável [4].

A análise do contrato sob um ponto de vista económico é susceptível de resolver as dificuldades mais frequentes, de um modo adequado às necessidades do comércio internacional [5] — pois que o carácter internacio-

---

[1] Sobre essa jurisprudência, LEREBOURS-PIGEONNIÈRE, À propos du contrat international, Clunet, 1951, p. 4 ss. Adoptando tal critério, já antes, o mesmo autor, Précis de droit international privé, p. 480.

[2] Pode ver-se a exposição e a defesa desse critério em C. FERRY, La validité des contrats en droit international privé, p. 129 ss. O mesmo critério foi utilizado nos direitos francês e português para a definição do carácter internacional da arbitragem voluntária. Cfr., neste número, nota (18).

[3] Veja-se a decisão da Cour d' appel de Paris, de 19.6.1970, Rev. crit., 1971, p. 692 ss (com anotação de P. LEVEL) = Clunet, 1971, p. 833 ss (com anotação de B. OPPETIT), que considerou internacional um contrato "em conexão com normas jurídicas emanadas de vários Estados".

[4] Assim: BATIFFOL, Les conflits de lois en matière de contrats, p. 65; id., an. Tribunal civil de la Seine, 7.6.1956, Rev. crit., 1956, p. 687 ss; id., an. C. Cass., Ch. com., 19.1.1976, Rev. crit., 1977, p. 504 ss; id., Le rôle de la volonté en droit international privé, Arch. Ph. Dr., III, 1957, p. 71 ss, passim; BATIFFOL, LAGARDE, Droit international privé, II, 7ª ed., p. 275; LOUSSOUARN, BREDIN, Droit du commerce international, p. 594; LOUSSOUARN, BOUREL, Droit international privé, 2ª ed., p. 228 ss, 480 ss; JACQUET, Principe d' autonomie et contrats internationaux, Paris, 1983, p. 246; HEUZÉ, La réglementation française des contrats internationaux, p. 133, 138.

[5] MAGALHÃES COLLAÇO, Da compra e venda..., p. 86; DELAUME, What is an international contract? An american and a gallic dilemma, ICLQ, 1979, p. 258 ss (p. 278). Utili-

nal decorre da circunstância de a questão dizer respeito à "vida comercial internacional" [6] ou ser atinente ao "comércio internacional" [7]. Mas o critério económico foi criticado pelo seu carácter vago, pelas dificuldades de aplicação que suscita e pelas concretizações divergentes que admite [8].

Por sua vez, ao critério jurídico, considerado ainda mais incerto [9], tem sido apontada a desvantagem de exigir a determinação de qual ou quais os elementos de conexão relevantes para provocar a internacionalidade do contrato [10].

O reconhecimento da insuficiência de qualquer dos critérios referidos para, por si só, definir o contrato internacional está na origem de certas noções doutrinárias amplas [11] ou mistas, em que o critério económico surge

---

zando um critério predominantemente material também: GOLDMAN, *Règles de conflit, règles d'application immédiate et règles matérielles dans l'arbitrage commercial international*, "Travaux du Comité Français de Droit International Privé 1966-1969", p. 119 ss (p. 122); MALAURIE, *Droit des contrats internationaux. Introduction*, "L' évolution contemporaine du droit des contrats", 1986, p. 181 ss (*passim*); CARBONE, LUZZATTO, *Il contratto internazionale*, p. 5.

[6] MAURY, *Règles générales des conflits de lois*, p. 375 s.
[7] CARBONE, LUZZATTO, *Il contratto internazionale*, p. 5.
[8] Vejam-se, pormenorizadamente: HEUZÉ, *La réglementation française...*, p. 136 s; B. ANCEL, Y. LEQUETTE, *Grands arrêts...*, p. 192 ss; KASSIS, *Le nouveau droit européen des contrats internationaux*, p. 54 ss.
[9] HEUZÉ, *La réglementation française ...*, p. 137.
[10] MAGALHÃES COLLAÇO, *Da compra e venda...*, p. 79 ss; MOURA RAMOS, *Da lei aplicável ...*, p. 444; LALIVE, *Tendances et méthodes en droit international privé*, p. 17 s. Em critérios de natureza jurídica assentam algumas propostas que não têm obtido acolhimento favorável; assim, a sugestão feita, aquando da preparação da Convenção de Haia sobre representação, por R. DE NOVA, *Quando un contratto è "internazionale"?*, p. 679 s.
[11] LEWALD, *Règles générales des conflits de lois*, p. 7; CANSACCHI, *Le choix et l' adaptation ...*, p. 83, 156; NEUMAYER, *Autonomie de la volonté et dispositions impératives en droit international privé des obligations*, Rev. crit., 1957, p. 579 ss, 1958, p. 53 ss (1957, p. 599); FRANCESCAKIS, *La théorie du renvoi et les conflits de systèmes en droit international privé*, Paris, 1958, p. 11; id., *Quelques précisions sur les "lois d' application immédiate" et leurs rapports avec les règles de conflits de lois*, Rev. crit., 1966, p. 1 ss (p. 2); MAGALHÃES COLLAÇO, *Direito internacional privado*, I, p. 12 s; VON OVERBECK, *Les règles de droit international privé matériel*, "De conflictu legum", 1962, p. 362 ss (p. 373); GRAULICH, *Règles de conflit et règles d' application immédiate*, "Mélanges Jean Dabin", II, 1963, p. 629 ss (p. 633); BATIFFOL, *Réflexions sur la coordination des systèmes nationaux*, p. 199; SCHNITZER, *Les contrats internationaux...*, p. 547; FERRER CORREIA, *Lições de direito internacional privado*, 1969, p. 5; id., *Lições...*, 1973, p. 5; id., *Nuevos rumbos para el derecho internacional privado?*, p. 225; BAPTISTA MACHADO, *Âmbito de eficácia...*, p. 13; id., *Lições de direito internacional privado*, p. 11 s; id., *Problemas na aplicação do direito estrangeiro — adaptação e substituição*, p. 337 s (embora neste estudo o autor utilize também a expressão "situação internacional [com] conexões relevantes com mais do que um ordenamento nacional"); F. DÉBY-GÉRARD, *Le rôle de la règle de conflit dans le règlement des rapports internationaux*, Paris, 1973, p. 1, 7; M. FONTAINE, *La notion de contrat économique international*, "Le contrat économique international", 1975, p. 17 ss (p. 34); SCHWANDER, *Lois*

"integrado" ou "incorporado" no critério jurídico [12]. Ao mesmo tempo, fala-se de "crise da noção de contrato internacional" [13] e afirma-se que é difícil, que não é possível, não é necessário ou não tem significado prático encontrar uma fórmula rigorosa para definir o contrato internacional [14].

Pela mesma razão, as mais recentes legislações nacionais sobre direito internacional privado e muitos dos instrumentos internacionais sobre problemas de conflitos de leis utilizam fórmulas de conteúdo jurídico indeterminado para delimitar o respectivo âmbito de aplicação ou para traduzir a internacionalidade das situações a que se reportam [15].

---

d' application immédiate, Sonderanknüpfung, IPR-Sachnormen und andere Ausnahmen von der gewöhnlichen Anknüpfung im internationalen Privatrecht, Zürich, 1975, p. 3, 242 ss, 408 ss, 416 ss; id., *Die Rechtswahl im IPR des Schuldvertragsrechts*, "FS Max Keller", 1989, p. 473 ss (p. 476 s); id., *Zum Gegenstand des internationalen Privatrechts*, "FS Mario M. Pedrazzini", 1990, p. 355 ss; id., *Einführung in das internationale Privatrecht*, I, p. 31 s; SCHMEDING, *Zur Bedeutung der Rechtswahl im Kollisionsrecht. Ein Beitrag zur funktionalen Methode nach von Mehren/Trautman*, RabelsZ, 1977, p. 299 ss (p. 307); GIULIANO, *La loi applicable aux contrats: problèmes choisis*, Recueil des Cours, 1977 — V, tome 158, p. 183 ss (p. 195, 221 ss, 225); VITTA, *Cours général...*, p. 24; id., *Corso...*, p. 3 s, 29; SPERDUTI, *Critique des termes "règles delimitant leur propre domaine d' application"*, "Rapports nationaux italiens au XI ème Congrès International de Droit Comparé (Caracas, 1982)", Milano, 1982, p. 157 ss (p. 158, 161); BALLARINO, *Diritto internazionale privato*, p. 5; DRAETTA, *Il diritto dei contratti internazionali. La formazione dei contratti*, p. 3 ss (implicitamente); MIAJA DE LA MUELA, *Derecho internacional privado*, I, p. 277; DIAMOND, *Harmonisation of private international law relating to contractual obligations*, p. 248 ss; Hans STOLL, *Rechtliche Inhaltskontrolle bei internationalen Handelsgeschäften*, "FS Gerhard Kegel", 1987, p. 623 ss (p. 626, 630, 634); FORLATI PICCHIO, *Contratto nel diritto internazionale privato*, p. 214; KNOEPFLER, SCHWEIZER, *Précis de droit international privé suisse*, p. 13; MARQUES DOS SANTOS, *As normas de aplicação imediata...*, p. 43 ss; AUDIT, *Droit international privé*, p. 630, nota (1); FERNÁNDEZ ROZAS, SÁNCHEZ LORENZO, *Curso de derecho internacional privado*, p. 45 ss; KEGEL, *Internationales Privatrecht*, p. 5; id., *The Conflict-of-Laws Machine*, p. 314. Defendendo a necessidade de apreciar o carácter fundamental do elemento estrangeiro presente na relação ou situação jurídica de que se trata: PÉREZ VERA, *Intereses del trafico jurídico externo...*, p. 13 ss; CARRILLO SALCEDO, *Derecho internacional privado. Introducción a sus problemas fundamentales*, 3ª ed., Madrid, 1985, p. 45; MARÍN LÓPEZ, *Derecho internacional privado español*, I — *Parte general*, 6ª ed., Granada, 1992, p. 36; MOSCONI, *Diritto internazionale privato e processuale. Parte generale e contratti*, p. 2.

[12] KASSIS, *Le nouveau droit européen des contrats internationaux*, p. 86 ss; KROPHOLLER, *Internationales Privatrecht*, p. 1.

[13] KASSIS, *ob. cit.*, p. 23, 50.

[14] MAGALHÃES COLLAÇO, *Da compra e venda ...*, p. 85; MOURA RAMOS, *Da lei aplicável...*, p. 449, 475, nota (188); LANDO, *Contracts*, IECL, vol. III — *Private International Law*, cap. 24, 1976, p. 35; JACQUET, *Principe d' autonomie et contrats internationaux*, p. 255; PATOCCHI, *Règles de rattachement localisatrices et règles de rattachement à caractère substantiel*, p. 107 s, 249 s; STOFFEL, *Le rapport juridique international*, "Conflits et harmonisation", 1990, p. 421 ss (p. 448); MARTINY, *Münch.Komm.*, Art. 27, an. 17; LALIVE, SCHERER, *Chronique de jurisprudence suisse*, Clunet, 1996, p. 689 ss (p. 689).

[15] Para uma discussão actualizada do problema que aqui nos ocupa e para a análise das disposições incluídas em legislações nacionais e em instrumentos internacionais, com

Vejam-se as disposições que definem o âmbito de aplicação de certas leis nacionais sobre direito internacional privado: o § 1 da lei federal austríaca, de 1978 ("situações que tenham conexões com o estrangeiro"), o artigo 3 da lei alemã, de 1986 ("situações que tenham conexão com o direito de um Estado estrangeiro"), o artigo 1, n° 1 da lei federal suíça, de 1987 ("em matéria internacional" [16]).

Observem-se igualmente as disposições que definem o âmbito de aplicação de certas convenções internacionais: o artigo 1° da Convenção de Haia de 1978 sobre a lei aplicável à representação ("relações de carácter internacional"), o artigo 1°, n° 1 da Convenção de Roma sobre a lei aplicável às obrigações contratuais ("situações que impliquem um conflito de leis").

Diferentemente, porém, a Convenção de Haia de 1986 sobre a lei aplicável ao contrato de compra e venda internacional de mercadorias recorre primariamente ao critério do estabelecimento para delimitar o seu âmbito de aplicação — nos termos do artigo 1°, al. a), a Convenção determina a lei aplicável aos contratos de compra e venda internacional de mercadorias quando as partes têm o seu estabelecimento em Estados diferentes —, porventura com a intenção de se aproximar do critério utilizado nos actos de direito material uniforme relativos ao contrato de compra e venda internacional de mercadorias (artigo 1°, n° 1 da Convenção de Viena de 1980 [17] e artigo 2° da Convenção de Genebra de 1983 sobre a representação) [18].

---

relevância nesta matéria, cfr. STOFFEL, *Le rapport juridique international*, p. 421 ss. O autor propõe uma fórmula que pretende seja adequada ao sistema de direito internacional privado da ordem jurídica considerada como ponto de partida — a lei suíça de DIP: "uma relação jurídica é internacional se os pontos de contacto utilizados pelas regras sobre competência internacional, para uma categoria de conexão determinada, estabelecerem ligações com mais do que um país ou com mais do que uma ordem jurídica" (p. 450). Também no estudo de A. KACZOROWSKA, *L' internationalité d' un contrat*, Rev. dr. int. et dr. comp., 1995, p. 204 ss, se apreciam os critérios utilizados para definir a internacionalidade do contrato em diversas convenções internacionais de direito material e de direito internacional privado.

[16] Sobre o âmbito de aplicação da lei suíça de DIP e a noção de "matéria internacional", vejam-se as decisões do Tribunal do cantão de Zurique, de 15.10.1990, e do Tribunal Federal Suíço, de 2.4.1991, referidas na crónica de jurisprudência, publicada em Clunet, 1996, p. 689 ss.

[17] A Convenção de Viena de 1980 sobre os contratos de compra e venda internacional de mercadorias (CISG) fornece um critério preciso para preencher o conceito "internacional" utilizado na sua designação (e não mais empregue no seu texto). Considera internacionais, para efeitos da sua aplicação, os contratos celebrados entre partes que tenham estabelecimento em Estados diferentes (artigo 1°, n°s 1 e 2). Esta circunstância é necessária, mas não suficiente, para delimitar o âmbito de aplicação da Convenção (artigo 1°, n° 1, als. a) e b)). Para a discussão e crítica da solução consagrada na Convenção de Viena de 1980, cfr. KACZOROWSKA, *L' internationalité d' un contrat*, p. 218, 223 ss. Esta Convenção serviu de modelo a alguns instrumentos de direito material uniforme. Assim, método semelhante é adoptado na

Não existe portanto uma noção unívoca de contrato internacional, susceptível de se adaptar a todos os tipos contratuais e de traduzir a complexidade do conteúdo de certos contratos internacionais. O carácter internacional é relativo, como já sublinhava Jitta [19] — ou pode ser meramente subjectivo, na terminologia de Mayer [20] — e comporta graus diferentes, que podem desencadear consequências jurídicas diversas, segundo o contexto considerado [21].

A internacionalidade de uma situação pode resultar de alterações no tempo de algum dos seus elementos ou de alguma das circunstâncias que a caracterizam. Admite-se, além disso, embora com certas limitações, que o carácter internacional de um contrato possa resultar da designação pelas partes de uma ordem jurídica diferente daquela que vigora no país onde,

---

Convenção de Genebra de 1983 sobre a representação na compra e venda internacional de mercadorias (CAISG), que constitui um complemento da Convenção de Viena (artigo 2º). A técnica repete-se em outras convenções celebradas sob a égide das Nações Unidas: Convenção de Nova Iorque de 1988 sobre letras e livranças internacionais (artigo 2º); Convenção de Nova Iorque de 1995 sobre garantias independentes (artigo 4º). É igualmente utilizada nas Convenções do UNIDROIT, concluídas em Otava, em 1988, sobre *leasing* financeiro internacional (artigo 2º) e sobre *factoring* internacional (artigo 2º). Já a Convenção do UNIDROIT sobre os bens culturais roubados ou ilicitamente exportados, aprovada em Roma, em 24 de Junho de 1995, se abstém de tomar posição quanto ao critério relevante para definir o carácter internacional das situações a que se reporta (cfr. o artigo 1º da Convenção e o comentário de MARQUES DOS SANTOS, *Projecto de Convenção do UNIDROIT sobre a restituição internacional dos bens culturais roubados ou ilicitamente exportados*, p. 67).

[18] Em algumas disposições adoptadas nos últimos anos, em matéria de arbitragem, foi incluída uma definição de "arbitragem internacional" como sendo "aquela que põe em jogo interesses do comércio internacional" (artigo 1492 do Código de Processo Civil francês e artigo 32º da nova lei portuguesa relativa à arbitragem voluntária, Lei nº 31/86, de 29 de Agosto). Para a crítica à referida norma do direito francês, cfr. KASSIS, *Le nouveau droit européen...*, p. 16, 33, 105 ss; sobre a norma do direito português, cfr.: MAGALHÃES COLLAÇO, *L' arbitrage international dans la récente loi portugaise sur l' arbitrage volontaire (Loi nº 31/86, du 29 août). Quelques réflexions*, "Droit international et droit communautaire", 1991, p. 55 ss (p. 58 s); MARQUES DOS SANTOS, *Nota sobre a nova lei portuguesa relativa à arbitragem voluntária. Lei nº 31/86, de 29 de Agosto*, R. C. E. A., 1987, p. 15 ss (p. 47); MOURA VICENTE, *Da arbitragem comercial internacional*, p. 41; id., *L' évolution récente du droit de l' arbitrage au Portugal*, Rev. arb., 1991, p. 419 ss (p. 433).

[19] JITTA, *Método de derecho internacional privado* (trad. espanhola de *La méthode de droit international privé*, La Haye, 1890), por J. F. Frida, Madrid, s.d., p. 207 ss. Sublinhando a relatividade espacial e também material da internacionalidade, recentemente, SÁNCHEZ LORENZO, *Postmodernismo ...*, p. 563 s.

[20] MAYER, *Droit international privé*, p. 11 s.

[21] LALIVE, *Sur une notion de "contrat international"*, "Multum non multa", 1980, p. 135 ss (p. 138), e, já antes, *Tendances et méthodes en droit international privé*, p. 16 ss. O carácter relativo e a diferença de graus de internacionalidade são também sublinhados por SCHWANDER, *Lois d' application immédiate, Sonderanknüpfung, IPR-Sachnormen ...*, p. 243 s, 408 ss, 416, 421.

em função de todos os seus elementos, o contrato se encontra localizado ou que possa resultar da sujeição pelas partes de um contrato originariamente interno à jurisdição de um tribunal estrangeiro (artigo 3º, nº 3 da Convenção de Roma).

Não são por certo relações internacionais as que não suscitam qualquer problema de conflito de leis e que por essa razão ficam fora do âmbito de actuação das regras destinadas a solucionar tais conflitos — as regras de direito internacional privado.

Perante o exposto, utilizaremos também uma fórmula ampla, de base essencialmente jurídica, que contenha a referência à eventual necessidade de desencadear o funcionamento das regras de direito internacional privado. É internacional (é plurilocalizada), neste sentido, a relação que, por alguns dos seus elementos ou por algumas das suas circunstâncias, se encontra em contacto com mais do que uma ordem jurídica e que, por isso mesmo, se desenvolve dentro do âmbito de eficácia possível de várias ordens jurídicas [22].

Tem de reconhecer-se que a determinação do carácter internacional de uma situação ou de um contrato com base num critério jurídico, como o que aqui se adopta, opera por referência ao "ambiente exterior" dessa situação ou desse contrato e não por consideração da sua substância [23]. A internacionalidade que se deduz de tal critério tem, na verdade, um carácter eminentemente conflitual e não material. A noção jurídica de contrato internacional surgiu no âmbito do método conflitual e do princípio da autonomia privada, com o objectivo de permitir a aplicação do método conflitual e do princípio da autonomia privada; na sua origem, a noção jurídica de contrato internacional constitui portanto a justificação para o recurso ao procedimento conflitual e, ao mesmo tempo, define a finalidade e a função do direito internacional privado. O clássico método do direito de conflitos preocupa-se em regra apenas com a conexão ou com a localização do contrato (da relação, da situação) numa ordem jurídica. Ora o contrato internacional não pode ser encarado como mera projecção internacional de um contrato interno [24]. Na medida em que o contrato internacional está dentro do âmbito de eficácia possível de várias ordens jurídicas, ele é modelado pelos diferentes regimes materiais com os quais se encontra em contacto.

---

[22] BAPTISTA MACHADO, *Âmbito de eficácia* ..., p. 14; id., *Lições de direito internacional privado*, p. 11.

[23] OPPETIT, *Autour du contrat international*, Droits, 12, 1990, p. 107 ss (p. 107).

[24] Em sentido semelhante, Y. LEQUETTE, *L'évolution des sources nationales et conventionnelles du droit des contrats internationaux*, "L' évolution contemporaine du droit des contrats", 1986, p. 185 ss (p. 186).

Por tudo isto nos parece particularmente feliz a contraposição estabelecida por Wengler entre *homogen* e *heterogen verknüpfte Situationen* (ou *Sachverhalten*) [25]. Com efeito, a "homogeneidade" e a "heterogeneidade" das situações jurídicas podem dizer respeito não apenas à conexão ou ao contacto com ordens jurídicas, mas também ao regime que a essas situações seja aplicável.

2. O método analítico do direito internacional privado

O direito internacional privado utiliza um método analítico [26] ou processo de especialização [27], que procura resolver o problema da conexão a partir da análise dos vários tipos de situações ou de questões jurídicas. Relativamente a cada tipo de situações ou de questões jurídicas, a norma de conflitos indica como competente a lei que considera mais adequada, em função da especial ligação entre essa lei e a matéria a regular.

São propositadamente retiradas da literatura jurídica de diferentes países as frases seguintes, que exprimem o sentido e alcance do método analítico do direito internacional privado.

A admissão de conexões autónomas relativamente a questões parciais prossegue objectivos ou interesses que uma regulamentação sintética das situações internacionais não permitiria assegurar [28].

A separação das normas de conflitos aplicáveis aos diversos aspectos das situações internacionais tem origem em definições e distinções consa-

---

[25] WENGLER, *Internationales Privatrecht*, p. 3 ss (e *passim*); id., *Die Gestaltung des internationalen Privatrechts der Schuldverträge unter allgemeinen Leitprinzipien*, RabelsZ, 1983, p. 215 ss (p. 216 ss). Referindo-se à distinção entre *situations à rattachement homogène* e *situations à rattachement hétérogène*, cfr. ainda, do autor: *Immunité législative des contrats multinationaux*, p. 646 ss; *L' évolution moderne du droit international privé et la prévisibilité du droit applicable*, p. 659.

[26] "*Analytische Methode*" (Werner GOLDSCHMIDT, *Die philosophischen Grundlagen des internationalen Privatrechtes*, "FS Martin Wolff", 1952, p. 203 ss (p. 208 ss)); "processo analítico e individualizador", "tendência analítica" (MAGALHÃES COLLAÇO, *Da qualificação...*, p. 69 ss).

[27] "*Procédé de spécialisation*" (LEWALD, *Règles générales des conflits de lois*, p. 13); "*principe de spécialisation*" (VALLINDAS, *Le principe du droit unique en droit international privé grec*, Rev. hell. dr. int., 1948, p. 40 ss (p. 48)); "*Prinzip des Spezialisation*" (SCHWIND, *Von der Zersplitterung des Privatrechts durch das internationale Privatrecht und ihrer Bekämpfung*, RabelsZ, 1958, p. 449 ss); "*specialization*" (RABEL, *The conflict of laws...*, I, p. 100); "*especialização*" (MAGALHÃES COLLAÇO, *Direito internacional privado*, II, p. 12); "*processo de especialização*" (BAPTISTA MACHADO, *Problemas na aplicação do direito estrangeiro*, p. 328).

[28] MAGALHÃES COLLAÇO, *Da qualificação...*, p. 71.

gradas nos direitos materiais [29] e corresponde a uma exigência de flexibilidade no tratamento dessas situações [30].

A regulação das situações que se encontram em contacto com uma pluralidade de ordens jurídicas é o resultado da justaposição de regras provenientes de várias dessas ordens jurídicas, em função das normas de conflitos do foro. As situações jurídicas são "desmembradas" ou "transformadas em peças" por efeito das normas de conflitos [31].

Como consequência, os direitos em contacto com as situações internacionais, chamados pelas normas de conflitos do foro a reger aspectos parciais, são "desarticulados" através da aplicação do direito internacional privado [32].

O clássico método analítico que preside à construção das normas de conflitos nos países europeus é assim o primeiro responsável pelo fraccionamento ou *dépeçage* das situações da vida privada internacional [33].

---

[29] MCLACHLAN, *Splitting the proper law in private international law*, Brit. YB. Int. L., 1990, p. 311 ss (p. 311); LINKE, *Sonderanknüpfung der Willenserklärung?*, p. 5.

[30] KNOEPFLER, SCHWEIZER, *Précis de droit international privé suisse*, p. 90.

[31] LAGARDE, *Le "dépeçage" dans le droit international privé des contrats*, Rdintpriv.proc., 1975, p. 649 ss (p. 649); EKELMANS, *Le "dépeçage" du contrat dans la Convention de Rome du 19 juin 1980 sur la loi applicable aux obligations contractuelles*, "Mélanges Vander Elst", I, 1986, p. 243 ss (p. 244).

[32] SCHWIND, *Von der Zersplitterung des Privatrechts ...*, p. 449 ss.

[33] A noção de *dépeçage* adapta-se igualmente às construções das recentes doutrinas norte-americanas (onde aparece por vezes sob as designações *picking and choosing, issue-by-issue approach, onion-peeling approach*). Cfr. EHRENZWEIG, *Private international law*, p. 119 ss; WILDE, *Dépeçage in the choice of tort law*, South. Calif. L. Rev., 1968, p. 329 ss; CAVERS, *Contemporary conflicts law in american perspective*, p. 137 ss; REESE, *Dépeçage: a common phenomenon in choice of law*, Columbia L. Rev., 1973, p. 58 ss; WEINTRAUB, *Beyond dépeçage: a "new rule" approach to choice of law in consumer credit transactions and a critique of the territorial application of the Uniform Consumer Credit Code*, Case West. Res. L. Rev., 25 (1974), p. 16 ss; id., *Commentary on the conflict of laws*, p. 72 ss; id., *A defense of interest analysis in the conflict of laws and the use of that analysis in products liability cases*, p. 502 s; LEFLAR, McDOUGAL III, FELIX, *American conflicts law*, p. 280; CRAMTON, D. CURRIE, H. KAY, *Conflict of laws*, p. 358 ss; SYMÉONIDES, *Private international law codification in a mixed jurisdiction: the Louisiana experience*, p. 472 ss. Se a escolha do direito aplicável depende da análise da finalidade ou do objectivo das normas internas em conflito (tal como proposto por Brainerd Currie e os seus seguidores), a tendência será no sentido de repartir os problemas de escolha de lei em pequenos grupos a fim de facilitar a apreciação das *policies* subjacentes. Uma vez que cada regra pode ter um diferente objectivo (*purpose*), devendo por isso ser analisada separadamente, o tribunal é confrontado com um conflito entre duas regras, não com um conflito entre dois complexos normativos de dois Estados, relativos à matéria considerada. O objectivo do *dépeçage* consiste, segundo este entendimento, em prosseguir as *policies* das duas ou mais regras materiais em causa (WILDE, *Dépeçage in the choice of tort law*, p. 345, 354, 363; WEINTRAUB, *A defense of interest analysis...*, p. 502; SYMÉONIDES, *Private international law codification ...*, p. 472 s; artigo 3515 do Código Civil da Louisiana, que estabelece como princípio geral de determinação do direito aplicável em situações

2.1. A utilização do método analítico na construção dos mais recentes sistemas de direito internacional privado

Não obstante as dificuldades a que pode conduzir o fraccionamento do regime aplicável às situações internacionais, o método de especialização das normas de conflitos é utilizado na construção dos mais recentes sistemas de direito internacional privado dos países europeus [34]; o mesmo sucede nas convenções celebradas no âmbito da Conferência de Haia de Direito Internacional Privado e na Convenção de Roma de 1980 sobre a lei aplicável às obrigações contratuais.

Observe-se, nas suas linhas gerais, o direito de conflitos em vigor no ordenamento português.

---

plurilocalizadas a apreciação das *state policies*). Também as *value-oriented approaches* (onde podem incluir-se as tendências representadas por Robert Leflar e David Cavers) encorajam o uso do *dépeçage*, pelo menos em certo tipo de casos, *maxime* em *tort cases*. Tem sido reconhecido que o *law of torts* deve ser adaptado a modificações resultantes da revolução tecnológica e da expansão dos seguros de responsabilidade. Por isso os tribunais procuraram resolver alguns casos através de uma metodologia flexível, adequada a ter em conta aqueles desenvolvimentos, aplicando, embora sem o admitir, o que consideravam ser a *better rule of law*. O *dépeçage* permitiu neste contexto a flexibilidade necessária para tal *result-selective--approach*, dando ao juiz a possibilidade de escolher a *better rule* quanto a cada aspecto (*issue*) da situação em *tort claims* (CAVERS, *Contemporary conflicts law...*, p. 137; LEFLAR, McDOUGAL III, FELIX, *American conflicts law*, p. 280). O *dépeçage* é ainda a consequência inevitável da doutrina que procura aplicar, em situações plurilocalizadas, as regras do Estado que apresenta maior ligação com o caso (doutrina que se encontra reflectida no *Restatement, Second, Conflict of laws*, sendo expressa, em termos gerais, nos critérios enunciados no § 6). O § 6 do *Restatement* admite a possibilidade de *dépeçage*, ao incluir entre os factores a atender para a determinação do direito competente *the relevant policies of other interested states and the relative interests of those states in the determination of the particular issue* (n° 2, c)). Segundo esta concepção do *conflicts law*, tem sido considerado apropriado o uso do *dépeçage* quando dele resultar que a cada aspecto ou questão é aplicável a regra do Estado que tem ligação mais forte, quando tiver como consequência prosseguir a finalidade de cada uma das regras aplicadas, quando não desapontar as expectativas das partes, quando servir outros valores em matéria de conflitos de leis, tal como a protecção das justificadas expectativas das partes, ou quando for exigido por uma regra de conflitos imperativa (REESE, *Dépeçage...*, p. 60 ss).

[34] A tendência para a especialização aumentou nas codificações mais recentes. Vejam--se, a título de exemplo, a lei federal austríaca sobre direito internacional privado, de 15 de Junho de 1978 (§§ 9 a 49), a lei alemã de reorganização do direito internacional privado, de 25 de Julho de 1986, que altera a Lei de Introdução ao Código Civil (secções 2ª a 5ª), a lei de reforma do sistema italiano de direito internacional privado, de 31 de Maio de 1995 (artigos 25 a 63), e, principalmente, a lei federal suíça sobre direito internacional privado, de 18 de Dezembro de 1987 (capítulos 2 e seguintes). Referindo-se ao aumento da especialização nas codificações mais recentes e manifestando a opinião de que a especialização, tal como a flexibilização das normas de conflitos, contribui para uma melhor localização, PATOCCHI, *Règles de rattachement localisatrices...*, p. 229 s.

O sistema de normas de conflitos constante do Código Civil de 1966 foi construído com base no método da especialização; o Código utiliza categorias de conexão amplas, de um modo geral correspondentes às grandes categorias do direito material português (estado dos indivíduos, capacidade das pessoas, negócios jurídicos, obrigações, direitos reais, relações de família, sucessões); a par destas categorias, recorre também a conceitos mais restritos quanto à sua extensão e, por isso mesmo, mais ricos quanto à sua compreensão (capacidade para constituir direitos reais sobre coisas imóveis ou para dispor deles, capacidade para contrair casamento ou para celebrar a convenção antenupcial, capacidade para fazer, modificar ou revogar uma disposição por morte).

A Convenção de Haia sobre a lei aplicável à representação assenta no *dépeçage* da relação representativa, regulando separadamente, como vimos, a relação entre o representado e o representante, a relação entre o representado e a contraparte e a relação entre o representante e a contraparte. Além disso, ao deixar fora do seu âmbito de aplicação diversas questões (artigos 2° e 3°), a Convenção admite a aplicabilidade de leis diferentes a matérias intimamente conexas com aquelas que constituem o seu objecto específico. Também o regime estabelecido no artigo 7° desta Convenção pressupõe a noção de separabilidade de relações, ao determinar que apenas é aplicável a disciplina conflitual fixada para a relação interna (artigos 5° ou 6°) se a relação de intermediação constituir o objecto principal do contrato ou se a relação de intermediação for separável do conjunto do contrato.

O regime consagrado na Convenção de Haia sobre representação tem subjacente, apesar de tudo, a intenção de sujeitar a um único direito as várias relações integradas na relação representativa.

A Convenção de Roma utiliza o método analítico na definição da disciplina internacionalprivatística do contrato: coloca fora do seu âmbito de aplicação diversas questões (artigo 1°, n° 2), relativamente às quais admite portanto a aplicabilidade de leis diferentes da que é chamada a reger a substância do contrato, leis essas que, em cada país, são determinadas com base nas normas de conflitos formadas e reveladas por outras fontes; estabelece, quanto a certas matérias, regimes autónomos (no artigo 9°, em relação à forma, no artigo 14°, em relação à prova); prevê a aplicação ao contrato de mais do que uma lei, em virtude do exercício da autonomia privada (artigo 3°, n° 1, frase final) ou por via da determinação, pelo órgão de aplicação do direito, da ordem jurídica com a qual o contrato apresenta uma conexão mais estreita (artigo 4°, n° 1, frase final). Reflexo da especialização é ainda a inclusão de regimes atinentes a certas categorias de contratos (artigos 5° e 6°, a propósito dos contratos celebrados com consumidores e do contrato de trabalho, respectivamente).

Não eliminando a especialização e o fraccionamento da disciplina aplicável ao contrato, a Convenção de Roma enuncia, no entanto, expressa ou implicitamente, alguns critérios dos quais resulta a limitação dos casos em que o estatuto do contrato pode ser definido por mais do que uma lei, impedindo assim uma utilização inadequada do método analítico [35].

2.2. O fraccionamento da disciplina contratual em consequência do exercício da autonomia privada

O reconhecimento de relevância ao princípio da autonomia privada [36] na designação do direito aplicável aos contratos internacionais [37], em atenção aos interesses das partes e aos interesses do comércio internacional [38],

---

[35] Cfr., neste capítulo, § 3º, nº 2.2.

[36] Sobre as origens e evolução do princípio da autonomia privada em direito internacional privado, designadamente no domínio dos contratos, cfr., em especial: BATIFFOL, *Les conflits de lois en matière de contrats*, p. 19 ss; RABEL, *The conflict of laws. A comparative study*, vol. II — *Foreign corporations. Torts. Contracts in general*, 2ª ed. por Ulrich Drobnig, Ann Arbor, 1960, p. 365 ss; LANDO, *Contracts*, p. 14 ss; RANOUIL, *L' autonomie de la volonté: naissance et évolution d' un concept*, Paris, 1980, p. 11 s, 19 ss, 95 s, 99 ss; AUDIT, *Droit international privé*, p. 136 ss. Na literatura portuguesa, veja-se, por todos, MACHADO VILLELA, *Tratado elementar*, I, p. 490 ss. Segundo Mario GIULIANO, a regra que permite às partes a designação da lei aplicável aos contratos constitui, apesar da pluralidade de sistemas jurídicos nacionais, uma das soluções "espontaneamente uniformes". Vejam-se, do autor, *La loi applicable aux contrats*, p. 197; *La loi d' autonomie: le principe et sa justification théorique*, Rdintpriv.proc., 1979, p. 217 ss (p. 239).

[37] Segundo a concepção de BATIFFOL, a escolha da lei pelas partes tem uma função de localização do contrato; compete sempre ao juiz determinar a lei competente para reger o contrato, a partir das circunstâncias do caso; a vontade dos contraentes constitui uma dessas circunstâncias; o juiz deduz da vontade das partes a lei aplicável. Cfr. BATIFFOL, *Les conflits de lois en matière de contrats*, p. 38 s; id., *Le rôle de la volonté...*, p. 73; id., *Subjectivisme et objectivisme dans le droit international privé des contrats*, "Mélanges Jacques Maury", I, 1960, p. 39 ss (p. 53 ss); BATIFFOL, LAGARDE, *Droit international privé*, II, 7ª ed., p. 266. A este ponto de vista aderiram LOUSSOUARN, BREDIN, *Droit du commerce international*, p. 593. Para um entendimento diferente, F. DÉBY-GÉRARD, *Le rôle de la règle de conflit...*, p. 255 ss, que vê na escolha das partes não um acto material de localização, mas um acto jurídico, na origem do qual se encontra "uma regra material de direito internacional privado material própria das relações internacionais", que autoriza o acordo das partes sobre o direito aplicável (p. 256 s). Quanto ao papel da autonomia privada em domínios diferentes do direito dos contratos, em algumas das mais recentes codificações de direito internacional privado, cfr.: KELLER, SIEHR, *Allgemeine Lehren...*, p. 372 ss, 386 s; SIEHR, *Die Parteiautonomie im Internationalen Privatrecht*, p. 488 ss; HEINI, *Die Rechtswahl im Vertragsrecht und das neue IPR-Gesetz*, p. 87; STURM, *Personnes, famille et successions dans la Loi du 25 juillet 1986...*, p. 41, 73 s, 76; GANNAGÉ, *La pénétration de l' autonomie de la volonté dans le droit international privé de la famille*, Rev. crit., 1992, p. 425 ss; SÁNCHEZ LORENZO, *Postmodernismo...*, p. 573 ss; D. EINSELE, *Rechtswahlfreiheit im Internationalen Privatrecht*, RabelsZ, 1996, p. 417 ss. Sobre esta questão, na doutrina portuguesa, MOURA RAMOS, *Da lei aplicável...*, p. 840 ss.

[38] Sobre o fundamento e a natureza da autonomia, e o alcance do princípio, à face do direito internacional privado português anterior ao Código Civil de 1966, cfr. MAGALHÃES

não dispensa a resolução do problema da determinação dos limites à faculdade de escolha.

Se a controvérsia a propósito da eventual existência de limites quanto ao círculo de leis sobre as quais pode recair a escolha das partes é indiferente para a questão que agora nos ocupa, já a decisão quanto à possibilidade de uma escolha cumulativa de leis para reger um contrato é susceptível de implicar — ou de excluir — o *dépeçage* por iniciativa das partes [39].

COLLAÇO, *Da compra e venda*..., p. 27 ss. A exposição do sentido e alcance do princípio, tal como consagrado no actual Código Civil português, pode ver-se em: FERRER CORREIA, *Lições de direito internacional privado*, 1969, p. 783 ss, 793 ss; MAGALHÃES COLLAÇO, *Direito internacional privado. Sistema de normas de conflitos portuguesas. Título III — Das obrigações voluntárias (Apontamentos das lições proferidas no ano lectivo de 1972-1973)*, Lisboa, 1973, p. 14 ss; BAPTISTA MACHADO, *Lições de direito internacional privado*, p. 358 ss; MARQUES DOS SANTOS, *Direito internacional privado. Sumários*, p. 285 ss. No direito português actual, é reconhecido ao princípio da autonomia um âmbito mais vasto em matéria de arbitragem internacional. Assim: MAGALHÃES COLLAÇO, *L' arbitrage international*..., p. 61 s; MARQUES DOS SANTOS, *Nota sobre a nova lei portuguesa relativa à arbitragem voluntária*, p. 47 (mas, em sentido diferente, MOURA VICENTE, *Da arbitragem comercial internacional*, p. 133). Para a análise, em termos gerais, sobre o fundamento, a natureza e o alcance do princípio da autonomia, cfr.: BATIFFOL, *Les conflits de lois en matière de contrats*, p. 8 ss; RABEL, *The conflict of laws*..., I, p. 90 ss, II, p. 362 ss; NEUMAYER, *Autonomie de la volonté et dispositions impératives*..., Rev. crit., 1957, p. 599 ss; LOUIS-LUCAS, *La liberté contractuelle en droit international privé français*, "Mélanges Jean Dabin", II, 1963, p. 743 ss; CURTI-GIALDINO, *La volonté des parties en droit international privé*, Recueil des Cours, 1972 — III, tome 137, p. 743 ss (p. 765 ss); F. DÉBY-GÉRARD, *Le rôle de la règle de conflit*..., p. 249 ss; VISCHER, *The antagonism between legal security and the search for justice in the field of contracts*, Recueil des Cours, 1974 — II, tome 142, p. 1 ss (p. 37 ss); NEUHAUS, *Die Grundbegriffe*..., p. 251 ss; SCHMEDING, *Zur Bedeutung der Rechtswahl im Kollisionsrecht*, p. 304 ss; LANDO, *Contracts*, p. 33 ss; GIULIANO, *La loi applicable aux contrats*, p. 199 ss, 209 ss; id., *La loi d' autonomie*, p. 230 ss; PATOCCHI, *Règles de rattachement localisatrices*..., p. 54 ss, 108 ss; MOURA RAMOS, *Da lei aplicável*..., p. 428 ss. Sobre a querela entre as perspectivas subjectivista e objectivista no entendimento da designação pelas partes da lei aplicável ao contrato, BATIFFOL, *Subjectivisme et objectivisme*..., p. 39 ss; JACQUET, *Principe d' autonomie et contrats internationaux*, p. 180 ss. Para o enquadramento da autonomia privada na teoria unilateralista, GOTHOT, *La méthode unilatéraliste et le droit international privé des contrats*, Rdintpriv.proc., 1979, p. 5 ss. Veja-se porém a concepção de unilateralismo exposta por Quadri, rejeitando qualquer ideia de autonomia privada (QUADRI, *Lezioni di diritto internazionale privato*, p. 160 s). Para uma abordagem recente dos problemas suscitados pelo princípio da autonomia privada, cfr. *L' autonomie de la volonté des parties dans les contrats internationaux entre personnes privées*, Annuaire de l' IDI, vol. 64, Session de Bâle 1991, tome I — *Travaux préparatoires*, Paris, 1991, p. 14 ss; tome II — *Délibérations de l' Institut en séances plénières*, Paris, 1992, p. 127 ss, 382 ss (onde podem ver-se as opiniões expressas por alguns dos mais eminentes especialistas de direito internacional privado sobre esta matéria).

[39] Também a problemática relativa a um eventual controlo quanto ao conteúdo do direito designado — a problemática relativa aos eventuais limites à autonomia, decorrentes de normas imperativas contidas em ordens jurídicas em contacto com o contrato ou decorrentes da actuação da reserva de ordem pública internacional do Estado do foro —, pode ter

O problema da relação entre a autonomia privada e o *dépeçage* tem sido encarado sob perspectivas contrastantes. Alguns autores consideram que a história do princípio da autonomia se opõe ao fraccionamento do contrato e que a referência das partes a uma lei tem precisamente em vista encontrar a solução mais adequada para o conjunto da relação contratual [40]; segundo outros, porém, o fraccionamento é uma emanação do princípio da autonomia e dirige-se à realização da vontade contratual [41]. Há quem entenda que, na prática dos contratos internacionais, o *dépeçage* pode conduzir a um certo equilíbrio entre as partes, nos casos em que não é possível escolher uma lei neutra em relação aos contraentes [42].

Discutida em termos gerais e puramente teóricos, ou perante diferentes sistemas de direito internacional privado, a questão da admissibilidade de uma escolha cumulativa de leis para reger o contrato tem merecido respostas distintas, consoante a pluralidade de leis designadas conduz a um "*dépeçage* subjectivo" ou a um "*dépeçage* objectivo" [43].

São mais gravosos os efeitos da divisão subjectiva do contrato (a aplicação de leis diferentes à obrigação de cada uma das partes), do que os efeitos da divisão objectiva (a aplicação de leis diferentes aos vários elementos do contrato ou às múltiplas questões dele emergentes). A aplicação de mais do que uma lei a vários aspectos de uma mesma situação é sempre susceptível de causar dificuldades de compatibilização entre normas materiais. O grau máximo de dificuldade surge quando a separação incide sobre a posição jurídica de cada um dos contraentes ou sobre os efeitos do contrato para cada um dos contraentes, podendo neste caso ficar prejudicada a simetria que, em cada ordem jurídica, caracteriza a relação obrigacional.

Por isso, enquanto é geralmente admitida a divisão objectiva do contrato por iniciativa dos contraentes — pois uma divisão do mesmo tipo é afinal provocada, em todos os sistemas de direito internacional privado,

---

consequências em matéria de *dépeçage*. Esse tema será abordado mais adiante; em alguns casos, aliás, a questão transcende a eventual limitação ao direito escolhido pelas partes para constituir uma limitação ao direito normalmente competente.

[40] BATIFFOL, LAGARDE, *Droit international privé*, II, 7ª ed., p. 316. Cfr. também JUENGER, *Parteiautonomie und objektive Anknüpfung...*, p. 63 s.

[41] LAGARDE, *Le "dépeçage"...*, p. 652 ss; EKELMANS, *Le "dépeçage"...*, p. 245 ss, 252 s; Y. LEQUETTE, *L' évolution des sources nationales et conventionnelles...*, p. 194 (pelo menos implicitamente); MOURA RAMOS, *Da lei aplicável...*, p. 470 s, nota (179); JAYME, *Identité culturelle et intégration...*, p. 139.

[42] Cfr. JAYME, *Komplexe Langzeitverträge und internationales Privatrecht*, p. 64; id., *Identité culturelle et intégration...*, p. 137.

[43] Sobre a questão, pormenorizadamente, MAGALHÃES COLLAÇO, *Direito internacional privado. Das obrigações voluntárias*, p. 34 ss, e, já antes, *Da compra e venda...*, p. 122 ss.

pela aplicação das normas de conflitos construídas com base no método da especialização —, a designação de leis diferentes para reger as obrigações de cada um dos contraentes apenas foi aceite nas ordens jurídicas onde a determinação da conexão subsidiária assenta em elementos cuja concretização é susceptível de produzir o *dépeçage* subjectivo. Independentemente de outros fundamentos, para resolver o problema de saber se é admissível o fraccionamento do contrato pelas partes, não é indiferente a analogia com a solução adoptada, em cada sistema jurídico, ao nível da lei subsidiariamente competente.

Diferentes concepções existem também quanto à natureza da referência ao direito designado para reger uma parte do contrato. Essa designação é por alguns entendida não como uma referência de natureza conflitual mas como uma referência material, apenas possível na medida em que tal for permitido pelo direito competente [44]; para outros, trata-se de uma autêntica referência de colisão [45].

No direito internacional privado actualmente em vigor no ordenamento português, a determinação do papel que cabe à autonomia privada na construção da unidade do estatuto contratual ou, pelo contrário, na dispersão da disciplina aplicável constitui uma questão a resolver perante o regime fixado na Convenção de Roma.

A disposição da Convenção que consagra o princípio da liberdade de escolha — o artigo 3º — admite expressamente, no nº 1, frase final, que "mediante esta escolha, as partes podem designar a lei aplicável à totalidade ou *apenas a uma parte* do contrato".

Nos casos em que os contraentes fizerem uso dessa faculdade e designarem a lei aplicável apenas a "uma parte" do contrato, essa lei concorrerá, na definição do estatuto contratual, com a ordem jurídica determinada de acordo com o critério subsidiário indicado na Convenção. A disciplina

---

[44] Cfr., perante diferentes sistemas de conflitos, e em épocas diversas: MAGALHÃES COLLAÇO, *Da compra e venda...*, p. 134; TABORDA FERREIRA, *Sistema do direito internacional privado segundo a lei e a jurisprudência*, Lisboa, 1957, p. 114; RAAPE, *Internationales Privatrecht*, 5ª ed., p. 471; VISCHER, *Internationales Vertragsrecht*, p. 59; NEUHAUS, *Die Grundbegriffe...*, p. 261; LANDO, *Contracts*, p. 43; JACQUET, *Principe d'autonomie...*, p. 142; HEINI, *Die Rechtswahl im Vertragsrecht...*, p. 69 s.

[45] WOLFF, *Private International Law*, p. 422 s; RABEL, *The conflict of laws...*, II, p. 393 ss, 363; Y. LEQUETTE, *L'évolution des sources nationales et conventionnelles...*, p. 194; E. LORENZ, *Die Rechtswahlfreiheit im internationalen Schuldvertragsrecht*, p. 569, 573; SCHWANDER, *Die Rechtswahl im IPR des Schuldvertragsrechts*, p. 479; MARTINY, *Münch.Komm.*, Art. 27, an. 35 (mas admitindo uma presunção no sentido de que a escolha parcial é de natureza puramente material, an. 38); FIRSCHING, VON HOFFMANN, *Internationales Privatrecht*, p. 362; CARBONE, LUZZATTO, *Il contratto internazionale*, p. 19 ss (considerando todavia que na designação de várias leis se encontram estreitamente ligadas a função internacionalprivatística e a função substancial da vontade das partes, p. 22).

contratual é então o resultado da justaposição dos regimes provenientes das duas leis assim convocadas.

Saber até onde pode ir a liberdade dos contraentes quanto à separação de "uma parte" do contrato é problema a decidir em função do sistema instituído pela própria Convenção [46].

2.3. O fraccionamento da disciplina contratual promovido pelo órgão de aplicação do direito em busca da conexão mais estreita

Nos sistemas de direito internacional privado — e nas épocas — em que à jurisprudência coube um papel de relevo na formação de regras de conflitos, os tribunais utilizaram o método analítico na regulação de situações internacionais, em especial, de contratos internacionais.

Na jurisprudência suíça obteve consagração a teoria da *grosse* ou *horizontale Vertragsspaltung*, segundo a qual, na determinação da lei competente para reger a relação contratual, deveria distinguir-se entre, de um lado, os pressupostos e requisitos de existência do contrato (submetidos à lei do lugar de celebração) e, de outro lado, os seus efeitos (abrangidos no âmbito da lei designada pelas partes) [47]. Os tribunais suíços, e, sobretudo, os tribunais alemães praticaram a *kleine* ou *vertikale Vertragsspaltung*, sujeitando as obrigações de cada uma das partes à lei do respectivo lugar de execução [48].

---

[46] Cfr., neste capítulo, § 3°, n° 2.2.

[47] O Tribunal Federal suíço seguiu o princípio da *grosse Vertragsspaltung* em jurisprudência constante desde 1906 (decisão de 9 de Junho, no caso *Raschke c. Bank für Handel und Industrie*, BGE 32 II 415) até 1952 (ano em que proferiu a decisão considerada fundamental na afirmação do estatuto unitário do contrato — decisão de 12 de Fevereiro, no caso *Chevalley c. Genimportex*, BGE 78 II 74). Sobre o alcance da teoria da *grosse Vertragsspaltung*, cfr. MOSER, *Vertragsabschluss, Vertragsgültigkeit und Parteiwille im internationalen Obligationenrecht*, St. Gallen, 1948, p. 20 ss; KNAPP, *La division des effets du contrat dans le droit international privé de la Suisse*, ZSchwR, 1941, p. 303a ss (p. 304a ss); id., *Vers la fin de la coupure générale des contrats dans le droit international suisse des obligations?*, Schw. Jb. int. R., 1948, p. 83 ss. A doutrina suíça, mesmo a contemporânea da jurisprudência referida, não acolheu favoravelmente esta separação entre existência e efeitos do contrato. Cfr. MOSER, *ob. cit.*, em especial, p. 213 ss; KNAPP, *Vers la fin de la coupure générale des contrats...*, em especial, p. 92 ss. Porventura em atenção às críticas da doutrina, nos anos que precederam a decisão no caso *Chevalley c. Genimportex*, a teoria é aplicada já com alguma hesitação. Vejam-se, por exemplo, as decisões de 3 de Junho de 1947 (BGE 73 II 102) e de 14 de Julho de 1951 (BGE 77 II 272). Na jurisprudência alemã, veja-se LG Aurich, 11.7.1973, AWD 1974, 282 s, onde expressamente se afirma não ser possível excluir a aplicabilidade de direitos diferentes às questões da existência e da eficácia de um contrato.

[48] A *kleine Vertragsspaltung* é consequência da aplicação às obrigações contratuais da lei em vigor no lugar do cumprimento, sempre que as obrigações de cada uma das partes

Encontram-se também descritos casos em que os tribunais procederam ao fraccionamento, por considerarem que a lei designada pelas partes seria inadequada para reger certos aspectos do contrato (aplicando então a tais aspectos a lei subsidiariamente competente) [49], ou por verificarem que a lei primariamente aplicável conduziria à invalidade do contrato (abstraindo então, na aplicação dessa lei, das disposições de que resultaria a invalidade do contrato, e substituindo-as por disposições da lei subsidiariamente competente) [50].

Interessa em especial averiguar se, no direito de conflitos actual, é admitida a possibilidade de o órgão de aplicação do direito aplicar, a título subsidiário, mais do que uma lei à *substância* do contrato. Tal possibilidade encontra-se prevista no artigo 4°, n° 1, frase final, da Convenção de Roma.

Estabelece o artigo 4° da Convenção que, não tendo os interessados escolhido o direito aplicável nos termos do artigo 3°, o contrato será regido pela lei do país com o qual apresente uma conexão mais estreita. Mas, "se uma parte do contrato for separável do resto do contrato e apresentar uma

---

sejam cumpridas em países diferentes. Cfr., na jurisprudência alemã: BGH, 9.10.1960, NJW 1960, 1720; BGH, 22.9.1971, AWD 1971, 589 ss = Rev. crit., 1972, p. 621 ss (com anotação de E. MEZGER); na jurisprudência suíça: BG, 31.10.1908, BGE 34 II, 643; BG, 22.10.1915, BGE 41 II, 591. Na origem da *kleine Spaltung* está portanto a concepção de Savigny segundo a qual a sede da obrigação se determina pelo lugar do cumprimento (cfr. SAVIGNY, *System des heutigen römischen Rechts*, Bd. 8, p. 205 s). O Tribunal Federal alemão afirmava o princípio da unidade do estatuto contratual, determinado pela vontade expressa ou tácita das partes, e, em segundo lugar, pela sua vontade hipotética (apurada a partir da avaliação dos interesses das partes, com base em elementos objectivos); só não sendo possível a determinação da vontade hipotética, considerava a remissão para o lugar do cumprimento da obrigação (cfr. BGH, 30.3.1955, BGHZ 17, 89; BGH, 9.10.1960, NJW 1960, 1720; BGH, 19.10.1960, NJW 1961, 25 s; BGH, 22.9.1971, AWD 1971, 589 ss = Rev. crit., 1972, p. 621 ss; BGH, 19.9.1973, IPRspr., 1973, n° 11, p. 29 ss = AWD 1973, 630 s). Mas a dificuldade de determinação da vontade hipotética, com aquele sentido objectivo, tornava o lugar do cumprimento o critério de conexão mais relevante. Foi claramente definido pelo BGH um estatuto unitário do contrato, a partir da determinação do respectivo *Schwerpunkt,* nas seguintes decisões: BGH, 30.3.1955, BGHZ 17, 89; BGH, 19.10.1960, NJW 1961, 25 s; BGH, 19.9.1973, IPRspr., 1973, n° 11, p. 29 ss = AWD 1973, 630 s. Sobre a prática da *kleine Spaltung,* pelos tribunais alemães, cfr., por todos, STEINSCHULTE, col. SANDROCK "Handbuch der Internationalen Vertragsgestaltung", *Grundfragen des Internationalen Vertragsrechts: Die Kollisionsrechtliche Anknüpfung von Schuldverträgen,* 1980, p. 1 ss (p. 43 ss, 117 s), e, pelos tribunais suíços, NIEDERER, *Die Spaltung des Vertrages bezüglich seiner Wirkungen im schweizerischen internationalen O. R.,* ZSchwR, 1941, p. 221a ss (p. 245a ss); KNAPP, *La division des effets du contrat...,* p. 316a ss.

[49] LAGARDE, *Le "dépeçage"* ..., p. 656.
[50] BATIFFOL, *Subjectivisme et objectivisme...,* p. 45 s; LANDO, *Contracts,* p. 43 s; LAGARDE, *Le "dépeçage"*..., p. 656 s. De um modo geral, a doutrina pronuncia-se contra esta prática. Além dos autores citados, cfr. ainda: GOTHOT, *La méthode unilatéraliste...,* p. 11; MOURA RAMOS, *Da lei aplicável ...,* p. 471, nota (179), p. 582 ss e nota (446).

conexão mais estreita com um outro país, a essa parte poderá aplicar-se, a título excepcional, a lei desse outro país".

Ao procurar a lei que deve regular o contrato na falta de escolha pelos contraentes, o órgão de aplicação do direito pode portanto chegar à conclusão que "uma parte" do contrato tem uma conexão mais estreita com uma lei diferente daquela que será aplicável, por força do critério da Convenção, ao "resto do contrato". O estatuto do contrato resultará, nesse caso, da combinação das duas leis chamadas.

O âmbito de aplicação desta faculdade reconhecida ao órgão de aplicação do direito é função da interpretação dos critérios fixados no preceito do artigo 4°, tendo em conta o sistema geral da Convenção [51].

3. A pluralidade de ordens jurídicas aplicáveis a actos jurídicos autónomos do ponto de vista estrutural mas funcionalmente interligados

A aplicação dos critérios comuns de determinação do direito competente para reger as situações internacionais exige, na generalidade dos sistemas de direito internacional privado, a valoração autónoma de actos jurídicos que, apesar de estruturalmente independentes, se encontram funcionalmente ligados por vínculos de natureza jurídica ou económica.

A actuação normal das regras de conflitos pode, por exemplo, conduzir à aplicação de ordens jurídicas distintas: a um contrato e ao negócio jurídico de escolha do direito aplicável a esse contrato; a um contrato e ao acto de revogação desse contrato; ao negócio jurídico de garantia e ao contrato garantido; à cessão de um crédito e ao crédito cedido; ao contrato e ao subcontrato; ao contrato subjacente ao poder de representação, à procuração e ao contrato representativo; aos diversos contratos interligados que compõem as mais importantes operações do comércio internacional.

Trata-se por vezes de contratos (ou outros negócios jurídicos) em que coincidem as pessoas intervenientes; frequentemente, e nas hipóteses mais típicas, estabelecem-se relações triangulares.

Existem entre os actos jurídicos mencionados, determinados nexos ou vínculos — nem sempre da mesma natureza —, que legitimam, em cada um dos casos, a referência a uma "situação complexa" [52] e a consideração de um "conjunto".

---

[51] Cfr., neste capítulo, § 3°, n° 2.2.

[52] Às dificuldades suscitadas, em direito internacional privado, pelas situações complexas têm sido dedicados alguns estudos monográficos, já anteriormente citados: CASSONI, *I contratti collegati nel diritto internazionale privato*; BALLARINO, *Disciplina dei negozi-base nel diritto internazionale privato italiano*; JAYME, *Kollisionsrecht und Bankgeschäfte mit*

Em alguns dos exemplos acima apontados, a decisão sobre a existência, validade, conteúdo e efeitos de um dos actos incluído no conjunto depende, no direito material de muitos países, do juízo sobre a existência, validade, conteúdo e efeitos do contrato considerado como principal. Assim acontece, no direito português, designadamente em matéria de fiança (artigos 627º e seguintes do Código Civil).

Se na construção e na aplicação dos sistemas de direito internacional privado não for considerada a especificidade destes casos, a utilização mecânica das normas de conflitos é susceptível de provocar o fraccionamento da "situação complexa" ou do "conjunto".

No sistema de direito internacional privado hoje em vigor na ordem jurídica portuguesa, os critérios comuns de determinação do direito aplicável são adequados a conduzir à dispersão do regime competente para reger situações complexas do tipo das aqui referidas. As normas de conflitos do Código Civil, da Convenção de Haia sobre representação e da Convenção de Roma supõem, na generalidade dos casos, a valoração autónoma dos negócios jurídicos, ainda que se encontrem económica ou juridicamente interligados.

O modelo de regulamentação é, de um modo geral, o negócio jurídico (ou o contrato) unitário, de prestação simples e execução instantânea. A relação contratual de estrutura complexa não é objecto de um regime conflitual específico.

Perante as normas da Convenção de Roma, as partes podem designar leis diferentes para reger cada um dos contratos interligados; o órgão de aplicação do direito pode determinar a ordem jurídica que apresenta a conexão mais estreita com cada um desses contratos. O sistema instituído pela Convenção de Haia sobre representação admite a aplicação de leis distintas ao contrato entre o representado e o representante, ao poder de representação e ao contrato representativo, quer na sequência do exercício da autonomia privada pelos interessados, quer através do funcionamento das normas de conflitos subsidiárias.

Auslandsberührung; id., *Kollisionsrechtliche Techniken für Langenzeitverträge mit Auslandsberührung*; id., *Komplexe Langzeitverträge und internationales Privatrecht*; VON DER SEIPEN, *Akzessorische Anknüpfung und engste Verbindung im Kollisionsrecht der komplexen Vertragsverhältnisse*, em especial, p. 111 ss. Ver ainda: ALTHAUS, *La convention de Rome et les relations tripartites*, "Convention de Rome et opérations bancaires", 1993, p. 40 ss; LECLERC, *Les chaînes de contrats en droit international privé*, Clunet, 1995, p. 267 ss; M. MAHMOUD, *Groupe de contrats: intérêt de la notion en droit international privé et dans le droit de l'arbitrage international*, RDAI, 1996, p. 593 ss; HEUZÉ, *La loi applicable aux actions directes dans les groupes de contrats: l'exemple de la sous-traitance internationale*, Rev. crit., 1996, p. 243 ss.

Muitas vezes o recurso ao fraccionamento pelo órgão de aplicação do direito mais não é do que um meio para tentar superar as dificuldades que se suscitam na determinação da conexão mais estreita em algumas situações complexas, mais não é do que um procedimento utilizado para substituir a busca da conexão "justa" [53].

No direito de conflitos em vigor no ordenamento português, encontram-se, apesar de tudo, consagradas certas soluções em que foi determinante o objectivo de evitar o fraccionamento em algumas das situações descritas. A questão reside em saber se o "espírito do sistema" permite a extensão dos instrumentos utilizados para a resolução de outros casos [54].

4. A sucessão no tempo de estatutos aplicáveis à mesma questão

Para a dispersão na regulação das situações internacionais contribui igualmente o factor tempo.

Não se trata de analisar aqui todos os problemas em que, na aplicação do direito de conflitos, o factor tempo é susceptível de influenciar o regime das situações internacionais [55]. De momento interessa tão-só considerar aqueles casos em que, por se verificarem modificações nas circunstâncias de que depende a designação do direito competente — isto é, por se verificarem modificações no conteúdo concreto do elemento de conexão usado na norma de conflitos relevante do foro —, uma ordem jurídica se substitui a uma outra para reger certa matéria. São os casos que estão na origem da problemática conhecida por "sucessão de estatutos" [56] ou "conflito móvel" [57].

A sucessão de estatutos implica um fraccionamento, no tempo, do direito aplicável. Pondo em causa a continuidade das relações jurídicas, representa um risco de quebra de coerência na regulação das situações internacionais. A questão assume especial relevância a propósito das relações jurídicas duradouras.

A Convenção de Roma, no artigo 3º, nº 2, permite aos contraentes designar, em qualquer momento, uma lei diferente daquela que anterior-

---

[53] Cfr. WENGLER, *L' évolution moderne du droit international privé et la prévisibilité du droit applicable*, p. 662, e, já antes, *Les conflits de lois et le principe d' égalité*, p. 504.

[54] Cfr., neste capítulo, § 3º, nº 2.3., nº 3.1., nº 4.2.

[55] Para a tipificação dos problemas que se suscitam na aplicação das normas de conflitos, relacionados com o factor tempo, cfr., por todos, MAGALHÃES COLLAÇO, *Direito internacional privado*, II, p. 99 ss.

[56] WENGLER, *Skizzen zur Lehre vom Statutenwechsel*, RabelsZ, 1958, p. 535 ss (*Statutenwechsel im engeren Sinne*, ou *Anknüpfungswechsel*, p. 537).

[57] RIGAUX, *Le conflit mobile en droit international privé*, Recueil des Cours, 1966 — I, tome 117, p. 329 ss.

mente regulava o contrato. Não tendo esta escolha efeitos retroactivos plenos, tal faculdade redunda afinal na aplicação sucessiva (e em certos aspectos também cumulativa) de duas leis ao mesmo contrato.

Em abstracto, o problema pode surgir sempre que a norma de conflitos recorra a um elemento de conexão de carácter móvel ou de conteúdo variável.

De um modo geral, os sistemas de direito internacional privado dispõem de instrumentos destinados, umas vezes, a prevenir o conflito móvel, e, outras vezes, a resolvê-lo; para os casos em que tal conflito não possa ser evitado, nem existam soluções *ad hoc*, importa definir critérios adequados a minimizar os efeitos deste tipo particular de fraccionamento da disciplina contratual [58].

5. A atendibilidade de outro direito por via da conexão complementar

O recurso ao método da conexão complementar, proposto nesta dissertação para a resolução das questões de interpretação e integração de certos conceitos ou relações utilizados nas normas materiais do direito competente, implica (e, ao mesmo tempo, fundamenta) a interferência, no direito primariamente aplicável, de normas contidas em outras leis em contacto com a situação internacional a regular [59].

A conexão complementar tem como consequência a "consideração" ou "atendibilidade" (*Berücksichtigung*), no âmbito da ordem jurídica primariamente designada, de dados retirados de outra ou outras leis, em ordem a permitir a determinação do regime aplicável à situação privada internacional em causa.

É inerente ao método da conexão complementar a pluralidade de ordens jurídicas convocadas para fornecer a disciplina da situação: a ordem jurídica designada pela conexão primária (como ordem jurídica a que em primeira linha compete reger a questão privada internacional) e a ordem jurídica (ou ordens jurídicas) designada pela conexão complementar (como ordem jurídica a que irá pedir-se o preenchimento do conteúdo de conceitos ou relações utilizados nas normas materiais do direito primariamente competente).

---

[58] Cfr., neste capítulo, § 3º, nº 5., e § 4º, nº 4.1.1.
[59] Cfr. capítulo IV, § 2º, nº 3.5., e, neste capítulo, § 4º, nº 4.2.2.

6. A actuação da reserva de ordem pública internacional do Estado do foro

A actuação da reserva de ordem pública internacional, quer na sua função negativa, quer na sua função positiva [60], significa sempre uma imposição das concepções jurídicas fundamentais do Estado do foro na regulação de uma situação internacional submetida, pelas normas de conflitos do sistema do foro, a uma ordem jurídica estrangeira.

A ordem pública internacional, pela sua fonte e pelo seu conteúdo, tem carácter "nacional"; cada Estado determina, de modo autónomo, o conteúdo da ordem pública que intervém nas relações internacionais de direito privado.

Dentro de uma concepção aposteriorística da ordem pública internacional, que remonta a Savigny, o problema a que o instituto pretende dar resposta coloca-se no momento da aplicação do direito estrangeiro designado pelas normas de conflitos do foro e tem em vista impedir que a aplicação do direito estrangeiro normalmente competente conduza, num caso concreto, a um resultado inadmissível perante o sentimento jurídico dominante no Estado do foro. Esta excepção ao funcionamento geral das normas de conflitos é portanto susceptível de conduzir ao fraccionamento da disciplina do contrato.

Sendo a noção de ordem pública internacional "relativa" por natureza, conforme o espaço e o tempo a que se reporte [61], também os pressupostos e os efeitos da sua actuação estão subordinados a esta característica de "relatividade". A reserva só deve actuar quando exista uma integração suficientemente forte da situação no país do foro [62], susceptível de provocar, no caso de a lei estrangeira ser aplicada, a perturbação dos valores fundamentais da vida jurídica do foro, e susceptível, ao mesmo tempo, de justificar o

---

[60] Sobre as funções negativa e positiva da reserva de ordem pública internacional, vejam-se, na literatura portuguesa, em sentidos não inteiramente coincidentes: MAGALHÃES COLLAÇO, *Direito internacional privado*, II, p. 429 ss; FERRER CORREIA, *Lições...*, p. 574 ss; BAPTISTA MACHADO, *Lições de direito internacional privado*, p. 269; MARQUES DOS SANTOS, *Direito internacional privado. Sumários*, p. 188 s.

[61] Porque a justiça de uma lei é uma "justiça espácio-temporalmente condicionada" (FERRER CORREIA, *Lições...*, p. 569).

[62] Na linguagem jurídica dos autores de língua alemã: *Binnenbeziehung* (WENGLER, *Internationales Privatrecht*, I, p. 79; SCHWANDER, *Einführung in das internationale Privatrecht*, I, p. 485; A. BUCHER, *L' ordre public...*, p. 52 ss); *Inlandsbeziehung* (KROPHOLLER, *Internationales Privatrecht*, p. 223; JAYME, *Identité culturelle et intégration...*, p. 228, 233; SCHWIMANN, *Grundriß des internationalen Privatrechts. Mit besonderer Berücksichtigung der IPR-Staatsverträge*, Wien, 1982, p. 49); *Inlandsbezug* (C. VON BAR, *Internationales Privatrecht*, I, p. 541; FIRSCHING, VON HOFFMANN, *Internationales Privatrecht*, p. 244); *Inlandsberührung* (KEGEL, *Internationales Privatrecht*, p. 379).

afastamento do regime oriundo da lei estrangeira normalmente competente [63].

Com igual fundamento, são mais intensos os efeitos da actuação da reserva de ordem pública quando se trate da constituição de relações, por aplicação de uma lei estrangeira contrária a princípios fundamentais do Estado do foro, do que quando se trate do mero reconhecimento, pela ordem jurídica do foro, de situações constituídas no estrangeiro ao abrigo da lei em causa [64].

O efeito da intervenção da ordem pública internacional consiste no afastamento de um determinado regime material e não no afastamento em bloco do direito estrangeiro normalmente competente. O carácter de excepção reconhecido nos nossos dias à reserva de ordem pública justifica que a sua actuação deva ser limitada ao mínimo; por outro lado, impõe que, perante uma eventual situação de lacuna de regulamentação provocada pela exclusão de determinadas normas da lei designada, essa lacuna deva, sempre que possível, ser preenchida nos quadros do ordenamento competente.

No sistema do Código Civil português, para colmatar uma lacuna que porventura surja com a intervenção da ordem pública internacional deve, num primeiro momento, recorrer-se às normas mais apropriadas da legislação estrangeira designada (artigo 22º, nº 2, primeira parte). A solução pretende naturalmente preservar a coerência na aplicação do direito normalmente competente [65].

Não sendo possível preencher a lacuna por essa via, serão aplicáveis as regras do direito material português (artigo 22º, nº 2, parte final), surgindo assim eventualmente um novo caso de fraccionamento na regulação da situação internacional.

Solução diferente e original encontra-se consagrada na nova lei italiana de direito internacional privado quanto à resolução do problema das lacunas provocadas pela intervenção da reserva de ordem pública internacional. O nº 2 do artigo 16 manda aplicar, em primeiro lugar, o direito subsidiariamente competente e, na falta deste, o direito material italiano [66]. O preceito conduz à dispersão do regime aplicável em dois momentos

---

[63] Segundo o entendimento comum, a exigência de integração ou proximidade relativamente ao ordenamento do foro apenas será dispensada quando a aplicação do direito estrangeiro ofenda valores de tal modo essenciais que não admitam qualquer derrogação. Sobre a questão, por todos, FERRER CORREIA, Lições..., p. 569 s.

[64] Efeito atenuado da ordem pública internacional (BAPTISTA MACHADO, Lições de direito internacional privado, p. 265 ss; MARQUES DOS SANTOS, Direito internacional privado. Sumários, p. 188). Cfr. também MAGALHÃES COLLAÇO, Direito internacional privado, II, p. 427 ss; FERRER CORREIA, Lições..., p. 569 ss.

[65] Princípio do "mínimo de dano causado à lei estrangeira" (BAPTISTA MACHADO, Lições de direito internacional privado, p. 272).

[66] Sobre a solução contida na nova lei italiana de DIP, cfr. MOSCONI, Diritto internazionale privato e processuale. Parte generale e contratti, p. 132 ss.

e não apenas num momento, como acontece perante a solução do Código Civil português.

A intervenção da ordem pública internacional pode portanto provocar a dispersão na regulação das situações internacionais, constituindo um elemento de perturbação na unidade e coerência do direito competente [67].

7. A interferência de normas imperativas

O estatuto da situação privada internacional pode não coincidir com o âmbito de eficácia de normas imperativas contidas em ordens jurídicas que se encontram em contacto com a situação. É portanto possível a interferência na disciplina de uma situação, *maxime* no estatuto do contrato, de normas imperativas que não pertencem ao estatuto contratual.

No sistema de direito internacional privado em vigor no ordenamento português, esta problemática tem contornos múltiplos e encontra soluções diversas, consoante a natureza das normas imperativas em contacto com o contrato, as circunstâncias do próprio contrato e o tipo contratual que esteja em causa.

O regime fixado quanto a esta matéria na Convenção de Haia sobre a lei aplicável à representação e na Convenção de Roma sobre a lei aplicável às obrigações contratuais admite a distinção que a seguir se sintetiza.

7.1. Normas imperativas, no sentido de normas inderrogáveis, incluídas na única ordem jurídica ligada ao contrato por pontos de contacto objectivos

A internacionalização de um contrato pode resultar quer da designação pelas partes de uma ordem jurídica diferente daquela com a qual, em

---

[67] Para quem admite a existência de "disposições de ordem pública", a par dos "princípios de ordem pública" — reminiscência (ou ressurgimento) de uma teoria apriorística da ordem pública —, a actuação da ordem pública tem sempre como efeito a intromissão imediata da lei do foro no direito aplicável, determinando, em qualquer caso, a dispersão na regulação da situação internacional. Assim, SPERDUTI, *Les lois d' application nécessaire en tant que lois d' ordre public*, Rev. crit., 1977, p. 257 ss (p. 261 ss); id., *Critique des termes "règles delimitant leur propre domaine d' application"*, p. 160 ss. Recentemente, A. BUCHER, *L' ordre public...*, p. 34 ss, 71 ss, defendeu uma concepção da ordem pública, que pode considerar-se inspirada pela teoria apriorística. A perspectiva de que o autor parte reflecte-se: no tratamento conjunto da ordem pública e das designadas normas de aplicação imediata; na discussão do papel reservado às regras de ordem pública estrangeiras; na proposta de um novo entendimento quanto à função da norma de conflitos, que se dirigiria ao respeito do interesse dos Estados na aplicação das suas leis e à observância do âmbito de eficácia necessário para a execução dos objectivos contidos nas regras de ordem pública tanto da lei do foro como das leis estrangeiras.

função de todos os seus elementos, o contrato se encontra localizado, quer da sujeição pelas partes de um contrato originariamente interno à jurisdição de um tribunal estrangeiro.

Nesse caso, a designação de uma lei estrangeira, acompanhada ou não da escolha de um tribunal estrangeiro, não pode prejudicar a aplicação das disposições imperativas da ordem jurídica em vigor no país em que, no momento da escolha, se localizam todos os outros elementos do contrato (artigo 3º, nº 3 da Convenção de Roma). Por outras palavras, a autonomia das partes não pode conduzir ao afastamento das disposições imperativas da ordem jurídica que seria aplicável na falta de escolha.

As normas imperativas da ordem jurídica onde se localizaria o contrato na falta de escolha de outra lei constituem um limite ao exercício da autonomia privada, ou melhor, ao âmbito de eficácia do direito designado [68]. No caso de ser escolhida uma lei diferente, as normas imperativas do país cuja lei seria normalmente competente concorrem — ou podem concorrer —, com o restante regime proveniente do direito designado, na definição da disciplina aplicável ao contrato. Se a lei designada pelos contraentes não contrariar as disposições imperativas da ordem jurídica onde se localizaria o contrato na falta de escolha de outra lei, nem chega, como é óbvio, a suscitar-se qualquer problema de fraccionamento da disciplina aplicável.

7.2. Normas imperativas que têm como objecto a protecção da parte institucionalmente mais fraca

Tratando-se de determinadas categorias de contratos internacionais, a designação pelas partes do direito competente para reger o contrato não pode privar certas categorias de contraentes da protecção que lhes seria assegurada pelas disposições imperativas contidas numa ordem jurídica que tem com tais contraentes uma ligação especial (a ordem jurídica que, em cada um dos casos, constitui o respectivo *Umweltrecht*).

Assim acontece relativamente aos contratos com consumidores (artigo 5º da Convenção de Roma) — mas em hipóteses limitadas, tendo em conta o conjunto de circunstâncias que o nº 2 do artigo 5º exige para a aplicação desse regime — e ao contrato de trabalho (artigo 6º da Convenção de Roma) [69].

---

[68] Em sentido semelhante, E. LORENZ, *Die Rechtswahlfreiheit im internationalen Schuldvertragsrecht*, p. 569, 574 s, e, implicitamente, TREVES, *Norme imperative e di applicazione necessaria nella Convenzione di Roma del 19 giugno 1980*, p. 27.

[69] A consagração na Convenção de Roma e em algumas legislações internas de regimes especiais para a determinação do direito aplicável a certas categorias de contratos vem introduzir desvios ou limites às regras gerais sobre a individualização da ordem jurídica

Também nestes casos, a interferência de normas imperativas constitui, ou pode constituir, um limite ao âmbito de eficácia do direito designado com base na autonomia privada. Uma vez mais, a autonomia das partes não pode conduzir ao afastamento de disposições imperativas da ordem jurídica que seria aplicável na falta de escolha. Trata-se aqui no entanto apenas de certa categoria de disposições imperativas, as que asseguram a protecção do contraente que na relação contratual tendencialmente ocupa a posição de parte mais fraca.

As normas imperativas que têm como objecto a protecção do consumidor, contidas na lei do país da sua residência habitual, ou as que têm como objecto a protecção do trabalhador, contidas na lei do país onde presta habitualmente o seu trabalho (ou na lei do país onde se situa o estabelecimento que contratou o trabalhador ou de outro país com o qual o contrato tenha uma conexão mais estreita) representam o *standard* mínimo de protecção que deve ser assegurado a essas categorias de contraentes. A Convenção não determina imperativamente a aplicabilidade de tais normas; elas só serão aplicadas ao contrato, em conjunto com a lei designada pelas partes, podendo dar origem a mais um caso de fraccionamento do estatuto contratual, se igual protecção não resultar da lei escolhida pelos contraentes [70] [71].

---

competente. Tais regimes, estabelecidos no sistema da Convenção de Roma relativamente aos contratos celebrados com consumidores (artigo 5º) e ao contrato individual de trabalho (artigo 6º), são o reflexo do carácter imperativo das disposições internas em vigor nos Estados membros, nos domínios considerados. As disposições internas de protecção da parte mais fraca ficariam sem efeito prático no comércio internacional se pudessem ser livremente afastadas pela escolha de uma lei diferente; o mesmo aconteceria em muitos casos se a lei aplicável a título supletivo fosse necessariamente, em todas as categorias de contratos, a que resulta da presunção geral do artigo 4º, nº 2. Sobre os mecanismos de protecção da parte mais fraca em direito internacional privado, cfr. PINGEL, *La protection de la partie faible en droit international privé (du salarié au consommateur)*, Droit Social, 1986, p. 133 ss, e as obras já anteriormente citadas: MOURA RAMOS, *Da lei aplicável...*, em especial, p. 728 ss; id., *La protection de la partie la plus faible en droit international privé*; POCAR, *La legge applicabile ai contratti con i consumatori*; id., *La protection de la partie faible en droit international privé*; PATOCCHI, *Règles de rattachement localisatrices...*, p. 128 ss; LAGARDE, *Le contrat de travail dans les conventions européennes de droit international privé*; JAYME, *Les contrats conclus par les consommateurs et la loi applicable aux obligations contractuelles*; M. M. SALVADORI, *La protezione del contraente debole (consumatori e lavoratori) nella Convenzione di Roma*.

[70] Um efeito semelhante pode resultar da aplicação da norma do artigo 38º do Decreto-Lei nº 178/86, de 3 de Julho, relativo ao contrato de agência. Ao estabelecer o *standard* mínimo de protecção que deve ser assegurado ao agente em matéria de cessação do contrato, o diploma admite a interferência do direito material português no estatuto contratual. Sublinhem-se todavia as diferenças quanto ao método e quanto ao título com que intervém, no estatuto do contrato (e não apenas no direito designado pelas partes), a ordem jurídica portuguesa (lei do país onde o contrato se desenvolve de modo exclusivo ou predominante, que não é forçosamente a lei competente por conexão subsidiária). Analisando o regime do direito

7.3. Normas imperativas, no sentido das designadas normas de aplicação imediata ou necessária

A atribuição de relevância às designadas normas de aplicação imediata ou necessária não pertencentes à lei competente — prevista tanto pela Convenção de Haia sobre representação como pela Convenção de Roma [72] — pode igualmente conduzir ao fraccionamento da disciplina do contrato [73].

---

português relativamente ao contrato de agência, M. JORGE, *Contrat d' agence et conflit de lois en droit international privé portugais*, DPCI, 1991, n° 2, p. 309 ss, considera que, no diploma referido, tendo em conta a disposição do artigo 38°, a técnica utilizada para a protecção da parte institucionalmente mais fraca consiste precisamente no *dépeçage* ou fraccionamento da disciplina do contrato (p. 311 ss). Nesse sentido, veja-se também, do autor, *Rattachements alternatifs et principe de proximité: les apports récents du droit international privé portugais*, "Droit international et droit communautaire", 1991, p. 213 ss (p. 218).

[71] Cfr., neste capítulo, § 4°, n° 3.4.2.

[72] As disposições da Convenção de Roma e da Convenção de Haia sobre representação que permitem a atribuição de relevância a normas imperativas apenas se referem — e apenas se justifica que se refiram — a normas dessa natureza não pertencentes à lei chamada pela regra de conflitos do foro para reger a situação em causa. As disposições imperativas incluídas na *lex causae*, mesmo quando tenham a natureza de normas de direito público, são abrangidas pela designação feita pela regra de conflitos; a aplicação de tais disposições depende da verificação dos pressupostos por elas mesmas fixados e apenas encontra limite na actuação da reserva de ordem pública internacional do Estado do foro. Neste sentido se pronuncia a doutrina dominante. Cfr.: WENGLER, *Die Anknüpfung des zwingenden Schuldrechts im internationalen Privatrecht. Eine rechtsvergleichende Studie*, ZVglRWiss, 1941, p. 168 ss (p. 182); WOLFF, *Private International Law*, p. 416; RABEL, *The conflict of laws...*, II, p. 567; SERICK, *Die Sonderanknüpfung von Teilfragen im internationalen Privatrecht*, p. 648; MAGALHÃES COLLAÇO, *Da compra e venda...*, p. 314 s; F. DÉBY-GÉRARD, *Le rôle de la règle de conflit...*, p. 67, 77 ss; BATIFFOL, *Le pluralisme des méthodes en droit international privé*, p. 142; BATIFFOL, LAGARDE, *Droit international privé*, I, 8ª ed., p. 429; A. BUCHER, *Grundfragen der Anknüpfungsgerechtigkeit im internationalen Privatrecht*, p. 102; VAN HECKE, *Jus cogens and the law of international trade*, "Essays on the law of international trade", 1976, p. 3 ss (p. 6); LANDO, *Contracts*, p. 112; MAYER, *Les lois de police étrangères*, p. 330; id., *Droit international privé*, p. 92; VITTA, *La convenzione CEE sulle obbligazioni contrattuali...*, p. 843; BALLARINO, *Diritto internazionale privato*, p. 413 s; HEINI, *Ausländische Staatsinteressen und internationales Privatrecht*, ZSchwR, 1981, p. 65 ss (p. 79, 83); FERRER CORREIA, *Considerações sobre o método do direito internacional privado*, p. 388; JACQUET, *La norme juridique extraterritoriale dans le commerce international*, p. 384; E. LORENZ, *Die Rechtswahlfreiheit...*, p. 583; SIEHR, *Ausländische Eingriffsnormen im inländischen Wirtschaftskollisionsrecht*, RabelsZ, 1988, p. 41 ss (p. 75 s); CHENAUX, *L' application par le juge des dispositions impératives étrangères non désignées par la règle de conflit du for*, p. 64; MARTINY, *Münch.Komm.*, Art. 34, an. 24; BAADE, *Operation of foreign public law*, p. 26; SCHWANDER, *Einführung in das internationale Privatrecht*, I, p. 248 s; DICEY and MORRIS *on the conflict of laws*, 12ª ed., p. 1241; P. KINSCH, *Le fait du prince étranger*, p. 382 s; BUSSE, *Die Berücksichtigung ausländischer "Eingriffsnormen" durch die deutsche Rechtsprechung*, ZVglRWiss, 1996, p. 386 ss (p. 414 s, 418); L. GAROFALO, *Volontà delle parti e norme imperative nella Convenzione di Roma sulla legge applicabile ai contratti*

A categoria jurídica "normas de aplicação imediata ou necessária" tem limites imprecisos, pois abrange normas materiais de conteúdo diversificado e estende-se por domínios muito diferentes uns dos outros.

A nota de imprecisão assinalada a esta categoria de normas refere-se igualmente aos efeitos que elas produzem. As "normas de aplicação imediata ou necessária" caracterizam-se por serem imperativas e por reclamarem a sua aplicação mesmo às situações internacionais sujeitas a um direito estrangeiro. São porém controversos o sentido, o alcance e os limites da intromissão no estatuto contratual de tais preceitos, principalmente quando pertençam a uma ordem jurídica diferente do Estado do foro (e não pertençam ao estatuto do contrato, entenda-se).

As normas da Convenção de Haia sobre representação e da Convenção de Roma que permitem atribuir relevância às normas de aplicação imediata ou necessária não esclarecem totalmente estas questões.

O artigo 16º da Convenção de Haia sobre representação permite atribuir efeito a disposições imperativas de um Estado com o qual a situação apresente uma conexão efectiva se, e na medida em que, segundo a ordem jurídica desse Estado, tais disposições forem aplicáveis qualquer que seja a lei designada pelas suas regras de conflitos.

---

e nel nuovo sistema italiano di diritto internazionale privato, Rdintpriv.proc., 1996, p. 469 ss (p. 484, 485). Uma solução diferente implicaria o desrespeito pela unidade e coerência do sistema jurídico aplicável. A tese foi consagrada numa resolução do Instituto de Direito Internacional, aprovada na sessão de Wiesbaden, em Agosto de 1975 (publicada na Rev. crit., 1976, p. 423 ss, e comentada por SPERDUTI, *Droit international privé et droit public étranger*, Clunet, 1977, p. 5 ss) e encontra-se hoje claramente expressa no artigo 13 da lei suíça de DIP. Para a defesa da teoria oposta, que recusa a inclusão das normas de aplicação imediata na remissão operada pela norma de conflitos, cfr. KREUZER, *Ausländisches Wirtschaftsrecht vor deutschen Gerichten. Zum Einfluß fremdstaatlicher Eingriffsnormen auf private Rechtsgeschäfte*, Heidelberg, 1986, em especial, p. 84, 86, 96. Criticando a diferença de tratamento dado às normas de aplicação imediata estrangeiras da *lex causae* e de "terceiros" Estados, MARQUES DOS SANTOS, *As normas de aplicação imediata...*, p. 978, 1031 ss, 1048. Propõem a sujeição das normas de aplicação imediata da *lex causae* ao regime estabelecido em relação às normas de aplicação imediata estrangeiras: A. PHILIP, *Recent provisions on mandatory laws in private international law*, p. 247; VISCHER, *Zwingendes Recht und Eingriffsgesetze nach dem schweizerischen IPR-Gesetz*, p. 441, 445; SCHURIG, *Zwingendes Recht, "Eingriffsnormen" und neues IPR*, p. 246; M. BECKER, *Zwingendes Eingriffsrecht in der Urteilsanerkennung*, RabelsZ, 1996, p. 691 ss (p. 697, 737). À semelhança da Convenção de Roma (artigo 7º) e da Convenção de Haia sobre representação (artigo 16º), também a resolução do Instituto de Direito Internacional, aprovada na sessão de Bâle, em Agosto de 1991, se refere apenas, no artigo 9º, nºs 1 e 2, a normas imperativas não incluídas na lei designada pelas partes (cfr. Annuaire de l' IDI, vol. 64, II, p. 382 ss, p. 386).

[73] Segundo LUZZATTO, *Le norme di diritto internazionale privato*, "I cinquant' anni del Codice Civile", I, 1993, p. 71 ss (p. 83), o reconhecimento de relevância às normas de aplicação imediata fez cair o princípio da unidade do estatuto contratual.

Nos termos do artigo 7º, nº 2 da Convenção de Roma, a lei designada para reger o contrato nos termos da Convenção não pode prejudicar a aplicação das regras do país do foro que regulam imperativamente a situação qualquer que seja a lei competente. De acordo com o nº 1 do mesmo artigo 7º, o órgão de aplicação do direito pode dar relevância a disposições imperativas de um país estrangeiro com o qual a situação apresente uma conexão estreita se, e na medida em que, segundo a ordem jurídica desse país, tais disposições forem aplicáveis qualquer que seja a lei reguladora da situação.

Seja porém qual for o efeito que se lhes reconheça, a interferência no estatuto contratual das designadas normas de aplicação imediata ou necessária a que o órgão de aplicação do direito atribua relevância significa sempre um limite à aplicabilidade do direito normalmente competente, quer este tenha sido designado no exercício da autonomia privada quer tenha sido determinado a partir da conexão subsidiária [74].

8. A aplicação, no ordenamento jurídico do foro, de normas de direito material uniforme sobre a questão internacional em apreciação

A adopção e a vigência de um direito material uniforme, de fonte internacional, estão na origem do método considerado ideal para a regulação de questões suscitadas pela vida privada internacional: sendo construído especialmente para reger as situações internacionais, o direito material uniforme pode ter em conta a natureza e as características próprias das relações em contacto com uma pluralidade de ordens jurídicas; quando incluído em instrumentos vinculativos de direito internacional, tal direito pode, através da recepção pelas ordens jurídicas internas, tornar-se comum a diversos países. Em teoria, o método é susceptível de conciliar a harmonia jurídica internacional com a coerência na regulação da situação concreta.

São porém conhecidas as limitações do método. As experiências de unificação têm alcance restrito, em razão da matéria, e têm obtido um sucesso reduzido, em razão do escasso número de Estados aderentes aos actos adoptados. A diversidade de interpretação que das disposições uniformes fazem os órgãos de aplicação do direito de um para outro país impede a tão desejada harmonia internacional. Além do mais, a adopção e a vigência de um direito material uniforme para reger as situações internacionais não dispensa o método conflitual, quer para definir o próprio âmbito de

---

[74] Cfr., neste capítulo, § 4º, nº 3.4.3., nº 4.1.2.

aplicabilidade das regras uniformes, quer, sobretudo, para integrar o regime, sempre incompleto, aprovado a nível internacional.

Quando no ordenamento jurídico do foro estejam em vigor normas de direito material uniforme sobre a questão internacional em apreciação, para a definição do regime jurídico aplicável concorrem assim necessariamente as regras materiais uniformes e as disposições materiais da ordem jurídica considerada competente em função do sistema de conflitos do foro.

Sirvam de exemplo, no direito português, as questões emergentes de letras ou livranças, ou de cheques, reguladas pelas normas das Convenções de Genebra, de 7 de Junho de 1930 e de 19 de Março de 1931 — que estabelecem, respectivamente, uma Lei Uniforme em matéria de letras e livranças e uma Lei Uniforme em matéria de cheques —, mas sujeitas também, quanto a vários aspectos [75], à ordem jurídica designada como competente pelas normas de conflitos em vigor no ordenamento português (algumas dessas normas de conflitos encontram-se de resto incluídas em outras Convenções celebradas em Genebra, nas mesmas datas, destinadas a reger certos problemas de conflitos de leis em matéria de letras e livranças e em matéria de cheques, às quais o nosso país se encontra também internacionalmente vinculado) [76].

O problema reveste-se de especial acuidade perante determinados instrumentos internacionais que incluem entre os critérios relevantes para a sua aplicabilidade a designação, por parte de um sistema conflitual, de uma ordem jurídica onde tais instrumentos se encontrem em vigor. É o caso da Convenção de Viena de 1980 sobre os contratos de compra e venda internacional de mercadorias (CISG) [77] e da Convenção de Genebra de 1983 sobre a representação na compra e venda internacional de mercadorias (CAISG)[78].

---

[75] Como, por exemplo, a capacidade dos intervenientes, os vícios da vontade, os efeitos das obrigações dos intervenientes, a forma e os prazos do protesto.

[76] A questão suscita-se igualmente no domínio de outras categorias contratuais: contratos de transporte aéreo, tendo em conta a Convenção de Varsóvia de 1929 relativa à unificação de algumas regras sobre o transporte aéreo internacional (alterada pelo Protocolo de Haia de 1955); contratos de transporte marítimo, tendo em conta a Convenção de Bruxelas de 1924 para a unificação de certas regras em matéria de conhecimentos (alterada por Protocolos de Bruxelas de 1968 e 1979, que não se encontram em vigor em Portugal) e a Convenção de Bruxelas de 1957 sobre o limite de responsabilidade dos proprietários de navios de alto mar (alterada pelo Protocolo de Bruxelas de 1979). O texto e o comentário destes e de outros instrumentos internacionais relativos ao transporte marítimo de mercadorias podem ver-se em LYNCE DE FARIA, *O transporte internacional marítimo de mercadorias*, Venda Nova, 1996.

[77] A Convenção de Viena aplica-se aos contratos de compra e venda de mercadorias celebrados entre partes que tenham o seu estabelecimento em Estados diferentes (artigo 1º, nº 1); exige-se ainda, em alternativa, que aqueles Estados se encontrem vinculados à Convenção (al. a)) ou que as regras de direito internacional privado do foro designem o direito de um Estado contratante (al. b)). A localização em países diferentes dos estabelecimentos do

Nessas circunstâncias, a aplicabilidade de regimes (parciais) de direito material uniforme e o fraccionamento da disciplina de uma situação plurilocalizada podem suscitar-se, mesmo em países não internacionalmente vinculados a tais instrumentos. Essas questões podem surgir em Portugal ainda que tais Convenções internacionais não se encontrem em vigor no nosso país, se a norma de conflitos portuguesa remeter, quanto às matérias por elas regidas, para uma ordem jurídica onde se encontrem em vigor.

Limitemos a concretização ao domínio mais directamente visado neste trabalho. Quando entrar em vigor na ordem internacional a Convenção de Genebra sobre representação, e desde que se verifiquem os requisitos delimitadores da sua aplicação, as regras nela contidas podem concorrer, relativamente a situações de representação na compra e venda de mercadorias [79], com as da ordem jurídica designada pelas normas de conflitos da Convenção de Haia sobre a lei aplicável à representação. Com efeito, sendo o âmbito de aplicação da Convenção de Genebra limitado às relações externas de representação (representado-contraparte; representante-contraparte), e não existindo sequer dentro desse âmbito uma regulamentação completa de certas questões (por exemplo, no domínio da cessação do poder de representação), a Convenção de Genebra não dispensa, antes exige, o recurso às normas de conflitos da Convenção de Haia e a conjugação com o regime material oriundo das ordens jurídicas por elas designadas relativamente às matérias que não são objecto da disciplina material uniforme. Por outro lado, o direito material uniforme constante da Convenção de Genebra pode vir a ser aplicado por um tribunal português, ainda que essa Convenção não vincule o nosso país, se as normas de conflitos da Convenção de Haia remeterem, quanto às relações externas de representação, para

---

comprador e do vendedor tem de ser aparente durante as negociações entre as partes ou no momento da celebração do contrato (artigo 1º, nº 2). Sobre a delimitação do âmbito de aplicação da Convenção de Viena, cfr.: BENTO SOARES, MOURA RAMOS, *Contratos internacionais*, p. 19 ss; JAYME, col. BIANCA, BONELL, *Commentary on the international sales law*, 1987, Art. 1, p. 27 ss; HERBER, col. VON CAEMMERER, SCHLECHTRIEM, *CISG-Kommentar*, 1995, Art. 1, an. 8 ss.

[78] A aplicabilidade da Convenção de Genebra depende, em primeiro lugar, do carácter internacional do contrato de compra e venda, sendo essa internacionalidade definida em função da localização em Estados diferentes dos estabelecimentos do representado e da contraparte (artigo 2º, nº 1); exige-se também, em alternativa, que o representante tenha estabelecimento num Estado contratante (al. a)) ou que as regras de direito internacional privado do foro conduzam à aplicação do direito de um Estado contratante (al. b)). Cfr. capítulo II, § 5º, nº 2.2.

[79] O âmbito de aplicação material da Convenção de Genebra restringe-se, em princípio, aos contratos de compra e venda de mercadorias (artigo 1º, nº 1), sendo porém ressalvada a possibilidade de um Estado contratante declarar que pretende aplicar o regime da Convenção a outros contratos (artigo 30º, nº 2, al. a)).

a ordem jurídica de um país onde a Convenção de Genebra se encontre já em vigor [80].

9. Questões suscitadas pela dispersão na regulação das situações privadas internacionais

O método analítico do direito internacional privado e, em geral, o fraccionamento ou *dépeçage* da disciplina aplicável às situações privadas internacionais podem ter importantes inconvenientes ou desvantagens e dão origem, em alguns casos, a sérias dificuldades [81].

---

[80] A par da questão referida no texto, suscita-se o problema da coordenação entre as duas Convenções, quanto às matérias que são objecto de regulamentação em ambos os instrumentos internacionais — as relações externas de representação (representado-contraparte; representante-contraparte). A Convenção de Haia, nos termos do artigo 22°, já antes analisado, não afecta os instrumentos internacionais que contenham disposições sobre as matérias nela reguladas, não estabelecendo qualquer distinção em função da natureza das disposições de que se trate; o artigo 23° da Convenção de Genebra ressalva a aplicação de qualquer acordo internacional já celebrado ou a celebrar que contenha disposições de direito material regidas pela Convenção, desde que se verifiquem determinadas condições ("desde que o representado e a contraparte ou, no caso previsto no artigo 2°, n° 2, o representante e a contraparte tenham o seu estabelecimento em Estados que sejam parte nesse acordo"). Perante as disposições referidas, em caso de concurso entre normas da Convenção de Haia e da Convenção de Genebra, afigura-se que prevalece a Convenção de Genebra. A solução é em geral adequada à coordenação entre convenções de direito material uniforme e convenções de direito internacional privado. A dificuldade quanto à exacta definição das relações entre estas duas Convenções reside porém na complexidade dos critérios através dos quais a Convenção de Genebra define o seu próprio âmbito de aplicação. Nos casos em que, e na medida em que, a Convenção de Genebra faz depender a sua aplicabilidade das regras de direito internacional privado do foro (artigo 2°, n° 1, al. b)), a aplicação da Convenção de Genebra a um caso concreto, se no país do foro vigorar também a Convenção de Haia, depende afinal das normas de conflitos desta última Convenção. Sobre as relações entre a Convenção de Haia e a Convenção de Genebra, cfr.: BASEDOW, *Das Vertretungsrecht im Spiegel konkurrierender Harmonisierungsentwürfe*, p. 213; TROMBETTA-PANIGADI, *L' unificazione del diritto...*, p. 961 s; DAVÌ, *La Convenzione dell' Aja...*, p. 656 ss.

[81] Sobre os inconvenientes do *dépeçage* ou fraccionamento do contrato, nas suas diversas modalidades, cfr.: NIEDERER, *Die Spaltung des Vertrages bezüglich seiner Wirkungen...*, p. 265a ss; id., *Einführung in die allgemeinen Lehren...*, p. 211 s; KNAPP, *La division des effets du contrat...*, p. 304a ss; id., *Vers la fin de la coupure générale des contrats...*, em especial, p. 92 ss; MOSER, *Vertragsabschluss, Vertragsgültigkeit und Parteiwille...*, em especial, p. 213 ss; SCHNITZER, *Rechtsanwendung auf Verträge*, p. 384 ss; id., *Les contrats internationaux...*, p. 552 ss; SCHWIND, *Von der Zersplitterung des Privatrechts...*, p. 456 ss; AUBERT, *Les contrats internationaux dans la doctrine et la jurisprudence suisses*, p. 21 ss; VISCHER, *Internationales Vertragsrecht*, p. 35 ss, 53 ss; id., *The antagonism between legal security and the search for justice...*, p. 31; id., *Drafting national legislation on conflict of laws: the swiss experience*, "Contemporary perspectives in conflict of laws", 1977, p. 133 ss

A aplicação a uma situação internacional de regras materiais provenientes de duas ou mais ordens jurídicas, como consequência do método de especialização do direito internacional privado, pode desvirtuar a função e o sentido próprio que cada uma dessas regras tem no conjunto homogéneo da ordem jurídica em que se insere [82].

A dispersão na regulação das situações internacionais, *maxime* dos contratos, contraria, em princípio, as expectativas das partes. Se o contrato é celebrado com referência a uma determinada lei, as partes têm a expectativa de que só essa lei seja aplicável. Nos casos em que não fazem referência a qualquer ordem jurídica, os contraentes seriam certamente surpreendidos pela sujeição a regimes provenientes de leis distintas. Ainda que cada uma das partes tenha a expectativa de ver aplicada a lei que lhe é mais próxima, tal expectativa diz respeito, em princípio, a todo o contrato [83].

(p. 138); KELLER, SIEHR, *Allgemeine Lehren...*, p. 268 ss; KNOEPFLER, SCHWEIZER, *Précis...*, p. 90; SCHWANDER, *Einführung in das internationale Privatrecht*, I, p. 153; SERICK, *Die Sonderanknüpfung von Teilfragen...*, p. 634 ss; WENGLER, *Réflexions sur la technique des qualifications* ..., p. 675 ss; id., *The general principles* ..., p. 369; RABEL, *The conflict of laws...*, I, p. 101; II, p. 469 ss, 486; NEUHAUS, *Die Grundbegriffe* ..., p. 133 ss; SANDROCK/ /STEINSCHULTE, *Grundfragen des Internationalen Vertragsrechts*, p. 40 ss; SPELLENBERG, *Münch.Komm.*, vor Art. 11, an. 6 ss; MARTINY, *Münch.Komm.*, Art. 27, an. 33; C. BECKER, *Theorie und Praxis der Sonderanknüpfung* ..., p. 135 s, 186, 194 s, 216 ss; KROPHOLLER, *Internationales Privatrecht*, p. 115 ss; KEGEL, *Internationales Privatrecht*, p. 113 s; FIRSCHING, VON HOFFMANN, *Internationales Privatrecht*, p. 362, 372; LOUSSOUARN, BREDIN, *Droit du commerce international*, p. 604 s; LOUSSOUARN, BOUREL, *Droit international privé*, 5ª ed., p. 179; Y. LEQUETTE, *L' évolution des sources nationales et conventionnelles...*, p. 194 s; MORRIS, *The conflict of laws*, p. 528 ss; CHESHIRE & NORTH's *Private international law*, p. 56; MCLACHLAN, *Splitting the proper law...*, p. 322 ss; DICEY and MORRIS *on the conflict of laws*, 12ª ed., p. 1206 ss; STONE, *The conflict of laws*, p. 236 s; WILDE, *Dépeçage...*, p. 330 s; REESE, *Dépeçage*, p. 63 ss; MAGALHÃES COLLAÇO, *Da compra e venda...*, p. 267 ss, 283; id., *Direito internacional privado*, III, Lisboa, 1963, p. 248; FERRER CORREIA, *O problema da qualificação segundo o novo direito internacional privado português*, p. 81; id., *Lições...*, p. 329 s; MOURA RAMOS, *Da lei aplicável...*, p. 534 ss, 878 ss; VALLINDAS, *Le principe du droit unique...*, p. 41 ss; LANDO, *Contracts*, p. 8 ss (p. 12 s); EKELMANS, *Le "dépeçage"...*, p. 246; MAYER, *Droit international privé*, p. 171 s, 320 s. Em JAYME, *Betrachtungen zur "dépeçage" im internationalen Privatrecht*, "FS Gerhard Kegel", 1987, p. 253 ss (p. 257 ss), pode ver-se a exposição de argumentos contra o *dépeçage* e a respectiva refutação (em escrito recente, o autor refere-se ao *dépeçage* como a "teoria oposta" às "teorias baseadas na filosofia de unidade do sistema" — cfr. *Identité culturelle et intégration...*, p. 136). Em sentido globalmente favorável ao *dépeçage* se pronunciam: LAGARDE, *Le "dépeçage"...*, p. 651 ss (p. 677); SCHURIG, *Kollisionsnorm und Sachrecht*, p. 186, nota (622) (por considerar que a designação de várias leis para reger um caso concreto é consequência do carácter internacional da situação); WAGNER, *Statutenwechsel und dépeçage...*, p. 60; MOSCONI, *Diritto internazionale privato e processuale. Parte generale e contratti*, p. 81.

[82] KNAPP, *La division des effets du contrat...*, p. 321a; WENGLER, *Réflexions sur la technique des qualifications...*, p. 683; id., *The general principles...*, p. 398.

[83] NIEDERER, *Einführung in die allgemeinen Lehren...*, p. 211; VISCHER, *The antago-*

A distinção entre, de um lado, os pressupostos e requisitos de existência de um contrato e, de outro lado, os seus efeitos é artificial e suscita graves dificuldades de distinção entre matérias tão estreitamente ligadas como a formação e o conteúdo de um negócio jurídico, pois este, do ponto de vista jurídico e económico, constitui uma unidade [84].

O fraccionamento pode perturbar a correspectividade de direitos e obrigações entre as partes, nos casos em que a separação diz respeito precisamente à apreciação da situação jurídica de cada um dos contraentes ou à determinação dos efeitos do contrato para cada um dos contraentes. O conjunto de direitos e deveres que incumbe a cada uma das partes num contrato é, dentro de cada ordem jurídica, objecto de determinada ponderação e assenta em determinado equilíbrio. Este equilíbrio — e a relação sinalagmática entre prestações — pode ser destruído quando se pretendem aplicar conjuntamente, para a determinação dos direitos e obrigações dos contraentes, disposições de diferentes ordens jurídicas [85].

---

nism between legal security and the search for justice..., p. 31; NEUHAUS, *Die Grundbegriffe...*, p. 261; BATIFFOL, LAGARDE, *Droit international privé*, II, 7ª ed., p. 316; WILDE, *Dépeçage...*, p. 330; REESE, *Dépeçage*, p. 64; LANDO, *Contracts*, p. 13; MARTINY, *Münch.Komm.*, Art. 27, an. 38; KROPHOLLER, *Internationales Privatrecht*, p. 399.

[84] MOSER, *Vertragsabschluss, Vertragsgültigkeit und Parteiwille...*, p. 213 ss; KNAPP, *Vers la fin de la coupure générale des contrats...*, p. 92 ss; RABEL, *The conflict of laws...*, I, p. 101; SCHNITZER, *Rechtsanwendung auf Verträge*, p. 384 ss (o autor utiliza porém a expressão *kleine* ou *generelle Spaltung* para designar a separação entre existência e efeitos do contrato, reservando a expressão *grosse* ou *spezielle Spaltung* para designar a aplicação de leis diferentes às obrigações de cada uma das partes num contrato bilateral); id., *Les contrats internationaux...*; VISCHER, *Internationales Vertragsrecht*, p. 36 s; MAGALHÃES COLLAÇO, *Da compra e venda...*, p. 267 ss, 283; id., *Direito internacional privado*, III, p. 248; GOTHOT, *La méthode unilatéraliste ...*, p. 12, 15, 21 (considerando que a aplicação da mesma lei à validade e aos efeitos do contrato constitui um imperativo do método unilateralista do direito internacional privado); SANDROCK/STEINSCHULTE, *Grundfragen des Internationalen Vertragsrechts*, p. 41 ss; SPELLENBERG, *Münch.Komm.*, vor Art. 11, an. 10. Segundo AUBERT, *Les contrats internationaux...*, p. 23, a adopção pelos tribunais suíços da teoria da *grosse Vertragsspaltung* não teve, na prática, todas as consequências nefastas que em abstracto dela poderiam resultar; nos casos submetidos à sua apreciação, os juízes não tiveram de aplicar, sucessivamente, duas leis distintas à validade e aos efeitos de um mesmo contrato.

[85] BATIFFOL, *Les conflits de lois en matière de contrats*, p. 66; NIEDERER, *Die Spaltung des Vertrages bezüglich seiner Wirkungen...*, p. 265a ss; id., *Einführung in die allgemeinen Lehren...*, p. 211 s; KNAPP, *La division des effets du contrat...*, p. 316a ss; AUBERT, *Les contrats internationaux ...*, p. 26; RABEL, *The conflict of laws...*, I, p. 101; II, p. 469 ss; MAGALHÃES COLLAÇO, *Da compra e venda...*, p. 127; SANDROCK/STEINSCHULTE, *Grundfragen des Internationalen Vertragsrechts*, p. 43 ss; KELLER, SIEHR, *Allgemeine Lehren...*, p. 354 s; AUDIT, *Droit international privé*, p. 634. Na opinião de HARTMANN, *Das Vertragsstatut in der deutschen Rechtsprechung seit 1945*, Freiburg, 1972, p. 249, não existem casos de autêntica aplicação da teoria da *kleine Vertragsspaltung* pela jurisprudência alemã, em primeiro lugar, porque, durante o período de tempo a que se reporta a sua análise, raramente surgiram

Seja qual for o fundamento do *dépeçage*, a aplicação a um contrato de normas provenientes de várias ordens jurídicas contraria o princípio da unidade do estatuto contratual [86].

O desmembramento de uma situação jurídica una, em consequência do método de especialização das normas de conflitos, suscita com frequência problemas técnicos de concatenação dos regimes parcelares oriundos de ordens jurídicas distintas [87]. A técnica analítica do direito internacional privado não pode prescindir de um processo de "síntese" [88] ou de "harmonização de conexões" [89] e este é tanto mais complexo quanto mais longe tenha ido a análise e a dispersão de normas materiais no caso concreto [90].

Os problemas que a doutrina tradicional identifica como "conflitos de qualificações", mais do que uma consequência da adopção de um determinado método em matéria de qualificação (a qualificação *lege causae*), são um efeito inevitável do processo ou técnica de especialização do direito de conflitos [91] [92].

---

questões envolvendo as obrigações de ambas as partes e, em segundo lugar, porque os tribunais procuraram evitar tal separação. Encontra-se expressa uma apreciação semelhante em KREUZER, *Das internationale Privatrecht des Warenkaufs in der deutschen Rechtsprechung*, Frankfurt a. M., Berlin, 1964, p. 285. Por sua vez, NIEDERER, *Die Spaltung...*, p. 260a ss, e *Einführung...*, p. 212, considerou que a aplicação da mesma teoria da *kleine Vertragsspaltung* pela jurisprudência suíça teve o efeito de uma conexão alternativa, pois os tribunais aplicaram na realidade a todo o contrato uma única lei — a lei do lugar de cumprimento de um ou de outro dos contraentes, conforme aquele que suscitasse a questão em juízo. Também KNAPP, *La division...*, p. 317a ss, esclareceu que o tribunal federal suíço em certas decisões procurou localizar o conteúdo de modo a impedir a divisão.

[86] RABEL, *The conflict of laws...*, II, p. 486; VISCHER, *Internationales Vertragsrecht*, p. 36 s, 53 ss; LOUSSOUARN, BREDIN, *Droit du commerce international*, p. 605; BATIFFOL, LAGARDE, *Droit international privé*, II, 7ª ed., p. 316; GOTHOT, *La méthode unilatéraliste...*, p. 12; EKELMANS, *Le "dépeçage"...*, p. 246.

[87] Cfr., por todos, WENGLER, *Réflexions sur la technique des qualifications...*, p. 682 s.

[88] GOLDSCHMIDT, *Die philosophischen Grundlagen...*, p. 211 ss.

[89] SCHWIND, *Prinzipien des neuen österreichischen IPR-Gesetzes*, p. 114.

[90] NEUHAUS, *Die Grundbegriffe...*, p. 355; MARQUES DOS SANTOS, *Breves considerações sobre a adaptação em direito internacional privado*, p. 24.

[91] FERRER CORREIA, *O problema da qualificação segundo o novo direito internacional privado português*, p. 81; id., *Lições...*, p. 329 s; id., *O novo direito internacional privado português*, p. 35; MAGALHÃES COLLAÇO, *Da qualificação...*, p. 238, 304; MOSCONI, *Diritto internazionale privato e processuale. Parte generale e contratti*, p. 81.

[92] Além dos inconvenientes apontados, a técnica da especialização dificulta a harmonia internacional de decisões, pois em cada país os órgãos de aplicação do direito decidem segundo uma determinada combinação de normas de conflitos; se essa combinação difere, como é natural, de país para país, o resultado da respectiva aplicação a cada situação é também diferente. Assim também: SCHWIND, *Von der Zersplitterung des Privatrechts...*, p. 465; WENGLER, *The general principles...*, p. 370;

Sem dúvida, o método tradicional continua a ser entendido como o mais adequado para prosseguir e traduzir a "justiça" [93] própria do direito internacional privado [94]. O fraccionamento de uma situação privada internacional — no caso que mais nos interessa, de um contrato — constitui o resultado normal do funcionamento de regras e técnicas próprias do direito de conflitos e representa "um risco a que não pode fugir-se" [95].

Porém, face às desvantagens apontadas, justifica-se a tentativa de encontrar critérios que permitam proceder à reconstrução do *dépeçage* [96] e à coordenação das normas materiais oriundas das diversas ordens jurídicas em contacto com uma mesma situação da vida privada internacional, à luz do princípio da coerência.

---

[93] No sentido que lhe atribuiu KEGEL, em diversas obras já antes citadas: *Begriffs- und Interessenjurisprudenz...*, p. 270 ss; *The crisis of conflict of laws*, p. 186 ss; *Wandel auf dünnem Eis*, p. 37 s; *Fundamental approaches*, p. 14 s; *Internationales Privatrecht*, p. 106 ss.
[94] Cfr., por todos, FERRER CORREIA, *Considerações sobre o método...*, p. 317, 397 s.
[95] Como já acentuava MAGALHÃES COLLAÇO, *Da compra e venda...*, p. 129.
[96] Veja-se também a proposta e a terminologia impressiva utilizada em EHRENZWEIG, JAYME, *Private international law. A comparative treatise on american international conflicts law, including the law of admiralty*, vol. III — *Special part. Obligations (contracts, torts). An outline*, Leyden, Dobbs Ferry, NY, 1977, p. 9: "*If the final recognition of dépeçage was a victory in American conflicts law, we shall need a 'compéçage' to make it acceptable where the 'pieces' are parts of the whole*".

§ 2º
Sentido e alcance do princípio da coerência em direito internacional privado

1. A coerência nos sistemas jurídicos, em geral

Na linguagem comum, coerência significa "estado ou qualidade de coerente, conformidade, congruência, conexão, harmonia, nexo entre dois factos ou duas ideias" [97], "ligação ou harmonia entre situações, acontecimentos ou ideias" [98].

Quando utilizado nas ciências da linguagem, o termo coerência exprime uma característica do texto [99] (ou do discurso [100]), indicando a "unidade de sentido" [101] e a "continuidade de conteúdo" [102] do texto (ou indicando os mecanismos de organização das partes de um discurso [103]), como "resultado de mecanismos de conexão" [104], e traduz a "adaptação do texto ao

---

[97] *Moderno dicionário da língua portuguesa*, Lisboa, 1985, vol. 1, p. 620. Cfr. também: *Dicionário da língua portuguesa*, Porto, 7ª ed., 1994, p. 424; *Dicionário enciclopédico*, Lisboa, 1992, vol. I, p. 616; *Novo dicionário compacto da língua portuguesa*, de António de Morais Silva, 10ª ed. por Augusto Moreno, Cardoso Júnior e José Pedro Machado, Mem Martins, 1994, vol. II, p. 70; *Grande dicionário da língua portuguesa*, de Cândido de Figueiredo, 25ª ed., dir. Rui Guedes, Venda Nova, 1996, vol. I, p. 645.

[98] *Dicionário etimológico da língua portuguesa*, 2ª ed., 3ª imp., Rio de Janeiro, 1989, p. 192.

[99] BRINKER, *Linguistische Textanalyse. Eine Einführung in Grundbegriffe und Methoden*, Berlin, 1985, p. 14; KALLMEYER e o., *Lektürekolleg zur Textlinguistik*, Bd. 1: *Einführung*, 4ª ed., Königstein, 1986, p. 54; HEINEMANN, VIEHWEGER, *Textlinguistik. Eine Einführung*, Tübingen, 1991, p. 28, 127; FONSECA, *Coerência do texto*, "Estudos de sintaxe-semântica e pragmática do português", Porto, 1993, p. 181 ss (p. 181).

[100] *Dicionário de termos linguísticos* (org. Maria Francisca Xavier, Maria Helena Mateus), vol. I, Lisboa, 1990, nº 938, p. 80 s.

[101] SOWINSKI, *Textlinguistik. Eine Einführung*, Stuttgart, Berlin, Köln, Mainz, 1983, p. 52; BRINKER, *Linguistische Textanalyse*, p. 41 ss; HEINEMANN, VIEHWEGER, *Textlinguistik*, p. 37; *Introdução à linguística geral e portuguesa* (org. Isabel Hub Faria e o.), Lisboa, 1996, p. 31.

[102] DE BEAUGRANDE, DRESSLER, *Einführung in die Textlinguistik*, Tübingen, 1981, p. 88; HEINEMANN, VIEHWEGER, *Textlinguistik*, p. 76; FONSECA, *Coerência do texto*, p. 183.

[103] *Dicionário de termos linguísticos*, vol. I, p. 81.

[104] DE BEAUGRANDE, DRESSLER, *Einführung in die Textlinguistik*, p. 88; SOWINSKI, *Textlinguistik*, p. 52 s, 106, 139; BRINKER, *Linguistische Textanalyse*, p. 14, 26 ss; KALLMEYER

mundo"[105]. As condições de coerência de um texto são de natureza semântica, pragmática, retórica e lógica.

Mas a coerência não é uma dimensão exclusiva do texto [106]. Quando transportado para o mundo do jurídico, o termo coerência é adequado para sintetizar as características de unidade e ordenação que traduzem a sistematicidade do direito ou da ordem jurídica.

A coerência que agora importa considerar refere-se a sistemas jurídicos.

O conceito de sistema [107] situa-se no centro das mais importantes problemáticas científicas [108]. A utilização da noção de sistema implica, em cada teoria científica, a definição dos elementos que compõem o sistema, da sua estrutura [109] e dos seus limites.

Não é unívoca a noção de sistema utilizada na ciência jurídica [110].

---

e o., *Lektürekolleg zur Textlinguistik*, Bd. 1, p. 54; HEINEMANN, VIEHWEGER, *Textlinguistik*, p. 127; *Dicionário de termos linguísticos*, vol. I, p. 81.

[105] FONSECA, *Coerência do texto*, p. 184; *Introdução à linguística geral e portuguesa*, p. 474; *Dicionário de termos linguísticos*, vol. I, p. 81.

[106] FONSECA, *Coerência do texto*, p. 181, 184. Em CHWEDENCZUK, *Coerência*, Einaudi, vol. 33: "Explicação", Lisboa, 1996, p. 332 ss, a noção de coerência é abordada em termos filosóficos (o autor discute acima de tudo o valor da coerência como critério, ou como essência, da verdade).

[107] Em termos gerais, "sistema" é um "conjunto de objectos, elementos ou partes de uma realidade, apreensíveis na sua articulação recíproca, cuja significação apenas é decifrável no contexto do todo"; "o conceito de sistema sugere [...] a noção de totalidade": "os elementos de uma totalidade são interdependentes e a modificação de um dos seus elementos arrasta consigo a modificação do conjunto"; "a totalidade não é apreensível a partir de elementos isolados". Cfr. Acílio ROCHA, *Sistema*, Logos, vol. 4, Lisboa, São Paulo, 1992, p. 1167 ss (p. 1167).

[108] I. PRIGOGINE, I. STENGERS, *Sistema*, Einaudi, vol. 26: "Sistema", Lisboa, 1993, p. 177 ss (p. 177).

[109] Em certos domínios, "sistema" e "estrutura" são por vezes empregues no mesmo sentido. Cfr. MARTINET, *Conceitos fundamentais da linguística*, trad., Lisboa, 1976, p. 219; GREIMAS, COURTÉS, *Dicionário de semiótica* (1979), trad., São Paulo, s.d., p. 437. Segundo LÉVI-STRAUSS, *La notion de structure en ethnologie* (1953), "Anthropologie structurale", Paris, 1958 e 1974, p. 303 ss, um dos elementos de uma "estrutura" é o seu carácter de "sistema" (p. 306).

[110] Para uma visão de conjunto sobre o papel da ideia de sistema no direito e no pensamento jurídico e sobre as diversas concepções do sistema jurídico, cfr.: LARENZ, *Metodologia da ciência do direito*, trad. portuguesa da 5ª ed. alemã (1983), por José Lamego, 2ª ed., Lisboa, 1989, p. 195 ss; CANARIS, *Pensamento sistemático e conceito de sistema na ciência do direito*, trad. portuguesa da 2ª ed. alemã (1983), por A. Menezes Cordeiro, Lisboa, 1989, p. 9 ss; MENEZES CORDEIRO, *Introdução* a Canaris, "Pensamento sistemático...", p. VII ss (p. LXIII ss); e ainda os estudos que compõem a parte temática do volume XXXI, 1986, dos "Archives de Philosophie du Droit", subordinada ao título *Le système juridique*. Em MOLINERO, *Der Systembegriff im Recht*, "Vernunft und Erfahrung im Rechtsdenken der Gegenwart", 1986, p. 339 ss, encontra-se uma exposição sintética sobre o aparecimento do

Ainda assim, nas noções de sistema jurídico ou de ordem jurídica propostas pela generalidade dos autores [111] [112], estão presentes as características de unidade e de ordenação [113].

---

conceito de sistema no pensamento filosófico e científico e sobre os diferentes sentidos de sistema no pensamento jurídico, desde Savigny até aos desenvolvimentos introduzidos pela teoria geral dos sistemas. Para a análise da colaboração entre a teoria do direito e a teoria dos sistemas, com a explanação das tendências contemporâneas da análise sistémica do direito, cfr. também KRAWIETZ, *Recht und moderne Systemtheorie*, "Vernunft und Erfahrung im Rechtsdenken der Gegenwart", 1986, p. 281 ss. Entre nós, com especial incidência sobre a teoria autopoiética, ENGRÁCIA ANTUNES, *Prefácio* a Teubner, "O direito como sistema autopoiético" (1993), p. I ss.

[111] Considere-se como paradigmática a definição de Claus-Wilhelm CANARIS, *Pensamento sistemático...*, p. 77 s, para quem o "sistema" é uma "ordem axiológica ou teleológica de princípios gerais de direito, na qual o elemento de adequação valorativa se dirige mais à característica de ordem teleológica e o da unidade interna à característica dos princípios gerais" (cfr. ainda *ob. cit.*, p. 12, 18 ss, 76 ss). Mas recordem-se as descrições incluídas em obras inspiradas por concepções jurídico-filosóficas tão diferentes como as de: Friedrich Karl von SAVIGNY, *System des heutigen römischen Rechts*, Bd. 1, Berlin, 1840, p. 214 ("o elemento sistemático diz respeito à conexão interna, que combina todos os institutos e regras jurídicas numa grande unidade"); Heinrich STOLL, *Begriff und Konstruktion in der Lehre der Interessenjurisprudenz*, "FG Philipp Heck, Mar Rümelin, Arthur Benno Schmidt", 1931, p. 60 ss, p. 77 (o sistema jurídico é "uma coordenação de normas e conceitos jurídicos para um todo unitário ordenado"); August HEGLER, *Zum Aufbau der Systematik des Zivilprozessrechts*, "FG Philipp Heck, Mar Rümelin, Arthur Benno Schmidt", cit., p. 216 ss, p. 216 (um sistema científico, em especial o sistema jurídico, é "a representação de um âmbito do saber numa estrutura significativa, que se apresenta como ordenação unitária e conexa"); Karl ENGISCH, *Die Einheit der Rechtsordnung*, Darmstadt, 1935, reimp., 1987, p. 21, 23 e *passim* ("unidade da ordem jurídica no sentido da identidade e continuidade") (cfr. também, do autor, *Introdução ao pensamento jurídico*, trad. portuguesa da 3ª ed. alemã (1964), por J. Baptista Machado, Lisboa, 1965, p. 99, 111 ss, p. 252 s); Wilhelm WENGLER, *Betrachtungen über den Zusammenhang der Rechtsnormen in der Rechtsordnung und die Verschiedenheit der Rechtsordnungen*, p. 722 s, 731 e *passim* (a unidade da ordem jurídica consiste na "conexão interna entre normas jurídicas, bens jurídicos e meios de coacção jurídica"); Josef ESSER, *Grundsatz und Norm in der richterlichen Fortbildung des Privatrechts*, p. 7 ("todos os princípios tendem para a construção do sistema"); Hans KELSEN, *Teoria pura do direito* ("todas as normas cuja validade pode ser reconduzida a uma e mesma norma fundamental formam um sistema de normas, uma ordem normativa"; [...] "é a norma fundamental que constitui a unidade de uma pluralidade de normas enquanto representa o fundamento da validade de todas as normas pertencentes a essa ordem normativa", p. 269, "uma ordem jurídica é um sistema de normas gerais e individuais que estão ligadas entre si pelo facto de a criação de toda e qualquer norma que pertence a este sistema ser determinada por uma outra norma do sistema e, em última análise, pela sua norma fundamental", p. 324); Karl LARENZ, *Metodologia da ciência do direito*, p. 203 ("a única espécie de sistema ainda possível é o sistema 'aberto' e, até um certo ponto, 'móvel' em si, que nunca está completo e pode ser continuamente posto em questão, que torna clara a 'racionalidade intrínseca', os valores directivos e os princípios do direito"), p. 532 ("a descoberta das conexões de sentido em que as normas e regulações particulares se encontram entre si e com os princípios directivos do ordenamento jurídico, e a sua exposição de um modo ordenado, que possibilite a visão de conjunto — quer dizer, na forma

de um sistema — é uma das tarefas mais importantes da jurisprudência científica"); H. L. A. HART, *The concept of law* (1961), 11ª imp., Oxford, 1981, p. 95 ("a estrutura resultante da combinação de regras primárias de obrigação com as regras secundárias de reconhecimento, de alteração e de julgamento [...] [está no centro] de um sistema jurídico"); Helmut COING, *Zur Geschichte des Privatrechtsystems*, Frankfurt a. M., 1962, p. 9 s ("um sistema é a ordenação de conhecimentos segundo um ponto de vista unitário" e "a construção de um sistema em determinado ramo do saber pressupõe a possibilidade de encontrar esse ponto de vista unitário, para que assim exista uma conexão interna entre as afirmações que devem juntar-se no sistema") (cfr., do mesmo autor, *Bemerkungen zum überkommenen Zivilrechtssystem*, "FS Hans Dölle", I, 1963, p. 25 ss (p. 25)); Giorgio LAZZARO, *Sistema giuridico*, Noviss. Dig. It., XVII, 1976, p. 459 ss ("existe portanto [...] uma ideia de sistema jurídico como coerência imanente entre todas as normas de um determinado ordenamento", p. 460); Franco MODUGNO, *Ordinamento giuridico (dottrine generali)*, Enc. Dir., XXX, 1980, p. 678 ss ("um ordenamento jurídico sob o aspecto normativo [é um] conjunto de normas ligadas entre si por relações de sucessão, de interdependência, de condicionamento", p. 700); Miguel REALE, *Lições preliminares de direito*, 10ª ed., Coimbra, 1982, p. 67 ("direito é a realização ordenada e garantida do bem comum numa estrutura tridimensional bilateral atributiva, ou, de uma forma analítica: direito é a ordenação heterónoma, coercível e bilateral atributiva das relações de convivência, segundo uma integração normativa de factos e valores"); Angelo FALZEA, *Sistema culturale e sistema giuridico*, Rdciv., 1988, I, p. 1 ss ("o sistema jurídico, sendo a composição e a conjunção de um grande número de interesses, é por sua vez um interesse total unitário"; [...] "chamaremos interesse jurídico fundamental a este interesse total unitário que é o sistema jurídico", p. 15). A crítica da unidade e sistematicidade do direito provém fundamentalmente dos partidários de uma análise do direito com base na doutrina da tópica, definida esta como "a técnica do pensamento problemático" (VIEHWEG, *Topik und Jurisprudenz. Ein Beitrag zur rechtswissenschaftlichen Grundlagenforschung*, 4ª ed., München, 1969, p. 1, 17; B. DE SOUSA SANTOS, *O discurso e o poder. Ensaio sobre a sociologia da retórica jurídica*, BFD, sep. n° especial "Estudos em homenagem ao Prof. Doutor José Joaquim Teixeira Ribeiro", 1980, p. 17 ss) e do movimento designado *critical legal studies*, que em geral advoga uma "desconstrução" do pensamento jurídico (por todos, UNGER, *The critical legal studies movement*, Cambridge, Mass., London, 1986, p. 11). Veja-se também Vittorio FROSINI, *Ordinamento giuridico (filosofia del diritto)*, Enc. Dir., XXX, 1980, p. 639 ss (p. 654), para quem "o ordenamento jurídico positivo [...] não consiste numa figura já formada, mas sim num processo de construção e desconstrução da prática social, que é criativo e destrutivo das figuras jurídicas, não ordem mas desordem composta de ordens diversas e sucessivas". Por outro lado, não existe necessariamente incompatibilidade entre a noção de sistema jurídico e o modelo do pluralismo jurídico, como reconhece Massimo CORSALE, *Pluralismo giuridico*, Enc. Dir., XXXIII, 1983, p. 1003 ss (p. 1006 ss, 1024); já assim não parece ser, porém, na concepção pluralística do direito presente em B. DE SOUSA SANTOS, *O discurso e o poder*, p. 64 ss; id., *Uma cartografia simbólica das representações sociais: prolegómenos a uma concepção pós-moderna do direito*, Revista Crítica de Ciências Sociais, n° 24, Março 1988, p. 139 ss (p. 164 ss).

[112] A doutrina portuguesa tem de um modo geral aceitado o carácter sistemático do direito ou da ordem jurídica. Considerem-se, em primeiro lugar, as seguintes reflexões de BAPTISTA MACHADO: "o postulado da unidade da ordem jurídica não tem apenas a função negativa [...] que consiste sobretudo em exigir a eliminação de contradições e incoerências encontradas na lei, mas também e decididamente uma função mais positiva, consistente em conferir o seu verdadeiro sentido a todos os elementos que integram essa unidade [...]"(*Nota*

prévia a Karl Engisch, "Introdução ao pensamento jurídico" (1965), p. VII ss [p. XXIX]); "a unidade do direito [...] é, pois, a unidade sistemática intrínseca ou valorativa, tendo como pólo de referência o 'étimo fundante de todo um sistema de significações jurídicas' [...]" (*Âmbito de eficácia...*, p. 212); "um direito que se exprime através de códigos, estatutos, leis orgânicas e outras leis racional e organicamente concebidas não se limita a ser um agregado de prescrições ou imperativos; antes se apresenta sob a forma de complexos sistematizados e articulados entre si [...]; dada a sistematicidade e articulação referidas, podemos conceber o ordenamento jurídico global como um sistema — e designá-lo por sistema jurídico" (*Introdução ao direito e ao discurso legitimador*, Coimbra, 1983, p. 121); "o ordenamento jurídico constitui uma *unidade*, um universo de ordem e de sentido cujas partes componentes (as normas) não podem ser tomadas e entendidas por forma avulsa, isoladas dessa unidade de que fazem parte, sob pena de se lhes deturpar o sentido" (*O sistema científico e a teoria de Kelsen*, RFD, 1985, p. 11 ss, p. 19). Por sua vez, CASTANHEIRA NEVES, *A unidade do sistema jurídico: o seu problema e o seu sentido (Diálogo com Kelsen)* (1979), "Digesta", vol. 2°, p. 95 ss, entende a sistematicidade como "uma categoria formal que só concretamente se especifica pelo tipo de unidade que a constitua" (p. 116), a que deve ser reconhecida "uma índole axiológico-teleologicamente normativa" (p. 166, 178). Na opinião de CASTRO MENDES, *Introdução ao estudo do direito*, p. 41, "o direito não é um mero conjunto ou complexo de normas, mas um conjunto de normas correlacionadas e harmónicas entre si, formando um sistema, uma ordem: a ordem jurídica". Segundo DIAS MARQUES, *Introdução ao estudo do direito*, Lisboa, 1986, p. 187, o sistema jurídico é a expressão unitária das normas que o integram (o direito é um "sistema dotado de características próprias [institucionalidade, descentralização, hierarquia, indeterminação, unidade, plenitude]", p. 187 ss). MENEZES CORDEIRO, *Introdução*, partindo da noção segundo a qual "sistema é a unidade, sob uma ideia, de conhecimentos diversos [...], a ordenação de várias realidades em função de pontos de vista unitários" (p. LXIV), afirma que "quando se fala em sistema, em Direito, tem-se em mente uma ordenação de realidades jurídicas, tomadas nas suas conexões imanentes e nas suas fórmulas de exteriorização" (p. LXIX). BIGOTTE CHORÃO, *Introdução ao direito*, vol. I — *O conceito de direito*, Coimbra, 1989, p. 54 ss, define o direito como "ordenação da vida social segundo a justiça" (p. 55) e considera que o conceito de ordenação jurídica "proporciona uma visão unitária, orgânica e dinâmica do direito" (p. 58). Para OLIVEIRA ASCENSÃO, *O direito. Introdução e teoria geral*, "o direito é necessariamente sistema ou ordem" (p. 39) e "o sistema que a ciência jurídica elabora deve antes de mais reconstituir esta ordem fundamental do dado jurídico, em que se integram as ligações entre cada parcela" (p. 475). Segundo M. REBELO DE SOUSA, S. GALVÃO, *Introdução ao estudo do direito*, 3ª ed., Lisboa, 1994, p. 160 ss, "o conceito de direito é compreensível na sua total amplitude [...] como a síntese ou a reunião de quatro dimensões entre si intimamente ligadas: a dimensão normativa [...], a dimensão volitiva [...], a dimensão estrutural [...], a dimensão axiológica" [...]" (p. 160 s), esclarecendo que "o facto de o direito ser, além de tudo o mais, uma ordem normativa significa que, em cada sociedade e em cada fase histórica, existe um ordenamento jurídico dotado de uma unidade substancial" (p. 167).

[113] As características de unidade e/ou de ordenação permanecem mesmo em noções propostas por defensores de uma concepção de sistema jurídico como um subsistema influenciado por factores sociais: L. M. FRIEDMAN, *Il sistema giuridico nella prospettiva delle scienze sociali*, trad. italiana da edição americana (1975), por Giovanni Tarello, Bologna, 1978 ("um sistema é essencialmente uma unidade que actua dentro de limites bem definidos", p. 41, e "o sistema jurídico na sua actuação efectiva é um complexo no interior do qual interagem os elementos da estrutura ou forma, da substância ou conteúdo, e da cultura",

A diversidade de concepções tem reflexos sobre: a composição ou os elementos do sistema ("normas" [114], "princípios gerais do direito" [115], "normas, princípios e conceitos" [116], "princípios normativos, normas e realidade" [117], "comunicações" [118], "actos jurídicos" [119], "interesses" [120]); a estrutura

---

p. 56); INTZESSILOGLOU, *Essai d' identification de la totalité sociale du phénomène juridique en tant que système*, "Vernunft und Erfahrung im Rechtsdenken der Gegenwart", 1986, p. 271 ss ("o sistema, em geral, é um conjunto de elementos em interacção, organizado na totalidade como reacção a essas interacções, de tal modo que tanto ao nível dos elementos como ao nível da totalidade aparecem qualidades novas", p. 272, e "[no sistema jurídico], a organização dos três subsistemas [subsistema normativo, subsistema judiciário e subsistema de comportamento] efectua-se em torno de um fim comum, a "justiça", p. 277). As ideias de unidade e/ou de ordenação não estão também ausentes das noções de auto-reprodução e auto-organização inerentes a um entendimento autopoiético dos sistemas sociais e do sistema jurídico, tal como resulta das construções de: LUHMANN, *Rechtssoziologie*, 3ª ed., Opladen, 1987, p. 355; id., *L' unité du système juridique*, Arch. Ph. Dr., XXXI, 1986, p. 163 ss (p. 167 e *passim*); id., *Soziale Systeme: Grundriβ einer allgemeinen Theorie*, Frankfurt a. M., 1987, p. 43, 58, 404, 411, 463, 495; KRAWIETZ, *Recht und moderne Systemtheorie*, p. 298 ss; WILLKE, *Diriger la société par le droit*, Arch. Ph. Dr., XXXI, 1986, p. 189 ss (p. 203); ROTTLEUTHNER, *Les métaphores biologiques dans la pensée juridique*, Arch. Ph. Dr., XXXI, 1986, p. 215 ss (p. 233, 235); NERHOT, *Le fait du droit*, Arch. Ph. Dr., XXXI, 1986, p. 261 ss (p. 261, 263); TEUBNER, *O direito como sistema autopoiético*, trad. portuguesa da edição alemã (1989), por J. Engrácia Antunes, Lisboa, 1993, p. 31, 42, 48, 64, 94, 179, 191 (o autor considera que estão condenadas a falhar as "tentativas de instaurar uma unidade conceptual e axiológica" do sistema jurídico, tendo em conta os fenómenos de especialização e os conflitos entre os vários sectores jurídicos, p. 228).

[114] KELSEN, *Teoria pura do direito*, p. 269, 324; HART, *The concept of law*, p. 89 ss; LAZZARO, *Sistema giuridico*, p. 460; MODUGNO, *Ordinamento giuridico (dottrine generali)*, p. 700 ss, *passim*; GUASTINI, *Introduzione alle tecniche interpretative*, "Materiali per un corso di analisi della giurisprudenza", 1994, p. 43 ss (p. 63); DIAS MARQUES, *Introdução ao estudo do direito*, 1986, p. 187; CASTRO MENDES, *Introdução ao estudo do direito*, p. 41; BAPTISTA MACHADO, *Introdução ao direito...*, p. 121; id., *O sistema científico e a teoria de Kelsen*, p. 19, 21 (cfr. também p. 24, 31, 38, onde muito claramente o autor se refere às normas jurídicas como "respostas" a questões ou problemas de regulamentação jurídica, concebendo as normas como "instrumentos" ou "mediadores" através dos quais o legislador procura comunicar a sua concepção de justiça e de ordenação jurídica, e reportando-se a um "sistema de problemas").

[115] CANARIS, *Pensamento sistemático...*, p. 76 ss.

[116] LARENZ, *Metodologia da ciência do direito*, p. 531 ss, 577 ss. Em sentido semelhante, MENEZES CORDEIRO, *Da boa fé...*, p. 1261 s ("princípios jurídicos, alguns axiomas e até simples normas").

[117] CASTANHEIRA NEVES, *Curso de introdução ao estudo do direito (Extractos)*, Coimbra, 1971-72, p. 124 ss; id., *A unidade do sistema jurídico*, p. 172 s. Cfr. também: ALEXY, *Rechtssystem und praktische Vernunft*, Rechtstheorie, 1987, p. 405 ss (regras, princípios, procedimentos — *Regel/Prinzipien/Prozedur-Modell*, p. 416 ss); M. REALE, *Lições preliminares de direito*, p. 65 (normas, factos e valores).

[118] LUHMANN, *L' unité du système juridique*, p. 168 s.

[119] TEUBNER, *O direito como sistema autopoiético*, p. 55.

[120] FALZEA, *Sistema culturale e sistema giuridico*, p. 15.

do sistema (em pirâmide, onde os elementos surgem hierarquizados [121], em espiral, onde existe um diálogo entre a intenção normativa e a realidade social [122], ou em círculo, onde existe interacção e interdependência recíproca entre os vários elementos [123]); o sentido atribuído à unidade do sistema (pressuposto ou axioma [124], expressão de unidade valorativa [125], efeito de um processo auto-referencial [126], resultado ou consequência de uma tarefa ordenadora do jurista [127]); a relação entre o sistema e o meio envolvente (clausura normativa [128] ou abertura normativa [129]).

---

[121] Como no sistema de Kelsen e nos sistemas por ele inspirados, atendendo à subordinação de cada norma a uma norma de escalão superior e, em última análise, à norma fundamental (*Grundnorm*). Cfr. KELSEN, *Teoria pura do direito*, p. 309 ss; LARENZ, *Metodologia da ciência do direito*, p. 579; HART, *The concept of law*, p. 97 ss, 245 ss; DIAS MARQUES, *Introdução ao estudo do direito*, 1986, p. 205 ss.

[122] CASTANHEIRA NEVES, *A unidade do sistema jurídico*, p. 172, 173, 178 (mas o autor utiliza igualmente a imagem do círculo, p. 173, 178). Também MENEZES CORDEIRO, *Introdução*, p. CV, se refere a um "círculo ou espiral de realização do direito".

[123] Como no sistema autopoiético, tendo em conta que se trata de um sistema de auto-referência. Cfr.: KRAWIETZ, *Recht und moderne Systemtheorie*, p. 300; LUHMANN, *L' unité du système juridique*, p. 177; WILLKE, *Diriger la société par le droit*, p. 191; ROTTLEUTHNER, *Les métaphores biologiques...*, p. 233, 235 s; EWALD, *Le droit du droit*, Arch. Ph. Dr., XXXI, 1986, p. 245 ss (p. 245 e *passim*); TEUBNER, *O direito como sistema autopoiético*, p. 56, 149 ss. Por sua vez, BAPTISTA MACHADO, *O sistema científico e a teoria de Kelsen*, p. 23, 24, 32, 35, alude a um "movimento circular", "circularidade" ou "transacção dialéctica" (referindo-se aliás à circularidade inerente ao pensamento científico, p. 23, nota (21)).

[124] ENGISCH, *Die Einheit der Rechtsordnung*, p. 69 ss; id., *Introdução ao pensamento jurídico*, p. 253, 256; KELSEN, *Teoria pura do direito*, p. 269, 285, 310; HART, *The concept of law*, p. 93; RIALS, *Supraconstitutionnalité et systématicité du droit*, Arch. Ph. Dr., XXXI, 1986, p. 57 ss (p. 71 ss); DIAS MARQUES, *Introdução ao estudo do direito*, 1986, p. 214 ss (p. 216).

[125] CANARIS, *Pensamento sistemático...*, p. 18 ss, 30 ss; BAPTISTA MACHADO, *Âmbito de eficácia...*, p. 212; id., *O sistema científico e a teoria de Kelsen*, p. 19, 21, 30 s.

[126] LUHMANN, *Rechtssoziologie*, p. 355; id., *L' unité du système juridique*, p. 167, 170, 177, 180; id., *Soziale Systeme*, p. 43, 58, 404, 411, 463, 495; KRAWIETZ, *Recht und moderne Systemtheorie*, p. 298 ss; WILLKE, *Diriger la société par le droit*, p. 203; ROTTLEUTHNER, *Les métaphores biologiques...*, p. 233, 235; NERHOT, *Le fait du droit*, p. 261, 263; TEUBNER, *O direito como sistema autopoiético*, p. 31, 42, 48, 64, 94, 179, 191.

[127] CASTANHEIRA NEVES, *Curso de introdução ao estudo do direito*, p. 123 s; id., *A unidade do sistema jurídico*, p. 170 s, 178. Cfr. também: LARENZ, *Metodologia da ciência do direito*, p. 203, 532, 536 ss, 579 (que se refere a um "processo de esclarecimento recíproco"); MODUGNO, *Ordinamento giuridico*, p. 702 (para quem "o ordenamento jurídico não é uma unidade *a priori*, mas uma unidade *a posteriori*, não uma unidade abstracta, mas uma unidade concreta").

[128] O sistema é fechado, na concepção de Kelsen, porque é completo (cfr.: KELSEN, *Teoria pura do direito*, p. 338 ss; RIALS, *Supraconstitutionnalité et systématicité du droit*, p. 74; DIAS MARQUES, *Introdução ao estudo do direito*, 1986, p. 218 ss). No mesmo sentido também: ENGISCH, *Die Einheit der Rechtsordnung*, p. 69 ss; id., *Introdução ao pensamento jurídico*, p. 252, 257; M. REALE, *Lições preliminares de direito*, p. 191 s. Segundo a teoria

Pode dizer-se, na verdade, que entram na formação do sistema jurídico elementos de natureza diversa: as normas, os princípios, os factos jurídicos, os processos que, no momento da aplicação das normas e no momento da sua criação, assegurem uma racional realização concreta do direito [130]. Pluridimensional na sua composição e complexo na sua estrutura, o sistema jurídico, como qualquer sistema, constitui um todo unitário e ordenado. A unidade significa a existência de um ou vários pontos de referência centrais: os princípios subjacentes ao sistema e que nele encontram concretização. A ordenação significa a existência de compatibilidade e conexão entre os elementos do sistema.

Existe interacção entre os elementos do sistema; cada um dos elementos ou momentos do sistema remete para os outros, estabelecendo-se uma "solidariedade sistémica" [131]. "É a interacção que permite falar de coerência, de sistema, de unidade" [132].

---

autopoiética, o sistema é "normativamente fechado", porque é auto-criador dos seus elementos, e, ao mesmo tempo, "cognitivamente aberto", porque, embora seja indiferente a outros subsistemas sociais, pode e deve receber desses outros subsistemas comunicações sobre si próprio (cfr.: LUHMANN, Rechtssoziologie, p. 355; id., L' unité du système juridique, p. 171, 173; id., Soziale Systeme, p. 25, 63 s; KRAWIETZ, Recht und moderne Systemtheorie, p. 299; WILLKE, Diriger la société par le droit, p. 191; ROTTLEUTHNER, Les métaphores biologiques..., p. 233, 236, 238; NERHOT, Le fait du droit, p. 262 s, 274; TEUBNER, O direito como sistema autopoiético, p. 36, 56, 95, 140, 149 ss, 169). O carácter fechado e reflexivo do sistema segundo a teoria autopoiética justifica a aproximação feita por alguns autores entre esta teoria e a reine Rechtslehre. Cfr. OST, Entre ordre et désordre: le jeu du droit. Discussion du paradigme autopoiétique appliqué au droit, Arch. Ph. Dr., XXXI, 1986, p. 133 ss (p. 141 ss); EWALD, Le droit du droit, p. 248 ss.

[129] O sistema é aberto, pois que, resultando de um conhecimento científico naturalmente incompleto e provisório, está sujeito a mutações histórico-normativas e admite a influência de novas construções jurídicas. Assim: CANARIS, Pensamento sistemático..., p. 106 ss; LARENZ, Metodologia da ciência do direito, p. 203, 550, 592 ss; MODUGNO, Ordinamento giuridico, p. 704; BAPTISTA MACHADO, Introdução ao direito..., p. 121; id., O sistema científico e a teoria de Kelsen, p. 32 s; CASTANHEIRA NEVES, Curso de introdução..., p. 123 s; id., A unidade do sistema jurídico, p. 171, 178 s; MENEZES CORDEIRO, Da boa fé..., p. 1260 s; id., Introdução, p. CXII s; OLIVEIRA ASCENSÃO, O direito, p. 476; SCHURIG, Kollisionsnorm und Sachrecht, p. 170 ss (p. 173). Cfr. ainda FROSINI, Ordinamento giuridico, p. 654 ("um ordenamento jurídico não é uma entidade fechada e ordenada, mas é um procedimento de contínua recomposição das relações entre as ordens que o compõem em condição de precário equilíbrio, até ao momento em que a desordem activa se completa com o próprio fim do ordenamento na inércia ou na dispersão").

[130] Em sentido não muito diferente: CASTANHEIRA NEVES, Curso de introdução..., p. 124 ss; id., A unidade do sistema jurídico, p. 172 s; LARENZ, Metodologia da ciência do direito, p. 203, 531 ss, 577 ss; ALEXY, Rechtssystem und praktische Vernunft, p. 416 ss; M. REALE, Lições preliminares de direito, p. 65.

[131] Assim também: BAPTISTA MACHADO, Problemas na aplicação do direito estrangeiro, p. 330, 338; id., Âmbito de eficácia..., p. 211; id., Introdução ao direito..., p. 121; id., O sistema científico e a teoria de Kelsen, p. 13, 19; CASTANHEIRA NEVES, Curso de

A unidade — a coerência — do sistema não é portanto um postulado lógico-jurídico. A própria formação do sistema constitui um produto da dogmática jurídica, traduz o resultado de uma tarefa ordenadora dos juristas. Por isso, o processo de formação do sistema não pode em momento algum considerar-se concluído, nem os limites do sistema podem considerar-se fixados definitivamente; em cada momento os limites do sistema são determinados por factores de natureza axiológica e normativa, pela realidade histórica e pelo modo como são concebidos e pensados. O sistema é por natureza inacabado, aberto e de formação progressiva.

A ideia de coerência reportada ao sistema jurídico tem antes de mais um conteúdo negativo, que exprime a inadmissibilidade de contradições normativas (ou antinomias [133]) no interior do sistema; mas tem também um conteúdo positivo, que traduz a descoberta de relações de natureza lógica e genética — relações de coordenação e de subordinação — entre as regras de um determinado ordenamento jurídico [134] e, sobretudo, a descoberta de conexões de sentido entre os elementos que compõem o sistema [135].

O conceito de coerência não se satisfaz com a ausência de contradições, já que esta se reconduz à noção de consistência [136], ou de mera inte-

---

introdução..., p. 124; id., *A unidade do sistema jurídico*, p. 173, 178 s; MENEZES CORDEIRO, *Introdução*, p. CXIII; INTZESSILOGLOU, *Essai d' identification de la totalité sociale du phénomène juridique en tant que système*, p. 276; KRAWIETZ, *Recht und moderne Systemtheorie*, p. 300; LUHMANN, *L' unité du système juridique*, p. 177; WILLKE, *Diriger la société par le droit*, p. 191; ROTTLEUTHNER, *Les métaphores biologiques...*, p. 233, 235 s; EWALD, *Le droit du droit*, p. 250; TEUBNER, *O direito como sistema autopoiético*, p. 56, 149 ss; FALZEA, *Sistema culturale e sistema giuridico*, p. 17.

[132] I. PRIGOGINE, I. STENGERS, *Interacção*, Einaudi, vol. 26: "Sistema", Lisboa, 1993, p. 35 ss (p. 35).

[133] Aos problemas suscitados pelas antinomias em direito foi dedicado um ciclo de conferências, organizado pelo *Centre national belge de recherches de logique*, que decorreu entre 1961 e 1964. As comunicações então efectuadas encontram-se coligidas no volume *Les antinomies en droit* (org. Ch. Perelman), Bruxelles, 1965.

[134] ENGISCH, *Die Einheit der Rechtsordnung*, p. 11. Cfr. também MAGALHÃES COLLAÇO, *Prefácio* a Cortes Rosa, p. XV s ("correlações lógicas e político-jurídicas").

[135] CANARIS, *Pensamento sistemático...*, p. 20 s, 58 s; BAPTISTA MACHADO, *Nota prévia*, p. XXIX; id., *O sistema científico e a teoria de Kelsen*, p. 19, 24. Cfr. também ENGISCH, *Introdução ao pensamento jurídico*, p. 113 s (embora para o autor, na obra citada, a unidade da ordem jurídica tenha fundamentalmente a função negativa de eliminação das contradições encontradas na lei, p. 253 ss).

[136] Cfr. ALEXY, *Juristische Begründung, System und Kohärenz*, "Rechtsdogmatik und praktische Vernunft", 1990, p. 95 ss (p. 96); VAN DER VELDEN, *Coherence in law. A deductive and a semantic explanation of coherence*, "Coherence and conflict in law", 1992, p. 257 ss (p. 259); MACCORMICK, *La congruenza nella giustificazione giuridica*, "Materiali per un corso di analisi della giurisprudenza", 1994, p. 115 ss (p. 115) (sublinhe-se que, no texto em língua italiana, a palavra *coherence* é traduzida por *congruenza* e *consistency* por *mera coerenza*, p. 115). ENGISCH utiliza por vezes o termo coerência com o sentido de "ausência de contradi-

ligibilidade [137], e representa apenas um primeiro nível de coerência [138]. Coerência é mais do que consistência [139], pois reclama a existência de relações positivas entre os elementos do sistema jurídico [140] [141].

A ausência de contradições (a consistência) entre as regras de um sistema e os princípios que lhes estão subjacentes é um primeiro índice, embora não decisivo, da coerência do sistema. Um sistema jurídico pode ter contradições sem que deixe de ser coerente. As contradições (ou antinomias) representam uma quebra no sistema [142] e devem por isso ser evitadas ou eliminadas [143]; apesar de constituírem uma perturbação da unidade do

---

ções" (cfr., a título de exemplo, *Introdução ao pensamento jurídico*, p. 256, 257). Também em GUASTINI, *Introduzione alle tecniche interpretative*, p. 92, surge a palavra *coerenza* para traduzir "uma qualidade negativa (ausência de contradições)" e a palavra *congruenza* para exprimir "uma qualidade positiva" de um conjunto de proposições.

[137] BALKIN, *Understanding legal understanding: the legal subject and the problem of legal coherence*, Yale L. J., 1993, p. 105 ss (p. 120).

[138] Cfr. WINTGENS, *Some critical comments on coherence in law*, "Coherence and conflict in law", 1992, p. 109 ss (p. 111, 130). "A consistência é condição necessária mas não suficiente de coerência", na opinião de PECZENIK, *On law and reason*, Dordrecht, Boston, London, 1989, p. 158. Também para CASTANHEIRA NEVES, *A unidade do sistema jurídico*, p. 119, "a forma mais elementar que pode oferecer a unidade é a ausência de contradição" (cfr. ainda p. 121, 124, onde no entanto os termos "consistência" e "coerência" não surgem com o sentido que aqui lhes atribuímos).

[139] Sobre a delicadeza e as dificuldades que envolve a aplicação de algumas destas noções ao campo do direito e ao raciocínio jurídico, cfr.: HILPINEN, *Conflict and change in norm systems*, "The structure of law", 1987, p. 37 ss (p. 37); LINDAHL, *Conflicts in system of legal norms: a logical point of view*, "Coherence and conflict in law", 1992, p. 39 ss (p. 40); VAN DER VELDEN, *Coherence in law*, p. 283 s.

[140] Também CHWEDENCZUK, *Coerência*, p. 340, considera insuficiente para qualificar um juízo como coerente a não violação do princípio da não contradição; exige a verificação de três condições para a coerência: para além da condição lógica e formal (a não contradição ou a compatibilidade), a condição sintáctica (a relação de inferência ou de equivalência lógica) e a condição semântica (a afinidade de sentido).

[141] DIAS MARQUES, *Introdução ao estudo do direito*, 1986, p. 214 ss, reconhece maior importância para caracterizar a unidade do sistema jurídico ao princípio da não contradição do que à existência de "manifestações coerentes de um mesmo corpo de princípios filosófico--políticos"; o autor relaciona este aspecto com a unidade do sistema no seu aspecto substancial ou político, mas considera que tal unidade é sempre "contingente e relativa"; só o princípio da não contradição normativa, "corolário da unidade que resulta da recondução de todo o sistema a um mesmo e único acto normativo originário", é inerente à unidade do sistema. Para a crítica desta concepção de unidade do sistema jurídico, que tem subjacente a *reine Rechtslehre* (unidade por redução a um só fundamento normativo), cfr. CASTANHEIRA NEVES, *A unidade do sistema jurídico*, p. 157 ss.

[142] CANARIS, *Pensamento sistemático...*, p. 200.

[143] Cfr. CANARIS, *Pensamento sistemático...*, p. 206; LARENZ, *Metodologia da ciência do direito*, p. 531, 595; BAPTISTA MACHADO, *Âmbito de eficácia...*, p. 214; CASTANHEIRA NEVES, *A unidade do sistema jurídico*, p. 114; ENGISCH, *Die Einheit der Rechtsordnung*, p. 63; id., *Introdução ao pensamento jurídico*, p. 256; PERELMAN, *Avant-propos*, "Les antinomies en

O princípio da coerência em direito internacional privado 621

sistema, as eventuais contradições não o impossibilitam [144]. Em vez de afectarem a coerência do sistema, elas podem, se forem solucionadas de acordo com métodos adequados, contribuir para o seu fortalecimento [145].

"Um sistema, para ser coerente, tem de fazer sentido como um todo"[146].

---

droit", 1965, p. 5; FORIERS, *Les antinomies en droit*, "Les antinomies en droit", cit., p. 20 ss (p. 23 s, 28); HUBERLANT, *Antinomies et recours aux principes généraux*, "Les antinomies en droit", cit., p. 204 ss (p. 233); MODUGNO, *Ordinamento giuridico*, p. 706; GUASTINI, *Introduzione alle tecniche interpretative*, p. 72 s; FERRER CORREIA, *Considerações sobre o método do direito internacional privado*, p. 332.

[144] Cfr. CANARIS, *Pensamento sistemático...*, p. 233 s; LARENZ, *Metodologia da ciência do direito*, p. 594 s; CASTANHEIRA NEVES, *A unidade do sistema jurídico*, p. 124, 166; MENEZES CORDEIRO, *Da boa fé...*, p. 1260; MALGAUD, *Les antinomies en droit. À propos de l'étude de G. Gavazzi*, "Les antinomies en droit", 1965, p. 7 ss (p. 17); FORIERS, *Les antinomies en droit*, p. 23; BOBBIO, *Antinomia*, Noviss. Dig. It., I, 1957, p. 667 s (p. 667); id., *Des critères pour résoudre les antinomies*, "Les antinomies en droit", cit., p. 237 ss (p. 237); BUCH, *Conception dialectique des antinomies juridiques*, "Les antinomies en droit", cit., p. 372 ss (p. 386 ss, 390); MODUGNO, *Ordinamento giuridico*, p. 706; TEUBNER, *O direito como sistema autopoiético*, p. 8 ss, 17, 70, 202. Veja-se ainda, a este propósito, uma frase impressiva de Ibsen, transcrita em RADBRUCH, *Filosofia do direito*, trad. portuguesa da 4ª ed. alemã, por L. Cabral de Moncada, Coimbra, 1961, vol. I, p. 185: "Já alguma vez conduziste até ao fim um pensamento, sem teres tropeçado numa contradição ?".

[145] Sobre os processos metodológicos a que o intérprete deve recorrer para eliminar as contradições no sistema jurídico, cfr., por todos, CANARIS, *Pensamento sistemático...*, p. 207 ss. Para a exposição e apreciação dos três critérios tradicionais de solução de conflitos entre regras (*lex posterior derogat legi priori, lex specialis derogat legi generali, lex superior derogat legi inferior*), cfr.: ENGISCH, *Introdução ao pensamento jurídico*, p. 256 s; MALGAUD, *Les antinomies en droit*, p. 12 ss; FORIERS, *Les antinomies en droit*, p. 29, 37 s; BOBBIO, *Des critères pour résoudre les antinomies*, p. 237 ss; MODUGNO, *Ordinamento giuridico*, p. 706; J. DESMET, *The structure of law from a legislative point of view*, "The structure of law", 1987, p. 115 ss (p. 117 ss); G.-F. MALT, *Methods for the solution of conflicts between rules in a system of positive law*, "Coherence and conflict in law", 1992, p. 201 ss (p. 203 ss); GUASTINI, *Introduzione alle tecniche interpretative*, p. 73 ss; BAPTISTA MACHADO, *Âmbito de eficácia...*, p. 217 s, 237 ss; DIAS MARQUES, *Introdução ao estudo do direito*, 1986, p. 217 s.

[146] WINTGENS, *Some critical comments on coherence in law*, p. 111. Cfr. também: CANARIS, *Pensamento sistemático...*, p. 58, 107; LARENZ, *Metodologia da ciência do direito*, p. 199, 592 ss; BAPTISTA MACHADO, *Problemas na aplicação do direito estrangeiro*, p. 329 s, 338, 350 s; id., *Nota prévia*, p. XXIX; id., *Introdução ao direito...*, p. 32; id., *O sistema científico e a teoria de Kelsen*, p. 19, 24; FERRER CORREIA, *Considerações sobre o método...*, p. 332, 334; MACCORMICK, *La congruenza nella giustificazione giuridica*, p. 119 (onde, como foi já sublinhado, o termo "coerente" se encontra substituído por "congruente"); CHWEDENCZUK, *Coerência*, p. 340. A ideia de coerência do todo está igualmente subjacente à concepção de justiça, defendida por John RAWLS, *A theory of justice*, Oxford, 1971 (*justice as fairness*, p. 12 s e *passim*, em especial, p. 513 ss; *reflective equilibrium*, p. 20 s, 48 ss, 456; *sense of justice*, p. 453 ss — o autor privilegia o termo *congruence*) e à concepção de direito, defendida por Ronald DWORKIN, *Law's empire*, London, 1986 (*law as integrity*, p. 94 s, 167, 225, 243 e *passim* — o autor privilegia o termo *coherence*).

A coerência do sistema jurídico resulta do modo como os seus vários elementos se organizam e se relacionam entre si e do modo como o conjunto se adequa à prossecução dos objectivos que constituem o sustentáculo axiológico e teleológico do sistema. A coerência de um sistema jurídico não pode ser apreciada sem a consideração dos princípios ou valores que estão subjacentes ao sistema. Não deve assim isolar-se a coerência de outros princípios nem concebê-la como um valor exclusivo ou autónomo dentro de um sistema. Quando analisada no seu conteúdo positivo, a coerência deve ser relacionada com os princípios inspiradores do sistema e é instrumental em relação a eles.

Sob este aspecto, e do mesmo modo que a consistência perfeita (a total ausência de contradições) é impossível, também a coerência completa é um ideal que nunca se atinge [147]. Os sistemas jurídicos podem ser mais ou menos coerentes, quando apreciados de um ou outro ponto de vista; a coerência é um valor de carácter gradual, que exige, na sua avaliação, uma abordagem comparativa. O sistema jurídico pode ter diferentes graus de coerência, consoante as perspectivas de análise a partir das quais for considerado [148].

A coerência de um sistema jurídico depende assim da sua justificação [149] perante os princípios ou valores que lhe estão subjacentes [150]; não necessariamente perante um único princípio do qual pudesse emanar todo o

---

[147] RIGAUX, *The meaning of the concept of "coherence in law"*, "Coherence and conflict in law", 1992, p. 17 ss (p. 34); WINTGENS, *Some critical comments...*, p. 113.

[148] ALEXY, *Juristische Begründung, System und Kohärenz*, p. 107.

[149] Justificação ou fundamentação (*Begründung, justification, giustificazione*). Em ALEXY, *Theorie der juristischen Argumentation. Die Theorie des rationalen Diskurses als Theorie der juristischen Begründung*, 2ª ed., Frankfurt a. M., 1991, a propósito do discurso jurídico e do enunciado normativo, são utilizadas, praticamente como sinónimas, as expressões *Rechtfertigung* e *Begründung* (cfr. p. 54, nota (3)), a que o autor faz equivaler o termo em inglês *justification* (cfr. p. 273).

[150] MACCORMICK, *La congruenza nella giustificazione giuridica*, p. 119 ss (onde o termo coerência se encontra substituído por congruência). Cfr. também: LARENZ, *Metodologia da ciência do direito*, p. 203, 531, 586; LINDAHL, *Conflicts in system of legal norms*, p. 48; BALKIN, *Understanding legal understanding*, p. 116; RAWLS, *A theory of justice*, p. 21, 514 ss, 567 ss; DWORKIN, *Law's empire*, p. 225, 243; CASTANHEIRA NEVES, *A unidade do sistema jurídico*, p. 166, 180. Segundo ALEXY, *Juristische Begründung, System und Kohärenz*, p. 96 s, a coerência é concebida como uma conexão entre as proposições de um sistema, conexão que se traduz na existência de "relações justificativas dedutivas" entre essas proposições (p. 97). Assim também PECZENIK, *On law and reason*, p. 160 ss. Para a crítica do fundamento da noção de coerência (*Begründung, justification*, justificação) e dos critérios de coerência, tal como propostos por Alexy, cfr. VAN DER VELDEN, *Coherence in law*, p. 258 ss (por sua vez, este autor adopta um conceito semântico de coerência, assente na conexão [*connectivity*] entre proposições e que toma em conta as relações de extensão [*extension*] e intensidade [*intension*] entre proposições, *ob. cit.*, p. 273 ss).

sistema [151], mas perante uma pluralidade de princípios que seja possível compatibilizar entre si na sua realização concreta.

Entre as normas de um mesmo sistema jurídico existe um vínculo de racionalidade — dito de outro modo, as normas de um mesmo sistema jurídico encontram-se racionalmente relacionadas —, para a prossecução de certas finalidades [152]. A justificação é o critério da coerência, mas, analogamente, a justificação fundamenta-se, entre outros elementos, na coerência [153].

Todavia, como se referiu, o juízo sobre a coerência não pode deter-se no nível das normas. O sistema jurídico não é um sistema formal estático, e sim um conjunto dinâmico, do qual fazem parte normas que se destinam a regular situações concretas. Não basta que as regras estejam organizadas de modo coerente; na construção da coerência é também necessário considerar a aplicação das regras à realidade jurídica [154]. A unidade ou coerência do sistema tem de intervir e de reflectir-se na resolução dos problemas concretos [155].

---

[151] Uma concepção "monística" de coerência constitui o ponto de partida da análise efectuada por Joseph RAZ, *The relevance of coherence*, Boston Univ. L. Rev., 1992, p. 273 ss (p. 286). O autor observa que o direito, considerado no seu todo, não corresponde a essa noção de coerência, pois contém múltiplos princípios, políticas e objectivos (p. 295); procede então a uma reconstrução do conceito, concluindo ser possível atribuir relevância à ideia de coerência no direito, em domínios determinados (*ob cit.*, p. 310 ss).

[152] Segundo WINTGENS, *Some critical comments...*, p. 112, a "racionalidade externa" é a qualidade racional de um sistema jurídico, vista de uma perspectiva exterior, refere-se à adequação para obter uma certa finalidade e equivale à coerência; em contraposição, a "racionalidade interna" exprime a ausência de contradições e equivale à consistência. São vários os autores que recorrem, a este propósito, à noção de racionalidade: ALEXY, *Theorie der juristischen Argumentation*, em especial, p. 234 ss; id., *Rechtssystem und praktische Vernunft*, p. 417 e *passim*; id., *Juristische Begründung, System und Kohärenz*, p. 106 s; PECZENIK, *On law and reason*, p. 178; RAZ, *The relevance of coherence*, p. 292; BALKIN, *Understanding legal understanding*, p. 114, 116; MACCORMICK, *La congruenza nella giustificazione giuridica*, p. 119; LARENZ, *Metodologia da ciência do direito*, p. 203, 594; FALZEA, *Sistema culturale e sistema giuridico*, p. 14; KRAWIETZ, *Recht und moderne Systemtheorie*, p. 300; OST, *Entre ordre et désordre: le jeu du droit*, p. 157; BAPTISTA MACHADO, *Introdução ao direito...*, p. 121; id., *O sistema científico e a teoria de Kelsen*, p. 17, 21, 34; SCHURIG, *Kollisionsnorm und Sachrecht*, p. 171. Cfr. ainda RAWLS, *A theory of justice*, p. 16, 143, 395 ss (*goodness as rationality*).

[153] Assim também CHWEDENCZUK, *Coerência*, p. 351. O autor, depois de discutir o valor da coerência como critério, ou como definição, da verdade, coloca no centro da noção filosófica de coerência a ideia de justificação.

[154] Também DWORKIN, *Law's empire*, p. 167, 225, exigindo a coerência em dois momentos (o momento da criação do direito e o momento da aplicação do direito), distingue por essa via dois corolários do *principle of integrity* (*principle of integrity in legislation* e *principle of integrity in adjudication*).

[155] BAPTISTA MACHADO, *Âmbito de eficácia...*, p. 211; id., *O sistema científico e a teoria de Kelsen*, p. 33.

A ideia de unidade ou coerência do todo deve portanto orientar o processo de interpretação e aplicação do direito; ela justifica, designadamente, a possibilidade da solução analógica para o caso omisso.

2. A coerência em direito internacional privado

No domínio do direito internacional privado esta problemática assume contornos próprios.

A contradição ou antinomia está sempre latente no direito internacional privado. Essa realidade encontra-se expressa na própria designação *direito de conflitos* (*conflict of laws* ou *conflicts law*, *conflits de lois*). As normas de direito internacional privado solucionam os problemas de conflitos de leis no espaço [156]. Atento o método analítico ou a técnica de especialização utilizados na elaboração das normas de conflitos, às várias conexões podem corresponder ordenamentos diferentes, de conteúdo tendencialmente divergente e inspirados por princípios ou valores distintos; todos esses ordenamentos são convocados para a regulação de aspectos jurídicos, por vezes estreitamente interligados, de uma situação da vida una.

Em muitas ordens jurídicas a regulamentação legal do direito internacional privado tem carácter incompleto e fragmentado [157]; mais do que em outros sectores, as normas de direito internacional privado são formadas e reveladas por uma pluralidade de fontes [158].

---

[156] Ao problema ulterior, que resulta da divergência de um país para outro dos princípios de solução dos conflitos de leis, foi atribuída a designação "conflito de sistemas" (FRANCESCAKIS, *La théorie du renvoi et les conflits de systèmes en droit international privé*, cit.).

[157] É assim ainda hoje, por exemplo, no direito internacional privado francês; assim foi também no direito internacional privado português, no domínio do Código de Seabra. As normas de conflitos incluídas no *Code Civil*, como as incluídas no Código Civil português de 1867, encontram-se dispersas e são em número reduzido.

[158] A tendência actual é, porém, no sentido da codificação, tanto quanto possível completa, das normas de direito internacional privado, de acordo com uma sistematização que frequente e tendencialmente segue a que é adoptada no direito interno. Citam-se apenas como exemplos a lei federal austríaca sobre direito internacional privado, de 15 de Junho de 1978, a lei alemã de reorganização do direito internacional privado, de 25 de Julho de 1986, que altera a Lei de Introdução ao Código Civil, a lei federal suíça sobre direito internacional privado, de 18 de Dezembro de 1987, a lei de reforma do sistema italiano de direito internacional privado, de 31 de Maio de 1995, sem esquecer, apesar de ser mais antigo e de ter menor desenvolvimento, o capítulo dedicado ao direito internacional privado no Código Civil português de 1966. Ora, um código é sempre "um instrumento científico e sistemático, tem na sua base um plano ou ordenação técnica das matérias" (OLIVEIRA ASCENSÃO, *O direito*, p. 355), "a codificação implica a sujeição das fontes ao pensamento sistemático" (MENEZES CORDEIRO, *Introdução*, p. LXXXV). No que em particular diz respeito ao direito internacional privado,

Além disso, sobretudo por obra da Conferência de Haia de Direito Internacional Privado, mas também em virtude dos trabalhos desenvolvidos no âmbito de outras organizações internacionais (como a própria União Europeia), são relativamente numerosas e importantes as convenções internacionais que versam matérias do direito de conflitos; a relevância na ordem jurídica interna de normas de fonte internacional e a coordenação entre as normas provenientes de fontes internas e internacionais suscitam questões complexas em todos os países [159].

Por último, para a especificidade dos problemas e para as dificuldades de aplicação neste sector da ciência jurídica de certas noções — como a noção de ordem ou ordenação [160] —, contribui a natureza das normas de direito internacional privado. Com efeito, por mais organizado e coerente que seja o conjunto normativo em si, o carácter indirecto e a especialização das regras de conflitos são sempre susceptíveis de provocar contradições no momento da aplicação das normas materiais competentes.

A aplicação de direito estrangeiro pode ter como consequência a quebra da unidade sistemática de uma ordem jurídica. Se, em cada país, o órgão de aplicação do direito decidisse sempre os casos submetidos à sua apreciação recorrendo ao direito material do foro, a aplicação das regras desse sistema conduziria a um conjunto de situações jurídicas harmonizadas entre si, uma vez que existe tendencial harmonia entre as regras jurídicas de um mesmo sistema. Compatíveis entre si seriam também as decisões proferidas pelos órgãos de aplicação do direito a propósito de litígios respeitantes a essas situações. Porém, quando, relativamente a uma situação plurilocalizada, o órgão de aplicação do direito é chamado a aplicar, não (ou não somente) o direito da *lex fori*, mas (também) regras de ordens jurídicas estrangeiras em contacto com a situação, não é possível ter a certeza de existir, entre as situações jurídicas concretas e entre as decisões concretas do órgão de aplicação do direito, a mesma harmonia que existiria se

---

onde a codificação foi objecto de contestação, se "é inegável que ao saber jurídico no campo dos conflitos de leis falta ainda a profundidade e a segurança metodológica que noutros sectores foi possível alcançar [...]", não é menos verdade que "o progresso científico e a evolução das ideias são coisas às quais se não pode jamais assinalar um termo — e nenhuma codificação, precisamente porque não é mais do que a expressão das condições sociais existentes e do pensamento jurídico dominante na época em que foi elaborada, pode aspirar a ser definitiva" (FERRER CORREIA, *Direito internacional privado. Alguns problemas*, p. 99 s).

[159] Sublinhe-se todavia que o próprio fundamento da relevância do direito internacional na ordem interna e da prevalência das normas internacionais sobre as normas legais reside na harmonia ou conformidade entre ordens jurídicas. Assim, M. GALVÃO TELES, *Eficácia dos tratados na ordem interna portuguesa*, p. 100, 115, 210 s, 219; JORGE MIRANDA, *As actuais normas constitucionais e o direito internacional*, p. 6.

[160] KEGEL, *Internationales Privatrecht*, p. 111 s.

todas as questões submetidas à sua apreciação fossem resolvidas por aplicação das regras do sistema do foro [161].

Por tudo isto — mas também, em certo sentido, apesar de tudo isto —, a utilização das noções de sistema jurídico e de ordem jurídica tem sido profícua no âmbito do direito internacional privado.

Afirma-se que "o direito internacional privado tende para uma ordem de sistemas, no sentido de que ele trabalha para a coordenação de distintos sistemas coexistentes" [162] e que "só esta noção de ordem jurídica [...] permite compreender as complexas relações entre o direito internacional público e o direito estadual e entre os diferentes direitos estaduais" [163]. Reconhecem-se como interesses próprios do direito internacional privado certos "interesses de ordem" [164].

A preocupação de coerência, presente, desde há muito, nos cultores do direito internacional privado, revela-se na doutrina em expressões como: "harmonia material" [165], "harmonia (jurídica) interna" [166], "acordo

---

[161] Expressando esta preocupação, WENGLER, *The general principles...*, p. 399.

[162] BATIFFOL, *Aspects philosophiques du droit international privé*, p. 19. Cfr. também, do autor: *Réflexions sur la coordination des systèmes nationaux*, p. 199 ss, *passim*; id., *Droit comparé, droit international privé et théorie générale du droit*, p. 662 ss; id., *L'état du droit international privé en France et dans l'Europe continentale de l'Ouest*, p. 44; id., *Actualité des intérêts du droit international privé*, p. 32 ss; e, por último, BATIFFOL, LAGARDE, *Droit international privé*, I, 8ª ed., p. 11, 36. Por outro lado, BATIFFOL acentuou por diversas vezes que "o direito internacional privado põe em evidência o carácter 'sistemático' do direito" (consultem-se, por exemplo, *Aspects philosophiques...*, p. 24; *Droit comparé...*, p. 663; *Actualité des intérêts...*, p. 32). A fórmula de Batiffol, definindo o objectivo do direito internacional privado como a "articulação" ou a "coordenação" dos sistemas jurídicos estaduais, foi retomada por outros autores. Cfr.: BAPTISTA MACHADO, *Âmbito de eficácia...*, p. 13, 251, 395; FERRER CORREIA, *Lições...*, p. 214; VITTA, *Cours général...*, p. 35 s; LALIVE, *Tendances et méthodes...*, p. 37; MARÍN LÓPEZ, *Derecho internacional privado español*, I, p. 35 ss; A. BUCHER, *L'ordre public...*, p. 19, 72, 78, 93; PICONE, *Il rinvio all'"ordinamento competente" nel diritto internazionale privato*, Rdintpriv.proc., 1981, p. 309 ss (p. 311 ss); id., *Ordinamento competente e diritto internazionale privato italiano*, Padova, 1986, p. 4 ss; id., *I metodi di coordinamento tra ordinamenti nel progetto di riforma del diritto internazionale privato italiano*, p. 639 ss; MOSCONI, *Diritto internazionale privato e processuale. Parte generale e contratti*, p. 75 ss.

[163] WENGLER, *Betrachtungen über den Zusammenhang der Rechtsnormen in der Rechtsordnung und die Verschiedenheit der Rechtsordnungen*, p. 743.

[164] KEGEL, *Begriffs- und Interessenjurisprudenz...*, p. 276 ss; id., *Internationales Privatrecht*, p. 111 ss.

[165] "Harmonia material" (*materielle Harmonie, harmonie matérielle, harmony in substance*) é a fórmula proposta por WENGLER. Cfr. *Die Vorfrage im Kollisionsrecht*, p. 204 ss; id., *Die Qualifikation der materiellen Rechtssätze...*, p. 358 s, 374; id., *Les principes généraux du droit international privé et leurs conflits*, Rev. crit., 1952, p. 602 ss; id., *Réflexions sur la technique des qualifications...*, p. 676 ss; id., *The general principles...*, p. 399 s, nota (1); id., *Nouvelles réflexions sur les "questions préalables"*, p. 200 ss; id.,

interno de decisões" [167], "compatibilidade" [168], "coordenação" [169], "congruência" [170], "unidade" [171], "concentração" [172], "equilíbrio" [173], "organi-

Internationales Privatrecht, I, p. 70 ss; id., *The law applicable to preliminary (incidental) questions*, p. 18. Cfr. igualmente: MAGALHÃES COLLAÇO, *Da qualificação...*, p. 73 (onde usa também "harmonia interna"); P. M. GUTZWILLER, *Von Ziel und Methode des IPR*, p. 193 (*materielle Harmonie*); VISCHER, *Internationales Vertragsrecht*, p. 58 (*materiellrechtliche Harmonie*); id., *Drafting national legislation on conflict of laws*, p. 138, 140 (*material harmony*); BAPTISTA MACHADO, *Âmbito de eficácia...*, p. 371 ("harmonia material da *lex fori*); id., *Lições de direito internacional privado*, p. 302 ("harmonia material de decisões"); FERRER CORREIA, *Direito internacional privado. Alguns problemas*, p. 113 ss ("harmonia material"); id., *Considerações sobre o método...*, p. 344 ("harmonia material"); BALLARINO, *Diritto internazionale privato*, p. 249 s (*armonia materiale*). Veja-se ainda, a propósito da Convenção de Haia sobre representação, JACQUET, *Aperçu de l' oeuvre de la Conférence de la Haye...*, p. 13 (*résultat harmonieux*).

[166] FERRER CORREIA, *Lições de direito internacional privado*, 1969, p. 22 s, 550 ss; id., *Principais interesses a considerar na resolução dos conflitos de leis*, p. 87 s; id., *Da questão prévia em direito internacional privado*, "Estudos jurídicos", III, p. 241 ss (p. 256 ss) id., *Lições...*, p. 46 s, 455 ss; id., *O novo direito internacional privado português*, p. 13 s; id., *Direito internacional privado — conceitos fundamentais*, p. 310 (mas o autor usa também a expressão "harmonia material" — cfr. *locs. cits.*). Cfr. ainda; ZWEIGERT, *Die dritte Schule im internationalen Privatrecht*, p. 50 (*innerrechtliche Harmonie*); WOLFF, *Private international law*, p. 209 (*internal harmony*); YNTEMA, *Les objectifs du droit international privé*, p. 19 (*harmonie interne*) (mas o autor utiliza igualmente *harmonie materielle*, citando Wengler, p. 35); BAPTISTA MACHADO, *Âmbito de eficácia...*, p. 337 ss ("harmonia interna"); VITTA, *Cours général...*, p. 51; MARQUES DOS SANTOS, *Direito internacional privado. Sumários*, p. 42 ("harmonia jurídica interna", citando Wengler e Ferrer Correia); MOSCONI, *Diritto internazionale privato e processuale. Parte generale e contratti*, p. 72 (*armonia interna* e também *coerenza*).

[167] Acordo interno de decisões (*innerer Entscheidungseinklang*) é a designação preferencialmente utilizada por KEGEL, *Begriffs- und Interessenjurisprudenz...*, p. 176 s; id., *Internationales Privatrecht*, p. 113 s, 276. Cfr. ainda: NEUHAUS, *Die Grundbegriffe...*, p. 49; LÜDERITZ, *Internationales Privatrecht*, 1987, p. 47; JAYME, *Betrachtungen zur "dépeçage"...*, p. 256, 258, 267; VON DER SEIPEN, *Akzessorische Anknüpfung und engste Verbindung...*, p. 37, 55 ss, 78 ss, 163 ss; C. BECKER, *Theorie und Praxis der Sonderanknüpfung...*, p. 135, 186, 194, 216, 218; KROPHOLLER, *Internationales Privatrecht*, p. 35, 204 (que usa também *interne Entscheidungsgleichheit* e *materielle Harmonie*); FIRSCHING, VON HOFFMANN, *Internationales Privatrecht*, p. 215 s (*interner Entscheidungseinklang* e igualmente *materielle Harmonie*, p. 372, 381). Certos autores empregam quase indiferentemente duas fórmulas, *innerer Entscheidungseinklang* e *innere Entscheidungsharmonie* (RAAPE, STURM, *Internationales Privatrecht*, I, 6ª ed., p. 168, 290, 295).

[168] MAGALHÃES COLLAÇO, *Da qualificação...*, p. 256.

[169] CANSACCHI, *Le choix et l' adaptation de la règle étrangère dans le conflit de lois*, p. 111 e nota (1), 116 ("coordenação [lógica]", mas também "harmonia", p. 111, 116, 150, 156); BETTI, *Problematica del diritto internazionale*, p. 331 s; MAGALHÃES COLLAÇO, *Direito internacional privado*, II, p. 12; BAPTISTA MACHADO, *Âmbito de eficácia ...*, p. 329 ss.

[170] BAPTISTA MACHADO, *Problemas na aplicação do direito estrangeiro*, p. 329, nota (2); SCHRÖDER, *Die Anpassung von Kollisions- und Sachnormen*, Berlin, 1961, p. 103; NEUHAUS, *Die Grundbegriffe...*, p. 352; B. ANCEL, *L' objet de la qualification*, p. 260; FERRER CORREIA,

cidade"[174]. Há também referências directas a "consistência"[175] e mesmo a "coerência"[176].

Todavia, não é coincidente o sentido atribuído às palavras ou aos princípios e critérios que elas exprimem.

Considerações sobre o método..., p. 362; MARQUES DOS SANTOS, *Breves considerações sobre a adaptação...*, p. 8 e *passim*; MOURA RAMOS, *Da lei aplicável...*, p. 471, 474.

[171] BATIFFOL, *Les conflits de lois en matière de contrats*, p. 19, 39, 65 s, 70 s; id., *Le pluralisme des méthodes...*, p. 141; LEREBOURS-PIGEONNIÈRE, *Précis de droit international privé*, p. 308, 484; VALLINDAS, *Le principe du droit unique...*, p. 40 ss; MOSER, *Vertragsabschluss, Vertragsgültigkeit und Parteiwille...*, p. 213 ss; SCHWIND, *Von der Zersplitterung des Privatrechts...*, p. 457, 461; WENGLER, *Die Qualifikation der materiellen Rechtssätze...*, p. 358; id., *Les principes généraux...*, Rev. crit., 1952, p. 603 s; id., *Réflexions sur la technique des qualifications...*, p. 676; id., *The general principles...*, p. 400 s; id., *Internationales Privatrecht*, I, p. 70; SERICK, *Die Sonderanknüpfung von Teilfragen...*, p. 637; CANSACCHI, *Le choix et l' adaptation...*, p. 113 s; RABEL, *The conflict of laws...*, II, p. 485 s; FERRER CORREIA, *Lições de direito internacional privado*, 1969, p. 550 ss; id., *Da questão prévia...*, p. 256 ss; id., *Lições...*, p. 47, 331, 455 ss; id., *Direito internacional privado. Alguns problemas*, p. 113 ss; id., *O direito internacional privado português e o princípio da igualdade*, p. 450, nota (78); TABORDA FERREIRA, *Sistema...*, p. 114; WILDE, *Dépeçage...*, p. 365; LANDO, *Contracts*, p. 12 s; id., *The EEC Convention on the law applicable to contractual obligations*, p. 167; HEINI, *Ausländische Staatsinteressen und internationales Privatrecht*, p. 78, 82; FIRSCHING, von HOFFMANN, *Internationales Privatrecht*, p. 362, 381; LIMA PINHEIRO, *Contrato de empreendimento comum em direito internacional privado*, p. 634.

[172] RABEL, *The conflict of laws...*, I, p. 99 ss.

[173] NIEDERER, *Die Spaltung des Vertrages bezüglich seiner Wirkungen...*, p. 279a ss; id., *Einführung in die allgemeinen Lehren...*, p. 212; KNAPP, *La division des effets du contrat...*, p. 321a; SCHRÖDER, *Die Anpassung von Kollisions- und Sachnormen*, p. 116; Y. LEQUETTE, *L' évolution des sources nationales et conventionnelles...*, p. 195; AUDIT, *Le caractère fonctionnel de la règle de conflit...*, p. 354; id., *Droit international privé*, p. 634; SYMÉONIDES, *Private international law codification in a mixed jurisdiction*, p. 473.

[174] QUADRI, *Lezioni...*, p. 180 ss; CARBONE, LUZZATTO, *Il contratto internazionale*, p. 119.

[175] REESE, *Dépeçage*, p. 65. *Consistency* é também o termo que surge em WENGLER, *The general principles...*, p. 398 ss, substituindo quase integralmente *harmony*. Por sua vez, VON DER SEIPEN, *Akzessorische Anknüpfung und engste Verbindung...*, p. 163 ss, refere-se a um interesse das partes na "consistência" (*Konsistenzinteresse*), isto é, a um interesse dirigido a que, na resolução de uma situação, os direitos chamados pelas normas de conflitos se harmonizem uns com os outros sem contradições. Ao *Konsistenzinteresse* aludiu também VON HOFFMANN, no colóquio realizado em Heidelberg, em 2 e 3 de Outubro de 1986, dedicado ao tema "Der komplexe Langzeitvertrag — Strukturen und Internationale Schiedsgerichtsbarkeit" (cfr. JAYME, *Komplexe Langzeitverträge...*, p. 64).

[176] BATIFFOL, *Les conflits de lois en matière de contrats*, p. 70; id., *Aspects philosophiques...*, p. 25, 50; id., *Droit comparé...*, p. 670, 673; id., *Les intérêts de droit international privé*, p. 19; id., *Actualité des intérêts...*, p. 32; BATIFFOL, LAGARDE, *Droit international privé*, II, 7ª ed., p. 274; WENGLER, *Réflexions sur la technique des qualifications...*, p. 682; id., *The general principles ...*, p. 399 ss; CANSACCHI, *Le choix et l' adaptation...*, p. 157; BETTI, *Problematica del diritto internazionale*, p. 202, 301 ss, 319, 334 s; MAGALHÃES COLLAÇO, *Direito internacional privado*, II, p. 438; GRAULICH, *Règles de conflit et règles d' application immédiate*, p. 635, 643; VANDER ELST, *Antinomies en droit international*

Se, por vezes, os autores têm em vista o sistema de direito internacional privado do foro [177] ou o ordenamento do foro considerado na sua globalidade [178], outras vezes reportam-se ao direito material a aplicar [179] ou a um

---

privé, "Les antinomies en droit", 1965, p. 138 ss (p. 160, 166 ss, nota (1)); BAPTISTA MACHADO, *Âmbito de eficácia...*, p. 339, nota (73); id., *Les faits, le droit de conflit et les questions préalables*, p. 455 s; id., *Lições de direito internacional privado*, p. 138, 299, 302; LAGARDE, *Le "dépeçage"...*, p. 668 ss; GOTHOT, *La méthode unilatéraliste...*, p. 7, 12 (mas também unidade e homogeneidade, p. 7); VITTA, *Cours général...*, p. 51; MAYER, *Les lois de police étrangères*, p. 330; id., *Droit international privé*, p. 120; VON MEHREN, *The significance of the State for choice of law*, p. 289, 299, 302 s; B. ANCEL, *L' objet de la qualification*, p. 238, 254; Y. LEQUETTE, *L' évolution des sources nationales et conventionnelles...*, p. 195; B. ANCEL, Y. LEQUETTE, *Grands arrêts...*, p. 233; FERRER CORREIA, *O direito internacional privado português e o princípio da igualdade*, p. 450, nota (78); AUDIT, *Le caractère fonctionnel de la règle de conflit (Sur la crise des conflits de lois)*, Recueil des Cours, 1984 — III, tome 186, p. 219 ss (p. 354, 364); id., *Droit international privé*, p. 106, 107; EKELMANS, *Le "dépeçage"...*, p. 248 ss; TROMBETTA-PANIGADI, *L' unificazione del diritto...*, p. 946 (a propósito da Convenção de Haia sobre representação); MOURA RAMOS, *Da lei aplicável...*, p. 470, 473, 876, 879; J.-F. PERRIN, *Théorie de l' incorporation et cohérence de l' ordre juridique*, "Études Lalive", 1993, p. 141 ss (p. 141 s, 150); LOUSSOUARN, BOUREL, *Droit international privé*, p. 179; KASSIS, *Le nouveau droit européen des contrats internationaux*, p. 358; CARBONE, LUZZATTO, *Il contratto internazionale*, p. 17 ss; MOSCONI, *Diritto internazionale privato e processuale. Parte generale e contratti*, p. 72; LIMA PINHEIRO, *Contrato de empreendimento comum...*, p. 634. O termo "coerência" (e também "unidade") surge agora igualmente no curso proferido por Erik JAYME, na Academia de Direito Internacional da Haia, em 1995 (publicado em 1996). Cfr. *Identité culturelle et intégration: le droit international privé postmoderne*, p. 129 ss (onde, na sequência de alguns dos últimos escritos do autor, se acentuou a "preocupação" relativamente à coerência, e onde, por isso mesmo, se observa uma certa convergência com opiniões expressas nesta dissertação).

[177] Assim interpretamos o princípio da "harmonia material", tal como formulado por WENGLER, *obs. e locs. cits.* na nota (165). Cfr. também: MAGALHÃES COLLAÇO, *Da qualificação...*, p. 256 (compatibilidade); BAPTISTA MACHADO, *Âmbito de eficácia...*, p. 329 ss (coordenação), p. 339, nota (73) (harmonia interna, coerência); p. 371 (harmonia material da *lex fori*); id., *Lições de direito internacional privado*, p. 138, 299 (coerência), p. 302 (harmonia material de decisões, coerência); VITTA, *Cours général...*, p. 51 (*harmonie interne*).

[178] BETTI, *Problematica del diritto internazionale*, p. 301 (*coerenza*); GRAULICH, *Règles de conflit et règles d' application immédiate*, p. 635, 643 (*cohérence*); VITTA, *Cours général...*, p. 51 (*cohérence*); MOSCONI, *Diritto internazionale privato e processuale. Parte generale e contratti*, p. 72 (armonia interna, *coerenza*); JAYME, *Identité culturelle et intégration...*, p. 129 ss (*cohérence, unité*).

[179] É este o sentido que atribuímos ao princípio do "acordo interno de decisões", tal como individualizado por KEGEL, *obs. e locs. cits.* na nota (167). Cfr. também: CANSACCHI, *Le choix et l' adaptation...*, p. 111, 116 (*coordination, harmonie*), p. 157 (*cohérence*); RABEL, *The conflict of laws...*, I, p. 100 s (*concentration*); BETTI, *Problematica del diritto internazionale*, p. 319 (*coerenza*); FERRER CORREIA, *Lições de direito internacional privado*, 1969, p. 550 ss (princípio da harmonia interna ou da unidade do ordenamento jurídico); id., *Da questão prévia...*, p. 256 ss (princípio da harmonia interna ou da unidade do ordenamento jurídico); id., *Lições...*, p. 455 ss (princípio da harmonia interna ou da unidade do ordenamento jurídico); id., *Direito internacional privado. Alguns problemas*, p. 113 ss (princípio da

instituto determinado [180]; frequentemente a questão é discutida a propósito da regulação de uma situação da vida, *maxime* do contrato [181].

---

harmonia material, unidade do sistema jurídico); id., *O direito internacional privado português e o princípio da igualdade*, p. 450, nota (78) (unidade e coerência de um sistema de normas); MAGALHÃES COLLAÇO, *Direito internacional privado*, II, p. 438 (coerência); id., *Da qualificação...*, p. 73 (harmonia material, harmonia interna); WENGLER, *Réflexions sur la technique des qualifications...*, p. 682 (*cohérence*); id., *The general principles...*, p. 399 ss (*coherence*); YNTEMA, *Les objectifs du droit international privé*, p. 19 (*harmonie interne*); QUADRI, *Lezioni...*, p. 182 (*organicità*); MAYER, *Les lois de police étrangères*, p. 330 (*cohérence*); BATIFFOL, *Les intérêts...*, p. 19 (*cohérence*); id., *Actualité des intérêts...*, p. 32 (*cohérence*); MOURA RAMOS, *Da lei aplicável...*, p. 473 (coerência); AUDIT, *Droit international privé*, p. 106, 107 (*cohérence*); SYMÉONIDES, *Private international law codification...*, p. 473 (*equilibrium*).

[180] SCHWIND, *Von der Zersplitterung des Privatrechts...*, p. 457 (*Einheit*); SERICK, *Die Sonderanknüpfung von Teilfragen...*, p. 637 (*Einheit*); QUADRI, *Lezioni...*, p. 187 (*organicità*); AUDIT, *Le caractère fonctionnel de la règle de conflit...*, p. 354, 364 (*cohérence, équilibre*); MAYER, *Droit international privé*, p. 120 (*cohérence*).

[181] BATIFFOL, *Les conflits de lois en matière de contrats*, p. 70 (*cohérence*), p. 19, 39, 65 s, 70 s (*système unique, loi unique, unité*); id., *Le pluralisme des méthodes...*, p. 141 (*unité*); LEREBOURS-PIGEONNIÈRE, *Précis...*, p. 308, 484 (*loi unique*); VALLINDAS, *Le principe du droit unique...*, p. 40 ss (*principe du droit unique*); NIEDERER, *Die Spaltung des Vertrages bezüglich seiner Wirkungen...*, p. 279a ss (*Gleichgewicht*); id., *Einführung in die allgemeinen Lehren...*, p. 212 (*Gleichgewicht*); KNAPP, *La division des effets du contrat...*, p. 321a (*équilibre des droits et obligations*); MOSER, *Vertragsabschluss, Vertragsgültigkeit und Parteiwille...*, p. 213 ss (*Rechtseinheit*); SCHWIND, *Von der Zersplitterung des Privatrechts...*, p. 461 (*einer bestimmten Rechtsordnung zuzuordnen*); WOLFF, *Private International Law*, p. 209 (*internal harmony*); CANSACCHI, *Le choix et l' adaptation...*, p. 113 s (*loi unique*); BETTI, *Problematica del diritto internazionale*, p. 331 s (*coordinamento*); TABORDA FERREIRA, *Sistema...*, p. 114 (princípio da unidade contratual); MAGALHÃES COLLAÇO, *Direito internacional privado*, II, p. 12 (coordenação); WENGLER, *Die Qualifikation der materiellen Rechtssätze...*, p. 358 (*materielle harmonische Einheit*); id., *Les principes généraux...*, Rev. crit., 1952, p. 603 s (*principe du droit unique*); id., *Réflexions sur la technique des qualifications...*, p. 676 (*une seule législation*), p. 682 (*harmonie des resultats*); id., *The general principles of private international law*, p. 400 s (*principle of unity*); id., *Internationales Privatrecht*, I, p. 70 (*ein und dasselbe Recht*); RABEL, *The conflict of laws...*, I, p. 100 s (*concentration on one convenient law*), II, p. 485 s (*unique law, unity of contract*); VISCHER, *Internationales Vertragsrecht*, p. 58 (*materiellrechtliche Harmonie*); id., *Drafting national legislation on conflict of laws*, p. 140 (*material harmony*); CARBONE, LUZZATTO, *Il contratto internazionale*, p. 119 (*organicità*); FERRER CORREIA, *Lições de direito internacional privado*, 1969, p. 23 (princípio da harmonia material e da lei única); id., *Principais interesses...*, p. 88 (princípio da harmonia material e da lei única); id., *Lições...*, p. 47 (princípio da harmonia material e da lei única), p. 331 (lei única); id., *Direito internacional privado. Alguns problemas*, p. 117 (princípio da harmonia material e da lei única); id., *O novo direito internacional privado português*, p. 13 s (princípio da harmonia material e da lei única); id., *Direito internacional privado — conceitos fundamentais*, p. 310 (princípio da harmonia material e da lei única); id., *Considerações sobre o método...*, p. 344 (harmonia material); LANDO, *Contracts*, p. 12 s (*unit*); *The EEC Convention...*, p. 167 (*unity*); HEINI, *Ausländische Staatsinteressen ...*, p. 78, 82 (*Einheit des Rechtsverhältnisses*); Y. LEQUETTE, *L' évolution des sources nationales et conven-*

Por outro lado, enquanto alguns autores consideram que a harmonia material é, pelo menos tendencialmente, um princípio de escalão superior em relação, por exemplo, ao da harmonia internacional [182], há quem coloque o princípio da harmonia material em plano inferior ao da harmonia internacional [183].

Importa pois apurar qual o sentido e alcance da coerência no âmbito do direito internacional privado.

2.1. Noção de "sistema de direito internacional privado" ou de "sistema de normas de conflitos" em vigor no ordenamento português

Na exposição feita no número anterior, a ideia de coerência foi referida ao sistema jurídico. A coerência exprime qualidades do sistema jurídico: a compatibilidade e a conexão de sentido entre os seus elementos.

A primeira questão a discutir consiste em saber se existe um "sistema de direito internacional privado" em relação ao qual possa ou deva aferir-se a coerência.

Em cada ordem jurídica, o direito internacional privado tende a instituir-se em sistema independente [184]. A construção de um sistema de direito

---

tionnelles..., p. 195 (*équilibre interne, cohérence*); MARQUES DOS SANTOS, *Breves considerações sobre a adaptação...*, p. 8, 14, 34, 78 (congruência); GOTHOT, *La méthode unilatéraliste...*, p. 7 (*cohérence, unité, homogénéité*); AUDIT, *Droit international privé*, p. 634 (*équilibre*); BATIFFOL, LAGARDE, *Droit international privé*, II, 7ª ed., p. 274 (*cohérence*); LAGARDE, *Le "dépeçage"...*, p. 668 ss (*cohérence*); KASSIS, *Le nouveau droit européen...*, p. 358 (*cohérence*); LOUSSOUARN, BOUREL, *Droit international privé*, p. 179 (*cohérence*); MOURA RAMOS, *Da lei aplicável...*, p. 470, 876, 879 (coerência), p. 471, 474 (congruência); FIRSCHING, VON HOFFMANN, *Internationales Privatrecht*, p. 372, 381 (*materielle Harmonie*), p. 362, 381 (*Grundsatz des einheitlichen Vertragsstatut*); JAYME, *Identité culturelle et intégration...*, p. 138 ss (*statut unique*); LIMA PINHEIRO, *Contrato de empreendimento comum...*, p. 634 (unidade, coerência).

[182] WENGLER, *Les principes généraux...*, Rev. crit., 1953, p. 48 s, embora o autor exija certas condições e coloque certos limites, por exemplo, que exista uma conexão mínima da situação com o país do foro (*loc. cit.*, nota (2)), e considere que, se estiver em causa a interpretação e integração de lacunas de um tratado internacional, a uniformidade de decisões dos Estados contratantes é mais importante do que a harmonia material entre as decisões proferidas no interior de um mesmo Estado (p. 55); FERRER CORREIA, *Lições de direito internacional privado*, 1969, p. 550; id., *Da questão prévia...*, p. 256; id., *Lições...*, p. 456, apesar de o autor considerar como fundamento do direito internacional privado a segurança jurídica e a estabilidade das situações privadas internacionais, o que o leva a atribuir papel primordial à harmonia jurídica internacional (cfr.: *Lições...*, p. 38, 40, 42; *O novo direito internacional privado português*, p. 12; *Direito internacional privado — conceitos fundamentais*, p. 309 s). De modo peremptório, colocando o princípio da harmonia material em plano superior ao da harmonia internacional, VISCHER, *Drafting national legislation on conflict of laws*, p. 138.

[183] ZWEIGERT, *Die dritte Schule...*, p. 50.

[184] FRANCESCAKIS, *La théorie du renvoi ...*, p. 55.

internacional privado, como parte do sistema jurídico global, corresponde a um interesse de previsibilidade dos resultados, de certeza e segurança na aplicação do direito [185] e a uma necessidade de racionalização da ciência jurídica [186].

A doutrina portuguesa tem utilizado as designações "sistema de direito internacional privado", "sistema de conflitos" e "sistema de normas de conflitos" para referir o todo unitário e ordenado formado pelas regras de conflitos de fonte interna que têm como objecto a designação do direito aplicável às situações da vida privada internacional e pelos princípios que tais regras exprimem e concretizam [187].

Ora, no ordenamento português actual, vigoram normas de conflitos de fonte interna, em especial as do Código Civil de 1966 [188], e também normas de fonte internacional contidas nas convenções em vigor na ordem internacional, a que o nosso país se encontra vinculado.

Como tem sido sublinhado pela doutrina, as regras de conflitos incluídas no Código Civil de 1966 constituem só por si um "sistema", ou um "subsistema", do sistema jurídico português.

As convenções internacionais de direito internacional privado contêm conjuntos unitários e ordenados de normas de conflitos, submetidas a princípios comuns, relativamente a certas matérias. Cada uma dessas conven-

---

[185] NEUHAUS, *Legal certainty versus equity in the conflict of laws*, p. 803.
[186] SCHURIG, *Kollisionsnorm und Sachrecht*, p. 171.
[187] A expressão "sistema de direito internacional privado" foi utilizada, num momento em que não era patente no direito português legislado uma autêntica sistematicidade do direito internacional privado, por TABORDA FERREIRA, *Sistema do direito internacional privado segundo a lei e a jurisprudência*, 1957, cit.. Veja-se também, no direito anterior ao novo Código Civil, MAGALHÃES COLLAÇO, *Da qualificação...*, p. 254 ss, *passim* ("sistema de conflitos"). A fórmula "sistema de normas de conflitos" foi empregue, logo após a entrada em vigor do Código Civil de 1966, precisamente para realçar o carácter sistemático do novo direito internacional privado português, por MAGALHÃES COLLAÇO, *Direito internacional privado. Parte II — Do sistema de normas de conflitos portuguesas (Apontamentos das lições proferidas no ano lectivo de 1969-1970)*, Lisboa, 1970, e em outros textos que se seguiram a este, para actualização das Lições anteriores ao Código. Cfr. ainda: MOURA RAMOS, *Portugal. Droit de la famille. Dispositions intéressant le droit international privé* (1978), "Das relações privadas internacionais", 1995, p. 49 ss (p. 49); id., *A Conferência da Haia de Direito Internacional Privado: a participação de Portugal e o papel da Organização na codificação internacional do direito internacional privado* (1993), "Das relações privadas internacionais", p. 251 ss (p. 266 ss); id., *The impact of the Hague conventions on portuguese private international law* (1993), "Das relações privadas internacionais", p. 277 ss (p. 281 ss); MARQUES DOS SANTOS, *Direito internacional privado. Sumários*, p. 239; P. NASCIMENTO TEIXEIRA, *A questão da protecção dos consumidores nos contratos plurilocalizados*, p. 221 ss.
[188] Bem como as regras contidas em outros textos legais de fonte interna (designadamente no Código das Sociedades Comerciais) e, se for o caso, as regras formadas e reveladas por outras fontes (a jurisprudência e a doutrina).

ções forma, por sua vez, em muitos casos, um "sistema" (um "subsistema") no domínio a que se reporta [189]. Por vezes, é visível uma interligação entre as convenções celebradas sob a égide de uma mesma organização internacional. Pode por exemplo falar-se de um "sistema" das convenções celebradas no âmbito da Conferência de Haia de Direito Internacional Privado, tendo em conta a existência de soluções que se repetem e a possibilidade de individualizar determinados princípios que inspiram as diversas convenções. Tal sistema é necessariamente não completo (do ponto de vista da globalidade de matérias que constituem o objecto possível do direito internacional privado) [190].

Estes "sistemas" (ou "subsistemas") não podem ser considerados estanques. Não existe entre eles, é certo, a interdependência que caracteriza os elementos de um sistema, em sentido técnico [191], mas não deixam de influenciar-se e de ajustar-se mutuamente, embora de modo não simétrico. O processo de elaboração, aprovação e recepção de actos internacionais implica o envolvimento e a influência nesses actos da perspectiva do direito interno; em sentido inverso, as normas de conflitos de fonte interna são afectadas na sua eficácia pela entrada em vigor de normas de conflitos de fonte internacional sobre as matérias correspondentes; além disso, é hoje impensável a alteração do direito de conflitos de fonte interna que não tenha em conta os mais significativos instrumentos jurídicos do comércio internacional [192].

O carácter fragmentário do direito internacional convencional e o ainda escasso número de actos internacionais vigentes no nosso país em matéria de conflitos de leis — pelo menos em certas matérias [193] —, aliados ao efeito produzido pela vigência das mais importantes convenções de direito

---

[189] Ilustram a afirmação a Convenção de Haia de 1978 sobre a lei aplicável à representação e a Convenção de Roma de 1980 sobre a lei aplicável às obrigações contratuais, para limitar a citação a dois instrumentos sob especial observação neste trabalho.

[190] Para a análise do "direito da Haia" — na terminologia de MOURA RAMOS, *A Conferência da Haia de Direito Internacional Privado*, p. 268 s —, cfr., por último: VON OVERBECK, *La contribution de la Conférence de la Haye au développement du droit international privé*, p. 47 ss; BORRÁS RODRÍGUEZ, *Cuatro elementos estructurales de los convenios de la Haya, con especial referencia a los convenios ratificados por España*, p. 12 ss; JACQUET, *Aperçu de l' oeuvre de la Conférence de la Haye de droit international privé dans le domaine économique*, em especial, p. 18 ss. Comparando o "sistema" de direito internacional privado do Código Civil português de 1966 e o "sistema" formado pelo conjunto das convenções aprovadas sob a égide da Conferência de Haia, MOURA RAMOS, *The impact of the Hague conventions on portuguese private international law*, p. 281 ss.

[191] Cfr.: LÉVI-STRAUSS, *La notion de structure en ethnologie*, p. 306; BAPTISTA MACHADO, *O sistema científico e a teoria de Kelsen*, p. 13 s; Acílio ROCHA, *Sistema*, p. 1167.

[192] Recorde-se, a propósito, o artigo 23º da Convenção de Roma.

[193] MOURA RAMOS, *A Conferência da Haia ...*, p. 267 s.

internacional privado sobre as normas de conflitos de fonte interna, exigem a coordenação entre as normas de conflitos de fonte internacional e as de fonte interna.

Tais circunstâncias permitem, em nosso entender, a referência ao "sistema de direito internacional privado em vigor no ordenamento português", que inclua, ao lado das normas de conflitos de fonte interna, as normas de conflitos de fonte internacional.

Concretizando, no domínio do direito dos contratos, o sistema de direito internacional privado português não pode hoje em dia deixar de integrar a Convenção de Roma sobre a lei aplicável às obrigações contratuais e a Convenção de Haia sobre a lei aplicável aos contratos de intermediação e à representação [194].

A adopção desta noção ampla de "sistema de direito internacional privado" ou de "sistema de normas de conflitos" em vigor no ordenamento português não encontra obstáculo — antes encontra apoio — nas soluções que decorrem da Constituição Portuguesa de 1976 quanto à relevância do direito internacional na ordem interna e quanto à posição ocupada pelo direito internacional na hierarquia de fontes do direito português. As normas contidas nas convenções a que Portugal se encontra internacionalmente vinculado vigoram na ordem jurídica portuguesa como normas internacionais, têm valor infraconstitucional, mas prevalecem sobre as leis ordinárias de fonte interna; em certos casos, a vigência de regras de conflitos uniformes de fonte internacional tem como consequência a suspensão de eficácia das normas de conflitos de fonte interna sobre as matérias correspondentes [195].

De qualquer modo, a utilização da noção de sistema não depende da técnica de recepção, pela ordem interna, das normas internacionais nem exige a transformação das normas internacionais em direito interno.

A referência ao "sistema de direito internacional privado em vigor na ordem jurídica portuguesa", com este sentido, significa portanto o reconhecimento da possibilidade, mas também da necessidade, de coordenação entre as normas de conflitos provenientes de fonte internacional e de fonte interna [196].

---

[194] O programa da cadeira anual de Direito Internacional Privado da Faculdade de Direito de Lisboa para o ano lectivo de 1995-1996, sob a coordenação da Professora Isabel de MAGALHÃES COLLAÇO, inclui uma Parte II — Parte especial *do direito de conflitos português*; o capítulo introdutório desta Parte II abrange, no nº 41, o estudo das *fontes internacionais e fontes internas* (sublinhados meus). As fórmulas são mantidas no programa da cadeira anual de Direito Internacional Privado proposto por MARQUES DOS SANTOS, *Defesa e ilustração do direito internacional privado*, p. 203, e *Direito internacional privado — Programas e bibliografia*, relativo ao ano lectivo de 1996-1997, p. 14.

[195] Sobre esta questão, cfr. capítulo IV, § 1º, nº 4.

[196] Um interessante estudo dos problemas suscitados pela coordenação ou relacionamento entre a ordem jurídica comunitária e as ordens jurídicas dos Estados membros, utilizando

Para esta possibilidade de coordenação ou permeabilidade contribui a comum concepção de direito internacional privado subjacente aos sistemas jurídicos europeus, às convenções de Haia e à Convenção de Roma. A tradição savigniana justifica as afinidades ao nível da construção das normas de conflitos e da escolha dos elementos de conexão. A aceitação de novas perspectivas metodológicas está na origem da consagração de soluções dirigidas à obtenção de certos resultados materiais.

No que em especial diz respeito às convenções de Haia, a compatibilização com as normas de conflitos contidas no Código Civil encontra-se até certo ponto facilitada pela circunstância de a obra da Conferência de Haia privilegiar a regulamentação de matérias específicas, enquanto o âmbito de aplicação das normas de conflitos portuguesas de fonte interna é tendencialmente definido através de categorias amplas [197][198].

Mas ao "sistema de direito internacional privado" pode ser atribuído um sentido ainda mais amplo. Tal como antes defendemos em termos gerais, na composição de um sistema jurídico não entram apenas normas (e princípios). Dele fazem parte igualmente os factos jurídicos e os processos que, no momento da aplicação das normas e no momento da sua criação, assegurem uma racional realização concreta do direito. Correspondentemente, são elementos do "sistema de direito internacional privado" as normas, os princípios, as situações da vida privada internacional, os métodos e técnicas próprios de interpretação e aplicação do direito de conflitos.

Aliás, tendo em conta que no direito internacional privado dos nossos dias coexiste pluralidade de métodos, além do método conflitual, na composição do "sistema de direito internacional privado" podem fazer-se entrar todas as normas (seja qual for a sua natureza, conflitual ou material) e todos os princípios, métodos e técnicas relativos à resolução das questões privadas internacionais.

---

os resultados da análise da figura do reenvio prejudicial, pode ver-se em MOURA RAMOS, *Reenvio prejudicial e relacionamento entre ordens jurídicas na construção comunitária*, Legislação, 1992, p. 95 ss (o autor conclui que, perante o modo como o Tribunal de Justiça tem utilizado o mecanismo do reenvio prejudicial, "a sede do relacionamento entre duas ordens jurídicas deixou de ser, como [é] habitual, a ordem jurídica onde tem lugar a recepção, para uma outra, a que dela é precisamente objecto", p. 111).

[197] Comparem-se, por exemplo, as categorias "contratos de intermediação", "contrato de compra e venda", "responsabilidade por acidentes de viação", "responsabilidade pelo produto", utilizadas em convenções de Haia, com as categorias que lhes correspondem no Código Civil português: "obrigações provenientes de negócio jurídico", "responsabilidade extracontratual".

[198] Cfr. MOURA RAMOS, *The impact of the Hague conventions...*, p. 281 ss. Embora sublinhando muitos pontos de contacto entre o direito de conflitos do Código Civil português e as soluções consagradas em convenções de Haia, e a interferência mútua entre um e outras, o autor não deixa de considerar dois sistemas distintos (p. 293).

A avaliação da coerência abstracta de um "sistema de direito internacional privado em vigor na ordem jurídica portuguesa", assim concebido, suscitaria porém especiais dificuldades e depararia certamente com numerosas contradições.

De todo o modo, não pode esquecer-se que, apesar do lugar destacado que ocupam hoje em dia normas de outra natureza na regulamentação do comércio internacional, o direito internacional privado de muitos países, é em grande parte, pelo menos no domínio dos contratos, um direito de base conflitual.

Sendo assim, a primeira tarefa do intérprete na construção da coerência do "sistema de direito internacional privado" deve dirigir-se à compatibilização ou coordenação entre as normas de conflitos provenientes das diversas fontes, tendo em vista a aplicação de tais normas às concretas situações da vida privada internacional. Foi a construção de um "sistema de direito internacional privado em vigor na ordem jurídica portuguesa" e a referência a esse sistema que permitiu a apresentação, no capítulo anterior, sob uma forma organizada, do conjunto de normas de conflitos que, segundo o sistema, designam o direito aplicável à representação internacional [199].

2.2. Diferentes planos a considerar na construção da coerência em direito internacional privado

Quando encarado o tema da coerência a propósito do direito internacional privado, têm de considerar-se diferentes níveis ou planos de análise.

2.2.1. A coerência do "sistema de direito internacional privado" do foro

No primeiro nível ou plano situa-se o "sistema de direito internacional privado" do foro.

Em geral, a coerência de um sistema jurídico depende do modo como os seus vários elementos se organizam e se relacionam entre si e do modo como o conjunto se adequa à prossecução dos objectivos que constituem o sustentáculo axiológico e teleológico do sistema. Assim, em primeiro lugar, a coerência do "sistema de direito internacional privado" do foro é consequência do modo como se organizam e se relacionam entre si as normas de conflitos provenientes das diversas fontes e do modo como essas normas se adequam à prossecução dos objectivos do sistema. Quando analisada no

---

[199] Cfr. capítulo IV, § 1º, nº 6.

seu conteúdo positivo, a coerência de um sistema jurídico, e por isso também a coerência do sistema de direito internacional privado, apenas pode ser apreciada por referência aos princípios ou valores que estão subjacentes ao sistema. Os princípios ou valores a prosseguir pelo "sistema de direito internacional privado" constituem o reflexo dos princípios ou valores subjacentes ao sistema jurídico em que aquele se insere. Assim se explica a substancialização do direito de conflitos, a abertura e permeabilidade do direito internacional privado a valores materiais.

Num sistema de direito internacional privado, como em geral no sistema jurídico, são sempre possíveis as contradições ou conflitos entre princípios. A coerência do sistema implica a necessidade e a possibilidade de compatibilização entre eles, por vezes através da sua hierarquização [200].

Por outro lado, sendo a coerência um valor de carácter gradual, um sistema de direito internacional privado pode ter diferentes graus de coerência, consoante as perspectivas de análise a partir das quais for considerado.

Pode-se apreciar a coerência do "sistema de direito internacional privado português", e o grau em que essa coerência foi atingida, do ponto de vista da consagração do princípio da autonomia do direito internacional privado face ao direito material [201], do ponto de vista da prossecução do princípio da igualdade (ou paridade) de tratamento entre os sistemas jurídicos aplicáveis na resolução de situações privadas internacionais [202] ou do ponto de vista do acolhimento do princípio da protecção da parte mais fraca[203] — para referir apenas alguns exemplos de análises já levadas a cabo por autores portugueses.

O actual direito internacional privado dos países da Europa continental, incluindo o português, fornece um campo de observação muito rico para análises deste tipo. A coexistência, nestes sistemas jurídicos, de uma pluralidade de métodos para a resolução das questões suscitadas pela vida jurídica internacional exige com frequência a descoberta de pontos de equilíbrio. Ponderem-se as dicotomias subjacentes aos seguintes exemplos: a interferência do método unilateralista num sistema dominado por regras de

---

[200] Sobre a resolução dos conflitos entre princípios gerais de direito internacional privado, WENGLER, *Les principes généraux* ..., Rev. crit., 1953, p. 37 ss.

[201] FERRER CORREIA, *O princípio da autonomia do direito internacional privado no sistema jurídico português*, p. 455 ss. O autor reconhece que, analisado sob essa perspectiva, o texto do artigo 15º do Código Civil português não é completamente claro (p. 490, nota (86)).

[202] FERRER CORREIA, *O direito internacional privado português e o princípio da igualdade*, p. 413 ss. Na nota (78), p. 447 ss, o autor aponta alguns desvios à "fidelidade" do sistema português a esse princípio, contidos em legislação recente.

[203] MOURA RAMOS, *La protection de la partie la plus faible en droit international privé*, p. 209 ss. O autor conclui que tal protecção, embora desejável, é no direito internacional privado português ainda limitada e não sistemática (p. 240 s).

conflitos bilaterais; a utilização simultânea de critérios flexíveis e de critérios rígidos para a determinação do direito aplicável; a consagração de normas de conflitos dirigidas à prossecução de um determinado resultado material no âmbito de um sistema conflitual clássico; a tradicional contraposição entre harmonia interna e harmonia internacional na resolução de numerosos problemas de direito internacional privado; o permanente confronto, também no domínio do direito de conflitos, entre justiça e segurança [204]. Em qualquer avaliação do sistema que tenha em conta a existência de cada uma dessas dicotomias se suscita a questão da coerência do próprio sistema.

Se ao "sistema de direito internacional privado" do foro se atribuir a amplitude que antes se admitiu como possível, também a discussão sobre a relevância do direito internacional na ordem interna e sobre a coordenação entre as normas internacionais e as normas internas, tendo em vista a descoberta da harmonia ou conformidade entre ordens jurídicas, se reconduz a um problema de coerência.

Mas a coerência do "sistema de direito internacional privado" do foro deve também avaliar-se em função dos resultados a que conduz a aplicação das suas normas de conflitos.

O princípio da coerência reclama que, na construção e na interpretação e aplicação das normas de conflitos de um determinado sistema, se adoptem métodos e técnicas adequados a respeitar, tanto quanto possível, os vínculos de natureza teleológica existentes entre as regras de direito material contidas em cada ordem jurídica, isto é, adequados a respeitar, tanto quanto possível, o carácter sistemático de cada ordem jurídica.

As normas de conflitos devem articular-se entre si de modo a não constituírem obstáculo à aplicação de conjuntos de regras materiais que, em cada ordenamento jurídico, compõem uma unidade teleológica. Só assim se evita a descaracterização das figuras jurídicas [205] e a destruição da conexão interna de sentido entre as diferentes partes de uma ordem jurídica privada [206].

---

[204] Sobre este confronto, vejam-se, em especial, os estudos já citados de NEUHAUS, *Legal certainty versus equity in the conflict of laws*, VISCHER, *The antagonism between legal security and the search for justice in the field of contracts*, HAY, *Flexibility versus predictability and uniformity in choice of law*.

[205] Utilizando uma formulação inspirada em SERICK, *Die Sonderanknüpfung von Teilfragen...*, p. 635 (*"so wird auch eine Rechtsfigur denaturiert"*).

[206] Numa expressão próxima da usada por NEUHAUS, *Die Grundbegriffe...*, p. 133 s (*die verschiedenen Teile einer Privatrechtsordnung [...] stehen oft in einem inneren Sinnzusammenhang, der leicht verlorengehen kann, wenn Fragmente verschiedener Rechtsordnungen auf denselben Fall angewandt werden*).

Com os objectivos indicados, o princípio da coerência coloca exigências quer no momento da construção quer no momento da interpretação e aplicação das normas de conflitos do sistema do foro.

2.2.2. A coerência de cada direito material designado pelas normas de conflitos do foro

Em nível ou plano diferente situam-se o sistema jurídico ou os sistemas jurídicos em contacto com uma situação privada internacional, cujas normas são designadas pelas normas de conflitos do foro.

Tendo em conta o carácter indirecto e a estatuição típica das normas de conflitos, o juízo sobre a coerência, no âmbito do direito internacional privado, não pode prescindir da própria coerência na aplicação do regime de direito material considerado competente em função do direito de conflitos do foro.

A exigência de coerência na aplicação do regime material competente faz-se sentir mesmo nos casos em que seja uma só a ordem jurídica designada. A preservação da coerência de cada direito material impõe que a interpretação das regras contidas no sistema chamado pela norma de conflitos do foro não seja limitada a uma regra isolada e tenha em conta as regras jurídicas no seu contexto. A ideia de coerência na aplicação da ordem jurídica designada justifica que ao direito estrangeiro chamado pelas normas de conflitos se reconheça o estatuto de autêntico direito; fundamenta não apenas a individualização *lege causae* das normas materiais aplicáveis como também a possibillidade de abranger as disposições imperativas da *lex causae* na remissão operada pelas normas de conflitos.

A coerência na aplicação do direito material designado encontra porém um limite na intervenção da ordem pública internacional do Estado do foro. Ainda assim, a solução consagrada no Código Civil português, para colmatar uma lacuna que porventura resulte de tal intervenção (o recurso às normas mais apropriadas da legislação estrangeira designada, nos termos do artigo 22º, nº 2, primeira parte), justifica-se pela necessidade de, tanto quanto possível, não prejudicar a unidade da ordem jurídica normalmente competente.

2.2.3. A coerência da regulação de cada situação da vida privada internacional submetida à apreciação do órgão de aplicação do direito no Estado do foro

Num outro plano ainda situa-se a regulação da concreta situação da vida privada internacional submetida à apreciação do órgão de aplicação do direito no Estado do foro.

Atento o objecto do direito internacional privado — a regulação das situações da vida privada internacional —, a coerência do direito internacional privado diz respeito, afinal, à regulação de tais situações.

Desta perspectiva, o princípio da coerência em direito internacional privado concretiza-se em duas máximas fundamentais: o *princípio do direito único* e o *princípio da coordenação*.

O primeiro traduz a conveniência de aplicar uma única ordem jurídica a cada situação da vida privada internacional. O *princípio do direito único* exprime no âmbito do direito internacional privado o conteúdo positivo da unidade e da coerência do sistema jurídico. Mas constitui um ideal e um limite muito difíceis de atingir, face ao método analítico ou à técnica de especialização que preside à construção da generalidade dos sistemas de direito internacional privado [207].

O segundo traduz a necessidade de compor de modo ordenado a disciplina de cada situação da vida privada internacional, no caso de várias ordens jurídicas concorrerem para a sua regulação. O "mosaico" a compor resulta da justaposição dos regimes oriundos de sistemas jurídicos diferentes e deve preservar a aplicação harmoniosa e congruente dos sistemas jurídicos em contacto com as situações plurilocalizadas. O *princípio da coordenação* exprime no âmbito do direito internacional privado a exigência de não contradição, ou seja, o conteúdo negativo da unidade e da coerência do sistema jurídico [208].

2.2.4. A coerência do sistema jurídico do foro considerado na sua globalidade

Num último plano situa-se o sistema jurídico do foro considerado na sua globalidade.

O direito internacional privado não pode permitir (ou tem de adoptar métodos destinados a evitar) que o método analítico e o carácter indirecto das normas de conflitos ponham em risco a coerência da própria ordem jurídica do foro considerada no seu conjunto.

A aplicação simultânea ou sucessiva de mais do que um direito a uma mesma situação privada internacional dá frequentemente origem a contradições, antinomias, ou, de um modo mais geral, a incompatibilidades de sentido, a incompatibilidades de efeitos jurídicos produzidos por normas provenientes de sistemas jurídicos diferentes. Tais incompatibilidades resultam na maior parte dos casos da falta de equivalência dos conteúdos das

---

[207] Cfr., neste capítulo, § 3º.
[208] Cfr., neste capítulo, § 4º.

diferentes ordens jurídicas cujas normas contribuem para a disciplina de uma mesma situação privada internacional [209].

Tudo se passa "como se as regras antinómicas, na realidade oriundas de sistemas jurídicos diferentes, tivessem sido estabelecidas pelo legislador do país onde o conflito se levanta" [210].

A construção da coerência do sistema jurídico do foro, considerado na sua globalidade, exige a eliminação das antinomias normativas e a coordenação dos efeitos jurídicos produzidos por normas provenientes de ordenamentos diferentes.

É ainda a coerência do sistema jurídico do foro que exige o recurso às normas de conflitos do foro relativamente a todas as situações que com ele se encontrem em contacto, seja qual for o modo como as questões se suscitem perante o órgão de aplicação do direito — quer surjam a título principal, quer surjam a título incidental, no momento da interpretação e aplicação de uma norma material do direito competente.

Por último, mas não menos importante, a unidade da realização do direito e a coerência do sistema jurídico do foro considerado na sua globalidade impõem que os princípios ou valores prosseguidos na ordem jurídica do foro tenham reflexo em soluções consagradas no próprio sistema de direito internacional privado.

No momento da aplicação de normas materiais de um ordenamento estrangeiro a uma situação concreta, o resultado intolerável dessa aplicação, do ponto de vista dos princípios fundamentais do foro, pode justificar a actuação da reserva de ordem pública internacional. A actuação da reserva de ordem pública é susceptível de provocar a dispersão na regulação da situação internacional a regular, constituindo um elemento de perturbação na unidade e coerência do direito competente [211] e colocando-se no pólo "oposto da aspiração à harmonização e coordenação dos sistemas jurídicos" [212]; corresponde todavia a um imperativo de coerência da própria

---

[209] VISCHER, *Die rechtsvergleichenden Tatbestände im internationalen Privatrecht. Die Übereinstimmung der materiellen Rechtsinhalte als Voraussetzung des internationalen Privatrechts. Die Bedeutung des Begriffes der Äquivalenz*, p. 125; BAPTISTA MACHADO, *Problemas na aplicação do direito estrangeiro*, p. 329.

[210] FERRER CORREIA, *Direito internacional privado. Alguns problemas*, p. 171. Cfr. ainda: FERRER CORREIA, *Considerações sobre o método...*, p. 354 s; BAPTISTA MACHADO, *Âmbito de eficácia...*, p. 401; BETTI, *Problematica del diritto internazionale*, p. 334. A afirmação não tem implícita qualquer ideia de incorporação no ordenamento do foro das regras materiais estrangeiras designadas. Atribuindo-lhe esse significado, no âmbito de uma diferente concepção quanto à função das normas de conflitos e quanto às relações entre as normas de conflitos e o direito estrangeiro por elas chamado, CANSACCHI, *Le choix et l' adaptation de la règle étrangère dans le conflit de lois*, p. 116.

[211] Cfr., neste capítulo, § 1º, nº 6.

[212] A. BUCHER, *L'ordre public ...*, p. 19.

ordem jurídica do foro considerada no seu conjunto. Também a aplicação incondicional das designadas "normas de aplicação imediata ou necessária" contidas no direito do foro a situações submetidas a uma ordem jurídica estrangeira pode analisar-se deste mesmo ponto de vista da preservação da coerência dos princípios ou valores que inspiram o sistema normativo do foro.

2.2.5. Síntese quanto aos diferentes planos a considerar na coerência em direito internacional privado

Sintetizando, a coerência em direito internacional privado desdobra-se nos seguintes aspectos:
— coerência na prossecução dos objectivos fundamentais do "sistema de direito internacional privado" do foro;
— coerência na preservação da unidade de cada direito material designado pelas normas de conflitos do foro;
— coerência na preservação da harmonia dos resultados da aplicação simultânea de normas contidas em diferentes ordens jurídicas designadas pelas normas de conflitos do foro, tendo em vista a coerência da regulação das situações da vida privada internacional que ao direito internacional privado compete disciplinar;
— coerência na preservação da harmonia e unidade sistemática do direito do foro considerado na sua globalidade.

A coerência em direito internacional privado é, num duplo sentido, coerência dentro de um determinado sistema; situa-se num plano *intra-sistemático*:
— diz respeito ao sistema de direito internacional privado do foro ou até, de modo mais amplo, a todo o sistema jurídico do foro;
— refere-se ao sistema material de cada uma das ordens jurídicas designadas pelas normas de conflitos do foro.

Mas a coerência do direito internacional privado situa-se também num plano *inter-sistemático*, no sentido de que:
— fundamenta a concatenação ou coordenação de regimes provenientes de diferentes ordens jurídicas;
— diz respeito ao conjunto normativo formado pelos regimes aplicáveis à situação a regular, provenientes das diversas ordens jurídicas designadas pelas normas de conflitos do foro.

Uma dimensão fundamental da coerência em direito internacional privado é a coerência da regulação de cada situação da vida privada internacional, ou seja, a coerência do resultado concreto da aplicação a uma situação plurilocalizada dos regimes materiais convocados pelas normas de conflitos do foro.

Em última análise, o problema da coerência em direito internacional privado diz respeito à construção da coerência do sistema jurídico do foro considerado na sua globalidade, pois as incoerências, incongruências, contradições ou quebras de sentido na aplicação dos direitos designados pelas normas de conflitos do foro reconduzem-se a incoerências, incongruências, contradições ou quebras de sentido no próprio sistema jurídico do foro [213].

A problemática da coerência em direito internacional privado transcende, portanto, o plano da coerência do "sistema de direito internacional privado" do foro considerado de per si. A ideia de coerência em direito internacional privado corresponde afinal a uma exigência de coerência e de unidade da realização do direito.

A distinção entre vários níveis ou planos de análise da coerência em direito internacional privado nem sempre é fácil de realizar e revela-se por vezes artificial, pois os diversos níveis ou planos influenciam-se mutuamente.

A coerência do sistema jurídico do foro considerado na sua globalidade realiza-se também através da coerência do sistema de direito internacional privado e esta por sua vez deve ser relacionada com o modo como se preserva a unidade de cada direito material designado pelas normas de conflitos do foro e com o modo como se assegura a harmonia na regulação de cada situação privada internacional.

A composição, estrutura, natureza e finalidades de cada sistema de direito internacional privado são determinadas pelo sistema jurídico em que aquele se insere. A ideia de unidade ou coerência do sistema jurídico explica, por exemplo, a ingerência de valores substanciais num direito eminentemente formal, como é, em princípio, o direito internacional privado. Refiram-se as medidas de protecção da parte mais fraca, adoptadas em diversos sistemas de direito internacional privado, que constituem o reflexo das dis-

---

[213] Sistema jurídico tem o sentido que antes assinalámos. Na composição do sistema entram elementos de natureza diversa: as normas, os princípios, os factos jurídicos, os processos que, no momento da aplicação das normas e no momento da sua criação, assegurem uma racional realização concreta do direito. Os elementos de carácter normativo são todos aqueles que vigoram na ordem jurídica (do foro ou de outro país em contacto com a situação internacional), seja qual for a fonte de que emanem. Deste modo, do sistema jurídico considerado (o sistema jurídico do foro ou de um país estrangeiro) podem fazer parte elementos que se integram igualmente em (e por isso são comuns a) outros sistemas jurídicos, desde logo as regras de direito internacional contidas em convenções de direito material uniforme em vigor numa pluralidade de países. Esta circunstância constitui mais um factor de permeabilidade entre ordens jurídicas ou entre sistemas jurídicos e reveste-se de especial importância na resolução dos problemas de direito internacional privado.

posições de protecção consagradas, ao nível material, em numerosas ordens jurídicas [214].

Seja como for, quando estiver em causa a aplicação do direito internacional privado, a construção da coerência do sistema jurídico exige sempre a interacção de diferentes conjuntos normativos ou subsistemas (pelo menos, o conjunto formado pelas normas de conflitos do foro e o conjunto de normas materiais do direito designado) [215]. O que bem se compreende, dado o carácter indirecto das normas de direito internacional privado.

Mais do que em qualquer outro domínio, têm relevância, na discussão dos problemas suscitados pelas situações internacionais, os processos que assegurem uma racional realização concreta do direito. A tarefa ordenadora dos juristas, sempre indispensável para a construção da coerência do sistema jurídico, desempenha no âmbito do direito internacional privado um papel de grande valor, tanto no momento da elaboração das regras de conflitos, como no momento da interpretação e aplicação de tais regras.

Também por isso, em todo este trabalho de relacionação e coordenação de elementos, tendo em vista a construção da coerência do sistema jurídico, se revela absolutamente necessária a interligação entre o direito internacional privado e o direito comparado, tantas vezes sublinhada ao longo desta dissertação.

---

[214] JAYME, *Identité culturelle et intégration...*, p. 135 s, discute — e recusa — a utilização da teoria da unidade do sistema interno como fundamento de uma eventual necessidade de paralelismo entre a determinação da lei aplicável e a competência jurisdicional. Para uma análise crítica da coincidência *forum-ius*, na doutrina portuguesa, MOURA RAMOS, *Da lei aplicável...*, p. 165 ss (p. 193).

[215] O "método de coordenação entre ordenamentos" proposto por Paolo Picone exige a consideração das relações entre os diversos conjuntos de normas que, em cada ordenamento (do foro ou estrangeiro), se referem ao fenómeno do direito internacional privado (normas reguladoras da competência internacional dos órgãos estaduais nacionais, procedimentos de reconhecimento de sentenças estrangeiras e normas de conflitos em sentido estrito). A coordenação do foro com o ordenamento estrangeiro "competente" implica a utilização de uma pluralidade de técnicas internacionalprivatísticas e uma referência "em bloco" ao ordenamento designado. O objectivo do método não é preservar a coerência dos sistemas jurídicos, mas sim conseguir que uma situação jurídica constituída em determinado país tenha efectiva possibilidade de se desenvolver no âmbito de outro ou outros ordenamentos. Cfr., do autor, *Il rinvio all' "ordinamento competente"...*, p. 327, 337 ss; *Ordinamento competente e diritto internazionale privato italiano*, p. 53 ss, 68 ss.

§ 3º
Instrumentos jurídicos que concretizam o princípio da coerência em direito internacional privado: o *princípio do direito único*

1. Sentido e alcance do *princípio do direito único*

Não existe, nem é possível, no actual direito do comércio internacional, uma regulamentação material uniforme completa, de fonte internacional, capaz de conciliar a harmonia jurídica internacional com a coerência na regulação das situações ligadas a uma pluralidade de ordens jurídicas.

A disciplina das situações internacionais continua assim fundamentalmente a ser encontrada através de um procedimento de natureza conflitual.

Ora, como se observou, a estrutura, a natureza e a função das normas de conflitos, bem como alguns métodos e técnicas próprios do direito internacional privado, são susceptíveis de provocar a dispersão do regime aplicável às situações da vida privada internacional.

A investigação a que se vai proceder terá como objecto principal a descoberta e a explicitação de alguns dos mais importantes instrumentos jurídicos que, no direito internacional privado em vigor no ordenamento português, asseguram a coerência da regulação das situações plurilocalizadas.

Em termos gerais, os instrumentos jurídicos que concretizam essa coerência são os factores que concorrem para evitar a desarticulação inerente a diversos processos de actuação do direito internacional privado ou para minimizar os efeitos da desarticulação, quando ela seja inevitável.

O *princípio do direito único* exprime no âmbito do direito internacional privado o conteúdo positivo da unidade e da coerência do sistema jurídico. Este princípio, desde há muito enunciado pela doutrina em diversos países, traduz a conveniência de aplicar uma única ordem jurídica a cada situação da vida privada internacional [216].

---

[216] São em grande número os autores que se referem ao princípio da "unidade de direito", do "direito único" ou da "lei única": BATIFFOL, *Les conflits de lois en matière de*

Embora indique um objectivo difícil de atingir, face às exigências do clássico método analítico do direito internacional privado, o princípio encontra concretização em actos legislativos e convencionais recentes, através da construção de estatutos tendencialmente unitários.

Os instrumentos que concretizam o *princípio do direito único* actuam preventivamente, pois que, ao determinarem a aplicação de uma única ordem jurídica a cada situação da vida privada internacional, impedem ou acautelam possíveis incompatibilidades dos efeitos produzidos por leis diferentes, impedem ou acautelam possíveis resultados incoerentes na regulação das situações plurilocalizadas. Por isso operam frequentemente, embora não exclusivamente, por antecipação, no momento da construção das normas de conflitos.

---

contrats, p. 19, 39, 65 s, 70 s (*système unique, loi unique*); KNAPP, *La division des effets du contrat*..., p. 314a s (*unité de droit*); id., *Vers la fin de la coupure générale des contrats...*, p. 108 (*droit unique*); LEREBOURS-PIGEONNIÈRE, *Précis*..., p. 308, 484 (*loi unique*); VALLINDAS, *Le principe du droit unique*..., p. 41 (*principe du droit unique*); MOSER, *Vertragsabschluss, Vertragsgültigkeit und Parteiwille*..., p. 213, 217 (*Prinzip der Rechtseinheit*); WENGLER, *Die Qualifikation der materiellen Rechtssätze*..., p. 358 (*materielle harmonische Einheit*); id., *Les principes généraux*..., Rev. crit., 1952, p. 603 s (*principe du droit unique*); id., *Réflexions sur la technique des qualifications*..., p. 676 (*une seule législation*); id., *The general principles* ..., p. 400 s (*principle of unity*); id., *Internationales Privatrecht*, I, p. 70 (*ein und dasselbe Recht*); CANSACCHI, *Le choix et l' adaptation*..., p. 113 s (*loi unique*); BETTI, *Problematica del diritto internazionale*, p. 332 s (*statuto unitario*); TABORDA FERREIRA, *Sistema*..., p. 114 (*princípio da unidade contratual*); NEUMAYER, *Autonomie de la volonté et dispositions impératives*..., Rev. crit., 1957, p. 602 (*un seul et même statut*); RABEL, *The conflict of laws* ..., I, p. 100 s (*concentration on one convenient law*), II, p. 485 s (*connection with one law, unique law, unity of contract*); VON OVERBECK, *Les règles de droit international privé matériel*, p. 377 (*loi unique*); VISCHER, *Internationales Vertragsrecht*, p. 54 (*Prinzip der Einheit des Vertragsstatut*); KREUZER, *Das internationale Privatrecht des Warenkaufs*..., p. 113, 227 (*Prinzip [Grundsatz] der "loi unique"*); BALLARINO, *Diritto internazionale privato*, p. 246 (*principio del diritto unico*); HEINI, *Ausländische Staatsinteressen*..., p. 78 (*die Einheit des Rechtsverhältnisses sicherzustellen*), p. 82 (*ein [...] Privatrechtsverhältnis einem Staat zur einheitlichen Beurteilung zu überlassen*); MIAJA DE LA MUELA, *Derecho internacional privado*, II — *Parte especial*, 9ª ed., Madrid, 1982, p. 298 (*aplicación de una ley única*); LANDO, *The EEC Convention*..., p. 167 (*unity of contract, principle of unity*); MCLACHLAN, *Splitting the proper law*..., p. 335 (*unity principle*); JAYME, *Identité culturelle et intégration*..., p. 138 ss (*statut unique*). FERRER CORREIA, sublinhando embora que o problema é insusceptível de se resolver em termos gerais, refere-se ao *princípio da lei única*: *Lições de direito internacional privado*, 1969, p. 23; id., *Principais interesses*..., p. 88; id., *Lições*..., p. 47, 331; id., *O novo direito internacional privado português*, p. 13 s; id., *Direito internacional privado. Alguns problemas*, p. 117 s; id., *Direito internacional privado — conceitos fundamentais*, p. 310. Por sua vez, LANDO, *Contracts*, p. 13, afirma "*one law must govern*", e WILDE, *Dépeçage*..., p. 365, exclama "*in dubio pro unitate!*". LAGARDE, *Le "dépeçage"*..., p. 666 ss, rejeita o "postulado da unidade do contrato", preferindo recorrer ao "critério da coerência do contrato".

2. A construção da categoria de conexão das normas de conflitos. Em especial, a unidade do estatuto contratual

2.1. O *princípio do direito único* é susceptível de ter influência na construção das normas de conflitos, desde logo, na construção da categoria de conexão dessas normas.

Pretende-se que as normas de conflitos se reportem a conjuntos unitários de normas materiais. Ou, de outra perspectiva, situações da vida que possam ser encaradas como um todo deveriam, em princípio, ser objecto de uma conexão única.

Como regra, em cada sistema de direito internacional privado, o objecto das normas de conflitos é constituído por categorias específicas, tendencialmente correspondentes às categorias do direito material.

Para o objectivo pretendido, seria desejável que o objecto das normas de conflitos se reportasse a categorias jurídicas gerais (ou a grandes categorias de situações ou relações jurídicas [217]), a fim de que complexos de ques-

---

[217] Por esta razão, SCHWIND, *Von der Zersplitterung des Privatrechts...* (1958), p. 461, propôs uma revisão do método conflitual, de modo a considerar como objecto da conexão não a relação jurídica (*Rechtsverhältnis*), no entendimento de Savigny, mas a relação da vida (*Lebensverhältnis*); para cada relação da vida deveria ser procurada a sua *sede* (*Sitz* ou *Schwerpunkt*), a fim de a submeter a *uma* determinada ordem jurídica. O autor discutiu de novo a questão em *Systembegriff und Funktionsbegriff. Miszelle zur Theorie des IPR*, "FS Helmut Coing", II, 1982, p. 483 ss, perante as soluções consagradas na lei austríaca de DIP, defendendo a utilização de "conceitos sistemáticos do direito de conflitos" (*Systembegriffe des Kollisionsrechts*, p. 487). Cfr. ainda: NEUHAUS, *Die Grundbegriffe...*, p. 135 (*Anknüpfung nach dem Zusammenhang*); KREUZER, *Know-how-Verträge im deutschen internationalen Privatrecht*, "FS Ernst von Caemmerer", 1978, p. 705 ss (p. 719, 727 — *ein Lebensverhältnis, ein Recht*); VON DER SEIPEN, *Akzessorische Anknüpfung und engste Verbindung...*, p. 55 (*einheitliches Recht für ein einheitliches Lebensverhältnis*); P. M. FISCHER, *Die akzessorische Anknüpfung des Deliktsstatuts*, Berlin, 1989, p. 132 s (*ein einheitlicher Sachverhalt [...] einer einzigen Rechtsordnung unterstellt wird*); PATRZEK, *Die vertragsakzessorische Anknüpfung im internationalen Privatrecht dargestellt anhand des Deliktsstatuts, der Geschäftsführung ohne Auftrag, des Bereicherungsrechts und der culpa in contrahendo*, München, 1992, p. 86 (*[...] der einheitlichen Beurteilung eines Lebenssachverhalts*); FIRSCHING, VON HOFFMANN, *Internationales Privatrecht*, p. 407 (*der gesamte Lebenssachverhalt soll möglichst einer einheitlichen Rechtsordnung unterstellt [...] werden*); J. G. FRICK, *Culpa in contrahendo — Eine rechtsvergleichende und kollisionsrechtliche Studie*, Zürich, 1992, p. 196 (*einheitliches Recht für ein einheitliches Lebensverhältnis*); SCHWIMMAN, an. OGH, 31.10.1974, ZfRV, 1975, p. 229 ss (p. 236 — *das [...] Ideal der Beurteilung eines einheitlichen Lebensverhältnis nach ein einheitlichen Rechtsordnung*); id., *Grundriß des internationalen Privatrechts*, p. 14 (referindo-se à não consagração do princípio na lei austríaca de DIP); REICHELT, *Gesamtstatut und Einzelstatut im IPR*, p. 99 ss (*der Grundsatz der Vorrangigkeit des Gesamtstatuts*). Favoráveis, em regra, à ideia de aplicar uma lei única a todos os elementos de uma situação: KELLER, SIEHR, *Allgemeine Lehren...*, p. 268 (mas demonstrando a dificuldade de atingir esse

tões tratadas pelos sistemas de direito interno como um todo pudessem ser regidas por uma única ordem jurídica [218].

Não pode omitir-se que a questão se situa no cerne dos mais importantes problemas da teoria geral do direito internacional privado — como a natureza do objecto da norma de conflitos e a "justiça" da conexão —, que não cabe agora discutir de modo aprofundado.

Dir-se-á apenas que a designação de uma única ordem jurídica para reger uma situação da vida privada internacional pressupõe uma larga homogeneidade dos vários sistemas jurídicos e dos objectivos neles consagrados. Por outro lado, contraria o método da especialização e a tendência para indicar separadamente a lei aplicável a diferentes elementos, aspectos ou fases de uma mesma relação jurídica.

Quando encarado sob esta perspectiva — a perspectiva da designação de um *direito único* —, o princípio da coerência em direito internacional privado traduz um valor de natureza essencialmente formal [219]. A coerência não exige, para a prossecução daquele objectivo, a escolha de uma conexão determinada; reclama somente a aplicação de um mesmo direito às situações ou relações cuja harmonia deve ser assegurada [220].

Um dos problemas centrais e clássicos do direito de conflitos consiste na escolha da conexão e traduz-se na busca *do* elemento a partir do qual seja determinado o direito aplicável à resolução das questões jurídicas que se suscitem a propósito de uma situação da vida privada internacional.

---

ideal, p. 269 ss); AUDIT, *Le caractère fonctionnel de la règle de conflit...*, p. 364; id., *Droit international privé*, p. 107, p. 271 (invocando todavia as razões superiores que conduziram à definição das categorias de conexão tradicionais); LOUSSOUARN, BOUREL, *Droit international privé*, p. 179; MAYER, *Droit international privé*, p. 321; RIGAUX, *Droit international privé*, I, p. 336 s; II, p. 530; de modo mais equívoco, BATIFFOL, LAGARDE, *Droit international privé*, II, 7ª ed., Paris, 1983, p. 274 (mas veja-se *ob. cit.*, p. 316). No mesmo sentido tambem os autores citados na nota anterior.

[218] Assim, por todos, WENGLER, *The general principles...*, p. 400; id., *Internationales Privatrecht*, p. 70. O autor propõe o *Grundstatutmethode*, segundo o qual, no Estado do foro, o direito aplicável a questões parciais e a questões preliminares deve ser encontrado através da remissão operada pelas normas de conflitos do estatuto da questão jurídica principal — embora admitindo a combinação com o *Mosaikmethode*, segundo o qual, no Estado do foro, a determinação do direito aplicável a certas questões parciais depende do funcionamento de normas de conflitos autónomas do direito internacional privado do foro (*Internationales Privatrecht*, p. 132 ss, 149 ss).

[219] Consideram, em geral, que a coerência, como valor de natureza formal, não impõe um determinado conteúdo a um sistema de proposições ou de normas: PECZENIK, *On law and reason*, p. 188; ALEXY, *Juristische Begründung, System und Kohärenz*, p. 107; VAN DER VELDEN, *Coherence in law*, p. 278. Ao princípio da coerência não pode todavia ser reconhecido um valor exclusivamente formal. Cfr., neste capítulo, § 2º, nº 1., nº 2.2.1., nº 2.2.4.

[220] Neste sentido, referindo-se ao princípio da harmonia material, WENGLER, *Les principes généraux...*, Rev. crit., 1952, p. 605.

Nos sistemas de direito internacional privado assentes na tradição savigniana — como, apesar dos recentes aprofundamentos e actualizações [221], continuam a ser os sistemas em vigor nas ordens jurídi-

---

[221] Fala-se, ainda que para rebater tais pontos de vista, em "crise" do direito internacional privado" (NEUHAUS, *Die Krise im internationalen Privatrecht*, DRZ, 1948, p. 86 s; KEGEL, *The crisis of conflict of laws*, p. 91 ss) e em "despedida de Savigny" (NEUHAUS, *Abschied von Savigny?*, p. 4 ss). Diversos autores precisam que existe apenas uma fase de estagnação (SIEHR, *Ehrenzweigs Lex-Fori-Theorie und ihre Bedeutung für das amerikanische und deutsche Kollisionsrecht*, p. 632), um processo de adaptação (JOERGES, *Zum Funktionswandel des Kollisionsrechts. Die "governmental interest analysis" und die "Krise des Internationalen Privatrechts"*, Berlin, Tübingen, 1971, p. 151 ss, p. 169), uma fase que exige reflexão profunda da sua problemática (FERRER CORREIA, *Nuevos rumbos...*, p. 253; id., *Le procédé conflictuel en droit international privé et les solutions alternatives*, p. 418; MIAJA DE LA MUELA, *Derecho internacional privado*, I, p. 272 s; CARRILLO SALCEDO, *Derecho internacional privado*, p. 82; AUDIT, *Le caractère fonctionnel de la règle de conflit...*, p. 365 ss; id., *Flux et reflux de la crise des conflits de lois*, "Travaux du Comité Français de Droit International Privé 1988. Journée du Cinquantenaire", p. 57 ss (p. 70 ss, p. 73); id., *Droit international privé*, p. 104 ss; MARÍN LÓPEZ, *Derecho internacional privado español*, I, p. 39), um florescimento de novos métodos que concorrem com o método tradicional (MAYER, *Le mouvement des idées dans le droit des conflits de lois*, p. 142). Segundo alguns autores tratar-se-ia, quando muito, do reflexo de uma crise geral da teoria das fontes de direito (SCHURIG, *Kollisionsnorm und Sachrecht*, p. 281, 350), de uma crise de crescimento (QUADRI, *Quelques considérations sur la contribution du Professeur Wengler au progrès du droit international privé*, "Multitudo legum ius unum", II, 1973, p. 1 ss (p. 1); MOURA RAMOS, *Direito internacional privado e Constituição*, p. 33), de uma crise da teoria e da metodologia do direito internacional privado (FLESSNER, *Interessenjurisprudenz im internationalen Privatrecht*, p. 1; FERRER CORREIA, *Direito internacional privado. Alguns problemas*, p. 99; FERNÁNDEZ ROZAS, SÁNCHEZ LORENZO, *Curso de derecho internacional privado*, p. 384; GARCÍA VELASCO, *Derecho internacional privado*, p. 62 ss, 67; SCHWANDER, *Lois d'application immédiate...*, p. 3 ss). Há também quem entenda que a crise é real, mas que é preciso aprender a viver com as insuficiências do método conflitual (KASSIS, *Le nouveau droit européen...*, p. 21 s), que na realidade a crise atinge os direitos nacionais, incapazes de fornecer soluções materiais adequadas, e as jurisdições estaduais, inaptas para aplicar a *lex mercatoria* (FERRY, *La validité des contrats...*, p. 5; LOUSSOUARN, BOUREL, *Droit international privé*, p. 57 s; F. DÉBY--GÉRARD, *Le rôle de la règle de conflit...*, p. 3), que a controvérsia doutrinal indiciadora da crise se deve a diferenças de linguagem e de abordagem intelectual (EVRIGENIS, *Regards sur la doctrine contemporaine de droit international privé*, "Multitudo legum ius unum", II, 1973, p. 269 ss (p. 269, 284)). A discussão sobre a problemática da crise do direito de conflitos flui normalmente para o reconhecimento da pluridimensionalidade do direito internacional privado, como um direito com vocação para reger as situações internacionais, seja qual for o método adoptado. Sobre a renovação e a pluralidade de métodos no direito internacional privado contemporâneo, vejam-se, entre muitos outros: FRANCESCAKIS, *La théorie du renvoi...*, p. 50; id., *Quelques précisions sur les "lois d'application immédiate"...*, p. 17; WENGLER, *The general principles ...*, p. 289 ss; VON OVERBECK, *Les règles de droit international privé matériel*, p. 362, 370 ss, 379; MARÍN LÓPEZ, *Las normas de aplicación necesaria en derecho internacional privado*, R. E. D. I., 1970, p. 19 ss (p. 40 ss); id., *Derecho internacional privado español*, I, p. 143 ss; GOLDMAN, *Règles de conflit, règles d'application immédiate et règles matérielles...*, p. 120 ss; GOTHOT, *Le renouveau de la tendence unilatéraliste...*, p. 9 ss;

cas europeias —, mantém-se a essência da técnica conflitual [222] e do método analítico.

Não está portanto em causa eliminar a especialização ou o fraccionamento [223]. A questão reside apenas em definir os seus limites, em decidir

---

BATIFFOL, *Le pluralisme des méthodes*..., em especial, p. 85 ss, 107 ss; BATIFFOL, LAGARDE, *Droit international privé*, I, 8ª ed., p. 13 s; F. DÉBY-GÉRARD, *Le rôle de la règle de conflit*..., p. 7 ss; MIAJA DE LA MUELA, *Derecho internacional privado*, I, p. 278 ss; SCHWANDER, *Lois d' application immédiate*..., p. 3 ss, 247, 447 ss; id., *Einführung in das internationale Privatrecht*, I, p. 35 ss, 47 s; A. BUCHER, *Grundfragen der Anknüpfungsgerechtigkeit*..., p. 89 ss; LALIVE, *Tendances et méthodes*..., p. 88 ss; FERRER CORREIA, *Nuevos rumbos*..., p. 223 ss; id., *Direito internacional privado. Alguns problemas*, p. 21 ss; id., *Considerações sobre o método*..., p. 309 ss, 321 ss, 397; id., *Le procédé conflictuel en droit international privé et les solutions alternatives*, p. 399 ss; id., *Direito internacional privado — conceitos fundamentais*, p. 320 ss, 326; RIGAUX, *La méthode des conflits de lois dans les codifications et projets de codification de la dernière décennie*, Rev. crit., 1985, p. 1 ss (p. 5 ss); id., *Droit international privé*, I, p. 165 ss; VITTA, *Cours général*..., p. 26 ss, 118 ss; id., *Corso*..., p. 49 ss; CARRILLO SALCEDO, *Derecho internacional privado*, p. 77, 82 ss; AUDIT, *Le caractère fonctionnel de la règle de conflit*..., p. 251 ss; id., *Droit international privé*, p. 75 ss; PATOCCHI, *Règles de rattachement localisatrices*..., p. 206 ss, 243 ss; MAYER, *Le mouvement des idées*..., p. 129 s, 142 s; id., *Droit international privé*, p. 17 ss; Y. LEQUETTE, *L' évolution des sources nationales et conventionnelles*..., p. 186 ss; FERRY, *La validité des contrats*..., p. 163 ss; PICONE, *Il rinvio all' "ordinamento competente"*..., p. 310 ss; id., *Ordinamento competente*..., p. 1 ss (p. 15 ss); id., *I metodi di coordinamento tra ordinamenti nel progetto di riforma*..., p. 641 ss; OPPETIT, *Autour du contrat international*, p. 109; MOURA RAMOS, *Direito internacional privado e Constituição*, p. 39 ss, 167 ss; id., *Da lei aplicável*..., p. 80 ss; id., *La protection de la partie la plus faible*..., p. 199; MARQUES DOS SANTOS, *As normas de aplicação imediata*..., p. 17 ss, 39 ss; FERNÁNDEZ ROZAS, SÁNCHEZ LORENZO, *Curso*..., p. 385 ss; LOUSSOUARN, BOUREL, *Droit international privé*, p. 58 s, 114 ss. Em especial, sobre a utilização do método da *economic analysis of law* no âmbito do direito internacional privado, SIEHR, *Ökonomische Analyse des Internationalen Privatrechts*, "FS Karl Firsching", 1985, p. 269 ss; GARCIMARTÍN ALFÉREZ, *El regimen normativo de las transacciones privadas internacionales: una aproximación económica*, R. E. D. I., 1995, p. 11 ss.

[222] Assim, na doutrina portuguesa: MAGALHÃES COLLAÇO, *Da qualificação*..., p. 27; BAPTISTA MACHADO, *Âmbito de eficácia*..., p. 30, 151, 181; FERRER CORREIA, *Nuevos rumbos*..., p. 253 s; *Direito internacional privado. Alguns problemas*, p. 97 ss (p. 108); id., *Considerações sobre o método*..., p. 397 s; id., *Le procédé conflictuel*..., p. 417 ss; id., *Direito internacional privado — conceitos fundamentais*, p. 326. Na doutrina de outros países, cfr.: FICKER, *Verknüpfung von Anknüpfungen*, "FS Hans Carl Nipperdey", I, 1965, p. 297 ss (p. 297); RAAPE, STURM, *Internationales Privatrecht*, I, p. 4; LALIVE, *Tendances et méthodes*..., p. 370; VITTA, *Cours général*..., p. 22, 188 s; SCHURIG, *Kollisionsnorm und Sachrecht*, p. 336 s; id., *Zwingendes Recht*..., p. 237 (recusando a ideia de pluralismo de métodos); MAYER, *Le mouvement des idées*..., p. 130, 143; LAGARDE, *Le principe de proximité*..., p. 26; C. VON BAR, *Internationales Privatrecht*, I, p. 4, 8; AUDIT, *Droit international privé*, p. 7, 49, 105 s; HEUZÉ, *La réglementation française des contrats internationaux*, p. 103; A. PRUJINER, *Le droit international privé: un droit du rattachement*, "Études Lalive", 1993, p. 161 ss (p. 168 ss); KEGEL, *Internationales Privatrecht*, p. 3; MOSCONI, *Diritto internazionale privato e processuale. Parte generale e contratti*, p. 76.

até que ponto uma situação da vida deve ser decomposta, de modo que cada uma das partes constitua objecto de normas de conflitos distintas. No domínio dos contratos, mais do que em qualquer outro, o problema foi objecto de discussão. A questão da conexão do contrato suscita especiais dificuldades. Não existe nesta matéria uma ordem jurídica que possa corresponder a um *predestinated law* [224], falta um *organisatorischer Mittelpunkt* [225]. Em abstracto, o direito internacional privado pode sujeitar todas as relações emergentes de um contrato a uma mesma lei — por exemplo, a lei designada pelos contraentes ou a lei com a qual o contrato tem a conexão mais estreita — ou pode, pelo contrário, isolar os diversos aspectos ou elementos do contrato, considerando-os objecto de normas de conflitos especiais e submetendo-os a diferentes ordens jurídicas. Consequência inevitável desta especialização ou deste *issue-by-issue approach* é o *dépeçage* ou fraccionamento do direito aplicável ao contrato internacional. O fraccionamento não pode e não deve ser encarado como um objectivo, mas tão só como o resultado, muitas vezes não pretendido, do método da especialização.

A adopção de conexões especiais quanto a certas matérias ou questões deve ser função da "separabilidade" ou possibilidade de tratamento autónomo dessas matérias ou questões relativamente a um determinado conjunto — um conjunto de regras materiais que, no respectivo ordenamento jurídico, constitui uma unidade teleológica, um instituto jurídico (ou, se se preferir, um complexo de questões jurídicas). A "separabilidade" só será de admitir quando a aplicação a uma questão de uma ordem jurídica diferente daquela que rege o conjunto não der origem a contradições (a contradições insuperáveis) na regulação global da situação.

A autonomização de conexões deve naturalmente fundamentar-se na ligação mais estreita — na maior adequação —, quanto a certos aspectos da situação, de uma ordem jurídica diferente daquela que é considerada competente para reger o conjunto.

Os problemas da "separabilidade" e da ligação mais estreita a uma ordem jurídica diferente são interdependentes e não podem definir-se em termos gerais e abstractos.

A título meramente indicativo, pode afirmar-se que a especialização é justificada, e o fraccionamento é adequado e não provoca quebra de coerência na regulação da situação privada internacional, quando não existe

---

[223] De resto, a "luta contra o *dépeçage*" teria, em matéria contratual, "carácter utópico", como assinala FORLATI PICCHIO, *Contratto nel diritto internazionale privato*, p. 202.

[224] RABEL, *The conflict of laws...*, II, p. 396 ss. Assim também NEUMAYER, *Autonomie de la volonté et dispositions impératives...*, Rev. crit., 1957, p. 600, 603.

[225] KEGEL, *Internationales Privatrecht*, p. 478.

entre as questões sujeitas a leis diferentes (ou entre as normas materiais oriundas de leis diferentes) relação de dependência (acessoriedade) ou de complementaridade. O caso mais típico de conexão autónoma — por isso mesmo aceite sem contestação e geralmente consagrado — é o da capacidade. Também o poder de representação é, em muitos direitos, objecto de conexão autónoma, embora a solução não se imponha sem discussão nem seja isenta de críticas, precisamente pelas dificuldades que suscita no momento da coordenação com o regime oriundo das ordens jurídicas aplicáveis a certas questões intimamente ligadas ao poder de representação.

O problema há-de resolver-se perante as normas legais e convencionais em vigor.

2.2. As soluções adoptadas pelo Código Civil português de 1966 facilitam a construção de estatutos amplos em diversos domínios. Assim, as relações respeitantes às pessoas são agrupadas numa categoria ampla, o "estatuto pessoal", ou, na terminologia do Código, a "lei pessoal" [226]; consagra-se o princípio da unidade da lei da família [227]; a sucessão é tratada como um todo e sujeita a uma única lei, seja qual for a natureza dos bens nela incluídos [228]. No domínio dos negócios jurídicos, o regime estabelecido no Código conduz a um estatuto unitário, na medida em que o direito aplicável à substância e à totalidade dos efeitos do negócio jurídico — a determinar conforme o tipo negocial em causa — rege ainda um conjunto amplo de matérias [229]. De resto, em matéria de obrigações contratuais, o direito português nunca foi favorável às soluções consagradas em outros direitos que implicavam fenómenos de *kleine Spaltung* ou de *grosse Spaltung* [230].

---

[226] Cfr. artigo 25º do Código Civil, bem como numerosas outras disposições constantes das subsecções I, V e VI, da secção que contém as normas de conflitos.

[227] Cfr. artigos 52º e seguintes do Código Civil. Em geral, sobre a conveniência de submeter a uma única lei a sociedade familiar, cfr., por todos, na literatura portuguesa, BAPTISTA MACHADO, *Lições de direito internacional privado*, p. 430 s, e, na doutrina alemã, WENGLER, *Les principes généraux...*, Rev. crit., 1952, p. 603; id., *The general principles...*, p. 401; id., *Internationales Privatrecht*, I, p. 70; JAYME, *Internationales Familienrecht heute*, p. 348; id., *Identité culturelle et intégration...*, p. 140.

[228] Cfr. artigo 62º do Código Civil (todavia, há que reconhecer que o sistema admite a aplicação de leis diferentes aos diversos bens abrangidos na sucessão, por força do mecanismo do reenvio). A Convenção de Haia sobre a lei aplicável à sucessão consagra também, como regra, o princípio da unidade da sucessão (artigos 3º, 5º e 7º, nº 1).

[229] A perfeição, interpretação e integração da declaração negocial, bem como a falta e vícios da vontade (artigo 35º, nº 1), a prescrição e a caducidade (artigo 40º) e, até certo ponto, a forma (artigo 36º, nº 1).

[230] Cfr. MAGALHÃES COLLAÇO, *Direito internacional privado*, III, p. 228 s, 246 ss (p. 248).

Por sua vez, a Convenção de Haia sobre a lei aplicável à representação, embora assentando no *dépeçage* da relação representativa, permite a construção de um "estatuto da representação" de conteúdo muito amplo [231]. A Convenção tem subjacente a preocupação de conseguir a aplicação de um único direito às relações entre o representado e o representante, entre o representado e a contraparte e entre o representante e a contraparte, designadamente através da competência da lei do estabelecimento profissional do representante [232].

No direito internacional privado dos contratos, actualmente em vigor no ordenamento português, existe uma forte tendência para a regulamentação unitária do contrato.

A Convenção de Roma sobre a lei aplicável às obrigações contratuais, apesar de, por diversos meios, admitir o fraccionamento da disciplina do contrato, privilegia a ideia de um "estatuto contratual" único [233].

Na verdade, a Convenção utiliza uma categoria de conexão de conteúdo muito vasto: "obrigação contratual" (artigo 1º, nº 1), "contrato" (artigos 3º, 4º) [234].

A Convenção delimita em termos amplos o âmbito de matérias regidas pela lei do contrato (artigo 10º). Recusa a solução da *kleine* ou *vertikale Spaltung*. Na medida em que estabelece que a lei designada como competente pelas normas de conflitos uniformes é chamada a reger o conteúdo e efeitos do contrato, o estatuto contratual aplica-se às obrigações de ambas as partes (artigo 10º, nº 1, al. b)).

Por outro lado, a Convenção submete os pressupostos de existência e os requisitos de validade do contrato à mesma lei que regula os seus efeitos (artigo 8º, nº 1), afastando assim de modo claro a teoria da *grosse* ou

---

[231] Cfr., capítulo IV, § 4º, nº 2.

[232] Assim, sem prejuízo da diferença — que não deve ser desvalorizada — quanto ao momento relevante para a concretização da conexão, recordem-se os artigos 6º, primeiro parágrafo, 11º, primeiro parágrafo, e 15º.

[233] Para a construção da noção de "estatuto contratual" perante as normas da Convenção de Roma, cfr. LIMA PINHEIRO, *Contrato de empreendimento comum...*, p. 628 ss.

[234] A Convenção não define "obrigação contratual" nem "contrato". Para decidir da inclusão ou não de determinada matéria no âmbito de aplicação da Convenção, não pode atender-se a critérios próprios da *lex fori*, antes deve proceder-se a uma interpretação autónoma, utilizando um método comparativo, único susceptível de ter em conta o carácter internacional das disposições em causa e de garantir uma interpretação e aplicação uniformes (recorde-se o artigo 18º da Convenção). Como ponto de partida, deve admitir-se que a Convenção tem um âmbito de aplicação geral. Excluídas as matérias taxativamente enunciadas no nº 2 do artigo 1º, ela aplica-se à generalidade dos contratos, e não a tipos contratuais determinados. A referência a "obrigações contratuais" e a "contratos" implica a exclusão das obrigações *ex lege* e das obrigações resultantes de factos ilícitos; fora do âmbito da Convenção ficam também os efeitos reais dos contratos.

horizontale Spaltung ²³⁵. No sistema da Convenção de Roma, a competência do estatuto do contrato estende-se também ao acto de escolha do direito aplicável (artigo 3°, n° 4) e ainda, embora com certas limitações, à cessão de créditos (artigo 12°) e à sub-rogação (artigo 13°) e a algumas matérias em relação às quais tradicionalmente se admite um regime especial de direito internacional privado — no caso, a forma (artigo 9°) e a prova (artigo 14°).

Nos casos em que admite a possibilidade de o estatuto do contrato ser definido por mais do que uma lei (artigo 3°, n° 1, frase final ²³⁶, e artigo 4°, n° 1, frase final), a Convenção enuncia, explícita ou implicitamente, limites a tal fraccionamento.

A hipótese de serem várias leis a definir o estatuto do contrato, tanto no caso de escolha pelos interessados (artigo 3°, n° 1, frase final) como no caso de determinação pelo órgão de aplicação do direito (artigo 4°, n° 1, frase final), depende da possibilidade de individualizar uma "parte do contrato" — é esta a expressão utilizada nas disposições referidas —, distinta do conjunto do contrato.

A solução da Convenção pressupõe portanto a "separabilidade" ou possibilidade de tratamento autónomo de certas matérias ou questões relativamente ao conjunto da relação contratual.

É separável, para este efeito, um acto jurídico que, apesar de inserido numa relação contratual complexa, tenha autonomia do ponto de vista estrutural ²³⁷. Pode também considerar-se separável uma questão parcial que tenha alguma autonomia do ponto de vista jurídico e económico, e que, ao ser submetida a um direito diferente não provoque resultados contraditórios com a restante regulamentação do contrato ²³⁸. É possível autonomizar questões, não isolar determinadas normas para as substituir por outras retiradas de uma ordem jurídica diferente ²³⁹. De qualquer modo, não é de

---

²³⁵ A lei designada pelas normas de conflitos da Convenção rege o contrato "desde o berço até ao túmulo", na expressão de Gerhard KEGEL, *Internationales Privatrecht*, p. 446 (*von der Wiege zum Grabe*).

²³⁶ Uma disposição de teor semelhante consta da Convenção de Haia de 1986 sobre a lei aplicável aos contratos de compra e venda internacional de mercadorias (artigo 7°, n° 1).

²³⁷ Considerando desejável que os tribunais venham a fazer uma interpretação restritiva da disposição, no sentido de que apenas será de aceitar o *splitting* se estiverem em causa dois contratos independentes, P. STONE, *The conflict of laws*, p. 237.

²³⁸ Neste sentido: *Rapport* GIULIANO, LAGARDE, p. 17; GIARDINA, *Volontà delle parti, prestazione caratteristica e collegamento più significativo*, p. 5; EKELMANS, *Le "dépeçage"...*, p. 250; DIAMOND, *Harmonisation of private international law relating to contractual obligations*, p. 260; SPELLENBERG, *Münch.Komm.*, *vor* Art. 11, an. 114; MARTINY, *Münch.Komm.*, Art. 27, an. 36; BONOMI, *Il nuovo diritto internazionale privato dei contratti...*, p. 58; KASSIS, *Le nouveau droit européen...*, p. 358; DICEY and MORRIS *on the conflict of laws*, 12ª ed., p. 1208.

²³⁹ Como era já sublinhado, à face do direito internacional privado português anterior ao Código Civil, por MAGALHÃES COLLAÇO, *Da compra e venda...*, p. 130. No mesmo

admitir um fraccionamento susceptível de destruir o sinalagma subjacente ao negócio bilateral; a divisão não deve, por isso, incidir sobre as prestações sinalagmáticas das partes nem sobre as consequências do seu incumprimento [240].

Nestes termos, podem designadamente ser objecto de fraccionamento: as prestações de ambas as partes que, em certos contratos complexos (de empreitada, de cooperação), sejam autonomizáveis umas em relação às outras (as prestações respeitantes, por exemplo, à construção, à transferência de tecnologia, à compra e venda, ao financiamento, à formação de pessoal, à manutenção de equipamento) [241], a cláusula de indexação [242], a cláusula penal [243], a cláusula onde se estipule uma garantia [244], as cláusulas de eleição de foro e de escolha do direito aplicável [245].

O artigo 3°, n° 1, frase final, prevê apenas as hipóteses de a lei escolhida ser aplicável à "totalidade do contrato" ou a "uma parte do contrato", mas a interpretação teleológica do preceito permite atribuir-lhe o sentido de autorizar também a designação de várias leis para reger diferentes partes do contrato [246]. Se os interessados escolherem a lei competente para reger ape-

---

sentido também NEUMAYER, *Autonomie de la volonté et dispositions impératives...*, Rev. crit., 1957, p. 603.

[240] No mesmo sentido, no domínio do direito anterior, MAGALHÃES COLLAÇO, *Da compra e venda...*, p. 127 s. Assim também, perante o sistema da Convenção de Roma: *Rapport* GIULIANO, LAGARDE, p. 17; JAYME, *Betrachtungen zur "dépeçage"...*, p. 263; AUDIT, *Droit international privé*, p. 634; BONOMI, *Il nuovo diritto internazionale privato dei contratti...*, p. 58; DICEY and MORRIS *on the conflict of laws*, 12ª ed., p. 1207 s, 1220; MOSCONI, *Diritto internazionale privato e processuale. Parte generale e contratti*, p. 172. Admitindo a possibilidade de existir um acordo para sujeitar a leis diferentes o cumprimento das obrigações de cada uma das partes, MARTINY, *Münch.Komm.*, Art. 27, an. 36, e a resolução por incumprimento, EKELMANS, *Le "dépeçage"...*, p. 250.

[241] Em sentido próximo: *Rapport* GIULIANO, LAGARDE, p. 23; LANDO, *The EEC Convention...*, p. 168; AUDIT, *Droit international privé*, p. 634; LAGARDE, *Le nouveau droit international privé...*, p. 307; KASSIS, *Le nouveau droit européen...*, p. 357. Tais prestações constituem na realidade o objecto de contratos autónomos do ponto de vista jurídico, mas que num caso concreto se encontram interligados por vínculos de natureza funcional ou económica de modo a constituírem uma unidade.

[242] *Rapport* GIULIANO, LAGARDE, p. 17; BONOMI, *Il nuovo diritto internazionale privato dei contratti...*, p. 58; KROPHOLLER, *Internationales Privatrecht*, p. 399 s; MOSCONI, *Diritto internazionale privato e processuale. Parte generale e contratti*, p. 172.

[243] BONOMI, *Il nuovo diritto internazionale privato dei contratti...*, p. 58.

[244] BONOMI, *loc. cit.*.

[245] MARTINY, *Münch.Komm.*, Art. 27, an. 42.

[246] Assim: JUENGER, *Parteiautonomie und objektive Anknüpfung...*, p. 65 (mas fazendo uma apreciação crítica da solução); H. GAUDEMET-TALLON, *Le nouveau droit international privé européen des contrats*, p. 244; id., *Convention de Rome*, n° 61 (implicitamente); VILLANI, *L'azione comunitaria in materia di diritto internazionale privato*, p. 394 (implicitamente); DIAMOND, *Harmonisation of private international...*, p. 259; LANDO, *The EEC*

nas uma parte do contrato, o órgão de aplicação do direito deve determinar, com base no critério supletivo, a ordem jurídica aplicável às restantes questões. A escolha de uma lei em relação a "uma parte" do contrato, não podendo certamente valer no sistema da Convenção como presunção a favor da escolha de tal lei para reger todo o contrato [247], pode ainda constituir um dos índices a ter em conta, conjuntamente com outros, para o apuramento de uma designação tácita da lei aplicável ao contrato [248]. Aliás, no caso de designação de mais do que um direito para reger o contrato, o intérprete deve apurar o sentido da declaração dos interessados, a fim de verificar se eles pretenderam fazer apenas uma escolha de natureza conflitual, acompanhada de referências de natureza material quanto a certos aspectos ou questões contratuais [249].

Convention ..., p. 168 s (implicitamente, mas criticando a solução); MOURA RAMOS, *L' adhésion du Portugal aux conventions communautaires en matière de droit international privé*, p. 163; MARTINY, *Münch.Komm.*, Art. 27, an. 40; HEUZÉ, *La réglementation française des contrats internationaux*, p. 140, nota (131); FOYER, *L' avant-projet de convention C.E.E.*, p. 598; id., *Entrée en vigueur de la Convention de Rome...*, p. 606 (implicitamente); AUDIT, *Droit international privé*, p. 634; KASSIS, *Le nouveau droit européen...*, p. 356; KEGEL, *Internationales Privatrecht*, p. 485; DICEY and MORRIS *on the conflict of laws*, 12ª ed., p. 1207 s, 1220 (embora reconhecendo que o texto do preceito prevê apenas duas possibilidades, a escolha de um direito para reger todo o contrato ou a escolha de um direito para reger uma parte do contrato); P. KAYE, *The new private international law of contract...*, p. 51, 154; CARBONE, LUZZATTO, *Il contratto internazionale*, p. 20; FIRSCHING, VON HOFFMANN, *Internationales Privatrecht*, p. 362. Encontra-se por vezes expressa a ideia de que a Convenção apenas permite a designação do direito aplicável a "uma parte do contrato" e não autoriza os contraentes a proceder ao fraccionamento, submetendo uma determinada questão contratual a uma lei e outra questão a uma lei diferente. Assim: EKELMANS, *Le "dépeçage"...*, p. 247 s; LAGARDE, *Le nouveau droit international privé...*, p. 302 (mas o autor admite como plausível uma interpretação mais ampla do texto do artigo 3º, *loc. cit.*); FLETCHER, *Conflict of laws and European Community law*, p. 157 (implicitamente); PLENDER, *The European Contracts Convention*, p. 96 (implicitamente); NORTH, *The EEC Convention on the law applicable to contractual obligations*, p. 38 (implicitamente); P. STONE, *The conflict of laws*, p. 236 (implicitamente); BONOMI, *Il nuovo diritto internazionale privato dei contratti...*, p. 58 (implicitamente); FRIGO, *La determinazione della legge applicabile in mancanza di scelta dei contraenti e le norme imperative nella Convenzione di Roma*, p. 19 (implicitamente); M. Helena BRITO, *Os contratos bancários e a Convenção de Roma...*, p. 92 s, nota (36). De modo dubitativo, GIARDINA, *Volontà delle parti, prestazione caratteristica e collegamento più significativo*, p. 5.

[247] *Rapport* GIULIANO, LAGARDE, p. 17; GIULIANO, *La loi applicable aux contrats*, p. 228.
[248] Assim também MARTINY, *Münch.Komm.*, Art. 27, an. 39. Manifestando-se contra esta possibilidade: EKELMANS, *Le "dépeçage"...*, p. 248, e KASSIS, *Le nouveau droit européen...*, p. 359 s, tal como já antes LAGARDE, *Le "dépeçage"...*, p. 655.
[249] Alguns autores admitem a existência de uma presunção no sentido de que a escolha parcial é de natureza puramente material: MARTINY, *Münch.Komm.*, Art. 27, an. 38; KROPHOLLER, *Internationales Privatrecht*, p. 400. Expressando a mesma opinião, já antes: RAAPE, *Internationales Privatrecht*, 5ª ed., p. 471; MAGALHÃES COLLAÇO, *Da compra e*

A Convenção contém um regime mais exigente em relação ao fraccionamento do contrato promovido pelo órgão de aplicação do direito do que em relação ao fraccionamento operado pelos contraentes. Na verdade, a aplicação de leis distintas, decidida pelo órgão de aplicação do direito, por considerar que, nos termos do critério supletivo, uma parte do contrato se encontra mais estreitamente ligada a outra lei, apenas pode ocorrer "a título excepcional" (como dispõe o próprio artigo 4º, nº 1).

Por fim, tendo em conta o sistema estabelecido na Convenção, só deve considerar-se autorizado pelas mencionadas disposições um *dépeçage* que não dê origem a soluções contraditórias e que não prejudique o princípio da unidade do estatuto contratual, ou seja, só é de admitir um "*dépeçage* coerente" [250] [251].

2.3. Fundamental para a preservação da coerência ou unidade interna do direito material aplicável é o método a adoptar em todo o processo de qualificação em direito internacional privado.

Sob este aspecto, o princípio da coerência aconselha que na interpretação e na determinação do conteúdo concreto das categorias de conexão das normas de conflitos seja utilizado um método funcional com recurso à comparação de direitos [252].

O processo de análise e interpretação das regras materiais em contacto com uma situação internacional não deve ser limitado a uma regra isolada, antes deve ter em conta as regras jurídicas no seu contexto, pois que a função de uma regra jurídica só pode ser analisada se for considerado o conjunto da ordem jurídica a que tal regra pertence [253]; a individualização das normas materiais chamadas por uma norma de conflitos deve fazer-se *lege causae* [254].

Existe assim uma conexão necessária entre sistematização e interpretação; esta interacção recíproca entre sistematização e interpretação conduz

---

venda..., p. 134; NEUHAUS, *Die Grundbegriffe...*, p. 261. Contra, SCHWANDER, *Die Rechtswahl im IPR des Schuldvertragsrechts*, p. 479 s, afirmando que no direito de conflitos actual deixou de ter sentido a construção da escolha parcial como remissão material.

[250] Cfr. *Rapport* GIULIANO, LAGARDE, p. 17; EKELMANS, *Le "dépeçage"*..., p. 248 ss; LAGARDE, *Le nouveau droit international privé...*, p. 302; KASSIS, *Le nouveau droit européen...*, p. 358; P. KAYE, *The new private international law of contract...*, p. 154; MOSCONI, *Diritto internazionale privato e processuale. Parte generale e contratti*, p. 172.

[251] Para a referência à discussão sobre esta matéria no Grupo de trabalho que preparou a Convenção, vejam-se: *Rapport* GIULIANO, LAGARDE, p. 17, 23; LANDO, *The EEC Convention...*, p. 168; DICEY and MORRIS *on the conflict of laws*, 12ª ed., p. 1207 s.

[252] Cfr. capítulo I, nº 2.1.1.

[253] Neste sentido a exigência do artigo 15º do Código Civil português.

[254] Cfr., por todos, MAGALHÃES COLLAÇO, *Da qualificação...*, p. 216 s.

à coerência. Em geral, toda a interpretação deve ser conforme ao sistema [255]. No domínio do direito internacional privado, quanto maior for o relevo atribuído à ideia de sistematicidade [256] e quanto maior for o papel reconhecido à funcionalidade na interpretação dos conceitos utilizados nas normas de conflitos e na caracterização do *quid* concreto a subsumir nesses conceitos, tanto mais reduzidas serão, na última fase da qualificação, as hipóteses de conflito, de vácuo ou falta de normas, de cúmulo jurídico.

Por outro lado, a unidade entre interpretação e aplicação, necessária à realização unitária do direito [257], é particularmente nítida na actuação das normas de conflitos, encontrando concretização no método dialéctico exigido para a articulação das fases em que se desdobra a operação de qualificação [258].

Regras materiais relacionadas quanto à sua função ou interdependentes umas em relação às outras não deveriam ser separadas a fim de serem aplicadas em simultâneo com regimes provenientes de ordens jurídicas distintas, como resultado da técnica do *dépeçage* [259]. Esta afirmação contém um critério geral de orientação, a observar, tanto quanto possível, pelo intérprete, nomeadamente sempre que o sistema de direito internacional privado do foro contenha soluções que demonstrem a intenção de impedir a dispersão de conexões.

Por isso, na investigação a que procedemos a propósito da Convenção de Haia sobre representação, tendo verificado que a Convenção procura

---

[255] No sentido atribuído à "interpretação sistemática" por CANARIS, *Pensamento sistemático...*, p. 157 ss.

[256] Naturalmente, com todas as dificuldades que resultam da natureza específica das normas de direito internacional privado. O recurso à ideia de sistematicidade exige a consideração da norma de conflitos no conjunto a que pertence (o sistema de direito internacional privado em vigor no Estado do foro), bem como a consideração da norma material no contexto em que se insere (o sistema jurídico designado pela norma de conflitos do foro). O recurso à ideia de sistematicidade não se opõe à adopção de uma perspectiva comparatista no momento do preenchimento do conceito-quadro da norma de conflitos; a comparação funcional é o complemento necessário da individualização das normas materiais aplicáveis a partir do contexto em que se inserem (ou seja, é o complemento necessário da concretização *lege causae*).

[257] CASTANHEIRA NEVES, *Interpretação jurídica*, Polis, vol. 3, Lisboa, São Paulo, 1985, c. 651 ss (c. 697 ss); MENEZES CORDEIRO, *Lei (aplicação da)*, Polis, vol. 3, Lisboa, São Paulo, 1985, c. 1046 ss (c. 1051 ss); id., *Introdução*, p. CIV s.

[258] Nesse sentido, afinal, o método proposto por MAGALHÃES COLLAÇO, *Da qualificação...*; vejam-se, em particular, as advertências constantes de p. 13 ss, 31 ss, 143 s.

[259] Este é o ensinamento de WENGLER, *Die Qualifikation der materiellen Rechtssätze...*, p. 357 ss; id., *Les principes généraux...*, Rev. crit., 1952, p. 604 e nota (1); id., *Réflexions sur la technique des qualifications...*, p. 672 e nota (1); id., *The general principles...*, p. 400 s. Cfr. também, no quadro de concepções distintas entre si: MAGALHÃES COLLAÇO, *Direito internacional privado*, II, p. 437; BAPTISTA MACHADO, *Problemas na aplicação do direito estrangeiro*, p. 330, 337 s; MAYER, *Droit international privé*, p. 171; WILDE, *Dépeçage...*, p. 358 s, 364 s; REESE, *Dépeçage*, p. 65; AUDIT, *Droit international privé*, p. 107, 135, 634.

uma solução unitária para as relações incluídas no seu âmbito de aplicação, propusemos a *interpretação lata* do objecto das normas de conflitos e a pesquisa de relações de *inclusão* entre certas questões ou entre grupos de normas materiais.

A metodologia adoptada permite atribuir o sentido mais amplo possível às categorias de conexão, facilita a aplicabilidade de uma única ordem jurídica e reduz eventuais incompatibilidades, sempre possíveis quando várias ordens jurídicas são chamadas a reger matérias entre si conexionadas.

O método de qualificação funcional e *lege causae* surge assim como um inestimável instrumento em benefício do princípio da coerência em direito internacional privado.

3. A escolha da conexão relevante. Em especial, o critério da conexão mais estreita

A construção de um estatuto unitário pode também ser o resultado de actuação específica ao nível da conexão das normas de conflitos.

3.1. Certos critérios de determinação do direito competente podem revelar-se adequados a evitar a dispersão de ordens jurídicas aplicáveis quando estejam em causa actos jurídicos de estrutura complexa. Haja em vista o princípio da conexão mais estreita [260], consagrado no artigo 4º, nºs 1 e 5 da Convenção de Roma [261].

No entanto, para que o critério abstracto permita em concreto atingir tal resultado, será necessário que o órgão de aplicação do direito desenvolva todos os esforços no sentido de descobrir o direito com o qual a relação contratual complexa, *no seu conjunto*, apresenta o vínculo mais estreito, utilizando nessa averiguação todos os possíveis factores de conexão, quer de natureza jurídica, quer de natureza social ou económica, e renunciando à faculdade de fraccionamento admitida na Convenção (artigo 4º, nº 1, frase final).

Também a escolha da presunção que irá concretizar a conexão mais estreita pode contribuir para a unificação do direito aplicável aos vários

---

[260] Sobre o princípio da conexão mais estreita, em termos gerais, e sobre a sua concretização no direito internacional privado matrimonial português, veja-se, entre nós, J. CUNHAL SENDIM, *Notas sobre o princípio da conexão mais estreita no direito internacional privado matrimonial português*, Direito e Justiça, 1993, p. 311 ss.

[261] Para a análise do princípio da conexão mais estreita no direito internacional privado dos contratos, em especial à luz das normas de conflitos contidas na Convenção de Roma, cfr. a obra já antes citada de Roberto BARATTA, *Il collegamento più stretto nel diritto internazionale privato dei contratti*, principalmente p. 127 ss.

aspectos de um contrato internacional. Nos termos do artigo 4º, nº 3 da Convenção de Roma, quando o contrato tiver por objecto um direito real sobre um bem imóvel ou um direito de uso de um bem imóvel, presume-se que tem a conexão mais estreita com o país onde o imóvel se situa. Sempre que actuar a presunção, existirá coincidência entre a lei reguladora das obrigações contratuais e o estatuto dos direitos reais.

3.2. Depois, é possível obter a convergência entre o regime de relações jurídicas interligadas através da utilização do mesmo elemento de conexão em normas de conflitos que tenham como objecto a designação do direito aplicável a matérias próximas.

No direito de conflitos do Código Civil português, o "estatuto da família" é em grande parte construído através de normas de conflitos que determinam a aplicabilidade da "lei nacional comum dos cônjuges" às relações, de natureza diversa, entre os membros que compõem a família [262].

Na Convenção de Haia sobre a lei aplicável à representação, tanto a relação entre o representado e o representante como a relação entre o representado e a contraparte são regidas, na falta de escolha da ordem jurídica competente, pelo direito do país onde o representante tem o seu estabelecimento profissional [263].

Todavia, a unidade do direito efectivamente designado é fortuita, se não se fixar um único momento relevante para a concretização da conexão de todas as normas de conflitos que recorrem ao mesmo elemento de conexão. Na falta de determinação de um único momento relevante, a unidade do direito aplicável a todas as relações é função da coincidência ou inalterabilidade no tempo das circunstâncias de que depende a concretização da conexão.

Sirva de exemplo a Convenção de Haia sobre a lei aplicável à representação: enquanto o artigo 6º, primeiro parágrafo, respeitante à relação entre o representado e o representante, refere o direito designado ao momento da formação da relação de intermediação, o artigo 11º, primeiro parágrafo, respeitante à relação entre o representado e a contraparte, refere o direito designado ao momento em que o representante age perante terceiros. Ape-

---

[262] No direito de conflitos do Código Civil português, a "lei da família" rege as relações pessoais e também as relações patrimoniais entre os cônjuges (artigo 52º), o regime de bens do casamento (artigos 53º e 54º), a separação judicial de pessoas e bens e o divórcio (artigo 55º, nº 1), a constituição da filiação, em circunstâncias particulares (artigo 56º, nº 2), as relações entre pais e filhos (artigo 57º, nº 1) e até, em certos casos, as relações entre adoptante e adoptado (artigo 60º, nº 3). Referem-se directamente à "lei nacional comum dos cônjuges" as normas de conflitos dos artigos 52º, nº 1, 53º, nº 1, 56º, nº 2 e 57º.

[263] Cfr., respectivamente, artigo 6º, primeiro parágrafo, e artigo 11º, primeiro parágrafo, da Convenção de Haia.

nas será aplicável o mesmo direito à relação entre o representado e o representante e à relação entre o representado e a contraparte (e, por essa via, tendo em conta o artigo 15° da Convenção, à relação entre o representante e a contraparte), se não se alterar o lugar do estabelecimento do representante entre o momento da formação da relação de intermediação e o momento em que o representante age perante terceiros.

4. A técnica da conexão dependente ou acessória

Tendo em conta as dificuldades surgidas perante as técnicas mencionadas no número anterior, o instrumento que, actuando ao nível da conexão das normas de conflitos, se revela mais eficaz para a construção de um estatuto unitário é a designada conexão dependente ou acessória.

4.1. Noção e objectivos da conexão dependente ou acessória

Por meio da conexão dependente ou acessória [264] submete-se uma situação da vida não à ordem jurídica que com ela apresente um contacto individualizado a partir de um seu elemento intrínseco (lugar da prática do acto, nacionalidade, residência ou domicílio de um dos sujeitos) mas à ordem jurídica competente para reger uma outra situação da vida considerada preponderante [265] ou principal [266], com a qual a situação a disciplinar se encontre de algum modo ligada.

---

[264] Para a noção de conexão dependente ou acessória, cfr., em especial: NIEDERER, *Einführung in die allgemeinen Lehren...*, p. 205; KROPHOLLER, *Ein Anknüpfungssystem für das Deliktsstatut*, RabelsZ, 1969, p. 601 ss (p. 625 ss); KELLER, SIEHR, *Allgemeine Lehren...*, p. 284 s; HEINI, *Die Anknüpfungsgrundsätze in den Deliktsnormen eines zukünftigen schweizerischen IPR-Gesetzes*, "FS F. A. Mann", 1977, p. 193 ss (p. 197 ss); GONZENBACH, *Die akzessorische Anknüpfung. Ein Beitrag zur Verwirklichung des Vertrauensprinzips im internationalen Deliktsrecht*, Zürich, 1986, p. 1 ss, 47 ss; SCHWANDER, *Einführung in das internationale Privatrecht*, I, p. 149; VON DER SEIPEN, *Akzessorische Anknüpfung und engste Verbindung...*, p. 47 ss (p. 51), 319; P. M. FISCHER, *Die akzessorische Anknüpfung des Deliktsstatuts*, p. 1; VANDER ELST, *Le rattachement accessoire en droit international privé*, "L' unificazione del diritto internazionale privato e processuale", 1989, p. 963 ss (p. 967 ss); PATRZEK, *Die vertragsakzessorische Anknüpfung...*, p. 2, 164 ss.

[265] NIEDERER, *Einführung in die allgemeinen Lehren...*, p. 205 (*übergeordnetes Rechtsverhältnis*).

[266] VANDER ELST, *Le rattachement accessoire...*, p. 968 (*rapport juridique principal*); VON DER SEIPEN, *Akzessorische Anknüpfung und engste Verbindung...*, p. 319 (*Hauptvertrag*); P. M. FISCHER, *Die akzessorische Anknüpfung des Deliktsstatuts*, p. 271 (*Hauptstatut*); J. G. FRICK, *Culpa in contrahendo...*, p. 207 (*Grundverhältnis*).

A norma de conexão dependente ou acessória exprime uma ligação de segundo grau. Em vez da recondução directa e imediata da situação a uma categoria de conexão do sistema de conflitos do foro — procedimento que se adopta perante uma norma de conexão independente ou autónoma —, a norma de conexão dependente ou acessória exige a concretização da ordem jurídica designada por outra norma de conflitos.

Do ponto de vista estrutural, e em abstracto, esta técnica pressupõe a existência de duas normas de conflitos distintas: a norma de conexão principal e a norma de conexão acessória.

Pelo menos tendencialmente, a técnica da conexão acessória conduz à aplicação a uma determinada situação de um direito diferente daquele que seria designado se tal situação fosse reconduzida aos critérios gerais de determinação do ordenamento competente. Não existe conexão acessória em sentido próprio quando a norma de conflitos submete determinadas matérias a um estatuto geral que seria aplicado na falta dessa norma de conflitos especial [267].

Como objectivos e fundamentos da conexão dependente ou acessória têm sido apontados o princípio da confiança [268], os interesses das partes [269], a certeza jurídica [270], e, principalmente, a harmonia material da disciplina aplicável a determinadas situações [271].

---

[267] Em sentido semelhante, KELLER, SIEHR, *Allgemeine Lehren*..., p. 285.

[268] MOURA RAMOS, *Da lei aplicável*..., p. 378, nota (19); KROPHOLLER, *Ein Anknüpfungssystem für das Deliktsstatut*, p. 630 s; id., *Internationales Privatrecht*, p. 450; HEINI, *Die Anknüpfungsgrundsätze in den Deliktsnormen*..., p. 197 s; GONZENBACH, *Die akzessorische Anknüpfung*..., p. 4, 20 ss, 46; P. M. FISCHER, *Die akzessorische Anknüpfung des Deliktsstatuts*, p. 158; J. G. FRICK, *Culpa in contrahendo*..., p. 195 s; KELLER, SIEHR, *Allgemeine Lehren*..., p. 285.

[269] Pormenorizadamente, VON DER SEIPEN, *Akzessorische Anknüpfung und engste Verbindung*..., p. 163 ss (interesse na "consistência", interesse na "continuidade", interesse na "conexão objectiva"). Cfr. também GONZENBACH, *Die akzessorische Anknüpfung*..., p. 20 ss, 192; P. M. FISCHER, *Die akzessorische Anknüpfung des Deliktsstatuts*, p. 162 ss (p. 166 ss); J. G. FRICK, *Culpa in contrahendo*..., p. 197 s.

[270] Cfr.: KROPHOLLER, *Ein Anknüpfungssystem für das Deliktsstatut*, p. 631 s; id., *Internationales Privatrecht*, p. 129, 450; HEINI, *Die Anknüpfungsgrundsätze in den Deliktsnormen*..., p. 197 s; GONZENBACH, *Die akzessorische Anknüpfung*..., p. 46, 194; VON DER SEIPEN, *Akzessorische Anknüpfung und engste Verbindung*..., p. 59; P. M. FISCHER, *Die akzessorische Anknüpfung des Deliktsstatuts*, p. 151 ss; PATRZEK, *Die vertragsakzessorische Anknüpfung*..., p. 46; J. G. FRICK, *Culpa in contrahendo*..., p. 198 ss.

[271] Cfr.: KROPHOLLER, *Ein Anknüpfungssystem für das Deliktsstatut*, p. 632 ss; id., *Internationales Privatrecht*, p. 129, 450; HEINI, *Die Anknüpfungsgrundsätze in den Deliktsnormen*..., p. 197 s; FIRSCHING, *Das Prinzip der Akzessorietät im deutschen internationalen Recht der unerlaubten Handlungen — deutsche IPR-Reform*, "FS Imre Zajtay", 1982, p. 143 ss (p. 147); FIRSCHING, VON HOFFMANN, *Internationales Privatrecht*, p. 407; GONZENBACH, *Die akzessorische Anknüpfung*..., p. 193; VON DER SEIPEN, *Akzessorische*

A técnica da conexão acessória foi acolhida em actos normativos, de fonte interna e de fonte internacional, e tem encontrado adeptos na literatura jurídica de vários países.

No direito internacional privado da família, é um importante instrumento para o reforço da unidade da "lei da família" [272].

Na designação do direito aplicável aos factos ilícitos, no caso de o facto ilícito consistir na violação de uma relação jurídica pré-existente entre o lesante e o lesado, a conexão acessória tem sido utilizada para fundamentar a competência da lei que regula essa relação [273].

Na determinação do regime conflitual dos negócios jurídicos (ou dos contratos), a conexão dependente ou acessória tem sido consagrada perante diferentes sistemas de direito internacional privado, como técnica legis-

Anknüpfung und engste Verbindung..., p. 55 ss, 163 ss; P. M. FISCHER, *Die akzessorische Anknüpfung des Deliktsstatuts*, p. 3, 170 ss; PATRZEK, *Die vertragsakzessorische Anknüpfung...*, p. 43 s, 164; J. G. FRICK, *Culpa in contrahendo...*, p. 196 s; KELLER, SIEHR, *Allgemeine Lehren...*, p. 284 s (onde, de qualquer modo, é atribuído um alcance limitado ao princípio); MARTINY, *Münch.Komm.*, Art. 28, an. 96; JAYME, *Identité culturelle et intégration...*, p. 132.

[272] No direito de conflitos do Código Civil português, vejam-se as normas de conflitos do artigo 54°, n° 1, relativa às modificações do regime de bens, e do artigo 55°, n° 1, respeitante à separação judicial de pessoas e bens e ao divórcio, que determinam, ambas, a aplicação da lei designada na norma de conflitos do artigo 52°. Sobre a relevância da conexão acessória no direito internacional privado da família, cfr. VANDER ELST, *Le rattachement accessoire ...*, p. 967 ss (quanto à obrigação de alimentos entre familiares).

[273] Assim estabelece o artigo 133, n° 3 da lei suíça de DIP. Cfr. a justificação da solução, que constava já do artigo 129, n° 3 do projecto de lei de 1982, em *Message concernant une loi fédérale sur le droit international privé*, p. 157. Na doutrina suíça, cfr.: HEINI, *Die Anknüpfungsgrundsätze in den Deliktsnormen...*, p. 197 ss; GONZENBACH, *Die akzessorische Anknüpfung...*, p. 115 ss; PATOCCHI, *Règles de rattachement localisatrices...*, p. 173 s; KELLER, SIEHR, *Allgemeine Lehren...*, p. 284 s; *IPRG Kommentar*, Art. 133, an. 13 ss; SCHWANDER, *Einführung in das internationale Privatrecht*, I, p. 149; J. G. FRICK, *Culpa in contrahendo...*, p. 194 ss (p. 214 ss). Na doutrina alemã, a conexão acessória é admitida em matéria de *Deliktsrecht* por: KROPHOLLER, *Ein Anknüpfungssystem für das Deliktsstatut*, p. 625 ss, 649 s; id., *Internationales Privatrecht*, p. 449 s; FIRSCHING, *Das Prinzip der Akzessorietät...*, p. 147; FIRSCHING, VON HOFFMANN, *Internationales Privatrecht*, p. 407 s; P. M. FISCHER, *Die akzessorische Anknüpfung des Deliktsstatuts*, p. 268 ss; REDER, *Die Eigenhaftung vertragsfremder Dritter...*, p. 108; MARTINY, *Münch.Komm.*, Art. 32, an. 35; PATRZEK, *Die vertragsakzessorische Anknüpfung...*, p. 27 ss; JAYME, *Identité culturelle et intégration...*, p. 133; crítico quanto à aceitação da teoria da conexão acessória no âmbito do *Deliktsrecht*, C. VON BAR, *Internationales Privatrecht*, II, p. 408. Também na doutrina austríaca foi admitida por SCHWIMMAN, an. OGH, 31.10.1974, ZfRV, 1975, p. 229 ss (p. 236 s), a conexão acessória ao *Vertragsstatut* da responsabilidade por factos ilícitos conexa com a responsabilidade contratual. Na doutrina italiana, no mesmo sentido, cfr.: BALLARINO, *Disciplina dei negozi-base...*, p. 107; id., *Diritto internazionale privato*, p. 254. Sobre a solução consagrada no artigo 133, n° 3 da lei suíça de DIP, entre nós, MOURA RAMOS, *Da lei aplicável...*, p. 401, nota (48).

lativa ou como instrumento de interpretação e integração do direito vigente, para a construção de um estatuto unitário do negócio jurídico (ou do contrato), que é então chamado a regular questões parciais [274] ou negócios jurídicos ligados a outros, do ponto de vista estrutural, jurídico ou económico — como o negócio jurídico de escolha do direito competente para

---

[274] Nos termos do Código Civil português: a perfeição, a interpretação e a integração da declaração negocial, bem como a falta e os vícios da vontade (artigo 35º, nº 1); a forma da declaração negocial (artigo 36º, nº 1); a prescrição e a caducidade, quando se refiram a direitos emergentes de um negócio jurídico (artigo 40º). Segundo a Convenção de Roma: a formação do contrato (artigo 8º, nº 1); a forma do contrato (artigo 9º, nº 1). Tendo em conta o critério antes enunciado segundo o qual não existe conexão acessória em sentido próprio quando a norma de conflitos submete determinadas matérias a um estatuto geral que seria aplicado na falta dessa norma de conflitos especial, pode questionar-se a caracterização como norma de conexão acessória da disposição do Código Civil português que sujeita a interpretação e a integração da declaração negocial à lei reguladora da substância do negócio jurídico (artigo 35º, nº 1). Se não existisse uma norma de conflitos especial, a interpretação e a integração seriam regidas pela lei aplicável à substância do negócio. Compare-se aliás a técnica utilizada nesta norma do Código Civil com a utilizada na norma correspondente da Convenção de Roma. Nos termos do artigo 10º, nº 1, al. a), da Convenção, "a lei aplicável ao contrato por força [...] da presente Convenção regula, nomeadamente, a sua interpretação". A norma do artigo 35º, nº 1 do Código Civil tem a estrutura formal de uma norma de conflitos de conexão dependente; a norma do artigo 10º, nº 1 da Convenção de Roma enuncia o elenco de matérias a que se aplica a lei designada, delimita o âmbito de competência dessa lei, integrando assim a hipótese normativa de certas regras de conflitos incluídas na Convenção. A técnica é diferente, mas a finalidade é a mesma. Bem se compreende a diferença de técnicas utilizadas se tivermos em conta que a norma do artigo 35º, nº 1 do Código Civil português — como outras normas incluídas na mesma subsecção — se reportam à generalidade dos negócios jurídicos. Na disposição do Código Civil, a técnica da conexão dependente esteve também ao serviço da economia de meios na construção do sistema de normas de conflitos. Em ambos os casos se pretende definir o âmbito do direito aplicável. O resultado quanto à determinação do direito competente para reger a matéria em causa seria também o mesmo se tais normas não tivessem sido objecto de consagração expressa. Paralelamente à discussão que antecede, consideram alguns autores que a submissão da prescrição de um direito à ordem jurídica reguladora desse direito não configura um caso de conexão acessória, mas uma simples clarificação do âmbito de competência da ordem jurídica aplicável. Assim: NIEDERER, *Einführung in die allgemeinen Lehren...*, p. 205; KELLER, SIEHR, *Allgemeine Lehren...*, p. 285, nota (69). A questão da prescrição, embora dizendo respeito à extinção de um direito em consequência do decurso de um prazo — sendo, por isso, incluída no âmbito da lei reguladora do direito em causa — poderia ser qualificada de modo diferente e, assim, sujeita a outra lei (por exemplo, poderia ser qualificada como questão processual, submetida à ordem do foro). Pela sua estrutura, a norma do artigo 40º é sem dúvida uma norma de conexão dependente. Perante o direito de conflitos do Código Civil português, pronunciam-se no sentido de que se trata de uma conexão dependente: MAGALHÃES COLLAÇO, *Direito internacional privado. Das obrigações voluntárias*, p. 62; MARQUES DOS SANTOS, *Direito internacional privado. Sumários*, p. 283. Compare-se no entanto uma vez mais com a solução adoptada na Convenção de Roma. Nos termos do artigo 10º, nº 1, al. d), o estatuto do contrato rege "as diversas causas de extinção das obrigações, bem como a prescrição e a caducidade fundadas no decurso de um prazo".

reger um contrato [275], a procuração [276], a ratificação [277], os negócios jurídicos "dependentes" [278] [279].

---

[275] Artigo 3°, n° 4 da Convenção de Roma. Sobre os problemas que suscita a determinação do direito competente para reger os vários aspectos do negócio jurídico de escolha, perante esta disposição da Convenção, cfr., por último, FOYER, *Le contrat d'electio juris à la lumière de la Convention de Rome du 19 juin 1980*, "L' internationalisation du droit", 1994, p. 169 ss.

[276] Entenda-se, conexão dependente ou acessória da procuração relativamente ao negócio representativo, em que intervêm o representante e a contraparte. Assim: CASSONI, *La procura ...*, p. 264; id., *I contratti collegati...*, p. 25; STARACE, *La rappresentanza...*, p. 88; STARACE, DE BELLIS, *Rappresentanza*, p. 493; BALLADORE PALLIERI, *Diritto internazionale privato italiano*, p. 341 s.

[277] Entenda-se, conexão dependente ou acessória da ratificação relativamente ao negócio a ratificar (o negócio representativo celebrado, sem poderes, entre o representante e a contraparte). Assim: STARACE, *La rappresentanza...*, p. 91, 123 s; id., *La procura...*, p. 422 s; STARACE, DE BELLIS, *Rappresentanza*, p. 498; BALLARINO, *Disciplina dei negozi-base...*, p. 107; id., *Diritto internazionale privato*, 1ª ed., p. 254; BALLADORE PALLIERI, *Diritto internazionale privato italiano*, p. 339; TROMBETTA-PANIGADI, *Commentario*, an. Art. 60, p. 1202.

[278] No sentido do § 45 da lei austríaca de DIP ("Um negócio jurídico cujos efeitos dependam conceptualmente de uma obrigação existente é regulado pelas normas materiais do Estado cujas normas materiais sejam aplicáveis à obrigação. Esta disposição vale em especial para os negócios jurídicos que têm por objecto a garantia ou a modificação de uma obrigação [...]"). Para a justificação do preceito, cfr.: KÖHLER, GÜRTLER, *Internationales Privatrecht. IPR-Gesetz mit den einschlägigen Nebengesetzen und Staatsverträgen*, Wien, 1979, p. 127 ss; SCHWIND, *Prinzipien des neuen österreichischen IPR-Gesetzes*, p. 117 s; id., *Systembegriff und Funktionsbegriff*, p. 486 s; id., *Internationales Privatrecht. Lehr- und Handbuch für Theorie und Praxis*, Wien, 1990, p. 216 ss; SCHWIMANN, *Grundriß des internationalen Privatrechts*, p. 144 ss. Veja-se a crítica a esta solução da lei austríaca em LAGARDE, rec. Schwimann, "Grundriß des internationalen Privatrechts ..." (1982), Rev. crit., 1983, p. 200 ss (p. 202). Sobre a aplicabilidade da lei reguladora do contrato principal a "contratos subordinados" e a "actos praticados na sequência de um contrato", para a sua execução ou para a sua modificação, já antes, BATIFFOL, *Les conflits de lois en matière de contrats*, p. 120 ss. Cfr. ainda, com sentido semelhante, apesar das diferentes nomenclaturas utilizadas: "negócios jurídicos que alteram ou extinguem contratos anteriores" (STARACE, *La rappresentanza...*, p. 89 ss; BALLARINO, *Disciplina dei negozi-base...*, p. 107; id., *Diritto internazionale privato*, p. 255; BALLADORE PALLIERI, *Diritto internazionale privato italiano*, p. 339); "contratos dependentes ou acessórios de outros" (SCHWIND, *Von der Zersplitterung des Privatrechts...*, p. 460; MAYER, *Droit international privé*, p. 474; C. VON BAR, *Internationales Privatrecht*, II, p. 372, nota (449); AUDIT, *Droit international privé*, p. 633; DION-LOYE, an. Cour d' appel de Paris, 3.ème ch., sect. B, 20.9.1991, Clunet, 1992, p. 967 ss (p. 970); id., an. C. Cass., 1.ère ch. civ., 12.1.1994, Clunet, 1995, p. 135 ss (p. 137); KEGEL, *Internationales Privatrecht*, p. 494; FIRSCHING, VON HOFFMANN, *Internationales Privatrecht*, p. 371); "contratos auxiliares" (CASSONI, *I contratti collegati...*, p. 24); "contratos que têm uma função auxiliar, de preparação, execução ou alteração de outros contratos" (VISCHER, *Internationales Vertragsrecht*, p. 138 s; REITHMANN/MARTINY, *Vertragsstatut*, p. 123 s; MARTINY, *Münch.Komm.*, Art. 28, an. 99, 101, 102; AUDIT, *Droit international privé*, p. 633). Sublinhando as limitações de um "critério do acessório" para a determinação do direito aplicável aos "grupos de contratos", M. MAHMOUD, *Groupe de contrats...*, p. 605 s.

No domínio da regulamentação da representação internacional, a técnica da conexão acessória foi igualmente utilizada pela Convenção de Haia de 1978 para a determinação do direito aplicável às relações entre o representante e a contraparte [280].

Observando as normas em que esta técnica se encontra consagrada ou as situações para a resolução das quais foi proposta, conclui-se que a conexão acessória, em sentido próprio, tem sido utilizada na designação do direito competente quanto a relações jurídicas estrutural ou funcionalmente ligadas entre si, sobretudo sempre que, a partir de uma visão global das normas potencialmente chamadas, se justifique a aplicabilidade de uma

---

[279] Vejam-se ainda, na doutrina de diversos países: BATIFFOL, *Les conflits de lois en matière de contrats*, p. 119 ss (contratos ligados a outros, segundo o entendimento das partes; transacções complexas; contratos simultâneos); BATIFFOL, LAGARDE, *Droit international privé*, II, 7ª ed., p. 300 ss (contratos ligados a outros, por um vínculo económico ou de facto); NIEDERER, *Einführung in die allgemeinen Lehren...*, p. 205 (contrato de seguro de crédito; contrato de resseguro); JAYME, *Kollisionsrecht und Bankgeschäfte mit Auslandsberührung*, p. 34 ss (contratos bancários de estrutura complexa); id., *Kollisionsrechtliche Techniken für Langzeitverträge mit Auslandsberührung*, p. 313 s, e *Komplexe Langzeitverträge...*, p. 63 s (contratos duradouros de estrutura complexa); id., *Identité culturelle et intégration...*, p. 132 s (grandes projectos do comércio internacional que exigem a colaboração de várias empresas); CASSONI, *I contratti collegati...*, p. 32 s (contratos coligados por vontade das partes); REITHMANN/MARTINY, *Vertragsstatut*, p. 123 s (contratos independentes que as partes constroem como um todo unitário); VON DER SEIPEN, *Akzessorische Anknüpfung und engste Verbindung...*, em especial, p. 249 ss (contratos de estrutura complexa); ALTHAUS, *La convention de Rome et les relations tripartites*, p. 43 (embora de modo dubitativo, quanto a contratos bancários de estrutura complexa e outras relações triangulares); KRONKE, *Unfälle von Profi-Sportlern: Probleme zwischen charakteristischer Leistung und akzessorischer Anknüpfung*, IPRax, 1994, p. 472 ss (contratos integrados num conjunto complexo, em que intervêm mais do que duas partes); FIRSCHING, VON HOFFMANN, *Internationales Privatrecht*, p. 371 (contratos celebrados entre as mesmas partes; contratos em que o contraente que não é parte no contrato principal se tenha submetido à vigência do contrato principal, como acontece no contrato de subempreitada). Na sentença da CCI, proferida no processo nº 2119, 1978, Clunet, 1979, p. 997 ss, foi considerada aplicável a um contrato de subempreitada a lei competente para reger o contrato de empreitada. Vejam-se também: BG, 2.12.1982, BGE 108 II 442; BG, 18.11.1986, BGE 112 II 450; BG, 18.12.1991, Clunet, 1996, p. 718 (todos estes acórdãos do *Bundesgericht* admitem, em *obiter dicta*, a possibilidade de aplicar uma única lei a contratos estreitamente ligados entre si); Cour d' appel de Paris, 18.ème ch., 20.3.1990, Clunet, 1991, p. 711 ss (é aplicada ao acordo que modifica um contrato a lei reguladora do contrato inicial); Cour d' appel de Paris, 3.ème ch., sect. B, 20.9.1991, Clunet, 1992, p. 957 ss, e C. Cass., 1.ère ch. civ., 12.1.1994, Clunet, 1995, p. 134 ss = Rev. crit., 1994, p. 92 ss (a Cour d' appel de Paris tinha aplicado a mesma lei a contratos conexos, mas a decisão não se fundamentou num exame de conjunto das relações contratuais entre as partes, tendo sido por isso censurada pela *Cour de Cassation*); C. Cass., 1.ère ch. civ., 25.5.1992, Rev. crit., 1992, p. 689 ss (a revogação de um contrato é sujeita à lei reguladora do contrato).

[280] Artigo 15º da Convenção de Haia, que manda aplicar às relações entre o representante e a contraparte a lei que rege as relações entre o representado e a contraparte, designada nas normas de conflitos do artigo 14º ou do artigo 11º.

única ordem jurídica. Analisada sob esta perspectiva, a técnica da conexão acessória preserva a unidade do direito material designado e a harmonia da regulamentação material das situações internacionais, elimina problemas de qualificação e evita dificuldades na determinação do ordenamento aplicável a questões parciais. Tendo como objectivo fundamental impedir a dispersão do direito aplicável a uma situação da vida, a técnica da conexão acessória é, em geral, um instrumento ao serviço do princípio da coerência em direito internacional privado.

4.2. Conexão dependente ou acessória e conexão mais estreita

Pode questionar-se se é admissível proceder à determinação da lei aplicável a uma situação privada internacional recorrendo ao princípio subjacente à técnica da conexão dependente ou acessória em casos não expressamente previstos nas normas de conflitos que se trata de actuar.

O primeiro ponto a discutir consiste em apurar se o âmbito da conexão dependente ou acessória coincide com o princípio da acessoriedade, tal como é aceite em direito interno.

Na verdade, o princípio da acessoriedade não é desconhecido no domínio do direito material. Assim, "a obrigação do fiador é acessória da que recai sobre o principal devedor", como expressamente determina o artigo 627º do Código Civil português [281]. A acessoriedade da fiança relativamente à obrigação que recai sobre o principal devedor manifesta-se em diversos aspectos do regime que lhe é aplicável. A validade e o conteúdo da fiança dependem da validade e do conteúdo da obrigação principal [282]. Os meios de defesa que o fiador pode opor ao credor, bem como a subsistência da obrigação do fiador, estão em grande medida subordinados às vicissitudes da relação entre o credor e o principal devedor [283].

---

[281] A acessoriedade é característica comum das garantias especiais das obrigações. Menciona-se apenas a fiança por facilidade de exposição.

[282] Vejam-se, no direito material português, algumas das disposições aplicáveis à fiança: "a fiança não é válida se o não for a obrigação principal" (artigo 632º, nº 1 do Código Civil); "a fiança não pode exceder a dívida principal nem ser contraída em condições mais onerosas [...]" (artigo 631º do Código Civil); "a fiança tem o conteúdo da obrigação principal e cobre as consequências legais e contratuais da mora ou culpa do devedor" (artigo 634º do mesmo Código).

[283] Também no direito do Código Civil português, por exemplo: "além dos meios de defesa que lhe são próprios, o fiador tem o direito de opor ao credor aqueles que competem ao devedor [...]" (artigo 637º, nº 1); "ao fiador é lícito recusar o cumprimento enquanto o credor não tiver excutido todos os bens do devedor sem obter a satisfação do seu crédito" (artigo 638º, nº 1); "ao fiador é lícito recusar o cumprimento enquanto o direito do credor puder ser satisfeito por compensação com um crédito do devedor [...]" (artigo 642º, nº 1); "a extinção da obrigação principal determina a extinção da fiança" (artigo 651º).

A acessoriedade em direito material significa a ligação entre dois direitos com conteúdo tendencialmente coincidente e a dependência unilateral de um desses direitos em relação ao outro [284].

No âmbito do actual direito internacional privado dos contratos, a atribuição de relevância a um princípio de acessoriedade para a determinação da ordem jurídica competente, em casos não expressamente previstos, tem de situar-se nos quadros definidos pela Convenção de Roma.

Especiais dificuldades se suscitam a este propósito na determinação do direito subsidiariamente competente [285], perante o regime consagrado no artigo 4º da Convenção de Roma [286].

A técnica da conexão dependente ou acessória distingue-se do sistema de presunções — instituído, para concretizar a noção de conexão mais estreita, no artigo 4º, nºs 2 a 4 da Convenção de Roma — e é, em abstracto, susceptível de conduzir à competência de uma lei diferente da que resultaria do funcionamento daquelas presunções. De acordo com o nº 5 do artigo 4º da Convenção, o sistema de presunções não se aplica se a prestação característica não puder ser determinada e se resultar do conjunto das

---

[284] Cfr., por todos, ANTUNES VARELA, *Das obrigações em geral*, vol. II, 6ª ed., Coimbra, 1995, p. 479 ss; MENEZES CORDEIRO, *Direito das obrigações*, 2º vol., p. 511.

[285] A escolha pelos interessados do direito aplicável a um contrato pode, nos termos do artigo 3º, nº 1 da Convenção de Roma, constituir um dos elementos (pode ser uma das "circunstâncias da causa") a considerar na averiguação de uma eventual designação tácita do ordenamento competente para reger outro ou outros contratos entre as mesmas partes; mas já não, ou já mais dificilmente, na averiguação do direito aplicável aos contratos a celebrar por uma das partes com terceiros. Assim, em primeiro lugar, quanto a contratos genética ou funcionalmente conexos em relação a outros: contrato promessa e contrato definitivo; contrato normativo interno e contratos de execução a celebrar entre as partes; mas já não, ou já mais dificilmente — precisamente porque estão envolvidas pessoas que não participam no contrato preliminar — quanto ao contrato quadro (ou contrato normativo externo) e aos contratos de execução a celebrar por uma das partes com terceiros; quanto ao contrato e ao subcontrato (sobre as categorias contrato normativo interno, contrato normativo externo e contrato quadro, cfr. M. Helena BRITO, *O contrato de concessão comercial*, p. 192 ss, 197 ss). Além disso, a designação pelos interessados do direito aplicável a um contrato pode constituir um índice a considerar no apuramento da escolha tácita do direito competente para reger outros contratos entre os quais exista uma relação de natureza subjectiva e objectiva: é o caso de contratos sucessivos do mesmo tipo, a celebrar entre os mesmos sujeitos, com igual objecto. Este não é todavia um índice exclusivo, nem será muitas das vezes o mais importante, para concluir quanto à existência de uma escolha tácita do ordenamento competente.

[286] Sobre a questão, cfr., em especial, VON DER SEIPEN, *Akzessorische Anknüpfung und engste Verbindung...*, p. 141 ss. Para a discussão do problema suscitado pelo § 45 da lei austríaca de DIP (que prevê, de modo rígido, a conexão acessória dos negócios jurídicos "dependentes"), face ao critério geral da "relação mais forte" consagrado no § 1 da mesma lei (à luz do qual devem interpretar-se todas as normas de conflitos incluídas na lei), cfr. SCHWIMANN, *Grundriß...*, p. 145 s; KRONKE, *Unfälle von Profi-Sportlern: Probleme zwischen charakteristischer Leistung und akzessorischer Anknüpfung*, p. 475 ss.

circunstâncias que o contrato tem uma ligação mais estreita com outro país. Este preceito tem um duplo objectivo: por um lado, tem em vista conferir operacionalidade ao sistema, ao afastar a presunção geral estabelecida no n° 2 (presunção a favor da lei do país onde se situa a residência habitual da parte obrigada a fornecer a prestação característica) nos casos em que a prestação característica não possa ser determinada (n° 5, primeira frase); por outro lado, vem completar e reforçar o disposto no n° 1, conferindo ao critério da conexão mais estreita a função de princípio geral a observar na determinação do direito aplicável (n° 5, segunda frase).

O critério de decisão quanto à possibilidade de atribuir relevância ao princípio subjacente à técnica da conexão dependente ou acessória e quanto aos limites dessa relevância está contido no artigo 4° da Convenção de Roma. A aplicação a um contrato da lei designada para reger outro contrato, em vez da lei que resultaria do funcionamento do sistema de presunções instituído no artigo 4°, apenas pode fundamentar-se no princípio geral da conexão mais estreita. A lei competente para reger o segundo contrato será aplicável ao primeiro contrato se, e só se, no caso concreto, se concluir que se trata da lei com a qual este contrato tem a ligação mais estreita. É indiferente o procedimento seguido, no caso, para a determinação da ordem jurídica com a qual aquele primeiro contrato tem a conexão mais estreita — por aplicação do n° 1 do artigo 4° da Convenção de Roma ou por via do n° 5 do mesmo artigo 4°. Nestas circunstâncias, se existe algum desvio na aplicação a um contrato da lei designada para reger outro contrato, ele diz apenas respeito ao sistema de presunções e não ao princípio geral da conexão mais estreita.

A questão reconduz-se então a saber se há situações típicas de ligação entre contratos — desde logo, as situações em que exista uma relação de acessoriedade — que indiciem a existência de uma conexão mais estreita e que justifiquem a possibilidade de determinar o direito competente a um dos contratos a partir da averiguação do direito aplicável a outro contrato.

Não é possível, nem se afigura adequado, fixar limites gerais e abstractos para a atribuição de relevância ao princípio subjacente à técnica da conexão dependente ou acessória. Seria aliás discutível a legitimidade de fixação de tais limites que poderia significar um novo sistema de presunções. A solução deste problema não pode ser mecânica. Depende da análise da matéria a regular e da existência de factores que justifiquem a conexão de uma situação a outra para a determinação do direito que há-de regê-la [287]. Procuraremos por isso enunciar simples critérios de orientação, utilizáveis não apenas quando se tratar de conexões entre contratos, mas também quando se tratar de conexões entre um contrato e outros actos jurídicos.

---

[287] VON DER SEIPEN, *Akzessorische Anknüpfung und engste Verbindung...*, p. 247.

Ora, sem prejuízo de a análise da situação recomendar, perante um caso concreto, a sujeição da fiança à lei reguladora da obrigação principal, não parece que, em teoria, seja este o campo privilegiado de actuação da conexão dependente ou acessória [288]. Na determinação do regime aplicável

---

[288] A solução tradicional do direito internacional privado francês em matéria de contrato de *cautionnement* consiste em submetê-lo à sua própria lei, admitindo deste modo a autonomia das partes; mas tanto a jurisprudência como a doutrina consideram razoável presumir que, salvo prova em contrário, as partes pretendem referir-se à lei reguladora da obrigação principal. Sobre a questão, cfr., na doutrina: BATIFFOL, *Les conflits de lois en matière de contrats*, p. 424 s; LAGARDE, an. C. Cass., 1.ère ch. civ., 1.7.1981, Rev. crit., 1982, p. 339 ss (p. 347 s); BATIFFOL, LAGARDE, *Droit international privé*, II, 7ª ed., p. 337 s; J. MESTRE, *Les conflits de lois relatifs aux sûretés personnelles*, "Travaux du Comité Français de Droit International Privé 1986-1987", p. 57 ss (p. 58 ss, p. 62); MAYER, *Droit international privé*, p. 474; AUDIT, *Droit international privé*, p. 633; LOUSSOUARN, BOUREL, *Droit international privé*, p. 434; KERCKHOVE, *Les sûretés et prises de garanties transfrontières*, "Notariat, relations communautaires et internationales", Bruxelles, 1994, p. 35 ss (p. 43 s); DION-LOYE, an. Cour d' appel de Paris, 3.ème ch., sect. B, 20.9.1991, cit., p. 969; id., an. C. Cass., 1.ère ch. civ., 12.1.1994, cit., p. 137. Na jurisprudência, vejam-se, por exemplo: C. Cass., ch. soc., 14.1.1976, Clunet, 1977, p. 495 ss; C. Cass., 1.ère ch. civ., 1.7.1981, Clunet, 1982, p. 148 ss = Rev. crit., 1982, p. 336 ss; C. Cass., 1.ère ch. civ., 16.2.1994, Rev. crit., 1994 p. 341 ss. A *Cour d' appel de Versailles*, numa decisão de 6 de Fevereiro de 1991, que se referiu, por antecipação, às normas de conflitos da Convenção de Roma sobre a lei aplicável às obrigações contratuais, submeteu uma fiança à lei que, no caso, era competente para reger a obrigação principal, invocando o artigo 4°, n° 5 da Convenção de Roma. A decisão foi criticada, entre outros motivos, por ter utilizado o mecanismo estabelecido naquela disposição da Convenção para afinal manter a solução tradicional da jurisprudência francesa. Cfr.: LAGARDE, an. Cour d' appel de Versailles, 6.2.1991, Rev. crit., 1991, p. 748 ss; FOYER, an. Cour d' appel de Versailles, 6.2.1991, Clunet, 1992, p. 129 ss; CAMPIGLIO, *Prime applicationi della clausola d' eccezione "europea" in materia contrattuale*, p. 246 s; H. GAUDEMET-TALLON, *Convention de Rome... — Chronique de jurisprudence* (an. Cour d' appel de Versailles, 6.2.1991), RTDE, 1992, p. 529 ss; KERCKHOVE, *Les sûretés et prises de garanties transfrontières*, p. 44 s; FRIGESSI DI RATTALMA, *Le prime esperienze giurisprudenziali sulla convenzione di Roma del 19 giugno 1980*, p. 820, nota (4), p. 833 ss. No direito internacional privado italiano, GIARDINA, *Conflitti di leggi in tema di garanzie bancarie*, Banca e Borsa, 1983, I, p. 447 ss (p. 462 s), pronunciou-se em sentido favorável a uma solução unitária quer quanto à fiança quer quanto à garantia bancária (incluindo a garantia abstracta, autónoma, *on first demand*), com fundamento na "presuntiva submissão à lei reguladora da relação económica de base". Uma parte significativa da doutrina alemã defende a aplicação de uma conexão autónoma à fiança (bem como a outras garantias pessoais). Assim: C. VON BAR, *Internationales Privatrecht*, II, p. 37; KROPHOLLER, *Internationales Privatrecht*, p. 407; KEGEL, *Internationales Privatrecht*, p. 494; FIRSCHING, VON HOFFMANN, *Internationales Privatrecht*, p. 371. Segundo MARTINY, *Münch.Komm.*, Art. 28, an. 100, o contrato de garantia de cumprimento de outro contrato e o contrato garantido devem ser submetidos a um único direito, mas essa regra será de afastar sempre que exista intervenção de terceiros (fiança, garantia). Na jurisprudência suíça, a fiança é geralmente objecto de conexão autónoma (BG, 12.9.1974, Clunet, 1976, p. 711 s; BG, 9.7.1985, BGE 111 II 276; BG, 25.9.1991, BGE 117 II 490 = Clunet, 1996, p. 721 s). As decisões proferidas pelos tribunais belgas revelam alguma flutuação. Assim: Cour d' appel de Bruxelles, 11.12.1985, Clunet, 1989, p. 1051 ss (conexão acessória); mas Cour d' appel de Liège, 28.6.1991, Clunet, 1996, p. 184 ss (conexão independente).

à fiança, e perante normas materiais de teor semelhante ao das disposições do direito português acima transcritas, contidas no direito designado pela norma de conflitos geral (designadamente pelo artigo 4º, nº 2 da Convenção de Roma), o objectivo pretendido com a adopção da conexão acessória — a harmonização entre o regime aplicável à fiança e o regime aplicável à obrigação principal — atinge-se mediante a atendibilidade, no âmbito do direito normalmente competente, do regime aplicável à obrigação principal [289].

O mesmo se diga a propósito de certas categorias de contratos interligados entre os quais existem relações de subordinação (o contrato e o subcontrato) [290], ou de instrumentalidade (o contrato preliminar [291] ou o contrato preparatório de outro contrato e o contrato definitivo).

Se se pretende a enunciação de categorias abstractas de casos em que porventura possa justificar-se a utilização do princípio subjacente à técnica da conexão dependente ou acessória, tendo em conta as vantagens acima assinaladas a este tipo de solução, a primeira que ocorre engloba os simples actos jurídicos, isto é, os actos estruturalmente não autónomos, que se integram em negócios jurídicos (concentração, determinação posterior do preço, do prazo ou do lugar da prestação) [292] [293]. A seguir vêm os negócios jurídicos cujo objecto os coloca na órbita de outros negócios jurídicos, isto é, os negócios jurídicos que têm como objecto a modificação (novação) ou a extinção de outros negócios jurídicos (revogação, resolução, denúncia) [294].

Também no domínio dos contratos de estrutura complexa celebrados por instituições financeiras (instituições de crédito e seguradoras), em que se inserem múltiplas relações autónomas do ponto de vista estrutural e jurídico, é de um modo geral conveniente evitar a dispersão do direito aplicável, tendo em conta a unidade económico-financeira da operação quando considerada no seu conjunto [295]. A adopção da conexão acessória pode

---

[289] Cfr., neste capítulo, § 4º, nº 4.2.

[290] Segundo I. GALVÃO TELLES, *Manual...*, p. 374, a relação entre o contrato e o subcontrato é ainda uma relação de acessoriedade.

[291] GALVÃO TELLES, *Manual...*, p. 411.

[292] Simples actos jurídicos, no sentido que é atribuído à expressão por C. FERREIRA DE ALMEIDA, *Texto e enunciado na teoria do negócio jurídico*, p. 255.

[293] Cfr. BG, 2.12.1982, BGE 108 II 442, onde o Tribunal, invocando o "princípio da conexão a uma lei única", decidiu submeter à lei reguladora do contrato de compra e venda o acordo relativo ao pagamento de uma parte do preço, ainda que contido num aditamento.

[294] Em sentido semelhante, cfr.: BALLARINO, *Disciplina dei negozi-base...*, p. 107; id., *Diritto internazionale privato*, p. 255; BALLADORE PALLIERI, *Diritto internazionale privato italiano*, p. 339; CASSONI, *I contratti collegati...*, p. 24; STARACE, *La rappresentanza...*, p. 89 ss; VISCHER, *Internationales Vertragsrecht*, p. 138 s; REITHMANN/MARTINY, *Vertragsstatut*, p. 123 s; MARTINY, *Münch.Komm.*, Art. 28, an. 99.

[295] Alguns autores mostram-se apesar disso favoráveis ao fraccionamento da disciplina aplicável às operações bancárias complexas: RADICATI DI BROZOLO, *La legge regolatrice delle*

constituir um expediente adequado para conseguir a aplicação de uma lei única a certas operações integradas neste grupo (garantia bancária [296]; crédito documentário confirmado [297]; seguro de crédito [298]; resseguro [299]).

A dificuldade estará, em alguns casos, na determinação da situação ou relação principal ou preponderante [300]. Para essa averiguação, há que proceder a uma análise funcional da relação contratual complexa [301]. Admite--se, por exemplo, que, em matéria de garantia bancária, a relação principal possa ser, em certos casos, a relação de garantia, o que conduzirá à aplicação da lei do banco à relação contratual complexa [302]. A solução convirá sobretudo ao carácter autónomo de certas garantias [303].

---

operazioni bancarie secondo la convenzione comunitaria del 19 giugno 1980, p. 350 ss; id., *Operazioni bancarie internazionali e conflitti di leggi*, Milano, 1984, p. 191 ss; id., *Ancora sui profili internazionalistici delle garanzie bancarie* (an. Tribunale di Bologna, 27.9.1984), Banca e Borsa, 1986, II, p. 339 ss (p. 353); id., *La loi applicable aux contrats interbancaires selon la convention de Rome*, "Convention de Rome et opérations bancaires", 1993, p. 32 ss (p. 34); BONOMI, *Le garanzie bancarie a prima richiesta nel diritto internazionale privato (con particolare riguardo alla Convenzione di Roma del 19 giugno 1980)* (an. C. App. Milano, 12.6.1991), Banca e Borsa, 1992, II, p. 675 ss (p. 686, 688); MAYER, *Rapport de synthèse*, "Convention de Rome et opérations bancaires", cit., p. 44 ss (p. 46); KERCKHOVE, *Les sûretés et prises de garanties transfrontières*, p. 51 ss.

[296] Propondo a técnica da conexão acessória neste domínio, VON DER SEIPEN, *Akzessorische Anknüpfung und engste Verbindung...*, p. 280 ss (p. 302). Defendem também uma solução unitária na determinação do direito aplicável à garantia bancária, incluindo os casos de garantia abstracta, autónoma, *on first demand*, com fundamento no artigo 4°, n° 5 da Convenção de Roma: GIARDINA, VILLANI, *Garanzie bancarie, commercio internazionale e diritto internazionale privato*, Padova, 1984, p. 115 ss; BONELLI, *La convenzione di Roma del 19 giugno 1980 e la legge applicabile alle operazioni bancarie*, DCSI, 1982, p. 627 ss (p. 632 ss, 639)(= "Verso una disciplina comunitaria", 1983, p. 115 ss); id., *Le garanzie bancarie a prima domanda nel commercio internazionale*, p. 170 ss e nota (91); PELICHET, *Garanties bancaires et conflits de lois*, RDAI, 1990, p. 335 ss (p. 346 ss). A favor de uma solução unitária também M. Helena BRITO, *Os contratos bancários e a Convenção de Roma...*, p. 112 s (admitindo o *dépeçage* no caso de não ser possível identificar a lei com a qual a operação bancária complexa apresenta a conexão mais estreita).

[297] JAYME, *Kollisionsrecht und Bankgeschäfte mit Auslandsberührung*, p. 34 ss; BONELLI, *La convenzione di Roma...*, p. 638 s; ALTHAUS, *La convention de Rome et les relations tripartites*, p. 43 (invocando a solução proposta por Jayme, mas de modo dubitativo).

[298] NIEDERER, *Einführung in die allgemeinen Lehren ...*, p. 205.

[299] NIEDERER, *loc. cit.*. Contra a admissibilidade da conexão acessória no caso de resseguro, MARTINY, *Münch.Komm.*, Art. 28, an. 100.

[300] Esta a principal crítica formulada por Luca RADICATI DI BROZOLO, na recensão à obra de von der Seipen, "Akzessorische Anknüpfung und engste Verbindung..." (1989), Banca e Borsa, 1991, I, p. 263 s.

[301] Assim também VON DER SEIPEN, *Akzessorische Anknüpfung und engste Verbindung...*, p. 309.

[302] O critério não permite porém solucionar o problema de determinação do direito aplicável no caso de operações quadrangulares, em que se inserem duas relações de garan-

Para a determinação do direito competente através do princípio subjacente à técnica da conexão acessória não é decisiva a existência de um vínculo de dependência genética de uma relação jurídica perante outra. Em algumas situações em que está presente um vínculo desse tipo (a fiança perante a obrigação principal) não é em abstracto exigida, como ficou referido, a adopção da conexão dependente ou acessória. Mais importante é a ligação funcional e económica entre relações jurídicas, como a que existe entre um contrato e os actos que o modificam ou extinguem e entre os diversos segmentos que podem identificar-se em operações económico-financeiras de estrutura complexa.

Os grupos de casos que acabam de ser descritos não esgotam certamente o universo possível de actuação da conexão dependente ou acessória; nem com esta indicação se pretende significar o carácter indispensável do método para a resolução do problema do direito aplicável nas hipóteses referidas. Na verdade, quanto aos tipos de casos em que de uma perspectiva geral apareceria como adequada a aplicação a determinada situação do direito designado para reger uma situação considerada principal ou preponderante, a finalidade de atribuir competência a uma única ordem jurídica — ou de harmonizar os regimes oriundos das ordens jurídicas aplicáveis — pode alcançar-se por vias diferentes. Esse resultado pode obter-se, designadamente: através da interpretação ampla das categorias de conexão das normas de conflitos; através da descoberta do direito com o qual a situação complexa, no seu conjunto, apresenta a ligação mais estreita, utilizando todos os possíveis factores de conexão, quer de natureza jurídica, quer de natureza social ou económica; através da atendibilidade, no âmbito do direito normalmente competente, do regime aplicável a outras relações integradas na operação contratual complexa.

Concluindo, a utilização do princípio subjacente à técnica da conexão dependente ou acessória não deve decidir-se em abstracto. O recurso a esta técnica, num caso concreto, justifica-se pela necessidade de, perante as circunstâncias da causa, garantir a unidade da regulamentação material de relações funcionalmente conexas que, de outro modo, fazendo apelo às normas de conflitos gerais do direito internacional privado do foro, ou aplicando o sistema de presunções instituído na Convenção de Roma, seriam submetidas a uma pluralidade de ordens jurídicas.

---

tia. Quanto às questões suscitadas por essas operações, cfr. M. Helena BRITO, *Os contratos bancários e a Convenção de Roma* ..., p. 112 s.

[303] Assim admite também Paolo PICONE, na recensão à obra de Giardina, Villani, "Garanzie bancarie..." (1984), Banca e Borsa, 1986, I, p. 267 ss (p. 269 s.).

5. A conexão imóvel ou imobilizada

A unidade, ao longo do tempo, do direito aplicável às situações internacionais duradouras obtém-se, nos diversos sistemas de direito internacional privado, através da adopção de técnicas diferenciadas.

A sucessão de estatutos e o fraccionamento no tempo do direito aplicável são evitados, em primeiro lugar, com a utilização nas normas de conflitos de elementos de conexão imóveis por natureza (o lugar da situação dos bens imóveis, para definir o estatuto real de tais bens [304]; o lugar da celebração de um contrato, para definir o direito aplicável à sua substância e efeitos [305]; o lugar da prática de um acto ilícito, para definir a responsabilidade extracontratual [306]).

Instrumento de carácter preventivo é também a fixação, por cada norma de conflitos, do momento relevante para a concretização de um elemento de conexão de carácter móvel ou de conteúdo variável (nas normas de conflitos relativas aos contratos obrigacionais, em que se recorre ao lugar do estabelecimento de uma das partes, o momento da celebração do contrato [307]; em matéria de convenções antenupciais e regime de bens, o momento da celebração do casamento [308]; no domínio da constituição da filiação, o momento do estabelecimento da relação [309]).

Muito embora sejam inspiradas por uma *ratio* diferente [310], têm também como resultado impedir a sucessão de estatutos e o fraccionamento no tempo do direito aplicável as normas de conflitos que, reportando-se a bens que constituem objecto de um contrato de transporte internacional (coisas em trânsito) ou referindo-se a certas categorias de coisas cuja função económica é a movimentação no espaço (meios de transporte submetidos a regime de matrícula), adoptam, em matéria de constituição e transferência de direitos reais, um critério de conexão que permite uma razoável estabilidade [311].

---

[304] Artigo 46°, n° 1 do Código Civil português, quando estiver em causa um bem imóvel.

[305] Artigo 42°, n° 2 do Código Civil português, relativamente aos contratos obrigacionais.

[306] Artigo 45°, n° 1 do Código Civil português, quanto à responsabilidade extracontratual fundada em acto ilícito culposo, no risco ou em qualquer conduta lícita.

[307] Artigo 4°, n° 2 da Convenção de Roma; artigo 6°, primeiro parágrafo, da Convenção de Haia sobre representação, quanto ao contrato subjacente (relação entre o representado e o representante); artigo 11°, primeiro parágrafo, da Convenção de Haia sobre representação, quanto à relação externa (relação entre o representado e a contraparte).

[308] Artigo 53°, n° 1 do Código Civil português.

[309] Artigo 56°, n° 1 do Código Civil português.

[310] Cfr. MAGALHÃES COLLAÇO, *Direito internacional privado*, III, p. 263 ss; FERRER CORREIA, *Conflitos de leis em matéria de direitos sobre as coisas corpóreas*, p. 382 ss.

[311] Respectivamente, artigo 46°, n° 2 e artigo 46°, n° 3 do Código Civil português.

A aplicação de uma única lei a situações que se prolongam no tempo poderia ainda ser conseguida se se determinasse a absoluta irrelevância das modificações verificadas para efeitos de designação do direito competente ou se se determinasse que o novo estatuto seria aplicável retroactivamente sem quaisquer limitações. A solução que tem tido consagração nos mais recentes sistemas de direito internacional privado consiste em tornar aplicável a lei que passa a ser competente após a modificação das circunstâncias de que depende o chamamento feito pela norma de conflitos — ou seja, consiste em tornar aplicável o novo estatuto. Prevêem-se sempre, no entanto, certos limites à competência dessa lei [312].

O princípio da coerência aparece nestes casos concretizado através da ideia de "continuidade" das relações jurídicas [313].

---

[312] Cfr., neste capítulo, § 4º, nº 4.1.1.

[313] Sobre a importância da ideia de continuidade na regulação das situações privadas internacionais, cfr., entre nós, BAPTISTA MACHADO, *Âmbito de eficácia...*, p. 17, 85 ss, 128 s; 179 ss; FERRER CORREIA, *Lições...*, p. 42 ss, 58; id., *Conflitos de leis em matéria de direitos sobre as coisas corpóreas*, p. 393; LIMA PINHEIRO, *A venda com reserva da propriedade em direito internacional privado*, p. 193 ss. Também VON DER SEIPEN, *Akzessorische Anknüpfung und engste Verbindung...*, p. 185 ss, se refere a um interesse das partes na "continuidade" (*Kontinuitätsinteresse*), dirigido à inalterabilidade do direito aplicável a relações jurídicas duradouras.

§ 4º
Instrumentos jurídicos que concretizam o princípio da coerência em direito internacional privado: o *princípio da coordenação*

1. Sentido e alcance do *princípio da coordenação*

Já se viu que, no direito internacional privado actual, não obstante os métodos e técnicas adoptados na construção e na interpretação e aplicação das normas de conflitos, quer de fonte interna quer de fonte internacional, tendo em vista a construção de estatutos unitários, é inevitável o fraccionamento da disciplina internacionalprivatística dos contratos.

A aplicação simultânea ou sucessiva de mais do que um direito a uma situação privada internacional pode dar origem a contradições ou antinomias. Ora, a verificação de que para a regulação de uma situação plurilocalizada concorrem complexos de normas provenientes de diferentes ordens jurídicas que entre si se não ajustam redunda em incoerência do próprio sistema jurídico do foro.

Para a resolução dos problemas técnicos de concatenação dos regimes parciais oriundos de sistemas jurídicos distintos, a doutrina recorre ao procedimento da adaptação ou ajustamento [314].

Não é esta a ocasião de realizar a investigação e a explanação, em termos gerais, da vasta problemática da adaptação em direito internacional privado. Mas vem a propósito reconhecer que a figura da adaptação, tendo como objectivo, no entendimento da doutrina, eliminar as desarmonias entre as leis convocadas para reger uma situação privada internacional [315],

---

[314] Não existe unanimidade de pontos de vista na doutrina quanto ao âmbito de actuação do procedimento da adaptação, quanto à delimitação deste procedimento relativamente a outras figuras do direito internacional privado, quanto aos seus modos de actuação, quanto às causas que estão na sua origem. Para uma exposição de conjunto sobre estes aspectos, cfr., na doutrina portuguesa, MARQUES DOS SANTOS, *Breves considerações sobre a adaptação em direito internacional privado*, Lisboa, 1988.

[315] Cfr.: LEWALD, *Règles générales des conflits de lois*, p. 139 ss; VISCHER, *Die rechtsvergleichenden Tatbestände...*, p. 125 ss; KEGEL, *Begriffs- und Interessenjurisprudenz...*,

pode ser colocada ao serviço da coerência, precisamente na dimensão que agora mais nos interessa considerar, a coerência da regulação de cada situação privada internacional submetida à apreciação do órgão de aplicação do direito no Estado do foro.

Os instrumentos jurídicos que concretizam o princípio da coerência em direito internacional privado a que vamos fazer referência no presente parágrafo são meios jurídicos a que o órgão de aplicação do direito pode deitar mão no âmbito do procedimento da adaptação, utilizando o termo adaptação "no seu mais amplo e impreciso sentido" [316]. Tais instrumentos não esgotam porém o universo possível das técnicas de adaptação nem serão certamente apropriados para solucionar todos os problemas em que se justifica a intervenção deste "acidente técnico" do direito de conflitos [317]. A doutrina dos diversos países mostra-se aliás de acordo em considerar que a via a seguir na adaptação depende das circunstâncias do caso singular e exige a ponderação dos interesses envolvidos [318].

Trataremos dos instrumentos que se revelem adequados a permitir que a disciplina aplicável a uma situação privada internacional — *maxime* ao contrato e à representação internacional [319] — constitua um "mosaico" coerente, no caso de serem vários os direitos a concorrer para a sua regulação.

---

p. 282 ss; id., *Internationales Privatrecht*, p. 260 ss; WENGLER, *Réflexions sur la technique des qualifications...*, p. 680 ss; CANSACCHI, *Le choix et l' adaptation...*, p. 115 ss; BETTI, *Problematica del diritto internazionale*, p. 317 ss; RIGAUX, *La théorie des qualifications en droit international privé*, p. 381 ss; id., *Droit international privé*, I, p. 323; MAGALHÃES COLLAÇO, *Direito internacional privado*, II, p. 435 ss; id., *Da qualificação...*, p. 253 ss, 279 s; BAPTISTA MACHADO, *Problemas na aplicação do direito estrangeiro*, p. 330 ss; SCHRÖDER, *Die Anpassung von Kollisions- und Sachnormen*, p. 21 ss; VON OVERBECK, *Les règles de droit international privé matériel*, p. 364; OFFERHAUS, *Anpassung und Gesetzauslegung im internationalen Privatrecht*, p. 78; BATIFFOL, *Réflexions sur la coordination des systèmes nationaux*, p. 203 ss; BAIÃO DO NASCIMENTO, *Do concurso de normas*, p. 116 ss; RAAPE, STURM, *Internationales Privatrecht*, I, p. 259 ss; NEUHAUS, *Die Grundbegriffe...*, p. 355 ss; BOUZA VIDAL, *Problemas de adaptación en derecho internacional privado e interregional*, p. 16 ss; FERRER CORREIA, *Lições...*, p. 327; id., *Direito internacional privado. Alguns problemas*, p. 59, 172; id., *Considerações sobre o método...*, p. 350 ss, 356 ss; id., *Direito internacional privado matrimonial (direito português)*, "Temas", 1989, p. 331 ss (p. 336); SCHURIG, *Kollisionsnorm und Sachrecht*, p. 234 ss; KELLER, SIEHR, *Allgemeine Lehren des internationalen Privatrechts*, p. 450 ss; C. VON BAR, *Internationales Privatrecht*, I, p. 537 ss; KROPHOLLER, *Die Anpassung im Kollisionsrecht*, "FS Murad Ferid", 1987, p. 279 ss (p. 279, 282 ss); id., *Internationales Privatrecht*, p. 211 ss; MARQUES DOS SANTOS, *Breves considerações sobre a adaptação...*, p. 8 ss; SONNENBERGER, *Münch.Komm., Einleitung*, an. 419 ss (an. 424); FERNÁNDEZ ROZAS, SÁNCHEZ LORENZO, *Curso de derecho internacional privado*, p. 477 ss; SCHWANDER, *Einführung in das internationale Privatrecht*, I, p. 204 ss; AUDIT, *Droit international privé*, p. 269 ss; MAYER, *Droit international privé*, p. 171 ss.

[316] MAGALHÃES COLLAÇO, *Da qualificação ...*, p. 253.
[317] BAPTISTA MACHADO, *Problemas na aplicação do direito estrangeiro*, p. 328.
[318] Por todos, KROPHOLLER, *Die Anpassung im Kollisionsrecht*, p. 282 s.
[319] Ficam portanto fora do objecto principal da análise subsequente todos os impor-

O critério fundamental de orientação radica no princípio da coerência. Verificado que, em relação a uma situação plurilocalizada, a actuação das regras de direito internacional privado conduz à competência simultânea (ou sucessiva) de normas provenientes de diferentes ordens jurídicas, o ideal da coerência impõe o recurso a métodos e técnicas capazes de salvaguardar a harmonia dos resultados da aplicação dessas ordens jurídicas. A finalidade pretendida é a obtenção de uma disciplina coerente das situações que constituem o objecto do direito internacional privado (*princípio da coordenação*).

Este princípio traduz a necessidade de, na regulação de cada situação da vida privada internacional, suprimir quaisquer incompatibilidades de efeitos jurídicos produzidos por normas provenientes de sistemas jurídicos diferentes. O *princípio da coordenação* exprime no âmbito do direito internacional privado a exigência de não contradição, ou seja, o conteúdo negativo da unidade e da coerência do sistema jurídico.

Os instrumentos jurídicos que concretizam o *princípio da coordenação* têm, de um modo geral, carácter correctivo ou compensatório, pois que se destinam a corrigir ou compensar as incompatibilidades originadas pela aplicação dispersa de normas provenientes de leis diferentes, a corrigir ou compensar os resultados incoerentes surgidos na regulação das situações privadas internacionais. Operam por isso no momento da interpretação e aplicação das normas materiais competentes. Mas alguns destes instrumentos têm carácter preventivo e dizem respeito à interpretação e aplicação das normas de conflitos.

De uma certa perspectiva, portanto, e procurando de novo estabelecer uma relação com o procedimento da adaptação, o domínio em que nos vamos mover é mais amplo do que o da adaptação, entendida agora no sentido restrito que, na actualidade, a doutrina dominante atribui à figura [320].

---

tantes problemas que se suscitam no domínio das relações de filiação, das relações entre cônjuges e das sucessões, a que a doutrina em diversos países tem dedicado especial atenção. As limitadíssimas referências feitas a tais problemas justificam-se pela necessidade de ilustrar posições doutrinárias a esse propósito.

[320] Veja-se em MARQUES DOS SANTOS, *Breves considerações sobre a adaptação...*, p. 6 ss, a delimitação da adaptação relativamente a outras figuras que com ela aparecem por vezes associadas (p. 19), e também a afirmação de que a adaptação pode incidir quer sobre normas materiais quer sobre normas de conflitos (p. 21). A maioria da doutrina tanto nacional como estrangeira admite que a adaptação possa ter como objecto os preceitos materiais (do direito do foro ou do direito estrangeiro) ou as próprias normas de conflitos. Alguns autores têm uma concepção (ainda) mais restritiva, na medida em que reservam o termo adaptação para o ajustamento do regime material das leis em presença. Assim, entre nós, BAPTISTA MACHADO, *Problemas na aplicação do direito estrangeiro*, p. 333 e *passim*; id., *Lições de direito internacional privado*, p. 144. Neste mesmo sentido parecem orientar-se as opiniões de: LEWALD, *Règles générales des conflits de lois*, p. 139 ss; WOLFF, *Private International Law*, p. 166;

Em contrapartida, como se verificará, o recurso aos instrumentos jurídicos que concretizam o princípio da coerência em direito internacional privado é susceptível de reduzir o campo de actuação da adaptação, tal como ela é geralmente compreendida [321].

2. A "reinterpretação" das normas de conflitos como modo de revelação de falsas antinomias

A correcta utilização dos cânones hermenêuticos pode em certos casos revelar que as desarmonias entre os comandos de duas ordens jurídicas em contacto com uma situação plurilocalizada constituem afinal falsas antinomias [322].

Sirva de exemplo uma das hipóteses inicialmente configuradas [323], cuja solução agora se completa.

Um comerciante com estabelecimento em França encarregou um agente comercial com estabelecimento em Portugal de promover a distribuição dos seus produtos mas não outorgou procuração atribuindo poderes

---

CANSACCHI, *Le choix et l' adaptation...*, p. 142, 145 ss; WENGLER, *Réflexions sur la technique des qualifications...*, p. 682; BETTI, *Problematica del diritto internazionale*, p. 317 ss; RIGAUX, *La théorie des qualifications...*, p. 381 ss (p. 385); id., *Le conflit mobile...*, p. 396; AUDIT, *Droit international privé*, p. 271 s. Também para FERRER CORREIA, *Considerações sobre o método...*, p. 358, "a forma mais conhecida e importante da adaptação é seguramente aquela em que esta se verifica na esfera dos preceitos jurídico-materiais", muito embora o autor considere que "a primeira espécie de adaptação ou ajustamento é aquela que recai na própria norma de DIP" (*ob. cit.*, p. 356). Em algumas das suas obras o Professor Ferrer Correia parece reservar o termo adaptação para designar o ajustamento que incide sobre normas materiais (*Lições...*, p. 327; *Direito internacional privado. Alguns problemas*, p. 59, 172; *Direito internacional privado matrimonial*, p. 336). No mesmo sentido, MAGALHÃES COLLAÇO, *Da compra e venda...*, p. 129; id., *Direito internacional privado*, II, p. 440, 441, 442. Mas mais tarde a autora admite também a adaptação incidindo directamente sobre normas de conflitos (*Da qualificação...*, p. 258). JAYME, *Identité culturelle et intégration...*, p. 145 s, parece admitir apenas a adaptação de normas de conflitos.

[321] Esta conclusão vale, de resto, quanto a todos os instrumentos jurídicos que concretizam o princípio da coerência em direito internacional privado, não apenas quanto aos que vão ser referidos no presente parágrafo (ou seja, os instrumentos que concretizam o princípio da coordenação), mas também quanto a alguns dos já mencionados no parágrafo anterior (recorde-se o aproveitamento do princípio subjacente à técnica da conexão dependente ou acessória para, no caso de contratos interligados, interpretar a designação pelas partes do direito aplicável a um dos contratos e para, em relação a certas categorias contratuais, determinar o direito subsidiariamente competente à luz da noção de conexão mais estreita, tal como consagrada no artigo 4º da Convenção de Roma).

[322] Assim, em termos gerais, ENGISCH, *Introdução ao pensamento jurídico*, p. 256; BAPTISTA MACHADO, *Âmbito de eficácia...*, p. 239.

[323] Cfr. *caso 1* da nota de apresentação.

ao agente para celebrar contratos de compra e venda em seu nome. Em Portugal, o agente, actuando em nome do principal, vende os produtos em causa a um comerciante também estabelecido no nosso país.

Segundo o direito francês (aplicável nos termos do artigo 5º da Convenção de Haia), a celebração do contrato de agência implica a atribuição de poderes de representação pelo principal ao agente, isto é, o âmbito dos poderes do agente para representar o principal coincide com o âmbito dos poderes de gestão atribuídos pelo principal ao agente. Segundo o direito português (competente por força do artigo 11º, primeiro parágrafo, da mesma Convenção), o agente só pode celebrar contratos em nome do principal se este lhe tiver conferido, por escrito, os necessários poderes.

Como anteriormente se viu, numa primeira fase de análise do problema, parecia existir contradição entre os resultados da aplicação das normas materiais designadas pelas normas de conflitos dos artigos 5º e 11º da Convenção de Haia sobre representação.

Através da interpretação conjunta destas duas normas de conflitos, foi possível concluir que a norma de conflitos do artigo 5º (ou do artigo 6º) tem como objecto a relação entre o representado e o representante, concretamente os direitos e obrigações das partes, e que a norma de conflitos do artigo 11º (ou do artigo 14º) abrange a relação entre o representado e a contraparte no negócio representativo, isto é, o poder de representação.

Dentro desta óptica de distinção entre o aspecto interno e o aspecto externo da relação representativa, pode acontecer que os poderes atribuídos a uma pessoa para gerir os negócios de outrem tenham âmbito diferente conforme se considere a relação entre o representado e o representante ou a relação entre o representado e a contraparte; por outras palavras, pode acontecer que não exista coincidência entre o âmbito dos poderes de gestão e o âmbito do poder de representação.

Assim, na hipótese descrita, a questão de saber se o agente tem poderes para representar o principal rege-se pela lei designada no artigo 11º, primeiro parágrafo, da Convenção, no caso, o direito português; se o principal não conferiu ao agente, por escrito, os necessários poderes para a celebração de contratos de compra e venda em seu nome, conclui-se que, perante o direito português (artigo 2º, nº 1 do Decreto-Lei nº 178/86), o agente não tinha poderes para vincular o principal perante terceiros, quando procedeu à venda dos produtos em nome do principal. Não se opõe a esta solução a circunstância de o agente estar legitimado para promover a celebração de negócios por conta do principal, e até para celebrar tais negócios, nos termos do direito francês. A competência atribuída ao direito francês abrange apenas a relação interna entre o principal e o agente, não o poder do agente para vincular o principal perante terceiros. O contrato celebrado pelo agente, em nome do principal, é portanto ineficaz nas relações entre o principal e a contraparte, salvo se aquele o ratificar (artigo 268º, nº 1 do Código Civil português e artigo 22º, nº 1 do Decreto-Lei nº 178/86) ou se se verificarem determinadas circunstâncias justificativas da vinculação do principal com fundamento em "representação aparente" (artigo 23º, nº 1 do referido Decreto-Lei).

A responsabilidade do agente perante a contraparte rege-se pelo direito português (nos termos do artigo 15º da Convenção). A eventual responsabilidade do agente perante o principal, em consequência de incumprimento ou de cumprimento defeituoso da relação interna, deverá ser apreciada face ao direito material francês (escolhido pelos interessados, ao abrigo do artigo 5º da Convenção de Haia) [324].

A "nova fase de interpretação" a que se recorreu teve como objectivo a descoberta de relações entre as duas regras de conflitos em presença e a descoberta das relações que existem entre elas e as outras disposições integradas no sistema em que se inserem (o sistema da Convenção de Haia sobre a lei aplicável aos contratos de intermediação e à representação). Só desse modo foi possível distinguir o âmbito de aplicação de cada uma das normas em causa, tendo em conta a existência da outra e ponderando o sentido global do sistema.

Essa "nova fase de interpretação", aqui denominada "reinterpretação" [325], demonstrou que as duas normas de conflitos encaram a relação

---

[324] O princípio geral enunciado não exclui todavia a existência de interferências recíprocas entre a lei aplicável à relação externa e a lei aplicável à relação interna. Por exemplo, a solução do problema da responsabilidade do agente perante o principal (regida pelo direito francês) não pode abstrair da conclusão a que se chegar, perante o direito português (o estatuto da representação, determinado a partir do artigo 11º, primeiro parágrafo, da mesma Convenção), porquanto a responsabilidade do agente pressupõe a ineficácia do negócio em relação ao principal. Cfr. capítulo IV, § 2º, nº 5., e, neste parágrafo, nº 4.2.

[325] A designação "reinterpretação" é inspirada em Betti. Porém, o autor utiliza o termo *reinterpretazione* com um sentido diferente daquele que aqui lhe atribuímos, para caracterizar a tarefa hermenêutica no âmbito dos actos administrativos vinculados (em paralelo com a expressão *interpretazione di secondo grado*, que caracteriza o trabalho de interpretação dos actos administrativos discricionários). Cfr. BETTI, *Interpretazione della legge e degli atti giuridici*, p. 239 ss. Por sua vez, G.-F. MALT, *Methods for the solution of conflicts between rules in a system of positive law*, p. 203, 219, usa o termo *reinterpretation*, para referir uma "interpretação secundária, modificando as regras previamente estabelecidas [...], por exemplo através de uma interpretação restritiva", tendo em vista a resolução de conflitos entre normas (p. 203). No domínio do direito internacional privado, cfr. SCHWANDER, *Einführung in das internationale Privatrecht*, I, p. 206, que se refere a *eine modifizierte Auslegung des Verweisungsbegriffes*, para significar a adaptação ao nível das normas de conflitos. Veja-se ainda BATIFFOL, LAGARDE, *Droit international privé*, I, 8ª ed., p. 454, onde a adaptação é definida como *une interpretation convenable des règles de conflit [...]*. Em FERNÁNDEZ ROZAS, SÁNCHEZ LORENZO, *Curso ...*, p. 478, a palavra *reinterpretación* é usada com um sentido equivalente a adaptação (quer de normas materiais, quer de normas de conflitos).

representativa de perspectivas diferentes, são complementares uma da outra e podem por isso aplicar-se conjuntamente.

O recurso à "reinterpretação" não significa de modo algum a aceitação de uma hipotética distinção entre duas modalidades diferentes de interpretação, uma interpretação "literal" ou "gramatical", que vise a determinação do significado "próprio" das disposições normativas, e uma interpretação "lógica", que, fundada em diferentes elementos interpretativos, vise a determinação de um significado "diverso" do significado literal imediato das disposições normativas [326]. A tarefa interpretativa é essencialmente uma e para ela concorrem todos os elementos que a teoria tradicional da interpretação enumera [327]. A necessidade de, no caso em análise, confrontar num segundo momento o significado das duas normas de conflitos em causa foi revelada pela (afinal aparente) incoerência entre os resultados da aplicação do direito português e do direito francês à situação considerada. Na interpretação e aplicação das normas de direito internacional privado, mais do que em relação a quaisquer outras normas, é patente o carácter dialéctico do processo de determinação do sentido das regras. A "reinterpretação" faz parte desse processo dialéctico, que se desenvolve em várias fases, e que, de modo particularmente nítido no domínio do direito de conflitos, não pode prescindir, antes exige, a consideração dos resultados da aplicação aos factos dos direitos materiais designados pelas normas de conflitos do sistema em vigor no ordenamento do foro.

Na situação acima descrita, a "reinterpretação" das duas normas de conflitos à luz do subsistema de que fazem parte permitiu delimitar o âmbito de aplicação de cada uma delas e concluir que é meramente aparente a contradição entre as normas materiais por elas chamadas, e, por isso, que é meramente aparente a contradição entre tais normas de conflitos.

---

[326] Como pretende, por exemplo, GUASTINI, *Introduzione alle tecniche interpretative*, p. 44, 50, que distingue entre interpretação "literal" ou "declarativa" e interpretação "correctiva" (abrangendo a interpretação extensiva, a interpretação restritiva, a interpretação sistemática).

[327] Assim: SAVIGNY, *System des heutigen römischen Rechts*, Bd. 1, p. 212 ss (p. 215), 262 ss; BETTI, *Interpretazione della legge e degli atti giuridici (Teoria generale e dogmatica)*, Milano, 1949, p. 174 ss; CASTANHEIRA NEVES, *Interpretação jurídica*, c. 691; OLIVEIRA ASCENSÃO, *O direito*, p. 388.

3. A prevalência de uma das ordens jurídicas em presença como critério de resolução de antinomias

3.1. A resolução de antinomias em diversas fases do processo de aplicação das normas de conflitos

A especificidade do raciocínio jurídico no domínio do direito internacional privado relaciona-se com o carácter indirecto das normas de conflitos. No raciocínio jurídico que termina com a resolução concreta das questões privadas internacionais podem distinguir-se várias operações, momentos ou fases. Em todas essas operações, momentos ou fases podem surgir antinomias.

Em sentido próprio, há antinomia "quando duas normas pertencentes a um mesmo ordenamento jurídico são incompatíveis" [328].

Quando, para a regulação de uma situação plurilocalizada, concorrem duas normas incompatíveis, provenientes de sistemas jurídicos diferentes, tudo se passa como se as regras antinómicas coexistissem na ordem jurídica do foro [329].

Na acepção ampla de que partimos, antinomia significa qualquer resultado incoerente ou incompatível com outro, verificado no decurso da execução de cada uma das operações incluídas no processo de aplicação das normas de conflitos. O exacto sentido de cada antinomia, assim como a definição dos processos mais adequados para a sua resolução, depende do problema a propósito do qual a questão se suscite.

A doutrina que se ocupou em termos genéricos da problemática das antinomias no direito admite que os processos técnicos adoptados para a sua resolução devem, sempre que possível, conduzir à prevalência de uma em detrimento da outra das regras em presença [330].

As soluções adoptadas em actos normativos, bem como as soluções propostas pela doutrina, para a resolução de diversas questões da teoria geral do direito de conflitos em que se suscitam ou em que podem susci-

---

[328] E "duas normas, como de resto duas proposições, são incompatíveis quando: a) são contraditórias; b) são contrárias"; "dizem-se contraditórias duas normas que são incompatíveis entre si quando não pode existir outra norma incompatível com ambas; dizem-se contrárias duas normas que são incompatíveis entre si quando pode existir outra norma incompatível com ambas". Cfr. BOBBIO, *Antinomia*, p. 667.

[329] FERRER CORREIA, *Direito internacional privado. Alguns problemas*, p. 171.

[330] Assim, a propósito da resolução de antinomias, em geral: FORIERS, *Les antinomies en droit*, p. 23; BOBBIO, *Des critères pour résoudre les antinomies*, p. 237; BAPTISTA MACHADO, *Âmbito de eficácia...*, p. 218, 241; id., *Lições de direito internacional privado*, p. 131; GUASTINI, *Introduzione alle tecniche interpretative*, p. 73.

tar-se antinomias [331], conduzem também à prevalência de um dos direitos envolvidos.

O critério da prevalência encontra pois concretização no sistema de direito internacional privado em vigor no ordenamento português. A sua função consiste em prevenir ou solucionar antinomias (no sentido amplo acima referido) em diversas fases do processo de aplicação das normas de conflitos.

Observem-se as soluções tradicionalmente consagradas quanto aos seguintes problemas:

— concretização do elemento de conexão [332];

---

[331] Em alguns dos problemas adiante referidos, não existe autêntica antinomia, mas mera susceptibilidade de aparecimento de uma antinomia. O critério da prevalência, no sentido que lhe é atribuído, tem também como função prevenir antinomias.

[332] Se, relativamente a uma norma de conexão singular, o órgão de aplicação do direito deparar, no momento da concretização do elemento de conexão, com um conteúdo múltiplo do elemento de conexão, e a norma de conflitos não estabelecer qualquer critério de solução, constitui problema de interpretação saber se deve atribuir-se relevância apenas a uma das leis assim designadas ou se, pelo contrário, deve atribuir-se relevância a todas essas leis (em termos tais que equivaleriam a transformar a norma de conexão singular em norma de conexão alternativa ou em norma de conexão plural cumulativa). Discutida a questão a propósito do elemento de conexão nacionalidade, a solução comummente aceite é a de que, no silêncio da norma de conflitos, só uma das nacionalidades deve ser considerada relevante (sobre a questão, por todos, MAGALHÃES COLLAÇO, *Direito internacional privado. A conexão*, p. 20 ss). No direito português actual, a solução dos concursos de nacionalidade conduz à prevalência da nacionalidade portuguesa, seja esta ou não a nacionalidade efectiva (artigo 27º da Lei nº 37//81, de 3 de Outubro), ou à nacionalidade efectiva, se as nacionalidades em concurso forem todas estrangeiras (artigo 28º da mesma Lei nº 37/81). Sobre estas disposições da lei portuguesa da nacionalidade, cfr.: MOURA RAMOS, *Do direito português da nacionalidade*, Coimbra, 1984, p. 226 ss; MARQUES DOS SANTOS, *Direito internacional privado. Sumários*, p. 108 s, 97 ss. Os critérios subjacentes a estas soluções (prevalência da aplicação do direito do foro ou do direito com o qual a situação tenha uma ligação efectiva ou mais estreita) são susceptíveis de ser transpostos para a resolução do problema quando estejam em causa outros elementos de conexão (domicílio, residência habitual, estabelecimento profissional). A Convenção de Haia sobre representação contém, nos artigos 6º, terceiro parágrafo, e 11º, terceiro parágrafo, um critério de solução para o caso de a concretização do elemento de conexão "estabelecimento profissional" conduzir a um conteúdo múltiplo, determinando que a referência deve ser entendida para o estabelecimento com o qual a relação de intermediação ou a actuação do representante, conforme os casos, "esteja mais estreitamente relacionada". No caso de a concretização do elemento de conexão conduzir a um vazio de conteúdo do elemento de conexão, os vários subsistemas (direito internacional privado português de fonte interna, Convenção de Haia sobre representação, Convenção de Roma) prevêem, nas diversas matérias, a aplicação de conexões subsidiárias. A questão tem contornos diferentes e é decidida de outro modo perante normas de conflitos inspiradas no princípio do *favor negotii*. Haja em vista a Convenção de Haia de 1961 sobre os conflitos de leis em matéria de forma das disposições testamentárias. Nos termos do artigo 1º dessa Convenção, a disposição testamentária será formalmente válida se corresponder às prescrições da lei [...] de uma nacionalidade do testador, quer no momento em que fez a disposição quer no momento da morte (al. b)), ou de um lugar onde o

— determinação da ordem jurídica aplicável no âmbito da designação por uma norma de conflitos de conexão cumulativa [333];
— resolução das incoerências provocadas por divergências em matéria de qualificação ou por actuação do método analítico do direito internacional privado;
— actuação da reserva de ordem pública internacional do Estado do foro [334];

---

testador tinha o seu domicílio, quer no momento em que fez a disposição quer no momento da morte (al. c)), ou do lugar onde o testador tinha a sua residência habitual, quer no momento em que fez a disposição quer no momento da morte (al. d)).

[333] No caso de uma norma de conflitos de conexão cumulativa, não surge qualquer antinomia no momento da concretização da conexão. A antinomia pode surgir mais tarde, no momento da aplicação das normas materiais designadas, se não for coincidente o respectivo conteúdo. Assim também MAGALHÃES COLLAÇO, *Direito internacional privado*, II, p. 442; BAPTISTA MACHADO, *Lições de direito internacional privado*, p. 17, 61, nota (1). A determinação do direito aplicável perante uma norma de conflitos de conexão plural impõe sempre a consulta do teor de todas as ordens jurídicas em presença. A conexão cumulativa, ao exigir a verificação de um determinado efeito jurídico perante todas as ordens jurídicas designadas, tem uma função negativa: afasta o efeito jurídico produzido por uma dessas ordens jurídicas que o não seja também pela outra ou pelas outras. No caso de serem divergentes as soluções materiais resultantes dessas ordens jurídicas, atribui-se prevalência à ordem jurídica mais exigente, ou seja, àquela segundo a qual o efeito jurídico não se produz. Sirva de exemplo o artigo 33°, n° 3 do Código Civil português: "a transferência, de um Estado para outro, da sede da pessoa colectiva não extingue a personalidade jurídica desta, se nisto convierem as leis de uma e outra sede". Para que a personalidade jurídica da pessoa colectiva se não extinga no caso de transferência da sede de um Estado para outro, exige-se que essa consequência jurídica seja estabelecida quer pela lei da antiga sede quer pela lei da nova sede. Se uma das leis determinar que a transferência de sede implica extinção da personalidade jurídica da pessoa colectiva, será essa a lei aplicável. Subjacente à adopção de uma conexão cumulativa está o interesse em prevenir um conflito de estatutos; mas pode também estar subjacente uma ideia de desfavor quanto a certo resultado. No exemplo referido, o interesse preponderante é a prevenção de um conflito de estatutos. Não parece, na verdade, que o resultado pretendido pelo direito internacional privado português seja a extinção da personalidade jurídica da pessoa colectiva no caso de transferência de sede de um Estado para outro; com esta interpretação converge aliás a solução actualmente consagrada no artigo 3°, n°s 2 a 6 do Código das Sociedades Comerciais, a propósito da transferência, de outro país para Portugal e de Portugal para outro país, da sede das sociedades comerciais. Em geral, sobre a relação entre a estrutura da conexão e o efeito procurado ou, pelo menos, o efeito produzido, cfr.: FICKER, *Verknüpfung von Anknüpfungen*, p. 315 ss; KELLER, SIEHR, *Allgemeine Lehren...*, p. 277 ss; PATOCCHI, *Règles de rattachement localisatrices...*, p. 241 ss; AUDIT, *Droit international privé*, p. 80 s. Para a discussão do problema à luz do objectivo de coordenação internacional realizada através da celebração de convenções de direito internacional privado, H. GAUDEMET-TALLON, *L' utilisation de règles de conflit à caractère substantiel dans les conventions internationales (l' exemple des Conventions de La Haye)*, "L' internationalisation du droit", 1994, p. 181 ss.

[334] São afastados os preceitos da ordem jurídica estrangeira competente que, na sua aplicação, dêem origem a um resultado que contrarie os princípios fundamentais da ordem pública internacional do Estado Português (artigo 22°, n° 1 do Código Civil português). Para o

— aplicação de certos comandos da ordem jurídica do foro ou de uma ordem jurídica estrangeira, em razão da sua caracterização como normas inderrogáveis (quanto a contratos internacionalizados por actuação das partes) ou em razão da sua caracterização como normas de protecção dos interesses de determinadas categorias de contraentes;

— aplicação de certos comandos da ordem jurídica do foro, em razão da sua caracterização como normas de aplicação imediata ou necessária.

Analisaremos em especial o sentido do critério da prevalência na resolução das incompatibilidades de efeitos produzidos por normas provenientes de duas (ou mais) ordens jurídicas, nos casos em que tais ordens jurídicas são convocadas por duas (ou mais) normas de conflitos do sistema do foro, em consequência de divergências em matéria de qualificação ou como resultado do método analítico do direito internacional privado, e nos casos em que se verifica uma interferência de normas imperativas contidas em ordenamentos com os quais a situação se encontra em contacto.

3.2. A resolução de antinomias na operação de qualificação

Especiais dificuldades suscita a problemática das antinomias que surgem no domínio da operação de qualificação, que a doutrina tradicionalmente denomina "conflitos de qualificação" [335].

Em rigor, só existe autêntico "conflito de normas de conflitos" no caso em que "duas regras materiais, dimanadas de ordens jurídicas diferentes, e aplicáveis por força de normas de conflitos distintas a uma mesma situação fundamental da vida, venham a revelar-se em radical dissonância, por uma delas tutelar um interesse que a outra incondicionalmente sacrifica" [336]. Em tais circunstâncias, a oposição tem origem num conflito de valores ou de concepções subjacentes a uma e outra ordem jurídica a propósito do problema em discussão [337]. A resolução do conflito há-de

---

preenchimento da lacuna provocada pela actuação da reserva de ordem pública internacional pode num segundo momento ser necessário impor a aplicação de normas do direito material português se não for possível preencher a lacuna através de normas da ordem jurídica estrangeira competente (artigo 22º, nº 2, frase final).

[335] À Professora Magalhães Collaço se deve a distinção entre as diversas figuras que a doutrina tradicionalmente abrange na designação ampla "conflitos de qualificação" e a exacta caracterização de cada uma delas. Cfr. *Da qualificação ...*, p. 237 ss.

[336] MAGALHÃES COLLAÇO, *Da qualificação ...*, p. 261.

[337] Por exemplo, a diferente caracterização nas várias ordens jurídicas dos preceitos que impõem a celebração religiosa ou a celebração civil do matrimónio. Cfr. MAGALHÃES COLLAÇO, *Da qualificação...*, p. 262 ss; id., *Direito internacional privado. Casos práticos de devolução e qualificação*, Lisboa, 1983, p. 53 (caso nº 5).

necessariamente traduzir-se na prevalência de um desses interesses ou valores sobre o outro.

Nos outros casos geralmente considerados a propósito das divergências em matéria de qualificação (concursos de normas de conflitos [338] e falta de normas materiais aplicáveis ou vácuo de normas [339]), não existe qualquer conflito de valores ou de concepções subjacentes a uma e outra ordem jurídica quanto a um dado problema; as incompatibilidades verificadas têm simplesmente origem no método analítico do direito internacional privado. Em cada ordem jurídica, as regras que regem determinada relação jurídica pressupõem certa solução quanto a outras relações jurídicas próximas. Se as regras de uma ordem jurídica forem destacadas artificialmente do conjunto em que se inserem por força de uma norma de conflitos do foro, podem não se ajustar a outras regras, provenientes de uma ordem jurídica diferente, chamada pela norma de conflitos para reger uma relação jurídica próxima da primeira, se não forem equivalentes as soluções consagradas nas duas ordens jurídicas quanto às relações em causa. O mesmo objectivo ou interesse pode ser prosseguido, nas várias ordens jurídicas, através de meios técnicos distintos, como revela a comparação de direitos. As regras de uma e outra ordem jurídica não se harmonizam, apesar de ser o mesmo o objectivo prosseguido, se os meios técnicos utilizados actuarem em pontos diferentes do sistema. O jogo das normas de conflitos é susceptível de provocar, conforme as circunstâncias da situação concreta, cúmulo de normas ou vácuo de normas. A resolução da incompatibilidade surgida há-de significar apenas uma escolha entre dois meios técnicos de prossecução do mesmo objectivo ou interesse.

A doutrina portuguesa, embora advertindo sempre não ser possível a definição de princípios gerais que permitam solucionar todos os tipos de casos abrangidos na denominação "conflitos de qualificação", tem conside-

---

[338] Constituem exemplos os casos clássicos de situações em que a aplicação das normas designadas conduziria à cumulação de pretensões, fundadas em duas leis diferentes, a títulos diferentes: regime de bens (artigo 53º do Código Civil) e regime sucessório (artigo 62º do Código Civil); direito real (artigo 46º do Código Civil) e direito sucessório (artigo 62º do Código Civil); estatuto jurídico-familiar (artigo 25º do Código Civil) e estatuto da responsabilidade civil extracontratual (artigo 45º do Código Civil). Sobre estes exemplos, cfr., por todos, MAGALHÃES COLLAÇO, *Da qualificação...*, p. 243 ss; id., *Casos práticos de devolução e qualificação*, p. 63 ss (caso nº 13).

[339] São exemplos os casos correspondentes aos enumerados na nota anterior em que, por força do jogo das conexões, a aplicação das leis designadas conduziria num primeiro momento à improcedência da pretensão do interessado, muito embora o interesse em causa fosse objecto de tutela em todas as ordens jurídicas chamadas, quando consideradas cada uma delas na totalidade dos seus preceitos. Sobre estes exemplos, cfr., por todos, MAGALHÃES COLLAÇO, *Da qualificação...*, p. 298 ss; id., *Casos práticos de devolução e qualificação*, p. 68 s (caso nº 15), p. 55 s (caso nº 6), p. 66 s (caso nº 14).

rado possível e adequado lançar mão dos critérios tradicionais de resolução dos conflitos entre regras [340] [341].

Os autores recorrem sobretudo ao critério hierárquico [342]; tem sido atribuído alcance limitado ao critério da especialidade [343].

O recurso a esses critérios para a resolução das divergências em matéria de qualificação reveste-se de certas particularidades.

---

[340] Esta possibilidade é admitida, em termos gerais, por FERRER CORREIA, *Direito internacional privado. Alguns problemas*, p. 170.

[341] Os critérios de resolução de antinomias (o critério da especialidade, o critério hierárquico e o critério cronológico) não se encontram todos no mesmo plano. Os critérios hierárquico e cronológico são meramente formais, não têm em consideração a matéria regulada nas normas antinómicas, enquanto o critério da especialidade diz directamente respeito ao conteúdo das normas em concurso. Por isso se tem considerado que a afirmação segundo a qual "a norma especial afasta a norma geral", mais do que um critério de solução de antinomias, exprime uma noção de norma especial (GUASTINI, *Introduzione alle tecniche interpretative*, p. 78 s); que o critério da especialidade não constitui propriamente um critério de solução de antinomias e tem como função limitar os critérios hierárquico e cronológico, só contribuindo para a resolução de antinomias quando combinado com um dos outros dois (GUASTINI, *ob. cit.*, p. 75, 81 ss); que se duas normas se encontrarem entre si numa relação de especialidade não existe entre elas uma autêntica antinomia (BAPTISTA MACHADO, *Âmbito de eficácia...*, p. 239).

[342] Assim: FERRER CORREIA, *O problema da qualificação segundo o novo direito internacional privado português*, p. 80; id., *Lições...*, p. 325 ss, 330 ss, 337 s, 341; id., *Direito internacional privado. Alguns problemas*, p. 169 s; id., *Considerações sobre o método...*, p. 344 s, 346, 347 ss (relação de hierarquia entre as qualificações conflituantes); MAGALHÃES COLLAÇO, *Direito internacional privado*, II, p. 195 ss; id., *Da qualificação...*, p. 260 s, 281, 287 ss, 307 s (relação de hierarquia entre as regras de conflitos); BAPTISTA MACHADO, *Lições de direito internacional privado*, p. 138 ss (relação de hierarquia entre as regras de conflitos).

[343] Para a solução das hipóteses de cúmulo ou de vácuo de normas no domínio da responsabilidade civil por ruptura de esponsais, o Professor Ferrer Correia recorreu à relação de especialidade/generalidade entre as normas materiais incluídas na lei pessoal (chamada pela norma de conflitos do artigo 25º) e as normas materiais incluídas na lei do lugar onde decorreu a principal actividade causadora do prejuízo (chamada pela norma de conflitos do artigo 45º, nº 1), defendendo a aplicação da lei pessoal dos interessados. Cfr. FERRER CORREIA, *Lições...*, p. 328 s; id., *Direito internacional privado. Alguns problemas*, p. 171; id., *O novo direito internacional privado português*, p. 35. Mais tarde, o autor restringiu a utilização do critério às hipóteses de cúmulo jurídico, invocando uma fundamentação diferente para a solução nas hipóteses de vácuo jurídico (aplicação, no caso considerado, da lei nacional comum do lesante e do lesado chamada a reger a responsabilidade civil extracontratual, nos termos do artigo 45º, nº 3 do Código Civil português). Cfr. FERRER CORREIA, *Considerações sobre o método...*, p. 354 ss; id., *Direito internacional privado matrimonial*, p. 336 ss; id., *O direito internacional privado português e o princípio da igualdade*, p. 430, nota (44). Para a discussão da tese que resolve o problema do concurso entre a responsabilidade aquiliana e a responsabilidade contratual com base no critério da especialidade, e, consequentemente, através da cedência da responsabilidade *ex delicto* perante a aplicação das regras sobre a responsabilidade contratual, cfr. TEIXEIRA DE SOUSA, *O concurso de títulos de aquisição da prestação. Estudo sobre a dogmática da pretensão e do concurso de pretensões*, Coimbra, 1988, p. 141 ss.

Antes de mais, perante a estrutura típica das normas de conflitos, coloca-se o problema de saber em que nível tais critérios são chamados a intervir: no nível das normas de conflitos ou no nível das normas materiais designadas.

Quanto a este aspecto, se é certo que as contradições, ou, em termos mais gerais, as incompatibilidades, são reveladas ao nível dos regimes jurídico-materiais oriundos das ordens jurídicas designadas pelas normas de conflitos potencialmente aplicáveis, os critérios para a sua solução devem ser procurados ao nível do próprio direito de conflitos. Só este princípio geral de orientação é capaz de assegurar a coerência do sistema de direito internacional privado e, afinal, do sistema jurídico do foro.

Neste sentido se tem pronunciado, aliás, a maioria da doutrina portuguesa [344].

Ao sistema do foro compete decidir se, em certas hipóteses, são ou não cumuláveis as pretensões fundadas em normas materiais de leis diferentes chamadas por normas de conflitos distintas (ou seja, se é admissível o concurso real de normas de conflitos e o concurso real de normas materiais [345]). Sendo negativa a resposta a tal questão, ou se as hipóteses forem de conflito de normas de conflitos ou de vácuo de normas, a solução a adoptar exige a hierarquização das normas de conflitos do sistema em vigor no ordenamento do foro. O critério de ordenação ou graduação das normas de conflitos, para o efeito aqui pretendido, relaciona-se com os interesses ou as finalidades visadas pelas normas de conflitos em jogo em cada caso [346]. Tal hierarquização, que não poderá realizar-se de modo meramente

---

[344] Contra, BAIÃO DO NASCIMENTO, *Do concurso de normas*, p. 126 ss.

[345] Sobre a figura do concurso real de normas de conflitos, cfr. MAGALHÃES COLLAÇO, *Da qualificação...*, p. 243 ss, 254 ss. Veja-se igualmente: FERRER CORREIA, *Lições...*, p. 342 s; id., *Considerações sobre o método...*, p. 350; BAPTISTA MACHADO, *Lições de direito internacional privado*, p. 141 s. Para uma análise do concurso de pretensões centrada na unidade da posição jurídica, TEIXEIRA DE SOUSA, *O concurso de títulos de aquisição da prestação*, em especial, p. 101 ss, 217 ss.

[346] É particularmente nítido que a qualificação "substância" ou "capacidade" deve prevalecer sobre a qualificação "forma". Assim o tem entendido a doutrina portuguesa. A proposição tem, de certo modo, reflexo no direito internacional privado do Código Civil português (artigo 36º, nº 1, parte final; artigo 65º, nº 2; artigo 63º, nº 1; veja-se porém o artigo 64º, c), onde, para resolver a divergência entre a qualificação "substância" e a qualificação "forma", a lei optou por atribuir competência a uma lei que pode não corresponder a qualquer uma daquelas caracterizações). Outras hierarquizações têm sido tentadas: prevalência da qualificação "regime matrimonial de bens" sobre a qualificação "regime sucessório" (MAGALHÃES COLLAÇO, *Da qualificação...*, p. 260 s, 307 s); prevalência da qualificação "sucessões" ou, de modo mais geral, de qualquer qualificação pessoal, sobre a qualificação "direito real" (BAPTISTA MACHADO, *Lições de direito internacional privado*, p. 136). Em termos diferentes, quanto ao último exemplo: FERRER CORREIA, *Lições...*, p. 339 ss (dando prevalência à

abstracto e formal, traduzirá necessariamente a ordenação dos princípios gerais que estão subjacentes ao sistema de direito internacional privado do foro [347].

Mas importa reconhecer que em muitos casos é insuficiente o recurso a tal critério para resolver os delicados problemas de compatibilização de regimes materiais originados pelos tradicionalmente denominados "conflitos de qualificação". A doutrina é unânime em considerar que nesta matéria fica sempre reservado um espaço para a actuação do procedimento da adaptação ou ajustamento. Ainda assim não pode deixar de sublinhar-se que o ajustamento que incide, por via directa, sobre as normas de conflitos do foro implica necessariamente, quando estão em jogo duas normas de conflitos, a determinação de qual de entre elas deve prevalecer [348].

---

qualificação real), e MAGALHÃES COLLAÇO, Da qualificação..., p. 271 ss (afirmando tratar-se de pseudo-conflito de normas de conflitos, dado que a norma relativa a direitos reais só pode ser chamada a actuar depois de definido o âmbito de aplicação da norma relativa a direitos sucessórios), e Casos práticos de devolução e qualificação, p. 58 (caso nº 8). Tendo em conta as diferentes figuras que é possível distinguir dentro da tradicional categoria dos "conflitos de qualificação", o recurso à hierarquização das normas de conflitos revela-se particularmente adequado à resolução dos autênticos conflitos de normas de conflitos. Mas a verdade é que tem sido igualmente utilizado para a resolução dos problemas que mais precisamente devem ser caracterizados como concursos de normas de conflitos e como vácuo de normas. Cfr. MAGALHÃES COLLAÇO, Da qualificação..., p. 260 s (divergência entre regime matrimonial de bens e regime sucessório, na situação concreta caracterizada como concurso aparente de normas de conflitos), p. 307 s (divergência entre regime matrimonial de bens e regime sucessório, num caso de vácuo de normas).

[347] Crítico quanto à possibilidade de solucionar os "conflitos de qualificações" recorrendo à hierarquia das qualificações conflituantes, MARQUES DOS SANTOS, Direito internacional privado. Sumários, p. 210. Por sua vez, MAGALHÃES COLLAÇO, Da qualificação..., p. 289, alerta para o risco de um "conceitualismo de novo tipo" que pode resultar da elaboração doutrinal de um quadro geral de hierarquias entre as normas de conflitos e entre os princípios gerais de direito internacional privado.

[348] Cfr. MAGALHÃES COLLAÇO, Casos práticos de devolução e qualificação, p. 55 s (caso nº 6 — divergência entre estatuto real e estatuto sucessório), em que a adaptação incide sobre a norma de conflitos relativa ao estatuto sucessório (artigo 62º do Código Civil português); p. 66 s (caso nº 14 — divergência entre estatuto jurídico-familiar e estatuto da responsabilidade civil extracontratual), em que a adaptação incide sobre a norma de conflitos relativa ao estatuto da responsabilidade civil extracontratual (artigo 45º, nº 1 do Código Civil português); p. 68 s (caso nº 15 — divergência entre regime de bens e estatuto sucessório), em que a adaptação incide sobre a norma de conflitos relativa ao estatuto sucessório (artigo 62º do Código Civil português). Veja-se ainda, sobre estes exemplos, MARQUES DOS SANTOS, Direito internacional privado. Sumários, p. 207 ss, 211. A propósito de um exemplo paralelo ao referido em terceiro lugar (caso de divergência entre regime de bens e estatuto sucessório), é também sugerida a adaptação da norma de conflitos do artigo 62º por FERRER CORREIA, Considerações sobre o método..., p. 350 ss (p. 354). Contestando que a adaptação das normas de conflitos exija a determinação de qual das normas de conflitos em presença deva prevalecer, MARQUES DOS SANTOS, Breves considerações sobre a adaptação..., p. 31.

Por nossa parte, entendemos que o princípio da coerência justifica a possibilidade de formular uma directiva geral, que aliás deve ter precedência sobre os métodos anteriormente apontados: *no caso de conflito entre normas de conflitos, se uma dessas normas de conflitos conduzir à aplicação de um direito estrangeiro e a outra conduzir à aplicação do direito material do foro, deve prevalecer esta última; se ambas as normas de conflitos conduzirem à aplicação de direitos estrangeiros, deve prevalecer aquela que designa a ordem jurídica em que a caracterização das normas materiais aplicáveis mais se aproxime da caracterização resultante do direito material do foro.*

A solução — que a doutrina portuguesa já antes propôs (embora com reticências [349] ou em posição pelo menos aparentemente subordinada [350]) e criticou [351] —, é adequada designadamente para a resolução das hipóteses de autêntico "conflito de normas de conflitos", em que existe uma contradição valorativa entre as normas de duas ou mais ordens jurídicas chamadas por normas de conflitos do foro.

Tem-se considerado que este critério é susceptível de contrariar o princípio da igualdade [352] ou da paridade de tratamento [353] entre a *lex fori* e os direitos estrangeiros.

A directiva geral enunciada não prejudica o princípio segundo o qual as condições que definem a aplicabilidade de uma lei estrangeira quanto a uma situação concreta devem ser as mesmas que determinariam a aplicação da lei do foro se, no caso, fosse esta a lei designada pela norma de conflitos [354]; nem afasta o princípio segundo o qual a aplicabilidade de uma lei depende apenas da verificação de uma relação de correspondência entre as normas materiais de uma ordem jurídica e a categoria visada na norma de conflitos do foro que designa essa mesma ordem jurídica [355].

Com efeito, tais princípios estão presentes e orientam a actuação do intérprete nas diversas fases em que se desdobra a operação de qualifica-

---

[349] MAGALHÃES COLLAÇO, *Da qualificação* ..., p. 281 ss (p. 284), 286 s, manifestando dúvidas sobre a legitimidade da solução *de iure condito*, e afastando assim a posição expressa de modo mais afirmativo em *Direito internacional privado*, II, p. 191 ss (quanto aos conflitos entre a lei do foro e uma lei estrangeira).

[350] BAPTISTA MACHADO, *Lições de direito internacional privado*, p. 144.

[351] MARQUES DOS SANTOS, *Direito internacional privado. Sumários*, p. 210 s; FERRER CORREIA, *O direito internacional privado português e o princípio da igualdade*, p. 430 s.

[352] FERRER CORREIA, *O direito internacional privado português e o princípio da igualdade*, p. 430 s.

[353] MARQUES DOS SANTOS, *Direito internacional privado. Sumários*, p. 210 s.

[354] FERRER CORREIA, *O direito internacional privado português e o princípio da igualdade*, p. 429.

[355] Conforme impõe o artigo 15º do Código Civil português.

ção: o conceito-quadro é interpretado com *autonomia* relativamente aos conceitos do direito material do foro, através do recurso à comparação de direitos; para a individualização das normas materiais a reconduzir ao conceito-quadro, é decisiva a consideração dessas normas na sua função e nas finalidade que lhes são atribuídas na ordem jurídica em que se inserem, quer se trate da *lex fori* quer se trate de uma ordem jurídica estrangeira. O relevo atribuído às noções de funcionalidade e de sistematicidade em todo o processo de qualificação, concretamente na interpretação das normas materiais designadas, pode mesmo revelar-se adequado a reduzir, na última fase da qualificação, os casos de conflitos, de falta de normas, de cúmulo jurídico.

Só num momento posterior, perante uma contradição insanável entre os efeitos produzidos pela aplicação de duas ordens jurídicas chamadas — em plano de igualdade, insiste-se — pelas normas de conflitos do foro, existe justificação para sobrepor a valoração do próprio sistema do foro.

Uma solução até certo ponto correspondente à primeira parte da directiva acima enunciada (prevalência da aplicação do direito do foro) encontra-se ainda hoje consagrada no direito português para a determinação da nacionalidade relevante, nos casos em que uma das nacionalidades em concurso seja a portuguesa (artigo 27º da Lei nº 37/81, de 3 de Outubro [356].

Em apoio da solução podem também invocar-se a função das normas de conflitos e o alcance da remissão operada por tais normas para o direito estrangeiro. As normas de conflitos constituem essencialmente o título que atribui relevância jurídica ao direito estrangeiro na ordem do foro [357]. Estando a resolução dos conflitos de leis, em muitos domínios, assente em fontes internas, a aplicação de direito estrangeiro encontra o seu fundamento e a sua legitimação em regras jurídicas do foro. Ora, se, para a resolução de uma determinada questão jurídica, forem chamados, por duas normas de conflitos distintas, em consequência de uma divergência de qualificações, o direito material do foro e um direito material estrangeiro e se forem incompatíveis os efeitos produzidos pelas normas provenientes daqueles dois sistemas jurídicos, deixa de existir a razão que justifica a designação, para reger uma situação privada internacional, de uma ordem jurídica diferente daquela a que pertence o órgão de aplicação do direito. A determinação da disciplina das situações internacionais através da remissão operada pelas normas de conflitos e a admissibilidade de designação de ordens jurídicas estrangeiras tem o seu fundamento no carácter plurilocalizado dessas situa-

---

[356] Veja-se a crítica a este argumento em MAGALHÃES COLLAÇO, *Da qualificação...*, p. 284 s.
[357] MAGALHÃES COLLAÇO, *Direito internacional privado*, II, p. 72, 74.

ções e na necessidade de encontrar para elas o regime mais adequado. A disciplina que se descobre para as situações privadas internacionais através das normas de conflitos é sempre o resultado da colaboração entre o direito designado e a norma de conflitos do foro [358]. Havendo, na hipótese em discussão, uma norma de conflitos que designa o direito material do foro, o regime encontrado é certamente adequado para reger a situação; a adequação é a consequência da existência de uma ligação suficientemente forte entre a situação e o direito material do foro, a ligação estabelecida na norma de conflitos que o designa. Esse regime pode e deve prevalecer sobre o que resulta do direito estrangeiro potencialmente aplicável por força de uma outra norma de conflitos do sistema do foro.

Existe nos casos de "conflito de normas de conflitos", por definição, uma oposição entre valores ou interesses prosseguidos nas ordens jurídicas em causa; a resolução do conflito há-de necessariamente traduzir-se na prevalência de um desses valores ou interesses e no sacrifício do outro. É natural portanto que se façam prevalecer os valores ou interesses tutelados pela ordem jurídica do foro, incluindo aqueles que são tutelados indirectamente, através do seu sistema de conflitos. Assim o exige a coerência do sistema de direito internacional privado do foro e a coerência do sistema jurídico do foro considerado globalmente [359].

Esta "assimetria" no direito internacional privado [360], expressa na atribuição de uma posição de favor à ordem jurídica do foro — ou à qualificação correspondente à do direito do foro [361] — coloca o princípio da coerência numa posição superior à do princípio da igualdade de tratamento entre ordens jurídicas.

Na discussão desta problemática e na solução proposta, transparece a especificidade do princípio da coerência em direito internacional privado e é possível distinguir duas das dimensões que ele comporta: para a individualização das normas materiais a reconduzir ao conceito-quadro, é determinante a coerência da ordem jurídica ou das ordens jurídicas aplicáveis; na fase final, perante uma situação de "crise", em que não é possível salvaguardar simultaneamente a coerência das várias ordens jurídicas designadas, é decisiva, e prevalece, a coerência do sistema de direito internacional privado do foro e a coerência do sistema jurídico do foro considerado globalmente.

---

[358] MAGALHÃES COLLAÇO, *Direito internacional privado*, II, p. 79.

[359] No limite assim teria de ser sempre que estivessem em causa princípios fundamentais da ordem pública internacional do foro. Neste sentido, WENGLER, *Die Qualifikation der materiellen Rechtssätze* ..., p. 366.

[360] MAGALHÃES COLLAÇO, *Direito internacional privado*, II, p. 195.

[361] À mesma "assimetria" podem afinal conduzir todas as posições que optam por uma solução ao nível do direito internacional privado. Os critérios a adoptar, sejam eles quais forem, não podem deixar de reflectir as concepções do sistema do foro.

3.3. O papel auxiliar da "reinterpretação" das normas de conflitos na resolução de antinomias

A "reinterpretação" das normas de conflitos, no sentido antes definido, desempenha ainda um papel auxiliar na resolução das antinomias (em sentido amplo), verificadas em diversas fases do processo de aplicação das normas de conflitos (incluindo as verificadas durante a operação de qualificação).

Assim, na sequência da aplicação do critério geral seguido (o critério da prevalência de um dos direitos em presença [362]), há que proceder a uma "reinterpretação" da norma de conflitos ou das normas de conflitos aplicáveis, tendo como objectivo, conforme os casos, harmonizar o sentido da norma de conflitos que esteja em causa com a solução dada a uma determinada antinomia [363] ou coordenar o âmbito de aplicação respectivo das normas de conflitos em presença e ajustar o âmbito de aplicação da norma de conflitos que deve prevalecer [364].

Também nos casos em que, para solucionar as incompatibilidades dos efeitos produzidos por leis diferentes chamadas a reger uma situação privada internacional, se procede directamente a um ajustamento da norma de conflitos — hipóteses para as quais pode reservar-se a denominação *adaptação de normas de conflitos* —, é necessário proceder a uma "reinterpretação" da norma de conflitos aplicável, de modo a permitir que ela passe a abranger no seu âmbito questões que normalmente não abrange [365] ou de

---

[362] E também, necessariamente, na sequência da aplicação do critério da especialidade, nos casos limitados em que tal critério tem sido utilizado.

[363] Como é exigido na sequência da resolução de diversos problemas da teoria geral do direito de conflitos. Por exemplo: concretização do elemento de conexão, em caso de conteúdo múltiplo do elemento de conexão; determinação da ordem jurídica aplicável no âmbito da designação por uma norma de conflitos de conexão cumulativa.

[364] Como é exigido na sequência da resolução dos conflitos de normas de conflitos e ainda na sequência da resolução de todos os casos de concurso de normas de conflitos em que se adopte o critério da hierarquização das qualificações. Com efeito, esta solução implica sempre a redefinição do âmbito de aplicação das normas de conflitos em causa. Cfr. MAGALHÃES COLLAÇO, *Da qualificação...*, p. 259 ("importará determinar, [...], qual de entre as normas de conflitos em jogo deverá incondicionalmente aplicar-se e qual a norma de conflitos que no caso concreto sofrerá uma derrogação parcial").

[365] Na medida em que se preveja que a adaptação consiste na modificação do objecto da norma de conflitos. Assim o exige a aplicação do critério admitido por MAGALHÃES COLLAÇO, *Prefácio* a Lima Pinheiro, p. XVI, para a coordenação entre os estatutos obrigacional e real. Segundo a Professora Magalhães Collaço, nos negócios jurídicos cuja eficácia ultrapasse o plano obrigacional e se estenda igualmente à constituição ou transferência de direitos reais, é possível impor à *lex rei sitae* o reconhecimento do efeito real decorrente da lei reguladora das obrigações entre as partes. A solução encontraria "fundamento numa 'substancialização' do direito de conflitos, expressa através da consagração de um estatuto do

modo a permitir que ela passe a designar um direito diferente daquele que normalmente designa [366].

Em síntese, a "reinterpretação" de normas de conflitos incide ora sobre o conceito-quadro ou categoria de conexão ora sobre o elemento de conexão. A "reinterpretação" do conceito-quadro implica, consoante as situações, a atribuição de um sentido mais restrito ou a atribuição de um sentido mais amplo à norma de conflitos (frequentemente, a atribuição de um sentido mais restrito a uma das normas em presença, com a correspondente atribuição de um sentido mais amplo a outra); tem como consequência a não aplicação de uma norma de conflitos, a substituição de uma

---

contrato [...] enquanto fonte de autonomia privada, capaz de a si subordinar os efeitos possíveis face à competência própria reconhecida aos diferentes estatutos específicos, incluindo designadamente o estatuto real". Também a resolução das incompatibilidades ou incongruências entre a lei reguladora do poder de representação (designada pelo artigo 14º ou pelo artigo 11º da Convenção de Haia sobre representação) e a lei reguladora da ratificação (no caso de se admitir que a ratificação está sujeita a um estatuto autónomo, nos termos do artigo 41º ou 42º do Código Civil português) através da aplicação do estatuto da representação implicaria o alargamento do âmbito de competência inicial do direito designado pela norma de conflitos do artigo 14º ou do artigo 11º da Convenção de Haia. Recorde-se porém que, com o intuito de prevenir potenciais incompatibilidades neste domínio, a solução por nós proposta consistiu em *atrair* para o estatuto da representação a questão da ratificação. Poderá ainda assim considerar-se que qualquer fenómeno de *atracção* exercida por uma ordem jurídica em relação a matérias não directamente visadas na categoria de conexão utilizada pela norma de conflitos que atribuiu competência àquela ordem jurídica exige a adaptação — a "reinterpretação" — da norma de conflitos aplicável.

[366] Na medida em que se preveja que a adaptação consiste na alteração do elemento de conexão da norma de conflitos. Cfr. MAGALHÃES COLLAÇO, *Casos práticos de devolução e qualificação*, p. 55 s (caso nº 6 — divergência entre estatuto real e estatuto sucessório), em que a norma de conflitos do artigo 62º do Código Civil português passa a designar a lei do lugar da situação dos bens, para reger a sucessão por morte de um cidadão do Reino Unido, relativamente a bens imóveis situados em Portugal; p. 66 s (caso nº 14 — divergência entre estatuto jurídico-familiar e estatuto da responsabilidade civil extracontratual), em que a norma de conflitos do artigo 45º, nº 1 do Código Civil português passa a designar a lei da nacionalidade comum dos interessados (direito francês), para reger a responsabilidade civil emergente da ruptura de esponsais ocorrida na Alemanha; p. 68 s (caso nº 15 — divergência entre regime de bens e estatuto sucessório), em que a norma de conflitos do artigo 62º do Código Civil português passa a designar a lei da nacionalidade comum dos cônjuges ao tempo da celebração do casamento (direito material inglês), para reger a sucessão por morte de um cidadão português (sobre um caso paralelo a este último, veja-se, propondo a mesma solução, FERRER CORREIA, *Considerações sobre o método...*, p. 350 ss (p. 354)). Também para a resolução do célebre caso *Chemouni* decidido em tribunais franceses (onde se discutia um pedido de condenação de um cidadão tunisino de origem, polígamo, naturalizado francês, à prestação de alimentos à segunda mulher, considerada legítima pela lei tunisina), o Professor Ferrer Correia sugere a adaptação da norma de conflitos relativa às relações entre cônjuges, consistindo neste caso o ajustamento em fixar como relevante para a concretização da conexão o momento da celebração do casamento, transformando assim um estatuto normalmente móvel em imóvel. Cfr. FERRER CORREIA, *Considerações sobre o método...*, p. 357.

norma de conflitos por outra. A "reinterpretação" do elemento de conexão implica com frequência a atribuição de um sentido restritivo ao conceito que na norma de conflitos estabelece a ponte entre a situação a regular e a ordem jurídica aplicável; implica por vezes a substituição do próprio conceito designativo da conexão por outro, com a consequente modificação da ordem jurídica competente [367].

3.4. A resolução de antinomias em caso de interferência de normas imperativas

3.4.1. Normas imperativas incluídas na única ordem jurídica ligada ao contrato por pontos de contacto objectivos

Se estiver em causa um contrato que apresenta contactos de natureza objectiva com uma única ordem jurídica, a designação pelas partes de uma lei diferente (acompanhada ou não da designação de um tribunal estrangeiro para decidir os litígios dele emergentes) não pode conduzir ao afastamento das disposições imperativas da ordem jurídica que seria aplicável na falta de escolha (artigo 3º, nº 3 da Convenção de Roma).

Em caso de contradição entre os comandos contidos nas duas ordens jurídicas em presença, a compatibilização traduz-se em fazer prevalecer a ordem jurídica onde se localizaria o contrato na falta de escolha de outra lei. A eficácia do direito designado fica limitada ao âmbito permitido pela lei com a qual o contrato tem a conexão mais estreita. Tudo se passa afinal como se à escolha das partes se atribuisse o sentido de uma simples referência material [368].

---

[367] Cfr. também SCHWANDER, *Einführung in das internationale Privatrecht*, I, p. 206.

[368] Como de resto pretende uma parte importante da doutrina. Alguns autores entendem que não existe no caso previsto no artigo 3º, nº 3 da Convenção de Roma uma autêntica escolha do estatuto do contrato, mas uma simples referência material (*materiellrechtliche Verweisung*) ao direito designado: FERRER CORREIA, *Algumas considerações acerca da Convenção de Roma...*, p. 363; MOURA RAMOS, *Da lei aplicável ...*, p. 451, nota (140); FIRSCHING, *Übereinkommen über das auf vertragliche Schuldverhältnisse anzuwendende Recht...*, p. 38, 39; MARTINY, *Der deutsche Vorbehalt gegen Art. 7 Abs. 1 des EG-Schuldvertragsübereinkommens vom 19.6.1980 — seine Folgen für die Anwendung ausländischen zwingenden Rechts*, IPRax, 1987, p. 277 ss (p. 277 s); HANS STOLL, *Rechtliche Inhaltskontrolle bei internationalen Handelsgeschäften*, p. 630. Por sua vez, SCHURIG, *Zwingendes Recht...*, p. 222, considera ser irrelevante definir se se trata de referência confitual ou de referência material.

3.4.2. Normas imperativas que têm como objecto a protecção da parte institucionalmente mais fraca

No caso de contratos internacionais celebrados com consumidores, em certas circunstâncias (artigo 5º da Convenção de Roma), e no caso de contratos internacionais de trabalho (artigo 6º da Convenção de Roma), a autonomia das partes não pode conduzir ao afastamento de certas disposições imperativas (as disposições de tutela dos interesses do consumidor e do trabalhador, respectivamente), contidas na ordem jurídica que seria aplicável na falta de escolha.

De algum modo semelhante, quanto aos efeitos, é o regime estabelecido no direito português relativamente a certos contratos internacionais de agência, pelo artigo 38º do Decreto-Lei nº 178/86, de 3 de Julho: aos contratos que se desenvolvam exclusiva ou predominantemente em território português só será aplicável legislação diversa da portuguesa, no que respeita ao regime da cessação, se a mesma se revelar mais vantajosa para o agente [369]. O fundamento do regime estabelecido é, como nos exemplos anteriores, a protecção da parte mais fraca na relação contratual (o agente comercial) [370]. Está todavia em causa uma disposição material, de natureza híbrida, que, apesar de pressupor uma actuação aposteriorística, confere às normas de protecção do agente, estabelecidas no diploma, a propósito da cessação do contrato, a natureza de "normas de aplicação imediata ou necessária" [371]. Mais precisamente, o artigo 38º tem o sentido de atribuir a

---

[369] Perante o critério geral de determinação da ordem jurídica subsidiariamente aplicável, contido no artigo 6º, primeiro parágrafo, da Convenção de Haia sobre representação, o direito material português não é necessariamente, na hipótese prevista no artigo 38º do diploma sobre o contrato de agência, o direito competente para reger o contrato na falta de escolha pelas partes, tendo em conta a não coincidência entre os momentos a que se atribui relevância (o momento da celebração do contrato, na norma de conflitos da Convenção; o tempo da realização da prestação do agente, na norma do artigo 38º do diploma referido). Por outro lado, diferentemente dos casos contemplados na Convenção de Roma, o regime contido no artigo 38º não é aplicável somente nos casos em que o estatuto do contrato seja designado pelas partes.

[370] Como sublinham MOURA RAMOS, *Aspectos recentes do direito internacional privado português*, p. 93 ss; id., *La protection de la partie la plus faible...*, p. 215 ss; MARQUES DOS SANTOS, *As normas de aplicação imediata...*, p. 903 s; id., *Les règles d'application immédiate dans le droit international privé portugais*, "Droit international et droit communautaire", 1991, p. 187 ss (p. 201 s); PINTO MONTEIRO, *Contrato de agência...*, an. ao artigo 38º, p. 114 ss; M. JORGE, *Contrat d'agence et conflit de lois...*, p. 309 ss; id., *Rattachements alternatifs et principe de proximité*, p. 219; LACERDA BARATA, *Anotações ao novo regime do contrato de agência*, an. ao artigo 38º, p. 95.

[371] Assim, MARQUES DOS SANTOS, *obs. e locs. cits.* (embora não deixando de chamar a atenção para o carácter peculiar da disposição); M. Helena BRITO, *O contrato de agência*, p. 134 s; id., *O contrato de concessão comercial*, p. 98, nota (37); F. CARDOSO, *Autonomia da*

determinadas disposições integradas no regime do contrato de agência a natureza de normas que pretendem aplicar-se mesmo a situações internacionais regidas por uma lei diferente da portuguesa, desde que se trate de contratos que se desenvolvam exclusiva ou predominantemente em território português e desde que a lei normalmente competente seja menos favorável ao agente. Tais disposições podem pois aproximar-se das normas imperativas previstas no artigo 16º da Convenção de Haia sobre representação. Todavia, o efeito produzido pela interferência das mencionadas normas materiais portuguesas no estatuto do contrato justifica o paralelismo entre o mecanismo instituído no artigo 38º do Decreto-Lei nº 178/86 e o regime contido nos artigos 5º e 6º da Convenção de Roma e explica a referência que lhe fazemos neste momento da exposição.

Nos casos mencionados, não se impõe propriamente a aplicação das disposições imperativas de protecção do consumidor, do trabalhador, ou do agente, contidas numa ordem jurídica que tem com tais categorias de contraentes (ou com o contrato) uma ligação especial [372]. Apenas se determina que certo regime de protecção é inderrogável em prejuízo dessas pessoas; admite-se a possibilidade de aplicação de uma ordem jurídica que estabeleça um grau de protecção semelhante ou mais elevado.

A determinação da lei mais favorável exige o recurso à comparação de direitos. A comparação não pode realizar-se norma a norma, antes deve fazer-se por complexos de normas materiais que, dentro de cada uma das ordens jurídicas, constituam unidades teleológicas ou se encontrem entre si numa particular conexão interna [373]. Só deste modo será possível apreender a unidade de sentido da protecção assegurada por cada ordenamento jurídico.

---

vontade no direito internacional privado português (a autonomia e o contrato de agência ou de representação comercial), Lisboa, 1989, p. 69 ss (implicitamente).

[372] Criticando a solução adoptada pela Convenção de Roma quanto aos contratos com consumidores, por se referir de modo "rígido" e "exclusivo" à lei da residência habitual do consumidor, e não permitir ao juiz a determinação da lei mais adequada para proteger a parte mais fraca nos contratos em causa, POCAR, La legge applicabile ai contratti con i consumatori, p. 313 s; id., La protection de la partie faible..., p. 392 ss; ALPA, La tutela dei consumatori nella Convenzione europea sulla legge applicabile in materia di obbligazioni contrattuali, p. 336 s.

[373] Defendendo que, para efeitos de aplicação do artigo 6º, nº 1 da Convenção de Roma, deve determinar-se a lei globalmente mais favorável ao trabalhador: MOURA RAMOS, Da lei aplicável..., p. 871, 877; M. M. SALVADORI, La protezione del contraente debole..., p. 64 s; JAYME, Identité culturelle et intégration..., p. 106 (em Les contrats conclus par les consommateurs..., p. 82, o autor parecia preferir a comparação concreta e a aplicação cumulativa das medidas de protecção contidas em ambas as leis — no caso, em relação ao consumidor). A favor de uma comparação concreta, norma a norma, das duas ordens jurídicas em presença: PATOCCHI, Règles de rattachement localisatrices..., p. 305 s; E. LORENZ, Die Rechtswahlfreiheit..., p. 577; SCHURIG, Zwingendes Recht..., p. 224 s (e, em termos gerais,

O modelo de coordenação entre as ordens jurídicas em presença dependerá do teor e alcance das disposições imperativas contidas na "lei de protecção".

Se tais disposições organizarem um regime jurídico tendencialmente completo para o contrato em causa (abrangendo a regulação da formação e do conteúdo do contrato, da sua cessação), a observância dessas disposições — o respeito pelo *standard* mínimo de protecção que deve ser assegurado a essas categorias de contraentes — pode desencadear a aplicabilidade ao contrato de toda a ordem jurídica em que se inserem (a "lei de protecção", que é, em grande parte dos casos, a lei que seria subsidiariamente aplicável na falta de escolha pelos contraentes). Haja em vista o diploma português sobre o crédito ao consumo (Decreto-Lei nº 359/91, de 21 de Setembro), que estabelece um regime desenvolvido dos próprios contratos de crédito a celebrar com consumidores.

Mas as disposições imperativas podem reportar-se a aspectos limitados da disciplina contratual, como a cessação do contrato. Sirva de exemplo o regime imperativo estabelecido no já citado artigo 38º do Decreto-Lei nº 178/86, de 3 de Julho. Se, nas condições previstas no preceito, o regime do direito material português sobre a cessação do contrato de agência for mais favorável ao agente do que o que consta do estatuto contratual, aplicam-se as normas dos artigos 24º e seguintes do diploma referido; o âmbito de eficácia do direito competente abrange toda a restante disciplina contratual. Nesses casos, com grande probabilidade, os regimes oriundos de duas ordens jurídicas diferentes podem ajustar-se e formar um "mosaico coerente".

Não podem resolver-se em abstracto todos os problemas que se suscitam no caso — que será até o mais comum — de o regime imperativo contemplar apenas aspectos específicos. De qualquer modo, o objectivo de protecção que inspira as normas aqui em análise (artigos 5º e 6º da Convenção de Roma, artigo 38º do diploma português relativo ao contrato de agência), não permite entregar à lei designada pelas partes (ou à lei em princípio competente) a solução quanto à questão de saber se as cláusulas contratuais contrárias ou as disposições legais do direito designado pelas partes (ou do direito em princípio competente) são substituídas pelas normas imperativas (estrangeiras). O resultado material pretendido por estas disposições impõe a integração no direito competente do regime de protecção oriundo de outra lei. A solução lembra o mecanismo de conversão legal estabelecido no di-

---

Kollisionsnorm und Sachrecht, p. 205 ss); LAGARDE, *Le contrat de travail dans les conventions européennes de droit international privé*, p. 75 (concluindo ser necessário, neste domínio, renunciar à noção de *lex contractus*). Para a discussão das teses em confronto quanto à determinação do regime mais favorável ao trabalhador, cfr. MENEZES CORDEIRO, *Manual de direito do trabalho*, Coimbra, 1991, p. 208 ss.

reito interno português, em matéria de contrato de trabalho: as cláusulas de um contrato de trabalho que contenham um regime menos favorável para o trabalhador do que aquele que consta de preceitos imperativos serão substituídas pelo regime legal imperativo (artigo 14°, n° 2 da LCT) [374].

Porque o objectivo pretendido pelo regime descrito consiste em evitar que um dos contraentes seja privado da protecção assegurada no direito que seria competente se outro não fosse designado pelas partes, a técnica utilizada no artigo 6°, n° 1 da Convenção de Roma foi já aproximada da figura da fraude à lei em direito internacional privado [375]. Porque o efeito a que conduzem as disposições mencionadas é a rejeição da aplicação de algumas normas da ordem jurídica competente, se estas não atingirem um determinado nível de protecção do contraente institucionalmente mais fraco, foi reconhecida uma função paralela à da reserva de ordem pública internacional, quer quanto ao regime estabelecido no artigo 38° do Decreto-Lei n° 178/86, de 3 de Julho [376], quer quanto ao regime estabelecido no artigo 6°, n° 1 da Convenção de Roma [377].

3.4.3. "Normas de aplicação imediata ou necessária" contidas no ordenamento do foro

As dificuldades sentidas com a definição e com a caracterização das designadas "normas de aplicação imediata ou necessária" resultam da falta de homogeneidade das normas imperativas incluídas neste grupo e estão patentes não só nos inúmeros estudos que lhes têm sido consagrados [378] como também nas diversas designações que lhes têm sido atribuídas na

---

[374] Para a discussão deste problema perante o direito material português, cfr. MENEZES CORDEIRO, *Manual de direito do trabalho*, p. 648; CARVALHO FERNANDES, *A conversão dos negócios jurídicos civis*, p. 539 ss.

[375] MOURA RAMOS, *Da lei aplicável...*, p. 813.

[376] MOURA RAMOS, *Aspectos recentes...*, p. 13, e, mais afirmativamente, em *La protection de la partie la plus faible...*, p. 215 s. O paralelismo com a função da reserva de ordem pública implicaria dois tipos de distorções: por um lado, estaria aqui em causa uma rejeição não apenas do resultado da aplicação de um direito estrangeiro, mas uma rejeição do próprio conteúdo desse direito, já que o autor admite que a comparação deve ser feita globalmente, em abstracto e não em concreto; por outro lado, haveria neste caso uma imposição das próprias regras materiais do foro e não uma mera afirmação dos princípios fundamentais do foro.

[377] M. M. SALVADORI, *La protezione del contraente debole...*, p. 63. O paralelismo com a função da reserva de ordem pública leva a autora a esclarecer que, no caso do artigo 6° da Convenção de Roma, o padrão de valores a considerar é, não o do direito do foro, mas o do direito que seria aplicável na falta de escolha pelas partes. Veja-se também em POCAR, *La protection de la partie faible ...*, p. 407, a refutação dos inconvenientes quanto à insegurança inerente ao princípio da lei mais favorável, através de um paralelo entre a apreciação exigida pela determinação da lei mais favorável e a apreciação exigida pela actuação da reserva de ordem pública.

doutrina de vários países [379], em instrumentos internacionais [380] e em actos legislativos de fonte interna [381].

---

[378] Para a análise de conjunto, vejam-se, na doutrina portuguesa mais recente, MARQUES DOS SANTOS, *As normas de aplicação imediata...*, em especial, p. 697 ss, e MOURA RAMOS, *Da lei aplicável...*, p. 659 ss.

[379] A doutrina de língua francesa prefere a terminologia adoptada por Francescakis, *lois d' application immédiate*: FRANCESCAKIS, *La théorie du renvoi...*, p. 11 ss; id., *Quelques précisions sur les "lois d' application immédiate"...*, p. 1 ss; id., *Lois d' application immédiate et règles de conflit*, Rdintpriv.proc., 1967, p. 691 ss (p. 695); GOTHOT, *Le renouveau de la tendence unilatéraliste en droit international privé*, Rev. crit., 1971, p. 1 ss, 209 ss, 415 ss (p. 213 ss, com referência à questão terminológica, p. 216, nota (1)); id., *La méthode unilatéraliste...*, p. 17; GOLDMAN, *Règles de conflit, règles d' application immédiate et règles matérielles...*, p. 119 ss; F. DÉBY-GÉRARD, *Le rôle de la règle de conflit...*, p. 28 ss (referindo-se expressamente à questão da terminologia, p. 29); C. FERRY, *La validité des contrats...*, p. 242 ss; GRAULICH, *Règles de conflit et règles d' application immédiate*, p. 629 ss; RIGAUX, *Droit international privé*, I, p. 193 ss (mas o autor usa também *règles particulières d' applicabilité*, p. 184 ss, e *règles d' application nécessaire*, p. 184 ss, e em *Droit positif, théorie du droit et science du droit*, "Conflits et harmonisation", 1990, p. 75 ss (p. 82 ss)). São igualmente utilizadas outras expressões: *loi dirigiste* (GOTHOT, *La méthode unilatéraliste...*, p. 17); *norme juridique extraterritoriale* (JACQUET, *La norme juridique extraterritoriale dans le commerce international*, p. 327 ss); e, com mais frequência, *lois de police* (BATIFFOL, *Réflexions sur la coordination des systèmes nationaux*, p. 200 s; id., *Le pluralisme des méthodes...*, p. 136 ss; id., *Les contrats en droit international privé comparé*, p. 17 ss, onde surge também *lois d' application nécessaire*, p. 19; BATIFFOL, LAGARDE, *Droit international privé*, I, 8ª ed., p. 425 ss; MAYER, *Les lois de police étrangères*, p. 277 ss; id., *Droit international privé*, p. 89 ss; HEUZÉ, *La réglementation française...*, p. 171 ss; AUDIT, *Droit international privé*, p. 647 ss; B. ANCEL, Y. LEQUETTE, *Grands arrêts...*, p. 447 ss, onde se utiliza em paralelo *lois d' application immédiate*; Y. LEQUETTE, *L' évolution des sources nationales et conventionnelles...*, p. 195 s; LOUSSOUARN, BOUREL, *Droit international privé*, p. 117 ss). Na doutrina italiana é mais usual a designação *norme di applicazione necessaria* (vejam-se os estudos coligidos na "Rivista di diritto internazionale privato e processuale", 1967, n° 4, p. 689 ss — BALLARINO, *Norme di applicazione necessaria e forma degli atti*, p. 707 ss; MOSCONI, *Norme di applicazione necessaria e norme di conflitto di origine convenzionale*, p. 730 ss; POCAR, *Norme di applicazione necessaria e conflitti di leggi in tema di rapporti di lavoro*, p. 734 ss — e ainda: SPERDUTI, *Les lois d' application nécessaire en tant que lois d' ordre public*, p. 257 ss; id., *Critique des termes "règles delimitant leur propre domaine d' application"*, p. 158 ss; SEGRÈ, *Il diritto comunitario della concorrenza come legge di applicazione necessaria*, Rdintpriv.proc., 1979, p. 75 ss (p. 76); VITTA, *Cours général...*, p. 23, 118 ss; id., *La convenzione CEE sulle obbligazioni contrattuali...*, p. 843; id., *Corso...*, p. 49 ss, 296 ss; BALLARINO, *Diritto internazionale privato*, p. 413 ss, 497 ss; TREVES, *Norme imperative e di applicazione necessaria nella Convenzione di Roma...*, p. 25 ss, 31 ss; id., *Commentario*, Art. 17, p. 986 ss; FORLATI PICCHIO, *Contratto nel diritto internazionale privato*, p. 202, 225, 229 s; PICONE, *I metodi di coordinamento...*, p. 644 s, 690 s; id., *La teoria generale del diritto internazionale privato nella legge italiana di riforma della materia*, p. 296; CARBONE, LUZZATTO, *Il contratto internazionale*, p. 23, 99 ss; BOSCHIERO, *Appunti sulla riforma del sistema italiano di diritto internazionale privato*, p. 232 ss; MOSCONI, *Diritto internazionale privato e processuale. Parte generale e contratti*, p. 76, 135 ss, 178 ss; L. GAROFALO, *Volontà delle parti e norme imperative...*, p. 469, 482 ss). Rodolfo

DE NOVA, porém, preferia fórmulas que exprimem a característica de limitação espacial inerente a tais normas. Cfr., do autor, os trabalhos reunidos em "Scritti di diritto internazionale privato", Padova, 1977: *Conflits des lois et normes fixant leur propre domaine d'application* (1959, 1960), p. 353 ss; *Ancora sulle norme sostanziali "autolimitate"* (1959), p. 383 ss; *Conflict of laws and functionally restricted substantive rules* (1966), p. 387 ss (= *I conflitti di leggi e le norme sostanziali funzionalmente limitate*, Rdintpriv.proc., 1967, p. 699 ss); *An australian case on the application of spatially conditioned internal rules* (1969), p. 397 ss; *Self-limiting rules and party autonomy* (1971, 1973), p. 407 ss. Também QUADRI, *Lezioni...*, p. 260, se refere a *norme "autolimitate" o "autolimitatrici"*. Os autores espanhóis referem-se a *normas de aplicación necesaria* (MARÍN LÓPEZ, *Las normas de aplicación necesaria...*, p. 19 ss) e a *normas de aplicación inmediata* (PÉREZ VERA, *Intereses del trafico jurídico externo...*, p. 69 ss;), utilizando alguns de modo quase indiferente as duas fórmulas (MIAJA DE LA MUELA, *Derecho internacional privado*, I, p. 86, 291 ss; CARRILLO SALCEDO, *Derecho internacional privado*, p. 90 ss; DÍEZ DE VELASCO e o., *Prácticas de derecho internacional privado*, 2ª ed., Madrid, 1980, p. 145 ss, 394, 529; GARCÍA VELASCO, *Derecho internacional privado*, p. 84 ss); mas uma grande parte da doutrina espanhola prefere actualmente a designação *normas materiales imperativas* (FERNÁNDEZ ROZAS, SÁNCHEZ LORENZO, *Curso ...*, p. 406 ss; GONZÁLEZ CAMPOS e o., *Derecho internacional privado. Parte especial*, 5ª ed., Madrid, 1993, p. 264 ss; MARÍN LÓPEZ, *Derecho internacional privado español*, I, p. 29 ss, II — *Parte especial. Derecho civil internacional*, 7ª ed, Granada, 1991, reimp., 1993, p. 319 ss). Na literatura de expressão inglesa surgem os termos: *overriding statutes* (MORRIS, *The conflict of laws*, p. 280; CHESHIRE & NORTH's *Private international law*, p. 466 ss); *mandatory laws* (A. PHILIP, *Recent provisions on mandatory laws...*, p. 241 ss); *mandatory rules* (FLETCHER, *Conflict of laws and European Community law*, p. 169 ss; DIAMOND, *Harmonisation of private international law relating to contractual obligations*, p. 288 ss; LASOK, STONE, *Conflict of laws in the European Community*, p. 372 ss; PLENDER, *The European Contracts Convention*, p. 151 ss; DICEY and MORRIS *on the conflict of laws*, 12ª ed., p. 21 ss, 1216, 1239 ss, onde é igualmente utilizada a designação tradicional na doutrina inglesa, *overriding statutes*; P. KAYE, *The new private international law of contract...*, p. 239 ss; NORTH, *The EEC Convention on the law applicable to contractual obligations...*, p. 43 ss; P. STONE, *The conflict of laws*, p. 256, 260 ss); *"directly applicable" rules* (LANDO, *Contracts*, p. 107 ss). Na doutrina alemã dos últimos anos, as fórmulas mais comuns são: *Eingriffsnormen* (MÜLBERT, *Ausländische Eingriffsnormen als Datum*, p. 140 ss; KREUZER, *Ausländisches Wirtschaftsrecht vor deutschen Gerichten*, p. 13 ss; E. LORENZ, *Die Rechtswahlfreiheit...*, p. 578 ss; SIEHR, *Die Parteiautonomie...*, p. 505 ss, onde são também usadas as expressões *lois d' application immédiate* e *zwingende Vorschriften*; id., *Ausländische Eingriffsnormen...*, p. 41 ss; ANDEREGG, *Ausländische Eingriffsnormen im internationalen Vertragsrecht*, Tübingen, 1989; SCHURIG, *Zwingendes Recht, "Eingriffsnormen" und neues IPR*, p. 226 ss; KROPHOLLER, *Internationales Privatrecht*, p. 427 ss; HEINI, *Ausländische Staatsinteressen...*, p. 66 ss; BUSSE, *Die Berücksichtigung ausländischer "Eingriffsnormen" durch die deutsche Rechtsprechung*, p. 386 ss); *Eingriffsgesetzen* (F. A. MANN, *Eingriffsgesetze und Internationales Privatrecht* (1973), "Beiträge zum Internationalen Privatrecht", p. 178 ss; DROBNIG, *Die Beachtung von ausländischen Eingriffsgesetzen*, p. 159 ss); *Eingriffsrecht* (RADTKE, *Schuldstatut und Eingriffsrecht. Systematische Grundlagen der Berücksichtigung von zwingendem Recht nach deutschem IPR und dem EG-Schuldvertragsübereinkommen*, ZVglRWiss, 1985, p. 325 ss; M. SCHUBERT, *Internationale Verträge und Eingriffsrecht — ein Beitrag zur Methode des Wirtschaftskollisionsrechts*, RIW, 1987, p. 729 ss); *zwingendes Recht* ou *zwingende Vorschriften* (WENGLER, *Die Anknüpfung des zwingenden Schuldrechts...*, p. 168 ss, *passim*; ZWEIGERT, *Nichterfüllung auf Grund ausländischer Leistungsverbote*, RabelsZ, 1942, p. 283 ss (p. 292); SERICK, *Die Sonderanknüpfung von Teilfragen...*, p. 647 s; JAYME, *Rechtswahlklausel und zwingendes ausländisches Recht beim Franchise-Vertrag*, p. 105 ss; MARTINY, *Der deutsche Vorbehalt gegen Art. 7 Abs. 1 des EG-Schuldvertragsübereinkommens vom 19.6.1980*, p. 277 ss; id., *Münch.Komm.*, Art. 34; FIRSCHING, VON HOFFMANN, *Internationales Privatrecht*, p. 384 ss); *zwingendes Eingriffsrecht* (M. BECKER, *Zwingendes Eingriffsrecht in der Urteilsanerkennung*, p. 691 ss). A característica de limitação espacial está patente nas designações usadas por KEGEL, *Die selbstgerechte Sachnorm*, "GS Albert A. Ehrenzweig", 1976, p. 51 ss, e *Internationales Privatrecht*, p. 234, e por SIEHR, *Normen mit eigener Bestimmung ihres räumlich-persönlichen Anwendungsbereichs im Kollisionsrecht der Bundesrepublik Deutschland*, RabelsZ, 1982, p. 357 ss. Grande parte da doutrina suíça, mesmo a de língua alemã, dá primazia à fórmula *lois d' application immédiate* (A. BUCHER, *Grundfragen der Anknüpfungsgerechtigkeit...*, p. 66 ss; PATOCCHI, *Règles de rattachement localisatrices...*, p. 143 ss; CHENAUX, *L' application par le juge des dispositions impératives étrangères...*, p. 61, 68; KNOEPFLER, SCHWEIZER, *Précis...*, p. 125 ss; VISCHER, *Zwingendes Recht und Eingriffsgesetze...*, p. 445 s; SCHWANDER, *Lois d' application immédiate, Sonderanknüpfung, IPR-Sachnormen...*, p. 4, 121 ss, 184 ss (*passim*); id., *Einführung in das internationale Privatrecht*, I, p. 239 ss, mas usa também *Eingriffsnormen* e *zwingende Rechtssätze*; id., *Zum Gegenstand des internationalen Privatrechts*, p. 355). Na doutrina portuguesa, "normas de aplicação imediata" é a expressão preferida por MARQUES DOS SANTOS, *As normas de aplicação imediata no direito internacional privado*, *passim* (usando a correspondente versão francesa, em *Les règles d' application immédiate dans le droit international privé portugais*, p. 187 ss); a designação é também utilizada por FERRER CORREIA, *Lições...*, p. 563; id., *A venda internacional de objectos de arte e a protecção do património cultural*, p. 50, nota (1), p. 52. Além dessa expressão são empregues: "disposições imperativas", "normas imperativas" (MAGALHÃES COLLAÇO, *Da compra e venda...*, p. 324 ss); "normas de aplicação necessária ou *lois de police*" (FERRER CORREIA, *Considerações sobre o método...*, p. 387; id., *Algumas considerações acerca da Convenção de Roma...*, p. 364; id., *Conflitos de leis em matéria de direitos sobre as coisas corpóreas*, p. 406 ss); "regras de aplicação imediata ou necessária" (FERRER CORREIA, *Lições...*, p. 24; id., *Considerações sobre o método...*, p. 387 s; id., *A venda internacional de objectos de arte...*, p. 49); "normas de aplicação necessária ou imediata" (BAPTISTA MACHADO, *Âmbito de eficácia...*, p. 274, nota (161), 279); "normas de aplicação necessária e imediata" (MOURA RAMOS, *Aspectos recentes...*, p. 96 ss; id., *Da lei aplicável...*, p. 667, nota (620)); "normas de aplicação imediata ou necessária" e "normas de aplicação imediata" (M. Helena BRITO, *O contrato de agência*, p. 134; id., *Os contratos bancários e a Convenção de Roma...*, p. 118).

[380] A Convenção de Haia de 1978 sobre a lei aplicável aos contratos de intermediação e à representação refere-se, no artigo 16º, a "*disposições imperativas (dispositions impératives, mandatory rules)* de qualquer Estado com o qual a situação apresente uma conexão efectiva se, e na medida em que, segundo o direito desse Estado, tais disposições forem aplicáveis qualquer que seja a lei designada pelas suas regras de conflitos". A Convenção de Roma de 1980 sobre a lei aplicável às obrigações contratuais utiliza, no artigo 7º, duas fórmulas: "*disposições imperativas* da lei de outro país com o qual a situação apresente uma conexão estreita se, e na medida em que, de acordo com o direito deste último país, essas disposições forem aplicáveis qualquer que seja a lei reguladora do contrato" (nº 1 do artigo 7º) e "*regras* do país do foro *que regulem imperativamente* a situação seja qual for a lei competente

As denominações mais frequentes pretendem reflectir as características que a tais normas se imputam: são normas de aplicação imediata, porque, afirma-se, a sua competência é "imediata", não depende da mediação das regras de conflitos; são normas de aplicação necessária porque, esclarece-se, a sua observância é "necessária", essencial ou indispensável para a salvaguarda da organização política, social ou económica do país em cuja ordem jurídica se inserem.

Numa tentativa de generalização, dir-se-á que estão em causa normas imperativas que, pelo seu conteúdo, finalidade e posição no ordenamento em que se inserem, reclamam aplicação mesmo às situações internacionais sujeitas a um direito estrangeiro, desde que entre tais situações e a ordem jurídica a que pertencem tais normas exista uma especial ligação (ligação que, quando não é expressa, se deduz do conteúdo e da função que essas normas se propõem).

As "normas de aplicação imediata ou necessária" surgem sobretudo no âmbito do direito da economia [382] (desde o direito da concorrência [383] ao direito monetário e financeiro [384]).

---

para reger o contrato" (n° 2 do artigo 7°). A Convenção de Haia de 1985 sobre a lei aplicável ao *trust* e ao seu reconhecimento reporta-se, no artigo 16°, a *"disposições* [da lei do foro ou, a título excepcional, de outro Estado que apresente com o objecto do litígio uma ligação suficientemente estreita] *cuja aplicação se imponha mesmo em situações internacionais* qualquer que seja a lei designada pelas regras de conflitos" (primeiro e segundo parágrafos do artigo 16°). A Convenção de Haia de 1986 sobre a lei aplicável ao contrato de compra e venda internacional de mercadorias utiliza, no artigo 17°, uma fórmula próxima da consagrada na Convenção relativa ao *trust*, embora se refira apenas a disposições do país do foro: "*disposições* da lei do foro que *se imponham* qualquer que seja a lei aplicável ao contrato". Para a análise das disposições citadas nesta nota e na seguinte, cfr., por todos, MARQUES DOS SANTOS, *As normas de aplicação imediata...*, p. 964 ss, 1009 ss.

[381] Na lei alemã de DIP, de 1986, o artigo 34 segue de perto o texto da versão alemã do artigo 7°, n° 2 da Convenção de Roma (*zwingende Vorschriften*); os artigos 18 e 19 da lei suíça de DIP, de 1987, referem-se a *dispositions impératives* ou *zwingende Bestimmungen*; o artigo 17 da lei italiana de DIP, de 1995, utiliza na epígrafe a expressão *norme di applicazione necessaria* e no texto do preceito refere-se a *norme italiane che, in considerazione del loro oggetto e del loro scopo, debono essere applicate nonostante il richiamo alla legge straniera*.

[382] F. DÉBY-GÉRARD, *Le rôle de la règle de conflit...*, p. 84; KREUZER, *Ausländisches Wirtschaftsrecht...*, p. 10, 12 ss; M. SCHUBERT, *Internationale Verträge und Eingriffsrecht*, p. 730 ss; SIEHR, *Ausländische Eingriffsnormen...*, p. 47 ss; CHENAUX, *L' application par le juge des dispositions impératives étrangères...*, p. 61 ss; BROGGINI, *Considerazioni sul diritto internazionale privato dell' economia*, Rdintpriv.proc., 1990, p. 277 ss (p. 285 ss); SCHURIG, *Zwingendes Recht...*, p. 227; CARBONE, LUZZATTO, *Il contratto internazionale*, p. 104 ss.

[383] BAPTISTA MACHADO, *Âmbito de eficácia...*, p. 280; MOURA RAMOS, *Aspectos recentes...*, p. 96 ss; FERRER CORREIA, *Lições...*, p. 24; id., *Considerações sobre o método...*, p. 387; MARQUES DOS SANTOS, *As normas de aplicação imediata...*, p. 830, 898 (nota (2833)), 933; NEUMAYER, *Autonomie de la volonté et dispositions impératives...*, Rev. crit., 1958, p. 57, 64;

Existem igualmente no domínio do direito dos contratos: disposições relativas ao contrato de trabalho [385], ao contrato de agência [386], ao contrato

---

F. DÉBY-GÉRARD, *Le rôle de la règle de conflit...*, p. 84; GIULIANO, *La loi applicable aux contrats*, p. 254; VAN HECKE, *Jus cogens...*, p. 5; SEGRÈ, *Il diritto comunitario della concorrenza come legge di applicazione necessaria*, p. 75 ss; HEINI, *Ausländische Staatsinteressen...*, p. 79; RADTKE, *Schuldstatut und Eingriffsrecht*, p. 327; KREUZER, *Ausländisches Wirtschaftsrecht...*, p. 10, 45 ss; CHENAUX, *L' application par le juge des dispositions impératives étrangères...*, p. 62; LANDO, *Contracts*, p. 107 s, 111, 112; CARBONE, LUZZATTO, *Il contratto internazionale*, p. 100, 109; RIGAUX, *Droit positif, théorie du droit et science du droit*, p. 82; SCHWIMMAN, *Grundriß...*, p. 113; MARÍN LÓPEZ, *Derecho internacional privado español*, II, p. 320; BATIFFOL, LAGARDE, *Droit international privé*, II, 7ª ed., p. 279; BAADE, *Operation of foreign public law*, p. 34; DICEY and MORRIS *on the conflict of laws*, 12ª ed., p. 1241; KROPHOLLER, *Internationales Privatrecht*, p. 429; FIRSCHING, VON HOFFMANN, *Internationales Privatrecht*, p. 384.

[384] MAGALHÃES COLLAÇO, *Da compra e venda...*, p. 324 ss (p. 329); BAPTISTA MACHADO, *Âmbito de eficácia...*, p. 280; FERRER CORREIA, *Lições...*, p. 24; id., *Considerações sobre o método...*, p. 387; MARQUES DOS SANTOS, *As normas de aplicação imediata...*, p. 905, 933; M. Helena BRITO, *Os contratos bancários e a Convenção de Roma...*, p. 120; WENGLER, *Die Anknüpfung des zwingenden Schuldrechts...*, p. 173 s, 183 ss, 207 s; ZWEIGERT, *Nichterfüllung auf Grund ausländischer Leistungsverbote*, p. 286 ss, 297 ss; NEUMAYER, *Autonomie de la volonté et dispositions impératives...*, Rev. crit., 1958, p. 57, 68; VAN HECKE, *Jus cogens...*, p. 5; KALENSKY, *Jus cogens and the law of international trade*, "Essays on the law of international trade", 1976, p. 48 ss (p. 63); F. A. MANN, *Eingriffsgesetze und Internationales Privatrecht*, p. 179; HEINI, *Ausländische Staatsinteressen...*, p. 78 s; DROBNIG, *Die Beachtung von ausländischen Eingriffsgesetzen*, p. 159; RADTKE, *Schuldstatut und Eingriffsrecht*, p. 327; KREUZER, *Ausländisches Wirtschaftsrecht...*, p. 10, 33 ss; CHENAUX, *L' application par le juge des dispositions impératives étrangères...*, p. 63; LANDO, *Contracts*, p. 107, 110 ss; CARBONE, LUZZATTO, *Il contratto internazionale*, p. 100, 105; BALLARINO, *Diritto internazionale privato*, p. 503; SCHWIMMAN, *Grundriß...*, p. 111 s; MARÍN LÓPEZ, *Derecho internacional privado español*, I, p. 31; II, p. 320; BATIFFOL, LAGARDE, *Droit international privé*, II, 7ª ed., p. 279; BAADE, *Operation of foreign public law*, p. 29 s; DICEY and MORRIS *on the conflict of laws*, 12ª ed., p. 21, 23, 1241; FIRSCHING, VON HOFFMANN, *Internationales Privatrecht*, p. 384.

[385] MOURA RAMOS, *Da lei aplicável...*, p. 784 ss; MARQUES DOS SANTOS, *As normas de aplicação imediata...*, p. 833 (nota (2681), 898 (nota (2833)), 913 ss; NEUMAYER, *Autonomie de la volonté et dispositions impératives...*, Rev. crit., 1958, p. 57; VAN HECKE, *Jus cogens...*, p. 5; POCAR, *Norme di applicazione necessaria e conflitti di leggi in tema di rapporti di lavoro*, p. 734 ss; SPERDUTI, *Critique des termes "règles delimitant leur propre domaine d' application"*, p. 159; KREUZER, *Ausländisches Wirtschaftsrecht...*, p. 10, 49 s; CHENAUX, *L' application par le juge des dispositions impératives étrangères...*, p. 68; VISCHER, *Zwingendes Recht und Eingriffsgesetze...*, p. 446; LANDO, *Contracts*, p. 107; CARBONE, LUZZATTO, *Il contratto internazionale*, p. 100; SIEHR, *Wechselwirkungen zwischen Kollisionsrecht und Sachrecht*, RabelsZ, 1973, p. 466 ss (p. 470); DIAMOND, *Harmonisation of private international law relating to contractual obligations*, p. 291; BALLARINO, *Diritto internazionale privato*, p. 503; SCHWIMMAN, *Grundriß...*, p. 115; KELLER, SIEHR, *Allgemeine Lehren...*, p. 272; MARÍN LÓPEZ, *Derecho internacional privado español*, I, p. 30; BATIFFOL, LAGARDE, *Droit international privé*, I, 8ª ed., p. 426; II, 7ª ed., p. 277 s; DICEY and MORRIS *on the conflict of laws*, 12ª ed., p. 23, 1241; FIRSCHING, VON HOFFMANN, *Internationales Privatrecht*, p. 384. Na jurisprudência portuguesa, refira-se o acórdão da Relação de Lisboa,

de arrendamento para habitação [387], e, em geral, disposições sobre a "exclusão de abusos da autonomia privada" [388].

---

de 18.11.1987, sumariado no BMJ, 371 (1987), p. 534, que considerou "normas de interesse e ordem pública" as constantes do Decreto-Lei nº 781/76, de 28 de Outubro, que então regulava os contratos de trabalho a prazo. Veja-se também a sentença do Tribunal do Trabalho de Santa Maria da Feira, s.d., Corpus Juris, Ano II, Jan. 1994, nº 22, decisão D, p. 44 ss, onde foram consideradas "normas de aplicação necessária e imediata" as disposições sobre despedimentos contidas no Decreto-Lei nº 372-A/75, de 16 de Julho; o acórdão do Supremo Tribunal de Justiça proferido no mesmo processo não chegou a pronunciar-se sobre a caracterização de tais normas do direito português (ac. de 11.6.1996, CJ, 1996, II, p. 266 ss).

[386] Sobre a questão de saber se as disposições adoptadas nos Estados membros da União Europeia em execução da Directiva 86/653/CEE relativa aos agentes comerciais independentes (ou as normas internas, antes existentes, de protecção dos agentes comerciais) constituem normas imperativas directamente aplicáveis no sentido do artigo 16º da Convenção de Haia sobre representação, cfr.: KEGEL, *Die selbstgerechte Sachnorm*, p. 59, 62; WENGLER, *Zum internationalen Privatrecht des Handelsvertretervertrags*, p. 39 ss; TROMBETTA-PANIGADI, *L' unificazione del diritto...*, p. 959 s; VERHAGEN, *Agency in private international law*, p. 230 ss; DAVÌ, *La Convenzione dell' Aja...*, p. 671 ss. A questão foi muito discutida, sobretudo em França, a propósito da legislação francesa de protecção dos agentes comerciais (e dos V.R.P.). Cfr.: LOUSSOUARN, BREDIN, *Droit du commerce international*, p. 726 ss; BATIFFOL, an. C. Cass., ch. soc., 5.3.1969, Rev. crit., 1970, p. 281 ss (p. 282); id., an. C. Cass., ch. comm., 19.1.1976, Rev. crit., 1977, p. 504 ss (p. 506 s); id., an. C. Cass., 1.ère ch. civ., 25.3.1980, Rev. crit., 1980, p. 577 ss (p. 583); id., *Le pluralisme des méthodes...*, p. 144; SIMON-DEPITRE, an. Cour d' appel de Limoges, 10.11.1970, Tribunal de commerce de Paris, 4.12.1970, Rev. crit., 1971, p. 708 ss (p. 710); LOUSSOUARN, an. Cour d' appel de Limoges, 10.11.1970, Tribunal de commerce de Paris, 4.12.1970, RTDC, 1972, p. 232 ss (p. 233 s); LYON-CAEN, an. C. Cass., ch. comm., 19.1.1976, Clunet, 1977, p. 652 ss (p. 653 ss); DELAPORTE, an. Cour de Cassation, 1.ère ch. civ., 24.1.1978, Rev. crit., 1978, p. 691 ss (p. 697 ss); LAGARDE, an. C. Cass., ch. comm., 9.10.1990, Rev. crit., 1991, p. 547 ss (p. 547); R. DE QUÉNAUDON, *Les intermédiaires de commerce dans les relations internationales*, nºs 36 ss; C. FERRY, *Convention de Rome...*, p. 156; id., *Contrat international d' agent commercial et lois de police*, p. 301 ss. Para a discussão do problema a propósito das normas contidas no Decreto-Lei nº 178/86, de 3 de Julho (em especial, a propósito do artigo 38º do mencionado diploma), cfr., neste parágrafo, nº 3.4.2., e bibliografia citada nas notas (370) e (371).

[387] NEUMAYER, *Autonomie de la volonté et dispositions impératives...*, Rev. crit., 1958, p. 56, 67 s; VISCHER, *Zwingendes Recht und Eingriffsgesetze...*, p. 446; KREUZER, *Ausländisches Wirtschaftsrecht...*, p. 10, 49; E. LORENZ, *Die Rechtswahlfreiheit...*, p. 580; BALLARINO, *Diritto internazionale privato*, p. 502 s; SCHWIMMAN, *Grundriß...*, p. 115; MAYER, *Le mouvement des idées...*, p. 142; BATIFFOL, LAGARDE, *Droit international privé*, I, 8ª ed., p. 426; II, 7ª ed., p. 279; KROPHOLLER, *Internationales Privatrecht*, p. 429. Cfr. também MARQUES DOS SANTOS, *As normas de aplicação imediata...*, p. 888 ss, onde a alusão a uma "situação de carência generalizada em matéria de habitação" (p. 889) poderia sugerir o reconhecimento mais amplo do carácter de regras de aplicação imediata a todas as disposições do direito português relativas à política de habitação; a referência surge todavia a propósito do artigo 1682º-A, nº 2 do Código Civil português, sendo o carácter de regra de aplicação imediata justificado igualmente por razões de "defesa da família", de "independência e solidariedade dos cônjuges", de prevenção do "egoísmo conjugal" (p. 888). O autor atribui, de resto, a

Encontram-se também normas desta natureza que têm como objectivo a assistência à infância [389], a protecção da saúde e do ambiente [390], a protecção de bens culturais [391] ou de produtos de alta tecnologia [392].

Maiores problemas ainda suscita a determinação dos efeitos produzidos pela interferência das normas imperativas incluídas nesta categoria.

As disposições da Convenção de Roma e da Convenção de Haia sobre representação que permitem atribuir relevância às normas de aplicação imediata ou necessária não esclarecem totalmente qual o sentido, o alcance e os limites da intromissão de tais normas no direito aplicável à situação internacional em causa.

A Convenção de Roma, ao contrário da Convenção de Haia, trata separadamente as normas imperativas contidas no direito do foro e as normas imperativas contidas num direito estrangeiro que não coincide com o estatuto contratual.

Observe-se agora apenas o regime estabelecido pela Convenção de Roma quanto à interferência de normas imperativas contidas no direito do foro. Como teremos ocasião de verificar, trata-se do único caso em relação ao qual se determina a prevalência de tais normas sobre a lei normalmente competente.

---

mesma natureza às disposições dos artigos 1682º-B e 1682º, nº 3, a) do Código Civil (p. 888, nota (2799), p. 898, nota (2833)).

[388] Cfr. LG Detmold, 29.9.1994, NJW 1994, 3301 = IPRax, 1995, Nr. 39, p. 249 ss, onde se considerou que "o § 138 BGB pertence às disposições imperativas do direito alemão, que, no sentido do artigo 34 EGBGB, regulam imperativamente a situação seja qual for a lei aplicável ao contrato". Perante o direito português, no sentido de que o artigo 33º, al. b), do Decreto-Lei nº 446/85, de 25 de Outubro, na sua versão originária, conferia ao diploma sobre cláusulas contratuais gerais o carácter de "lei de aplicação necessária", MARQUES DOS SANTOS, As normas de aplicação imediata..., p. 900 ss, e MOURA RAMOS, Aspectos recentes..., p. 99 ss.

[389] FERRER CORREIA, Lições..., p. 24; id., Considerações sobre o método..., p. 387; MARQUES DOS SANTOS, As normas de aplicação imediata..., p. 933, 935; MOSCONI, Norme di applicazione necessaria..., p. 730 ss; SIEHR, Wechselwirkungen zwischen Kollisionsrecht und Sachrecht, p. 470; BALLARINO, Diritto internazionale privato, p. 504; BATIFFOL, LAGARDE, Droit international privé, I, 8ª ed., p. 426, nota (2).

[390] VAN HECKE, Jus cogens..., p. 5; SCHURIG, Zwingendes Recht..., p. 240; CARBONE, LUZZATTO, Il contratto internazionale, p. 100.

[391] MARQUES DOS SANTOS, As normas de aplicação imediata..., p. 905 ss, 933, 1044; id., Le statut des biens culturels en droit international privé, p. 36 ss; id., Projecto de Convenção do UNIDROIT sobre a restituição internacional dos bens culturais..., p. 74; FERRER CORREIA, A venda internacional de objectos de arte..., p. 31 ss; REICHELT, Kulturgüterschutz und Internationales Privatrecht, IPRax, 1986, p. 73 ss; SCHURIG, Zwingendes Recht..., p. 240; LANDO, Contracts, p. 107; CARBONE, LUZZATTO, Il contratto internazionale, p. 100, 106; MARÍN LÓPEZ, Derecho internacional privado español, II, p. 320; FIRSCHING, VON HOFFMANN, Internationales Privatrecht, p. 384; JAYME, Identité culturelle et intégration..., p. 88.

[392] CARBONE, LUZZATTO, Il contratto internazionale, p. 100, 107.

Nos termos do artigo 7º, nº 2 da Convenção de Roma, a lei designada para reger o contrato nos termos da Convenção "não pode prejudicar a aplicação das regras do país do foro que regulam imperativamente a situação" qualquer que seja a lei competente.

Por força da disposição citada, a atribuição de relevância às normas de aplicação imediata ou necessária da *lex fori* impõe-se ao órgão de aplicação do direito e tem sempre como efeito a aplicação de tais normas em conjunto com a *lex causae*.

Determina-se, portanto, a prevalência [393] das normas imperativas sobre a lei normalmente competente [394].

As "regras do país do foro que regulam imperativamente a situação" sobrepõem-se à lei indicada nas normas de conflitos da Convenção como competentes para reger o contrato, mas raramente terão vocação para absorver toda a disciplina do contrato, como verificámos ser possível acontecer em algumas das hipóteses referidas nos números anteriores. Pense-se na legislação que estabelece restrições aos movimentos de capitais ou que proíbe os acordos restritivos da concorrência: trata-se de normas que abrangem na sua previsão os contratos apenas na medida em que através destes actos jurídicos se produzem os efeitos que a legislação pretende controlar ou impedir. Mas a legislação referida não tem em vista reger o contrato, substituindo-se à lei normalmente competente.

Se, por hipótese, o Estado do foro estabelecer certas exigências para a importação ou a exportação de capitais (como a autorização da autoridade competente), esses requisitos terão de ser respeitados. A norma que fixa tais exigências é aplicada, em sentido próprio. Mas ao estatuto contratual não é

---

[393] O recurso ao critério da prevalência, nesta matéria, representa uma concretização mais da solução proposta, em termos gerais, pela doutrina, para a resolução das antinomias no direito. Não se trata pois de repetir o termo utilizado na versão portuguesa do artigo 7º, nº 1 da Convenção de Roma. Nesse preceito, a expressão "dar prevalência" constitui uma tradução inadequada, sem correspondência nas fórmulas empregues nas restantes versões linguísticas da Convenção (cfr. capítulo IV, nota (42)).

[394] A sentença do Tribunal do Trabalho de Santa Maria da Feira (Corpus Juris, Ano II, Jan. 1994, nº 22, decisão D, p. 44 ss), invocando o artigo 7º, nº 2 da Convenção de Roma (por entender que Portugal aderira a essa Convenção "nos termos do artigo 3º, nº 3 do Tratado de Adesão às Comunidades"), fez prevalecer sobre o direito competente para reger um contrato de trabalho (o direito alemão) as normas do Decreto-Lei nº 372-A/75, de 16 de Julho, que continham o regime dos despedimentos. A decisão foi confirmada pela Relação do Porto, mas o acórdão da 2ª instância foi revogado pelo Supremo Tribunal de Justiça (ac. de 11.6.1996, CJ, 1996, II, p. 266 ss), que não chegou a pronunciar-se sobre a caracterização das normas em causa. Veja-se também o já citado acórdão da Relação de Lisboa, de 18.11.1987, BMJ, 371 (1987), p. 534, onde o tribunal considerou dever prevalecer sobre a lei aplicável a um contrato de trabalho (a lei da Arábia Saudita) o regime do Decreto-Lei nº 781//76, de 28 de Outubro, relativo aos contratos de trabalho a prazo.

necessariamente subtraída, por exemplo, a competência para definir as consequências de direito privado da inobservância de uma exigência estabelecida no direito do foro [395]. Para o Estado de que emana a legislação restritiva, ainda que se trate do Estado a que pertence o órgão de aplicação do direito, será em geral suficiente a não produção de determinados efeitos no caso de a exigência não ser respeitada — aqueles efeitos que justificaram a adopção das disposições imperativas —, sendo indiferente que do contrato possam ainda resultar outras consequências, nessas circunstâncias. A lei normalmente aplicável ao contrato decidirá se a violação de uma norma imperativa estrangeira é fundamento de invalidade ou de impossibilidade do cumprimento. No caso de a consequência ser a invalidade, a essa lei compete definir qual a extensão e o alcance da invalidade: em concreto, se a eficácia invalidante se comunica a todo o contrato; se, pelo contrário, este pode manter-se sem o elemento contrário à norma imperativa; se, em certos casos, dado o teor das disposições invocadas, as cláusulas contratuais contrárias (ou as disposições legais do direito normalmente competente) são substituídas pelas normas imperativas (estrangeiras, em relação à *lex causae*) [396]. A resposta deverá ficar dependente da apreciação da situação concreta e da natureza dos interesses protegidos, em cada caso, pela norma imperativa. Admite-se que as soluções possam ser diferentes consoante a disposição se dirija à protecção de interesses individuais ou de interesses predominantemente relacionados com a organização política e económica do país a cuja ordem jurídica pertence.

Em termos diferentes dos que são geralmente requeridos para a actuação da reserva geral de ordem pública, a atribuição de relevância às normas de aplicação imediata ou necessária da *lex fori* não está subordinada,

---

[395] Em sentido próximo, já antes, MAGALHÃES COLLAÇO, *Da compra e venda...*, p. 311 ss.

[396] Por vezes, a norma de intervenção estabelece ela própria a consequência de direito privado para a sua violação. Sirva de exemplo a lei portuguesa de defesa da concorrência (Decreto-Lei nº 371/93, de 29 de Outubro), que, no artigo 2º, nº 2, considera nulos os acordos entre empresas que restrinjam a concorrência. Neste caso vai mais longe o efeito da intromissão da lei imperativa no estatuto contratual. A nulidade refere-se à parte do acordo (à cláusula) restritiva da concorrência. Ao estatuto contratual (por exemplo, de um contrato de distribuição) compete decidir se a invalidade se comunica a todo o contrato ou se, e em que circunstâncias, este pode manter-se sem a cláusula restritiva da concorrência. Mais amplo ainda poderá ser o efeito da nulidade cominada pelo nº 2 do artigo 31º da Lei do Património Cultural (Lei nº 13/85, de 6 de Julho, na sequência aliás do que determinava o artigo 1º do Decreto-Lei nº 27 633, de 3 de Abril de 1937): "são nulas e de nenhum efeito as transacções realizadas em território português sobre bens culturais móveis provenientes de países estrangeiros quando efectuadas com infracção das disposições da respectiva legislação interna reguladora da sua alienação ou exportação". Admitindo que o contrato tem como único objecto a alienação de bens abrangidos naquela disposição da lei, dificilmente a nulidade não se comunicará a todo o negócio jurídico.

segundo o artigo 7º, nº 2 da Convenção de Roma, nem quanto aos pressupostos, nem quanto aos efeitos da sua aplicação, a exigências de "relatividade" [397].

4. A atendibilidade ou consideração, no âmbito do direito primariamente competente, de normas de outras ordens jurídicas como método de coordenação de regimes materiais

Apesar do vasto campo de actuação do critério da prevalência na prevenção e na resolução de antinomias em diversas fases do processo de aplicação das normas de conflitos, nem sempre a compatibilização ou coordenação dos efeitos jurídicos produzidos por normas materiais oriundas de ordenamentos diferentes se faz através do recurso a esse critério.

A observação das soluções consagradas no direito internacional privado em vigor no ordenamento português quanto a alguns importantes problemas que exigem tal coordenação revela que, por vezes, o instrumento utilizado é a atendibilidade ou consideração, no âmbito do direito primariamente competente, de normas contidas em outras ordens jurídicas em contacto com a situação internacional.

O método pressupõe a individualização de um direito a que se reconhece a posição de "direito primariamente competente", no âmbito do qual hão-de atender-se, considerar-se ou integrar-se os efeitos produzidos por outras leis em contacto com a situação.

4.1. Casos de consagração no direito internacional privado em vigor no ordenamento português

O método da atendibilidade ou consideração de normas de outras ordens jurídicas em contacto com a situação internacional, por intermédio do direito primariamente competente, encontra-se previsto em vários domínios, como técnica de resolução de diferentes problemas.

Assim, segundo o direito internacional privado do Código Civil: quando a responsabilidade civil extracontratual é regida pela lei da nacio-

---

[397] Cfr., porém: MARTINY, *Münch.Komm.*, Art. 34, an. 90 (que exige, para a aplicação do artigo 7º, nº 2 da Convenção de Roma, uma conexão suficiente com o Estado do foro); BATIFFOL, LAGARDE, *Droit international privé*, I, 8ª ed., p. 427 s (onde, em termos gerais, se admite uma ponderação dos interesses em jogo pelo órgão de aplicação do direito, perante as *lois de police* pertencentes ao ordenamento do foro, e onde, a propósito do artigo 7º, nº 2 da Convenção de Roma, se alude a uma "faculdade" do juiz de fazer prevalecer as *lois de police* do foro sobre a lei designada pela norma de conflitos).

nalidade comum ou pela lei da residência habitual comum do lesante e do lesado, devem tomar-se em consideração as disposições em vigor no lugar onde decorreu a principal actividade causadora do prejuízo (artigo 45°, n° 3) [398]; na aplicação da lei competente para reger a adopção (a lei indicada no artigo 60°, n°s 1 ou 2), devem tomar-se em consideração as disposições da lei pessoal do adoptando que exijam o consentimento deste (artigo 61°, n° 1) ou as disposições que exijam o consentimento de um terceiro contidas na lei reguladora de uma relação de natureza familiar ou tutelar que ligue esse terceiro ao adoptando (artigo 61°, n° 2).

Tanto no sistema da Convenção de Roma como no sistema do Código Civil, a solução do problema do conflito móvel assenta na aplicabilidade do novo estatuto e na atendibilidade do anterior estatuto (artigo 3°, n° 2 da Convenção de Roma; artigos 29°, 55°, n° 2 e 63°, n° 2 do Código Civil) [399].

A Convenção de Roma e a Convenção de Haia sobre representação determinam a atendibilidade, no âmbito do direito primariamente competente para reger o contrato (no caso da Convenção de Haia, o contrato de intermediação entre representado e representante), das normas da lei em vigor no lugar do cumprimento, relativas ao modo do cumprimento (artigo 10°, n° 2 da Convenção de Roma; artigo 9° da Convenção de Haia). Ambas as Convenções admitem a possibilidade de atribuir relevância a — admitem a atendibilidade de — normas imperativas de ordens jurídicas que tenham com a situação uma conexão estreita ou efectiva (artigo 7°, n° 1 da Convenção de Roma; artigo 16° da Convenção de Haia).

A Convenção de Roma recorre igualmente a esta técnica para, em certos casos, solucionar o problema do valor a atribuir a um comportamento como declaração negocial dirigida à formação de um contrato (artigo 8°,

---

[398] No mesmo sentido, veja-se o artigo 7° da Convenção de Haia, de 4 de Maio de 1971, sobre a lei aplicável em matéria de acidentes de viação (assinada e ainda não ratificada por Portugal, mas já em vigor em diversos países): "Seja qual for a lei aplicável, devem ter-se em conta, na determinação da responsabilidade, as regras de circulação e de segurança em vigor no lugar e no momento do acidente". Sobre a atendibilidade, neste domínio, das normas em vigor no lugar onde decorreu a principal actividade causadora do prejuízo, cfr., na doutrina alemã: JAYME, *Ausländische Rechtsregeln und Tatbestand inländischer Sachnormen*, p. 43 s; Hans STOLL, *Deliktsstatut und Tatbestandswirkung ausländischen Rechts*, p. 260 ss; WAGNER, *Statutenwechsel und dépeçage im internationalen Deliktsrecht*, p. 183 ss, 188 ss; SCHLECHTRIEM, *Deutsche Grundsätze zum "Sprachrisiko" als "Datum" unter italienischem Vertragsstatut* (an. OLG Hamm, 8.2.1995), IPRax, 1996, p. 184.

[399] Assim, na doutrina alemã, HESSLER, *Sachrechtliche Generalklausel und internationales Familienrecht*, p. 107 ss (p. 109 ss). A solução é aflorada por JAYME, com. "Albert A. Ehrenzweig und das internationale Privatrecht", 1986, p. 159 s, 165. Em WAGNER, *Statutenwechsel und dépeçage im internationalen Deliktsrecht*, p. 188 ss, a atendibilidade de outra lei (a lei do lugar da prática do facto ilícito) substitui, na proposta do autor, a resolução de um problema de sucessão de estatutos.

nº 2) e para assegurar a coordenação de regimes materiais que concorrem na regulação de certas relações de estrutura triangular, como seja a cessão de créditos (artigo 12º) e a sub-rogação (artigo 13º).

Na exposição subsequente serão analisados apenas os casos de atendibilidade de normas do anterior estatuto na resolução do problema do conflito móvel e de atendibilidade de "normas de aplicação imediata ou necessária".

4.1.1. A atendibilidade de normas do anterior estatuto na resolução do problema do conflito móvel

Não existe no sistema de direito internacional privado em vigor no ordenamento jurídico português (como de resto não existe na maioria dos sistemas de direito internacional privado) uma norma de âmbito geral sobre o problema da sucessão de estatutos ou do conflito móvel [400]. Apenas algumas regras dispersas se referem a problemas específicos: o efeito da mudança da lei pessoal sobre a maioridade [401] ou sobre a capacidade para revogar uma disposição por morte feita ao abrigo da lei pessoal anterior [402]; o efeito da mudança da lei que regula as relações entre os cônjuges sobre os fundamentos da separação judicial de pessoas e bens e do divórcio [403]; o efeito da designação pelas partes de uma lei diferente daquela que anteriormente regia o contrato [404].

A doutrina actual entende não ser possível recorrer a princípios [405] ou fórmulas gerais [406] para a solução do conflito móvel e propõe que, nos casos não expressamente regulados, a questão seja resolvida a partir da interpretação de cada norma de conflitos singular [407].

---

[400] O problema do conflito móvel ou sucessão de estatutos não tem sido objecto de disciplina legal com carácter de generalidade, com excepção, ao que sabemos, do § 7 da lei austríaca de DIP, nos termos do qual "a alteração posterior dos pressupostos de que resulta a conexão a uma determinada ordem jurídica não tem influência sobre os factos já realizados".

[401] Artigo 29º do Código Civil português.
[402] Artigo 63º, nº 2 do Código Civil português.
[403] Artigo 55º, nº 2 do Código Civil português.
[404] Artigo 3º, nº 2 da Convenção de Roma.
[405] Como o princípio do reconhecimento de direitos adquiridos, na proposta de MACHADO VILLELA, *Tratado elementar*, I, p. 621 s.
[406] Como os critérios que regem a sucessão de leis no tempo, na proposta de BAPTISTA MACHADO, *Lições de direito internacional privado*, p. 63.
[407] MAGALHÃES COLLAÇO, *Direito internacional privado*, II, p. 39, 102; FERRER CORREIA, *Conflitos de leis em matéria de direitos sobre as coisas corpóreas*, p. 390 s; MARQUES DOS SANTOS, *Direito internacional privado. Sumários*, p. 71, 78. No mesmo sentido também RIGAUX, *Le conflit mobile...*, p. 370.

Está em causa — não se contesta — um problema de interpretação do direito internacional privado. O intérprete deve descobrir, perante cada regra de conflitos, o momento relevante para a concretização da conexão.

A análise das normas que resolvem *ad hoc* problemas de conflito móvel permite todavia extrair um critério: em regra, é aplicável o novo estatuto, ou seja, a lei que passa a ser competente após a alteração do conteúdo concreto do elemento de conexão utilizado na norma de conflitos [408]. A solução é imposta pela certeza e segurança nas transacções e pelos interesses gerais do comércio jurídico [409].

Mas, em atenção às expectativas dos interessados e em obediência ao princípio segundo o qual uma lei não deve aplicar-se a factos que não se encontravam em contacto com ela no momento da sua constituição [410], todas as normas referidas estabelecem limites à competência do novo estatuto [411].

Observe-se o artigo 3º, nº 2 da Convenção de Roma. A disposição admite a possibilidade de, a todo o momento, as partes acordarem em sujeitar o contrato a uma lei diferente da que anteriormente o regulava, quer por força de uma escolha anterior quer por força de alguma das disposições supletivas da Convenção. Dispõe todavia o mesmo preceito que qualquer modificação, quanto à determinação da lei aplicável, ocorrida posteriormente à celebração do contrato, não afecta a validade formal do contrato nem prejudica os direitos de terceiros.

Esta estatuição implica que a competência para reger a substância e efeitos do contrato é atribuída à nova lei escolhida pelas partes. Tratando-se porém de designação ocorrida posteriormente à celebração do contrato, no âmbito dessa lei devem ser consideradas ou atendidas as disposições da lei que antes era competente, no que diz respeito à validade formal do contrato (na medida em que o contrato tivesse observado os requisitos de forma exi-

---

[408] Diferentemente, para RIGAUX, *ob. cit.*, p. 390, as soluções positivas que analisa são irredutíveis a um critério simples que possa valer para qualquer conflito móvel e a aplicação do novo estatuto está longe de ser dominante.

[409] O critério enunciado deve entender-se sem prejuízo do princípio segundo o qual cada facto ou acto jurídico está sujeito ao direito que lhe é aplicável no momento em que ocorre ou em que é praticado.

[410] Princípio da *não transactividade*, na terminologia de BAPTISTA MACHADO. Sobre o sentido de tal princípio, cfr., do autor, *Âmbito de eficácia...*, p. 5 ss, 119 ss, e *Lições de direito internacional privado*, p. 9 s, 51, 54 s, 230 ss. Veja-se ainda FERRER CORREIA, *Direito internacional privado. Alguns problemas*, p. 78 s, 227 s; id., *Considerações sobre o método...*, p. 378; id., *Conflitos de leis em matéria de direitos sobre as coisas corpóreas*, p. 393.

[411] Não se exclui naturalmente que a solução adoptada a propósito de cada problema concreto possa visar outros objectivos e prosseguir outros interesses. Assim, com o preceito do artigo 55º, nº 2 do Código Civil português pode pretender-se prevenir uma situação de fraude à lei, dificultar a decretação do divórcio, estabelecer um regime próprio para o "divórcio-sanção" (BAPTISTA MACHADO, *Lições de direito internacional privado*, p. 415 ss).

gidos pela lei reguladora da substância, nos termos previstos no artigo 9º da Convenção) e no que diz respeito aos direitos de terceiros.

Não se estabelece propriamente a aplicação do estatuto anterior, mas sim a sua atendibilidade nos quadros da lei que é tida como primariamente competente (do novo estatuto), na medida em que tal seja necessário para alcançar determinados objectivos. Se o contrato for considerado formalmente válido perante a lei que anteriormente lhe era aplicável e se do contrato tiverem resultado direitos para terceiros nos termos dessa mesma lei, tais efeitos jurídicos devem ser reconhecidos pela nova lei escolhida pelas partes. Pode dizer-se que o novo estatuto "aceita" o contrato com determinadas condições jurídicas conformadas pela lei anteriormente competente [412].

Não deve surpreender que, no actual direito internacional privado dos contratos, inspirado pelo princípio de um estatuto contratual de âmbito muito vasto, se reconheça, também nesta matéria, uma posição de prevalência ao estatuto do contrato, que é o estatuto actual.

Mas o problema do conflito móvel — e a sua resolução — não envolve apenas a delimitação do âmbito de aplicação de dois estatutos sucessivos; implica também a determinação das consequências que são atribuídas pelo novo estatuto a factos e situações ocorridas quando era outra a lei competente.

Ora, quanto a este ponto, o âmbito da atendibilidade do anterior estatuto é, no preceito em exame, definido pela própria norma de conflitos: devem ser atendidas as regras sobre forma, bem como as disposições que atribuem direitos a terceiros [413].

Da norma do artigo 3º, nº 2 resulta que o efeito da atendibilidade é, neste caso, a limitação do âmbito de competência da lei designada pelas partes em momento posterior à celebração do contrato (a limitação do âmbito de competência do estatuto do contrato) e a correspondente manutenção da eficácia da lei que anteriormente regia o contrato, na medida em que tal seja necessário para garantir a validade formal do contrato e os direitos de terceiros [414].

---

[412] Transpõe-se neste ponto a ideia expressa por FERRER CORREIA, *Conflitos de leis em matéria de direitos sobre as coisas corpóreas*, p. 394, 397.

[413] À mesma conclusão se chega pela observação das outras disposições acima referidas. Este aspecto do regime demonstra que o conflito móvel é essencialmente um problema de conflito de leis no espaço e não um problema de conflito de leis no tempo. Por isso a resposta deve procurar-se ao nível do próprio direito internacional privado, através da análise dos princípios ou valores subjacentes ao sistema (ou subsistema) em que se insere a norma de conflitos a propósito da qual a questão surge.

[414] Sobre os complexos problemas a que dá origem a sucessão de estatutos ou o conflito móvel no domínio dos direitos reais, vejam-se, na doutrina portuguesa: MACHADO VILLELA, *Tratado elementar*, II, p. 70 s; MAGALHÃES COLLAÇO, *Direito internacional privado*, III, p. 272 ss; BAPTISTA MACHADO, *Lições de direito internacional privado*, p. 380 s; FERRER

4.1.2. A atendibilidade de "normas de aplicação imediata ou necessária"

A coordenação exigida pelo respeito de normas imperativas em contacto com uma situação internacional não segue um modelo uniforme. A afirmação justifica-se mesmo quando se encaram apenas as normas imperativas, no sentido das designadas "normas de aplicação imediata ou necessária".

Na verdade, a Convenção de Roma, diferentemente da Convenção de Haia, estabelece regimes distintos quanto à relevância de "normas de aplicação imediata ou necessária" consoante elas pertençam ao direito do foro ou a um direito estrangeiro (em qualquer caso, não coincidente com o estatuto contratual).

De acordo com o disposto no artigo 7º, nº 1 da Convenção de Roma (preceito que todavia não é invocável em Portugal, em consequência da reserva formulada pelo nosso país aquando da ratificação da Convenção [415]), o órgão de aplicação do direito pode dar relevância [416] a disposições imperativas de um país estrangeiro com o qual a situação apresente uma conexão estreita se, e na medida em que, segundo a ordem jurídica desse país, tais disposições forem aplicáveis qualquer que seja a lei reguladora da situação. O preceito explicita ainda que a decisão sobre a atribuição de relevância a normas imperativas estrangeiras depende de uma apreciação da natureza e objecto das normas em causa e de uma avaliação das consequências a que conduziria "a sua aplicação ou a sua não aplicação".

A diferença entre este regime e o que está consagrado no artigo 7º, nº 2 da mesma Convenção, quanto às normas imperativas do foro, diz respeito, em primeiro lugar, à situação em que se encontra o órgão de aplicação do direito num caso e no outro ("obrigação", perante o artigo 7º, nº 2, "faculdade", perante o artigo 7º, nº 1) e aos pressupostos que justificam a atribuição de relevância às normas imperativas (no primeiro caso,

---

CORREIA, *Conflitos de leis em matéria de direitos sobre as coisas corpóreas*, p. 390 ss; LIMA PINHEIRO, *A venda com reserva da propriedade...*, p. 192 ss.

[415] Para uma crítica à reserva formulada por Portugal, veja-se MARQUES DOS SANTOS, *Le statut des biens culturels...*, p. 37, nota (82), *in fine*. O autor considera "inexplicável" e "incompreensível" tal reserva, tendo em conta a vigência, desde há muito, no ordenamento português, de disposições que, "de forma aberta e universalista", consagram o reconhecimento de normas de aplicação imediata estrangeiras: o artigo 1º do Decreto-Lei nº 27 633, de 3 de Abril de 1937, substituído pela norma de teor semelhante constante do artigo 31º, nºs 2 e 3 da Lei do Património Cultural (Lei nº 13/85, de 6 de Julho); o artigo VIII, 2, al. b) dos Estatutos do Fundo Monetário Internacional. Cfr., neste número, notas (432) e (434).

[416] A propósito da terminologia utilizada, que não coincide com o texto da versão oficial portuguesa da Convenção, cfr. capítulo IV, nota (42)).

mera verificação da existência de normas imperativas do foro que, de qualquer modo, interferem no ambiente do contrato; no segundo caso, exigência de apreciação da intensidade do vínculo entre a situação e a ordem jurídica a que pertencem as normas imperativas e exigência de ponderação sobre a conveniência em atender às normas imperativas estrangeiras) [417].

Perante o disposto nos nºs 1 e 2 do artigo 7º da Convenção de Roma, parecem também ser diferentes os efeitos a atribuir às normas imperativas num caso e no outro. As disposições imperativas do direito do foro são objecto de aplicação em conjunto com a lei do contrato (artigo 7º, nº 2 da Convenção). Nos termos do artigo 7º, nº 1 da Convenção, as disposições imperativas não pertencentes ao direito do foro, e ao mesmo tempo não pertencentes à *lex causae*, não são propriamente objecto de aplicação no Estado do foro, podem tão-somente ser tomadas em consideração na formulação do regime próprio da situação privada internacional a regular.

Retomando o exemplo já anteriormente figurado: se uma lei em conexão estreita com o contrato estabelecer certas exigências para a importação ou a exportação de capitais (a autorização da autoridade competente), tais exigências não podem ser cumpridas no Estado do foro (não pode ser concedida a autorização requerida). Mas, na decisão de uma questão que envolva a apreciação da validade ou eficácia do contrato, o órgão de aplicação do direito pode, se as circunstâncias do caso o recomendarem, tomar em consideração as mencionadas disposições da lei estrangeira. Não é recebida a estatuição própria da norma estrangeira, mas a sua finalidade pode ser tida em conta [418].

A consequência da atribuição de relevância a tais normas imperativas é portanto a sua atendibilidade ou consideração, no âmbito do direito aplicável ao contrato. A atendibilidade dessas disposições processa-se através de normas da lei normalmente competente; as normas estrangeiras atendíveis integram-se nos pressupostos de aplicação de normas da *lex causae*, incluem-se na hipótese de normas materiais do estatuto contratual (da *lex causae*), quer como elementos constitutivos da impossibilidade da prestação [419], quer como elementos determinantes da invalidade de um

---

[417] Não devendo esquecer-se a importante diferença que resulta da possibilidade reconhecida aos Estados, no âmbito da Convenção de Roma, de formularem uma reserva quanto à aplicação do artigo 7º, nº 1 e não quanto à aplicação do artigo 7º, nº 2 (artigo 22º, nº 1, al. a) da Convenção).

[418] MARTINY, *Münch.Komm.*, Art. 34, an. 55.

[419] Neste sentido, o acórdão do Supremo Tribunal de Justiça, de 25.6.1981, BMJ, 308 (1981), p. 230 ss, que considerou o devedor (uma instituição de crédito com sede em Portugal) exonerado do cumprimento (o pagamento, em Portugal, em moeda portuguesa, de juros relativos a um depósito constituído na agência do banco em Angola), por impossibilidade da prestação, em consequência de "um acto de soberania" do Governo de Angola (a revogação

negócio jurídico [420] [421]. O preceito do artigo 7°, n° 1 da Convenção fixa as condições em que é possível atribuir relevância às disposições imperativas, mas os limites ou os quadros da atendibilidade, bem como os efeitos da

---

da legislação que autorizava as transferências para o exterior e a integração da agência bancária no sistema bancário angolano). Perante uma outra hipótese em tudo semelhante a esta, o STJ, embora proferindo uma solução substancialmente igual, não chega a invocar a norma de aplicação imediata estrangeira (ac. de 11.6.1981, BMJ, 308 (1981), p. 260 ss). Para o comentário a estas decisões, cfr. MARQUES DOS SANTOS, As normas de aplicação imediata..., p. 987, nota (3035), p. 981 s, nota (3023).

[420] Em sentido semelhante: JAYME, Ausländische Rechtsregeln und Tatbestand inländischer Sachnormen, p. 46; id., Rechtswahlklausel und zwingendes ausländisches Recht beim Franchise-Vertrag, p. 106; id., "Timesharing-Verträge" im Internationalen Privat- und Verfahrensrecht, p. 236; id., Identité culturelle et intégration..., p. 87 s; MÜLBERT, Ausländische Eingriffsnormen als Datum, p. 141; WAGNER, Statutenwechsel und dépeçage im internationalen Deliktsrecht, p. 180 s; RADTKE, Schuldstatut und Eingriffsrecht, p. 355 s; BAADE, Operation of foreign public law, p. 16 ss, 37; BUSSE, Die Berücksichtigung ausländischer "Eingriffsnormen" durch die deutsche Rechtsprechung, p. 416 s, 418; P. KINSCH, Le fait du prince étranger, p. 328 ss. Uma parte significativa da doutrina procura a resposta para a atribuição de relevância às regras de aplicação imediata no âmbito da própria lei aplicável ao contrato, através da integração dos efeitos dessas regras em conceitos de direito material (como impossibilidade da prestação, contrariedade à lei ou aos bons costumes) e através da atendibilidade dessas regras como pressupostos ou elementos da hipótese das normas materiais aplicáveis. Assim, não obstante os diferentes processos metodológicos adoptados: SERICK, Die Sonderanknüpfung von Teilfragen..., p. 647 s; MAGALHÃES COLLAÇO, Da compra e venda..., p. 318 ss; VAN HECKE, Jus cogens..., p. 5; F. A. MANN, Eingriffsgesetze..., p. 200; DROBNIG, Die Beachtung von ausländischen Eingriffsgesetzen, p. 174 ss; KELLER, SIEHR, Allgemeine Lehren..., p. 523 s; HEINI, Ausländische Staatsinteressen..., p. 80, 83; SIEHR, Ausländische Eingriffsnormen..., p. 96 ss; FIKENTSCHER, WAIBL, Ersatz im Ausland gezahlter Bestechungsgelder, IPRax, 1987, p. 86 ss (p. 86, 89); SCHURIG, Zwingendes Recht..., p. 243 s; MARTINY, Der deutsche Vorbehalt..., p. 280; id., Münch.Komm., Art. 34, an. 55 ss. A solução não difere, no essencial, daquela que decorre da teoria usualmente denominada Schuldstatutstheorie, seguida sobretudo pela jurisprudência alemã. A essa teoria tem sido oposta a tese da Sonderanknüpfung, formulada por WENGLER (Die Anknüpfung des zwingenden Schuldrechts..., p. 206 ss), desenvolvida por ZWEIGERT (Nichterfüllung auf Grund ausländischer Leistungsverbote, p. 286 ss) e por NEUMAYER (Autonomie de la volonté et dispositions impératives..., Rev. crit., 1958, p. 70 ss), e actualmente preferida, "em princípio" (na expressão do autor), por MARTINY, Münch.Komm., Art. 34, an. 33, e, já antes, em Der deutsche Vorbehalt..., p. 279 (e também por: DROBNIG, Die Beachtung von ausländischen Eingriffsgesetzen, p. 178; KREUZER, Ausländisches Wirtschaftsrecht..., em especial, p. 94 ss; M. SCHUBERT, Internationale Verträge und Eingriffsrecht, p. 745; SCHWANDER, Lois d' application immédiate..., p. 308, 448 s; id., Einführung in das internationale Privatrecht, I, p. 249 ss). Nestas duas principais linhas de orientação inserem-se algumas variantes; encontra-se também uma cumulação das duas concepções fundamentais. Não é por vezes muito nítida a linha de distinção entre as duas teses (vejam-se, por exemplo, as referências feitas nesta nota às obras de Drobnig e Martiny). Ambas as teses são, afinal, de índole conflitualista (como consideram M. SCHUBERT, Internationale Verträge und Eingriffsrecht, p. 732, 734, e SCHWANDER, Einführung in das internationale Privatrecht, I, p. 251; mas, em sentido diferente, BUSSE, Die Berücksichtigung ausländischer "Eingriffsnormen"..., p. 391, 394). No parecer

interferência na situação concreta, resultam da lei primariamente competente, isto é, do estatuto do contrato [422].

Deste modo, as características de aplicabilidade "imediata" e "necessária" a que a doutrina se refere para traduzir a natureza das regras pertencentes a esta categoria só são verdadeiramente reconhecidas pela Convenção de Roma quanto às disposições imperativas dessa natureza que pertençam ao ordenamento do foro, dado o teor do artigo 7º, nº 2; as disposições imperativas contidas em direitos estrangeiros não são propriamente de aplicação "imediata" e "necessária", no sentido anteriormente definido, pois, nos termos do artigo 7º, nº 1, apenas são tomadas em consideração ou atendidas no âmbito do estatuto contratual. O regime da Convenção tem subjacente a ideia de que uma regra só é de aplicação "imediata" ou "necessária" na sua ordem jurídica de origem [423]. A conclusão não impede que uma regra dessa natureza venha a ser atendida fora do país em cuja ordem jurídica se insere. O efeito que nesse caso lhe seja atribuído depende de um comando do direito do foro, que constitua o necessário título de relevância; é essa a função do artigo 7º, nº 1 da Convenção de Roma.

A atribuição de relevância a normas estranhas ao estatuto do contrato assenta basicamente num princípio de eficiência [424]. Tratando-se de normas

---

do Max-Planck-Institut, emitido a propósito do projecto de lei alemã de DIP, afirma-se que os dois métodos conduzem aos mesmos resultados (cfr. *Stellungnahme des Max-Planck--Instituts für ausländisches und internationales Privatrecht zum Regierungsentwurf von 1983*, p. 669). Para a exposição de conjunto sobre as várias posições doutrinárias e jurisprudenciais nesta matéria, cfr.: RADTKE, *Schuldstatut und Eingriffsrecht*, p. 329 ss; DROBNIG, *Die Beachtung von ausländischen Eingriffsgesetzen*, p. 160 s; KREUZER, *Ausländisches Wirtschaftsrecht...*, p. 55 ss; M. SCHUBERT, *Internationale Verträge und Eingriffsrecht*, p. 732 ss; SIEHR, *Ausländische Eingriffsnormen...*, p. 69 ss; MARTINY, *Münch.Komm.*, Art. 34, an. 26 ss; SCHURIG, *Zwingendes Recht...*, p. 236 ss; MARQUES DOS SANTOS, *As normas de aplicação imediata...*, p. 983 ss, 993 ss, 1003 ss; BUSSE, *Die Berücksichtigung ausländischer "Eingriffsnormen"...*, p. 390 ss. Em especial, para a comparação entre os métodos da *prise en considération* e da *Sonderanknüpfung*, cfr. P. KINSCH, *Le fait du prince étranger*, p. 436 ss.

[421] Para a crítica à atendibilidade de normas imperativas estrangeiras tal como aqui propomos, cfr.: F. DÉBY-GÉRARD, *Le rôle de la règle de conflit...*, p. 89 s; MAYER, *Les lois de police étrangères*, p. 309; KREUZER, *Ausländisches Wirtschaftsrecht...*, p. 86 s (não obstante as afirmações feitas pelo autor, p. 80, 95); SIEHR, *Ausländische Eingriffsnormen...*, p. 78 ss; MARTINY, *Münch.Komm.*, Art. 34, an. 35 (apesar da posição sustentada pelo autor, an. 55 ss); MARQUES DOS SANTOS, *As normas de aplicação imediata...*, p. 985 ss.

[422] Tal não significa necessariamente que as normas proibitivas estrangeiras sejam tratadas como puros factos. São tomados em consideração os efeitos normativos dessas disposições. Em sentido semelhante: E. LORENZ, *Die Rechtswahlfreiheit...*, p. 581, P. KINSCH, *Le fait du prince étranger*, p. 330 s, e, menos claramente, RADTKE, *Schuldstatut und Eingriffsrecht*, p. 357.

[423] Assim SPERDUTI, *Les lois d'application nécessaire en tant que lois d'ordre public*, p. 265; id., *Critique des termes "règles delimitant leur propre domaine d'application"*, p. 167.

[424] A doutrina tem procurado o fundamento da relevância das normas de aplicação imediata estrangeiras no princípio da harmonia internacional. Assim: WENGLER, *Die*

de aplicação imediata ou necessária contidas no direito do foro, a interferência de tais normas no estatuto contratual tem além disso o seu fundamento na necessidade de preservar a coerência da própria ordem jurídica do foro considerada no seu conjunto, mesmo quando esteja em causa a regulação de uma situação submetida a um direito estrangeiro.

Nessa diferença pode aliás procurar-se a justificação para a distinção que subsiste em muitos sistemas de direito internacional privado entre o tratamento a dar às normas de aplicação imediata ou necessária contidas no direito do foro e às contidas em ordens jurídicas estrangeiras [425]. No primeiro caso, porque está directamente envolvida a unidade e a coerência do direito do foro, impõe-se a aplicação das normas imperativas contidas no direito do foro. No segundo caso, havendo que assegurar a coerência da lei primariamente competente, admite-se a atendibilidade, no âmbito dessa lei, das disposições imperativas de direitos estrangeiros em conexão estreita com a situação. Numa situação extrema, em que a atendibilidade de uma disposição imperativa estrangeira implicasse violação dos valores próprios do sistema do foro, sempre seria possível invocar a coerência do direito do foro e fazer actuar a reserva de ordem pública internacional [426]. Num sistema em que esteja em vigor o artigo 7º, nº 1 da Convenção de Roma, essa hipótese extrema não se verificará, tendo em conta as condições que o preceito exige para a atribuição de relevância a normas imperativas estrangeiras [427].

Anknüpfung des zwingenden Schuldrechts..., p. 181; ZWEIGERT, *Nichterfüllung auf Grund ausländischer Leistungsverbote*, p. 287 s, 290 ss; CHENAUX, *L'application par le juge des dispositions impératives étrangères...*, p. 71; MAGALHÃES COLLAÇO, *Da compra e venda...*, p. 325 ss; MARQUES DOS SANTOS, *As normas de aplicação imediata...*, p. 1043; MOURA RAMOS, *Da lei aplicável...*, p. 716 s.

[425] Além do artigo 7º da Convenção de Roma e dos sistemas de direito internacional privado dos países da União Europeia que, nos termos do artigo 22º, nº 1, al. a) daquela Convenção, se reservaram o direito de não aplicar o nº 1 do artigo 7º, vejam-se os artigos 18 e 19 da lei suíça de DIP. Observe-se também o artigo 17 da lei italiana de DIP (muito embora a Itália não tenha feito uso, quanto a esta matéria, da faculdade prevista no artigo 22º da Convenção de Roma).

[426] A solução foi admitida, como limite à atendibilidade de disposições imperativas estrangeiras, incluindo as pertencentes à *lex causae*, por WENGLER, *Die Anknüpfung des zwingenden Schuldrechts...*, p. 197 ss, e ZWEIGERT, *Nichterfüllung auf Grund ausländischer Leistungsverbote*, p. 304 ss. Cfr. também MAGALHÃES COLLAÇO, *Da compra e venda...*, p. 314 s; FERRER CORREIA, *Considerações sobre o método...*, p. 388; KREUZER, *Ausländisches Wirtschaftsrecht...*, p. 86, 95.

[427] A coerência do sistema jurídico do foro não é portanto susceptível de ser posta em causa pela atribuição de relevância a normas imperativas estrangeiras, perante as exigências do artigo 7º, nº 1 da Convenção de Roma. Sob este aspecto, é ainda mais claro o artigo 19 da lei suíça de DIP, ao estabelecer que "para decidir se tal disposição [uma disposição imperativa de um direito diferente daquele que é designado pela norma de conflitos suíça] deve ser

Em alguns casos, a atribuição de relevância a disposições imperativas estrangeiras é susceptível de prosseguir, pelo menos indirectamente, um interesse próprio do Estado do foro [428]. Podem mesmo encontrar-se exemplos de disposições imperativas que reflectem uma convergência dos interesses da generalidade dos Estados [429]: as que proíbem o tráfico de droga ou de armas e a corrupção de funcionários; as que promovem a estabilidade do sistema monetário internacional; as que protegem o património cultural, a saúde pública e o ambiente. Esta verificação constitui o ponto de partida para procurar na ideia de cooperação ou solidariedade internacional o fundamento da atribuição de relevância às disposições imperativas estrangeiras[430] e para construir uma noção de *ordem pública verdadeiramente internacional* [431]. A ser assim, a atribuição de relevância a disposições imperativas estrangeiras constituiria, pelo menos nos domínios referidos, um imperativo de coerência do próprio sistema do foro [432].

---

tomada em consideração, ter-se-á em conta o fim por ela visado, bem como as consequências que daí decorreriam para uma decisão adequada *segundo a concepção suíça do direito*" (sublinhado meu).

[428] MOURA RAMOS, *Da lei aplicável...*, p. 717; DROBNIG, *Die Beachtung von ausländischen Eingriffsgesetzen*, p. 173 s; KREUZER, *Ausländisches Wirtschaftsrecht...*, p. 86, 88 s, 90, 92 ss; FIKENTSCHER, WAIBL, *Ersatz im Ausland gezahlter Bestechungsgelder*, p. 86; SIEHR, *Ausländische Eingriffsnormen...*, p. 93; SCHURIG, *Zwingendes Recht...*, p. 239; MAYER, *Les lois de police étrangères*, p. 320, 321.

[429] FERRER CORREIA, *A venda internacional de objectos de arte...*, p. 33; MARQUES DOS SANTOS, *As normas de aplicação imediata...*, p. 1044; DROBNIG, *Die Beachtung von ausländischen Eingriffsgesetzen*, p. 173 s; KREUZER, *Ausländisches Wirtschaftsrecht...*, p. 93; FIKENTSCHER, WAIBL, *Ersatz im Ausland gezahlter Bestechungsgelder*, p. 86; SCHURIG, *Zwingendes Recht...*, p. 240; BAADE, *Operation of foreign public law*, p. 33; L. GAROFALO, *Volontà delle parti e norme imperative...*, p. 479.

[430] FERRER CORREIA, MARQUES DOS SANTOS, BAADE, *locs. cits.* na nota anterior; MOURA RAMOS, *Da lei aplicável...*, p. 718, nota (728); DROBNIG, *Die Beachtung von ausländischen Eingriffsgesetzen*, p. 174.

[431] MARQUES DOS SANTOS, *As normas de aplicação imediata...*, p. 1044 s. Em sentido próximo, CHENAUX, *L'application par le juge des dispositions impératives étrangères...*, p. 71; L. GAROFALO, *Volontà delle parti e norme imperative...*, p. 488. Veja-se também o artigo 9º, nº 2 da resolução do Instituto de Direito Internacional, aprovada na sessão de Bâle, em 31 de Agosto de 1991. Esta disposição, que permite tomar em consideração normas imperativas de um direito estrangeiro, determina que a lei designada pelas partes só pode ser afastada pelas normas imperativas de outro direito, se existir uma ligação estreita com o contrato e se as normas em causa prosseguirem "fins geralmente aceites pela comunidade internacional" (cfr. Annuaire de l' IDI, vol. 64, II, p. 382 ss, p. 386).

[432] Deste modo é possível afirmar que não existe necessariamente incoerência entre a formulação de uma reserva quanto à aplicação do artigo 7º, nº 1 da Convenção de Roma e a vigência, no sistema de direito internacional privado português, de preceitos como, por exemplo, o artigo VIII, 2, al. b) dos Estatutos do Fundo Monetário Internacional ou o artigo 31º, nºˢ 2 e 3 da Lei do Património Cultural (Lei nº 13/85, de 6 de Julho). Estas normas admitem a aplicação de disposições imperativas estrangeiras que prosseguem interesses comuns à

Na análise que antecede apenas se teve em conta o artigo 7º da Convenção de Roma e a distinção que ele estabelece entre regras imperativas do ordenamento do foro e de um ordenamento estrangeiro. Todavia o artigo 16º da Convenção de Haia sobre representação não faz essa distinção; trata paritariamente as normas imperativas quer pertençam ao direito do foro quer pertençam a um direito estrangeiro, estabelecendo um regime que mais se aproxima do modelo consagrado no artigo 7º, nº 1 da Convenção comunitária (ou, de modo mais correcto, estabelecendo um regime que serviu de modelo ao que se encontra consagrado no artigo 7º, nº 1 da Convenção comunitária).

Ora, importa reconhecer que, mesmo no âmbito da distinção consagrada no artigo 7º da Convenção de Roma, se se considerar somente o ponto de vista das consequências produzidas sobre o regime aplicável à situação privada internacional a regular (simplificando, sobre o regime aplicável aos contratos), não são afinal muito diferentes os efeitos reconhecidos às disposições imperativas do país do foro ou às de um país estrangeiro. Por outras palavras, se se considerarem somente as consequências de direito privado, não é, não pode ser, muito diferente o regime a que ficam submetidas as disposições imperativas do país do foro e as de um país estrangeiro.

Em princípio, as consequências de direito privado que decorrem da interferência de disposições imperativas são fixadas, quer se trate de normas do direito do foro, quer se trate de normas estrangeiras, pelo estatuto contratual [433]. A finalidade, não a estatuição de tais disposições, integra-se nos pressupostos de aplicação de normas materiais do estatuto contratual. Deste ponto de vista, toda a disposição imperativa (do foro ou estrangeira) é tomada em consideração, é meramente atendida, no âmbito do estatuto contratual.

---

generalidade dos Estados. O efeito que produz a aplicação de tais normas é compatível com a não atribuição de relevância a disposições imperativas estrangeiras a que não esteja subjacente essa convergência internacional de interesses. Incoerência existe na formulação de uma reserva ao artigo 7º, nº 1 da Convenção de Roma e a vinculação ao artigo 16º da Convenção de Haia sobre representação. A incoerência neste ponto do sistema de direito internacional privado não tem todavia repercussão na regulação de situações concretas, tendo em conta a delimitação entre o âmbito de aplicação das duas Convenções (cfr. capítulo IV, § 1º, nº 5). Por outro lado, se for aceite a tese aqui proposta, as disposições imperativas estrangeiras podem ser atendidas no âmbito do estatuto contratual, independentemente da invocação do artigo 7º, nº 1 da Convenção de Roma. Para a interpretação do artigo VIII, 2, al. b) dos Estatutos do Fundo Monetário Internacional, cfr., por último, na jurisprudência do *Bundesgerichtshof*, BGH, 8.11.1993, IPRax, 1994, Nr. 37, p. 298 ss, com anotação de EBENROTH, WOGGON, *Keine Berücksichtigung ausländischer Kapitalverkehrsbeschränkungen über Art. VIII Abschnitt 2 (b) IWF-Abkommen*, p. 276 s.

[433] Sobre a questão, a propósito da aplicação de normas imperativas do direito do foro, perante o regime consagrado no artigo 7º, nº 2 da Convenção de Roma, cfr., neste parágrafo, nº 3.4.3.

Só este aspecto foi contemplado no artigo 16º da Convenção de Haia — e já não o aspecto da relevância a atribuir à estatuição própria da disposição imperativa. A estatuição própria de uma disposição imperativa que pertença ao ordenamento do foro tem necessariamente de ser observada — tem necessariamente de ser aplicada — pelo julgador. A essa aplicação da disposição imperativa do foro não pode obviamente opor-se o teor do artigo 16º da Convenção de Haia.

Este modo de analisar o problema pode porventura constituir uma tentativa de abordagem unitária quanto aos efeitos a reconhecer às designadas "normas de aplicação imediata ou necessária" [434] e uma tentativa de explicação para a solução consagrada no artigo 16º da Convenção de Haia.

Por esta via, acaba igualmente por se esbater a distinção entre "normas de aplicação imediata ou necessária" da *lex causae* e "normas de aplicação imediata ou necessária" estranhas ao estatuto contratual [435].

4.2. Importância do método para a coordenação de regimes materiais em casos não directamente previstos

4.2.1. Sentido, alcance e fundamento do método

Nos casos que acabamos de descrever, o instrumento utilizado para a coordenação entre as normas materiais oriundas de ordens jurídicas diferentes é a atendibilidade ou consideração, no âmbito do direito primariamente competente, de normas contidas em outras ordens jurídicas em contacto com a situação.

As ordens jurídicas que, com diferentes fundamentos, interferem no direito primariamente competente não são propriamente objecto de aplicação no Estado do foro, são tão-somente tomadas em consideração na

---

[434] Pode objectar-se que a este tratamento unitário das "normas de aplicação imediata ou necessária" se opõe, no sistema de direito internacional privado em vigor no ordenamento português, a reserva formulada relativamente à aplicação do artigo 7º, nº 1 da Convenção de Roma. No entanto, a solução adoptada nesta dissertação quanto aos efeitos a reconhecer às normas imperativas estrangeiras — não impondo uma autêntica aplicação de tais normas — é compatível com a não vinculação dos nossos tribunais ao artigo 7º, nº 1 da Convenção. Basta recordar o acórdão do Supremo Tribunal de Justiça, de 25.6.1981, BMJ, 308 (1981), p. 230 ss (referido na nota (419)), que, tomando em consideração uma norma imperativa estrangeira, julgou o devedor exonerado, por impossibilidade da prestação. Cfr. MARTINY, *Der deutsche Vorbehalt...*, p. 280, que reconhece esta vantagem à solução aqui defendida.
[435] À mesma conclusão chega afinal KREUZER, *Ausländisches Wirtschaftsrecht...*, p. 95, embora assentando em pressupostos metodológicos diferentes.

formulação do regime próprio da situação privada internacional a regular, nas condições fixadas pela própria norma de direito internacional privado contida no ordenamento em vigor no Estado do foro.

É ainda um certo entendimento da ideia de prevalência, prioridade ou predomínio de uma das leis em presença que permite, nestes casos, a compatibilização ou coordenação dos regimes que concorrem na regulação da situação plurilocalizada, pois que a atendibilidade de certas ordens jurídicas se faz através do "direito primariamente competente".

Mas a solução tem também implícito o reconhecimento de que o propósito de aplicar um direito único a uma situação plurilocalizada é impossível de atingir e é, por vezes, insuficiente ou inadequado ao carácter internacional das situações que constituem o objecto do direito internacional privado.

Uma situação internacional — precisamente porque é internacional — desenvolve-se dentro do âmbito de eficácia possível de diversas ordens jurídicas e é modelada ou conformada por todos os ordenamentos dentro de cujo âmbito de eficácia se encontra. Esta realidade não se altera pela circunstância de a norma de conflitos do foro ter determinado a aplicação de apenas uma das ordens jurídicas com as quais a situação está em contacto.

Os sistemas de direito internacional privado reconhecem isto mesmo e tal reconhecimento permite enunciar um princípio de âmbito mais geral e justifica a oportunidade de pesquisar outros domínios onde a sua actuação se justifique. Essa tarefa exige a averiguação do fundamento ou dos fundamentos que estão na origem dos casos de atendibilidade expressamente consagrados.

A atendibilidade significa sempre uma "intromissão" ou "interferência" no direito primariamente competente de outras ordens jurídicas que se encontram em conexão estreita com a situação a regular.

Nuns casos, a admissibilidade da interferência constitui o resultado do reconhecimento do carácter imperativo de certas disposições, mesmo em relação a situações internacionais submetidas a uma lei estrangeira, tendo em conta a essencialidade dos objectivos prosseguidos por tais disposições no contexto da ordem jurídica em que se inserem [436].

Noutros casos, a admissibilidade da interferência constitui o reflexo, no âmbito do direito internacional privado, das conexões e remissões (ex-

---

[436] Assim, no caso de interferência de normas imperativas (artigo 7º, nº 1 da Convenção de Roma; artigo 16º da Convenção de Haia). É afinal esse também o fundamento da atendibilidade da lei do lugar onde decorreu a principal actividade causadora do prejuízo (determinada no artigo 45º, nº 3, parte final, do Código Civil português) e da atendibilidade da lei do lugar onde são executadas as obrigações (determinada pelo artigo 10º, nº 2 da Convenção de Roma e pelo artigo 9º da Convenção de Haia sobre representação).

plícitas ou implícitas) entre complexos normativos que existem no interior de cada sistema jurídico [437].

A unidade ou conexão de sentido que caracteriza o sistema jurídico exprime-se nas relações entre as normas que o integram: essas normas pressupõem-se umas às outras, remetem umas para as outras, completam-se mutuamente, formando um conjunto a que deve ser dada coerência.

São diversos os tipos de relações que se estabelecem entre relações jurídicas, como reflexo da diversidade de relações entre complexos de normas materiais de uma mesma ordem jurídica: relações de complementaridade (as que ligam os elementos de um conjunto, como acontece, por exemplo, no âmbito da relação representativa, com as diversas relações em que aquela se decompõe, ou, no âmbito de uma operação contratual complexa, com as múltiplas relações autónomas do ponto de vista estrutural e jurídico que nela se integram), de acessoriedade (as que existem entre as garantias especiais da obrigação e a obrigação garantida), de prejudicialidade (as que existem entre a questão prejudicial e a questão principal), de subordinação (as que ligam o contrato e o subcontrato), de instrumentalidade (as que existem entre o contrato preliminar ou o contrato preparatório de outro contrato e o contrato definitivo), de dependência (as que existem entre os negócios jurídicos modificativos ou extintivos e os negócios jurídicos a que se referem).

Quando numa situação internacional esses grupos de relações interligadas estão sujeitos a complexos normativos pertencentes a ordens jurídicas distintas pode ser posta em causa a unidade ou coerência de cada uma das ordens jurídicas envolvidas. Compete então ao sistema de direito internacional privado reconhecer e organizar as relações entre complexos normativos oriundos de ordens jurídicas distintas, em nome do princípio da coerência.

A atribuição de relevância à remissão operada pelas regras materiais de um sistema jurídico para complexos normativos contidos em sistemas diferentes está na origem da consagração de alguns dos casos de atendibilidade acima enumerados [438]. O método permite a construção de uma

---

[437] Assim, no artigo 61º, nºs 1 e 2 do Código Civil português; nos artigos 8º, nº 2, 12º e 13º da Convenção de Roma.

[438] No direito internacional privado do Código Civil português, a atendibilidade da lei pessoal do adoptando (artigo 61º, nº 1) e da lei reguladora de uma relação de natureza familiar ou tutelar que ligue o adoptando a um terceiro (artigo 61º, nº 2) reflecte o regime do direito material português, que, nos diversos números do artigo 1981º, contém expressa ou implicitamente referências a outras normas. A solução adoptada na Convenção de Roma a propósito da cessão de créditos (artigo 12º) e da sub-rogação (artigo 13º) traduz a existência, nos sistemas jurídicos internos, de remissões expressas ou implícitas feitas pelas normas respeitantes a esses institutos para certas disposições que regulam o crédito cedido (vejam-se, por exemplo,

nova coerência: tanto quanto possível, a coerência na regulação da situação privada internacional em apreciação; inevitavelmente, a coerência do sistema de direito internacional privado do foro e a coerência do sistema jurídico do foro considerado na sua globalidade.

Estas considerações são suficientes para justificar a possibilidade de, em casos não directamente previstos, recorrer ao mesmo método: uma vez individualizado, em relação a uma situação internacional, o direito a que se reconhece a posição de "direito primariamente competente", são de aceitar as remissões operadas pelas regras materiais desse direito para complexos normativos contidos em sistemas diferentes. No âmbito do "direito primariamente competente" são, por esta via, de atender, considerar ou integrar os efeitos produzidos pelas leis para as quais aquele remete.

Na determinação da disciplina jurídica aplicável a uma situação internacional, a referência explícita ou implícita feita pelas disposições materiais da lei primariamente competente a um determinado regime normativo pode portanto, atento o carácter internacional da situação, ser entendida como remissão para um regime contido em outro ou outros ordenamentos jurídicos com os quais ela se encontra em conexão e que no primeiro momento tinham sido afastados pela norma de conflitos do foro.

Assim, a operação que tem como objecto a descoberta do regime aplicável às situações plurilocalizadas desenvolve-se em dois níveis ou em dois momentos: o nível ou o momento da actuação das normas de conflitos e o nível ou o momento da actuação das normas materiais.

No primeiro, o funcionamento da norma de conflitos relevante quanto à matéria em causa permite a determinação do direito primariamente aplicável à questão; no segundo, para a interpretação e aplicação das normas materiais contidas na ordem jurídica primariamente competente e para a formulação da disciplina concreta aplicável, pode ser necessário ter em conta ou tomar em consideração o regime material contido em outra ou outras ordens jurídicas com as quais a situação se encontra em contacto [439].

A construção metodológica adoptada insere-se no pensamento da *Datum-Theorie* e da teoria alemã designada *Zweistufentheorie des IPR*. Embora recolhendo alguns contributos dessas teorias, não se confunde com elas.

O elemento fundamental de aproximação reside na admissibilidade de consideração ou integração de conteúdos estrangeiros, como *datum*, no direito normalmente competente.

---

os artigos 577°, 585°, 587° do Código Civil português; os artigos 1260, 1266 do Código Civil italiano) ou os direitos do credor (artigos 589°, 593° do Código Civil português; artigos 1201 a 1205 do Código Civil italiano).

[439] Cfr. capítulo IV, § 2°, n° 3.5.

Não pode todavia ter-se como exclusiva daquelas teorias a distinção entre a aplicação de disposições de uma ordem jurídica estrangeira e o recurso a disposições de uma ordem jurídica estrangeira para o preenchimento do conteúdo de um pressuposto de que depende a aplicação da norma que decide a questão. A distinção encontra-se desde há muito presente na literatura jurídica europeia. A atendibilidade de normas estrangeiras no âmbito do direito normalmente competente constitui um processo normal de concretização do direito material. Por outro lado, de acordo com a concepção originária e com o entendimento mais comum, as teorias referidas reportaram-se limitadamente a situações em que era aplicável o direito material do foro. Admitimos aqui a relevância do método mesmo quando o direito primariamente competente seja um direito estrangeiro.

A principal diferença da construção adoptada nesta dissertação consiste na abordagem conflitual e no regresso que aqui propomos às normas de conflitos do foro, a fim de individualizar o direito ou os direitos a tomar em consideração para a interpretação e aplicação do direito normalmente competente. A solução, que anteriormente foi testada a propósito da determinação do direito aplicável à existência e extensão do poder de representação e que a seguir será retomada nos seus traços essenciais, fundamenta-se no princípio da coerência. A tese agora defendida contém critérios seguros de actuação; ultrapassa assim as dúvidas suscitadas a propósito da *Datum--Theorie* e da *Zweistufentheorie* (por não definirem os critérios relevantes para a descoberta das ordens jurídicas a atender [440]) e responde às críticas que a essas teorias têm sido dirigidas (por permitirem a "manipulação" do direito material aplicável [441]).

4.2.2. A conexão complementar

a) Função e âmbito: relações de complementaridade, de acessoriedade e de prejudicialidade

A possibilidade de recorrer ao método da atendibilidade e de atribuir relevância, em casos não directamente previstos no sistema de direito internacional privado, às remissões operadas pelas regras materiais do "direito primariamente competente" para complexos normativos contidos em siste-

---

[440] WINKLER V. MOHRENFELS, rec. Hessler, "Sachrechtliche Generalklausel und internationales Familienrecht...", p. 2485; HAUSMANN, com. "Albert A. Ehrenzweig...", p. 159; SONNENBERGER, *Münch.Komm., Einleitung*, an. 441.

[441] VON OVERBECK, com. "Albert A. Ehrenzweig...", p. 165; SONNENBERGER, *Münch.Komm., Einleitung*, an. 441.

mas diferentes exige que se determinem: as ordens jurídicas a tomar em consideração; o sentido da referência operada pelas regras materiais de um sistema jurídico para complexos normativos contidos em sistemas diferentes; e os efeitos dessa remissão.

Comecemos por recordar uma questão anteriormente analisada.

Segundo a Convenção de Haia sobre representação, a cessação do poder de representação na relação entre o representado e a contraparte é regida pelo estatuto da representação, designado nos artigos 14º ou 11º. Ao estatuto da representação compete portanto fornecer o regime da cessação, indicando as causas de cessação do poder de representação (quer as que decorrem imediatamente da lei quer as que supõem um acto unilateral ou bilateral dos interessados).

Ora, em certas ordens jurídicas estabelece-se que a cessação da relação subjacente envolve cessação do poder de representação (direito francês, direito da *agency* e artigo 265º, nº 1 do Código Civil português) ou que a cessação do poder de representação é determinada a partir da relação que lhe serve de base (§ 168 BGB).

Perante normas materiais que façam depender a cessação do poder na relação externa da cessação da relação subjacente, a determinação do regime material da cessação do poder de representação, quando se trate de uma situação em contacto com uma única ordem jurídica, exige a consideração do regime estabelecido para a relação subjacente. Uma relação jurídica (a relação interna de representação) interfere em (ou repercute-se sobre) outra relação jurídica (a relação externa de representação).

Em face das observações precedentes, numa situação internacional em que o estatuto da representação e a relação interna estejam sujeitas a ordens jurídicas diferentes, é possível em certos termos atribuir relevância à remissão operada pela regra material da lei reguladora do estatuto da representação para a disciplina da cessação dos poderes do representante contida na lei competente para reger a relação interna.

No exemplo agora lembrado, bem como em outros casos analisados a propósito do regime da representação internacional [442], o fundamento da interferência na *lex causae* de normas provenientes de outras ordens jurídicas é o reconhecimento da *complementaridade funcional* de certas relações jurídicas. Os nexos de natureza funcional entre relações jurídicas reflectem os nexos que, em cada sistema jurídico, existem entre determinados conjuntos normativos. Estando em causa situações internacionais, não podem deixar de ser tomadas em consideração as relações entre complexos normativos oriundos de ordens jurídicas distintas, pois são os mesmos os interesses

---

[442] Cfr. capítulo IV, § 2º, nºs 3.3., 3.4 e nº 3.5.

envolvidos. O reconhecimento da complementaridade funcional de complexos normativos oriundos de ordens jurídicas distintas compete, então, ao próprio sistema jurídico do foro, através do sistema de direito internacional privado. Assim o impõe a necessidade de assegurar a coerência na regulação das situações plurilocalizadas; assim o impõe a coerência do sistema jurídico no âmbito do qual poderiam afinal vir a repercutir-se as possíveis consequências indesejáveis da sujeição de relações jurídicas interligadas a ordens jurídicas diferentes, ou seja, do sistema jurídico do foro considerado na sua globalidade.

Para a individualização do ordenamento ou dos ordenamentos que podem ou devem ser tomados em conta no momento da interpretação e aplicação do direito material primariamente aplicável, propõe-se nesta dissertação o recurso ao método da *conexão complementar*.

Constitui objecto da conexão complementar o conceito ou a relação utilizada nas normas materiais do direito competente, cujo conteúdo se pretende determinar ou preencher. O objecto da conexão complementar define-se portanto com base na interpretação das normas materiais a propósito das quais a questão se suscita.

Para a individualização ou concretização do ordenamento ou dos ordenamentos a ter em conta, serão utilizados os critérios de conexão do sistema de direito internacional privado em vigor no Estado do foro.

Retomando uma vez mais a situação configurada, em que se pretendia determinar a disciplina aplicável à cessação do poder de representação, num caso em que a lei primariamente competente (o estatuto da representação) faz depender essa cessação da cessação da relação interna ou subjacente: o objecto da conexão complementar é definido a partir das normas materiais da lei que rege a relação externa, no caso, as "causas de cessação da relação interna entre representado e representante"; a lei a que deve atender-se para a definição das causas de cessação da relação interna entre representado e representante é a lei encontrada a partir dos artigos 5º ou 6º da Convenção de Haia.

Nexos de complementaridade entre relações jurídicas, ou entre conjuntos normativos, existem também no domínio de relações contratuais de estrutura complexa. Observe-se o regime estabelecido no direito português, no diploma sobre crédito ao consumo, em relação ao crédito concedido para financiar o pagamento de um bem vendido por terceiro (ou de um serviço prestado por terceiro): a validade e eficácia do contrato de compra e venda (ou do contrato de prestação de serviço) depende da validade e eficácia do contrato de crédito, sempre que exista qualquer tipo de colaboração entre o credor e o vendedor (ou o prestador do serviço) na preparação e na conclusão do contrato de crédito; o consumidor pode demandar o credor em caso de incumprimento ou de cumprimento defeituoso do contrato de compra e venda (ou do contrato de prestação de serviço) por parte do vendedor (ou o prestador do serviço), desde que entre o credor e o vendedor (ou o prestador do serviço) exista um acordo-quadro no âmbito do qual tenha sido celebrado o contrato de crédito ao consumo (artigo 12º do Decreto-Lei nº 359/91, de 21 de Setembro). Numa situação em conexão com diversas ordens jurídicas, a aplicação deste regime do direito português a uma das relações incluídas na operação contratual complexa exige — no caso de não ser possível a sujeição de toda a operação ao direito material português — a atendibilidade, por via da conexão complementar, de normas contidas nas ordens jurídicas competentes para reger a outra relação.

O método proposto — atendibilidade, no âmbito do direito primariamente competente, de outras ordens jurídicas em contacto com a situação internacional, com recurso à *conexão complementar* — revela-se também adequado para assegurar a coordenação de ordens jurídicas perante diferentes modelos de repercussão ou interferência, isto é, perante relações ou nexos de outro tipo entre relações jurídicas.

É, desde logo, o que sucede com a repercussão ou interferência verificada no caso de relações de acessoriedade.

A acessoriedade significa a ligação entre dois direitos com conteúdo tendencialmente coincidente e a dependência unilateral de um desses direitos perante o outro. Atente-se nas normas materiais que fazem depender a validade e o conteúdo da fiança da validade e do conteúdo da obrigação principal. De modo sintético, dir-se-á apenas que, sempre que a fiança e a obrigação a que aquela se refere estejam sujeitas a leis diferentes, tais normas — incluídas no direito designado para reger a fiança — exigem, para a determinação da validade e do conteúdo da fiança, uma remissão para a ordem jurídica aplicável à obrigação que recai sobre o principal devedor.

A atendibilidade, no âmbito da ordem jurídica competente para reger a fiança, do regime constante da lei reguladora da obrigação principal permite a formulação da disciplina aplicável à fiança e a compatibilização dos dois estatutos [443].

A solução convém igualmente às hipóteses em que a repercussão ou interferência se verifica no âmbito de relações de prejudicialidade.

Em termos amplos, existe uma relação de prejudicialidade entre duas questões jurídicas quando a resolução de uma delas (questão principal ou condicionada) dependa da resolução da outra (questão prévia ou condicionante). Perante uma relação de prejudicialidade suscita-se sempre um problema de determinação do conteúdo de um conceito (o conceito prejudicial) contido na norma aplicável à questão principal.

---

[443] Sobre a possibilidade de aplicar à fiança e à obrigação principal uma única ordem jurídica, através do método da conexão dependente ou acessória, cfr., neste capítulo, § 3º, nº 4.2.

Ainda que esteja em causa uma situação em contacto com uma única ordem jurídica, a determinação do conteúdo do conceito jurídico prejudicial exige sempre — porque se trata de um pressuposto de carácter normativo da hipótese da norma aplicável à questão principal — o recurso a normas distintas (as normas que se referem à questão prévia) [444].

A determinação do conteúdo de um conceito prejudicial que releva de uma lei diferente daquela que rege a questão principal está na origem de especiais dificuldades e explica a importância atribuída à problemática da "questão prévia" em direito internacional privado. As principais dificuldades relacionam-se, por um lado, com a necessidade de determinar a ordem jurídica (ou as ordens jurídicas) a que deve pedir-se o conteúdo do conceito prejudicial e, por outro lado, com a exigência de delimitar as genuínas hipóteses de questão prévia e de distinguir a questão prévia de outras figuras que têm sido consideradas próximas: a substituição [445], a transposição [446], a questão parcial [447].

No âmbito do direito internacional privado, a determinação do conteúdo de um conceito jurídico prejudicial constitui um problema de interpretação da norma material aplicável à questão principal [448] — mais precisamente, um problema que surge no processo de aplicação da norma material competente para reger a questão principal — e pode portanto ocorrer mes-

---

[444] Como bem sublinhou CORTES ROSA, *Da questão incidental...*, p. 33 ss.

[445] CORTES ROSA, *Da questão incidental...*, p. 77 s; BAPTISTA MACHADO, *Problemas na aplicação do direito estrangeiro*, p. 339 ss (mas no estudo *Da referência pressuponente ou questão prévia na aplicação da lei competente*, p. 777 ss, o autor já não autonomiza o problema da substituição relativamente ao da questão prévia); AZEVEDO MOREIRA, *Breves considerações sobre os limites da substituição. Notas a um estudo de Wengler*, RDES, XIV, 1967, p. 85 ss (p. 87 ss); id., *Da questão prévia...*, p. 45 s, 95 ss; LIMA PINHEIRO, *A venda com reserva da propriedade...*, p. 168 ss; RIGAUX, *La théorie des qualifications*, p. 444 ss; T. SCHMIDT, *The preliminary question and the question of substitution in conflict of laws*, cit..

[446] LIMA PINHEIRO, *A venda com reserva da propriedade...*, p. 179 ss.

[447] CORTES ROSA, *Da questão incidental...*, p. 14 ss; AZEVEDO MOREIRA, *Da questão prévia...*, p. 118 ss; MELCHIOR, *Grundlagen...*, p. 259 ss; SERICK, *Die Sonderanknüpfung von Teilfragen...*, p. 643.

[448] Tal como entende WENGLER. Cfr. *Nouvelles réflexions sur les "questions préalables"*, p. 199 s; id., *The law applicable to preliminary (incidental) questions*, p. 3. No mesmo sentido: CORTES ROSA, *Da questão incidental...*, p. 21, 76; BAPTISTA MACHADO, *Âmbito de eficácia...*, p. 319 s, 322, 371; id., *Les faits, le droit de conflit et les questions préalables*, p. 458, nota (13); id., *Da referência pressuponente ou questão prévia na aplicação da lei competente*, p. 777 ss, 788, 827 s; id., *Lições de direito internacional privado*, p. 296 ss; WINKLER V. MOHRENFELS, *Kollisionsrechtliche Vorfrage und materielles Recht*, p. 23 ss; AGOSTINI, *Les questions préalables en droit international privé*, p. 29 s. Veja-se a crítica a esta perspectiva em MAGALHÃES COLLAÇO, *Prefácio a Cortes Rosa*, p. X s; AZEVEDO MOREIRA, *Da questão prévia ...*, p. 35 ss.

mo quando a questão principal ou condicionada esteja sujeita ao direito do foro [449]. Não deixa todavia de colocar-se, na hipótese de a questão principal estar sujeita a um direito estrangeiro, um problema adicional, que tem como objecto a descoberta do direito ao qual deve pedir-se a solução para a questão prévia, ou seja, não deixa de existir um problema de conflito de leis [450]. Estando em causa um problema de conflito de leis, que exige a determinação de qual o sistema de direito internacional privado que vai ser interrogado sobre a lei competente para decidir a questão prévia — isto é, que exige uma opção entre dois sistemas de conflitos —, a nossa opção vai sem hesitações para a aplicação do sistema do foro [451].

O problema é análogo àquele que se suscita perante qualquer remissão operada por uma norma material de uma ordem jurídica para o regime contido numa ordem jurídica diferente; o problema é análogo ao que inicialmente analisámos — sem que todavia possa dizer-se que as hipóteses se confundem, ou se sobrepõem. No exemplo acima discutido a propósito da relação representativa, não está em causa uma relação de prejudicialidade, entendida agora numa acepção mais rigorosa: a atribuição do poder de representação, embora se faça geralmente com referência a uma relação constituída ou a constituir entre representado e representante, não constitui, em sentido próprio, um "efeito ulterior" [452] da relação interna [453].

---

[449] Também quanto a este ponto a posição que se adopta está em consonância com o entendimento de WENGLER (*Nouvelles réflexions sur les "questions préalables"*, p. 174 ss; *The law applicable to preliminary (incidental) questions*, p. 10 ss, 34). Cfr. igualmente BAPTISTA MACHADO, *Âmbito de eficácia...*, p. 371; id., *Les faits, le droit de conflit et les questions préalables*, p. 458; id., *Da referência pressuponente ou questão prévia na aplicação da lei competente*, p. 776, 785 s, 827; id., *Lições de direito internacional privado*, p. 297 ss, 334.

[450] Sob este aspecto, a posição adoptada acompanha a doutrina tradicional. Neste sentido também, pelo menos em parte, a conclusão de FERRER CORREIA, *Lições...*, p. 494, *A obra de J. Baptista Machado na área do direito internacional privado*, Scientia Iuridica, XL, 1991, nºs 229/234, p. 281 ss, p. 291 (= *Homenagem ao Doutor Baptista Machado*, RLJ, 125º, 1992, nºs 3820 s, p. 193 ss), e CORTES ROSA, *Da questão incidental...*, p. 43, 77, 83 ss. Para a crítica à concepção do problema como um problema de conflito de leis, cfr., por todos, BAPTISTA MACHADO, *Lições de direito internacional privado*, p. 298 ss. Expressando um juízo desfavorável relativamente à possibilidade de, nesta problemática, se adoptar um ponto de partida interpretativo e simultaneamente reconduzir a questão a uma escolha de normas de conflitos, MAGALHÃES COLLAÇO, *Prefácio* a Cortes Rosa, p. X s, e AZEVEDO MOREIRA, *Da questão prévia...*, p. 55 (ambos os autores a propósito da formulação e da solução dadas ao problema por Cortes Rosa).

[451] Afastamo-nos assim da posição dominante na doutrina portuguesa, que tem defendido o recurso às normas de conflitos da *lex causae* para decidir a questão prévia. Ao que sabemos, a competência da lei do foro nesta matéria só foi defendida por LIMA PINHEIRO, *A venda com reserva da propriedade ...*, p. 175.

[452] Aceitando que na noção de "efeito ulterior" ou "oblíquo" da situação jurídica preliminar se encontra a pedra de toque para a identificação da questão principal, na teoria da "questão prévia" em direito internacional privado. Cfr. FERRER CORREIA, *Da questão prévia...*,

Sendo análogo o problema, análoga terá de ser a solução a adoptar. O direito atendível para a integração do conteúdo de um conceito prejudicial contido na norma aplicável à questão principal determina-se com base no método da *conexão complementar*. Se a análise estiver correcta e se a solução for aceite, perdem interesse alguns dos mais complexos e delicados problemas que a doutrina tem discutido no domínio da questão prévia e, desde logo, o problema da delimitação do âmbito da figura ou da identificação das "genuínas hipóteses de questão prévia" [454].

A metodologia acima proposta pode afinal fornecer o quadro geral para a resolução de todos os casos em que se suscite a questão do preenchimento de conceitos utilizados nas normas materiais de uma ordem jurídica através de conteúdos pertencentes a outra ordem jurídica [455].

---

p. 268; id., *Lições...*, p. 472; BAPTISTA MACHADO, *Lições de direito internacional privado*, p. 298, 303 ss.

[453] A atribuição do poder de representação não constitui um "efeito ulterior" da relação interna nem perante os direitos que consagram a identificação entre a representação e a relação subjacente (direitos francês e *common law*) — em que o poder de representação é um "efeito próprio" da relação interna — nem perante os direitos inspirados pelo princípio da separação — em que o poder de representação é o efeito de um negócio autónomo, no sentido de que não depende da existência e do conteúdo da relação interna. De todo o modo, recorde-se que nos exemplos anteriormente observados não estavam apenas em causa remissões operadas pelo estatuto da representação para a lei reguladora da relação interna; em certos casos, tratava-se de remissões para outras ordens jurídicas em contacto com a relação representativa.

[454] BAPTISTA MACHADO, *Âmbito de eficácia...*, p. 326; id., *Lições de direito internacional privado*, p. 301. Cfr. também AZEVEDO MOREIRA, *Da questão prévia...*, p. 73, 271 s.

[455] Assim também, sem prejuízo das diferenças já assinaladas: JAYME, *Ausländische Rechtsregeln und Tatbestand inländischer Sachnormen*, p. 43 ss; id., *Versorgungsausgleich mit Auslandsberührung...*, p. 424 s; id., *Internationales Familienrecht heute*, p. 367 ss; id., *Kollisionsrechtliche Techniken für Langzeitverträge mit Auslandsberührung*, p. 315 s; id., *Komplexe Langzeitverträge...*, p. 64; id., *Identité culturelle et intégration...*, p. 253 ss; Hans STOLL, *Deliktsstatut und Tatbestandswirkung ausländischen Rechts*, p. 260 ss; CANARIS, *Bankvertragsrecht*, an. 2504; HESSLER, *Sachrechtliche Generalklausel und internationales Familienrecht*, em especial, p. 169 ss; id., *Datum-Theorie und Zweistufigkeit des internationalen Privatrechts*, p. 137 ss; id., *Auslandsehe und mißbräuchliche Erhebung der Ehenichtigkeitsklage*, p. 146 ss (p. 147 s); id., *Islamisch-rechtliche Morgengabe...*, p. 95 ss (p. 97); WAGNER, *Statutenwechsel und dépeçage im internationalen Deliktsrecht*, p. 175 ss; VON DER SEIPEN, *Akzessorische Anknüpfung und engste Verbindung...*, p. 86 ss (p. 91 ss); E. LORENZ, *Zur Zweistufentheorie des IPR und zu ihrer Bedeutung für das neue internationale Versorgungsausgleichsrecht*, p. 645 ss (p. 646 ss); WINKLER V. MOHRENFELS, *Kollisionsrechtliche Vorfrage und materielles Recht*, p. 20 ss (p. 25 ss); KELLER, SIEHR, *Allgemeine Lehren...*, p. 516 ss.

b) Justificação do recurso ao sistema de direito internacional privado em vigor no ordenamento do foro

Algumas palavras ainda para justificar a opção pela aplicação, em todos estes casos, das normas de conflitos em vigor no ordenamento do foro.

Antes de mais, num sistema bilateralista de regras de conflitos, não apenas a competência como também a atendibilidade de cada ordem jurídica deve, em nossa opinião, resultar de critérios aceites no sistema do foro. A concretização do ordenamento ou dos ordenamentos a tomar em consideração na interpretação e aplicação do direito material competente terá de fazer-se utilizando os critérios de conexão do sistema de direito internacional privado em vigor no ordenamento do foro. Assim acontece sempre que a atendibilidade constitui objecto de consagração expressa; é a própria norma de direito internacional privado que designa a ordem jurídica a tomar em consideração.

Depois, a coerência do sistema de direito internacional privado do foro e a coerência do próprio sistema jurídico do foro exigem o recurso às normas de conflitos em vigor no Estado do foro relativamente a todas as situações que com ele se encontrem em contacto, seja qual for o modo como as questões se suscitem perante o órgão de aplicação do direito — quer surjam a título principal, quer surjam a título incidental, no momento da interpretação e aplicação de uma norma material do direito competente.

É certo que à orientação oposta tem sido reconhecida uma grande autoridade. Com o objectivo de evitar a falta de harmonia internacional que resulta da aplicação, em cada país, de normas de conflitos do sistema do foro, para a determinação de um dado de que o estatuto da questão principal faz depender uma certa consequência jurídica, Wengler ensinou, desde os seus primeiros trabalhos dedicados à *Vorfrage*, que o órgão de aplicação do direito no Estado do foro não pode deixar de ter em conta o direito internacional privado do país cuja lei rege a questão principal [456]. Mesmo perante os desenvolvimentos que mais tarde introduziu na discussão do problema, o autor manteve a opção de base no sentido de não recorrer sistemática e exclusivamente ao direito de conflitos do foro para, em todos os casos, solucionar as questões daquele tipo que surjam na interpretação e aplicação dos preceitos materiais chamados a decidir a questão principal (preceitos contidos numa ordem jurídica estrangeira ou na ordem jurídica do foro) [457].

---

[456] WENGLER, *Die Vorfrage im Kollisionsrecht*, p. 188 ss, 227 s; id., *Die Beachtlichkeit des fremden Kollisionsrechts*, p. 71 s; id., *The general principles...*, p. 410 ss.

[457] Cfr., designadamente, WENGLER, *Nouvelles réflexions sur les "questions*

A determinação da posição relativa ocupada na escala de valores pelos princípios da harmonia internacional e da harmonia material encontra-se no cerne da discussão sobre o problema da "questão prévia" e, tanto a opção pela tese da "conexão subordinada" ou pela tese da "conexão autónoma", como a admissibilidade de desvios ou excepções ao critério de base adoptado, são geralmente justificadas pelos autores por uma determinada solução quanto à hierarquização entre tais princípios [458].

Para nós, mais importante do que a harmonia internacional de decisões, é a coerência do sistema jurídico, que impõe o tratamento uniforme, do ponto de vista conflitual, das questões jurídicas, independentemente da circunstância de se apresentarem de modo autónomo ou isolado ou de se apresentarem como dados condicionantes ou como pressupostos de outras questões que constituem objecto de conexões distintas. Aliás, mesmo os autores que defendem a aplicação do direito internacional privado da *lex causae* para a resolução da questão prévia estão dispostos a admitir excepções nos casos em que o método que propõem conduza a perturbações intoleráveis da harmonia material no Estado do foro [459].

Se, por um caminho ou por outro — por aplicação das normas de conflitos da *lex fori* ou por aplicação das normas de conflitos da *lex causae* —, se chega a um tratamento conflitual não unitário da questão condicionada e da questão condicionante, então parece preferível prosseguir a "justiça privada internacional" implícita no sistema do foro: o grau de fraccionamento das situações plurilocalizadas e os critérios de conexão a utilizar hão-de ser os que se encontram consagrados no direito internacional privado em vigor no ordenamento do foro.

O recurso às normas de conflitos da *lex fori* corresponde igualmente à necessidade de preservar um valor jurídico incontestável, que é a certeza na aplicação do direito.

De qualquer modo, se se tratar de um instituto jurídico regulado por normas de conflitos constantes de convenção de direito internacional privado uniforme, a solução proposta, sendo a única que permite assegurar uma aplicação coerente do instrumento internacional aplicável, é também a única de que poderá resultar a sua "interpretação e aplicação uniformes". Ora é precisamente este o caso nas mais importantes hipóteses aqui contempladas — aquelas em que existe interferência entre a relação interna e a rela-

---

préalables", p. 166 ss; id., *Internationales Privatrecht*, p. 179 ss; id., *The law applicable to preliminary (incidental) questions*, p. 3 ss.

[458] Para a referência aos autores que adoptam a tese da "conexão subordinada" e a tese da "conexão autónoma", cfr. capítulo I, notas (95) e (96).

[459] Assim, exemplarmente: WENGLER, *Internationales Privatrecht*, p. 185 ss; FERRER CORREIA, *Da questão prévia...*, p. 264 ss; id., *Lições...*, p. 467 ss; WOLFF, *Private International Law*, p. 209 s.

ção externa no domínio da representação —, ambas regidas pelas normas de conflitos constantes da Convenção de Haia sobre a lei aplicável aos contratos de intermediação e à representação.

c) Determinação dos limites e efeitos da atendibilidade no caso de recurso à conexão complementar

A maior dificuldade de funcionamento do método da conexão complementar reside na determinação dos limites e efeitos a atribuir, neste caso, à atendibilidade de outras ordens jurídicas em contacto com a situação.

Quando a atendibilidade constitui objecto de consagração expressa, é em geral a norma de direito internacional privado que fixa o âmbito ou os limites dentro dos quais, na aplicação do direito primariamente competente, devem ser tomados em consideração outros ordenamentos jurídicos.

Assim, se, em momento posterior à celebração do contrato, for designada outra lei para o reger, são atendíveis as normas do primitivo estatuto relativas à validade formal e aos direitos de terceiros (artigo 3º, nº 2 da Convenção de Roma) [460]; para a decisão sobre a formação ou eficácia de um contrato, podem, em certos casos, ser atendíveis as normas da lei da residência habitual de um dos declarantes sobre o valor a atribuir a um comportamento (*maxime*, ao silêncio) como declaração negocial (artigo 8º, nº 2 da Convenção de Roma); no caso da cessão de créditos, são atendíveis as normas contidas na lei aplicável ao crédito cedido em tudo o que respeita à admissibilidade da cessão, às relações entre o cessionário e o devedor, às condições de oponibilidade da cessão ao devedor, à natureza liberatória da prestação feita pelo devedor (artigo 12º, nº 2 da Convenção de Roma); em matéria de cumprimento, são atendíveis as normas da lei do lugar onde é cumprida a obrigação, referentes ao modo do cumprimento (artigo 9º da Convenção de Haia sobre representação) ou referentes ao modo do cumprimento e às medidas a adoptar pelo credor na hipótese de cumprimento defeituoso (artigo 10º, nº 2 da Convenção de Roma).

Quanto aos efeitos da atendibilidade, ainda que não sejam mencionados de modo expresso, é geralmente possível determinar quais sejam, através da interpretação da norma de direito internacional privado que fundamenta tal atendibilidade.

Por vezes, o efeito é a aplicação cumulativa das normas atendíveis e do estatuto do contrato (artigos 3º, nº 2, 8º, nº 2 da Convenção de Roma); outras vezes, da atendibilidade de normas estranhas ao estatuto do contrato

---

[460] Cfr., neste parágrafo, nº 4.1.1. Também nos outros casos de conflito móvel solucionados no Código Civil português (artigos 29º, 55º, nº 2 e 63º, nº 2) é a própria norma de direito internacional privado que fixa o âmbito ou os limites da atendibilidade.

resulta a aplicação distributiva das normas atendíveis e das normas incluídas no estatuto do contrato (artigo 12º, nº 2 da Convenção de Roma; artigos 10º, nº 2 da Convenção de Roma e artigo 9º da Convenção de Haia). A consequência é sempre, de um modo ou de outro, nestes casos, a *substituição* parcial do regime que decorreria do direito primariamente competente e, nessa medida, a limitação do âmbito de aplicação do estatuto do contrato. Assim se atinge também uma certa compatibilização entre o direito primariamente competente (o estatuto do contrato) e as leis que, por seu intermédio, são atendíveis.

Pelo menos num caso, porém, embora sejam fixadas pela própria norma de direito internacional privado contida no ordenamento em vigor no Estado do foro as condições de atendibilidade, não o são os limites da atendibilidade, nem os efeitos que dela resultam na situação concreta. Temos em mente a atendibilidade fundada na interferência de "normas de aplicação imediata ou necessária", nos termos do artigo 7º, nº 1 da Convenção de Roma e do artigo 16º da Convenção de Haia. Se o órgão de aplicação do direito entender dar-lhes relevância, as normas imperativas atendíveis integram-se nos pressupostos de aplicação de normas da *lex causae*, incluem-se na hipótese de normas materiais do estatuto contratual (da *lex causae*). Os limites da atendibilidade, bem como os efeitos que se produzem, dependem das circunstâncias concretas e serão fixados pela lei primariamente competente (o estatuto do contrato). Na decisão a proferir pela lei do contrato, não podem todavia deixar de ser considerados, quer a delimitação do âmbito de aplicação contida nas normas imperativas — já que, por definição, estão em causa disposições "espacialmente autolimitadas", que fixam o seu próprio domínio de aplicação —, quer os objectivos por elas prosseguidos — já que, por definição, estão em causa disposições "dotadas de particular intensidade valorativa" [461].

Ora, diferentemente da generalidade das situações até aqui contempladas, nos casos em que a atendibilidade não constitua objecto de consagração expressa, mas se fundamente no método da conexão complementar, não existe, por natureza, uma norma de direito internacional privado que fixe os limites e os efeitos dessa atendibilidade.

A resolução do problema dependerá então da interpretação das normas a propósito das quais a questão se suscita. Está sempre em causa, recorde-se, um problema de determinação do sentido de normas materiais do direito competente — o preenchimento do conteúdo de conceitos ou relações utilizados nas normas materiais do direito competente — e de determinação do sentido das remissões expressas ou implícitas operadas por normas materiais do direito competente para complexos normativos

---

[461] MARQUES DOS SANTOS, *As normas de aplicação imediata...*, p. 842 ss, 897 ss.

pertencentes a outras ordens jurídicas. Os limites ou o âmbito da atendibilidade de normas incluídas em ordenamentos jurídicos diferentes da *lex causae* hão-de extrair-se, por interpretação, das próprias normas materiais do direito primariamente competente a respeito das quais a questão se suscita. Decisivos para a fixação daqueles limites serão, em cada caso, o fim da norma, a valoração dos interesses em jogo, a integração da norma no seu contexto.

Os conceitos jurídicos utilizados na norma material do direito primariamente competente para designar as relações ou factos-pressuposto são, em certo sentido, na hipótese que interessa examinar, conceitos-quadro: fixam molduras, conformadas a partir do conteúdo dos conceitos no sistema a que pertencem, mas são aptos a abranger outras realidades, moldadas por direitos estrangeiros. O conceito-quadro constitui o ponto de partida, fornece o mínimo de conteúdo para a sua interpretação e integração. Em última análise, pode resultar do sentido de uma determinada norma que ela exclui (ou que aceita em medida muito restrita) a possibilidade de uma remissão para ordens jurídicas estrangeiras, quando se concluir que o conceito utilizado apenas admite aquele conteúdo que esteja "predestinado" para a produção de certos efeitos jurídicos fixados na ordem jurídica onde ele surge.

Sempre que a norma material aplicável admita a possibilidade de remissão para um direito estrangeiro, será encontrada, por designação da correspondente norma de conflitos do sistema do foro, a lei competente para fornecer o conteúdo que irá preencher determinado conceito; mas importa aferir pelo próprio conceito de que se partiu se o resultado obtido através do recurso a fontes estrangeiras se lhe ajusta. Esta operação de verificação da correspondência, adequação ou equivalência desenvolve-se no domínio da ordem jurídica primariamente competente e realiza-se à luz de uma análise funcional e comparativa.

Os efeitos ou consequências produzidos pela atendibilidade fundada no método da conexão complementar dependem da situação concreta no seu conjunto e devem apurar-se perante a norma material do direito primariamente competente, a propósito da qual a questão surge.

O regime proveniente da ordem jurídica atendível é recebido na norma material do direito primariamente competente, "tomando o lugar" do regime que resultaria do recurso a normas materiais deste mesmo direito se a situação a regular fosse uma situação meramente interna em relação à ordem jurídica em causa — dá-se um efeito de *substituição*.

Por exemplo, na aplicação, a uma situação internacional, do artigo 23º, nº 1 do Decreto-Lei nº 178/86, de 3 de Julho [462], os dados fornecidos

---

[462] Sobre a aplicação deste preceito a situações internacionais, quando o direito português for chamado a título de "estatuto da representação", cfr. capítulo IV, § 2º, nº 3.3.2., nº 3.5.

pela lei reguladora da relação interna, para a caracterização da relação entre o principal e o agente como contrato de agência (ou como contrato de cooperação auxiliar), integram o conceito-quadro "contrato de agência" e substituem o conteúdo que resultaria do direito material português, que é, no caso, o estatuto da representação. Os dados fornecidos pela lei do lugar onde a aparência é criada e produz os seus efeitos substituem os que decorreriam do direito material português, para a apreciação da situação de confiança da contraparte na existência e na extensão do poder de representação do agente (perante os conceitos "boa fé" e "confiança" da contraparte).

Os exemplos poderiam multiplicar-se. Observe-se apenas o caso da fiança. Sendo o direito material português aplicável à fiança, o conteúdo fixado para a obrigação principal, segundo a lei que a rege, define, em certos termos, o âmbito da fiança (artigos 627º, 631º e 632º do Código Civil português).

Da interpretação da norma material do direito primariamente competente pode decorrer que a *substituição* diga respeito apenas a um aspecto parcial do regime. Quando assim for, o regime proveniente da ordem jurídica atendível concorre com o direito primariamente designado para a formulação da solução própria que irá reger a situação privada internacional em causa. Nesses casos, a atendibilidade está na origem de uma *aplicação conjunta* de diferentes direitos.

Pode tratar-se da *aplicação distributiva* de duas leis. Sendo o direito português chamado, como "estatuto da representação", para reger a cessação do poder de representação na relação entre o representado e a contraparte, a norma do artigo 265º do Código Civil contém implícita uma remissão para a lei reguladora da relação interna (uma lei estrangeira, por hipótese) quanto às causas da cessação. A correcta interpretação da norma permite concluir que, na situação, o direito material português rege os efeitos da cessação do poder de representação, o dever imposto ao representante de restituir o documento de onde constam os seus poderes, as exigências de comunicação e de publicidade necessárias para a produção dos efeitos da cessação, as circunstâncias em que as causas de cessação são inoponíveis à contraparte; mas a lei reguladora da relação interna fornece as causas de cessação.

Pode finalmente tratar-se da *aplicação cumulativa* de duas leis. Na determinação do regime aplicável à representação aparente, a atendibilidade, perante o artigo 23º, nº 1 do Decreto-Lei nº 178/86, da lei do lugar da residência habitual (ou do estabelecimento profissional) do principal, quanto à valoração do seu comportamento, implica a aplicação cumulativa das duas ordens jurídicas (a portuguesa, como estatuto da representação, uma ordem jurídica estrangeira, como lei da residência habitual do principal).

Se bem que possa traduzir-se numa limitação do âmbito de aplicação do direito primariamente competente, a atendibilidade de normas contidas em diferentes ordens jurídicas, por via da conexão complementar, tem como resultado, pelo menos em algumas situações, a harmonização entre o direito primariamente designado e o(s) direito(s) que no primeiro momento havia(m) sido afastado(s) em consequência da aplicação da norma de conflitos do foro tida como relevante quanto à matéria em causa.

Esta conclusão vale sobretudo para os casos em que o recurso ao método da conexão complementar se verifica em consequência da interligação, interdependência ou complementaridade funcional entre certas relações jurídicas, como a que existe entre os diversos elos que compõem a relação representativa ou como a que existe no âmbito de outras relações triangulares (cessão de créditos, sub-rogação) ou no âmbito de certas operações contratuais de estrutura complexa. Não sendo possível a construção de um estatuto unitário, que a todos esses elos se aplique, para a compatibilização entre as diversas leis do conjunto será por vezes suficiente a atendibilidade, por via da conexão complementar, de normas contidas nas ordens jurídicas competentes para reger os elementos de tal conjunto.

Sublinhe-se por último que o método pressupõe uma certa "fungibilidade" entre normas materiais contidas em ordenamentos diferentes [463].

4.3. O papel auxiliar da "reinterpretação" de normas materiais na coordenação de regimes materiais oriundos de ordens jurídicas diferentes

Durante o processo de coordenação de regimes materiais oriundos de ordens jurídicas diferentes, pode ainda revelar-se necessário recorrer a uma "nova fase de interpretação" ou "reinterpretação", já não de normas de conflitos, mas das normas materiais em presença [464].

A interpretação é sempre, já o afirmámos, o resultado de uma relação entre a norma e o caso concreto e apenas se consuma, no termo de um processo dialéctico, na decisão concreta.

---

[463] Para a crítica da "fungibilidade" de normas materiais, MARQUES DOS SANTOS, *As normas de aplicação imediata...*, p. 957, nota (2966), p. 992 s, e bibliografia aí citada.

[464] Num sentido próximo, BATIFFOL, *Réflexions sur la coordination des systèmes nationaux*, p. 211, refere-se a *interprétation adaptative*, e SCHWANDER, *Einführung in das internationale Privatrecht*, I, p. 206, admite uma interpretação de que resulte a alteração do sentido das normas materiais da ordem jurídica ou das ordens jurídicas aplicáveis. Em BATIFFOL, LAGARDE, *Droit international privé*, I, 8ª ed., p. 454, a adaptação é também descrita como *une interpretation convenable [...] du droit interne pour l' "adapter" à son application dans les situations de caractère international*. Em FERNÁNDEZ ROZAS, SÁNCHEZ LORENZO, *Curso...*, p. 478, a palavra *reinterpretación* é usada, como se viu, tanto em relação à adaptação de normas de conflitos como em relação à adaptação de normas materiais.

Na aplicação de normas materiais inseridas num ordenamento nacional a situações da vida privada internacional, o sentido de cada norma tem de adaptar-se ao carácter internacional das situações. As normas de direito material de cada ordem jurídica são ditadas, em regra, para situações que se encontram exclusivamente em contacto com essa mesma ordem jurídica; têm por vezes de admitir, na sua aplicação a situações plurilocalizadas, uma "deformação" que permita o ajustamento ao carácter internacional das situações.

A determinação de um "novo" sentido da norma, com esse fim, é exigida em todos os casos antes descritos em que se impõe a atendibilidade, no âmbito do direito primariamente competente, de normas contidas em ordens jurídicas estrangeiras.

Não são necessariamente coincidentes o sentido de uma norma material, aplicada a uma situação meramente interna, em que todos os conceitos nela utilizados são preenchidos com conteúdos oriundos da mesma ordem jurídica, e o sentido dessa norma, aplicada a uma situação plurilocalizada, em que, para o preenchimento de certos conceitos, se integram (por *substituição*) conteúdos estrangeiros. A "reinterpretação" significa, no caso concreto, a restrição ou a extensão do sentido inicial, consoante os conceitos estrangeiros funcionalmente equivalentes (e por isso portadores de um conteúdo comum suficiente para assegurar a correspondência, adequação ou equivalência de função) tenham um sentido mais restrito ou mais amplo do que o sentido próprio desses conceitos no direito interno a que a norma pertence.

Não são necessariamente coincidentes os efeitos produzidos por uma norma material, aplicada a uma situação meramente interna, e os efeitos produzidos por essa norma, aplicada a uma situação plurilocalizada, quando, em virtude da *substituição* do conteúdo de certos conceitos por conteúdos estrangeiros, concorrem afinal na regulação concreta regras provenientes de mais do que um ordenamento (casos de *aplicação distributiva* ou de *aplicação cumulativa* de duas leis). A "reinterpretação" significa, nestas hipóteses, uma restrição do sentido inicial da norma.

A "reinterpretação" de normas materiais é chamada a intervir em diferentes enquadramentos jurídicos.

Nos casos em que, para solucionar as incompatibilidades emergentes da aplicação de leis diferentes a uma situação privada internacional, se realiza directamente um ajustamento de normas materiais — procedimento designado *adaptação de normas materiais* —, é necessário proceder a uma "reinterpretação" da norma material aplicável, de modo a permitir que ela forneça a disciplina adequada à situação concreta.

Sempre que a actuação da reserva de ordem pública internacional dê origem a uma lacuna de regulamentação, às regras mais apropriadas da legislação estrangeira competente, chamadas a preencher essa lacuna [465], deve ser atribuído um sentido compatível com a ordem pública do foro [466]. Em todo o caso, quer a lacuna seja preenchida através de normas do direito estrangeiro competente, quer o seja através de normas do direito material do foro [467], os preceitos relevantes não são aplicáveis directamente, mas por analogia [468], circunstância que de modo particular exige a adequação do seu sentido à hipótese concreta.

A "reinterpretação" de normas materiais é ainda necessária nos casos em que, para a resolução de problemas de vácuo de normas, ou de alguns tipos de concurso de normas de conflitos, se propõe a criação de uma norma de direito material especial resultante da comparação das soluções constantes das ordens jurídicas interessadas [469], se sugere o alargamento da esfera de aplicação de uma norma material [470] ou se admite uma solução que, não coincidindo com qualquer uma das consagradas nos direitos materiais das ordens jurídicas envolvidas, recebe elementos ou fundamentos desses vários direitos [471].

O ajustamento (a "reinterpretação") de normas materiais intervém como método autónomo de coordenação quando se procura a conciliação de duas disciplinas incoerentes na "distorção" de um dos regimes materiais em presença. A solução tem sido adoptada pela doutrina em diversificadas categorias de situações, quer a incoerência tenha origem no método analítico do direito internacional privado, quer se fundamente num "conflito de qualificações", e tanto em hipóteses de contradição lógica (*Seinswiderspruch*)

---

[465] Artigo 22º, nº 2, primeira parte, do Código Civil português.

[466] Este aspecto tem sido sublinhado pela doutrina, como antes se referiu (capítulo I, nota (57)).

[467] Artigo 22º, nº 2, segunda parte, do Código Civil português.

[468] Referindo-se tão-só aos preceitos da lei estrangeira competente, MAKAROV, *Internationales Privatrecht und Rechtsvergleichung*, 1949, p. 43; BAPTISTA MACHADO, *Lições de direito internacional privado*, p. 271, nota (1).

[469] Resolução de um problema de lacuna, num caso de divergência entre a qualificação "sucessões" e a qualificação "direito real", através de uma norma segundo a qual "sempre que, de conformidade com o direito nacional aplicável à sucessão, o *de cuius* não tenha deixado sucessores, a herança vaga constituída pelos bens existentes em território português reverte para o Estado da situação" (FERRER CORREIA, *Lições...*, p. 351 s; id., *Direito internacional privado. Alguns problemas*, p. 165 s, nota (42); id., *Considerações sobre o método...*, p. 365 s).

[470] Resolução de um problema de lacuna, num caso de divergência entre a qualificação "sucessões" e a qualificação "direito real", através do alargamento das circunstâncias em que a norma do artigo 2152º do Código Civil português prevê o chamamento do Estado à sucessão (BAPTISTA MACHADO, *Lições de direito internacional privado*, p. 143 s).

[471] Resolução de um problema de cúmulo de normas, num caso de divergência entre o estatuto jurídico-familiar e o estatuto da responsabilidade civil extracontratual, conferindo ao lesado uma única pretensão com pluralidade de fundamentos (BAIÃO DO NASCIMENTO, *Do concurso de normas*, p. 127).

como em hipóteses de contradição teleológica (*Sollenswiderspruch*) [472]. O ajustamento que incide directamente sobre um regime jurídico material implica a atribuição de um novo sentido às normas materiais do direito que vai ser aplicado. A conclusão sobre a exigência deste procedimento apenas se atinge após a verificação dos resultados a que conduziria, na sua aplicação ao caso concreto, um entendimento mecânico das ordens jurídicas designadas.

Importa reconhecer que a adaptação de normas materiais constitui um método eminentemente casuístico e comporta riscos de insegurança e imprevisibilidade de soluções. Por isso a generalidade da doutrina pretende relegar esta modalidade de adaptação para segundo plano [473].

Os problemas a que a adaptação vem dar resposta devem, sempre que possível, ser solucionados ao nível das normas de conflitos. Estamos em crer que os métodos e técnicas propostos nesta dissertação para a coordenação de regimes materiais oriundos de ordens jurídicas diferentes, ao privilegiarem soluções de natureza conflitual, reduzem significativamente o campo de actuação da adaptação de normas materiais, no sentido limitado em que entendemos a expressão.

Neste sector da ciência jurídica, toda a adaptação, incluindo a adaptação que, em casos restritos, venha a incidir sobre normas materiais, tem origem, não pode esquecer-se, em técnicas do direito de conflitos e constitui um método próprio, embora não exclusivo [474], do direito internacional privado.

---

[472] Para uma exposição de conjunto, cfr. MARQUES DOS SANTOS, *Breves considerações sobre a adaptação* ..., p. 65, com remissão para p. 23 s, 53 ss; id., *Direito internacional privado. Sumários*, p. 216 s.

[473] MAGALHÃES COLLAÇO, *Da qualificação*..., p. 258; FERRER CORREIA, *Considerações sobre o método*..., p. 340; id., *Direito internacional privado matrimonial*, p. 336 (onde o autor, na sequência do que já exprimia em obras anteriores, reconhece um alcance limitado ao "expediente da adaptação" — entendido como adaptação de preceitos jurídico-materiais —, pois, em sua opinião, "apresenta sempre riscos"); MARQUES DOS SANTOS, *Breves considerações sobre a adaptação*..., p. 72. Assim também na doutrina de outros países: KEGEL, *Begriffs- und Interessenjurisprudenz*..., p. 285; id., *Internationales Privatrecht*, p. 263 (implicitamente); NEUHAUS, *Die Grundbegriffe*..., p. 358; KROPHOLLER, *Die Anpassung im Kollisionsrecht*, p. 285; id., *Internationales Privatrecht*, p. 217; SCHWANDER, *Einführung in das internationale Privatrecht*, I, p. 207. Para a crítica à solução conflitual, cfr. RAAPE, STURM, *Internationales Privatrecht*, I, p. 262 s. Preferem a adaptação de normas materiais: SCHRÖDER, *Die Anpassung von Kollisions- und Sachnormen*, p. 95; VON OVERBECK, *Les règles de droit international privé matériel*, p. 364, 375, 377.

[474] Assim: WENGLER, *Réflexions sur la technique des qualifications*..., p. 680, nota (1); MAGALHÃES COLLAÇO, *Direito internacional privado*, II, p. 443; SCHRÖDER, *Die Anpassung von Kollisions- und Sachnormen*, p. 76; MARQUES DOS SANTOS, *Breves considerações sobre a adaptação*..., p. 4.

Esta caracterização do problema há-de ser determinante para a definição do direito material que deve suportar a adaptação. Em geral, sustenta-se que a adaptação deve incidir sobre a "lei que com ela menos teria a sofrer no seu espírito" [475] ou sobre a "lei da mínima resistência" [476], deve sacrificar "os interesses mais fracos" para proteger "os interesses mais fortes" [477].

A definição do direito material que deve suportar a adaptação depende da ponderação dos *interesses de direito internacional privado* que, em cada caso, estão em jogo e envolve, uma vez mais, a determinação de qual das ordens jurídicas em presença deve prevalecer.

Ora esses interesses só podem aferir-se em função dos "princípios dominantes do sistema de direito internacional privado que se trata de actuar" [478]. Esta directiva geral, que exige a hierarquização e a ordenação de princípios de direito internacional privado, é a única capaz de preservar e prosseguir a coerência do sistema.

---

[475] FERRER CORREIA, *Considerações sobre o método...*, p. 360.
[476] KEGEL, *The crisis of conflict of laws*, p. 247; id., *Internationales Privatrecht*, p. 263, 268; MARQUES DOS SANTOS, *Breves considerações sobre a adaptação...*, p. 66; id., *Direito internacional privado. Sumários*, p. 218 (adoptando a terminologia de Kegel). No mesmo sentido também SONNENBERGER, *Münch.Komm.*, *Einleitung*, an. 436.
[477] KEGEL, *Internationales Privatrecht*, p. 263.
[478] MAGALHÃES COLLAÇO, *Direito internacional privado*, II, p. 444.

CONCLUSÕES

1. No âmbito do direito internacional privado, o **direito comparado** desempenha uma função insubstituível como ciência auxiliar.

O recurso à comparação de direitos justifica-se em diversas fases do processo de interpretação e aplicação das regras de conflitos, em especial:

— na revelação da divergência entre soluções materiais decorrentes das ordens jurídicas em contacto com uma situação e, consequentemente, na revelação da existência e do alcance de autênticos problemas de direito internacional privado;

— na resolução de problemas de equivalência entre conceitos ou entre institutos de diferentes sistemas jurídicos;

— na determinação do regime conflitual das situações privadas internacionais que estejam em contacto com ordens jurídicas inspiradas por concepções distintas ou que ponham em jogo institutos ou perspectivas de direito estrangeiro desconhecidos pela ordem jurídica do foro;

— na coordenação de normas provenientes das ordens jurídicas chamadas a regular vários aspectos da mesma situação internacional.

2. Pela multiplicidade e complexidade de problemas que suscita, a determinação do regime da **representação nos contratos internacionais** de conteúdo patrimonial constitui terreno privilegiado para a pesquisa de critérios de compatibilização entre estatutos que concorrem na regulação de situações plurilocalizadas.

2.1. A análise, numa perspectiva comparada, das normas de direito material que regem a representação demonstra a existência de diferentes modelos: de um lado, os sistemas inspirados pela separação entre a representação e o contrato que lhe está subjacente, em que o regime material é principalmente orientado para a protecção das pessoas que contratam com o representante (direitos alemão, suíço, italiano e português); de outro lado, os sistemas inspirados pela identificação entre a representação e a relação jurídica que liga o representado ao representante, em que o regime material visa fundamentalmente a protecção do representado (direito francês). Sob este aspecto, o *common law* constitui um compromisso, pois, apesar de o instituto da *agency* assentar na teoria da identidade entre representante e representado, a interpretação dos poderes do *agent* faz-se de acordo com critérios objectivos, em defesa dos interesses de terceiros.

A maior dificuldade da regulamentação material da representação, inerente à sua natureza tripartida, consiste em conciliar o poder do representante (ou do *agent*) na relação externa com a faculdade que ele tem, na relação interna, de gerir os interesses do representado (ou do *principal*).

A ponderação dos interesses em jogo está, em todos os sistemas, na origem de interferências recíprocas entre a relação interna e a relação externa.

2.2. As divergências ao nível do direito material reflectem-se nas normas de conflitos. Como é natural, nos sistemas inspirados pela separação entre a representação e o contrato subjacente, o poder de representação é objecto de conexão autónoma; nos sistemas onde o poder de representação constitui um efeito jurídico do contrato subjacente (*maxime*, do mandato), a representação e a relação jurídica que liga o representado ao representante foram, no período anterior à vigência da Convenção de Haia, sujeitas à mesma lei; em *common law*, a intenção de proteger os interesses de terceiros justifica que, no direito inglês, se submeta o poder de representação à lei competente para reger o contrato em que intervêm o representante e a contraparte, e que, para concretização do princípio geral da conexão mais significativa consagrado no *Restatement* norte-americano, se atribua especial relevância ao lugar onde o *agent* celebra o contrato com a contraparte.

Estas proposições indicam meras tendências, não sendo possível afirmar um paralelismo total entre a concepção subjacente ao direito material e a solução de direito internacional privado dentro da mesma ordem jurídica.

A dificuldade de delimitação entre os estatutos que concorrem na regulamentação da relação representativa não reside apenas na diferente qualificação, de uma para outra ordem jurídica, das normas materiais que integram o regime da representação. Deriva também do modo não uniforme como, nos direitos materiais estudados, entre si se repercutem as relações integradas na relação representativa.

3. A Convenção de Haia sobre representação, que, no sistema português actual, define o regime da representação internacional, tem como propósito a aplicação de um único direito às relações que compõem a relação representativa. Embora permitindo a construção de um "estatuto da representação" de conteúdo muito amplo, as regras de conflitos da Convenção não excluem incompatibilidades, pelo menos potenciais, com as leis reguladoras da relação interna e do negócio representativo.

Na interpretação e aplicação das normas de conflitos da Convenção de Haia, e na resolução dos problemas de interferência entre as ordens jurídicas em contacto com a relação representativa, devem adoptar-se métodos que permitam prosseguir o objectivo pretendido pela mesma Convenção e assegurar a coerência na regulação do conjunto dessa relação.

4. A ideia de **coerência** reportada aos sistemas jurídicos tem, antes de mais, um conteúdo negativo, que exprime a inadmissibilidade de contradições normativas no interior de cada sistema; mas tem também um conteúdo positivo, que se manifesta em relações de natureza lógica e genética — relações de coordenação e de subordinação — entre as regras de um determinado ordenamento jurídico e em conexões de sentido entre os elementos que compõem o sistema.

A discussão do tema da coerência a propósito do direito internacional privado exige a consideração de vários níveis ou planos de análise:

— coerência na prossecução dos objectivos fundamentais do "sistema de direito internacional privado" do foro;

— coerência na preservação da unidade de cada direito material designado pelas normas de conflitos do foro;

— coerência na regulação das situações que ao direito internacional privado compete disciplinar;

— coerência na defesa da harmonia e unidade sistemática do direito do foro considerado na sua globalidade.

A primeira tarefa do intérprete na construção da coerência do "sistema de direito internacional privado" consiste em compatibilizar as normas de conflitos provenientes de diversas fontes, tendo em vista a aplicação de tais normas às concretas situações da vida privada internacional.

Quando referido à regulação das situações plurilocalizadas, o princípio da coerência em direito internacional privado concretiza-se em duas máximas fundamentais: o princípio do direito único e o princípio da coordenação.

5. O princípio do direito único exprime, no âmbito do direito internacional privado, o conteúdo positivo da unidade e da coerência do sistema jurídico e traduz a conveniência de aplicar uma única ordem jurídica a cada situação internacional.

O princípio do direito único concretiza-se, em diversos domínios, através de estatutos amplos, como o "estatuto contratual", no quadro da

Convenção de Roma, e o "estatuto da representação", no quadro da Convenção de Haia.
Para a formação de estatutos unitários contribui de modo decisivo a técnica da conexão dependente ou acessória.

6. O princípio da coordenação exprime, no âmbito do direito internacional privado, a exigência de não contradição, ou seja, o conteúdo negativo da unidade e da coerência do sistema jurídico, e traduz a necessidade de, na regulação de cada situação da vida privada internacional, suprimir as antinomias ou incompatibilidades de efeitos jurídicos produzidos por normas provenientes de sistemas jurídicos distintos.

6.1. A correcta utilização dos cânones hermenêuticos — a "reinterpretação" das normas de conflitos — pode em certos casos revelar que as desarmonias entre os comandos de duas ordens jurídicas em contacto com uma situação plurilocalizada são meramente aparentes.

6.2. O primeiro método de prevenção e de resolução de antinomias em diversas fases do processo de aplicação das normas de direito internacional privado consiste em reconhecer prevalência a um dos direitos em presença. O critério da prevalência é adequado, designadamente, para solucionar os denominados "conflitos de qualificação".

6.3. Instrumento imprescindível para a compatibilização ou coordenação de regimes materiais oriundos de mais do que um ordenamento é a **atendibilidade** ou consideração, através do direito aplicável, de normas contidas em outras ordens jurídicas em contacto com a situação internacional.
O método pressupõe a individualização de um direito a que se reconhece a posição de "direito primariamente competente", no âmbito do qual hão-de atender-se, considerar-se ou integrar-se os efeitos produzidos por outras leis em contacto com a situação. No sistema de direito internacional privado em vigor no ordenamento português, o método encontra-se consagrado, designadamente, no domínio das "normas de aplicação imediata ou necessária".

7. O recurso ao método da atendibilidade é de admitir em casos não directamente previstos no sistema, como meio de atribuir relevância às remissões operadas pelas regras materiais do "direito primariamente competente" para complexos normativos contidos em outros sistemas.

7.1. Para individualizar o ordenamento ou os ordenamentos a tomar em conta no momento da interpretação e aplicação do direito competente, propõe-se nesta dissertação o recurso ao método da **conexão complementar**.

7.2. O objecto da conexão complementar é definido a partir das normas materiais a propósito das quais a questão se suscita. Estando em causa o preenchimento do conteúdo de conceitos ou relações utilizados nas normas materiais do direito competente, a individualização do objecto da conexão complementar resulta da interpretação dessas normas.

7.3. A concretização do ordenamento ou dos ordenamentos a ter em conta terá de fazer-se utilizando os critérios de conexão do sistema de direito internacional privado em vigor no Estado do foro.

O recurso ao sistema do foro fundamenta-se no princípio da coerência. A ideia de unidade do sistema jurídico, que inspira o princípio da coerência, impõe o tratamento uniforme, do ponto de vista conflitual, de todas as questões jurídicas, independentemente da circunstância de se apresentarem de modo autónomo ou de se apresentarem como dados condicionantes de outras questões que constituam objecto de conexões distintas.

7.4. O método proposto revela-se adequado para assegurar a coordenação de ordens jurídicas perante diferentes modelos de repercussão ou interferência, isto é, perante diferentes tipos de nexos entre normas ou entre relações jurídicas (nexos de complementaridade, de acessoriedade e de prejudicialidade). Pode por conseguinte fornecer o quadro geral para a resolução de todos os casos em que se suscite a questão do preenchimento de conceitos utilizados nas normas materiais de uma ordem jurídica através de conteúdos pertencentes a outra ordem jurídica.

8. A coerência da regulação das situações internacionais cede perante a necessidade de preservar a coerência e a unidade sistemática do direito do foro.

São por isso inevitáveis as intromissões no direito competente justificadas quer pela actuação da reserva de ordem pública internacional do Estado do foro, quer pela intervenção de certos comandos da ordem jurídica do foro caracterizados como "normas de aplicação imediata ou necessária", quer ainda pela atendibilidade de outro direito por via da conexão complementar.

9. A perspectiva adoptada não tem natureza puramente conflitual.

O estudo realizado e os métodos utilizados assentam na ideia de que o direito internacional privado não se esgota na aplicação formal e mecânica das normas de conflitos e de que a regulamentação das situações da vida privada internacional não termina com a identificação das ordens jurídicas materiais designadas pelo sistema de conflitos do foro.

A presente dissertação acompanha a tendência para a materialização do direito de conflitos, indiscutivelmente presente na *Zweistufentheorie des IPR*, onde pode inscrever-se o método da conexão complementar.

Mas as propostas formuladas pretendem também recuperar certos valores tradicionais do direito internacional privado: a harmonia jurídica interna, a certeza, a previsibilidade e a igualdade na determinação do direito competente.

CONVENÇÃO DE HAIA SOBRE A LEI APLICÁVEL AOS CONTRATOS DE INTERMEDIAÇÃO E À REPRESENTAÇÃO

Decreto nº 101/79, de 18 de Setembro
(D. R. nº 216, I Série, de 18.9.1979, p. 2381 ss)

Usando da faculdade conferida pela alínea c) do artigo 200º da Constituição, o Governo decreta o seguinte:

Artigo único. É aprovada, para ratificação, a Convenção sobre a Lei Aplicável aos Contratos de Mediação e à Representação, concluída na Haia em 14 de Março de 1978, cujo texto em francês e respectiva tradução vão publicados em anexo ao presente decreto.

[...]

Nota justificativa
Convenção da Haia sobre a lei aplicável aos contratos de mediação e à representação

A Convenção determina a lei aplicável nas relações de carácter internacional entre o representante e o representado. O representante é designado normalmente na Convenção por intermediário.

Esta Convenção trata da regulação dos direitos e deveres das agências comerciais e outras e dos poderes de que dispõe um intermediário com procuração ou outro contrato de representação. A regra geral é a de que a lei aplicável é a lei interna escolhida pelas partes interessadas (artigo 5º). Não tendo havido indicação da lei escolhida, prevalece a regra de que se aplica a lei interna do Estado em que o intermediário tem o seu estabelecimento comercial ou, na sua falta, a sua residência habitual (artigo 6º). Outra regra geral importante é a que estabelece que a forma de execução é determinada pela lei do local de execução, qualquer que seja a lei aplicável à relação de representação (artigo 9º), não se aplicando o capítulo II da Convenção quando o contrato que cria a relação de representação é um contrato de trabalho.

No final a Convenção estabelece as cláusulas gerais e diplomáticas que são as normais em instrumentos internacionais desta natureza e indica no artigo 18º as reservas que podem fazer-se.

Na elaboração da referida Convenção, assinada por Portugal em 26 de Maio de 1978, esteve presente uma delegação do Ministério da Justiça que acompanhou os trabalhos. Foram solicitados pelos SJT os pareceres das instâncias competentes — Ministério da Justiça, Procuradoria-Geral da República,

Ministério das Finanças e Ministério do Comércio e Turismo —, que deram a sua aprovação e que são também concordantes no sentido de que devem fazer-se as reservas do artigo 18º, as quais serão efectuadas no acto da ratificação.

Convention sur la loi applicable aux contrats d'intermédiaires et à la représentation

Les États signataires de la présente Convention:
Désirant établir des dispositions communes concernant la loi applicable aux contrats d'intermédiaires et à la représentation;
ont résolu de conclure une Convention à cet effet et sont convenus des dispositions suivantes:

CHAPITRE I
Champ d'application de la Convention

Article premier
La présente Convention détermine la loi applicable aux relations à caractère international se formant lorsqu' une personne, l'intermédiaire, a le pouvoir d'agir, agit ou prétend agir avec un tiers pour le compte d'une autre personne, le représenté.
Elle s'étend à l'activité de l'intermédiaire consistant à recevoir et à communiquer des propostitions ou à mener des négotiations pour le compte d'autres personnes.
La Convention s'applique, que l'intermédiaire agisse en son propre nom ou au nom du représenté et que son activité soit habituelle ou occasionelle.

Article 2
La Convention ne s'applique pas à:
a) La capacité des parties;

Convenção sobre a lei aplicável aos contratos de mediação e à representação

Os Estados signatários da presente Convenção:
Desejosos de estabelecer disposições comuns sobre a lei aplicável aos contratos de mediação e à representação;
decidiram, para tal efeito, concluir uma Convenção e acordaram nas seguintes disposições:

CAPÍTULO I
Campo de aplicação da Convenção

Artigo 1º
A presente Convenção determina a lei aplicável às relações de carácter internacional que se estabelecem quando uma pessoa, o intermediário, tem o poder de agir, age ou pretende agir junto de um terceiro, por conta de outrem, o representado.
Ela é exensiva à actividade do intermediário que consista em receber e em comunicar propostas ou em efectuar negociações por conta de outras pessoas.
A Convenção aplica-se quer o intermediário actue em nome próprio ou em nome do representado quer a sua actividade seja habitual ou ocasional.

Artigo 2º
A presente Convenção não se aplica:
a) À capacidade das partes;

b) La forme des actes;
c) La représentation légale dans le droit de la famille, des régimes matrimoniaux et des successions;
d) La représentation en vertu d' une décision d' une autorité judiciaire ou administrative, ou s' exerçant sous le contrôle direct d' une telle autorité;
e) La représentation liée à une procédure de caractère judiciaire;
f) La représentation par le capitaine de navire agissant dans l' exercice de ses fonctions.

Article 3
Aux fins de la présente Convention:
a) L' organe, le gérant ou l' associé d' une société, d' une association ou de toute autre entité légale, dotée ou non de la personnalité morale, n' est pas considéré comme l' intermédiaire de celle-ci, dans la mesure où, dans l' exercice de ses fonctions, il agit en vertu de pouvoirs conférés par la loi ou les actes constitutifs de cette entité légale;
b) Le *trustee* n' est pas considéré comme un intermédiaire agissant pour le compte du *trust*, du constituant ou du bénéficiaire.

Article 4
La loi désignée par la Convention s' applique même s' il s' agit de la loi d' un État non contractant.

CHAPITRE II
Relations entre le représenté et l' intermédiaire

Article 5
La loi interne choisie par les parties régit le rapport de représentation entre le représenté et l' intermédiaire.

b) À forma dos actos;
c) À representação legal em direito de família, regimes matrimoniais e sucessões;
d) À representação em virtude de decisão de uma autoridade judicial ou administrativa ou que se exerça sob o *contrôle* directo de uma tal autoridade;
e) À representação ligada a processos de carácter judicial;
f) À representação pelo capitão do navio actuando no exercício das suas funções.

Artigo 3º
Para os fins da presente Convenção:
a) Um órgão, gerente ou sócio de uma sociedade, de uma associação ou de qualquer outra entidade, dotada ou não de personalidade jurídica, não se considera como intermediário da mesma sempre que, no exercício das suas funções, actue em virtude de poderes conferidos por lei ou pelos actos constitutivos dessa entidade;
b) O *trustee* não é considerado como um intermediário agindo por conta do *trust*, da pessoa que o criou ou dos beneficiários.

Artigo 4º
A lei designada pela Convenção aplica-se mesmo que se trate da lei de um Estado não contratante.

CAPÍTULO II
Relações entre o representado e o intermediário

Artigo 5º
A lei interna designada pelas partes regula a relação de representação entre o representado e o intermediário.

Le choix de cette loi doit être exprès ou résulter avec une certitude raisonnable des dispositions du contrat et des circonstances de la cause.

Article 6
Dans la mesure où elle n' a pas été choisie dans les conditions prévues à l' article 5, la loi applicable est la loi interne de l' État dans lequel, au moment de la formation du rapport de représentation, l' intermédiaire a son établissement professionnel ou, à défaut, sa résidence habituelle.
Toutefois, la loi interne de l' État dans lequel l' intermédiaire doit exercer à titre principal son activité est applicable, si le représenté a son établissement professionnel ou, à défaut, sa résidence habituelle dans cet État.
Lorsque le représenté ou l' intermédiaire a plusieurs établissements professionnels, le présent article se réfère à l' établissement auquel le rapport de représentation se rattache le plus étroitement.

Article 7
Lorsque la création du rapport de représentation n' est pas l' objet exclusif du contrat, la loi designée par les articles 5 et 6 ne s' applique que si:
a) La création de ce rapport est le principal objet du contrat, ou
b) Ce rapport est séparable de l' ensemble du contrat.

Article 8
La loi applicable en vertu des articles 5 et 6 régit la formation et la validité du rapport de représentation, les obligations des parties et les conditions d' exécution, les conséquences

A designação deve ser expressa ou resultar com razoável certeza das disposições do contrato e das circunstâncias da causa.

Artigo 6º
Na medida em que não tenha sido designada nas condições previstas no artigo 5º, a lei aplicável é a lei interna do Estado no qual, no momento da formação da relação de representação, o intermediário tenha o seu estabelecimento profissional ou, na sua falta, a sua residência habitual.
No entanto, é aplicável a lei interna do Estado no qual o intermediário deva exercer a título principal a sua actividade se o representado tiver nesse Estado o seu estabelecimento profissional ou, na sua falta, a sua residência habitual.
No caso de o representado ou o intermediário ter vários estabelecimentos profissionais, o presente artigo refere-se ao estabelecimento com o qual a relação de representação esteja mais estreitamente relacionada.

Artigo 7º
Sempre que a criação da relação de representação não for o objecto exclusivo do contrato, a lei designada pelos artigos 5º e 6º só é aplicável se:
a) A criação de tal relação for o principal objecto do contrato; ou
b) Tal relação for separável do conjunto do contrato.

Artigo 8º
A lei aplicável em virtude dos artigos 5º e 6º regula a formação e a validade da relação de representação, as obrigações das partes e as condições de execução, as consequências de ine-

de l' inexécution et l' extinction de ces obligations.
Cette loi s' applique en particulier:
a) À l' existence, l' étendue, la modification et la cessation des pouvoirs de l' intermédiaire, ainsi qu' aux conséquences de leur dépassement ou de leur emploi abusif;
b) À la faculté pour l' intermédiaire de déléguer tout ou partie de ses pouvoirs et de désigner un intermédiaire additionnel;
c) À la faculté pour l' intermédiaire de conclure un contrat pour le compte du représenté, lorsqu' il existe un risque de conflit d' intérêts entre lui-même et le représenté;
d) À la clause de non-concurrence et à la clause de ducroire;
e) À l' indemnité de clientèle;
f) Aux chefs de dommages pouvant donner lieu à réparation.

Article 9
Quelle que soit la loi applicable au rapport de représentation, on aura égard en ce qui concerne les modalités d' exécution à la loi du lieu d' exécution.

Article 10
Le présent chapitre ne s' applique pas lorsque le contrat créant le rapport de représentation est un contrat de travail.

CHAPITRE III
Relations avec le tiers

Article 11
Dans les rapports entre le représenté et le tiers, l' existence et l' étendue des pouvoirs de l' intermédiaire, ainsi que les effets des actes de l' intermé-

xecução e a extinção de tais obrigações.
Tal lei aplica-se em particular:
a) À existência, extensão, modificação e cessação dos poderes do intermediário e às consequências decorrentes do seu uso excessivo ou abusivo;
b) À faculdade de o intermediário delegar, total ou parcialmente, os seus poderes e de designar um intermediário adicional;
c) À faculdade de o intermediário concluir um contrato por conta do representado, quando exista um risco de conflito de interesses entre ele mesmo e o representado;
d) À cláusula de não concorrência e à cláusula *del credere*;
e) À indemnização de clientela;
f) Às várias espécies de prejuízos que possam ser indemnizados.

Artigo 9º
Qualquer que seja a lei aplicável à relação de representação, será observada a lei do local de execução no que se refere à forma de execução.

Artigo 10º
O presente capítulo não é aplicável quando o contrato que cria a relação de representação é um contrato de trabalho.

CAPÍTULO III
Relações com o terceiro

Artigo 11º
Nas relações entre o representado e o terceiro a existência e a extensão dos poderes do intermediário e os efeitos dos actos do intermediário no exercí-

diaire dans l' exercice réel ou prétendu de ses pouvoirs, sont régis par la loi interne de l' État dans lequel l' intermédiaire avait son établissement professionnel au moment où il a agi*.
Toutefois, la loi interne de l' État dans lequel l' intermédiaire a agi est applicable si:
a) Le représenté a son établissement professionnel ou, à défaut, sa résidence habituelle dans cet État et que l' intermédiaire ait agi au nom du représenté; ou
b) Le tiers a son établissement professionnel ou, à défaut, sa résidence habituelle dans cet État; ou

c) L' intermédiaire a agi en bourse ou pris part à une vente aux enchères; ou
d) L' intermédiaire n' a pas d' établissement professionnel.
Lorsque l' une des parties a plusieurs établissements professionnels, le présent article se réfère à l' établissement auquel l' acte de l' intermédiaire se rattache le plus étroitement.

cio real ou suposto dos seus poderes são regulados pela lei interna do Estado no qual o intermediário tinha o seu estabelecimento profissional no momento em que agiu.
No entanto, é aplicável a lei interna do Estado no qual o intermediário agiu se:
a) O representado tem o seu estabelecimento profissional ou, na sua falta, a sua residência habitual no referido Estado e o intermediário agiu em nome do representado; ou
b) O terceiro tem o seu estabelecimento profissional ou, na sua falta, a sua residência habitual no referido Estado; ou
c) O intermediário agiu na bolsa ou numa venda em hasta pública; ou
d) O intermediário não tem estabelecimento profissional.
No caso de uma das partes ter vários estabelecimentos profissionais, o presente artigo refere-se ao estabelecimento com o qual a actuação do intermediário está mais estreitamente relacionada.

Article 12
Aux fins de l' application de l' article 11, alinéa premier, lorsque l' intermédiaire agissant en vertu d' un contrat de travail le liant au représenté n' a pas d' établissement professionnel personnel, il est réputé avoir son établissement au lieu où est situé l' établissement professionnel du représenté auquel il est attaché.

Artigo 12º
Para os fins da aplicação do primeiro parágrafo do artigo 11º, quando o intermediário, actuando em virtude de um contrato de trabalho com o representado, não tiver estabelecimento profissional pessoal, considera-se ter o seu estabelecimento no local onde se situe o estabelecimento profissional do representado ao qual se encontra vinculado.

---

* No Diário da República, a versão francesa do primeiro parágrafo do artigo 11º encontra-se erradamente impressa. Foi feita a respectiva correcção com base no texto publicado no *Recueil des Conventions (1951-1988)*, editado pelo *Bureau Permanent* da Conferência de Haia de Direito Internacional Privado.

Article 13

Aux fins de l' application de l' article 11, alinéa 2, l' intermédiaire, lorsqu' il a communiqué avec le tiers d' un État à un autre par courrier, télégramme, télex, téléphone ou autres moyens similaires, est considéré comme ayant alors agi au lieu de son établissement professionnel ou, à défaut, de sa résidence habituelle.

Article 14

Nonobstant l' article 11, lorsque la loi applicable aux questions couvertes par ledit article a fait l' objet, de la part du représenté ou du tiers, d' une désignation écrite acceptée expressément par l' autre partie, la loi ainsi désignée est applicable à ces questions.

Article 15

La loi applicable en vertu du présent chapitre régit également les relations entre l' intermédiaire et le tiers dérivant du fait que l' intermédiaire a agi dans l' exercice de ses pouvoirs, au--delà de ses pouvoirs ou sans pouvoirs.

CHAPITRE IV
Dispositions générales

Article 16

Lors de l' application de la présente Convention, il pourra être donné effet aux dispositions impératives de tout État avec lequel la situation présente un lien effectif, si et dans la mesure où, selon le droit de cet État, ces dispositions sont applicables quelle que soit la loi désignée par ses règles de conflit.

Artigo 13º

Para os fins da aplicação do segundo parágrafo do artigo 11º, quando o intermediário comunique de um Estado para outro com o terceiro, por correio, telegrama, *telex*, telefone ou outros meios idênticos, considera-se como tendo então actuado no local do seu estabelecimento profissional ou, na sua falta, da sua residência habitual.

Artigo 14º

Não obstante o artigo 11º, quando a lei aplicável às questões abrangidas pelo mesmo artigo for designada, pelo representado ou pelo terceiro, por escrito expressamente aceite pela outra parte, aplica-se a tais questões a lei assim designada.

Artigo 15º

A lei aplicável em virtude do presente capítulo regula igualmente as relações entre o intermediário e o terceiro emergentes do facto de o intermediário ter actuado no exercício dos seus poderes, para além deles ou sem eles.

CAPÍTULO IV
Disposições gerais

Artigo 16º

Na aplicação da presente Convenção poderá atribuir-se efeito às disposições imperativas de qualquer Estado com o qual a situação apresente uma conexão efectiva, se e na medida em que, segundo o direito desse Estado, tais disposições forem aplicáveis, qualquer que seja a lei designada pelas suas regras de conflito.

Article 17
L' application d' une des lois désignées par la présente Convention ne peut être écartée que si elle est manifestement incompatible avec l' ordre public.

Article 18
Tout État contractant, au moment de la signature, de la ratification, de l' acceptation, de l' approbation ou de l' adhésion, pourra se réserver le droit de ne pas appliquer la Convention:
1) À la représentation exercée par une banque ou un groupe de banques en matière d' opération de banque;
2) À la représentation en matière d' assurances;
3) Aux actes d' un fonctionnaire public agissant dans l' exercice de ces fonctions pour le compte d' une personne privée.
Aucune autre réserve ne sera admise.
Tout État contractant pourra également, en notifiant une extension de la Convention conformément à l' article 25, faire une ou plusieurs de ces réserves avec effet limité aux territoires ou à certains des territoires visés par l' extension.
Tout État contractant pourra à tout moment retirer une réserve qu' il aura faite; l' effet de la réserve cessera le premier jour du troisième mois du calendrier après la notification du retrait.

Article 19
Lorsqu' un État comprend plusieurs unités territoriales dont chacune a ses propres règles en matière de contrats d' intermédiaires et de représentation, chaque unité territoriale est considé-

Artigo 17°
A aplicação de uma das leis designadas por esta Convenção só pode ser afastada se manifestamente incompatível com a ordem pública.

Artigo 18°
Qualquer Estado contratante, no momento da assinatura, ratificação, aceitação, aprovação ou adesão, poderá reservar-se o direito de não aplicar a presente Convenção:
1) À representação exercida por um banco ou grupo de bancos em matéria de operações de banco;
2) À representação em matéria de seguros;
3) Aos actos de um funcionário público actuando no exercício das suas funções por conta de uma pessoa privada.
Não será admitida qualquer outra reserva.
Qualquer Estado contratante poderá igualmente, ao notificar uma extensão da Convenção de acordo com o artigo 25°, fazer uma ou mais dessas reservas com efeito limitado aos territórios ou a certos territórios visados pela extensão.
Qualquer Estado contratante poderá em qualquer momento retirar uma reserva que tenha feito; o efeito da reserva cessará no primeiro dia do terceiro mês do calendário após a notificação da retirada.

Artigo 19°
Sempre que um Estado englobe várias unidades territoriais com regras próprias em matéria de contrato de mediação e de representação, considera-se cada unidade territorial como

rée comme un État aux fins de la détermination de la loi applicable selon la Convention.

Article 20
Un État dans lequel différentes unités territoriales ont leurs propres règles de droit en matière de contrats d'intermédiaires et de représentation ne sera pas tenu d'appliquer la présente Convention lorsqu'un État dont le système de droit est unifié ne serait pas tenu d'appliquer la loi d'un autre État en vertu de la présente Convention.

Article 21
Un État contractant qui comprend deux ou plusieurs unités territoriales qui ont leurs propres règles de droit en matière de contrats d'intermédiaires et de représentation pourra, au moment de la signature, de la ratification, de l'acceptation, de l'approbation ou de l'adhésion, déclarer que la présente Convention s'étendra à toutes ces unités territoriales ou à une ou plusieurs d'entre elles, et pourra à tout moment modifier cette déclaration en faisant une nouvelle déclaration.

Ces déclarations seront notifiées au Ministère des Affaires Étrangères du Royaume des Pays-Bas et indiqueront expressément les unités territoriales auxquelles la Convention s'applique.

Article 22
La Convention ne déroge pas aux instruments internationaux auxquels un État contractant est ou sera Partie et qui contiennent des dispositions sur les matières réglées par la présente Convention.

um Estado para o efeito de determinar a lei aplicável segundo a Convenção.

Artigo 20º
Qualquer Estado cujas diferentes unidades territoriais tenham as suas próprias regras de direito em matéria de contrato de mediação e de representação não será obrigado a aplicar a presente Convenção sempre que um Estado cujo sistema de direito seja unificado não for obrigado a aplicar a lei de um outro Estado em virtude da presente Convenção.

Artigo 21º
Um Estado contratante que englobe duas ou várias unidades territoriais com as suas regras próprias de direito em matéria de contrato de mediação e de representação poderá, no momento da assinatura, ratificação, aceitação, aprovação ou adesão, declarar que a presente Convenção se aplicará a todas essas unidades territoriais ou a uma ou a várias de entre elas e poderá em qualquer momento modificar tal declaração, mediante nova declaração.

Tais declarações serão notificadas ao Ministério dos Negócios Estrangeiros do Reino dos Países-Baixos e indicarão expressamente as unidades territoriais às quais se aplica a Convenção.

Artigo 22º
A Convenção não afecta os instrumentos internacionais de que um Estado contratante é ou venha a ser Parte e que contenham disposições sobre as matérias reguladas pela presente Convenção.

CHAPITRE V
Clauses finales

Article 23
La Convention est ouverte à la signature des États qui étaient Membres de la Conférence de la Haye de droit international privé lors de sa Treizième session.
Elle sera ratifiée, acceptée ou approuvée et les instruments de ratification, d' acceptation ou d' approbation seront déposés auprès du Ministère des Affaires Étrangères du Royaume des Pays-Bas.

Article 24
Tout autre État pourra adhérer à la Convention.
L' instrument d' adhésion sera déposé auprès du Ministère des Affaires Étrangères du Royaume des Pays--Bas.

Article 25
Tout État, au moment de la signature, de la ratification, de l' acceptation, de l' approbation ou de l' adhésion, pourra déclarer que la Convention s' étendra à l' ensemble des territoires qu' il représente sur le plan international ou à l' un ou plusieurs d' entre eux. Cette déclaration aura effet au moment où la Convention entre en vigueur pour cet État.
Cette déclaration, ainsi que toute extension ultérieure, seront notifiées au Ministère des Affaires Étrangères du Royaume des Pays-Bas.

Article 26
La Convention entrera en vigueur le premier jour du troisième mois du calendrier après le dépôt du troisième

CAPÍTULO V
Cláusulas finais

Artigo 23º
A Convenção fica aberta à assinatura dos Estados Membros da Conferência da Haia de Direito Internacional Privado quando da sua 13ª sessão.

Será ratificada, aceite ou aprovada e os instrumentos de ratificação, aceitação ou aprovação serão depositados junto do Ministério dos Negócios Estrangeiros do Reino dos Países-Baixos.

Artigo 24º
Qualquer outro Estado poderá aderir à Convenção.
O instrumento de adesão será depositado junto do Ministério dos Negócios Estrangeiros do Reino dos Países-Baixos.

Artigo 25º
Qualquer Estado, no momento da assinatura, ratificação, aceitação, aprovação ou adesão, poderá declarar que a Convenção se aplicará ao conjunto dos territórios que representa no plano internacional ou a um ou vários de entre eles. Tal declaração terá efeito no momento da entrada em vigor da Convenção para o referido Estado.

Essa declaração, assim como qualquer posterior extensão da aplicação, será notificada ao Ministério dos Negócios Estrangeiros do Reino dos Países-Baixos.

Artigo 26º
A Convenção entrará em vigor no primeiro dia do terceiro mês do calendário após o depósito do terceiro ins-

instrument de ratification, d' acceptation, d' approbation ou d' adhésion prévu par les articles 23 et 24.
Par la suite, la Convention entrera en vigueur:
1) Pour chaque État ratifiant, acceptant, approuvant ou adhérant postérieurement, le premier jour du troisième mois du calendrier après le dépôt de son instrument de ratification, d' acceptation, d' approbation ou d' adhésion.
2) Pour les territoires auxquels la Convention a été étendue conformément aux articles 21 et 25, le premier jour du troisième mois du calendrier après la notification visée dans ces articles.

Article 27
La Convention aura une durée de cinq ans à partir de la date de son entrée en vigueur conformément à l' article 26, alinéa premier, même pour les États qui l' auront postérieurement ratifiée, acceptée ou approuvée, ou qui y auront adhéré.
La Convention sera renouvelée tacitement de cinq ans en cinq ans, sauf dénonciation.
La dénonciation sera, au moins six mois avant l' expiration du délai de cinq ans, notifiée au Ministère des Affaires Étrangères du Royaume des Pays-Bas. Elle pourra se limiter à certains territoires ou unités territoriales auxquelles s' applique la Convention.
La dénonciation n' aura d' effet qu' à l' égard de l' État qui l' aura notifiée.
La Convention restera en vigueur pour les autres États contractants.

trumento de ratificação, aceitação, aprovação ou adesão previsto nos artigos 23º e 24º.
Depois a Convenção entrará em vigor:
1) Para cada Estado que a ratifique, aceite, aprove ou a ela adira posteriormente, no primeiro dia do terceiro mês do calendário após o depósito do seu instrumento de ratificação, aceitação, aprovação ou adesão;
2) Para os terrritórios aos quais a Convenção for alargada em conformidade com os artigos 21º e 25º, no primeiro dia do terceiro mês do calendário após a notificação referida nesses artigos.

Artigo 27º
A Convenção terá uma duração de cinco anos, a partir da data da entrada em vigor em conformidade com o primeiro parágrafo do artigo 26º, mesmo para os Estados que posteriormente a tenham ratificado, aceitado ou aprovado ou que a ela tenham aderido.
A Convenção será tacitamente renovada de cinco em cinco anos, salvo denúncia.
A denúncia será notificada ao Ministério dos Negócios Estrangeiros do Reino dos Países-Baixos, pelo menos seis meses antes de expirar o período de cinco anos. A mesma poderá limitar-se a certos territórios ou unidades territoriais aos quais se aplique a Convenção.
A denúncia apenas terá efeito quanto ao Estado que a tenha notificado.
A Convenção permanecerá em vigor para os outros Estados contratantes.

Article 28	Artigo 28º
Le Ministère des Affaires Étrangères du Royaume des Pays-Bas notifiera aux États membres de la Conférence, ainsi qu' aux États qui auront adhéré conformément aux dispositions de l' article 24:	O Ministério dos Negócios Estrangeiros do Reino dos Países-Baixos notificará os Estados membros da Conferência e os Estados que a ela tenham aderido em conformidade com as disposições do artigo 24º do seguinte:
1) Les signatures, ratifications, acceptations et approbations visées à l' article 23;	1) As assinaturas, ratificações, aceitações e aprovações referidas no artigo 23º;
2) Les adhésions visées à l' article 24;	2) As adesões referidas no artigo 24º;
3) La date à laquelle la Convention entrera en vigeur conformément aux dispositions de l' article 26;	3) A data da entrada em vigor da Convenção em conformidade com as disposições do artigo 26º;
4) Les extensions visées à l' article 25;	4) As extensões referidas no artigo 25º;
5) Les declarations mentionnées à l' article 21;	5) As declarações mencionadas no artigo 21º;
6) Les réserves et le retrait des réserves prévus à l' article 18;	6) As reservas e as retiradas de reservas previstas no artigo 18º;
7) Les dénonciations visées à l' article 27.	7) As denúncias referidas no artigo 27º.
En foi de quoi, les soussignés, dûment autorisés, ont signé la présente Convention.	Em fé do que, os abaixo assinados, devidamente autorizados, assinaram a presente Convenção.
Fait à La Haye, le 14 Mars 1978, en français et en anglais, les deux textes faisant également foi, en un seul exemplaire, qui sera déposé dans les archives du Gouvernement du Royaume des Pays-Bas et dont une copie certifiée conforme sera remise, par la voie diplomatique, à chacun des États membres de la Conférence de la Haye de droit international privé lors de sa Treizième session.	Feita na Haia, em 14 de Março de 1978, em francês e inglês, fazendo ambos os textos igualmente fé, num único exemplar, que será depositado nos arquivos do Governo do Reino dos Países-Baixos e do qual uma cópia autêntica será enviada, por via diplomática, a cada um dos Estados membros da Conferência da Haia de Direito Internacional Privado, à data da sua 13ª sessão.

Convention on the law applicable to agency **

The States signatories to the present Convention,
Desiring to establish common provisions concerning the law applicable to agency,
Have resolved to conclude a Convention to this effect, and have agreed upon the following provisions -

CHAPTER I
Scope of the Convention

Article 1
The present Convention determines the law applicable to relationships of an international character arising where a person, the agent, has the authority to act, acts or purports to act on behalf of another person, the principal, in dealing with a third party.
It shall extend to cases where the function of the agent is to receive and communicate proposals or to conduct negotiations on behalf of other persons.
The Convention shall apply whether the agent acts in his own name or in that of the principal and whether he acts regularly or occasionally.

Article 2
This Convention shall not apply to -
a) the capacity of the parties;
b) requirements as to form;
c) agency by operation of law, in family law, in matrimonial property regimes, or in the law of succession;
d) agency by virtue of a decision of a judicial or quasi-judicial authority or subject to the direct control of such an authority;
e) representation in connection with proceedings of a judicial character;
f) the agency of a shipmaster acting in the exercise of his functions as such.

Article 3
For the purposes of this Convention -
a) an organ, officer or partner of a corporation, association, partnership or other entity, whether or not possessing legal personality, shall not be regarded as the agent of that entity in so far as, in the exercise of his functions as such, he acts by virtue of an authority conferred by law or by the constitutive documents of that entity;
b) a trustee shall not be regarded as an agent of the trust, of the person who has created the trust, or of the beneficiaries.

Article 4
The law specified in this Convention shall apply whether or not it is the law of a contracting State.

** O texto inglês da Convenção foi extraído do *Recueil des Conventions (1951-1988)*.

CHAPTER II
Relations between principal and agent

Article 5
The internal law chosen by the principal and the agent shall govern the agency relationship between them.
This choice must be express or must be such that it may be inferred with reasonable certainty from the terms of the agreement between the parties and the circumstances of the case.

Article 6
In so far as it has not been chosen in accordance with Article 5, the applicable law shall be the internal law of the State where, at the time of formation of the agency relationship, the agent has his business establishment or, if he has none, his habitual residence.
However, the internal law of the State where the agent is primarily to act shall apply if the principal has his business establishment or, if he has none, his habitual residence in that State.
Where the principal or the agent has more than one business establishment, this Article refers to the establishment with which the agency relationship is most closely connected.

Article 7
Where the creation of the agency relationship is not the sole purpose of the agreement, the law specified in Articles 5 and 6 shall apply only if -
a) the creation of this relationship is the principal purpose of the agreement, or
b) the agency relationship is severable.

Article 8
The law applicable under Articles 5 and 6 shall govern the formation and validity of the agency relationship, the obligations of the parties, the conditions of performance, the consequences of non-performance, and the extinction of those obligations.
This law shall apply in particular to -
a) the existence and extent of the authority of the agent, its modification or termination, and the consequences of the fact that the agent has exceeded or misused his authority;
b) the right of the agent to appoint a substitute agent, a sub-agent or an additional agent;
c) the right of the agent to enter into a contract on behalf of the principal where there is a potential conflict of interest between himself and the principal;
d) non-competition clauses and *del credere* clauses;
e) clientele allowances (*l' indemnité de clientèle*);
f) the categories of damage for which compensation may be recovered.

Article 9
Whatever law may be applicable to the agency relationship, in regard to the manner of performance the law of the place of performance shall be taken into consideration.

Article 10
This Chapter shall not apply where the agreement creating the agency relationship is a contract of employment.

CHAPTER III
Relations with the third party

Article 11

As between the principal and the third party, the existence and extent of the agent's authority and the effects of the agent's exercise or purported exercise of his authority shall be governed by the internal law of the State in which the agent had his business establishment at the time of his relevant acts.

However, the internal law of the State in which the agent has acted shall apply if -

a) the principal has his business establishment or, if he has none, his habitual residence in that State, and the agent has acted in the name of the principal; or

b) the third party has his business establishment or, if he has none, his habitual residence in that State; or

c) the agent has acted at an exchange or auction; or

d) the agent has no business establishment.

Where a party has more than one business establishment, this Article refers to the establishment with which the relevant acts of the agent are most closely connected.

Article 12

For the purposes of Article 11, first paragraph, where an agent acting under a contract of employment with his principal has no personal business establishment, he shall be deemed to have his establishment at the business establishment of the principal to which he is attached.

Article 13

For the purposes of Article 11, second paragraph, where an agent in one State has communicated with the third party in another, by message, telegram, telex, telephone, or other similar means, the agent shall be deemed to have acted in that respect at the place of his business establishment or, if he has none, of his habitual residence.

Article 14

Notwithstanding Article 11, where a written specification by the principal or by the third party of the law applicable to questions falling within Article 11 has been expressly accepted by the other party, the law so specified shall apply to such questions.

Article 15

The law applicable under this Chapter shall also govern the relationship between the agent and the third party arising from the fact that the agent has acted in the exercise of his authority, has exceeded his authority, or has acted without authority.

CHAPTER IV
General provisions

Article 16

In the application of this Convention, effect may be given to the mandatory rules of any State with which the situation has a significant connection, if and in so far as, under the law of that State, those rules must be applied whatever the law specified by its choice of law rules.

Article 17

The application of a law specified by this Convention may be refused only where such application would be manifestly incompatible with public policy (*ordre public*).

Article 18

Any Contracting State may, at the time of signature, ratification, acceptance, approval or accession, reserve the right not to apply this Convention to -
(1) the agency of a bank or group of banks in the course of banking transactions;
(2) agency in matters of insurance;
(3) the acts of a public servant acting in the exercise of his functions as such on behalf of a private person.
No other reservation shall be permitted.
Any Contracting State may also, when notifying an extension of the Convention in accordance with Article 25, make one or more of these reservations, with its effect limited to all or some of the territories mentioned in the extension.
Any Contracting State may at any time withdraw a reservation which it has made; the reservation shall cease to have effect on the first day of the third calendar month after notification of the withdrawal.

Article 19

Where a State comprises several territorial units each of which has its own rules of law in respect of agency, each territorial unit shall be considered as a State for the purposes of identifying the law applicable under this Convention.

Article 20

A State within which different territorial units have their own rules of law in respect of agency shall not be bound to apply this Convention where a State with a unified system of law would not be bound to apply the law of another State by virtue of this Convention.

Article 21

If a Contracting State has two or more territorial units which have their own rules of law in respect of agency, it may, at the time of signature, ratification, acceptance, approval or accession, declare that this Convention shall extend to all its territorial units or to one or more of them, and may modify its declaration by submitting another declaration at any time.
These declarations shall be notified to the Ministry of Foreign Affairs of the Kingdom of the Netherlands, and shall state expressly the territorial units to which the Convention applies.

Article 22

The Convention shall not affect any other international instrument containing provisions on matters governed by this Convention to which a Contracting State is, or becomes, a Party.

CHAPTER V
Final clauses

Article 23

The Convention is open for signature by the States which were Members of the Hague Conference on Private International Law at the time of its Thirteenth Session.

It shall be ratified, accepted or approved and the instruments of ratification, acceptance or approval shall be deposited with the Ministry of Foreign Affairs of the Kingdom of the Netherlands.

Article 24

Any other State may accede to the Convention.

The instrument of accession shall be deposited with the Ministry of Foreign Affairs of the Kingdom of the Netherlands.

Article 25

Any State may, at the time of signature, ratification, acceptance, approval or accession, declare that the Convention shall extend to all the territories for the international relations of which it is responsible, or to one or more of them. Such a declaration shall take effect at the time the Convention enters into force for that State.

Such declaration, as well as any subsequent extension, shall be notified to the Ministry of Foreign Affairs of the Kingdom of the Netherlands.

Article 26

The Convention shall enter into force on the first day of the third calendar month after the deposit of the third instrument of ratification, acceptance, approval or accession referred to in Articles 23 and 24.

Thereafter the Convention shall enter into force -

(1) for each State ratifying, accepting, approving or acceding to it subsequently, on the first day of the third calendar month after the deposit of its instrument of ratification, acceptance, approval or accession;

(2) for a territory to which the Convention has been extended in conformity with Articles 21 and 25, on the first day of the third calendar month after the notification referred to in those Articles.

Article 27

The Convention shall remain in force for five years from the date of its entry into force in accordance with the first paragraph of Article 26, even for States which subsequently have ratified, accepted, approved it or acceded to it.

If there has been no denunciation, it shall be renewed tacitly every five years.

Any denunciation shall be notified to the Ministry of Foreign Affairs of the Kingdom of the Netherlands at least six months before the expiry of the five year period. It may be limited to certain of the territories or territorial units to which the Convention applies.

The denunciation shall have effect only as regards the State which has notified it. The Convention shall remain in force for the other Contracting States.

Article 28

The Ministry of Foreign Affairs of the Kingdom of the Netherlands shall notify to the State Members of the Conference, and the States which have acceded in accordance with Article 24, the following -

(1) the signatures and ratifications, acceptances and approvals referred to in Article 23;

(2) the accessions referred to in Article 24;

(3) the date on which the Convention enters into force in accordance with Article 26;
(4) the extensions referred to in Article 25;
(5) the declarations referred to in Article 21;
(6) the reservations and the withdrawals of reservations referred to in Article 18;
(7) the denunciations referred to in Article 27.

In witness whereof the undersigned, being duly authorised thereto, have signed this Convention.

Done at The Hague, on the 14th day of [March] ***, 1978, in the English and French languages, both texts being equally authentic, in a single copy which shall be deposited in the archives of the Government of the Kingdom of the Netherlands, and of which a certified copy shall be sent, through the diplomatic channels, to each of the State Members of the Hague Conference on Private International Law at the date of its Thirteenth Session.

*** No texto do *Recueil* está escrito, por lapso, "October".

Jurisprudência citada [1]

I — DIREITO MATERIAL

1. Jurisprudência portuguesa

Supremo Tribunal de Justiça

STJ, 8.2.1979, RLJ, 112º, 1979-1980, nºs 3647 s, p. 219 ss (forma da procuração; atribuição tácita de poder de representação)
STJ, 19.6.1979, BMJ, 288 (1979), p. 382 ss = RLJ, 112º, 1979-1980, nºs 3656 s, p. 366 ss (confusão entre mandato e representação; a procuração como instrumento do mandato; forma da procuração e da ratificação; ratificação tácita)
STJ, 5.3.1981, BMJ, 305 (1981), p. 261 ss (aplicação do artigo 259º, nº 1 do Código Civil a um negócio fictício)
STJ, 6.4.1983, BMJ, 326 (1983), p. 430 ss (noção de abuso de representação)
STJ, 2.2.1984 (proc. 71 315), não publ. (ratificação tácita)
STJ, 22.1.1985 (proc. 72 159), não publ. (ineficácia do negócio jurídico em caso de abuso de representação)
STJ, 5.3.1985 (proc. 72 334), não publ. (ineficácia do negócio jurídico em caso de abuso de representação)
STJ, 10.2.1987, BMJ, 364 (1987), p. 861 ss (ineficácia do negócio jurídico celebrado sem poder de representação)
STJ, 14.4.1988 (proc. 74 579), não publ. (ratificação tácita)
STJ, 20.10.1988 (proc. 76 124), não publ. (noção de abuso de representação)

---

[1] As decisões constantes desta lista são apresentadas, em cada país, e em relação às diversas categorias de tribunais, por ordem cronológica; exceptuam-se as proferidas por tribunais ingleses e norte-americanos, que, de acordo com a tradição seguida pela literatura jurídica nos respectivos países, são referidas por ordem alfabética. O breve sumário que acompanha as decisões é da responsabilidade da autora e indica os temas a propósito dos quais cada uma delas é citada.

STJ, 16.11.1988, BMJ, 381 (1988), p. 634 ss (falta de poder de representação; revogação do negócio pela contraparte)
STJ, 16.11.1988, BMJ, 381 (1988), p. 640 ss (ineficácia do negócio jurídico celebrado sem poder de representação; noção de abuso de representação)
STJ, 24.1.1990, BMJ, 393 (1990), p. 588 ss (requisitos para a revogação do mandato celebrado também no interesse do mandatário ou de terceiro)
STJ, 31.10.1990 (proc. 79 288), não publ. (ineficácia do negócio jurídico celebrado sem poder de representação; forma da ratificação)
STJ, 21.3.1991 (proc. 79 097), não publ. (ineficácia do negócio jurídico celebrado sem poder de representação)
STJ, 9.6.1992 (proc. 81 554), não publ. (nulidade do negócio jurídico celebrado pelo representante na sequência de acto nulo de atribuição do poder de representação)
STJ, 6.5.1993, CJ, 1993, II, p. 93 ss (ineficácia do negócio jurídico celebrado sem poder de representação; falta de poder de representação)
STJ, 29.6.1993, CJ, 1993, III, p. 9 ss (mandato sem representação)
STJ, 2.12.1993 (proc. nº 84 323), não publ. (forma da procuração e da ratificação)
STJ, 7.12.1993 (proc. 84 364), não publ. (ineficácia do negócio jurídico celebrado sem poder de representação; ratificação tácita)
STJ, 13.4.1994, CJ, 1994, II, p. 47 ss (a procuração como negócio jurídico unilateral; noção de abuso de representação; ineficácia do negócio jurídico em caso de abuso de representação)
STJ, 27.9.1994, CJ, 1994, III, p. 66 ss (ineficácia do negócio jurídico celebrado sem poder de representação; requisitos para a revogação da procuração conferida também no interesse do procurador ou de terceiro)
STJ, 5.3.1996, CJ, 1996, I, p. 111 ss (a procuração como negócio jurídico unilateral; noção de abuso de representação)
STJ, 16.4.1996, CJ, 1996, II, p. 19 ss (ineficácia do negócio jurídico celebrado sem poder de representação)
STJ, ac. nº 1/97, 19.12.1996, D. R. nº 8, I Série-A, de 10.1.1997, p. 92 ss (distinção entre mandato e representação)

Relação de Lisboa

Rel. de Lisboa, 11.10.1990, CJ, 1990, IV, p. 145 ss (a procuração como negócio jurídico unilateral; procuração conferida também no interesse do procurador ou de terceiro; requisitos para a revogação da procuração conferida também no interesse do procurador ou de terceiro)

Rel. de Lisboa, 28.2.1991, CJ, 1991, I, p. 169 ss (ineficácia do negócio jurídico celebrado sem poder de representação; forma da procuração e da ratificação)

Rel. de Lisboa, 6.4.1995, CJ, 1995, II, p. 113 ss (mandato sem representação)

Relação do Porto

Rel. do Porto, 20.11.1990, CJ, 1990, V, p. 202 ss (legitimação representativa; ineficácia do negócio jurídico celebrado sem poder de representação; efeitos da ratificação)

Rel. do Porto, 16.5.1991, CJ, 1991, III, p. 231 ss (legitimação representativa)

Rel. do Porto, 30.3.1992, CJ, 1992, II, p. 223 ss (legitimação representativa; forma da procuração)

Rel. do Porto, 6.10.1992, CJ, 1992, IV, p. 245 ss (aparência de representação; responsabilidade do representado por actos do representante, nos termos do artigo 800º do Código Civil)

Rel. do Porto, 18.11.1993, O Direito, 1994, p. 677 ss (ineficácia do negócio jurídico celebrado sem poder de representação; ratificação tácita)

Rel. do Porto, 5.12.1994, CJ, 1994, V, p. 226 ss (a procuração como negócio jurídico unilateral; procuração conferida também no interesse do procurador ou de terceiro)

Rel. do Porto, 20.2.1997, CJ, 1997, I, p. 238 ss (mandato sem representação)

Relação de Coimbra

Rel. de Coimbra, 27.1.1987, CJ, 1987, I, p. 40 ss (a procuração como negócio jurídico unilateral; aparência de representação; ineficácia do negócio jurídico celebrado sem poder de representação)

Rel. de Coimbra, 28.5.1996, CJ, 1996, III, p. 20 ss (mandato sem representação)

Relação de Évora

Rel. de Évora, 17.1.1991, CJ, 1991, I, p. 286 ss (confusão entre mandato e representação; a procuração como instrumento do mandato; procuração conferida também no interesse do procurador ou de terceiro; requisitos para a revogação da procuração conferida também no interesse do procurador ou de terceiro)

Rel. de Évora, 27.2.1992, CJ, 1992, I, p. 284 ss (falta de poder de representação; forma da procuração; a procuração como negócio jurídico abstracto)

2. Jurisprudência alemã

Reichsgericht

RG, 4.11.1927, RGZ 118, 335 (exigência de que o ratificante tenha conhecimento da ineficácia do contrato e de que, com a sua ratificação, ele se tornará eficaz)

Bundesgerichtshof

BGH, 9.2.1951, NJW 1951, 398 (a ratificação como negócio jurídico unilateral receptício; ao silêncio do representado não pode ser atribuído o valor de ratificação)
BGH, 16.5.1951, BGHZ 2, 150 (exigência de que o ratificante tenha conhecimento da ineficácia do contrato e de que, com a sua ratificação, ele se tornará eficaz)
BGH, 12.2.1952, BGHZ, 5, 111 (caracterização da *Anscheinsvollmacht*)
BGH, 11.3.1955, NJW 1955, 985 (efeitos da *Anscheinsvollmacht*)
BGH, 21.4.1955, NJW 1955, 985 (efeitos da *Duldungsvollmacht*)
BGH, 9.2.1960, JZ 1961, 24 (estados subjectivos relevantes)
BGH, 5.5.1960, BGHZ 32, 251 (responsabilidade do representante, nos termos do § 179 BGB)
BGH, 15.6.1960, BGHZ 32, 375 (prazo da ratificação)
BGH, 5.10.1961, BGHZ 36, 31 (actuação em nome de outrem — interpretação da declaração do representante; pressupostos da aplicação do § 179 BGB)
BGH, 29.1.1963, BGHZ 39, 45 (responsabilidade do representante, nos termos do § 179 BGB)
BGH, 26.6.1963, BGHZ 40, 42 (estados subjectivos relevantes)
BGH, 8.6.1964, MDR 1964, 913, n° 23 (atribuição tácita de poder de representação; caracterização da *Duldungsvollmacht* e da *Anscheinsvollmacht*)
BGH, 3.3.1966, BGHZ 45, 193 (actuação sob o nome de outrem)
BGH, 17.4.1967, BGHZ 47, 341 (exigência de que o ratificante tenha conhecimento da ineficácia do contrato e de que, com a sua ratificação, ele se tornará eficaz)

BGH, 25.3.1968, BGHZ 50, 112 (abuso de representação; efeitos em relação a terceiros das limitações à *Prokura*)
BGH, 24.10.1968, BGHZ 51, 141 (estados subjectivos relevantes)
BGH, 25.6.1973, BGHZ 61, 59 = NJW 1973, 1691 (relação entre a responsabilidade do representado, em consequência de relevância da *Anscheinsvollmacht*, e a do representante, nos termos do § 179 BGB ou de disposição equivalente)
BGH, 13.7.1973, JZ 1973, 699 (prazo da ratificação)
BGH, 18.3.1974, BGHZ 62, 216 (pressupostos da representação; actuação representativa inferida das circunstâncias)
BGH, 10.6.1976, BGHZ 67, 11 (*Duldungsvollmacht*)
BGH, 5.5.1977, BGHZ 68, 356 (responsabilidade do representante, nos termos do § 179 BGB)
BGH, 8.2.1979, BGHZ 73, 266 (prazo de prescrição aplicável ao exercício dos direitos previstos no § 179 BGB)
BGH, 10.12.1980, DB 1981, 840 (abuso de representação)
BGH, 12.3.1981, NJW 1981, 1727 (caracterização e efeitos da *Anscheinsvollmacht*)
BGH, 15.2.1982, NJW 1982, 1513 (caracterização da *Duldungsvollmacht* e da *Anscheinsvollmacht*)
BGH, 20.1.1983, BGHZ 86, 273 = NJW 1983, 1308 (efeitos da *Anscheinsvollmacht*; relação entre a responsabilidade do representado, em consequência de relevância da *Anscheinsvollmacht*, e a do representante, nos termos do § 179 BGB ou de disposição equivalente)
BGH, 27.10.1986, MDR 1987, 296, n° 14 (ónus da prova, na aplicação do artigo 8 da *Wechselgesetz*)
BGH, 15.10.1987, BGHZ 102, 60 (pressupostos da responsabilidade pela aparência nos termos do § 172, 1 BGB)
BGH, 18.5.1988, MDR 1988, 940, n° 23 (abuso de representação)
BGH, 20.10.1988, BGHZ 105, 283 (responsabilidade do representante, nos termos do § 179 BGB)
BGH, 1.7.1991, JZ 1992, 152 (explicação do efeito do registo comercial, nos termos do § 15 HGB, com base no princípio da aparência)
BGH, 19.4.1994, NJW 1994, 2082 (abuso de representação)
BGH, 25.2.1994, JZ 1995, 97 (forma da procuração e da ratificação)

Outros tribunais

OLG Köln, 26.5.1994, NJW 1995, 1499 (ratificação nos termos do § 177, 2 BGB)
BAG, 31.1.1996, NJW 1996, 2594 (revogação pela contraparte do contrato celebrado com o representante sem poderes)

3. Jurisprudência suíça

Bundesgericht

BG, 1.12.1905, BGE 31 II 667 (atribuição tácita de poder de representação; representação tolerada ou consentida)

BG, 8.5.1915, BGE 41 II 268 (a ratificação como declaração dirigida pelo representado ao representante ou à contraparte)

BG, 25.5.1917, BGE 43 II 293 (ratificação tácita)

BG, 27.11.1919, BGE 45 II 562 (forma exigida para a indicação da actuação em nome de outrem)

BG, 8.5.1923, BGE 49 II 208 (atribuição de poder de representação através de declaração dirigida ao representante ou à contraparte; representação tolerada ou consentida)

BG, 2.11.1948, BGE 74 II 149 (atribuição tácita de poder de representação; representação tolerada ou consentida)

BG, 22.11.1950, BGE 76 I 338 (atribuição tácita de poder de representação)

BG, 20.3.1951, BGE 77 II 138 (violação de instruções dadas pelo representado ao representante)

BG, 1.7.1952, BGE 78 II 369 (a procuração como negócio jurídico autónomo)

BG, 4.2.1958, BGE 84 II 13 (*Geschäft für den, den es angeht*)

BG, 1.4.1958, BGE 84 II 151 (atribuição tácita de poder de representação)

BG, 15.5.1962, BGE 88 II 191 (pressupostos da representação; actuação representativa inferida das circunstâncias)

BG, 31.10.1962, BGE 88 II 350 (pressupostos da representação; actuação representativa inferida das circunstâncias)

BG, 22.9.1964, BGE 90 II 285 (pressupostos da representação; actuação representativa inferida das circunstâncias)

BG, 3.10.1967, BGE 93 II 302 (ratificação tácita; caso em que ao silêncio do representado pode ser atribuído o valor de ratificação)

BG, 5.12.1967, BGE 93 II 461 (delimitação do âmbito dos poderes representativos através da interpretação do acto que os atribui; atribuição tácita de poder de representação; representação tolerada ou consentida)

BG, 3.10.1972, BGE 98 II 305 (carácter irrenunciável do direito de revogar a procuração e o mandato)

BG, 15.5.1973, BGE 99 II 39 (pressupostos da representação; actuação representativa inferida das circunstâncias; o representante como destinatário da procuração; delimitação do âmbito dos poderes representativos através da interpretação do acto que os atribui; atribuição tácita de poder de representação; violação de instruções dadas pelo representado ao representante)

BG, 29.5.1973, BGE 99 II 159 (o direito cantonal não pode impor requisitos de forma não exigidos pelo direito federal; atribuição tácita de poder de representação)

BG, 1.7.1974, BGE 100 II 200 = Schw. Jb. int. R., 1976, p. 323 ss = Rev. crit., 1977, p. 55 ss (representação indirecta)

BG, 24.2.1975, BGE 101 Ia 39 (atribuição tácita de poder de representação; representação tolerada ou consentida)

BG, 7.4.1975, BGE 101 II 117 (o representante como destinatário da procuração; restituição do documento de onde constam os poderes do representante, em caso de cessação)

BG, 21.5.1975, BGE 101 II 266 (responsabilidade por *culpa in contrahendo*)

BG, 14.6.1978, BGE 104 II 94 (responsabilidade do representante sem poderes nos termos do artigo 39 OR)

BG, 14.12.1982, BGE 108 II 419 (responsabilidade por *culpa in contrahendo*)

BG, 24.9.1986, BGE 112 II 330 (forma exigida para a indicação da actuação em nome de outrem)

BG, 25.10.1991, BGE 117 II 387 (noção de "indiferença" quanto à pessoa do outro contraente)

BG, 19.1.1993, BGE 119 II 23 (abuso de representação)

BG, 21.6.1994, BGE 120 II 197 (pressupostos da representação; actuação em nome de outrem — interpretação da declaração do representante; caracterização da *Duldungsvollmacht* e da *Anscheinsvollmacht*; pressupostos da responsabilidade pela aparência nos termos do artigo 33, n° 3 OR)

BG, 27.6.1995, PR, 1996, p. 619 ss (pressupostos da representação; "indiferença" quanto à pessoa do outro contraente)

BG, 11.7.1995, PR, 1996, p. 420 ss (pressupostos da responsabilidade pela aparência nos termos do artigo 33, n° 3 OR)

BG, 10.10.1995, PR, 1996, p. 613 ss (responsabilidade por *culpa in contrahendo*, responsabilidade pela confiança)

BG, 26.3.1996, SJ, 1996, p. 554 ss (pressupostos da representação; actuação em nome de outrem — interpretação da declaração do representante)

4. Jurisprudência italiana

Corte di Cassazione

Cass. civ., 28.6.1946, Foro it., 1947, I, c. 379 ss (representação aparente)
Cass. civ., 28.12.1948, Giur. compl. Cass. Civ., 1948, III, p. 509 ss (negócio jurídico celebrado pelo representante sem poderes — anulabilidade)
Cass. civ., 18.1.1949, Giur. compl. Cass. Civ., 1949, I, p. 294 ss (responsabilidade do representante sem poderes — natureza pré-contratual; negócio jurídico celebrado pelo representante sem poderes — nulidade)
Cass. civ., 14.3.1949, Giur. compl. Cass. Civ., 1949, I, p. 437 ss (negócio jurídico celebrado pelo representante sem poderes — anulabilidade)
Cass. civ., 6.4.1949, Giur. compl. Cass. Civ., 1949, I, p. 547 (negócio jurídico celebrado pelo representante sem poderes — ineficácia)
Cass. civ., 10.6.1949, Giur. compl. Cass. Civ., 1949, II, p. 516 (representação aparente)
Cass. civ., 17.4.1951, Giur. compl. Cass. Civ., 1951, III, p. 828 ss (negócio jurídico celebrado pelo representante sem poderes — ineficácia)
Cass. civ., 23.4.1953, Giur. compl. Cass. Civ., 1953, V, p. 114 ss (negócio jurídico celebrado pelo representante sem poderes — ineficácia)
Cass. civ., 21.6.1955, Rdcomm., 1955, II, p. 266 ss (reconhecimento do direito de revogação pela contraparte do contrato celebrado com o representante sem poderes)
Cass. civ., 5.3.1958, Rdcomm., 1959, II, p. 335 ss (representação aparente)
Cass. civ., 17.10.1961, Giust. civ. Mass., 1961, nº 2191, p. 975 (negócio jurídico celebrado pelo representante sem poderes — negócio *in itinere*; ratificação tácita)
Cass. civ., 6.2.1963, Giust. civ. Mass., 1963, nº 190, p. 88 s (negócio jurídico celebrado pelo representante sem poderes — negócio *in itinere*)
Cass. civ., 25.1.1968, Giust. civ. Mass., 1968, nº 220, p. 106 s (negócio jurídico celebrado pelo representante sem poderes — ineficácia)
Cass. civ., 26.3.1968, Giust. civ. Mass., 1968, nº 947, p. 475 ss (negócio jurídico celebrado pelo representante sem poderes — ineficácia; carácter excepcional do princípio da confiança)
Cass. civ., 9.7.1968, Giust. civ. Mass., 1968, nº 2356, p. 1216 (negócio jurídico celebrado pelo representante sem poderes — negócio *in itinere*)
Cass. civ., 17.10.1968, Giust. civ. Mass., 1968, nº 3340, p. 1738 (representação aparente)
Cass. civ., 6.4.1971, Giust. civ. Mass., 1971, nº 1001, p. 538 s (negócio jurídico celebrado pelo representante sem poderes — negócio *in itinere*)
Cass. civ., 15.4.1971, Giust. civ. Mass., 1971, nº 1058, p. 571 s (negócio jurídico celebrado pelo representante sem poderes — negócio *in itinere*)

Cass. civ., 17.6.1971, Giust. civ. Mass., 1971, nº 1844, p. 999 (responsabilidade do representante sem poderes — natureza pré-contratual)
Cass. civ., 13.7.1971, Giust. civ. Mass., 1971, nº 2259, p. 1231 s (natureza jurídica da ratificação; ratificação tácita)
Cass. civ., 14.7.1971, Giust. civ. Mass., 1971, nº 2292, p. 1249 (representação sem poderes, actuação em nome de outrem)
Cass. civ., 23.10.1971, Giust. civ. Mass., 1971, nº 2996, p. 1614 (negócio jurídico celebrado pelo representante sem poderes — negócio *in itinere*)
Cass. civ., 24.11.1971, Giust. civ. Mass., 1971, nº 3418, p. 1842 (negócio jurídico celebrado pelo representante sem poderes — negócio *in itinere*; natureza jurídica da ratificação)
Cass. civ., 26.9.1974, Giust. civ. Mass., 1974, nº 2526, p. 1143 s (negócio jurídico celebrado pelo representante sem poderes — negócio *in itinere*)
Cass. civ., 9.10.1974, Giust. civ. Mass., 1974, nº 2739, p. 1229 s (negócio jurídico celebrado pelo representante sem poderes — negócio *in itinere*)
Cass. civ., 22.6.1978, Giust. civ. Mass., 1978, nº 3092, p. 1270 (ratificação tácita)
Cass. civ., 19.7.1978, Giust. civ. Mass., 1978, nº 3606, p. 1481 s (negócio jurídico celebrado pelo representante sem poderes — "invalidade relativa")
Cass. civ., 24.8.1978, Giust. civ. Mass., 1978, nº 3961, p. 1654 (representação aparente)
Cass. civ., 13.10.1978, Giust. civ. Mass., 1978, nº 4600, p. 1917 s (negócio jurídico celebrado pelo representante sem poderes — ineficácia)
Cass. civ., 17.10.1978, Giust. civ. Mass., 1978, nº 4645, p. 1934 s (representação aparente)
Cass. civ., 8.1.1980, Giust. civ. Mass., 1980, nº 123, p. 58 (negócio jurídico celebrado pelo representante sem poderes — negócio *in itinere*)
Cass. civ., 23.1.1980, Giust. civ. Mass., 1980, nº 570, p. 239 (negócio jurídico celebrado pelo representante sem poderes — "invalidade relativa")
Cass. civ., 29.1.1980, Giust. civ. Mass., 1980, nº 688, p. 296 s (negócio jurídico celebrado pelo representante sem poderes — negócio *in itinere*)
Cass. civ., 5.2.1980, Giust. civ. Mass., 1980, nº 837, p. 359 s (responsabilidade do representante sem poderes — natureza pré-contratual)
Cass. civ., 23.2.1983, Giust. civ. Mass., 1983, nº 1397, p. 487 (ratificação tácita)
Cass. civ., 8.7.1983, Giust. civ. Mass., 1983, nº 4601, p. 1619 s (negócio jurídico celebrado pelo representante sem poderes — negócio *in itinere*; ineficácia)

Cass. civ., 3.2.1984, Giust. civ. Mass., 1984, n° 821, p. 275 (representação aparente)
Cass. civ., 15.12.1984, Giust. civ. Mass., 1984, n° 6584, p. 2134 (negócio jurídico celebrado pelo representante sem poderes — ineficácia; representação aparente)
Cass. civ., 24.2.1986, Giust. civ. Mass., 1986, n° 1125, p. 340 s (atribuição tácita de poder de representação; representação aparente)
Cass. civ., 25.8.1986, Giust. civ. Mass., 1986, n° 5170, p. 1496 s (responsabilidade do representante sem poderes — natureza pré-contratual; ratificação tácita)
Cass. civ., 7.5.1987, Giust. civ. Mass., 1987, n° 4237, p. 1200 (natureza jurídica da ratificação)
Cass. civ., 9.6.1987, Giust. civ. Mass., 1987, n° 5040, p. 1443 s (natureza jurídica da ratificação; ratificação tácita)
Cass. civ., 16.3.1988, Giust. civ. Mass., 1988, n° 2468, p. 614 s (responsabilidade do representante sem poderes — natureza extracontratual; negócio jurídico celebrado pelo representante sem poderes — ineficácia)
Cass. civ., 7.12.1988, Giust. civ. Mass., 1988, n° 6669, p. 1629 (responsabilidade do representante sem poderes — natureza extracontratual)
Cass. civ., 28.2.1992, Giust. civ. Mass., 1992, n° 2494, p. 310 (representação aparente)

Tribunais de apelação

C. App. Venezia, 25.3.1954, Rdcomm., 1954, II, p. 381 ss (reconhecimento do direito de revogação pela contraparte do contrato celebrado com o representante sem poderes)
C. App. Napoli, 14.2.1955, Foro it., 1955, I, c. 979 ss (negócio jurídico celebrado pelo representante sem poderes — ineficácia; recusa do direito de revogação pela contraparte do contrato celebrado com o representante sem poderes)

Outros tribunais

Trib. Roma, 19.5.1949, Giur. compl. Cass. Civ., 1949, II, p. 861 ss (negócio jurídico celebrado pelo representante sem poderes — ineficácia)
Trib. Benevento, 28.6.1949, Dir. e Giur., 1950, p. 458 ss (negócio jurídico celebrado pelo representante sem poderes — nulidade)
Trib. Messina, 12.4.1950, Dir. e Giur., 1951, p. 314 ss (negócio jurídico celebrado pelo representante sem poderes — nulidade)
Trib. Napoli, 7.7.1952, Giur. compl. Cass. Civ., 1952, III, p. 731 ss (negócio jurídico celebrado pelo representante sem poderes — ineficácia)

Trib. Foggia, 4.12.1990, Riv. not., 1993, II, p. 156 ss (exigência de procuração para atribuição do poder de representação ao *institore*)

5. Jurisprudência francesa

Cour de Cassation

C. Cass., Ass. pl. civ., 13.12.1962, D. 1963, 277 (mandato aparente)
C. Cass., 1.ère ch. civ., 4.1.1965, D. 1965, 218 (mandato aparente)
C. Cass., 1.ère ch. civ., 30.3.1965, D. 1965, 559 (mandato aparente)
C. Cass., 1.ère ch. civ., 30.11.1965, D. 1966, 449 (mandato aparente)
C. Cass., ch. comm., 28.2.1966, Bull. civ., 1966, III, n° 124, 105 (mandato aparente)
C. Cass., ch. comm., 29.3.1966, Sem. jur., 1967, II, 15310 (mandato aparente)
C. Cass., ch. comm., 25.5.1967, Sem. jur., 1967, II, 15310 (mandato aparente)
C. Cass., 1.ère ch. civ., 13.6.1967, Sem. jur., 1967, II, 15217 (mandato aparente)
C. Cass., 1.ère ch. civ., 19.2.1968, Gazette, 1968, 2, 144 (objecto da representação: actos jurídicos)
C. Cass., 1.ère ch. civ., 29.4.1969 (2 acórdãos), D. 1970, 23 (mandato aparente)
C. Cass., ch. comm., 29.4.1970 (2 acórdãos), Sem. jur., 1971, II, 16694 (mandato aparente)
C. Cass., 3.ème ch. civ., 2.10.1974, Sem. jur., 1976, II, 18247 (mandato aparente)
C. Cass., 1.ère ch. civ., 15.6.1977, Sem. jur., 1978, II, 18865 (mandato aparente)
C. Cass., 3.ème ch. civ., 15.4.1980, Bull. civ., 1980, III, n° 73, 53 (contrato celebrado pelo mandatário sem poderes — *nullité absolue*)
C. Cass., Ass. pl., 28.5.1982, D. 1983, 117 (contrato celebrado pelo mandatário sem poderes — *innopposabilité*)

6. Jurisprudência inglesa

Armagas Ltd. v. Mundogas SA, The Ocean Frost [1986] 2 All ER 385 (*apparent authority*)
Armstrong v. Stokes [1872] L.R. 7 Q.B. 598 (teoria do *undisclosed principal*)

Bolton Partners v. Lambert [1889] 41 Ch.D. 295 (em *Case extracts*, n° 17, p. 204 ss) (actuação sem *authority; ratification*)
Collen v. Wright [1857] XXVI Q.B. (n.s.) 147 (*breach of implied warranty of authority*)
De Bussche v. Alt [1878] 8 Ch.D. 286 (em *Case extracts*, n° 21, p. 212 s) (*contract of agency*)
Farquharson Brothers & Co. v. C. King & Co. [1902] A.C. 325 (em *Case extracts*, n° 11, p. 195 s) (actuação sem *authority*)
Firth v. Staines [1897] 2 Q.B. 70 (em *Case extracts*, n° 15, p. 202) (*ratification*)
Freeman & Lockyer v. Buckhurst Park Properties (Mangal) Ltd. [1964] 2 Q.B. 480 (*actual authority, apparent authority*; critério de interpretação da *authority*)
Garnac Grain Co. Inc. v. H. M. F. Faure & Fairclough Ltd. [1968] A.C. 1130 n. (natureza consensual da *agency*; *implied agreement*)
Hely-Hutchinson v. Brayhead Ltd. [1967] 3 All ER 98 (em *Case extracts*, n° 6, p. 186 s) (*apparent authority*; *usual authority*)
Higgins v. Senior [1841] 8 M & W 834 (em *Case extracts*, n° 41, p. 242 s) (efeitos da *agency*)
Ireland v. Livingston [1872] L.R. 5 H.L. 395 (em *Case extracts*, n° 5, p. 186) (actuação sem *authority*; critério de interpretação da *authority*)
Keighley, Maxsted & Co. v. Durant [1901] A.C. 240 (em *Case extracts*, n° 16, p. 203 s) (actuação sem *authority; ratification*)
Lloyd v. Grace Smith & Co. [1912] A.C. 716 (em *Case extracts*, n° 1, p. 183) (*apparent authority*)
Metropolitan Asylums Board v. Kingham & Sons [1890] 6 T.L.R. 217 (em *Case extracts*, n° 18, p. 207) (*ratification*)
Migdley Estates Ltd. v. Hand [1952] 1 All ER 1394 (em *Case extracts*, n° 27, p. 220) (*contract of agency*)
Montgomerie v. United Kingdom Mutual SS Association Ltd. [1891] 1 Q.B. 370 (em *Case extracts*, n° 2, p. 183 s) (efeitos da *agency*; actuação por conta de um *foreign principal*)
National Coffee Palace, Re ex p. Panmure [1883] 24 Ch.D. 367 (*breach of implied warranty of authority*)
Pole v. Leask [1863] 33 L.J.Ch. 155 (natureza consensual da *agency*; *incidental authority*; critério de interpretação da *authority*)
Presentaciones Musicales SA v. Secunda [1994] 2 All ER 737 (actuação sem *authority; ratification*)
Rama Corp. Ltd. v. Proved Tin and General Investments Ltd. [1952] 2 Q.B. 147 (em *Case extracts*, n° 10, p. 194) (*apparent authority*)
Ryan v. Pilkington [1959] 1 W.L.R. 403 (*apparent authority*)
Swan, The [1968] 1 Lloyd's Rep. 5 (em *Case extracts*, n° 38, p. 238 s) (res-

ponsabilidade do *agent* com base em *written documents*)
Teheran-Europe Co. Ltd. v. S. T. Belton (Tractors) Ltd. [1968] 2 All ER 886 (em *Case extracts*, n° 39, p. 240 s) (actuação por conta de um *foreign principal*)
Watson v. Davies [1931] 1 Ch. 455 (em *Case extracts*, n° 19, p. 208) (actuação sem *authority*; revogação do contrato pela contraparte)
Watteau v. Fennick [1893] 1 Q.B. 346 (em *Case extracts*, n° 8, p. 190 s) (efeitos da *agency*; *usual authority*)
Waugh v. H. B. Clifford & Sons Ltd. [1982] Ch. 374 (*implied authority, apparent authority*)
Younge v. Toynbee [1910] 1 K.B. 215 (em *Case extracts*, n° 20, p. 208 ss) (*breach of implied warranty of authority*)

7. Jurisprudência norte-americana

Alexander v. Fujitsu Business Com. Systems 818 F.Supp. 462 (D.N.H. 1993) (responsabilidade do *principal* pelos actos do *agent*)
Commercial Associates v. Tilcon Gammino, Inc. 998 F.2nd 1092 (1st Cir. 1993) (*apparent authority*)
Complaint of Bankers Trust Co. v. Bethlehem Steel Corp. 752 F.2nd 874 (1984) (actuação sem *authority*)
Dorothy K. Winston & Co. v. Town Heights Develop., Inc. 376 F.Supp. 1214 (1974) (*ratification*)
E. A. Prince & Son v. Selective Ins. Co. 818 F.Supp. 910 (D.S.C. 1993) (*apparent authority*)
Feinberg v. Automobile Banking Corporation 353 F.Supp. 508 (1973) (pressupostos da *agency*)
Haines v. National Union Fire Ins. Co. 812 F.Supp 93 (S.D.Tex. 1993) (responsabilidade do *agent*)
Kmart Co. v. First Hartford Realty Corp. 810 F.Supp. 1316 (D.Conn. 1993) (caracterização da *agency*)
Merex A. G. v. Fairchild Weston Systems, Inc. 810 F.Supp. 1356 (S.D.N.Y. 1993) (*apparent authority; ratification*)
Prisco v. State of N. Y. 804 F.Supp. 518 (S.D.N.Y. 1992) (*ratification*)
Stroll v. Epstein 818 F.Supp. 640 (S.D.N.Y. 1993) (responsabilidade do *agent*)

II — DIREITO INTERNACIONAL PRIVADO

1. Jurisprudência portuguesa

Supremo Tribunal de Justiça

STJ, 11.6.1981, BMJ, 308 (1981), p. 260 ss (depósito bancário)
STJ, 25.6.1981, BMJ, 308 (1981), p. 230 ss (depósito bancário; atendibilidade de "normas de aplicação imediata ou necessária" estrangeiras)
STJ, 11.6.1996, CJ, 1996, II, p. 266 ss (lei aplicável ao contrato de trabalho)

Outros tribunais

Rel. de Lisboa, 18.11.1987, BMJ, 371 (1987), p. 534 (relevância de "normas de aplicação imediata ou necessária" portuguesas)

Tribunal do Trabalho de Santa Maria da Feira, s.d., Corpus Juris, Ano II, Jan. 1994, n° 22, decisão D, p. 44 ss (relevância de "normas de aplicação imediata ou necessária" portuguesas)

2. Jurisprudência alemã

Reichsoberhandelsgericht

ROHG, 17.2.1871, ROHGE 2, 54 (estatuto da representação — lei do domicílio do representado)
ROHG, 4.12.1872, SeuffA 28, 70 (estatuto da representação — lei do domicílio do representado)
ROGH, 5.3.1877, Clunet, n° 6, 1879, p. 627 s (estatuto da representação — lei nos termos da qual o poder foi atribuído)

Reichsgericht

RG, 24.10.1892, RGZ 30, 122 (estatuto da representação — lei da residência comum do mandante e do mandatário, como lei tacitamente escolhida pelas partes)

RG, 5.12.1896, RGZ 38, 194 (estatuto da representação — lei do estabelecimento do agente; no caso, também lei do lugar de celebração do negócio)
RG, 3.4.1902, RGZ 51, 147 (estatuto da representação — lei do estabelecimento do agente; no caso, também lei do lugar de celebração do negócio)
RG, 14.1.1910, JW 1910, 181 (estatuto da representação — lei do estabelecimento do agente)
RG, 5.12.1911, RGZ 78, 55 (estatuto da representação — lei do lugar onde é exercido o poder de representação)
RG, 15.6.1920, SeuffA 76, Nr. 2, p. 2 s (lei reguladora do direito de revogação da declaração negocial da contraparte que contratou com o representante sem poderes — lei do domicílio da contraparte)
RG, 14.10.1931, RGZ 134, 67 (estatuto da representação — lei do lugar onde é exercido o poder de representação)
RG, 18.10.1935, RGZ 149, 93 (estatuto da representação no caso de constituição de direitos reais sobre imóveis — lei do lugar da situação dos bens)

Bundesgerichtshof

BGH, 13.7.1954, NJW 1954, 1561 = BB 1954, 730 (lei aplicável à extensão do poder de representação — lei do lugar onde a procuração deve produzir os seus efeitos)
BGH, 30.7.1954, JZ 1955, 702 = Rev. crit., 1956, p. 58 ss (distinção, na determinação da lei aplicável à representação, entre existência e extensão do poder de representação)
BGH, 30.3.1955, BGHZ 17, 89 (estatuto unitário do contrato)
BGH, 5.2.1958, DB 1958, 1010 (estatuto da representação — lei do *Wirkungsland*)
BGH, 9.10.1960, NJW 1960, 1720 (estatuto unitário do contrato)
BGH, 19.10.1960, NJW 1961, 25 s (definição do estatuto do contrato: *kleine Vertragsspaltung*)
BGH, 29.11.1961, IPRspr. 1960/61, Nr. 40, p. 134 ss = JZ 1963, 167 (autonomia do estatuto da representação em relação ao do negócio representativo; *Wirkungsland* — lugar do estabelecimento do representante; *Anscheinsvollmacht*)
BGH, 3.10.1962, IPRspr. 1962/63, Nr. 145, p. 421 ss (*Wirkungsland* — lugar da situação dos bens)
BGH, 9.12.1964, IPRspr. 1964/65, Nr. 33, p. 124 ss = BGHZ 43, 21 = NJW 1965, 487 (autonomia do estatuto da representação em relação ao do negócio representativo; estatuto unitário da representação; lei do *Wirkungsland*; *Anscheinsvollmacht*)

BGH, 22.6.1965, IPRspr. 1964/65, Nr. 34, p. 129 ss (lei aplicável à forma do acto de atribuição do poder de representação — *Vollmachtsstatut*; lei aplicável à ratificação — *Geschäftsstatut*)

BGH, 17.1.1968, IPRspr. 1968/69, Nr. 19, b), p. 44 (lei aplicável à questão da existência do poder de representação — lei do lugar onde o representante faz uso do seu poder, *Gebrauchsort*; *Duldungsvollmacht*, *Anscheinsvollmacht*)

BGH, 26.6.1968, IPRspr. 1968/69, Nr. 28, p. 56 s (lei aplicável à questão da existência do poder de representação — lei do lugar onde o representante faz uso do seu poder, *Gebrauchsort*)

BGH, 15.4.1970, IPRspr. 1970, Nr. 12, p. 46 ss (lei aplicável à forma do acto de atribuição do poder de representação — *Geschäftsstatut*)

BGH, 22.9.1971, AWD 1971, 589 ss = Rev. crit., 1972, p. 621 ss (definição do estatuto do contrato: *kleine Vertragsspaltung*)

BGH, 19.9.1973, IPRspr., 1973, Nr. 11, p. 29 ss = AWD 1973, 630 s (estatuto unitário do contrato)

BGH, 16.4.1975, IPRspr. 1975, Nr. 118, p. 304 ss = NJW 1975, 1220 = Rev. crit., 1977, p. 72 ss (autonomia do estatuto da representação em relação ao do negócio representativo; lei do *Wirkungsland*)

BGH, 13.5.1982, IPRspr. 1982, Nr. 139, p. 339 ss = NJW 1982, 2733 = IPRax 1983, p. 67 ss (autonomia do estatuto da representação em relação ao do negócio representativo, lei do *Wirkungsland*)

BGH, 24.11.1989, IPRspr. 1989, Nr. 3, p. 3 ss (*Wirkungsland* — lugar da situação dos bens; *Anscheinsvollmacht*)

BGH, 26.4.1990, IPRspr. 1990, Nr. 25, p. 46 s = IPRax 1991, p. 247 ss (autonomia do estatuto da representação em relação ao do negócio representativo, *Wirkungsland* — lugar do estabelecimento do representante)

BGH, 8.10.1991, IPRspr. 1991, Nr. 28, p. 61 s = JZ 1992, 579 (lei aplicável à ratificação - *Geschäftsstatut*)

BGH, 27.5.1993, IPRspr. 1993, Nr. 27, p. 70 ss (estatuto da representação — lei do *Wirkungsland*)

BGH, 8.11.1993, IPRax, 1994, Nr. 37, p. 298 ss (interpretação do artigo VIII, 2, al. b) dos Estatutos do Fundo Monetário Internacional)

Tribunais de apelação

OLG Hamburg, 15.5.1931, IPRspr. 1931, Nr. 39, p. 87 ss (estatuto da representação — lei do estabelecimento do agente)

OLG Hamburg, 26.6.1959, IPRspr. 1958/59, Nr. 52, p. 195 ss = DB 1959, 1396 (determinação do valor do silêncio como ratificação — atendibilidade da lei do domicílio do representado)

OLG Frankfurt, 2.4.1963, IPRspr. 1962/63, Nr. 164, p. 526 ss (estatuto da representação — lei do *Wirkungsland*)
OLG Saarbrücken, 28.10.1966, IPRspr. 1968/69, Nr. 19, a), p. 42 ss (lei aplicável à questão da existência do poder de representação — lei do lugar onde o representante faz uso do seu poder, *Gebrauchsort*; *Duldungsvollmacht, Anscheinsvollmacht*)
OLG München, 9.4.1969, IPRspr. 1968/69, Nr. 20, p. 44 s (estatuto da representação — lei do *Wirkungsland*)
OLG Frankfurt, 8.7.1969, IPRspr. 1968/69, Nr. 21, p. 45 ss = AWD 1969, 415 s (estatuto da representação — lei do *Wirkungsland*; *Duldungsvollmacht*)
OLG Düsseldorf, 28.9.1970, IPRspr. 1970, Nr. 15, p. 51 ss (lei aplicável à extensão do poder de representação — lei do lugar onde a procuração produz os seus efeitos)
OLG München, 20.11.1970, IPRspr. 1970, Nr. 93, p. 293 ss (estatuto da representação — lei do *Wirkungsland*)
OLG München, 30.10.1974, IPRspr. 1974, Nr. 10, b), p. 36 ss (estatuto da representação — lei do *Wirkungsland*)
OLG Hamburg, 16.3.1977, IPRspr. 1977, Nr. 6, p. 18 s (estatuto da representação — aplicação cumulativa da lei do *Wirkungsland* e da lei do país da residência do representado)
OLG Stuttgart, 11.11.1980, IPRspr. 1980, Nr. 12, p. 47 ss (estatuto da representação — lei do *Wirkungsland*)
OLG Celle, 7.9.1983, WM 1984, 494 (lei aplicável à ratificação — *Geschäftsstatut*)
OLG Karlsruhe, 25.7.1986, IPRspr. 1986, Nr. 25, p. 60 s = ZIP 1986, 1578 (*Anscheinsvollmacht*)
OLG Hamburg, 27.5.1987, IPRspr. 1987, Nr. 14, p. 36 s (estatuto da representação — lei do *Wirkungsland*; lei aplicável à responsabilidade do representante sem poderes — *Vollmachtsstatut*)
BayObLG, 15.11.1987, IPRspr. 1987, Nr. 14-A, p. 37 (estatuto da representação — lei do *Wirkungsland*)
OLG München, 10.3.1988, IPRspr. 1988, Nr. 15, p. 33 ss (estatuto da representação — lei do *Wirkungsland*)
OLG Koblenz, 31.3.1988, IPRax 1989, p. 232 ss (*Rechtsscheinsvollmacht*)
OLG Koblenz, 5.2.1993, IPRspr. 1993, Nr. 51, p. 121 ss (estatuto da representação — lei do *Wirkungsland*)
OLG Düsseldorf, 8.12.1994, IPRspr. 1994, Nr. 17, p. 35 ss (estatuto da representação — lei do *Wirkungsland*)
OLG Düsseldorf, 23.12.1994, IPRspr. 1994, Nr. 19, p. 52 ss = IPRax, 1995, p. 396 s (sentido da exclusão prevista no artigo 37, n° 3 EGBGB; autonomia do estatuto da representação)

Outros tribunais

KG, 30.5.1932, IPRspr. 1932, Nr. 25, p. 52 ss (estatuto da representação — lei do estabelecimento do agente)
LG Berlin, 5.10.1932, Giur. comp. d. i. p., 1939, V, n. 47, p. 129 s (estatuto da representação — lei do lugar onde é exercido o poder de representação)
KG-West, 12.7.1958, IPRspr. 1958/59, Nr. 40, p. 163 ss (estatuto da representação — lei do *Wirkungsland*)
LG Hamburg, 23.2.1961, IPRspr. 1960/61, Nr. 49, p. 157 ss (estatuto da representação — lei do *Wirkungsland*)
LG München, 15.3.1973, IPRspr. 1974, Nr. 10, a), p. 36 s (estatuto da representação — lei do *Wirkungsland*)
LG Aurich, 11.7.1973, AWD 1974, 282 s (definição do estatuto do contrato: admitida a possibilidade de *grosse Vertragsspaltung*)
LG Hamburg, 3.3.1976, IPRspr. 1976, Nr. 5, p. 22 s (estatuto da representação — lei do *Wirkungsland*)
BFH, 2.4.1987, IPRspr. 1987, Nr. 13, p. 36 (estatuto da representação — lei do *Wirkungsland*)
LG Essen, 12.12.1990, IPRspr. 1991, Nr. 167, p. 333 ss (estatuto da representação — lei do *Wirkungsland*)
KG, 24.1.1994, IPRspr. 1994, Nr. 25, p. 65 ss (estatuto da representação — lei do *Wirkungsland*)
LG München, 21.3.1994, IPRspr. 1994, Nr. 199, p. 447 ss (estatuto da representação — lei do *Wirkungsland*)
LG Detmold, 29.9.1994, NJW 1994, 3301 = IPRax, 1995, Nr. 39, p. 249 ss (o § 138 BGB é uma disposição imperativa no sentido do artigo 34 EGBGB)

3. Jurisprudência suíça

Bundesgericht

BG, 9.6.1906, BGE 32 II 415 (definição do estatuto do contrato: *grosse Vertragsspaltung*)
BG, 31.10.1908, BGE 34 II, 643 (definição do estatuto do contrato: *kleine Vertragsspaltung*)
BG, 22.10.1915, BGE 41 II, 591 (definição do estatuto do contrato: *kleine Vertragsspaltung*)
BG, 22.12.1916, BGE 42 II 648 (independência do estatuto da representação)

BG, 14.12.1920, BGE 46 II 490 (independência do estatuto da representação)
BG, 5.3.1923, BGE 49 II 70 (independência do estatuto da representação)
BG, 21.10.1941, BGE 67 II 179 (prestação característica)
BG, 3.6.1947, BGE 73 II 102 (definição do estatuto do contrato: *grosse Vertragsspaltung*)
BG, 28.2.1950, BGE 76 II 33 (prestação característica)
BG, 22.11.1950, BGE 76 I 338 (independência do estatuto da representação)
BG, 22.3.1951, BGE 77 II 83 (prestação característica)
BG, 26.6.1951, BGE 77 II 189 (prestação característica)
BG, 14.7.1951, BGE 77 II 272 (definição do estatuto do contrato: *grosse Vertragsspaltung*)
BG, 12.2.1952, BGE 78 II 74 (prestação característica; estatuto unitário do contrato)
BG, 31.8.1953, BGE 79 II 295 (prestação característica; estatuto unitário do contrato)
BG, 12.11.1956, BGE 82 II 550 (prestação característica; estatuto unitário do contrato)
BG, 15.5.1962, BGE 88 II 191 (independência do estatuto da representação; distinção, na determinação da lei aplicável à representação, entre existência e efeitos do poder de representação)
BG, 26.6.1962, BGE 88 II 195 (independência do estatuto da representação; distinção, na determinação da lei aplicável à representação, entre existência e efeitos do poder de representação)
BG, 1.7.1974, BGE 100 II 200 = Schw. Jb. int. R., 1976, p. 323 ss = Rev. crit., 1977, p. 55 ss (distinção, na determinação da lei aplicável à representação, entre existência e efeitos do poder de representação; relação interna — prestação característica)
BG, 12.9.1974, Clunet, 1976, p. 711 s (conexão autónoma da fiança)
BG, 2.12.1982, BGE 108 II 442 (conexão acessória do acordo relativo ao pagamento de uma parte do preço no contrato de compra e venda; em *obiter dicta*, conexão acessória no caso de contratos complexos ou combinados)
BG, 9.7.1985, BGE 111 II 276 (conexão autónoma da fiança)
BG, 18.11.1986, BGE 112 II 450 (em *obiter dicta*, conexão acessória no caso de contrato estreitamente ligado a outro contrato)
BG, 2.4.1991, Clunet, 1996, p. 689 s (âmbito de aplicação da lei suíça de DIP; "matéria internacional")
BG, 25.9.1991, BGE 117 II 490 = Clunet, 1996, p. 721 s (conexão autónoma da fiança)

BG, 28.11.1991, BGE 118 II 79 = Rev. crit., 1992, p. 484 ss (primeira aplicação da cláusula de excepção após a entrada em vigor da lei suíça de DIP)
BG, 18.12.1991, Clunet, 1996, p. 718 (em *obiter dicta*, conexão acessória no caso de contratos auxiliares ou complementares de outro contrato)

Outros tribunais

KGer. Zürich, 15.10.1990, Clunet, 1996, p. 689 s (âmbito de aplicação da lei suíça de DIP; "matéria internacional")

4. Jurisprudência italiana

Corte di Cassazione

Cass. civ., 9.3.1942, Giur. comp. d. i. p., 1954, XI, p. 49 ss (lei aplicável à procuração forense)
Cass. civ., 22.4.1953, Giur. compl. Cass. Civ., 1953, V, p. 42 ss (lei aplicável à procuração forense)
Cass. civ., 25.2.1959, Giust. civ. Mass., 1959, I, p. 1571 ss (lei aplicável à procuração forense)
Cass. civ., 9.11.1984, em CAPOTORTI e o., *La giurisprudenza italiana...*, p. 1480 (lei aplicável à forma da procuração)
Cass. civ., 28.4.1993, Rdintpriv.proc., 1994, p. 375 ss (lei aplicável à procuração forense)
Cass. civ., 8.5.1995, Rdintpriv.proc., 1996, p. 313 ss (procuração forense outorgada no estrangeiro — dispensa de legalização, nos termos da Convenção de Haia de 5 de Outubro de 1961)

Tribunais de apelação

C. App. Torino, 15.11.1978, em CAPOTORTI e o., *La giurisprudenza italiana...*, p. 1480 (lei aplicável à procuração, incluindo a questão da forma — lei reguladora do negócio representativo)
C. App. Napoli, 22.3.1980, em CAPOTORTI e o., *La giurisprudenza italiana...*, p. 1480 (lei aplicável à forma da procuração)

Outros tribunais

Trib. Monferrato, 20.7.1977, em CAPOTORTI e o., *La giurisprudenza italiana...*, p. 1479 s (lei aplicável à procuração, incluindo a questão da forma — lei reguladora do negócio representativo)

5. Jurisprudência francesa

Cour de Cassation

C. Cass., 16.1.1861, em B. ANCEL, Y. LEQUETTE, *Grands arrêts*..., p. 35 s (lei aplicável às consequências da incapacidade; ignorância desculpável do direito estrangeiro)

C. Cass., ch. civ., sect. comm., 9.11.1959, Rev. crit., 1960, p. 566 ss (lei aplicável ao contrato de representação comercial [representante comercial assalariado] — lei do lugar da sede do representado)

C. Cass., 1.ère ch. civ., 9.12.1960, Rev. crit., 1961, p. 835 (lei aplicável ao contrato de representação comercial [representante comercial assalariado] — lei do lugar em que é exercida a actividade de representação)

C. Cass., ch. civ., sect. soc., 1.7.1964, Rev. crit., 1966, p. 47 ss (lei aplicável ao contrato de representação comercial [representante comercial assalariado] — lei designada tacitamente pelas partes)

C. Cass., ch. soc., 5.3.1969, Rev. crit., 1970, p. 279 ss (lei aplicável ao contrato de representação comercial [representante comercial assalariado] — lei designada tacitamente pelas partes)

C. Cass., ch. soc., 14.1.1976, Clunet, 1977, p. 495 ss (conexão acessória da fiança)

C. Cass., ch. comm., 19.1.1976, Clunet, 1977, p. 651 ss = Rev. crit., 1977, p. 503 ss (lei aplicável ao contrato de representação comercial [agente comercial independente] — lei designada pelas partes)

C. Cass., 1.ère ch. civ., 24.1.1978, Rev. crit., 1978, p. 689 ss (lei aplicável ao contrato de representação comercial [agente comercial independente] — lei designada tacitamente pelas partes)

C. Cass., 1.ère ch. civ., 25.3.1980, Rev. crit., 1980, p. 576 ss (lei aplicável ao contrato de representação comercial [agente comercial independente] — lei designada tacitamente pelas partes)

C. Cass., 1.ère ch. civ., 1.7.1981, Clunet, 1982, p. 148 ss = Rev. crit., 1982, p. 336 ss (conexão acessória da fiança)

C. Cass., ch. comm., 9.10.1990, Rev. crit., 1991, p. 545 ss (lei aplicável ao contrato de representação comercial [agente comercial independente] — lei designada tacitamente pelas partes)

C. Cass., 1.ère ch. civ., 25.5.1992, Rev. crit., 1992, p. 689 ss (conexão acessória da revogação do contrato)

C. Cass., 1.ère ch. civ., 12.1.1994, Clunet, 1995, p. 134 ss = Rev. crit., 1994, p. 92 ss (lei aplicável a contratos conexos)

C. Cass., 1.ère ch. civ., 16.2.1994, Rev. crit., 1994, p. 341 ss (conexão acessória da fiança)

Tribunais de apelação

Cour d' appel de Rouen, 1.ère ch., 31.5.1950, Rev. crit., 1950, p. 603 ss (lei aplicável ao mandato — lei do lugar de execução)
Cour d' appel de Paris, 1.ère ch., 21.5.1957, Rev. crit., 1958, p. 128 ss (lei aplicável ao mandato — lei do lugar de execução)
Cour d' appel de Paris, 19.6.1970, Rev. crit., 1971, p. 692 ss = Clunet, 1971, p. 833 ss (noção de contrato internacional)
Cour d' appel de Limoges, 10.11.1970, Rev. crit., 1971, p. 703 ss (lei aplicável ao mandato — lei do lugar de execução)
Cour d' appel de Lyon, 1.ère ch., 21.3.1973, Clunet, 1974, p. 345 ss (lei aplicável ao mandato — lei do lugar de execução)
Cour d' appel de Paris, 27.11.1986, Rev. crit., 1988, p. 314 ss (aplicação antecipada da Convenção de Roma)
Cour d' appel de Paris, 18.ème ch., 20.3.1990, Clunet, 1991, p. 711 ss (lei aplicável ao contrato de representação comercial [representante comercial assalariado] — lei designada tacitamente pelas partes; conexão acessória do contrato que modifica outro contrato)
Cour d' appel de Versailles, 6.2.1991, Rev. crit., 1991, p. 745 ss = Clunet, 1992, p. 125 ss (aplicação antecipada da Convenção de Roma; conexão acessória da fiança)
Cour d' appel de Paris, 3.ème ch., sect. B, 20.9.1991, Clunet, 1992, p. 957 ss (lei aplicável a contratos conexos)
Cour d' appel de Paris, 2.ème ch. B, 21.1.1994, Rev. crit., 1995, p. 535 ss (invocação da Convenção de Haia sobre representação; lei aplicável ao mandato conferido a intermediário com estabelecimento profissional fixo — lei do lugar desse estabelecimento)
Cour d' appel de Grenoble, ch. comm., 11.1.1996, Clunet, 1997, p. 123 ss (aplicação da Convenção de Haia sobre representação a contratos celebrados antes da sua entrada em vigor; distinção entre relação externa e relação interna)

Outros tribunais

Tribunal de grande instance de la Seine, 1.ère ch., 12.6.1963, Rev. crit., 1964, p. 689 ss (lei aplicável ao mandato aparente — lei do lugar onde o mandatário exerce os seus poderes, com fundamento nos princípios da "jurisprudência Lizardi")
Tribunal de commerce de Paris, 4.12.1970, Rev. crit., 1971, p. 703 ss (lei aplicável ao mandato — lei do lugar de execução)
Tribunal de grande instance de Paris, 1.ère ch., 1.ère sect., 3.2.1982, Clunet, 1984, p. 584 ss (lei aplicável ao mandato — lei do lugar de execução)

Tribunal de commerce de Nantes, 11.7.1991, Clunet, 1993, p. 330 ss (invocação da Convenção de Haia sobre representação; aplicação directa da *lex mercatoria* a um contrato de *sponsorship*, qualificado como contrato de mandato)

6. Jurisprudência inglesa

Britannia Steamship Insurance Association Ltd. and others v. Ausonia Assicurazioni S.p.a. [1984] 2 Lloyd's Rep. 98 (distinção, para efeitos de determinação do direito aplicável, entre a *actual authority* e a *apparent* ou *ostensible authority*; direito aplicável à *apparent* ou *ostensible authority* e à *ratification* — *proper law* do contrato em que intervêm o *agent* e a contraparte)
Chatenay v. The Brazilian Submarine Telegraph Company, Limited [1891] 1 Q.B. 79 (direito aplicável à *authority* de um *agent* — *proper law* do contrato em que intervêm o *agent* e a contraparte)
Jacobs, Marcus & Co. v. The Crédit Lyonnais [1884] 12 Q.B.D. 589 (direito aplicável ao cumprimento do contrato — direito do lugar do cumprimento)
Maspons y Hermano v. Mildred, Goyeneche & Co. [1882] 9 Q.B.D. 530 (direito aplicável à relação interna entre *principal* e *agent* — *proper law* do contrato de *agency*, no caso, também lei do lugar da celebração do contrato, do lugar do cumprimento e do lugar do domicílio comum das partes; direito aplicável à *authority* de um *agent* — *proper law* do contrato em que intervêm o *agent* e a contraparte)
Mauroux v. Soc. Com. Abel Pereira da Fonseca S.A.R.L. [1972] 1 W.L.R. 962 (direito aplicável à relação interna entre *principal* e *agent* — *proper law* do contrato de *agency*, no caso, também lei do lugar do domicílio do *principal*)
Mildred, Goyeneche & Co. v. Maspons y Hermano [1883] L.R. 8 App.Cas. 874 (direito aplicável à relação interna entre *principal* e *agent* — *proper law* do contrato de *agency*, no caso, também lei do lugar da celebração do contrato, do lugar do cumprimento e do lugar do domicílio comum das partes; direito aplicável à *authority* de um *agent* — *proper law* do contrato em que intervêm o *agent* e a contraparte)
Pattison v. Mills [1828] 1 Dow. & Cl. 342 (direito aplicável ao contrato celebrado através de um *agent* — *proper law* desse contrato)
Ruby Steamship Corporation Limited v. Commercial Union Assurance Company [1933] 150 L.T. 38 = Giur. comp. d. i. p., 1938, IV, p. 285 ss (direito aplicável à *authority* de um *agent* — *proper law* do contrato de *agency*)

Sinfra Aktiengesellschaft v. Sinfra, Ltd. [1939] 2 All ER 675 (direito aplicável ao *power of attorney* — direito do lugar onde o poder deve ser exercido)

7. Jurisprudência norte-americana

Clark v. Graham 6 W. 577 (1821) (critério de determinação do direito aplicável à relação externa: lugar da situação dos bens, no caso, prédios rústicos [*land*])
Complaint of Bankers Trust Co. v. Bethlehem Steel Corp. 752 F.2nd 874 (1984) (critério de determinação do direito aplicável à relação externa: aplicação de "uma 'metodologia de conflitos flexível', combinando a *interest analysis* e a teoria dos contactos do *Restatement*")
Davis v. Jouganatos 402 P.2d 985 (Nev. 1965) (critério de determinação do direito aplicável à relação *principal-agent*: lugar onde o *agent* actua)
Dorothy K. Winston & Co. v. Town Heights Develop., Inc. 376 F.Supp. 1214 (1974) (critério de determinação do direito aplicável à ratificação: *interest analysis*)
Feinberg v. Automobile Banking Corporation 353 F.Supp. 508 (1973) (critério de determinação do direito aplicável à relação *principal-agent*: *the most significant relationship*)
Frankel v. Allied Mills, Inc. 17 N.E. 2d 570 (1938) (critério de determinação do direito aplicável à relação *principal-agent*: lugar de celebração do contrato de *agency* ou lugar de execução)
Johnson v. Allen 158 P.2d 134 (1945) (critério de determinação do direito aplicável à relação *principal-agent*: lugar de celebração do contrato de *agency*)
Matarese v. Calise 305 A.2d 112 (R.I. 1973) (critério de determinação do direito aplicável à relação *principal-agent*: lugar onde o *agent* actua)
McMorrow v. Rodman Ford Sales, Inc. 462 F.Supp. 947 (1979) (critério de determinação do direito aplicável à relação *principal-agent*: *the most significant relationship*)
Mercier v. John Hancock Mut. Life Ins. Co. 44 A.2d 372 (1945) (critério de determinação do direito aplicável à relação externa: lugar onde o *agent* está autorizado ou aparentemente autorizado a actuar por conta do *principal*)
Merex A. G. v. Fairchild Weston Systems, Inc. 810 F.Supp. 1356 (S.D.N.Y. 1993) (critério de determinação do direito aplicável à ratificação: *interest analysis*)
Milliken v. Pratt 125 Mass. 374 (1878) (critério de determinação do direito aplicável à relação externa: lugar onde se considera celebrado o contrato por conta do *principal*)

Shasta Lives. Auc. Yard v. Bill Evans Cat. Man. Corp. 375 F.Supp. 1027 (1974) (critério de determinação do direito aplicável à relação externa: *the most significant relationship*)
Stroll v. Epstein 818 F.Supp. 640 (S.D.N.Y. 1993) (critério de determinação do direito aplicável à relação *agent*-contraparte: *the most significant relationship*)
Warner v. Kressly Wash.App. 512 P.2d 1116 (1973) (critério de determinação do direito aplicável à relação *principal-agent*: *the most significant relationship*)
Weston Funding Corp. v. Lafayette Towers, Inc. 550 F.2d 710 (1977) (critério de determinação do direito aplicável à relação *principal-agent*: *the most significant relationship*)
Wonderlic Agency, Inc. v. Acceleration Corp. 624 F.Supp. 801 (N.D.Ill. 1985) (critério de determinação do direito aplicável à relação *principal-agent*: *the most significant relationship*)
Young v. Masci 289 U.S. 253 (1933) (critério de determinação do direito aplicável à relação externa: lugar onde o *agent* actua)

8. Jurisprudência neerlandesa

Rb. Rotterdam, 27.5.1994, em M. SUMAMPOUW, *Les nouvelles conventions de la Haye*, p. 321 (aplicação da Convenção de Haia sobre representação a contratos celebrados antes da sua entrada em vigor)
Rb. Arnhem, 14.7.1994, em M. SUMAMPOUW, *Les nouvelles conventions de la Haye*, p. 322 (aplicação da Convenção de Haia sobre representação a contratos celebrados antes da sua entrada em vigor)
Ktg. Groenlo, 2.11.1994, em M. SUMAMPOUW, *Les nouvelles conventions de la Haye*, p. 323 s (aplicação da Convenção de Haia sobre representação a contratos celebrados antes da sua entrada em vigor)

9. Jurisprudência belga

Cour d' appel de Bruxelles, 11.12.1985, Clunet, 1989, p. 1051 ss (conexão acessória da fiança)
Cour d' appel de Liège, 28.6.1991, Clunet, 1996, p. 184 ss (conexão autónoma da fiança)

10. Jurisprudência da Câmara de Comércio Internacional

CCI, proc. n° 2119, 1978, Clunet, 1979, p. 997 ss (conexão dependente ou acessória do contrato de subempreitada em relação ao contrato de empreitada)

III — RELAÇÕES ENTRE O DIREITO INTERNACIONAL E O DIREITO INTERNO

Jurisprudência portuguesa

Supremo Tribunal de Justiça

STJ, 14.1.1975, BMJ, 243 (1975), p. 276 ss

Tribunal Constitucional

TC, 1ª sec., ac. nº 27/84, 21.3.1984, ATC, 2º vol., p. 445 ss
TC, 2ª sec., ac. nº 47/84, 23.5.1984, ATC, 3º vol., p. 357 ss
TC, 1ª sec., ac. nº 62/84, 19.6.1984, ATC, 3º vol., p. 371 ss
TC, 2ª sec., ac. nº 88/84, 30.7.1984, ATC, 4º vol., p. 415 ss
TC, 2ª sec., ac. nº 118/84, 28.11.84, ATC, 4º vol., p. 355 ss
TC, 2ª sec., ac. nº 8/85, 9.1.1985, ATC, 5º vol., p. 325 ss
TC, 1ª sec., ac. nº 24/85, 6.2.1985, ATC, 5º vol., p. 353 ss
TC, 1ª sec., ac. nº 431/87, 4.11.1987, D. R. nº 36, II Série, de 12.2.1988, p. 1352 ss
TC, plen., ac. nº 32/88, 27.1.2988, ATC, 11º vol., p. 191 ss
TC, 2ª sec., ac. nº 154/90, 3.5.1990, ATC, 16º vol., p. 245 ss
TC, 2ª sec., ac. nº 281/90, 30.10.1990, ATC, 17º vol. p. 153 ss
TC, 1ª sec., ac. nº 66/91, 8.4.1991, ATC, 18º vol., p. 421 ss
TC, plen., ac. nº 371/91, 10.10.1991, ATC, 20º vol., p. 7 ss
TC, 1ª sec., ac. nº 100/92, 17.3.1992, ATC, 21º vol., p. 365 ss
TC, 2ª sec., ac. nº 185/92, 20.5.1992, D. R. nº 216, II Série, de 18.9.1992, p. 8787 s
TC, 1ª sec., ac. nº 364/92, 12.11.1992, ATC, 23º vol., p. 515 ss
TC, 2ª sec., ac. nº 405/93, 29.6.1993, ATC, 25º vol., p. 609 ss
TC, 1ª sec., ac. nº 228/97, 12.3.1997, D. R. nº 147, II Série, de 28.6.1997, p. 7431 ss

Bibliografia citada

ABBADESSA, Pietro — *Su taluni aspetti della disciplina della rappresentanza riguardanti l' esercizio dell' attività bancaria*, "Le operazioni bancarie" (org. Giuseppe B. Portale), Milano, 1978, vol. I, p. 189 ss

ACKMANN, Hans-Peter — *Zur Geltung des "Wirkungsstatuts" im Fall des Handelns eines Vertreters von seiner ausländischen Niederlassung aus* (an. BGH, 26.4.1990), IPRax, 1991, p. 220 ss

ADAM, Roberto — v. CAPOTORTI, Francesco e o.

ADEMUNI-ODEKE — *The United Nations Convention on international bills of exchange and promissory notes*, JBL, 1992, p. 281 ss

AFFERNI, Vittorio — *Rappresentanza e conflitto di interessi nell' ambito dell' impresa*, "Rappresentanza e gestione", 1992, p. 201 ss

AGOSTINI, Eric — *Les questions préalables en droit international privé*, "Droit international et droit communautaire", 1991, p. 25 ss

ALARCÃO, Rui de — *Erro, dolo e coacção. Representação. Objecto negocial. Negócios usurários. Condição. Anteprojectos para o novo Código Civil*, BMJ, 102 (1961), p. 167 ss

— *Do negócio jurídico. Anteprojecto para o novo Código Civil*, BMJ, 105 (1961), p. 249 ss

— *Breve motivação do anteprojecto sobre o negócio jurídico na parte relativa ao erro, dolo, coacção, representação, condição e objecto negocial*, BMJ, 138 (1964), p. 71 ss

— *A confirmação dos negócios anuláveis*, Coimbra, 1971

ALBALADEJO, Manuel — *Derecho civil, I — Introducción y parte general*, vol. 2º — *La relación, las cosas y los hechos jurídicos*, 10ª ed., Barcelona, 1989

Albert A. Ehrenzweig und das internationale Privatrecht. Symposium veranstaltet vom Institut für ausländisches und internationales Privat- und Wirtschaftsrecht der Universität Heidelberg am 17.Juli 1984 (org. Rolf Serick, Hubert Niederländer, Erik Jayme), Heidelberg, 1986 (cit. "Albert A. Ehrenzweig und das internationale Privatrecht")

ALCHIAN, Armen A., DEMSETZ, Harold — *Production, information costs, and economic organization*, Am. ec. rev., 1972, p. 777 ss

ALEXY, Robert — *Rechtssystem und praktische Vernunft*, Rechtstheorie, 1987, p. 405 ss

— *Juristische Begründung, System und Kohärenz*, "Rechtsdogmatik und praktische Vernunft", 1990, p. 95 ss

— *Theorie der juristischen Argumentation. Die Theorie des rationalen Diskurses als Theorie der juristischen Begründung*, 2ª ed., Frankfurt a. M., 1991

ALMEIDA COSTA, Mário Júlio — *A vontade e a declaração na teoria do negócio jurídico representativo. A propósito do artigo 229º, Livro I, em primeira revisão ministerial, do projecto de Código Civil*, BMJ, 127 (1963), p. 145 ss

— *Responsabilidade civil por ruptura das negociações preparatórias de um contrato*, RLJ, 116º, 1983-1984, nºs 3708 ss, p. 84 ss

— *Direito das obrigações*, 6ª ed., Coimbra, 1994

ALPA, Guido — *La tutela dei consumatori nella Convenzione europea sulla legge applicabile in materia di obbligazioni contrattuali*, "Verso una disciplina comunitaria", 1983, p. 317 ss

ALTHAUS, Wolfgang — *La convention de Rome et les relations tripartites*, "Convention de Rome et opérations bancaires", 1993, p. 40 ss

ALVAREZ GONZÁLEZ, Santiago — *Objeto del derecho internacional privado y especialización normativa*, A. D. C., 1993, p. 1109 ss

— *Clausulas de compatibilidad en los convenios de la Conferencia de la Haya de DIPR*, R. E. D. I., 1993, p. 39 ss

AMORES CONRADÍ, Miguel A. — v. GONZÁLEZ CAMPOS, Julio D. e o.

Analyse des observations des gouvernements sur les projets de conventions portant lois uniformes sur la représentation en matière de droit privé dans les rapports internationaux et sur le contrat de commission de vente ou d' achat d' objets mobiliers corporels dans les rapports internationaux, U.D.P. 1970, Et/XIX e XXIV, doc. 44 e 29, Roma, Abril 1970

ANCEL, Bertrand — *L' objet de la qualification*, Clunet, 1980, p. 227 ss

— *La connaissance de la loi étrangère applicable*, "Droit international et droit communautaire", 1991, p. 87 ss

ANCEL, Bertrand, LEQUETTE, Yves — *Grands arrêts de la jurisprudence française de droit international privé*, 2ª ed., Paris, 1992

ANCEL, Marc — *Le rôle de la recherche comparative dans la coopération juridique internationale*, "De conflictu legum", 1962, p. 31 ss

— *Utilités et méthodes du droit comparé*, Neuchâtel, 1971

ANDEREGG, Kristen — *Ausländische Eingriffsnormen im internationalen Vertragsrecht*, Tübingen, 1989

ANDRADE, Manuel de — *Direito civil português*, por Araújo Barros e Orbílio Barbas, Coimbra, 1939

— *Teoria geral da relação jurídica*, III Parte — *Elementos do negócio jurídico*, por Ricardo Velha, Coimbra, 1951

— *Teoria geral da relação jurídica*, Coimbra, reimp., 1964 (cit. *Teoria geral...*)

ANGELICI, Carlo — v. FERRI, Giuseppe

ANSON's *Law of contract*, 26ª ed. por A. G. Guest, Oxford, 1984

Antinomies (Les) en droit (org. Ch. Perelman), Bruxelles, 1965 (cit. "Les antinomies en droit")

ANTUNES VARELA, João de Matos — *Das obrigações em geral*, vol. I, 9ª ed., Coimbra, 1996, vol. II, 6ª ed., Coimbra, 1995
— v. PIRES DE LIMA, Fernando Andrade, ANTUNES VARELA, João de Matos
ANZILOTTI, Dionisio — *Una pagina di storia della codificazione civile in Germania*, "Studi critici di diritto internazionale privato", 1898, p. 1 ss
ARGÚAS, Margarita — *Derecho de los intermediarios. Convención sobre la ley aplicable a los contratos de intermediarios y a la representación, suscrita en La Haya el 16 de junio de 1977, conforme a la decisión tomada en ocasión de la 13ª sesión de la Conferencia de La Haya de Derecho Internacional Privado*, R. D. C. O., 1978, p. 467 ss
ARNDT, Karl — col. ERMAN *Handkommentar zum BGB, Einführungsgesetz*, 7ª ed., 1981 (cit. ERMAN/ARNDT)
ARROW, Kenneth — *The economics of agency*, "Principals and agents", 1985, p. 37 ss
ATIYAH, P. S. — *An introduction to the law of contract*, Oxford, 2ª ed., 1971, reimp., 1979; 5ª ed., 1995, reimp., 1996 (esta a edição citada, se outra menção não constar da referência)
AUBERT, Jean-François — *Les contrats internationaux dans la doctrine et la jurisprudence suisses*, Rev. crit., 1962, p. 19 ss
AUBERT, Jean-Luc — v. FLOUR, Jacques, AUBERT, Jean-Luc
AUBRY, C., RAU, C. — *Droit civil français*, tome VI, 5ª ed. por Étienne Bartin, Paris, 1920; 6ª ed. por Paul Esmein, Paris, 1951
AUDIT, Bernard — *Le caractère fonctionnel de la règle de conflit (Sur la crise des conflits de lois)*, Recueil des Cours, 1984 — III, tome 186, p. 219 ss
— *Flux et reflux de la crise des conflits de lois*, "Travaux du Comité Français de Droit International Privé 1988. Journée du Cinquantenaire", p. 57 ss
— *Droit international privé*, Paris, 1991
— *Qualification et droit international privé*, Droits, nº 18, 1994, p. 55 ss
AULETTA, Giuseppe, SALANITRO, Niccolò — *Diritto commerciale*, 9ª ed., Milano, 1994
AURICCHIO, Alberto — *L'art. 1399 cod. civ. e il recesso del terzo* (an. C. App. Venezia, 25.3.1954), Rdcomm., 1955, II, p. 37 ss
Autonomie (L') de la volonté des parties dans les contrats internationaux entre personnes privées, Annuaire de l' IDI, vol. 64, *Session de Bâle 1991*, tome I — *Travaux préparatoires*, Paris, 1991, p. 14 ss; tome II — *Délibérations de l' Institut en séances plénières*, Paris, 1992, p. 127 ss, 382 ss
AYNÈS, Laurent — v. MALAURIE, Philippe, AYNÈS, Laurent
AZEVEDO MOREIRA, Fernando M. — *Breves considerações sobre os limites da substituição. Notas a um estudo de Wengler*, RDES, XIV, 1967, p. 85 ss
— *Da questão prévia em direito internacional privado*, Coimbra, 1968
AZEVEDO SOARES, Albino — *Relações entre o direito internacional e o direito interno. O problema na Constituição Portuguesa de 1976*, BFD, nº espe-

cial, "Estudos em homenagem ao Prof. Doutor J. J. Teixeira Ribeiro", II, 1979, p. 9 ss

BAADE, Hans W. — *Operation of foreign public law*, IECL, vol. III — *Private International Law*, cap. 12, 1991
— v. SCHLESINGER, Rudolf e o.
BADER, Peter — *Duldungs- und Anscheinsvollmacht. Zur Entwicklung der Rechtsprechung der Zivilgerichte und zur dogmatischen Einordnung*, Frankfurt a. M., Bern, Las Vegas, 1979
BADR, Gamal Moursi — *Agency: unification of material law and of conflict rules*, Recueil des Cours, 1984 — I, tome 184, p. 9 ss
BAIÃO DO NASCIMENTO, António — *Do concurso de normas*, Lisboa, 1971
BALDI, Roberto — *Il diritto della distribuzione commerciale nell' Europa comunitaria*, Padova, 1984
— *La direttiva del Consiglio delle Comunità Europee 18 diciembre 1986 sugli agenti di commercio*, Rdintpriv.proc., 1989, p. 55 ss
BALKIN, J. M. — *Understanding legal understanding: the legal subject and the problem of legal coherence*, Yale L. J., 1993, p. 105 ss
BALLADORE PALLIERI, Giorgio — *Diritto internazionale privato*, 2ª ed., Milano, 1950
— *Diritto internazionale privato italiano*, "Trattato di diritto civile e commerciale diretto da Antonio Cicu e Francesco Messineo", vol. XLV, Milano, 1974
BALLARINO, Tito — *Norme di applicazione necessaria e forma degli atti*, Rdintpriv.proc., 1967, p. 707 ss
— *Disciplina dei negozi-base nel diritto internazionale privato italiano*, "Multitudo legum ius unum", II, 1973, p. 105 ss
— *Diritto internazionale privato*, Padova, 1982 (com actualização de 1983) (esta a edição citada, se outra menção não constar da referência); 2ª ed., com a colaboração de Andrea Bonomi, Padova, 1996
— *Sul progetto di riforma del sistema italiano di diritto internazionale privato*, Rdint., 1990, p. 525 ss
— *La Convenzione di Roma sulla legge applicabile alle obbligazioni contrattuali entra in vigore*, Banca e Borsa, 1991, I, p. 649 ss
BALLARINO, Tito, BONOMI, Andrea — *Sulla disciplina delle materie escluse dal campo di applicazione della Convenzione di Roma*, Rdint., 1993, p. 939 ss
BALLERSTEDT, Kurt — *Zur Haftung für culpa in contrahendo bei Geschäftsabschluß durch Stellvertreter*, AcP 51 (1950-51), p. 501 ss
BALOGH, Elemer — *Le rôle du droit comparé dans le droit international privé*, Recueil des Cours, 1936 — III, tome 57, p. 571 ss
BALOSSINI, Cajo Enrico — *La categoria del "diritto dei privati" nei rapporti commerciali "internazionali"*, Milano, 1968
BANKES, Charles — *Termination of agreements with commercial agents: the effect of the commercial agents directive in the United Kingdom*, ICCLR, 1994, p. 247 ss

BAPTISTA MACHADO, João — *Problemas na aplicação do direito estrangeiro — adaptação e substituição*, BFD, vol. XXXVI, 1960, p. 327 ss
— *Nota prévia* a Karl Engisch, "Introdução ao pensamento jurídico" (1965), p. VII ss (cit. *Nota prévia*)
— *Âmbito de eficácia e âmbito de competência das leis (Limites das leis e conflitos de leis)*, Coimbra, 1970
— *Les faits, le droit de conflit et les questions préalables*, "Multitudo legum ius unum", II, 1973, p. 443 ss
— *Da referência pressuponente ou questão prévia na aplicação da lei competente*, BFD, vol. XLIX, 1973 (= "João Baptista Machado. Obra dispersa", I, p. 773 ss, a que se referem as citações)
— *Introdução ao direito e ao discurso legitimador*, Coimbra, 1983
— *O sistema científico e a teoria de Kelsen*, RFD, 1985, p. 11 ss
— *Tutela da confiança e "venire contra factum proprium"*, RLJ, 1985, n°s 3726 ss (= "João Baptista Machado. Obra dispersa", I, p. 345 ss, a que se referem as citações)
— *Lições de direito internacional privado*, 3ª ed., Coimbra, 1985, reimp., 1995
— *João Baptista Machado. Obra dispersa*, vol. I, Braga, 1991 (cit. "João Baptista Machado. Obra dispersa")
— v. FERRER CORREIA, António
— v. FERRER CORREIA, António, BAPTISTA MACHADO, João
BAR, Christian von — *Das deutsche IPR vor, in und nach der Reform: Rechtsprechung zum Kollisionsrecht seit 1984*, JZ, 1987, p. 755 ss, 814 ss
— *Internationales Privatrecht*, München, I — *Allgemeine Lehren*, 1987; II — *Besonderer Teil*, 1991
— an. BGH, 8.10.1991, JZ, 1992, p. 581 s
BAR, Ludwig von — *Theorie und Praxis des internationalen Privatrechts*, Hannover, 1889
— *Neue Prinzipien und Methoden des internationalen Privatrechts*, AöR, 1900, p. 1 ss
— *Internationales Handelsrecht*, "Handbuch des gesamten Handelsrecht" (org. Victor Ehrenberg), Bd. 1, Leipzig, 1913
BARATTA, Roberto — *Il collegamento più stretto nel diritto internazionale privato dei contratti*, Milano, 1991
— *Sull' adattamento del diritto interno alla Convenzione di Roma del 1980*, Rdint., 1993, p. 118 ss
BARBAS, Orbílio — v. ANDRADE, Manuel de
BARBERO, Domenico — *Il sistema del diritto privato*, 2ª ed. por Antonio Lisserre e Giorgio Floridia, Torino, 1993
BARBOSA DE MELO, António — *A preferência da lei posterior em conflito com normas convencionais recebidas na ordem interna ao abrigo do n° 2 do art. 8° da Constituição da República (a propósito do art. 4° do Decreto-Lei n° 262/83, de 16 de Junho)*, CJ, 1984, IV, p. 12 ss

BARILE, Giuseppe — *Qualificazione (diritto internazionale privato)*, Enc. Dir., XXXVIII, 1987, p. 1 ss
BARROS, Araújo — v. ANDRADE, Manuel de
BARTIN, Étienne — *La théorie des qualifications en droit international privé*, Clunet, 1897, p. 225 ss, 466 ss, 720 ss (= "Études de droit international privé", Paris, 1899, p. 1 ss, a que se referem as citações)
— v. AUBRY, C., RAU, C.
BASEDOW, Jürgen — *Das Vertretungsrecht im Spiegel konkurrierender Harmonisierungsentwürfe*, RabelsZ, 1981, p. 196 ss
— *Les conflits de juridictions dans la réforme du droit international privé allemand*, Rev. crit., 1988, p. 77 ss
— *Europäisches Internationales Privatrecht*, NJW, 1996, p. 1921 ss
BATIFFOL, Henri — *Les conflits de lois en matière de contrats. Étude de droit international privé comparé*, Paris, 1938
— *Aspects philosophiques du droit international privé*, Paris, 1956
— an. Tribunal civil de la Seine, 7.6.1956, Rev. crit., 1956, p. 687 ss
— *Le rôle de la volonté en droit international privé*, Arch. Ph. Dr., III, 1957, p. 71 ss
— *Subjectivisme et objectivisme dans le droit international privé des contrats*, "Mélanges Jacques Maury", I, 1960, p. 39 ss
— an. Tribunal de grande instance de la Seine, 1.ère ch., 12.6.1963, Rev. crit., 1964, p. 689 ss
— *The objectives of private international law*, AJCL, 1967, p. 159 ss
— *Réflexions sur la coordination des systèmes nationaux*, Recueil des Cours, 1967 — II, tome 120, p. 165 ss (= "Choix d' articles", p. 199 ss, a que se referem as citações)
— *Les apports du droit comparé au droit international privé*, "Livre du centenaire de la Société de législation comparée", Agen, 1969, p. 131 ss (= "Choix d' articles", p. 113 ss, a que se referem as citações)
— an. C. Cass., ch. soc., 5.3.1969, Rev. crit., 1970, p. 281 ss
— *Droit comparé, droit international privé et théorie générale du droit (Le droit international privé et le caractère systématique du droit)*, RIDC, 1970, p. 661 ss
— *Le pluralisme des méthodes en droit international privé*, Recueil des Cours, 1973 — II, tome 139, p. 79 ss
— *L' état du droit international privé en France et dans l' Europe continentale de l' Ouest*, Clunet, 1973, p. 22 ss
— *Choix d' articles rassemblés par ses amis*, Paris, 1976 (cit. "Choix d' articles")
— *Les intérêts de droit international privé*, "FS Gerhard Kegel", 1977, p. 11 ss
— an. C. Cass., ch. comm., 19.1.1976, Rev. crit., 1977, p. 504 ss
— an. C. Cass., 1.ère ch. civ., 25.3.1980, Rev. crit., 1980, p. 577 ss

— *Actualité des intérêts du droit international privé*, "FS Konrad Zweigert", 1981, p. 23 ss
— *Les contrats en droit international privé comparé*, Montréal, 1981
BATIFFOL, Henri, LAGARDE, Paul — *Droit international privé*, Paris, 2ª ed., 1955; 6ª ed., I, 1974; II, 1976; 7ª ed., I, 1981; II, 1983; 8ª ed., I, 1993
BAUDRY-LACANTINERIE, G., WAHL, Albert — *Traité théorique et pratique de droit civil*, tome XXIV — *Des contrats aléatoires, du mandat, du cautionnement, de la transaction*, 3ª ed., Paris, 1907
BAUR, Fritz — *Lehrbuch des Sachenrechts*, 15ª ed., München, 1989
BAXTER, William F. — *Choice of law and the federal system*, Stan. L. Rev., 1963, p. 1 ss
BEALE, H. G., BISHOP, W. D., FURMSTON, M. P., — *Contract. Cases and materials*, 2ª ed., London, Edinburgh, 1990
BEALE, Joseph H. — *A treatise on the conflict of laws*, vol. II — *Choice of law*, New York, 1935
BEAUGRANDE, Robert-Alain de, DRESSLER, Wolfgang Ulrich — *Einführung in die Textlinguistik*, Tübingen, 1981
BECKER, Christoph — *Theorie und Praxis der Sonderanknüpfung im internationalen Privatrecht*, Tübingen, 1991
BECKER, Michael — *Zwingendes Eingriffsrecht in der Urteilsanerkennung*, RabelsZ, 1996, p. 691 ss
BEIRÃO, Joaquim — v. MERÊA, Paulo
Beiträge zum Handelsrecht. Festgabe zum siebzigsten Geburtstag von Carl Wieland (org. juristische Fakultät der Universität Basel), Basel, 1934 (cit. "FG Carl Wieland")
Beiträge zum neuen IPR des Sachen-, Schuld- und Gesellschaftsrechts. Festschrift für Prof. Rudolf Moser (org. Hochschule St. Gallen, Ivo Schwander), Zürich, 1987 (cit. "FS Rudolf Moser")
BEITZKE, Günther — *Betrachtungen zur Methodik im Internationalprivatrecht*, "Rechtsprobleme in Staat und Kirche. Festschrift für Rudolf Smend", Göttingen, 1952, p. 1 ss
— *Das anwendbare Recht beim Handelsvertretervertrag*, DB, 1961, p. 528 ss
— *Bemerkungen zur Kollisionsrechtsvergleichung in der Praxis*, RabelsZ, 1984, p. 623 ss
BEKKER, Ernst Immanuel — *System des heutigen Pandektenrechts*, II, Weimar, 1889
BELEZA DOS SANTOS, José — *A simulação no direito civil*, Coimbra, 1921
BELLIS, Saverio de — v. STARACE, Vincenzo, BELLIS, Saverio de
BENATTI, Francesco — *Contratto concluso dal "falsus procurator" e responsabilità del "dominus"*, Rdcomm., 1959, II, p. 335 ss
BENDERMACHER-GEROUSSIS, Emile — *La méthode comparative et le droit international privé*, Rev. hell. dr. int., 1979, p. 54 ss
Benelux uniform law on private international law abandoned, Neth. Int'l L. Rev., 1976, p. 248 ss

BENTO SOARES, Maria Ângela, MOURA RAMOS, Rui Manuel — *Contratos internacionais*, Coimbra, 1986 (reimp., 1995)
BÉRAUDO, Jean-Paul — *Droit uniforme et règles de conflit de lois dans les conventions internationales récentes*, J. C. P., 1992, éd. G., Doct., n° 3626, p. 507 ss
BERGER, Hans — *Das Statut der Vollmacht im schweizerischen IPR mit vergleichender Berücksichtigung Deutschlands, Frankreichs, Großbritanniens, sowie der internationalen Verträge und Vertragsentwürfe*, Zürich, 1974
BERNSTEIN, Herbert — v. RABEL, Ernst
BESSA LOPES, Nuno A. A. de — *A Constituição e o direito internacional*, Porto, 1979
BESSON, André — v. PLANIOL, Marcel, RIPERT, Georges
BETTI, Emilio — *Interpretazione della legge e degli atti giuridici (Teoria generale e dogmatica)*, Milano, 1949
— *Teoria generale del negozio giuridico*, 2ª ed., 1950, reimp., Napoli, 1994
— *Problematica del diritto internazionale*, Milano, 1956
BIANCA, Cesare Massimo — *Diritto civile*, 3 — *Il contratto*, Milano, 1984
BIANCA, Cesare Massimo, BONELL, Michael Joachim — *Commentary on the international sales law. The 1980 Vienna Sales Convention*, Milan, 1987 (cit. BIANCA, BONELL, *Commentary on the international sales law*)
BIGLIAZZI GERI, Lina — *Procura (diritto privato)*, Enc. Dir., XXXVI, 1987, p. 995 ss
— *Abuso dei poteri di rappresentanza e conflitto di interessi*, "Rappresentanza e gestione", 1992, p. 154 ss
BIGLIAZZI GERI, Lina, BUSNELLI, Francesco D., BRECCIA, Umberto, NATOLI, Ugo — *Diritto civile*, 1.2. *Fatti e atti giuridichi*, Torino, 1987, reimp., 1992 (cit. BIGLIAZZI GERI e o., *Diritto civile*)
BIGOTTE CHORÃO, Mário — *Introdução ao direito*, vol. I — *O conceito de direito*, Coimbra, 1989
BILLIAU, Jacques — v. GHESTIN, Jacques e o.
BILLINS, Roger — *Agency law*, London, 1994
BIRK, Rolf — *La legge applicabile al rapporto di agenzia commerciale nelle relazioni italo-tedesche*, Rdintpriv.proc., 1981, p. 5 ss
BISHOP, W. D. — v. BEALE, H. G. e o.
BLOCH, Konrad — *Der Umfang und die Tragweite der Vollmacht eines vertraglichen Stellvertreters nach schweizerischem internationalem Privatrecht*, SJZ, 1963, p. 81 ss
BLOCH, Pascale — *Le projet de convention sur les lettres de change internationales et sur les billets à ordre internationaux*, Clunet, 1979, p. 770 ss
— *Les lettres de change et billets à ordre dans les relations commerciales internationales. Étude comparative de droit cambiaire français et américain*, Paris, 1986

— *Un espoir déçu? La Convention des Nations Unies sur les lettres de change internationales et sur les billets à ordre internationaux*, Clunet, 1992, p. 907 ss

— *La coordination de la convention de Rome avec d' autres règles de conflit*, "Convention de Rome et opérations bancaires", 1993, p. 5 ss

BOBBIO, Norberto — *Antinomia*, Noviss. Dig. It., I, 1957, p. 667 s

— *Des critères pour résoudre les antinomies*, "Les antinomies en droit", 1965, p. 237 ss

BOER, Th. M. de — *The EEC contracts Convention and the dutch courts. A methodological perspective*, RabelsZ, 1990, p. 24 ss

— *The missing link. Some thoughts between private international law and comparative law*, "Comparability and evaluation", 1994, p. 15 ss

BOGDAN, Michael — *Travel agency in comparative and private international law*, Lund, 1976

— *Comparative law*, Göteborg, 1994

BOGGIANO, Antonio — *Derecho internacional privado*, tomo II — *Derecho mercantil internacional*, 3ª ed., Buenos Aires, 1991

— *The contribution of the Hague Conference to the development of private international law in Latin America*, Recueil des Cours, 1992 — II, tome 233, p. 99 ss

BÖHMER, Christof — *Das deutsche Gesetz zur Neuregelung des Internationalen Privatrechts von 1986. Struktur, Entstehung, Lücken und Schwerpunkte*, RabelsZ, 1986, p. 646 ss

— v. FERID, Murad

BONELL, Michael Joachim — *Le regole oggettive del commercio internazionale. Clausole tipiche e condizioni generali*, Milano, 1976

— *Das autonome Recht des Welthandels — Rechtsdogmatische und rechtspolitische Aspekte*, RabelsZ, 1978, p. 485 ss

— *Il diritto applicabile alle obbligazioni contrattuali: recenti tendenze nelle dottrina e giurisprudenza italiane (anche con riguardo alla nuova convenzione CEE in materia)*, Rdcomm., 1980, I, p. 215 ss

— *La nuova Convenzione di Ginevra sulla rappresentanza nella vendita internazionale di merci*, Rdciv., 1983, II, p. 223 ss

— *Una nuova disciplina in materia di rappresentanza: la Convenzione di Ginevra del 1983 sulla rappresentanza nella compravendita internazionale di merci*, Rdcomm., 1983, I, p. 273 ss

— *The 1983 Geneva Convention on agency in the international sale of goods*, AJCL, 1984, p. 717 ss

— *Is it feasible to elaborate uniform rules governing the relations between principal and agent?*, Rev. dr. unif., 1984, I, p. 52 ss

— col. BIANCA, BONELL, *Commentary on the international sales law*, 1987

BONELLI, Franco — *Studi in tema di rappresentanza e di responsabilità dell' imprenditore*, Milano, 1967

— *La convenzione di Roma del 19 giugno 1980 e la legge applicabile alle operazioni bancarie*, DCSI, 1982, p. 627 ss (= "Verso una disciplina comunitaria", 1983, p. 115 ss)

— *Le garanzie bancarie a prima domanda nel commercio internazionale*, Milano, 1991

BONOMI, Andrea — *Il nuovo diritto internazionale privato dei contratti: La Convenzione di Roma del 19 giugno 1980 è entrata in vigore*, Banca e Borsa, 1992, I, p. 36 ss

— *Le garanzie bancarie a prima richiesta nel diritto internazionale privato (con particolare riguardo alla Convenzione di Roma del 19 giugno 1980)* (an. C. App. Milano, 12.6.1991), Banca e Borsa, 1992, II, p. 675 ss

— v. BALLARINO, Tito

— v. BALLARINO, Tito, BONOMI, Andrea

BORCHERS, Patrick J. — *Choice of law in the american courts in 1992: observations and reflections*, AJCL, 1994, p. 125 ss

BÖRNER, Bodo — *Offene und verdeckte Stellvertretung und Verfügung*, "FS Heinz Hübner", 1984, p. 409 ss

BORRÁS RODRÍGUEZ, Alegría — *Cuatro elementos estructurales de los convenios de la Haya, con especial referencia a los convenios ratificados por España*, R. J. C., 1993, p. 9 ss

BORRIES, Reimer von — v. RHEINSTEIN, Max

BORTOLOTTI, Fabio — *Vers une nouvelle lex mercatoria de l' agence commerciale internationale? Le modèle de contrat d' agence de la CCI*, RDAI, 1995, p. 685 ss

BOSCHIERO, Nerina — *Appunti sulla riforma del sistema italiano di diritto internazionale privato*, Torino, 1996

BOULANGER, Jean — v. RIPERT, Georges, BOULANGER, Jean

BOUREL, Pierre — v. LOUSSOUARN, Yvon, BOUREL, Pierre

BOUTERON, J. — v. PERCEROU, J., BOUTERON, J.

BOUZA VIDAL, Nuria — *Problemas de adaptación en derecho internacional privado e interregional*, Madrid, 1977

BOWSTEAD *on agency*, 15ª ed. por F. M. B. Reynolds, London, 1985 (cit. BOWSTEAD *on agency*)

BOWSTEAD and REYNOLDS *on agency*, 16ª ed. por F. M. B. Reynolds, com a colaboração de Michele Graziadei, London, 1996 (cit. BOWSTEAD & REYNOLDS *on agency*)

BOYER, Laurent — v. STARCK, Boris e o.

BRAGA, Sevold — *Kodifikationsgrundsätze des internationalen Privatrechts*, RabelsZ, 1958, p. 421 ss

— *Der Anwendungsbereich des Vollmachtstatuts*, RabelsZ, 1959, p. 337 ss

BRECCIA, Umberto — v. BIGLIAZZI GERI, Lina e o.

BREDIN, Jean-Denis — v. LOUSSOUARN, Yvon, BREDIN, Jean-Denis

BRESLAUER, Walter — *Agency in private international law*, Jur. rev., 1938, p. 282 ss

BRIESKORN, Norbert — *Stellvertretung — zur Rolle einer Rechtsinstitution. Ein Beitrag zur Politischen Philosophie*, ARSP, 1990, p. 296 ss
BRILMAYER, Lea — *Interest analysis and the myth of legislative intent*, Mich. L. Rev., 1980, p. 392 ss
— *Post-modernism in american choice of law*, "Liber memorialis François Laurent", 1989, p. 695 ss
— *The other state's interest*, "New directions in choice of law", 1991, p. 233 ss
BRINKER, Klaus — *Linguistische Textanalyse. Eine Einführung in Grundbegriffe und Methoden*, Berlin, 1985
BRINZ, Alois — *Lehrbuch der Pandekten*, IV, 2ª ed. por Philipp Lotmar, Erlangen, Leipzig, 1892
BRITO, Maria Helena — *A representação sem poderes — um caso de efeito reflexo das obrigações*, Rev. Jur., 1987, n°s 9/10, p. 17 ss
— *O contrato de agência*, "Novas perspectivas do direito comercial", 1988, p. 105 ss
— *O contrato de concessão comercial. Descrição, qualificação e regime jurídico de um contrato socialmente típico*, Coimbra, 1990
— *Os contratos bancários e a Convenção de Roma de 19 de Junho de 1980 sobre a lei aplicável às obrigações contratuais*, Rev. da banca, n° 28, Out.-Dez., 1993, p. 75 ss
BRITO, Mário de — *Código Civil anotado*, vol. I, Viseu, 1968
BRITO, Susana Brasil de — *Sobre a indagação da lei aplicável aos pactos de jurisdição*, "Estudos em memória do Professor Doutor João de Castro Mendes", 1995, p. 45 ss
BRITO CORREIA, Luís — *Vinculação da sociedade*, "Novas perspectivas do direito comercial", 1988, p. 337 ss
— *Os administradores de sociedades anónimas*, Coimbra, 1993
BROGGINI, Gerardo — *Aspetti del nuovo diritto internazionale privato svizzero. I principi generali*, Rep. giur. patria, 121°, 1988, p. 149 ss
— *Aspetti del nuovo diritto internazionale privato svizzero. Diritto matrimoniale e diritto successorio*, Rep. giur. patria, 121°, 1988, p. 191 ss
— *Considerazioni sul diritto internazionale privato dell' economia*, Rdintpriv.proc., 1990, p. 277 ss
— *Conflitto di leggi, armonizzazione e unificazione nel diritto europeo delle obbligazioni e delle imprese*, "Rechtskollisionen", 1995, p. 73 ss
BROX, Hans — *Handelsrecht und Wertpapierrecht*, 2ª ed., München, 1981
— col. ERMAN *Handkommentar zum BGB, Vertretung. Vollmacht*, 8ª ed., 1989 (cit. ERMAN/BROX)
BRÜGGEMANN, Dieter — col. STAUB *HGB, §§ 84-104, Handelsvertreter*, 4ª ed., 1983 (cit. STAUB/BRÜGGEMANN, *HGB*)
BRUGI, Biagio — *Ratifica di atti anulabili e rappresentanza*, Rdcomm., 1905, II, p. 78 ss
BRUSCUGLIA, Luciano — *La rappresentanza legale*, apêndice de Natoli, "La rappresentanza", cit., p. 137 ss

BRUSCUGLIA, Luciano, GIUSTI, Alberto — *Ratifica (diritto privato)*, Enc. Dir., XXXVIII, 1987, p. 688 ss
BUCH, H. — *Conception dialectique des antinomies juridiques*, "Les antinomies en droit",1965, p. 372 ss
BUCHER, Andreas — *Grundfragen der Anknüpfungsgerechtigkeit im internationalen Privatrecht (aus kontinentaleuropäischer Sicht)*, Basel, Stuttgart, 1975
— *L' ordre public et le but social des lois en droit international privé*, Recueil des Cours, 1993 — II, tome 239, p. 9 ss
BUCHER, Eugen — *Schweizerisches Obligationenrecht. Allgemeiner Teil ohne Deliktsrecht*, 2ª ed., Zürich, 1988
BUCHKA, Gerhard von — *Vergleichende Darstellung des Bürgerlichen Gesetzbuches für das Deutsche Reich und des Gemeinen Rechts*, Berlin, 1897
BUENO, Antonio — v. BYLES *on Bills of exchange*
BÜHLER, Christoph — *Grundsätze und ausgewählte Probleme der Haftung des ohne Vertretungsmacht Handelnden*, MDR, 1987, p. 985 ss
Bürgerliche (Das) Gesetzbuch mit besonderer Berücksichtigung der Rechtsprechung des Reichsgerichts und des Bundesgerichtshofes, Bd. I — §§ 1-240, 12ª ed., Berlin, New York, 1982 (cit. BGB-RGRK) (v. STEFFEN, Erich)
BUSNELLI, Francesco D. — v. BIGLIAZZI GERI, Lina e o.
BUSSE, Daniel — *Die Berücksichtigung ausländischer "Eingriffsnormen" durch die deutsche Rechtsprechung*, ZVglRWiss, 1996, p. 386 ss
BYLES *on Bills of exchange. The law of bills of exchange, promissory notes, bank notes and cheques*, 17ª ed. por Frank R. Ryder e Antonio Bueno, London, 1988

CABRAL, Rita Amaral — *A teoria da aparência e a relação jurídica cambiária*, ROA, 1984, p. 627 ss
— v. GOMES DA SILVA, Manuel Duarte, CABRAL, Rita Amaral
CAEMMERER, Ernst von — *Die Vollmacht für Schuldrechtliche Geschäfte im deutschen internationalen Privatrecht*, RabelsZ, 1959, p. 201 ss
CAEMMERER, Ernst von, SCHLECHTRIEM, Peter — *Kommentar zum Einheitlichen UN-Kaufrecht. Das Übereinkommen der Vereinten Nationen über Verträge über den internationalen Warenkauf. CISG-Kommentar*, 2ª ed., München, 1995 (cit. VON CAEMMERER, SCHLECHTRIEM, *CISG--Kommentar*)
CALAIS-AULOY, J. — an. C. Cass., 1.ère ch. civ., 30.11.1965, Dalloz, 1966, p. 449 ss
CALVO CARAVACA, Alfonso L. — v. GONZÁLEZ CAMPOS, Julio D. e o.
CAMPIGLIO, Cristina — *L' esperienza svizzera in tema di clausola d' eccezione: l' articolo 14 del progetto di riforma del diritto internazionale privato*, Rdintpriv.proc., 1985, p. 47 ss
— *Prime applicazioni della clausola d' eccezione "europea" in materia contrattuale*, Rdintpriv.proc., 1992, p. 241 ss

CAMPOBASSO, Gian Franco — *Diritto commerciale*, 1. *Diritto dell' impresa*, 2ª ed., Torino, 1993; 2. *Diritto delle società*, 2ª ed., Torino, 1992, reimp., 1993

CANARIS, Claus-Wilhelm — *Die Vertrauenshaftung im deutschen Privatrecht*, München, 1971
  — *Schadensersatz- und Bereicherungshaftung des Vertretenen bei Vertretung ohne Vertretungsmacht* — *BGH, NJW 1980, 115*, JuS, 1980, p. 332 ss
  — *Bankvertragsrecht*, 2ª ed., Berlin, New York, 1981
  — *Pensamento sistemático e conceito de sistema na ciência do direito*, trad. portuguesa da 2ª ed. alemã (1983), por A. Menezes Cordeiro, Lisboa, 1989
  — *Handelsrecht*, 22ª ed., München, 1995
  — v. CAPELLE, Karl-Hermann
  — v. HUECK, Alfred

CANSACCHI, Giorgio — *Le choix et l' adaptation de la règle étrangère dans le conflit de lois*, Recueil des Cours, 1953 — II, tome 83, p. 79 ss

CAPELLE, Karl-Hermann — *Handelsrecht. Ein Studienbuch*, 21ª ed. por Claus--Wilhelm Canaris, München, 1989 (cit. CAPELLE/CANARIS, *Handelsrecht*)

CAPELLER, R. — *Zur Duldungs- und Anscheinsvollmacht öffentlich-rechtlicher Körperschaften*, MDR, 1956, p. 7 ss

CAPITANT, Henri — *Introduction à l' étude du droit civil. Notions générales*, 4ª ed., Paris, 1925
  — v. COLIN, Ambroise, CAPITANT, Henri

CAPOTORTI, Francesco — *Riflessioni sul "mandato alle liti" alla luce del nostro diritto internazionale privato*, Giur. comp. d. i. p., 1954, XI, p. 49 ss

CAPOTORTI, Francesco, STARACE, Vincenzo, VILLANI, Ugo, ADAM, Roberto, CARELLA, Gabriela, ZEULI, M. Teresa Spagnoletti, MORI, Paola — *La giurisprudenza italiana di diritto internazionale privato. Repertorio 1967-1990*, Milano, 1991 (cit. CAPOTORTI e o., *La giurisprudenza...*)

CARBONE, Sergio M. — *La legge regolatrice dei poteri rappresentativi del comandante di nave*, Rdintpriv.proc., 1966, p. 692 ss
  — *Il "contratto senza legge" e la Convenzione di Roma del 1980*, Rdintpriv.proc., 1983, p. 279 ss

CARBONE, Sergio M., LUZZATTO, Riccardo — *Il contratto internazionale*, Torino, 1994

CARBONNIER, Jean — *Droit civil, 4, Les obligations*, 13ª ed., Paris, 1988

CARDOSO, Fernando — *Autonomia da vontade no direito internacional privado português (a autonomia e o contrato de agência ou de representação comercial)*, Lisboa, 1989

CARELLA, Gabriela — v. CAPOTORTI, Francesco e o.

CARIOTA FERRARA, Luigi — *Il negozio giuridico nel diritto privato italiano*, Napoli, s.d. (mas 1949)

CARNEIRO DA FRADA, Manuel — v. MENEZES CORDEIRO, António, CARNEIRO DA FRADA, Manuel
— v. OLIVEIRA ASCENSÃO, José de, CARNEIRO DA FRADA, Manuel
CARR, Bill — v. ELLINGTON, Paul, CARR, Bill
CARRASCOSA GONZÁLEZ, Javier — v. MARÍN LÓPEZ, Antonio
CARRESI, Franco — *In tema di difetto e di abuso di rappresentanza*, Rdcomm., 1951, I, p. 209 ss
CARRILLO POZO, Luis Francisco — *El contrato internacional: la prestación característica*, Bolonia, 1994
CARRILLO SALCEDO, Juan Antonio — *Derecho internacional privado. Introducción a sus problemas fundamentales*, 3ª ed., Madrid, 1985
CARVALHO FERNANDES, Luís — *Teoria geral do direito civil*, vol. II, parte II — *Objecto. Facto. Garantia*, Lisboa, 1983
— *Teoria geral do direito civil*, 2ª ed., Lisboa, vol. I, 1995, vol. II, 1996
— *A conversão dos negócios jurídicos civis*, Lisboa, 1993
CASSONI, Giuseppe — *La procura nel diritto internazionale privato*, Dir. int., 1960, p. 256 ss
— *I contratti collegati nel diritto internazionale privato*, Rdintpriv.proc., 1979, p. 23 ss
CASTANHEIRA NEVES, A. — *Curso de introdução ao estudo do direito (Extractos)*, Coimbra, 1971-72
— *A unidade do sistema jurídico: o seu problema e o seu sentido (Diálogo com Kelsen)* (1979), "Digesta", vol. 2º, p. 95 ss
— *Interpretação jurídica*, Polis, vol. 3, Lisboa, São Paulo, 1985, c. 651 ss (= "Digesta", vol. 2º, p. 337 ss)
— *Digesta. Escritos acerca do direito, do pensamento jurídico, da sua metodologia e outros*, Coimbra, 1995 (cit. "Digesta")
CASTRO MENDES, João de — *Teoria geral do direito civil*, Lisboa, vol. I, 1978, vol. II, 1979
— *Direito comparado*, Lisboa, 1982-1983
— *Introdução ao estudo do direito*, por Victor Manuel Pereira de Castro, Lisboa, 1984
CAVALEIRO DE FERREIRA, Manuel — *Depósito bancário. Simulação. Falsificação. Burla*, Scientia Iuridica, XIX, 1970, nºs 103/104, p. 246 ss
CAVERS, David F. — *A critique of the choice-of-law problem*, Harv. L. Rev., 1933, p. 173 ss (= "The choice of law. Selected essays", p. 3 ss, a que se referem as citações)
— *The choice-of-law process*, Ann Arbor, 1965, reimp., 1966
— *Contemporary conflicts law in american perspective*, Recueil des Cours, 1970 — III, tome 131, p. 75 ss
— *The choice of law. Selected essays, 1933-1983*, Durham, 1985 (cit. "The choice of law. Selected essays")
CCI, *Contrat modèle CCI d' agence commerciale*, publ. nº 496, Paris, 1992
CCI, *Guide pour l' élaboration de contrats — agence commerciale*, publ. nº 410, Paris, 1983, reimp. 1992

CECCHINI, Gianluigi — *Le operazioni bancarie fra convenzione di Roma e lex mercatoria*, "L' unificazione del diritto internazionale privato e processuale", 1989, p. 281 ss

CENA, Daniela — *Italia: recepita la direttiva CEE sugli agenti commerciali indipendenti*, Comm. int., 1991, p. 1161 s

— *Contratto di agenzia: la Svezia si ispira al modello CE*, Comm. int., 1994, p. 200 ss

— v. MARTINETTI, Cristina, CENA, Daniela

CENA, Daniela, MARTINETTI, Cristina — *Portogallo: la legge in materia di agenzia e la direttiva comunitaria*, Comm. int., 1992, p. 1437 ss

CERINA, Paolo — v. STELÉ, Daniela, CERINA, Paolo

CHABAS, François — v. MAZEAUD, H. e L., MAZEAUD, J.

CHAUSSE — *Observations sur le rapport de M. Kahn*, "Congrès International de Droit Comparé tenu à Paris du 31 juillet au 4 août 1900. Procès-verbaux des séances et documents", I, Paris, 1905, p. 338 ss

CHENAUX, Jean-Luc — *L' application par le juge des dispositions impératives étrangères non désignées par la règle de conflit du for: étude de l' article 18 du projet suisse de loi fédérale sur le droit international privé*, ZSchwR, 1988, p. 61 ss

CHESHIRE and FIFOOT's *Law of contract*, 10ª ed. por M. P. Furmston, London, 1981

CHESHIRE and NORTH — *Private international law*, 11ª ed. por P. M. North e J. J. Fawcett, London, 1987 (cit. CHESHIRE & NORTH's *Private international law*)

CHITTY *on contracts*, 27ª ed. por A. G. Guest, vol. I — *General principles*, vol. II — *Specific contracts*, London, 1994

CHWEDENCZUK, Bohdan — *Coerência*, Einaudi, vol. 33: "Explicação", Lisboa, 1996, p. 332 ss

CIGOJ, Stojan — *Das auf die Vertretung von Wirtschaftseinheiten anzuwendende Recht (Rechtsvergleichende und internationalprivatrechtliche Aspekte unter besonderer Berücksichtigung der sozialistischen Länder)*, Osteuropa Recht, 1978, p. 279 ss

Cinquant' anni (I) del Codice Civile. Atti del Convegno di Milano 4-6 giugno 1992, vol. I, Milano, 1993 (cit. "I cinquant' anni del Codice Civile")

CLARK, Robert C. — *Agency costs versus fiduciary duties*, "Principals and agents", 1985, p. 55 ss

Coherence and conflict in law. Proceedings of the 3rd Benelux-Scandinavian Symposium in Legal Theory, Amsterdam, January 3-5, 1991 (ed. Bob Brouwer, Ton Hol, Arend Soeteman, Willem van der Velden, Arie de Wild), Deventer, Boston, 1992 (cit. "Coherence and conflict in law")

COHN, Ernst — *Das rechtsgeschäftliche Handeln für denjenigen, den es angeht, in dogmatischer und rechtsvergleichender Darstellung*, Marburg, 1931

COING, Helmut — *Zur Geschichte des Privatrechtsystems*, Frankfurt a. M., 1962
— *Bemerkungen zum überkommenen Zivilrechtssystem*, "FS Hans Dölle", I, 1963, p. 25 ss
COLIN, Ambroise, CAPITANT, Henri — *Traité de droit civil*, por Léon Julliot de la Morandière, Paris, tome I — *Introduction générale*, 1957; tome II — *Obligations*, 1959
COLLINS, Hugh — *The law of contract*, 2ª ed., London, Dublin, Edinburgh, 1993
COLLINS, Lawrence — *Practical implications in England of the E. E. C. Convention on the law applicable to contractual obligations*, "Contract conflicts", 1982, p. 205 ss
— v. DICEY and MORRIS *on the conflict of laws*
Commentario del nuovo diritto internazionale privato, Padova, 1996 (= *Riforma del sistema italiano di diritto internazionale privato: legge 31 maggio 1995 n. 218* — *Commentario*, Rdintpriv.proc., 1995, fasc. 4, p. 905 ss, a que se referem as citações) (v. MOSCONI, Franco, TREVES, Tullio, TROMBETTA-PANIGADI, Francesca)
Commercial agency and distribution agreements. Law and practice in the member states of the European Community and The European Free Trade Association (ed. Geert Bogaert, Ulrich Lohmann), 2ª ed., London, 1993 (cit. "Commercial agency and distribution agreements")
Commission (La), le courtage et le mandat commercial en droit international privé (Dix-huitième Commission), Rapport et projet de Résolutions définitifs présentés par M. Max Gutzwiller, Annuaire de l' IDI, vol. 43, tome II, *Session de Bath, Septembre 1950*, Bâle, 1950, p. 74 ss (v. GUTZWILLER, Max)
Commission (La), le courtage et le mandat commercial en droit international privé, Annuaire de l' IDI, vol. 47, tome II, *Session d' Amsterdam, Septembre 1957*, Bâle, 1957, p. 328 ss
Commission (La), le courtage et le mandat commercial en droit international privé (Dix-huitième Commission), Rapport complémentaire présenté par M. Max Gutzwiller, Annuaire de l' IDI, vol. 49, tome I, *Session de Salzbourg, Septembre 1961*, Bâle, 1961, p. 298 ss (v. GUTZWILLER, Max)
Comparability and evaluation. Essays on comparative law, private international law and international commercial arbitration in honour of Dimitra Kokkini-Iatridou (org. K. Boele-Woelki, F. W. Grosheide, E. H. Hondius, G. J. W. Steenhoff), Dordrecht, Boston, London, 1994 (cit. "Comparability and evaluation")
Comparative and private international law. Essays in honor of John Henry Merryman on his seventieth birthday (ed. David S. Clark), Berlin, 1990 (cit. "Comparative and private international law")
Comptes rendus de la Conférence Internationale pour l' unification du droit en matière de lettres de change, billets à ordre et chèques, 1.ère Session — *Lettres de change et billets à ordre*, Genève, Nov. 1930

CONETTI, Giorgio — *Rapporti tra convenzioni di diritto materiale ed internazionale privato uniforme: il caso della vendita internazionale,* "L' unificazione del diritto internazionale privato e processuale", 1989, p. 361 ss
Conférence de La Haye de Droit International Privé. Actes de la Huitième Session (3 au 24 octobre 1956), La Haye, 1957
Conférence de La Haye de Droit International Privé. Actes et documents de la Neuvième Session (5 au 26 octobre 1960), tome I — *Matières diverses,* La Haye, 1961
Conférence de La Haye de Droit International Privé. Actes et documents de la Douzième Session (2 au 21 octobre 1972), tome I — *Matières diverses,* La Haye, 1974
Conférence de La Haye de Droit International Privé. Actes et documents de la Treizième Session (4 au 23 Octobre 1976), tome IV — *Contrats d' intermédiaires,* La Haye, 1979
Conférence de La Haye de droit international privé. Nouvelles Conventions (1951-1993). État des signatures et des ratifications au 1.er mars 1996, Rev. crit., 1996, p. 189 ss
Conflict (The) of laws and international contracts (1949). Lectures on the conflict of laws and international contracts. Delivered at the Summer Institute on International and Comparative Law, University of Michigan Law School (August 5-20, 1949), Ann Arbor, Michigan, 1951 (cit. "The conflict of laws and international contracts (1949). Lectures on the conflict of laws and international contracts")
Conflictu (De) legum. Essays presented to Roeland Duco Kollewijn and Johannes Offerhaus at their seventieth birthdays (org. Netherlands International Law Review), Leyden, 1962 (cit. "De conflictu legum")
Conflits et harmonisation. Mélanges en l' honneur d' Alfred E. von Overbeck à l' occasion de son 65.ème anniversaire (org. Walter A. Stoffel, Paul Volken), Fribourg, 1990 (cit. "Conflits et harmonisation")
CONSTANTINESCO, Léontin-Jean — *Traité de droit comparé,* II — *La méthode comparative,* Paris, 1974
Contemporary perspectives in conflict of laws: essays in honor of David F. Cavers, Law & Cont. Prob., 41 (1977), n° 2, p. 1 ss (cit. "Contemporary perspectives in conflict of laws")
Contemporary problems in international arbitration (ed. Julien D. M. Lew), London, 1986 (cit. "Contemporary problems in international arbitration")
Contract conflicts. The E.E.C. Convention on the law applicable to contractual obligations: a comparative study (ed. P. M. North), Amsterdam, New York, Oxford, 1982 (cit. "Contract conflicts")
Contrat (Le) économique international. Stabilité et évolution. Travaux des VII èmes Journées d' études juridiques Jean Dabin, Bruxelles, Paris, 1975 (cit. "Le contrat économique international")
Contrats (Les) de distribution — Contrat d' agence commerciale, in "Lamy contrats internationaux", 4, Paris, 1989 (com actualizações)

Convention (La) de Rome. Un nouveau droit international privé européen des contrats. Application aux opérations bancaires. Colloque international AEDBF 5-6 décembre 1991 — Paris, Banque & Droit, n° especial, 1993 (cit. "Convention de Rome et opérations bancaires")

COOKE, P. J., OUGHTON, D. W. — *The common law of obligations*, London, Edinburgh, 1989

COOTER, Robert, FREEDMAN, Bradley J. — *The fiduciary relationship: its economic character and legal consequences*, N. Y. Univ. L. Rev., 1991, p. 1045 ss

CORAPI, Diego — *La rappresentanza commerciale*, "Trattato di diritto commerciale e di diritto pubblico dell' economia diretto da Francesco Galgano", vol. III, Padova, 1979, p. 311 ss

CORREIA PINTO, J. M. — v. FERRER CORREIA, António

CORSALE, Massimo — *Pluralismo giuridico*, Enc. Dir., XXXIII, 1983, p. 1003 ss

CORTES ROSA, Manuel — *Da questão incidental em direito internacional privado*, Lisboa, 1960

COSTA, Claudio — *Francia: emanata la nuova legge sugli agenti*, Comm. int., 1991, p. 1160 s

— *Contratto di agenzia: uno sguardo all' Italia*, Comm. int., 1992, p. 153 ss

— *Un "nuovo" contratto di agenzia per la Grecia*, Comm. int., 1992, p. 265 ss

COTTINO, Gastone — *Diritto commerciale*, vol. II, tomo 1, Padova, 1992

COURTÉS, Joseph — v. GREIMAS, Algirdas Julien, COURTÉS, Joseph

CRAHAY, Paul — *La directive communautaire relative aux agents commerciaux indépendants*, rapport présenté à la Conférence sur "Contrats d' intermédiaires et commissions illicites", organisée par l' Institut du Droit et des Pratiques des Affaires Internationales de la CCI, Paris, 29/30 mars 1990

— *Les contrats internationaux d' agence et de concession de vente*, Paris, 1991

CRAMTON, Roger C., CURRIE, David P., KAY, Herma Hill — *Conflict of laws. Cases, comments, questions*, 4ª ed., St. Paul, Minn., 1987

CRAUSHAAR, Götz von — *Die Bedeutung der Rechtsgeschäftslehre für die Problematik der Scheinvollmacht*, AcP 174 (1974), p. 2 ss

CREZELIUS, Georg — *Culpa in contrahendo des Vertreters ohne Vertretungsmacht*, JuS, 1977, p. 796 ss

CUNHA GONÇALVES, Luiz da — *Tratado de direito civil em comentário ao Código Civil Português*, vol. IV, Coimbra, 1931

CURRIE, Brainerd — *On the displacement of the law of the forum*, Columbia L. Rev., 1958, p. 964 ss (= "Selected essays on the conflict of laws", p. 3 ss, a que se referem as citações)

— *Notes on methods and objectives in the conflict of laws*, Duke L. J., 1959, p. 171 ss (= "Selected essays on the conflict of laws", p. 177 ss, a que se referem as citações)

— *Selected essays on the conflict of laws*, Durham, 1963
— *The desinterested third state*, "New trends in the conflict of laws", 1963, p. 754 ss
CURRIE, David P. — *Die Vereinheitlichung des amerikanischen Privatrechts*, JZ, 1996, p. 933 ss
— v. CRAMTON, Roger C. e o.
CURTI-GIALDINO, A. — *La volonté des parties en droit international privé*, Recueil des Cours, 1972 — III, tome 137, p. 743 ss
CURTIUS, Friedrich — *Die Stellvertretung bei Eingehung von Verträgen*, AcP 58 (1875), p. 69 ss
CURZON, L. B. — *Equity and trusts*, Plymouth, 1985

DAILLIER, Patrick — v. DINH, Nguyen Quoc
DAMASKA, Mirjan — v. SCHLESINGER, Rudolf e o.
DANIELE, Luigi — *La Corte di Giustizia Comunitaria e le convenzioni di Roma e di Lugano*, Rdintpriv.proc., 1990, p. 917 ss
D' AVANZO, Walter — *Rappresentanza (diritto civile)*, Noviss. Dig. It., XIV, 1976, p. 800 ss
DAVÌ, Angelo — *Le questioni generali del diritto internazionale privato nel progetto di riforma*, Rdint., 1990, p. 556 ss
— *La Convenzione dell' Aja sulla legge applicabile ai contratti di intermediazione e alla rappresentanza e il diritto internazionale privato italiano*, Rdint., 1995, p. 597 ss
DAVID, René — *The international unification of private law*, IECL, vol. II — *The legal systems of the world, their comparison and unification*, cap. 5, 1971
— *Les contrats en droit anglais*, com a colaboração de Françoise Grivart de Kerstrat, Paris, 1973
— *Le droit du commerce international. Réflexions d' un comparatiste sur le droit international privé*, Paris, 1987
DAVID, René, JAUFFRET-SPINOSI, Camille — *Les grands systèmes de droit contemporains*, 10ª ed., Paris, 1992
DAYANT, Roger — *Représentation*, Rép. Dalloz droit int., 1969, p. 765 ss
DÉBY-GÉRARD, France — *Le rôle de la règle de conflit dans le règlement des rapports internationaux*, Paris, 1973
DELAPORTE, Vincent — an. C. Cass., 1.ère ch. civ., 24.1.1978, Rev. crit., 1978, p. 691 ss
DELAUME, Georges R. — *What is an international contract? An american and a gallic dilemma*, ICLQ, 1979, p. 258 ss
— *Comparative analysis as a basis of law in state contracts; the myth of the lex mercatoria*, Tulane L. Rev., 1989, p. 575 ss
DELEBECQUE, Philippe — v. DUTILLEUL, François Collart, DELEBECQUE, Philippe
— v. RIPERT, Georges, ROBLOT, René

DELGADO, Abel — *Lei Uniforme sobre letras e livranças* (anotada), 6ª ed., 1990
DEMANGEAT, Charles — *Introduction*, Clunet, 1, 1874, p. 9 ss
— v. FOELIX, Jean-Jacques Gaspard
DEMOGUE, René — *Traité des obligations en général*, I — *Sources des obligations*, Paris, 1923
DEMSETZ, Harold — v. ALCHIAN, Armen A., DEMSETZ, Harold
DESCHAMPS, Léon — *Le nouveau statut de la lettre de change, du billet à ordre et du chèque. Décrets-lois du 30 octobre 1935*, Paris, 1936
DESMET, Johan — *The structure of law from a legislative point of view*, "The structure of law", 1987, p. 115 ss
Deutsche (Das) Privatrecht in der Mitte des 20. Jahrhunderts. Festschrift für Heinrich Lehmann zum 80. Geburtstag (org. H. C. Nipperdey), Berlin, Tübingen, Frankfurt a. M., 1956, 2ª. ed., 1965 (cit. "FS Heinrich Lehmann", 1956)
Deutschen (Vom) zum europäishen Recht. Festschrift für Hans Dölle, I — *Deutsches Privat- und Zivilprozessrecht. Rechtsvergleichung*; II — *Internationales Recht, Kollisionsrecht und Internationales Zivilprozessrecht. Europäisches Recht* (org. Ernst von Caemmerer, Arthur Nikisch, Konrad Zweigert), Tübingen, 1963 (cit. "FS Hans Dölle")
DIAMOND, Aubrey L. — *Harmonisation of private international law relating to contractual obligations*, Recueil des Cours, 1986 — IV, tome 199, p. 233 ss
DIAS MARQUES, José — *Teoria geral do direito civil. Lições ao Curso de 1956-57 da Faculdade de Direito de Lisboa*, vol. I, Coimbra, 1958
— *Introdução ao estudo do direito*, vol. I, Lisboa, 1963
— *Introdução ao estudo do direito*, Lisboa, 1986
— *Noções elementares de direito civil*, Lisboa, 1992
DIAS ROSAS, João — *As qualificações em direito internacional privado*, Jornal do Foro, sep., 1947
DICEY and MORRIS *on the conflict of laws*, 11ª ed. e 12ª ed. por Lawrence Collins, London, 1987 e 1993
Dicionário enciclopédico, Lisboa, 1992
Dicionário etimológico da língua portuguesa, 2ª ed., 3ª imp., Rio de Janeiro, 1989
Dicionário da língua portuguesa, Porto, 7ª ed., 1994
Dicionário de termos linguísticos (org. Maria Francisca Xavier, Maria Helena Mateus), vol. I, Lisboa, 1990
DICKSON, Brice — *The reform of private international law in the Federal Republic of Germany*, I.C.L.Q., 1985, p. 231 ss
DIEDRICH, Frank — *Autonome Auslegung von Internationalem Einheitsrecht. Computersoftware im Wiener Kaufrecht*, Baden-Baden, 1994
DÍEZ DE VELASCO, Manuel e o. — *Prácticas de derecho internacional privado*, 2ª ed., Madrid, 1980
DÍEZ-PICAZO, Luis — *La representación en el derecho privado*, Madrid, 1979

DILCHER, Hermann — col. *Staudingers Kommentar..., Vertretung. Vollmacht,* 12ª ed., 1980 (cit. STAUDINGER/DILCHER)
— an. BGH, 25.2.1994, JZ, 1995, p. 101 s
DINH, Nguyen Quoc — *Droit international public,* 2ª ed. por Patrick Daillier e Alain Pellet, Paris, 1994
DION-LOYE, Sophie — an. Cour d' appel de Paris, 3.ème ch., sect. B, 20.9.1991, Clunet, 1992, p. 967 ss
— an. C. Cass., 1.ère ch. civ., 12.1.1994, Clunet, 1995, p. 135 ss
Diritto (Il) privato europeo: problemi e prospettive. Atti del convegno internazionale Macerata 8-10 giugno 1989 (org. Luigi Moccia), Milano, 1993 (cit. "Il diritto privato europeo")
DISTASO, Nicola — *Responsabilità extra-contrattuale del mandante e suoi effeti rispetto alla tutela del terzo. Apparenza del diritto: applicabilità e limiti di essa,* Giur. compl. Cass. Civ., 1949, II, p. 516 ss
— *Natura giuridica delle autorizzazioni amministrative e vizio di validità degli atti compiuti senza di esse. Considerazioni in tema di vizio di validità del contratto del "falsus procurator",* Giur. compl. Cass. Civ., 1949, II, p. 861 ss
DÖLLE, Hans — *Juristische Entdeckungen,* "Verhandlungen des Zweiundvierzigsten Deutschen Juristentages in Düsseldorf 1957" (org. Ständigen Deputation des Deutschen Juristentages), Bd. II (Sitzungsberichte), Teil B, Tübingen, 1958, p. B 1 ss
DOMINGUEZ LOZANO, Pilar — v. GONZÁLEZ CAMPOS, Julio D. e o.
DOUCET, J.-P. — an. C. Cass., 1.ère ch. civ., 19.2.1968, Gazette, 1968, 2, p. 144 ss
DOWRICK, F. E. — *The relationship of principal and agent,* MLR, 1954, p. 24 ss
DRAETTA, Ugo — *Il diritto dei contratti internazionali. La formazione dei contratti,* Padova, 1984
— *Il diritto dei contratti internazionali. La cooperazione tra imprese,* Padova, 1985
— *Il diritto dei contratti internazionali. La patologia dei contratti,* Padova, 1988
DRESSLER, Wolfgang Ulrich — v. BEAUGRANDE, Robert-Alain de, DRESSLER, Wolfgang Ulrich
DROBNIG, Ulrich — *American-german private international law,* "Bilateral studies in private international law", nº 4 (ed. Nina Moore Galston), 2ª ed., New York, 1972
— *Die Beachtung von ausländischen Eingriffsgesetzen — eine Interessenanalyse,* "FS Karl H. Neumayer", 1985, p. 159 ss
— *Rechtsvergleichung in der deutschen Rechtsprechung,* RabelsZ, 1986, p. 610 ss
— v. RABEL, Ernst
— v. ZWEIGERT, Konrad, DROBNIG, Ulrich
Droit international et droit communautaire. Actes du Colloque, Paris, 5 et 6 Avril 1990, Paris, 1991 (cit. "Droit international et droit communautaire")

Droit (Le) des relations économiques internationales. Études offertes à Berthold Goldman, Paris, 1987 (cit. "Études Goldman")
DROZ, Georges A. L. — *Les réserves et les facultés dans les Conventions de La Haye de droit international privé*, Rev. crit., 1969, p. 381 ss
— *Regards sur le droit international privé comparé. Cours général de droit international privé*, Recueil des Cours, 1991 — IV, tome 229, p. 9 ss
DRUEY, Jean Nicolas — v. GUHL, Theo
DUARTE, Maria Luísa — *A liberdade de circulação de pessoas e a ordem pública no direito comunitário*, Coimbra, 1992
— *O Tratado da União Europeia e a garantia da Constituição (Notas de uma reflexão crítica)*, "Estudos em memória do Professor Doutor João de Castro Mendes", 1995, p. 665 ss
DUBLER, César E. — *Les clauses d' exception en droit international privé*, Genève, 1983
DUTILLEUL, François Collart, DELEBECQUE, Philippe — *Contrats civils et commerciaux*, 2ª ed., Paris, 1993
DUTOIT, Bernard — *Le nouveau droit international privé suisse des contrats à l' aune de la Convention (CEE) de Rome du 19 juin 1980 sur la loi applicable aux obligations contractuelles*, "Études Lalive", 1993, p. 31 ss
DWORKIN, Ronald — *Law's empire*, London, 1986

EBENROTH, Carsten Thomas — *Kollisionsrechtliche Anknüpfung kaufmännischer Vollmachten*, JZ, 1983, p. 821 ss
— *Kollisionsrechtliche Anknüpfung der Vertragsverhältnisse von Handelsvertretern, Kommissionsagenten, Vertragshändlern und Handelsmaklern*, RIW, 1984, p. 165 ss
EBENROTH, Carsten Thomas, WOGGON, Rüdiger — *Keine Berücksichtigung ausländischer Kapitalverkehrsbeschränkungen über Art. VIII Abschnitt 2 (b) IWF-Abkommen* (an. BGH, 8.11.1993), IPRax, 1994, p. 276 s
EBERT, Kurt Hanns — *Rechtsvergleichung. Einführung in die Grundlagen*, Bern, 1978
ECKSTEIN, Felix — *La procura nel diritto internazionale privato*, Giur. comp. d. i. p., 1939, V, p. 130 ss
EGGER, August — *Missbrauch der Vertretungsmacht*, "FG Carl Wieland", 1934, p. 47 ss
EHRENZWEIG, Albert A. — *A treatise on the conflict of laws*, St. Paul, Minn., 1962
— *A counter-revolution in conflicts law? From Beale to Cavers*, Harv. L. Rev., 1966, p. 377 ss
— *Local and moral data in the conflict of laws: terra incognita*, Buffalo L. Rev., 1966-67, p. 55 ss
— *Private international law. A comparative treatise on american international conflicts law, including the law of admiralty, General part*, Leyden, Dobbs Ferry, NY, 1967

EHRENZWEIG, Albert A., JAYME, Erik — *Private international law. A comparative treatise on american international conflicts law, including the law of admiralty*, vol. III — *Special part. Obligations (contracts, torts). An outline*, Leyden, Dobbs Ferry, NY, 1977
EINSELE, Dorothee — *Rechtswahlfreiheit im Internationalen Privatrecht*, RabelsZ, 1996, p. 417 ss
EKELMANS, Marc — *Le "dépeçage" du contrat dans la Convention de Rome du 19 juin 1980 sur la loi applicable aux obligations contractuelles*, "Mélanges Vander Elst", I, 1986, p. 243 ss
ELLAND-GOLDSMITH, Michael — *La notion de représentation en droit anglais*, Droits, 6, 1987, p. 99 ss
ELLINGTON, Paul, CARR, Bill — *The UK commercial agents regulations 1993 (Council Directive 86/653/EC)*, RDAI, 1995, p. 51 ss
ENGISCH, Karl — *Die Einheit der Rechtsordnung*, Darmstadt, 1935, reimp., 1987
 — *Introdução ao pensamento jurídico*, trad. portuguesa da 3ª ed. alemã (1964), por J. Baptista Machado, Lisboa, 1965
ENGRÁCIA ANTUNES, José — *Prefácio* a Teubner, "O direito como sistema autopoiético" (1993), p. I ss
ENNECCERUS, Ludwig — *Derecho civil (Parte general)*, 15ª revisão por Hans Carl Nipperdey, trad. da 39ª ed. alemã (assim, no original), por Blas Pérez González e José Alguer, 3ª ed. ao cuidado de A. Hernández Moreno e Mª del Carmen Gete-Alonso, vol. II, 1ª parte, Barcelona, 1981 (cit. ENNECCERUS/NIPPERDEY)
EÖRSI, Gyula — *Two problems of the unification of the law of agency*, "Law and international trade", 1973, p. 83 ss
ERMAN *Handkommentar zum Bürgerlichen Gesetzbuch*, Bd. I, 8ª ed., Münster, 1989 (v. BROX, Hans); Bd. II, 7ª ed., Münster, 1981 (v. ARNDT, Karl), 9ª ed., Münster, 1993 (v. HOHLOCH, Gerhard)
ESMEIN, Paul — v. AUBRY, C., RAU, C.
 — v. PLANIOL, Marcel, RIPERT, Georges
Essays on the law of international trade. Hague-Zagreb Colloquium. Zagreb Session 1974, The Hague, 1976 (cit. "Essays on the law of international trade")
ESSER, Josef — *Grundsatz und Norm in der richterlichen Fortbildung des Privatrechts. Rechtsvergleichende Beiträge zur Rechtsquellen- und Interpretationslehre*, Tübingen, 1956
Estudos em memória do Professor Doutor João de Castro Mendes, Lisboa, s.d. (mas 1995)
Études de droit international en l' honneur de Pierre Lalive (ed. Christian Dominicé, Robert Patry, Claude Reymond), Bâle, Francfort-sur-le-Main, 1993 (cit. "Études Lalive")
Europäisches Rechtsdenken in Geschichte und Gegenwart. Festschrift für Helmut Coing zum 70. Geburtstag, II, München, 1982 (cit. "FS Helmut Coing")

EVANS, Malcolm — *Rapport explicatif sur la Convention sur la représentation en matière de vente internationale de marchandises*, Rev. dr. unif., 1984, I, p. 72 ss
Évolution (L') contemporaine du droit des contrats. Journées René Savatier (Poitiers, 24-25 octobre 1985), Paris, 1986 (cit. "L' évolution contemporaine du droit des contrats")
EVRIGENIS, Dimitrios J. — *Tendances doctrinales actuelles en droit international privé*, Recueil des Cours, 1966 — II, tome 118, p. 313 ss
— *Regards sur la doctrine contemporaine de droit international privé*, "Multitudo legum ius unum", II, 1973, p. 269 ss
EWALD, François — *Le droit du droit*, Arch. Ph. Dr., XXXI, 1986, p. 245 ss

FABRICIUS, Fritz — *Stillschweigen als Willenserklärung*, JuS, 1986, p. 1 ss, 50 ss
FALCONBRIDGE, John Delatre — *Essays on the conflict of laws*, 2ª ed., Toronto, 1954
FALLON, Marc — *Les conflits de lois et de juridictions dans un espace économique intégré. L' expérience de la Communauté européenne*, Recueil des Cours, 1995, tome 253, p. 9 ss
— v. RIGAUX, François
FALZEA, Angelo — *Sistema culturale e sistema giuridico*, Rdciv., 1988, I, p. 1 ss
FAMA, Eugene F., JENSEN, Michael C. — *Agency problems and residual claims*, J. of law & economics, 1983, p. 327 ss
FARJAT, Gérard — *Droit privé de l' économie, 2 — Théorie des obligations*, Paris, 1975
FAWCETT, J. J. — v. CHESHIRE and NORTH
FEDOZZI, Prospero — *Ufficio, funzione e metodo del diritto comparato nel campo del diritto internazionale privato*, Archivio Giuridico "Filippo Serafini", 1902, p. 225 ss
FEENSTRA, Jaap — *Distribution and commercial agency and EEC law*, "Commercial agency and distribution agreements", 1993, p. 9 ss
FELIX, Robert L. — v. LEFLAR, Robert A. e o.
FERID, Murad — *Die 9. Haager Konferenz*, RabelsZ, 1962, p. 411 ss
— *Internationales Privatrecht. Das neue Recht. Ein Leitfaden für Praxis und Ausbildung*, em colaboração com Christof Böhmer, 3ª ed., Frankfurt a. M., 1986
FERID, Murad, SONNENBERGER, Hans-Jürgen — *Das Französische Zivilrecht*, 2ª ed., Heidelberg, Bd. 1/1. *Erster Teil: Allgemeine Lehren des Französischen Zivilrechts: Einführung und Allgemeiner Teil des Zivilrechts*, 1994; Bd. 2. *Schuldrecht: Die einzelnen Schuldverhältnisse. Sachenrecht*, 1986 (cit. FERID, SONNENBERGER, *Das Französische Zivilrecht*)
FERNÁNDEZ ROZAS, José Carlos — v. GONZÁLEZ CAMPOS, Julio D. e o.
FERNÁNDEZ ROZAS, José Carlos, SÁNCHEZ LORENZO, Sixto — *Curso de derecho internacional privado*, Madrid, 1991

FERRARI, Sigfrido — *Gestione di affari altrui e rappresentanza*, Milano, 1962
FERREIRA DE ALMEIDA, Carlos — *Publicidade e teoria dos registos*, Coimbra, 1966
— *Texto e enunciado na teoria do negócio jurídico*, Lisboa, 1990, Coimbra, 1992
— *Introdução ao direito comparado*, Coimbra, 1994
— *Recusa de cumprimento declarada antes do vencimento (Estudo de direito comparado e de direito civil português)*, "Estudos em memória do Professor Doutor João de Castro Mendes", 1995, p. 289 ss
— *O ensino do direito comparado*, Lisboa, policop., 1996
FERRER CORREIA, António — *A procuração na teoria da representação voluntária*, BFD, vol. XXIV, 1948, p. 253 ss (= "Estudos jurídicos", II, p. 1 ss, a que se referem as citações)
— *O problema das qualificações em direito internacional privado*, RDES, V, 1949, p. 43 ss (= "Estudos jurídicos", III, p. 1 ss)
— *Direito internacional privado. Direitos dos estrangeiros*, BMJ, 24 (1951), p. 9 ss
— *Unidade do estatuto pessoal* (1954), "Estudos jurídicos", III, p. 291 ss
— *O problema do reenvio (devolução) em direito internacional privado*, BFD, sep. vol. XXXVIII, 1963 (= "Estudos jurídicos", III, p. 99 ss, com apêndice, *As disposições do novo Código Civil sobre o reenvio*, p. 183 ss)
— *A representação dos menores sujeitos ao pátrio poder na assembleia geral das sociedades comerciais*, RLJ, 95º (1962-1963), 96º (1963--1964), 97º (1964-1965) (= "Estudos Jurídicos", II, p. 53 ss, a que se referem as citações)
— *Lições de direito comercial*, vol. II — *Sociedades comerciais. Doutrina geral*, Coimbra, 1966 (cit. *Sociedades comerciais*); vol. III — *Letra de câmbio*, Coimbra, 1966 (cit. *Letra de câmbio*)
— *Discurso*, em "Sessão da Faculdade Internacional para o Ensino do Direito Comparado", BFD, vol. XLII, 1966, p. 395 ss
— *La question du renvoi dans le nouveau Code Civil portugais* (1967), "Estudos jurídicos", III, p. 205 ss
— *O problema da qualificação segundo o novo direito internacional privado português*, BFD, vol. XLIV, 1968, p. 39 ss (= "Estudos jurídicos", III, p. 43 ss, com apêndice)
— *Lições de direito internacional privado*, com a colaboração de J. Baptista Machado e J. M. Correia Pinto, Coimbra, 1969
— *Estudos de direito comercial*, vol. I, Coimbra, 1969
— *Estudos jurídicos*, II — *Direito civil e comercial. Direito criminal*, Coimbra, 1969, 2ª ed., 1985, reimp., 1995 (cit. "Estudos jurídicos", II)
— *Estudos jurídicos*, III — *Direito internacional privado*, Coimbra, 1970 (cit. "Estudos jurídicos", III)
— *Principais interesses a considerar na resolução dos conflitos de leis*, Apêndice de *O problema da qualificação segundo o novo direito internacional privado português*, "Estudos jurídicos", III, p. 84 ss

— *Da questão prévia em direito internacional privado*, "Estudos jurídicos", III, p. 241 ss
— *O novo direito internacional privado português (Alguns princípios gerais)* (1972), "Estudos vários", p. 3 ss
— *Lições de direito internacional privado*, Coimbra, 1973 (cit. *Lições*...)
— *Nuevos rumbos para el derecho internacional privado?* (1978), "Estudos vários", p. 223 ss
— *Direito internacional privado. Alguns problemas*, Coimbra, 1981, reimp., 1995
— *Estudos vários de direito*, Coimbra, 1982 (cit. "Estudos vários")
— *Considerações sobre o método do direito internacional privado*, "Estudos vários", p. 309 ss
— *Le procédé conflictuel en droit international privé et les solutions alternatives*, "Estudos vários", p. 399 ss
— *Temas de direito comercial e direito internacional privado*, Coimbra, 1989 (cit. "Temas")
— *Direito internacional privado — conceitos fundamentais*, "Temas", p. 299 ss
— *Direito internacional privado matrimonial (direito português)*, "Temas", p. 331 ss
— *Conflitos de leis em matéria de direitos sobre as coisas corpóreas*, "Temas", p. 363 ss
— *O direito internacional privado português e o princípio da igualdade*, "Temas", p. 413 ss
— *O princípio da autonomia do direito internacional privado no sistema jurídico português*, "Temas", p. 451 ss
— *Algumas considerações acerca da Convenção de Roma de 19 de Junho de 1980 sobre a lei aplicável às obrigações contratuais*, RLJ, 122°, 1990, n°s 3787 a 3789, p. 289 ss
— *A obra de J. Baptista Machado na área do direito internacional privado*, Scientia Iuridica, XL, 1991, n°s 229/234, p. 281 ss (= *Homenagem ao Doutor Baptista Machado*, RLJ, 125°, 1992, n°s 3820 s, p. 193 ss)
— *A venda internacional de objectos de arte e a protecção do património cultural* (RLJ, 125°, 1993, n°s 3823 ss, p. 289 ss; 126°, 1993, n°s 3826 ss, p. 8 ss), sep., Coimbra, 1994 (a que se referem as citações)

FERRER CORREIA, António, BAPTISTA MACHADO, João — *Aplicação das leis no espaço. Direitos dos estrangeiros e conflitos de leis*, BMJ, 136 (1964), p. 17 ss

FERRI, Giovanni B. — v. FERRI, Giuseppe

FERRI, Giuseppe — *Manuale di diritto commerciale*, 9ª ed. por Carlo Angelici e Giovanni B. Ferri, Torino, 1993, reimp. 1994

FERRY, Claude — *La validité des contrats en droit international privé. France/ /U. S. A.*, Paris, 1989

— *Convention de Rome du 19 juin 1980 sur la loi applicable aux obligations contractuelles, Convention de La Haye du 14 mars 1978 sur la loi applicable aux contrats d'intermédiaires et à la représentation et la loi n. 91-593 du 25 juin 1991 relative aux rapports entre les agents commerciaux et leurs mandants*, J. C. P., 1993, éd. E, I, 233, p. 154 ss

— *Contrat international d'agent commercial et lois de police*, Clunet, 1993, p. 299 ss

FERSON, Merton — *Principles of agency*, Brooklyn, 1954

Festgabe für Philipp Heck, Mar Rümelin, Arthur Benno Schmidt (org. Heinrich Stoll), Tübingen, 1931 (cit. "FG Philipp Heck, Mar Rümelin, Arthur Benno Schmidt")

Festschrift für Ernst von Caemmerer zum 70. Geburtstag (org. Hans Claudius Ficker, Detlef König, Karl F. Kreuzer, Hans G. Leser, Wolfgang Frhr. Marschall von Bieberstein, Peter Schlechtriem), Tübingen, 1978 (cit. "FS Ernst von Caemmerer")

Festschrift für Ernst Klingmüller (org. Fritz Hauss, Reimer Schmidt), Karlsruhe, 1974 (cit. "FS Ernst Klingmüller")

Festschrift für Friedrich Wilhelm Bosch zum 65. Geburtstag 2 Dezember 1976 (org. Walter J. Habscheid, Hans Friedhelm Gaul, Paul Mikat), Bielefeld, 1976 (cit. "FS Friedrich Wilhelm Bosch")

Festschrift für Fritz Schwind zum 65. Geburtstag. Rechtsgeschichte, Rechtsvergleichung, Rechtspolitik (org. Rudolf Strasser, Michael Schwimann, Hans Hoyer), Wien, 1978 (cit. "FS Fritz Schwind")

Festschrift für Gerhard Kegel zum 75. Geburtstag 26. Juni 1987 (org. Hans--Joachim Musielak, Klaus Schurig), Stuttgart, Berlin, Köln, Mainz, 1987 (cit. "FS Gerhard Kegel", 1987)

Festschrift für Hans Carl Nipperdey zum 70. Geburtstag 21. Januar 1965 (org. Rolf Dietz, Heinz Hübner), München, Berlin, 1965 (cit. "FS Hans Carl Nipperdey")

Festschrift für Hans Lewald. Bei Vollendung des vierzigsten Amtsjahres als ordentlicher Professor im Oktober 1953, Basel, 1953 (cit. "FS Hans Lewald")

Festschrift für Heinrich Lehmann zum 60. Geburtstag 20. Juli 1936 (org. Kölner Rechtswissenschaftliche Fakultät), Berlin, 1937 (cit. "FS Heinrich Lehmann", 1937)

Festschrift für Heinz Hübner zum 70. Geburtstag am 7. November 1984 (org. Gottfried Baumgärtel, Ernst Klingmüller, Hans-Jürgen Becker, Andreas Wacke), Berlin, New York, 1984 (cit. "FS Heinz Hübner")

Festschrift für Imre Zajtay (org. Ronald H. Graveson, Karl Kreuzer, André Tunc, Konrad Zweigert), Tübingen, 1982 (cit. "FS Imre Zajtay")

Festschrift für Joachim Gernhuber zum 70. Geburtstag (org. Hermann Lange, Knut Wolfgang Nörr, Harm Peter Westermann), Tübingen, 1993 (cit. "FS Joachim Gernhuber")

Festschrift für Karl Firsching zum 70. Geburtstag (org. Dieter Heinrich, Bernd von Hoffmann), München, 1985 (cit. "FS Karl Firsching")
Festschrift für Karl H. Neumayer zum 65. Geburtstag (org. Werner Barfuß, Bernard Dutoit, Hans Forkel, Ulrich Immenga, Ferenc Majoros), Baden--Baden, 1985 (cit. "FS Karl H. Neumayer")
Festschrift für Karl Michaelis zum 70. Geburtstag am 21. Dezember 1970 (org. Hans-Martin Pawlowski, Franz Wieacker), Göttingen, 1972 (cit. "FS Karl Michaelis")
Festschrift für Konrad Zweigert zum 70. Geburtstag (org. Herbert Bernstein, Ulrich Drobnig, Hein Kötz), Tübingen, 1981 (cit. "FS Konrad Zweigert")
Festschrift für Leo Raape zum seinem siebzigsten Geburtstag 14. Juni 1948, Hamburg, 1948 (cit. "FS Leo Raape")
Festschrift zum 65. Geburtstag von Mario M. Pedrazzini (org. Ernst Brem, Jean Nicolas Druey, Ernst A. Kramer, Ivo Schwander) Bern, 1990 (cit. "FS Mario M. Pedrazzini")
Festschrift für Martin Wolff. Beiträge zum Zivilrecht und internationalen Privatrecht (org. Ernst von Caemmerer, F. A. Mann, Walter Hallstein, Ludwig Raiser), Tübingen, 1952 (cit. "FS Martin Wolff")
Festschrift für Max Keller zum 65. Geburtstag. Beiträge zum Familien- und Vormundschaftsrecht, Schuldrecht, Internationalen Privatrecht, Verfahrens-, Banken-, Gesellschafts- und Unternehmensrecht, zur Rechtsgeschichte und zum Steuerrecht (org. Peter Fortsmoser, Hans Giger, Anton Heini, Walter R. Schluep), Zürich, 1989 (cit. "FS Max Keller")
Festschrift für Otto Mühl zum 70. Geburtstag 10. Oktober 1981 (org. Jürgen Damrau, Alfons Kraft, Walter Fürst), Stuttgart, Berlin, Köln, Mainz, 1981 (cit. "FS Otto Mühl")
Festschrift für Werner Lorenz zum siebzigsten Geburtstag (org. Bernhard Pfister, Michael R. Will), Tübingen, 1991 (cit. "FS Werner Lorenz")
Festschrift für Wolfram Müller-Freienfels (org. Albrecht Dieckmann, Rainer Frank, Hans Hanisch, Spiros Simitis), Baden-Baden, 1986 (cit. "FS Müller-Freienfels")
FICKER, Hans G. — *Die Bestimmung des Vollmachtstatuts in besonderen Fällen*, RabelsZ, 1959, p. 330 ss
— *Verknüpfung von Anknüpfungen*, "FS Hans Carl Nipperdey", I, 1965, p. 297 ss
FIFOOT, C. H. S. — v. CHESHIRE and FIFOOT's *Law of contract*
FIKENTSCHER, Wolfgang — *Scheinvollmacht und Vertreterbegriff*, AcP 154 (1955), p. 1 ss
FIKENTSCHER, W., WAIBL, K. — *Ersatz im Ausland gezahlter Bestechungsgelder*, IPRax, 1987, p. 86 ss
FIRSCHING, Karl — rec. Spellenberg "Geschäftsstatut und Vollmacht im internationalen Privatrecht" (1979), NJW, 1980, p. 2626 s
— col. *Staudingers Kommentar..., Einführungsgesetz*, 10ª-11ª ed., 1978, 12ª ed., 1984 (cit. STAUDINGER/FIRSCHING)

— *Übereinkommen über das auf vertragliche Schuldverhältnisse anzuwendende Recht (IPR-VertragsÜ) vom 11.6.1980*, IPRax, 1981, p. 37 ss

— *Das Prinzip der Akzessorietät im deutschen internationalen Recht der unerlaubten Handlungen — deutsche IPR-Reform*, "FS Imre Zajtay", 1982, p. 143 ss

FIRSCHING, Karl, HOFFMANN, Bernd von — *Internationales Privatrecht*, 4ª ed., München, 1995

FISCHER, Gerfried — *Rechtsscheinhaftung im internationalen Privatrecht*, IPRax, 1989, p. 215 ss

— *Verkehrsschutz im internationalen Vertragsrecht*, Köln, Berlin, Bonn, München, 1990

FISCHER, Peter Michael — *Die akzessorische Anknüpfung des Deliktsstatuts*, Berlin, 1989

FISCHER, Robert — *Der Mißbrauch der Vertretungsmacht, auch unter Berücksichtigung der Handelsgesellschaften*, "FS Wolfgang Schilling", 1973, p. 3 ss

FLESCH, Alma Suzin — v. REESE, Willis L. M., FLESCH, Alma Suzin

FLESSNER, Axel — *Interessenjurisprudenz im internationalen Privatrecht*, Tübingen, 1990

FLETCHER, Ian F. — *Conflict of laws and European Community law. With special reference to the Community Conventions on private international law*, Oxford, 1982

FLORIDIA, Giorgio — v. BARBERO, Domenico

FLOUR, Jacques, AUBERT, Jean-Luc — *Les obligations*, vol. I — *Sources: L' acte juridique*, 2ª ed., Paris, 1988 (cit. FLOUR, AUBERT, *Les obligations*, I)

FLUME, Werner — *Allgemeiner Teil des Bürgerlichen Rechts, II — Das Rechtsgeschäft*, 3ª ed., Berlin, Heidelberg, New York, 1979 (cit. *Das Rechtsgeschäft*)

FOELIX, Jean-Jacques Gaspard — *Traité du droit international privé ou du conflit des lois de différentes nations en matière de droit privé*, Paris, 1843, 2ª ed., 1847, 3ª ed. por Charles Demangeat, 1856

FONSECA, Joaquim — *Coerência do texto*, "Estudos de sintaxe-semântica e pragmática do português", Porto, 1993

FONTAINE, Marcel — *La notion de contrat économique international*, "Le contrat économique international", 1975, p. 17 ss

Fonti e tipi del contratto internazionale (org. Ugo Draetta, Cesare Vaccà), Milano, 1991

FORIERS, Paul — *Les antinomies en droit*, "Les antinomies en droit", 1965, p. 20 ss

FORLATI PICCHIO, Laura — *Contratto nel diritto internazionale privato*, Digesto delle discipline privatistiche, Sezione Civile, IV, 1989, p. 196 ss

— *Limiti posti dalla Convenzione di Roma alla riforma del diritto internazionale privato italiano*, Rdint., 1992, p. 269 ss

FORTIER, Vincente — *Le contrat du commerce international à l' aune du raisonnable*, Clunet, 1996, p. 315 ss

FORTUNATO, Pietro — *Sulla pretesa invalidità del negozio soggetto a ratifica*, Giur. compl. Cass. Civ., 1948, III, p. 509 ss

FOYER, Jacques — *L' avant-projet de convention C.E.E. sur la loi applicable aux obligations contractuelles et non-contractuelles*, Clunet, 1976, p. 555 ss

— *Entrée en vigueur de la Convention de Rome du 19 juin 1980 sur la loi applicable aux obligations contractuelles*, Clunet, 1991, p. 601 ss

— an. Cour d' appel de Versailles, 6.2.1991, Clunet, 1992, p. 129 ss

— *Le contrat d' electio juris à la lumière de la Convention de Rome du 19 juin 1980*, "L' internationalisation du droit", 1994, p. 169 ss

FRANCESCAKIS, Ph. — *La théorie du renvoi et les conflits de systèmes en droit international privé*, Paris, 1958

— an. Cour d' appel de Paris, 1.ère ch., 21.5.1957, Rev. crit., 1958, p. 133 ss

— *Quelques précisions sur les "lois d' application immédiate" et leurs rapports avec les règles de conflits de lois*, Rev. crit., 1966, p. 1 ss

— *Lois d' application immédiate et règles de conflit*, Rdintpriv.proc., 1967, p. 691 ss

— *Droit international privé comparé*, Répertoire de droit international, I, Paris, 1968, p. 674 ss

FRANCESCHELLI, Vincenzo — *Il nuovo diritto internazionale privato. La legge n. 218/1995 di riforma del sistema italiano*, em colaboração com Angelo Ciancarella, Milano, 1995

FRANKENSTEIN, Ernst — *Internationales Privatrecht (Grenzrecht)*, Berlin, I, 1926; II, 1929; III, 1934; IV, 1935

— *Projet d' un code européen de droit international privé*, Leiden, 1950

FRÈ, Giancarlo — *Rappresentanza (diritto privato)*, Nuov. Dig. It., X, 1939, p. 1096 ss

FREEDMAN, Bradley J. — v. COOTER, Robert, FREEDMAN, Bradley J.

Freiheit und Zwang. Festschrift für Hans Giger (org. Walter Habscheid, Hans--Joachim Hoffmann-Nowotny, Willy Linder, Arthur Meir-Hayoz), Bern, 1989 (cit. "FS Hans Giger")

FRICK, Joachim G. — *Culpa in contrahendo — Eine rechtsvergleichende und kollisionsrechtliche Studie*, Zürich, 1992

FRIDMAN, G. H. L. — *Establishing agency*, LQR, 1968, p. 224 ss

— *The law of agency*, London, 5ª ed., 1983 (esta a edição citada, se outra menção não constar da referência); 6ª ed., 1990

FRIEDMAN, Lawrence M. — *Il sistema giuridico nella prospettiva delle scienze sociali*, trad. italiana da edição americana (1975), por Giovanni Tarello, Bologna, 1978

FRIGESSI DI RATTALMA, Marco — *Le prime esperienze giurisprudenziali sulla convenzione di Roma del 19 giugno 1980*, Rdintpriv.proc., 1992, p. 819 ss

FRIGO, Manlio — *La determinazione della legge applicabile in mancanza di scelta dei contraenti e le norme imperative nella Convenzione di Roma*, in SACERDOTI, FRIGO, "La Convenzione di Roma...", 1993, p. 17 ss

FROSINI, Vittorio — *Ordinamento giuridico (filosofia del diritto)*, Enc. Dir., XXX, 1980, p. 639 ss
FUCHS, Andreas — *Zur Disponibilität gesetzlicher Widerrufsrechte im Privatrecht — unter besonderer Berücksichtigung der Widerrufsrechte nach §§ 7 VerbrKrG, 168 S.2 und 130 Abs. 1 S.2 BGB*, AcP 196 (1996), p. 313 ss
FURMSTON, M. P. — v. BEALE, H. G. e o.
— v. CHESHIRE and FIFOOT's *Law of contract*

GAILLARD, Emmanuel — an. C. Cass., Ass. pl., 28.5.1982, Dalloz, 1983, p. 349 ss
— *Le pouvoir en droit privé*, Paris, 1985
— *La représentation et ses idéologies en droit privé français*, Droits, 6, 1987, p. 91 ss
— *Trente ans de lex mercatoria. Pour une application sélective de la méthode des principes généraux du droit*, Clunet, 1995, p. 5 ss
— v. LALIVE, Pierre, GAILLARD, Emmanuel
GALGANO, Francesco — *Diritto privato*, Padova, 1981
— *Diritto civile e commerciale*, vol. II — *Le obbligazioni e i contratti*, t. 1, *Obbligazioni in generale. Contratti in generale*, Padova, 1990; vol. III — *L' impresa e le società*, t. 1, *L' impresa, le società in generale, le società di persone*, Padova, 1990
— *Diritto commerciale. Le società. Contratto di società. Società di persone. Società per azioni. Altre società di capitali. Società cooperative*, 4ª ed., Bologna, 1990, reimp., 1992
— *Diritto commerciale. L' imprenditore. Impresa. Contratti di impresa. Titoli di credito. Fallimento*, 4ª ed., Bologna, 1991
GALVÃO, Sofia — v. REBELO DE SOUSA, Marcelo, GALVÃO, Sofia
GALVÃO TELES, Eugénia — *A prestação característica: um novo conceito para determinar a lei subsidiariamente aplicável aos contratos internacionais. O artigo 4º da Convenção de Roma sobre a lei aplicável às obrigações contratuais*, O Direito, 1995, p. 71 ss
GALVÃO TELES, Miguel — *Eficácia dos tratados na ordem interna portuguesa (condições, termos e limites)*, Lisboa, 1967
— *Inconstitucionalidade pretérita*, "Nos dez anos da Constituição", Lisboa, 1987, p. 267 ss
GALVÃO TELES, Inocêncio — *Dos contratos em geral*, Coimbra, 1947; 2ª ed., Lisboa, 1962
— *Manual dos contratos em geral* (3ª ed. de *Dos contratos em geral*), Lisboa, 1965 (reimp., Lisboa, 1995)
— *Contratos civis (Projecto completo de um título do futuro Código Civil Português e respectiva Exposição de Motivos)*, RFD, sep. vols. IX-X, 1953-1954
— *Mandato sem representação*, CJ, 1983, III, p. 5 ss
— *Direito das obrigações*, 6ª ed., Coimbra, 1989

GAMILLSCHEG, Franz — an. BGH, 30.7.1954, JZ, 1955, p. 703 ss
— *Überlegungen zur Methode der Qualifikation* , "FS Karl Michaelis", 1972, p. 79 ss
GANNAGÉ, Pierre — *La pénétration de l' autonomie de la volonté dans le droit international privé de la famille*, Rev. crit., 1992, p. 425 ss
GANZ, Alexander — v. JAYME, Erik, GANZ, Alexander
GARCÍA VELASCO, Inocencio — *Derecho internacional privado (Reflexiones introductorias)*, Salamanca, 1994
GARCIMARTÍN ALFÉREZ, Francisco J. — *El regimen normativo de las transacciones privadas internacionales: una aproximación económica*, R. E. D. I., 1995, p. 11 ss
GAROFALO, Luciano — *Volontà delle parti e norme imperative nella Convenzione di Roma sulla legge applicabile ai contratti e nel nuovo sistema italiano di diritto internazionale privato*, Rdintpriv.proc., 1996, p. 469 ss
GAUCH, Peter, SCHLUEP, Walter R., TERCIER, Pierre — *Partie générale du droit des obligations*, 2ª ed., Zürich, 1982 (cit. GAUCH, SCHLUEP, TERCIER, *Partie générale*...)
GAUDEMET, Eugène — *Théorie générale des obligations*, Paris, 1937
GAUDEMET-TALLON, Hélène — *Le nouveau droit international privé européen des contrats (Commentaire de la convention CEE n° 80/934 sur la loi applicable aux obligations contractuelles, ouverte à la signature à Rome le 19 juin 1980)*, RTDE, 1981, p. 215 ss
— *Convention de Rome du 19 juin 1980 sur la loi applicable aux obligations contractuelles*, Jurisclasseur Europe, fasc. 3200, 1989 (com actualizações) (cit. *Convention de Rome*)
— *Convention de Rome du 19 juin 1980 sur la loi applicable aux obligations contractuelles — Chronique de jurisprudence* (an. Cour d' appel de Versailles, 6.2.1991), RTDE, 1992, p. 529 ss
— *Signature de la convention d' adhésion de l' Espagne et du Portugal à la convention de Rome du 19 juin 1980*, RTDE, 1993, p. 61 ss
— *L' utilisation de règles de conflit à caractère substantiel dans les conventions internationales (l' exemple des Conventions de La Haye)*, "L' internationalisation du droit", 1994, p. 181 ss
GAUTSCHI, Georg — *Auftrag und Geschäftsführung in der Schweiz. Allgemeines Auftrags- und Geschäftsführungsrecht. Der einfache Auftrag. Tathandlungs- und Rechtshandlungsauftrag. Vollmachts-, fiduziarischer und Anweisungsauftrag*, Zürich, 1953
Gedächtnisschrift für Albert A. Ehrenzweig (org. Erik Jayme, Gerhard Kegel), Karlsruhe, Heidelberg, 1976 (cit. "GS Albert A. Ehrenzweig")
Gegenwartsprobleme des internationalen Rechtes und der Rechtsphilosophie. Festschrift für Rudolf Laun zu seinem siebzigsten Geburtstag (org. D. S. Constantopoulos, Hans Wehberg), Hamburg, 1953 (cit. "FS Rudolf Laun")
GERMAIN, Michel — v. RIPERT, Georges, ROBLOT, René
GERNHUBER, Joachim — *Bürgerliches Recht*, 3ª ed., München, 1991

GERVEN, Walter van — *Convention de Rome, Traité de Rome et prestation de services dans le secteur financier*, "Convention de Rome et opérations bancaires", 1993, p. 23 ss

Gesammten (Die) Materialen zum Bürgerlichen Gesetzbuch für das Deutsche Reich (org. Mugdan), I — *Einführungsgesetz und Allgemeiner Theil*, Berlin, 1899

Gesellschaftsrecht und Unternehmensrecht. Festschrift für Wolfgang Schilling zum 65. Geburtstag am 5. Juni 1973 (org. Robert Fischer, Wolfgang Hefermehl), Berlin, New York, 1973 (cit. "FS Wolfgang Schilling")

GESSLER, Ernst — *Zum Missbrauch organschaftlicher Vertretungsmacht*, "FS Ernst von Caemmerer", 1978, p. 531 ss

GHESTIN, Jacques — *Traité de droit civil. Les obligations. Le contrat: formation*, 2ª ed., Paris, 1988

— *Mandat et représentation civile et commerciale en droit français*, "FS Zentaro Kitagawa", 1992, p. 317 ss

GHESTIN, Jacques, JAMIN, Christophe, BILLIAU, Jacques — *Traité de droit civil. Les effets du contrat*, 2ª ed., Paris, 1994 (cit. GHESTIN, JAMIN, BILLIAU, *Les effets du contrat*)

GIARDINA, Andrea — *La convenzione comunitaria sulla legge applicabile alle obbligazioni contrattuali e il diritto internazionale privato italiano*, Rdint., 1981, p. 795 ss

— *The impact of the E.E.C. Convention on the italian system of conflict of laws*, "Contract conflicts", 1982, p. 237 ss

— *Volontà delle parti, prestazione caratteristica e collegamento più significativo*, "Verso una disciplina comunitaria", 1983, p. 3 ss

— *Conflitti di leggi in tema di garanzie bancarie*, Banca e Borsa, 1983, I, p. 447 ss

GIARDINA, Andrea, VILLANI, Ugo — *Garanzie bancarie, commercio internazionale e diritto internazionale privato*, Padova, 1984

GILDEGGEN, Rainer, LANGKEIT, Jochen — *The new conflict of laws code provisions of the Federal Republic of Germany: introductory comment and translation*, Ga. J. Int'l & Comp. L., 17 (1986), p. 229 ss

GILLIARD, François — *La représentation directe dans le Code des obligations: un chef-d'oeuvre d'incohérence*, "FS Max Keller", 1989, p. 161 ss

GIORDANO, Alessandro — *Tradizione e potere di disposizione nel contratto estimatorio*, Rdcomm., 1949, I, p. 174 ss

GIULIANO, Mario — *La loi applicable aux contrats: problèmes choisis*, Recueil des Cours, 1977 — V, tome 158, p. 183 ss

— *La loi d'autonomie: le principe et sa justification théorique*, Rdintpriv.proc., 1979, p. 217 ss

— *Osservazioni introdutive*, "Verso una disciplina comunitaria", 1983, p. XVII ss

GIULIANO, Mario, LAGARDE, Paul — *Rapport concernant la convention sur la loi applicable aux obligations contractuelles*, JO C 282, 30.10.80, p. 1 ss (cit. *Rapport* GIULIANO, LAGARDE)

GIULIANO, Mario, LAGARDE, Paul, VAN SASSE VAN YSSELT, Th. — *Rapport concernant l' avant-projet de convention sur la loi applicable aux obligations contractuelles et non contractuelles*, Rdintpriv.proc., 1973, p. 198 ss (cit. *Rapport* GIULIANO, LAGARDE, VAN SASSE VAN YSSELT)
GIUSTI, Alberto — v. BRUSCUGLIA, Luciano, GIUSTI, Alberto
GLENN, H. Patrick — *Unification of law, harmonization of law and private international law*, "Liber memorialis François Laurent", 1989, p. 783 ss
GOLDMAN, Berthold — *Frontières du droit et "lex mercatoria"*, Arch. Ph. Dr., IX, 1964, p. 177 ss
— *Règles de conflit, règles d' application immédiate et règles matérielles dans l'arbitrage commercial international*, "Travaux du Comité Français de Droit International Privé 1966-1969", p. 119 ss
— *La lex mercatoria dans les contrats et l'arbitrage internationaux: réalité et perspectives*, Clunet, 1979, p. 475 ss
— *The applicable law: general principles of law — the lex mercatoria*, "Contemporary problems in international arbitration", 1986, p. 113 ss
— *Nouvelles réflexions sur la lex mercatoria*, "Études Lalive", 1993, p. 241 ss
GOLDSCHMIDT, Werner — *Die philosophischen Grundlagen des internationalen Privatrechtes*, "FS Martin Wolff", 1952, p. 203 ss
GOLDSTAJN, Aleksandar — *The new law merchant*, JBL, 1961, p. 12 ss
— *The new law merchant reconsidered*, "Law and international trade", 1973, p. 171 ss
— *Reflections on the structure of the modern law of international trade*, "International contracts and conflicts of laws", 1990, p. 14 ss
GOMES, Orlando — *Representação*, Polis, vol. 5, Lisboa, São Paulo, 1987, c. 381 ss
GOMES CANOTILHO, José Joaquim — *Direito constitucional*, 5ª ed., Coimbra, 1991
GOMES CANOTILHO, José Joaquim, VITAL MOREIRA — *Constituição da República Portuguesa anotada*, 3ª ed., Coimbra, 1993
GOMES DA SILVA, Manuel Duarte, CABRAL, Rita Amaral — *Responsabilidade pré-contratual*, O Direito, 1995, p. 439 ss
GONÇALVES PEREIRA, André — *Relevância do direito internacional na ordem interna portuguesa*, RFD, 1964, p. 219 ss
— *Novas considerações sobre a relevância do direito internacional na ordem interna portuguesa*, Lisboa, 1969
— *Curso de direito internacional público*, 2ª ed., Lisboa, s.d. (mas 1970)
— *O direito internacional na Constituição de 1976*, "Estudos sobre a Constituição", 1º vol., Lisboa, 1977, p. 37 ss
GONÇALVES PEREIRA, André, QUADROS, Fausto de — *Manual de direito internacional público*, 3ª ed., Coimbra, 1993
GONSALVES DIAS, José — *Da letra e da livrança segundo a Lei Uniforme e o Código Comercial*, vol. I, Famalicão, 1939; vol. II, Coimbra, 1939; vol. V, Coimbra, 1943

— *Direito internacional cambiário. Exame da Convenção de Conflitos de 1930*, Coimbra, s.d.

GONZÁLEZ CAMPOS, Julio D., FERNÁNDEZ ROZAS, José Carlos, CALVO CARAVACA, Alfonso L., VIRGÓS SORIANO, Miguel, AMORES CONRADÍ, Miguel A., DOMINGUEZ LOZANO, Pilar — *Derecho internacional privado. Parte especial*, 5ª ed., Madrid, 1993 (cit. GONZÁLEZ CAMPOS e o., *Derecho internacional privado. Parte especial*)

GONZENBACH, Gerald C. — *Die akzessorische Anknüpfung. Ein Beitrag zur Verwirklichung des Vertrauensprinzips im internationalen Deliktsrecht*, Zürich, 1986

GORDILLO, Antonio — *La representación aparente (Una aplicación del principio general de protección de la apariencia jurídica)*, Sevilla, 1978

GOTHOT, Pierre — *Le renouveau de la tendence unilatéraliste en droit international privé*, Rev. crit., 1971, p. 1 ss, 209 ss, 415 ss

— *La méthode unilatéraliste et le droit international privé des contrats*, Rdintpriv.proc., 1979, p. 5 ss

GOTTHARDT, Peter Jürgen — *Der Vertrauensschutz bei der Anscheinsvollmacht im deutschen und im französischen Recht*, Karlsruhe, 1970

Grande dicionário da língua portuguesa, de Cândido de Figueiredo, 25ª ed., dir. Rui Guedes, Venda Nova, 1996

GRAUE, Eugen Dietrich — *Rück- und Weiterverweisung (renvoi) in den Haager Abkommen, Grandeur et déclin du renvoi dans les Conventions de La Haye*, RabelsZ, 1993, p. 26 ss

GRAULICH, Paul — *Principes de droit international privé. Conflit de lois. Conflit de juridictions*, Paris, 1961

— *Règles de conflit et règles d' application immédiate*, "Mélanges Jean Dabin", II, 1963, p. 629 ss

GRAVESON, R. H. — *Conflict of laws. Private international law*, 7ª ed., London, 1974

— *Comparative aspects of the principles of private international law*, Recueil des Cours, 1963 — II, tome 109, p. 1 ss

— *The international unification of law* (1968), "Selected essays", II, 1977, p. 203 ss

— *Selected essays*, vol. I — *Comparative conflict of laws*, vol. II — *One law: on jurisprudence and the unification of law*, Amsterdam, New York, Oxford, 1977

GRAZIADEI, Michele — v. BOWSTEAD & REYNOLDS *on agency*

GRAZIANI, Alessandro — *La rappresentanza senza procura*, "Annali dell'Istituto Giuridico dell'Università di Perugia, 1927 (= "Studi di diritto civile e commerciale", p. 1 ss, a que se referem as citações)

— *Negozio di gestione e procura*, "Studi di diritto commerciale in onore di Cesare Vivante", I, Roma, 1931 (= "Studi di diritto civile e commerciale", p. 61 ss, a que se referem as citações)

— *In tema di procura irrevocabile*, Foro it., 1936, I (= "Studi di diritto civile e commerciale", p. 73 ss, a que se referem as citações)

— *In tema di procura*, Giur. comp. dir. civ., IV, 1939 (= "Studi di diritto civile e commerciale", p. 79 ss, a que se referem as citações)
— *Mandato e procura irrevocabile*, Giur. comp. dir. comm., VI, 1941 (= "Studi di diritto civile e commerciale", p. 83 ss, a que se referem as citações)
— *Studi di diritto civile e commerciale*, Napoli, 1953
GREGORY, William — v. REUSCHLEIN, Harold Gill, GREGORY, William
GREIMAS, Algirdas Julien, COURTÉS, Joseph — *Dicionário de semiótica* (1979), trad., São Paulo, s.d.
GROSSFELD, Bernhard — *Vom Beitrag der Rechtsvergleichung zum deutschen Recht*, AcP 184 (1984), p. 289 ss
— *Macht und Ohnmacht der Rechtsvergleichung*, Tübingen, 1984
— *The strength and weakness of comparative law*, Oxford, 1990
— col. *Staudingers Kommentar...*, *Einführungsgesetz — Internationales Gesellschaftsrecht*, 13ª ed., 1993 (cit. STAUDINGER/GROSSFELD, *Internationales Gesellschaftsrecht*)
GROSSFELD, Bernhard, WILDE, Margitta — *Die Konzentration des Vertretungsrechts im Gesellschaftsstatut* (an. OLG Düsseldorf, 23.12.1994), IPRax, 1995, p. 374 ss
GRUNDMANN, Stefan — *Qualifikation gegen die Sachnorm. Deutsch-portugiesische Beiträge zur Autonomie des internationalen Privatrechts*, München, 1985
— *Deutsches Anlegerschutzrecht in internationalen Sachverhalten. Vom internationalen Schuld- und Gesellschaftsrecht zum internationalen Marktrecht*, RabelsZ, 1990, p. 283 ss
GUASTINI, Riccardo — *Introduzione alle tecniche interpretative*, "Materiali per un corso di analisi della giurisprudenza", 1994, p. 43 ss
GUEST, A. G. — v. ANSON's *Law of contract*
— v. CHITTY *on contracts*
GUHL, Theo — *Das Schweizerische Obligationenrecht mit Einschluss des Handels- und Wertpapierrechts*, 8ª ed. por Alfred Koller e Jean Nicolas Druey, Zürich, 1991 (cit. GUHL/KOLLER/DRUEY, *OR*)
GUICHARD, Raúl — *Sobre a distinção entre núncio e representante*, Scientia Iuridica, XLIV, 1995, nºs 256/258, p. 317 ss
— *Notas sobre a falta e limites do poder de representação*, RDES, XXXVII, 1995, p. 3 ss
GUTTERIDGE, H. C. — *Comparative law and the conflict of laws*, "Transactions of the Grotius Society", vol. 29, 1944, p. 119 ss
— *Comparative law. An introduction to the comparative method of legal study and research*, Cambridge, 1946
GUTZWILLER, Max — *Internationalprivatrecht*, "Das gesamte deutsche Recht in systematischer Darstellung" (org. Rudolf Stammler), VIII, Berlin, 1931
— *La commission, le courtage et le mandat commercial en droit international privé (Dix-huitième Commission), Rapport et projet de*

Résolutions définitifs présentés par M. Max Gutzwiller, Annuaire de l' IDI, vol. 43, tome II, *Session de Bath, Septembre 1950*, Bâle, 1950, p. 74 ss
— *Die achte Haager Konferenz für Internationales Privatrecht. Erster Teil*, Schw. Jb. int. R., 1956, p. 35 ss
— *La commission, le courtage et le mandat commercial en droit international privé (Dix-huitième Commission), Rapport complémentaire présenté par M. Max Gutzwiller*, Annuaire de l' IDI, vol. 49, tome I, *Session de Salzbourg, Septembre 1961*, Bâle, 1961, p. 298 ss

GUTZWILLER, Peter Max — *Von Ziel und Methode des IPR*, Schw. Jb. int. R., 1968, p. 161 ss

HANBURY, Harold Greville — *The principles of agency*, 2ª ed., London, 1961
HANISCH, Hans — *Das Genfer Abkommen über die Stellvertretung beim internationalen Warenkauf von 1983 als Beispiel angewandter Rechtsvergleichung*, "FS Hans Giger", 1989, p. 251 ss
HANOTIAU, Bernard — *Le droit international privé américain (Du premier au second Restatement of the law, Conflict of laws)*, Paris, Bruxelles, 1979
HART, H. L. A. — *The concept of law* (1961), 11ª imp., Oxford, 1981
HARTMANN, Jan — *Das Vertragsstatut in der deutschen Rechtsprechung seit 1945*, Freiburg, 1972
HAUSMANN, Rainer — col. REITHMANN, MARTINY, "Internationales Vertragsrecht", *Vollmacht*, 4ª ed., 1988 (cit. REITHMANN/HAUSMANN, *Vollmacht*)
— com. "Albert A. Ehrenzweig und das internationale Privatrecht", 1986, p. 159
HAY, Peter — *Flexibility versus predictability and uniformity in choice of law. Reflections on current european and United States conflicts law*, Recueil des Cours, 1991 — I, tome 226, p. 281 ss
— v. REESE, Willis L. M. e o.
— v. SCOLES, Eugene, HAY, Peter
HAY, Peter, MÜLLER-FREIENFELS, Wolfram — *Agency in the conflict of laws and the 1978 Hague Convention*, AJCL, 1979, p. 1 ss
HECKE, Georges van — *Intégration économique et unification du droit privé*, "De conflictu legum", 1962, p. 198 ss
— *Universalisme et particularisme des règles de conflit au XX ème siècle*, "Mélanges Jean Dabin", II, 1963, p. 939 ss
— *Jus cogens and the law of international trade*, "Essays on the law of international trade", 1976, p. 3 ss
HECKELMANN, Dieter — *Mitverschulden des Vertretenen bei Mißbrauch der Vertretungsmacht*, JZ, 1970, p. 62 ss
HEGLER, August — *Zum Aufbau der Systematik des Zivilprozessrechts*, "FG Philipp Heck, Mar Rümelin, Arthur Benno Schmidt", 1931, p. 216 ss
HEINEMANN, Wolfgang, VIEHWEGER, Dieter — *Textlinguistik. Eine Einführung*, Tübingen, 1991

HEINI, Anton — *Neuere Strömungen im amerikanischen internationalen Privatrecht*, Schw. Jb. int. R., 1962, p. 31 ss
— *Die Anknüpfungsgrundsätze in den Deliktsnormen eines zukünftigen schweizerischen IPR-Gesetzes*, "FS F. A. Mann", 1977, p. 193 ss
— *Ausländische Staatsinteressen und internationales Privatrecht*, ZSchwR, 1981, p. 65 ss
— *Die Rechtswahl im Vertragsrecht und das neue IPR-Gesetz*, "FS Rudolf Moser", 1987, p. 67 ss
HEINRICHS, Helmut — col. PALANDT *Bürgerliches Gesetzbuch, Vertretung. Vollmacht*, 55ª ed., 1996 (cit. PALANDT/HEINRICHS)
HEISTER, Peter — *Die Undisclosed Agency des Anglo-Amerikanischen Rechtes. Aspekte zur sogenannten mittelbaren Stellvertretung des Deutschen Rechtes unter besonderer Berücksichtigung des obligatorischen Geschäfts für den, den es angeht. Eine rechtsvergleichende Betrachtung*, Bonn, 1980
HELDRICH, Andreas — col. PALANDT *Bürgerliches Gesetzbuch, Einführungsgesetz zum BGB*, 55ª ed., 1996 (cit. PALANDT/HELDRICH)
HENN, Harry G. — *Agency, partnership and other incorporated business enterprises*, St. Paul, Minn., 1972
HEPTING, Reinhard — v. JAYME, Erik, HEPTING, Reinhard
HERBER, Rolf — col. VON CAEMMERER, SCHLECHTRIEM, *CISG-Kommentar*, 1995
HERRMANN, Harald — *Die neue Rechtsprechung zur Haftung Anscheinsbevollmächtiger* (an. BGH, 20.1.1983, BGHZ 86, 273 = NJW 1983, 1308), NJW, 1984, p. 471 s
HERZOG, Peter — v. SCHLESINGER, Rudolf e o.
HESSLER, Hans-Joachim — *Sachrechtliche Generalklausel und internationales Familienrecht. Zu einer zweistufigen Theorie des internationalen Privatrechts*, München, 1985
— *Datum-Theorie und Zweistufigkeit des internationalen Privatrechts*, "Albert A. Ehrenzweig und das internationale Privatrecht", 1986, p. 137 ss
— *Auslandsehe und mißbräuchliche Erhebung der Ehenichtigkeitsklage*, IPRax, 1986, p. 146 ss
— *Islamisch-rechtliche Morgengabe: vereinbarter Vermögensausgleich im deutschen Scheidungsfolgenrecht*, IPRax, 1988, p. 95 ss
HEUZÉ, Vincent — *La réglementation française des contrats internationaux. Étude critique des méthodes*, Paris, 1990
— *La loi applicable aux actions directes dans les groupes de contrats: l' exemple de la sous-traitance internationale*, Rev. crit., 1996, p. 243 ss
HEYMANN *Handelsgesetzbuch*, Bd. 1 — *Erstes Buch. Einleitung; §§ 1-104*, Berlin, New York, 1989 (v. HONSELL, Thomas; SONNENSCHEIN, Jürgen)
HEYN, Hanns-Christian — *Die "Doppel-" und "Mehrfachqualifikation" im IPR*, Frankfurt a. M., 1986
HEZEL, Friedrich — *Der Missbrauch der Vertretungsmacht*, Urach, 1937
HILPINEN, Risto — *Conflict and change in norm systems*, "The structure of law", 1987, p. 37 ss

HITZEMANN, Horst-Heinrich — *Stellvertretung beim sozialtypischen Verhalten*, Berlin, 1966
HOFFMANN, Bernd von — *Empfiehlt es sich, das EG-Übereinkommen auf vertragliche Schuldverhältnisse anzuwendende Recht in das deutsche IPR-Gesetz zu inkorporieren?*, IPRax, 1984, p. 10 ss
— v. FIRSCHING, Karl, HOFFMANN, Bernd von
HOFFMANN, Rolf — *Grundfälle zum Recht der Stellvertretung*, JuS, 1970, p. 179 ss, 234 ss, 286 ss, 451 ss, 570 ss
HOFMANN, Joachim — *À propos des nouvelles règles de la partie générale du droit international privé en République Fédérale d'Allemagne, en Autriche et en Suisse*, RIDC, 1986, p. 921 ss
HOHLOCH, Gerhard — *Erste Erfahrungen mit der Neuregelung des Internationalen Privatrechts in der Bundesrepublik Deutschland*, JuS, 1989, p. 81 ss
— col. ERMAN *Handkommentar zum BGB, Einführungsgesetz*, 9ª ed., 1993 (cit. ERMAN/HOHLOCH)
HÖLDER, Eduard — *Zum allgemeinen Theil des Entwurfes eines deutschen bürgerlichen Gesetzbuches*, AcP 73 (1888), p. 1 ss
— *Kommentar zum Allgemeinen Theil des Bürgerlichen Gesetzbuchs*, München, 1900
HONSELL, Heinrich — v. *Kommentar zum schweizerischen Privatrecht*
HONSELL, Thomas — col. HEYMANN *Handelsgesetzbuch, Handlungsgehilfen und Handlungslehrlinge*, 1989 (cit. HEYMANN/HONSELL, *HGB*)
HOOGSTRATEN, M. H. van — *La codification par traités en droit international privé dans le cadre de la Conférence de La Haye*, Recueil des Cours, 1967 — III, tome 122, p. 337 ss
HÖRSTER, Heinrich Ewald — *A parte geral do Código Civil Português. Teoria geral do direito civil*, Coimbra, 1992
HUBERLANT, Charles — *Antinomies et recours aux principes généraux*, "Les antinomies en droit", 1965, p. 204 ss
HÜBNER, Heinz — *Die Prokura als formalisierter Vertrauensschutz — zugleich eine kritische Würdigung von BGHZ 50, 112 ff*, "FS Ernst Klingmüller", 1974, p. 173 ss
HUC, Théophile — *Commentaire théorique et pratique du Code Civil*, Paris, tome X *(art. 1582 à 1831)*, 1897; tome XII *(art. 1984 à 2091)*, 1899
HUDSON, A. H. — *Agent of a foreign principal*, MLR, 1960, p. 695 ss
— *Agents for foreign principals*, MLR, 1966, p. 353 ss
— *Privity and the foreign principal*, MLR, 1969, p. 207 ss
HUECK, Alfred — *Das Recht der offenen Handelsgesellschaft*, 4ª ed., Berlin, New York, 1971
— *Recht der Wertpapiere*, 12ª ed. por Claus-Wilhelm Canaris, München, 1986 (cit. HUECK, CANARIS, *Recht der Wertpapiere*)
HUG, Sabine — *Die Substitution im internationalen Privatrecht — anhand von Beispiel aus dem internationalen Familienrecht*, München, 1983

HUPKA, Josef — *Die Vollmacht*, Leipzig, 1900, trad. espanhola por Luis Sancho Seral, *La representación voluntaria en los negocios jurídicos*, Madrid, 1930 (ed. que se refere neste trabalho)
— *Die Haftung des Vertreters ohne Vertretungsmacht*, Leipzig, 1903

IHERING, Rudolf von — *Mitwirkung für fremde Rechtsgeschäfte*, JhJb, Bd. 1, 1857, p. 275 ss; Bd. 2, 1858, p. 67 ss
— *Geist des Römischen Rechts auf den verschiedenen Stufen seiner Entwicklung*, III, 1, Leipzig, 4ª ed., 1883; 6ª e 7ª ed., 1924

Implications financières de la convocation de la seconde session de la Conférence diplomatique pour l' adoption du projet de convention d' UNIDROIT portant loi uniforme sur la représentation dans les rapports internationaux en matière de vente et d' achat d' objets mobiliers corporels, A.G. 31, doc. 5, Roma, UNIDROIT, Outubro 1979

Individuum und Gemeinschaft. Festschrift für Fünfzigjahrfeier der Handelshochschule St. Gallen, St. Gallen, 1949 (cit. "Individuum und Gemeinschaft")

International contracts and conflicts of laws. A collection of essays (ed. Petar Sarcevic), London, Dordrecht, Boston, 1990 (cit. "International contracts and conflicts of laws")

International Law Association. Report of the 44th. Conference held at Copenhagen (August 27th. to 2nd. September 1950), 1952

International Law Association. Report of the 45th. Conference held at Lucern (August 31st. to September 6th. 1952), 1953

Internationales Privatrecht und Rechtsvergleichung im Ausgang des 20. Jahrhunderts. Bewahrung oder Wende? Festschrift für Gerhard Kegel (org. Alexander Lüderitz, Jochen Schröder), Frankfurt a. M., 1977 (cit. "FS Gerhard Kegel", 1977)

Internationales Recht und Wirtschaftsordnung. Festschrift für F. A. Mann zum 70. Geburtstag am 11. August 1977 (org. Werner Flume, Hugo J. Hahn, Gerhard Kegel, Kenneth R. Simmonds), München, 1977 (cit. "FS F. A. Mann")

Internationalisation (L') du droit. Mélanges en l' honneur de Yvon Loussouarn, Paris, 1994 (cit. "L' internationalisation du droit")

Introdução à linguística geral e portuguesa (org. Isabel Hub Faria, Emília Ribeiro Pedro, Inês Duarte, Carlos A. M. Gouveia), Lisboa, 1996

INTZESSILOGLOU, Nikolaos — *Essai d' identification de la totalité sociale du phénomène juridique en tant que système*, "Vernunft und Erfahrung im Rechtsdenken der Gegenwart", 1986, p. 271 ss

IPRG Kommentar. Kommentar zum Bundesgesetz über das Internationale Privatrecht (IPRG) vom 1. Januar 1989 (org. Anton Heini, Max Keller, Kurt Siehr, Frank Vischer, Paul Volken; com. Anton Heini, Max Keller, Daniel Girsberger, Jolanta Kren Kostkiewicz, Kurt Siehr, Frank Vischer, Paul Volken), Zürich, 1993 (cit. *IPRG Kommentar*)

Ius et lex. Festgabe zum 70. Geburtstag von Max Gutzwiller, Basel, 1959 (cit. "FG Max Gutzwiller")

JACQUET, Jean-Michel — *Principe d' autonomie et contrats internationaux*, Paris, 1983
— *La norme juridique extraterritoriale dans le commerce international*, Clunet, 1985, p. 327 ss
— *Aperçu de l' oeuvre de la Conférence de La Haye de droit international privé dans le domaine économique*, Clunet, 1994, p. 5 ss

JAFFEY, Anthony J. E. — *Choice of law in relation to ius dispositivum with particular reference to the E. E. C. Convention on the law applicable to contractual obligations*, "Contract conflicts", 1982, p. 33 ss
— *The english proper law doctrine and the EEC Convention*, ICLQ, 1984, p. 531 ss

JAMBU-MERLIN, R. — an. Cour d' appel de Rouen, 1.ère ch., 31.5.1950, Rev. crit., 1950, p. 607 ss

JAMES, Philip S. — *Introduction to english law*, 11ª ed., London, 1985

JAMIN, Christophe — v. GHESTIN, Jacques e o.

JANUÁRIO GOMES, Manuel — *Em tema de revogação do mandato civil*, Coimbra, 1989
— *Apontamentos sobre o contrato de agência*, Trib. Just., nº 3, 1990, p. 9 ss

JAUFFRET-SPINOSI, Camille — v. DAVID, René, JAUFFRET-SPINOSI, Camille

JAYME, Erik — rec. Starace, "La rappresentanza nel diritto internazionale privato" (1962), RabelsZ, 1964, p. 776 ss
— *Ausländische Rechtsregeln und Tatbestand inländischer Sachnormen. Betrachtungen zu Ehrenzweigs Datum-Theorie*, "GS Albert A. Ehrenzweig", 1976, p. 35 ss
— *Kollisionsrecht und Bankgeschäfte mit Auslandsberührung*, Berlin, 1977
— *Zur Krise des "governmental-interest approach"*, "FS Gerhard Kegel", 1977, p. 359 ss
— *Rechtsvergleichung im internationalen Privatrecht. Eine Skizze*, "FS Fritz Schwind", 1978, p. 103 ss
— *O risco da diversidade linguística e o direito internacional privado*, BFD, vol. LIV, 1978, p. 1 ss
— *Rechtswahlklausel und zwingendes ausländisches Recht beim Franchise-Vertrag*, IPRax, 1983, p. 105 ss
— *Versorgungsausgleich mit Auslandsberührung und Theorie des internationalen Privatrechts. Begriffe und Instrumente*, "Der Versorgungsausgleich im internationalen Vergleich und in der zwischenstaatlichen Praxis", 1985, p. 423 ss
— *Internationales Familienrecht heute*, "FS Müller-Freienfels", 1986, p. 341 ss
— *Das neue IPR-Gesetz — Brennpunkte der Reform*, IPRax, 1986, p. 265 ss

— com. "Albert A. Ehrenzweig und das internationale Privatrecht", 1986, p. 159 s, 165
— *Betrachtungen zur "dépeçage" im internationalen Privatrecht*, "FS Gerhard Kegel", 1987, p. 253 ss
— *Kollisionsrechtliche Techniken für Langzeitverträge mit Auslandsberührung*, "Der komplexe Langzeitvertrag", 1987, p. 311 ss
— *Komplexe Langzeitverträge und internationales Privatrecht. Ein Tagungsbericht*, IPRax, 1987, p. 63 s
— col. BIANCA, BONELL, *Commentary on the international sales law*, 1987
— *The Rome Convention on the law applicable to contractual obligations (1980)*, "International contracts and conflicts of laws", 1990, p. 36 ss
— *Les contrats conclus par les consommateurs et la loi applicable aux obligations contractuelles*, "Droit international et droit communautaire", 1991, p. 77 ss
— *Identité culturelle et intégration: le droit international privé postmoderne. Cours général de droit international privé*, Recueil des Cours, 1995, tome 251, p. 9 ss
— *"Timesharing-Verträge" im Internationalen Privat- und Verfahrensrecht* (an. LG Detmold, 29.9.1994), IPRax, 1995, p. 234 ss
— v. EHRENZWEIG, Albert A., JAYME, Erik
JAYME, Erik, GANZ, Alexander — *Die italienische IPR-Reform und die Schweiz. Tagung in Lausanne*, IPRax, 1996, p. 372 s
JAYME, Erik, HEPTING, Reinhard — *Rechtsvereinheitlichung oder Rechtsangleichung im internationalen Privatrecht*, "Le nuove frontiere del diritto e il problema dell' unificazione", II, 1979, p. 605 ss
JAYME, Erik, KOHLER, Christian — *Das Internationale Privat- und Verfahrensrecht der EG nach Maastricht*, IPRax, 1992, p. 346 ss
— *L' interaction des règles de conflit contenues dans le droit dérivé de la communauté européenne et des conventions de Bruxelles et de Rome*, Rev. crit., 1995, p. 1 ss
JEANTIN, Michel — *Droit commercial. Instruments de paiement et de crédit. Entreprises en difficulté*, 3ª ed., Paris, 1992
JEEP, Wolfgang — *Überstaatliche Kollisionsnormen zur Regelung der Vollmacht bei Abschluss von Kaufverträgen über bewegliche Sachen*, Göttingen, 1955
JENSEN, Michael C. — v. FAMA, Eugene F., JENSEN, Michael C.
JESSURUN D' OLIVEIRA, Hans Ulrich — *Die Freiheit des niederländischen Richters bei der Entwicklung des Internationalen Privatrechts. Zur antizipierenden Anwendung des Benelux-Einheitsgesetzes über das Internationale Privatrecht — ein Requiem*, RabelsZ, 1975, p. 224 ss
— *"Characteristic obligation" in the draft EEC obligation convention*, AJCL, 1977, p. 303 ss

— *La méthode comparative et le droit international privé*, "Netherlands reports to the Xth. International Congress of Comparative Law (Budapest, 1978)", Amsterdam, 1978, p. 51 ss

— *Krypto-Internationales Privatrecht*, ZfRV, 1986, p. 246 ss

JITTA, J. — *La méthode de droit international privé*, La Haye, 1890, trad. espanhola por J. F. Frida, *Método de derecho internacional privado*, Madrid, s.d. (ed. que se refere neste trabalho)

JOBARD-BACHELLIER, Marie-Noëlle — *L' apparence en droit international privé. Essai sur le rôle des représentations individuelles en droit international privé*, Paris, 1984

JOERGES, Christian — *Zum Funktionswandel des Kollisionsrechts. Die "governmental interest analysis" und die "Krise des Internationalen Privatrechts"*, Berlin, Tübingen, 1971

JOHN, Uwe — *Der Mißbrauch organschaftlicher Vertretungsmacht*, "FS Otto Mühl", 1981, p. 349 ss

JOKELA, Heikki — *Internationalism in private international law*, "Comparative and private international law", 1990, p. 395 ss

JOLOWICZ, J. A. — *Les professions juridiques et le droit comparé: Angleterre*, RIDC, 1994, p. 747 ss

JOOST, Detlev — col. STAUB *HGB, §§ 38-58, Prokura und Handlungsvollmacht*, 4ª ed., 1991 (cit. STAUB/JOOST, *HGB*)

JORGE, Manuel — *Contrat d' agence et conflit de lois en droit international privé portugais*, DPCI, 1991, n° 2, p. 309 ss

— *Rattachements alternatifs et principe de proximité: les apports récents du droit international privé portugais*, "Droit international et droit communautaire", 1991, p. 213 ss

JOSSERAND, Louis — *Cours de droit civil positif français*, II — *Théorie générale des obligations*, 3ª ed., Paris, 1939

JUENGER, Friedrich K. — *Zum Wandel des Internationalen Privatrechts*, Karlsruhe, 1974

— *Parteiautonomie und objektive Anknüpfung im EG-Übereinkommen zum Internationalen Vertragsrecht. Eine Kritik aus amerikanischer Sicht*, RabelsZ, 1982, p. 57 ss

— *The E.E.C. Convention on the law applicable to contractual obligations: an american assessment*, "Contract conflicts", 1982, p. 295 ss

— *Conflict of laws: a critique of interest analysis*, AJCL, 1984, p. 1 ss

JÜNGST, Ulrich — *Der Mißbrauch organschaftlicher Vertretungsmacht*, Berlin, 1981

JUNKER, Abbo — *Die einheitliche europäische Auslegung nach dem EG--Schuldvertragsübereinkommen*, RabelsZ, 1991, p. 674 ss

KACZOROWSKA, A. — *L' internationalité d' un contrat*, Rev. dr. int. et dr. comp., 1995, p. 204 ss

KAHN, Franz — *Über Inhalt, Natur und Methode des internationalen Privatrechts*, JhJb, 1899, p. 1 ss (= "Abhandlungen zum internationalen Privatrecht", I, 1928, p. 255 ss, a que se referem as citações)
— *Rôle, fonction et méthode du droit comparé dans le domaine du droit international privé. Rapport présenté au Congrès International de Droit Comparé*, Bull. Soc. lég. comp., 29 (1899-1900), p. 406 ss (= *Bedeutung der Rechtsvergleichung mit Bezug auf das internationale Privatrecht. Bericht für den Congrès International de Droit Comparé (Paris 1900)*, "Abhandlungen zum internationalen Privatrecht", I, p. 491 ss)
— *Abhandlungen zum internationalen Privatrecht* (org. Otto Lenel, Hans Lewald), München, Leipzig, 1928

KAHN, Philippe — *La vente commerciale internationale*, Paris, 1961
— *"Lex mercatoria" et pratique des contrats internationaux: l' expérience française*, "Le contrat économique international", 1975, p. 171 ss

KAHN-FREUND, O. — *General problems of private international law*, Recueil des Cours, 1974 — III, p. 139 ss

KALENSKY, Pavel — *Jus cogens and the law of international trade*, "Essays on the law of international trade", 1976, p. 48 ss

KALLMEYER, Werner, e o. — *Lektürekolleg zur Textlinguistik*, Bd. 1: *Einführung*, 4ª ed., Königstein, 1986

KARLOWA, Otto — *Das Rechtsgeschäft und seine Wirkung*, Berlin, 1877

KARRER, Pierre A. — *Switzerland's new law of international arbitration in the private international law statute*, JBL, 1989, p. 169 ss
— *High tide of private international law codification*, JBL, 1990, p. 78 ss

KARSTEN, I. G. F. — *Rapport explicatif, Conférence de La Haye de Droit International Privé. Actes et documents de la Treizième Session (4 au 23 Octobre 1976)*, tome IV — *Contrats d' intermédiaires*, La Haye, 1979, p. 378 ss (cit. *Rapport* KARSTEN)

KASSIS, Antoine — *Théorie générale des usages du commerce. Droit comparé, contrats et arbitrage internationaux, lex mercatoria*, Paris, 1984
— *Le nouveau droit européen des contrats internationaux*, Paris, 1993

KAUFMANN-KOHLER, Gabrielle — *La prestation caractéristique en droit international privé des contrats et l' influence de la Suisse*, Schw. Jb. int. R., 1989, p. 195 ss

KAY, Herma Hill — *The use of comparative impairment to resolve true conflicts: an evaluation of the California experience*, Calif. L. Rev., 1980, p. 577 ss
— *Theory into practice: choice of law in the courts*, Mercer L. Rev., 1983, p. 521 ss
— v. CRAMTON, Roger C. e o.

KAYE, Peter — *The new private international law of contract of the European Community. Implementation of the EEC's Contractual Obligations Convention in England and Wales under the Contracts (Applicable Law) Act 1990*, Aldershot, 1993

KAYSER, Manfred — *Vertretung ohne Vertretungsmacht im deutschen internationalen Privatrecht. Eine Untersuchung zur kollisionsrechtlichen Problematik der falsa procuratio bei rechtsgeschäftlich erteilter Vertretungsmacht*, Würzburg, 1967

KEGEL, Gerhard — *Begriffs- und Interessenjurisprudenz im internationalen Privatrecht*, "FS Hans Lewald", 1953, p. 259 ss
— *The crisis of conflict of laws*, Recueil des Cours, 1964 — II, tome 112, p. 91 ss
— col. SOERGEL *Bürgerliches Gesetzbuch..., Einführungsgesetz*, 10ª ed., 1970 (cit. SOERGEL/KEGEL)
— *Wandel auf dünnem Eis. Ein Diskussionsbeitrag von Gerhard Kegel*, in F. JUENGER, "Zum Wandel des Internationalen Privatrechts", Karlsruhe, 1974, p. 35 ss
— *Die selbstgerechte Sachnorm*, "GS Albert A. Ehrenzweig", 1976, p. 51 ss
— *Paternal home and dream home: traditional conflict of laws and the american reformers*, AJCL, 1979, p. 615 ss
— *Fundamental approaches*, IECL, vol. III — *Private International Law*, cap. 3, 1985
— *Internationales Privatrecht*, 7ª ed., München, 1995
— *The Conflict-of-Laws Machine — Zusammenhang im Allgemeinen Teil des IPR. Contributions à la technique du droit international privé*, IPRax, 1996, p. 309 ss

KELLER, Max, SIEHR, Kurt — *Allgemeine Lehren des internationalen Privatrechts*, Zürich, 1986

KELSEN, Hans — *Teoria pura do direito*, trad. portuguesa da 2ª ed. alemã (1960), por J. Baptista Machado, 6ª ed., Coimbra, 1984

KERCKHOVE, Eric — *Les sûretés et prises de garanties transfrontières*, "Notariat, relations communautaires et internationales", Bruxelles, 1994, p. 35 ss

KERSTRAT, Françoise Grivart de — v. DAVID, René

KESSEL, Christian — *Probleme des neuen Handelsvertreterrechts in Großbritannien*, RIW, 1994, p. 562 ss

KIESEL, Helmut — *Stellvertretung ohne Vertretungsmacht im deutschen, schweizerischen und österreichischen Recht*, Stuttgart, 1966

KILESTE, Patrick — *La loi belge du 13 avril 1995 relative au contrat d'agence commerciale transposant en droit interne la Directive européenne 86//653*, RDAI, 1995, p. 801 ss

KINDLER, Peter — *Der Ausgleichsanspruch des Handelsvertreters im deutsch--italienischen Warenverkehr. Eine rechtsvergleichende und kollisionsrechtliche Untersuchung*, Frankfurt a. M., Bern, New York, Paris, 1987
— *Zur Anknüpfung von Handelsvertreter- und Vertragshändlerverträgen im neuen bundesdeutschen IPR*, RIW, 1987, p. 660 ss

KINSCH, Patrick — *Le fait du prince étranger*, Paris, 1994

KIPP, Theodor — *Zur Lehre von der Vertretung ohne Vertretungsmacht*, "Die Reichsgerichtspraxis im Deutschen Rechtsleben, II — Zivil- und Handelsrecht", Berlin, Leipzig, 1929, p. 273 ss
— v. WINDSCHEID, Bernhard
KISCH, Isaak — *La loi la plus favorable. Réflexions à propos de l'article 9 (3), 2 de la loi uniforme Benelux*, "FG Max Gutzwiller", 1959, p. 373 ss
KLIMA, Peter — *Die Umsetzung der Richtlinie des Rats der EG über das Recht der Handelsvertreter in das nationale französische Recht*, RIW, 1991, p. 712 ss
KLINKE, Ulrich — *Bemerkungen zum Statut der Vollmacht*, RIW/AWD, 1978, p. 642 ss
KNAPP, Charles — *La division des effets du contrat dans le droit international privé de la Suisse*, ZSchwR, 1941, p. 303a ss
— *Vers la fin de la coupure générale des contrats dans le droit international suisse des obligations?*, Schw. Jb. int. R., 1948, p. 83 ss
KNOEPFLER, François, SCHWEIZER, Philippe — *La nouvelle loi fédérale suisse sur le droit international privé (partie générale)*, Rev. crit., 1988, p. 207 ss
— *Précis de droit international privé suisse*, Bern, 1990
— an. BG, 28.11.1991, Rev. crit., 1992, p. 488 ss
KOCH, Harald, MAGNUS, Ulrich, WINKLER v. MOHRENFELS, Peter — *IPR und Rechtsvergleichung. Ein Studien- und Übungsbuch zum Internationalen Privat- und Zivilverfahrensrecht und zur Rechtsvergleichung*, 2ª ed., München, 1996
KOHLER, Christian — v. JAYME, Erik, KOHLER, Christian
KÖHLER, Hans, GÜRTLER, Rudolf — *Internationales Privatrecht. IPR-Gesetz mit den einschlägigen Nebengesetzen und Staatsverträgen*, Wien, 1979
KOLLER, Alfred — *Schweizerisches Obligationenrecht. Allgemeiner Teil. Grundriss des allgemeinen Schuldrechts ohne Deliktsrecht*, Bd. 1, Bern, 1996 (cit. KOLLER, *Schweizerisches Obligationenrecht*)
— v. GUHL, Theo
Kommentar zum schweizerischen Privatrecht. Internationales Privatrecht (org. Heinrich Honsell, Nedim Peter Vogt, Anton K. Schnyder), Basel, Frankfurt a. M., 1996 (cit. HONSELL e o., *Internationales Privatrecht*)
Komplexe (Der) Langzeitvertrag. Strukturen und Internationale Schiedsgerichtsbarkeit (org. Fritz Nicklisch), Heidelberg, 1987 (cit. "Der komplexe Langzeitvertrag")
Konflikt und Ordnung. Festschrift für Murad Ferid zum 70. Geburtstag (org. Andreas Heldrich, Dieter Heinrich, Hans-Jürgen Sonnenberger), München, 1987 (cit. "FS Murad Ferid")
KORNBLUM, Udo — *Die überzähligen Klorollen — LG Hanau, NJW 1979, 721*, JuS, 1980, p. 258 ss
KÖTZ, Hein — *Europäisches Vertragsrecht*, Bd. I — *Abschluß, Gültigkeit und Inhalt des Vertrages. Die Beteiligung Dritter am Vertrag*, Tübingen, 1996
— v. ZWEIGERT, Konrad, KÖTZ, Hein

KOZYRIS, John, SYMÉONIDES, Syméon C. — *Choice of law in the american courts in 1989: an overview*, AJCL, 1990, p. 601 ss

KRAMER, Larry — *Rethinking choice of law*, Columbia L. Rev., 1990, p. 277 ss
— *More notes on methods and objectives in the conflict of laws*, "New directions in choice of law", 1991, p. 245 ss
— *Return of the renvoi*, N. Y. Univ. L. Rev., 1991, p. 979 ss
— *Choice of law in the american courts in 1990: trends and developments*, AJCL, 1991, p. 465 ss

KRÄNZLIN, Georg-Peter — *Das Handelsvertreterrecht im deutsch-amerikanischen Wirtschaftsverkehr*, Augsburg, 1983
— *Das deutsche internationale Handelsvertreterrecht im Rechtsverkehr mit den USA*, ZVglRWiss, 1984, p. 257 ss

KRAWIETZ, Werner — *Recht und moderne Systemtheorie*, "Vernunft und Erfahrung im Rechtsdenken der Gegenwart", 1986, p. 281 ss

KREUZER, Karl — *Das internationale Privatrecht des Warenkaufs in der deutschen Rechtsprechung*, Frankfurt a. M., Berlin, 1964
— *Ausländisches Wirtschaftsrecht vor deutschen Gerichten. Zum Einfluß fremdstaatlicher Eingriffsnormen auf private Rechtsgeschäfte*, Heidelberg, 1986
— *Know-how-Verträge im deutschen internationalen Privatrecht*, "FS Ernst von Caemmerer", 1978, p. 705 ss

KRONKE, Herbert — *Unfälle von Profi-Sportlern: Probleme zwischen charakteristischer Leistung und akzessorischer Anknüpfung*, IPRax, 1994, p. 472 ss

KROPHOLLER, Jan — *Die Anscheinshaftung im internationalen Recht der Stellvertretung*, NJW, 1965, p. 1641 ss
— *Ein Anknüpfungssystem für das Deliktsstatut*, RabelsZ, 1969, p. 601 ss
— *Zur funktionellen Methode im Kollisionsrecht. Deutsches Verfahrensrecht in ausländischen Unterhaltsentscheidungen*, "FS Friedrich Wilhelm Bosch", 1976, p. 525 ss
— *Die vergleichende Methode und das Internationale Privatrecht*, ZVglRWiss, 1978, p. 1 ss
— *Internationales Einheitsrecht. Allgemeine Lehren*, Tübingen, 1979
— *Die Anpassung im Kollisionsrecht*, "FS Murad Ferid", 1987, p. 279 ss
— *Internationales Privatrecht*, 2ª ed., Tübingen, 1994

KUHN, Arthur K. — *Comparative commentaries on private international law or conflict of laws*, New York, 1937

KUNZ, Karl-Heinz — *Internationales Privatrecht*, 3ª ed., Köln, Berlin, Bonn, München, 1993

KÜNZLE, Hans Rainer — v. ZÄCH, Roger

LABAND, Paul — *Die Stellvertretung bei dem Abschluß von Rechtsgeschäften nach dem allgemeinen Deutschen Handelsgesetzbuch*, ZHR, Bd. 10, 1866, p. 183 ss

LACERDA BARATA, Carlos — *Sobre o contrato de agência*, Coimbra, 1991
— *Anotações ao novo regime do contrato de agência*, Lisboa, 1994
LACHAU, Charles — *Des moyens à employer pour aboutir à une entente entre les différents pays, soit par voie d' union internationale, soit par voie de traités particuliers, au sujet de la compétence judiciaire et de l' exécution des jugements*, Bull. Soc. lég. comp., 29 (1899-1900), p. 538 ss
LAGARDE, Paul — *La règle de conflit applicable aux questions préalables*, Rev. crit., 1960, p. 459 ss
— *Examen de l' avant-projet de convention CEE sur la loi applicable aux obligations contractuelles et non contractuelles: rapport*, "Travaux du Comité Français de Droit International Privé 1971-1973", p. 147 ss
— *Le "dépeçage" dans le droit international privé des contrats*, Rdintpriv.proc., 1975, p. 649 ss
— *La Convention de La Haye sur la loi applicable aux contrats d' intermédiaires et à la représentation*, Rev. crit., 1978, p. 31 ss
— *Les contrats dans le projet suisse de codification du droit international privé*, Schw. Jb. int. R., 1979, p. 72 ss
— an. C. Cass., 1.ère ch. civ., 1.7.1981, Rev. crit., 1982, p. 339 ss
— rec. Schwimann, "Grundriss des internationalen Privatrechts..." (1982), Rev. crit., 1983, p. 200 ss
— *Le principe de proximité dans le droit international privé contemporain. Cours général de droit international privé*, Recueil des Cours, 1986 — I, tome 196, p. 9 ss
— *Approche critique de la lex mercatoria*, "Études Goldman", 1987, p. 125 ss
— an. C. Cass., ch. comm., 9.10.1990, Rev. crit., 1991, p. 547 ss
— *Le contrat de travail dans les conventions européennes de droit international privé*, "Droit international et droit communautaire", 1991, p. 67 ss
— *Le nouveau droit international privé des contrats après l' entrée en vigueur de la Convention de Rome du 19 juin 1980*, Rev. crit., 1991, p. 287 ss
— an. Cour d' appel de Versailles, 6.2.1991, Rev. crit., 1991, p. 748 ss
— *Les limites objectives de la convention de Rome (conflits de lois, primauté du droit communautaire, rapports avec les autres conventions)*, Rdintpriv.proc., 1993, p. 33 ss
— *La convention de Rome*, "Convention de Rome et opérations bancaires", 1993, p. 1 ss
— an. Cour d' appel de Paris, 2.ème ch. B, 21.1.1994, Rev. crit., 1995, p. 539 ss
— v. BATIFFOL, Henri, LAGARDE, Paul
— v. GIULIANO, Mario, LAGARDE, Paul
— v. GIULIANO, Mario e o.
LAINÉ, A. — *Rôle, fonction et méthode du droit comparé dans le domaine du droit international privé. Communication en réponse au rapport présenté*

par M. Kahn, "Congrès International de Droit Comparé tenu à Paris du 31 juillet au 4 août 1900. Procès-verbaux des séances et documents", I, Paris, 1905, p. 327 ss

LALIVE, Pierre — *Tendances et méthodes en droit international privé (Cours général)*, Recueil des Cours, 1977 — II, tome 155, p. 1 ss
— *Sur une notion de "contrat international"*, "Multum non multa", 1980, p. 135 ss

LALIVE, Pierre, GAILLARD, Emmanuel — *Le nouveau droit de l' arbitrage international en Suisse*, Clunet, 1989, p. 905 ss

LALIVE, Pierre, SCHERER, Matthias — *Chronique de jurisprudence suisse*, Clunet, 1996, p. 689 ss

LAMBERT, Édouard — *La fonction du droit civil comparé*, tome I — *Les conceptions étroites ou unilatérales*, Paris, 1903

Lamy contrats internationaux (org. Henry Lesguillons), Paris, 1986 ss

LANDO, Ole — *Methods and policies underlying decisions on international conflict-of-laws cases*, AJCL, 1967, p. 230 ss
— *The EC draft convention on the law applicable to contractual and non-contractual obligations. Introduction to contractual obligations*, RabelsZ, 1974, p. 6 ss
— *Contracts*, IECL, vol. III — *Private International Law*, cap. 24, 1976
— *The EEC draft directive relating to self-employed commercial agents. The English Law Commission versus the EC Commission*, RabelsZ, 1980, p. 1 ss
— *The lex mercatoria in international commercial arbitration*, ICLQ, 1985, p. 747 ss
— *The EEC Convention on the law applicable to contractual obligations*, CMLR, 1987, p. 159 ss

LANGEN, Eugen — *Transnationales Recht*, Heidelberg, 1981

LANGKEIT, Jochen — v. GILDEGGEN, Rainer, LANGKEIT, Jochen

LARENZ, Karl — *Verpflichtungsgeschäfte "unter" fremdem Namen*, "FS Heinrich Lehmann", 1956, I, p. 234 ss
— *Allgemeiner Teil des deutschen Bürgerlichen Rechts. Ein Lehrbuch*, 6ª ed., München, 1983
— *Metodologia da ciência do direito*, trad. portuguesa da 5ª ed. alemã (1983), por José Lamego, 2ª ed., Lisboa, 1989

LARROUMET, Christian — *Droit civil*, tome III — *Les obligations, 1.ère partie*, Paris, 1986 (cit. LARROUMET, *Droit civil*, III)

LASOK, D. — *The comparative method and private international law*, "Xth. International Congress of Comparative Law (Budapest, 1978). U. K. national reports submitted to the Congress", I.C.1.

LASOK, D., STONE, P. A. — *Conflict of laws in the European Community*, Abingdon, 1987

Law (The) Commission, *Law of contract. Report on the proposed E.E.C. directive on the law relating to commercial agents — Advice to the Lord Chancellor*, London, Outubro 1977 (Cmnd. 6948)

Law and international trade. Festschrift für Clive M. Schmitthoff zum 70 Geburtstag (org. Fritz Fabritius), Frankfurt, 1973 (cit. "Law and international trade")

LAZZARO, Giorgio — *Sistema giuridico*, Noviss. Dig. It., XVII, 1976, p. 459 ss

LÉAUTÉ, Jacques — *Le mandat apparent dans ses rapports avec la théorie générale de l' apparence*, RTDC, 1947, p. 288 ss

LEBOULANGER, Philippe — an. Tribunal de commerce de Nantes, 11.7.1991, Clunet, 1993, p. 347 ss

LECLERC, Frédéric — *Les chaînes de contrats en droit international privé*, Clunet, 1995, p. 267 ss

LEFLAR, Robert A. — *Choice-influencing considerations in conflicts law*, N. Y. Univ. Law Rev., 1966, p. 267 ss

— *American conflicts law*, 3ª ed., Indianopolis, New York, Charlottesville, Virginia, 1977

— *Choice of law: a well watered plateau*, "Contemporary perspectives in conflict of laws", 1977, p. 10 ss

LEFLAR, Robert A., McDOUGAL III, Luther L., FELIX, Robert L. — *American conflicts law*, 4ª ed., Charlottesville, Virginia, 1986

LEGEAIS, Raymond — *L' utilisation du droit comparé par les tribunaux*, RIDC, 1994, p. 347 ss

LELOUP, Jean-Marie — *La directive européenne sur les agents commerciaux*, Sem. Jur., 1987, I — Doct., 3308

LENEL, Otto — *Stellvertretung und Vollmacht*, JhJb, Bd. 36, 1897, p. 1 ss

LENZI, Raffaele — *Osservazioni sul recente progetto di riforma del diritto internazionale privato*, Riv. not., 1990, p. 599 ss

LEPARGNEUR, Jean — v. PLANIOL, Marcel, RIPERT, Georges

LEPAULLE, Pierre — *The fonction of comparative law. With a critique of sociological jurisprudence* (Harv. L. Rev., 1921-1922, p. 838 ss), "Rechtsvergleichung", 1978, p. 63 ss

LEPTIEN, Ulrich — col. SOERGEL *Bürgerliches Gesetzbuch..., Vertretung. Vollmacht*, 12ª ed., 1987 (cit. SOERGEL/LEPTIEN)

LEQUETTE, Yves — *L' évolution des sources nationales et conventionnelles du droit des contrats internationaux*, "L' évolution contemporaine du droit des contrats", 1986, p. 185 ss

— v. ANCEL, Bertrand, LEQUETTE, Yves

— v. TERRÉ, François e o.

LEREBOURS-PIGEONNIÈRE, Paul — *Précis de droit international privé*, Paris, 1ª ed., 1928, 5ª ed., 1948

— *À propos du contrat international*, Clunet, 1951, p. 4 ss

LESCOT, Pierre — *La nouvelle législation de la lettre de change. Théorie générale. Création, transmission, garanties ordinaires du paiement de la lettre de change*, Paris, 1937

— *Le mandat apparent*, Sem. Jur., 1964, I — Doct., 1826

LESCOT, P., ROBLOT, R. — *Les effets de commerce. Lettre de change, billets à ordre et au porteur, warrants*, Paris, 1953

LESGUILLONS, Henry — *Loi applicable aux obligations contractuelles: entrée en vigueur de la Convention de Rome du 19 juin 1980*, RDAI, 1991, p. 267 ss

LETOWSKI, Janusz — *Comparative law science in the so called applied fields of law*, Comp. L. Rev., 1991, p. 21 ss

LEVEL, P. — an. Cour d' appel de Paris, 19.6.1970, Rev. crit., 1971, p. 695 ss

LÉVI-STRAUSS, Claude — *La notion de structure en ethnologie* (1953), "Anthropologie structurale", Paris, 1958 e 1974, p. 303 ss

LÉVY-ULLMANN, Henri — *La contribution essentielle du droit anglais à la théorie générale de la représentation dans les actes juridiques*, "Mémoires de l' Académie Internationale de droit comparé", I, Berlin, London, Paris, 1928, p. 341 ss

— *Rapports du droit international privé avec le droit comparé*, Bull. Soc. lég. comp., 61 (1931-1932), p. 205 ss

LEWALD, Hans — *Das deutsche internationale Privatrecht auf Grundlage der Rechtsprechung*, Leipzig, 1931

— *Règles générales des conflits de lois. Contributions à la technique du droit international privé*, Basel, 1941

— *Eine "Dritte Schule im internationalen Privatrecht"?*, NJW, 1949, p. 644 ss

Liber memorialis François Laurent 1810-1887 (ed. Johan Erauw, Boudewijn Bouckaert, Hubert Bocken, Helmut Graus, Marcel Storme), Bruxelles, 1989 (cit. "Liber memorialis François Laurent")

LIEB, Manfred — *Aufgedrängter Vertrauensschutz? Überlegungen zur Möglichkeit des Verzichts auf Rechtsscheinsschutz, insbesondere bei der Anscheinsvollmacht*, "FS Heinz Hübner", 1984, p. 575 ss

LIMA PINHEIRO, Luís — *A jurisprudência dos interesses e o direito internacional privado*, relatório apresentado no Seminário de Filosofia do Direito do Curso de Mestrado da Faculdade de Direito de Lisboa, no ano lectivo de 1985-1986

— *A venda com reserva da propriedade em direito internacional privado*, Lisboa, 1991

— *Contrato de empreendimento comum em direito internacional privado*, Lisboa, 1996

LINDAHL, Lars — *Conflicts in system of legal norms: a logical point of view*, "Coherence and conflict in law", 1992, p. 39 ss

LINKE, Hartmut — *Sonderanknüpfung der Willenserklärung? Auflösungstendenzen im internationalen Schuldvertragsrecht*, ZVglRWiss, 1980, p. 1 ss

LIPSTEIN, Kurt — *Conflict of laws and comparative law — powers of appointment in a civil law sphere*, "Multitudo legum ius unum", II, 1973, p. 431 ss

— *One hundred years of Hague Conferences on private international law*, ICLQ, 1993, p. 553 ss

LISCHER, Urs — *Die Geschäftsführung ohne Auftrag im schweizerischen Recht*, Basel, Frankfurt a. M., 1990

LISSERRE, Antonio — v. BARBERO, Domenico
Loi applicable aux contrats d'intermédiaires. État des travaux à la fin de la Treizième Session, Doc. prél. n° 7, La Haye, Fevereiro 1977
LONARDO, Loris — *Rapporti trasnazionali e diritto civile costituzionale. A proposito di un recente progetto di riforma del diritto internazionale privato*, Napoli, 1988
LORENZ, Egon — *Zur Zweistufentheorie des IPR und zu ihrer Bedeutung für das neue internationale Versorgungsausgleichsrecht*, FamRZ, 1987, p. 645 ss
— *Die Rechtswahlfreiheit im internationalen Schuldvertragsrecht. Grundsatz und Grenzen*, RIW, 1987, p. 569 ss
LORENZ, Werner — *Die Lex Mercatoria: eine internationale Rechtsquelle?*, "FS Karl H. Neumayer", 1985, p. 407 ss
LORENZI, Valeria de — *La rappresentanza nel diritto tedesco. Excursus storico sulla dottrina*, "Rappresentanza e gestione", 1992, p. 72 ss
LOTMAR, Philipp — v. BRINZ, Alois
LOUIS-LUCAS, Pierre — *Qualification et répartition*, Rev. crit., 1957, p. 153 ss
— *La liberté contractuelle en droit international privé français*, "Mélanges Jean Dabin", II, 1963, p. 743 ss
LOUSSOUARN, Yvon — an. Cour d' appel de Limoges, 10.11.1970, Tribunal de commerce de Paris, 4.12.1970, RTDC, 1972, p. 232 ss
— *Le rôle de la méthode comparative en droit international privé français*, Rev. crit., 1979, p. 307 ss
— *La méthode comparative en droit international privé*, "General reports to the 10th. International Congress of Comparative Law (Budapest, 1978)", Budapest, 1981, p. 127 ss
LOUSSOUARN, Yvon, BOUREL, Pierre — *Convention de La Haye sur la loi applicable aux contrats d' intermédiaires et à la représentation*, RTDC, 1979, p. 166 ss
— *Droit international privé*, Paris, 2ª ed., 1980, 5ª ed., 1996
LOUSSOUARN, Yvon, BREDIN, Jean-Denis — *Droit du commerce international*, Paris, 1969
LÜDERITZ, Alexander — an. BGH, 29.11.1961, JZ, 1963, p. 169 ss
— *Prinzipien des Vertretungsrecht*, JuS, 1976, p. 766 ss
— *Anknüpfung im Parteiinteresse*, "FS Gerhard Kegel", 1977, p. 31 ss
— *Prinzipien im internationalen Vertretungsrecht*, "FS Helmut Coing", II, 1982, p. 305 ss
— col. SOERGEL *Bürgerliches Gesetzbuch...*, Einführungsgesetz, 11ª ed., 1983 (cit. SOERGEL/LÜDERITZ)
— *Internationales Privatrecht*, Frankfurt a. M., 1987; 2ª ed., Neuwied, Kriftel, Berlin, 1992
— *Internationales Privatrecht im Übergang — Theoretische und praktische Aspekte der deutschen Reform*, "FS Gerhard Kegel", 1987, p. 343 ss

LUHMANN, Niklas — *Rechtssoziologie*, 3ª ed., Opladen, 1987
— *L' unité du système juridique*, Arch. Ph. Dr., XXXI, 1986, p. 163 ss
— *Soziale Systeme: Grundriß einer allgemeinen Theorie*, Frankfurt a. M., 1987
LUMINOSO, Angelo — *Mandato, commissione, spedizione*, "Trattato di diritto civile e commerciale già diretto da Antonio Cicu, Francesco Messineo, continuato da Luigi Mengoni", vol. XXXII, Milano, 1984
LUPONE, Angela — *Prime applicazioni della Convenzione di Roma: la giurisprudenza tedesca*, in SACERDOTI, FRIGO, "La Convenzione di Roma...", 1993, p. 119 ss
LUTHER, Gerhard — *Kollisionsrechtliche Vollmachtsprobleme im deutsch--italienischen Rechtsverkehr*, RabelsZ, 1974, p. 421 ss
— *La rappresentanza e la procura nei rapporti giuridici internazionali*, Vita not., 1976, p. 669 ss
— *Zur internationalen Vereinheitlichung des Vollmachtsstatuts*, "Le nuove frontiere del diritto e il problema dell' unificazione", II, 1979, p. 697 ss
— *Probleme bei deutsch-italienischen Handelsvertreterverträgen*, RIW, 1985, p. 620 ss
— *Nochmals: Deutsch-italienische Handelsvertreterverträge*, RIW, 1985, p. 965
LUZZATTO, Riccardo — *L' interpretazione della Convenzione e il problema della competenza della Corte di Giustizia delle Comunità*, "Verso una disciplina comunitaria", 1983, p. 57 ss
— *Le norme di diritto internazionale privato*, "I cinquant' anni del Codice Civile", I, 1993, p. 71 ss
— v. CARBONE, Sergio M., LUZZATTO, Riccardo
LYNCE DE FARIA, Duarte — *O transporte internacional marítimo de mercadorias*, Venda Nova, 1996
LYON-CAEN, Antoine — an. C. Cass., ch. comm., 19.1.1976, Clunet, 1977, p. 652 ss
— an. Cour d' appel de Paris, 27.11.1986, Rev. crit., 1988, p. 322 ss

MACCORMICK, Neil — *La congruenza nella giustificazione giuridica*, "Materiali per un corso di analisi della giurisprudenza", 1994, p. 115 ss
MACHADO VILLELA, Álvaro da Costa — *Tratado elementar (teórico e prático) de direito internacional privado*, Coimbra, Livro I — *Princípios gerais*, 1921, Livro II — *Aplicações*, 1922
MADRAY, Gilbert — *De la représentation en droit privé. Théorie et pratique*, Paris, 1931
MAEKELT, Tatiana B. de — *El método comparado y el derecho internacional privado venezolano*, "Ponencias venezolanas al X Congreso Internacional de Derecho Comparado (Budapest, 1978)", Caracas, 1978, p. 75 ss
MAGAGNI, Massimo — *La prestazione caratteristica nella Convenzione di Roma del 19 giugno 1980*, Milano, 1989

MAGALHÃES COLLAÇO, Isabel de — *Da legitimidade no acto jurídico. Dissertação em Ciências Histórico-Jurídicas na Faculdade de Direito de Lisboa*, 1947-1948
— *Da legitimidade no acto jurídico*, BMJ, 10 (1949), p. 20 ss
— *Da compra e venda em direito internacional privado. Aspectos fundamentais*, vol. I, Lisboa, 1954
— *A devolução na teoria da interpretação e aplicação da norma de direito internacional privado*, O Direito, 1958, nºs 3/4, p. 166 ss, 1959, nº 1, p. 3 ss
— *Direito internacional privado*, Lisboa, 1958-1963
— Prefácio a Cortes Rosa, "Da questão incidental em direito internacional privado" (1960), p. VII ss (cit. *Prefácio a Cortes Rosa*)
— *Da qualificação em direito internacional privado*, Lisboa, 1964
— *Direito internacional privado. Problemas especiais de interpretação e aplicação da norma de conflitos. A conexão (Apontamentos das lições proferidas no ano lectivo de 1967-1968)*, Lisboa, 1968 (cit. *Direito internacional privado. A conexão*)
— *Direito internacional privado. Parte II — Do sistema de normas de conflitos portuguesas (Apontamentos das lições proferidas no ano lectivo de 1969-1970)*, Lisboa, 1970
— *Os reflexos do movimento de integração económica no direito privado e no direito internacional privado*, Instituto Hispano-luso-americano de Derecho Internacional, Noveno Congreso, Lisboa, 2-11 Noviembre 1972
— *Direito internacional privado. Sistema de normas de conflitos portuguesas. Título III — Das obrigações voluntárias (Apontamentos das lições proferidas no ano lectivo de 1972-1973)*, Lisboa, 1973 (cit. *Direito internacional privado. Das obrigações voluntárias*)
— *Direito internacional privado. Casos práticos de devolução e qualificação*, Lisboa, 1983 (cit. *Casos práticos de devolução e qualificação*)
— Prefácio a Lima Pinheiro, "A venda com reserva da propriedade em direito internacional privado" (1991), p. XIII ss (cit. *Prefácio a Lima Pinheiro*)
— *L' arbitrage international dans la récente loi portugaise sur l' arbitrage volontaire (Loi nº 31/86, du 29 août). Quelques réflexions*, "Droit international et droit communautaire", 1991, p. 55 ss
— *Direito internacional privado. Programas e bibliografia*, Lisboa, 1995-96
MAGNUS, Ulrich — v. KOCH, Harald e o.
MAHMOUD, Mohamed Salah Mohamed — *Groupe de contrats: intérêt de la notion en droit international privé et dans le droit de l' arbitrage international*, RDAI, 1996, p. 593 ss
MAIORCA, Sergio — *Il contratto. Profili della disciplina generale*, Torino, 1984
MAJOROS, Ferenc — *Les conventions internationales em matière de droit privé. Abrégé théorique et traité pratique*, Paris, 1976

— *Konflikte zwischen Staatsverträgen auf dem Gebiete des Privatrechts*, RabelsZ, 1982, p. 84 ss

MAKAROV, Alexander N. — *Die Quellen des internationalen Privatrechts*, 1ª ed., Berlin, 1929

— *Das Problem des anzuwendenden Kollisionsrecht*, ZVglRWiss, 1944, p. 230 ss

— *Internationales Privatrecht und Rechtsvergleichung*, Tübingen, 1949

— *Les cas d' application des règles de conflit étrangères*, Rev. crit., 1955, p. 431 ss

— *Die Vollmacht im internationalen Privatrecht*, "Scritti di diritto internazionale in onore di Tomaso Perassi", II, 1957, p. 39 ss

— *Das Recht des Wirkungslandes als Vollmachtstatut*, RabelsZ, 1959, p. 328 ss

— *Réflexions sur l' interprétation des circonstances de rattachement dans les règles de conflit faisant partie d' une Convention internationale*, "Mélanges Jacques Maury", I, 1960, p. 207 ss

— *Theorie und Praxis der Qualifikation*, "FS Hans Dölle", II, 1963, p. 149 ss

— *Grundriß des internationalen Privatrechts*, Frankfurt a. M., 1970, p. 34 s

— *Internationales Privatrecht und Rechtsvergleichung*, "Buts et méthodes du droit comparé. Inchieste di diritto comparato", 2, Padova, New York, 1973, p. 465 ss

MALATESTA, Alberto L. — *La legge applicabile ai contratti di cooperazione tra imprese secondo la Convenzione di Roma*, in SACERDOTI, FRIGO, "La Convenzione di Roma...", 1993, p. 89 ss

MALAURIE, Philippe — *Droit des contrats internationaux. Introduction*, "L' évolution contemporaine du droit des contrats", 1986, p. 181 ss

MALAURIE, Philippe, AYNÈS, Laurent — *Cours de droit civil*, VI — *Les obligations*, 5ª ed., Paris, 1994; VIII — *Les contrats spéciaux. Civils et commerciaux*, 8ª ed., Paris, 1994 (cit. MALAURIE, AYNÈS, *Cours...*)

MALGAUD, W. — *Les antinomies en droit. À propos de l' étude de G. Gavazzi*, "Les antinomies en droit", 1965, p. 7 ss

MALINTOPPI, Antonio — *Diritto uniforme e diritto internazionale privato*, Rdint., 1955, p. 229 ss, 514 ss

— *Les rapports entre droit uniforme et droit international privé*, Recueil des Cours, 1965 — III, tome 116, p. 1 ss

MALT, Gert-Fredrik — *Methods for the solution of conflicts between rules in a system of positive law*, "Coherence and conflict in law", 1992, p. 201 ss

MANCINI, P.-S. — *De l' utilité de rendre obligatoires pour tous les États, sous la forme d' un ou de plusieurs traités internationaux, un certain nombre de règles générales du droit international privé pour assurer la décision uniforme des conflits entre les différentes législations civiles et criminelles*, Clunet, 1874, p. 220 ss, 285 ss

MANIGK, Alfred — *Anwendungsgebiet der Vorschriften für die Rechtsgeschäfte. Ein Beitrag zur Lehre vom Rechtsgeschäft*, Berlin, 1901
MANN, F. A. — *Eingriffsgesetze und Internationales Privatrecht* (1973), "Beiträge zum Internationalen Privatrecht", p. 178 ss
— *Beiträge zum Internationalen Privatrecht*, Berlin, 1976
— rec. "Contract conflicts" (1982), ICLQ, 1983, p. 265 s
MANSEL, Heinz-Peter — *Substitution im deutschen Zwangsvollstreckungsrecht. Zur funktionellen Rechtsvergleichung bei der Sachrechtsauslegung*, "FS Werner Lorenz", 1991, p. 689 ss
MARÍN LÓPEZ, Antonio — *Las normas de aplicación necesaria en derecho internacional privado*, R. E. D. I., 1970, p. 19 ss
— *Derecho internacional privado español*, I — *Parte general*, 6ª ed., Granada, 1992; II — *Parte especial. Derecho civil internacional*, 7ª ed. por Antonio Marín López, Mercedes Moya Escudero, M. Luisa Trinidad García, Javier Carrascosa González, Granada, 1991, reimp., 1993
MARKESINIS, B. S., MUNDAY, R. J. C. — *An outline of the law of agency*, London, 1979 (cit. *Case extracts*); 3ª ed., London, 1992 (cit. MARKESINIS, MUNDAY, *An outline...*)
MARQUES DOS SANTOS, António — *Direito internacional privado. Sumários*, Lisboa, 1987, reimp., 1989
— *Nota sobre a nova lei portuguesa relativa à arbitragem voluntária. Lei nº 31/86, de 29 de Agosto*, R. C. E. A., 1987, p. 15 ss
— *Breves considerações sobre a adaptação em direito internacional privado*, sep. "Estudos em memória do Prof. Doutor Paulo Cunha", Lisboa, 1988
— *As normas de aplicação imediata no direito internacional privado. Esboço de uma teoria geral*, Coimbra, 1991
— *Sur une proposition italienne d' élaboration d' un code européen des contrats (et des obligations)*, DDC, sep. nº 45/46, 1991, p. 275 ss
— *Les règles d' application immédiate dans le droit international privé portugais*, "Droit international et droit communautaire", 1991, p. 187 ss
— *Le statut des biens culturels en droit international privé*, "XIV ème Congrès International de Droit Comparé. Rapports portugais", DDC, nº 57/58, 1994, p. 7 ss
— *Defesa e ilustração do direito internacional privado*, Lisboa, policop., 1996
— *Direito internacional privado — Programas e bibliografia*, Lisboa, 1996-1997
— *Projecto de Convenção do UNIDROIT sobre a restituição internacional dos bens culturais roubados ou ilicitamente exportados*, "Direito do património cultural", INA, 1996, p. 61 ss
MARTINEK, Michael — *Der Vertreter ohne Vertretungsmacht (falsus procurator) beim Vertragsscluß*, JuS, 1988, p. L 17 ss
MARTINET, André — *Conceitos fundamentais da linguística*, trad., Lisboa, 1976
MARTINETTI, Cristina — v. CENA, Daniela, MARTINETTI, Cristina

MARTINETTI, Cristina, CENA, Daniela — *Contratto di agenzia: al traguardo la legge spagnola*, Comm. int., 1992, p. 1063 ss
MARTINI, Angelo de — *Invalidità del contratto del falsus procurator e interesse contrattuale negativo*, Giur. compl. Cass. Civ., 1949, I, p. 295 ss
— *Vizi di validità degli atti compiuti in nome o in sostituzione d'altrui*, Giur. compl. Cass. Civ., 1949, I, p. 437 ss
— *Ancora sul difetto di poteri del rappresentante*, Giur. compl. Cass. Civ., 1949, I, p. 547 s
— *Nullità, annulabilità, inefficacia e mancato perfezionamento del negozio nella rappresentanza senza potere*, Giur. compl. Cass. Civ., 1951, III, p. 828 ss
— *Recesso unilaterale del contratto concluso col rappresentante senza potere* (an. Cass. civ., 21.6.1955), Rdcomm., 1955, II, p. 266 ss
MARTINY, Dieter — *Der deutsche Vorbehalt gegen Art. 7 Abs. 1 des EG--Schuldvertragsübereinkommens vom 19.6.1980 — seine Folgen für die Anwendung ausländischen zwingenden Rechts*, IPRax, 1987, p. 277 ss
— col. REITHMANN, MARTINY, "Internationales Vertragsrecht", *Bestimmung des Vertragsstatuts*, 4ª ed., 1988 (cit. REITHMANN/MARTINY, *Vertragsstatut*)
— col. *Münchener Kommentar..., Einführungsgesetz zum BGB*, 2ª ed., 1990 (cit. MARTINY, *Münch.Komm.*)
MARTY, Gabriel, RAYNAUD, Pierre — *Droit civil. Introduction générale à l'étude du droit*, 2ª ed., Paris, 1972 (cit. MARTY, RAYNAUD, *Introduction...*)
— *Droit civil. Les obligations*, 1 — *Les sources*, 2ª ed., Paris, 1988 (cit. MARTY, RAYNAUD, *Les obligations*, 1)
MASKOW, Dietrich — *Internal relations between principals and agents in the international sale of goods. Preliminary draft of a Unidroit Convention on contracts of commercial agency in the international sale of goods*, St/LXXI, doc. 1, Roma, UNIDROIT, Outubro 1989
— *Kommentierung der Konvention über die Vertretung beim internationalen Warenkauf vom 17.2.1983*, in ENDERLEIN, MASKOW, STROHBACH, "Internationales Kaufrecht. Kaufrechtskonvention, Verjährungskonvention, Vertretungskonvention, Rechtsanwendungskonvention", Berlin, 1991, p. 347 ss
Materiali per un corso di analisi della giurisprudenza (org. Mario Bessone, Riccardo Guastini), Padova, 1994
MATRAY, Didier, SERVAIS, Olivier — *L'harmonisation des contrats d'agence*, DPCI, 1981, nº 3, p. 387 ss, nº 4, p. 627 ss
MATTEUCCI, Mario — *Unification of conflicts rules in relation to international unification of private law*, "The conflict of laws and international contracts (1949). Lectures on the conflict of laws and international contracts", 1951, p. 150 ss
— *Les sources d'interprétation du droit uniforme*, "FS Imre Zajtay", 1982, p. 379 ss

— *Les dispositions uniformes sur la représentation analysées sous l' aspect méthodologique*, "Unification and comparative law in theory and practice", 1984, p. 173 ss

MAURY, Jacques — *Règles générales des conflits de lois*, Recueil des Cours, 1936 — III, tome 57, p. 325 ss

MAYER, Pierre — *Droit international privé*, Paris, 1977; 3ª ed., 1987; 5ª ed., 1994

— *Les lois de police étrangères*, Clunet, 1981, p. 277 ss

— *Le mouvement des idées dans le droit des conflits de lois*, Droits, 2, 1985, p. 129 ss

— *Rapport de synthèse*, "Convention de Rome et opérations bancaires", 1993, p. 44 ss

MAZEAUD, H. e L., MAZEAUD, J. — *Leçons de droit civil*, Paris, tome II, vol. 1 — *Obligations: Théorie générale*, 6ª ed. por François Chabas, 1978, 8ª ed. por François Chabas, 1991; tome III — *Sûretés, Publicité foncière, Principaux contrats*, 2ª ed., 1963 (cit. MAZEAUD, MAZEAUD, *Leçons...*)

McDOUGAL III, Luther L. — *"Private" international law: ius gentium versus choice of law rules or approaches*, AJCL, 1990, p. 521 ss

— v. LEFLAR, Robert A. e o.

McFARLANE, Gavin — *Commercial agents: the Law Commission report*, NLJ, 1978, p. 416 ss

MCLACHLAN, Campbell — *Splitting the proper law in private international law*, Brit. YB. Int. L., 1990, p. 311 ss

MEDEIROS, Rui — *Relações entre normas constantes de convenções internacionais e normas legislativas na Constituição de 1976*, O Direito, 1990, p. 355 ss

MEDICUS, Dieter — *Allgemeiner Teil des BGB. Ein Lehrbuch*, 2ª ed., Heidelberg, 1985

MEHREN, Arthur Taylor von — *The renvoi and its relation to various approaches to the choice-of-law problem*, "XXth. century comparative and conflicts law", 1961, p. 380 ss

— *Une esquisse de l' évolution du droit international privé aux États Unis*, Clunet, 1973, p. 116 ss

— *Special substantive rules for multistate problems: their role and significance in contemporary choice of law methodology*, Harv. L. Rev., 1974, p. 347 ss

— *Choice-of-law theories and the comparative-law problem*, AJCL, 1975, p. 751 ss

— *Recent trends in choice-of-law methodology*, Cornell L. Rev., 1975, p. 927 ss

— *Choice of law and the problem of justice*, "Contemporary perspectives in conflict of laws", 1977, p. 27 ss

— *L' apport du droit comparé à la théorie et à la pratique du droit international privé*, RIDC, 1977, p. 493 ss

— *The contribution of comparative law to the theory and practice of private international law*, AJCL, 1978, supl., p. 31 ss
— *The significance of the State for choice of law*, "FS Konrad Zweigert", 1981, p. 287 ss
— *The role of comparative law in the practice of international law*, "FS Karl H. Neumayer", 1985, p. 479 ss

MEIJERS, E. M. — *L' histoire des principes fondamentaux du droit international privé à partir du moyen age spécialement dans l' Europe occidentale*, Recueil des Cours, 1934 — III, tome 49, p. 543 ss
— *The Benelux Convention on private international law*, AJCL, 1953, p. 1 ss

Mélanges offerts à Jacques Maury, I — *Droit international privé et public*, Paris, 1960 (cit. "Mélanges Jacques Maury")

Mélanges en l' honneur de Jean Dabin, I — *Théorie générale du droit*, II — *Droit positif*, Bruxelles, 1963 (cit. "Mélanges Jean Dabin")

Mélanges offerts à Raymond Vander Elst, I, Bruxelles, 1986 (cit. "Mélanges Vander Elst")

MELCHIOR, Georg — *Grundlagen des deutschen internationalen Privatrechts*, Berlin, Leipzig, 1932

MENEZES CORDEIRO, António — *Direito das obrigações*, Lisboa, 1980
— *Da boa fé no direito civil*, Coimbra, 1984
— *Lei (aplicação da)*, Polis, vol. 3, Lisboa, São Paulo, 1985, c. 1046 ss
— *Da pós-eficácia das obrigações*, Direito e justiça, vol. II, 1981-1986, p. 109 ss
— *Teoria geral do direito civil*, Lisboa, 1º vol., 2ª ed., 1989, 2º vol., 1987
— *Introdução* a Claus-Wilhelm Canaris, "Pensamento sistemático e conceito de sistema na ciência do direito" (1989), p. VII ss (cit. *Introdução*)
— *Manual de direito do trabalho*, Coimbra, 1991
— *Da responsabilidade civil dos administradores das sociedades comerciais*, Lisboa, 1996

MENEZES CORDEIRO, António, CARNEIRO DA FRADA, Manuel — *Da inadmissibilidade da recusa de ratificação por venire contra factum proprium* (an. Rel. do Porto, 18.11.1993), O Direito, 1994, p. 677 ss

MENEZES LEITÃO, Luís Manuel Teles de — *A responsabilidade do gestor perante o dono do negócio no direito civil português*, CTF, 1991, nº 363, p. 37 ss, nº 364, p. 7 ss

MERÊA, Paulo — *Legislação civil comparada. Prelecções feitas ao curso do 4º anno juridico de 1914-1915*, por Joaquim Beirão e Seiça Netto, Coimbra, 1915

MERIGGI, Léa — *Les qualifications en droit international privé*, Rev. crit., 1933, p. 201 ss

MERKIN, Robert M. — *Contracts (Applicable Law) Act 1990*, JBL, 1991, p. 205 ss

MERTENS, Hans-Joachim — *Die Schranken gesetzlicher Vertretungsmacht im Gesellschaftsrecht (unter besonderer Berücksichtigung von BGHZ 50, 112)*, JurA, 1970, p. 467 ss
Message concernant une loi fédérale sur le droit international privé (loi de DIP) du 10 novembre 1982, doc. 82.072, 1982
MESSINEO, Francesco — *Dottrina generale del contratto (artt. 1321-1469 Cod. Civ.)*, 3ª ed., Milano, 1948, reimp., 1952
— *La sorte del contratto stipulato dal rappresentante aparente* ("falsus procurator"), Rtdproc.civ., 1956, p. 394 ss
— *Manuale di diritto civile e commerciale*, I, Milano, 1957
— *Contratto "per conto di chi spetta"*, Enc. Dir., X, 1962, p. 77 ss
— *Il contratto in generale*, I, Milano, 1968
MESTRE, Jacques — *Les conflits de lois relatifs aux sûretés personnelles*, "Travaux du Comité Français de Droit International Privé 1986-1987", p. 57 ss
MESTRE, Marie-Christine — *La Convention de La Haye du 14 mars 1978 sur la loi applicable aux contrats d' intermédiaires et à la représentation*, Paris, 1981
MEYER-CORDING, Ulrich — *Wertpapierrecht*, 2ª ed., Frankfurt a. M., 1990
MEZGER, Ernst — an. BGH, 30.7.1954, Rev. crit., 1956, p. 60 ss
— an. BGH, 22.9.1971, Rev. crit., 1972, p. 629 ss
— an. BGH, 16.4.1975, Rev. crit., 1977, p. 80 ss
MIAJA DE LA MUELA, Adolfo — *Derecho internacional privado*, 9ª ed., Madrid, I — *Introducción y parte general*, 1985; II — *Parte especial*, 1982
MIELE, Mario — *Diritto internazionale privato. Teoria generale, diritto italiano, diritto comparato*, Padova, 1966
MIGNOLLI, Alessandra — *L' interpretazione della Convenzione di Roma da parte della Corte di giustizia delle Comunità Europee*, in SACERDOTI, FRIGO, "La Convenzione di Roma...", 1993, p. 129 ss
MINERVINI, Angelo — *Eccesso di procura del rappresentante e responsabilità del "dominus"*, Foro it., 1947, I, c. 380 ss
MIRABELLI, Giuseppe — *Dei contratti in generale*, Torino, 1958
MIRANDA, Jorge — *A Constituição de 1976. Formação, estrutura, princípios fundamentais*, Lisboa, 1978
— *As actuais normas constitucionais e o direito internacional*, Nação e defesa, sep. ano X, 1985
— *Manual de direito constitucional*, II — *Introdução à teoria da Constituição*, 2ª ed., reimp., Coimbra, 1988
— *Direito internacional público — I*, Lisboa, 1995
MITTEIS, Ludwig — *Die Lehre von der Stellvertretung nach römischem Recht mit Berücksichtigung des österreichischen Rechtes*, Wien, 1885
Moderno dicionário da língua portuguesa, Lisboa, 1985
MODUGNO, Franco — *Ordinamento giuridico (dottrine generali)*, Enc. Dir., XXX, 1980, p. 678 ss

MOLINERO, Marcelino Rodriguez — *Der Systembegriff im Recht*, "Vernunft und Erfahrung im Rechtsdenken der Gegenwart", 1986, p. 339 ss

MONACO, Riccardo — *L' efficacia della legge nello spazio (diritto internazionale privato)*, Torino, 1952

MONCADA, L. Cabral de — *Lições de direito civil. Parte geral*, vol. II, Coimbra, 1932; 2ª ed., 1955; 4ª ed., 1962 (publ., 1995)

MORANDIÈRE, Léon Julliot de la — v. COLIN, Ambroise, CAPITANT, Henri

MOREIRA, Guilherme Alves — *Instituições do direito civil português*, vol. I — *Parte geral*, Coimbra, 1907

MORI, Paola — v. CAPOTORTI, Francesco e o.

MORRIS, J. H. C. — *The conflict of laws*, 3ª ed., London, 1984

— v. DICEY and MORRIS *on the conflict of laws*

MOSCO, Luigi — *La rappresentanza volontaria nel diritto privato*, Napoli, 1961

MOSCONI, Franco — *Norme di applicazione necessaria e norme di conflitto di origine convenzionale*, Rdintpriv.proc., 1967, p. 730 ss

— col. *Riforma del sistema italiano di diritto internazionale privato: legge 31 maggio 1995 n. 218* — *Commentario*, Rdintpriv.proc., 1995, p. 905 ss (cit. MOSCONI, *Commentario*)

— *Diritto internazionale privato e processuale. Parte generale e contratti*, Torino, 1996

— *Diritto internazionale privato e processuale. Parte speciale*, Torino, 1997

— v. VITTA, Edoardo

MOSER, Rudolf — *Vertragsabschluss, Vertragsgültigkeit und Parteiwille im internationalen Obligationenrecht*, St. Gallen, 1948

— *Einzelinteresse und Verkehrsschutz bei internationaler Betrachtung der gewillkürten Stellvertretung*, "Individuum und Gemeinschaft", 1949, p. 385 ss

MOSSA, Lorenzo — *Abuso della procura*, Rdcomm., 1935, II, p. 249 ss

— *La cambiale secondo la nuova legge*, Milano, 1937

MOTA DE CAMPOS, João — *As relações da ordem jurídica portuguesa com o direito internacional e o direito comunitário à luz da revisão constitucional de 1982. Estudo de direito internacional, de direito comunitário e de direito político comparado*, Lisboa, 1985

— *Direito comunitário*, II — *O ordenamento jurídico comunitário*, Lisboa, 1988

MOTA PINTO, Carlos Alberto da — *A responsabilidade pré-negocial pela não conclusão dos contratos*, BFD, supl. vol. XIV, 1966, p. 143 ss

— *Cessão da posição contratual*, Coimbra, 1970

— *Teoria geral do direito civil*, 3ª ed., Coimbra, 1985, reimp., 1996

MOTA PINTO, Paulo — *Aparência de poderes de representação e tutela de terceiros. Reflexão a propósito do artigo 23º do Decreto-Lei nº 178/86, de 3 de Julho*, BFD, vol. LXIX, 1993, p. 587 ss

— *Declaração tácita e comportamento concludente no negócio jurídico*, Coimbra, 1995

MOULY, C. — *La Convention de Genève sur la représentation en matière de vente internationale de marchandises*, RIDC, 1983, p. 829 ss

MOURA RAMOS, Rui Manuel — *Portugal. Droit de la famille. Dispositions intéressant le droit international privé* (1978), "Das relações privadas internacionais", p. 49 ss

— *Direito internacional privado e Constituição. Introdução a uma análise geral das suas relações*, Coimbra, 1980, reimp., 1994

— *A Convenção Europeia dos Direitos do Homem. Sua posição face ao ordenamento jurídico português*, DDC, n° 5, 1981, p. 93 ss

— *Do direito português da nacionalidade*, Coimbra, 1984

— *Aspectos recentes do direito internacional privado português*, BFD, sep. n° especial "Estudos em homenagem ao Prof. Doutor Afonso Rodrigues Queiró", 1987 (= "Das relações privadas internacionais", p. 85 ss, a que se referem as citações)

— *L' adhésion du Portugal aux conventions communautaires en matière de droit international privé*, BFD, sep. vol. LXIII, 1987 (= "Das relações privadas internacionais", p. 143 ss, a que se referem as citações)

— *Da lei aplicável ao contrato de trabalho internacional*, Coimbra, 1991

— *La protection de la partie la plus faible en droit international privé*, "Droit international et droit communautaire", 1991, p. 97 ss (= "Das relações privadas internacionais", p. 197 ss, a que se referem as citações)

— *Reenvio prejudicial e relacionamento entre ordens jurídicas na construção comunitária*, Legislação, 1992, p. 95 ss

— *A Conferência da Haia de Direito Internacional Privado: a participação de Portugal e o papel da Organização na codificação internacional do direito internacional privado* (1993), "Das relações privadas internacionais", p. 251 ss

— *The impact of the Hague conventions on portuguese private international law* (1993), "Das relações privadas internacionais", p. 277 ss

— *Das relações privadas internacionais. Estudos de direito internacional privado*, Coimbra, 1995 (cit. "Das relações privadas internacionais")

— *Les clauses d' exception en matière de conflits de lois et de conflits de juridictions — Portugal*, "Das relações privadas internacionais", p. 295 ss

— v. BENTO SOARES, Maria Ângela, MOURA RAMOS, Rui Manuel

MOURA VICENTE, Dário — *Da arbitragem comercial internacional. Direito aplicável ao mérito da causa*, Coimbra, 1990

— *L' évolution récente du droit de l' arbitrage au Portugal*, Rev. arb., 1991, p. 419 ss

MOYA ESCUDERO, Mercedes — v. MARÍN LÓPEZ, Antonio

MÜHL, Margarete — *Die Lehre vom "besseren" und "günstigeren" Recht im Internationalen Privatrecht: zugleich eine Untersuchung des "better law approach" im amerikanischen Kollisionsrecht*, München, 1982

MÜLBERT, Peter O. — *Ausländische Eingriffsnormen als Datum*, IPRax, 1986, p. 140 ss

MÜLLER, Klaus — *Gesetzliche Vertretung ohne Vertretungsmacht*, AcP 168 (1968), p. 112 ss

— *Das Geschäft für den, den es angeht*, JZ, 1982, p. 777 ss

MÜLLER, Peter — *Die Vollmacht im Auslandsgeschäft — ein kalkulierbares Risiko?*, RIW/AWD, 1979, p. 377 ss

— col. SANDROCK, "Handbuch der Internationalen Vertragsgestaltung", *Probleme der Vollmacht*, 1980 (cit. SANDROCK/MÜLLER, *Probleme der Vollmacht*)

MÜLLER, Ulrich — *Die Haftung des Stellvertreters bei culpa in contrahendo und positiver Forderungsverletzung*, NJW, 1969, p. 2169 ss

MÜLLER-FREIENFELS, Wolfram — *Die "Anomalie" der verdeckten Stellvertretung (undisclosed agency) des englischen Rechts*, RabelsZ, 1952, p. 578 ss, 1953, p. 12 ss (= "Stellvertretungsregelungen in Einheit und Vielfalt...", p. 131 ss)

— *The undisclosed principal*, MLR, 1953, p. 299 ss

— *Comparative aspects of undisclosed agency*, MLR, 1955, p. 33 ss (= "Stellvertretungsregelungen in Einheit und Vielfalt ...", p. 227 ss)

— *Die Vertretung beim Rechtsgeschäft*, Tübingen, 1955

— *Law of agency*, AJCL, 1957, p. 165 ss

— *Die Sonderanknüpfung der Vollmacht*, RabelsZ, 1959, p. 326 ss

— *Legal relations in the law of agency: power of agency and commercial certainty*, AJCL, 1964, p. 193 ss (= "Stellvertretungsregelungen in Einheit und Vielfalt ...", p. 237 ss)

— *Die Abstraktion der Vollmachtserteilung im 19. Jahrhundert*, "Wissenschaft und Kodifikation des Privatrechts im 19. Jahrhundert. II — Die rechtliche Verselbständigung der Austauschverhältnisse vor dem Hintergrund der wirtschaflichen Entwicklung und Doktrin" (org. Helmut Coing, Walter Wilhelm), Frankfurt a. M., 1977, p. 144 ss (= "Stellvertretungsregelungen in Einheit und Vielfalt ...", p. 60 ss)

— *Der Haager Konventionsentwurf über das auf die Stellvertretung anwendbare Recht*, RabelsZ, 1979, p. 80 ss

— *Stellvertretungsregelungen in Einheit und Vielfalt. Rechtsvergleichende Studien zur Stellvertretung*, Frankfurt a. M., 1982 (cit. "Stellvertretungsregelungen in Einheit und Vielfalt ...")

— v. HAY, Peter, MÜLLER-FREIENFELS, Wolfram

MÜLLER-GINDULLIS, Dierk — *Das internationale Privatrecht in der Rechtsprechung des Bundesgerichtshofs*, Berlin, New York, Tübingen, 1971

Multitudo legum ius unum. Festschrift für Wilhelm Wengler zu seinem 65. Geburtstag, II — *Kollisionsrecht und Rechtsvergleichung*, Berlin, 1973 (cit. "Multitudo legum ius unum")

Multum non multa. Festschrift für Kurt Lipstein aus Anlass seines 70. Geburtstag (org. Peter Feuerstein, Clive Parry), Heidelberg, Karlsruhe, 1980 (cit. "Multum non multa")
Münchener Kommentar zum Bürgerlichen Gesetzbuch, Bd. 1 — *Allgemeiner Teil (§§ 1-240)*, 2ª ed., München, 1984 (v. THIELE), 3ª ed., München, 1993 (v. SCHRAMM, Karl-Heinz); Bd. 7 — *Einführungsgesetz zum Bürgerlichen Gesetzbuche. Internationales Privatrecht*, 2ª ed., München, 1990 (v. MARTINY, Dieter; SONNENBERGER, Hans-Jürgen; SPELLENBERG, Ulrich)
MUNDAY, R. J. C. — v. MARKESINIS, B. S., MUNDAY, R. J. C.

NADELMANN, Kurt H. — *Clouds over international efforts to unify rules of conflict of laws*, "Contemporary perspectives in conflict of laws", 1977, p. 54 ss
— *Impressionism and unification of law: the EEC draft convention on the law applicable to contractual and non-contractual obligations*, "Le nuove frontiere del diritto e il problema dell' unificazione", II, 1979, p. 755 ss
NAGAN, Winston P. — *Conflicts theory in conflict: a systematic appraisal of traditional and contemporary theories*, N. Y. J. Int'l & Comp. L., 1982, p. 343 ss
— *Theory and method in private international law: a policy-oriented internationalist perspective*, "Liber memorialis François Laurent", 1989, p. 907 ss
NATOLI, Ugo — *La rappresentanza*, Milano, 1977
— *Rappresentanza (diritto privato)*, Enc. Dir., XXXVIII, 1987, p. 463 ss
— v. BIGLIAZZI GERI, Lina e o.
NATTINI, Angelo — *La dottrina generale della procura. La rappresentanza*, Milano, 1910
NAVARRINI, Umberto — *Trattato teorico-pratico di diritto commerciale*, vol. II, Parte II: *Diritto delle obbligazioni*, Milano, Torino, Roma, 1920 (cit. *Diritto delle obbligazioni*)
— *Trattato elementare di diritto commerciale*, vol. I, 5ª ed., Torino, 1937
NEPPI, Vittorio — *La rappresentanza. Saggio di una ricostruzione critica*, Milano, 1961
NERHOT, Patrick — *Le fait du droit*, Arch. Ph. Dr., XXXI, 1986, p. 261 ss
NETTO, Seiça — v. MERÊA, Paulo
NEUHAUS, Paul Heinrich — *Die Krise im internationalen Privatrecht*, DRZ, 1948, p. 86 s
— rec. Kegel, "Internationales Privatrecht. Ein Studienbuch" (1960), RabelsZ, 1960, p. 375 ss
— *Legal certainty versus equity in the conflict of laws*, "New trends in the conflict of laws", 1963, p. 795 ss
— *Rechtsvergleichende Gedanken zur Funktion der IPR-Regeln*, RabelsZ, 1971, p. 321 s

— *Die Grundbegriffe des internationalen Privatrechts*, 2ª ed., Tübingen, 1976
— *Prinzipien oder Interessen als Basis des internationalen Privatrechts?*, sep. "Akrothinia Petros G. Vallindas", Thessaloniki, 1971, p. 549 ss
— *Abschied von Savigny?*, RabelsZ, 1982, p. 4 ss
NEUMANN, Hugo — *Internationales Privatrecht in Form eines Gesetzentwurfs nebst Motiven und Materialen. Ein Beitrag zur Kodifikation des Deutschen bürgerlichen Rechts*, Berlin, 1896
NEUMAYER, Karl H. — *Autonomie de la volonté et dispositions impératives en droit international privé des obligations*, Rev. crit., 1957, p. 579 ss, 1958, p. 53 ss
NEUMEYER, Karl — *Internationales Privatrecht*, Berlin, 1923
NEUNER, Robert R. — *Der Sinn der internationalprivatrechtlichen Norm. Eine Kritik der Qualifikationstheorie*, Brünn, Prag, Leipzig, Wien, 1932
New directions in choice of law: alternatives to interest analysis, Cornell Int. L. J., 1991, p. 195 ss (cit. "New directions in choice of law")
New trends in the conflict of laws (Symposium on), Law & Cont. Prob., 1963, p. 673 ss (cit. "New trends in the conflict of laws")
NIEDERER, Werner — *Die Frage der Qualifikation als Grundproblem des internationalen Privatrechts*, Zürich, 1940
— *Die Spaltung des Vertrages bezüglich seiner Wirkungen im schweizerischen internationalen O. R.*, ZSchwR, 1941, p. 221a ss
— *Einführung in die allgemeinen Lehren des internationalen Privatrechts*, Zürich, 1961
NIEMEYER, Theodor — *Positives Internationales Privatrecht*, I — *Das in Deutschland geltende Internationale Privatrecht*, Leipzig, 1894
— *Vorschläge und Materialen zur Kodifikation des Internationalen Privatrechts*, Leipzig, 1895
— *Das internationale Privatrecht im Entwurf eines Bürgerlichen Gesetzbuchs*, Berlin, 1896
— *Zur Vorgeschichte des Internationalen Privatrechts im Deutschen Bürgerlichen Gesetzbuch ("Die Gebhardschen Materialen")*, München, Leipzig, 1915
NIETHAMMER, Hans-Eckart — v. RHEINSTEIN, Max
NIPPERDEY, Hans Carl — v. ENNECCERUS, Ludwig
NOLTE, Georg — *Zur Technik der geplanten Einführung des EG-Schuldvertragsübereinkommens in das deutsche Recht aus völkerrechtlicher Sicht*, IPRax, 1985, p. 71 ss
NORTH, Peter — *Essays in private international law*, Oxford, 1993 (cit. "Essays")
— *Is european harmonization of private international law a myth or a reality? A british perspective*, "Essays", p. 1 ss
— *The EEC Convention on the law applicable to contractual obligations (1980): its history and main features*, "Essays", p. 23 ss
— v. CHESHIRE and NORTH

Nova, Giorgio de — *La rappresentanza: nozione e disciplina*, "Rappresentanza e gestione", 1992, p. 13 ss
Nova, Rodolfo de — *Conflits des lois et normes fixant leur propre domaine d' application* (1959, 1960), "Scritti", p. 353 ss
— *Ancora sulle norme sostanziali "autolimitate"* (1959), "Scritti", p. 383 ss
— *Conflict of laws and functionally restricted substantive rules* (1966), "Scritti", p. 387 ss (= *I conflitti di leggi e le norme sostanziali funzionalmente limitate*, Rdintpriv.proc., 1967, p. 699 ss)
— *Historical and comparative introduction to conflict of laws*, Recueil des Cours, 1966 — II, tome 118, p. 435 ss
— *An australian case on the application of spatially conditioned internal rules* (1969), "Scritti", p. 397 ss
— *Self-limiting rules and party autonomy* (1971, 1973), "Scritti", p. 407 ss
— *Scritti di diritto internazionale privato*, Padova, 1977 (cit. "Scritti")
— *Quando un contratto è "internazionale"?*, Rdintpriv.proc., 1978, p. 665 ss
— *The comparative method and private international law*, "Rapports nationaux italiens au X ème Congrès International de Droit Comparé (Budapest, 1978)", Milano, 1979, p. 119 ss
Novas perspectivas do direito comercial, Coimbra, 1988
Novo dicionário compacto da língua portuguesa, de António Morais Silva, 10ª ed. por Augusto Moreno, Cardoso Júnior e José Pedro Machado, Mem Martins, 1994
Nuove (Le) frontiere del diritto e il problema dell' unificazione (Atti del Congresso internazionale organizzato dalla Facoltà di Giurisprudenza dell' Università di Bari, 2-6 aprile 1975), vol. II, Milano, 1979 (cit. "Le nuove frontiere del diritto e il problema dell' unificazione")
Nussbaum, Arthur — *Deutsches internationales Privatrecht. Unter besonderer Berücksichtigung des österreichischen und schweizerischen Rechts*, Tübingen, 1932

Oertmann, Paul — *Die Rechtsbedingung (condicio iuris). Untersuchungen zum Bürgerlichen Recht und zur allgemeinen Rechtslehre*, Leipzig, Erlangen, 1924
— *Bürgerliches Gesetzbuch. Allgemeiner Teil*, 3ª ed., Berlin, 1927 (cit. *Allgemeiner Teil* ...)
Offerhaus, Johannes — *Anpassung und Gesetzauslegung im internationalen Privatrecht*, ZfRV, 1964, p. 65 ss
Oliveira Ascensão, José de — *Pesquisa de um direito vivo*, RDES, XXVI, 1979, p. 233 ss
— *Teoria geral do direito civil*, vol. III — *Acções e factos jurídicos*, Lisboa, 1992; vol. IV, título V — *Relações e situações jurídicas*, Lisboa, 1993

— *Direito comercial*, vol. III — *Títulos de crédito*, Lisboa, 1992
— *O direito. Introdução e teoria geral. Uma perspectiva luso-brasileira*, 9ª ed., Coimbra, 1995

OLIVEIRA ASCENSÃO, José de, CARNEIRO DA FRADA, Manuel — *Contrato celebrado por agente de pessoa colectiva. Representação, responsabilidade e enriquecimento sem causa*, sep. RDE, 16 a 19 (1990 a 1993), p. 43 ss

OPERTTI BADÁN, Didier — *El derecho uniforme y el derecho internacional privado. La práctica del comercio internacional*, Rev. der. com. y emp., 1987, p. 9 ss

OPPETIT, Bruno — an. Cour d' appel de Paris, 19.6.1970, Clunet, 1971, p. 836 ss
— *Les principes généraux en droit international privé*, Arch. Ph. Dr., XXXII, 1987, p. 179 ss
— *Autour du contrat international*, Droits, 12, 1990, p. 107 ss

OSMAN, Filali — *Les principes généraux de la lex mercatoria. Contribution à l' étude d' un ordre juridique anational*, Paris, 1992

OST, François — *Entre ordre et désordre: le jeu du droit. Discussion du paradigme autopoiétique appliqué au droit*, Arch. Ph. Dr., XXXI, 1986, p. 133 ss

OSWALD, Franz — *Duldungs- und Anscheinsvollmacht im Steuerrecht*, NJW, 1971, p. 1350 ss

OTT, Claus — col. *Alternativkommentar zum BGB*, Bd. 1 — *Allgemeiner Teil, Vertretung. Vollmacht*, Darmstadt, 1987 (cit. OTT, *Alternativkommentar*)

OTT, Walter — *Stellvertretung ohne Vollmacht versus Geschäftsführung ohne Auftrag — Normenkollision oder Normenkomplementarität?*, "Rechtskollisionen", 1995, p. 285 ss

OUGHTON, D. W. — v. COOKE, P. J., OUGHTON, D. W.

OVERBECK, Alfred E. von — *Les règles de droit international privé matériel*, "De conflictu legum", 1962, p. 362 ss
— *L' application par le juge interne des conventions de droit international privé*, Recueil des Cours, 1971 — I, tome 132, p. 1 ss
— *Les questions générales du droit international privé à la lumière des codifications et projets récents*, Recueil des Cours, 1982 — III, tome 176, p. 9 ss
— com. "Albert A. Ehrenzweig und das internationale Privatrecht", 1986, p. 165
— *Le droit des personnes, de la famille, des régimes matrimoniaux et des successions dans la nouvelle loi fédérale suisse sur le droit international privé*, Rev. crit., 1988, p. 237 ss
— *La contribution de la Conférence de La Haye au développement du droit international privé*, Recueil des Cours, 1992 — II, tome 233, p. 9 ss

PACCHIONI, Giovanni — *Corso di diritto civile. Dei contratti in generale*, Torino, 1933
— *Dei contratti in generale*, 3ª ed., Padova, 1939

PALANDT *Bürgerliches Gesetzbuch*, 55ª ed., München, 1996 (v. HEINRICHS, Helmut; HELDRICH, Andreas)
PAPANTI-PELLETIER, Paolo — *Cooperazione e rappresentanza*, "Rappresentanza e gestione", 1992, p. 20 ss
PAQUET, Marc L. — *Grandeurs et misères de la représentation parfaite en droit international privé*, Rev. Barreau, 1984, p. 71 ss
PARENTE, Ferdinando — *La disciplina dell' agire rappresentativo nella Convenzione di Roma sulla legge applicabile alle obbligazioni contrattuali*, Rdintpriv.proc., 1993, p. 341 ss
PARTESOTTI, Giulio — v. PELLIZZI, Giovanni Luigi, PARTESOTTI, Giulio
PATOCCHI, Paolo Michele — *Règles de rattachement localisatrices et règles de rattachement à caractère substantiel. De quelques aspects récents de la diversification de la méthode conflictuelle en Europe*, Genève, 1985
— *Il nuovo diritto internazionale privato svizzero. Prima parte: I contratti*, Rep. giur. patria, 121°, 1988, p. 3 ss
— *Il nuovo diritto internazionale privato svizzero. Parte seconda: L' atto illecito*, Rep. giur. patria, 121°, 1988, p. 105 ss
— *Characteristic performance: a new myth in the conflict of laws? Some comments on a recent concept in the swiss and european private international law of contract*, "Études Lalive", 1993, p. 113 ss
PATRY, Robert — *À propos de la représentation en droit international privé*, SJ, 1954, p. 377 ss
PATRZEK, Katrin Ursula Maria — *Die vertragsakzessorische Anknüpfung im internationalen Privatrecht dargestellt anhand des Deliktsstatuts, der Geschäftsführung ohne Auftrag, des Bereicherungsrechts und der culpa in contrahendo*, München, 1992
PAULUS, Gotthard — *Zur Zurechnung arglistigen Vertreterhandelns*, "FS Karl Michaelis", 1972, p. 215 ss
PAWLOWSKI, Hans-Martin — *Die gewillkürte Stellvertretung*, JZ, 1996, p. 125 ss
PECZENIK, Aleksander — *On law and reason*, Dordrecht, Boston, London, 1989
PELICHET, Michel — *Rapport sur la loi applicable aux contrats d' intermédiaires*, Doc. prél. n° 1, La Haye, Julho 1974
— *Questionnaire commenté sur la loi applicable aux contrats d' intermédiaires*, Doc. prél. n° 2, La Haye, Julho 1974
— *Garanties bancaires et conflits de lois*, RDAI, 1990, p. 335 ss
PELLET, Alain — v. DINH, Nguyen Quoc
PELLIZZI, Giovanni Luigi, PARTESOTTI, Giulio — *Commentario breve alla legislazione sulla cambiale e sugli assegni*, Padova, 1990
PERCEROU, J., BOUTERON, J. — *La nouvelle législation française et internationale de la lettre de change, du billet à ordre et du chèque avec un exposé sommaire des principales législations étrangères*, I — *Lettre de change et billet à ordre*, Paris, 1937
PEREIRA DE ALMEIDA, António — *Direito comercial*, vol. III — *Títulos de crédito*, Lisboa, 1988

PEREIRA DE CASTRO, Victor Manuel — v. CASTRO MENDES, João de
PERELMAN, Ch. — *Avant-propos*, "Les antinomies en droit", 1965, p. 5
PÉREZ VERA, Elisa — *Intereses del trafico jurídico externo y derecho internacional privado*, Granada, 1973
PERRIN, Jean-François — *Théorie de l' incorporation et cohérence de l' ordre juridique*, "Études Lalive", 1993, p. 141 ss
PESSOA JORGE, Fernando — *O mandato sem representação*, Lisboa, 1961
— *Direito das obrigações*, 1º vol., Lisboa, 1975-1976
PÉTEL, Philippe — *Les obligations du mandataire*, Paris, 1988
PETER, Hans — v. TUHR, Andreas von, PETER, Hans
PETERS, Egbert — *Überschreiten der Vertretungsmacht und Haftung des Vertretenen für culpa in contrahendo*, "FS Rudolf Reinhardt", 1972, p. 127 ss
PETERS, Frank — *Zur Geltungsgrundlage der Anscheinsvollmacht*, AcP 179 (1979), p. 214 ss
PETERSEN, Georg — *Die Vertretung ohne Vertretungsmacht*, RabelsZ, 1959, p. 340 s
PFEIFER, Michael George — *The Hague convention on the law applicable to agency*, AJCL, 1978, p. 434 ss
PFISTER, Eugen — *Vollmacht und Stellvertretung im internationalen Privatrecht*, Zürich, 1927
PHILIP, Allan — *Recent provisions on mandatory laws in private international law*, "Multum non multa", 1980, p. 241 ss
PICONE, Paolo — *Il rinvio all' "ordinamento competente" nel diritto internazionale privato*, Rdintpriv.proc., 1981, p. 309 ss
— rec. Giardina, Villani, "Garanzie bancarie, commercio internazionale e diritto internazionale privato" (1984), Banca e Borsa, 1986, I, p. 267 ss
— *Ordinamento competente e diritto internazionale privato italiano*, Padova, 1986
— *I metodi di coordinamento tra ordinamenti nel progetto di riforma del diritto internazionale privato italiano*, Rdint., 1990, p. 639 ss
— *La teoria generale del diritto internazionale privato nella legge italiana di riforma della materia*, Rdint., 1996, p. 289 ss
PINGEL, Isabelle — *La protection de la partie faible en droit international privé (du salarié au consommateur)*, Droit Social, 1986, p. 133 ss
PINTO, Rui — *Falta e abuso de poderes na representação voluntária*, Lisboa, 1994
PINTO COELHO, José Gabriel — *Lições de direito comercial*, 2º vol., fasc. II — *As letras*, 2ª parte, Lisboa, 1943 (cit. *As letras*)
PINTO MONTEIRO, António — *Contrato de agência (Anteprojecto)*, BMJ, 360 (1986), p. 43 ss
— *Contrato de agência. Anotação ao Decreto-Lei nº 178/86, de 3 de Julho*, Coimbra, 1987; 2ª ed., 1993
PIRES DE LIMA, Fernando Andrade, ANTUNES VARELA, João de Matos — *Noções fundamentais de direito civil*, I, 6ª ed., Coimbra, 1965

— *Código Civil anotado*, Coimbra, vol. I, 4ª ed., 1987; vol. II, 3ª ed., 1986

PITTA E CUNHA, Paulo de, RUIZ, Nuno — *O ordenamento comunitário e o direito interno português*, ROA, 1995, p. 341 ss

PLANIOL, Marcel — *Traité élémentaire de droit civil*, 10ª ed., com a colaboração de Georges Ripert, Paris, tome I — *Principes généraux, les personnes, la famille, les incapables, les biens*, 1925; tome II — *Les preuves, théorie générale des obligations, les contrats, les privilèges et les hypothèques*, 1926 (cit. PLANIOL, *Traité élémentaire ...*)

PLANIOL, Marcel, RIPERT, Georges — *Traité pratique de droit civil français*, 2ª ed., Paris, tome VI — *Obligations*, por Paul Esmein, 1952; tome XI — *Contrats civils, 2.ème partie*, por André Rouast, René Savatier, Jean Lepargneur, André Besson, 1954 (cit. PLANIOL, RIPERT, *Traité pratique...*)

PLANTA, Andreas von — v. VISCHER, Frank, PLANTA, Andreas von

PLENDER, Richard — *The European Contracts Convention. The Rome Convention on the Choice of Law for Contracts*, London, 1991

POCAR, Fausto — *Norme di applicazione necessaria e conflitti di leggi in tema di rapporti di lavoro*, Rdintpriv.proc., 1967, p. 734 ss

— *La legge applicabile ai contratti con i consumatori*, "Verso una disciplina comunitaria", 1983, p. 303 ss

— *La protection de la partie faible en droit international privé*, Recueil des Cours, 1984 — IV, tome 188, p. 339 ss

— *La nuova legge svizzera sul diritto internazionale privato*, Rdintpriv.proc., 1989, p. 5 ss

— *L' entrata in vigore della convenzione di Roma del 1980 sulla legge applicabile ai contratti*, Rdintpriv.proc., 1991, p. 249 ss

— *Le droit des obligations dans le nouveau droit international privé italien*, Rev. crit., 1996, p. 41 ss

POLACK, Maurice V. — v. ROOIJ, René van, POLACK, Maurice V.

POPESCO-RAMNICEANO, René — *De la représentation dans les actes juridiques en droit comparé*, Paris, 1927

POWELL, Raphael — *The law of agency*, 2ª ed., London, 1961

PRATA, Ana — *Notas sobre a responsabilidade pré-contratual*, Rev. da banca, nº 16, Out.-Dez. 1990, p. 75 ss; nº 17, Jan.-Março 1991, p. 45 ss

PRATT, John W., ZECKHAUSER, Richard J. — *Principals and agents: an overview*, "Principals and agents", 1985, p. 1 ss

PRIGOGINE, I., STENGERS, I. — *Interacção*, Einaudi, vol. 26: "Sistema", Lisboa, 1993, p. 35 ss

— *Sistema*, Einaudi, vol. 26: "Sistema", Lisboa, 1993, p. 177 ss

Principals and agents: the structure of business (org. Pratt, Zeckhauser), Boston, 1985 (cit. "Principals and agents")

Principes relatifs aux contrats du commerce international, Rome, UNIDROIT, 1994 (cit. *Principes d' UNIDROIT*)

Principles (The) of european contract law. Part I: Performance, non-performance and remedies (ed. Ole Lando, Hugh Beale), Dordrecht, Boston, London, 1995 (cit. *The principles of european contract law*)

Problemi di riforma del diritto internazionale privato italiano. Convegno di studi tenutosi à Roma nei giorni 1 e 2 giugno 1984 a cura del Consiglio Nazionale del Notariato, Milano, 1986 (cit. *Problemi di riforma...*)

Progetto di riforma del sistema italiano di diritto internazionale privato, Rdintpriv.proc., 1989, p. 932 ss

Projet de convention portant loi uniforme sur le contrat de commission de vente ou d' achat d' objets mobiliers corporels dans les rapports internationaux avec rapports explicatifs, U.D.P. 1961, Et/XXIV, doc. 28, Roma, UNIDROIT, Abril 1961

Projet de convention portant loi uniforme sur la représentation en matière de droit privé dans les rapports internationaux avec rapports explicatifs, U.D.P. 1961, Et/XIX, doc. 43, Roma, UNIDROIT, Abril 1961

Projet de convention portant loi uniforme sur la représentation dans les rapports internationaux en matière de vente et d' achat d' objets mobiliers corporels. Texte arrêté par le Comité d' experts gouvernementaux réuni par UNIDROIT avec rapport explicatif, Et/XIX, doc. 55, Roma, UNIDROIT, Fevereiro 1974

Projet de convention sur la représentation en matière de vente internationale de marchandises avec rapport explicatif préparé par le Secrétariat d' UNIDROIT, Roma, UNIDROIT, 1981

Projet de loi uniforme Benelux sur le droit international privé, Clunet, 1969, p. 358 ss

Projet de loi uniforme relative au droit international privé élaboré par la Commission belgo-néerlandaise-luxembourgeoise pour l' étude de l' unification du droit (15 mars 1950), Rev. crit., 1951, p. 710 ss; 1952, p. 165 ss, 377 ss

PRÖLSS, Jürgen — *Vertretung ohne Vertretungsmacht*, JuS, 1985, p. 577 ss

— *Haftung bei der Vertretung ohne Vertretungsmacht*, JuS, 1986, p. 169 ss

Prospettive del diritto internazionale privato. Un simposio, Milano, 1968 (cit. *Prospettive...*)

PRUJINER, Alain — *Le droit international privé: un droit du rattachement*, "Études Lalive", 1993, p. 161 ss

PUCHTA, G. F. — *Pandekten*, 8ª ed. por A. Rudorff, Leipzig, 1856

PUGLIATTI, Salvatore — *L' atto di disposizione e il trasferimento di diritti*, "Annali dell' Istituto di scienze giuridiche, economiche, politiche e sociali della R. Università di Messina", I, 1927 (= "Studi sulla rappresentanza", p. 1 ss, a que se referem as citações)

— *Il conflitto d' interessi tra principale e rappresentante*, "Annali dell' Istituto di scienze giuridiche, economiche, politiche e sociali della R. Università di Messina", II, 1928 (= "Studi sulla rappresentanza", p. 35 ss, a que se referem as citações)

— *Il rapporto di gestione sottostante alla rappresentanza*, "Annali dell' Istituto di scienze giuridiche, economiche, politiche e sociali della R. Università di Messina", III, 1929 (= "Studi sulla rappresentanza", p. 155 ss, a que se referem as citações)
— *Abuso di rappresentanza e conflitto d'interessi*, Rdcomm., 1936, I, p. 1 ss (= "Studi sulla rappresentanza", p. 261 ss, a que se referem as citações)
— *Sulla rappresentanza indiretta*, Dir. e Giur., 1947, fasc. 1 (= "Studi sulla rappresentanza", p. 395 ss, a que se referem as citações)
— *Programma introduttivo di un corso sulla rappresentanza in diritto privato*, Apêndice de "Studi sulla rappresentanza", p. 498 ss
— *Studi sulla rappresentanza*, Milano, 1965

QUADRI, Rolando — *Lezioni di diritto internazionale privato*, 5ª ed., Napoli, 1969
— *Quelques considérations sur la contribution du Professeur Wengler au progrès du droit international privé*, "Multitudo legum ius unum", II, 1973, p. 1 ss
QUADROS, Fausto de — v. GONÇALVES PEREIRA, André, QUADROS, Fausto de
QUEIRÓ, Afonso Rodrigues — *Relações entre o direito internacional e o direito interno ante a última revisão constitucional portuguesa*, BFD, vol. XLVIII, 1972, p. 55 ss
— *Lições de direito administrativo*, vol. I, Coimbra, 1976
— *Fontes não voluntárias de direito administrativo*, RDES, XXIII, 1976, p. 1 ss
— *A hierarquia das normas de direito administrativo português*, BFD, vol. LVIII, 1982, "Estudos em homenagem aos Profs. Doutores M. Paulo Merêa e G. Braga da Cruz", II, p. 775 ss
QUEL LÓPEZ, F. Javier — *Las reservas en los convenios de la Haya de derecho internacional privado*, R. E. D. I., 1993, p. 115 ss
QUÉNAUDON, René de — *Recherches sur la représentation volontaire dans ses dimensions interne et internationale*, Strasbourg, 1979
— rec. Spellenberg "Geschäftsstatut und Vollmacht im internationalen Privatrecht" (1979), Rev. crit., 1980, p. 919 ss
— *Quelques remarques sur le conflit de lois en matière de représentation volontaire*, Rev. crit., 1984, p. 413 ss, 597 ss
— *Les intermédiaires de commerce dans les relations internationales*, Jurisc. dr. int., fasc. 565-A-10, 1989
— an. Cour d' appel de Grenoble, ch. comm., 11.1.1996, Clunet, 1997, p. 129 ss
Questionnaire commenté sur la loi applicable aux contrats d' intermédiaires, Doc. prél. nº 2, La Haye, Julho 1974 (v. PELICHET)

RAAPE, Leo — *Deutsches Internationales Privatrecht*, 1ª ed., Berlin, Bd. 1, 1938, Bd. 2, 1939

— *Internationales Privatrecht. Ein Lehrbuch*, Berlin, Frankfurt a. M., 3ª ed., 1950; 5ª ed., 1961

RAAPE, Leo, STURM, Fritz — *Internationales Privatrecht*, Bd. I — *Allgemeine Lehren*, 6ª ed., München, 1977

RABEL, Ernst — *Aufgabe und Notwendigkeit der Rechtsvergleichung* (1924), "Rechtsvergleichung", 1978, p. 85 ss

— *Rechtsvergleichung und internationale Rechtsprechung*, RabelsZ, 1927, p. 5 ss

— *Vertretungsmacht für obligatorische Rechtsgeschäfte*, RabelsZ, 1929, p. 807 ss

— *Das Problem der Qualifikation*, RabelsZ, 1931, p. 241 ss

— *Unwiderruflichkeit der Vollmacht. Generalstatut des Vollmachtsrechts. Objektivierter Begriff des Wirkungslands*, RabelsZ, 1933, p. 797 ss

— *Comparative conflicts law*, Indiana L. J., 1949, p. 353 ss

— *Sobre la situación actual del derecho internacional privado comparado*, trad., Córdoba, Argentina, 1949

— *Agency*, "The conflict of laws and international contracts (1949). Lectures on the conflict of laws and international contracts", 1951, p. 82 ss

— *The conflict of laws. A comparative study*, vol. I — *Introduction. Family law*, 2ª ed. por Ulrich Drobnig, Ann Arbor, 1958; vol. II — *Foreign corporations. Torts. Contracts in general*, 2ª ed. por Ulrich Drobnig, Ann Arbor, 1960; vol. III — *Special obligations. Modification and discharge of obligations*, Ann Arbor, Chicago, 1950, 2ª ed. por Herbert Bernstein, Ann Arbor, 1964; vol. IV — *Property. Bills and notes. Inheritance. Trusts. Application of foreign law. Intertemporal relations*, Ann Arbor, 1958

RADBRUCH, Gustav — *Filosofia do direito*, trad. portuguesa da 4ª ed. alemã, por L. Cabral de Moncada, Coimbra, 1961

RADICATI DI BROZOLO, Luca — *La legge regolatrice delle operazioni bancarie secondo la convenzione comunitaria del 19 giugno 1980*, Rdcomm., 1982, I, p. 329 ss (= "Verso una disciplina comunitaria", 1983, p. 83 ss)

— *Operazioni bancarie internazionali e conflitti di leggi*, Milano, 1984

— *Ancora sui profili internazionalistici delle garanzie bancarie* (an. Tribunale di Bologna, 27.9.1984), Banca e Borsa, 1986, II, p. 339 ss

— *L'ambito di applicazione della legge del paese di origine nella libera prestazione dei servizi bancari nella Cee*, Foro It., 1990, IV, c. 454 ss

— rec. von der Seipen, "Akzessorische Anknüpfung und engste Verbindung im Kollisionsrecht der komplexen Vertragsverhältnisse" (1989), Banca e Borsa, 1991, I, p. 263 s

— *La loi applicable aux contrats interbancaires selon la convention de Rome*, "Convention de Rome et opérations bancaires", 1993, p. 32 ss

RADTKE, Rolf C. — *Schuldstatut und Eingriffsrecht. Systematische Grundlagen der Berücksichtigung von zwingendem Recht nach deutschem IPR und dem EG-Schuld-vertragsübereinkommen*, ZVglRWiss, 1985, p. 325 ss

RAISER, Ludwig — an. BGH, 9.2.1960, JZ, 1961, p. 26 s
RANOUIL, Véronique — L' autonomie de la volonté: naissance et évolution d' un concept, Paris, 1980
Rapport sur la loi applicable aux contrats d' intermédiaires, Doc. prél. n° 1, La Haye, Julho 1974 (v. PELICHET)
Rappresentanza e gestione (org. Giovanna Visintini), Padova, 1992
RAU, C. — v. AUBRY, C., RAU, C.
RAWLS, John — A theory of justice, Oxford, 1971
RAYNAUD, Pierre — v. MARTY, Gabriel, RAYNAUD, Pierre
RAZ, Joseph — The relevance of coherence, Boston Univ. L. Rev., 1992, p. 273 ss
REALE, Miguel — Lições preliminares de direito, 10ª ed., Coimbra, 1982
REBELO DE SOUSA, Marcelo — A adesão de Portugal à C.E.E. e a Constituição de 1976, "Estudos sobre a Constituição", 3° vol., Lisboa, 1979, p. 457 ss
REBELO DE SOUSA, Marcelo, GALVÃO, Sofia — Introdução ao estudo do direito, 3ª ed., Lisboa, 1994
Rechtsdogmatik und praktische Vernunft. Symposion zum 80. Geburtstag von Franz Wieacker (org. O. Behrends, M. Dießelhorst, R. Dreier), Göttingen, 1990 (cit. "Rechtsdogmatik und praktische Vernunft")
Rechtsfindung. Beiträge zur juristischen Methodenlehre. Festschrift für Oscar Adolf Germann zum 80. Geburtstag (org. Peter Noll, Günther Stratenwerth), Bern, 1969 (cit. "Rechtsfindung")
Rechtskollisionen. Festschrift für Anton Heini zum 65. Geburtstag (org. Isaak Meier, Kurt Siehr), Zürich, 1995 (cit. "Rechtskollisionen")
Rechtsvergleichung (org. Konrad Zweigert, Hans-Jürgen Puttfarken), Darmstadt, 1978 (cit. "Rechtsvergleichung")
Recommandation de la Commission des Communautés Européennes du 15 janvier 1985, JO L 44, 14.2.85, p. 42 s
Recueil des Conventions (1951-1988), ed. Bureau Permanent de la Conférence de La Haye de Droit International Privé, La Haye
REDER, Wolfgang — Die Eigenhaftung vertragsfremder Dritter im internationalen Privatrecht, Konstanz, 1989
REESE, Willis L. M. — Agency in conflict of laws, "XXth. century comparative and conflicts law", 1961, p. 409 ss
— Dépeçage: a common phenomenon in choice of law, Columbia L. Rev., 1973, p. 58 ss
REESE, Willis L. M., FLESCH, Alma Suzin — Agency and vicarious liability in conflict of laws, Columbia L. Rev., 1960, p. 764 ss
REESE, Willis L. M., ROSENBERG, Maurice, HAY, Peter — Cases and materials on the conflict of laws, 9ª ed., Westbury, N. Y., 1990
REGELSBERGER, Ferdinand — Pandekten, I, Leipzig, 1893
REICHELT, Gerte — Die rechtsvergleichende Methode und das Internationale Privatrecht, "Österreichische Landesreferate zum X. Internationalen Kongreß für Rechtsvergleichung in Budapest 1978", Wien, 1979, p. 9 ss
— Gesamtstatut und Einzelstatut im IPR. Ein Beitrag zu den allgemeinen Lehren des Kollisionsrechts, Wien, 1985

— *Kulturgüterschutz und Internationales Privatrecht*, IPRax, 1986, p. 73 ss

REINHART, Thomas — *Die unwiderrufliche Vollmacht, ihre Stellung in der allgemeinen Rechtslehre und in ausgewählten positiven Rechtsordnungen*, Zürich, 1981

REITHMANN, Christoph — *Auslegung und Wirkung ausländischer Vollmachten*, DNotZ, 1956, p. 125 ss

— *Die Form ausländischer Vollmachten*, DNotZ, 1956, p. 469 ss

REITHMANN, Christoph, MARTINY, Dieter — *Internationales Vertragsrecht. Das internationales Privatrecht der Schuldverträge*, 4ª ed., Köln, 1988 (cit. REITHMANN, MARTINY, "Internationales Vertragsrecht") (v. HAUSMANN, Rainer; MARTINY, Dieter)

REMIEN, Oliver — *Illusion und Realität eines europäischen Privatrechts*, JZ, 1992, p. 277 ss

RENAULD, J. G. — *Droit international privé, droit comparé et philosophie du droit*, Rev. dr. int. et dr. comp., 1956, p. 78 ss

Représentation (La) dans les actes juridiques, "Travaux de l' Association Henri Capitant", III (1947), Paris, 1948, p. 109 ss

RESCIGNO, Pietro — *Relazione di sintesi*, "Rappresentanza e gestione", 1992, p. 256 ss

Restatement of the law of conflict of laws, American Law Institute, May 11, 1934, St. Paul, 1934

Restatement of the law second. Agency 2nd, American Law Institute, May 23, 1957, vol. I, §§ 1-283, vol. II, §§ 284-end, St. Paul, Minn., 1958

Restatement of the law second. Conflict of laws 2nd, American Law Institute, May 23, 1969, vol. I, §§ 1-221, vol. II, §§ 222-end, St. Paul, Minn., 1971 (com actualizações)

REUSCHLEIN, Harold Gill, GREGORY, William — *The law of agency and partnership*, 2ªed., St. Paul, Minn., 1990

REYNOLDS, F. M. B. — *Agency: theory and practice*, LQR, 1978, p. 224 ss

— *Practical problems of the undisclosed principal doctrine*, CLP, 1983, p. 119 ss

— *Agency*, in CHITTY *on contracts*, vol. II — *Specific contracts*, 1994 (chapter 31) (cit. REYNOLDS, *Agency*)

— *Commercial agents Directive*, JBL, 1994, p. 265 ss

— v. BOWSTEAD *on agency*

— v. BOWSTEAD and REYNOLDS *on agency*

RHEINSTEIN, Max — *Comparative law and conflict of laws in Germany*, Univ. Chicago L. Rev., 1934-35, p. 232 ss

— *Einführung in die Rechtsvergleichung*, 2ª ed. por Reimer von Borries, Hans-Eckart Niethammer, München, 1987

RIALS, Stéphane — *Supraconstitutionnalité et systématicité du droit*, Arch. Ph. Dr., XXXI, 1986, p. 57 ss

RIBETTES-TILLHET, J. — *Les conflits de lois en matière de représentation commerciale*, Clunet, 1964, p. 34 ss

Riforma (La) del diritto internazionale privato e processuale. Raccolta in ricordo di Edoardo Vitta (org. Giorgio Gaja), Milano, 1994
Riforma (La) del sistema di diritto internazionale privato e processuale, Milano, 1996
RIGAUX, François — *La théorie des qualifications en droit international privé*, Bruxelles, Paris, 1956
— *Le statut de la représentation. Étude de droit international privé comparé*, Leyden, 1963
— *Le conflit mobile en droit international privé*, Recueil des Cours, 1966 — I, tome 117, p. 329 ss
— *Agency*, IECL, vol. III — *Private International Law*, cap. 29, 1973
— rec. Spellenberg "Geschäftsstatut und Vollmacht im internationalen Privatrecht" (1979), RabelsZ, 1982, p. 845 ss
— *La méthode des conflits de lois dans les codifications et projets de codification de la dernière décennie*, Rev. crit., 1985, p. 1 ss
— *Science comparative et droit positif*, "FS Karl H. Neumayer", 1985, p. 503 ss
— *Droit international privé*, I — *Théorie générale*, 2ª ed., Bruxelles, 1987, II — *Droit positif belge*, 2ª ed., com a colaboração de Marc Fallon, Bruxelles, 1993
— *Examen de quelques questions laissées ouvertes par la Convention de Rome sur la loi applicable aux obligations contractuelles*, CDE, 1988, p. 306 ss
— *Droit positif, théorie du droit et science du droit*, "Conflits et harmonisation", 1990, p. 75 ss
— *The meaning of the concept of "coherence in law"*, "Coherence and conflict in law", 1992, p. 17 ss
RINCK, Gerd — *Pflichtwidrige Vertretung. Insichgeschäfte und sonstige Vollmachtmißbrauch nach Deutschem und Englischem Recht unter besonderer Berücksichtigung der Umgehungsfälle*, Berlin, 1936
RIPERT, Georges — v. PLANIOL, Marcel
— v. PLANIOL, Marcel, RIPERT, Georges
RIPERT, Georges, BOULANGER, Jean — *Traité de droit civil d'après le Traité de Planiol*, Paris, tome II — *Obligations, Droits réels*, 1957; tome III — *Sûretés réelles, Contrats civils*, 1958 (cit. RIPERT, BOULANGER, *Traité...*)
RIPERT, Georges, ROBLOT, René — *Traité de droit commercial*, tome 2, 14ª ed. por Philippe Delebecque e Michel Germain, Paris, 1994 (cit. RIPERT, ROBLOT, *Traité de droit commercial*)
RIZZOLI, Claudia — *Operare in Germania: il contratto di agenzia*, Comm. int., 1991, p. 335 ss
ROBERTSON, A. H. — *Characterization in the conflict of laws*, Cambridge, Massachusetts,1940
ROBIN DE ANDRADE, José — *O Código Civil de 1966 e o problema do reenvio ou devolução*, Jornal do Foro, sep., 1968

ROBINSON, Vivienne — *Changes to law on commercial agents*, BLB, 1993, Nov., p. 6 s
ROBLOT, R. — v. LESCOT, P., ROBLOT, R.
ROBLOT, René — v. RIPERT, Georges, ROBLOT, René
ROCCO, Alfredo — *La convalescenza dei negozi giuridici e l'art. 137 cod. di comm.*, Rdcomm., 1910, II, p. 178 ss
— *Diritto Commerciale. Parte Generale*, Milano, 1936
ROCHA, Acílio da Silva Estanqueiro — *Sistema*, Logos, vol. 4, Lisboa, São Paulo, 1992, p. 1167 ss
RODIÈRE, René — *Introduction au droit comparé*, Paris, 1979
ROLAND, Henri — v. STARCK, Boris e o.
ROLIN-JAEQUEMYNS, G. — *De l'étude de la législation comparée et du droit international privé*, Revue de droit international et de législation comparée, 1, 1869, p. 17
ROOIJ, René van, POLACK, Maurice V. — *Private international law in the Netherlands*, The Hague, 1987
ROPPO, Enzo — *Le varie tipologie di conflitto di interessi e i remedi*, "Rappresentanza e gestione", 1992, p. 188 ss
ROSENBERG, Maurice — v. REESE, Willis L. M. e o.
ROSETT, Arthur — *The unification of american commercial law: restatements and codification*, "Il diritto privato europeo", 1993, p. 99 ss
ROSS, Stephen A. — *The economic theory of agency: the principal's problem*, Am. ec. rev., "Papers and Proceedings", 1973, p. 134 ss
ROSSI, Lucia Serena — *Il problema dei conflitti fra le Convenzioni promosse dalla CEE e dalla Conferenza Permanente dell' Aja sulla disciplina internazionalprivatistica delle vendite internazionali*, DCSI, 1986, p. 347 ss
ROTTLEUTHNER, Hubert — *Les métaphores biologiques dans la pensée juridique*, Arch. Ph. Dr., XXXI, 1986, p. 215 ss
ROUAST, André — *Rapport sur la représentation dans les actes juridiques*, "Travaux de l' Association Henri Capitant", III (1947), Paris, 1948, p. 110 ss
— v. PLANIOL, Marcel, RIPERT, Georges
RUDORFF, A. — v. PUCHTA, G. F.
RUHSTRAT — *Inwiefern haftet der Mandatar aus den Verträgen, die er als solcher geschlossen hat?*, AcP 30 (1847), p. 340 ss
— *Über Stellvertretung ohne Vollmacht*, JhJb, Bd. 10, 1871, p. 208 ss
— *Zur Lehre von der Stellvertretung*, JhJb, Bd. 26, 1888, p. 456 ss
RUIZ, José Juste — *Interest-oriented analysis in international conflict of laws: the american experience*, Neth. Int'l L. Rev., 1976, p. 5 ss
RUIZ, Nuno — v. PITTA E CUNHA, Paulo de, RUIZ, Nuno
RUSSO DE CERAME, Paolo — *Sulla natura giuridica del negozio posto in essere dal "falsus procurator"*, Dir. e Giur., 1950, p. 458 ss
— *Ancora sul negozio concluso dal "falsus procurator"*, Dir. e Giur., 1951, p. 314 ss

RUTHIG, Josef — *Vollmacht und Rechtsschein im IPR*, Heidelberg, 1996
RYDER, Frank R. — v. BYLES *on Bills of exchange*

SACCO, Rudolfo — *Il contratto*, "Trattato di diritto civile italiano diretto da Filippo Vassali", vol. VI, tomo 2°, Torino, 1975
— *Introduzione al diritto comparato*, "Trattato di diritto comparato diretto da Rodolfo Sacco", 5ª ed., Torino, 1992
SACERDOTI, Giorgio — *I rapporti con le altre convenzioni e con le norme di diritto comunitario*, "Verso una disciplina comunitaria", 1983, p. 67 ss
— *Finalità e caratteri generali della Convenzione di Roma. La volontà delle parti come criterio di collegamento*, in SACERDOTI, FRIGO, "La convenzione di Roma...", 1993, p. 1 ss
SACERDOTI, Giorgio, FRIGO, Manlio e o. — *La Convenzione di Roma sul diritto applicabile ai contratti internazionali*, Milano, 1993 (cit. SACERDOTI, FRIGO, "La Convenzione di Roma...")
SAGGESE, Francesco — *La rappresentanza nella teoria e nella pratica del diritto privato italiano*, Napoli, 1933
SAHOVIC, Milan — *Le rôle de la comparaison dans le stade de préparation de la réglementation juridique internationale*, "Rapports nationaux yougoslaves au X ème Congrès International de Droit Comparé (Budapest, 1978)", Beograd, 1978, p. 183 ss
SALANITRO, Niccolò — v. AULETTA, Giuseppe, SALANITRO, Niccolò
SALVADORI, Maria Margherita — *La protezione del contraente debole (consumatori e lavoratori) nella Convenzione di Roma*, in SACERDOTI, FRIGO, "La Convenzione di Roma...", 1993, p. 43 ss
SÁNCHEZ LORENZO, Sixto — *Postmodernismo y derecho internacional privado*, R. E. D. I., 1994, p. 557 ss
— v. FERNÁNDEZ ROZAS, José Carlos, SÁNCHEZ LORENZO, Sixto
SANDROCK, Otto — *Die Bedeutung des Gesetzes zur Neuregelung des Internationalen Privatrechts für die Unternehmenspraxis*, RIW, 1986, p. 841 ss
— *Handbuch der Internationalen Vertragsgestaltung. Ein Leitfaden für den Abschluß von Verträgen im internationalen Wirtschaftsverkehr*, Bd. 1, Heidelberg, 1980 (cit. "Handbuch der Internationalen Vertragsgestaltung") (v. MÜLLER, Peter; STEINSCHULTE, Fritz-Peter)
SANTINI, Gerardo — *L' opponibilità delle eccezioni nella cambiale firmata da falsus procurator*, Rdcomm., 1953, I, p. 60 ss
SANTORO-PASSARELLI, Francesco — *Responsabilità del fatto altrui, mandato, contratto di lavoro gestorio*, Foro it., 1937, IV, c. 329 ss
— *Dottrine generali del diritto civile*, 9ª ed., Napoli, 1966
SARCEVIC, Petar — *The Geneva Convention on agency in the international sale of goods*, "International sale of goods. Dubrovnik lectures" (ed. Petar Sarcevic, Paul Volken), New York, London, Rome, 1986, p. 443 ss
SASSE VAN YSSELT, Th. van — v. GIULIANO, Mario e o.
SAULLE, Maria Rita — *Lineamenti del nuovo diritto internazionale privato. L. 31 maggio 1995 n. 218 e norme richiamate*, Napoli, 1995

SAUSER-HALL, Georges — *Fonction et méthode du droit comparé. Leçon inaugurale faite le 23 octobre 1912*, Genève, 1913
SAUSSURE, Claude de — *L' acte juridique fait sans pouvoirs de représentation. Étude de l' art. 38 Code des obligations*, Lausanne, 1945
SAUVEPLANNE, Jean Georges — *Renvoi*, IECL, vol. III — *Private International Law*, cap. 6, 1990
SAVATIER, René — *Mandat*, in PLANIOL, RIPERT, *Traité pratique de droit civil Français*, 2ª ed., tome XI — *Contrats civils, 2.ème partie*, Paris, 1954
— *L' écran de la représentation devant l' autonomie de la volonté de la personne*, Dalloz, 1959, Chr., IX, p. 47 ss
— *La théorie des obligations. Vision juridique et économique*, 3ª ed., Paris, 1974
SAVIGNY, Friedrich Karl von — *System des heutigen römischen Rechts*, Bd. 1, Berlin, 1840; Bd. 3, Berlin, 1840, reimp., Darmstadt, 1981; Bd. 8, Berlin, 1849, reimp., Darmstadt, 1981
— *Das Obligationenrecht als Theil des heutigen römischen Rechts*, Berlin, 1851-1853, reimp., Darmstadt, 1987
SCHAEFFNER, Wilhelm — *Entwicklung des Internationalen Privatrechts*, Frankfurt a. M., 1841
SCHALL, Reinhard — *Die Anscheinsvollmacht im deutschen und französischen Recht und die Lehre vom berechtigten Irrtum*, München, 1971
SCHERER, Matthias — v. LALIVE, Pierre, SCHERER, Matthias
SCHEURL — *Zur Verhandlung über die Mitwirkung für fremde Rechtsgeschäfte*, JhJb, Bd. 2, 1858, p. 1 ss
SCHLECHTRIEM, Peter — *Deutsche Grundsätze zum "Sprachrisiko" als "Datum" unter italienischem Vertragsstatut* (an. OLG Hamm, 8.2.1995), IPRax, 1996, p. 184
— v. CAEMMERER, Ernst von, SCHLECHTRIEM, Peter
SCHLEGELBERGER, Franz — *Rechtsvergleichendes Handwörterbuch für das Zivil- und Handelsrecht des In- und Auslandes*", Berlin, 1929 ss
SCHLESINGER, Rudolf B. — *The common core of legal systems. An emerging subject of comparative study*, "XXth. century comparative and conflicts law", 1961, p. 65 ss (= "Rechtsvergleichung", 1978, p. 249 ss, a que se referem as citações)
— *Introduction*, in *Formation of contracts. A study of the common core of legal systems* (ed. Rudolf B. Schlesinger), vol. I, Dobbs Ferry, N.Y., London, 1968, p. 1 ss
SCHLESINGER, Rudolf, BAADE, Hans, DAMASKA, Mirjan, HERZOG, Peter — *Comparative law. Cases, text, materials*, 5ª ed., Mineola, New York, 1988
SCHLOSSHAUER-SELBACH, Stefan — *Das Internationale Privatrecht in der Fallbearbeitung*, JuS, 1985, p. 621 ss, 786 ss, 962 ss
SCHLOSSMANN, Siegmund — *Die Lehre von der Stellvertretung. Insbesondere bei obligatorischen Verträgen*, Leipzig, I — *Kritik der herrschenden Lehren*, 1900, II — *Versuch einer wissenschaftlichen Grundlegung*, 1902, reimp., Darmstadt, 1970

SCHLUEP, Walter R. — v. GAUCH, Peter e o.
SCHMEDING, Jörg G.-A. — *Zur Bedeutung der Rechtswahl im Kollisionsrecht. Ein Beitrag zur funktionalen Methode nach von Mehren/Trautman*, RabelsZ, 1977, p. 299 ss
SCHMID, Jörg — *Die Geschäftsführung ohne Auftrag*, Freiburg, 1992
SCHMIDT, Karsten — *Offene Stellvertretung. Der "Offenkundigkeitsgrundsatz" als Teil der allgemeinen Rechtsgeschäftslehre*, JuS, 1987, p. 425 ss
— *Handelsrecht*, 3ª ed., Köln, Berlin, Bonn, München, 1987
— *Gesellschaftsrecht*, 2ª ed., Köln, Berlin, Bonn, München, 1991
— *Falsus-procurator-Haftung und Anscheinsvollmacht. Ein Versuch über Zivilrechtsdogmatik und Prozeßstrategie*, "FS Joachim Gernhuber", 1993, p. 435 ss
SCHMIDT, Torben Svenné — *The preliminary question and the question of substitution in conflict of laws*, "Skandinavian studies in law", Stockholm, 1968, p. 91 ss
SCHMITTHOFF, Clive M. — *The english conflict of laws*, 3ª ed., London, 1954
— *International trade law and private international law*, "FS Hans Dölle", II, 1963, p. 257 ss
— *The law of international trade, its growth, formulation and operation*, "The sources of the law of international trade", 1964, p. 3 ss
— *Das neue Recht des Welthandels*, RabelsZ, 1964, p. 47 ss
— *Agency in international trade. A study in comparative law*, Recueil des Cours, 1970 — I, tome 129, p. 107 ss
— *Nature and evolution of the transnational law of commercial transactions*, "The transnational law of international commercial transactions", vol. 2, 1982, p. 19 ss
SCHMITTHOFF's *agency and distribution agreements* (ed. Stephen Kenion-Slade, Michael Thornton), London, 1992
SCHNITZER, Adolf F. — *Rechtsanwendung auf Verträge*, "FS Hans Lewald", 1953, p. 383 ss
— *Bedarf das schweizerische internationale Privatrecht eines neues Gesetzes?*, Schw. Jb. int. R., 1955, p. 55 ss
— *Handbuch des internationalen Privatrecht einschließlich Prozeßrecht, unter besonderer Berücksichtigung der Schweizerischen Gesetzgebung und Rechtsprechung*, 4ª ed., Basel, I — 1957, II — 1958
— *Entwurf eines Rechtsanwendungsgesetzes*, "FG Max Gutzwiller", 1959, p. 429 ss
— *Vergleichende Rechtslehre*, 2ª ed., Basel, 1961
— *Les contrats internationaux en droit international privé suisse*, Recueil des Cours, 1968 — I, tome 123, p. 541 ss
— *Die Zuordnung der Verträge im internationalen Privatrecht*, RabelsZ, 1969, p. 17 ss
— *Rechtsvergleichung, Internationales Privatrecht und Völkerrecht im System des Rechts*, ZfRV, 1976, p. 13 ss

SCHNURRENBERGER, Albert — *Vollmacht und Grundverhältnis nach schweizerischem und deutschem Recht sowie nach internationalem privatrecht*, Basel, 1969
SCHNYDER, Anton K. — *Das neue IPR-Gesetz. Eine Einführung in das Bundesgesetz vom 18. Dezember 1987 über das internationale Privatrecht (IPRG)*, 2ª ed., Zürich, 1990
— v. *Kommentar zum schweizerischen Privatrecht*
SCHOCH, Magdalena — *Ueber Auftrag und Vollmacht im internationalen Privatrecht*, Giur. comp. d. i. p., 1938, IV, p. 290 ss
SCHOTT, Clausdieter — *Der Mißbrauch der Vertretungsmacht*, AcP 171 (1971), p. 385 ss
SCHRAMM, Karl-Heinz — col. *Münchener Kommentar..., Vertretung. Vollmacht*, 3ª ed., 1993 (cit. SCHRAMM, *Münch.Komm.*)
SCHRÖDER, Jochen — *Die Anpassung von Kollisions- und Sachnormen*, Berlin, 1961
SCHUBERT, Johann-Georg — *Anscheinsvollmacht und Privatautonomie. Ein Beitrag zur Zurechnungslehre im rechtsgeschäftlichen Bereich unter besonderer Berücksichtigung der Lehre von der Scheinvollmacht*, Berlin, 1970
SCHUBERT, Mathias — *Internationale Verträge und Eingriffsrecht — ein Beitrag zur Methode des Wirtschaftskollisionsrechts*, RIW, 1987, p. 729 ss
SCHULTSZ, J. C. — *The concept of caracteristic performance and the effect of the E.E.C. Convention on carriage of goods*, "Contract conflicts", 1982, p. 185 ss
SCHULZE, Reiner — *Le droit privé commun européen*, RIDC, 1995, p. 7 ss
SCHURIG, Klaus — *Kollisionsnorm und Sachrecht. Zu Struktur, Standort und Methode des internationalen Privatrechts*, Berlin, 1981
— *Die Struktur des kollisionsrechtlichen Vorfragenproblems*, "FS Gerhard Kegel", 1987, p. 549 ss
— *Zwingendes Recht, "Eingriffsnormen" und neues IPR*, RabelsZ, 1990, p. 217 ss
— *Interessenjurisprudenz contra Interessenjurisprudenz im IPR. Anmerkungen zu Flessners Thesen*, RabelsZ, 1995, p. 227 ss
SCHÜTZ, Carsten — *Die UNCITRAL-Konvention über internationale gezogene Wechsel und internationale Eigenwechsel vom 9. Dezember 1988*, Berlin, New York, 1992
SCHWANDER, Ivo — *Lois d'application immédiate, Sonderanknüpfung, IPR--Sachnormen und andere Ausnahmen von der gewöhnlichen Anknüpfung im internationalen Privatrecht*, Zürich, 1975
— *Internationales Vertragsschuldrecht — Direkte Zuständigkeit und objektive Anknüpfung*, "FS Rudolf Moser", 1987, p. 79 ss
— *Die Rechtswahl im IPR des Schuldvertragsrechts*, "FS Max Keller", 1989, p. 473 ss
— *Einführung in das internationale Privatrecht*, I — *Allgemeiner Teil*, 2ª ed., St. Gallen, 1990

— *Zum Gegenstand des internationalen Privatrechts*, "FS Mario M. Pedrazzini", 1990, p. 355 ss
SCHWARZ, Hubertus — *Sobre a evolução do mandato aparente nos direitos romanísticos. Seu significado para o direito português*, RDES, XIX, 1972, p. 99 ss
SCHWEIZER, Philippe — v. KNOEPFLER, François, SCHWEIZER, Philippe
SCHWIMANN, Michael — an. OGH, 31.10.1974, ZfRV, 1975, p. 229 ss
— *Grundriß des internationalen Privatrechts. Mit besonderer Berücksichtigung der IPR-Staatsverträge*, Wien, 1982
SCHWIND, Fritz — *Rechtsvergleichung, Rechtsvereinheitlichung und internationales Privatrecht*, JBl., 1956, p. 33 ss
— *Von der Zersplitterung des Privatrechts durch das internationale Privatrecht und ihrer Bekämpfung*, RabelsZ, 1958, p. 449 ss
— *Prinzipien des neuen österreichischen IPR-Gesetzes*, StAZ, 1979, p. 109 ss
— *Systembegriff und Funktionsbegriff. Miszelle zur Theorie des IPR*, "FS Helmut Coing", II, 1982, p. 483 ss
— *Aspects et sens du droit international privé*, Recueil des Cours, 1984 — IV, tome 187, p. 11 ss
— *Internationales Privatrecht. Lehr- und Handbuch für Theorie und Praxis*, Wien, 1990
SCHWONKE, Martina — *Verkehrsschutz bei der Stellvertretung im deutschen Recht und in den lateinamerikanischen Rechten*, Baden-Baden, 1990
SCOGNAMIGLIO, Renato — *Contratti in generale*, Milano, 1961
SCOLES, Eugene, HAY, Peter — *Conflict of laws*, St. Paul, Minn., 1982, 2ª ed., 1992
Scritti di diritto internazionale in onore di Tomaso Perassi, II, Milano, 1957 (cit. "Scritti in onore di Tomaso Perassi")
SEAVEY, Warren A. — *The rationale of agency*, Yale L. Rev., 1920, p. 859 ss (= "Studies in agency", St. Paul, Minn., 1949, p. 65 ss, a que se referem as citações)
— *Undisclosed principal; unsettled problems*, Howard L. J., 1955, p. 79 ss
— *Handboock of the law of agency*, St. Paul, Minn., 1964
SEDLER, Robert A. — *The governmental interest approach to choice of law: an analysis and a reformulation*, U.C.L.A. L. Rev., 1977, p. 181 ss
— *Reflections on conflict-of-laws methodology*, Hastings L. J., 1981, p. 1628 ss
— *Interest analysis and forum preference in the conflict of laws: a response to the "new critics"*, Mercer L. Rev., 1983, p. 593 ss
SEGRÈ, Tullio — *Il diritto comunitario della concorrenza come legge di applicazione necessaria*, Rdintpriv.proc., 1979, p. 75 ss
SEIPEN, Christoph von der — *Akzessorische Anknüpfung und engste Verbindung im Kollisionsrecht der komplexen Vertragsverhältnisse*, Heidelberg, 1989

SELL, W. Edward — *Agency*, Mineola, New York, 1975

SENDIM, José de Sousa Cunhal — *Notas sobre o princípio da conexão mais estreita no direito internacional privado matrimonial português*, Direito e Justiça, 1993, p. 311 ss

SENDIN, Paulo Merelo — *Letra de câmbio. L. U. de Genebra*, vol. II — *Obrigações cambiárias*, Coimbra, 1982

SERICK, Rolf — *Die Sonderanknüpfung von Teilfragen im internationalen Privatrecht*, RabelsZ, 1953, p. 633 ss

SERVAIS, Olivier — v. MATRAY, Didier, SERVAIS, Olivier

SHAHANI, Ray — *Internal relations between principals and agents in the international sale of goods. Comparative presentation of the provisions of the Council Directive of the European Communities on the coordination of the laws of the member states relating to self-employed commercial agents (86/653 EEC), the preliminary draft of a Unidroit convention on contracts of agency in the international sale of goods (COCAISG) drawn up by Professor Dietrich Maskow and the final draft of the model form of agency contract for international trade (self-employed commercial agents) of the International Chamber of Commerce, incorporating the comments on COCAISG of governments and correspondents of the Institute*, St/LXXI, doc. 2, Roma, UNIDROIT, Fevereiro 1992

SIEBERT, Wolfgang — *Zur Lehre vom Missbrauch der Vertretungsmacht (Vertretung und Geschäftsführung)*, ZgesStW, 1935, p. 629 ss

SIEGRIST, Eberhard — *Gleichberechtigung von Mann und Frau und internationales Privatrecht*, RabelsZ, 1959, p. 54 ss

SIEHR, Kurt — *Ehrenzweigs Lex-Fori-Theorie und ihre Bedeutung für das amerikanische und deutsche Kollisionsrecht*, RabelsZ, 1970, p. 585 ss

— *Wechselwirkungen zwischen Kollisionsrecht und Sachrecht*, RabelsZ, 1973, p. 466 ss

— *Scherz und Ernst im Internationalen Privatrecht. Gedanken zur Vergangenheit, Gegenwart und Zukunft des Kollisionsrecht*, "FS Imre Zajtay", 1982, p. 409 ss

— *Normen mit eigener Bestimmung ihres räumlich-persönlichen Anwendungsbereichs im Kollisionsrecht der Bundesrepublik Deutschland*, RabelsZ, 1982, p. 357 ss

— *Ökonomische Analyse des Internationalen Privatrechts*, "FS Karl Firsching", 1985, p. 269 ss

— *Gemeinsame Kollisionsnormen für das Recht der vertraglichen und ausservertraglichen Schuldverhältnisse*, "FS Rudolf Moser", 1987, p. 101 ss

— *Ausländische Eingriffsnormen im inländischen Wirtschaftskollisionsrecht*, RabelsZ, 1988, p. 41 ss

— *Die Parteiautonomie im Internationalen Privatrecht*, "FS Max Keller", 1989, p. 485 ss

— *Rechtsangleichung im IPR durch nationale Kodifikationen*, "Conflits et harmonisation", 1990, p. 205 ss

— v. KELLER, Max, SIEHR, Kurt
SILVA CUNHA, J. — *Direito internacional público. Introdução e fontes*, 5ª ed., Lisboa, 1991
SIMLER, Philippe — v. TERRÉ, François e o.
SIMÕES PATRÍCIO, José — *Conflito da lei interna com fontes internacionais: o artigo 4º do Decreto-Lei nº 262/83*, sep. BMJ, Lisboa, 1984
SIMON-DEPITRE, Marthe — an. Cour d' appel de Limoges, 10.11.1970, Tribunal de commerce de Paris, 4.12.1970, Rev. crit., 1971, p. 708 ss
SIMONETTO, Ernesto — *Il contratto concluso dal falsus procurator con il terzo ignaro del difetto di procura* (an. C. App. Venezia, 25.3.1954), Rdcomm., 1954, II, p. 381 ss
SIMSON, Gary J. — *Plotting the next "revolution" in choice of law: a proposed approach*, "New directions in choice of law", 1991, p. 279 ss
SINDE MONTEIRO, Jorge Ferreira — *Responsabilidade por conselhos, recomendações ou informações*, Coimbra, 1989
SINGER, Joseph William — *Facing real conflicts*, "New directions in choice of law", 1991, p. 197 ss
SMID, Stefan — *Botenschaft und Stellvertretung*, JuS, 1986, p. L 9 ss
SMITH, Juan Carlos — *El método comparativo en el derecho internacional privado*, Derecho Comparado, 1980, p. 69 ss
SOERGEL *Bürgerliches Gesetzbuch mit Einführungsgesetz und Nebengesetzen*, Bd. 1 — *Allgemeiner Teil (§§ 1-240)*, 12ª ed., Stuttgart, Berlin, Köln, Mainz, 1987 (v. LEPTIEN, Ulrich); Bd. 7 — *Einführungsgesetz*, 10ª ed., Stuttgart, Berlin, Köln, Mainz, 1970 (v. KEGEL, Gerhard); Bd. 8 — *Einführungsgesetz*, 11ª ed., Stuttgart, Berlin, Köln, Mainz, 1983 (v. LÜDERITZ, Alexander)
SOLIMINE, Michael E. — *Choice of law in the american courts in 1991*, AJCL, 1992, p. 951 ss
SONNENBERGER, Hans-Jürgen — *Introduction générale à la réforme du droit international privé dans la République fédérale d' Allemagne selon la loi du 25 juillet 1986*, Rev. crit., 1987, p. 1 ss
— col. *Münchener Kommentar..., Einführungsgesetz zum BGB*, 2ª ed., 1990 (cit. SONNENBERGER, *Münch.Komm.*)
— *Europarecht und Internationales Privatrecht*, ZVglRWiss, 1996, p. 3 ss
— v. FERID, Murad, SONNENBERGER, Hans-Jürgen
SONNENSCHEIN, Jürgen — col. HEYMANN *Handelsgesetzbuch, Prokura und Handlungsvollmacht; Handelsvertreter*, 1989 (cit. HEYMANN/SONNENSCHEIN, *HGB*)
Sources (The) of the law of international trade with special reference to east--west trade (ed. Clive M. Schmitthoff), London, 1964 (cit. "The sources of the law of international trade")
SOUSA SANTOS, Boaventura de — *O discurso e o poder. Ensaio sobre a sociologia da retórica jurídica*, BFD, sep. nº especial "Estudos em homenagem ao Prof. Doutor José Joaquim Teixeira Ribeiro", 1980

— *Uma cartografia simbólica das representações sociais: prolegómenos a uma concepção pós-moderna do direito*, Revista Crítica de Ciências Sociais, n° 24, Março 1988, p. 139 ss

SOUSI, Blanche — *La Convention de Rome et la loi applicable aux contrats bancaires*, IUIL, policop., 1993

SOWINSKI, Bernhard — *Textlinguistik. Eine Einführung*, Stuttgart, Berlin, Köln, Mainz, 1983

SPANOGLE, John A. — *United Nations: Convention on international bills of exchange and international promissory notes. Introdutory note*, ILM, vol. XXVIII, n° 1, Jan. 1989, p. 170 ss

— *The arrival of international private law*, Geo. Wash. J. Int'l L. & Econ., 1991, p. 477 ss

— *The proposed UNCITRAL Convention on international bills of exchange and international promissory notes*, "Current legal issues affecting Central Banks" (ed. Robert C. Effros), vol. I, International Monetary Fund, Washington, 1992, p. 461 ss

— *The U. N. Convention on international bills and notes (CIBN): a primer for attorneys and international bankers*, UCCLJ, 1992, p. 99 ss

SPELLENBERG, Ulrich — *Geschäftsstatut und Vollmacht im internationalen Privatrecht*, München, 1979

— *Atypischer Grundstücksvertrag, Teilrechtswahl und nicht ausgeübte Vollmacht* (an. OLG München, 10.3.1988), IPRax, 1990, p. 295 ss

— col. *Münchener Kommentar..., Einführungsgesetz zum BGB*, 2ª ed., 1990 (cit. SPELLENBERG, *Münch.Komm.*)

SPERDUTI, Giuseppe — *Droit international privé et droit public étranger*, Clunet, 1977, p. 5 ss

— *Les lois d'application nécessaire en tant que lois d'ordre public*, Rev. crit., 1977, p. 257 ss

— *Critique des termes "règles delimitant leur propre domaine d'application"*, "Rapports nationaux italiens au XI ème Congrès International de Droit Comparé (Caracas, 1982)", Milano, 1982, p. 157 ss

SPIEß, Hermann — *Vertretungsmacht im deutschen internationalen Privatrecht*, Düsseldorf, 1934

STARACE, Vincenzo — *La rappresentanza nel diritto internazionale privato*, Napoli, 1962

— *La procura nel diritto internazionale privato*, Rdintpriv.proc., 1996, p. 421 ss

— v. CAPOTORTI, Francesco e o.

STARACE, Vincenzo, BELLIS, Saverio de — *Rappresentanza (diritto internazionale privato)*, Enc. Dir., XXXVIII, 1987, p. 489 ss

STARCK, Boris, ROLAND, Henri, BOYER, Laurent — *Droit civil. Obligations*: 2 — *Contrat et quasi-contrat. Régime général*, 2ª ed., Paris, 1986 (cit. STARCK, ROLAND, BOYER, *Obligations*, 2)

STAUB *Handelsgesetzbuch. Großkommentar*, 4ª ed. por Claus-Wilhelm Canaris, Wolfgang Schilling, Peter Ulmer, Berlin, New York, 1991 (cit. STAUB, *HGB*) (v. BRÜGGEMANN, Dieter; JOOST, Detlev)

STAUDER, Bernd — *La Convention de Genève de 1983 sur la représentation en matière de vente internationale de marchandises*, "Mélanges Robert Patry", Lausanne, 1988, p. 216 ss

Staudingers Kommentar zum Bürgerlichen Gesetzbuch mit Einführungsgesetz und Nebengesetzen, Einführungsgesetz zum BGB, 10ª-11ª ed., Berlin, 1978 (v. FIRSCHING, Karl), 12ª ed., Berlin, 1984 (v. FIRSCHING, Karl), 13ª ed., Berlin, 1993 (v. GROSSFELD, Bernhard); *Allgemeiner Teil (§§ 90- -240)*, 12ª ed., Berlin, 1980 (v. DILCHER, Hermann)

STEDING, Ulrich — *Die Anknüpfung der Vollmacht im internationalen Privatrecht*, ZVglRWiss, 1987, p. 25 ss

STEFFEN, Erich — col. BGB-RGRK, *Vertretung. Vollmacht*, 12ª ed., 1982 (cit. BGB-RGRK-STEFFEN)

STEINSCHULTE, Fritz-Peter — col. SANDROCK, "Handbuch der Internationalen Vertragsgestaltung", *Grundfragen des Internationalen Vertragsrechts: Die Kollisionsrechtliche Anknüpfung von Schuldverträgen*, 1980 (cit. SANDROCK/STEINSCHULTE, *Grundfragen des Internationalen Vertragsrechts*)

STELÉ, Daniela, CERINA, Paolo — *La réforme du droit international privé en Italie: loi nº 218 du 31 Mai 1995*, RDAI, 1996, p. 11 ss

Stellungnahme des Max-Planck-Instituts für ausländisches und internationales Privatrecht zum Regierungsentwurf von 1983, RabelsZ, 1983, p. 595 ss

STENGERS, I. — v. PRIGOGINE, I., STENGERS, I.

STETTLER, Martin — *Droit civil*, I — *Représentation et protection de l' adulte*, 3ª ed., Fribourg, 1992 (cit. *Représentation* ...)

STÖCKER, Hans A. — *Das Genfer Übereinkommen über die Vertretung beim internationalen Warenkauf*, WM, 1983, p. 778 ss

STOFFEL, Walter A. — *Le rapport juridique international*, "Conflits et harmonisation", 1990, p. 421 ss

STOJANOVIC, Srdjan — *Le droit des obligations dans la nouvelle loi fédérale suisse sur le droit international privé*, Rev. crit., 1988, p. 261 ss

STOLFI, Giuseppe — *Sulla ratifica della compravendita immobiliare conchiusa dal rappresentante senza potere*, Rdcomm., 1936, II, p. 63 ss

— *Teoria del negozio giuridico*, Padova, 1947

— *In tema di recesso unilaterale del terzo contraente* (an. C. App. Napoli, 14.2.1955, Cass. civ., 21.6.1955), Foro it., 1955, I, c. 979 ss

STOLJAR, S. J. — *The law of agency. Its history and present principles*, London, 1961

STOLL, Hans — *Kollisionsrechtliche Fragen beim Kommissionsgeschäft unter Berücksichtigung des internationalen Börsenrechts*, RabelsZ, 1959, p. 601 ss

— *Deliktsstatut und Tatbestandswirkung ausländischen Rechts*, "Multum non multa", 1980, p. 259 ss

— *Gerichtsstand des Erfüllungsortes nach Art. 5 Nr. 1 EuGVÜ bei strittigem Vertragsschluß* (an. BGH, 13.5.1982), IPRax, 1983, p. 52 ss
— *Rechtliche Inhaltskontrolle bei internationalen Handelsgeschäften*, "FS Gerhard Kegel", 1987, p. 623 ss

STOLL, Heinrich — *Begriff und Konstruktion in der Lehre der Interessenjurisprudenz*, "FG Philipp Heck, Mar Rümelin, Arthur Benno Schmidt", 1931, p. 60 ss
— *Der Missbrauch der Vertretungsmacht*, "FS Heinrich Lehmann", 1937, p. 115 ss

STONE, Peter — *The conflict of laws*, London, New York, 1995
— v. LASOK, D., STONE, P. A.

STORCK, Michel — *Essai sur le mécanisme de la représentation dans les actes juridiques*, Paris, 1982

STORY, Joseph — *Commentaries on the conflict of laws, foreign and domestic, in regard to contracts, rights and remedies, and specially in regard to marriages, divorces, wills, successions, and judgments*, Boston, 1834, 2ª ed., 1872

STOUFFLET, Jean — *L' oeuvre de la Chambre de commerce internationale dans le domaine bancaire*, "Études Goldman", 1987, p. 361 ss

STREIT, G. — *Droit international privé comparé. Communication faite à l' Académie diplomatique internationale le 20 octobre 1928*, Rev. crit., 1929, p. 146 ss

STRENGER, Irineu — *La notion de lex mercatoria en droit du commerce international*, Recueil des Cours, 1991 — II, tome 227, p. 209 ss

Structure (The) of law. Proceedings of the 2nd Benelux-Scandinavian Symposium in Legal Theory, Uppsala, Dec 11-13, 1986 (ed. Ake Frändberg, Mark van Hoecke), Uppsala, 1987 (cit. "The structure of law")

STRUYCKEN, A. V. M. — *Les conséquences de l' intégration européenne sur le développement du droit international privé*, Recueil des Cours, 1992 — I, tome 232, p. 257 ss

STUMBERG, George Wilfred — *Principles of conflict of laws*, 3ª ed., Brooklyn, 1963

STURM, Fritz — *Personnes, famille et successions dans la Loi du 25 juillet 1986 portant réforme du droit international privé allemand*, Rev. crit., 1987, p. 33 ss
— v. RAAPE, Leo, STURM, Fritz

SUMAMPOUW, Mathilde — *Les nouvelles conventions de La Haye. Leur application par les juges nationaux*, tome V, com a colaboração de Elise N. Frohn, Jan M. Hebly, Michiel J. de Rooij, The Hague, Boston, London, 1996 (cit. M. SUMAMPOUW, *Les nouvelles conventions de La Haye*)

SUMMERS, Robert S. — v. WHITE, James J., SUMMERS, Robert S.

SURA, Achim — *Die Anknüpfung des internationalen Handelsvertretervertrages*, DB, 1981, p. 1269 ss

SVERNLÖV, Carl — *Agency and distribution in Sweden*, ICCLR, 1994, p. 374 ss
SYKES, Alan O. — *The economics of vicarious liability*, Yale L. J., 1984, p. 1231 ss
SYMÉONIDES, Syméon C. — *Les grands problèmes de droit international privé et la nouvelle codification de Louisiane*, Rev. crit., 1992, p. 223 ss
— *Private international law codification in a mixed jurisdiction: the Louisiana experience*, RabelsZ, 1993, p. 460 ss
— *Louisiana conflicts law: two "surprises"*, Louisiana L. Rev., 1994, p. 497 ss
— *The ALI's Complex Litigation Project: commencing the national debate*, Louisiana L. Rev., 1994, p. 843 ss
— *Choice of law in the american courts in 1993 (and in the six previous years)*, AJCL, 1994, p. 599 ss
— v. KOZYRIS, John, SYMÉONIDES, Syméon C.
Système (Le) juridique, Arch. Ph. Dr., XXXI, 1986
SZÁSZY, Étienne de — *Droit international privé comparé. Traité de législation comparée avec référence spéciale au droit égyptien et musulman*, Alexandrie, Paris, 1940
— *Conflict of laws in the western, socialist and developing countries*, Leiden, 1974

TABORDA FERREIRA, Vasco — *Sistema do direito internacional privado segundo a lei e a jurisprudência*, Lisboa, 1957
— *Considerações sobre o problema das qualificações em direito internacional privado*, Scientia Iuridica, VIII, 1959, nºs 42/43, p. 386 ss, nº 44, p. 510 ss, IX, 1960, nºs 48/49, p. 356 ss
— *Vers la solution du problème des qualifications*, "De conflictu legum", 1962, p. 493 ss
TANK, Gerhard — *Der Mißbrauch von Vertretungsmacht und Verfügungsbefugnis*, NJW, 1969, p. 6 ss
TAUPITZ, Jochen — *Privatrechtsvereinheitlichung durch die EG: Sachrechts- oder kollisionsrechtsvereinheitlichung?*, JZ, 1993, p. 533 ss
TAVARES, José — *Os princípios fundamentais do direito civil*, vol. II — *Pessoas, cousas, factos jurídicos*, Coimbra, 1928
TEIXEIRA, Pedro Nascimento — *A questão da protecção dos consumidores nos contratos plurilocalizados*, ROA, 1994, p. 181 ss
TEIXEIRA DE SOUSA, Miguel — *O concurso de títulos de aquisição da prestação. Estudo sobre a dogmática da pretensão e do concurso de pretensões*, Coimbra, 1988
TERCIER, Pierre — *Les contrats spéciaux*, 2ª ed., com a colaboração de Silvio Venturi, Zürich, 1995
— v. GAUCH, Peter e o.
TERRÉ, François — v. WEILL, Alex, TERRÉ, François
TERRÉ, François, SIMLER, Philippe, LEQUETTE, Yves — *Droit civil. Les obligations*, Paris, 1993 (cit. TERRÉ, SIMLER, LEQUETTE, *Les obligations*)

TEUBNER, Gunther — *O direito como sistema autopoiético*, trad. portuguesa da edição alemã (1989), por J. Engrácia Antunes, Lisboa, 1993

THEUX, Axel de — *Le droit de la représentation commerciale. Étude comparative et critique du statut des représentants salariés et des agents commerciaux*, Bruxelles, tome 1, 1975; tome 2, vol. I, 1977, vol. II, 1981

THIELE — col. *Münchener Kommentar..., Vertretung. Vollmacht*, 2ª ed., 1984 (cit. THIELE, *Münch.Komm.*)

THÖL, Heinrich — *Das Handelsrecht*, I, 5ª ed., Leipzig, 1875

THUESEN, Elizabeth — *Approximation of agency law and the proposed EEC directive on the law relating to commercial agents*, ELR, 1981, p. 427 ss

TOCHTERMANN, Barbara — *Die Anscheinsvollmacht im deutschen und amerikanishen Recht. Eine rechtsvergleichende Untersuchung*, München, 1969

TOMASI, Albert — *Les conflits de lois en matière de représentation conventionnelle et l' opportunité d' une convention internationale*, Rev. crit., 1958, p. 651 ss

TOURNEAU, Philippe Le — *De l' évolution du mandat*, Dalloz, 1992, Chr., p. 157 ss

Transnational (The) law of international commercial transactions (ed. Norbert Horn, Clive M. Schmitthoff), vol. 2 — *Studies in transnational economic law*, Antwerp, Boston, London, Frankfurt, 1982 (cit. "The transnational law of international commercial transactions")

TRAUTMAN, Donald T. — *Some thoughts on choice of law, judicial discretion, and the ALI's Complex Litigation Project*, Louisiana L. Rev., 1994, p. 835 ss

Travaux de la Commission de réforme du Code Civil, Paris, 1947-1948

Travaux de la Commission de réforme du Code de Commerce et du droit des sociétés, 5º vol., Paris, 1951

TREITEL, G. H. — *The law of contract*, 9ª ed., London, 1995

TREVES, Tullio — *Norme imperative e di applicazione necessaria nella Convenzione di Roma del 19 giugno 1980*, Rdintpriv.proc., 1983, p. 25 ss (= "Verso una disciplina comunitaria", 1983, p. 25 ss)

— col. *Riforma del sistema italiano di diritto internazionale privato: legge 31 maggio 1995 n. 218 — Commentario*, Rdintpriv.proc., 1995, p. 905 ss (cit. TREVES, *Commentario*)

TRINIDAD GARCÍA, M. Luisa — v. MARÍN LÓPEZ, Antonio

TROMBETTA-PANIGADI, Francesca — *L' unificazione del diritto in materia di contratti internazionali di intermediazione e di rappresentanza*, "L' unificazione del diritto internazionale privato e processuale", 1989, p. 917 ss

— col. *Riforma del sistema italiano di diritto internazionale privato: legge 31 maggio 1995 n. 218 — Commentario*, Rdintpriv.proc., 1995, p. 905 ss (cit. TROMBETTA-PANIGADI, *Commentario*)

TROUSSE, Paul-Emile — *L' orientation comparative du droit international privé*, "En hommage à Léon Graulich ses anciens élèves", Liège, 1957, p. 283 ss

TUHR, Andreas von, PETER, Hans — *Allgemeiner Teil des Schweizerischen Obligationenrechts*, Bd. 1, 3ª ed., Zürich, 1979

UNGER, Roberto Mangabeira — *The critical legal studies movement*, Cambridge, Mass., London, 1986
Unification and comparative law in theory and practice. Contributions in honour of Jean Georges Sauveplanne, Deventer, Antwerp, Boston, London, Frankfurt, 1984 (cit. "Unification and comparative law in theory and practice")
Unificazione (L') del diritto internazionale privato e processuale. Studi in memoria di Mario Giuliano, Padova, 1989 (cit. "L' unificazione del diritto internazionale privato e processuale")

VALLADÃO, Haroldo — *Private international law, uniform law, and comparative law*, "XXth. century comparative and conflicts law", 1961, p. 98 ss
— *Direito internacional privado em base histórica e comparativa, positiva e doutrinária, especialmente dos Estados americanos. Introdução e parte geral*, Rio de Janeiro, São Paulo, 1968
VALLINDAS, Petros G. — *Le principe du droit unique en droit international privé grec*, Rev. hell. dr. int., 1948, p. 41 ss
— *Réflexions sur la conclusion des conventions de droit international privé uniforme*, "Scritti in onore di Tomaso Perassi", II, 1957, p. 353 ss
— *Droit uniforme international et droit comparé*, "FS Max Gutzwiller", 1959, p. 189 ss
VANDER ELST, Raymond — *Antinomies en droit international privé*, "Les antinomies en droit", 1965, p. 138 ss
— *Le rattachement accessoire en droit international privé*, "L' unificazione del diritto internazionale privato e processuale", 1989, p. 963 ss
VARELLI, Carlo — *Inefficacia del contratto concluso dal "falsus procurator" (art. 1398, 1599 CC)*, Giur. compl. Cass. Civ., 1952, III, p. 731 ss
— *Somiglianze e differenze tra la ratifica del contratto concluso del "falsus procurator" e la convalida del contratto annullabile (art. 1398, 1444 CC)*, Giur. compl. Cass. Civ., 1953, V, p. 114 ss
VASCONCELOS, Pedro Pais de — *Direito comercial. Títulos de crédito*, Lisboa, 1990
— *Contratos atípicos*, Lisboa, 1994
VASSILAKAKIS, Evangelos — *Orientations méthodologiques dans les codifications récentes du droit international privé en Europe*, Paris, 1987
VAZ, Isabel — *Direito internacional público e lex mercatoria na disciplina dos contratos internacionais*, Lisboa, policop., 1990
VAZ SERRA, Adriano Paes da Silva — *Títulos de crédito*, BMJ, 60 (1956), p. 5 ss; 61 (1956), p. 5 ss
— *Culpa do devedor ou do agente*, BMJ, 68 (1957), p. 13 ss
— *Responsabilidade do devedor pelos factos dos auxiliares, dos representantes legais ou dos substitutos*, BMJ, 72 (1958), p. 259 ss
— *Contrato consigo mesmo*, RLJ, 91°, 1958-1959, n°s 3129 ss, p. 179 ss
— an. ac. STJ, 24.5.1960, RLJ, 94°, 1961-1962, n°s 3200 ss, p. 168 ss

— *Contrato consigo mesmo e negociação de directores ou gerentes de sociedades anónimas ou por quotas com as respectivas sociedades (algumas considerações)*, RLJ, 100°, 1967-1968, n°s 3339 ss, p. 81 ss
— *Interposição fictícia de pessoas e cessão de posição contratual (Alguns aspectos)*, RLJ, 103°, 1970-1971, n°s 3439 s, p. 515 ss
— an. ac. STJ, 19.2.1974, RLJ, 108°, 1975-1976, n° 3543, p. 67 ss
— an. ac. STJ, 7.10.1976, RLJ, 110°, 1977-1978, n°s 3602 s, p. 267 ss
— an. ac. STJ, 19.1.1978, RLJ, 111°, 1978-1979, n° 3623, p. 211 ss
— an. ac. STJ, 8.2.1979, RLJ, 112°, 1979-1980, n°s 3647 ss, p. 219 ss
— an. ac. STJ, 19.6.1979, RLJ, 112°, 1979-1980, n°s 3656 s, p. 366 ss

VELDEN, Willem van der — *Coherence in law. A deductive and a semantic explanation of coherence*, "Coherence and conflict in law", 1992, p. 257 ss

VELHA, Ricardo — v. ANDRADE, Manuel de

VENOSTA, Francesco — *Condizioni generali vessatorie, forma della ratifica e nullità parziale del contratto*, Banca e borsa, 1190, p. 646 ss

VENTURI, Silvio — v. TERCIER, Pierre

VENTURINI, Giancarlo — *Diritto internazionale privato. Diritti reali ed obbligazioni*, Padova, 1956

VERHAGEN, H. L. E. — *Agency in private international law. The Hague Convention on the law applicable to agency*, The Hague, Boston, London, 1995

Vernunft und Erfahrung im Rechtsdenken der Gegenwart. Reason and experience in contemporary legal thought (org. Torstein Eckhoff, Lawrence M. Friedman, Jyrki Uusitalo), Rechtstheorie, Beiheft 10, 1986 (cit. "Vernunft und Erfahrung im Rechtsdenken der Gegenwart")

Verso una disciplina comunitaria della legge applicabile ai contratti. Con particolare riferimento ai contratti bancari, assicurativi, di trasporto, di lavoro e con i consumatori nella Convenzione di Roma del 19 giugno 1980 (org. Tullio Treves), Padova, 1983 (cit. "Verso una disciplina comunitaria")

Versorgungsausgleich (Der) im internationalen Vergleich und in der zwischenstaatlichen Praxis. Colloquium des Max-Planck-Instituts für ausländisches und internationales Sozialrechts, Tutzing 1984 (org. Hans F. Zacher), Berlin, 1985 (cit. "Der Versorgungsausgleich im internationalen Vergleich und in der zwischenstaatlichen Praxis")

VIEHWEG, Theodor — *Topik und Jurisprudenz. Ein Beitrag zur rechtswissenschaftlichen Grundlagenforschung*, 4ª ed., München, 1969

VIEHWEGER, Dieter — v. HEINEMANN, Wolfgang, VIEHWEGER, Dieter

VIEIRA GOMES, Júlio Manuel — *A gestão de negócios*, BFD, supl. vol. XXXIX, 1994, p. 261 ss

VILLANI, Ugo — *L'azione comunitaria in materia di diritto internazionale privato*, Rdeur., 1981, p. 386 ss
— *Aspetti problematici della prestazione caratteristica*, Rdintpriv.proc., 1993, p. 513 ss

— v. GIARDINA, Andrea, VILLANI, Ugo
— v. CAPOTORTI, Francesco e o.
VIOLLE, Jacques — *Les conflits de lois en matière de représentation conventionnelle*, Rennes, s.d. (mas 1975)
VIRGÓS SORIANO, Miguel — v. GONZÁLEZ CAMPOS, Julio D. e o.
VISCHER, Frank — *Die rechtsvergleichenden Tatbestände im internationalen Privatrecht. Die Übereinstimmung der materiellen Rechtsinhalte als Voraussetzung des internationalen Privatrechts. Die Bedeutung des Begriffes der Äquivalenz*, Basel, 1953
— *Internationales Vertragsrecht. Die kollisionsrechtlichen Regeln der Anknüpfung bei internationalen Verträgen*, Bern, 1962
— *Die Kritik an der herkömmlichen Methode des internationales Privatrechts. Hintergründe und Versuch einer Antwort*, "Rechtsfindung", 1969, p. 287 ss
— *The antagonism between legal security and the search for justice in the field of contracts*, Recueil des Cours, 1974 — II, tome 142, p. 1 ss
— an. BG, 1.7.1974, Schw. Jb. int. R., 1976, p. 337 ss
— an. BG, 1.7.1974, Rev. crit., 1977, p. 69 ss
— *Drafting national legislation on conflict of laws: the swiss experience*, "Contemporary perspectives in conflict of laws", 1977, p. 133 ss
— *Zwingendes Recht und Eingriffsgesetze nach dem schweizerischen IPR-Gesetz*, RabelsZ, 1989, p. 438 ss
— *Kollisionsrechtliche Verweisung und materielles Resultat. Bemerkungen zur Auslegung der Ausnahmeklausel (Art. 15 IPRG)*, "Rechtskollisionen", 1995, p. 479 ss
VISCHER, Frank, PLANTA, Andreas von — *Internationales Privatrecht*, 2ª ed., Basel, Frankfurt a. M., 1982
VISCHER, Frank, VOLKEN, Paul — *Bundesgesetz über das internationale Privatrecht (IPR-Gesetz). Gesetzentwurf der Expertkommission und Begleitbericht*, Zürich, 1978 (cit. VISCHER, VOLKEN, *Gesetzentwurf...*)
VISINTINI, Giovanna — *Rappresentanza e gestione*, "Rappresentanza e gestione", 1992, p. 6 ss
— *Della rappresentanza*, "Commentario del Codice Civile Scialoja--Branca a cura di Francesco Galgano", Libro IV (Art. 1372-1405), Bologna, Roma, 1993, p. 175 ss
VITAL MOREIRA — v. GOMES CANOTILHO, José Joaquim, VITAL MOREIRA
VITTA, Edoardo — *Relazione e progetto di legge sul diritto internazionale privato*, "Prospettive...", 1968, p. 1 ss
— *Diritto internazionale privato*, Torino, I — *Parte generale*, 1972; III — *Diritti reali, successioni e donazioni, obbligazioni*, 1975
— *Cours général de droit international privé*, Recueil des Cours, 1979 — I, tome 162, p. 9 ss
— *La convenzione CEE sulle obbligazioni contrattuali e l' ordinamento italiano*, Rdintpriv.proc., 1981, p. 837 ss

— *Influenze americane nella Convenzione CEE sulle obbligazioni contrattuali*, Rdintpriv.proc., 1983, p. 261 ss
— *Aspetti di una riforma del diritto internazionale privato*, Rdint., 1986, p. 5 ss
— *Memoriale e progetto di legge*, "Problemi di riforma...", 1986, p. 3 ss
— *Corso di diritto internazionale privato e processuale*, 4ª ed. por Franco Mosconi, Torino, 1991, reimp. 1992
VITULLI, Vittorio — *Conferimento di poteri di rappresentanza delle società a terzi*, Riv. not., 1993, II, p. 158 ss
VIVANTE, Cesare — *Trattato di diritto commerciale*, vol. I — *I commercianti*, 5ª ed., Milano, 1922
— *Istituzioni di diritto commerciale*, 55ª ed., Milano, 1935
VLAS, Paul — *Neue Entwicklungen im niederländischen IPR, insbesondere in der Rechtsprechung*, IPRax, 1995, p. 194 ss
VOGT, Nedim Peter — v. *Kommentar zum schweizerischen Privatrecht*
VOLKEN, Paul — *Konventionskonflikte im internationalen Privatrecht*, Zürich, 1977
— v. VISCHER, Frank, VOLKEN, Paul
VOSS, Georg — *Zur Frage der Haftung des Vertretenen kraft Rechtsscheins*, VersR, 1962, p. 1121 ss

WÄCHTER, Carl Georg — *Handbuch des im Königreiche Württemberg geltenden Privatrechts*, II — *Allgemeine Lehren*, Stuttgart, 1842
WADE, J. A. — *The comparative law approach: objectives and difficulties for the PIL lawyer — a note*, Neth. Int'l L. Rev., 1976, p. 205 ss
WAGNER, Erwin — *Statutenwechsel und dépeçage im internationalen Deliktsrecht. Unter besonderer Berücksichtigung der Datumtheorie*, Heidelberg, 1988
WAHL, Albert — v. BAUDRY-LACANTINERIE, G., WAHL, Albert
WAIBL, K. — v. FIKENTSCHER, W., WAIBL, K.
WALCH, Georg — *Gespaltene Normen und Parallelnormen im deutschen Internationalen Privatrecht. Zum Verhältnis zwischen staatsvertraglichem und nationalem IPR nach der Reform 1986 unter besonderer Berücksichtigung der rechtsvergleichenden Methode bei der Auslegung von Kollisionsrecht*, Frankfurt a. M., Bern, New York, Paris, 1991
WALDER, Hans Ulrich — *Die Vollmacht zum Abschluss einer Schiedsabrede, insbesondere im internationalen Verhältnis*, "FS Max Keller", 1989, p. 677 ss
WEBER, Helmut — *Die Theorie der Qualifikation. Franz Kahn, Étienne Bartin und die Entwicklung ihrer Lehre bis zur universalen Anerkennung der Qualifikation als allgemeines Problem des internationalen Privatrechts (1890-1945)*, Tübingen, 1986
Wege zum japanischen Recht. FS Zentaro Kitagawa (org. Hans G. Leser, Tamotsu Isomura), Berlin, 1992 (cit. "FS Zentaro Kitagawa")

WEILL, Alex, TERRÉ, François — *Droit civil. Introduction générale*, 4ª ed, Paris, 1979 (cit. WEILL, TERRÉ, *Introduction*)
— *Droit civil. Les obligations*, 4ª ed., Paris, 1986 (cit. WEILL, TERRÉ, *Les obligations*)
WEILLER, Augusto — *Sulla procura estera*, Riv. not., 1956, p. 546 ss
WEINTRAUB, Russel J. — *Beyond dépeçage: a "new rule" approach to choice of law in consumer credit transactions and a critique of the territorial application of the Uniform Consumer Credit Code*, Case West. Res. L. Rev., 1974, p. 16 ss
— *The future of choice of law for torts: what principles should be preferred?*, "Contemporary perspectives in conflict of laws", 1977, p. 146 ss
— *Commentary on the conflict of laws*, 2ª ed., Mineola, New York, 1980
— *How to choose law for contracts and how not to: the EEC Convention*, Texas Int. L. J., 1982, p. 155 ss
— *Interest analysis in the conflict of laws as an application of sound legal reasoning*, Mercer L. Rev., 1984, p. 629 ss
— *Functional developments in choice of law for contracts*, Recueil des Cours, 1984 — IV, tome 187, p. 239 ss
— *A defense of interest analysis in the conflict of laws and the use of that analysis in products liability cases*, Ohio St. L. J., 1985, p. 493 ss
WEISE, Paul-Frank — *Lex mercatoria. Materielles Recht vor der internationalen Handelsschiedsgerichtsbarkeit*, Frankfurt a. M., Bern, New York, Paris, 1990
WENGLER, Wilhelm — *Die Vorfrage im Kollisionsrecht*, RabelsZ, 1934, p. 148 ss
— *Die Anknüpfung des zwingenden Schuldrechts im internationalen Privatrecht. Eine rechtsvergleichende Studie*, ZVglRWiss, 1941, p. 168 ss
— *Les principes généraux du droit international privé et leurs conflits*, Rev. crit., 1952, p. 595 ss, 1953, p. 37 ss (versão francesa do original alemão publicado na ZöffR 23, 1943/44, p. 473 ss)
— *Die Qualifikation der materiellen Rechtssätze im internationalen Privatrecht*, "FS Martin Wolff", 1952, p. 337 ss
— *Betrachtungen über den Zusammenhang der Rechtsnormen in der Rechtsordnung und die Verschiedenheit der Rechtsordnungen*, "FS Rudolf Laun", 1953, p. 719 ss
— *Réflexions sur la technique des qualifications en droit international privé*, Rev. crit., 1954, p. 661 ss
— *Die Beachtlichkeit des fremden Kollisionsrechts. Eine Bestandsaufnahme und Besinnung zum Renvoi-Problem*, IntRDipl., 1956, p. 56 ss
— *Über die Maxime von der Unanwendbarkeit ausländischer politischer Gesetze*, IntRDipl., 1956, p. 191 ss
— *Skizzen zur Lehre vom Statutenwechsel*, RabelsZ, 1958, p. 535 ss
— *The general principles of private international law*, Recueil des Cours, 1961 — III, tome 104, p. 273 ss
— *Les conflits de lois et le principe d'égalité*, Rev. crit., 1963, p. 203 ss, 503 ss

— *Nouvelles réflexions sur les "questions préalables"*, Rev. crit., 1966, p. 166 ss
— *Immunité législative des contrats multinationaux*, Rev. crit., 1971, p. 637 ss
— *Internationales Privatrecht*, Berlin, New York, 1981
— *Zum internationalen Privatrecht des Handelsvertretervertrags*, ZHR, 1982, p. 30 ss
— *Die Gestaltung des internationalen Privatrechts der Schuldverträge unter allgemeinen Leitprinzipien*, RabelsZ, 1983, p. 215 ss
— *Alternative Zuweisungen von Vorfragen und hinkende Ehe*, IPRax, 1984, p. 68 ss
— *The law applicable to preliminary (incidental) questions*, IECL, vol. III — *Private international law*, cap. 7, 1987
— *Zur Technik der internationalprivatrechtlichen Rechtsanwendungsanweisungen des IPR-"Reform"gesetzes von 1986*, RabelsZ, 1989, p. 409 ss
— *L' évolution moderne du droit international privé et la prévisibilité du droit applicable*, Rev. crit., 1990, p. 657 ss (também em "Droit international et droit communautaire", 1991, p. 11 ss)
WHISH, Richard — *Les engagements unilatéraux bancaires et la convention de Rome*, "Convention de Rome et opérations bancaires", 1993, p. 36 ss
WHITE, James J., SUMMERS, Robert S. — *Uniform Commercial Code*, 3ª ed., St. Paul, Minn., 1988
WIEACKER, Franz — *História do direito privado moderno*, trad. portuguesa da 2ª ed. alemã (1967), por A. M. Botelho Hespanha, Lisboa, 1980
WIETHÖLTER, Rudolf — *Begriffs- oder Interessenjurisprudenz — falsche Fronten im IPR und Wirtschaftsverfassungsrecht. Bemerkungen zur selbstgerechten Kollisionsnorm*, "FS Gerhard Kegel", 1977, p. 213 ss
WIGNY, Pierre — *Remarques sur le problème des qualifications*, Rev. crit., 1936, p. 392 ss
WILDE, Christian L. — *Dépeçage in the choice of tort law*, South. Calif. L. Rev., 1968, p. 329 ss
WILDE, Margitta — v. GROSSFELD, Bernhard, WILDE, Margitta
WILLIAMS, Patrick Ross — *The EEC convention on the law applicable to contractual obligations*, ICLQ, 1986, p. 1 ss
WILLKE, Helmut — *Diriger la société par le droit*, Arch. Ph. Dr., XXXI, 1986, p. 189 ss
WINDSCHEID, Bernhard — *Lehrbuch des Pandektenrechts*, 1862, 2ª ed., Düsseldorf, 1867, 9ª ed. por Theodor Kipp, Frankfurt a. M., 1906
WINKLER V. MOHRENFELS, Peter — rec. Hessler, "Sachrechtliche Generalklausel und internationales Familienrecht. Zu einer zweistufigen Theorie des internationalen Privatrechts" (1985), NJW, 1986, p. 2485
— *Kollisionsrechtliche Vorfrage und materielles Recht*, RabelsZ, 1987, p. 20 ss
— v. KOCH, Harald e o.

WINTER, L. I. de — *La nouvelle version du projet Benelux de loi uniforme de droit international privé*, Rev. crit., 1968, p. 577 ss
WINTGENS, Luc — *Some critical comments on coherence in law*, "Coherence and conflict in law", 1992, p. 109 ss
WITZ, Claude — *La loi allemande du 25 juillet 1986 portant réforme du droit international privé (RFA) et les opérateurs du commerce international*, RDAI, 1987, p. 561 ss
— *Droit privé allemand. 1. Actes juridiques, droits subjectifs. BGB, Partie générale. Loi sur les conditions générales d'affaires*, Paris, 1992
WOGGON, Rüdiger — v. EBENROTH, Carsten Thomas, WOGGON, Rüdiger
WOLF, Manfred — *Sachenrecht*, 11ª ed., München, 1993
WOLFF, Martin — *Internationales Privatrecht*, Berlin, 1933
— *Private International Law*, 2ª ed., Oxford, 1950
— *Das internationale Privatrecht Deutschland*, 3ª ed., Berlin, Göttigen, Heidelberg, 1954
WORTLEY, Ben Atkinson — *Alguns problemas da representação*, Scientia Iuridica, X, 1961, nºs 55/56, p. 373 ss
WÜRDINGER, Hans — *Geschichte der Stellvertretung (agency) in England zugleich ein Beitrag zur Entwicklung des englischen Privatrechts*, Marburg, 1933

XXth. century comparative and conflicts law. Legal essays in honor of Hessel E. Yntema (ed. Kurt Nadelmann, Arthur T. von Mehren, John N. Hazard), Leyden, 1961 (cit. "XXth. century comparative and conflicts law")

YNTEMA, Hessel E. — *Les objectifs du droit international privé*, Rev. crit., 1959, p. 1 ss
YOUNG, James — *An EEC choice of law code for contracts*, JIBL, 1991, p. 445 ss

ZACCARIA, Alessio — *Rappresentanza*, Rdciv., 1990, II, p. 481 ss
— col. CIAN, TRABUCCHI, *Commentario breve al Codice Civile*, 4ª ed., Padova, 1992 (cit. ZACCARIA, *Commentario*)
ZÄCH, Roger — *Gleichgültigkeit des Dritten nach Art. 32, Abs. 2 OR*, "FS Mario M. Pedrazzini", Bern, 1990, p. 367 ss
— col. *Berner Kommentar. Kommentar zum schweizerischen Privatrecht*, Bd. VI — *Das Obligationenrecht*, 1 — *Allgemeine Bestimmungen*, 2.2. *Stellvertretung*, com a colaboração de Hans Rainer Künzle, Bern, 1990 (cit. ZÄCH/KÜNZLE, *Stellvertretung* ...)
ZACHMANN, Nico — *Les procurations ou les formes des pouvoirs de représentation*, Rev. dr. unif., 1979, II, p. 3 ss
ZAJTAY, Imre — *The application of foreign law*, IECL, vol. III — *Private international law*, cap. 14, 1970

ZECKHAUSER, Richard J. — v. PRATT, John W., ZECKHAUSER, Richard J.
ZENO-ZENCOVICH, Vincenzo — *Agency of necessity e negotiorum gestio*, "Rappresentanza e gestione", 1992, p. 67 ss
ZEULI, M. Teresa Spagnoletti — v. CAPOTORTI, Francesco e o.
ZITELMANN, Ernst — *Die Rechtsgeschäfte im Entwurf eines Bürgerlichen Gesetzbuches für das Deutsche Reich. Studien, Kritiken, Vorschläge*, I, Berlin, 1889
— *Internationales Privatrecht*, I, Leipzig, 1897, II, München, Leipzig, 1912
ZWEIGERT, Konrad — *Nichterfüllung auf Grund ausländischer Leistungsverbote*, RabelsZ, 1942, p. 283 ss
— *Die dritte Schule im internationalen Privatrecht. Zur neueren Wissenschaftsgeschichte des Kollisionsrechts*, "FS Leo Raape", 1948, p. 35 ss
— *Rechtsvergleichung als universale Interpretationsmethode*, RabelsZ, 1949, p. 5 ss
— *Die Rechtsvergleichung im Dienste der europäischen Rechtsvereinheitlichung*, RabelsZ, 1951, p. 387 ss
— *Die Form der Vollmacht*, RabelsZ, 1959, p. 334 ss
— *Zur Armut des internationalen Privatrechts an sozialen Werten*, RabelsZ, 1973, p. 435 ss
ZWEIGERT, Konrad, DROBNIG, Ulrich — *Einheitliches Kaufgesetz und internationales Privatrecht*, RabelsZ, 1965, p. 146 ss
ZWEIGERT, Konrad, KÖTZ, Hein — *Einführung in die Rechtsvergleichung auf dem Gebiet des Privatrechts*, 2ª ed., Tübingen, 1984, Bd. I — *Grundlagen*, Bd. II — *Institutionen*; 3ª ed., Tübingen, 1996

ÍNDICE GERAL

Agradecimentos	5
Modo de citar	7
Abreviaturas	9
Apresentação	17

CAPÍTULO I

A utilização do método comparativo em direito internacional privado

1. Considerações gerais	27
2. Comparação de normas materiais	39
2.1. Problemas gerais de interpretação e aplicação das normas de conflitos	40
2.1.1. Qualificação	41
2.1.2. Elemento de conexão	47
2.1.3. Reserva de ordem pública internacional	49
2.2. Problemas especiais de interpretação e aplicação das normas de conflitos	51
2.3. Problemas de aplicação de normas materiais de direito internacional privado	54
2.4. Construção de soluções alternativas para a resolução das questões privadas internacionais	56
3. Comparação de normas de conflitos	63

3.1. Reenvio 65
3.2. Questão prévia 67

4. Objecto e método da comparação no presente estudo 70

4.1. Os institutos jurídicos em comparação 71
4.2. As ordens jurídicas a comparar 75
4.3. Outras indicações metodológicas 76

4.3.1. Indicações de natureza geral 76
4.3.2. Indicações quanto ao método adoptado na comparação de normas de direito material 77
4.3.3. Indicações quanto ao método adoptado na comparação de normas de direito internacional privado 78

CAPÍTULO II

O instituto da representação: perspectiva comparada de direito material

§ 1º
A representação como instituto autónomo
(direitos alemão, suíço, italiano e português)

1. Fontes de direito e delimitação do instituto 83

2. Pressupostos da actuação representativa 91

2.1. A existência de uma declaração negocial própria do representante 91
2.2. A actuação do representante em nome do representado 94
2.3. O poder de representação 101

3. Origem do poder de representação 106

3.1. Procuração 106

3.1.1. Forma 107
3.1.2. Conteúdo 110

3.1.3. Cessação	114
3.1.4. Natureza jurídica	117
3.2. Representação aparente	124
4. Efeitos da representação	141
4.1. Princípio geral	141
4.2. Fundamento da eficácia representativa	142
5. Representação sem poderes	145
5.1. Âmbito	146
5.2. Efeitos	157
5.2.1. Nas relações entre o representado e a contraparte	158
a) Falta de poder de representação	158
b) Abuso de poder de representação	161
c) Actuação eficaz do representante sem poderes	163
d) Responsabilidade do pretenso representado em caso de não produção do efeito típico da actuação representativa	164
5.2.2. Nas relações entre o representante e a contraparte	167
a) Regime geral	167
b) Regime especial em matéria de títulos de crédito	174
5.2.3. Nas relações entre o representado e o representante	180
5.3. Valor jurídico do negócio celebrado pelo representante sem poderes	181
5.4. Ratificação pelo representado	190
5.4.1. Regime jurídico da ratificação	190
5.4.2. Função e natureza jurídica da ratificação	196
5.5. Posição jurídica da contraparte no negócio celebrado pelo representante sem poderes	200

§ 2º
A representação como efeito do mandato
(direito francês)

1. Fontes de direito e delimitação do instituto	203

2. Pressupostos da actuação representativa 209

2.1. A vontade do representante 210
2.2. A intenção de representar 210
2.3. O poder de representação 211

3. Origem do poder de representação 212

3.1. Mandato 212

3.1.1. Forma 212
3.1.2. Conteúdo 213
3.1.3. Cessação 214
3.1.4. Natureza jurídica 215

3.2. Mandato aparente 216

4. Efeitos da representação 219

4.1. Princípio geral 219
4.2. Fundamento da eficácia representativa 219

5. Representação sem poderes 223

5.1. Âmbito 223
5.2. Efeitos 224

5.2.1. Nas relações entre o representado e a contraparte 224
5.2.2. Nas relações entre o representante e a contraparte 225
   a) Regime geral 225
   b) Regime especial em matéria de títulos de crédito 225

5.2.3. Nas relações entre o representado e o representante 226

5.3. Valor jurídico do acto celebrado pelo representante sem poderes 226
5.4. Ratificação pelo representado 227
5.5. Posição jurídica da contraparte no acto celebrado pelo representante
     sem poderes 228

§ 3º
Agency
(direitos inglês e dos Estados Unidos da América)

1. Fontes de direito e delimitação do instituto 229

1.1. A *agency* como *consensual relationship* 232
1.2. A *agency* como *fiduciary relationship* 233
1.3. A *agency* como *power-liability relationship* 233

2. Pressupostos da *agency* 234

2.1. A actuação por conta do *principal* 235
2.2. O poder de afectar a posição jurídica do *principal* 236

3. Origem 237

3.1. *Agency by agreement: actual authority* 237

3.1.1. Forma 238
3.1.2. Conteúdo 240
3.1.3. Cessação 241
3.1.4. Natureza jurídica 242

3.2. *Apparent authority* 242
3.3. *Agency by ratification* 246

4. Efeitos da *agency* 249

4.1. Princípio geral 249
4.2. Fundamento da afectação da posição jurídica de outrem 251

5. Actuação por conta de outrem sem *authority* 253

5.1. Âmbito 253
5.2. Efeitos 254

5.2.1. Nas relações entre o *principal* e a contraparte 254
5.2.2. Nas relações entre o *agent* e a contraparte 254
   a) Regime geral 254
   b) Regime em matéria de *negotiable instruments* 256

5.2.3. Nas relações entre o *principal* e o *agent* 257
5.3. Valor jurídico do negócio celebrado pelo *agent* sem *authority* 257
5.4. Ratificação pelo *principal* 258
5.5. Posição jurídica da contraparte no negócio celebrado pelo *agent* sem *authority* 258

§ 4º
Síntese comparativa

1. Fontes de direito e delimitação do instituto 262

2. Pressupostos da actuação com efeitos jurídicos para outrem 263

3. Origem do poder de actuar com efeitos jurídicos para outrem 264

3.1. Acto de atribuição do poder de actuar com efeitos jurídicos para outrem .. 264

3.1.1. Forma 265
3.1.2. Conteúdo 265
3.1.3. Cessação 266
3.1.4. Natureza jurídica 267

3.2. Representação aparente 268

4. Efeitos da representação 269

4.1. Princípio geral 269
4.2. Fundamento da produção de efeitos na esfera jurídica de outrem 270

5. Representação sem poderes 270

5.1. Âmbito 271
5.2. Efeitos 272

5.2.1. Nas relações entre o representado e a contraparte 272
5.2.2. Nas relações entre o representante e a contraparte 273
5.2.3. Nas relações entre o representado e o representante 274

5.3. Valor jurídico do acto celebrado pelo representante sem poderes 275
5.4. Ratificação pelo representado 276

5.5. Posição jurídica da contraparte no acto celebrado pelo representante sem poderes 277

6. Apreciação final 277

§ 5º
Direito uniforme

1. Os ensaios de unificação e de harmonização do direito com relevância em matéria de representação 279

2. A Convenção de Genebra de 1983 sobre a representação na compra e venda internacional de mercadorias 286

2.1. Natureza e história da Convenção 286

2.2. Âmbito de aplicação da Convenção. Noção de representação 289

2.3. Origem e extensão do poder do representante 293

2.4. Cessação do poder de representação 294

2.5. Efeitos dos actos realizados pelo representante 295

2.5.1. Efeitos dos actos realizados pelo representante dentro dos limites dos seus poderes 295
2.5.2. Efeitos dos actos realizados pelo representante sem poderes ou para além dos limites dos seus poderes 297
   a) Nas relações entre o representado e a contraparte 297
   b) Nas relações entre o representante e a contraparte 299
   c) Nas relações entre o representado e o representante 299

CAPÍTULO III

O instituto da representação: perspectiva comparada de direito internacional privado

§ 1º
Direito alemão

1. Fontes de normas de conflitos 303

2. Determinação do direito aplicável 305

2.1. Relação entre o representado e o representante 306

2.2. Relação entre o representado e a contraparte 309

2.2.1. Evolução da jurisprudência alemã 309
2.2.2. Doutrina 312

2.3. Relação entre o representante e a contraparte 319

3. Âmbito de aplicação dos direitos designados 320

§ 2º
Direito suíço

1. Fontes de normas de conflitos 329

2. Determinação do direito aplicável 331

2.1. Relação entre o representado e o representante 332

2.2. Relação entre o representado e a contraparte 335

2.3. Relação entre o representante e a contraparte 337

3. Âmbito de aplicação dos direitos designados 338

§ 3º
Direito italiano

1. Fontes de normas de conflitos 341

2. Determinação do direito aplicável 343

2.1. Relação entre o representado e o representante 343

2.2. Relação entre o representado e a contraparte 344

2.3. Relação entre o representante e a contraparte 350

3. Âmbito de aplicação dos direitos designados 350

§ 4º
Direito inglês

1. Fontes de normas de conflitos 357

2. Determinação do direito aplicável 358

2.1. Relação entre o *principal* e o *agent* 358
2.2. Relação entre o *principal* e a contraparte 360
2.3. Relação entre o *agent* e a contraparte 364

3. Âmbito de aplicação dos direitos designados 365

§ 5º
Direito dos Estados Unidos da América

1. Fontes de normas de conflitos 367

2. Determinação do direito aplicável 370

2.1. Relação entre o *principal* e o *agent* 371
2.2. Relação entre o *principal* e a contraparte 373
2.3. Relação entre o *agent* e a contraparte 377

3. Âmbito de aplicação dos direitos designados 378

§ 6º
Convenção de Haia sobre representação

1. Os ensaios de unificação de normas de conflitos com relevância em matéria de representação 381

2. A Convenção de Haia de 14 de Março de 1978 sobre a lei aplicável à representação 385

2.1. Natureza e história da Convenção 385
2.2. Âmbito de aplicação. Noção de representação 391

2.2.1. Âmbito material de aplicação 392
2.2.2. Âmbito espacial de aplicação 396

2.3. Estrutura e princípios gerais da Convenção 398
2.4. Determinação do direito competente 399

2.4.1. Relação entre o representado e o representante 400
2.4.2. Relação entre o representado e a contraparte 402
2.4.3. Relação entre o representante e a contraparte 405

2.5. Âmbito de aplicação dos direitos designados 405

§ 7º
Síntese comparativa

1. Fontes de normas de conflitos 410

2. Determinação do direito aplicável 411

2.1. Relação entre o representado e o representante 412
2.2. Relação entre o representado e a contraparte 414
2.3. Relação entre o representante e a contraparte 417

3. Âmbito de aplicação dos direitos designados 418

4. Apreciação final 420

CAPÍTULO IV

**O regime da representação
perante o sistema de direito internacional privado
em vigor no ordenamento português**

§ 1º
**Fontes de normas de conflitos atendíveis
em matéria de representação**

1. Identificação das normas de conflitos em vigor na ordem jurídica portuguesa com relevância para a disciplina da representação 427

2. Âmbito de aplicação da Convenção de Roma de 1980 sobre a lei aplicável às obrigações contratuais 427

3. Âmbito de aplicação da Convenção de Haia de 1978 sobre a lei aplicável aos contratos de intermediação e à representação 432

4. Efeitos da vigência na ordem jurídica portuguesa da Convenção de Roma e da Convenção de Haia. Coordenação entre as normas de conflitos contidas nas duas Convenções e as normas de conflitos do Código Civil ... 434

5. Coordenação entre as normas de conflitos da Convenção de Roma e as normas de conflitos da Convenção de Haia... 441

6. Síntese das normas de conflitos em vigor na ordem jurídica portuguesa com relevância para a disciplina da representação 456

6.1. Relação entre o representado e o representante — contrato subjacente ao poder de representação ou contrato fundamental 456

6.2. Relação entre o representado e a contraparte 457

6.2.1. Acto de atribuição do poder de representação............................. 457
6.2.2. Contrato representativo ou contrato principal 457

6.3. Relação entre o representante e a contraparte 458

§ 2º
**Determinação do direito aplicável
à existência e extensão do poder de representação**

1. O problema 459

2. Esforços de compatibilização dos estatutos envolvidos........................ 465

2.1. Na doutrina e na jurisprudência, perante os sistemas de direito internacional privado de fonte interna 467

2.2. Durante os trabalhos da Conferência de Haia 471

2.3. Na doutrina posterior à aprovação da Convenção de Haia sobre representação 477

3. Soluções propostas 479

3.1. O direito aplicável aos pressupostos da actuação com efeitos jurídicos para outrem 481

3.2. Em especial, o direito aplicável ao poder de representação................ 483

3.3. Formação ou origem do poder de representação 485

3.3.1. Acto de atribuição do poder de actuar com efeitos jurídicos para outrem 485
    a) Validade substancial 485
    b) Validade formal 486
    c) Determinação do conteúdo do poder de representação 488
    d) Registo do poder de representação 493
3.3.2. Representação aparente 494

3.4. Cessação do poder de representação 505

3.5. Sentido, alcance e fundamento da interferência no estatuto da representação de outra ou outras leis em contacto com a relação representativa 509

§ 3º
Determinação do direito aplicável
à representação sem poderes

1. Consequências jurídicas da representação sem poderes. Preliminares ... 523

1.1. O direito aplicável aos efeitos da actuação representativa 523

1.2. O direito aplicável à representação sem poderes. Princípio geral 524

2. Delimitação da representação sem poderes 526

2.1. O direito competente para decidir sobre a existência de representação sem poderes 526

2.2. Em especial, o direito competente para decidir sobre a existência de abuso de poder de representação 528

3. Ratificação do negócio jurídico celebrado pelo representante sem poderes 530

3.1. O problema 530

3.2. Soluções propostas 533

3.2.1. Critério geral 533
3.2.2. Fundamento teórico da competência do estatuto da representação .. 536
3.2.3. Determinação de alguns aspectos do regime conflitual da ratificação ... 539

a) Conteúdo e efeitos, pressupostos, condições de validade substancial 539
b) Forma 540
c) O valor do silêncio em matéria de ratificação 541

4. Posição jurídica da contraparte no negócio celebrado pelo representante sem poderes 545

5. Responsabilidade do representante sem poderes 547

5.1. Responsabilidade do representante perante o representado 548
5.2. Responsabilidade do representante perante a contraparte 551

5.2.1. Determinação do direito aplicável 551
5.2.2. Âmbito de aplicação do direito designado 554

6. Responsabilidade do representado pela actuação do representante sem poderes 556

7. Valor e efeitos jurídicos do negócio celebrado em nome de outrem sem poderes representativos 558

§ 4º
Observações conclusivas

1. Consequências gerais do princípio do *dépeçage* da relação representativa 561

2. Delimitação do âmbito do estatuto da representação 562

3. Interferências recíprocas entre o estatuto da representação e outras ordens jurídicas em contacto com a relação representativa 564

4. Processos metodológicos utilizados para assegurar a coerência dos regimes materiais internos sobre a representação e para compatibilizar os estatutos que concorrem na regulamentação da relação representativa .. 568

CAPÍTULO V

O princípio da coerência
em direito internacional privado

§ 1º
Factores de dispersão na regulação das situações privadas internacionais

1. Sobre a noção de situação privada internacional 576

2. O método analítico do direito internacional privado 582

2.1. A utilização do método analítico na construção dos mais recentes sistemas de direito internacional privado 584

2.2. O fraccionamento da disciplina contratual em consequência do exercício da autonomia privada 586

2.3. O fraccionamento da disciplina contratual promovido pelo órgão de aplicação do direito em busca da conexão mais estreita 590

3. A pluralidade de ordens jurídicas aplicáveis a actos jurídicos autónomos do ponto de vista estrutural mas funcionalmente interligados 592

4. A sucessão no tempo de estatutos aplicáveis à mesma questão 594

5. A atendibilidade de outro direito por via da conexão complementar 595

6. A actuação da reserva de ordem pública internacional do Estado do foro .. 596

7. A interferência de normas imperativas 598

7.1. Normas imperativas, no sentido de normas inderrogáveis, incluídas na única ordem jurídica ligada ao contrato por pontos de contacto objectivos 598

7.2. Normas imperativas que têm como objecto a protecção da parte institucionalmente mais fraca 599

7.3. Normas imperativas, no sentido das designadas normas de aplicação imediata ou necessária 601

8. A aplicação, no ordenamento jurídico do foro, de normas de direito material uniforme sobre a questão internacional em apreciação 603

9. Questões suscitadas pela dispersão na regulação das situações privadas internacionais 606

§ 2º
Sentido e alcance do princípio da coerência
em direito internacional privado

1. A coerência nos sistemas jurídicos, em geral.. 611

2. A coerência em direito internacional privado 624

2.1. Noção de "sistema de direito internacional privado" ou de "sistema de normas de conflitos" em vigor no ordenamento português 631

2.2. Diferentes planos a considerar na construção da coerência em direito internacional privado 636

2.2.1. A coerência do "sistema de direito internacional privado" do foro.. 636
2.2.2. A coerência de cada direito material designado pelas normas de conflitos do foro 639
2.2.3. A coerência da regulação de cada situação da vida privada internacional submetida à apreciação do órgão de aplicação do direito no Estado do foro 639
2.2.4. A coerência do sistema jurídico do foro considerado na sua globalidade 640
2.2.5. Síntese quanto aos diferentes planos a considerar na coerência em direito internacional privado 642

§ 3º
Instrumentos jurídicos que concretizam
o princípio da coerência
em direito internacional privado:
o *princípio do direito único*

1. Sentido e alcance do *princípio do direito único* 645

2. A construção da categoria de conexão das normas de conflitos. Em especial, a unidade do estatuto contratual 647

3. A escolha da conexão relevante. Em especial, o critério da conexão mais estreita 659

4. A técnica da conexão dependente ou acessória 661

4.1. Noção e objectivos da conexão dependente ou acessória 661

4.2. Conexão dependente ou acessória e conexão mais estreita 667

5. A conexão imóvel ou imobilizada 674

§ 4º
**Instrumentos jurídicos que concretizam
o princípio da coerência
em direito internacional privado:**
o princípio da coordenação

1. Sentido e alcance do *princípio da coordenação* 677

2. A "reinterpretação" das normas de conflitos como modo de revelação de falsas antinomias 680

3. A prevalência de uma das ordens jurídicas em presença como critério de resolução de antinomias 684

3.1. A resolução de antinomias em diversas fases do processo de aplicação das normas de conflitos 684

3.2. A resolução de antinomias na operação de qualificação 687

3.3. O papel auxiliar da "reinterpretação" das normas de conflitos na resolução de antinomias 695

3.4. A resolução de antinomias em caso de interferência de normas imperativas 697

3.4.1. Normas imperativas incluídas na única ordem jurídica ligada ao contrato por pontos de contacto objectivos 697
3.4.2. Normas imperativas que têm como objecto a protecção da parte institucionalmente mais fraca 698
3.4.3. "Normas de aplicação imediata ou necessária" contidas no ordenamento do foro 701

4. A atendibilidade ou consideração, no âmbito do direito primariamente competente, de normas de outras ordens jurídicas como método de coordenação de regimes materiais 711

4.1. Casos de consagração no direito internacional privado em vigor no ordenamento português 711

4.1.1. A atendibilidade de normas do anterior estatuto na resolução do problema do conflito móvel 713
4.1.2. A atendibilidade de "normas de aplicação imediata ou necessária" ... 716

4.2. Importância do método para a coordenação de regimes materiais em casos não directamente previstos 723

4.2.1. Sentido, alcance e fundamento do método 723
4.2.2. A conexão complementar 727
    a) Função e âmbito: relações de complementaridade, de acessoriedade e de prejudicialidade 727
    b) Justificação do recurso ao sistema de direito internacional privado em vigor no ordenamento do foro 734
    c) Determinação dos limites e efeitos da atendibilidade no caso de recurso à conexão complementar 736

4.3. O papel auxiliar da "reinterpretação" de normas materiais na coordenação de regimes materiais oriundos de ordens jurídicas diferentes ... 740

Conclusões 745

Convenção de Haia sobre a lei aplicável aos contratos de intermediação e à representação 751

Jurisprudência citada 771

Bibliografia citada 797

COLECÇÃO DE TESES DE DOUTORAMENTO

A Teoria do Concurso em Direito Criminal – Eduardo da Silva Correia
Conceito e Natureza do Acto Tributário – Alberto Pinheiro Xavier
Cessão da Posição Contratual – Carlos Mota Pinto
Da Boa Fé no Direito Civil – António Menezes Cordeiro
Cláusula Penal e Indemnização – António Pinto Monteiro
Contratos Atípicos – Pedro Pais Vasconcelos
A Subsidiariedade da Obrigação de Restituir o Enriquecimento – Diogo Leite de Campos
Indemnização por Perdas e Danos Arbitrada em Processo Penal – Jorge Leite Ribeiro de Faria
Erro e Interpretação na Teoria do Negócio Jurídico – A. Ferrer Correia
Legalidade e Autonomia Contratual nos Contratos Administrativos – José M. Sérvulo Correia
O Concurso de Títulos de Aquisição da Prestação – Miguel Teixeira de Sousa
O Plano Urbanístico e o Princípio da Igualdade – Fernando Alves Correia
Responsabilidade por Conselhos, Recomendações ou Informações – Jorge F. Sinde Monteiro
Da Lei Aplicável ao Contrato de Trabalho Internacional – Rui Manuel Moura Ramos
Obrigações Reais e Ónus Reais – Manuel Henrique Mesquita
Responsabilidade Civil do Produtor – João Calvão da Silva
As Normas de Aplicação Imediata no Direito Internacional Privado – António Marques dos Santos
Direito das Comunidades Europeias e Direito Internacional Público – Fausto de Quadros
O Dever da Fundamentação Expressa de Actos Administrativos – José C. Vieira de Andrade
Texto e Enunciado na Teoria do Negócio Jurídico – Carlos Ferreira de Almeida
Cumprimento Defeituoso – Pedro Romano Martinez
Da Dívida Pública e das Garantias dos Credores do Estado – Eduardo Paz Ferreira
A Fuga para o Direito Privado – Maria João Estorninho
Em Busca do Acto Administrativo Perdido – Vasco Manuel Pereira da Silva
Da Empresarialidade – Jorge Coutinho de Abreu
As Companhias Pombalinas – Contributo para a História das Sociedades por Acções em Portugal – Rui Figueiredo Marcos
O Problema da Causa Virtual na Responsabilidade Civil – Francisco Manuel Pereira Coelho
O Dever Fundamental de Pagar Impostos – José Casalta Nabais
O Procedimento Administrativo de Avaliação de Impacto Ambiental – Luís Filipe Colaço Antunes
A Conduta do Lesado como Pressuposto e Critério de Imputação do Dano Extracontratual – José Carlos Brandão Proença
Anulação de Deliberação Social e Deliberações Conexas – Vasco da Gama Lobo Xavier
Âmbito de Eficácia e Âmbito de Competência das Leis – João Baptista Machado
Critério Jurídico da Paternidade – Guilherme de Oliveira
O Problema do Contrato – As Cláusulas Contratuais Gerais e o Princípio da Liberdade Contratual – Joaquim Sousa Ribeiro
Função Distintiva da Marca – Luís M. Couto Gonçalves